租税憲法学の展開

増田英敏 編著

成文堂

はしがき

本書は、専修大学大学院増田研究室出身の研究者及び税理士の研究成果を一冊の学術書としてまとめたものである。

彼らは、拙著『租税憲法学』（成文堂、二〇〇二年）をとおして租税法律主義と租税公平主義の視点から租税法の解釈・適用の在り方を研究することの重要性を認識し、大学院修了後も学界や実務界で真摯に租税法研究に取り組んでいる。

ところで、『租税憲法学』の「はしがき」では、租税憲法学の意義を以下のように述べている。

すなわち、「租税法を研究対象とする学問である租税法学の目的は、租税正義を実質的に担保する理論を提供することにある。正義は、日本国憲法の価値秩序によって実体化され、租税正義は本質的に租税平等主義と租税法律主義によって実現される（木村弘之亮『租税法学』六二頁以下（税務経理協会、平成一一年））。

本書は、日本国憲法の価値秩序の内容を構成する諸原則のうち、租税法を支配・統制する租税平等主義と租税法律主義の射程距離を明らかにすることによって、租税正義を保障する理論を提供することを目的とする。換言すると、前者の租税平等主義が憲法一四条を法的根拠とし、後者の租税法律主義が憲法三〇条及び八四条を法的根拠とするところから、これらの憲法規定の意味内容と、その効力範囲を検証し、解明していくことが本書のコンセプトともいえる。

この本書のコンセプトは、本書の書名である『租税憲法学』に象徴されているといえよう。租税法の全体系を支配する憲法上の価値規範の射程距離を明らかにする作業は、裁判規範である租税法の立法・解釈・適用のすべての過程を統制する憲法規定（一四条、三〇条、八四条）の効力範囲を確定する、いわゆる憲法解釈の作業であるともいえるからである。」と述べている。

租税法は、租税法の基本原則であり、憲法原理でもある租税公平主義と租税法律主義の支配のもとにおかれているのであるから、租税正義にかなう租税法の正しい解釈・適用の在り方は、両基本原則に適合していることを求められている。

近年の租税訴訟の注目裁判例においても、裁判官は最終的には租税法律主義の視点もしくは租税公平主義の視点に立脚して判断を下している。

本書に所収されたいずれの論文も、租税法の基本原則の視点から租税法の解釈・適用の基本問題に検討を加えている労作である。これらの論文を所収した本書は『租税憲法学の展開』という書名にふさわしい学術書として体系化が図られている。

本書により、租税法学の最も重要な基本問題ともいえる租税法の解釈・適用をめぐる租税法律主義と租税公平主義の相克と調整の問題について研究することは、租税法をより深く理解し、租税正義の実現ための租税法学を展開するうえで極めて有益である。

本書は、公益財団法人　租税資料館の出版助成の栄誉に浴している。同財団に深甚の謝意を表したい。同租税資料館の創設者である故飯塚毅博士は租税正義の実現を追求され、税理士界を啓蒙された。本書が租税正義の理論の発展に寄与することができれば望外の幸せである。

また、出版情勢の厳しい中、このような大部の学術書の公刊を快諾いただいた株式会社成文堂の阿部成一社長に感謝したい。また、本書の編集を担当していただいた飯村晃弘氏には適切かつ懇切な助言と指導をいただいた。心からお礼を申し上げる。

島根大学法文学部准教授の谷口智紀君には本書の企画から刊行まで大変お世話になった。同君の献身的な助力がなかったならば本書の公刊はなかったであろう。衷心より同君に感謝申し上げる。

最後になったが、本書の執筆者のさらなる精進と飛躍を心から期待するとともに念じている。

私事にわたるが、本書の刊行を誰よりも喜んでくれている妻貴子と娘（美佳子、由佳子）たちにも感謝したい。

平成二九年一一月二四日

軽井沢の山荘にて

増田　英敏

目　次

第1部 租税法の基礎理論

第2部　租税実体法

第3部　納税者の権利救済

序　章　租税憲法学の展開

――租税正義の実現と租税憲法学(1)――

増田英敏

はじめに

租税法における憲法秩序の維持が租税正義の実現に不可欠である。そして、『租税憲法学は租税正義の実現に寄与する』のである。

本書における『租税憲法学』とは、憲法原理である『租税公平主義』と『租税法律主義』の二つの租税法の基本原則の視点から、租税法の立法はもちろん、解釈・適用のすべてについて批判的に検証し、その在り方を明らかにしていく学問研究を意味する。とりわけ、実際の租税裁判例を、この二つの基本原則の視点から批判的検討を加え、評価していくことが租税憲法学の主たる研究課題といえよう。

租税公平主義にかなった租税法の存在は、租税正義実現の前提とされる。そして、その租税法の解釈・適用が租税法律主義の支配のもとにおかれることにより租税正義は実現していると評価しうる。

憲法一四条を法的根拠とする租税公平主義と憲法八四条を法的根拠とする租税法律主義は、租税法の立法・解釈・適用のすべてを統制する基本原則とされる。両者は相互に密接な関係性を有し、前者が主として税負担の配分方法に関する原則であるのに対し、後者は課税権の行使方法に対する原則と説明される。(2) 租税公平主義は立法原理として租税法の立法過程を統制し、そして、租税法律主義は執行原理として租税法の解釈・適用過程を統制する原理として位置づけることができよう。(3) 両基本原則は相互に有機的な関係を維持しつつ租税正義の実現を図る。換言すると、租税法の立法と解釈・適用のすべての過程において、租税公平主義と租税法律主義の二つの憲法原理が尊重されることにより租税正義は実現されるということができよう。

ところで、有機的に機能し租税正義の実現の図る存在である両基本原則は租税法の解釈適用の段階において相克関係にあることが指摘され、この両者の相克関係をいかに調整するかが租税法学の重要な研究テーマの一つともされてきた。(4) 課税の公平の確保（租税公平主義）を根拠に主張を展開する課税庁と、租税法律主義を根拠とする納税者の主張が鋭く対立する。この両者の対立は租税争訟として表面化する。最近注目された最高裁判決はいずれも、国と納税者の主張の根底には両基本原則の対立関係を見出すことができる。

筆者は、すでにこの問題について、租税公平主義はそもそも立法原則であるから租税法の解釈・適用段階では租税法律主義が租税公平主義に優先する、という租税法律主義優位説の立場を明らかにした。[5]

ところで、贈与時点における住所が国内に所在したか否かが争点とされた武富士事件は、住所概念[6]に贈与税の租税回避を阻止するために居住意思という主観的要素を取り込むことができるとする国側の主張（租税公平主義を尊重する立場）と租税法律関係の予測可能性の確保を重視する観点から借用元の概念をそのまま用いるべきであるとする原告（租税法律主義に立脚する立場）の主張が鋭く対立した事案であり、また、一〇〇〇億円を超える贈与税回避が許容されるのか否かという点でも大きな注目を集めた。同事件も租税公平主義と租税法律主義の相克の問題が顕在化した事例と位置づけることができよう。

この武富士事件において、原告側の主張を補強する有力な鑑定意見書[7]が憲法学者の戸松秀典教授から東京地方裁判所に提出された。以下で詳述するが、同意見書は、租税法律主義が租税法における憲法秩序を維持する要であること、そして、被告国側の主張は租税法律主義の内容の一つとされる不利益な租税立法の遡及適用禁止原則に違反し、違憲無効であることの二点を明確に指摘されている。

本稿は、同意見書に触発されて、租税法律主義が憲法秩序の維持の要諦であり、厳格に適用されるべきであるという立場から、最近の注目最高裁判決を検証し、評価することを目的とする。

本稿では、注目を集めた二つの最高裁判決を検証することにする。以下では、まず、検討の前提として戸松意見書を引用しながら租税法律主義が憲法秩序の維持の要諦であることを確認する。そのうえで、譲渡損失の損益通算を廃止（不利益立法）する法改正を遡及して適用することが租税法律主義に反するか否かが争点とされた事件（以下では、「損益通算廃止遡及立法事件」という）の最高裁判決と武富士事件最高裁判決の二つの注目最高裁判決を検討の対象とする。

（1）本稿は、増田英敏『憲法秩序の維持と租税法律主義―注目最高裁判決を素材に―』『公法の諸問題Ⅷ』専修大学法学研究所紀要三八号六三頁以下（二〇一三）に、若干の補正を加えたものである。租税法の基本原則である租税公平主義と租税法律主義の租税法の立法・解釈・適用過程における相克は、ようやく租税法研究の中心的な論点として認識されるようになってきた。本書の序説もしくは総論に位置づけられる本稿は、租税公平主義と租税法律主義の相克と調整の問題に正面から裁判所が判断を示した二つの裁判例に検証を加えたものであり、租税憲法学の主たる研究テーマを提供しているので、あえて本書にふさわしい検討として取り上げている。

なお、租税憲法学の実践論的展開として、国税不服審判所の裁決を租税憲法学の視点から分析検討した増田英敏編著『租税法の解釈と適用』（中央経済社、二〇一七）が刊行された。本書と併せて参照されたい。

（2）金子宏『租税法第22版』七三頁（弘文堂、二〇一七）。

（3）増田英敏『リーガルマインド租税法第4版』一七頁以下（成文堂、二〇一三）。

（4）故松沢智教授は「租税法をめぐる理論的問題は、要するに租税法律主義と租税公平負担の原則とを如何に調整するかの問題に尽きる。特に、租税実体法は、課税要件を直接に規定した法規であるから、租税法律主義を背景にする納税者の財産権の保護の主張と、租税公平負担の原則を基礎とする課税行政庁の財政収入の確保の主張とが鋭く対立する。それは、租税法の解釈・適用について、法的視角から捉えようとする立場と、経済的視角から論じようとする立場との相剋となって表われてくる。一体、租税法、特に租税実体法はどのような基準を以って解釈・適用すべきなのか。そもそも租税実体法は、一体誰のためにあるのか。租税法律主義と租税公平負担の原則とが対立した問題については、どのようにして理論的解決をしたらよいのか。」（松沢智『租税実体法補正第2版』三頁（中央経済社、二〇〇三））として問題提起を試みられた。

（5）増田英敏「租税法律主義と租税公平主義の衝突」『税法学』五六六号三四七頁以下（二〇一一）。

（6）住所については実定租税法規は定義規定を用意していないところから、民法からの借用概念であるとされ、この借用概念の解釈をめぐっては、学界においても見解が分かれる。租税法律主義の要請を重視したうえで、借用元の解釈をそのまま用いるべきとする説が通説の地位を占める。

（7）この鑑定意見書は、いわゆる武富士事件において、東京地方裁判所に提出されたものであり、同意見書は平成24年4月20日に租税訴訟学会主催・東京弁護士会共催で開催された「憲法判例を中心とする租税訴訟に関する講演会」における戸松教授の講演の際に配布された資料により公開されたものである。
本稿では、以下「戸松意見書」として表記し、表記頁は同学会の配布資料の該当頁として引用する。

一　租税法における二つの憲法原理——租税公平主義と租税法律主義

租税法ほど頻繁に改正が行われる法規も少ないであろう。抜本的な税制改革の必要性が叫ばれ、また毎年のように税制改正が行われる。変転著しい租税法こそ、憲法上の基本原則の基に体系化されていることを税制改正に際しては常に念頭におかなければならない。そうでなければ、租税法は、場当たり的な、単に税収確保を目的とした道具に堕し、それは国民から支持をえないばかりか、租税法が法秩序の一部分であることをも保障しえなくなる。租税法は法律であるゆえに憲法の統制下におかれる[8]。したがって、租税法規を改廃していく場合に最も尊重されるべきは、関連する憲法規定であることは当然ともいえる。

また、租税法全体を支配する基本原則とされる租税公平主義と租税法律主義はいずれも憲法規定を法的根拠としているゆえに、実質的に両者は租税法規に法的な統制を加えているといえる。改廃が著しい租税法規が妥当なものと評価されるためには、すくなくとも、両基本原則の要請をクリアしていなくてはならない。

租税公平主義は、租税法規の立案および改廃過程において最も尊重されるべき法的な価値である。税負担の公平を阻害する租税法規は、租税公平主義が憲法一四条の「法の下の平等」規定を法的根拠にしているところから、憲法一四条違反であるとして、違憲無効となる。同様に租税法律主義も憲法八四条を法的根拠にしているゆえに、同原則に違反する租税法規は違憲となる。

国民の財産権に直接的に影響する租税法が公正・妥当なものとして国民に受け入れられるためには、租税公平主義と租税法律主義の要請にかなうものでなくてはならないと考える。両基本原則を尊重した租税法は、憲法上の基本的価値に矛盾しないものと評価され、憲法の価値秩序の維持にかなう、すなわち租税正義にかなった法として評価することができる。(9)

ところで、憲法はその規定の実効性を確保するための罰則規定を用意していない。ゆえに憲法規定の実効性を確保するためにさまざまな装置を憲法体系の中に用意している。その中でも、違憲審査制は憲法の実効性確保の上で最も有効な装置とされる。たとえば、国民がある租税法規定が租税公平主義に反して違憲でその規定に従うことができないと判断した場合には、裁判所に違憲訴訟を提起するという手段を選択することができるはずである。(10) この装置が有効に機能している限り憲法規定の実効性は確保される。

とりわけ、租税法律主義は、租税法における憲法秩序の維持の要として位置づけられる憲法原理といえる。この点について、戸松秀典教授は、「注視すべきは、憲法八四条のもとで展開している租税立法の様相である。すなわち・租税立法は、他の法律と比べ著しく詳細で具体的となっていることである。租税立法は、租税の種類や課税の根拠といった基本的事項にとどまらないで、納税義務者、課税物件、課税標準、税率などの課税の実体的要件を定めるとともに、賦課、納付、徴税の手続についても詳しく定めている。今日、租税立法については、憲法八四条のもとに、その趣旨を体現した憲法秩序が形成されているといってよい。(11)」として、憲法八四条により租税立法が憲法秩序の維持・形成の要と位置づけられることを確認されている。(12)

この点をさらに「租税法律主義は、課税権を有する国に向けられた要請であり、その条文の位置からみても、それ自体、人権保障規定ではない。しかし、租税法律主義に反した国の行為は、直ちに課税される国民に対しての人権保障違反となる。まず、租税法律主義の原則は、憲法一四条の平等原則との緊密な関係をもつ。前述した立法の実態に照らすと、法律に根拠を置かない課税は、今日ではありえないが、不合理な租税立法は、不平等、不公正な課税を生じ、憲法一四条の平等原則に反して、違憲・無効となる。また、憲法三一条の適正手続きの原則や、憲法三九条の遡及処罰の禁止との関係も看過できない。以上で確認したところから、租税法律主義の原則は、厳格な適用を求められる原則であることが明らかとなった[13]」とされている。

租税法律主義とは、「法律の根拠に基づくことなにしには、国家は租税を賦課・徴収することはできず、国民は租税の納付を要求されることはない[14]。」ことを宣言した、租税法の基本原則である。この原則は、「代表なければ課税なし」（No taxation without representation）という、近代民主主義国家建設の基本思想に、その起源を求めることができる。租税はそれを賦課される国民の同意に基づいて課されるべきこと要請するものである。

租税法律主義は、民主主義国家の憲法原理としても広く受け入れられている。我が国の憲法三〇条も「国民は、法律の定めるところにより、納税の義務を負ふ。」と定め、さらに同八四条は「あらたに租税を課し、又は現行の租税を変更するには、法律又は法律の定める条件によることを必要とする。」と定めて、租税法律主義を憲法原理として明確にしている。

前者の三〇条は、国民に対して、納税の義務は法律の定めるところにより生じ、法律のないところに納税義務はないことを宣言している。一方、後者の八四条は、「租税の創設・改廃はもとより、納税義務者、課税標準、徴税の手続はすべて法律に基づいて定められなければならないと同時に、法律に基づいて定めるところにまかせられている[15]。」ことを国家に対して特に命じている。二つの憲法規定は、国民と国家のそれぞれに対して租税法律主義の原則の尊重を命じたものと理解することができる。とりわけ八四条は、課税要件規定のみならず、租税の賦課・徴収手続規定までも法律により詳細に定めるべきことを要請していることには注意を要する。

この租税法律主義の原則を法的根拠として憲法が二つの条文をも用意していることの趣旨は、租税の本質が権力性にあるところから、租税が国民の財産の一部を直接的な反対給付なしに徴税権力を背景に国家に収受されるものであり、国民の自由と財産を租税が侵害する危険を常にはらむという歴史的教訓に求めることができよう。租税は時の権力者により恣意的に課されるものであることは歴史的事実である。その恣意的課税の危険を阻止するために、租税の賦課・徴収の条件として、国民の同意が必要であるという仕組みを国家の最高法規に定め、そして、国家運営の基本原理としての憲法原理として尊重すべきであることを条文に明確に定めたものである、ということができよう。

したがって、憲法三〇条の規定は、国民に法律のないところに納税の義務はないことを明らかにしたものであり、国民は法律のある場合に限り納税の義務が生じるという点を強調して理解しておくべきである(16)。

(8) 木村弘之亮『租税法総則』三九頁以下（成文堂、一九九八）参照。

(9) 木村弘之亮『租税法学』一五頁以下（税務経理協会、一九九九年）参照。

(10) サラリーマン税金訴訟として注目を集めた大島訴訟では、給与所得者は、事業所得者などの他の所得者と比較して所得税法上、差別的な取扱いを受けており、差別的取扱いに合理的な理由が存在しないのであるから憲法一四条一項の「法の下の平等」に反するものであると主張して、具体的には次の三点を争点として主張を展開した。すなわち、所得税法の給与所得者課税が租税公平主義に違反していると主張して以下の三点を争点として提起したものである。

1 事業所得等の金額の計算について、事業所得者等がその年中の収入金額を得るために実際に要した金額による必要経費の実額控除を認めているにもかかわらず、給与所得の金額の計算については、給与所得者がその年中の収入金額を得るために実際に要した金額による必要経費の実額控除を認めず、金額を著しく下回る額の給与所得控除を認めるにとどまるものである。このように給与所得者は必要経費を実額控除できず、事業所得者は実額控除できることを定める所得税法の規定は不合理な差別であるとして、憲法一四条一項の「平等」規定に違反し違憲か。

2 給与所得者と申告納税を採る事業所得者等との間に見られる所得の補足率の格差は納税制度の不合理な差別に基因するか。クロヨン（九・六・四）問題は、給与所得者の大半に源泉徴収制度が適用され、事業所得者には確定申告させるといった差別的取り扱いを定めた所得税法にその原因があるか。

3 給与所得者には認められていない合理的な根拠が見当たらない租税特別措置は給与所得者を著しく不利に扱うものである。同訴訟で、原告納税者は所得税法の給与所得者課税規定が租税公平主義に違反するとの主張を展開した。最高裁は立法裁量論を採用し、原告の主張を斥けたが、その後の特定支出控除制度など法改正に影響を及ぼした（最大判昭和六〇年三月二七日民集三九巻二号二四七頁以下参照）。

大島訴訟の詳細は、増田英敏、前掲注（3）一八一頁以下を参照。

(11)　前掲「戸松意見書」四八頁。

(12)　租税法律主義の租税法における位置づけについての詳細は、山田二郎「租税法における法の支配」『租税訴訟』一号三頁以下（二〇〇七）参照。

(13)　同「戸松意見書」四九頁。

(14)　金子宏、前掲注（2）七三頁。

(15)　最大判昭三〇年三月二三日民集九巻三号三三六頁。

(16)　増田英敏、前掲注（3）二四頁以下。

二　戸松意見書と課税要件の遡及的適用の問題
――立法の遡及適用と運用（解釈・適用）の遡及適用の問題の類型化

租税法律主義は課税要件法定主義と課税要件明確主義を中核的内容として、租税法律関係における国民の予測可能性と法的安定性を担保するという重要な機能を有する。したがって、租税法規の遡及適用は、租税法律主義の機能を阻害するものであるから、租税立法の遡及適用の禁止は租税法律主義を内容を構成する原則として理解されている。

戸松意見書では、この租税立法の不遡及の原則を前提に、「日本国憲法のもとで、新たな課税をする立法が制定され、それを制定時から遡って適用されるような事態はみあたらない。立法者は、租税法律主義に立脚した立法をし、憲法秩序は維持されてきたといえる。論議を引き起こすのは、法律の解釈・適用の過程で、従来とは異なった運用をする場合であり、本件の問題（筆者注：武富士事件の争点である借用概念としての住所概念の変更の問題）もこれに属する。

租税法律主義の原則は、租税立法の解釈・適用の内容をある時点で変更した運用することを認めない。それは、憲法八四条が「租税の変更」の場合に、法律の改正によることを命じていることから明らかであるし、そもそもいったん制定した租税立法を解釈によって適用内容が変更されたなら、すでに確認した租税法律主義の意義が破壊されてしまうからである。

問題となるのは、租税立法は、専門技術性を内容とすることが少なくなく、規定の解釈について一義的に定まらない場合がある。それ故、すでに確認したように、租税立法の規定は、他の法律より詳細、具体的となっているのだが、それでも解釈が分かれることがある。そして、ある時点での新しい解釈がいっそう合理的だといえる場合がある。しかし、たとえ合理的な解釈がなされたうえでの変更であっても、それを将来に向けて、通達による適用の一律化、徹底をはかる場合はともかく、過去に遡って適用することは、租税法律主義の原則の否定につながる。」として、課税要件の立法の遡及適用の禁止と解釈適用の段階での運用の変更を遡及適用の問題に分類し、両段階における遡及適用がいずれも租税法律主義違反であることを明らかにしている。

租税法研究者は、武富士事件を住所概念という私法上の借用概念を解釈の在り方として、租税法律主義の予測可能性を重視する立場から仮に租税回避目的であったとしても、借用元である民法上の住所概念をそのまま用いるべきである（統一説）とする立場と、租税回避の阻止という目的を加味して租税法独自の解釈がなされるべきであるとする立場から問題の検討を行ってきた。

しかし、戸松意見書では、武富士事件を憲法秩序の維持と課税要件の解釈適用という運用段階での遡及的変更が租税法律主義により維持されてきた憲法秩序が破壊されるという、新たな問題提起がなされている。

そこで、まず武富士事件と、租税立法の遡及適用の憲法適合性が争点とされた損益通算廃止立法の遡及適用事件の最高裁判決を素材に、租税法律主義の憲法秩序維持の問題について検討を試みたい。

三　租税立法の遡及適用と租税法律主義——損益通算廃止立法遡及適用事件(17)

本件は、土地等の譲渡損失を損益通算することを所得税法は認めていたが、この損益通算制度を廃止するとした法改正が行われた。この改正は、平成一六年四月一日に施行されたが、附則で同年一月一日遡及して適用するという取り扱いがなされた。この遡及適用の憲法適合性が争点とされた事案である。

1　事案の概要

本件の事実の概要は以下の通りである。

平成一二年以降、政府税制調査会や国土交通省の「今後の土地税制のあり方に関する研究会」等において、操作性の高い投資活動等から生じた損失と事業活動等から生じた所得との損益通算の制限、地価下落等の土地をめぐる環境の変化を踏まえた税制及び他の資産との均衡を失しない市場中立的な税体系の構築等について検討の必要性が指摘されていたところ、平成一五年一二月一七日に取りまとめられた与党の平成一六年度税制改正大綱では、平成一六年分以降の所得税につき長期譲渡所得に係る損益通算を廃止する旨の方針が決定され、翌日の新聞で上記方針を含む上記大綱の内容が報道された。そして、平成一六年一月一六日には上記大綱の方針に沿った政府の平成一六年度税制改正の要綱が閣議決定され、これに基づいて本件損益通算廃止を改正事項に含む法案として立案された所得税法等の一部を改正する法律案が、同年二月三日に国会に提出された後、同年三月二六日に成立して同月三一日に改正法として公布され、同年四月一日から施行された。平成一六年三月三一日に公布され同年四月一日に施行された改正措置法三一条一項後段の規定を同年一月一日以後同年三月三一日までの間に行われた土地等又は建物等の譲渡について適用するものとする本件改正附則二七条一項の規定が定められた。

この附則により、同年一月一日に遡及して改正措置法の適用されることになった。この納税者にとって不利益な立法の遡及適用が憲法八四条から導かれる租税法律主義に違反するか否かが争点とされたのが本件である。

本件上告人（以下「X」という）は、平成五年四月以来所有する土地を譲渡する旨の売買契約を同一六年一月三〇日に締結し、これを同年三月一日に買主に引き渡した。

上告人は、平成一七年九月、平成一六年分の所得税の確定申告書を所轄税務署長に提出したが、その後、上記譲渡によって長期譲渡所得の金額の計算上生じた損失の金額については他の各種所得との損益通算が認められるべきであり、これに基づいて税額の計算をすると還付がされることになるとして、更正の請求をした。これに対し、所轄税務署長は、平成一八年二月、更正をすべき理由がない旨の通知処分をし、上告人からの異議申立て及び審査請求はいずれも棄却された。

2　当事者の主張

X（原告・上告人）の主張

憲法八四条が定める租税法律主義は、納税者の法的安定を図り、将来の予測可能性を与えることを目的にしているから、本件のような期間税である所得税についても、年度途中で年度の初めに遡って適用される租税改正立法については、年度開始前に納税者が一般的にしかも十分予測できる場合に限って許され、そうでない限り、納税者の信頼を裏切る遡及立法として、憲法八四条に違反する。

しかるに、本件改正附則は、年度途中に施行された改正措置法を年度開始時に遡って適用することを定めるものでありながら、年度開始前にほとんど一般に周知されておらず、仮に納税者が年度開始前に知り得たとしても、その期間は七日程度の短期間に止まるのであるから、納税者に予測可能性があったとはいえない。その上、改正措置法が定める遡及適用を含む損益通算禁止は、正確な資料に基づかず、しかも財政上の必要性のないものであるから、本件改正附則は憲法八四条に違反する。

Y（被告・被上告人）の主張

本件改正附則が、未だ平成一六年分の所得税の納税義務が成立していない同年の途中で施行された損益通算廃止等を内容とする改正措置法を年度開始時点から適用することを定めているのは、所得税の期間税としての性質上むしろ当然のことであり、遡及立法禁止の原則に違反しない。

また、本件改正附則を含む改正措置法の立法目的は、現行の土地譲渡益課税制度を見直し、他の資産と均衡の取れた市場中立的な税体系を構築することにあり、そのため、土地建物等の譲渡所得に係る損益通算の廃止は税率引下げ等と一つのパッケージとされ、土地市場の活性化を図るために早急な実施が必要であった。

さらに、土地建物等の譲渡所得に係る損益通算の廃止及びそれが平成一六年分以後の所得税について適用されることは、平成一六年分所得税の課税期間が開始される以前からある程度国民に対して周知されていた。

これらの事情等に照らせば、本件改正附則の立法目的は正当であり、その内容はその立法目的との関連で不合理であることが明らかであるとは到底いえないから、本件改正附則は憲法八四条に違反しない。

3　判旨

(1)　最高裁の判旨

1)　暦年途中の改正法施行が納税者の課税関係に影響するか

「(1)　所得税の納税義務は暦年の終了時に成立するものであり（国税通則法一五条二項一号）、措置法三一条の改正等を内容とする改正法が施行された平成一六年四月一日の時点においては同年分の所得税の納税義務はいまだ成立していないから、本件損益通算廃止に係る上記改正後の同条の規定を同年一月一日から同年三月三一日までの間にされた長期譲渡に適用しても、所得税の納税義務自体が事後的に変更されることにはならない。しかしながら、長期譲渡は既存の租税法規の内容を前提としてされるのが通常と考えられ、また、所得税が1暦年に累積する個々の所得を基礎として課税されるものであることに鑑みると、改正法施行前にされた上記長期譲渡について暦年途中の改正法施行により変更された上記規定を適用することは、これにより、所得税の課税関係における納税者の租税法規上の地位が変更され、課税関係における法的安定に影響が及び得るものというべきである。」

2)　憲法八四条の「租税法律主義」適合性判断の基準

「(2)　憲法八四条は、課税要件及び租税の賦課徴収の手続が法律で明確に定められるべきことを規定するものであるが、これにより課税関係における法的安定が保たれるべき趣旨を含むものと解するのが相当である（最高裁平成一二年（行ツ）第六二号、同年（行ヒ）第六六号同一八年三月一日大法廷判決・民集六〇巻二号五八七頁参照）。そして、法律で一旦定められた財産権の内容が事後の法律により変更されることによって法的安定に影響が及び得る場合における当該変更の憲法適合性については、当該財産権の性質、その内容を変更する程度及びこれを変更することによって保護される公益の性質などの諸事情を総合的に勘案し、その変更が当該財産権に対する合理的な制約として容認されるべきものであるかどうかによって判断すべきものであるところ（最高裁昭和四八年（行ツ）第二四号同五三年七月一二日大法廷判決・民集三二巻五号九四六頁参照）、上記(1)のような暦年途中の租税法規の変更及びその暦年当初からの適用によって納税者の租税法規上の地位が変更され、課税関係における法的安定に影響が及び得る場合においても、これと同様に解すべきものである。なぜなら、このような暦年途中の租税法規の変更にあっても、その暦年当初からの適用がこれを通じて経済活動等に与える影響は、当該変更の具体的な対象、内容、程度等によって様々に異なり得るものであるところ、上記のような租税法規の変更及び適用も、最終的には国民の財産上の利害に帰着するものであって、その合理性は上記の諸事情を総合的に勘案して判断されるべきものであるという点において、財産権の内容の事後の法律による変更の場合と同様というべきだからである。

したがって、暦年途中で施行された改正法による本件損益通算廃止に係る改正後措置法の規定の暦年当初からの適用を定めた本件改正附則が憲法八四条の趣旨に反するか否かについては、上記の諸事情を総合的に勘案した上で、このような暦年途中の租税法規の変更及びその暦年当初からの適用による課税関係における法的安定への影響が納税者の租税法規上の地位に対する合理的な制約として容認されるべきものであるかどうかという観点から判断するのが相当と解すべきである。」

3）あてはめ

① 遡及立法の立法目的の合理性

「(3) そこで、以下、本件における上記諸事情についてみることとする。まず、改正法による本件に係る措置法の改正内容は前記2のとおりであるところ、上記改正は、長期譲渡所得の金額の計算において所得が生じた場合には分離課税がされる一方で、損失が生じた場合には損益通算がされることによる不均衡を解消し、適正な租税負担の要請に応え得るようにするとともに、長期譲渡所得に係る所得税の税率の引下げ等とあいまって、使用収益に応じた適切な価格による土地取引を促進し、土地市場を活性化させて、我が国の経済に深刻な影響を及ぼしていた長期間にわたる不動産価格の下落（資産デフレ）の進行に歯止めをかけることを立法目的として立案され、これらを一体として早急に実施することが予定されたものであったと解される。また、本件改正附則において本件損益通算廃止に係る改正後措置法の規定を平成一六年の暦年当初から適用することとされたのは、その適用の始期を遅らせた場合、損益通算による租税負担の軽減を目的として土地等又は建物等を安価で売却する駆け込み売却が多数行われ、上記立法目的を阻害するおそれがあったため、これを防止する目的によるものであったと解されるところ、平成一六年分以降の所得税に係る本件損益通算廃止の方針を決定した与党の平成一六年度税制改正大綱の内容が新聞で報道された直後から、資産運用コンサルタント、不動産会社、税理士事務所等によって平成一五年中の不動産の売却の勧奨が行われるなどしていたことをも考慮すると、上記のおそれは具体的なものであったというべきである。そうすると、長期間にわたる不動産価格の下落により既に我が国の経済に深刻な影響が生じていた状況の下において、本件改正附則が本件損益通算廃止に係る改正後措置法の規定を暦年当初から適用することとしたことは、具体的な公益上の要請に基づくものであったということができる。そして、このような要請に基づく法改正により事後的に変更されるのは、上記（1）によると、納税者の納税義務それ自体ではなく、特定の譲渡に係る損失により暦年終了時に損益通算をして租税負担の軽減を図ることを納税者が期待し得る地位にとどまるものである。納税者にこの地位に基づく上記期待に沿った結果が実際に生ずるか否かは、当該譲渡後の暦年終了時までの所得等のいかんによるものであって、当該譲渡が暦年当初に近い時期のものであるほどその地位は不確定な性格を帯びるものといわざるを得ない。」

② **立法裁量論に立脚した合憲判断**

「また、租税法規は、財政・経済・社会政策等の国政全般からの総合的な政策判断及び極めて専門技術的な判断を踏まえた立法府の裁量的判断に基づき定立されるものであり、納税者の上記地位もこのような政策的、技術的な判断を踏まえた裁量的判断に基づき設けられた性格を有するところ、本件損益通算廃止を内容とする改正法の法案が立案された当時には、長期譲渡所得の金額の計算において損失が生じた場合にのみ損益通算を認めることは不均衡であり、これを解消することが適正な租税負担の要請に応えることになるとされるなど、上記地位について政策的見地からの否定的評価がされるに至っていたものといえる。

以上のとおり、本件損益通算廃止に係る改正後措置法の規定の暦年当初からの適用が具体的な公益上の要請に基づくものである一方で、これによる変更の対象となるのは上記のような性格等を有する地位にとどまるところ、本件改正附則は、平成一六年四月一日に施行された改正法による本件損益通算廃止に係る改正後措置法の規定を同年一月一日から同年三月三一日までの間に行われた長期譲渡について適用するというものであって、暦年の初日から改正法の施行日の前日までの期間をその適用対象に含めることにより暦年の全体を通じた公平が図られる面があり、また、その期間も暦年当初の三か月間に限られている。納税者においては、これによって損益通算による租税負担の軽減に係る期待に沿った結果を得ることができなくなるものの、それ以上に一旦成立した納税義務を加重されるなどの不利益を受けるものではない。

（4）　これらの諸事情を総合的に勘案すると、本件改正附則が、本件損益通算廃止に係る改正後措置法の規定を平成一六年一月一日以後にされた長期譲渡に適用するものとしたことは、上記のような納税者の租税法規上の地位に対する合理的な制約として容認されるべきものと解するのが相当である。したがって、本件改正附則が、憲法八四条の趣旨に反するものということはできない。また、以上に述べたところは、法律の定めるところによる納税の義務を定めた憲法三〇条との関係についても等しくいえることであって、本件改正附則が、同条の趣旨に反するものということもできない。以上のことは、前掲各大法廷判決の趣旨に徴して明らかというべきである。所論の点に関する原審の判断は、以上の趣旨をいうものとして、是認することができる。論旨は採用することができない。

なお、論旨は、上告人がした長期譲渡につき、本件改正附則によって本件損益通算廃止に係る改正後措置法の規定を適用することの違憲をもいうが、その実質は本件改正附則自体の法令としての違憲をいうものにほかならず、それとは別に違憲をいう前提を欠くものであって、民訴法三一二条一項及び二項に規定する事由のいずれにも該当しない。」

4 検討

はじめに

本件と同様の一六年改正の遡及適用の合憲性を争点とした福岡地判平成二〇年一月二九日は違憲判決（適用違憲）を下したが、同判決の判例解説を筆者は『TKC税研情報』一七巻五号一頁以下（二〇〇八年）に発表した[18]。同判例解説では、筆者は福岡地裁判決が租税法律主義の予測可能性の確保を重視した妥当な判決であるとして評価すると述べた。

その後、一連の同改正をめぐる遡及適用の合憲性の判断を争点とした訴訟で相次いで合憲判断が示された。下級審では上記福岡地裁判決を除きすべて合憲判決が示されていたが、上告審である最高裁が本判決の通り、合憲の判断を下した[19]。

本稿では、本件の一審、原審の判断を踏まえたうえで、本判決である最高裁判断の構造を整理し批判的検討を加えることにする。

(1) 改正の経緯

本件の争点とされた平成一六年の住宅・土地税制の改正[20]は、土地、建物の譲渡所得の課税の特例について、特別控除後の譲渡益の二〇パーセントから税率を一五パーセントに引き下げるという税率軽減措置とともに、土地、建物等の長期譲渡所得の金額の計算上生じた損失の金額については、原則として土地、建物等の譲渡による所得以外の所得との損益通算及び翌年以降の繰越控除を認めないことにした損益通算等を廃止する一方で、住宅ローン残高があるなどの一定の要件を充足した場合の損益通算および繰越控除を認める特例を新設するといった内容を骨子とするものであった。この改正の内容自体には合理性が担保されていると評価できる。

しかし、問題は、同改正措置法は、平成一六年四月一日から施行するが、新措置法三一条の規定（損益通算の廃止等）等は、個人が平成一六年一月一日以後に行う同条一項に規定する土地、建物等の譲渡について適用すると、新措置法附則一条柱書されており、損益通算措置の廃止は一月一日にさかのぼって適用することが規定されていたところにある。

さらに、この法改正に至る経緯も唐突との表現がまさに当てはまるものであったといえよう。

本件改正は、その内容が、平成一五年一二月一五日の政府税制調査会の総会までは全く触れられず、同月一七日の「与党税制改正大綱の骨子」に唐突ともいえる状況の下で提示されたものである。したがって、非居住用土地・建物等の譲渡損失の損益通算・繰越控除を廃止することが盛り込まれていることをこの時点で知りえた国民は、一部の専門家を除けば皆無に等しい状況にあったといえる。

さらに、本件改正法は、平成一六年二月三日に国会に法案が提出され、同年三月二六日に成立し、同月三一日に公布されるとともに同年四月一日に施行されたが、一方で同改正法は同年一月一日以降の土地建物の譲渡取引に遡及して適用されることが附則において定められたのである。

この改正に至る経緯を確認すると、まさに租税法規の遡及適用であることに異論をはさむ余地はない。

そこで問題となったのは、譲渡損失という担税力減殺要因を他の所得と通算することにより担税力に応じた課税の実現を図るといった、所得税法の中核的所得測定要素である損益通算の廃止は、納税者にとっては不利益な取り扱いであるところから、同改正法が憲法原理である不利益取扱の遡及立法禁止原則に抵触し、憲法違反といえるのではないかという点である。

本件は、まさに同改正が唐突にしかも遡及適用されたことを不合理であると考えた納税者が原告となって提訴した事案である。

(2) 本判決の意義

本件で問題にされた税制改正は、納税者の税負担を損益通算により軽減することを遮断するという納税者に不利益な取り扱いを遡及適用することを内容としたものである。まさに本件改正が不利益遡及立法の禁止原則に抵触するか否かが問題とされた事案である。

遡及適用され損益通算を拒否された納税者が、この遡及適用が憲法八四条違反であるとして、福岡、千葉、東京の裁判所に相次いで取消訴訟を提起した。地裁レベルでは福岡地判平成二〇年一月二九日のみが違憲判断を下し、他の裁判所は合憲判断を下していた。各事件の判決の結果をみると合憲判決が大勢を占めているわけであるが、控訴審の判断を不服とした納税者が上告しており、最高裁の判断が待たれ、注目されてきたが、本判決がはじめて最高裁として判断を示したものである。結果は合憲判断が示されたが、租税法規の憲法適合性が正面から争点とされた事案の最高裁判断であるところに本判決の意義を見いだせる。

唐突に改正を行うだけではなく、その改正を遡及して適用するといった遡及立法の合憲性を最高裁がいかに判断するかについては、国民の注目するところであった。本判決の直後の平成二三年九月三〇日に同じく最高裁で本判決と同様に合憲判断が示された。

一連の下級審の判断と本判決により、遡及立法禁止原則の射程の明確化がなされ、さらに遡及立法禁止原則と租税法律主義の関係も明確にされたという点は本判決の意義として最も重要といえよう。

（3）本件の一審、原審の判断の論理と本判決（最高裁）の論理

一六年税法改正の遡及適用の合憲性を争点とした同種の訴訟は、福岡、千葉、東京のそれぞれの地方裁判所に提起された。福岡及び千葉の事案は本人が訴訟を提起したものである。それぞれの訴訟の結論は、福岡地判平成二〇年一月二九日（判例時報二〇〇三号四三頁）は違憲判決（適用違憲）が言い渡されたが、それ以外はすべて合憲判決が言い渡された。(21)

1）第一審判決（千葉地判平成二〇年五月一六日）(22)

本件の第一審判決は、まず、遡及立法の禁止の原則が「租税法規については、刑罰法規の場合と異なり、遡及立法の禁止を明文する憲法の規定は存在しないものの、租税法規について安易に遡及立法を認めることは、租税に関する一般国民の予測可能性を奪い、法的安定性をも害することになることから特段の合理性が認められない限り、原則として許されるべきではなく、このことを憲法八四条は保障しているものと解される。」として、遡及立法禁止が憲法上明文で規定されているものではないが、安易に遡及立法を認めると予測可能性と法的安定性を阻害することになるから租税法律主義の内容を構成する原則であると位置づけ、そのうえで合理性のある遡及立法は認容されるとの立場を採用した。

そのうえで、所得税が期間税であることを強調し、「期間税の場合であっても、納税者は、通常、その当時存在する租税法規に従って課税が行われることを信頼して各種の取引行為を行うものであるといえるから、その取引によって直ちに納税義務が発生するものではないとしても、そのような納税者の信頼を保護し、租税法律主義の趣旨である国民生活の法的安定性や予見可能性の維持を図る必要はあるところ、期間税について、年度の途中において納税者に不利益な変更がされ、年度の始めに遡って適用される場合とはいっても、立法過程に多少の時間差があるにすぎない場合や、納税者の不利益が比較的軽微な場合であるとか、年度の始めに遡って適用しなければならない

必要性が立法目的に照らし特に高いといえるような場合等種々の場合が考えられるのであるから、このような場合を捨象して一律に租税法規の遡及適用であるとして、原則として許されず、特段の事情がある場合にのみ許容されると解するのは相当ではない。」と判示した。この裁判所の論旨は、期間税であっても予測可能性と法的安定性の確保がないがしろにされてよいとは言えないが、「立法過程に多少の時間差があるにすぎない場合」や、「納税者の不利益が比較的軽微な場合」、そして、「立法目的に照らして合理性が存在する場合」等にも、一律に遡及立法が禁止されると解すべきではないと判示して、遡及立法禁止原則が絶対的な原則であると解すことはできないとした。

そして、大島訴訟の最高裁判決で示された租税法規の違憲判断の基準である立法裁量論に立脚した違憲判断の基準を次のように展開した。すなわち、「租税法規において、国民の課税負担を定めるについては、財政・経済・社会政策等の国政全般からの総合的な政策判断を必要とするばかりでなく、極めて専門技術的な判断を必要とすることも明らかであるから、納税義務者に不利益に租税法規を変更する場合は、その立法目的が正当なものであり、かつ、当該立法において具体的に採用された措置が同目的との関連で著しく不合理であることが明らかでない限り、憲法違反となることはないと解するのが相当であり、そして、当該立法措置が著しく不合理かどうかを検討するに際しては、それが厳密には納税義務者に不利益な遡及立法とはいえないとしても、不利益に変更される納税者の既得利益の性質、の内容を不利益に変更する程度、及びこれを変更することによって保護されるべき公益の性質、納税者の不利益を回避するためにあらかじめ取られた周知等の措置等を総合的に勘案すべきである。」と判示して、本件の争点に対する判断の基準を明示している。

この判断は、合憲判断の典型的論理構成である立法裁量論に基づき、合理性の基準と明白性の基準を組み合わせた判断基準を用いたものである。

2）控訴審（東京高判平成二〇年一二月四日）(23)

原審の東京高判平成二〇年一二月四日は、遡及立法禁止原則が租税法律主義の趣旨から派生した原則であることを確認しつつ、「所得税は、いわゆる期間税であり、暦年の終了の時に納税義務が成立するものと規定されている（国税通則法一五条二項一号）。したがって、暦年の途中においては、納税義務は未だ成立していないのであり、そうとすれば、その暦年の途中において納税者に不利益な内容の租税法規の改正がなされ、その改正規定が暦年の開始時（一月一日）にさかのぼって適用されることとされたとしても（以下、これを「暦年当初への遡及適用」という。）、このような改正（立法）は、厳密な意味では、遡及立法ではない。」と判示して、本件改正が所得税が期間税であり、納税義務が暦年途中では成立していないのであるから、そもそも例年当初に遡及したとしても納税義務が成立していない以上厳密な意味での遡及立法には該当しないとしている。

一方で、「しかし、厳密な意味では遡及立法とはいえないとしても、本件のように暦年当初への遡及適用（改正措置法三十一条一項の暦年当初への遡及適用）によって納税者に不利益を与える場合には、憲法八四条の趣旨からして、その暦年当初への遡及適用について合理的な理由のあることが必要であると解するのが相当である。

ただ、暦年当初への遡及適用に合理的な理由があるか否かについては、「租税は、今日では、国家の財政需要を充足するという本来の機能に加え、所得の再配分、資源の適正配分、景気の調整等の諸機能をも有しており、国民の租税負担を定めるについて、財政・経済・社会政策等の国政全般からの総合的な政策判断を必要とするばかりでなく、課税要件等を定めるについて、極めて専門技術的な判断を必要とすることも明らかである。したがって、租税法の定立については、国家財政、社会経済、国民所得、国民生活等の実態についての正確な資料を基礎とする立法府の政策的、技術的な判断にゆだねるほかはなく、裁判所は、基本的にはその裁量的判断を尊重せざるを得ないものというべきである。」（最高裁昭和六〇年三月二七日大法廷判決・民集三九巻二号二四七頁参照）と解される。すなわち、本件においても、立法府の判断がその合理的裁量の範囲を超えると認められる場合に初めて暦年当初への遡及適用が憲法八四条の趣旨に反するものということができるものというべきである。」と判示して、納税者に対する不利益な遡及立法は合理的理由がある場合にのみ許容されるとし、その合理性の判断は大島訴訟最高裁判決が示したぐお兼性判断の論理である立法裁量論に立脚した判断によるべきであるとした。

3）本判決（最高裁判決）

ところで、最高裁判決としての本判決は、課税関係における法的安定性をことのほか重視し、まず、判断の基準を「憲法八四条は、課税要件及び租税の賦課徴収の手続が法律で明確に定められべきことを規定するものであるが、これにより課税関係における法的安定が保たれるべき趣旨を含むものと解するのが相当である〔最高裁平成一二年（行ツ）第六二号、同年（行ヒ）第六六号同一八年三月一日大法廷判決・民集六〇巻二号五八七頁参照〕。そして、法律で一旦定められた財産権の内容が事後の法律により変更されることによって法的安定に影響が及び得る場合における当該変更の憲法適合性については、当該財産権の性質、その内容を変更する程度及びこれを変更することによって保護される公益の性質などの諸事情を総合的に勘案し、その変更が当該財産権に対する合理的な制約として容認されるべきものであるかどうかによって判断すべきものであるところ〔最高裁昭和四八年（行ツ）第二四号同五三年七月一二日大法廷判決・民集三二巻五号九四六頁参照〕、上記（1）のような暦年途中の租税法規の変更及びその暦年当初からの適用によって納税者の租税法規上の地位が変更され、課税関係における法的安定に影響が及び得る場合においても、これと同様に解すべきものである。」として、その判断の基準を明示している。

本判決で注目すべきは、憲法八四条の租税法律主義の趣旨を「法的安定性の確保」に集約している点である。租税法律主義の趣旨は、国民の課税関係における予測可能性と法的安定性の確保という二つの機能を確保するところにあると通説的には理解されているが、最高裁は法的安定性の確保をその趣旨として終始判断の論理の中心に据えていることは本判決の特徴といえよう。

本判決は、法的安定性に影響を与える租税法律の変更の合憲性は、「財産権の性質」、「変更の内容の程度」を勘案し、「その変更が財産権に対する合理的制約」として許容されるかといった総合的判断によるべきであるとしている。

さらに、「このような暦年途中の租税法規の変更にあっても、その暦年当初からの適用がこれを通じて経済活動等に与える影響は、当該変更の具体的な対象、内容、程度等によって様々に異なり得るものであるところ、上記のような租税法規の変更及び適用も、最終的には国民の財産上の利害に帰着するものであって、その合理性は上記の諸事情を総合的に勘案して判断されるべきものであるという点において、財産権の内容の事後の法律による変更の場合と同様というべきだからである。」と判示して、暦年途中の租税法規の変更も、その合理性は、「変更の対象、内容、程度」を総合して判断すべきものであるとしている。

ところで、本判決でも、租税法規の合憲性判断の基準とされてきた大島訴訟における立法裁量論を、同訴訟大法廷判決部分を引用こそしていないが、「租税法規は、財政・経済・社会政策等の国政全般からの総合的な政策判断及び極めて専門技術的な判断を踏まえた立法府の裁量的判断に基づき定立されるものであり、納税者の上記地位もこのような政策的、技術的な判断を踏まえた裁量的判断に基づき設けられた性格を有する上記の合理性の判断は、立法裁量論に立脚してなされるべきこと」と判示して、立法裁量論の考え方を踏まえて租税法規の変更の合理性についても判断すべきことを明示している。

本件では、一審から最高裁まで合憲判断を下しているが、その論理には差異がみられる。各裁判所で共通しているのは、租税法規の違憲立法審査権の行使に対しては、大島訴訟大法廷判決を踏襲し、立法裁量論に立脚した違憲判断の基準によることを明示している点である。

さらに、控訴審である東京高裁は、本件改正が、所得税が期間税であるから、納税義務は暦年終了時に成立するもので、そうすると、本件改正が遡及立法には該当しないとしている。

(4) 本判決と違憲判断を下した福岡地判平成二〇年一月二九日[24]の判断の構造との比較

福岡地判平成二〇年一月二九日は、同改正の憲法適合性を否定して以下の通り判断した。

まず、原告は譲渡当時の租税法規定を前提に損益通算が可能であると信じて本件譲渡資産の売却を行ったが、この改正法の遡及適用により損益通算ができなくなり著しい不利益を被ったと主張している。とりわけ、「本件改正の内容は、平成一五年一二月一五日の政府税制調査会の総会までは全く触れられず、同月一七日の「与党税制改正大綱の骨子」に唐突に登場しており、本件改正が予見可能性のないものであったことは明らかで、しかも、その内容について十分な審議も行われていない。さらに、本件改正法が成立したのは平成一六年三月二六日であり、その後十分な周知期間を置くこともなく公布・施行されており、その適用は、長期間の資産計画の下に資産譲渡を行った原告の権利を奪うものである。」として、予測可能性の確保が全くなされずに遡及して適用されたことは租税法規不遡及の原則に違反しており、違憲であると主張している。

一方、被告は、税制改正の早急な必要性などを主張のうえ、とりわけ所得税が期間税であるところを強調して次のように主張する。すなわち、「所得税は期間税であり、譲渡所得の金額の計算は一暦年を単位としてその期間ごとにされるものであるから、暦年の途中で損益通算に関する規定の改正が行われた場合に、その適用を当該暦年の初日からとすることは当然であって、本件改正は適正なものである。」と主張した。

両者の主張の詳細は前述のとおりであるが、この両者の主張に対して、裁判所は、本件改正が遡及適用であり本件原告との関係で違憲であると判示した。その判旨は、全文を前述したがその骨子を簡潔に整理すると、以下のとおりである。

1）　租税法規不遡及の原則と租税法律主義

「憲法上明文の規定はないものの、憲法八四条が規定している租税法律主義は、国民に不利益を及ぼす租税法規の遡及適用を禁じていると解すべきである。なぜならば、租税法律主義は、国民の経済生活に法的安定性、予見可能性を保障することをその重要な機能とするものであるところ、国民に不利益を及ぼす遡及立法が許されるとするとこの機能が害されるからである。」

2）　租税法規不遡及の原則の例外の許容範囲——租税法律主義の機能を害しないことが許容要件

「租税法規不遡及の原則は絶対的なものではなく、租税の性質、遡及適用の必要性や合理性、国民に与える不利益の程度やこれに対する救済措置の内容、当該法改正についての国民への周知状況等を総合勘案し、遡及立法をしても国民の経済生活の法的安定性又は予見可能性を害しない場合には、例外的に、租税法規不遡及の原則に違反せず、個々の国民に不利益を及ぼす遡及適用を行うことも、憲法上許容されると解するのが相当である。」

3）　本件改正は不利益取扱いの遡及適用に該当する

「租税法規の遡及適用の禁止は、国民の経済生活に法的安定性、予見可能性を保障する機能を有することにかんがみると、遡及適用とは、新たに制定された法規を施行前の時点に遡って過去の行為に適用することをいうと解すべきである。本件改正は、平成一六年三月二六日に成立し、同月三一日に公布され、同年四月一日から施行されたものであるところ、その施行前である同年一月一日から同年三月三一日までの建物等の譲渡について適用するものであるから、遡及適用に該当するというべきである。」

4）　不遡及原則は所得税が期間税か否かによって左右されない

「確かに、期間税の場合、納税者の納税義務の内容が確定するのは1暦年の終了時であるが、遡及適用に当たるかどうかは、新たに制定された法規が既に成立した納税義務の内容を変更するものかどうかではなく、新たに制定された法律が施行前の行為に適用されるものであるかどうかで決せられるべきである。なぜならば、期間税の場合であっても、納税者は、その当時存在する租税法規に従って課税が行われることを信頼して、各種の取引行為等を行うのであって、そのような納税者の信頼を保護し、国民生活の法的安定性や予見可能性の維持を図る要請は、期間税であるかどうかで変わりがないからである。」

5）例外的に遡及適用が許される場合に該当するか——結論——該当せず違憲

「本件改正で遡及適用を行う必要性・合理性（とりわけ、損益通算目的の駆け込み的不動産売却を防止する必要性など）は一定程度認められはするものの、損益通算を廃止するかどうかという問題は、その性質上、その暦年途中に生じ、あるいは決定せざるを得ない事由に係っているものではないこと、本件改正は生活の基本である住宅の取得に関わるものであり、これにより不利益を被る国民の経済的損失は多額に上る場合も少なくないこと、平成一五年一二月三一日時点において、国民に対し本件改正が周知されているといえる状況ではなかったことなどを総合すると、本件改正の遡及適用が、国民に対してその経済生活の法的安定性又は予見可能性を害しないものであるということはできない。損益通算目的の駆け込み的不動産売却を防止する必要性も、駆け込み期間を可及的に短くする限度で許容されるのであって、それを超えて国民に予見可能性を与えないような形で行うことまでも許容するものではないというべきである。

そうすると、本件改正は、上記特例措置の適用もなく、損益通算の適用を受けられなくなった原告に適用される限りにおいて、租税法規不遡及の原則（憲法八四条）に違反し、違憲無効というべきである。」

この福岡地裁の判決の論理を整理すると、まず、当該改正が遡及適用か否かについて遡及適用であると結論付けた上で、その遡及適用が租税法律主義に抵触するかを検討するという論理の組み立て方を採用している。

遡及適用に該当するとの前提に立脚したうえで、租税法律主義の派生原則である租税法規不遡及の原則は絶対的原則ではなく、例外的に遡及適用を許容する原則であるから、同改正が例外的に許容される遡及適用かどうかを総合的に検討し、許容される場合に該当しないとして、違憲の判断を導き出すという論理構造を本判決はとっている。

すなわち、まず、争点とされる租税法規不遡及の原則は租税法律主義の予測可能性の確保の要請から導出される憲法原理であり、不遡及の原則に抵触することは租税法律主義に違背し憲法違反となることを確認したうえで（判旨（1））、同原則が絶対的なものではなく例外的に遡及適用が許容される場合があり、その例外的に許容される場合とは、①遡及適用に必要性と合理性が存在し、そして、②租税法律主義の機能である国民生活に法的安定性と予測可能性が遡及適用により害されない場合に限り遡及適用が許容される（判旨（2））と判示している。

さらに認定された事実に基づけば本件改正は租税法規の遡及適用に該当するものであると結論付けている（判旨（3））。そして、本件遡及適用が例外的に許容される上記①および②の場合に該当するか否かを詳細に検討している。

なお、租税法規不遡及の原則は国民生活の法的安定性と予測可能性の確保を要請しているのであるから、所得税が期間税であるとしても、その遡及適用により国民の予測可能性が侵害されれば同原則に抵触するとしてYの主張を排斥した。

本件改正が例外的に遡及適用が許容される二つの場合（要件）に該当するかを、認定された事実を総合的に検証し、許容される場合に該当しないので違憲であるとの結論を導出したものである（判旨（5））。

一方、合憲判断を下した一連の事例の本最高裁判決も含め、その論理は、以下の通りである。

① 租税法規の不遡及原則には例外の存在が許容され、その例外として許容されるか否かは、総合的判断で合理性・必要性があれば遡及適用は許容されるとまず判断基準を明示する。

② 所得税は期間税であるところから遡及適用に該当しない。

所得税の納税義務が成立するのはその暦年の終了の時であって、その時点では当該改正法が既に施行されているのであるから、納税義務の成立及びその内容という観点からみれば、当該改正法が遡及して適用されその変更をもたらすものであるということはできない。

③ 予測可能性が確保されたか——予測可能性がなかったとまではいえない。

自由民主党の決定した平成一六年度税制改正大綱が日本経済新聞に掲載された平成一五年一二月一八日には、その周知の程度は完全ではないにしても、平成一六年分所得税から土地等又は建物等の長期譲渡所得について損益通算制度が適用されなくなることを納税者において予測することができる状態になったということができる。

④ 結論——遡及適用の合理的必要性があり予測可能性もないとはいえないから合憲である。

その個々の譲渡についてみれば納税者が一定の不利益を受け得ることは否定できないが、納税者の平成一六年分所得税の納税義務の内容自体を不利益に変更するものではなく、遡及適用をすることに合理的な必要性が認められ、かつ、納税者においても、既に平成一五年一二月の時点においてその適用を予測できる可能性がなかったとまではいえないのであるから、これらの事情を総合的に勘案すると、当該変更は合理的なものとして容認されるから、本件改正附則二七条一項が租税法律主義に反するということはできない。

不遡及原則の例外は遡及適用の合理性が確認できれば認められるべきであるとしながら（上記①）、一方で、本件改正は所得税が期間税であることを根拠に遡及適用に該当しないと判示している（上記②）。そのうえで、本件改正に予測可能性がなかったとはいえないとし（上記③）、最後に遡及適用の合理的必要性を検証し、遡及適用の必要性に合理性があるから租税法律主義に抵触しないとの結論を導出している（上記④）。所得税が期間税であるとの性質を考慮すると遡及適用に該当しないと判示しているのであるが、そうであれば予測可能性の有無や合理性の検証をするまでもなく、そもそも憲法適合性を判断するまでもないといえよう。

（5）租税法律主義と租税法規不遡及の原則

1）申告納税制度と租税法律主義

申告納税制度は、国民自らが租税法を解釈・適用して自己の納税義務の範囲を確定し、履行していくものであるから、租税法は、まさに納税者のためにあるということができる。戦後の民主主義憲法の制定に伴い、主権者である国民が納税する形態として民主主義に最もふさわしい納税制度として導入されたのが申告納税制度であるということができる。

租税法律主義は、この申告納税制度を円滑に遂行させるうえでのインフラを構築する基本原理である。憲法八四条は「あらたに租税を課し、又は現行の租税を変更するには、法律又は法律の定める条件によることを必要とする。」と定めて、租税法律主義を憲法原理として明確に定めている。

租税法律主義の内容は、課税要件法案主義、課税要件明確主義、合法性の原則、手続保障の原則、そして、本件の争点とされている租税法規不遡及の原則などによって構成されているとされる[25]。課税要件が法定され、かつ明確であり、その課税要件法の通りに租税行政が遂行されることが保障されることにより、納税者自らが自己の納税義務の範囲を確定させることが可能となる。このような納税環境を確保することができるよう租税法律主義は要請しているのである。

租税は時の権力者により恣意的に課されるものであることは歴史的事実である。その恣意的課税の危険を阻止するために、租税の賦課・徴収の条件として、国民の同意が必要であるという仕組みを国家の最高法規に定め、そして、国家運営の基本原理としての憲法原理として尊重すべきであることを憲法八四条に明確に定めたところに租税法律主義の本質があろう[26]。

租税法律主義は、租税法の定めの存在しないところに国民の納税義務が生じないことを明確に保障する原則であるから、租税の賦課・徴収が恣意的に行われることを阻止し、国民の自由と財産を保護することにある。主権者である国民の権利が租税により侵害されることを防止するところに租税法律主義の最も重要な機能がある。

租税法が課税要件及び賦課・徴収手続を定めることにより、納税義務の成立・消滅・履行に関して、納税者が予測することが可能となると同時に、租税法律関係における法的安定性の確保が保障される。

租税法律主義の現代的機能は、予測可能性と法的安定性の確保にある。

国民の経済活動の高度化・複雑化のもとで国民は自らの納税申告を行うのであるから租税法律関係における予測可能性の確保の機能がとりわけ重視されることになる。この租税法律主義の機能は、申告納税制度の存立を実質的に担保していくものであることは先に確認したとおりであるが、租税法律不遡及の原則は納税者の予測可能性の確保のために不可欠の原則ということができる。

2）租税法規不遡及の原則の通説的理解

租税法は他の法分野と同様に、その制定・施行以後に発生した事実に適用されるのが原則とされる。税法が過去の事実に遡って適用されてしまうと、国民生活における予測可能性と既存の法律関係の安定（法的安定性）を害し、その結果として国民に予期しない不利益を与える結果を招く。

そこで、この不利益を回避するために租税法規不遡及の原則が租税法律主義の内容を構成する基本原則の一つと位置付けられてきた。この租税法規不遡及の原則の学説・判例の理解をここで整理しておこう。

学説上の遡及立法に対する通説的理解は次の見解に代表される。すなわち、「過去の事実や取引から生ずる納税義務の内容を、納税者の利益に変更する遡及立法は許される、と解してよい。しかし、それを納税義務者の不利益に変更する遡及立法は、原則として許されないと解すべきであろう。人々は、現在妥当している租税法規に依拠しつつすなわち、現在の法規に従って課税が行われることを信頼しつつ各種の取引を行うのであるから、後になってその信頼を裏切ることは、租税法律主義の狙いである予測可能性や法的安定性を害することになる。憲法は、この点について明文の定めをおいていないが、憲法八四条は納税者の信頼を裏切るような遡及立法を禁止する趣旨を含んでいる、と解すべきである[27]」との理解が通説として受け入れられよう[28]。

一方、判例上も、租税法規不遡及の原則は、「過去の事実や取引を課税要件とする新たな租税を創設し、あるいは過去の事実や取引から生ずる納税義務の内容を納税者の不利益に変更するいわゆる遡及立法は、現在の法規に従って課税が行われるとの一般国民の信頼を裏切り、その経済生活における予測可能性や法的安定性を損なうことになるのであって、その合理性を基礎づける特段の根拠がない限り、租税法律主義を定める憲法八四条の趣旨に反し、許されない[29]」と理解されていることが確認できる。

法の公布の日より前に遡って過去の事実にその法を適用する遡及立法は納税者の予測可能性と法的安定性の確保を阻害する。納税者の経済行為は、その行為の時点においていかなる課税関係が生じるかを前提に行われるので、行為時点において存在しない課税要件が後日立法されるか変更され、しかもその課税要件規定が過去の行為時点に遡って適用されることになると、納税者の租税法律関係における予測可能性は確保されない。そうすると、課税要件をいかに明確に定め、合法性が確保されたとしても租税法律主義の機能は担保されないことは自明である。したがって、租税法の領域における遡及立法の禁止は、租税法律主義の機能を実質的に維持する上で不可欠な原則といえよう。

（6）所得税の期間税としての性質を根拠とする主張の誤りについて

遡及適用の本件改正の憲法適合性を争点とした一連の訴訟において、国側の主張は所得税が期間税であることを根拠に本件改正の附則の規定はそもそも遡及立法に当たらないことを次のように主張している。すなわち、「所得税一暦年（一月一日から一二月三一日まで）の所得ごとに課税され、暦年の終了時に納税義務が成立する期間税であるところ、譲渡所得の金額の計算は、一暦年を単位としてその期間ごとになされるものであって、個々の譲渡行為が行われるごとにされるものではない。…中略　そうすると、一暦年の途中においては未だ当該年分の納税義務は成立していないのであるから、暦年途中の法改正において、その暦年開始時からの譲渡につき損益通算を認めないことにしたとしても、既に成立した所得税の納税義務の内容を変更することにはならない。」として、所得税の期間税としての性格を強調することにより、所得税の場合には暦年途中では納税義務は成立していないのであるから、本件改正を一月一日に遡及したとしても、租税法規の遡及適用には当たらないとの主張を展開した。

しかし所得税が期間税であることを根拠に遡及適用に当たらないとするその主張には次の二つの理由により問題とされるべきである。

そもそも、本件の争点は、改正法規の遡及適用が、納税者の予測可能性を侵害し、憲法八四条が命じる租税法律主義に反するものか否かにある。したがって、本件の納税者の資産譲渡時点において損益通算の廃止が予見できたか否か、納税者の予測可能性は確保されていたのかどうかという最も本質的な前提が検討されなければならないのである。

所得税の性質が期間税であるから予測可能性が確保されたという主張は予測可能性の意味を誤って理解したものと思われる。予測可能性は取引時点において課税関係の帰結が租税法規により確保されること意味している。租税法律主義は法の存在により予測可能性が確保されることを要請しているのである。期間税の性格を強調することにより予測可能性を侵害してもよいことにはならないのである。遡及立法の禁止の趣旨は、遡及立法により予測可能性が侵害されることを避けることにある。遡及立法に該当しないという主張の成否は、唯一納税者の予測可能性が確保されるか否かにあるといえよう。

したがって、上記福岡地裁判決が「期間税の場合であっても、納税者は、その当時存在する租税法規に従って課税が行われることを信頼して、各種の取引行為等を行うのであって、そのような納税者の信頼を保護し、国民生活の法的安定性や予見可能性の維持を図る要請は、期間税であるかどうかで変わりがないからである。」と判示したことは、まさに不遡及原則の本質を踏まえた判断として評価されるべきであろう。

第二は、所得税の期間税の性質という租税理論上の形式面から単純に遡及立法ではないと解することはできないという点である。所得税は所得の発生源泉の相違による担税力の強弱に着目し、所得区分を設けている。所得の発生源泉による異なる所得形態が混在している。収入の集積による事業所得と一回生の性質の強い譲渡所得とを一緒にして議論するのは危険である。

具体的に論じると、たとえば、個人が五〇〇〇万円で取得した土地を一〇〇〇〇万円で譲渡した場合には五〇〇〇万円の所得が発生し、課税要件法である所得税の三三条の要件を充足したとする。その譲渡所得に対する納税義務の成立時点は暦年終了時点ではなく譲渡時点である。(30) 売買契約が成立し、取引が履行されたその時点が納税義務の成立時点である。この譲渡所得税はこの売買契約時点で具体的に予見できることを前提として制度設計がなされているはずである。ところが、本件のように一月に譲渡してその損失を損益通算できることを見込んでいた納税者にとって、四月一日公布の損益通算廃止を定めた改正が一月一日さかのぼって適用になるとしても期間税であれば遡及立法にならないとの主張は受け入れ難い。

そうすると、納税義務の成立が暦年終了時点であるとの論理により、遡及立法該当性を回避することは理論上困難といえよう。

期間税であっても、譲渡所得をみると一回性の譲渡行為の時点を基準に納税義務が成立するのであるから、その譲渡事実に改正税法を遡及して適用するのであるから、まさに遡及適用といえる。

さらに、国側の主張を受け入れると、暦年終了間際の一二月に法改正が行われ、一月に遡及して適用したとしても遡及適用にはならないことになる。[31] この論理は社会通念上到底認められない。

福岡地裁判決が明確に判示したように、遡及適用か否かは「新たに制定された法律が施行前の行為に適用されるものであるかどうかで決せられるべきである。」とする見解は妥当な見解といえよう。[32]

(7) 小括

本判決は、憲法八四条が定める租税法律主義の趣旨を課税関係における法的安定性にあるとして論理を展開している。しかし、ますます複雑化する経済取引の中で租税法律主義の役割は法的安定性はもちろんであるが予測可能性を国民は求めているのである。いかなる経済取引により租税法律関係がいかに構成されるのかを取引時点において正確に予測できることの重要性はますます重要性を増している。

ところが、本判決は本件改正により法的安定性に侵害されているかについて、その侵害の程度とその改正の合理性とを考量し、立法裁量論に立脚し緩やかな違憲審査基準により判断するとの立場を明確にしている。

訴訟当事者である納税者が理不尽であると訴えているのは、取引時点における予測可能性を侵害するような納税者にとって不利益な遡及適用は租税法律主義に抵触し違憲であると主張しているのである。

上告理由書からも確認できるように、取引時点で現行の所得税法の規定を前提に租税法律関係の確定を予測して取引を行ったのであり、その予測を裏切る遡及適用は、予測可能性の確保を法によって達成することを要請する租税法律主義に反すると主張しているのである。

にもかかわらず、租税法律主義の一方の機能である法的安定性が確保されていたか否かのみを検討の視点に据えて法的安定性は一定程度確保されていたとする本判決は、問題の本質に裁判所が正面から回答していないとの批判を免れない。

すくなくとも「近年の租税法改正においては、前述のような不意打ち課税が多く、しかも、大事な改正項目が納税者には目立たないように行われるケースが目立っていた。不意打ち課税に加えて、本件のような遡及的課税まで憲法上許されていると解すべきではない(33)」し、そのような不意打ち課税をもたらす立法の在り方に対して歯止めとなるような判断を示すべき役割を裁判所は担っているはずである。

とりわけ、立法府はこれらの基本原則をいかに尊重すべきかが常に問われる存在である。租税法規の不遡及の原則といった、納税者の予測可能性の確保に不可欠の要件を堅持することは申告納税制度の健全な育成に不可欠である。

租税法律主義の現代的機能として予測可能性の確保がますます重要性を増しているにもかかわらず、この予測可能性の視点からの検討を回避した本最高裁判決には疑問を呈さざるを得ない。

(17)　最小判平成二三年九月二二日判タ一三五九号七五頁、判時二一三二号三四頁。

(18)　筆者は、違憲判断を下した福岡地判平成二〇年一月二九日と東京地判平成二〇年二月一四日との判決の論理を比較検討したうえで、租税法律主義の内容とされる同原則の射程を詳細に以下の論文により検討した。増田英敏「不利益な税法改正の遡及適用租税法律不遡及の原則」『税務弘報』五六巻七号七九頁以下（平成二〇年八月号）を本稿とともに参照されたい。また、『TKC税研情報』一七巻五号（二〇〇八年一〇月号）には「譲渡損失の損益通算を付加とする税制改正の遡及適用の憲法適合性」と題して、福岡地裁平成二〇年一月二九日判決の判例評釈を筆者は寄稿している。本書と合わせて参照されたい。

他に、この問題を取り上げた主な文献として、山田二郎「税法の不利益遡及立法と租税法律主義」税法学五五九号五五頁以下（二〇〇八）、同『「不利益遡及立法と租税法律主義」再論』税法学五六三号四〇一頁以下（二〇一〇）、同「不利益遡及立法と裁判所の違憲立法審査権」自由と正義一〇頁以下（二〇一〇年）、品川芳宣「土地建物等の譲渡損失に係る損益通算禁止規定の合憲性（遡及立法の禁止）」TAマスター二三九号二三頁（二〇〇九）、田中治「土地の譲渡と租税特別措置法の適用をめぐる問題」税務事例研究一〇七号二三頁（二〇〇九年）、三木義一「租税法規の遡及適用をめぐる問題」税理二〇〇八年五月号七一頁、等を参照されたい。

(19) 所得税の納税義務が成立するのはその暦年の終了の時であって、その時点では当該改正法が既に施行されているのであるから、納税義務の成立及びその内容という観点からみれば、当該改正法が遡及して適用されその変更をもたらすものであるということはできない

(20) 平成一六年法律第一四号「所得税法等の一部を改正する法律」は、次のような改正を含むものであった。

ア　土地、建物等の長期譲渡所得の課税の特例について、次のように所得税の税率を引き下げた（税率軽減）。

…中略

エ　居住用財産の買換等の場合の譲渡損失の繰越控除制度について、譲渡資産に住宅借入金残高がない場合を適用対象に加えるなどの改正をしたほか、買換えをした年の一二月三一日に買換資産に係る住宅借入金があるなど一定の要件がある場合には、譲渡資産に係る譲渡損失の金額について、他の所得との通算を認めることにした（損益通算等を認める特例措置。新措置法四一条の五）。

オ　特定居住用財産の譲渡損失の金額がある場合に、譲渡資産の譲渡の前日に譲渡資産に係る住宅借入金があるなど一定の要件があれば、当該損失の金額について、他の所得との通算を認めることとした（損益通算等を認める特例措置。新措置法四一条の五の二）。

カ　新措置法は、平成一六年四月一日から施行するが、新措置法31条の規定等は、個人が平成一六年一月一日以後に行う同条一項に規定する土地、建物等の譲渡について適用することとした（適用時期。新措置法附則一条柱書、二七条一項、三二条）。

(21) 本件（上告審）の原告側代理人を務められた山田二郎弁護士は『税法学』五六三号四〇一頁以下（二〇一〇）に『「不利益遡及立法と租税法律主義」再論』と題して、この問題を検討されており、同論考の冒頭部分で判例の動向について次のように整理されている。すなわち、「①福岡地判平成二〇・一・二九・Z八八八–一一三二二、判時二〇〇三号四三頁、（違憲判決、控訴。Z番号は、（有）日税連情報サービス発行の「タインズ」のデータベース番号）②東京地判平成二〇・二・一四・Z八八八–一三二三（合憲判決控訴）、③千葉地判平成二〇・五・一六・Z八八八–一三三一、（合憲判決控訴）④福岡高判平成二〇・一〇・二一・Z八八八–一三六九、判時二〇三五・二〇（逆転合憲判決①の控訴審判決（確定））⑤東京高判平成二〇・一二・四（民八）・Z八八八–一三八七（合憲判決、③の控訴審判決（上告、最高裁第一小法廷に係属中））⑥東京高判平成二一・三・一一（民二）・Z八八八–一四一三（合憲判決、②の控訴審判決（上告、最高裁第二小法廷に係属中））」と整理され、判決の結果は、全事件が合憲判決となっていて、全事案の結果が納税者敗訴となったことを確認されている。

(22) 千葉地判平成二〇年五月一六日TAINS　Z二五八–一〇九五八。

(23) 東京高判平成二〇年一二月四日TAINS　Z二五八–一一〇九九。

(24) 福岡地判平成二〇年一月二九日判時二〇〇三号四三頁ＴＡＩＮＳ　Ｚ二五八‐一〇八七四。
(25) 金子宏、前掲注（2）七六頁以下参照。
(26) 増田英敏『リーガルマインド租税法4版』三三頁（成文堂、二〇一三）。
(27) 金子宏、前掲注（2）一一五頁。
(28) なお、租税法規不遡及に関する学説の状況についての詳細は、高野幸大「不動産譲渡損益通算廃止の立法過程にみる税制の不利益遡及の原則」税務弘報五二巻七号一五六頁以下参照（二〇〇四）。
(29) 東京高判平成一一年一一月一一日税資二四五号二六一頁。
(30) 谷口勢津夫「納税義務の確定の法理」芝池ほか編『租税行政と権利保護』六四頁（ミネルヴァ書房、一九九五）。課税要件法の観点からすれば課税要件が充足されたときに納税義務が成立すると考える。
(31) 所得税の期間税の法理と遡及立法の原則の詳細な研究は次の文献を参照されたい。三木、前掲注（18）、七三頁以下参照。
(32) 北野弘久名誉教授は期間税に限っては遡及効が認められるとしながらも、本件改正については、「この損益通算禁止規定は二〇〇四年一月一日からの不動産取引から適用することと法律で規定された。個人の不動産取引は一年間においてそんなにしばしば行われるものではない。人々は、同法律が公布・施行されるまでは損益通算禁止規定の存在を知る由がない。二〇〇四年一月一日からの不動産取引から適用することとしたことは人々の法的安定性を害し違憲と言わねばならない。少なくとも二〇〇四年四月一日以降の不動産取引から損益通算禁止の不利益規定を適用することとすべきであった」同『税法学原論第6版』一〇四頁（青林書院、二〇〇七）との見解を示しておられる。
(33) 三木義一、前掲注（18）二八五頁参照。

四　租税立法の執行・運用段階の遡及適用と租税法律主義
――武富士事件の新展開(34)

住所概念については租税法は定義規定を用意していないので民法上の住所概念の借用であるとされている。この借用概念の解釈の在り方が問われた事件が本件である。

巨額の贈与税回避目的で住所を香港に移転させ、租税回避を成就させた原告納税者の行為を否認するために居住意思という主観的要素を住所概念を解釈の名のもとに概念構成した国側の主張の可否が争点とされた。

この国の主張は、戸松意見書によれば、「住所」概念の新しい解釈を過去の取引に遡及して適用するものであり、租税法律主義により確保された憲法秩序を破壊するものであり、違憲であるとされる。同意見書の切り口は従来の租税法研究者とは一線を画す見解であると思われる。武富士事件の検討を以下で試みる。

1　事件の概要

この事件は、消費者金融大手の武富士の故武井保雄会長とその妻が保有していたオランダ所在の子会社株式を香港居住の長男に贈与したことに対して、原処分庁が贈与時点の長男の主たる生活の本拠地は日本にあったと認定し、一一五七億円余の贈与税および加算税一七三億円余の課税処分がなされたことを不服とした原告が出訴した事案である。本件では長男（原告）が贈与時点に国内に住所を有していたか否かが争点とされた。株式贈与時点で受贈者である原告が国内に住所を有していたと認定されれば、我が国の贈与税の納税義務を負うことになる。贈与時点当時の相続税法では国外財産を非居住者に贈与した場合には贈与税の納税義務者に該当しないとされていた（なお、平成一二年度税制改正でこの方法による租税回避は封殺されることになった）。

本件は、贈与税改正が予想されるとの情報を得た原告らが、弁護士、公認会計士の助言に基づいて、国外財産を国外居住者に贈与するという贈与税回避スキームを実行に移した、いわゆる租税回避事件であったといえよう。

贈与者が所有する財産を国外へ移転し、更に受贈者の住所を国外に移転させた後に贈与を実行することによって、我が国の贈与税の負担を回避するという方法が、平成九年当時において既に一般に紹介されており、原告等は、同年二月ころ、このような贈与税回避の方法について、弁護士から概括的な説明を受けていたことが訴訟過程において認定されている。

本件の実質的な争点は、贈与時点で原告の住所が日本と香港のいずれに所在していたか、という住所の認定にあった。住所の認定に際しては、そもそも「住所」とは何か、といった住所概念が明らかにされなければならない。住所について租税法は特に定義規定を用意していないところから、民法二二条が定める『生活の本拠』概念を借用したものと理解されている。住所概念が借用概念とされながら、借用元の民法上の住所認定判断の要素に含まれていない租税回避の意図を、租税法解釈の名の下に租税法が独自に認定基準の一つとして加えることができるか否かが争点とされた。

2　最高裁の判旨

(1)　原審の判断の否定

「原審は、上記事実関係等の下において、次のとおり判断して、Xの請求を棄却すべきものとした。

Xは、贈与税回避を可能にする状況を整えるために香港に出国するものであることを認識し、本件期間を通じて国内での滞在日数が多くなりすぎないよう滞在日数を調整していたと認められるから、Xの香港での滞在日数を重視し、これを国内での滞在日数と形式的に比較してその多寡を主要な考慮要素として本件香港居宅と本件杉並居宅のいずれが住所であるかを判断するのは相当ではない。Xは、本件期間を通じて四日に一日以上の割合で国内に滞在し、国内滞在中は香港への出国前と変わらず本件杉並居宅で起居していたこと、香港への出国前から、本件会社の役員という重要な地位にあり、本件期間中もその役員としての業務に従事して昇進もしていたこと、Aの跡を継いで本件会社の経営者になることが予定されていた重要人物であり、本件会社の所在する我が国が職業活動上最も重要な拠点であったこと、香港に家財等を移動したことはなく、香港に携行したのは衣類程度にすぎず、本件香港居宅は、ホテルと同様のサービスが受けられるアパートメントであって、長期の滞在を前提とする施設であるとはいえないものであったこと、香港において有していた資産は総資産評価額の〇・一％にも満たないものであったこと、香港への出国時に借入れのあった銀行やノンバンクの多くに住所が香港に異動した旨の届出をしていないなど香港を生活の本拠としようとする意思は強いものであったとはいえないことなどからすれば、Xが本件期間の約三分の二の日数、香港に滞在し、現地において関係者との面談等の業務に従事していたことを考慮しても、本件贈与を受けた時においてXの生活の本拠である住所は国内にあったものと認めるのが相当であり、Xは法一条の二第一号及び二条の二第一項に基づく贈与税の納税義務を負うものである。」とする原審の判断を、本判決は「しかしながら、原審の上記判断は是認することができない。」と判示して、その理由は、次のとおりとしている。

(2) 住所の概念と認定基準

「(1) 法一条の二によれば、贈与により取得した財産が国外にあるものである場合には、受贈者が当該贈与を受けた時において国内に住所を有することが、当該贈与についての贈与税の課税要件とされている（同条一号）ところ、ここにいう住所とは、反対の解釈をすべき特段の事由はない以上、生活の本拠、すなわち、その者の生活に最も関係の深い一般的生活、全生活の中心を指すものであり、一定の場所がある者の住所であるか否かは、客観的に生活の本拠たる実体を具備しているか否かにより決すべきものと解するのが相当である〔最高裁昭和二九年（オ）第四一二号同年一〇月二〇日大法廷判決・民集八巻一〇号一九〇七頁、最高裁昭和三二年（オ）第五五二号同年九月一三日第二小法廷判決・裁判集民事二七号八〇一頁、最高裁昭和三五年（オ）第八四号同年三月二二日第三小法廷判決・民集一四巻四号五五一頁参照〕。」

(3) 上記住所の概念と認定基準の本件事実への当てはめと結論

「これを本件についてみるに、前記事実関係等によれば、上告人は、本件贈与を受けた当時、本件会社の香港駐在役員及び本件各現地法人の役員として香港に赴任しつつ国内にも相応の日数滞在していたところ、本件贈与を受けたのは上記赴任の開始から約二年半後のことであり、香港に出国するに当たり住民登録につき香港への転出の届出をするなどした上、通算約三年半にわたる赴任期間である本件期間中、その約三分の二の日数を二年単位（合計四年）で賃借した本件香港居宅に滞在して過ごし、その間に現地において本件会社又は本件各現地法人の業務として関係者との面談等の業務に従事しており、これが贈与税回避の目的で仮装された実体のないものとはうかがわれないのに対して、国内においては、本件期間中の約四分の一の日数を本件杉並居宅に滞在して過ごし、その間に本件会社の業務に従事していたにとどまるというのであるから、本件贈与を受けた時において、本件香港居宅は生活の本拠たる実体を有していたものというべきであり、本件杉並居宅が生活の本拠たる実体を有していたということはできない。

原審は、上告人が贈与税回避を可能にする状況を整えるために香港に出国するものであることを認識し、本件期間を通じて国内での滞在日数が多くなりすぎないよう滞在日数を調整していたことをもって、住所の判断に当たって香港と国内における各滞在日数の多寡を主要な要素として考慮することを否定する理由として説示するが、前記のとおり、一定の場所が住所に当たるか否かは、客観的に生活の本拠たる実体を具備しているか否かによって決すべきものであり、主観的に贈与税回避の目的があったとしても、客観的な生活の実体が消滅するものではないから、上記の目的の下に各滞在日数を調整していたことをもって、現に香港での滞在日数が本件期間中の約三分の二（国内での滞在日数の約二・五倍）に及んでいる上告人について前記事実関係等の下で本件香港居宅に生活の本拠たる実体があることを否定する理由とすることはできない。このことは、法が民法上の概念である「住所」を用いて課税要件を定めているため、本件の争点が上記「住所」概念の解釈適用の問題となることから導かれる帰結であるといわざるを得ず、他方、贈与税回避を可能にする状況を整えるためにあえて国外に長期の滞在をするという行為が課税実務上想定されていなかった事態であり、このような方法による贈与税回避を容認することが適当でないというのであれば、法の解釈では限界があるので、そのような事態に対応できるような立法によって対処すべきものである。そして、この点については、現に平成一二年法律第一三号によって所要の立法的措置が講じられているところである（筆者傍線）。

原審が指摘するその余の事情に関しても、本件期間中、国内では家族の居住する本件杉並居宅で起居していたことは、帰国時の滞在先として自然な選択であるし、上告人の本件会社内における地位ないし立場の重要性は、約二・五倍存する香港と国内との滞在日数の格差を覆して生活の本拠たる実体が国内にあることを認めるに足りる根拠となるとはいえず、香港に家財等を移動していない点は、費用や手続の煩雑さに照らせば別段不合理なことではなく、香港では部屋の清掃やシーツの交換などのサービスが受けられるアパートメントに滞在していた点も、昨今の単身で海外赴任する際の通例や上告人の地位、報酬、財産等に照らせば当然の自然な選択であって、およそ長期の滞在を予定していなかったなどとはいえないものである。また、香港に銀行預金等の資産を移動していないとしても、そのことは、海外赴任者に通常みられる行動と何らそごするものではなく、各種の届出等からうかがわれる上告人の居住意思についても、上記のとおり上告人は赴任時の出国の際に住民登録につき香港への転出の届出をするなどしており、一部の手続について住所変更の届出等が必須ではないとの認識の下に手間を惜しんでその届出等をしていないとしても別段不自然ではない。そうすると、これらの事情は、本件において上告人について前記事実関係等の下で本件香港居宅に生活の本拠たる実体があることを否定する要素とはならないというべきである。

以上によれば、上告人は、本件贈与を受けた時において、法一条の二第一号所定の贈与税の課税要件である国内（同法の施行地）における住所を有していたということはできないというべきである。

したがって、上告人は、本件贈与につき、法一条の二第一号及び二条の二第一項に基づく贈与税の納税義務を負うものではなく、本件各処分は違法である。

5　以上と異なる原審の前記判断には、判決に影響を及ぼすことが明らかな法令の違反がある。論旨は理由があり、原判決は破棄を免れない。」

3　本判決の検討——租税法律主義の視点から

(1) 本件の意義と位置付け

1）本件の意義

本件は、消費者金融最大手の創業者からその長男（原告・X）に国外株式を贈与した際の、受贈者であるXの住所地の認定が国内とされるか国外とされるかが争点とされた事案である。Xの住所が国内と認定されれば贈与税の納税義務が生じることになる。

平成一一年当時の相続税法の下では、贈与時点の受贈者の住所が国内に存在すれば、贈与税の納税義務をその受贈者は負うことになっていた。Xは、香港に生活の拠点を置き、ベンチャーキャピタル会社の経営に従事していたから、住所は日本国内になく、国外の香港に所在するとして、贈与税の納税義務は生じないと主張した。一方、被告（Y・国側）は、そもそもX等は、巨額の贈与税の回避を企図して、国外財産（本件贈与株式）を国外に居住するXに贈与するという租税回避のスキームを計画的に作出したものであるから、滞在日数等の客観的な証拠があるとしても住所は国内にあったものと認定するのが妥当であり、当該納税義務はXに存すると主張したものである。

本件は贈与税額が巨額に上ることや、消費者金融により巨額の富を蓄財した親がその子に対して、蓄財した財産に贈与税を課されること無しに、贈与税を回避して首尾よく移転させることに成功するか否かがといった点も含めて、社会的にも大いに注目された事案である。

さらに、一審の東京地裁では原告の主張が認容されたが、控訴審である東京高裁では租税回避の意図の存在を重視した判断が示され、逆転で原告が敗訴した。高裁判断を不服として原告が上告したものであり、最高裁の判断の行方はとりわけ注目されたところである。本判決のとおり、上告審では原告の主張が認容され、原告が勝訴判決を勝ち取ったものである。

すなわち、Xが贈与税の回避を目的として香港に生活の居所を移転したことが認定されており、Xが香港に在住する合理的根拠は贈与税の回避以外に見当たらないから、本人の居住意思や租税回避の意思も住所の所在の主たる認定要素として加味すべきであるとする見解に立つYと、最高裁の住所の判断基準として示された基準に適合すると思われる具体的な証拠を列挙して住所が国外の香港にあることを主張するXは事実認定をめぐり鋭く対立している。

2）本件の判例上の位置付け

贈与税の納税義務の存否をめぐり受贈者の住所の認定を争点とした事例としてはさしあたり、東京地判平成一七年一月二八日[35]を取り上げることができる。この事例では、原告の義父らがシンガポール法人の株式を原告に贈与したが、贈与時には、原告は日本国内に住所を有しない非居住者であるとの主張の可否が争点とされた。

裁判所は「租税法において人の住所につき法律上の効果を規定している場合に、生活の本拠がいずれの土地にあると認めるべきかについては、租税法が多数人を相手方として課税を行う関係上、便宜、客観的な表象に着目して画一的に規律せざるを得ないところからして、居住、職業、国内において生計を一にする配偶者その他の親族を有するか否か、資産の所在等の客観的事実に基づき、総合的に判定するのが相当である。」として住所認定の判断基準を本件と同様に客観的事実に求めるとしたうえで、「原告が平成九年一二月九日に香港に到着した後の就労、滞在状況等を総合勘案すると、原告は、本件決定（平成九年一二月から四ヶ月間、語学力の向上を重点に香港で勤務すること）によって提供された勤務地である香港に赴任すれば、原告の住所が国外にあり、原告が相続税法一条の二第二号にいう非居住者に該当するという外形を作出することができるものとして企図して、平成九年一二月九日に日本を出国して香港に入国したにすぎず、同月一八日当時、生活の本拠が移転しているとまではいえず、生活の本拠は、依然として日本国内の本件マンションに存在していたものと認めるのが相当である。」と判示して、原告の住所は、贈与時点において国内にあったと認定し、原告の訴えを退けている。

当該事案では、原告の居住の意思や租税回避の意思といった主観的要素を排除し、「客観的表象に着目し」、客観的事実に基づいて総合的に判断するとして、香港滞在の日数や就労状況、そして、マンションの所在といった客観的な証拠を総合的に勘案して香港に住所があったということはできないと認定し、判示したものである。

また、所得税法二条一項三号の定める住所の認定を争点とした最判昭和六三年七月一五日[36]は、住所の認定の判断基準について、「所得税法の解釈適用上当該個人の生活の本拠がいずれの土地にあると認めるべきかは、租税法は多数人を相手方として課税を行う関係上、便宜、客観的な表象に着目して画一的に規律せざるを得ないところからして、客観的な事実、即ち住居、職業、国内において生計を一にする配偶者その他の親族を有するか否か、資産の所在等に基づき判定するのが相当である。」と判示している。

いずれの事例も、租税回避行為の意思などの主観的要素を住所の認定基準から排除し、客観的な事実を証拠として事実認定を行ったものといえよう。本件の判旨もこの判断を踏襲したものと位置づけることができよう。

(2) 下級審の判断

1) 東京地裁の判断

武富士事件の第1審である東京地裁（東京地判平成一九年五月二三日税資第二五七号―一〇八（順号一〇七一七））は、住所の認定基準について、「法令において人の住所につき法律上の効果を規定している場合、反対の解釈をすべき特段の事由のない限り、住所とは、各人の生活の本拠を指すものと解するのが相当であり（最高裁昭和二九年一〇月二〇日判決参照)、生活の本拠とは、その者の生活に最も関係の深い一般的生活、全生活の中心を指すものである(最高裁判所第三小法廷昭和三五年三月二二日・民集一四巻四号五五一頁参照)。そして、一定の場所がある者の住所であるか否かは、租税法が多数人を相手方として課税を行う関係上、客観的な表象に着目して画一的に規律せざるを得ないところからして、一般的には、住居、職業、国内において生計を一にする配偶者その他の親族を有するか否か、資産の所在等の客観的事実に基づき、総合的に判定するのが相当である。(筆者下線)」と判示し、行為者の主観的な意図を考慮すべきか否かについては、「これに対し、主観的な居住意思は、通常、客観的な居住の事実に具体化されているであろうから、住所の判定に無関係であるとはいえないが、かかる居住意思は必ずしも常に存在するものではなく、外部から認識し難い場合が多いため、補充的な考慮要素にとどまるものと解される。」として、住所の認定判断には行為者の主観的意思は補充的な考慮要素にとどまるとして主たる住所認定の基準として採用すべきではないと判示した。

2)　控訴審(東京高裁)の判断

ところが、同控訴審(東京高判平成二〇年一月二三日判例タイムズ一二八三号一一九頁)では住所の意義については一審と同様に最高裁の判決を引用しているが、後半部分で下線部分の通り、東京地裁が補充的考慮要素とした「居住の意思」を主要な判断要素の一つとすると判示した。すなわち、「法令において人の住所につき法律上の効果を規定している場合、反対の解釈をすべき特段の事由のない限り、その住所とは、各人の生活の本拠を指すものと解するのが相当であり(最高裁判所昭和二九年一〇月二〇日大法廷判決・民集八巻一〇号一九〇七頁参照)、生活の本拠とは、その者の生活に最も関係の深い一般的生活、全生活の中心を指すものである(最高裁判所昭和三五年三月二二日第三小法廷判決・民集一四巻四号五五一頁参照)。そして、一定の場所が生活の本拠に当たるか否かは、住居、職業、生計を一にする配偶者その他の親族の存否、資産の所在等の客観的事実に、①居住者の言動等により外部から客観的に認識することができる居住者の居住意思を総合して判断するのが相当である。②なお、特定の場所を特定人の住所と判断するについては、その者が間断なくその場所に居住することを要するものではなく、単に滞在日数が多いかどうかによってのみ判断すべきものでもない（最高裁判所昭和二七年四月一五日第三小法廷判決・民集六巻四号四一三頁参照）。（筆者傍線および番号を追記）」と判示して、下線部①のとおり原告の居住意思を重視し、さらに下線部②のとおり、居住日数という客観的な数値の多寡により判断するものでもないとして、第一審の判断を取消し、被告国側の主張を認容した。

同控訴審判決は、上記のとおり住所の認定基準として居住の意思をほかの判断基準と同格に位置づけ総合的に判断するとしている。職業や財産の所在といった客観的証拠により認定される基準と、個人の居住の意思という主観的要素を同列に扱い総合的に判断すると判示しているのである。意思を主たる判断要素に加えると、客観的な滞在日数などの証拠は、その意思が色濃く反映された法的評価が変容してくるのは必然ともいえる。

たとえば、「被控訴人は、……香港に居住すれば将来贈与を受けた際に贈与税の負担を回避できること及び上記の方法による贈与税回避を可能にする状況を整えるために香港に出国するものであることを認識し、出国後は、本件滞在期間を通じて、本件贈与の日以後の国内滞在日数が多すぎないように注意を払い、滞在日数を調整していた」として、租税回避の目的等、原告の香港滞在の意思を重視し、その目的が租税回避目的であることを詳細な事実認定により論証しており、租税回避の意思の下に居所、職業、財産、滞在日数といった客観的証拠を再評価しており、租税回避の意図の存在が住所認定の中心的な認定基準とされている。

3）整理——両判決の相違点

東京地裁判決は、居住意思その他被控訴人（原告）の主観的事情について、原告が「日本出国日時点においても、香港に居住すれば将来贈与をうけた際に贈与税の負担を回避できることを認識していた可能性もあり得るものと考えられる」と認定しつつも、「被告の主張は、原告の租税回避意思を過度に強調したものであって、客観的な事実に合致するものであるとはいい難い」として、被告の主張を批判し、客観的証拠に基づいた事実認定がなされるべきことを確認した。一方、東京高裁の判断は、まさに「その前提としての判断基準と考慮要素の比重を生活の本拠地の判断において変更しており、その結果東京地裁判決と大きな相違をもたらしている。同判決は、租税回避目的（さらにはその認識）を過度に評価し、租税回避目的と多くの認定事実の評価を関連付けることによって原判決取消しとの結論を導いている」（占部裕典「贈与税の租税回避行為と『住所』の認定」税理五一巻五号九三頁（二〇〇八年））と整理することができよう。

なお、ここでは議論の便宜上から以下では、上記東京地裁判決が採用した客観的事実により住所を認定し、居住の意思などの主観的意思は補充的考慮要素とする住所認定の基準を「客観的事実説（事実主義）」と呼称し、居住の意思を重視した東京高裁判決の採用した認定基準を「主観的意思説（意思主義）」と呼称することにしたい。

(3) 最高裁判決の判断の構造

1) 住所概念とその判断の基準――租税法律主義重視の姿勢鮮明

最高裁は、まず、住所概念を以下のように民法からの借用概念であることをふまえて、「法一条の二によれば、贈与により取得した財産が国外にあるものである場合には、受贈者が当該贈与を受けた時において国内に住所を有することが、当該贈与についての贈与税の課税要件とされている（同条一号）ところ、ここにいう住所とは、反対の解釈をすべき特段の事由はない以上、生活の本拠、すなわち、その者の生活に最も関係の深い一般的生活、全生活の中心を指すものであり、一定の場所がある者の住所であるか否かは、客観的に生活の本拠たる実体を具備しているか否かにより決すべきものと解するのが相当である（最高裁昭和二九年（オ）第四一二号同年一〇月二〇日大法廷判決・民集八巻一〇号一九〇七頁、最高裁昭和三二年（オ）第五五二号同年九月一三日第二小法廷判決・裁判集民事二七号八〇一頁、最高裁昭和三五年（オ）第八四号同年三月二二日第三小法廷判決・民集一四巻四号五五一頁参照〕。」と判示して、住所が民法からの借用概念であるから借用元の住所概念に居住意思や租税回避の意図をとりこむことを否定して、「客観的事実説（事実主義）」の立場を採用することを明らかにしている。

2）借用概念の租税法上の解釈の在り方――租税回避意図の存在を重視した高裁の判断の否定

最高裁は原告が香港の現地法人に勤務実体が存在した点、香港居宅に駐在期間の三分の二滞在した点、そして、現地法人に勤務実体があった点を指摘して、「これが贈与税回避の目的で仮装された実体のないものとはうかがわれないのに対して、国内においては、本件期間中の約四分の一の日数を本件杉並居宅に滞在して過ごし、その間に本件会社の業務に従事していたにとどまるというのであるから、本件贈与を受けた時において、本件香港居宅は生活の本拠たる実体を有していたものというべきであり、件杉並居宅が生活の本拠たる実体を有していたということはできない。」と判示した。

そのうえで、「原審は、上告人が贈与税回避を可能にする状況を整えるために香港に出国するものであることを認識し、本件期間を通じて国内での滞在日数が多くなりすぎないよう滞在日数を調整していたことをもって、住所の判断に当たって香港と国内における各滞在日数の多寡を主要な要素として考慮することを否定する理由として説示するが、前記のとおり、一定の場所が住所に当たるか否かは、客観的に生活の本拠たる実体を具備しているか否かによって決すべきものであり、主観的に贈与税回避の目的があったとしても、客観的な生活の実体が消滅するものではない」と判示して、租税回避目的という主観的な意図が存在していたとしても、仮装でない限り客観的実体を否定することはできないとして、原審の判断を斥けている。

3）まとめ――節税・租税回避・脱税の合法性のチェックと本判決の意義

巨額の租税回避を図った原告の主張を最高裁がいかなる論理により認容したのかを理解しておくことは、今後の大増税時代を迎える我が国の納税者にとって極めて重要なことである。

それはなぜか。それは増税政策が強まれば、国民の節税願望も比例して強まる。そうすると、税負担減少行為を類型化し、いかなる行為が合法行為であり、いかなる行為が違法であるのかを明確に理解しておかねばならない。従来から、国民が節税行為と理解し行った税負担減少行為が、実は課税当局により租税回避であるとして否認される例は多数に上る。納税者の側は、課税庁には当然否認権があるものと思い込み、追徴課税を受け入れる場合が通常である。

しかし、本判決の最大の意義は、租税回避と認定されると根拠規定がなくとも否認できるとしてきた、従来からの課税当局の租税行政の姿勢を最高裁判所が否定した点にある。租税法律主義の下では租税回避であっても個別否認規定が存在してはじめて否認できるとする通説的理解を否定すべきではない。巨額の贈与税回避を図った行為は許せない、といった論調に同調し租税法律主義を軽視することは、今後の課税当局の恣意的課税を助長することになりかねない。租税回避の意図があると課税庁により認定されると、その行為は否認され、追徴課税されることになれば、国民の租税負担の予測可能性や法的安定性が保障されなくなる。そもそも、租税回避行為とは何か、合法性を有するのか否かといった点を、納税者もよく理解しておく必要がある。

そこで、納税者の税負担減少行為は、節税、租税回避、そして、脱税の三種に租税法上区分して用いられていることをここで確認しておこう。

まず、節税行為は『もともと法が予定した税負担の減少行為』と定義されており、法が予定した行為であるから合法行為である。一方、脱税行為は『偽りその他不正な行為を用いて所得の一部もしくは全部を秘匿する行為』であると定義されており、脱税行為は違法である。租税回避は『異常な法形式を用いて通常の法形式を用いた場合と同様の経済的成果を獲得しつつ、税負担を減少させる行為』と定義されている。この租税回避行為は違法かというと違法ではなく、否認規定が存在する場合にのみ否認される行為であり、合法行為である。

しかし、従来から課税庁は、実質課税の原則や課税の公平の確保を理由に否認規定が存在しなくても、租税回避行為は否認できるとの立場をとってきた。

しかし、租税行政は租税法律主義の下で法律による行政の原理とともに厳格な法の支配の下に置かれているはずであるから、個別の否認規定がないにもかかわらず否認できるとする課税当局の主張は租税法律主義に反するものであるとの批判が、学界はもとより実務界からなされてきた。許容できない租税回避行為にたいしては、課税当局の行政裁量によるのではなく立法により対処していくべきであるとする主張に、最近の司法裁判所が耳を傾けるようになりつつあった。このような裁判所の租税法律主義重視の姿勢が色濃く反映された判決が、今回の武富士事件最高裁判決であったということができる。

昨年の長崎年金二重課税事件最高裁判決（平成二二年七月六日判決）とともに最近の最高裁判決は課税当局の行政運営に租税法律主義という憲法原理を楔として打ち込む意味合いが強い。節税は国民の権利であることを忘れてはなるまい。許容されない租税回避は立法により対処すべきである。

（4）借用概念の解釈と租税法律主義──住所の意義と判定の基準

ところで、贈与税の納税義務者は贈与により財産を取得した者である。相続税法一条の四は贈与税の納税義務者について、「次の各号のいずれかに掲げる者は、この法律により、贈与税を納める義務がある。」としたうえで、同一号で、「贈与により財産を取得した個人で当該財産を取得した時においてこの法律の施行地に住所を有するもの」と定めている。

財産の取得時において日本国内に住所を有する個人は、無制限納税義務者として贈与によって取得した財産のすべてについて贈与税の納税義務を負う。

本件では、贈与財産を取得した時点の原告の住所が国内に存在していたか否かが争点とされている。租税法は納税義務者の要件として住所の所在を用いる場合が多い。贈与税や相続税はもちろん所得税の納税義務も、その個人の住所が国内にあるか否かにより判別される。

たとえば、所得税法は、第五条において居住者は所得税の納税義務を負うと定め、第二条一項三号で、居住者とは、「国内に住所を有し、又は現在まで引き続いて一年以上居所を有する個人をいう。」と定義し、居住者は「国内に住所を有する個人」をいうと定めている。したがって、住所は納税義務の存否を判断する要件としてきわめて重要である。にもかかわらず、所得税法を始め個別租税法は住所について積極的に定義規定をおいていない。そこで、住所の概念については民法の定める住所概念を借用することになる。

そもそも、租税法の条文に用いる概念については、固有概念と借用概念の二種の概念が想定されている。前者の固有概念は、他の法分野では用いられておらず租税法独自に用いられる概念である。固有概念については個別租税法の冒頭で一括してその概念について定義規定をおく場合が通常である。一方、後者の借用概念は他の法分野で用いられ、すでに明確な意味内容が付与されている概念である。

「住所」についても租税法上、特に定義規定を置いていないところから租税法固有の概念ではなく、民法で用いられている住所概念を借用して使用するという意味で借用概念と位置づけられる概念である。

この借用概念については、その概念を他の法分野で用いられている意義と同意義に解して用いるべきか、借用概念であるとしても租税法独自の意義を付加して解すべきかが問題となる。この点について、従来から統一説、独立説、そして目的適合説の三つの見解が存在するとされる[37]が、通説的には借用概念は他の法分野において認知された意義と同意義に解すべきであるとする統一説が通説とされる。[38]なぜならば、他の法分野で用いられる意義と同意義に解することは、租税法律主義の機能である法的安定性に寄与するからである。

借用概念に租税法独自の意義を租税の徴収確保や租税負担の公平の見地から付加することは、借用概念とされながら固有概念の性質をも混合させることになり、法的安定性ばかりか予測可能性の確保をも阻害する結果を招く。ところで、所得税法上の「住所」の解釈をめぐり、最判昭和六三年七月一五日(39)は、「所得税法二条一項三号は、「居住者」とは、国内に住所を有し、又は現在まで引き続いて一年以上居所を有する個人をいうと規定している。ところで、同法が、民法におけるのと同一の用語を使用している場合に、所得税法が特に明文をもってその趣旨から民法と異なる意義をもって使用していると解すべき特段の事由がある場合を除き、民法上使用されているのと同一の意義を有する概念として使用するものと解するのが相当である。したがって、右の所得税法の規定における「住所」の意義についても、右と同様であって、所得税法の明文またはその解釈上、民法二二条の定める住所の意義、即ち各人の生活の本拠と異る意義に解すべき根拠をみいだし難いから、所得税法の解釈においても、住所とは各人の生活の本拠をいうものといわなければならない」ないとして、租税法上の借用概念の解釈について一つの指針を提示している。

この最高裁の見解は、民法上の用語と同一の用語を租税法がいわゆる借用概念として用いている場合には、その用語の解釈に民法とは異なる独自の意義を付加するためには、租税法自体にとりわけ明文を持って異なる意義に使用することが明らかにされていることが必要であることを判示したものであり、その異なる意義を有することを法によって明示されていない場合には民法で用いられているのと同意義にその用語を解すべきであることを確認している。

したがって、本件の争点とされる贈与税の「住所」についても、根拠法である相続税法に民法とは異なる独自の意義を付加することが明示されていない以上、民法二二条の意義と同一に解して、住所の認定についても同一の基準を用いて認定すべきである。

すなわち、民法二二条は住所につき「各人の生活の本拠をその者の住所とする」と定めており、選挙権の要件としての住所の所在が争点とされた事件における一連の最高裁が判示した住所の判断基準は、租税法、とりわけ本件の贈与税の納税義務の要件とされる住所の所在を判断するうえで準用されるべきであろう。

最高裁は、「法令において人の住所につき法律上の効果を規定している場合、反対の解釈をなすべき特段の事由のない限り、その住所とは各人の生活の本拠を指す」[40]ものと解すのが相当であり、さらに「住所は、その人の生活に最も関係の深い一般的生活、全生活の中心をもってその者の住所と解すべきである」[41]が、しかし、住所は生活の本拠をさすものであり、「一定の場所が、ある者の住所であるか否かは、客観的に生活の本拠たる実体を備えているか否かにより決すべきものであるから、次点者を繰上当選させるために住所を移転させる強固な意思をもって転出届をしただけでは、住所の移転があったものとはいえない。[42]」としている。生活の本拠たる実体の存在が重要で、本人の意思によって住所が変動するものではないことも明示している。

整理すると、租税法上の「住所」の概念は、個別租税法が定義規定を特においていないのであるから、私法上の法律関係に即して租税法律関係を確定する租税法上は、とりわけ民法二二条が定める住所概念を借用することが前提とされている借用概念である。この借用概念の解釈については租税法の基本原則である公平負担や租税歳入確保の見地から特別な意味を付加する目的論的解釈もありうるが、租税法独自の意味を付加することなく、民法と同意義に解するのが租税法律主義の機能である法的安定性の観点から支持されている。我が国の学説・判例は私法と同意義に解するとされる説である統一説を採用することが通説とされている。

一方、租税行政庁の租税法規の解釈指針である通達もこの統一説を踏襲することを裏付けるように、民法上の住所の意義と同意義に相続税法上用いられている住所は解すべきことを確認している。すなわち、この住所の意義とその認定の基準について、法令解釈通達である相続税基本通達の一の三・一の四共―五は「法に規定する「住所」

とは、各人の生活の本拠をいうのであるが、その生活の本拠であるかどうかは、客観的事実によって判定するものとする。」と明確に定めている。ここで注目しておくべきは、居住の意思などの主観的要素を排して客観的事実により住所の所在は判断すべきであることを確認している点である。

したがって、「住所」の解釈に際しては民法上の「住所」と同意義に解すべきである。そして、住所の認定の基準も住所概念が民法と同意義である以上、住所認定の基準に租税法独自の判定基準として主観的要件等を持ち込むべきではないということを、ここでまず確認しておく。

(5) 事実認定における租税回避目的重視説と租税法律主義

本件の最も重要な問題は、納税者に租税回避の意図が確認された場合に、事実認定に、その租税回避目的を色濃く反映させ、他の法分野とは異なる租税法特有の事実認定を行うことが許容されるか否かという点にある。

まず、租税法の解釈・適用過程は、①事実認定に始まり、②その事実認定から私法上の法律構成（契約解釈）、③その法律構成に対応する租税法の発見、④その具体的租税法規定の解釈、そして、⑤要件事実への当てはめ（適用）、のプロセスを経て完結する。他の法と異なる点は、②の私法上の法律構成を前提に租税法を解釈・適用していくという点にある。このことを「私法上の法律構成準拠主義」と呼ぶことにする。(43)

「私法上の法律構成準拠主義」は、租税法が「種々の経済活動ないし経済現象を課税の対象としているために、それらの活動ないし現象は、第一次的には私法によって規律されている。租税法律主義の目的である法的安定性を確保するためには、課税は、原則として私法上の法律関係に即して行われるべきである。(44)」として、広く通説として受け入れられている。

私法上の法律構成準拠主義を前提とする場合には、借用概念に対する対応と事実認定の在り方という二つの問題について解決しておかねばならない。

すなわち、前者の問題は、私法領域からの借用概念を私法と同意義に解して用いるべきか、租税負担の公平や租税歳入確保の視点から租税法独自の意義を付加して用いるべきか、という問題である。この問題については、通説として統一説が受け入れられていることを先に確認した。租税法律主義の法的安定性の要請から私法、例えば民法上の住所を租税法が借用概念として用いる場合には、民法上の意義と同意義に租税法も解すべきであることを確認した。

後者は、租税法上の事実認定の在り方の問題である。これが本件の争点の本質的な問題である。住所の概念については、民法と同意義に解すべきであるが、同意義に解したとしても実際の住所の事実認定のレベルで、租税法独自の、もしくは特有の事実認定の在り方を許容できるかという問題である。

租税法独自の事実認定の存在を谷口勢津夫教授の用語を借りるならば、租税法の事実認定において「租税回避目的混入論(45)」を採用することができるか否かという点に問題は集約されよう。すなわち、納税者の租税回避の目的、意図が認定できれば客観的事実はその租税回避目的に劣後して事実認定が行われるという、租税法独自の事実認定手法が認められるか否かという問題である。まさに本件の争点は、この租税法における事実認定の在り方が問われているのである。

被告Yの主張は、Xの住所の認定の基準に居住の意思と贈与税の回避の意思の存在を加味して事実認定が行われるべきであると主張する。その主張はまさしく、租税法上の事実認定は特有のものであり、民法上で形成された住所の認定基準である客観的事実による認定とは異なる事実認定手法を用いるべきであるとの主張といえよう。この被告の主張は、実は次のような危険をはらむものであり、租税法律主義の批判にさらされるものといえよう。

すなわち、「しかしながら、租税法上の事実認定において租税回避目的混入論を採用することは許されないと考えられる。すなわち、租税回避目的混入論によれば、裁判官が当該事案については租税回避の否認が妥当であるとの結論を先に出しておいて、租税回避目的を「重要な間接事実」として、当該契約が真実の法律関係でないことを強く推認し、別に想定される真実の法律関係に基づく課税を容認することになるおそれがあると思われるが、しかし、それでは「本来厳密にいえば法律論で対処すべきところを、事実認定の問題として処理した」ことになろう。租税法律主義の下では租税回避は明文の否認規定がある場合にのみ否認できると考えるべきであるから、租税回避の否認は専ら否認規定の解釈適用という法律論で対処すべき問題であるにもかかわらず、裁判官がたとえ「事件の筋に反する結論」を避けるためとはいえ、租税回避は不合理・不自然な行為であり否認規定がなくとも租税負担公平の見地から否認すべきであるというような「誤っているかもしれない法律的見解に基づいて妥当と考える結論を先に出しておいて、本来事実の認定の問題としてはできない場合であるのに、この結論に沿うような事実認定をすること……は許されない」と考えられるのである。(46)」との批判はまさに的を射たものといえよう。(47)

本件被告が主張する、いわゆる租税回避目的混入論を採用すると、租税回避目的は「重要な間接事実」と位置付けられ、裁判官の事実認定過程が租税回避が許容されるべきか否かとい悩ましい問題に影響を受けざるを得ない。租税回避行為は正義に反すると認識した裁判官は、事実認定に価値判断を混入させ、事実の認定と法的評価を混同させる結果を招く。本件に当てはめると、仮にXが香港に六五パーセントではなく九〇パーセントの日数、滞在していたとしても、裁判官がXの贈与税の租税回避意図を重視し、租税回避行為を阻止するための判断を下すために事実認定を行うとすれば、滞在日数という客観的事実は主要事実であるにもかかわらず九〇パーセントという重い事実が軽視されかねない。すなわち、租税回避行為の意図という主観的要素を事実認定に持ち込むことにより、裁判官の事実認定には恣意性が入り込む恐れがある。

事実認定の過程で、租税回避目的が確認されると、これまでの主要事実が隅に押しやられ租税回避の意図という本来「間接事実」として位置づけられる要素が主たる地位を占め、認定された客観的事実と主要事実とが評価されないという結果を招く[48]。

租税回避行為は租税公平主義の要請を阻むものであり、正義に反する。ゆえに看過できない租税回避行為に対しては立法措置によって対処するというのが我が国の租税法体系の基本である。この点につき、岡村忠生教授は、「租税回避は立法の不完全さを示すものであるから、租税回避が認識された場合には、課税要件規定の修正整備、すなわちルールによって対処をすべきことになる。」として、租税回避行為に対しては個別に否認規定を整備して対処すべきことを明らかにされている。租税法律主義の趣旨を正しく理解した見解ということができよう[49]。

実際に看過できない租税回避行為の横行に対しては、例えば所得税法五九条のみなし譲渡規定や相続税法7条のみなし贈与規定のように個別否認規定が具体的に個別租税法に用意されているのである[50]。

したがって個別否認規定によらず、租税行政庁もしくは裁判官が事実認定を用いて租税回避行為を遮断しようと試みることは租税法律主義に抵触するといえる。

そもそも事実認定の作業とは、「最終的には訴訟物である実体法上の権利の発生に結び付く要件事実（それは、過去のある時点において発生した事実である）が存在したといえるかを確定する作業であるから、その作業の性質は、基本的にはそうした過去の事実の認識をするためのものという性質を有することは間違いがない[51]。」といえよう。

事実認定とは要件事実の存否を確定する作業であるから、「住所」の認定は、過去（贈与時点）における①「住居」の所在、②「職業」の状況、③「生計を一にする配偶者その他の親族」の有無、④「資産」の所在、といった客観的な事実を総合的に判断して住所の認定が行われるのであり、そこに租税回避目的の存否は住所の認定すべき要件事実からは除外されているのである。

さらに重要な点は、私法上の借用概念は租税法上も同意義に解すべきことが通説とされているにもかかわらず、事実認定は私法上の事実認定と異なる租税法独自の事実認定が許容されるとしたら、借用概念を租税法上も同意義に解することによる法的安定性と予測可能性の確保は結果として図れないし、その論理的整合性が保てないことになる。

租税回避目的重視説は結局のところは個別否認規定という法律による租税回避行為の遮断に成功しない場合に、法律そのものではなく事実認定という手法により、個別否認規定による租税回避行為の否認と同一の効果を得る方途を開くものであり、課税庁による法創造を肯定する結果を招く。

(6) 小括——本判決の評価

最高裁は原告が香港の現地法人に勤務実体が存在した点、香港居宅に駐在期間の三分の二滞在した点、そして、現地法人に勤務実体があった点を指摘し、そのうえで、「一定の場所が住所に当たるか否かは、客観的に生活の本拠たる実体を具備しているか否かによって決すべきものであり、主観的に贈与税回避の目的があったとしても、客観的な生活の実体が消滅するものではない」と判示して、租税回避目的という主観的な意図が存在していたとしても、仮装でない限り客観的実体を否定することはできないとして、原審の判断を斥けている。

次いで、租税回避行為の否認は、法を趣旨解釈の名の下に拡張解釈するという対応をとるのではなく立法措置によるべきであることを次のように判示している。すなわち、「法が民法上の概念である「住所」を用いて課税要件を定めているため、本件の争点が上記「住所」概念の解釈適用の問題となることから導かれる帰結であるといわざるを得ず、他方、贈与税回避を可能にする状況を整えるためにあえて国外に長期の滞在をするという行為が課税実務上想定されていなかった事態であり、このような方法による贈与税回避を容認することが適当でないというのであれば、法の解釈では限界があるので、そのような事態に対応できるような立法によって対処すべきものである。そして、この点については、現に平成一二年法律第一三号によって所要の立法的措置が講じられているところである。」としている。

最高裁は、租税回避行為を阻止する手段として、租税法を趣旨解釈の名の下に拡張解釈することは適当でないと断じており、許容すべきでない租税回避行為は立法措置により阻止すべきであることを明確にしている。ここに本件最高裁判決の重要な意義を見出すことができる。

(34) 増田英敏「武富士事件最高裁判決と税理士の職務」『税理士界』一二七九号一二頁（二〇一一年四月一五日）を参照。
(35) 東京地判平成一七年一月二八日判タ一二〇四号一七一頁参照。
(36) 最判昭和六三年七月一五日税資一六五号三二四頁。
(37) この学説の分類は、金子宏教授が整理されておられる。独立説は「租税法が借用概念を用いている場合も、それは原則として独自の意義を与えられるべきであるとする見解」、統一説は「法秩序の一体性と法的安定性を基礎として、借用概念は原則として私法におけると同義に解すべきである、とする考え方」、目的適合説は「租税法においても目的論的解釈が妥当すべきであって、借用概念の意義は、それを規定している法規の目的との関連において探求すべきである、とする考え方」であると整理されている。金子宏「租税法と私法―借用概念および租税回避について―」租税法研究六号一頁以下（一九七八）要参照。
(38) 金子宏、前掲注（2）一一九頁以下。我が国では借用概念の解釈は統一説によることが学説・判例の通説として定着しているが、ドイツの状況も統一説で固まっていたようであるが近年は通説そして判例の立場が目的適合説に移行してきているとされる。詳細は、谷口勢津夫「借用概念と目的論的解釈」税法学五三九号一〇五頁以下（一九九八年）を参照されたい。
(39) 最判昭和六三年七月一五日税資一六五号三二四頁。
(40) 最大判昭二九年一〇月二〇日民集八巻一〇号一九〇七頁。
(41) 最判昭和三五年三月二二日民集一四巻四号五五一頁。
(42) 最判平九年八月二五日判時一六一六号五二頁。
(43) この点を谷口勢津夫教授は、経済的成果を課税の対象とする場合、租税法は経済的成果を、その基礎にある私法上の法律関係によって把握するという根本決定を「私法関係準拠主義」と呼称される。谷口勢津夫「司法過程における租税回避否認の判断構造」租税法研究三二号六一頁（二〇〇四）参照。
(44) 金子、前掲注（2）一〇四頁。
(45) 事実認定に租税回避目的を混入させ、事実認定による租税回避行為の否認の手法を認めることを谷口勢津夫教授はあえて、

「租税回避目的混入論」と称している。谷口、前掲注（30）六五頁。

(46) 谷口、前掲注（30）六五頁。

(47) 事実認定に租税回避目的を考慮することの是非を論じた文献として次の論考は有益である。酒井克彦「二層的構造認識論と事実認定―課税の基礎となる「真実の法律関係」の模索―」山田二郎先生喜寿記念（石島ほか編）『納税者保護と法の支配』二六六頁（信山社、二〇〇七）参照。

(48) 事実と法的評価の問題の困難性も含め両者の関係については、伊藤滋夫『事実認定の基礎』（有斐閣、二〇〇三）一一頁以下参照。

(49) 岡村忠生「租税回避行為の規制について」税法学五五三号一八七頁。

(50) 岡村忠生教授は、租税回避行為は租税法の立法の不備により生じるとして、次のような見解を述べておられる。すなわち、「また、租税回避を認識するのは、立法のために必要であるからということになる。問題とされた行為が、もし課税要件規定の不備を示すものでなければ、それは租税回避ではない。問題とされた行為の後も立法による対処がなければ、それは立法府がその行為による税負担軽減を承認したことに他ならない。租税回避を認識することは立法の不完全を認めることであるから、租税回避を法の根拠なしに否認できる（納税者の行った実際の行為とは異なる擬制された行為を基礎として税負担を課すことができる）とすることは、不合理である。原因である不完全な法律を作った者、つまり国が、その責任を負うべきだと考えられるからである。もちろん、租税法律主義や法の支配といった理念も論拠となろう」（岡村、前掲注（49）一八七頁）と述べておられるが、まさに傾聴に値する見解である。

(51) 伊藤、前掲注（48）二四六頁。

むすび――租税法律主義が憲法秩序を維持する要諦

本稿の目的は、武富士事件において東京地裁に提出された憲法学者の戸松秀典教授の鑑定意見書に触発されて、租税法律主義が憲法秩序の維持の要諦であり、厳格に適用されるべきであるという立場から、最近の注目最高裁判決の検証し、評価することにあった。

本稿で取り上げた二つの最高裁判決は、いずれも租税法が侵害規範であるから、租税法の解釈適用の場面では租税法律主義の厳格な支配の下におかれるべきであるとの基本的な立場は維持しつつも、争点に対する判断の段階で租税法律主義の射程に異なる考え方を示していることが確認できた。

まず、前者の税制改正という立法段階における遡及適用を争点とした事例では、最高裁は、租税法律主義の一方の機能である法的安定性が確保されていたか否かのみを検討の視点に据えて、法的安定性は一定程度確保されていたとする判断を示している。しかし、租税法律主義の二つの機能のうち原告納税者の主張は、予測可能性が侵害されたことを問題としているにもかかわらず、法的安定性の視点から判断に終始しており、裁判所の姿勢が問われるという批判を免れない判決内容であった。

租税法律主義の現代的機能として予測可能性の確保がますます重要性を増しているにもかかわらず、この予測可能性の視点からの検討を回避した最高裁の本判決には疑問を呈さざるを得ない、というのが筆者の評価であった。

一方、後者の武富士事件判決は、巨額な租税回避は看過できないという国民の大方の感情とは一線を画し、租税における正義は租税法律主義の厳守により担保されることを改めて国民に提示したものといえる。

最高裁は、原告が莫大な贈与税を回避することを当初から計画したものであったとしても租税法律主義の下では、租税法の文言は厳格に解すべきであり、借用概念である住所概念に租税法独自の租税回避の意図といった主観的基準を加えることは許されない、として原告（武富士側）勝訴の判決を言い渡した。

裁判長を務めた須藤正彦裁判官は、「一般的な法感情の観点から結論だけをみる限りでは、違和感も生じないではない。しかし、そうであるからといって、個別否認規定がないにもかかわらず、この租税回避スキームを否認することには、やはり大きな困難を覚えざるを得ない。…中略　租税法律主義の下で課税要件は明確なものでなければならず、これを規定する条文は厳格な解釈が要求されるのである。明確な根拠が認められないのに、安易に拡張解釈、類推解釈、権利濫用法理の適用などの特別の法解釈や特別の事実認定を行って、租税回避の否認をして課税することは許されないというべきである。」と、補足意見を述べられている。補足意見は、判決の判示部分の背景や裁判所の考え方を直裁に物語る場合が多い。その意味で最高裁の基本的な考え方を確認する上で有益である。本判決は、これほど巨額な租税回避事案であっても、租税法律主義を尊重し、許容されない租税回避は立法により対処せよと判示している。

筆者は、この武富士事件最高裁判決の判断を評価し賛意を表したい。

租税法律主義は租税法における憲法秩序の維持の要として存在する。租税法律主義の機能である租税法律関係における予測可能性と法的安定性は租税法の立法段階、解釈・適用段階のすべての段階において確保されるべきである。

とりわけ、予測可能性の確保は租税法律主義の現代的な機能としてきわめて重要視されている。そうであれば、不利益な租税法規の遡及立法（立法段階における遡及）や遡及適用（執行段階における遡及）は厳格に禁止されるべきであろう。

前者の事例（譲渡損失事件）は遡及立法の問題であり、後者の事例（武富士事件）は執行における遡及適用の問題であるが、両者とも租税法律主義の内容である遡及立法禁止原則の厳格な支配の下におかれるべきである。この点を指摘して本稿の結びとしたい。

第1部

租税法の基礎理論

第１章　租税回避行為の否認論の検討
――「私法上の法律構成による否認」論の功罪――

松原圭吾

はじめに

租税戦略は、キャッシュフロー経営の観点から見て経営戦略上の主要な構成要素である。そして、企業における租税負担の軽減は重要な経営事項となっている。この事態は、企業のグローバル化が加速している昨今、日本企業に限らず、日本に拠点を持つ外国企業にとっても同じように当てはまるといえよう。

このような企業の経営戦略の一環として位置づけられる租税戦略においては、課税庁との間で、租税法の解釈を巡って訴訟に至る事態も少なくない。特に、租税回避行為の否認に関する訴訟では、企業が節税として行った行為が租税回避行為として否認される場合がある。法的に見て、節税行為と租税回避行為との区分が必ずしも明瞭でないため、その判断が難しく、訴訟が長期化することも多い。

このような状況の下、租税回避行為の否認に関し、近年、課税庁による「私法上の法律構成による否認」[1]という新たな主張が提起された。この見解は、今村隆教授（発表当時、法務省訟務局租税訟務課長）によって主張され、中里実教授によって展開されたものである。そこでは、個別否認規定が存在しない場合、課税庁による租税回避行為の否認は許されないという通説を支持されながらも、一定の例外の存在を主張されている。すなわち、その議論が「私法上の法律構成による否認」論である。

租税戦略が重要性を増している現在、この新たな否認論の検討は、学界に限らず、租税実務への影響という面でも、大きな意義があると考えられる。そこで本稿では、「私法上の法律構成による否認」論について取り上げ、既存の議論や裁判例との関連を整理し、その射程（法的効力・適用範囲）と限界を明らかにすることを目的とする。

(1)　本稿では、新たな見解という意味でカッコ付きで用いる。以下でも同様とする。なお、論者によっては「事実認定・私法上の法律構成による否認」、「事実認定による否認」等と呼ばれるが、「私法上の法律構成による否認」で統一する。

一　租税回避行為の否認論の展開

本章では、議論を明確にするため、租税回避行為の意義の確認から論を始める。そして、租税回避行為の否認についての三類型を述べ、最後に「私法上の法律構成による否認」の内容と登場の背景を明らかにする。

1　租税回避行為の意義

租税回避行為という用語の意義に関し、法律上の規定はない。研究者が、各国の規定等を参照しながら、それぞれの見解を述べている。

金子宏教授によると、以下のようにまとめられている。すなわち、租税回避行為とは、「租税法規が予定していない異常ないし変則的な法形式を用いて税負担の減少を図る行為」である。[2] この行為を具体的には、一般社会で経済的成果を獲得する場合に、一定の法形式が自由に選択できることを前提として、「私法上の選択可能性を利用し、私的経済取引プロパーの見地からは合理性がないのに、通常用いられない法形式を選択することによって、結果的には意図した経済的目的ないし経済的成果を実現しながら、通常用いられる法形式に対応する課税要件の充足を免れ、もって税負担を減少させあるいは排除すること」と定義されている。[3]

木村弘之亮教授は、金子宏教授の定義の前半部分を次のように詳細に記述されている。すなわち、租税回避行為とは、「私的自治の原則および契約自由の原則によって支えられている民事法体系においては、当事者は一定の経済的目的を達成しあるいは経済的成果を実現しようとする場合に、どのような法形式を用いて法形成するかについて選択の自由を有する。このような民事法上の法形成の選択可能性を利用し、私的経済取引だけの見地からはさしたる理由がないにもかかわらず、一方で、通常用いられない法形式と法形成をことさら選択することによって、意図した経済目的ないし経済成果を最終的には実現しつつ、他方で、通常用いられる法形式と法形成にふさわしい租税法律要件の充足を回避し、これによって税負担を減少させあるいは回避すること」であると述べられている。[4]

清永敬次教授は、租税回避行為を「課税要件の充足を免れることによる租税負担の不当な軽減又は排除」と定義されている。[5]そして多くの場合として、「租税法上通常のものと考えられている法形式（取引形式）を納税者が選択せず、これとは異なる法形式を選択することによって通常の法形式を選択した場合と基本的には同一の経済的効果ないし法的効果を達成しながら、通常の法形式に結びつけられている租税法上の負担を軽減又は排除するという形」と定義されている。[6]なお『租税回避の研究』では、同様の定義の上、不当とは「当該税法の目的に照らして容認することができない」ことを意味し、状況として「税法上通常のものと考えられている取引形式に依拠しないことにより、「立法者の意図あるいは税法の建前からして本来課税要件に該当すべきものと考えられる一定の事実の発生が認められるにもかかわらず、そのような課税が実現されない場合」と述べられている。[7]

松沢智教授は、違法性のある仮装行為との違いを念頭に置かれながら、「私法上の選択可能性を利用して、通常は用いられない法形式ないし取引行為を選択することであって、私法上は適法有効な行為である」と述べられている。[8]

北野弘久教授は、法社会学的観点からは、租税回避行為があらゆる過程（立法、行政、経済）において現れることから、広義には「およそ経済上租税を回避軽減することの一切を意味する」と説かれている。しかし、狭義には特殊税法学的な概念として位置づけ、租税回避行為の定義として、理論上の要件を以下のように挙げられている。第一に「異常な行為形式を選択」し、第二に「それによって通常の行為形式を選択したときと同一の経済目的の達成」がなされ、第三に「その結果、不当に租税負担の軽減がなされる」という三要件[9]である。

今村隆教授は、金子宏教授の定義に三つの疑問を呈しながら、それを解決する形で、以下のように定義されている。[10]まずこの疑問とは、金子教授の定義に、①意図した経済目的がなく、減免規定の充足により、専ら税負担の減少を含む場合を含んでいない点、②複雑なディバティブ取引等の現状から、何が「通常」なのか断定するのが困難な現実、③租税回避は租税法規の濫用であり、租税法規の解釈の在り方において、文言解釈を堅持すべき立場と目的論的解釈（租税法規の趣旨・目的を考慮して解釈）の対立が「見失われている」との見解の、三点である。[11] これらの疑問を解決する形で、「私法上は、その法形式どおりに有効であるが、（1）租税法上の便益を得るのが主たる目的であってこれ以外の事業目的その他合理的目的がほとんどなく、（2）当該租税法規の趣旨・目的に反するにもかかわらず、租税法上の便益以外の経済上の利益を得る見込みが極めて少ないか又は経済上の地位に意味のある変動を生じさせるものでないことから経済実質を欠く行為を行い、これによって、その法形式に対応する課税要件の充足を免れ又は課税減免規定の要件を充足させ、もって税負担を減少させ又は排除すること」と定義されている。[12]

以上のように、租税回避行為の定義に関し、学説上の表現としては差異があるものの、論者により大きな見解の相違はないと考えられる。重視すべきことは、①適法な行為であるにも関わらず、通常用いられない法形式が利用され、そして、②通常用いられる法形式に対応した課税要件の充足がなされていないことにある。結果として、③意図した租税負担の減少がなされる。この三要件が重要である。すなわち、租税回避行為とは、異常な法形式・行為形式の選択により通常の課税要件が充足されない行為であり、その結果として、通常の法形式・行為形式を選択した場合と異なり、租税負担の減少がなされることを示していると考えて良いだろう。[13]

通常の法形式・行為形式かどうか、そして課税要件の充足の有無が、類似の行為形態である節税行為もしくは脱税行為と租税回避行為とを区分する重要な要素となる。節税行為は、金子宏教授によると「租税法規が予定しているところに従って税負担の減少を図る行為」であるとされている。[14] すなわち、租税特別措置法等による合法的な租税負担額の節約行為である。[15] そして、通常の法形式により（それに対応した）課税要件を充足していることが、節税行為の定義の背景にあることが明らかだろう。

脱税行為とは、金子宏教授によると「課税要件の充足の事実を全部又は一部秘匿する行為」である。[16] この行為は通常の法形式かどうかを問わず租税回避行為と違い、課税要件は充足されているが、その事実自体を隠匿しているのである。したがって、本来課されるべき租税負担を免れている。そのため、租税回避行為とは異なり、脱税行為は私法上有効ではない。

脱税行為に類似した仮装行為に関して、例えば松沢智教授は租税回避行為との違いとして、以下のように述べられている。すなわち、「当事者が用いた法形式ないし取引行為が、真に有効な法律効果の発生を期待してなされたものではなく、他の事実の法律行為を仮装するためになされた場合には仮装行為であるから、それは事実を偽り虚構する点に違法性を帯びるため否認することになる」[17]として、租税回避行為が事実を仮装、隠蔽しない点で、両者は大きく異なることを指摘されている。租税回避行為は適法な行為であり、私法上の有効性の有無が、租税回避行為と脱税行為や仮装行為を区別するといえるだろう。

2　租税回避行為の否認類型

租税回避行為の否認を、金子宏教授は「租税回避があった場合に、当事者が用いた法形式を租税法上は無視し、通常用いられる法形式に対応する課税要件が充足されたものとして取り扱うこと」と定義されている。[18]通説であり、定義に異論はないだろう。

租税回避行為は脱税行為や節税行為とは異なり、その中間に位置すると考えられる。しかし実際の経済社会では、その区分は困難を極めることが容易に予想される。取り扱いに明示性を欠く租税回避行為に対し、課税庁が納税者の当該租税回避行為を否認する場合もある。

そもそも、租税回避行為の否認とは、私的自治の原則において納税者が選択した法形式を課税庁が否認し、経済的成果が同一の通常用いられるとされる法形式に引き直して、課税することである。そこでは、当該否認の法的根拠を巡って対立する議論がなされてきた。その有力なものは、当事者間で合理的に選択した法形式を、課税庁の裁量で新たに別の法形式に引き直すことは、憲法三〇条（いわゆる「納税の義務」）や憲法八四条（あらたに租税を課し、又は現行の租税を変更するためには、法律又は法律の定める条件によることを必要とする）に依拠した租税法律主義に反し、許されないという主張である。他では、憲法一四条のいわゆる「法の下の平等」に由来する課税の公平としての租税平等主義や租税公平主義の要請から、租税回避行為を選択した納税者と他の納税者との公平を期すべく、同一の法形式に引き直すべきであるという主張である。このような租税法律主義と租税平等主義との対立的な関係の中、通説的には、租税回避行為の否認は、租税法律主義の観点から法的根拠規定（個別否認規定）がない場合には許されないと理解されてきた。

問題の本質は、私法上、当然に有効な法律行為である租税回避行為を否認する際の法規定に集約される。そこでは、大きく三つ（個別否認規定、個別否認規定の一つである同族会社等の行為又は計算の否認（法人税法一三二条等）、実質主義による否認）に分類され、学界において議論の蓄積がなされてきた。これらの類型に「私法上の法律構成による否認」が新たに加わったのである。

本節では、この三類型に挙げられる、個別否認規定による否認、同族会社等の行為または計算の否認、実質主義による否認についての議論を手短に確認しておこう(19)。

（1）個別否認規定による否認

否認に際し、課税要件を明定して租税回避行為を否認する規定、いわゆる個別否認規定がある場合には、納税者も課税庁も当然に当該規定に従わなければならない。そこでは、課税要件の充足の是非によって、理論上、いわば「機械的な処理」が可能である。

租税法における個別否認規定はかなりの数に上る。例えば、法人税法第一一条の「実質所得者課税の原則」では、「資産又は事業から生ずる収益の法律上帰属するとみられる者が単なる名義人であって、その収益を享受せず、その者以外の法人がその収益を享受する場合には、この収益は、これを享受する法人に帰属するものとして、この法律の規定を適用する」と定められている。

他には、同法三四条の「過大な役員報酬等の損金不算入」が挙げられる。この規定は、商法上、株主総会や定款で有効に定められた役員報酬であっても、不相当に高額である部分の損金算入は法人税の不当な減少を招くとし、当該不相当額は租税法上否認をするというものである。この種の租税回避行為は、株主と役員が同一の企業で発生する可能性が多分にあるだろう。その不当な租税負担の減少を防止する規定である。さらに、同法三五条「役員賞与等の損金不算入」にあっては、役員賞与は利益に対する功労的報償であり、役員報酬とは違い、損金に算入されない旨規定されている。[20]これらの場合、役員報酬、役員賞与が不当に高額であるなら、課税要件を充足せず、その費用を損金に算入することは否認されるのである。

このように、個別否認規定は特定の状況に限定して、課税要件を明定している。そして、納税者の行為がその要件を充足しない場合には、課税庁により当該行為は否認されるのである。

(2) 同族会社等の行為又は計算の否認

租税回避行為を否認する法規に関し、「同族会社等の行為又は計算の否認（法人税法第一三二条一号一項、所得税法第一五七条一号一項、相続税法第六四条一項等）」規定は、その射程等を巡って長く学界で議論されてきた。[21]そして、租税回避行為の否認に関する議論において、多くの個別否認規定が存在する中、頻繁に取り上げられてきた条文でもある。

例えば、法人税法では「税務署長は、…法人税につき更正又は決定をする場合において、その法人の行為又は計算で、これを容認した場合には法人税の負担を不当に減少させる結果となると認められるものがあるときは、その行為又は計算にかかわらず、税務署長の認めるところにより、その法人に係る法人税の課税標準若しくは欠損金額又は法人税の額を計算することができる」とされており、法人税の負担を不当に減少させていると認められる場合に、当該行為等を否認し更正又は決定を行う旨定められている。

松沢智教授がその著書『租税実体法』で指摘されたように[22]、この規定は、個別否認規定では対応できない場合に、一定の条件の下、適応されるべきであるとし、租税回避行為の発生に対処するための補充・補完的な規定であると考えられている。ただし、同規定は、取り扱いに困難が伴うため、現在では、新たな租税回避行為の発生に対しその否認を行う場合、個別否認規定を設けて否認すべきであるというのが通説であろう。

田中治教授は、そもそも相続税法におけるこの規定を、死文化した条項であると指摘されている。すなわち、相続税法は相続財産の客観的な測定のため、時価に基づいてその算定をすることを基本とする法律である。しかし、当該財産が相続時に存在するにも関わらず、否認することで別の仮定された財産を課税庁が観念するということは、評価の客観性、厳正性からみて正当化できないという論理である[23]。

このように解釈・適用に際して、注意が必要な規定であると考えられるが、その適切な適用がなされた裁判例として、いわゆる逆さ合併による租税回避行為の否認が挙げられよう[24]。これは、黒字優良会社を被合併法人とし、赤字欠損会社を合併法人として、吸収合併による繰越欠損金の損金算入が否認されたことを争った事件である[25]。そこでは、当該合併は、経済人として特段の事情がない限り不合理、不自然なものであり、いわゆる逆さ合併による繰越欠損金の不当な減少を目的とするものであるとして、法人税法における「同族会社等の行為又は計算の否認」を適用した課税庁による否認が認められた事案であった。

このように、個別否認規定でありながら多くの議論があるため、特に取り上げられてきた規定なのである。

(3) 実質主義による否認

個別否認規定が存在しない状況で、租税回避行為の否認がなされる場合がある。この場合の課税庁による否認は、「実質課税の原則」[26]もしくは実質主義による否認と呼ばれる。[27]この否認論には、経済的実質に即して課税要件事実を認定すること（課税要件事実における実質主義）と、租税法の解釈は、その文言ではなく、当該経済事象に適合するよう行わなければならない（租税法解釈における実質主義）という二つの側面がある。そして共に、その背景には、租税平等主義の見地から納税者間の公平を期すべきとの考えがあると思われる。しかし、その否認の法的根拠はない。ここでは、納税者の選択した法形式が無視され、課税庁により新たな法形式に引き直されることとなる。したがって、租税法律主義の観点から許されないと通説的には理解されている。[28]

ただし、裁判上は最高裁の判示がないため、下級審においてその判断は分かれている。無利息貸付金に対する利息の認定を巡って争われ、課税庁の実質主義による否認を肯定している事案では、「私法上許された法形式を濫用することにより、租税負担を不当に回避又は軽減することが企図されている場合には本来の実情に適合すべき法形式に引き直してその結果に基づいて課税しうることも認められなければならない」と判示されている。[29]

確かに、租税回避行為の否認の事案では、事実関係や法律関係が「外観と実体」、「形式と実質」が異なると思われる場合が多々あるだろう。金子宏教授は、課税要件の認定に関する法律関係について、「表面的に存在するように見える法律関係に則してではなく、真実に存在する法律関係に則して要件事実の認定がなされるべきこと」を主張される。[30]しかし、「真実に存在する法律関係からはなれて、その経済的成果なり目的なりに則して法律要件の存在を判断することを許容するものではない」と、実質主義による否認への警戒を述べられている。[31]このように、経済的実質ではなく、あくまでも真実の事実関係に基づいて租税法規は適用されなければならないのである。

では、実質主義による否認が適用される場合はないのであろうか。この点について、松沢智教授は、意図的な事実や法律関係の隠ぺいを行う、仮装行為を挙げられている。[32]納税者の選択した法形式と取引の実体が合致していない違法な場合に、実質主義による否認を行うのである。武田昌輔教授も、仮装行為のような適用されるべき状況が存在することを指摘されている。すなわち、「真実に背いて、隠ぺいまたは仮装あるいは単純な誤り等があった場合においては、これがなかったものとしてその真実に基づいて算定されるべき」であると述べられている。[33] この場合の納税者の行った仮装行為は、課税要件の充足の是非を問うまでもなく、私法上適法な行為ではない。租税平等主義の要請により、真実の法律関係から課税されなければならないだろう。

この仮装行為は、先述の脱税行為に含意され、そもそも租税回避行為ではない。したがって、仮装行為に対する実質主義による否認は、租税回避行為の否認という文脈にはないことに注意しなければならない。

3 「私法上の法律構成による否認」論の背景と意義

本節では、租税回避行為の否認の手法として、新たに登場し、現在学界において注目されている「私法上の法律構成による否認」論の登場の背景とその意義について確認する。

(1) 背景

「私法上の法律構成による否認」論は、今村隆教授と中里実教授の一連の研究によって展開されている。その端緒には、どのような背景があったのだろうか。両教授の論考[34]から、その背景は、以下のように推測される。

今村隆教授は、バブル経済の崩壊や経済のグローバル化、さらには、納税者の権利意識の向上等により、租税訴訟を取り巻く環境が大きく変化していると、現状を認識されている。そして、節税の名の下に多様な法形式を組み合わせ、その選択可能性を利用した迂回取引を行う納税者が増えたことも挙げられる。さらに、最近の租税回避行為の否認に関する訴訟は、課税庁による実質主義による否認は租税法律主義に反するということで、裁判が維持できない状況も指摘されている。[35] このため、租税回避行為の否認の問題は、租税行政上、看過できないほど重大性を増しており、新たな否認手法の必要性を痛感されていたと思われる。

換言すると、社会環境の変化から、租税回避行為を通じて「積極的」に租税負担を軽減する納税者（いわゆる大企業）の存在に対し、日本の租税法制度が充分に対応していないことに危惧を抱かれていたと指摘できるであろう。

中里実教授も今村隆教授と同様な現状認識に立たれているが、学界側の事情として、次の点を指摘されている。近年の租税回避行為の否認に関する訴訟では、租税実体法上の解釈の問題が重視されている。そのため、中里実教授は、抽象的な議論が多かった既存の租税回避行為の否認の議論では、租税法上の理論解釈を必ずしも提示できないと述べられている[36]。加えて、租税法研究は、極めてアカデミックな比較法的議論と極めてテクニカルな実務解説書の執筆という二極分化の状態にあり、個別具体的な法的検討が不足していたと指摘されている[37]。このような学界における状況から、新たな分析方法の必要性を主張されているのである。

近年、（次章で取り上げるような）私法上の法律関係にまで立ち入って詳細な事実認定の検討を行った租税訴訟も増加の傾向にある。中里実教授は、裁判内容の変化に租税法研究が対応するためにも、抽象的な議論を脱し、課税の対象となる具体的な経済取引を正確に把握することで、租税法的検討を加えるべきであると述べられている[38]。そして、このような個別具体的な検討に際し、私法の側面を配慮すべきことも説かれている[39]。経済取引は第一義的には私法に規律されている。しかし、租税法は私法との関係について十分な検討を行ってきたとは言い難く[40]、従来の租税法における議論では、課税の面についてのみ独立的に検討される傾向が強かったと、中里実教授は述べられている[41]。加えて、業種業界により経済取引は、実態的な意味で「私法的特質」があり、例えば法人税関連の課税関係を検討するに際し配慮する必要があると思われるが、この点も十分に議論がなされなかったと述べられている[42]。

以上のように、納税者の権利意識の向上、租税回避行為の否認に関する訴訟の増大と課税庁による実質主義による否認に対する裁判所の否定、裁判事案の租税法的な検討や私法上の法律関係にまで立ち入った分析の必要等の背景により、「私法上の法律構成による否認」論は登場したといえよう。

なお、中里実教授は、「私法上の法律構成による否認」により、租税回避行為（例えば、タックス・シェルター商品等）の否認に対して、課税庁が現行法下でいかに対応可能であるかということを述べられている[43]。ここからも、「私法上の法律構成による否認」論は、租税回避行為に対応していくための理論的な試金石であることが確認できる。この意味で、租税回避行為の否認論に関する新たなアプローチであるとまとめられよう。

(2) 意義

では、具体的にどのような主張なのだろうか。提唱者である今村隆教授の議論に従って確認しよう[44]。今村隆教授はまず、課税要件事実の認定に際し、そもそも当事者の選択した法形式で、契約が民法上成立していると認定できるのか、そして、契約が成立したとしても、その真実の法的性質は当事者の選択した法形式と一致するか否かを問題とすべきではないか、と主張される。この問題意識と前述の背景を前提として、租税回避行為の否認論を三つに類型化する。個別否認規定による否認、実質主義による否認、「私法上の法律構成による否認」であり、新たに「私法上の法律構成による否認」という類型を提唱される[45]。

今村隆教授は、個別否認規定が存在しない場合は租税回避行為の否認は許されないという通説を支持されながらも、一定の例外の存在を主張されている。すなわち、租税法律主義の見地から個別否認規定がない場合、課税庁による租税回避行為の否認は許されず、納税者の権利は擁護されるべきであるとしても、このことは、租税回避行為を無制限に容認することを必ずしも意味しないといわれる。納税者の課税逃れを制限する一定の歯止めが必要であると説かれているのである[46]。

この歯止めを指して、今村隆教授は「私法上の法律構成による否認」と呼ばれる。すなわち、「課税要件事実の認定は外観や形式に従ってでなく、真実の法律関係に即して認定がなされなければならないが、その結果、当事者が用いた法形式が否定されることがあり、このような場合も当事者が用いた法形式を否定するという意味で「否認」と呼ぶこともできよう」と定義されている。(47) そして、租税法固有の議論ではなく、私法上の事実認定あるいは契約解釈によるところは、民法における近時の有力説を踏まえたものであると、同教授は述べられている。(48) というのは、当該有力説は、契約解釈においては、両当事者の意思の合致の程度を探求すべきことを重要視しているからである。

したがって、当事者らの主観的な（＝真実の）「意思」もしくは「意図」の証明が、この否認論のポイントとなる。ただし、ここでいう意思ないし意図とは、契約書の内容や当事者らの供述、間接事実等によって、客観的に認定できるものを意味している。(49) 当事者の表示行為から推測される効果意思と真実の内心的効果意思との差異を検討し、その差異があるなら当事者の行為を否認する。そして、真の意思（真実の内心的効果意思）を事実認定により客観的に証明することが「私法上の法律構成による否認」といえるだろう。

前述した今村隆教授の問題意識を踏まえ、具体的に述べると以下のようになる。すなわち、契約締結の「事前的」には、そもそも当事者らの選択した法形式が、民法上成立していたといえるのか。契約締結の「事後的」には、仮に法形式が成立していたとしても、当事者の選択した法形式が真実の法形式と一致しているのか、ということが提起される。このように当事者の意思の観点を踏まえた契約解釈を行い、その選択した法形式が真実の法形式と一致していない、いわば仮装行為（典型例として虚偽表示）がなされた場合を念頭に、今村隆教授は「私法上の法律構成による否認」がなされるべきであると説かれる。なお、「契約の法的性質決定の問題が重要であることを強調するためにも、「仮装行為」という概念よりも、広い概念として、「私法上の法律構成による否認」をとらえる意義がある」と述べられている。(50)

中里実教授は、既存の抽象的な否認論と一線を画し、議論を明確にするため、租税回避行為の否認論を整理するところから、「私法上の法律構成による否認」論を展開されている。まず、否認を大きく、「狭義の否認」と「広義の否認」に大別する。そして、前述の個別否認規定や実質主義による否認を狭義の否認と定義される。この狭義の否認には、これまでのいわゆる否認論が含意されている。そして広義の否認として、「課税減免規定の限定解釈による否認」と「私法上の法律構成による否認」と呼べる二つの場合があるという(51)。

「課税減免規定の限定解釈による否認」とは、減免規定の立法趣旨・目的に合致しないような行為に対して課税の減免を認めないことを意図するものである(52)。ただし、当事者の採用した法形式については私法上有効であり、課税に際し無視するわけでもない。経済的成果の発生は、通常、私法上の行為に裏付けられており、有効に成立した私法上の行為により経済的成果が発生していれば、課税上も尊重される。したがって、当事者の選択した法形式を無視する（狭義の）租税回避行為の否認とは異なるといえよう。すなわち、中里実教授は、「課税減免規定の本来予定していないものであるとして、その適用を否定すれば、結果として、租税回避の「否認」を行うのと同様の効果を得ることが可能」という意味で、広義の否認といわれるのである(53)。

「私法上の法律構成による否認」とは、「課税の前提となる私法上の当事者の意思を、私法上、当事者間の合意の表面的・形式的な意味によってではなく、経済的実体を考慮した実質的なかたちにしたがって認定し、その真に意図している私法上の法律構成を前提として、課税要件へのあてはめ」を行うことであるとされている(54)。これは、当事者間で選択した真実の私法上の法律関係（契約の合意内容）に基づいて課税するものである。そこでは、真実の意思が重要となる。既存の租税回避行為の否認では、納税者の意思は、租税負担の減少という経済目的としての租税回避行為の定義に関わる議論や、個別否認規定がない場合に否認ができるかどうかという文脈での議論はあるにせよ、否認の構成要件にない。しかし「私法上の法律構成による否認」では、その否認の根拠として、納税者の真実の意思を重視している。そして、この意思を私法上の形式的な意味によってではなく、経済的実体を考慮した実質的な意味において認定し、その真に意図している私法上の法律構成を前提として事実認定を行い、必要であれば課税するのである。

この広義の否認という意図は、租税回避のために当事者が作り出した外形上の法律関係が、私法上も課税上も無視されることにあり、結果的に否認行為と同じ効果を持つことにある。したがって、「私法上の法律構成による否認」は、中里実教授によれば、概念的には租税回避行為の否認ではないといわれる。(55) 納税者が通常の法形式を用いないという点で、その行為自体は類似している。しかし、租税回避行為の否認では、納税者が選択した法形式は私法上効力を有するが、「私法上の法律構成による否認」のケースでは、納税者が用いた法形式には私法上の効力がない。真実の事実関係により私法上の法律関係が発生するのである。そして、租税回避行為の否認では「私法上発生した法律効果」を否定（もしくは中庸な表現としては無視）するが、「私法上の法律構成による否認」では「私法上の法律効果の発生」そのものを否定（無視）する。(56) 同じ否認という言葉を用いながらも、その意味するところは大きく異なることに注意しなければならない。

そして中里実教授は、この否認の対象は仮装行為に限定すべきであると述べられている。(57)「私法上の法律構成による否認」が適用される仮装行為の射程は、中里実教授の見解によると、民法上の通謀虚偽表示の場合であり、「通謀虚偽表示のみをさすと考えてよい」といわれる。(58) ただし仮装行為という用語を使用するのは、「租税事件において裁判所が通謀虚偽表示と判断する場合には、真実の事実関係に基づく」という租税裁判実務の文脈や、仮装行為の定義たる「意図的に真の事実や法律関係を隠ぺいないし秘匿して、みせかけの事実や法律関係を仮装すること」という学説的文脈を考慮した上で、「真実の事実関係（表裏一体の関係といえる真実の意図）」を強調するためであると思われる。(59)

以上をまとめると、「私法上の法律構成による否認」論は、今村隆教授、中里実教授とも、表現上の差異はあるものの主張に変わりはないといえるだろう。この否認論では、真実の法律関係ないし意図が重視され、この法律関係に基づいて、否認がなされるのである。否認の対象に関しては、仮装行為に限定する中里実教授と比較して、今村隆教授のいう適用範囲は、明示的でないにせよ広いと解せられる。この点が違いである(60)。

このように、今村隆教授によって主張され、中里実教授により既存の租税回避行為の否認論との関係で具体的に位置づけられた「私法上の法律構成による否認」論であるが、この否認論は、今村隆教授によって、さらに否認の方法として、契約が不存在と認定される場合、契約が虚偽表示により無効であると認定される場合、契約の法的性質の決定により当事者の選択した法形式を否定して、真実の契約関係を認定する場合に細分化されている(61)。

契約の不存在と虚偽表示に関しては、そもそも有効な法律行為でないため否認するまでもない、もしくは否認する対象がないと考えられる。しかし、意識的にではないにせよ、学界では「否認の議論」において取り上げられてきた。この場合、否認という用語の定義に関わる議論はあるにせよ、納税者の選択した行為を否定もしくは無視するという意味で、前述の中里実教授がいわれる広義の否認たる「私法上の法律構成による否認」に含意されているといえよう。

本稿で主に取り上げるのは、「私法上の法律構成による否認」論の中でも、学界において議論となっている、契約の法的性質の決定により当事者の選択した法形式を否定して、真実の契約関係を認定するという新たなアプローチが適用される場合である。章を改めて、検討しよう。

（２）　金子宏『租税法（第22版）』一二七頁（弘文堂、二〇一七）。

（３）　金子宏『租税法（第20版）』一二四頁（弘文堂、二〇一五）。他文献との整合性のため、適宜版の違うものを用いる。金子宏教授の租税回避行為に関する理解的変遷についてはここでは立ち入らない。この点については、増田英敏『紛争予防税法学』（ＴＫＣ出版、二〇一五）一〇七頁注（３）を参照。

（4）木村弘之亮『租税法総則』一七〇頁（成文堂、一九九八）。
（5）清永敬次『税法（新装版）』四三頁（ミネルヴァ書房、二〇一三）。
（6）清永敬次・前掲注（5）四四頁。
（7）清永敬次『租税回避の研究』三八九頁（ミネルヴァ書房、一九九五）。
（8）松沢智『租税手続法』一四七頁（中央経済社、一九九七）。
（9）北野弘久『現代税法の構造』九四-九五頁（勁草書房、一九七二）。
（10）今村隆「租税回避とは何か」『税大論叢四〇周年論文集』五七頁（二〇〇八）。
（11）今村隆・前掲注（10）一四頁。
（12）今村隆・前掲注（10）五七頁参照。ここではさらに税目的以外の事業目的その他合理的目的の不存在という主観要件と、当該租税法規の趣旨・目的に反し、経済実質を欠くとの客観的要件の二要件が満たされるとき、租税回避に該当するとされる。主観的要件については議論のあるところであるが、ここでは立ち入らない。金子宏・前掲注（2）四七〇～四七一頁参照。金子宏・前掲注（3）四九九頁、増田英敏・前掲注（3）一〇七頁参照。
（13）租税回避行為の概念規定がそもそも必要なのかという見解もある。中里実教授は、個別否認規定によらない租税回避行為は否認されないという通説を踏まえると、否認されない租税回避行為と節税行為は、課税されないという点で同様であり、否認されない租税回避行為という概念を放棄すれば、個別否認規定により否認される租税回避行為は単に個別否認規定により否認される取引行為であって、当該概念を用いずに租税法の理論的検討が可能ではないかと提起されている。中里実「租税回避の概念は必要か」『税研』七月号（二〇〇六）。
（14）金子宏・前掲注（2）一二七頁。
（15）この合法性の解釈を巡って納税者と課税庁が争う場合もある。そして、納税者の行為自体が、節税行為なのか脱税行為なのか、それとも租税回避行為なのかという事実認定が争われる場合もある。
（16）金子宏・前掲注（2）一二七頁。
（17）松沢智・前掲注（8）一四七頁。
（18）金子宏・前掲注（3）一二五頁。
（19）言うまでもなく、それぞれの規定の解釈、適用を巡って多くの議論がある。しかし、本稿ではその詳細な検討に立ち入らない。そして、この三類型に関しても議論があることは承知している。金子宏教授によると、同族会社等の行為または計算の否認は、「個別の分野に関する一般的な否認規定」と述べられている（金子宏・前掲注（2）一二九頁）。他に、以下の文献（七七頁以下）が示唆に富む。浦東久男「租税回避と個別的否認規定」岡村忠生編『租税回避研究の展開と課題』（ミネルヴァ書房、二〇一五)。

(20) これら報酬と賞与とを区別することは、実体的には容易ではない。この判別に関し、支払が定期的かそれとも臨時的かという「支給形態ないし外形」を規準として区分すべきであると課税庁が主張し、原告の（役員賞与の）損金算入を租税回避行為として否認し、その取消を巡って争われた事案がある。原告は、業務執行の対価であるのか利益処分であるのかという実質による区分を主張したが、被告たる課税庁のいう外形によるべきであるという主張が全面的に判示されたもの（高松地判・昭和六二年五月一二日）である。そこでは、安易な報酬化による租税回避行為が租税負担の公平性を損なうという見解から、法解釈が行われている。

(21) この規定を巡って様々な観点から多くの議論がある。主要なものでいえば、その法的効力は同族会社外（非同族会社）にも及ぶのかという論点が挙げられよう。この点については、同族会社に限定されるという見解が通説である。金子宏・前掲注（2）四九七頁参照。

なお、この規定について、立法趣旨やその背景の研究を含め、多くの論点を網羅している、清永敬次・前掲注（7）第三章「同族会社の行為計算の否認と裁判例」が参考になる。近年の裁判例を検討した論考でいえば、以下の文献が挙げられる。品川芳宣「租税回避否認判決の最近の動向と問題点～再編税制等の行為計算否認の論点を探る」『租税研究』六三三号（二〇〇二）。

(22) 松沢智『租税実体法（補正第2版）』』四二-四五頁（中央経済社、二〇〇三）。なお、松沢智教授は、この規定の法的効力はかなり限定されるという通説を支持されながらも、適用範囲は、同族会社以外にも及ぶとされ、この点では通説と異なる。

(23) 田中治「相続税の評価と租税回避」北野古希『納税者権利論の展開』三八四頁（勁草書房、二〇〇一）。なお、金子宏教授は、多くの裁判例を踏まえ、この規定総体（法人税や所得税等）としては、個別否認規定の立法によりその適用範囲は狭まったが、その意義を失ったわけではないと指摘されている。金子宏・前掲注（2）五〇二頁参照。

(24) 合併の対極にある分割と租税回避行為の議論については、渡辺徹也教授の研究がアメリカの裁判例を詳細に取り上げられており示唆に富む。渡辺徹也「法人分割と租税回避」『企業取引と租税回避～租税回避行為への司法上および立法上の対応』（ミネルヴァ書房、二〇〇二）。

(25) 広島地判・平成二年一月二五日『訟月』三六巻一〇号一八九七頁。

(26) この用語の使用に関し、金子宏教授は、以下のような注意を促されている。すなわち、租税法の解釈ではその経済的実体を考慮しなければならないという意味で使用される場合もあるが、「真実に存在する法律関係からはなれ、その経済的成果なり目的なりに即して法律要件の存否を判断することを許容するものではない」のである。金子宏・前掲注（2）一四一頁参照。

(27) 清永敬次教授は、実質主義について詳細に分類し論じられており、その実体を知る上で参考になる。清永敬次・前掲注（7）三六四-三六九頁

(28) 例えば、金子宏・前掲注（2）一三〇頁、清永敬次・前掲注（5）三六頁参照。

(29) 大阪高判：昭和三九年九月二四日『訟月』一〇巻一一号一五九七頁。『判時』三九二号三九頁。『税資』三八号六〇六頁。類似の判決として、神戸地判：昭和四五年七月七日『訟月』一六巻一二号一五一三頁。実質主義による否認に反対する事案は、本稿次章で取り上げる「相互取引事件」が挙げられる。したがって、ここでは取り上げていない。他には、東京高判：昭和四七年四月二五日『行集』二三巻四号二三八頁。

(30) 金子宏・前掲注（2）一四一頁。

(31) 金子宏・前掲注（2）一四一頁。

(32) 松沢智・前掲注（18）二一一-二一二頁。

(33) 武田昌輔「租税回避行為の意義と内容」『日税研論集』Vol. 14　五-六頁（一九九〇）。

(34) 今村隆「租税回避行為の否認と契約解釈（1）～（4）」『税理』Vol. 42 No. 14・15/Vol. 43 No. 1・3（一九九九）。以下で引用する場合、（1）を指すこととする。それ以外の場合には、（2）等、別途明記することとする。

中里実教授の文献は多数に上るため、以下、本稿で取り上げていないものを挙げる。中里実「租税回避否認類型化論：深刻化するタックスシェルター問題と財政再建（上）（中）（下）」『税研』Vol. 95/97/98（二〇〇一）。「課税逃れ商品の新しい事例」『税研』Vol. 101（二〇〇二）。「事実認定による『否認』と契約の読み替え」『税研』Vol. 113（二〇〇四）。「「租税法と私法」論再考」『税研』Vol. 114（二〇〇四）。「「租税法と私法」論再々考」『税研』Vol. 115（二〇〇四）。

(35) この状況を差して、今村隆教授は、「実質主義アレルギー」と述べられている。今村隆・前掲注（34）二〇六-二〇七頁参照。なお、山田二郎博士はその論考（「随想：動きだした租税訴訟の現状と展望」『財政法叢書』Vol. 20（二〇〇四））で、近年の納税者勝訴判決の増加という変わりはじめた租税訴訟の動向やその論点をまとめられており、参考になる。

(36) 中里実「租税法における新しい事例研究の試み」『ジュリ』No. 1242　六五頁（二〇〇三）

(37) 中里実・前掲注（36）六五頁。

(38) 中里実・前掲注（36）六五頁。

(39) 中里実・前掲注（36）六五頁。

(40) 租税法と私法の関係についての研究は、金子宏教授や松沢智教授の論考等、その後の租税法学界に影響を及ぼした著名なものも少なからず存在する。金子宏「租税法と私法」『租税法研究』第六号（一九七八）、松沢智「私法上の取引と租税回避行為」『租税法研究』第六号（一九七八）。

(41) 中里実・前掲注（36）六五頁。

(42) 中里実・前掲注（36）六五頁。

(43) 中里実「課税逃れ商品に対する租税法の対応（上）」『ジュリ』No. 1169　一一六頁（一九九九

(44) 中里実教授の論理構成も基本的には同様であり、以下では、出自の順序から今村隆教授の文献（前掲注（34）二〇七-二〇九頁）を中心に要約し、適宜、中里実教授の文献も取り上げる。
(45) 同族会社の行為又は計算の否認規定は、ここでは対象とされていない。個別否認規定に含意されるため、取り上げられなかったと思われる。
(46) 今村隆・前掲注（34）二〇七頁。
(47) 今村隆・前掲注（34）二〇八頁。
(48) 今村隆・前掲注（34）二〇八頁。あくまでも有力説であり、議論のあるところである。例えば契約について、当事者の内心（真実）の意思ではなく「表示」の意思について、客観的意味を明らかにすることに意義があるという説もある。以下の文献を参照。山本敬三『民法講義Ⅰ総則』一二一頁（有斐閣、二〇〇一）。
(49) 今村隆・前掲注（34）の（4）二〇九頁。
(50) 今村隆・前掲注（34）二〇九頁。ただし、広く考えられるのがどのような場合であるか、明示的ではない。
　仮装行為の範囲については、これまで学界（租税法学）で裁判例にまで立ち入って「詳細に」論じられてこなかったといえよう。本稿では、三の2で、「私法上の法律構成による否認」と仮装行為による否認との異同を取り上げる。しかし、別途、稿を改めて検討する必要があると思われる。なお、先駆的研究として、山田二郎「行為計算の否認規定の適用をめぐる諸問題」日本税法学会編『杉村章三郎先生古稀祝賀税法学論文集』（三晃社、一九七〇）を参照。
(51) 中里実「タックス・シェルターと租税回避否認」『税研』Vol. 83　六二頁（一九九九）。なお、この「私法上の法律構成による否認」に関する中里実教授の説明は、他の論考でもなされているが、本稿では、出自の序列から当該文献を取り上げている。
(52) 中里実・前掲注（五一）六三頁。
(53) この否認論には、本稿では立ち入らない。関連する裁判例としては、「三井住友銀行事件」（大阪地判：平成一三年五月一八日『判時』一七九三号三七頁。大阪高判：平成一四年六月一四日『判時』一八一六号三〇頁。『判タ』一〇九九号一八二頁）、「大和銀行事件」（大阪地判：平成一三年一二月一四日。大阪高判：平成一五年五月一四日。共に未登載）が挙げられる。検討した文献として、以下の論考を参照。占部裕典「租税回避行為再考～外国税額控除の利用にかかる法人税更正処分等取消請求訴訟事件を素材として」『税法学』No 548（二〇〇二）。水野忠恒「外国税額控除に関する最近の裁判例とその問題点」『国際税務』二二巻三号。各評釈については、紙幅の都合上省略する。
(54) 中里実・前掲注（51）六四頁。
(55) この意味で、中里実教授は私法上の法律構成による否認における否認という用語に対し、カッコ付きの否認（私法上の法律構成による「否認」）を用いられている。本稿では、前掲注（1）で述べたように、新たな主張という意味で「私法上の法律構成による否認」という形で用いる。
(56) 中里実「事実認定・私法上の法律構成による「否認」と重加算税」『税研』Vol. 109 九二-九三頁（二〇〇三）。
(57) 中里実・前掲注（56）九二頁参照。
(58) 中里実・前掲注（56）九二頁参照。
(59) 中里実・前掲注（56）九二頁参照。
(60) 本当に違いがあるのか、次章でさらに検討する。
(61) 今村隆・前掲注（34）二〇九頁。

二　「私法上の法律構成による否認」論の理論と実際

前章で、既存の否認論と「私法上の法律構成による否認」論との定義上の違いは明らかになった。本章では、「私法上の法律構成による否認」における三類型の内、課税庁が当事者の選択した法形式を否認して、真実の法律関係を認定する場合を、裁判例を用いて検討しよう。

1　「私法上の法律構成による否認」の手法の実際

本節では、二つの裁判例について取り上げ、「私法上の法律構成による否認」がどのような形で課税庁により主張されたのか、そして、裁判所によってどのような判断がなされたのかを確認する。まず、不動産の相互取引が、二つの売買取引か一つの交換取引かが争われた事案である。(62) ここでは「私法上の法律構成による否認」という用語は、裁判上登場しないが、課税庁によってその旨主張されたことが理解可能な最初の事案である。「私法上の法律構成による否認」の提唱者である今村隆教授によっても論じられている。(63)

次に、映画フィルムの償却による租税回避行為の否認事案(64)である。ここでは、「私法上の法律構成による否認」という用語が課税庁によって主張され、その論理が一審二審で認められた事案である。

なお、「私法上の法律構成による否認」論では、契約における当事者の意思の解釈が重要となる。これらの裁判例も同様であり、本稿でもその点を念頭に置いて、内容を取り上げている。

(1) 相互取引事件――交換か売買か――

本件は、バブル期に、ある土地を巡って、それを入手したい不動産業者と代替地を手配してくれるなら（最終的には）応じても良いという所有者との取引に関わるものである。そこでは、当該不動産と代替地の取引が二つの個別の売買契約か一つの交換契約かということが、納税者と課税庁の間で争われた。この裁判例は、原審では、課税庁による租税回避行為の否認が認められた。しかし控訴審では、同一の事実認定に立脚しながら、租税法律主義の見地から、課税庁による否認は認められないという正反対の判断が下された。

① 事案の概要

本稿の目的の限りで取り上げると、以下のようにまとめられる。

原告Xは甲及び乙の土地を所有し、訴外Ａ（Xの亡母）は右土地を賃借していた。さらにＡは隣接地丙を所有の上、各土地に建物を所有していた（これらの土地及び建物を含め、以下「本件譲渡資産」という）。訴外Ｂ企画は、地上げの一環として、Xらに本件譲渡資産の売却を交渉し、本件譲渡資産と等価の代替地、建物の新築費用及び付随する租税負担（以下「本件取得資産」という）を条件に、Xらは取引を行うこととなった。平成元年三月二三日、Xらは、本件譲渡資産を総額七億円余で売買する契約を締結した。同日、Ｂ企画は、Xらに代替地（更地・六億三千万円余で購入済み）とその隣接地の賃借権及び建物を、それぞれ三億五千万円余、八千万円弱で売買する契約を締結した。さらに同日、XらとＢ企画はこれらの契約を履行し、Ｂ企画は契約代金の相殺差金として三億円余の小切手をXらに交付した。

平成元年三月二三日

Xらは、本件譲渡資産を総額七億円余で売却する契約を締結

同日

B企画は、Xらに代替地（更地・六億三千万円余で購入済み）とその隣接地の賃借権及び建物を、それぞれ三億五千万円余、八千万円弱で売却する契約を締結

同日

XらとB企画は各契約を履行し、B企画は、契約代金の相殺差金として三億円余の小切手をXらに交付

Xらは平成二年三月一四日、平成元年分の所得税として、本件譲渡資産の譲渡収入金額として七億円余を確定申告した。これに対し、被告Y税務署長は、XらとB企画の間の取引は、不可分一体のものであり、本件取引は、譲渡資産と取得資産の差金付交換取引であるとして、譲渡収入金額を取得資産と差金の合計額十億円余とし、更正及び過少申告加算税の賦課決定処分を下した。これを不服としXらが出訴したのが、本件のあらましである。

②　当事者の主張

原審、控訴審双方において基本的な主張に変更がないため、ここでは原審の要旨を示す。

（ｉ）原告

原告（控訴人）Xたる納税者側は、以下のように主張している。すなわち、本件譲渡資産に係る売買契約と本件取得資産に係る売買契約は、事実経過からみて関連しており、対価的にバランスのとれたものである。しかし、それは各取引の動機ないし背景に過ぎない。各契約は、その形式においても関係者らの認識においても、それぞれ別個に締結された独立の契約である。当事者らの客観的意思において別個の契約であるという認識を、租税法上別異

に認定することは、租税法律主義に反することである。

したがって、本件取引は、本件譲渡資産及び本件取得資産に関する各別の売買契約からなるものであって、一体不可分の補足金付交換契約と解することはできない。そのため、本件譲渡資産の対価は契約金額そのものと解すべきであり、本件取得資産の価額と本件差金の額の合計額と解すべきではない。

(ii)　被告

被告（被控訴人）Ｙたる課税庁側の主張は、以下の四点にある。①本件取得資産及び差金の交付は、Ａの夫Ｃが代理人として要求したものであり、これらを本件譲渡資産の対価として各契約が締結されていること。②本件取得資産（主に代替地）の要求をした後、実際の取引に至るまで本件譲渡資産及び本件取得資産の各価額についてＢ企画と交渉をしていないこと。③本件譲渡資産と本件取得資産を等価で交換する旨の確約書は、Ｃの確認を得て作成されたものであること。④本件譲渡資産の売買代金額は、国土法との関係で不勧告になりそうな届出価額として決定されたもので、本件取得資産の価額も右届出価額から本件差金額を控除して決められたに過ぎないことが認められるのであって、これらの事情に照らせば、本件取引は、不可分一体の補足金付交換契約というべきである。

これらの点から、本稿の限りでの争点は、本件取引の法的性質は、個別の売買契約か、それとも補足金付交換契約かということにある。そこで、当事者の意思の解釈が争われたのである。

③　判旨（原審）

原審では、被告Ｙたる課税庁側の主張が認められることとなった。

売買契約を選択した納税者の法律行為の異常性について。

「契約の内容は契約当事者の自由に決し得るところであるが、契約の真実の内容は、当該契約における当事者の合理的意思、経過、前提事情等を総合して解釈すべきものである。」

「ところで、既に認定した本件取引の経過に照らせば、Ｘらにとって、本件譲渡資産を合計七億三三一三万円で譲渡する売買契約はそれ自体でＸらの経済目的を達成させるものではなく、代替土地の取得と建物の建築費用等を賄える経済的利益を得て初めて、契約の目的を達成するものであったこと、他方、Ｂ企画にとっても、本件取得資産の売買契約はそれ自体で意味があるものではなく、右売買契約によってＸらに代替土地を提供し、本件譲渡資産を取得することにこそ経済目的があったのであり、本件取得資産の代価は本件譲渡資産の譲渡代金額からＸらが希望した経済的利益を考慮して逆算されたものであることからすれば、本件取引は本件取得資産及び本件差金と本件譲渡資産とを相互の対価とする不可分の権利移転合意、すなわち、Ｂ企画において本件取得資産及び本件差金を、Ｘらにおいて本件譲渡資産を相互に相手方に移転することを内容とする交換（民法五八六条）であったというべきである。」

「もっとも、本件では本件取引によって契約の履行も完了しているから、合意の不可分一体性を論ずることは当事者間では無意味であるが、本件取引の性質を検討するために本件各契約の履行が時を異にした場合を想定すれば、Ｘらにとって、本件譲渡資産の売買契約の履行として不勧告通知に係る価額の金銭を給付され、別途、自らの責任と判断において代替土地を取得するというのでは、本件譲渡資産の売買目的を達成することはできず、他方、Ｂ企画としても、本件取得資産を四億三四〇〇万円で売却するというだけでは、その売買契約の目的を達成することはできないのであって、本件取引は、相互の権利移転を同時に履行するという関係を当然に前提とし（履行の同時性が確保されないときは、意思解釈の問題として同時履行の要否が問題となり得るものであり）一方の履行不能は他方の履行を無意味ならしめるという関係にあったというべきである。」

④　判旨（控訴審）

控訴審では、同一の事実認定ながら原審と反対の判決となった。

法律の根拠なしに、当事者の選択した法形式を通常用いられる法形式に引き直し、それに対応する課税要件が充足されたものとして取り扱う権限が課税庁に認められているものではない。

「事実関係からすれば、Ｘらにとっても B企画にとっても、本件取引においては、本件譲渡資産の譲渡あるいは本件取得資産の取得のための各売買契約は、それぞれの契約が個別に締結され履行されただけでは、両者が本件取引によって実現しようとした経済的目的を実現、達成できるものではなく、実質的には、本件譲渡資産と本件取得資産とがＸらの側とB企画の側で交換されるとともに、Ｘらの側で代替建物を建築する費用、税金の支払に当てる費用等として本件差金がB企画からＸらの側に支払われることによって、すなわち右の各売買契約と本件差金の支払とが時を同じくしていわば不可分一体的に履行されることによって初めて、両者の本件取引による経済的目的が実現されるという関係にあり、その意味では、本件譲渡資産の譲渡と本件取得資産及び本件差金の取得との間には、一方の合意が履行されることが他方の合意の履行の条件となるという関係が存在していたものと考えられるところである。」

「さらに、本件取引における本件譲渡資産の譲渡価額あるいは本件取得資産の取得価額も、その資産としての時価等を基にして両者の間の折衝によって決定されたというよりも、むしろ、国土法の制約の下で許容される本件譲渡資産の譲渡額の上限額を前提として、本件取引によりＸら側で代替物件を取得した上に税金を支払ってもなお利益のある額となるようにＸら側で計算して本件譲渡資産を構成する各資産ごとに割り振るなどして算定した金額を、B企画側でも受け入れて、前記のとおりの額と決定したものであることが認められる。」

「これらの事実関係からすれば、Ｘら側とB企画との間で本件取引の法形式を選択するに当たって、より本件取引の実質に適合した法形式であるものと考えられる本件譲渡資産と本件取得資産との補足金付交換契約の法形式によることなく、本件譲渡資産及び本件取得資産の各別の売買契約とその各売買代金の相殺という法形式を採用することとしたのは、本件取引の結果Xら側に発生することとなる本件譲渡資産の譲渡による譲渡所得に対する税負担の軽減を図るためであったことが、優に推認できるものというべきである。」

「しかしながら、本件取引に際して、XらとB企画の間でどのような法形式、どのような契約類型を採用するかは、両当事者間の自由な選択に任されていることはいうまでもないところである。確かに、本件取引の経済的な実体からすれば、本件譲渡資産と本件取得資産との補足金付交換契約という契約類型を採用した方が、その実体により適合しており直截であるという感は否めない面があるが、だからといって、譲渡所得に対する税負担の軽減を図るという考慮から、より迂遠な面のある方式である本件譲渡資産及び本件取得資産の各別の売買代金の相殺という法形式を採用することが許されないとすべき根拠はないものといわざるを得ない。」

「もっとも、本件取引における当事者間の真の合意が本件譲渡資産と本件取得資産との補足金付交換契約の合意であるのに、これを隠ぺいして、契約書の上では本件譲渡資産及び本件取得資産の各別の売買契約とその各売買代金の相殺の合意があったものと仮装したという場合であれば、本件取引でXらに発生した譲渡所得に対する課税を行うに当たっては、右の隠ぺいされた真の合意において採用されている契約類型を前提とした課税が行われるべきことはいうまでもないところである。しかし、本件取引にあっては、Xらの側においてもまたB企画の側においても、真実の合意としては本件譲渡資産と本件取得資産との補足金付交換契約の法形式を採用することとするのでなければ何らかの不都合が生じるといった事情は認められず、むしろ税負担の軽減を図るという観点からして、本件譲渡資産及び本件取得資産の各別の売買契約とその各売買代金の相殺という法形式を採用することの方が望ましいと考えられたことが認められるのであるから、両者において、本件取引に際して、真実の合意としては右の補足金付交換契約の法形式を採用した上で、契約書の書面上はこの真の法形式を隠ぺいするという行動を取るべき動機に乏しく、したがって、本件取引において採用された右売買契約の法形式が仮装のものであるとすることは困難なものというべきである。」

「また、本件取引のような取引においては、むしろ補足金付交換契約の法形式が用いられるのが通常であるものとも考えられるところであり、現に、本件取引においても、当初の交渉の過程においては、交換契約の形式を取ることが予定されていたことが認められるところである。しかしながら、最終的には本件取引の法形式として売買契約の法形式が採用されるに至ったことは前記のとおりであり、そうすると、いわゆる租税法律主義の下においては、法律の根拠なしに、当事者の選択した法形式を通常用いられる法形式に引き直し、それに対応する課税要件が充足されたものとして取り扱う権限が課税庁に認められているものではないから、本件譲渡資産及び本件取得資産の各別の売買契約とその各売買代金の相殺という法形式を採用して行われた本件取引を、本件譲渡資産と本件取得資産との補足金付交換契約という法形式に引き直して、この法形式に対応した課税処分を行うことが許されないことは明かである。」

(2) フィルムリース事件

本件は、租税回避行為の否認についての事実認定のあり方として、「私法上の法律構成による否認」が判示された先例となるものである。いわゆる「循環金融」を通じて投資家に販売された節税商品が、減価償却費の不当な計上となる租税回避行為であるなら、明文の規定がない場合でも事実認定により課税庁が否認することも可能であることを判示し、学界、実務界双方において注目された。そして、最高裁では当該否認論は採用されなかったが、減価償却資産の該当性について初の判断が下され、その意味でも意義のあるものであった。

① 事案の概要

本稿の目的の限りで取り上げると、以下のようになる。

原告（控訴人）Xは、不動産業を営む法人であり、訴外Mが販売する節税商品を購入した。Xは投資家として、我が国の民法上の組合たる映画投資事業組合（以下「本件組合」という）を結成した。そして、自己資金及び訴外A銀行からの借入金により、訴外B社から映画（以下「本件映画」という）を購入する。さらに、本件映画を、映画配給会社・訴外C社と賃貸・配給契約を締結することで、C社にリースし、C社は配給会社を通じて世界に配給することになっていた。なお、A銀行からの借入金は、後にC社から映画を購入することになる訴外E社がすでに預託していたものであり、俯瞰すると、いわゆる「循環金融」の仕組みになっていた。

Xは、平成元年から五年までの各事業年度において、本件映画の持分権を減価償却資産とし、その減価償却費を計上した。そして、購入に際しての借入金についても、その支払利息額を損金に計上した。これに対し、原処分庁（後にY税務署長が訴訟を承継）は、本件映画の減価償却費の損金計上を認めず、支払利息額相当の受取利息の計上漏れがあることを理由に、更正及び過少申告加算税を賦課決定した。Xは国税不服審判所に審査請求をしたが、棄却される。そして、右更正及び過少申告加算税の賦課決定のうち、当該各事業年度の申告所得金額に基づき計算した額を超える部分の取消を求め、提訴したのが本件のあらましである。

② 当事者の主張

(i) 原告

原審、控訴審双方において基本的な主張に変更がないため、ここでは原審の要旨を示す。

本件取引について、「各契約書に明記されたとおりの契約の存在および効力を認めるべきであるから、本件映画につき、原告に法人税法上減価償却がみとめられるべきことは当然である。」

「本件取引のような映画フィルムの賃貸借契約に係る契約方式は、アメリカ合衆国において既に確立された方式であり、映画投資事業を有効ならしめるために考案された実質を伴うものである。したがって、本件取引に係る各契約書は、被告の主張するように、所有者でない者を所有者であるかのように見せるための形式的な契約書ではない。」

（ii）被告

原審では、詳細な事実認定（取引実態における金銭経路）の検討から、租税回避行為の否認を主張している。

「本件取引の形式は、原告ら出資者が専ら租税負担を回避することによって利益を得ることを期待しているものである。そのことは、次の諸点から明らかである。」

「通常の映画の場合、その興行から利益を受ける可能性が低いことは映画産業関係者にとって常識であり、本件においても、原告は、本件映画の興行による利益では出資金を上回る利益を得る可能性がほとんどないことを知りながら、あえて本件取引に参加した。すなわち、本件取引は、本件映画の興行により損失を被ったとしても、それ以上に、減価償却費及び支払利息の計上によって課税所得金額の圧縮を図り、租税負担を回避することにより利益を得ることを期待してされたものである。」

「原告は、本件取引に参加した平成元年一〇月期において、かなりの高収入・高所得が見込まれ、多額の租税負担が生ずることが予測された。」

控訴審では、原審での主張に加えて、「私法上の法律構成による否認」の観点からの検討により、租税回避行為の否認を主張している。

「法文中に租税回避の否認に関する明文規定が存在する場合はもとより、明文の規定が存在しない場合でも、租税回避を目的とした行為に対しては、課税減免規定の限定解釈による否認のほか、事実認定・私法上の法律構成による否認類型が存在し、これにより狭義の租税回避否認と同様の効果を有する課税が認められる。これらは、課税庁の恣意が入り込む余地はなく、特に租税法律主義の見地からも問題がない。」

「事実認定・私法上の法律構成による否認とは、裁判所が私法上の当事者の真の意思を探求する形で事実認定を行いその結果として課税が行われるというものである。課税は、第一義的には私法の適用を受ける経済取引の存在を前提として行われるのであるから、私法上の法律構成においても、当事者間の表面的形式的合意にとらわれることなく、経済的実体を考慮して実質的な合意内容を認定し、当事者が真に意図した私法上の法律構成による私法上の合意内容に基づいて課税が行われる。」

「本件では、租税回避の否認規定は存在しないし、減価償却に関する規定は課税減免規定には該当しないため、課税減免規定の限定解釈による否認は考えられないから、本件取引について検討すべきものは、事実認定・私法上の法律構成による否認である。したがって、本件では、Xら組合員らは、外観ないし形式によれば、本件取引により本件映画に関する所有権その他の権利を取得しているようにみえるが、実体ないし実質に立ち入って、真実右権利を取得する意思を有していたか否かが探求されなければならない。」

「本件取引は、その実質において、Xが本件組合を通じ、訴外C社による本件映画の興行に対する融資を行ったものであって、本件組合ないしその組合員であるXは、本件取引により本件映画に関する所有権その他の権利を真実取得したものではなく、本件各契約書上、単にXら組合員の租税負担を回避する目的のもとに、本件組合が本件映画の所有権を取得するという形式、文言が用いられたにすぎないのであるから、本件映画を減価償却資産に当たるとして、その減価償却費を損金の額に算入すべきではない。」

③ 判旨（控訴審）

原審では、被告Yの主張に沿う形で、原告Xの主張が退けられている。控訴審でも同様に、Yの主張が認められ、「私法上の法律構成による否認」からXの真実の意思が推認される判決となっている。紙幅の関係上、ここでは控訴審の判旨のみを示す。

・仮に法文中に明文の規定が存しない場合であっても、租税回避を目的としてされた行為に対しては、当事者が真に意図した私法上の法律構成による合意内容に基づいて課税が行われるべきである。

「課税は、私法上の行為によって現実に発生している経済効果に則してされるものであるから、第一義的には私法の適用を受ける経済取引の存在を前提として行われるが、課税の前提となる私法上の当事者の意思を、当事者の合意の単なる表面的・形式的な意味によってではなく、経済実体を考慮した実質的な合意内容に従って認定し、その真に意図している私法上の事実関係を前提として法律構成をして課税要件への当てはめを行うべきである。」

「したがって、課税庁が租税回避の否認を行うためには、原則的には、法文中に租税回避の否認に関する明文の規定が存する必要があるが、仮に法文中に明文の規定が存しない場合であっても、租税回避を目的としてされた行為に対しては、当事者が真に意図した私法上の法律構成による合意内容に基づいて課税が行われるべきである。」

「以上の事実によれば、訴外C社は、本件映画等の根幹部分の処分権を保有したままで、資金調達を図ることを目的として、また、本件組合（ないしXら組合員）は、専ら租税負担の回避を図ることを目的として、原始売買契約ないし本件売買契約を締結と認めるのが相当である。」

「したがって、原判決も認定するとおり、本件取引のうち本件出資金は、その実質において、Xら組合員が本件組合を通じ、訴外C社による本件映画の興行に対する融資を行ったものであって、本件組合ないしその組合員であるXは、本件取引により本件映画に関する所有権その他の権利を真実取得したものではなく、本件各契約書上、単にXら組合員の租税負担を回避する目的のもとに、本件組合が本件映画の所有権を取得するという形式、文言が用いられたにすぎないものと解するのが相当である。」

「そうであるとすれば、Xが本件映画を減価償却資産に当たるとして、その減価償却費を損金の額に算入したことは相当でなく、右算入に係る全額が償却超過額になるものというべきである。」

2　「私法上の法律構成による否認」論の射程

本節では、前節で述べた裁判例を素材にして、「私法上の法律構成による否認」の法的効力の範囲を明らかにする。

租税法律主義の観点から、個別否認規定がない場合には、租税回避行為の否認はできないと通説的には理解されてきた。しかし、その例外となるのが、「私法上の法律構成による否認」がなされる場合である。前節の裁判例は、今村隆教授や中里実教授によると、その例外となる案件である。したがって、その理由や構成を明らかにすることは、当該否認論の射程を明確にする上で有益であるだろう。なお、両裁判例は注目されたものであるため、多くの研究者による論考、評釈がある。(65) このため、評者の見解も取り上げながら検討する。

相互取引事件判決では、「契約の内容は契約当事者の自由に決し得るところであるが、契約の真実の内容は、当該契約における当事者の合理的意思、経過、前提事情等を総合して解釈すべきものである」として、原審では「私法上の法律構成による否認」の視点から、真実の意思の探求が判示されている。そして、原告Xの法形式の選択の自由に対し一定の制約を与える判決となっている。

二の3でまとめたように、「私法上の法律構成による否認」とは、「課税の前提となる私法上の当事者の意思を、私法上、当事者間の合意の表面的・形式的な意味によってではなく、経済的実体を考慮した実質的なかたちにしたがって認定し、その真に意図している私法上の法律構成を前提として、課税要件へあてはめる」ことにある。原審では、課税庁による詳細な取引経過から四つの鍵となる事実認定事項とそれを踏まえた合理的推論により、取引当事者の真実の意思を明らかにしている。そこでは、課税庁は、本件譲渡資産の売買代金について、国土法との関係で不勧告となる価額を予測して決定され、そこから差金額を逆算し、さらに取得資産の価額も決定していると主張している。これが真実の意思であり、この認識を踏まえ、本件取引は個別の契約による取引ではなく、不可分一体の取引であり、補足金付交換契約であると判示されている。

　控訴審では、「本件取引に関しては、本件譲渡資産の譲渡及び本件取得資産の取得について各別に売買契約書が作成されており、当事者間で取り交わされた契約書の上では交換ではなく売買の法形式が採用されている」として、同一の事実認定に立ちながら、Xらの行為の正当性を判示し、原審とは反対の結論を下している。すなわち、「各売買契約と本件差金の支払とが時を同じくしていわば不可分一体的に履行されることによって初めて、両者の本件取引による経済的目的が実現されるという関係にあり、その意味では、本件譲渡資産の譲渡と本件取得資産及び本件差金の取得との間には、一方の合意が履行されることが他方の合意の履行の条件となるという関係が存在していたものと考えられる」という契約解釈から、「税負担の軽減を図るという観点からして、本件譲渡資産及び本件取得資産の各別の売買契約とその各売買代金の相殺という法形式を採用することの方が望ましいと考えられた」と当事者の真の意図を推量している。しかし、「租税法律主義の下においては、法律の根拠なしに、当事者の選択した法形式を通常用いられる法形式に引き直し、それに対応する課税要件が充足されたものとして取り扱う権限が課税庁に認められているものではない」と、原審を覆し、租税法律主義を厳守することを判示している(66)(67)。

　本件から「私法上の法律構成による否認」論は、概念的にも実際的にも、私法上の法律効果の発生そのものを否定し、当事者の真の意思を探求するものであるといえよう。この探求を契約解釈から行っているという点で、「私法上の法律構成による否認」論は、まず事実認定に関わる性質を持つことが確認できる。課税庁は詳細な事実経過・契約解釈から原告らの真実の意思の存在を主張していた。しかし（詳細な批判的検討は次章で行うが）、徴収税額の極大化を目指す課税庁の立場からして、租税負担の回避という真実の意思を虚構して、その後、事実関係の整合性をとるという逆説的な発想も可能であろう。しかも、当事者間に争いのない契約解釈に介入する法的根拠はなく、課税庁の恣意性への危惧は拭えない。法律に基づかない契約解釈という点で、既存の実質主義による否認と同様であると思われる。「私法上の法律構成による否認」論は、真実は何かという「中立的」側面があるとはいえ、租税法律主義に抵触するおそれもあると考えられる。

フィルムリース事件でも同じく、課税庁は、「Xら組合員は、外観ないし形式によれば、本件取引により本件映画に関する所有権その他の権利を取得しているようにみえるが、実体ないし実質に立ち入って、真実右権利を取得する意思を有していたか否かを探求せねばならない」と主張している。すなわち、真に意図している私法上の法律構成の追求であり、真実の意図の探求を主張しているのである。そして、詳細な契約解釈とそれを踏まえた事実認定を行っている。判決は概ね課税庁の主張に沿ったもので、「本件取引により本件映画に関する所有権その他の権利を真実取得したものではなく、本件各契約書上、単にXら組合員の租税負担を回避する目的のもとに、本件組合が本件映画の所有権を取得するという形式、文言が用いられたにすぎない」と述べ、契約の表面上の文言にとらわれず、実質的な当事者の真実の意思の推量から、判断を下している。しかし、法文上の規定がない否認行為である以上、既存の実質主義による否認への批判や、課税庁や裁判所が租税負担の減少という当事者の真実の意思を虚構して、それに取引関係を当てはめているという批判を払拭できない。

本件における真実の意思とは、映画に関する所有権を取得し、その利益の獲得を目指すものであったかどうかである。その所有意思については、渕圭吾助教授が指摘しておられるように[68]、以下の三点から推認されているに過ぎない。すなわち、映画取得は、不動産業を営む原告Xの本来の業務とは何ら関わり合いがないこと、訴外Mの説明を受けて、本件組合に参加していること、契約書は英文のものしか存在していなかったことの三点である。これらの認定事実から真実の意思を推し量るのは、論理的に脆弱であるだろう。

むしろ、フィルムリース事件では、その前提として、裁判所が詳細な取引関係や金銭の経路から、いわゆる「循環金融」としての取引構造を検討していることが注目される。そこから上記三点を踏まえ、真実の意思を推測しているのである。裁判所は、「課税庁が租税回避の否認を行うためには、原則的には、法文中に租税回避の否認に関する明文の規定が存する必要があるが、仮に法文中に明文の規定が存しない場合であっても、租税回避を目的としてされた行為に対しては、当事者が真に意図した私法上の法律構成による合意内容に基づいて課税が行われるべきである」と判示していることから、「私法上の法律構成による否認」の適用を認めていると考えられる。(69) ただし、その適用に際しては、個別の取引関係に埋没することなく、全体的な構造から、当事者の選択した真実の法形式ないし意思を判断すべきことを、この事件から指摘できる。

この点から、「課税の前提となる私法上の当事者の意思を、当事者の合意の単なる表面的・形式的な意味によってではなく、経済実体を考慮した実質的な合意内容に従って認定し、その真に意図している私法上の事実関係を前提として法律構成をして課税要件への当てはめを行うべきである」という判決文を考察すると、経済実体という文言には、否認事案として問題となる当該取引なり契約への限定は含意されないと考えられる。

したがって、「私法上の法律構成による否認」論の射程には、本件と類似する昨今のタックス・シェルターのような複雑な取引構造をもつ国際租税回避商品も念頭に置いていると解すべきである。(70) このような租税回避商品へのアプローチはこれまで存在しなかったという意味では、租税法律主義の観点から明文の規定がない場合には租税回避行為の否認は許されるものではないにしても、「私法上の法律構成による否認」論は、租税負担の削減に積極的な納税者に対する租税平等主義遵守の必要性という一定の問題提起をしているという意義があると思われる。

さらに、この否認論には、別の機能があると考えて良い。それは、訴訟により、否認の是非を裁判所に問うというものである。すなわち、課税庁の想定する取引当事者らの真実の法律関係（意思）を、最終的に裁判所に判断させる手段が、「私法上の法律構成による否認」といえるだろう。この点について、フィルムリース事件では、課税庁は「私法上の法律構成による否認」について、「裁判所が私法上の当事者の真の意思を探求する形で事実認定を行いその結果として課税が行われるというものである」と明快に主張している。これまでの実質主義による否認では、否認の前段階として、訴訟は念頭になかったと思われる。このように推量する限りでは、実質主義による否認と違い、最終的な判断は中立的機関たる裁判所が行うという意味で、課税庁の判断に裁量の余地はない（納税者が裁判に訴える限りだが）といえるかもしれない。課税庁が納税者の私法上の法形式に介入することで、節税行為とも脱税行為とも断定し難い租税回避行為を積極的に判断し、租税平等主義を担保してゆくことは、評価に値する。ただし、課税上、裁判所の事実認定が必要となるような租税実務は、生産的ではないだろう。あくまでも「私法上の法律構成による否認」論は、租税平等主義を踏まえた課税庁の判断が、「私法上の法律構成による否認」を通して、裁判所に最終的な審判を委ねるという、新たな訴訟手法としての位置づけに留まると解すべきである。

両事案は、土地取引とリースという性質の全く異なるものであるが、「私法上の法律構成による否認」論を検討する上で、有益なものであった。フィルムリース事件については、最高裁は、判決結果は変わらずとも、そもそも「私法上の法律構成による否認」論を採用していない。その採用事案の是非は留保するとしても、明らかになったことは四点ある。第一に、詳細な事実関係を重視するという意味で、事実認定論的側面があるといえるだろう。(71) 第二に、全体的な取引構造なり法的性質に注目するという意味で、その構成が複雑な国際租税回避商品をその射程においているというものである。第三に、実質主義による否認と同様に、課税庁は法律に基づかず、当事者間に争いのない契約に介入し、その解釈を行うことで否認している。第四に、そこでは真実の意思を最重要視するが、その判断は最終的には裁判所に委ねるという、実質主義による否認とは到達点が異なる新たな訴訟手段であるというものである。

(62) 東京地判：平成一〇年五月一三日『判時』一六五六号七二頁。東京高判：平成一一年六月二一日『判時』一六八五号三三頁。上告不受理：平成一五年六月一三日、納税者勝訴確定。以下「相互取引事件」という。「岩瀬事件」とも呼ばれている。本件高裁判決の判断が定着すると考えられる。すなわち、租税回避行為の否認について、課税庁による実質主義による否認は認められない。

土地取引に関わる類似の事件としては、「三井不動産販売事件」（東京地判：平成一三年三月二八日『判時』一七四五号七六頁。東京高判：平成一四年三月二〇日『訟月』四九巻六号一八〇八頁）が挙げられる。先述の「相互取引事件」に影響を受けた判決内容であり、納税者勝訴の結果となっている。この裁判例を取り上げた文献として、渡辺充「交換か売買か」『判例に学ぶ租税法』（税務経理協会、二〇〇三）がある。

(63) 今村隆・前掲注（34）二一一頁。

(64) 大阪地判：平成一〇年一〇月一六日『訟月』四五巻六号一一五三頁。大阪高判：平成一二年一月一八日『訟月』四七巻一二号三七六七頁。最三小決：平成一七年一二月二〇日『税資』二五五号順号一〇二四四。最三小判：平成一八年一月二四日『民集』六〇巻一号二五二頁。『訟月』五二巻一二号三六五六頁。『判時』一九二九号一九頁。『判タ』一二〇八号八二頁。『税資』二五六号順号一〇二七八。以下、「フィルムリース事件」という。

ただし最高裁においては、損金算入を認めないという結論は原審と同様だが、課税庁の「私法上の法律構成による否認」論は採用されていない。当該否認論が一審二審で認められたこともあり、検討上重要であると考えたので取り上げた。

「私法上の法律構成による否認」論の文脈に位置づけられる租税訴訟としては、前掲注（53）に示した事件の他に、以下のものが挙げられる。「アルゼ事件」（東京地判：平成一四年四月二四日。『税資』二五二号順号九一一五。東京高判：平成一五年一月二九日。『税資』二五三号順号九二七二）、「旺文社事件」（東京地判：平成一三年一一月九日『判時』一七八四号四五頁。『判タ』一〇九二号八六頁。東京高判：平成一六年一月二八日『訟月』五〇巻八号二五一二頁。最小判：平成一八年一月二四日：『訟月』五三巻一〇号二九四六頁。『判時』一九二三号二〇頁。『判タ』一二〇三号一〇八頁。東京高判（差戻控訴審）：平成一九年一月三〇日『訟月』五三巻一〇号二九六六頁。『判時』一九七号一三八頁）。

前者の裁判例を検討した論考として、西本靖宏「租税回避を動機とした仮装行為」『税務事例』Vol. 35 No. 9（二〇〇三）、大淵博義「米国法人を取引当事者とすることが仮装であったとは認められないとして更正処分等が取り消された事例」『TKC税研情報』一二巻五号二五頁（二〇〇四）。後者の裁判例を検討した論考として、渕圭吾「オーブンシャホールディング事件に関する理論的問題」『租税法研究』三二号（二〇〇四）。品川芳宣「海外子会社株式に係る含み益の増資移転における収益認識と当該株式の評価方法：オーブンシャ事件」『TKC税研情報』一五巻三号六〇頁（二〇〇六）等がある。それぞれの事件に関する評釈の紹介は、紙幅の都合上省略する。

(65) 相互取引事件では、増田英敏「不動産の補足金付売買契約の租税法上の否認とその法的根拠」『ジュリ』No. 1182（二〇〇〇）。占部裕典「土地等の譲渡について売買契約という法形式が採られている以上、それが税負担の軽減を図るためであったとしても、実質的には交換であるとして、課税することはできないとされた事例」『判時』一七〇三号（二〇〇〇）。東亜由美「租税判例研究 No. 225」『税理』Vol. 43 No. 3（二〇〇〇）。大淵博義「私法上の法形式否認とその限界～最近の課税事例にみる混迷化の本質」『税理』Vol. 44 No. 4 四五頁（二〇〇一）。藤曲武美「私法上の行為の税務否認とその可否（上）（下）」『税理』Vol. 46 No. 9・10（二〇〇三）。大淵博義「「売買か交換か」裁判終結の意義と今後の課税実務への影響（上）・（下）」『税理』Vol. 46 No. 13・14（二〇〇三）。今村隆「譲渡所得課税における契約解釈の意義」『ジュリ』No. 1271（二〇〇四）。

フィルムリース事件では、品川芳宣「租税判例紹介・評釈 任意組合を利用した映画フィルム・リースに係る減価償却費等計上の可否」『税研』Vol. 85（一九九九）。渕圭吾「フィルムリースを用いた仮装行為と事実認定」『ジュリ』No. 1165（一九九九）。藤谷武史「判例回顧：フィルムリースを用いた租税回避が契約解釈により否認された事案」『租税法研究』No. 29（二〇〇一）。岩倉正和「映画フィルムの償却を用いた租税回避商品の否認―パラツィーナ事件」『税研』Vol. 106（二〇〇二）。金丸和弘「フィルムリース事件と「事実認定による否認」」『ジュリ』No. 1261（二〇〇四）。木村弘之亮「租税回避、節税、通謀虚偽表示についての、判例と実務の動向」『租税研究』七二六号（二〇一〇）上記藤曲論文等。

(66) 増田英敏教授もその評釈の中で、租税法律主義の観点から原審を批判されている。そして、課税庁と納税者の攻撃・防御の力関係からも、租税法律主義は遵守されなければならないと説く。そうでなければ、納税者の予測可能性や法的安定性が担保されず、課税庁の恣意性も排除できないと指摘されている。増田英敏・前掲注（65）一〇七頁。

(67) 大淵博義教授は、法の整合性という視点から課税庁の主張を批判されている。すなわち、国土法の不勧告価額七億円で譲渡した場合に、課税庁が譲渡収入金額を十億円と主張するのは、法の統一的運用を担う国家機関たる課税庁の性格からして、不合理であるというものである。大淵博義・前掲注（65）五三頁（二〇〇一年論文）。

(68) 渕圭吾・前掲注（65）一三二頁。

(69) ただし、本件は、原告Xがこの契約に関して、節税目的であったと自白していることもあり、その理解には注意を要する（渕圭吾・前掲注（65）一三二頁）。というのは、「私法上の法律構成による否認」という課税庁の主張を認め、真実の意思の追及を行ったのか、仮装行為と判断して真実の意思の追求を行い、結果として課税庁の主張と同じ否認という結論に達したのか、というそもそもの判断の出発点については、当該取引が仮装行為であるとの明確な裁判所の認定がないため、断定できないのである。

(70) この点については、中里実教授の以下の文献を参考にしている。さらに、タックス・シェルターそのものについても、基本的性質から具体例、問題点等が詳述されており、示唆に富む。中里実『タックスシェルター』二五三－二五六頁（有斐閣、二〇〇二）。

(71)　占部裕典教授も同様の指摘をなされている。占部裕典「租税回避に対する新たなアプローチの分析」『税法学』No. 546 四八頁（二〇〇一）。この指摘については、次章で改めて検討する。

三 「私法上の法律構成による否認」論の批判的検討

本章では、「私法上の法律構成による否認」論に批判的な研究者の論考を取り上げ、その内容を踏まえた上で、理論的に検討を行う。この否認論を検討した文献は、新しい議論であるだけに、その数が限られる。したがって、その先駆的研究を確認することは有意義であると考える。

1　占部論文・岡村論文の検討

本節では、「私法上の法律構成による否認」論に批判的な占部裕典教授と岡村忠生教授の論考を取り上げ、検討する。

(1)　占部論文

一の末尾に「私法上の法律構成による否認」は、否認の方法として、契約が不存在と認定される場合（以下「第一類型」と呼ぶ）、契約が虚偽表示により無効であると認定される場合（以下「第二類型」と呼ぶ）、契約の法的性質の決定により当事者の選択した法形式を否定して、真実の契約関係（真の意図）を認定する場合（以下「第三類型」と呼ぶ）の三形態があることを記した。そして、第一、第二類型に関しては、そもそも否認するまでもなく、既存の否認論の対象ではあったが、厳密な意味では否認論とは言い難いと述べた。このため、本稿では主に第三類型について検討を行ってきた。

しかし、占部裕典教授はその論考の中で、少なくともこれらの否認類型については、これまで課税要件に関する事実認定レベルで行われてきた、既知のものであると主張されている。[72] 例えば、取引当事者らの当該契約解釈において、仮装行為と認定される場合や当事者間で対立する場合があある。この時に限り、法文上の否認規定がない場合であっても、課税庁は当事者らの真実の意図の追求をした上で事実認定を行い、否認することが可能であると通説的には解されてきたといえよう。したがって、占部裕典教授は、当事者間で争いがない場合にも課税庁が積極的に介入する手段となる「私法上の法律構成による否認」を、個別否認規定の存在を侵害する可能性さえあると危惧されている。このことは、租税法律主義の形骸化を憂慮されているものと解せられる。

この危機感は「私法上の法律構成による否認」が、納税者が節税目的による租税負担の軽減のため、通常用いられない法形式を選択した場合に、課税庁が当事者の真実の意思や真に意図している私法上の関係を強調することで、多くの取引が通常の法形式に引き直される可能性を内包していることへの現れである。[73] 特に、当事者間で契約解釈に争いがない場合には一層のことである。すなわち、「私法上の法律構成による否認」論には、法律の根拠なく課税庁がその裁量権を拡大するおそれがあるといえるだろう。

ただし、占部裕典教授は、「私法上、特定の「複合契約取引」が私法上において「単一の契約」として評価されるとして確立されている場合などは許容される余地がある」と述べられている。[74] これは、先述した真実の意思の探求が必要とされる仮装行為と認定される場合や当事者間で対立する場合の具体的契約状況と理解できよう。そしてこの範囲が、その是非はともかくとして、「私法上の法律構成による否認」論の領域であるといえる。

以上のような認識の下、占部裕典教授は、二つの論考で多くの裁判例を素材に「私法上の法律構成による否認」論を批判的に検討されている。その中で、本稿でも取り上げたフィルムリース事件も取り上げられている。そこでは、課税庁の主張に沿った「租税回避を目的としてされた行為に対しては、当事者が真に意図した私法上の法律構成による合意内容に基づいて課税が行われるべきである」という判示から、その趣旨は「租税回避の目的が存すれば、真に意図した法律構成に引きなおすこと」であり、判決は、課税庁による実質主義による否認を肯定したものに過ぎないと批判される。そして、「契約当事者に紛争がないにも関わらず第三類型の主張を納税者に認めることは許されない」と述べられている[75]。すなわち、判旨に反対の立場から、「私法上の法律構成による否認」は実質主義による否認の域を出ないと指摘されていると解せられる。

さらに、課税庁の訴訟のあり方にも疑問を呈されている。換言すれば、真実の意思の探求は裁判官が行うべきものであり、課税庁が行うことは、個別否認規定の適用や仮装行為がない限り許されるものではない。したがって、課税庁が、訴訟前段階で仮装行為として納税者の行為を否認し、訴訟段階で第三類型の主張をするというのは、処分理由や主張制限との関係で検討すべき問題があるのではないかと述べられている[76]。

このように占部教授は、法律に基づかない課税庁の裁量権拡大を内包する「私法上の法律構成による否認」論に対し、租税法律主義の観点から批判を加えられたものと理解できるだろう。

(2) 岡村論文

岡村忠生教授は、その論考[77]の中で、アメリカの否認法理（二分肢テスト）の観点から、主に仮装行為との関係で「私法上の法律構成による否認」を検討されている。そこでは、そもそも仮装行為は当然に否認される行為であるから、租税回避の議論では取り上げられることはなかったと述べられている。改めて、仮装行為の観点から、この新たな否認論を論じられているのである。

岡村忠生教授は、仮装行為の否認はそのための根拠規定が必要ないこと、納税者が主張する法律関係が架空であることを示すことができればその性質は吟味しなくてよいこと、という二点から、租税回避行為の否認とは異質なものであることを、まず確認される。そして、（前章で取り上げた）フィルムリース事件から、「否認のための根拠規定は明示されていないし、外観が租税回避の事案において問題とされるような性質を持つかどうかは、特に問題とされていない」と、訴訟の視点からも、その性質の違いを確認されている[78]。租税回避行為に比較して、この仮装行為の否認の容易さは、複雑なスキームを駆使して課税逃れを行う納税者に対し課税徴収額を上げたいという目的のある課税庁には、是が非でも掌中に収めておきたい手法であろう。特に、租税回避行為の否認は、租税法律主義の観点から裁判上の認定が困難を極めている現状を踏まえると納得がいく。この意味で、岡村忠生教授は、課税庁が主張する「私法上の法律構成による否認」論を、仮装行為による否認としての適用領域の拡大と位置づけられているのである。

租税回避行為は、一で述べたように、通常用いられない法形式を利用して、通常用いられる法形式に対応した課税要件の充足を回避し、通常の法形式を選択した場合と同じ経済的効果を図ることにある。当事者の真実の意思は、その否認においても、構成要件にはない[79]。仮装行為と租税回避行為との区分は必ずしも明確でないが、否認がなされる時にこの要件で大きな違いがある。岡村忠生教授は、仮装行為を論じる場合に、なぜこの当事者の意思や意図が問題となるのかと提起される[80]。そして、この点について、租税捕脱犯との観点から当事者の意思の必要性を確認される。すなわち、外観が架空であることの認識が納税者にあるからこそ、捕脱犯成立の可能性があるのである。このことを踏まえ、仮装行為とは「それによって租税負担が減少することを知りながら行う架空の外観の作出」であると定義される[81]。そして、「私法上の法律構成による否認」論における真実の意思とは税負担の減少を意味していることは、先の裁判例からも明らかである。ここに、真実の意思が事業目的や営利目的等、「私法上の法律構成による否認」論が念頭に置く税負担の減少でない場合、そもそもこの否認論は成り立たず、この論理には限界があることを指摘されているのである[82]。そして、納税者の意図を重視することには問題がある。すなわち、契約当事者間の租税負担の軽減の意図が強ければ強いほど、私法上の法形式もまたその結びつきは強くなる。したがって、その選択された法形式は、納税者の真実の意思そのものであると解せられる。[83]「私法上の法律構成による否認」論には、否認論として一定の限界があると、岡村忠生教授は指摘されているように思われる。

ただ、仮装行為による否認の視点から、この論理には「操縦の容易な理論」となる可能性も内包している。それは、真実の意図が必要とされない（場合のある）無効の行為との関係で論じられる。無効の行為も仮装行為も共に、取引が私法上無効であることに変わりはない。その区分は、経済的成果の有無による。そして、この成果は遡って無効となる場合や第三者保護のため有効となる場合等があり、極めて暫定的な性質を持つ。すなわち、この性質は政策的に操縦可能と解せられるだろう。さらに、無効の行為の場合、当事者の選択した法形式は無効であっても、経済的成果は存在し（存在しない場合もあるが）、その法形式にしたがって当事者が無効確認をするまで課税は維持される。ここでは課税庁の真実の意図の追求という裁量の余地はない。では、どのような場合に真実の意図の追求が必要となるのか。それは、経済的成果のない、換言すると経済的実質のない仮装行為の場合であると岡村忠生教授は述べられている。[84]このような場合にのみ、課税庁による真実の意思の探求は行われるべきであると解せられる。ここに「私法上の法律構成による否認」論の余地があるのである。

岡村忠生教授は、その論考で、無効の行為から仮装行為を区別する経済的成果を捉え、さらにその政策的性質から、明示的な否認規準の構築を提言されていると思われる。[85]この否認規準の一つの案として、アメリカの二分肢テスト[86]を検討されている。同教授によると、仮装行為による否認をする場合、納税者の真実の意思の追求に、経済的成果の有無が追加される。この二要件は、課税前の損失を課税後の利益に転化することにその本質のある（国際的租税回避行為の要素を含む）タックス・シェルターへの対応としても、有意義である。[87]

このように岡村忠生教授の論考を検討すると、「私法上の法律構成による否認」というアプローチではなく、仮装行為の否認に関する既存の「議論やアプローチ」から、租税回避行為に対応することも可能であろう。

本節では、占部裕典教授、岡村忠生教授の研究を踏まえ、「私法上の法律構成による否認」論の検討を行った。明らかになったことは、実質主義による否認の域を出ないことであり、租税法律主義の観点から問題があるということである。そして、仮装行為による否認の適用領域の拡大を目指す手段となり得る恐れがあることである。さらに、真実の意図の探求だけでは、否認は不十分であるという三点が挙げられる。

課税庁による「私法上の法律構成による否認」は、仮装行為の領域（仮装行為に対する否認の方法が適用できる領域）を拡大することを念頭に置いていると解せられる。しかし、そこに本当に違いはないのだろうか。この点について、次節で検討しよう。

2　増田論文からみた仮装行為による否認との異同の確認

本節では、「私法上の法律構成による否認」論を、事実認定という視点から租税回避行為の否認論に位置づけることに批判を加えられた増田英敏教授の論考を取り上げ、これまで検討してきた裁判例を素材に、「私法上の法律構成による否認」と仮装行為による否認[88]との違いを確認する。

(1)　増田論文による異同点の指摘

増田英敏教授は、その論考[89]の中で、租税法の解釈・適用の流れを以下のように説明される。すなわち、①経済取引という事実が発生（存在）し、②（課税）要件事実の認定がなされ、③その要件事実をもとに私法上の法律構成という契約解釈がなされる。そして上記②を踏まえた上で、④契約解釈に対応する租税法の解釈・適用がなされるというプロセスである。この主体は、申告納税制度が採用される我が国では、納税者であり、一連の過程を納税者が行うのである。

次に、増田英敏教授は、この一連の流れを踏まえ、「私法上の法律構成による否認」について、その「否認の位置づけ」を行われる[90]。そこではまず、今村隆教授が述べられている「私法上の法律構成による否認」の三類型について、第一類型たる「契約が不存在と認定される場合」とは、課税庁が税務調査による事実認定を行った場合に、そもそも契約が存在せず、上記①が存在しなかった場合であるとされる。そして、第二類型たる「契約が虚偽表示により無効であると認定される場合」とは、取引や契約自体は存在するが、その内実は通謀虚偽表示であり、事実認定により契約は違法ないし無効と解される場合を指し、上記②が充足できないため、③を行い得ない場合であるとされる。さらに、第三類型である「契約の法的性質の決定により当事者の選択した法形式を否定して、真実の契約関係（真の意図）を認定する場合」とは、上記③について、課税庁が納税者とは異なる解釈を行い、結果として否認を行うことを指すとされる。

以上の位置づけから、増田英敏教授は、①、②の場合とは、契約が不存在もしくは契約が違法で無効となるケースであり、これは私法上有効に成立した契約を別の契約に引き直して課税する租税回避行為の否認ではないと指摘されている[91]。そして、この場合は仮装行為による否認であり、この否認を含意する「私法上の法律構成による否認」論は、これまでの学界における租税回避行為の否認論の延長線上にはないことに注意を要するとも述べられている[92]。すなわち、混乱を避けるためにも、仮装行為の問題を、租税回避行為の否認に関わる契約解釈の問題と同列に扱うべきではないのである。

この意味で、租税回避行為の否認論の観点から検討されるべき「私法上の法律構成による否認」論は、（これまで本稿が主に取り上げてきた）第三類型である「契約の法的性質の決定により当事者の選択した法形式を否定して、真実の契約関係（真の意図）を認定する場合」に限定される。増田英敏教授は、租税回避行為の否認は個別否認規定がない場合には否認できないという通説により、この類型を批判されている[93]。そして、占部裕典教授らと同様に、「私法上の法律構成による否認」論は、租税法律主義を蔑ろにした見解として警戒されているといえる。納税者が選択した法形式を別の法形式に課税庁が引き直すためには、法による明確な課税庁への授権規定が必要なのである。

増田英敏教授が指摘する点は、以下の二つに集約される。第一に、「私法上の法律構成による否認」論は、仮装行為による否認をも含意しているという点で、学界において従来議論されてきた租税回避行為の否認論を蔑ろにしたものであるという点である。第二に、第一の指摘と表裏一体であるが、租税回避行為による否認と仮装行為による否認とを同列に扱っている点である。仮装行為による否認と第一第二類型は同様であるが、第三類型は異なり、従来の租税回避行為の否認論（実質主義による否認）に位置づけられる。「私法上の法律構成による否認」論には、仮装行為による否認と租税回避行為による否認という二つの否認論が含意されているのである。

租税回避行為の否認（論）は、（その是非は留保するにしても）私法上有効な法形式を有効なまま否認するという、租税法固有の議論である。[94] そこに仮装行為による否認という法律一般にかかわる事実認定の議論を持ち込むことは、その積極的な取り組みは評価されてしかるべきであるが、既存の議論との整合性という点で混乱を招くだけであり、慎重を期すべきであろう。

(2)　裁判例からの確認

真実の意思や法律関係を追求する場合として、まず仮装行為による否認が挙げられる。仮装行為に対しては、当然に真実の法律関係が探求され、それが課税の基礎となる。「私法上の法律構成による否認」でも真実の意思なり真の法律関係が追求される。この意味で、双方類似していると考えられよう。どちらも法的な根拠規定を要しない。真実の意思が裁判所に認定されることのみが、最終的な否認のための必要条件である。そして、中里実教授は、「私法上の法律構成による否認」の適用に関し、仮装行為に限られると主張されている。[95] 続けて、仮装行為による否認との違いを先述の裁判例で確認しよう。

前章で取り上げた相互取引事件、フィルムリース事件双方、取引はすべて契約書面通りに履行されていた。しかも、表示された契約たる法形式を履行することが、当事者双方の利益になるような構造であった。相互取引事件の控訴審でも、「本件取引は、相互の権利移転を同時に履行するという関係を当然に前提とし（履行の同時性が確保されないときは、意思解釈の問題として同時履行の要否が問題となり得るものであり）一方の履行不能は他方の履行を無意味ならしめるという関係にあったというべきである」と判示している。すなわち、当事者双方、契約に拘束される関係にあり、契約を履行することこそが真実の意思であろう。契約書面上、それ以外に真実の意思があったとは考えられない。しかも、仮装行為とは、意図的に真の事実や法律関係を隠ぺいないし秘匿する行為である。このため、相互取引事件に関し、原告らの行為を仮装行為と解すべきではないと考えられよう。すなわち、「私法上の法律構成による否認」論でいうところの第三類型に関わる議論といえる。この意味で、仮装行為に限定されない租税回避行為までも否認するのが、「私法上の法律構成による否認」であると考えられる。この場合、課税庁に否認のための授権規定はない。したがって、実質主義による否認であるといえる。

フィルムリース事件では、「本件取引により本件映画に関する所有権その他の権利を真実取得したものではない」と判示している。真実取得していないものを取得したかのようなスキームとなっているという点では、本件契約は、仮装行為とも考えられる。しかし、この事件も相互取引事件と同様に、契約を履行することなしには利益は発生せず、表示上の書面通りの契約履行こそが当事者の真実の意思である[96]。したがって、課税庁の主張する真実の意思を意図的に隠ぺいしたものとは言い難く、仮装行為であったとは認定できないと思われる。事実、裁判所は、判決文において仮装行為という用語の記述は周到に回避している。

上記二事案から、一般的な仮装行為による否認よりも、「私法上の法律構成による否認」は、その適用範囲が広いと考えられよう[97]。そして「私法上の法律構成による否認」論で重要な真実の意思は、仮装行為とは言い難い場合にも課税庁により主張され、今後も主張される可能性がある。これは、前節で述べた「私法上の法律構成による否認」論が仮装行為による否認の適用領域の拡大を目指す手段であるという論理とも合致していると思われる。

この適用範囲の拡大に関し、別の視点から確認する。今村隆教授と中里実教授は、「私法上の法律構成による否認」には、前述の契約が不存在の場合等、三つの場合があると述べられているが、類型化に留まらない性質を含意していると考えられる。すなわち、第一段階として、仮装行為や虚偽表示等の疑いで当事者らの選択した法形式や契約を検討する場合、まず、第一類型が検討される、そして、契約が不存在と認定されれば、真実の意図の追求がなされる。しかし契約が存在すると認定されたなら、さらに第二段階として、仮装行為等で無効であるかどうかが検討される。これは第二類型の問題である。最後に、仮装行為とは断定できないが、そうでないとも断定できず、第三段階として、当事者らの真実の意思を探求し、それを踏まえた契約なり取引における法的性質が主張される。これが第三類型である。ここでは、（納税者の出訴が前提であるが）裁判所に最終的なその判断の是非を委ねることとなる。このように、「私法上の法律構成による否認」論は、課税庁による訴訟戦略的な段階論と呼べる構造を内包していると考えられる(98)。この点、第二段階に留まる仮装行為とは、「判断の連続性」という意味で構造的に異なるといえる。そして、第三段階を含むという意味で、先程の記述同様、仮装行為よりもその射程は広いと理解できるだろう。

別の側面として、「私法上の法律構成による否認」と仮装行為による否認に関して、その論理構成の順序が異なる可能性があることを指摘しておこう。前章で取り上げた裁判例のような、表示された契約たる法形式を履行することが当事者双方の利益となり、争いもない場合、「私法上の法律構成による否認」により、そもそも新たな法形式に引き直すこと自体問題である。しかし仮に、真実の意思を追求しなければならないなら、当事者の締結した契約書等、客観的な要素から、納税者の行った行為は仮装であるとして、真実の意思なり法形式が追求されるだろう。だが、「私法上の法律構成による否認」論は租税収入極大化を目指す課税庁が主張しているため、予定調和的にまず真実の意思を虚構し、その後それに対応した法形式に引き直すという可能性がある。したがって、真実の意思を探求した後、納税者の選択した法形式を引き直すのではなく、その法形式を検討した上で、意思を探求すべきである。仮装行為を主張する場合も、その恐れはあるが、学界における議論や裁判の蓄積があるため、相対的に低いといえる。この点も、「私法上の法律構成による否認」と仮装行為による否認の違いとして挙げられよう。「私法上の法律構成による否認」という新たな議論を持ち出すのではなく、仮装行為に関わる既存の議論を主張すべきではないだろうか。

最後に、この否認論を提唱される今村隆教授と中里実教授の見解の相違の観点から、触れておこう。「私法上の法律構成による否認」が可能な場合を、今村隆教授は仮装行為よりも広い概念として捉えられるとされ[99]、中里実教授は仮装行為に限られると主張されている[100]。両教授とも第三類型を主張されているため、指し示す内実は同様であり、これまで理解されてきた仮装行為による否認が行い得る射程よりも、その範囲は広いと考えられる。第一、二類型は、増田英敏教授が指摘するように仮装行為の範囲であり、第三類型が租税回避行為の範囲である。この第三類型が含まれているという意味で、既存の仮装行為の射程よりも広いと解せられるのである。この意味で、「私法上の法律構成による否認」論は、明文の規定を要せず否認可能な仮装行為の範囲を租税回避行為の範囲まで拡大した議論であり、これまで学界でなされてきた租税回避行為による否認論の延長線上にない議論であるといえよう。

では、「私法上の法律構成による否認」論に意義はなかったのであろうか。次節で検討しよう。

3　「私法上の法律構成による否認」論の功罪

実質主義による否認の場合、当事者の選択した法形式は無視され、課税庁により当事者の真実の法律関係が推量された上で、新たな法形式に引き直される。「私法上の法律構成による否認」でも、当事者の法形式はやはり無視され、真実の意思が探求される。このように考えると、「私法上の法律構成による否認」論は、仮装行為の否認と実質主義による否認の域を出ないと考えられるかもしれない。しかし、実質主義による否認は、裁判上、認定されることが難しいという現状がある。このため、仮装行為の側面を積極的に強調することで実質主義による否認の側面を曖昧化する「私法上の法律構成による否認」は、課税庁にとって有効な否認手段である。しかし、「私法上の法律構成による否認」の射程は、その否認自体が法律に基づかないため、適用範囲が必ずしも明らかでない。それ故、この否認論の行使により、課税庁の裁量権が無制限に拡大する可能性が危惧される。租税法律主義を形骸化させないためにも、我々は「私法上の法律構成による否認」論を無批判に容認することはできない。そして、この新たな否認論に関心を持ち続けなければならない。

仮装行為と租税回避行為は、明確に区別できるわけではない。この点に留意する必要はある。しかし、仮に「私法上の法律構成による否認」が仮装行為（通謀虚偽表示）に限られるのであれば、改めて論ずるまでもなく、増田英敏教授が述べられているように、租税回避行為の否認と同列に議論することは無用の混乱を招くだろう(101)。

このように「私法上の法律構成による否認」論は様々な問題があると思われるが、一定の課題を学界に提起し、貢献していることも事実である。その貢献とは、租税回避行為の氾濫をどのように食い止めて行けばよいのかという視点で、新たな手法を提示したことである。この点について、租税法学では、これまで法の解釈・適用の議論に終始し、建設的な議論の蓄積があったとは言い難いだろう。そして、一の3で述べたように、租税回避行為の否認についての従来の議論では、課税の面についてのみ独立的に検討され、私法に規定される経済取引という性質について蔑ろにしてきた面も否めない。この側面を踏まえた「私法上の法律構成による否認」のアプローチは、租税回避行為の否認の問題を検討する際に、私法上の法律関係における当事者の真実の意図を追求するという新たな視点を提供した。その是非はともかくとしても、ここに価値を見いだすことはできるだろう[102]。

さらに、仮装行為の否認に関し岡村忠生教授が述べられている二分肢テストのような、明示的な否認の判断基準の議論も生み出された。この実現は、納税者の予測可能性にとって有益であろう。ただし、租税回避行為は、個別否認規定に該当しない場合は否認ができないにせよ、この判断基準を悪用した新たな租税回避行為の出現が促されるかもしれない。

昨今の租税回避行為が頻発している実態をみると、その主体は多額な所得を有する担税力の大きな法人や個人である。租税回避行為自体も大がかりで高額な枠組みの中にあり、その利用は必ずしも一般納税者に「開かれたもの」ではない。このような観点からすると、（租税法律主義の視点から容認できないにせよ）「私法上の法律構成による否認」論は、「強い納税者」への租税平等主義を根拠とする対抗手段と意義づけることもできよう。

(72)　占部裕典・前掲注（53）二六頁、同・前掲注（71）二八頁。
(73)　占部裕典・前掲注（53）二九頁。
(74)　占部裕典・前掲注（53）二八頁。
(75)　占部裕典・前掲注（53）三六頁。大淵博義教授も、以下のような同様の指摘をされている。「当事者間の紛争を解決する場面とは異なり、租税法の課税要件に適合する要件事実かどうかの認定に当たっては、当事者の採用した法形式に私法上の争いもなく、しかも、その法形とその実質的な経済的成果又は効果との間に実態的な齟齬が生じていないのであれば、私法上の契約解釈としても、その採用した法形式が実質的な意味でも実態を反映した当事者自身の合理的意思である」。前掲注（65）一八頁（二〇〇三年論文）。
(76)　占部裕典・前掲注（65）四七頁。
(77)　岡村忠生「税負担回避の意図と二分肢テスト」『税法学』No. 543（二〇〇〇）。
(78)　岡村忠生・前掲注（77）五頁。
(79)　租税負担の軽減は理由の如何を問わず、いわゆる「税金逃れ」であり、これは租税平等主義の見地から悪意ある行為だとして、その意思の有無が重要であると考えることもできるかもしれない。この場合、意図した結果としてなされた場合とその意図がなく偶然の結果として租税回避行為と相成った場合という分類が可能である。しかし、当事者の意図の有無については、否認の構成要件ではない。というのは、北野弘久教授が指摘されるように、納税者には租税を極小化したいという一般的ともいえる心情がある。北野弘久・前掲注（9）九八頁参照。他にも租税回避において、意図の存否が不要との立場を取り上げた文献として、増田英敏『リーガルマインド租税法（第四版）』五五四頁以下参照（成文堂、二〇一三）。

(80) 岡村忠生・前掲注（77）六-七頁。
(81) 岡村忠生・前掲注（77）八頁。
(82) 岡村忠生「租税回避研究の意義と発展」『租税回避研究の展開と課題』三一九頁（ミネルヴァ書房、二〇一五）。
(83) この点については、前章の二つの裁判例の評釈で、多くの評者が指摘している。
(84) 岡村忠生・前掲注（77）二八頁。
(85) 岡村忠生・前掲注（77）九頁。
(86) 二分肢テストとは、アメリカにおける納税者の主観的な税負担回避の意図と、取引の客観的な課税前利益獲得可能性の欠如についての審理から、この二要件を満たして初めて否認が可能となる判例法理である。岡村忠生・前掲注（77）一三頁。
(87) 岡村忠生・前掲注（77）二八頁。
(88) 租税回避行為の否認論のコンテキストにおける否認とは、新たな法形式に「引き直す」という行為を含意している。しかし仮装行為では、当該行為は無効であるため、そもそも「引き直す」対象がない。したがって、仮装行為に対し「否認する」という用語の使用は、適切さを欠くが、本稿では便宜上使用している。
(89) 増田英敏「租税回避行為とその否認を巡る諸問題」『Tax & Law』第5号（二〇〇四）。
(90) 以下の要約は、増田英敏・前掲注（89）一二九-一三七頁を中心にまとめている。
(91) 増田英敏・前掲注（89）一三六頁。
(92) 増田英敏・前掲注（89）一三七頁。
(93) 増田英敏・前掲注（89）一三九頁。
(94) 私法上有効に成立した契約に関し、民法上の視点から、課税庁がその事実認定や契約解釈を行うための租税法固有の論理はないとの指摘（金丸和弘・前掲注（65））がある。なお、租税回避行為の否認に関する固有概念、借用概念の観点からのまとまった論考であり、参考になる。
(95) 中里実・前掲注（56）九二頁。
(96) 藤谷武史教授は、フィルムリース事件の評釈の中で、当事者の主観としては、表示された契約書以外に真実の意図はなく、租税回避という目的は、私法上の意思ではなく、その前提たる意思であると指摘されている。藤谷武史・前掲注（65）一六六頁。

(97)　注釈（50）で確認したように、今村隆教授の考えておられる仮装行為は、一般的認識よりもその範囲が広い。
(98)　この見解は、占部裕典教授の論考（占部裕典・前掲注（71）三三頁）から示唆を得ている。すなわち「第二類型に該当しない場合（仮装行為に該当しない場合）に第三類型のスクリーンをかけることが租税法において許容されているかが検討されなければならない」。
(99)　今村隆・前掲注（34）二〇九頁。注釈（50）も参照。
(100)　中里実・前掲注（56）九二頁。
(101)　増田英敏『租税憲法学［第３版］』三三八頁（成文堂、二〇〇六）。
(102)　金子・前掲注（３）四七一頁以下において、金子宏教授は「租税回避の意図があったとみとめられるか否か」と、通説では意図は不要であるにもかかわらず、租税回避の主要論点として取り上げられている。前掲注（２）四九九頁と、前掲注（３）の増田文献を参照。

おわりに　要約と近年の動向

本稿は、租税回避行為の否認の手法として新たに主張されてきている「私法上の法律構成による否認」論に検討を加えることを目的としたものであった。

一では、租税回避行為の否認に関する従来の議論を整理し、既存の否認論と「私法上の法律構成による否認」論の相違を論じた。そこではまず、「私法上の法律構成による否認」は、従来の実質主義による租税回避行為の否認と同様に、個別的な否認規定によらず、事実認定から納税者の選択した法形式を否認し、課税庁が新たに別の法形式に引き直して課税を行うという側面があることが確認された。そして、実質主義による租税回避行為の否認との差異は、当事者の選択した法形式を真実の法形式に引き直して課税をする場合に、その真実の意図を課税庁が追求することにあるということであった。

この否認論の登場の背景には、多様な形式による租税回避行為の氾濫に租税法の法整備が追いつかず、従来の実質主義による否認では、裁判所により拒絶される事例が多発していることが挙げられる。

二では、「私法上の法律構成による否認」の内実を確認するため、裁判例を取り上げ、その検討を行った。「私法上の法律構成による否認」論は、当事者の真実の意図を重視するが、その最終的な判断は裁判所に委ねるという、これまでの実質主義による否認とは異なる到達点を持つ訴訟手段の側面があることを論じた。そして、個別取引の検討に埋没することなく、取引構造全体をその視野に入れているという点で、複雑な国際的租税回避行為にも対応したスキームであることも述べた。ただし、課税庁による裁量権拡大の手段でしかない危険性もあることには注意を要することも確認した。

三では、真実の意図の追求という点で仮装行為と類似するが、その適用範囲は通常の仮装行為による否認より広いことを、今村隆教授・中里実教授の研究成果等を検討し明らかにした。そこではまず、「私法上の法律構成による否認」は、契約の不存在、仮装行為、真実の意思の探求という三段階の、課税庁による連続的な否認手段であると述べた。そして、「私法上の法律構成による否認」論には、仮装行為の否認（第一・第二類型）と租税回避行為の否認（第三類型）という二つの否認論が含意されたものであることも明らかにした。仮装行為による否認と租税回避行為の否認は、必ずしもその境界が明らかでない。そこから、「私法上の法律構成による否認」は、否認が容易な仮装行為による否認の適用範囲の拡大を目指すものであることを指摘した。

ただし、真実の意思に関わる事実認定について、学説上の理論構築の脆弱性を結果的に指摘したという点で、学界における意義はあったと考えられる。このことから、今後、裁判例を踏まえた事実認定に関するその判断の論理や基準等の詳細な議論の蓄積が必要である。

「私法上の法律構成による否認」論は、国際的な租税回避行為の頻発という背景から考え出された。それは、課税庁の租税平等主義への危惧の現れであるとも解せられる。しかし、租税法律主義の観点から、個別否認規定に基づかない否認行為は許されない。そして、仮装行為であるなら、仮装行為として正面から主張すべきである。これは、課税庁と納税者の攻撃・防御の力関係からも遵守すべきである。

そして、近年、大型の租税回避に関する税務訴訟案件が出ている。例えば、ＩＢＭ事件、ヤフー・ＩＤＣＦ事件、武富士事件[103]である。本稿との関係で武富士事件を取り上げる。オランダと香港を舞台にした国際租税回避事案であり、住所の所在について争われた。そこでは、租税回避の意思の下に住所を国外に移転したのであるから、住所認定の主たる構成要素として居住意思や租税回避意思を考慮すべきであるという課税庁と、客観的な事実（住居や職業等）を証拠として主張する納税者が対立した。ここでも事実認定において、意思が争点となっている。学説上の用語たる「私法上の法律構成による否認」という言葉は直接的には出てこないが、課税庁の主張は、この論理に沿っているといえる。結論として、課税庁は敗訴しているが、租税回避行為を否認するため、居住の意思の存否によって真実の住居を認定するという「私法上の法律構成による否認」論を展開している。近時においても、この否認論は主張されていると理解すべきであろう。

このような租税回避行為に対し、法改正において対応がなされていることも見逃してはならない。この武富士事件では、平成一一年末に課税処分の対象となった贈与を受けているが、翌一二年四月一日施行で、問題に対応した法改正がなされている[104]。租税法律主義の観点から、強調されてよいことだと思われる。事後的対応は、納税者の予測可能性や法的安定性は担保されないともいえるが、積極的であってよい。アグレッシブな納税者に法整備が追い付かない現状があるとしても、租税法律主義に基づかない否認論より評価されるべきである。

最後に、これまでの議論から、現状では「私法上の法律構成による否認」論は、その論理構成と租税法律主義の観点から、説得力のある否認論として受け入れることには無理があるということを結論としたい。租税法律主義の尊重は、租税法の解釈・適用上、最も重視されるべきものである。この原則に同否認論は本論で述べたように抵触するという限界があるのである。

(103)　ＩＢＭ事件については、最一小判：平成二八年二月一八日、東京高判：平成二七年三月二五日『判時』二二六七号二四頁)、東京地判：平成二六年五月九（『判タ』一四一五号一八六頁)、ヤフー・ＩＤＣＦ事件については、最一小判：平成二八年二月二九日（『判タ』一四二四号六八頁)、東京高判：平成二六年一一月五日（『訟月』六〇巻九号一九六七頁)、東京地判：平成二六年三月一八日、武富士事件については、最二小判：平成二三年二月一八日（『判タ』一三四五号一一五頁)、東京高判：平成二〇年一月二三日（『判タ』一二八三号一一九頁）東京地判：平成一九年五月二三日（『訟月』五五巻二号二六七頁)、各訴訟に関する評釈は各裁判段階で多岐にわたるが、紙面の都合で以下に掲げるに留める。それぞれ、水野忠恒「設立された持株会社に対する自己株式の譲渡と、それに対する同族会社の行為計算否認規定の適用の可否に関する事例」『国際税務』三四巻一一号七二頁（二〇一四)、岡村忠生「法人税法一三二条の二の「法人税の負担を不当に減少させる結果となると認められるもの」の意義と該当性」『ジュリ』No. 1495 一〇頁（二〇一六)、増田英敏「借用概念としての住所の認定と贈与税回避の意図：武富士事件」『ジュリ』No. 1454 一一四頁（二〇一三)。

(104)　詳細については、宮崎裕子「一般的租税回避否認規定―実務家の視点から（国際的租税回避への法的対応における選択肢を納税者の目線から考える)」『ジュリ』No. 1496 三七頁（二〇一六）を参照。他にも複数の租税回避事案の速やかな法改正を確認できる。

付記：本章は、松原圭吾著「租税回避行為の否認に関する一考察――『私法上の法律構成による否認』論の功罪」税法学五五三号一〇七頁以下（二〇〇五）を基に加筆・修正したものである。

第２章　租税回避行為の否認論の展開

——租税法の解釈と限界——

谷口智紀

はじめに

私的経済取引の急激な多様化、複雑化に対する速やかな租税法の整備が求められている。もっとも、租税法規定による対応には限界があり、私的経済取引に対する十分な租税法の網が張られていないことから、租税回避が横行する現状、とりわけ、多国籍企業による過度な課税逃れが指摘されている。

納税額の極小化を目指す納税者と徴税額の極大化を目指す租税行政庁は、とりわけ租税回避の問題において鋭角に対立する。最近の租税回避事案は、税額が巨額であるだけでなく、取引全体として極めて複雑なスキームが用いられる傾向にあり、悪質さが指摘されている。租税回避行為の否認については、最高裁平成二三年二月一三日判決（武富士事件上告審判決）が、法解釈の限界は立法によって対処すべきであると判示するとおり、租税法律主義の下では個別否認規定によるべきである。通説的学説と判例は、個別否認規定が存在しない場合には、租税行政庁は租税回避行為を否認することができないとの租税法律主義を重視する立場に立っているが、法律に基づいて課税の公平が実現されることは当然である。

租税法規定は社会に適応するように改正されており、租税回避に対する対応は必然的にタイム・ラグが生じてしまう。個別否認規定が存在しない場面で行われる租税回避行為には対応することができず、課税逃れが試みられることが問題となる。

課税減免規定の限定解釈による否認は、否認の根拠となる明確な権限規定を用いて行われるものではないことから、租税行政庁の裁量を統制できず、租税法律関係における納税者の予測可能性や法的安定性を著しく低下させるおそれがあると指摘されている。とりわけ、明確な否認の根拠規定なしに租税回避行為を否認することには自ずと限界があり、租税法律主義との整合性が図られなければならない。この点に筆者の問題意識は凝縮される。本稿の目的は、課税減免規定の限定解釈による否認の検討を通して、租税法律主義の統制下での租税法の解釈と限界を明らかにすることにある。

本稿の構成は以下のとおりである。一では、節税行為、脱税行為、そして租税回避行為の意義を概観する。二では、租税回避行為の否認の意義を確認したうえで、学説の整理と裁判例の検討を踏まえて、租税回避行為の否認の問題を検討する。三では、外国税額控除余裕枠利用事件の検討を通して、租税回避行為の否認手法の一つとされる課税減免規定の限定解釈による否認と問題点を検討する。四では、組織再編税制にかかる一般的否認規定の適用の可否が争点とされたヤフー事件上告審判決を、とりわけ課税減免規定の限定解釈による否認との異同から検討することにより、租税法の解釈と限界を明らかにする。[1]

（1）　本稿のうち一から三までは、拙稿「租税回避行為の否認論の再検討〜事実認定における租税回避行為の否認の可否の問題を中心に〜（1）・（2・完）」専大法研論集四三号九七頁以下（二〇〇八）・四四号一頁以下（二〇〇九）を加筆・修正したものである。

一　租税回避行為の意義

1　租税負担の減少行為の類型

租税法学上、租税負担の減少行為は節税行為、租税回避行為、脱税行為の三類型に分けて説明される。

節税行為とは、「租税法規が予定しているところに従って税負担の減少を図る行為」[2]であり、国会の審議を経て制定された法律に基づいて租税負担の減少を図る合法行為である。例えば、資産を譲渡する場合には、五年超の所有期間を経ることにより、所得税法二二条二項二号に規定される長期譲渡所得の二分の一課税の適用を受けること等があげられる。[3]

脱税行為とは、「課税要件の充足の事実を全部または一部秘匿する行為」[4]であり、「偽りその他不正の行為」を用いて、課税所得等の課税対象となるべき事実を仮装・隠ぺいする違法行為である。[5]

松沢智教授は、「当事者が用いた法形式ないし取引行為が、真に有効な法律効果の発生を期待してなされたものではなく、他の法律行為を仮装するためになされた場合には仮装行為であるから、それは事実を偽り虚構する点に違法性を帯びるために否認することになるので、仮装行為と租税回避行為とは本質を異にする。[6]」と述べられており、違法性を帯びる仮装行為（脱税行為）と租税回避行為は本質的に異なると指摘されている。

脱税行為は「国家財政の基盤を侵蝕する行為であるにとどまらず、担税力に応じて公平に納税義務を負う国民のもつ租税均衡負担の利益を侵害する反社会的な行為である[7]」ことから、脱税行為者は、所得税法二三八条、法人税法一五九条等の規定により処罰される。

節税行為と脱税行為の中間に位置するのが租税回避行為である。

2　租税回避行為の意義

実定法上、租税回避行為を明確に定義する規定は存在しない。[8]

金子宏教授は、「租税法の定める課税要件は、各種の私的経済活動ないし経済現象を定型化したものであり、これらの活動ないし現象は第一義的には私法の規律するところであるが、私的自治の原則ないし契約自由の原則の支配する私法の世界においては、当事者は、一定の経済的目的を達成しあるいは経済的成果を実現しようとする場合に、どのような法形式を用いるかについて選択の余地を有することが少なくない。このような私法上の選択可能性を利用し、私的経済取引プロパーの見地からは合理的理由がないのに、通常用いられない法形式を選択することによって、結果的には意図した経済的目的ないし経済的成果を実現しながら、通常用いられる法形式に対応する課税要件の充足を免れ、もって税負担を減少させあるいは排除することを、租税回避（tax avoidance, Steuerumgehung）という。[9]」と定義されている。

清永敬次教授は、「ここで租税回避（tax avoidance, Steuerumgehung）というのは、課税要件の充足を避けることによる租税負担の不当な減少又は排除をいう。多くの場合、税法上通常のものと考えられている法形式（取引形式）を納税者が選択せず、これとは異なる法形式を選択することによって通常の法形式を選択した場合と基本的には同一の経済的効果ないし法的効果を達成しながら、通常の法形式に結びつけられている租税上の負担を軽減又は排除するという形をとる。このような租税回避をもたらす納税者の行為を租税回避行為という。[10]」と定義されている。

木村弘之亮教授は、「租税法の領域にあっても、租税法律の回避とは、ある人の行動が租税法律の目的に合致するか又は反するかにかかわらず、解釈の限界からみて、当該租税法律要件が適用されないように、その者が行動することをいう。[11]」と述べられて、租税法領域における租税法律の回避が存在すると指摘されている。同教授は、「私的自治の原則および契約自由の原則によって支えられている民事法体系においては、当事者は一定の経済的目的を達成しあるいは経済的成果を実現しようとする場合に、どのような法形式を用いて法形成するかについて選択の自由を有する。このような民事法上の法形式の選択可能性を利用し、私的経済取引だけの見地からはさしたる理由がないにもかかわらず、一方で、通常用いられない法形式と法形成をことさら選択することによって、意図した経済目的ないし経済成果を最終的には実現しつつ、他方で、通常用いられる法形式と法形成に相応しい租税法律要件の充足を回避し、これによって税負担を減少させあるいは回避することを、租税回避という。[12]」と定義されている。

松沢智教授は、「租税回避行為とは、私法上の選択可能性を利用し、当事者の選択した法形式ないし取引行為が異常であって、それにより通常の法形式を選択したと実質的には同様の経済的効果を実現しながら、その結果として課税要件の充足を免れ、不当に租税が軽減され、租税回避以外には、異常な法形式ないし取引行為を選択した何らの正当な理由のないことをいう[13]」と定義されている。同教授の定義によると、「異常な法形式ないし取引行為を選択した」ことに正当な理由がある場合には、租税回避行為に該当しないことになる。

学界を代表する租税回避行為の定義を踏まえて、[14] 増田英敏教授は、租税回避行為とは「私的自治の原則および契約自由の原則の下にある私法の分野における法形式の選択可能性を利用して、①異常な法形式を選択し（ここで異常という意味は通常用いられる法形式ではないということであり、異常で違法な法形式を意味しないところに注意を要する）、②通常想定される法形式を選択したと同一の経済的効果を達成し、③その結果として租税負担の軽減を図る行為[15]」であると定義されている。ある行為が租税回避行為に該当するか否かを判断するにおいて、①法形式の異常性、②経済的成果の同一性、③租税負担の軽減という三要件を用いて判断することは有益である。[16]

以下では、租税回避行為と節税行為・脱税行為との異同を整理することにより、租税回避行為の意義の明確化を図りたい。

増田英敏教授は、「租税回避行為は、脱税行為（租税逋脱）と節税行為と明確に区別されるべきものである。租税回避は、課税要件の充足とその事実そのものを全部または一部秘匿する行為である。脱税は違法行為であり処罰の対象となるが、租税回避は処罰の対象とならない。また、租税回避は、迂回や多段階の法形式（法取引）を用いて税負担の減少を図る行為であるのに対し、節税は、租税法律の予定しているところに従って法形成を用いて税負担の減少を図る行為である。課税要件の要素（メルクマール）が意図的に充足される場合、その課税要件要素の充足に基づき税負担が軽減することが節税である。[17]」と述べられ、租税回避行為と節税行為・脱税行為との異同を整理されている。

租税回避行為と節税行為の共通点は私法上有効かつ適法な合法行為である点にある。一方で、節税行為が租税法規の予定したところにしたがって租税負担を減少させる行為であるのに対して、租税回避行為が迂回取引や多段階取引など通常用いられない異常な法形式を意図的に用いて租税負担を減少させる行為である点に違いがある。

これに対して、租税回避行為と脱税行為は、租税回避行為が合法行為であるのに対して、脱税行為は違法行為である点に違いがある。租税回避行為と脱税行為は、「偽りその他不正の行為」により明確に区別される行為類型であるといえる。

租税法実務上は、ある行為が「異常な」行為であるか、すなわち、租税回避行為と節税行為の境界は必ずしも明確ではない(18)。この「異常性」については、一般に「税法の見地から見て租税正義の観念に反し権利の乱用の場合にあたるようなとき(19)」であるとされる。

松沢智教授は、「その判定基準については、一般の社会通念、すなわち、法制度の目的を踏まえ、一般社会において大多数の人間がいだいている合理的な意思を基礎と」して、「通常一般人の常識をもってすれば、何人も納得し得るものかどうかで判断する(20)」と述べられ、異常性の判断基準を明らかにされている。ある行為が租税回避行為と節税行為のどちらに該当するかは、通常一般人がもつ合理的意思に基づいて、常識的に選択される行為か否かにより判断するほかない。

以上のとおり、租税回避行為とは、租税法が私法上の経済取引を課税の対象としていることから、私的自治の原則や契約自由の原則の下にある私法領域における法形式の選択可能性を利用して、①異常な法形式を選択して、②通常想定される法形式を選択したのと同一の経済的効果を達成し、③その結果として租税負担の軽減を図る行為であり、私法上は有効かつ適法な合法行為である。納税者が異常な法形式を選択したことに正当な理由がある場合には、①の要件である法形式の異常性を充足せず、租税回避行為に該当しない。

（2）　金子宏『租税法（第22版）』一二七頁（弘文堂、二〇一七）。
（3）　金子・前掲注（2）一三三頁。
（4）　金子・前掲注（2）一二七頁。金子宏教授は、「経済学者の中には、tax avoision という概念を用いて両者を同一視する傾向が見られるが、法的観点からは両者は区別されるべきである。」（金子・前掲注（2）一二七頁）と述べられている。また、逋脱犯

（狭義の脱税犯）については、同教授は、「納税義務者または徴収納付義務者が偽りその他不正の行為により、租税を免れ、またはその還付を受けたことを構成要件とする犯罪である。」（金子・前掲注（2）一〇〇八頁）とされている。同教授は、租税回避行為と脱税行為の違いとして「課税要件の充足」をあげられており、脱税行為は「偽りその他不正の行為」に該当するか否かを基準に判断すべきであるとされている。

（5）増田英敏『租税憲法学第3版』三一五頁（成文堂、二〇〇六）。

（6）松沢智『租税法の基本原理』一六七頁（中央経済社、一九八三）。

（7）東京高判昭和五六年七月一三日判タ四四七号一四八頁。

（8）清永敬次『税法新装版』四四頁以下（ミネルヴァ書房、二〇〇七）。租税回避行為の概念の原点は、旧ドイツ租税調整法六条の規定にある（松沢智「私法上の取引と租税回避行為─法的所得概念の確立─」租税法研究六号五七頁（一九七八））。ドイツ租税調整法六条については、清永敬次『租税回避の研究』三頁以下（ミネルヴァ書房、一九九五）参照。

（9）金子宏『租税法（第21版）』一二五頁（弘文堂、二〇一六）。金子宏教授は、金子・前掲注（2）一二六頁以下において租税回避について再整理されている。本稿では、これまでの定義を前提に議論を進める。

（10）清永・前掲注（8）『税法』四二頁。清永敬次教授は、租税回避と租税逋脱（脱税）のいずれにも該当しない行為を租税節約と呼ばれている（清永・前掲注（8）『税法』四四頁）。

（11）木村弘之亮『租税法総則』一七〇頁（成文堂、一九九八）。木村弘之亮教授は、憲法一二条が権利濫用の禁止を規定しているが、「国税通則法をはじめとする租税法律は、民法一条三項と同様に、権利の濫用禁止規定を置くべきにもかかわらず、その規定を欠缺している。」（木村・同書・一七〇頁）と述べられて、憲法一二条との関係からは租税法律の回避に対する規定が置かれるべきであると指摘されている。租税法律の回避については、清永・前掲注（8）『租税回避の研究』七二頁以下参照。

（12）木村・前掲注（11）一七〇頁。

（13）松沢・前掲注（6）一六六頁。

（14）山崎昇教授は、「課税庁が『租税回避』の用語を使う場合は、『課税上弊害がある租税回避』を意味している場合が多い。」（山崎昇「課税庁からみた国際的租税回避否認についての研究ノート─三つの最高裁判決から学ぶ国際的租税回避への対応─」税務大学校論叢五二号七一四頁（二〇〇六））と述べられているが、節税行為と脱税行為を租税回避行為に取り込んで、一般的な租税回避行為の定義よりも広範に租税回避行為を捉えられている。また、租税回避行為の概念は、法解釈上ほとんど意味を持たないとの主張がある（中里実「租税回避の概念は必要か」税研二二巻一号八三頁以下（二〇〇六））。

（15）増田・前掲注（5）三一五頁。

（16）租税回避行為の該当性については、武田昌輔教授は、「①その行為が私法上有効であること、②その行為が実態を備えていること、③異常な行為が選択されていること、④主として租税軽減の事実があること」（武田昌輔「租税回避行為の意義と内容」日税研論集一四巻一三頁（一九九〇））の四要件のテストにより判断すべきであるとされている。そのうえで、同教授は、テストを当てはめるだけではなく、「租税回避行為があったかの断定は、きわめて慎重な態度をもって行われるべき」（武田・同論文・一四頁）であるとされている。

(17) 増田・前掲注（5）三一六頁。この点については、木村・前掲注（11）一七四頁参照。

(18) 金子・前掲注（2）一二七頁。租税裁定行為については、中里実『タックスシェルター』一一頁（有斐閣、二〇〇二）参照。

(19) 松沢智『租税手続法』一五三頁（中央経済社、一九九七）。また、石黒一憲教授は、「金子教授の言う『異常』とは、Soergel/Kegel, supra, at 67 に言う "ungewöhnlich" の語に対応するものとも言えよう。『異常』と言うよりは、『異例』ないし『普通ではない〔普通では考えにくい〕』との語感と言うべきではないか」と指摘されている（石黒一憲「国際的〝税務否認〟の抵触法的構造―国際金融取引と国際課税との相克?―」貿易と関税四八巻三号六二頁（二〇〇〇））。

(20) 松沢・前掲注（19）一五八頁。この判断基準の有用性については、内山繁「租税回避行為否認論に関する一考察～私法上の法律構成による否認論の批判的検討を中心として～」専修法研論集三九号四五頁（二〇〇六）参照。

二　租税回避行為の否認をめぐる問題

1　租税回避行為の否認の意義

租税回避行為はもっぱら租税負担の減少を図るための行為であり、租税法上いかに取り扱われるべきかが問題となる。具体的には、当事者が用いた私法上の法形式を租税法上も容認して、これに即して課税を行うべきか、あるいは私法上は有効であることを前提としつつも、租税法上は無視して、通常用いられる法形式に対応する課税要件が充足されたものとして課税を行うべきかが問題となる。(21)

租税法の目的は租税正義の実現にあり、租税負担の公平の確保にある。(22) 租税負担の公平の確保、すなわち、担税力に応じた課税を実現するために租税法規定が立法されている。ところが、租税回避行為を行った納税者は、租税法が予定した租税負担を負うことはない。租税回避行為が横行する場合には、租税回避を行う者と行わない者の間で租税負担に対する不公平感が生じ、結果として、納税モラルの低下を招き、申告納税制度の根幹が破壊されかねない[23]。租税回避行為の問題は、担税力に応じた課税の実現を要請する憲法一四条一項の租税公平主義の視点から看過できないものである。

そこで、租税回避行為については、「その法律効果は有効に生じるのであるが、租税負担の軽減のみを意図してなされた通常用いられない法形式の選択について、租税法上黙認することは、課税の公平を歪めるものであるとの視点から、それが私法上は有効なことを前提としつつも、租税法上はそれを無視し、通常用いられる法形式に租税行政庁が引き直し、課税要件が充足されたものとして課税を行うこと[24]」が認められるべきであるとの考え方が現れることになる。これが租税回避行為の否認である。

吉良実教授は、「租税平等主義の立場から、この租税回避行為をみてみた場合、それが租税平等主義の理念に反し、許されざる行為であることは明らかである。そこで、いわゆる『租税回避行為の否認』の問題が生ずるわけである。つまりここにいう『租税回避行為の否認』は、租税平等主義の要請に応えるものとして、しかもそこに法理論的根拠をもつものとして、税法学の研究対象の一つとして登場してくることとなる。すわわち、私法上適法・有効な行為形式の選択が、税法学上、租税負担の公平・平等の実現という課税目的の見地から否認され、それと異なる行為形式の選択が現に生じている経済的事実から想定され、その想定された行為形式を選択した場合に達成されるであろう経済的効果を、課税の基礎として課税関係を規律していこうとするのが、いわゆる租税回避行為否認の制度なのである。したがって、私法上適法・有効な行為形式の選択が、税法上は否認され、その結果、私法秩序と税法秩序との統一性を乱すという不合理性を包含しているにもかかわらず、それでもなおかつ租税回避行為の否認が主張される根拠は、一に租税負担の公平・平等性の保持・実現という点にあるということが、理解できるわけである。」[25]と述べられて、私法上で有効かつ適法な行為が租税法上で否認される理論的根拠は、租税負担の公平・平等性（担税力に応じた課税）の実現にあるとされている。

以上のとおり、租税回避行為の否認とは、租税公平主義が要請する担税力に応じた課税を実現するために、納税者の行為は私法上、有効かつ適法な行為であることを認めつつも、租税法上は、それを無視して、通常用いられる法形式が用いられてものとして、租税行政庁が当該行為を引き直し、課税要件が充足されたものとして課税することである。

2　租税回避行為の否認をめぐる学説の整理

租税回避行為の否認は、租税行政庁が、納税者の行った私法上、有効かつ適法な行為を無視して、通常用いられる法形式に引き直すものであり、その法的根拠が必要である。

我が国には租税回避行為の否認を一般的に認める規定は存在しないが、諸外国では、例えば、ドイツ租税通則法四二条は租税回避行為の否認を一般的に認める規定として有名な例である。[26]

我が国では、法人税法一三二条、所得税法一五七条一項、相続税法六四条一項、地方税法七二条の四三第一項等で同族会社の行為又は計算の否認規定という、やや一般的な否認規定は存在するが、[27]その他には、多数の租税回避行為の個別否認規定により対応している。例えば、所得税法（三三条一項括弧内、所得税法施行令七九・八〇条）は譲渡所得課税に関する租税回避行為の個別否認規定である。[28]

個別否認規定が存在する場合には、当該規定に該当する行為が否認されることは当然である。一般的否認規定が存在しない我が国では、納税者が個別否認規定に該当しない租税回避行為を行った場合には、当該行為にいかに対処すべきかが問題となる。個別否認規定が存在しない場合にも租税回避行為は否認されるべきであるとする見解と、個別否認規定が存在しない場合には租税回避行為は否認できないとする見解があり、租税公平主義と租税法律主義という租税法の基本原則をめぐる相克の問題を顕在化させる租税法学上の重要論点である。(29)

個別否認規定が存在しない場合にも租税回避行為は否認されるべきであるとする見解としては、田中二郎博士は、「租税法は、全体として、人民の公平な負担を建前としつつ、一定の租税収入を確保することを企図しているのであるから、租税法の具体的執行に当たっても、公平負担の見地から租税回避行為を禁止し、特定の者が不当に租税負担を免れることのないよう防止する必要がある。租税法上、いわゆる実質課税の原則をうたい、同族会社の行為計算の否認その他租税回避行為の禁止に関する規定を設けて、この趣旨を明示しているものがあるが、これらの規定も、租税の公平負担を建前とする租税法の解釈上、規定の有無にかかわらず、当然に認められるべき原則を明らかにした一種の宣言的な規定とみるべきであろう。すなわち、租税の公平負担という見地からすれば、課税の対象となる課税物件の実現及び帰属に関し、その形式又は名義に捉われることなく、その経済的実質に着目し、現実に担税力を有するものと認められる者に対して課税するのが当然の原則でなければならない。(30)」と述べられて、実質課税の原則の視点から、租税回避行為は否認されるべきであると指摘されている。

木村弘之亮教授は、憲法一二条の下では、「契約自由と法律（主に民事法）の濫用に基づき選択された法形式によって、租税法律要件の充足を回避することはできない。濫用がみられる場合、当該経済的事実に相当する法形式を選択したならば発生するであろうと同じように租税請求権が発生する。(31)」と述べられて、租税回避行為を遮断するため一般的否認ルール〇一が確立されると明らかにされている。そのうえで、同教授は、「この一般条項は、合憲であり、課税の平等に資する一方、民法一条三項（権利濫用の禁止）に相当する規定が租税法律に欠けているそうした意識的な法律の欠缺の（法律の目的又は原則を指向する）補填の手段とみなされ、十分に明確に定型化されうる。その限りにおいて、同族会社の行為・計算の否認に関する規定は、ルール〇一から派生する。(32)」と述べられて、憲法一二条を根拠に導出されたルール〇一は、民法領域における権利濫用の禁止の法理と同様に、租税法領域にも存在しており、ルール〇一に基づいて課税要件の濫用的な回避（租税回避行為）が否認されるべきであると指摘されている。

これに対して、個別否認規定がない場合には租税回避行為は否認できないとする見解としては、金子宏教授は、「問題は、否認規定がない場合にも否認が認められるかどうかである。この点については、最高裁判所の判断はまだ示されておらず…中略　下級審の裁判例は分かれている。この場合に否認が認められないと解すると、租税回避を行った者が不当な利益を受け、通常の法形式を選択した納税者との間に不公平が生ずることは否定できない。したがって、公平負担の見地から否認規定の有無にかかわらず否認を認める見解にも、一理がある。しかし、租税法律主義のもとで、法律の根拠なしに、当事者の選択した法形式を通常用いられる法形式にひきなおし、それに対応する課税要件が充足されたものとして取り扱う権限を租税行政庁に認めることは、困難である。また、否認の要件や基準の設定をめぐって、租税行政庁も裁判所もきわめて複雑なそして決め手のない負担を背負うことになろう。したがって、法律の根拠がない限り租税回避行為の否認は認められないと解するのが、理論上も実務上も妥当であろう。もちろん、このことは租税回避行為が立法上も容認されるべきことを意味しない。新しい租税回避行為の類型が生み出されるごとに、立法府は迅速にこれに対応し、個別の否認規定を設けて問題の解決を図るべきであろう。[33]」と述べられて、租税法律主義の下では個別否認規定が存在しない場合には、租税回避行為の否認は理論上も実務上も困難であり、個別否認規定より対応すべきであると指摘されている。

清永敬次教授も、「このような例外的な、想定された取引に基づく課税は、租税法律主義の建前からいって、当然そのための法律上の根拠があってはじめてこれをなすことができるといわなければならない。また、租税回避の否認は、上述のように課税要件規定によるときとは異なる取扱いをすることであり、これはとりもなおさず従来の課税要件規定にはない新たな課税要件を作りだすことを意味し、したがって、租税法律主義の建前から、そのための明文の規定が必要である、といえよう。[34]」と述べられ、租税法律主義の視点からは、租税回避行為の否認は明文の規定によりなされるべきであると指摘されている。

北野弘久教授は、「租税回避行為を否認するためには、税法の格別の個別規定を必要としないという議論がしばしばなされる。その根拠として、税法固有の実質課税の原則がもちだされる。しかし、右のような議論は正当ではない。租税回避行為の否認は立法府の課題であって、行政府・裁判所の課題ではない。なぜなら、租税回避行為は理論上は分別して観念できるが、現代の発達した社会においては現実には分別することがきわめて困難であり、もし、法の個別的否認規定がないのに、実質課税の原則ということで租税回避行為の否認を認めることは、租税法律主義の法的安定性・法的予測可能性が極度におかされることとなるからである。かくて、ある行為が理論上は租税回避行為に該当する場合であっても、それを否認する法の個別規定がないかぎり、それは、結局、実定税法上は節税行為（適法行為）になると解するべきである。その意味では、税法学上は租税回避行為を論ずる実益はないといえよう。[35]」と述べられて、理論上、租税回避行為を観念することができるが、ある行為が租税回避行為に該当するか否かの認定は租税法実務上、極めて難しいことから、租税法律主義の機能である納税者の予測可能性と法的安定性を害するおそれがある実質課税の原則を根拠とする否認は許容されるべきではないと指摘されている。

なお、同教授は、「田中二郎説に従えば、法人税法一三二条等の同族会社の行為計算の否認規定をはじめとする租税回避行為防止の諸規定は、単なる確認的な宣言的規定にすぎないのであって、本来、なんの税法規定がなくても租税回避行為の否認は許されるということになる。現代税法の多くの規定は、直接間接、租税回避行為防止のためのものである。それゆえ、田中二郎説に従えば、現代税法の多くの規定は純理論的には法的に不要になることになる。これはいかにも不合理であるといわねばならない。[36]」と指摘されたうえで、いかなる租税回避行為が否認されるべきであるかの問題は立法上の課題であり、租税法律主義の下では、租税回避行為に対する立法措置は一般的・包括的規定によるのではなく、個別的・具体的規定によるべきであるとされている。[37]

以上のとおり、学説上では、個別否認規定が存在しない場合にも租税回避行為は否認されるべきであるとする見解と、個別否認規定が存在しない場合には租税回避行為は否認できないとする見解との伝統的な対立があった。現在では、我が国では租税法律主義の厳格な要請の下では、租税回避行為の否認は個別否認規定によるべきであり、個別否認規定が存在しない場合には租税回避行為は否認できないとするのが通説的見解である。[38]

3　裁判例の動向

過去には個別否認規定が存在しない場合にも租税回避行為は否認されるべきであるとする立場と、個別否認規定が存在しない場合には租税回避行為は否認できないとする立場の裁判例が存在した。

個別否認規定が存在しない場合にも租税回避行為は否認されるべきであるとする立場の裁判例としては、大阪高裁昭和三九年九月二四日判決[39]では、裁判所は、「法人税法は益金の概念について、法人税法上別段の定めあるもののほか、私法上の概念を前提としているものと解すべきであるけれども、この点については自ら法人税法の目的による制限のあることは認めなければならない。すなわち、例えば私法上無効又は取消しうべき行為であっても、その行為に伴って経済的効果が発生している場合にはその収益につき課税することは何等妨げなきものと解すべきであるし、私法上許された法形式を濫用することにより租税負担を不当に回避し又は軽減することが企図されている場合には本来の実情に適合すべき法形式に引直してその結果に基いて課税しうることも認められなければならない。[40]」と判示して、租税法の目的による制限から、租税回避行為は否認されるべきであるとした。

神戸地裁昭和四五年七月七日判決[41]では、裁判所は、「税法上においてその所得を判定するについては、単に当事者によって選択された法律的形式だけでなく、その経済的実質をも検討して判定すべきであり、当事者によって選択された法律的形式が経済的実質からみて通常採られるべき法律的形式とは一致しない異常のものであり、かつそのような法律的形式を選択したことにつき、これを正当化する特段の事情がないかぎり租税負担の公平の見地からして、当事者によって選択された法律的形式には拘束されないと解するのが相当である」と判示して、租税負担の公平の視点から、経済的実質に即して課税がなされるべきであるとした。

これに対して、個別否認規定が存在しない場合には租税回避行為は否認できないとする立場の裁判例としては、東京高裁昭和四七年四月二五日判決[42]では、裁判所は、「もっとも、右契約内容の経済的効果を達成するためには通常被控訴人が主張するような取引形式を選択することが多いであろうから、…中略　認定のような内容の契約を締結したのはいささか異状であって、そこに何らかの、おそらくは租税（当時の不動産所得税）負担の回避ないし軽減の意図がうかがえないでもない。はたして然らば右は一種の租税回避行為というべきであるが、同族会社の行為計算の否認（法人税法一三二条、所得税法一五七条、相続税法六四条）のほか一般的に租税回避の否認を認める規定のないわが税法においては、租税法律主義の原則から右租税回避行為を否認して、通常の取引行為を選択しこれに課税することは許されないところというべきである。」と判示して、租税法律主義の視点から、個別否認規定が存在しない場合には租税回避行為の否認は認められないとした。

租税回避行為の否認のあり方を正面から争う事件（岩瀬事件）の東京地裁平成一〇年五月一三日判決（第一審判決）[43]と東京高裁平成一一年六月二一日判決（控訴審判決）[44]では、租税法学界において大きな注目を集めた。最高裁平成一五年六月一三日決定[45]が上告不受理の判断を下したことから、租税回避行為の否認は個別否認規定によるべきであるとする控訴審判決の判断が一般に受け入れられることになった[46]。

第一審判決では、裁判所は、「契約の内容は契約当事者の自由に決し得るところであるが、契約の真実の内容は、当該契約における当事者の合理的意思、経過、前提事情等を総合して解釈すべきものである。」としたうえで、本件契約は売買契約ではなく交換契約（民法五八六条）に該当すると判示して、本件処分が適法であるとの判断を下した。

増田英敏教授は、「課税要件事実の認定にあたって、法律行為の実質及び経済的効果を参酌考慮して租税負担の公平が図られなければならないことはいうまでもないことであり、当該裁判所の立場は、租税平等主義を重視し、課税の公平を確保するとの視点から個別的否認規定によらずに、租税回避行為の否認を容認したものと位置付けることができる。[47]」と述べられて、第一審判決は租税公平主義の視点から、個別否認規定によらない租税回避行為の否認を認めたものであるとされている。

これに対して、控訴審判決では、裁判所は、当事者間における本件契約の真の契約内容は交換契約であったと推認できるとした。そのうえで、裁判所は、「しかしながら、本件取引に際して、…中略　どのような法形式、どのような契約類型を採用するかは、両当事者間の自由な選択に任されていることはいうまでもないところである。確かに、本件取引の経済的な実体からすれば、本件譲渡資産と本件取得資産との補足金付交換契約という契約類型を採用した方が、その実体により適合しており直截であるという感は否めない面があるが、だからといって、譲渡所得に対する税負担の軽減を図るという考慮から、より迂遠な面のある方式である本件譲渡資産及び本件取得資産の各別の売買契約とその各売買代金の相殺という法形式を採用することが許されないとすべき根拠はないものといわざるを得ない。」と判示して、租税負担の軽減を図ることを目的とする通常用いられない法形式を採用することが当然許されないとする法的根拠はないとした。

そのうえで、裁判所は、「いわゆる租税法律主義の下においては、法律の根拠なしに、当事者の選択した法形式を通常用いられる法形式に引き直し、それに対応する課税要件が充足されたものとして取り扱う権限が課税庁に認められているものではないから、本件譲渡資産及び本件取得資産の各別の売買契約とその各売買代金の相殺という法形式を採用して行われた本件取引を、本件譲渡資産と本件取得資産との補足金付交換契約という法形式に引き直して、この法形式に対応した課税処分を行うことが許されないことは明かである。」と判示して、租税法律主義の下では、租税行政庁に取引関係を引き直す権限が与えられていない（個別否認規定が存在しない）場合には、租税行政庁は租税回避行為を否認することが許されないとの判断を下した。

増田英敏教授は、「租税法律主義の下においては、納税者が選択した私法上の法形式を租税行政庁が否認するためには明確な法的根拠が必要となることを明確に示しているところに、控訴審の判断の重要な意義を見出すことができる。(48)」と述べられて、控訴審判決は租税法律主義の下では租税回避行為の否認は個別否認規定によるべきであることを明確にしたものであるとされている。

以上のとおり、租税回避行為の否認については、個別否認規定が存在しない場合にも租税回避行為は否認されるべきであるとする考え方と、個別否認規定が存在しない場合には租税回避行為は否認できないとする考え方があるが、学説上は、租税法律主義の下では、租税回避行為の否認は個別否認規定によるべきであり、個別否認規定が存在しない場合には租税回避行為は否認できないとする考え方が通説的見解として受け入れられている。裁判例も、東京高裁平成一一年六月二一日判決が判断したとおり、租税法律主義の下では、租税行政庁に取引関係を引き直す権限が与えられていない（個別否認規定が存在しない）場合には、租税行政庁は租税回避行為を否認することが許されないとされている。(49)

租税回避行為の伝統的な否認手法には、租税公平主義の視点からの実質課税の原則に基づく否認と、租税法律主義の視点からの個別否認規定による否認が存在する。我が国では租税法律主義の厳格な要請の下では、後者の立場に立って、租税回避行為の否認は個別否認規定によるべきであり、個別否認規定が存在しない場合には、租税行政庁は租税回避行為を否認することが許されない。

ところで、最高裁平成二三年二月一三日判決[50]では、裁判所が、「本件の争点が上記『住所』概念の解釈適用の問題となることから導かれる帰結であるといわざるを得ず、他方、贈与税回避を可能にするという行為が課税実務上想定されていなかった事態であり、このような方法による贈与税回避を容認することが適当でないというのであれば、法の解釈では限界があるので、そのような事態に対応できるような立法によって対処すべきものである。」と判示したが、租税法律主義の下では租税回避行為の否認は明確な個別否認規定によるべきであり、法解釈の限界は立法により対処すべきである、という租税回避行為の否認の問題に対する一定の結論を導出している。

(21)　金子・前掲注（2）一二八頁。
(22)　増田英敏『リーガルマインド租税法第4版』一頁（成文堂、二〇一三）。
(23)　八ツ尾順一教授は、「納税者が租税回避行為を行う（心理的）背景を考えると、そこに納税者の税負担に対するなにがしかの不満を感じとることができる。自分に課せられている税負担が『公平ではない』（ここでいう課税の公平とは、『垂直的公平』をいう）と考える納税者が、その税負担を是正し、『公平』に感じる税負担の水準に変更を求める行為を租税回避行為ということができるかもしれない。租税回避行為は、その意味ですぐれて納税者の心理的葛藤なのである。」（八ツ尾順一『改訂増補租税回避の事例研究～具体的事例から否認の限界を考える』四頁（清文社、二〇〇五））と述べられて、租税回避行為は心理的葛藤の中から生み出される主観的問題であると指摘されている。
(24)　増田・前掲注（5）三一七頁。
(25)　吉良実『実質課税論の展開』五四頁（中央経済社、一九八〇）。
(26)　金子・前掲注（2）一二八頁。
(27)　同族会社の行為又は計算の否認規定については、金子宏教授は、「個別の分野に関する一般的否認規定」（金子・前掲注（2）一二九頁）であるとされている。清永敬次教授は、「かなり一般的に否認することを認める規定」（清永・前掲注（8）『税法』四三頁）であるとされている。松沢智教授は、同規定が租税回避行為に対処するための補充的規定と理解することに、同規定の現代的意義を見出すことができるとされている（松沢智『新版租税実体法補正第2版』四二頁（中央経済社、二〇〇三））。
(28)　金子・前掲注（2）一二九頁以下。松沢智教授は、法人税法一三二条と一三二条の関係性を踏まえて、「従来、同族会社の行為計算否認規定を根拠に争っていたケースは、そのほとんどが一二条二項に還元（包摂）されることになろう。…中略　しかも法三四条一項、三五条一項、三六条一項等の活用によって従来の租税回避とされた例の多くは明文で否認しえよう。」（松沢・前掲注(27)四一頁）と述べられて、法人税法三四条一項、三五条一項、三六条一項が租税回避行為の個別否認規定であるとされている。

(29) 増田・前掲注（5）三二二頁。

(30) 田中二郎『租税法新版』八二頁（有斐閣、一九八一）。田中二郎博士は、「かような租税回避行為に対処するための一般的な規定はわが国においては設けられておらず、例えば、同族会社の行為又は計算の否認、譲渡所得の範囲、前述の有価証券に係る譲渡所得の課税等について個別に手当てがされているところである。なお、このような担保的規定の設定に当たっては、禁止されるべき行為の範囲をいかに定めるかが極めて重要な問題であり、特に、租税法律主義の原則との調和が十分考慮されなければならない。」（田中・同書・一六八頁）と述べられて、租税法律主義との関係を踏まえて租税回避行為の否認が考察されるべきであるとされている。

(31) 木村・前掲注（11）一七一頁。

(32) 木村・前掲注（11）一七二頁。木村弘之亮教授は、「この租税回避の一般的否認ルール01は、憲法一二条が自由および権利の濫用を禁止し、さらに法解釈は考えうる語義の両端で終了し、税負担を増強する類推適用の禁止原則がはたらくということに基因する。」（木村・前掲注（11）一七二頁）と述べられて、否認ルールが拡大的に利用されることに対しての一定の歯止めを設けられている。

(33) 金子・前掲注（2）一三〇頁以下。

(34) 清永・前掲注（8）『税法』四三頁。

(35) 北野弘久『税法学原論第5版』一二七頁（青林書院、二〇〇三）。

(36) 北野・前掲注（35）一二八頁。

(37) 北野・前掲注（35）一二八頁。

(38) 木村弘之亮「節税と租税回避に区分の基準」小川英明ほか編『新・裁判実務体系　租税訴訟』三四〇頁（青林書院、二〇〇五）。

(39) 大阪高判昭和三九年九月二四日行裁例集一五巻九号一七一六頁。評釈としては、松沢智「判批」税経通信三八巻一五号二四頁以下（一九八三）、清永敬次「判批」シュトイエル三九号三頁以下（一九六五）、福家俊朗「判批」金子宏編『租税判例百選第2版』三四頁以下（有斐閣、一九八三）参照。

(40) 裁判所は、「また課税要件事実の認定にあたって、行為の実質及び経済的効果を参酌考量して租税負担の公平が図られねばならないが、納税義務者、課税標準及び徴収手続が法律で定められることを要請する租税法律主義のもとにおいて、右認定は不当に私的自治を侵すものであってはならない。殊に他の合理的な経済目的から合法的になされた私法上の行為まで、それが他の法形式を用いた場合に比して課税負担の軽減をもたらすことを理由として、法人税法上拠るべき規定なくして、これを否認することは許されない。」と判示して、合理的な税負担の減少行為は個別否認規定により否認すべきであるとしている。

(41)　神戸地判昭和四五年七月七日訟月一六巻一二号一五一三頁。評釈としては、中川一郎「判批」シュトイエル一一〇号一頁以下（一九七一）参照。

(42)　東京高判昭和四七年四月二五日民集二八巻六号一二〇〇頁。評釈としては、松沢智「判批」税務弘報二一巻一号六二頁以下（一九七三）、中川一郎「判批」シュトイエル一二四号一頁以下（一九七二）参照。

(43)　東京地判平成一〇年五月一三日訟月四七巻一号一九九頁。評釈としては、高野幸大「判批」判例評論四八五号一五頁以下（判例時報一六七三号一七七頁以下）（一九九九）、増田英敏「判批」ジュリスト一一八二号一〇五頁以下（二〇〇〇）参照。

(44)　東京高判平成一一年六月二一日高裁民集五二巻二六頁。評釈としては、占部裕典「判批」判例評論四九五号二頁以下（判例時報一七〇三号一八〇頁以下）（二〇〇〇）、増田英敏「判批」月刊税務事例三二巻一一号一頁以下（二〇〇〇）、大淵博義「判批」税理四六巻一二号一三頁以下・一三号一一頁以下（二〇〇三）、中里実「判批」税研一八巻三号五一頁以下（二〇〇二）、品川芳宣「判批」税研一五巻四号一一五頁以下（二〇〇〇）など参照。

(45)　最決平成一五年六月一三日税資二五三号順号九三六七。

(46)　増田英敏教授は、「実質主義による租税回避行為の否認は、すでに岩瀬事件等において裁判所が租税法律主義を根拠に明確に否認している。」（増田英敏「租税回避行為の否認と租税法律主義」専修大学法学研究所編『公法学の諸問題Ⅵ』八九頁（専修大学法学研究所、二〇〇五））と述べられて、本件控訴審判決により、租税法律主義の下では、実質主義による否認は認められないとの明確な判断が下されたとされている。

(47)　増田・前掲注（5）三二九頁。

(48)　増田・前掲注（5）三三三頁。

(49)　控訴審判決後、本件には上告不受理が下された。本件は租税回避行為の否認を論じる論考において取り上げられている。例えば、占部裕典「最近の裁判例に見る『租税回避行為の否認』の課題―実体法的・証拠法的視点から―」税法学五五三号二七五頁以下（二〇〇五）など参照。また、本件の判決に影響を受けたとされる裁判例（東京地判平成一三年三月二八日訟月四九巻六号一八二〇頁（第一審）、東京高判平成一四年三月二〇日訟月四九巻六号一八〇八頁（控訴審）、最決平成一六年四月二二日税資二五四号順号九六三六（上告審））も存在する。

(50)　最判平成二三年二月一八日裁時一五二六号二頁。評釈及び論考としては、増田英敏「2つの最高裁判決の意義と射程―武富士事件と長崎年金事件の検証」税務弘報五九巻八号一五二頁以下（二〇一一）、同「判批」ＴＫＣ税研情報二〇巻五号一頁以下（二〇一一)、同「判批」ジュリスト一四五四号一一四頁以下(二〇一三)、林仲宣「判批」法律のひろば六四巻四号四六頁以下(二〇一一)、同「住所の本質―武富士事件最高裁判決に関連して」税務弘報五九巻五号一四八頁以下(二〇一一)、浅妻章如「判批」中里実ほか編『租税判例百選第6版』三〇頁以下(有斐閣、二〇一六)など参照。

三　課税減免規定の限定解釈による否認と問題点

1　課税減免規定の限定解釈による否認

我が国では、租税法律主義の下では租税回避行為の否認は個別否認規定によるべきであるとの立場が明確にされている。ところが、納税者がある租税回避行為を行うとき、当該行為に対する個別否認規定が準備されていない場合には、当該行為を否認することができないことになる。そこで、個別否認規定が存在しない場合には、租税回避行為にいかに対応すべきかという研究が進められてきた。「私法上の法律構成による否認」と「課税減免規定の限定解釈による否認」が、租税回避行為に対する新たな否認手法として提案されたが、本稿では、課税減免規定の限定解釈による否認を検討する。

中里実教授は、「課税逃れを野放しにすることが法により要求されているわけでは決してない[51]」との視点から、租税回避行為に対する個別否認規定が存在しない場合には、広義の租税回避「否認」による課税が認められるとされている。[52]具体的には、課税減免規定の限定解釈による「否認」と、事実認定・私法上の法律構成による「否認」があるとされている。

このうち、課税減免規定の限定解釈による「否認」とは、「一定の政策目的等を達成するためにわざわざ導入された課税減免規定の解釈・適用にあたり、納税者の採用する(租税支払の減免を主要な目的とする人為的で事業目的のない）私法上の取引形式は、当該課税減免規定の適用の射程範囲外であり、したがって、（当該課税減免規定が適用されない結果として）課税が行われることを認める」[53]ことによって、租税回避行為が否認されたのと同様の課税結果を生じさせる手法である。

同教授は、「たしかに、課税減免規定が、その趣旨・目的に合致しないような納税者の行為に対してまで課税の減免を認める必要は特にない。この場合、当事者の採用した私法上の有効な法形式が課税にあたって無視され（て別の法形式におきかえられ）るわけではないから、それは狭義の租税回避否認ではなく、ただ、課税減免規定の解釈の結果として当然のこととして課税が行われるにすぎない。したがって、これは、本来の意味の（狭義の）租税回避否認ではなく、課税減免規定の（目的的）解釈・適用の通常の一局面にすぎないところの法解釈上きわめて自然なことということができよう。しかし、当事者が課税を免れるために行った私法上の行為が結果としてとはいえ課税上は無になるという意味においては、これも、広義の租税回避『否認』といってよかろう。[54]」と述べられて、課税減免規定はその趣旨・目的を踏まえて解釈することにより、租税回避の目的で行われた私法上の行為には規定が適用されないという結果となるとされている。

以上のとおり、課税減免規定の限定解釈による否認とは、課税減免規定の趣旨、目的を踏まえた解釈からは、当該規定に適用範囲が存在することは当然であり、納税者が租税回避を目的に行った私法上の行為には当該規定が適用されず、租税回避行為が否認されたのと同様の課税結果を生じさせる手法である。租税法規定の趣旨、目的を踏まえて法解釈がなされるべきであることを重視したものであるといえよう。

租税回避行為の否認は、租税公平主義が要請する担税力に応じた課税を実現するために、納税者の行為は私法上、有効かつ適法な行為であることを認めつつも、租税法上は、それを無視して、租税行政庁が当該行為を引き直し、課税要件が充足されたとして課税を行うことである。課税減免規定の限定解釈による否認は、納税者の行為が租税法上、無視されたのではなく、当該規定の適用範囲外にあるとしたにすぎない。その意味では、租税法律主義の下では、租税回避行為の否認は個別否認規定によるべきであり、個別否認規定が存在しない場合には、租税行政庁は租税回避行為を否認することが許されないとする学説や裁判例とも整合する。

2　外国税額控除余裕枠利用事件判決の判断構造

課税減免規定の解釈による否認に対しては、学説から問題を指摘する批判的見解が多い。(55) 以下では、租税行政庁が課税減免規定の限定解釈による否認を用いた事件である外国税額控除余裕枠利用事件（三井住友（旧住友）銀行事件(56)）の大阪地裁平成一三年五月一八日判決（第一審判決(57)）と大阪高裁平成一四年六月一四日判決（控訴審判決(58)）の判断構造を検討する。

同事件では、租税行政庁は、「租税負担回避を目的とした行為に対しては、明文の規定がない場合でも、次のような許容される否認類型が存在し、これらは課税庁の恣意が入り込む余地はなく、租税法律主義の見地からも問題がない。」としたうえで、私法上の法律構成による否認と、課税減免規定の限定解釈による否認を主張した。具体的には、「課税減免規定とは、課税要件を定める規定のうち、政策的に一定の趣旨及び目的を達成するため課税の減免を内容として制定された規定である」ことから、課税減免規定の趣旨、目的に合致しない行為には課税減免規定が適用されるべきではないとした。そのうえで、「取引開始前に検討されるべき事項」としては、①「事業の目的及び取引に至る経緯」、②「取引の種類」、③「契約内容の妥当性」、④「予定される決済の妥当性」、⑤「期待利益の妥当性」、⑥「利益の帰属」、⑦「既存取引参画の合理性」を、「取引開始後に検討されるべき事項」としては、①「取引内容の妥当性」、②「資金の流れ」、③「リベート等収入の有無」をあげたうえで、これらを総合的に検討して、正当な事業目的が存在するか否かを判断すべきであるとした。課税減免規定の適用のみを目的とした事業目的を欠く本件取引には法人税法六九条が適用されるべきではないと主張した。

第一審判決では、裁判所は、「租税法律主義の見地からすると、租税法規は、納税者の有利・不利にかかわらず、みだりに拡張解釈したり縮小解釈することは許されないと解される。しかし、税額控除の規定を含む減免規定は、通常、政策的判断から設けられた規定であり、その趣旨・目的に合致しない場合を除外するとの解釈をとる余地もあり、また、これらの規定については、租税負担公平の原則から不公平の拡大を防止するため、解釈の狭義性が要請されるものということができる。」と判示して、租税負担公平の原則の視点から、政策的判断から設けられた課税減免規定は、その趣旨・目的に合致しない場合には適用を除外するとの解釈をとる余地があるとした。そのうえで、「具体的にどのような限定解釈が可能であるかは、各課税減免規定を通じて一般化することはできず、各法規の文言、関連規定の定め方、制度の趣旨等から、当該課税減免規定から要請される解釈を採るべきである。」と判示して、課税減免規定は、規定の文言、関連規定の定め方、制度の趣旨等を踏まえて解釈されるべきであるとした。

裁判所は、法人税法六九条に規定する外国税額控除制度の立法目的が「国際的二重課税の排除」にあるとしたうえで、「内国法人が控除限度枠をみずからの事業活動上の能力、資源として利用することを一般的に禁ずることはできない」としつつも、本件では、外国法人に外国税額控除の余裕枠を利用させることを意図した取引であったことから、別に考察されるべきであると立場に立った。

租税行政庁の主張に対して、裁判所は、「法六九条一項の『納付することとなる場合』という文言は、その『納付』という概念自体及び我が国租税法上第三者の納付も許容されていることにかんがみ、限定解釈する余地が極めて狭い上、上記グレゴリー事件判決において確立されたといわれる『事業目的の原理』と同趣旨の概念である『正当な事業目的』を用いて『納付』の意味・内容を限定することには無理があり、困難であるといわざるを得ない。

しかも、『正当な事業目的』か否かを判断するために総合考慮されるべき要素の大半は『妥当性』という判断と結びつけられていて，結局、被告のいう『正当な事業目的』か否かは、事業を全体としてみて妥当なものか否かという判断に帰着することとなるのは明らかであって、かかる判断自体客観性に問題があり、国民の経済活動の予測可能性を害する危険をはらんでいると評価せざるを得ない。のみならず、正当な事業目的を認定するには、事業目的の多様性、私的自治の原則、経済的合理人として租税の軽減を図ることは一般的に許容されていること、営利法人にとって最大の関心事は、税引き後利益であり、税を企業経営若しくは投資その他の利潤追求行動上のコストの一つとして認識することは当然であること、さらに、前記のとおり、税額控除の枠を自らの事業活動上の能力、資源として利用することを法が一般に禁じているとは解されないことなどに留意する必要があり、かつ、租税法律主義から要請される基準の明確性からもきわめて問題があるといわなければならない。」と判示して、法人税法六九条の趣旨、目的を踏まえた解釈から、正当な事業目的を用いて同条にいう「納付」の意味・内容を限定することができず、また、正当な事業目的が存在するか否かの基準の客観性に問題があるだけでなく、租税法律主義が要請する基準の明確性にも問題があるとした。

本件には法人税法六九条が適用されるべきであるとして、納税者勝訴の判断が下された。

これに対して、控訴審判決では、裁判所は、「法六九条の適用を受けようとする者において、外国税額控除の余裕枠を利用すること以外におよそ正当な事業目的が存しない場合や、それ以外の事業目的が極めて限局されたものである場合には、法六九条の制度を濫用するものとして、同条一項にいう『外国法人税を納付することとなる場合』には当たらないと解するのが相当である。」としたうえで、「外国税額控除の余裕枠を他人に利用させ、その対価を得ること自体を正当な事業目的ということはできないと解すべきである。」と判示して、法人税法六九条に規定する外国税額控除制度を濫用する場合には、同条にいう「外国法人税を納付することとなる場合」に該当しないとしたうえで、外国税額控除の余裕枠を他者に利用させ、対価を得ることは正当な事業目的ではないとした。

裁判所は、「租税回避のみを目的としているにもかかわらず、わずかな事業目的を外形的に作出して、外国税額控除制度の適用を受けようとするような場合は、専ら、租税回避を目的とするにもかかわらず、その非難を回避しようとするものにすぎず、これを放置することは、結局、法六九条の限定解釈を無意味にすることにつながり、相当でない。」と判示して、租税回避を目的とする取引には法人税法六九条が適用されるべきではないとした。

本件取引は不自然であり、正当な事業目的がなく、または極めて限局された事業目的しかないものであり、法人税法六九条の趣旨・目的を逸脱し、同条に規定する外国税額控除制度を濫用したものであるとしたうえで、同条一項にいう「外国法人税を納付することとなる場合」に該当せず、外国税額控除の適用を受けることはできないとした。

原告は、課税減免規定の限定解釈による否認の判断基準が不明確であり、解釈により租税回避行為を否認するという新たな否認類型の創設は許されないと主張したが、裁判所は、「法六九条の制度を濫用する事案のみを排除することは、むしろ、制度の趣旨・目的に沿うものというべきであり、法律によらない課税を容認したり、新たな否認類型を創設することにはならないと考える。」と判示して、外国税額控除の制度の趣旨、目的からは、制度を濫用する事案には規定が適用されるべきではなく、これは、法律によらない課税を容認したり、新たな否認類型を創設するものではないとした。

本件は外国税額控除制度を濫用する事案であり、本件には法人税法六九条が適用されるべきではないとして、納税者敗訴の判断が下された。

最高裁平成一七年一二月一九日決定[59]が上告不受理としており、本件は、課税減免規定の限定解釈による否認により、外国税額控除制度を濫用する事案であることを理由に、法人税法六九条の適用を受けることができなかった事例であるということができる。

以上のとおり、課税の公平を実現するために、個別否認規定が存在しない場合には、租税回避行為にいかに対応すべきかという研究が進められたことにより、課税減免規定の限定解釈による否認という租税回避「否認」手法が提案された。租税訴訟において、租税行政庁が課税減免規定による限定解釈による否認を主張し、裁判所がこれを容認したということは、租税回避行為の否認論の研究に重大な意義をもたらした。

3　課税減免規定の限定解釈による否認の問題点

課税減免規定の限定解釈による否認は、個別否認規定が存在しない場合に事実上、租税行政庁に納税者が行った取引関係を引き直すことを認めるものである。そこで、外国税額控除余裕枠利用事件の控訴審判決の検討を通して、租税法律主義の視点から課税減免規定の限定解釈による否認の問題点を明らかにする。

控訴審判決では、裁判所は、「租税法律主義の見地からすると、租税法規は、納税者の有利・不利にかかわらず、みだりに拡張解釈したり縮小解釈することは許されないと解される。しかし、税額控除の規定を含む課税減免規定は、通常、政策的判断から設けられた規定であり、その趣旨・目的に合致しない場合を除外するとの解釈をとる余地もあり、また、これらの規定については、租税負担公平の原則（租税公平主義）から不公平の拡大を防止するため、解釈の狭義性が要請されるものということができる。」と判示して、租税公平主義が要請する租税負担公平の原則の視点から、政策的判断から設けられた課税減免規定は、その趣旨・目的に合致しない場合に適用を除外するとの解釈をとる余地があるとした。そのうえで、「単なる外国税額控除枠の彼此流用については、租税回避の問題があると解されたとしても、原則として、上記改正後の税額控除の要件を満たしている限り、租税回避を理由として否認することはできないというべきである。その限りにおいて、内国法人が控除限度額の枠を自らの事業活動上の能力、資源として利用することが禁じられているわけではないということができる。」と判示して、外国税額控除制度を利用した租税回避行為であることを理由に、法人税法六九条が適用されないとするのではないとしている。

ところが、裁判所は、内国法人が外国法人に外国税額控除の余裕枠を利用させることを目的とした場合には、法人税法六九条に規定される外国税額控除制度を濫用した事案であり、法人税法六九条一項にいう「外国法人税を納付することとなる場合」には該当しないとした。具体的には、「外国税額控除の余裕枠を利用すること以外におよそ正当な事業目的が存しない場合や、それ以外の事業目的が極めて限局されたものである場合」には制度を濫用した事案に該当するとした。

以上のとおり、控訴審判決は、外国税額控除制度を利用した租税回避行為であることを理由に法人税法六九条が適用されないとするのではないとしつつも、制度を濫用した事案であるときは、法人税法六九条が適用されないとした。制度を濫用した事案であるか否かは、正当な事業目的が存在するか否かの基準により判断すると明らかにした。

以下では、控訴審判決を、（１）租税法の解釈、（２）法人税法六九条の趣旨・目的、（３）正当な事業目的の基準から検討する。

(1) 租税法の解釈

租税法の解釈については、金子宏教授は、「租税法は侵害規範（Eingriffsnorm）であり、法的安定性の要請が強くはたらくから、その解釈は原則として文理解釈によるべきであり、みだりに拡張解釈や類推解釈を行うことは許されない…中略　ただし、文理解釈によって規定の意味内容を明らかにすることが困難な場合に、規定の趣旨目的に照らしてその意味内容を明らかにしなければならないことは、いうまでもない[60]」と述べられて、租税法の解釈は文理解釈によるべきであり、文理解釈によって規定の意味内容を明らかにすることができない場合には、規定の趣旨目的に照らしてその意味内容を明らかにする解釈（趣旨解釈）をしなければならないと明らかにされている。

増田英敏教授は、「税法解釈は文理解釈を原則とすべきである。租税法律主義は、立法趣旨を踏まえた趣旨解釈も許容する。しかし、それは文理解釈の限度を補うところに趣旨解釈の余地があるという関係にある。その原則を軽視すると租税法の解釈・適用過程において、納税者と課税当局の両当事者の恣意性が介入する結果を招く。すなわち、租税法律主義の形骸化につながる。[61]」と述べられて、租税法の解釈では、原則として文理解釈がなされるべきであり、文理解釈の限度を補うところで趣旨解釈がなされるべきであるとされている。

租税法は侵害規範であることから、租税法律主義の厳格な要請の下では、租税法の解釈は、原則として文理解釈によるべきである。文理解釈によって規定の意味内容を明らかにすることができない場合には、例外的に趣旨解釈によるべきである。租税法の解釈方法を整理すると、まずは規定の文理解釈がなされたうえで、文理解釈によって規定の意味内容を明らかにするができない場合には、文理解釈の限度を補充するために、趣旨解釈の余地が許容される。租税法律主義の要請の下でも趣旨解釈がなされるべきであることは当然のことでもある。

控訴審判決は、政策的判断から設けられた課税減免規定は、その趣旨・目的に合致しない場合には適用を除外するとの解釈（課税減免規定の限定解釈）をとる余地があるとしているが、課税減免規定の限定解釈は、租税法の解釈のうち、趣旨解釈であると位置づけられる。課税減免規定の限定解釈（趣旨解釈）が用いられる場合には、文理解釈によって規定の意味内容を明らかにすることができないという文理解釈の限度を補充する必要性が明らかにされなければならない。

控訴審判決は、課税減免規定が通常、政策的判断から設けられた規定であることと、租税負担公平の原則（租税公平主義）が重視されるべきであること理由に、解釈の狭義性が要請されるべきであるとする。趣旨解釈が許容される十分な理由であるとはいえず、控訴審判決は、文理解釈によって法人税法六九条の意味内容を明らかにすることができないという文理解釈の限度を明確にすべきであった。

(2) 法人税法六九条の趣旨・目的

文理解釈によって法人税法六九条の意味内容を明らかにすることができず、文理解釈の限界を補充するために趣旨解釈が許容されるときには、趣旨解釈により、外国税額控除制度の濫用がある場合には、法人税法六九条が適用されるべきではないとの判断基準が導出できるか否かが問題となる。

武田昌輔教授は、「外国税額の控除とは、内国法人が他の国の国内源泉所得について、それらの国の法令によって課された法人税に相当する税を調整しようとする趣旨のものである。各国とも内国法人については、その全所得について課税し、外国法人については、その所得のうち国内において生じた所得について、これを課税するたてまえをとっている。したがって、国をまたがってながめる限り、法人が国外において事業を行えば、当然にそこに二重の負担が生じてくる。このような二重の負担を国内の法律としてはなんら関知するものでないという立場をとれば、国外において事業を行う法人の税負担は、他の法人に比べて実質的に重くなることはあきらかである。このような課税が放置されれば、国際的な経済の流通を阻害し、国際的な資本の移動を阻害するところが大きい。したがって、各国は、近年、相互に租税条約を締結し、相互主義に基づいて、相手国における内国法人の相手国源泉にかかる部分に対する課税を、税額控除又はその相手国源泉所得に対する免税方法によって調整する措置を講じてきた。[62]」と述べられて、外国税額控除制度の立法趣旨が、国際的二重課税を排除することにあるとされている。[63]

とりわけ、国際的二重課税の問題は、国際的経済活動に対する障害を排除するためだけでなく、投資や経済活動に対する税制の中立を維持するためにも必要であることから、[64] 現代のグローバル社会において、国際的二重課税の排除を目的とする外国税額控除制度は不可欠のものであるといえる。

一般に「税額控除には、①技術開発の促進、中小企業の開発研究の促進、エネルギーの有効利用の推進等のための政策減税…中略　としての税額控除と、②法人税の前払的なものについて二重課税排除の目的から行われる所得税額等の控除と、さらに、③粉飾決算に基づく課税申告の更正に伴う法人税額の控除[65]」の三種類があり、各種類に応じて税額控除の順序が規定されている。このうち、法人税法六九条に規定される外国税額控除制度は、②の二重課税の排除を目的とする税額控除である。

昭和六三年の税制改正当時には、「控除枠の彼此流用」や、「所得の内外区分」に基因する制度の趣旨に反するような外国税額控除が問題となっており、この問題をいかに対応すべきかが議論されていた。ところが、外国税額控除制度の濫用を一般的に禁止する規定が設けられず、これらの問題は、一定の限度で割り切った立法政策により解決されることになった。

占部裕典教授は、「わが国において、外国税額控除の濫用に対しては、その制度の中心的な仕組みである控除限度額の算定にかかる規定を通じて対応してきたところであるが、昭和六三年税制改正においては、本件におけるような外国税を外国税額の対象から除外するとの認識を示すこともなく、またさらに、『実質的に（経済的に）だれが負担したか』により外国税額控除の控除対象となる外国税額を判断するとか、あるいは事業目的が存しない場合には外国税額控除の控除対象となる外国税から当該外国税を除外するといった議論は存しなかったのである。[66]」と述べられて、外国税額控除制度の濫用がある場合には、当該外国税を控除対象から除外すべきか否かの議論が存在しなかったと指摘されている。

控訴審判決も、「わが国の外国税額控除制度は一括限度額方式を前提に、この制度の濫用についてはその都度、立法により対応してきた経緯があり、このような規制の対象を外国税額控除制度の濫用として排除するというようなことはこれまで一度も認識されてこなかったと解される」と判示して、外国税額控除制度の濫用に対しては、その都度、立法により対応してきたとしている。

立法当初の議論からは、立法担当者が、外国税額控除制度の濫用がある場合には、法人税法六九条が適用されるべきでないとの立法趣旨を確認することができない。趣旨解釈によって、外国税額控除制度の濫用がある場合には、法人税法六九条一項にいう「外国法人税を納付することとなる場合」に該当せず、法人税法六九条は適用されるべきではないとの判断基準を導出することができない。

控訴審判決は、例外的に許容される趣旨解釈の範囲を超えた判断であり、租税法律主義の視点から批判されるべきである。法人税法六九条の趣旨解釈によって、本件が外国税額控除制度を濫用した事案であることを理由に、本件に規定適用が否定されるべきではない(67)。

(3) 正当な事業目的の基準

控訴審判決は、外国税額控除制度の濫用がある場合には、法人税法六九条一項にいう「外国法人税を納付することとなる場合」に該当せず、法人税法六九条が適用されるべきではないとしている。外国税額控除制度の濫用がある事案であるか否かを判断するにおいて、正当な事業目的の基準が用いられるべきか否かが問題となる。

控訴審判決は、外国税額控除制度の濫用がある場合＝正当な事業目的が存在しない場合であるとして、正当な事業目的の基準により、本件が外国税額控除制度の濫用事案に該当すると判断した。もっとも、制度の濫用＝正当な事業目的の不存在の相関関係についての十分な理由を示していない。正当な事業目的が存在しないことをもって、制度の濫用があったと判断することは性急すぎよう(68)。

ところで、控訴審判決は法人税法六九条の解釈により、いかにして、外国税額控除制度の濫用がある場合＝正当な事業目的が存在しない場合との基準を導出したのであろうか。

裁判所は、「しかし、租税回避のみを目的としているにもかかわらず、わずかな事業目的を外形的に作出して、外国税額控除制度の適用を受けようとするような場合は、専ら、租税回避を目的とするにもかかわらず、その非難を回避しようとするものにすぎず、これを放置することは、結局、法六九条の限定解釈を無意味にすることにつながり、相当でない。」と判示して、租税回避を目的とするわずかな事業目的を外形的に作出する取引には法人税法六九条が適用されるべきではないとした。

法人税法六九条の立法趣旨は国際的二重課税の防止であり、外国税額控除制度の濫用については、その都度、立法により対応し、解決してきた。法人税法六九条の立法趣旨が租税回避の防止であることをから、租税回避の防止＝制度の濫用＝正当な事業目的と置き換えて、正当な事業目的の基準を導出した控訴審判決の判断には問題がある。本件が租税回避事案であることを重視した判断であったと言わざるをえない。

(4) 課税減免規定の限定解釈による否認の問題点

租税法規定が課税の公平を実現するため存在することは当然であり、課税の公平の実現＝租税回避の防止との前提に立ち、規定の立法趣旨が租税回避の防止であることを踏まえた法解釈を許容する場合には、租税法規定を拡大解釈あるいは縮小解釈する余地が生じる。

課税減免規定の限定解釈による否認は、規定の趣旨、目的を踏まえて解釈した結果として、当該規定の適用範囲を狭めるものであり、租税回避を目的とした私法上の行為に、租税回避行為が否認されたのと同様の課税結果を生じさせる手法である。控訴審判決で見られるように、租税行政庁がどの程度、課税減免規定の趣旨、目的を踏まえるか、あるいは租税回避の防止を重視するかによって、当該規定の適用範囲があいまいになりかねない。

租税法律主義の下では、租税回避行為の否認は個別否認規定によるべきである。個別否認規定が存在しない場合には、租税行政庁は租税回避行為を否認することは許されないとされているのは、租税行政庁の恣意性を排除して、租税法律関係における納税者の予測可能性と法的安定性の確保することが要請されるからにほかならない。課税減免規定の限定解釈による否認は、租税行政庁の恣意的な法解釈の余地を残すものであり、租税法律主義の視点から批判されるべきものである。

ところで、租税法は侵害規範であることから、租税法律主義の厳格な要請の下では、租税法の解釈は、原則として文理解釈によるべきである。文理解釈によって規定の意味内容を明らかにすることができない場合には、例外的に趣旨解釈によるべきである。文理解釈の限度を補充するために、趣旨解釈の余地が許容される。課税減免規定の限定解釈は、この範囲内において認められるというべきであろう。

結局のところ、課税減免規定の限定解釈による否認の問題は、規定の趣旨、目的を踏まえた法解釈の名の下に、租税回避の意図を重視した法解釈が際限なく展開されることにより、法解釈における租税行政庁の恣意性を排除する仕組みを崩壊させかねない、すなわち、租税法解釈が租税法律主義の法的統制から外れてしまう点に集約できよう。

確かに租税訴訟では、裁判官は事実認定を行うだけでなく、ある種の法創造作業を行うことが認められるとされる[69]。しかし、租税回避事案であることを重視することには問題がある。

増田英敏教授は、「契約解釈権を租税行政庁に法が授権しているという、まさしく授権規定が、租税法に明確に存在しなければならない[70]。」と述べられ、明確な授権規定にしたがって租税法行政が運営されなければならないとされている。同教授は、権利の濫用があるか否かの判断や、租税公平主義や実質主義を法的根拠とする否認の判断が、まずは税務調査を経て租税行政庁によって行われることを踏まえると、「租税行政庁の裁量権をいかに統制していくかについて明確な担保が提供されていない限り、筆者はこれらの主張に同意しかねる[71]。」と述べられて、租税行政庁の裁量権に対する法的統制の重要性を指摘されている。

租税行政庁が税務調査を経て処分をし、納税者が当該処分の違法性を争うために訴訟を提起するとの一連の過程からは、裁判官の判断に先立って、租税行政庁による法解釈や事実認定が存在することになる。租税回避の意図の認定、そして租税回避事案であるとの判断は、租税行政庁が第一義的に行うことになる。納税者の予測可能性と法的安定性の確保するためには、租税行政庁の裁量権に対する十分な法的統制がなされるべきであり、租税回避の意図という主観的側面を重視する法解釈ともいえる課税減免規定の限定解釈には問題がある。

(51) 中里・前掲（18）二二二頁。

(52) 中里実教授は、租税回避行為は原則として、個別否認規定がない場合に否認できないとの立場に立たれつつも、課税逃れには一定の歯止めをかける必要があると指摘されている。同教授は、「租税回避の『否認』という用語の定義にもよるが、個別的な否認規定が存在しない場合であっても、限られた一定の場合には、例外的に、結果として狭義の租税回避『否認』と類似の効果をもつ課税が認められる余地があるものと思われる。」（中里・前掲（18）二二二頁）と述べられて、個別否認規定が存在しない場合の「否認」類型をあげられている。

(53) 中里・前掲（18）二二三頁。

(54) 中里・前掲（18）二二三頁。

(55) 課税減免規定の限定解釈に対して批判的に検討する論考としては、増田・前掲注（46）六七頁以下、占部裕典「租税回避に対する新たなアプローチの分析」税法学五四六号二七頁以下（二〇〇一）など参照。

(56) 同様の事件としては、りそな（旧大和）銀行事件（大阪地判平成一三年一二月一四日民集五九巻一〇号二九九三頁（第一審）、大阪高判平成一五年五月一四日民集五九巻一〇号三一六五頁（控訴審）、最判平成一七年一二月一九日民集五九巻一〇号二九六四頁（上告審））、UFJ（旧三和）銀行事件（大阪地判平成一四年九月二〇日税資二五二号順号九二〇〇（第一審）、大阪高判平成一六年七月二九日金判一二〇一号三三頁（控訴審）、最判平成一八年二月二三日裁時一四〇六号八頁（上告審））がある。

(57) 大阪地判平成一三年五月一八日訟月四八巻五号一二五七頁。評釈としては、川田剛「判批」月刊税務事例三四巻四号一頁以下（二〇〇二）、平野嘉秋「判批」税務弘報五〇巻四号六〇頁以下（二〇〇二）、木村弘之亮「判批」ジュリスト一二一九号一七四頁以下（二〇〇二）、同「判批」税務弘報五〇巻一号一五三頁以下（二〇〇二）参照。

(58) 大阪高判平成一四年六月一四日訟月四九巻六号一八四三頁。評釈としては、森下哲朗「判批」ジュリスト一二四〇号一四一頁以下（二〇〇三）、占部裕典「判批」旬刊金融法務事情一七三〇号三二頁以下・一七三一号三六頁以下（二〇〇五）、藤曲武美「判批」税研一〇六号一一八頁以下（二〇〇二）参照。

(59) 最決平成一七年一二月一九日税資二五五号順号一〇二四二。

(60) 金子・前掲（2）一一六頁以下。

(61) 増田英敏「判批」ＴＫＣ税研情報一五巻五号一三七頁（二〇〇六）。

(62) 武田昌輔『新版立法趣旨法人税法の解釈』三五二頁（財経詳報社、一九八八）。

(63) 武田・前掲注（62）三五三頁。

(64) 金子・前掲（2）五二五頁以下。

(65) 中村利雄・岡田至康『法人税法要論一六年版』五〇五頁（税務研究会出版、二〇〇四）。

(66) 占部裕典「租税回避行為論再考―外国税額控除の利用にかかる法人税更正処分等取消請求控訴事件を素材として―」税法学五四八号四二頁（二〇〇二）。

(67) 占部裕典教授は、「法人税法六九条一項において『外国法人税……を納付することとなる場合（内国法人が通常行われる取引と認められないものとして政令で定める取引に基因して生じた所得に対する外国法人税を納付することとなる場合を除く。）』と規定し、租税回避を目的とした一定の取引から派生する所得に対する外国法人税は、外国税額控除を適用しないこととした。法人税法施行令一四一条四項は、政令で定める取引とは『内国法人が、当該内国法人が借入れをしている者と第四条（同族関係者の範囲）に規定する特殊の関係にある者に対し、当該借り入れられた金銭に相当する金銭を貸しつける取引（当該貸付に係る利率その他の条件が、当該借入に係る利率その他の条件に比し、特に有利な条件であると認められる場合に限る。）とする』。この規定は、『納付することとなる場合』から除外すべき場合を、租税法上、『内国法人が通常行われている取引として認められないもの』として政令で規定する要件を充足する場合と限定しているのであり、控訴人の主張するような政令で定める取引を一つの例示として掲げているとの解釈は採ることができない。よって、改正後の規定によっても、本件のような取引による租税回避は防ぐことはできない」（占部・前掲（66）四二頁）と述べられて、平成一三年度税制改正後の規定によっても、本件外国法人税は、法人税法六九条一項にいう「外国法人税を納付することとなる場合」に該当すると指摘されている。

(68) アメリカでは、事業目的の法理（business purpose doctrine）が、租税回避行為の否認手法として確立している。しかしながら、同法理は「事業目的」のみを判断基準としているのではない。例えば、Frank Lyon co. v. United States事件判決（Frank Lyon co. v. United States, 435 U.S. 561（1978））では、連邦最高裁は、「本件のような取引、すなわち、事業または規制のために強制または促進され、租税とは無関係な考慮が含まれている取引であり、無意味なラベルが貼られた租税回避の特質を持つのではなく、複数当事者が関与する経済的実質を備えた真正な取引、が存在する場合には、政府は、当事者が行った権利義務の配分を尊重しなければならない。」（Frank Lyon co., 435 U.S. at 573）（岡村忠生「税負担回避の意図と二分肢テスト」税法学五四三号一八頁（二〇〇〇））と判示して、取引を取り巻く様々な事情を考慮して事業目的の存否を判断するとしている。

(69)　谷口勢津夫教授は以下のとおり整理されている（谷口勢津夫「司法過程における租税回避否認の判断構造―外国税額控除余裕枠利用事件を主たる素材として―」租税法研究三二号五三頁以下（二〇〇四））。
大村敦志教授は、裁判官の法適用過程に関する研究（事実認定論、利益衡量論の研究）では、「程度の差はあるものの、次の二点が指摘されていた。第一に、法適用過程は規範と事実の双方に着目した模索過程であるということ。そこでは、三段論法が自動的に完成するという見方はとられていない。第二に、法適用過程には裁判官の様々な判断が介在するということ。この点は利益衡量論が特に強調した点であった。今日から見ると、強調しすぎたという印象すら抱くが、当時の議論状況からすると止むを得ない面もある。むしろ、この点を強調しつつも、利益衡量だけですべてが決せられるわけではないことを付言することは忘れられていなかったという点こそを重視すべきであろう。」（大村敦志「典型契約論（四）―契約における個人と社会」法学協会雑誌一一二巻七号八五二頁（一九九五））と整理されている。そのうえで、同教授は、「このように、法規定というプロセスの中には、裁判官の創造的作業が介在する局面が含まれているわけだが、その作業が、法規範の選択や事実の評価あるいはあてはめを超えて、法規範の解釈に向けられると、そこから新たな規範が生まれる可能性は増大する。」（大村・同論文・八五二頁）と指摘されている。

租税法領域では、この考え方は無批判に受け入れられるものではないが、傾聴すべきものである（谷口・同論文・六七頁）。ドイツにおける租税創造的・加重的類推の議論については、岩崎政明「経済的観察法をめぐる最近の論争」租税法研究一一号一二七頁以下（一九八三）参照。
(70)　増田・前掲注(46)八八頁。
(71)　増田・前掲注(5)三三四頁。

四　租税法の解釈と限界

1　ヤフー事件判決の判断構造

租税回避行為の否認の問題については、最近では、法人税法一三二条の適用をめぐって処分の適法性が争われたＩＢＭ事件[72]と、法人税法一三二条の二の適用をめぐって処分の適法性が争われたヤフー・ＩＤＣＦ事件[73]が注目を集めた。とりわけ、ヤフー事件の下級審である東京地裁平成二六年三月一八日判決および東京高裁平成二六年一一月五日判決が、法人税法一三二条と法人税法一三二条二がほぼ同様の規定振りであるにもかかわらず、両者の適用要件である「不当に」の意義を同義に解すべき理由はないと判示したことから大きな問題となった。

そこで、以下では、最高裁平成二八年二月二九日判決（ヤフー事件上告審判決）の判断構造を確認したうえで、課税減免規定の限定解釈による否認を容認した最高裁平成一七年一二月一九日判決（りそな（旧大和）銀行事件上告審判決）[74]との異同を指摘して、法人税法一三二条の二の適用要件である「不当に」の意義と、租税法の解釈と限界を明らかにする。

ヤフー事件の主たる争点は、租税行政庁が法人税法一三二条の二を適用して、本件副社長就任を否認することによって、法人税法施行令一一二条七項五号の特定役員引継要件の充足を否定して、b社の未処理欠損金額を原告の欠損金額として損金の額に算入できないとした処分の適法性であるが、両者が具体的に争っているのは、法人税法一三二条の二に規定される組織再編成に係る行為計算の否認規定適用の可否である。

ヤフー事件上告審判決では、裁判所は、「組織再編成は、その形態や方法が複雑かつ多様であるため、これを利用する巧妙な租税回避行為が行われやすく、租税回避の手段として濫用されるおそれがあることから、法一三二条の二は、税負担の公平を維持するため、組織再編成において法人税の負担を不当に減少させる結果となると認められる行為又は計算が行われた場合に、それを正常な行為又は計算に引き直して法人税の更正又は決定を行う権限を税務署長に認めたものと解され、組織再編成に係る租税回避を包括的に防止する規定として設けられたものである。」としたうえで、「同条にいう『法人税の負担を不当に減少させる結果となると認められるもの』とは、法人の行為又は計算が組織再編成に関する税制（以下「組織再編税制」という。）に係る各規定を租税回避の手段として濫用することにより法人税の負担を減少させるものであることをいうと解すべきであり、その濫用の有無の判断に当たっては、〔1〕当該法人の行為又は計算が、通常は想定されない組織再編成の手順や方法に基づいたり、実態とは乖離した形式を作出したりするなど、不自然なものであるかどうか、〔2〕税負担の減少以外にそのような行為又は計算を行うことの合理的な理由となる事業目的その他の事由が存在するかどうか等の事情を考慮した上で、当該行為又は計算が、組織再編成を利用して税負担を減少させることを意図したものであって、組織再編税制に係る各規定の本来の趣旨及び目的から逸脱する態様でその適用を受けるもの又は免れるものと認められるか否かという観点から判断するのが相当である。」と判示して、法人税法一三二条の二にいう「法人税の負担を不当に減少させる結果となると認められるもの」該当性の判断基準を明らかにした。

そのうえで、「本件副社長就任は、組織再編税制に係る上記各規定を租税回避の手段として濫用することにより法人税の負担を減少させるものとして、法一三二条の二にいう『法人税の負担を不当に減少させる結果となると認められるもの』に当たると解するのが相当である。」と判示して、本件副社長就任は法人税法一三二条の二にいう「法人税の負担を不当に減少させる結果となると認められるもの」に該当し、同条が適用されるべきであるとした。

裁判所は、法人税法一三二条の二は、組織再編成が租税回避の手段として濫用されることを防止するための組織再編成に係る租税回避の包括的防止規定であると確認した[75]。同条にいう「法人税の負担を不当に減少させる結果となると認められるもの」とは、組織再編税制に係る各規定を租税回避の手段として濫用することにより法人税の負担を減少させるものをいうとした。規定の濫用は、①「当該法人の行為又は計算が、通常は想定されない組織再編成の手順や方法に基づいたり、実態とは乖離した形式を作出したりするなど、不自然なものであるかどうか」（行為計算の不自然性）と、②「税負担の減少以外にそのような行為又は計算を行うことの合理的な理由となる事業目的その他の事由が存在するかどうか」（合理的な事業目的の有無）等を考慮して、当該行為又は計算が、「組織再編成を利用して税負担を減少させることを意図したものであって」（租税回避の意図）、「組織再編税制に係る各規定の本来の趣旨及び目的から逸脱する態様でその適用を受けるもの又は免れるものと認められるか否か」（規定の趣旨目

的からの逸脱態様）、という観点から判断すべきであるとした。(76)

以上の法人税法一三二条の二の判断基準にしたがって、本件副社長就任は、組織再編成を利用して税負担を減少させることを意図したものであり、組織再編成にかかる各規定の本来の趣旨及び目的を逸脱する態様でその適用を受けるもの又は免れるものであることから、同条にいう「法人税の負担を不当に減少させる結果となると認められるもの」に該当して、同条が適用されるべきであるとの判断を下した。

2　租税法の解釈と限界――法人税法一三二条の二にいう「不当に」の意義

りそな（旧大和）銀行事件上告審判決(77)では、裁判所は、「法人税法六九条の定める外国税額控除の制度は、内国法人が外国法人税を納付することとなる場合に、一定の限度で、その外国法人税の額を我が国の法人税の額から控除するという制度である。これは、同一の所得に対する国際的二重課税を排斥し、かつ、事業活動に対する税制の中立性を確保しようとする政策目的に基づく制度である。」とした。そのうえで、「ところが、本件取引は、全体としてみれば、本来は外国法人が負担すべき外国法人税について我が国の銀行である被上告人が対価を得て引き受け、その負担を自己の外国税額控除の余裕枠を利用して国内で納付すべき法人税額を減らすことによって免れ、最終的に利益を得ようとするものであるということができる。これは、我が国の外国税額控除制度をその本来の趣旨目的から著しく逸脱する態様で利用して納税を免れ、我が国において納付されるべき法人税額を減少させた上、この免れた税額を原資とする利益を取引関係者が享受するために、取引自体によっては外国法人税を負担すれば損失が生ずるだけであるという本件取引をあえて行うというものであって、我が国ひいては我が国の納税者の負担の下に取引関係者の利益を図るものというほかない。そうすると、本件取引に基づいて生じた所得に対する外国法人税を法人税法六九条の定める外国税額控除の対象とすることは、外国税額控除制度を濫用するものであり、さらには、税負担の公平を著しく害するものとして許されないというべきである。」と判示して、外国税額控除制度を濫用した本件には法人税法六九条が適用されるべきではないとの判断を下した。

外国税額余裕枠利用事件上告審判決とヤフー事件上告審判決では、いずれも「濫用」の文言が用いられており、両判決の類似性が指摘されている。[78] 両判決は、租税法規定の趣旨、目的を踏まえて、「濫用」がある場合には、当該規定の適用を認めるあるいは認めないとして、その適用範囲を確定したものである点で類似性が確認できる。

一方で、詳細に両判決を分析すると、具体的な判断の枠組みにはいくつかの相違点を指摘することができる。外国税額控除余裕枠利用事件上告審判決では、明文の否認規定が存在しない場合には、法人税法六九条の趣旨目的を踏まえた限定解釈から「濫用」の基準を導出して、その適用範囲を狭めて、濫用事案への適用を排除した。これに対して、ヤフー事件上告審判決では、組織再編成に係る一般的否認規定（明文の否認規定）である法人税法一三二条の二の「不当に」の解釈から「濫用」の基準を導出して、適用範囲を明らかにした。[79]

同族会社の行為計算の否認規定である法人税法一三二条の解釈、適用をめぐっては二つの傾向が見られた。一つは、非同族会社では通常なしえない、同族会社であるがゆえに容易になしうる行為計算であるとする見解（同族会社比準説）であり、もう一つは、純経済人の行為として不合理・不自然な行為計算であるとする見解（純経済人説）であるが、一般に後者の純経済人説が通説であると理解されている。[80] 経済的合理性を欠く場合については、「①当該の具体的な行為計算が異常ないし変則的であるといえるか否か、および②その行為・計算を行ったことにつき租税回避以外に正当な理由ないし事業目的があったとみとめられるか否か」[81]が同規定の解釈・適用において問題となる。ヤフー事件上告審判決は、法人税法一三二条の解釈・適用の問題を、規定の濫用の有無を判断する際に「考慮」する構造である。法人税法一三二条にいう「不当に」と、法人税法一三二条の二にいう「不当に」との関係性を意識した判断であるといえる。[82]

中里実教授は、「政策目的で設けられた課税規定の目的的解釈は、前述した外国税額控除に関する最高裁判決の論理から自然に導かれるものであり、そのような解釈を課税減免規定についてのみ用いなければならない必然性は、基本的に存在しない。もちろん、課税庁が、政策目的のために導入された課税規定の目的的解釈による、その射程範囲の限定を自ら行うことは現実には困難かもしれず、そのような規定をいわば機械的に適用するのが自然なことなのかもしれない。しかし、裁判所に事実が持ち出された場合においては、裁判所は、前述した最高裁判決の論理を十分に尊重して、政策目的のために導入された課税規定の目的的解釈によるその射程範囲の限定を行うことができると考えるべきである。具体的妥当性の尊重こそが、司法の使命だからである。[83]」と述べられて、政策目的で設けられた課税規定の目的的解釈として射程範囲の限定を行うことができるとされている。

また、今村隆教授は、「一般否認規定は、…中略　課税根拠規定と課税減免規定の目的的解釈（purposive interpretation）の限界を超える場合に初めて適用される規定である。租税法の解釈には、文理解釈（literal interpretation）と目的的解釈とがあるといわれるが、文理解釈とは、法令の立法経緯や立法の趣旨・目的を考慮することなく、法令の文言等を通常の用いられ方に基づいて解釈することであり、一方目的的解釈とは、法令の立法経緯の趣旨・目的に沿って、法令の文言等を拡張あるいは限定解釈することにある。[84]」と述べられたうえで、「最高裁（筆者注：最高裁平成一七年一二月一九日判決民集五九巻一〇号二九六四頁（外国税額控除余裕枠利用事件（りそな（旧大和）銀行事件上告審判決））は、法人税法六九条について『正当な事業により』納付した場合との限定解釈の延長線上において、上記判示をしていることから、限定解釈の範囲内と考える。しかし、上記最高裁の判断は、その直前で、本件取引が『我が国の外国税額控除制度を本来の趣旨目的から著しく逸脱する態様で利用して納税を免れ…』と判示しているとおり、問題となっている取引が法人税法六九条の趣旨・目的に反することを理由とするものである。そうすると、法人税法一三二条の二の『不当』の判断に当たっても参考になると考える。[85]」と指摘されて、租税法規定の趣旨、目的に反することを理由とする限定解釈が認められるべきであり、これは法人税法一三二条の二にいう「不当に」の解釈にも参考にされるべきであるとされている。

両教授の見解からは、課税減免規定の限定解釈が許容されること、とりわけ、政策目的で設けられた租税法規定の立法趣旨を踏まえた解釈により、法規定の適用範囲を限定する解釈が認められることになる。ヤフー事件上告審判決は、法人税法一三二条の二の立法趣旨は組織再編成が租税回避の手段として濫用されることを防止することにあることを踏まえて、法人税法一三二条の二にいう「不当に」の解釈として、租税回避の意図と規定の趣旨目的からの逸脱態様により「濫用」有無を判断するとの「濫用」の基準を導出して、適用範囲を明らかにするとともに、法人税法一三二条との関係性に意を払った「考慮」要素を示したものであると位置づけることができる。

金子宏教授は、「租税法規のなかには、一定の政策目的の実現のため、税負担の軽減ないし免除を定める規定（租税減免規定）が多い。納税者のなかには、これらの規定の趣旨、目的に適合しないにもかかわらず、税負担の減免のみを目的として、その取引を形の上でこれらの規定の鋳型に当てはまるように仕組みあるいは組成して、それらの規定の適用を図る例が多い…中略　これも租税回避の一つのタイプである。このような場合には、減免規定の趣旨・目的に照らして、これらの規定を限定解釈し、これらの取引に対する減免規定の適用を否定することができると解すべきである。これは、アメリカのグレゴリー事件の判決によって認められた法理（プロパー・ビジネス・パーパスの法理）であるが、我が国でも、解釈論として同じ法理が認められてしかるべきであろう。この法理を適用すると、結果的には租税回避行為の否認を認めたのと同じことになるが、それは理論上は否認ではなく、減免規定の本来の趣旨・目的にそった限定解釈の結果である。…中略　ただし、租税法律主義の趣旨からして、この限定解釈の法理の適用については、十分に慎重でなければならないと考える。(86)」と述べられ、租税法の解釈からは課税減免規定の限定解釈の法理があることを認められつつも、租税法律主義の下では、租税回避行為の否認を認めたこと同じ課税結果を招く限定解釈の法理は慎重に用いられなければならないと指摘されている。

渡辺徹也教授は、「法人税法一三二条の二は、平成一三年度改正で導入された組織再編成の一部として、他の規定と一緒に制定された経緯がある。つまり、制定当時かなりの数の個別的課税要件規定がすでに存在していたのであって、状況は同法一三二条の場合とは大きく異なる（同法一三二条の創設当時はこの規定が適用されうる場面が想定的に数多く存したと言える）。このような状況では、同法一三二条の二が適用されるべき場面は自ずと制限されるべきだと考える。」と述べられ、法人税法一三二条と個別課税要件規定の関係と、法人税法一三二条の二と個別課税要件規定の関係における立法経緯が異なると指摘されて、後者では法人税法一三二条の二の適用が制限されるべきであるとされている。そのうえで、同教授は、「しかし、租税法律主義は納税者の予測可能性を確保するためにある。それが実現されてないままに、不確定概念に基づき、いつ発動されるのかわからない一般的否認規定によって『切り捨て』られる事態は避けねばならない。規定を創ったからといって、適用に慎重となるべき性質のものとそうでないものの区別は必要である。ただし、法人税法一三二条の二の適用を頭から否定しているわけではない。重要なのは、この規定の適用に関するできるだけ明確な基準の構築である。(87)」と述べられて、租税法律主義の予測可能性の確保の視点から、法人税法一三二条の二の明確な適用基準が構築されなければならないとされている。

租税法の解釈として課税減免規定の限定解釈（政策目的で設けられた課税規定の目的的解釈）が許容されるか否か、とりわけ、ヤフー事件上告審判決では、組織再編税制という政策目的で設けられた法人税法一三二条の二にいう「不当に」の解釈として、「濫用」基準を中心とする判断基準が導出されるか否かが問題とある。

政策目的規定の趣旨、目的が必ずしも明確ではない場合に限定解釈が展開されると、租税行政庁がどの程度、法規定や法制度の趣旨、目的を踏まえるか、あるいは租税回避の意図を重視するかによって、規定の適用範囲があいまいになりかねない。

課税の公平の実現＝租税回避の防止との視点から、租税法規定の立法趣旨が租税回避の防止であることを踏まえた法解釈がなされる場合には、規定が拡大解釈あるいは縮小解釈される余地を生む。政策目的規定の限定解釈をめぐっては、租税法律主義が要請する租税行政庁の恣意性が排除されるか、納税者の予測可能性と法的安定性の脅かすおそれがないかどうかの検証が不可欠である。

ヤフー事件上告審判決は、組織再編成が租税回避の手段として濫用されることを防止する法人税法一三二条の二の立法目的からは、同規定にいう「不当に」は、租税回避の手段として組織再編成が濫用されること、具体的には組織再編税制に係る各規定の濫用があることとして、「不当」＝「租税回避の手段としての濫用」と受け止めている。[88] 規定の濫用の有無は、「租税回避の意図」と「規定の趣旨目的からの逸脱態様」という観点から判断するが、「行為の不自然性」と「合理的な事業目的の有無」等を考慮するとしている。

確かに、法人税法一三二条の解釈・適用上の問題である「行為の不自然性」と「合理的な事業目的の有無」による経済的合理性の基準により判断するようにみえる。しかし、経済的合理性の基準は「考慮」要素にとどまるだけでなく、規定の濫用の有無は、「租税回避の意図」と、「規定の趣旨目的からの逸脱態様」という観点から判断する構造となっている。考慮要素と濫用の有無の関係性が必ずしも明確ではない。ヤフー事件上告審判決は「租税回避の意図」のみで「濫用」を判断するものではないと考えられるが、「租税回避の意図」が「濫用」の判断にいかなる影響を及ぼすか、つまり、「租税回避の意図」の程度が問題になると指摘できる。[89] また、「規定の趣旨目的からの逸脱態様」がある場合には、規定の濫用であるとは即断できないといえよう。「考慮」要素は、「等」と示される以上、それ以外の考慮要素が存在すると考えられるが、考慮要素が何かは明らかにされていない。そうすると、法人税法一三二条と法人税法一三二条の二の関係性を踏まえて「考慮」要素が示されたにもかかわらず、両規定の間で別の基準が用いられることになりかねない。租税回避事案であることを理由に、法人税法一三二条の二が適用されるおそれがあるヤフー事件上告審判決のさらなる検証が必要である。

租税法律主義の視点から法人税法一三二条にいう「不当に」対する判例による法的統制が加えられていた。租税法律主義の内容の一つである課税要件明確主義に反する不確定概念は原則として認められず、例外的に、①不明確な規定であっても立法趣旨を踏まえた趣旨解釈によりその意味内容を明確にでき、②その規定によると公権力の恣意や乱用を招く恐れがなく、③その不明確な文言の使用に課税の公平を確保するといった合理的理由が存在する場合のみに認められる。(90) ヤフー事件上告審判決は、納税者のいかなる行為が組織再編税制に係る規定の濫用にあたり、「不当」であると判断されるかの基準が不明確であり、租税行政庁の広範な裁量に法人税法一三二条の二の運用を委ねるものであり、十分な法的統制を加えるものではない。組織再編成が租税回避の手段として濫用されることを危惧するあまり、組織再編税制の趣旨、目的を過度に重視して、租税回避事案は法人税法一三二条の二により否認されるべきであるとの結論ありきの議論が展開されていると批判されるべきである。

租税法は侵害規範であることから、租税法律主義の厳格な要請の下では、租税法の解釈は、原則として文理解釈によるべきである。文理解釈によって規定の意味内容を明らかにすることができない場合には、例外的に趣旨解釈によるべきである。課税減免規定の限定解釈が趣旨解釈の範囲内である場合には、租税法の解釈として許されるべきであろう。政策目的規定であることは特別の法解釈が許容されるべき理由ではない。

「不当に」の解釈をめぐっては、法人税法一三二条と法人税法一三二条の二では、同じ文言が用いられるばかりでなく、同じ場所に規定が置かれていることを踏まえると、租税法律主義の納税者の予測可能性を重視する視点からは、両規定の適用範囲は同様に解されるべきである。租税回避事案への対応を目的とする「濫用」の基準が安易に用いられるべきではない。

(72)　東京地判平成二六年五月九日判タ一四一五号一八六頁（第一審）、東京高判平成二七年三月二五日判時二二六七号二四頁（控訴審）、最決平成二八年二月一八日判例集未登載（上告審）。評釈及び論考としては、増田英敏「判批」TKC税研情報二四巻二号一頁以下（二〇一五）、高橋祐介「判批」ジュリスト一四七三号八頁以下（二〇一四）、水野忠恒「設立された持株会社に対する自己株式の譲渡と、それに対する同族会社の行為計算の否認規定の適用の可否に関する事例（IBM事件）東京地裁平成二六年五月九日民事第三部判決」国際税務三四巻一一号七二頁以下（二〇一四）、岡村忠生「BEPSと行為計算否認規定（1）・（2）・（3）」税研一八〇号七〇頁以下・一八一号七五頁以下・一八二号六八頁以下（二〇一五）、同「判批」ジュリスト臨時増刊一四七九号二一一頁以下（二〇一五）、小塚真啓「非正常配当の否認可能性についての一考察」岡山大学法学会雑誌六四巻三・四号五六八頁以下（二〇一五）、品川芳宣「判批」税研一七九号八六頁以下（二〇一五）、今村隆「ヤフー事件及びIBM事件最高裁判断から見えてきたもの（下）―IBM事件は租税回避か？―」税務弘報六四巻八号四五頁以下（二〇一六）、太田洋「IBM事件東京高裁判決の検討」国際税務三五巻九号八〇頁以下（二〇一五）、同「判批」ジュリスト一四九四号一〇頁以下（二〇一六）、谷口勢津夫「租税回避否認規定に係る要件事実論」伊藤滋夫・岩﨑政明編『租税訴訟における要件事実論の展開』二七六頁以下（青林書院、二〇一六）など参照。

(73)　ヤフー事件については、東京地判平成二六年三月一八日民集七〇巻二号三三一頁（第一審）、東京高判平成二六年一一月五日民集七〇巻二号四四八頁（控訴審）、最判平成二八年二月二九日民集七〇巻二号二四二頁（上告審）。IDCF事件については、東京地判平成二六年三月一八日民集七〇巻二号五五二頁（第一審）、東京高判平成二七年一月一五日民集七〇巻二号六七一頁（控訴審）、最判平成二八年二月二九日民集七〇巻二号四七〇頁（上告審）。とりわけ、ヤフー事件に関する評釈及び論考としては、増田英敏「組織再編の行為計算の否認―ヤフー事件を素材に（上）・（下）」税務弘報六二巻九号一三二頁、一〇号一二一頁（二〇一四）、林仲宣・谷口智紀「判批」税務弘報六二巻一二号一二四頁以下（二〇一四）、拙稿「組織再編税制と租税回避」Tax & Law 一五号五八頁以下（二〇一六）、赤石英司ほか「東京地裁平成二六年三月一八日判決の検討（座談会）」税務弘報六二巻七号一八頁以下（二〇一四）、浅妻章如「判批」ビジネス法務一四巻九号八四頁以下（二〇一四）、朝長英樹「判決を契機に考える組織再編税制の趣旨・目的（インタビュー）」税務弘報六二巻七号八頁以下（二〇一四）、太田洋「ヤフー・IDCF事件東京地裁判決とM&A実務への影響（上）・（下）」商事法務二〇三七号四頁以下・二〇三八号三八頁以下（二〇一四）、同「判批」税務弘報六三巻三号三一頁以下（二〇一五）、同「判批」税務弘報六四巻六号四四頁以下（二〇一六）、大淵博義「『法人税法一三二条の二』の射程範囲と租税回避行為の概念～ヤフー事件の検討を通して～」税経通信六九巻九号一七頁以下（二〇一四）、品川芳宣「判批」税研一七七号一〇二頁以下（二〇一四）、同「判批」税研一七八号一七九頁（二〇一四）、同「判批」税研一八八号九四頁以下（二〇一六）、谷口勢津夫「ヤフー事件東京地裁判決と税法の解釈適用方法論―租税回避アプローチと制度（濫用）アプローチを踏まえて」税研一七七号二〇頁以下（二〇一四）、同「租税回避と税法の解釈適用方法論―税法の目的論的解釈の『過形成』を中心に―」岡村忠生編『租税回避研究の展開と課題』一頁以下（ミネルヴァ書房、二〇一五）、水野忠恒「東京地裁平成二六年三月一八日判決（ヤフー事件）の検討―組織再編成と租税回避―」国際税務三四巻八号一〇二頁以下（二〇一四）、安井栄二「租税法規の解釈に関する一考察―近年の裁判例を素材として―」立命館法学三五六号八四頁以下（二〇一四）、吉村政穂「『不当に減少』とその判断基準としての経済合理性」税務弘報六二巻七号五八頁以下（二〇一四）、同「判批」ジュリスト一四七〇号八頁以下（二〇一四）、渕圭吾「判批」ジュリスト臨時増刊一四七九号二一七頁以下（二〇一五）、泉絢也「租税訴訟における立法事実論と行政機関の優位性―ヤフー・ＩＤＣＦ事件における立案担当者の私的鑑定意見書を素材に―」税法学五七六号二三頁以下（二〇一六）、田中治「租税回避否認の意義と要件」岡村忠生編『租税回避研究の展開と課題』三九頁以下（ミネルヴァ書房、二〇一五）、渡辺徹也「組織再編成と租税回避」岡村忠生編『租税回避研究の展開と課題』一三一頁以下（ミネルヴァ書房、二〇一五）、同「法人税法一三二条の二にいう不当性要件とヤフー事件最高裁判決（上）・（下）」商事法務二一一二号四頁・二一一三号二三頁以下（二〇一六）、伊藤剛志「一般的租税回避否認規定の適用が争われた裁判例―ＩＢＭ事件とヤフー／ＩＤＣＦ事件」ジュリスト一四九六号三一頁以下（二〇一六）、今村隆「ヤフー事件及びＩＢＭ事件最高裁判断から見えてきたもの（上）―ＩＢＭ事件は租税回避か？」税務弘報六四巻七号五四頁以下（二〇一六）、同「不確定概念に係る要件事実論の展開」伊藤滋夫・岩崎政明編『租税訴訟における要件事実論の展開』二二五頁以下（青林書院、二〇一六）、岡村忠生「判批」ジュリスト一四九五号一〇頁以下（二〇一六）、竹内綱敏「ヤフー事件最高裁判決（平成二八年二月二九日）の検討―法人税法一三二条と法人税法一三二条の二の『不当性要件』の解釈・適用とその課題―」税法学五七六号九三頁以下（二〇一六）、長戸貴之「判批」ジュリスト一四九〇号一三五頁以下（二〇一六）、本庄資「判批」ジュリスト一四九八号一五五頁以下（二〇一六）など参照。

(74)　最判平成一七年一二月一九日民集五九巻一〇号二九六四頁。前掲注（56）参照。

(75)　一般的否認規定と包括的否認規定の用語については、金子・前掲注（2）四九一頁以下参照。

(76)　「観点」の文言は、「基準」とほぼ同じ意味であるが、「基準」よりもルールとしての拘束力が弱いとのニュアンスで用いられている（今村・前掲注（73）税務弘報六四巻七号五七頁）。

(77)　前掲注（56）参照。評釈及び論考としては、今村隆「最近の租税裁判における司法判断の傾向―外国税額控除事件最高裁判決を手掛りとして―」税理四九巻七号二頁以下（二〇〇六）、志賀櫻「外国税額控除の控除余裕枠を利用する租税回避　最高裁平成一七年一二月一九日第二小法廷判決に関連して」月刊税務事例三八巻七号三三頁以下（二〇〇六）、吉村政穂「判批」判時一九三七号一八四頁以下（二〇〇六）、谷口勢津夫「判批」民商法雑誌一三五巻六号一〇七七頁以下（二〇〇七）、同・前掲注（73）『租税回避研究の展開と課題』一頁以下、本庄資「判批」ジュリスト一三三六号一四一頁以下（二〇〇七）、木村弘之亮「租税回避、節税、通謀虚偽表示についての、判例と実務の動向」租税研究七二六号一六六頁以下（二〇一〇）、岡村忠生「判批」中里実ほか編『租税判例百選第6版』三八頁以下（有斐閣、二〇一六）など参照。

(78) 岡村・前掲注(73)一一頁。岡村忠生教授は、「もっとも、『外国税額控除の制度をその本来の趣旨及び目的から著しく逸脱する態様で利用することにより納税を免れ』…中略　という判示からは、規定なしに否認するには『乱用』（秩序や規律がみだれること）が必要であり、本判決（筆者注：ヤフー事件上告審判決）の『濫用』（量や程度が過ぎること）では足りないとも思われる。」（岡村・前掲注(73)一一頁）と述べられて、両判決が用いる「濫用」の程度には違いあると指摘されている。

(79) 今村隆教授は、「この最判（筆者注：りそな（旧大和）銀行事件上告審判決）は、濫用法理であるのか、あくまでも限定解釈の法理であるかは議論があるが、ヤフー最高裁判決は、法人税法一三二条の二という租税回避否認規定がある場合の問題であるので、外税控除事件の上記最高裁平成一七年一二月一九日判決とは別の法理であり、切り離して考えるべきであろう。」（今村・前掲注(73)税務弘報六四巻七号六二頁）と述べられて、両判決の違いを指摘されている。

(80) 金子・前掲注(2)四九八頁。

(81) 金子・前掲注(2)四九九頁以下。

(82) 大田・前掲注(73)税務弘報六四巻六号四七頁以下。

(83) 中里実「政策税制の政策目的に沿った限定解釈」税研二二巻二号七七頁（二〇〇六）。

(84) 今村隆『租税回避と濫用法理』二一六頁（大蔵財務協会、二〇一五）。

(85) 今村・前掲注(84)二一七頁。

(86) 金子・前掲注(2)一三一頁以下。

(87) 渡辺・前掲注(73)『租税回避研究の展開と課題』一三一頁以下。

(88) 岡村・前掲注(73)一一頁。

(89) 要件事実論の視点から、谷口勢津夫教授は、「規範的要件である不当性要件に関して、経済的合理性基準にいう経済的合理性の不存在が主要事実であるとしても、それ自体を直接証拠によって認定することは困難であるから、間接事実から経済的合理性の不存在を推認する必要がある。その際、そのような間接事実として、①事業目的の不存在、②租税回避の意図・目的の存在、③独立当事者間取引からの乖離、等を考慮に入れることができよう。」（谷口・前掲注(73)税研一七七号二八頁）と述べられ、租税回避の意図は間接事実であるとされている。一方で、今村隆教授は、「『組織再編成を利用して税負担を減少させる意図』というのが何を意味するかが問題となる。『意図』というのは、通常は、主観的意欲のことであるが、…中略　税負担減少目的と事業目的等から推認される客観的な意図の意味であると考えられる。そして、この税負担減少目的は、事業目的等と両立するものであり、税負担減少目的を基礎づける具体的事実が評価根拠事実であり、事業目的等を基礎づける具体的事実が評価障害事実であって、これらの目的を比較していずれが主であるかにより『組織再編成を利用する意図』が認定されると考えられる。」（今村・前掲注(73)『租税訴訟における要件事実論の展開』二三九頁）と述べられて、租税回避の意図は評価根拠事実であるとされている。

(90) 増田・前掲注 (22) 三一頁。

結　論

本稿の目的は、課税減免規定の限定解釈による否認の検討を通して、租税法律主義の統制下での租税法の解釈と限界を明らかにすることにあった。

租税法律主義の厳格な要請の下では、租税回避行為の否認は個別否認規定によるべきであり、個別否認規定が存在しない場合には、租税行政庁は租税回避行為を否認することは許されないというのが通説的見解である。規定の趣旨、目的を踏まえた法解釈の名の下に、租税回避の意図を重視した法解釈が展開されると、法解釈における租税行政庁の恣意性を排除することができず、租税法の解釈が法的統制から外れてしまうことに問題がある。

ヤフー事件上告審判決では、法規定の趣旨、目的を踏まえた政策目的規定の限定解釈により、当該規定の適用範囲が狭められることにより、合理的な事業目的が存在しない租税回避の手段として濫用された事案として法人税法一三二条の二が適用された。しかし、租税行政庁がどの程度、法規定や法制度の趣旨、目的を踏まえるか、あるいは租税回避を重視するかによって、政策目的規定の適用範囲があいまいになりかねない。とりわけ、課税の公平の実現＝租税回避の防止との前提に立ち、租税法規定の立法趣旨が租税回避の防止であることを踏まえた法解釈がなされる場合には、規定が拡大解釈あるいは縮小解釈されるおそれがある。

租税法は侵害規範であることから、租税法律主義の厳格な要請の下では、租税法の解釈は、原則として文理解釈によるべきである。文理解釈によって規定の意味内容を明らかにすることができない場合には、例外的に趣旨解釈によるべきである。租税法の解釈方法を整理すると、まずは規定の文理解釈がなされたうえで、文理解釈によって規定の意味内容を明らかにすることができない場合には、当該文言の意義を補充するために、趣旨解釈の余地が許容される。課税減免規定の限定解釈が趣旨解釈の範囲内である場合には、租税法の解釈として許される余地がある。

租税行政庁が、納税者の行為を無視して、通常用いられる法形式に引き直して課税を行うには明確な授権規定が必要である。これは租税法律主義の厳格な統制下における租税法行政の運営上、必要不可欠である。租税法律主義はその機能として、恣意的課税の排除と、租税法律関係における納税者の予測可能性と法的安定性の確保を要請しており、租税法律主義からの批判に耐えることができない課税減免規定の限定解釈や、政策目的規定の限定解釈の解釈手法は、租税法の解釈の限界を超えるものであり、これらの解釈手法を用いた租税回避行為の否認は採用されるべきではない。

以上のことを指摘し、本稿の結びに代えたい。

＊本稿は、平成二八年度科学研究費補助金【研究課題：16K16987】に基づく研究成果の一部である。

付記：本章は、谷口智紀著「租税回避行為の否認論の再検討～事実認定における租税回避行為の否認の可否の問題を中心に～（1）・（2・完）」専修法研論集四三号九七頁以下（二〇〇八）・四四号一頁以下（二〇〇九）を基に加筆・修正したものである。

第2部

租税実体法

第３章　所得税法における課税単位の研究
――所得税法五六条をめぐる問題を中心に――

宮本　卓

序　論

戦前、わが国の所得税法は家族を単位として課税を行ってきた。しかし、シャウプ勧告を受け、昭和二五年の改正において個人を単位として課税を行うこととされた。ただし、わが国の個人企業の財務が必ずしも家計と分離されていないこと、生計を一にする親族に対して給与等の対価を支払う慣行があまりないこと、生計を一にする親族に対する支払対価の必要経費算入を認めるならば、これが租税回避の手段となるおそれがあること等の理由から、扶養親族の所得、生計を一にする配偶者又は未成年の子等の資産所得、生計を一にする配偶者その他の親族が納税者の事業から受ける所得についてのみ合算課税の規定が例外として置かれたのである。しかし、扶養親族の所得、生計を一にする配偶者又は未成年の子等の資産所得についての合算課税は廃止され、生計を一にする配偶者その他の親族が納税者の事業から受ける所得についての合算課税も事業専従者控除の拡大により空洞化している。

生計を一にする配偶者その他の親族が納税者の事業から受ける所得についての合算課税を規定する所得税法五六条（以下「法五六条」という。）は、所得税法が個人単位課税のしくみと超過累進税率を適用している中で、個人事業主が生計を一にする親族に支払った賃金等の対価の必要経費算入をまったく認めず、当該親族の側でもその所得としないものとしているが、この結果、当該親族の賃金等にかかる所得は事業主の所得に含められて高い超過累進税率の適用を受け、当該親族は納税者としての地位を剥奪されてしまうのである。よって、この法五六条の適用範囲が立法趣旨から外れて過度に形式適用されると、個人単位課税を採ってきたわが国の所得課税制度が歪められることになる。

従来、法五六条の適用をめぐって争われてきた事例のほとんどは、報酬を得た親族の独立性が乏しかったためか、必要経費として認められることがなかった。しかし、東京地裁平成一五年六月二七日判決をはじめとして独立事業間で支払われた対価についてまで必要経費を否認することが適正かどうかの議論がなされるようになった。法五六条が立法された当時と現在とでは家族のあり方が大きく変化しており、必ずしも雇用者と被雇用者の関係ではなく、お互いが独立した関係で一つの事業に携わることが普通に起こりえるようになっているのである。法五六条はあくまでも個人単位課税の例外規定に過ぎず、個人単位課税制度が導入された当初設けられ、現在廃止されている扶養親族の所得合算制度や資産所得合算制度のように、他から流入した所得を合算するものではなく、家庭内の所得の分散を規制するものであることに留意する必要がある。

本論文では法五六条の立法趣旨、法の射程を明確にしたうえで、同条を形式的に適用することが妥当であるかどうかを検討することを目的とする。

一　課税単位と租税公平主義

1　課税単位の類型

(1)　課税単位の意義

課税単位とは、所得税額を算出するための人的単位のことで、「所得税については、納税者の世帯のうちで、配偶者や扶養親族も所得を稼得している場合に、課税対象となる所得を有する個人として捉えるのか、世帯全体として捉えるのか[1]」という課税単位のとり方が税負担に直接に影響を及ぼすので、稼得者と家族の関係の扱いには極めて注意深い配慮がなされる必要がある。「課税単位の問題には、租税公平主義の要請である水平的公平（同じ所得を有する者には同じ額の税負担）と、垂直的公平（異なった所得を有する者には異なった税負担）とが一体になっていることに混乱がある。この混乱を避けるために、公平の尺度から税制上の差別化というやり方で高い累進税率の維持と平行して発展してきたものであり、課税単位には各国の歴史的社会状況の差異が反映する[2]」のである。

(2)　課税単位の類型

課税単位の類型としては、大別して個人を課税単位とする方式（個人単位主義（individual unit system））と、夫婦なり家族なり個人を超える消費生活上の単位を課税単位とする方式（消費単位主義（consumption unit system））とがある。

消費単位主義の中にも、さらに種々の類型があり、消費単位のサイズのとり方によって、夫婦単位主義（marital unit）と家族単位主義（family unit）とに分けることができる。さらに、家族単位主義の下においても、夫婦と子供（いわゆる核家族）を単位とするか、それとも扶養父母等をも含めた単位とするかの別がある。

消費単位主義における税額計算の方法として、消費単位の構成員の所得を合計した金額にそのまま税率表を適用するか、それともそれを構成員の間に分割して税率表を適用するかによって、合算非分割主義（unit approach）と合算分割主義（income-splitting method）の別があり、さらに合算分割主義の中にも、消費単位の構成員の所得の合計額を構成員の間に均等に分割する方法（均等分割法）と何らかの傾斜をつけて分割する方法（不均等分割法）とがある。

消費単位主義において適用すべき税率表については、独身者と夫婦ないし世帯に対して同一の税率表を適用する方法（単一税率表制度（single rate system））と、異なる税率表を適用する方法（複数税率表制度（二重税率表制度—multiple rates system, dual rates system））とがある。

したがって、消費単位主義の中には、前述した種々のファクターの組合せによって、いろいろの類型が存在しうることになり、そのそれぞれについて個人単位主義との選択を認める制度が可能であるので、その数は相当の多数に上ると考えられるが、従来から諸外国で用いられてきた主な類型として、次の三つをあげることができる。

①　夫婦単位合算非分割主義

②　夫婦単位合算均等分割主義（二分二乗制度）

③　家族単位合算不均等分割主義

①はイギリスで（一九八六年以降個人単位課税）、②はアメリカおよびドイツで、③はフランスで用いられた方法

であり、またスウェーデンは、最近まで①と②を併用する方法を用いてきたが、これらの諸国においても、最近、伝統的方式に対して種々の批判がなされており、また制度の手直しが行われている。[3]

2　課税単位をめぐる問題と租税公平主義

個人単位主義と夫婦単位主義ないし家族単位主義にはそれぞれにおいて利害得失があり、「夫婦ないし家族は、一つの消費単位を形成し、通常、その所得をプールしかつシェアーしあっているから、担税力の測定単位としては、個人よりも夫婦または家族を選ぶ方が適切であり、夫婦単位主義ないし家族単位主義の方が、「合計所得の等しい夫婦ないし家族には等しい税負担を」という意味における公平の要請に合致する。また、夫婦単位主義ないし家族単位主義のもとでは、夫婦ないし家族間で所得を分割して税負担を回避・軽減する試みは、意味を失うことになる。しかし、夫婦単位主義ないし家族単位主義は、既婚者と独身者との間に差別を作り出すから、それは税制の婚姻中立性の要請に反することになる。また、合算分割均等主義は、妻の内助の功を評価することには役立つが、独身者を差別するという問題のほか、高額所得者により大きな利益を与えること、共稼ぎ夫婦より片稼ぎ夫婦に有利に働くこと等、公平負担の要請に反する性質をもっている。

他方、個人単位主義は、近代的個人主義の原理ならびに税制の婚姻中立性の要請に合致するが、「合計所得の等しい夫婦ないし家族には等しい税負担を」という意味での公平の要請をみたしえない。また、個人単位主義のもとでは、家族組合の設立、資産の家族への分散等[4]」、各種の法的操作を通じて人為的に家族構成員の間に所得を分散することによって、高い累進税率の適用を免れ、税負担の軽減・回避を誘発しやすいという問題もある。

税負担は各人の担税力（ability to pay）に即して配分されなければならないというのが、公平負担の原理であるが、課税単位の問題に即していえば、いかなる課税単位を基準として担税力を測定するのが公平の要請に最もよく

適うかが問題となる。(5)

課税単位のあり方を構想する場合には、女性の社会的進出、所得分割による租税回避等の問題にも考慮しなければならず、種々のファクターのいずれを重視するかによってその方法がよいか異なってくるのである。(6)

（1）税務経理協会編『税制調査会中期答申：わが国税制の現状と課題』六一頁（税務経理協会、二〇〇〇）。
（2）尾上征英「課税単位の取扱いと問題点」大阪学院大学通信三五巻一二号八一頁（二〇〇五）。
（3）金子宏『課税単位及び譲渡所得の研究（所得課税の基礎理論 中巻）』四頁以下（有斐閣、一九九六）。
（4）金子宏『租税法（第22版）』一九三頁（弘文堂、二〇一七）。
（5）金子・前掲注（3）二五頁。
（6）金子・前掲注（4）一九三頁以下。

二　わが国における課税単位制度の沿革

1　課税単位制度の変遷と所得税法五六条の立法趣旨

(1)　わが国における課税単位制度の沿革

①　戦前の所得税と家族単位課税

わが国における所得税法の始まりは、明治二〇年三月勅令第五号によって制定され、家族単位課税主義に立脚したものであった。当時の所得税法一条において「凡ノ人民ノ資産又ハ営業其他ヨリ生スル所得金高一箇年三百圓以上アル者ハ此税法ニ依テ所得税ヲ納ムベシ 但同居ノ家族ニ居スルモノハ総テ戸主ノ所得ニ合算スルモノトス」と規定されており、一％から三％までの単純累進税率と、同居家族の総所得が三〇〇円以上の戸主を納税者としていた。これらは、わが国のモデルとされたプロイセンの制度にならったものであって、わが国の戦前までの家制度に合致するものであるといわれている。

しかし、この規定は、明治三二年二月一〇日法律第一七号により全文改定が行われているが、所得税法三条は、「所得税ハ左ノ税率ニヨリ賦課ス、第一種 法人ノ所得の四分の二十五、第二種 此法律施行時ニ於テ支払ヲ為ス公社債ノ利子四分の二十、第三種 前各種ニ属セザル所得…（中略）…戸主及其同居家族ノ所得ハ第三種に限り之ヲ合算シ其総額ニ依り本條ノ税率ヲ定ム戸主ト別居スル家族ニ人以上同居スルトキ亦同シ」と規定されている。「この条文の規定の仕方は、民法が規定する「家制度」の理論に基づくというよりも、実態に着目して、現実的な「消費単位」にポイントを置いて課税単位をとらえていた[7]」と考えられる。

この同居家族の合算制度は大正二年、大正九年、昭和一五年と改正されたが、家族単位課税はそのまま昭和二四年八月二七日のシャウプ勧告まで引き継がれたと共にその重要性を増していった。

② シャウプ勧告

昭和二四年八月二七日のシャウプ勧告において、当時施行されていた合算課税制度について、「日本の現行所得税法では、同居親族の全員の所得は累進税率を適用するために合算することを要する。この措置は、形式的には伝統的な日本家族制度に従うものである。しかし実際においては、幾多の好ましからざる効果を伴っている。

A 所得額を合算すると、同一の生活水準、同一の担税力水準にある納税者に適用される税率よりも高い税率で課税されることになる。それが税負担の不公平な分配であることは広く認められているところである。納税者は、不満を感じ納税道徳は悪化する。

B 税負担の増大は、大世帯を小世帯に分解する人為的誘引をなしている。かかる変化が実際に税によって誘発される場合は比較的少ない。とはいえ、税負担の差別によってかかる圧力を加える正当な理由は存在しないであろう。全く、非常な住宅難というのに、若干の家庭が不必要に多くの住宅を占領して他人の家の混雑を激化させるような圧力は就中望ましいことではない。

C　二以上の納税義務者が現実に同居の親族の関係にあるか否かの判定は困難なことが多く、基準の適用は統一性を欠いている。このことは差別取扱の結果に終り、税務行政の運営を混乱させ、納税者の不満を招く。

D　税額を決定して、これをいろいろな世帯員に按分するという手続きは複雑であって時間を浪費する。特に世帯員の誰かが給与の源泉徴収を受けている場合には、明細書を算出するために税務署に行くことが必要になってくる場合がある。

したがって、同居親族の所得合算は、これを廃止して、各納税者が独立の申告書を提出し、他の所得と合算することなく各人の所得額に対する税額を別々に納めるようにすることを勧告する。しかし、扶養控除が行われる場合には、扶養親族と主張されている者の所得は納税者の所得に合算しなくてはならぬ措置を講じていくのは適当である。

しかし、この個別申告制にはある程度の制限を設けておかないと、要領のよい納税者は、配偶者または子供に財産およびこれから生ずる所得を譲渡することによって税負担を軽減しようとするから、相当の問題の起ることが予想される。

同様に、かれらは妻子を同族の事業に雇用して、これに賃金を支払うという抜け道を講ずるであろう。納税者と同居する配偶者および未成年者の資産所得は、いかなる場合にも納税者の申告書に記載させ、合算して課税することによって、この種の問題は、避けられるのであるが、これは個人申告の原則を大して犠牲にするものとはいえない。同様にして、納税者の経営する事業に雇用されている配偶者および未成年者の給与所得は、納税者の所得に合算するようにすべきである。(8)」との指摘を受けた。

シャウプ勧告は、原則として、個人単位主義をとり、その例外として、合算課税を行うとしていて、資産所得のある場合、納税者に従属的に雇用されている場合等に限定されるとしている。これは、「合算課税から生ずる弊害、当時のわが国の大家族主義から小家族主義への移行、当時のアメリカの所得税制度を考慮したものである」[9]と考えられる。

③　シャウプ勧告以降の動向

昭和二五年の税制改正では前述したシャウプ勧告の影響を受けて、家族単位課税から個人単位課税へと移行した。同居親族の所得合算制は原則廃止され、各所得者毎に課税することとなった。そして、旧所得税法一一条の二（以下「旧法一一条の二」という。）に「納税義務者と生計を一にする配偶者その他の親族が、当該納税義務者の経営する事業から所得を受ける場合においては、当該所得は、これを当該納税義務者の有する事業所得とみなす。この場合においては、第八条一項の規定の適用については、当該親族は、当該納税義務者の経営する事業から所得を受けていないものとみなす。」として例外的に合算課税を認めることとした。

しかし、親族の経営する事業から所得を得る場合の合算課税については、対象親族の範囲が、シャウプ勧告の趣旨と異なり、成年者にまで拡げられ、「未成年者」が「親族」に変えられた。その結果、新民法の施行により、従来、家経済の支配していた領域からも家父長制的法律関係が消滅し、これによって自動的に家内性所得に関する家父長制的課税関係も原則として消滅するはずであったが、戦後の近代民主主義民法の下でも、後者は課税関係の上にそのまま残されることとなった[10]。

その後、昭和二七年改正により旧法一一条の二は「納税義務者と生計を一にする配偶者その他の親族が、当該納税義務者の経営する事業から所得を受ける場合においては、当該所得の収入金額は、当該納税義務者の事業所得の金額の計算上これを必要な経費に算入せず、当該親族の当該所得の金額の計算上必要な経費に算入すべき金額は、当該納税義務者の事業所得の金額の計算上必要な経費に算入するものとする。この場合において、当該親族の所得の金額の計算については、当該事業から受けた所得の収入金額及び当該所得の金額の計算上必要な経費に算入すべき金額は、いずれもないものとみなす。[11]」と変更された。

また、昭和二七年の改正において、「個人事業者に対する青色申告制度の普及を奨励する見地から、青色申告者について、当該事業に専従する親族に支払う給与の必要経費算入（控除額限度額方式）を認める専従者控除制度が創設され、本条に第二項として追加[12]」された。

しかし、専従者控除の内容は、「事業所得者と生計を一にする配偶者その他の親族が当該事業から給与の支払を受けている場合においては、その給与の支払を認めず、その親族間の所得は事業主の所得とし（みなし事業所得）、その親族は当該事業から所得を得ていないものとして、単に扶養控除の適用を認めるに過ぎなかった。これは家族専従者に所得分散をして所得税負担の軽減を図ることを防止する意味のものであったが、これらの親族が成年者であっても、もしその事業の専従者とならなければ他に就職して相当の所得を得られたであろうに、たまたま家業に従事するため給与の支給が認められないということは不合理であるし、同族会社であっても家族に支払われる給料が妥当な限度内のものであれば損金に算入することを認めることとの権衡もあり、元来個人についてのみ必要経費として認められなかったのは主として事業と家計との分離が充分でなかったからであって、青色申告者についてはその点を明確にし得るので、青色申告者に限り、五万円を限度として、家族専従者に支払った給与は必要な経費として控除することとした。ただし配偶者及び一八歳未満の者については雇用関係を推定することは実情にそぐわないので専従者とは認められ[13]」ていない。

この青色申告書を提出する納税義務者の経営する事業にもっぱら従事する親族従業者が当該事業から支給を受ける給与の金額を必要経費として認める専従者控除の制度は、昭和二八年改正に際し、基礎控除額の引き上げに伴って専従者控除も六万円に引き上げられ、同時に年齢一五歳以上の者についても控除を認めることとされた（配偶者については従来どおり控除を認めなかった)。さらに「従来、配偶者について専従者控除を認めなかったのは、配偶者の労働が家計のための労働であるか企業のための労働であるかを区分することが困難であるという理由に基づくものであったが、青色申告者の記帳能力が漸次向上し、配偶者への給与支払いの実情が帳簿上確認される場合も少なくないと認められるに至った(14)」として、昭和二九年に新たに配偶者についても専従者控除を認めることとされ、同時に控除額も年七万円まで引き上げられた。さらに、翌年の昭和三〇年には控除額は八万円まで認められるようになり、専従者控除が拡大していった(15)。

昭和三二年改正により旧法一一条の二は「納税義務者と生計を一にする配偶者その他の親族が、当該納税義務者の経営する事業で不動産所得、事業所得又は山林所得を生ずべきものから所得を受ける場合においては、当該所得の収入金額は、当該納税義務者の不動産所得、事業所得又は山林所得の金額の計算上これを必要な経費に算入せず、当該親族の当該所得の金額の計算上必要な経費に算入すべき金額は、当該納税義務者の不動産所得、事業所得又は山林所得の金額の計算上必要な経費に算入するものとする。この場合において、当該親族の所得の金額の計算については、当該事業から受けた所得の収入金額及び当該所得の金額の計算上必要な経費に算入すべき金額は、いずれもないものとみなす。」と変更された。

これにより、納税者と生計を一にする親族が当該納税義務者の経営する事業から受ける所得の範囲に不動産所得と山林所得が追加された。

「この改正は、不動産の貸付業及び山林経営の場合には本条のような規定がなく、その所得税が不明確であったため、これらの所得についても事業所得の場合に準じて取り扱うことにしたもの(16)」であった。

専従者控除は、従来、青色申告者だけに認められていたが、白色申告者の家族専従者に対して給与支払の有無を問わず、一定額の給与支払を擬制し、これを事業者の必要経費とみなすとともに、事業専従者の収入金額とみなす専従者控除制度が設けられた[17]。これにより「白色申告者が不動産所得、事業所得又は山林所得の基因となる事業を経営している場合において、その者と生計を一にする親族で、もっぱらその事業に従事する事業専従者があるときは、各事業専従者につき七万円をその事業に係る不動産・事業又は山林所得から控除することとされた。…（中略）…青色申告者の専従者給与は事業所得等の計算上必要経費に算入されるのに対し、白色申告における、事業専従者控除額は必要経費に算入しないで控除することとされているが、これは、白色申告者については、一般的に企業と家計が分離されておらず、また給与の支払の慣習もないので、個々の家庭に対する給与の支払の事実を確かめて、その支給額を必要経費に算入することは不適当と考えられるので、一定の外形的な基準のもとに事業専従者を認定し、実際に事業専従者に給与の支払がなされたか否かにかかわらず、概算的に七万円を事業所得等の計算における特別の控除額として制度上認めることとされた[18]」のである。

青色申告者の必要経費に算入される専従者控除の限度額も一二万円（専従者の年齢がその年の一二月三一日現在で二五歳未満であるときは、九万円）に引き上げられた[19]。

そして、事業専従者の年齢の判定基準日の改正もあり、その年一二月三一日現在で一五歳未満の者及び自己又は他の納税義務者の控除対象配偶者又は扶養親族とされる者以外については専従者控除を受けることが出来るようになったのである[20]。

昭和三七年改正において、青色事業専従者の専従者控除の限度額について、年齢二〇歳以上の者は一二万円、二〇歳未満の者は九万円に、昭和三八年改正において、青色事業専従者の専従者控除の限度額が一二万五千円（年齢二〇歳未満の者は九万五千円）、白色事業専従者の控除額が七万五千円に、昭和三九年の改正において、青色事業専従者の専従者控除の限度額が一五万円（年齢二〇歳未満の者は一二万円）、白色事業専従者の控除額が九万円とそれぞれ引き上げられた[21]。

ついには、昭和四〇年改正で所得税法の全文改正が行われ、本条から専従者控除制度の規定が分離され、本条は五六条、専従者控除の規定は五七条として置き換えられ、専従者控除の規定について、青色事業専従者控除が認められる青色申告者は、青色申告書を提出するものとされていたが、青色申告書を提出した者に限定すると、本来青色事業専従者控除を必要経費に認めると確定申告書を提出する義務がなくなる者まで、単に青色事業専従者控除の適用を受けるためにだけ確定申告書を提出する必要が生じ、納税者に徒らな手数をかけることになるので、青色申告書の提出について承認を受けている者は、すべて青色事業専従者控除を認めることに改められた。また、白色事業専従者控除については、従来、原則として確定申告書の提出期限内に、その控除に関する事項を記載して提出することが要件とされていたが、申告書への記載はその控除の性格からみてやむを得ないとしても、期限内申告に限ることは厳格に過ぎるきらいがあったので、これを改め、期限内申告の要件が外された。なお、青色事業専従者の控除限度額が一八万円（年齢二〇歳未満の者は一五万円）に、白色事業専従者の控除額が一二万円へと、それぞれ引き上げられた(22)。

昭和四一年の改正において、青色事業専従者の専従者控除の限度額が一律二四万円（年齢差による限度額は廃止された）に、白色事業専従者の控除額が一五万円に、それぞれ引き上げられた。この専従者控除の引き上げは、最近における企業の実態にかえりみ、中小企業の体質の強化に資するために行われたもので、特に青色事業専従者給与の必要経費に算入する限度額の引き上げは、年齢二〇歳以上の青色事業専従者の場合で六万円、年齢二〇歳未満の青色事業専従者の場合は実に九万円の引き上げと、その引き上げ額は他の諸控除の引き上げの幅に比べて画期的なものといえる。この結果、青色事業専従者控除の限度額と白色事業専従者控除額との間には、かなりの差が生ずることになったが、本来、青色事業専従者控除制度は、納税義務者が家族専従者に対して支払った給料を、一定額を限度として必要経費に算入する制度であるのに対し、白色事業専従者控除は、家族従事者に対して給与が支払われているかどうかにかかわりなく、一律に一定額を必要経費とみなす制度のため、このように制度そのものの性格の差異を考慮すると、その引き上げ額に差があっても、権衡を失するものではないと考えられたからである。[23]

昭和四二年改正は、青色事業専従者給与の従来の限度額方式が廃止され、当該給与の支払額は所定の判定基準に照らして相当と認められる限りにおいては、全額必要経費算入が認められることとなった。これにより名目だけでなく実質的な取扱いも給与としてのものとなり、家族に対する支払賃金を経費として扱わないという原則はこの時一部の納税者に対しては完全に崩れたのであった。[24]

その後、白色事業専従者控除の限度額も、扶養控除等の金額の増加等に伴い引き上げられてきた。[25]

以上のような改正を経て、わが国の個人単位主義の例外である合算規定が発展してきた。歴史的変遷を考察すると、戦前は家族単位合算非分割主義が採用されていたが、戦後、個人単位主義がそれにとって代わったことは、一つには家族制度の廃止に対応するものであり、個人単位主義のほうが、近代的個人主義の理念に合致すると考えられたからであろう。[26]

また、我が国の税制は昭和二五年以降、急速に青色専従者給与制度の適用範囲の拡大がなされることとなったが、これは、家族が同族の事業に従事することが一般的となってきたことを意味しているのではなかろうか。

(2) 所得税法五六条の立法趣旨

所得税法はシャウプ勧告の影響を受け家族単位課税から個人単位課税へ移行した。シャウプ勧告は、所得合算から生ずる税負担の不公平さ、税負担の増大が大世帯を小世帯に分割する誘引となること、同居親族の判定の困難性、そして、世帯員間に税額を按分する計算手続きが複雑だったこと等、世帯単位課税がもたらす弊害を指摘した上で、同居親族の所得合算を廃止し、個人単位課税の導入を勧告した。その一方で、個人単位課税制度を利用し、家族構成員間の所得分散による租税回避行為を試みる「要領のよい納税者」を防止するために法五六条の前身である旧法一一条の二が制定された。よって、旧法一一条の二の立法趣旨が法五六条の立法趣旨にそのまま当てはまると考えられる。

旧法一一条の二の立法趣旨を課税庁は「①わが国においては、いまだ一般に家族の間において給与等対価を支払う慣行がなく、事業から生ずる所得は通常世帯主が支配しているとみるのが現状に即している（実質主義）。②給与等対価の支払いという形式にとらわれてこれを一般的に必要経費と認めることとすると、家族間の取り決めによる恣意的な所得分割を許すこととなり、税負担のアンバランスをもたらす結果となる（課税目的上の理由）。③わが国では記帳慣習がまだ一般的とはなっておらず、企業と家計との区分が必ずしもはっきりしていないから、給与等対価の支払の事実の確認に困難が伴う（行政上の理由）[27]。」であるとしている。

これを受けて、主要な学説も法五六条の立法趣旨について有力な見解を示している。

金子宏教授は「親族が、納税者の事業に雇用され、または納税者に金銭その他の資産を貸し付けた場合に支払を受ける給与または利子・賃料が、これにあたる。これは、家族構成員の間に所得を分割して税負担の軽減を図ることを防止することを目的とする制度である[28]。」と述べられている。

田中治教授は「法五六条は、基本的に、恣意的な所得分割を排除する意図から創設されたとみることができる。そこにいう要領のよい納税者とは、基本的に、自らの所得を分散する目的から、実際は支払の事実がないにもかかわらず親族に対して対価を支払ったとし、あるいは勤務の実態に照らして適正とは言い難い過大な対価を必要経費に計上する一部の事業者をいうものであろう[29]。」とさらに詳細に説明されている。

また、長年国税庁長官を勤められた水野勝氏の見解も「シャウプ勧告に基づく昭和二五年の改正で個人単位課税とする際に導入されたものであるが、もともと個人事業は家族ぐるみの協力と家族の財産を共同管理して成り立つものであり、それについて個々の対価を支払う慣行もなく、かつ、仮に対価の支払があっても適正な対価の認定も税務執行上難しいこと等から、所得分割の恣意性を排除する趣旨で採られたものである。(30)」となっている。

以上の見解から、法五六条は、家族間の恣意的な所得分割を排除する意図から創設されたとみることができる。シャウプ勧告の言う「要領のよい納税者」が、自らの所得を分散する目的から、実際は支払の事実がないにもかかわらず親族に対して対価を支払ったとし、あるいは勤務の実態に照らして適正とは言い難い過大な対価を必要経費に計上する一部の事業者をいうものと解されることからも明らかである。よって法五六条の立法趣旨は、家族間の所得分割による租税回避的行為の排除にあるといえる。

2　所得税法五六条と所得税法五七条の関係

(1)　所得税法五六条とその射程

現行所得税法は個人単位課税を選択しつつも、その例外として生計を一にする親族が事業から受ける役務等の対価について合算する規定を設けている。

所得税法五六条は、「居住者と生計を一にする配偶者その他の親族がその居住者の営む不動産所得、事業所得又は山林所得を生ずべき事業に従事したことその他の事由により当該事業から対価の支払を受ける場合には、その対価に相当する金額は、その居住者の当該事業に係る不動産所得の金額、事業所得の金額又は山林所得の金額の計算上、必要経費に算入しないものとし、かつ、その親族のその対価に係る各種所得の計算上必要経費に算入されるべき金額は、その居住者の当該事業に係る不動産所得の金額、事業所得の金額又は山林所得の金額の計算上、必要経費に算入する。この場合において、その親族が支払を受けた対価の額及びその親族のその対価に係る各種所得の金額の計算上必要経費に算入されるべき金額は、当該各種所得の金額の計算上ないものとみなす」と規定している。

この規定によれば、「生計を一にする配偶者その他の親族に、居住者の一定の事業から給与等の対価の支払を行ったとしても、課税上、居住者の必要経費とせず、かつ親族等の収入金額ともしないこととし、同時に、親族等の側で必要経費となるべき金額も親族等の必要経費ではなく居住者の必要経費となす旨定めている。要するに、所得金額の計算上の特例としての形はとっているが、居住者の一定の事業に係る所得に関しては、生計を一にする親族等の所得は、役務等の提供や対価の支払等の事実の如何に関わりなく、自動的に居住者のものとみなして合算課税をするというもの(31)」である。

「法五六条の適用があり、親族の所得が課税上自動的に事業経営する居住者のものとされるとすると、所得をないものとされる親族について各々適用されるはずであった給与所得控除（二十八条二～四項）の適用はなくなり、種々の所得控除等を受ける機会も大幅に縮小ないし消滅し、他に何ら要因がないにも拘らず家族の課税所得の合計額自体が自動的に増大する上、事業主の下に合算された所得にはより高い超過累進税率の下で納税義務が発生することになる。税額の按分規定をもたない現在の所得税法の下では、事業主は親族の所得税額に相当する部分まで自ら負担しなければならない一方で、当該親族は独立の納税者たるに足るだけの所得を他に有していなければ結局居住者の扶養親族等とされるに止まり、所得税法上の納税義務者であり現実に給与所得等を得ている者でありながら、何よりも特筆すべきことに納税者としての地位を自動的に失う(32)」ことになるのである。法五六条という例外規定がこれだけの法律効果を自動的に発生させるのである。

法五六条の立法趣旨は、資産所得および給与所得による親族への所得分散を利用した租税回避的行為を防止することであることはすでに述べたとおりである。

木村弘之亮教授は、具体的な事例を交えながら「この規定は、親族が個人単位課税制度を濫用することを防止することをその目的とする。この目的論から同規定を解釈すれば、妻Bが実父母から相続した店舗又は預貯金を、その夫である事業者Aに賃貸し又は融資する場合には、租税回避又は仮装行為がここにみられないので、同法五六条は適用されるべきではないであろう。…（中略）…その賃貸借契約の存在、契約の実施、賃借料の相当性及び賃借料の現実の支払が立証される限り、同条規定は適用されるべきではないであろう。なぜなら、所得税法五六条の規定は、家族構成員の間に所得を分割して税負担の軽減を図ることの防止すなわち租税回避又は仮装行為の防止を目的としている限りにおいて正当化されるのであって、その目的を逸脱して、個人の尊厳を基礎にする個人単位課税制度を侵害すべきではないからである。[33]」と述べられている。

この見解は、法五六条が個人単位課税制度を原則とする現行所得税法における例外的規定であることを前提にして、租税回避の防止という同法の目的を踏まえ、給与所得ばかりか親族間の資産所得の移転さえも、そこに租税回避や仮装行為が認定できなければ、法五六条の適用はない、ことを確認したうえで、さらに、立法趣旨を逸脱するような同法の解釈・適用は、個人単位課税が個人の尊厳を基礎に構成されたものであることから禁じられるべきであることを指摘されたものであり有益な見解であるといえる。

また、増田英敏教授も「現行所得税制度の例外的措置と位置づけられる法五六条の適用範囲は、例外的措置であるゆえに厳格に解されねばならないことは当然であり、例外規定の適用範囲を、その立法目的を考慮することなく、拡張して解することは、所得税制度そのものに歪みをもたらす結果を招くからである。[34]」と同旨を述べられている。

(2)　所得税法五六条と所得税法五七条の関係

所得税法は、五六条の特例規定の特例として五七条に青色事業専従者給与及び事業専従者控除の規定をおいている。

所得税法五七条（以下「法五七条」という。）は、「青色申告書を提出することにつき税務署長の承認を受けている居住者と生計を一にする配偶者その他の親族（省略）で専らその居住者の営む前条に規定する事業に従事するもの

（以下この条において「青色事業専従者」という。）が当該事業から次項の書類に記載されている方法に従いその記載されている金額の範囲内において給与の支払を受けた場合には、前条の規定にかかわらず、その給与の金額でその労務に従事した期間、労務の性質及びその提供の程度、その事業の種類及び規模、その事業と同種の事業でその規模が類似するものが支給する給与の状況その他の政令で定める状況に照らしその労務の対価として相当であると認められるものは、その居住者のその給与の支給に係る年分の当該事業に係る不動産所得の金額、事業所得の金額又は山林所得の金額の計算上必要経費に算入し、かつ、当該青色事業専従者の当該年分の給与所得に係る収入金額とする。

2　（省略）

3　居住者（第一項に規定する居住者を除く。）と生計を一にする配偶者その他の親族（省略）で専らその居住者の営む前条に規定する事業に従事するもの（以下この条において「事業専従者」という。）がある場合には、その居住者のその年分の当該事業に係る不動産所得の金額、事業所得の金額又は山林所得の金額の計算上、各事業専従者につき、次に掲げる金額のうちいずれか低い金額を必要経費とみなす。

（省略）

4　前項の規定の適用があった場合には、各事業専従者につき同項の規定により必要経費とみなされた金額は、当該各事業専従者の当該年分の各種所得の金額の計算については、当該各事業専従者の給与所得に係る収入金額とみなす。」と規定している。

法五七条一項二項は、支払及び労務提供の事実やその妥当性、対価性を証明するための厳しい条件の下にではあるが、青色申告者と生計を一にする親族等で事業に従事する者がある場合、一定の手続の下に青色専従者の地位を選択できるものとし、青色事業専従者給与として支払われた金額については、法五六条の適用をせずに、一般の給与と同様の取扱いをする旨定めており、三項四項では、白色の申告者の親族についても事業に従事するものには事業専従者となることを認め、給与の支払の有無とは関係なく一定額を必要経費として控除するものとしている。

臨時的な労務の提供等が対象とされていなく、手続等でも多くの制限が付されているが、この規定によって、青色事業専従者給与として妥当と認められた金額は一般の給与と同一に扱われるものとされるので、事業主にとっても必要経費となり、専従者たる親族の側では給与所得を構成することとなる。また当該親族も納税者となることが可能となる。

しかし、「青色申告でない場合の事業専従者控除は、配偶者控除（八三条）三五万円と配偶者特別控除（八三条の二）三五万円の合計額七〇万円ないし扶養控除（三四条）の三五万円を僅か一〇ないし一二万円上回るに過ぎない（先に見たように青色事業専従者並びに事業専従者は、控除対象配偶者、扶養親族にはなれない（二条三三、三四号））ので、事業主にとってあまり意味のある金額ではなく、親族もこれをもって独立の納税者となることはできない。まして、これらの者が特定扶養親族（年齢一六歳以上二三歳未満、二条三四の二）や老人扶養親族（七〇歳以上、三四の三）、老人控除対象配偶者（同、三三の二）に該当する場合は、その扶養控除ないし配偶者控除の金額は四五万円となるので、事実上事業専従者控除は意味をなさないものとなる。さらに、これらの扶養親族等が同居を常態とする者で、納税者の老親等である場合には一〇万円、特別障害者である場合には三〇万円扶養控除等の金額が加算される（重複可、租税特別措置法四一条の一四）が、この場合は事業専従者控除の規定を利用しない方がかえって有利となる税負担の逆転が起こる。…（中略）…現行法における事業専従者控除は五六条の合算課税からの救済措置としては殆ど実効のない規定となっている。[35]」という指摘もある。

法五七条の立法目的は、「①個人事業の事業主が家族に給料を実際に支払っても、法五六条により必要経費に算入されないが、実体は同じでも法人成りした場合には必要経費に算入できるといった不公平の解消と、②青色申告者は複式簿記による記帳義務を履行しており、適正な給与支払か否かが行政執行上合理的に認定できること[36]」の二点に求められる。

まさに法五七条は、「たとえ家族間であっても、報酬の支払対価の適正さやその状況が帳簿などにより合理的に検証できるのであれば、個人単位課税の原則を尊重し、必要経費に算入することを認めようとの趣旨により創設された[37]」ものである。すなわち、「恣意的な家族間の所得の分散による租税回避目的による対価支払ではないということが、体系的な帳簿記載事実により容易に立証できるという制度的な保障があれば、必要経費算入は容認されることを、法五七条は示したものである[38]」と考えられる。

そうすると、法五七条の存在は、法五六条の解釈・通用を制約するものであるということができる。すなわち、「家族への対価支払の適正性を認定できず、恣意的に租税回避を意図する、「要領のよい納税者」に対してのみ限定的に法五六条は発動される、ということを法五七条の存在が示している[39]」ということができる。

(7)　斉藤信雄「親族が事業から受ける対価の取扱いについての一考察——所得税法五六条を中心として」税務大学校論叢三〇号二六一頁以下（一九九八年）。
(8)　吉岡健次・兼村高文・江川雅司『シャウプ勧告の研究』二九九頁以下（時潮社、一九八四）。
(9)　竹内進「親族所得と租税制度」税法学五五三号九一頁（二〇〇五）。
(10)　黒川功「戦後家族における身分関係の変化と親族所得の「合算課税制度」—2—所得の帰属・家族労働の対価と所得税法五六条の「生計を一にする」の概念」日本法学六〇巻四号二〇七頁（一九九五）。
(11)　武田昌輔監修『DHCコンメンタール所得税法〔1〕沿革』四一九三頁（第一法規、一九八三）。
(12)　武田昌輔監修・同四一九三頁。
(13)　雪岡重喜『所得税・法人税制度史草稿：調査資料』三四七頁以下（国税庁、一九五五）。
(14)　雪岡重喜・同四七〇頁。
(15)　雪岡重喜・同四七〇頁。

(16) 武田昌輔監修・前掲注（11）四一九三頁。
(17) 注解 所得税法研究会『五訂版　注解　所得税法』九八六頁。
(18) 武田昌輔監修・前掲注（11）四二一五頁。
(19) 武田昌輔監修・同四二一五頁。
(20) 詳細は、武田昌輔監修・同四二一五頁以下。
(21) 武田昌輔監修・同四二一六頁以下。
(22) 武田昌輔監修・前掲注（11）四二一七頁。
(23) 武田昌輔監修・同四二一七頁。
(24) 黒川功・前掲注（10）二一一頁。
(25) 詳細は、武田昌輔監修・前掲注（11）四二一八頁以下。
(26) 金子・前掲注（3）六頁。
(27) 税務大学校『所得税法教本（六三年版）』一二三四頁。
(28) 金子・前掲注（4）三〇一頁。
(29) 田中治・忠岡博「所得税法五六条における「生計を一にする親族」の意義」税経通信五九巻六号二〇〇頁（二〇〇四）。
(30) 水野勝『租税法』一九一頁（有斐閣、一九九三）。
(31) 黒川功「戦後家族における身分関係の変化と親族所得の「合算課税制度」―1―所得の帰属・家族労働の対価と所得税法五六条の「生計を一にする」の概念」日本法学六〇巻二号一七一頁（一九九五）。
(32) 黒川功・同一七一頁以下。
(33) 木村弘之亮『租税法学』二七七頁（税務経理協会、一九九九）。
(34) 増田英敏「税理士の妻への税理士報酬支払と所得税法五六条適用の可否――宮岡事件（東京地裁平成一五・七・一六判決）」月刊税務事例三五巻一二号七頁（二〇〇三）。
(35) 黒川功・前掲注（31）一七六頁以下。
(36) 人見康子・木村弘之亮編『家族と税制（租税法研究双書 4）』一四六頁（弘文堂、一九九八）。
(37) 水野勝・前掲注（30）一九一頁。
(38) 増田英敏「妻への税理士報酬支払と所得税法五六条の適用範囲――宮岡事件控訴審判決（東京高裁平成一六・六・九民事二三部判決）」月刊税務事例三六巻九号七頁（二〇〇四）。
(39) 増田英敏・同七頁。

三　所得税法五六条をめぐる裁判例の動向

1 「生計を一にする」の判定と共同事業の判定

(1) 「生計を一にする」の判定

① 「生計を一にする親族」とは

所得税法上「生計を一にする」という用語は、五六条、五七条において存在するほか、控除対象配偶者、扶養親族、寡婦及び寡夫の定義に関する規定（二条第一項三一号、三一号の二、三二号、三三号）、雑損控除（七二条）、医療費控除（七三条）、社会保険料控除（七四条）、損害保険料控除（七七条）及び配偶者特別控除（八三条の二）に関する規定にも用いられ、更に、所得税法施行令では、同族関係者の範囲や事業の主宰者の特殊関係者の範囲について同族会社等の行為又は計算の否認に関する各種規定（所得税法施行令二七五四条、二七六条）等に用いられている。

この用語は、昭和二五年のシャウプ勧告の実施にあたり採用されたもので、税法上特段の規定はなく、所得税法基本通達二－四七の説明にとどまる。

同通達は「法に規定する「生計を一にする」とは、…中略…

(1) 勤務、修学、療養等の都合上他の親族と日常の起居を共にしていない親族がいる場合であっても、次に掲げる場合に該当するときは、これらの親族は生計を一にするものとする。

イ　当該他の親族と日常の起居を共にしていない親族が、勤務、修学等の余暇には当該他の親族のもとで起居を共にすることを常例としている場合

ロ　これらの親族間において、常に生活費、学資金、療養費の送金が行われている場合

（2）親族が同一の家屋に起居している場合には、明らかにお互いに独立した生活を営んでいると認められる場合を除き、これらの親族は生計を一にするものとする。」という内容のものである。

この通達を解釈すると、「「生計を一にする」とは、これらの規定が個人の担税力の強弱をいわばその者の経済生活単位ごとにとらえ、これを租税負担の面で考慮する趣旨のものであるといえるところから、一般的には、同一の生活共同体に属して日常生活の資を共通にしていることをいう。したがって、この場合の「生計を一にする」とは、必ずしも一方が他方を扶養する関係にあるというものではなく、また必ずしも同居していることを要するものではない。…（中略）…親族が同一の家屋に起居している場合には、通常は日常生活の資を共通にしているものと考えられるところから、明らかにお互いに独立した生活を営んでいると認められると特段の事情があるときを除き、生計を一にするものとして扱う[40]」ということであろう。すなわち、「課税庁は「生計を一にする」とは、同一の生活共同体に属していること、日常生活の資を共通にしていること（よって、他方を扶養する関係あるいは同居は必ずしもその要件にならないこと）と解している[41]」ものと思われる。

②「生計を一にする親族」の裁判例の動向

「生計を一にする」とは、同一の生活共同体に属していること、日常生活の資を共通にしていることであるが、生活共同体または日常生活の資を共通にするといっても、その具体的な形態や程度はそれぞれの親族の生活形態によって異なるので、「生計を一にする親族」に該当するか否かをめぐり、課税庁と納税者の間で争いが起こった。

生計を一にしていると消極的に判断した裁判例として、最高裁昭和五一年三月一八日判決[42]が挙げられる[43]。裁判所は、「係争の雇人費がＡ１らにおいて上告の事業に従事したことの対価であることを否定し、家族間の扶養の一態様とし支給された生活費にすぎないとみること、社会通年に照らし当を得たものとはいいがたい。そして、原判決挙示の証拠によれば、Ａ１らは、毎月支給を受ける右金員のうちから自らの責任と計算でそれぞれの家賃や食費その他の日常の生活費を支出し、時に上告人から若干の援助を受けていることがあったものの、基本的には独立の生計を営んでいたことがうかがわれるのであり、右生計の源泉が専ら上告人の事業にあったからといって、上告人と有無相扶けて日常生活の資を共通にしていたものと認めるには足りない。」と述べて、原判決（福岡高裁昭和四七年一一月三〇日判決）は法五六条の規定の解釈適用には誤りがあると判示している。

また、大阪地裁昭和四九年一二月一〇日判決[44]は、「旧所得税法一一条の二、一項に規定する「生計を一にする」というためには、納税義務者の親族等の生計が実質的に納税義務者の計算において行われていることを要するのであり、もし親族等が、納税義務者の経営する事業に従事し、その提供した労働力にみあう賃金を支給され、その賃金によって独立の生計を営んでいる場合には、これに当たらず、その支給された賃金は、同法一〇条二項により納税者の事業所得の計算上必要経費に算入できる」と判示する。

一方、生計を一にしていると積極的に判断した裁判例として、岡山地裁平成一二年九月一九日判決[45]が挙げられる[46]。歯科医師である原告が、歯科技工士である弟に支払った給与または外注費について「所得税法は、…（中略）…担税力の測定単位を個人単位ごとにとらえて課税する個人単位主義を原則としていることが明らかである。しかし、個人単位主義のみ採用すると、個人所得を恣意的に分散することによって税負担の軽減を図ることが可能になる場合には、これを防止し、税負担の公平を実現する見地から、例外的に担税力の測定単位を経済生活単位ごとにとらえて課税する経済生活単位主義を採用しているところ、法五六条は、個人単位主義からは当然に居住者の事業の必要経費として認められるべき当該事業のために雇っている者に対する賃金等の対価につき、当該被傭者が居住者と配偶者その他の親族関係にある者（以下「親族」という。）でかつ「生計を一にする」状態にある場合にあってはこれを必要経費として認めない旨規定しており、例外である経済生活単位主義を採用したものである。けだし、生計を一にする親族の場合、個人単位主義の下では、当該事業に従事している者の賃金の名目で必要経費を増加させることにより当該事業の収益を圧縮し、税負担の軽減を図る一方で、被傭者に支給した賃金を自己の所得として内部留保することが可能となるからである。それゆえ、所得税法五六条における当該事業者と被傭者とが「生計を一にする」親族といえるためには、所得の分散によって税負担の軽減を図ることを防止する趣旨からして、当該事業者と被傭者とが居住費、食費、光熱費その他日常の生活に必要な費用の全部又はその主要な一部を共同して支弁し合う親族関係にあることが要求されているものと解するのが相当である。」と判示している。[47]

また、山口地裁昭和五八年三月一七日判決[48]では、原告と原告の母が隣接した場所ではあるが、生計を異別にしていたものに対して「原告の母の労務は対価を支払わなければならない程のものではなく、かつ給与支払の事実を認めることはできないし、むしろその労務提供は親子関係に基づく情愛的行為ないし住居提供に対する謝礼的行為であり、母に対する金銭交付があったとしても、これまた親子関係に基づく生活費等の支給に過ぎないと認められるところであるから、母に対する従業員給与については、これを認めることはできない。」と判示した。

所得税法基本通達二－四七の関係については、徳島地裁平成九年二月二八日判決[49]において、「所得税法五六条…（中略）…にいう「生計を一にする」とは、日常生活の糧を共通にしていること（最五一・三・一八・訟務月報二二巻六号一六五九頁参照）、すなわち消費段階で同一の財布のもとで生活していると解され、これを社会通年に照らして判断すべきものであるが、現行所得税基本通達二－四七が、「生計を一にする」の意義につき、親族が納税者と同一の家屋に起居している場合には、明らかに独立した生活を営んでいると認められる場合を除き、これらの親族は納税者と生計を一にするものと規定しているのは、親族が納税者と同一の家屋に起居している場合、通常は日常生活の糧を共通にしているものと考えられることから、両者間で日常の生活における金銭面の区別が不明確である場合には、事実上の推定が働くことを注意的に明らかにしたものであると解することができる。」と判示している。

以上、裁判例からも確認できるように「生計を一にする」の問題はあくまで事実認定によるものであった。よって、お互いが別個独立して生計を営んでいることが立証できる場合には法五六条の適用がなかったといえる。

（２）共同事業の判定

法五六条および五七条は生計を一にする親族が事業主とその事業に雇用される関係について適用されるものであるが、事業主が生計を一にする親族と共同して事業を営んできた場合について裁判所が法五六条の適用をどのように判断してきたのかを確認する。

まず、共同事業が認められるための一般要件について説明する。横浜地裁平成三年三月二〇日判決[50]において、「一般に所得を生ずる原因となる経済活動を二人以上の者が共同して行ったといえるためには、所得税法の趣旨、目的に照らし、その経済活動による経済力の獲得又は、増加をそれらの者がそれぞれ支配していることを必要とし、これらの者が自己の計算と危険において主体的にその経済活動を行っていることが必要であって、単に右活動に何らかの形で関与すれば足りるというものではない。したがって、共同事業であると認められるためには、当該経済活動を行うことについて、相互に意志の連絡があり、その意志決定に各人が主体的に関与するとともに、これを各人が主体的に実現するためにそれぞれ分担又は役割を遂行することが不可欠であるうえ、右活動の結果生じた所得に対する各人の持分割合が右意志決定の中で定められ、これを合理的に算出できる場合でなければならない。」との判断基準が示されている。

このようにしてみると、「共同事業性の有無は、具体的な事業について、①各構成員が自らの計算と危険において事業に関わっていること、②各構成員が事業活動を主体的に遂行し、分担していること、③その経済的成果が明確かつ合理的に分配されること、などの諸基準に照らして、総合的に判断される[51]」ことになる。

次の二つの裁判例は共同事業性を有しているかどうかが争われた事案である。

東京高裁昭和五七年九月二七日判決[52]は、被告人の妻は産婦人科医であって、Ａ病院の産婦人科を担当し、被告人と共同して同病院の建設資金、運営資金を提供し、同病院の経営にあたっていた。その収入のすべてが被告人のものとなるのではなく、産婦人科の収入は妻の収入となると主張して出訴した事案である。裁判所は「被告人の妻は、産婦人科医としてA病院の産婦人科を担当しているものの、被告人と生計を一にする配偶者であり、同病院の経営には何ら関与していないから、同病院は、専ら被告人の収支計算に基づいて経営されていると認められるのであって、被告人とその妻との共同経営によるものとは認められない。また、所得税法五六条によれば、居住者と生計を一にする配偶者が居住者の営む事業所得を生ずべき事業に従事したことその他の事由により当該事業から対価の支払いを受けた場合には、その対価に相当する金額は、その居住者の当該事業に係る事業所得の金額の計算上、必要経費に算入しないものとされているのであるから、妻が被告人から受けた対価は、その名称の如何を問わず、これを被告人の事業所得額を計算するに当り、その必要経費に算入できないものといわなければならない。」と判示した。

京都地裁昭和五九年五月三一日判決(53)は、原告とその弟が父の代から行っている京染呉服製造業を共同経営の形で営んでいたもので、その弟夫婦に支払った給与が必要経費にあたるかどうかを争ったものである。裁判所は、共同経営であることを認めた上で原告と食事を共にしていたことや身廻品、交際費などを原告の妻から現金で貰っていたことをもって、原告とその弟は生計を一にしていたとし、給料を支払ったとしても、それは、法五六条によって必要経費に算入されないと判示した。

これらの判決に対して疑問を投げかけているものもある。

東京高裁昭和五七年九月二七日判決では、「妻の提供した七〇〇万円は、割合こそ小さいものの事業に対する権利を主張するための出資金としては十分な金額であること、納税者の申告の内容をもって要件事実の認定を行うことは…（中略）…誤りであること、経理を統括することは別段組合員たることの要件ではないことを考え合わせると、判決の推論には問題となるべき点が多い。むしろ、医業は医師の資格を持つ個人に一身に属するもので社会的価値も高く、労務による出資（民法六六七条二項）として評価するには十分なものである上、事業に貢献していることに疑いのない妻が夫同様事業の収益から自由に資金を引き出せたことは、妻が夫から生活費を存分に支給されていたとみるよりも、妻が事業の成果に対する権利を有していたと推認する方が自然である。してみると、夫婦の間に成立していた合意の内容は、民法の組合契約に相当するものであったと考える方が妥当ではあるまいか。[54]」と判示している。

また、京都地裁昭和五九年五月三一日判決では「まず、判決が当該事業を原告と弟による共同経営の形をとるものとしながら、兄（原告）を単独の事業主として扱っていることは、判断の前提となっている事実関係の認定に矛盾が生じていることを意味する…（中略）…仮に共同経営であったと認定するのであれば、当該事業に係る所得金額は兄弟の間で按分し配分されなければならなかったし、兄が単独で当該事業を経営し弟を雇用する関係にあったのであれば、共同経営と認定することはできないはずである。いずれにせよ、本件においても当事者全てを通じてそうした問題意識はなく、この点は争われていないが、弟及びその内縁の妻がかなり自由に事業ないし生活資金を、場合によっては不動産の購入資金についてまで引き出している事実に鑑みると、これらの資金の引出は賃金や生活費の支給ではなく、彼等（少なくとも弟）の事業に対する持分の引出としての法的実質を備えていたとみるのが自然であるが、判決は当該事業が兄弟の共同経営の形をとるものと認定しながら、なぜか課税関係は兄（原告）が単独事業であったことを前提にして構成している。[55]」と判示している。

田中治教授は「課税庁の考え方の問題は、第一に、通達において生計要件を付加していること、第二に、原則的に一事業所については一事業主・一事業所得とし、共同事業性を認めていないことにあるといえよう。[56]」と指摘されている。

また、碓井光明教授は「生計を一にする親族によって、文字通りの共同経営がなされている場合においては、法五六条は、複数の者に事業所得が分割されて帰属することを排除する根拠規定とはなりえない(57)」と述べられている。

以上の反論が述べられたが、共同事業性についても結局のところ、裁判所は生計を一にしているか否かの事実認定を問題として法五六条を適用するか判断してきたのである。

2　職業専門家の親族への対価支払い

(1)　服部事件

①　事案の概要

原告（以下「X」という。）は弁護士であり、独立した法律事務所を開設して弁護士業を営む者であった、その妻（以下「訴外A」という。）はXの配偶者であり、同居して生計を一にしている。訴外AはXとは別の弁護士会に所属する弁護士であり、Xとは独立して別の法律事務所を開設して弁護士業務を営んでいた。この事務所の事務員、事務所諸設備、購入図書等に係る経費は、Xの営む法律事務所における経費とは別であり、それぞれの事務所において記帳されている。訴外AはXの営む事業に従事した労務の対価として、（この仕事の内容は、①訴状・準備書面等の下書き、②起案に必要な判例・学説の調査、③和解・交渉等における判例・学説の調査などである。）、原告の事業の総収入金額の中から平成九年ないし平成一一年に毎年五九五万円ずつの弁護士報酬（以下、これらを併せて「本件弁護士報酬」という。）の支払を受けた。この金額は、訴外Aが営む弁護士業務の総収入金額のうち約四分の一程度を占めている。確定申告において、Xは、各年の事業所得の総収入金額から訴外Aへの本件弁護士報酬の支払を必要経費として計上して控除したところ、被告税務署長（以下「Y」という。）が更正処分及び過少申告加算税賦課決定処分を行った。Xはこの更正処分等を不服として争ったのが本件である。

②　本件の争点

（１）　原告とAのようにそれぞれが独立した事業主として事業を営む場合において、一方親族が他方親族の事業に従事したことにより他方親族の事業から対価の支払を受けたときに、他方親族に当たる原告の各年分の事業所得の金額の計算上、一方親族に当たるAに対する本件弁護士報酬の支払につき、法五六条の適用はないと解すべきか否か。

（２）　原告の各年分の事業所得の金額の計算上、本件弁護士報酬の支払について法五六条が適用されるとすると、憲法一四条一項に違反するか否か。（予備的主張）

③　当事者の主張

原告Xの主張

所得税法五六条は、生計を一にする親族間で対価が支払われる場合に、支払われた対価をそのまま必要経費として認めると、その所得を家族に恣意的に分散して不当に税負担の軽減を図るおそれが生じることから、そのような方法での税負担の回避を防止するために設けられた規定である。

所得税法五六条の適用要件のうち、①「居住者と生計を一にする配偶者その他の親族」には、Aのように自ら事業主として「居住者」と別に独立して事業に従事する者は含まれないと解すべきである。また、②「その居住者の営む事業所得を生ずべき事業に従事したことその他の事由」には、Aのように自ら独立した事業主である当該親族が、「居住者」の事業に従事したことを含まないと解すべきである。

このように解すれば、Xとは別に独立して弁護士業を営むAが、Xの営む弁護士業に従事してその労務の対価として本件弁護士報酬の支払を受けたのであるから、Xの事業所得の金額の計算上、本件弁護士報酬の支払につき、所得税法五六条は適用されないことになる。

所得税法五六条の「居住者の営む不動産所得、事業所得又は山林所得を生ずべき事業に従事したこと」という要件の「従事する」の用語の意味は、事業の一員として参加し又は事業に雇用される等従たる立場で当該事業に関係していることを指すと解すべきである。

XとAのようにそれぞれ独立して事業を営む夫婦の一方が他方親族の事業に従事した場合において、一方親族が他方親族からその労務の対価として支払を受けた報酬につき、所得税法五六条が適用され、他方親族の事業所得の金額の計算上、必要経費として算入することが認められないのであれば、家族労働につき適正な対価の支払が必要経費として認められる青色申告者の場合（所得税法五七条が適用される）と比較しても、また、家族以外の他人を使用する者と比較しても、余りに不合理であって、その区別の態様において、憲法一四条一項に違反するというべきである。

被告Yの主張

所得税法五六条が適用される要件は、支払の対象者が「居住者と生計を一にする配偶者その他の親族」であること、及び支払の事由が「その居住者の営む不動産所得、事業所得又は山林所得を生ずべき事業に従事したことその他の事由により当該事業から対価の支払を受ける場合」であることの二つである。AがXの配偶者であってXと生計を一にする者であること、及び本件弁護士報酬が原告の営む弁護士業にAが従事したことにより原告の事業からAが支払を受けた対価であることは、当事者間に争いがないのであるから、Xの事業所得の金額の計算上、本件弁護士報酬の支払につき、同条が適用されるのは当然である。同条は、上記二つの要件以上にその適用を限定する要件を規定していない。

所得税法五六条は、夫婦や家族などの個人を超える消費生活上の単位を課税単位とする方式（以下「消費単位課税」という。）を採用しているが、これは、単なる租税回避を目的とする行為を否認するという趣旨にとどまらず、事業者の総収入のうち担税力の認められる部分について課税することにより、ひいては、憲法三〇条、八四条が要請する租税の公平な分担を実現することを目的としている。事業者の配偶者等に対する対価の支払は、生計維持費用の分担としての性質を有するところ、事業者の担税力の観点からすれば、事業者が配偶者等以外の者に支払った場合と異なり、事業者が配偶者等に対価を支払った場合、自らの所得から生計維持費用を支出することと変わりなく、その部分には担税力が認められることになるから、租税回避を目的とした対価の支払のみを除外することなく、一律に配偶者に対する対価の支払に相当する費用すべてについて必要経費に算入しないこととし、いわばこの場合において消費単位課税を採用したとしても、かかる手段の採用に合目的的な合理的関連性がある。

そして、所得税法五六条は、居住者の事業所得等の金額の計算上、生計を一にする配偶者等に支払った対価を必要経費として算入しないものと規定するとともに、他方において、親族がその対価に係る各種所得の金額の計算上必要経費に算入されるべき金額を居住者の事業所得等の金額の計算上必要経費に算入することとして、生計を一にする親族間の所得金額の算定においても相互調整を図っているのであるから、この点においても著しく不合理な区別とはいえない。

④　各裁判所の判旨

（ⅰ）東京高裁平成一五年一〇月一五日判決(58)

判旨…原告敗訴

「所得税法五六条が適用される要件は、①所得ないし対価の支払の対象者が「居住者と生計を一にする配偶者その他の親族」であること及び②その支払の事由が「居住者の営む不動産所得、事業所得又は山林所得を生ずべき事業に従事したことその他の事由により当該事業から対価の支払を受ける場合」であることは，その規定自体に照らし，明らかである。

XとAとは、生計を一にする夫婦であることは当事者間に争いがない。したがって、本件においては、上記①の要件が存することは、疑問の余地がないところというべきである。

そして、本件弁護士報酬は、Xの事業すなわちXが弁護士として依頼者から受任した訴訟事件に係る法律事務でXが処理すべきもののうち、ア．訴状、準備書面等の起案の下書き、イ．起案するに必要な判例、学説の調査、ウ．訴訟外での和解、交渉等における関連判例、学説の調査を、AがXの委任を受けて処理したことの対価としてAがXの事業から平成九年分以降毎年定額（五九五万円）の支払を受けたものであることは、当事者間に争いがない。

これらの事実関係によれば、Aが別の法律事務所を経営し、別に会計帳簿の記帳をする別個独立の弁護士業を営む者であるとしても、本件弁護士報酬は、AがXの事業に従事したことの対価としてXの事業からその支払を受けたものといわざるを得ない。

これに対し、Xは、当審においても、所得税法五六条の「居住者の営む不動産所得、事業所得又は山林所得を生ずべき事業に従事したこと」という要件の「従事する」の用語の意味は、事業の一員として参加し又は事業に雇用される等従たる立場で当該事業に関係していることを指すと解すべきであり、また、同条の「その他の事由により当該事業から対価の支払を受ける場合」という要件の「その他の事由」とは、無限定なものではなく、従属的な立場で事業に関係した場合を指すと理解すべきである旨主張するが、所得税法五六条の適用要件のうち上記②の要件は、事業の一員として参加するとか、あるいは事業者に雇用され従業員として労務を提供する等従たる立場で当該事業に関係し、ないしそのような従属的な立場で当該事業に関係する場合に限定されると解すべき根拠は、規定の文言上何ら見当たらないのみならず、上記認定のような、Xの事業からのAへの本件弁護士報酬の支払について同条の前記②の要件が適用されないと解すべき合理的な事情も存しないから、控訴人の主張は採用することができない。

そうすると、本件弁護士報酬の支払については、所得税法五六条の前記②の要件にも該当すると認められるから、本件弁護士報酬の支払に対して同条が適用されざるを得ず、Xは、本件弁護士報酬をその事業の必要経費に算入することはできないといわざるを得ない。」

（ⅱ）最高裁平成一六年一一月二日判決[59]

判旨…原告敗訴

「所得税法五六条は、事業を営む居住者と密接な関係にある者がその事業に関して対価の支払を受ける場合にこれを居住者の事業所得等の金額の計算上必要経費にそのまま算入することを認めると、納税者間における税負担の不均衡をもたらすおそれがあるなどのため、居住者と生計を一にする配偶者その他の親族がその居住者の営む事業所得等を生ずべき事業に従事したことその他の事由により当該事業から対価の支払を受ける場合には、その対価に相当する金額は、その居住者の当該事業に係る事業所得等の金額の計算上、必要経費に算入しないものとした上で、これに伴い、その親族のその対価に係る各種所得の金額の計算上必要経費に算入されるべき金額は、その居住者の当該事業に係る事業所得等の金額の計算上、必要経費に算入することとするなどの措置を定めている。

同法五六条の上記の趣旨及びその文言に照らせば、居住者と生計を一にする配偶者その他の親族が居住者と別に事業を営む場合であっても、そのことを理由に同条の適用を否定することはできず、同条の要件を満たす限りその適用があるというべきである。

同法五六条の上記の立法目的は正当であり、同条が上記のとおり要件を定めているのは、適用の対象を明確にし、簡便な税務処理を可能にするためであって、上記の立法目的との関連で不合理であるとはいえない。このことに、同条が前記の必要経費算入等の措置を定めていることを併せて考えれば、同条の合理性を否定することはできないものというべきである。他方、同法五七条一項は、青色申告書を提出することにつき税務署長の承認を受けている居住者と生計を一にする配偶者その他の親族で専らその居住者の営む前記の事業に従事するものが当該事業から給与の支払を受けた場合には、所定の要件を満たすときに限り、政令の定める状況に照らしその労務の対価として相当であると認められるものの限度で、その居住者のその給与の支給に係る年分の当該事業に係る事業所得等の金額の計算上、必要経費に算入するなどの措置を規定し、同条三項は、上記以外の居住者に関しても，同人と生計を一にする配偶者その他の親族で専らその事業に従事するものがいる場合について一定の金額の必要経費への算入を認めている。これは、同法五六条が上記のとおり定めていることを前提に、個人で事業を営む者と法人組織で事業を営む者との間で税負担が不均衡とならないようにすることなどを考慮して設けられた規定である。同法五七条の上記の趣旨及び内容に照らせば、同法が五七条の定める場合に限って五六条の例外を認めていることについては、それが著しく不合理であることが明らかであるとはいえない。」

⑤　**検討**

地裁判決[60]では「所得税法五六条が適用される要件は、同条の規定によると、①支払の対象者が「居住者と生計を一にする配偶者その他の親族」であること及び②支払の事由が「その居住者の営む不動産所得、事業所得又は山林所得を生ずべき事業に従事したことその他の事由により当該事業から対価の支払を受ける場合」であることの二つであることが、その文理上一義的に明らかである。」として、同法の適用要件を確認した後、当該要件の適用に際しては、「その者の営む事業の形態がいかなるものか、事業から対価の支払を受けるその者の親族がその事業に従属的に従事しているか否か、対価の支払はどのような事由によりされたのか、対価の額が妥当なものであるのか否かなどといった個別の事情によって、同条の適用が左右されることをうかがわせる定めは、同条及び同法の他の条項に全く存在しない。したがって、前記の二つの要件が備わっている限り、このような個別の事情のいかんにかかわりなく、同条が適用されると解すべきである」と判示されていた。

高裁判決も同様に法五六条の適用要件を確認した後に、「所得税法五六条の適用要件のうち上記②の要件は、事業の一員として参加するとか、あるいは事業者に雇用され従業員として労務を提供する等従たる立場で当該事業に関係し、ないしそのような従属的な立場で当該事業に関係する場合に限定されると解すべき根拠は、規定の文言上何ら見当たらないのみならず、上記認定のような、Xの事業からのAへの本件弁護士報酬の支払について同条の前記②の要件が適用されないと解すべき合理的な事情も存しないから、控訴人の主張は採用することができない」と原告の主張を一蹴している。

最高裁判決では、法五六条の立法目的について「事業を営む居住者と密接な関係にある者がその事業に関して対価の支払を受ける場合にこれを居住者の事業所得等の金額の計算上必要経費にそのまま算入することを認めると、納税者間における税負担の不均衡をもたらすおそれがあるなどのため、居住者と生計を一にする配偶者その他の親族がその居住者の営む事業所得等を生ずべき事業に従事したことその他の事由により当該事業から対価の支払を受ける場合には、その対価に相当する金額は、その居住者の当該事業に係る事業所得等の金額の計算上、必要経費に算入しないものとした上で、これに伴い、その親族のその対価に係る各種所得の金額の計算上必要経費に算入されるべき金額は，その居住者の当該事業に係る事業所得等の金額の計算上、必要経費に算入することとするなどの措置を定めている。」とした上で、「同条の要件を満たす限りその適用があるというべきである」として原審の判断を支持している。

以上がそれぞれの裁判所の判断であるが、本件事案についてどちらの裁判所の判断にも問題点が残されているように思われる。

まず、地裁、高裁の判決には法五六条の立法趣旨が何であるかを検討せずに判断が下されていることが問題である。「法五六条が、恣意的な所得分割の防止を主たる目的とするのか否かという基本的な論点について黙認している」(61)のである。

増田英敏教授は「法五六条は、個人単位課税制度を原則とする現行所得税制度の例外的措置を規定したものであるから、その適用範囲は厳格に確定されるべきである。この判断のように、立法目的を無視した規定の解釈・適用は、当該規定の適用範囲を拡大する結果を招く。(62)」と本件事案についての問題点を指摘された後、「立法目的を無視した形式的な租税法の解釈によっては適正な解釈を導き出すことは困難である。とりわけ本条のように複雑で難解とされる規定の解釈に際しては、立法目的を踏まえた慎重な解釈がなされるべきである。(63)」と立法趣旨の重要性を述べられている。

このことは松沢智教授が、租税法の解釈・適用について、「課税の対象たる担税力ある所得とはもともと経済上の観念であるから、それは、税法の解釈に際しても、法文の文言だけにとらわれることなく、法の目的なり意思なりを探求し、税負担の公平を図るため、経済的意義および実質に別して判断し課税するという考え方に立つ(64)」ことが重要であると述べられていることからも明らかである。

次に、所得税法上の必要経費の判断は、次の二つの基準により個別的に判断されるにもかかわらず、法五六条による必要経費除外規定の適用については支出の個別事情が考慮されていない点が問題である。

わが国の所得税法は、不動産所得・事業所得・山林所得及び雑所得の金額の計算上は必要経費の控除が認められていて、「それらの所得金額の計算上、控除が認められる必要経費の該当性は次の二つの基準により実質的に判断される。すなわち、ある支出が必要経費に該当するか否かは、①「支出の事業活動との関連性」と②「支出の事業遂行上の必要性」の二つの基準を充足した場合に認められるものであることを原則としている。このように、必要経費に該当するか否かは、この①と②の二つの基準を用いて、個別的に支出金額の相当性や支出状況を実質的に判断していくのである。

ところが、必要経費の適用除外を規定する法五六条の適用に際しては、文理解釈からすると個別的事情を考慮せよとの規定が存在しないと述べるのみで、なぜ、事業の形態やその支出金額の相当性といった、個別的事情の吟味が不要とされると解することができるのか、その解釈の合理性についてまったく説明がなされていない[65]」のである。

最後に、最高裁判決が、居住者と「密接な関係」にある者が、その事業に「関して」対価の支払を受ける場合に、これを居住者の必要経費にそのまま算入すると「納税者間における税負担の不均衡をもたらすおそれがあるなど」の理由によって、法五六条が制定されたと判断した点についてであるが、法五六条の立法趣旨として、なぜ、このような、明文の規定内容とは微妙に違った説明をし、あるいは、これまでの伝統的な立法趣旨には全く触れずに、より一般的な課税の公平目的を掲げているのかが問題となる。

「本件に法五六条を適用することを正当化するために、法五六条の立法趣旨それ自体を、合理的な根拠を明示することなく拡張したのではないか[66]」という批判も免れない。

最高裁は形式的に法五六条を適用するという立場を採っているのであるから、このようにかってに幅を持たせる判断をすること自体に矛盾が生じる。もし、最高裁が実質的に法五六条を適用することを認めるならば、納税者の主張が採用されても良いのではないだろうか。

以上、問題点を挙げてきたが、本件事案は、弁護士が弁護士である妻に弁護士業務に対する弁護士報酬を支払った点、また、その報酬額が毎年定額であった点など、租税回避がなかったとは言い切れないのが筆者の見解である。

しかし、三木義一教授は「一見、夫婦相互間の業務に支配従属関係は認められないように見える。しかし、お互いが同一業種の専門家であれば、一方配偶者は自分でできる範囲のことを他方配偶者に依頼したことになる。これは支配従属関係の見地から独立性は疑わしい。けだし、自分で出来る範囲のことであれば、委託した業務について詳細な指示を与えることが十分可能だからである。そこで原則的には法五六条が適用されることになろう。

しかし、例えば、妻（弁護士）には得意とする特殊な分野があり、当該分野の事件を夫（弁護士）が受任したものの自力では限界があることから、妻に協力を依頼した場合はどうであろう。妻が独自に調査を行って準備書面等を作成し、結果その尽力により勝訴に至り、妻に「調査協力報酬」を支払ったようなケースであれば恐らく支配従属関係を否定し、必要経費性を認めても良いと思われる。

したがって、例え同一業種間であったとしても、実体判断の中で支配従属関係を否定することも出来る場合はあると思われる。[(67)]」とあくまで同業の職業専門家の親族への対価支払を閉ざすべきではないという主張には同意できる。

(2) 宮岡事件

① 事案の概要

原告（以下「X」という。）は、弁護士業を営む者であり、その妻（以下「訴外T」という。）は税理士業を営んでいた。両者は独立して事務所を開設して、それぞれの業務を営んでいた。Xは、訴外F弁護士とともに法律事務所を経営するが、平成六年四月にF弁護士とともに、訴外Tとの間で顧問税理士契約を締結した。その契約内容は、弁護士業務に係る所得税等の税務代理及び税務相談、会計業務についての顧問及び記帳代行を委嘱するというものであった。

同契約に基づき、平成七年から平成九年にかけて、Xは訴外Tに対し、税理士業務に対する対価として、顧問税理士報酬及び税務申告手数料（以下「本件税理士報酬等」という。）を、平成七年分七二万余円、平成八年分一一三万余円、平成九年分一〇五万余円支払った。

平成七年から平成九年までの各年分に係るXの所得税の申告に際し、Xが訴外Tに支払ったこれらの報酬を、弁護士報酬を得るための経費として申告したところ、A税務署長は、Xが、訴外Tに支払った報酬は、所得税法五六条の規定する「生計を一にする配偶者」に対して支払ったものに該当するから、経費として認められないこと等を理由として各更正の決定（以下「本件各更正決定」という。）をした。そこで、Xは、これを不服として審査請求をしたところ、国税不服審判所長は、所得税法五六条を適用するとともに、訴外Tの報酬のために要した費用については Xの必要経費に算入されることになるとして、処分の一部を取り消した。その後にXは、これに対する各裁決により経費と認められ一部取り消された後の本件各更正決定は違憲又は違法であるとして、被告国（以下「Y1」という。）に対し、訴外Tに支払った報酬をXの経費として認められないことにより、Xが負担させられた金額について誤納金として返還するよう請求するとともに、被告東京都（以下「Y2」という。）に対し、同様の理由により、平成七年分から平成九年分の事業所得に係る個人事業税賦課決定処分により原告が負担させられた税額の一部について、誤納金の返還を請求して出訴に及んだ事案が本件である。

②　本件の争点

（1）法五六条の「従事したことその他の事由により対価の支払を受ける場合」の意義

（2）法五六条の「生計を一にする」の意義（予備的主張）

③　当事者の主張

原告Xの主張

シャウプ勧告は、合算課税の問題点を挙げ、これを廃止して各納税者が独立の申告書を提出し、他の所得と合算することなく各人の所得額に対する税額を別々に納めるように勧告しているが、これによって生じることがあり得る「要領のよい納税者」の出現を防止するために、財産等から生じる所得を譲渡することで税負担を免れることや、妻子を同族の事業に雇用して、これに賃金を払う等の抜け道を防止するために、合算することを例外的な措置として提言している。

個人単位課税に対する例外的な措置として合算課税を行った場合には、その限りでその配偶者等は経済的な独立性を喪失することになるから、合算課税されるような場合には、妻子等は事業を営む者の扶養家族として取り扱わなければ、他の者と比較して高額な税率を負担しなければならなくなり不都合を生じる。そこで、この不都合を回避するため、シャウプ勧告は、納税者がその課税所得と同人が扶養控除を申告する者の受け取る所得とを合算しなければならないという条件で、納税者から生活費の半額以上を受ける者に対しても扶養控除を認めるべきであることを提言していた。

仮に、シャウプ勧告が指摘するような前記立法事実があり、生計を一にする親族の所得を合算する必要が認められるとしても、個別課税を否定し、合算課税をするためには、その合算課税の対象となる親族がその事業者の扶養家族としてその事業者が扶養家族控除を受けられることが前提となっている。このことは、合算課税の対象となる親族が独立した事業を営んでおらず、その者の所得が扶養家族としての対象となり得る程度の少額の所得であることを前提としていたと考えることができる。

したがって、そもそも「その家族が独立した事業を営み、その事業の存在がその所得を支払う事業主の存在とは別に事業としての独立性を有している」ような場合には、合算課税の前提としての事業者の事業との密接な関連性を欠いているというべきである。このような親族の事業が独立性を有している場合には、シャウプ勧告はそもそも合算課税の対象とならないということを暗黙の了解事項としていたと解される。

また、法五七条は、法五六条の「みなし事業所得」の不合理性を解消するために規定されたものであると解され、このことにかんがみれば、法五六条の規定は、極めて限定的に解釈されなければならないというべきである。これは、昭和三六年改正で、白色申告者にも専従者控除を認めるとともに、その適用範囲を配偶者にも拡大していることからも、その改正理由が専従配偶者の実情、法人の負担とのバランス等、実際に給与を支払っている場合に生じる不都合を回避しようとするものであるから、法五六条による不都合を回避する目的がうかがわれる。

法五六条は、「従事したことその他の事由により対価の支払を受ける場合」と規定するが、そもそも同条の「その他の」の意義は、雇用契約により給与の支払を受ける場合（「従事した」場合）以外の一切の対価の支払を受ける場合を指すものではなく、むしろ、従事したと評価し得るか否かが契約自体からは明らかでないが実態関係からすると従事すると判断できる場合を想定したものというべきである。

以上によれば、その家族が独立した事業を営み、その事業の存在がその所得を支払う事業主の存在とは別に事業としての独立性を有しているような場合は、法五六条の「従事したことその他の事由により対価の支払を受ける場合」に該当しないものというべきである。

被告Ｙ１らの主張

所得税法五六条の要件は、同条に定める各事業との対価性を意味するものであり、それ以上に、例えば給与として支払われたことを要する等の限定を付する必要はない。このことは、法五七条が「専らその居住者の営む前条に規定する事業に従事するもの（以下「青色事業専従者」という。）が当該事業から次項の書類に記載されている方法に従いその記載されている金額の範囲内において給与の支払を受けた場合」というように限定的な要件を定めているのに対し、法五六条が「事業に従事したことその他の事由により」と規定し、対価の発生事由に何ら限定を付していないことからも明らかである。

また、法五六条は、配偶者等に支払われた対価に相当する金額を必要経費に算入しないことを規定したものであるから、当該対価は仮にそれが「生計を一にする」関係にない者に支払われたとすれば必要経費と認められるような事由によって支払われたものでなければならないであろうが、それ以上に限定を加える必要はないのであり、このような同条の立法趣旨に照らしても、「その他の事由により」という要件は、対価が「生計を一にする」関係にない者に支払われたとすれば必要経費と認められるような事由によって支払われたものを広く含む概念と解すべきである。

ところで、法五六条の「事業に従事したことその他の事由により当該事業から対価の支払を受ける場合」というのが、同条の定める事業に従事したことにより対価の支払を受ける場合又は「従事したこと」に準じる事由により対価の支払を受ける場合のみに限定され、独立した事業を営み、その事業活動の対価として支払を受けた場合を含まないと解するのであれば、同条がその金額の計算方法を規定する「その親族のその対価に係る各種所得」の中に事業所得は含まれないことになるはずである。

そうすると、法五六条は、その文理上も、親族が居住者から支払を受けた対価に係る所得の種類について何ら限定していないことを意味し、したがって、法五六条の定める「事業に従事したことその他の事由により当該事業から対価の支払を受ける場合」につき何らかの限定が付されることも予定されていないといわざるを得ないのであるから、居住者が生計を一にする親族に対し支払った対価に相当する金額は一律に必要経費に算入されないと解すべきである。

「居住者と生計を一にする配偶者その他の親族がその居住者の営む不動産所得、事業所得又は山林所得を生ずべき事業に従事したことその他の事由により当該事業から対価の支払を受ける場合には」と規定しているところ、法文上用いられる「その他の」という文言は、通常前に置かれた名詞又は名詞句が、後に続く一層意味内容の広い言葉の一部をなすものとしてその中に包含される場合に用いられるものであり、「その他の」に続く名詞又は名詞句が、「その他の」前に置かれた名詞又は名詞句に準じる場合に限定されることを意味するものではない。

そもそも、旧法一一条の二第二項は、「青色申告書を提出する納税義務者と生計を一にする親族…（中略）…でもっぱら当該納税義務者の経営する前項に規定する事業に従事するもの」と規定され、文言の体裁上、同条項の要件に該当すると規定され、文言の体裁上、同条項の要件に該当する「（生計を一にする親族が従事すべき）事業」の種類ないし性質が「前項」に定められている旨の規定になっていた。

そこで、表現の平明化という趣旨を重視した昭和四〇年改正においては、端的に旧法一一条の二第二項の要件に該当する事業の種類ないし性質を理解できるようにし、同条一項と二項の対応関係ないし原則・例外の関係を明確化するため、法五七条一項における「その居住者の営む前条に規定する事業に従事するもの」との文言を前条である同法五六条の文言中に取り込むこととし、改められたものと解すべきである。

また、青色申告者について認められた青色事業専従者給与は、青色申告の普及育成という政策的なものとして理解されるものであり、また、いわゆる白色申告者について認められた事業専従者控除は、青色申告者とのバランスを図るという政策的意味合いから、必ずしも必要経費として認められないものについてまでも、一定額を控除するという方法により控除を認めた制度であるから、法五七条の規定と法五六条の規定はその立法目的を異にするものである。

④　各裁判所の判旨

（ⅰ）東京地裁平成一五年七月一六日判決(68)

判旨…原告勝訴

（ア）争点１の「従事したことその他の事由により対価の支払を受ける場合」の意義

「要件の前半部分である「居住者の営む不動産所得、事業所得又は山林所得を生ずべき事業に従事したこと」の意義については、…（中略）…事業の一員として参加し又は事業に雇用される等従たる立場で当該事業に関係していることを指すと解すべきである。

そうすると、納税者たる事業者とは別個独立の事業を行う者が、自己の事業の一環として、前記納税者たる事業者からの委任に基づいてその事務を処理して対価を得る場合は、当該納税者たる事業者の事業に従たる立場で関係したということはできないから、たとえ対価を受けた者が納税者たる事業者の配偶者であったとしても、前記要件の前半部分には該当しないというべきである。」

（イ）「従事したことその他の事由」の「その他」の意味

「被告らは、前記の主張の根拠として、一般に法令において「Aその他のB」という表現を用いる場合は、Aはより広い意味を有するBに包含される関係にある旨を示し、BがAに準じるものに限定されることを意味しないと指摘する。

確かに、上記のような用例においてAがより広い意味を有するBに包含される関係にあることは、法令用語に関する文献等が表して説くところである…（中略）…が、AがBの例示であることもまた上記文献が一致して認めるところである。そうである以上、Bの部分の意味内容がそれ自体から明確でない場合には、その例示であるAの部分の意味内容に照らしてBの部分のそれを解釈するほかなく、その限度でBの内容がAの内容によって限定されたものとなることは避けられないのであって、現に他の法令の解釈において、このような解釈が所轄官庁やその関係者等によって採用されている場合がある。…（中略）…以上によれば、要件の後半部分の「その他の事由」については、被告らが主張するように全く無限定のものと解することは法令用語の常識にも反するものであり、その例示である要件の前半部分に関する前記の解釈や、その立法趣旨等を参酌して検討すべきものである。」

（ウ）立法趣旨を踏まえた法五六条の適用範囲

「昭和二四年八月のシャウプ勧告を受けて、昭和二五年の旧法改正の際には、原則として所得合算制度が廃止され、個人単位課税制度が採用されるとともに、法五六条の前身である旧法一一条の二が制定されたものであるから、旧法一一条の二の立法趣旨がそのまま法五六条の立法趣旨に当てはまるとし、その旧法一一条の二の立法趣旨は、所得合算課税制度から個人単位課税制度への移行により、家族構成員への所得分散による「要領のよい納税者」の租税回避的行為を封ずるための措置に求められるとした。その立法趣旨を踏まえると、法五六条の「従事したことその他の事由により…（中略）…対価の支払を受ける場合」とは、親族が、事業自体に何らかの形で従たる立場で参加するか、又は事業者に雇用され、従業員としてあくまでも従属的な立場で労務又は役務の提供を行う場合や、これらに準ずるような場合を指し、親族が、独立の事業者として、その事業の一環として納税者たる事業者との取引に基づき役務を提供して対価の支払を受ける場合については、同条の上記要件に該当しないものというべきである。」

（エ）税理士の独立業務性

「税理士法一条は、「税理士は、税務に関する専門家として、独立した公正な立場において、申告納税制度の理念にそって、納税義務者の信頼にこたえ、租税に関する法令に規定された納税義務の適正な実現を図ることを使命とする。」と規定し、税理士が、税務の専門家として、独立した立場に立ち業務を行うことを明らかにした上、税理士という資格を国家の資格として公認し、法の定める者にのみその資格を与えるとともに（同法三条）、これに税理士事務を独占させている（同法五二条）。そうすると、税理士は、依頼者からの依頼に応じ、依頼者の指揮監督に基づかず、独立した立場で、その意思と能力に基づき裁量を持って独占的に業務を行うものと解されるのである。このような業務の性質や、…（中略）…同人の業務の形態が…（中略）…原告の主張のとおりであることが認められることに照らすと、訴外Ｔは、原告とは別個独立の事業者としてその事業の一環として原告と取引を行い、その対価を取得したものと認めることができ、法五六条の通用を受けるものではないと解するべきである。」

（オ）課税処分の「重大な瑕疵」の存否

「以上によれば、本件各決定及び本件各個人事業税賦課決定には、いずれも現行法の根幹をなす個人単位課税の原則を採用する法の解釈適用を誤ったという点で重大な瑕疵が認められるというべきであり、課税処分については、更正についての期間制限等が規定されていること、租税行政の安定とその円滑な運営の要請を斟酌してもなお、不服申立期間の徒過による不可争的効果の発生を理由として、その不利益を納税者に甘受させることは著しく不当と解されるから、上記各処分は、いずれも当然に無効なものというべきであり、原告は、上記各処分の取消を求めることなく、各処分の無効を主張して直ちに誤納金の返還を求めることができるものと解される。」

（ii）東京高裁平成一六年六月九日判決(69)

判旨…原告敗訴

（ア）本件各処分の無効該当性について

「一般に、課税処分が課税庁と被課税者との間にのみ存するもので、処分の存在を信頼する第三者の保護を考慮する必要のないこと等を勘案すれば、当該処分における内容上の過誤が課税要件の根幹についてのそれであって、徴税行政の安定とその円滑な運営の要請を斟酌してもなお、不服申立期間の徒過による不可争的効果の発生を理由として被課税者に右処分による不利益を甘受させることが、著しく不当と認められるような例外的な事情のある場合には、前記の過誤による瑕疵は、当該処分を当然無効ならしめるものと解するのが相当である（最判昭和四八年四月二六日民集二七巻三号六二九頁）。…（中略）…これらに対し、本件は、被控訴人に事業所得があるものとして所得税及び個人事業税に関する課税処分がされたこと自体には何ら問題がなく、ただ、事業所得の金額が争われているにすぎない。その理由として、本件税理士報酬等の支払に法五六条の規定を適用することの可否が争われているものの、そのゆえをもって、前記課税要件の根幹についての問題があると認めることは、以下の点からしても困難である。」

（イ）法五六条の立法経緯とシャウプ勧告

「昭和二五年改正により設けられた旧法一一条の二は、…（中略）…「納税義務者と生計を一にする配偶者その他の親族が、当該納税義務者の経営する事業から所得を受ける場合においては、当該所得は、これを当該納税義務者の有する事業所得とみなす。この場合においては、第八条第一項の規定の通用については、当該親族は、当該納税義務者の経営する事業から所得を受けていないものとみなす。」と規定している。

上記「当該納税義務者の経営する事業から所得を受ける場合」との文言は、「所得」の範囲を全く限定していないものであることが明らかである。また、その制定後間もない昭和二八年当時の東京国税局直税部長が編集した旧法の注釈書には、同条の趣旨について、納税義務者と生計を一にする親族が、その納税義務者の経営する事業に労務又は役務を提供している場合に、それに対して支払われる金額は、「名義の如何にかかわらず」、原則としてその納税義務者の事業所得の計算上必要経費に算入しない旨を規定したものであるとの記載がされている（甲二〇）。

以上によると、旧法一一条の二は、シャウプ勧告のいう「要領のよい納税者」の行う租税回避的な行為を封ずるものであるが、それにとどまらず、本来必要経費と認めるべき労務の対価等についても、一律に経費に算入しないこととしたものであって、シャウプ勧告の内容は異なるものを含むものである。」

（ウ）法五六条の「事業に従事したことその他の事由」の解釈と法五七条の関係

「なお、青色事業専従者の給与の必要経費算入を認める法五七条の規定は、青色申告の普及育成という政策的目的によるものであると認められるから、同条の存在及び解釈は、法五六条の上記解釈に影響を及ぼすものではない。」

「以上の検討によれば、法五六条の「事業に従事したことその他の事由により当該事業から対価の支払を受ける場合」とは、親族が、事業自体に何らかの形で従たる立場で参加する場合、事業者に雇用されて従業員としてあくまでも従属的な立場で労務又は役務の提供を行う場合及びこれらに準ずるような場合のみを指すものと解することはできず、親族が、独立の事業者として、その事業の一環として納税者たる事業者との取引に基づき役務を提供して対価の支払を受ける場合も、上記要件に該当するものというべきである。上記事業の形態がいかなるものか、事業から対価の支払を受ける親族がその事業に従属的に従事しているか否かなどといった個別の事情によって、同条の適用が左右されるものとは解されない。」

（エ）本件各処分の適用違憲について

「確かに、本件税理士報酬等の支払は、夫婦とはいえ、独立した事業者である弁護士と税理士との間でなされたものであり、本件税理士報酬等の金額が不当に高額であるといった事情はうかがわれず、同一の顧問契約（甲一）に基づく訴外Ｆ弁護士の税理士報酬等の支払については必要経費算入を認められることと対比すると、違和感を抱かれることも理解することができなくはない。

しかしながら、本件においても、法五六条の通用の有無による差異は、本件税理士報酬等のうちこれに対応する必要経費を控除した部分について、同条の規定がなければ、訴外Ｔに付し、同人の所得に対応する累進税率に従って課税されるべきところ、同条の適用により、被控訴人に対し、被控訴人の所得に対応する累進税率に従って課税されることとなったものにすぎない（甲七）。そして、前記認定のとおり、被控訴人と訴外Tとが生計を一にしており、家計内で所得税の負担の調整を図ることが十分可能であることからすれば、本件について法五六条を適用することが違憲であると判断することはできない。」

⑤　**検討**

本件は地裁判決において、職業専門家である妻に支払った対価が必要経費として認められた唯一の事案である。先に検討した服部事件との違いは、妻が税理士であって、お互いの業務内容が全く異なっている点である。

まず、本件各処分の無効該当性に関して、地裁判決では「現行法の根幹をなす個人単位課税の原則を採用する法の解釈適用を誤ったという点で重大な瑕疵が認められるというべきであり」として、現行所得税体系が個人単位課税を採用していることを前提とすると、その例外規定ともいえる法五六条の立法目的を踏まえない法解釈は、所得税課税の根幹に関する原則を無視するという重大な瑕疵をもたらすものであるとして、個人単位課税の例外と位置づけられる同規定の適用範囲を誤ることは、課税の根幹にかかわる重大な瑕疵であると指摘している。

一方、高裁、最高裁判決(70)では、Xは弁護士として事業所得が存在しており、「ただ、事業所得の金額が争われているにすぎない」と判示している。すなわち、Xの事業所得が存在していることは疑う余地はなく、申告された事業所得金額の大小が争点とされているのであるから、無効原因たる重大な瑕疵が存在するとはいえないとしている。

本件は「事実認定の問題ではなく、法五六条の解釈・適用の問題を争点としている(71)」のである。わが国の所得税体系が個人単位課税をなし、その例外規定として位置づけることができる「法五六条の解釈・適用の問題は、所得税課税の根幹にかかわる問題であり、憲法適合性の問題も提起されているところからすれば、本件を単なる事業所得の金額の大小の問題として捉える」[72] 高裁、最高裁の判断には問題があると考える。

次に、立法趣旨について地裁判決は、「昭和二四年八月のシャウプ勧告を受けて、昭和二五年の旧法改正の際には、原則として所得合算制度が廃止され、個人単位課税制度が採用されるとともに、法五六条の前身である旧法一一条の二が制定されたものであるから、旧法一一条の二の立法趣旨がそのまま法五六条の立法趣旨に当てはまるとし、その旧法一一条の二の立法趣旨は、所得合算課税制度から個人単位課税制度への移行により、家族構成員への所得分散による「要領のよい納税者」の租税回避的行為を封ずるための措置に求められる」とし、法五六条の立法趣旨が世帯単位課税から個人単位課税に移行した場合に想定される、家族構成員間の所得分散による租税回避的行為の阻止にあることを確認している。

ところが、高裁、最高裁判決は、法五六条の前身はシャウプ勧告を受けた旧法一一条の二であるとする点では地裁判決と一致しているが、その後段で「旧法一一条の二は、シャウプ勧告のいう「要領のよい納税者」の行う租税回避的な行為を封ずるものであるが、それにとどまらず、本来必要経費と認めるべき労務の対価等についても、一律に経費に算入しないこととしたものであって、シャウプ勧告の内容とは異なるものを含むものである。」としている。

ここでの問題は、高裁、最高裁の判決が法五六条の前身である旧法一一条の二の立法趣旨が租税回避行為の阻止にとどまらず、シャウプ勧告の内容と異なるものを含むと判示しているが、なぜそう言えるのかについての説明が一切なされていない点である。もし、租税回避行為の防止以外に立法趣旨が存在するのであれば、その理由を明示することは裁判所の役目ではないだろうか。

「所得税法五六条の立法趣旨である「恣意的な所得分割の阻止」は、家族以外の者を業務に従事させ、かかる者に同様の支払ができるにも拘わらず、あえて家族の者を業務に従事させることにより所得の分割を図るという、

「誰を業務に従事させ、誰に支払うのか」という面における「恣意性」を問題にするものである。したがって、たとえ、支払われる金額が適正な金額であったとしても、あえて家族を業務に従事させ、その家族に支払いを行うことにより所得分割を図っている場合には、やはり、所得税法五六条の適用はあると考えるべきである。[73]」と、高裁、最高裁の見解を支持するものもある。

しかし、占部裕典教授は、法五六条を実質的な適用によるのではなく、形式的に適用された場合「居住者から従業員たる親族に支払うべき支払が行われていなくとも必要経費を認定することはしない。また当該支払が通常の対価の額を超えているとしても必要経費算入を全額否定するものであることから、租税回避の防止といった以上のものをその目的として包含しているということになろう。租税回避といわれるものを超えた広範囲なものを取り込む結果となっているといえよう。[74]」と述べられた後、「本特例を全面適用説＝部分的合算制度のもとで理解をすると租税負担回避防止機能を超えて機能することとなること、またわが国は個人単位主義と事業からの必要経費の実額控除を前提とした所得課税制度を採用しており、その特例規定による例外的場面はきわめて限定的に解される必要があることに留意をしておくべきであろう。[75]」と五六条の形式適用を批判されている。

この見解からも法五六条の立法趣旨が租税回避行為の防止規定であると確認できることから、同法の立法趣旨がシャウプ勧告の内容と異なるというのであれば、その合理的な理由を開示する必要がある。その合理的理由を全く明示せず、租税回避行為の阻止のみに同法の立法目的が限定されないという高裁、最高裁の判断は個人の自立や男女平等社会に向かう現実の動きを無視したものであって、余りにも現実離れした判断であると言わざるを得ない。

また、法五六条の「事業に従事したことその他の事由により当該事業から対価の支払を受ける場合」の意義に関しても、地裁判決は、立法目的を踏まえて、「事業に従事したこと」の意義を詳細に検討し、「その他の事由」の範囲についても法解釈の慣行を踏まえて綿密に検討している。一方、高裁、最高裁判決は一貫して、池田勇人大蔵大臣の提案理由及び直税部長の注釈書の記述の内容を唯一の根拠として、同文言を限定解釈する理由は見当たらないとの判断を下している。

以上、検討してきたが、「地裁判決が現行所得税体系の理論的な整合性の維持をも射程に、きわめて理論的に判断理由を展開して、その判断の合理性を追求するといった判断姿勢を貫いているのに対して、高裁、最高裁判決は、判断は下しているが、その判断にいたる合理的な理由を明示せず、裁判所が果たすべき説明責任を軽んずる姿勢に終始している。この点が高裁、最高裁判決の特徴として指摘[76]」できる。

本件事案に対して田中治教授は「法五六条の適用については、規定の趣旨・目的からする制約があって、過度の形式的適用は、法の合理的な解釈としては不適切だと考える。とりわけ、立法時の事実関係が大きく変化し、法がその適用基盤を失った場合などにおいては、本来は立法者による立法改正が筋ではあるものの、法解釈としても、限定的で合理的な対応が許されてよいと考える。[77]」と述べられた後、「なお、現行の租税実務は法五六条の適用につきかなりの形式的、画一的態度をとっている。この租税実務による法五六条の形式的理解を退けた近時の判決（妻である税理士に支払った報酬の必要経費性を認めるもの）につき、このような判決の考え方は法的安定性を損なうとの批判があるようであるが、この批判は相当ではない。たとえ相当長期に及んでいたとしても、もし法五六条に係る租税実務の取扱いが違法である、あるいは違法状態になったという場合においては、それを改めるのは、当然である。それを法的安定性の名において擁護することは許されない。したがって、問われるべきは、租税実務による法五六条の解釈が適法かどうかである。また、法的安定性の名のもとに、法五六条の解釈においては、その形式的適用が当然に要請されているとまでいうこともできないであろう。[78]」と地裁判決を支持されている。

「税務代理業務を依頼し、その対価を支払った税理士が妻であった場合には、必要経費の算入を認めないとする差別的取扱いは合理的差別の範疇を逸脱し、憲法一四条の「法の下の平等」規定を根拠とする租税公平主義に抵触する」[79]可能性があることを指摘したい。

(40)　岡本忍・与良秀雄・杉尾充茂共著『所得税基本通達逐条解説』四七頁（大蔵財務協会、一九九九）。
(41)　占部裕典・喜多綾子「親族が事業から受け取る対価〜所得税法五六条の射程距離」税経通信五六巻一五号二一八頁（二〇〇一）。
(42)　最判昭和五一年三月一八日税資八七号八五八頁。
(43)　他に生計を一にしていると消極的に判断した裁判例として大阪地裁昭和四七年一一月二九日判決、東京地裁昭和五二年一〇月二四日判決がある。
(44)　大阪地判昭和四九年一二月一〇日行裁例集二五巻一二号一五三六頁。
(45)　岡山地判平成一二年九月一九日税資二四八号七四九頁。
(46)　他に生計を一にしていると積極的に判断した裁判例として名古屋地裁昭和四六年八月三〇日判決、京都地裁昭和四九年三月二二日判決、大阪地裁昭和四九年一〇月一五日判決、東京地裁昭和五一年三月二九日判決、京都地裁昭和五九年五月三一日判決、東京地裁平成二年一一月二八日判決、東京高裁平成三年五月二二日判決がある。
(47)　この判決について田中治教授は「法五六条の解釈適用においては、事業要件の適用が基本的に問われるべきである。法は、親族が居住者の事業に非独立的に従事したこと等によって対価を得た場合について世帯単位課税をしようとしているのであって、それぞれが経済的に独立した親族が、生活費用を相互に拠出し、生活を共にしているという理由のみを根拠に、その生活共同体に属する親族のそれぞれの所得を世帯単位課税に強制的に服せしめるものではない。したがって、法五六条にいう生計要件の解釈においては、消費生活においても、当該親族が居住者に依存しているかどうかを中心に判断すべきである。当該親族の消費生活が居住者の援助なくしては成り立たないのかどうかを問うことなく、生活の共同性、一体性のみを根拠に、直ちに法五六条の適用があるとする方向に向かうことは、生計要件をいたずらに拡大させることとなって、相当ではない。（田中治・忠岡博・前掲注（29）二〇一頁）」として問題点を指摘されているが、この指摘に筆者も同感である。
(48)　山口地判昭和五八年三月一七日訟月二九巻一〇号二〇〇〇頁。
(49)　徳島地判平成九年二月二八日税資二二〇号八四四頁（控訴審として高松高裁平成一〇年二月二六日判決、上告審として最高裁平成一〇年一一月二七日判決）。
(50)　横浜地判平成三年三月二〇日税資一八二号六六一頁。
(51)　田中治・近藤雅人「親族が共同して事業を行う場合の所得の帰属」税経通信五五巻二号二一九頁（二〇〇〇年）。

(52) 東京高判昭和五七年九月二七日税資一三二号一九四一頁。
(53) 京都地判昭和五九年五月三一日税資一三六号六四三頁。
(54) 黒川功・前掲注（31）一八五頁。
(55) 黒川功・同一九九頁以下。
(56) 田中治「事業所得の人的帰属」税務事例研究五四号四〇頁（二〇〇二年）。
(57) 碓井光明「共同事業と所得税の課税」税理二五巻六号一四頁（一九八二）。
(58) 東京高判平成一五年一〇月一五日ジュリスト一二七七号一四六頁。
(59) 最判平成一六年一一月二日判時一七三号一八三頁。
(60) 東京地判平成一五年六月二七日TAINS判例検索八八〇-〇七三八。
(61) 田中治「夫婦間における契約による対価の支払と必要経費の特例」税研一二三号三四頁（二〇〇五）。
(62) 増田英敏『租税憲法学（第3版）』三七八頁（成文堂、二〇〇六）。
(63) 増田英敏・同三七八頁。
(64) 松沢智『租税実体法【補正第2版】』（中央経済社、二〇〇三）二四頁。
(65) 増田英敏・前掲注（62）三七八頁以下。
(66) 田中治「租税訴訟において法の立法目的を確定する意義と手法」伊藤滋夫編『租税法の要件事実』一三七頁。
(67) 三木義一・市木雅之「専門家たる妻への報酬支払いと所得税法五六条」税経通信五八巻一三号二一七頁（二〇〇三）。
(68) 東京地判平成一五年七月一六日判時一八九一号四四頁。
(69) 東京高判平成一六年六月九日判時一八九一号一八頁。
(70) 最判平成一七年七月五日TAINS判例検索Z八八八-一〇〇〇。
(71) 増田英敏・前掲注（38）五頁。
(72) 増田英敏・同五頁。
(73) 三上二郎・森幹晴「生計を一にする夫婦が独立して弁護士業を営む場合に夫から妻に支払われた弁護士報酬に対する所得税法五六条の適用の有無」税研一一一頁（二〇〇五）。
(74) 占部裕典・喜多綾子・前掲注（41）二一六頁。
(75) 占部裕典・喜多綾子・同二一七頁。
(76) 増田英敏・前掲注（38）六頁。
(77) 田中治・忠岡博・前掲注（29）二〇〇頁。

(78) 田中治・忠岡博・同二〇〇頁。
(79) 増田英敏・前掲注(62)三八一頁。

四　租税法における税法解釈のあり方

1　その後の展開と問題の指摘――租税公平主義の観点から――

法五六条の適用をめぐる裁判については、前章で述べた二つの最高裁判決を境として一定の終息を迎えることとなった。そこで、法五六条に残る問題点を再度整理してみたい。

まず、法五六条が「家族構成員の間に所得を分割することを防止するため、事業所得者が家族構成員に支払った対価を必要経費に算入することを否定する制度(80)」であるとは先に述べた。しかし、同条の規定をどこまで適用するかの判断は分かれている。

租税回避のおそれのある場合にのみ適用される規定であるとする見解（租税回避要件説）と租税回避のおそれがある場合のみならず、必要経費の特例として一定の要件を充足した場合には同上が形式的に適用されるとする見解（一律必要経費否認説）の二つの見解があり、どちらの立場に立つかにより先に述べた服部事件・宮岡事件の結論が異なるのである。

租税回避要件説の立場をとる木村弘之亮教授は、「所得税法五六条の規定は、家族構成員の間に所得を分割して税負担の軽減を図ることの防止すなわち租税回避又は仮装行為の防止を目的としている限りにおいて正当化される(81)」として所得税法五六条を親族が個人単位課税制度を濫用することを防止することをその目的があるとした上で、租税回避がみられない事例に適用すべきでないと論じておられる。

反対に、今村隆教授は「『生計を一にする』か否かで区別して、一律に必要経費不算入としたとしても、徴税上はやむを得[82]」ないとして、一律必要経費否認説の立場を採られており、また東京地裁平成二年一一月二八日判決でも「そこに定められた要件が備わっていれば、家族の財産を使用することに対する対価が妥当なものであるか否かといった個別の事情のいかんにかかわりなく一律に適用することが予定されている規定であることは明らかである。[83]」と判示している。

このように見解が分かれるのは法の条文を厳格に解するか、または、立法趣旨を踏まえて解釈するかの問題であるが、そもそも、法五六条の立法当時の情勢と現在の社会情勢が大きく異なっており、その法の目的を超えて機能してしまっている点に問題がある。

名古屋地裁平成四年五月八日判決では、法五六条の趣旨について、「我が国においては、いまだ一般に家族の間において給与等対価を支払う慣行がなく、事業から生ずる所得は通常世帯主が支配しているとみるのが実情に即している[84]」と判示している。

また、「給与等対価の支払という形式にとらわれてこれを一般に必要経費と認めることとすると、家族間の取りきめによる恣意的な所得分割を許すこととなり、税負担のアンバランスをもたらす結果となること、我が国では記帳習慣がまだ一般的とはなっておらず、企業と家計との区分が必ずしもはっきりしていないことから、給与等対価の事実の確認の困難が伴うこと、などが立法の趣旨である。[85]」とされているが、はたして現行の実情に即したものとなっているであろうか。

このことは、東京高裁平成三年五月二二日判決においても「もっとも、右規定（法五六条）が設けられてから今日までの間における、社会の経済構造の変化や個人の権利意識の高揚に伴う個人事業の実態の変化、税務当局の徴税能力に変化が生じてきていることも否定できない。[86]」とされていることからも明らかである。

ところで、租税公平主義とは「税負担は国民の間に担税力に即して公平に配分されなければならず、各種の租税法律関係において国民は平等に取り扱われなければならないという原則[87]」である。納税者の担税力に応じた課税を行うことにより実質的な平等を保障することが租税公平主義の要請である。租税公平主義が充足されていることが租税正義を実現することになるといえる[88]。

所得税が重要な位置を占めている理由の一つは、それが公平負担の要請に最もよく適合していることである。すなわち、所得は、人の総合的担税力の標識として最もすぐれており、所得税は、基礎控除等の人的諸控除および累進税率と結びつくことによって、担税力に即した公平な税負担の配分を可能にするのである[89]。

また、「租税制度は、公平や中立性の要請に適合するのみでなく、同時に効率（efficiency）および簡素（simplicity）の要請にも適合しなければならない。公平と効率が両立する場合には問題ないが、この両者は、しばしばトレード・オフの関係に立つ。その場合には、効率を優先させなければならないこともありうるが、しかし、原則としては公平を優先させるべき[90]」である。

つまり、法五六条の立法趣旨は租税回避の防止にあり、個人単位課税の例外規定であることを鑑みると、独立起業間価格を算定して、算定された価格を基礎に租税回避の判断を行うことが必要になるが、その判断を行うことは煩雑かつ困難であることから、簡便な税務処理を行うことを考慮し、一律必要経費否認説及び支配従属関係非限定説に立つ規定を設けたということになる。この点は租税公平主義の観点から問題であると考える。

個人単位課税は、あくまで所得の稼得者に着目し、稼得された所得に担税力を見出すものであるから、法が個人単位課税の例外を定めたからといって、その稼得単位課税原則に代えて、家族を経済生活の基本単位として、その構成員の所得を一つにまとめて課税するという消費単位課税を採用したと解するべきではないのである[91]。

れぱならない。

2　租税法律主義の要請と税法解釈のあり方

(1)　租税法律主義の観点からの解釈論――文理解釈と趣旨解釈の関係性――

課税要件事実の認定に基づき、租税法を適用する場合には租税法（課税要件規定）の意味内容を明らかにしなければならない。

この場合に、租税法の解釈には、立法趣旨を勘案するべきであるという見解（趣旨解釈）と、法律の条文の文言に従って厳格に解釈されるべきであるという見解（文理解釈）の二つがあるが、租税法は侵害規範（Eingriffsnorm）であり、租税法律主義の要請が強く働くことから、原則、文理解釈によるものとされている。[92]

しかし、文理解釈よって規定の意味内容を明らかにすることが困難な場合が生じることは多々ある。占部祐典教授は「「文理解釈」は、あくまでも、法の趣旨・目的に沿った「文理解釈」でなければならない。それは、文理から全く離れて法の趣旨・目的から独自に要件を創設するような解釈…（中略）…などとは異なるものである。[93]」と述べられたうえで、文言から機械的・形式的に判断するような文理解釈（厳格な文理解釈）は、租税法のあるべき文理解釈ではないとの指摘をされている。

これは、租税法の解釈は文理解釈により行われるべきであり、趣旨解釈は文理解釈を通して、その解釈を確定するうえで許容されることを示している。

租税法の解釈がなぜ文理解釈により厳格に行われなければならないのかというと、「類推解釈や拡大解釈、縮小解釈が許容されると、解釈する側の力の大きさ（権力を有するか否か）によってその法解釈の幅が決められることになり、恣意的な課税を許す結果[94]」となる。また、納税者間の公平性にも資する結果となる。

このように解すると、租税法律主義が法的安定性と予測可能性を確保することを要請し、租税公平主義の要請にも合致したものとなろう。

この見解は判例によっても明確に支持されている。東京高裁平成一九年一一月一日判決では、「租税法規は、侵害規範であり、法的安定性が強く要請されることから、その解釈は、原則として文理解釈によるべきであって、文理解釈によっては規定の意味内容を明らかにすることが困難な場合に初めて、規定の趣旨目的に立ち戻って、その意味内容を明らかにするという目的的解釈が行われるべき[95]」と判示しており、また、東京高裁平成一四年二月二八日判決では、「法文自体から用語の意味が明確に解釈できるかどうかを検討することが必要であり、法文から用語の意味を明確に解釈できない場合には、立法の目的及び経緯、法を適用した結果の公平性、相当性等の実質的な事情を検討のうえ、用語の意味を解釈するのが相当である。[96]」判示していることからも明らかである。

ここで、注意しておかなければならないことは文理解釈があまりにも厳格に捉えられすぎて機械的・形式的に判断されてしまうことである。

これが行き過ぎてしまうと本来の立法趣旨・目的に反するような著しく不合理な結果が生じてしまうこととなる。まさに法五六条の問題はこの点にあるといえよう。

「立法趣旨・目的からすればその規定の意義が明らかであるのに、「厳格な文理解釈」の結果、そのような立法趣旨に沿った解釈がとれず、納税者に不利益を課すことはそもそも租税法律主義の予定するところではない。[97]」

租税法といえども「文理解釈」のもとでも租税法規はその立法趣旨・目的を考慮して、所得税法や個別既定の基本構造を破損しないように解釈されるべきであり、租税法規の立法趣旨・目的を無視して厳格な文理解釈を行うことは租税法律主義や租税公平主義に反するのである。[98]

租税法においては、租税法律主義の原則から、租税法規の文言に即した厳格な文理解釈が原則とされる。しかしながら、厳格な文理解釈によってもなお文言の意味内容が明確にならない場合がありうる。その場合において、課税要件明確主義違反であるとの結論を導く余地がないわけではないが、その場合、通例・当該既定の立法趣旨・立法目的の探求と確定が許されるとともに、それが求められることになるといってよい[99]。

そして、厳格な文理解釈により解釈を行ったうえで、その法文の意味内容が解釈できないあるいは複数読み取れてしまうような場合には、立法趣旨を勘案して法の適用範囲を確定するべきであり、その法の適用範囲が立法趣旨を超えてしまうような場合には租税公平主義の観点から立法によって改善されるべきなのである。法五六条における「生計を一にする配偶者その他の親族」と「事業に従事したことその他の事由」の文言の意味内容が不確定概念化してしまっている今日ではまさに立法による解決が必要ではなかろうか。

(2) 要件事実論からみる租税法の解釈

租税法の条文を解釈する場合においては租税法律主義の要請において厳格な文理解釈により解釈を行うべきであることは先に述べたとおりである。

しかし、現実には租税の確定と徴収が違法に行われることが少なからずあり、それに対して納税者が権利を守る方法として租税訴訟制度が置かれている[100]。

実質的に租税法律主義が担保されるためにも租税訴訟において納税者の主張・立証がどのようにおこなわれるべきであるのか、また、その判断を行う裁判官の判断構造の論理（要件事実論）を研究する事は納税者の権利を保護するうえで重要な役割を持つ。

ここで、要件事実論について説明すると、「要件事実というものが法律的にどのような性質のものであるかを明確に理解して、これを意識した上、その上に立って民法の内容・構成や民事訴訟の審理・判断の構造を考える理論である。いわば、裁判官による法的判断の構造を考える理論[101]」であるということができ、裁判官の法的判断構造を理解するためにも有用な手段と言えるのである。

具体的には「①要件事実を的確に考えることにより、ある法律効果の発生のために直接必要な事実とは、どのような事実が主張・立証されなければ必要かつ十分なのかが明確になる。②要件事実論は、訴訟上問題となる種々の事実が、訴訟物との関係でどのような性質をもっているかを明確にすることができる。すなわち、要件事実を請求原因、抗弁、再抗弁、再々抗弁などと性質づけをすることができる。この性質づけにより、どちらの当事者がある事実について主張立証責任を負うべきかが明確になる。[102]」という二点に集約することができる。

それでは、租税法との関係はどのように考えればよいであろうか。租税法律主義の本質は国家権力による恣意的課税の防止であったが、現代国家においては租税負担の増大と経済取引の複雑化に伴い、国民の経済生活に租税負担の予測可能性と法的安定性を与えることが重要な機能とされている。これは、租税法律主義の機能である課税要件明確主義の要請が強くなってきていることを表している。[103]

しかし、「現行の租税法の条文は、要件事実が何かを容易に決定することができるように定められているとは限らない。むしろ、不確定概念と思われる文言が多用されており、課税要件明確主義が求める租税法の法律効果の予測可能性の確保は十分とはいえない。[104]」よって、「要件事実が何かを法解釈により導出し、その要件事実の存否の主張立証責任の分配のあり方を分析する要件事実論は、課税要件明確主義の要請に合致したものとなっている[105]」のである。

要件事実論とは、主張立証責任対象事実（要件事実）を決定する基準を、その法条の制度趣旨に求め、立証責任分配の基準を立証の公平の視点から考察するといった裁判官の判断構造を分析する理論であることから、「ある法律効果の発生要件が何か、法文にある一定の要件を権利（又は法律関係）の発生要件又は障害要件のいずれと理解すべきかというような要件の確定の問題は、いずれも実体法の解釈によって決められるべき事柄である。そして、この解釈は、立証責任の分配という視点に立ったものでなければならない。この意味における実体法規の解釈に当たっては、各実体法規の文言、形式を基礎として考えると同時に、立証責任負担の面での公平・妥当性の確保に常に考慮すべきである。具体的には、法の目的、類似又は関連する法規との体系的整合性、当該事件の一般性・特別性又は原則性・例外性及びその要件によって要証事実となるべきものの事実的態様…（中略）…とその立証の難易などが総合的に考慮されなければならない。[106]」と考えられる。

それぞれの法域における法条の制度趣旨を具現できるように主張立証責任対象事実を決定するべきである。また、租税法は租税公平主義を立法目的としてその法体系が構築されており、その制度趣旨を踏まえて要件事実を決定することに異論はない。よって、要件事実論の思考は法の目的、類似又は関連する法規との体系的整合性、当該事件の一般性・特別性又は原則性・例外性及びその要件によって要証事実となるべきものの事実的態様とその立証の難度などが総合的に考慮されることにより、租税実体法の解釈・適用に有用であるということができる。[107]

そうすると、所得税に係る租税訴訟においては、主張・立証すべき事実は、基本的に、租税実体法上の法律効果の発生と結びつけて考えるべきこと、所得税の制度趣旨に沿って具体的事実の意味や軽重を法的に評価すべきことがとくに重要であることがわかる。[108]

そこで、この論理を法五六条に当てはめてみると、①法五六条の立法趣旨は租税回避の防止規定であること②法五七条の関係から法五六条はあくまで個人単位課税の例外であって、法五七条によってその範囲を制限されていること③法五六条が設立された当時と比べると現在の社会情勢が著しく変化していること等を総合的に勘案すると、租税回避の要件を外して一律的に法五六条を適用することは要件事実論の観点からも問題であるといえる。

要件事実論では立法の歴史や背景に立ち返ってその趣旨目的を検討することが特に重要であるといえよう。法の趣旨目的の範囲から外れる場合には、たとえ例外的な取扱いを許す明示的な規定がないときでも、法の文言を形式的に当てはめるのは相当ではないとの結論に至る。[109]

(80) 金子宏・前掲注（４）一九四頁。
(81) 木村弘之亮・前掲注（33）二七七頁。
(82) 今村隆「婚姻・両性の平等と課税単位」山田二郎『実務租税法講義』（民事法研究会、二〇〇五）三九八頁。
(83) 東京地裁平成二年一一月二八日税資一八一号四一七頁。
(84) なお、控訴審名古屋高裁平成五年一〇月二五日判決、上告審最高裁平成九年四月二三日判決でも同様の見解が支持されている。
(85) 名古屋地裁平成四年五月八日判決。
(86) 東京高裁平成三年五月二二日判決。
(87) 金子宏・前掲注（４）八三頁。
(88) 増田英敏『紛争予防租税法学』（ＴＫＣ出版、二〇一五）二四頁以下参照。
(89) 金子宏・前掲注（４）一八三頁以下。
(90) 金子宏・同八五頁。
(91) 田中治「租税訴訟において法の趣旨目的を確定する意義と手法」伊藤・岩崎編『租税法の要件事実』（青林書院、二〇一六）一三七頁以下。
(92) 金子宏・前掲注（４）一一六頁以下。
(93) 占部裕典『租税法における文理解釈と限界』（慈学社出版、二〇一三）二六三頁。
(94) 増田英敏『リーガルマインド租税法（第４版）』四七〇頁。
(95) 東京高裁平成一九年一一月一日判決訴月四八巻一一号三〇一六頁。
(96) 東京高裁平成一四年二月二八日判決判時一七八二号一九頁。
(97) 占部裕典・前掲注（93）二六三頁。
(98) 占部裕典・同四〇頁以下参照。
(99) 田中治・前掲注（91）一二八頁。
(100) 金子宏・前掲注（４）一〇一頁参照。
(101) 伊藤滋夫『要件事実論の基礎〔新版〕』（有斐閣、二〇一五）六頁。
(102) 伊藤滋夫・前掲注（101）一三頁以下参照。
(103) 増田英敏「課税要件明確主義と要件事実の明確性」伊藤・岩崎編『租税訴訟における要件事実論の展開』（青林書院、二〇一六）七三頁参照。

(104) 増田・前掲注(103)七四頁。
(105) 要件事実論を租税法分野に活用することの有用性については伊藤滋夫「民事事件・租税事件の判決を読む(下)―要件事実論の視点から」税経通信九一二号二六頁以下を参照されたい。
(106) 司法研修所編『増補 民事訴訟における要件事実第1巻』(法曹会、一九八六)一〇頁以下。
(107) 田中治・前掲注(91)三二四頁。
(108) 田中治・同三二四頁。
(109) 伊藤滋夫編『租税法の要件事実　法科大学院要件事実教育研究所報第九号』法科大学院要件事実教育研究所報第九号、二〇一一)一三四頁以下参照。

結　論

本稿では法五六条の制定当時の時代背景、立法趣旨、法の射程を明確にした上で、同条を形式的に適用することが妥当であるかどうかを検討してきた。

法五六条の歴史的変遷を辿ることにより、シャウプ勧告によりわが国の課税単位制度が家族単位課税から個人単位課税に移行し、その例外として法五六条が措かれたが、時代背景が変化するにつれ法五六条の例外規定である法五七条が拡大し、その存在意義がほとんど失われていることが確認できた。また、有力な諸学説を検討することにより法五六条の立法趣旨が恣意的な所得の分散、いわゆる租税回避の防止規定であることが確認できた。

そして、法五六条の発動要件は「生計を一にする」と「仕事に従事する」の二つであり、法五六条の射程は立法趣旨からあくまで「要領のよい納税者」に対してのみ限定的に発動されることを再度確認した。また、法五七条の存在が、家族間であっても、報酬の支払対価の適正さやその状況が帳簿等により合理的に検証できる場合には、個人単位課税の原則を尊重し、必要経費として認めることからも法五六条が拡大解釈されてはならないことを示唆していることが確認できた。

さらに、法五六条をめぐる従来の裁判例を確認することにより、どのような問題点があり、どのような議論がなされてきたのかを検討した。第一に、発動要件の一つである「生計を一にする」の判定に関する問題点を検討した。最高裁は実質的に生計を共にしていなければ「生計を一にする」には該当せず、法五六条の適用はないと判断したことにより、お互いが別個独立して生計を営んでいることが立証できる場合には法五六条の適用がなかったことが確認できた。第二に、共同事業の判定の問題点について検討した。課税庁は、共同経営者の一方を事業主、もう一方を雇用者として判断し、生計を一にしているかによって法五六条の適用を判断してきたが、各裁判所もその主張を採用してきたことが確認できた。以上から、従来の問題点はあくまで事実認定の問題であったことが確認できた。

また、法五六条の適用が職業専門家の親族へ支払われた対価にまで及ぶかについては、服部事件では、各裁判所は従来どおり法五六条の適用を形式的に判断し、必要経費とは認めないと判示したが、学説の中ではお互いが同業種の職業専門家であっても独立した立場で仕事に従事した場合の支払対価については法五六条の適用はないとの見解も見られ、あくまで租税回避がない場合には必要経費として認めるべきであることが確認できた。

宮岡事件では、高裁、最高裁の判断は服部事件の判断と同じであったが、地裁判決においては必要経費として認める判断が下された。多くの研究者も地裁判決に同意しており、法五六条を実質的に解釈・適用するべきであると判示した地裁判決は法五六条が個人事業者に対して不当な税負担の偏重を強いるだけの規定になっていることに警鐘を鳴らした画期的な判決であり、十分評価できることが確認できた。

最後に、法五六条をめぐる近年の動向では、法五六条の適用が形式的に一律否認規定として形式適用されることを述べた後、租税公平主義の要請である担税力に応じた課税がなされているかどうかが問題となることを指摘した。また、租税法のあるべき解釈論は文理解釈にあり、それでも法の文言が明確にならない場合には立法趣旨に戻り、その法の趣旨目的を解釈しなければならないこと、また、その方法として要件事実論が有効であるとされることが確認できた。

法五六条の形式適用は、立法当時予定していなかったものまで取り込む結果となっており、適正な支払対価にまで及んでいる。立法趣旨から法五六条の解釈・適用はあくまで実質的に判断されるべきであり、立法趣旨を逸脱した拡張解釈は租税法律主義に抵触することを指摘したい。

今日では家族間の消費活動と構成員個々の独立性を帯びており、家族間取引とはいえ、真に労働等を提供して対価を享受している取引を税法上否認する必要はもはやないといえる。本件の争点とされた法五六条は、半世紀も前に制定されたものであり、現在の家族間や社会通念とかなり乖離した内容を有している。その存在意義自体が今日ではほとんど失われており、個人単位課税を推し進めるわが国の租税実務に適合しないものとなっている。「ある法規定が実際の社会の現状に対応出来ないと認識された場合には、その法規定は速やかに改廃されるといった立法的措置により更正されるべきである。社会の現状と乖離した法が存在すると、その法を巡る利害関係者が対立[110]」するといった問題が生ずる。もし、「立法的措置による対応がなされなければ、当該法規定の立法目的を十分に踏まえた適切な法解釈により対応せざるを得ない[111]」ことは言うまでもない。法五六条のような個人単位課税の弊害を残すと、税政策として有利である法人成りの問題や、婚姻をしないパートナーシップ（婚姻と同等の形式を採るもの）の問題が起こりえよう。

「生計を一にする親族に支払われた給与等対価についても、親族以外の者に支払われる給与と同様に、適正なものについては、支払った側においてはこれを必要経費に算入し、受領した側においてはこれを給与所得等として課税されるというように、個人単位主義の原則を徹底すべき[112]」である。もし、恣意性を排除するのであれば、法人税法三六条の二「役員の親族である使用人に対する過大な給与の損金不算入規定」と同様の規定を設ければ足りるであろう。課税庁の恣意的課税を防ぎ、納税者の権利を保護するためにも早急に立法の見直しを行う必要があることを提起して結びとする。

(110)　増田英敏・前掲注（38）八頁。
(111)　増田英敏・同八頁以下。
(112)　田中治「課税単位の見直しの論点と課題」税経通信五三巻一〇号三〇頁（一九九八）。

付記：本章は、宮本卓著「所得税法における課税単位の研究～五六条の解釈を中心として～」（専修大学大学院二〇〇五年度修士論文）を基に加筆・修正したものである。

第4章　所得の実現と課税のタイミング
——譲渡所得課税を中心として——

山本直毅

はじめに

担税力に応じた課税は、水平的公平と垂直的公平が不可分に結びつくことにより実現することができる。所得税法（以下、「法」は所得税法を指す。）は、その構造の中に所得区分、人的諸控除および累進税率を設けることで、国民の間に実質的な個人の担税力に即した公平な租税負担の配分[1]の実現を指向している。

個人所得課税は、各々の所得に応じて人に課税する。つまり、個人の人的側面を考慮することを前提とした人税が、所得課税制度である。この所得課税制度は、個人の「所得」を担税力の測定指標とするから、一定期間における適正な「所得」を測定しなければならない。この適正な所得の算定には、納税者に担税力の増加をもたらす経済的利得を適正な時機に課税所得に算入し、正確に評価した所得に課税しなければならない。したがって、所得課税における「課税のタイミング」と「所得の評価」は、所得課税制度の根幹を成す必要不可欠な要素ということができる。

とりわけ、「所得」をいつの時点で課税の対象に取り込むのが最も妥当かという問題は、「実現」または「未実現」という認識基準である「実現」と同時に課税対象たる所得となるから、所得の「実現」判定の問題とされてきた。しかし、どの年度に実現した所得を帰属させるべきなのかという、ある年度から、適正な時期へ所得を移す法的技術（所得の年度帰属）の問題と所得がいつの時点で未実現利得が実現利得へと転換したのかという時点の問題は区別して論じられなければならない。[2]もっとも、所得の年度帰属は、所得の課税時機が決定してはじめて不適当な時期に計上された所得を適正な課税時期に移す法的技術であるから、第一義的には所得の課税時機を解明する必要がある。本稿では、いつの時点で国家が実現した所得に課税すべきか（納税者が実現した所得を課税所得に算入すべきか）という意味で課税（計上）のタイミングという言葉を用いる。ここで、時期（time）とは、単純に一定の期間を含む時間ないしは時点を表すものを示し、これに対し、時機（timing）は、ある事柄が仮に起きたらという特定のときないしは場合を前提とした仮定条件を表すものとして区別して用いる。

所得の認識・測定のプロセスは、原則として、何らかのある経済取引によって金銭的価値で表された効用や満足が、外部から納税者に何らかの経済的価値として流入したことをもって、「未実現の利得」が「実現した利得」へと変化することで課税所得として認識され、この流入した経済的価値を、金銭的価値に結び付けて担税力を客観的に測定し確定する一連の過程を意味する。「実現」という概念は、所得の範囲を画定する本質的要素ではないが、課税所得の算入時機、課税の対象となる金額、課税の対象となる者を画定する機能を有している。

所得税法は、所得源泉の性質や発生の態様によって担税力が異なることを前提に所得区分を設けているから、所得源泉によってその所得の発生時点が異なり、いつの時点で課税の対象に取り込まれるのかも異なるということができる。

その所得源泉のうち、とりわけ、譲渡所得課税制度は、所得税法上最も多くの論点や紛争が頻繁に生じる領域である。このキャピタル・ゲインに対する課税は、資産の譲渡という実現事象を契機として課税所得に投入され、課税のタイミングを根拠に譲渡所得という類型それ自体が切り分けられていることから、「実現主義の産物」(3)と理解されている。ところが、実現概念は、法に規定されていないために、他の所得の課税のタイミングとしての実定法上の「収入」の解釈から導出される実現原則と譲渡所得の認識基準が乖離する事さえもあるから、譲渡所得課税における課税のタイミングが、いつ、どのような時機に課税所得に算入されるのか、すなわち、いつ、どのようなときに実現したのかが不明確となる事態を招来させている。ゆえに、譲渡所得に対する課税のタイミングが、所得課税の解釈・適用の場面で必ずしも画一的に運用されていないことから、平等取扱原則ばかりでなく、一定期間における個人の担税力に応じた課税を害する由々しい問題となっている。

しかし、租税法は法であるから、その究極の目的は正義の実現にある。租税正義は日本国憲法の価値秩序によって具体化され、正義の構成要素としての公平は、租税公平主義となって表れる。租税法律主義は、立法原理としての租税公平主義の要請を受け、体系化された法を規定すべきことを命じている。これは、国民の自由と財産権にダイレクトに影響を及ぼす国家の課税権の行使を、法の支配の下に置くことを国家に求めたからである。

そうであるならば、租税法律主義の原理が実効的に機能し、課税要件および租税の賦課徴収手続が法定される結果、納税者の自由と財産権はもとより、納税者の予測可能性と法的安定性は確保されるはずである。もし、課税のタイミングに関する納税者の予測可能性と法的安定性が確保されていないのであれば、それは結果として租税法律主義の形骸化に繋がる。(4) このことは、直接的に個人の担税力に応じた課税を要請する租税公平主義を害し、租税法の目的である租税正義の実現を阻むことになるのではないか。

本稿の目的は、我が国における実現を導出する理論的側面および実現の重要性の二つに焦点をあてて、実現原則の法理を明確化し、同原則が招来させている問題点を指摘することを目指す。

まず、包括的に理解される所得を算定要素として制約する実現原則及びその採用理由を検討することで理論的側面を整理する。そのうえで、二では、実現判定の規範の実践的側面を検討し、譲渡所得課税制度の下での実現原則との乖離を指摘する。三では、なぜ譲渡所得では、これほど課税のタイミングが重要視されているのかを解明する。最後に、我が国における課税のタイミングの問題を判例を通じて浮き彫りにし、導出された問題点を指し示すこととする。

(1)　増田英敏「租税平等主義の法的概念とその機能」同編『納税者の権利保護の法理』七三頁以下（成文堂、一九九七）（初出：拓殖大学論集一七四号（一九八八））参照。
(2)　田中治「過年度分の遡及的支給と年度帰属」税事一一三号（二〇一〇）。
(3)　増井良啓「譲渡所得課税における納税協力」日税五〇号一二六頁（二〇〇二）。
(4)　増田英敏『リーガルマインド租税法〔第4版〕』一頁以下（成文堂、二〇一三）。

一　包括的所得概念と課税のタイミングとしての実現原則

1　所得概念の整理——所得の意義とその測定地点

所得概念の整理は、課税のタイミングを検討するうえで不可欠である。なぜなら、何が所得とされ、何が所得でないのかが明らかでなければ、租税行政庁も納税者も、合法性の原則の下で、課税のタイミングの適法性を判定することができないからである。以下で眺望するように、人税である所得課税制度の下では、所得を算定するにあたって、時という観念と所得という概念は切り離すことのできない必要不可欠な基盤である。以下では、「所得」の意義を確認する。

租税は、国民の間に担税力に応じて公平に分配されなければならない[5]。これは、租税正義（tax justice）[6]の名の下に一般的に承認され、直接的には憲法一四条の法の下の平等規定の要求する租税公平主義[7]の要請である。ここで、個人の担税力に応じた課税とは、担税力に応じた税負担の配分であり、「公平の基準は担税力[8]」と捉えられている。すなわち、概括的に支払能力（ability to pay）とは、「単に国（the state）の手に移すことができる資源を所有すること（the possession of resources）[9]」を意味するが、より具体的に担税力（ability to pay taxes or taxable capacity）とは、「支払う者が不当な苦痛（undue hardship）を受けることなく、または社会の他の構成員によって社会的に重要視されている目的が容認できない程度に阻害されることなく支払うことのできる能力[10]」と解されている。

この個人の担税力に応じた課税を要請する租税公平主義に、最も適合すると評価されている法の定める課税物件としての「所得」（法七条一項）の概念は、どのように捉えられているだろうか。

「所得」の概念は理論的には、真の意味における所得（true or real income）を指す。これは財貨（goods）の利用や人的役務（service）から得られる効用（utilities）または満足（satisfaction）もしくは実体のない心理的な経験（intangible psychological experiences）の流入（inflow）を意味する。[11] しかし、所得それ自体は、定量可能で客観的なものであると同時に、測定可能なものでなければならず、実際に、所得の定義は、現実の測定手続きを示すものないしは明確に意味するものである必要がある。[12]

そうすると、この心理的所得を何らかの共通の単位（common unit）の助成なくして、客観的に定量化し、評価することは困難である。[13] そのため、現実に各個人の心理的満足を同一の物差しで測るために、その心理的満足それ自体を、行政的に実現可能で客観的に測定し得る[14]金銭的価値に置き換えて、はじめて評価（evaluation）が可能となる。その意味で、金銭的価値は、所得の指標となっている。

金銭的価値で所得を表す場合、実際上の所得の構成方法には、実体のない心理的要素を無視して、与えられた期間に使用された（utilized）財貨とサービスの金銭的価値（money-worth）と考えるか、またはその期間に受け取った金銭それ自体と金銭的取引なしに直接受け取った財貨とサービスの金銭的価値を補足する方法がある。[15]

前者が、消費（支出）型（consumption or expenditure type）の所得概念であり、後者が、取得（発生）型（accrual type）の所得概念である。[16] 前者は、個人の消費の総額が所得を構成するのに対し、後者は、納税者の取得した富の蓄積が所得を構成する。さらに、これらの所得概念の構成手法は、制限的に構成するものと包括的に構成するものの二つがある。

これらの二者の所得概念のいずれかを真の意味における所得の尺度として採用する場合、貨幣所得を基準にして一連の過程を考察すると、その測定地点は異なることが確認できる。すなわち、貨幣所得は、所得の源泉からの流入（inflow）であり、これは、究極的に引き出される効用や満足の測定し得る近似値として用いられる。そして、その効用や満足は、貯蓄に回されるものではなく、財貨やサービスの消費から引出されるもので、これは、支出の流出（outflow）によって表される。[17] 取得型所得概念を採用した場合には、所得の源泉から貨幣所得として納税者に流入する段階で測定されるが、消費型所得概念は、所得の源泉から納税者に流入した貨幣所得が、納税者から財やサービスに流出する段階で測定されることとなる。[18]

このことは、消費型所得概念の定義からも明らかであるように、消費型所得概念は、各種の収入のうち、効用ないし満足の源泉である財貨や人的役務の購入に充てられる部分のみを所得と観念し、[19] 貯蓄（saving）に充てられたものや保有資産の増加価値（increases in the value of assets held）を除外する。[20] 財貨やサービスの消費から得られる総合的な効用や満足を把握するという意味では、満足の測定の際に、貨幣所得の不正確な近似値を避けることができる。[21] もっとも、これは、制限的な消費型所得概念というべきもので、これを敷衍する概念として、公平を維持するために、不法な消費を含めてすべての消費を課税の対象とする包括的消費型所得概念がある。[22]

しかし、心理的所得は、唯一消費から生ずるものではなく、資産の価値の変化も、積極ないしは消極的な心理的所得を生み出すことを考慮すると、消費支出を測定する消費型所得概念が把握する所得は、個人の総合的心理所得の全体の一部分である。心理的所得の正確な代用物としては、消費に貯蓄預金を含める必要がある。[23] 消費型所得概念は、税負担の平準化や経済的中立性の点からメリットがあるが、貯蓄が消費されない場合、富の偏在を増大させることになり、相続税等の課税のあり方の問題や行政執行が困難であること等、制度上の問題から一般に各国の租税制度では採用されていない。[24]

後者の取得型所得概念は、講学上、制限的所得概念[25]（所得源泉説）と包括的所得概念（純資産（財産）増加説[26]）の二つに分類される。制限的所得概念は、資本を損なわずに個人が任意に消費する収入といった原資の維持（preservation-of-source）の基準[27]の他に、生産性（productivity）の基準や周期性（periodicity）の基準等、さらに何らかの基準を組み合わせる[28]ことで特定の源泉から生ずる利得のみを所得とする。

もう一方の包括的所得概念は、シャンツ・ヘイグ・サイモンズ（"Schantz-Haig-Simons"）の所得概念と呼ばれるものである。我が国の通説(29)・裁判例(30)も、包括的所得概念を支持しており、原資の維持の基準の他には何らかの基準を加えずに、一定期間における人の担税力を増加させる経済的利得はすべて所得を構成すると解している。

最初に純資産増加説を定義したシャンツは、「所得の概念は、個人の経済能力（economic ability of persons）に関連する。…（略）我々は、問題の期間の間に、ある個人の資本を損なうないしは個人的負債を負うことなく、処分し得る力（disposing power）の範囲内でどれほどの資力（means）がもたらされたのかが知りたいと願う」と述べ、「所得は、与えられた期間にわたる経済的能力の純流入（net inflow）」と定義した(31)。その範疇には、あらゆる収益、利得、金銭的価値のあるサービス、贈与、相続、遺贈、宝くじの当たり、年金保険およびあらゆる種類の投機的利得を含み、負債利子と資本の価値の減少の許容値を控除するとした(32)。

さらに定義を精密にしたヘイグは、「所得は、二点間の期間における人の経済的能力（one's economic power）の金銭的価値の純増（the money value of the accretion）(33)」と定義した。これに加え、包括的に定義した所得に根本的に所得とは異なる項目が含まれるか否かのテストとして、効用や満足をもたらす財貨やサービスを自由に支配するための（to command）金銭に関する能力の有無を基準とすると述べている(34)。

最も所得の定義に影響を及ぼしたサイモンズは、個人所得は、社会的に稀少な資源の使用権限に対する支配の行使であると(35)広義の所得を定義している。そして、具体的に「所得」を「（1）消費によって行使された権利（rights exercised in consumption）の市場価値と、（2）期首と期末の間における財産権の蓄積価値の変化（the change in the value of the store）の合計(36)」と定義し、経済的能力それ自身は、一定期間における消費と純資産価値の増加の和として定義した。

したがって、課税の対象となる「所得」には、一定期間におけるキャピタル・ゲインのような一時的・偶発的・

恩恵的利得はもちろんのこと、未実現の利得、不法な所得[37]を含めた富の増加をもたらすあらゆる経済的利得と帰属所得や消費支出が包含される[38]。このように所得概念が包括的に定義されるのは、個々人の相対的な担税力を把握して[39]、富の再分配の指標とすることにこの概念の機能の本質があるからである[40]。これを根底から支える理念が、租税公平主義であり、総合所得税である。

ここで特筆されなければならないことは、個人所得課税は、特定の物や所得という対象それ自体に着目する税ではなく、各々の所得に即して人に着目して観念される租税ということである[41]。事業からの収益、土地の賃貸料、預金の利子、労働の対価等は、所得であることに間違いはないが、その実体は所得の現象形態であって、それらが特定の人に帰属しその担税力を増加させる点に所得の意義がある[42]。

納税者の人的事情の考慮が必要となる個人所得課税では、課税要件の根幹である所得の人的帰属を誤った課税[43]や必要経費の額が給与所得控除の額を超える場合のような所得のないところへ課税することは、それが、租税法律主義の要請を形式的に充足し、憲法一四条一項に違反することがないとしても、所得税の基本理念に反し許されない[44]。この包括的所得概念は、一定期間における個人の担税力に応じた課税を求める所得課税の基礎であるといえる。

人的側面に重点を置く包括的所得概念について、以下の点が確認される必要がある。

この概念では、まず、「一定の期間」は、定義の基礎となっており、所得の測定値は、特定の期間に対する消費と蓄積の割当てられた数量（allocation）である[45]。この概念は、時的連続性を持つ概念である期間[46]という文言で、時間的隔たりを設けることを前提として、その期間に含まれない事象を除外し、割当てられた期間に包含される事実関係を基礎として所得の測定値を把握する。それと共に、ヘイグとサイモンズの定義は、最初の測定値を押さえたうえで、一定期間にもたらされる富の蓄積を表現して取扱う所得の時的範囲を画定することで、所得の資本の維持の観念を採用していることを明らかにしている。[47] つまり、所得の測定に際し、その期間のはじめに保有されていた財産権の価値は除外され、同時に、この期間中に減少した財産権の価値は、減少要素として取り入れられることとなり、あくまでも、当該期間中の純資産の増加（純所得）を捉えようとしているのである。

次に、裁判所は、特定の期間にある者に属する利得をより客観的に明瞭な時点で認識するから、所得の現象形態である経済的利得は、所得の必須条件（sin qua non）である。[48] この経済的利得は、消費と蓄積を一般的な単位である市場価値を求めることで評価され、測定されることになる。したがって、包括的所得概念が、本質的に内包するものは、特定の期間にある者に属し、客観的な市場価格の基準に即して評価される経済的利得である。[49] もっとも、経済的利得それ自体が、常に、一定の価格ないしは数量と結びつけられ、個人の認識ないしは行為の対象となる客体としての側面を持っている。そのため、その客体を取得ないしは発生するものというように、経済的利得（収入ないし収益）は、物的側面に関する概念であるため、これを重視しすぎると個人と所得の結びつきが希薄になり、所得課税の本質を見失う可能性がある。

第三に、シャンツとヘイグの所得概念は、消費を明確に取り扱っていないが、消費は、経済的能力が獲得された後に生じるものであるから、この二者の所得概念は、その能力が生じたないしは取得した時点を測定地としており、それ以上に所得を特定するために要求されるものがない。[50] 一方で、サイモンズの定義は、個人の所得（担税力）が明らかにされる前に、ヘイグの論理に基づいた経済的能力が、個人によってどのように実際に振り向けられたか（使途）を見るために待つ必要がある。つまり、経済的能力の使途の特定を求めている点で、シャンツとヘイグの概念よりも後の段階が、サイモンズの所得の測定地となる。[51]

このことを一連の過程で示すと、まず、生産要素からの収入として受領した金銭、金銭的な贈与や偶発的な利得、同種の利益、資産価値の増加と帰属所得をもたらす事象が起こり、経済的能力が増加（発生）する。この時点が、シャンツとヘイグの測定地である。そして、その経済的能力が生じてこれを行使した後、つまり、消費支出に充てられ、消費支出の事象とその後に残った富の純増の事象が把握しうる地点がサイモンズの測定地なのである。(52)

2　包括的所得概念と実現原則

租税公平主義の要請を受けた所得税法は、伝統的な純所得課税（net income）の考え方を採用している。(53) 純所得は、（総）収入金額から必要経費を控除して算出される。(54) この純所得課税の採用の所以は、包括的所得概念が、はじめに期首を押さえて、期末までの間にもたらされる富の蓄積を表現し、あくまでも当該期間中の納税者の純資産の増減に着目し、純所得を算定することを要請していることに求められる。その意味で、純所得課税は、包括的所得概念の測定方法を修正し、(55) 納税者の一定期間における純資産の増減の測定値を算出するものである。したがって、純所得それ自体は、経済的資源を支配するための個人の能力の測定値、すなわち、所得の測定値を間接的に表しているのである。(56)

もっとも、サイモンズの定義に含まれていた個人の消費は、消費を直接的に担税力の測定にあたって取り込むと、制度が複雑化し、あらゆる消費支出の手掛かりを保持しなければならないという実際上の考慮から、個人消費を、富の変化の一部分とみることで、効率的に課税されている。(57) したがって、サイモンズの所得の測定地は、シャンツとヘイグの定義よりも遅い段階を捉えていたが、純所得課税の原則の下で個人消費を富の変化の一部として早く捉えられることで、測定地の段階がシャンツとヘイグの定義した測定地の段階へと修正されている。我が国の所得も包括的所得概念が採用されているが、実定法の規定によって修正され、その修正された純所得が実定法上の課税所得として把握されている。(58)

実定法は、純所得を求めるために、いずれの所得および収入金額の通則においても、その金額を「収入金額」または「総収入金額」（以下、併せて「収入金額」という）と規定している（法二二条一項一号、二三条〜二六条）。法が「所得を収入（receipts）という形で観念していること、すなわち収入―経済的価値の流入―を所得の要素と考えていることを意味するのであって、そこでは未実現の利得＝保有資産の価値の増加益は原則として所得の範囲から除外されて(59)」おり、原則として実現した所得に対して課税がされなければならない(60)。

実定法上、各種所得が、「収入」と定めているのは、発生した何らかの真の意味における所得（real income）（未実現の利得）が、外部から納税者に何らかの金銭その他の測定可能な経済的価値として流入したときに、未実現の利得（unrealized gain）が「実現」し実現した利得（realized gain）へと変化して、所得の大きさを測れるようなったことをもって課税所得（taxable income）となることを求めていると理解することができよう(61)。反対に「未実現の利得（unrealized gain）」とは、資産の価値が値上がっただけで資産の形に何らの変化もない場合をいう(62)。つまり、法は、実現を所得の算定要素とすべきことを命じているのである。

したがって、包括的所得概念の観点から、確かに資産の値上り益が未実現の利得として発生していたとしても、現実に、納税者に何らかの外部からの経済的価値の流入があった状態、すなわち、実現した利得にならなければ課税することはできない。別段の定めがない限り、究極的に所得が実現した時機に、所得を実現させた納税者に、実現させた所得に対して課税がされることが原則である(63)（以下、「実現原則」という）。

包括的所得概念に法が制限を加える実現原則の採用は、一般的に以下の理由によるものとされる(64)。

第一に、執行上の便宜である。これは、包括的所得概念を貫徹するならば、納税者の担税力の増加をきたすものはすべて所得を構成するが、実際上の問題として、すべての資産につき毎年一回ずつ評価を行い評価益および評価損を算定しなければならない。これをすべて租税行政庁が行うとするならば、厖大な数のしかも多種多様な資産について正確な評価を行わなければならない。また、当該評価をめぐって租税行政庁の執行を複雑にし、租税徴収費用等の増加ないし税務執行上の混乱が生じる結果をもたらすことになる。[65]

第二に、納税者への配慮である。たとえば、未実現の譲渡所得に課税するのであれば、何らかの用途に用いている資産または事業の用に供しているために売却できない資産の場合、納税者は納税資金を捻出するために、当該資産の売却を強いることとなり、あるいは、市場での現金化が困難な資産であれば、別に納税資金を用意しなければならなくなる。仮に資産評価をすることとした場合に、全資産について取得価格と前年度までの評価額を調べて毎年申告するのは、技術的・量的に相当の困難を招来させ、納税者にとって過酷であるといわなければならない。[66]

また、見落とされがちであるが、所得税法上の所得区分には、二つの切り分け軸が存在する。[67]第一は、伝統的に所得を生み出す「原資産（物的所得分類）」に着目した分類である。第二は、「実現（人的所得分類）」に由来する分類である。物的分類は、利子所得のような預金利子の受取りという取引だけによって所得分類を行うことができるのに対し、人的分類は希少価値の高い物の売却という取引だけでは所得分類は不可能であり、取引の背後の事情や納税者の人的要素を考察しなければならない。[68]したがって、実現は、行政執行上の便宜としての理解が強調されがちであるが、実現原則の採用理由の一つとして、実現に基づく人的所得分類の視点ないしは納税者への配慮の視点からも、市場を通じて経済的利得（対価）の測定が行われ、これを手にすることで、納税資金を賄う[69]という重要な役割を果たしている点が強調されなければならない。

第三に、伝統的な会計慣行の影響である。企業会計は、企業の株主その他の利害関係者に適正な期間損益および財政状態を算定し、表示することを目的とする。そのため、企業財政の安全性と企業の健全な維持発展を重視するところから、将来の不測の事態に対応するために予想される損失は計上してもよいが、将来の不確実性に対処し、利益の社外流失を抑制するという目的から、予想される利益は計上してはならないという「保守主義の原則」（企業会計原則第一の六）が尊重されている。[70]もっとも、租税法における所得の実現は、収入金額の計上時期だけに問題が限定されないことから、計上の時期を問題とする企業会計原則よりも、その問題とされる範囲が広いという差異がある点には注意を要する。(71)

現状では、上記の理由から、実現原則が採用されていると考えられているが、立法者が未実現の利得に対する弊害を考慮して実際の租税制度では実現した利得に対して課税すると理解していたのか否かは、明らかではない。また、実現を所得の構成要素とすることは、包括的所得概念を骨抜きにしかねないから妥当ではなく、あくまでも、法は、所得の算定要素として実現（収入）を要請しているのであって、未実現の利得も所得としての性質を失うものではない。

したがって、実現した利得のみを課税対象とするのか、それとも未実現の利得をも課税対象に加えるか、すなわち、その課税所得の範囲、限界等は、立法政策の問題と考えるべきで、(72)現行法が、所得を算定するうえで所得の構成要素として「収入」という形で所得を制限的に捉えている限り、未実現利得に対する課税は、例外的に立法によって課税されるものである。(73)その意味で、所得は「実現」原則によって制限が加えられているといえる。(74)仮に未実現の利得に課税するならば、公平負担の見地から、(75)税務執行上の困難性や納税者の負担を強いてもなお実現されるべきであるとする、より大きな法的価値が具体的に存在することによって正当化される。(76)

しかし、「実現」概念は実定法上に存在しない概念であることから、客観的に何を示すもので、どのような経済事象をもって「実現」というのか、多くの問題が生じることはいうまでもない。特に、「収入」に代わる文言として用いられてきた課税のタイミングの判定としての実現は、「収入金額の算定を市場取引によって客観的に担保すべきことを根拠として要請される」(77)ものと考えられているが、法三六条一項が「収入すべき金額」と規定されることで、多義的に理解される実現を示す外部からの経済的価値の流入という一つの経済的事象にさらに幅が与えられることで、何を示すものなのかが、より不鮮明となる結果を招いている。

「実現」概念の意義について、金子宏教授は、二通りの意味を持っていると述べておられる。第一に、「実現した利益のみが所得であり、未実現の利益は課税の対象から除外されなければならない、という意味の実現」があり、第二に「企業会計の世界において成立し妥当性を認められてきた収益の年度帰属に関するコンベンション――すなわち企業会計上の収益計上基準――の集合を意味する概念」として用いられているとされ、納税者に経済的価値の流入があった場合における「実現」と、企業会計における「実現」とを区別しておられる。[78] また、「実現の意義を、資産の移転にともない増加益が対価・交換資産等の形で実現するという意味に取らず、単純に Taxable event の意義にとり、贈与・遺贈等の資産の最終処分もそれに当たるという考え方もありうるが、わが所得税法が所得を収入としてとらえていることからすると、そのような解釈には、かなりの無理がある[79]」るとされ、収入との文書がなかったならば、何らかの課税事象を、実現として理解することも可能であるという、示唆を与えられている。他方で、所得の算定要素としての「収入」を根拠に、「実現」を資産の移転によって増加益が対価・交換資産等の形で現れることと捉えられている。

渡辺徹也教授は、実現とは資産を手放して、それに代わる経済的価値を得ることを前提として、「未だ実現に至らない状態（未実現の状態）として、資産を手放さず保有し続ける（第一類型）、資産を手放すが、その代わりに取得した物がない（第二類型）、資産を手放して、それと実質的に異ならない物を取得する（第三類型[80]）」と未実現取引の三類型を挙げられている。

また、木村弘之亮教授は、「原則として資産の流入の蓄然性（資産に対する経済的処分力の獲得の実現の蓄然性）と資産の流出の実現の蓄然性（資産に対する経済的処分の喪失の実現の蓄然性[81]）」とされ、納税者の自由に処分しうる経済的利得と納税者の自由に処分しうる経済的利得の消失の「実現」があることを述べておられる。

そして、渕圭吾教授は、所得課税における実現主義は、いくつもある課税方式の一つであり、「資産の帰属が変更するタイミングで、その時点での資産の評価額を課税所得に反映させるという仕組み(82)」であり、上記の「実現主義の変種として、(利子、配当、賃料、知的財産権の使用料のように) 資産の一部が金銭に転化するタイミングで、かつその限りにおいて課税所得に反映させる」という果実方式があるとされ、課税のタイミングにおける「実現」には、資産の所有者が変更するタイミングで課税することを「実現」とする場合と、何らかの納税者の経済的利得が金銭に転化し所得の大きさを計れるようになった時点を「実現」とする場合について区別しておられる(83)。

谷口勢津夫教授は、所得の人的帰属と所得の年度帰属を分けて論じられ、「実現」を年度帰属判定基準として位置づけた上で、所得の実現は、「所得の処分可能性を確実にしたものにしたことによる所得の人的帰属の確定を意味する(84)」とされ、所得と納税者が確実に結びつくであろう蓋然性の高まった時点の「実現」と所得の年度帰属における本来課税されなければならない時点の「実現」とを結び付けて述べられている。

このように「実現」は、所得概念としての「実現 (所得概念の範囲に関するもの)」、所得と人的帰属の「実現 (納税者と所得の結びつき)」、課税時点における「実現 (課税のタイミング)」と密接な関連を持つ(85)が、その意義が区別されずに論じられてきた。課税のタイミングの問題も、すべての所得を同質のものとして理解すると混乱を招くこととなる。すなわち、同じ「収入」という文言から導き出される「実現」原則の経済事象も、すべての所得をまとめて同じ一つの経済事象で、認識の基準を決定し、その時に課税するとしたのでは、その所得の発生の態様と性質に応じて区別するという租税公平主義の原理を害することとなる。そのため、所得の発生の態様とその性質に応じてそれぞれの課税のタイミングとしての実現があると理解するとともに、法三六条一項は、「すべき」との文言を付していることから、実現の経済的事象は、一つではなく、複数の経済的事象があることに注意しなければならない(86)。

（5）　金子宏「租税法における所得概念の構成」同編『所得概念の研究』一、一一四頁以下（有斐閣、一九九五）（初出：法協八三巻九・一〇号（一九六六）、八五巻九号（一九六八）、法協九二巻九号（一九七五）。

（6）　増田・前掲注（4）一頁、松沢智『租税法の基本原理』序にかえて五頁（中央経済社、一九八三）、木村弘之亮『租税法総則』八〇頁（成文堂、一九九八）、金子・同上論文一頁。

（7）　金子宏『租税法（第22版）』八三頁（弘文堂、二〇一七）。水平的公平については、増井良啓「租税法における水平的公平の意義」碓井光明ほか編『公法学の法と政策（上）』一七三頁以下（有斐閣、二〇〇〇）参照。垂直的公平と直結する税率については、田中治「所得税の税率の法理論」日税四九号三頁以下（二〇〇二）参照。

（8）　金子「税制と公平負担の原則」同編『所得課税の法と政策』二頁（有斐閣、一九九六）（初出：ジュリ五〇六号（一九七二）。

（9）　Richard Goode, The Individual Income Tax Studies of Government Finance 17 (1964). R・グード（塩崎潤訳）『個人所得課税 改訂版―「最良の租税」の研究―』一八頁（今日社、一九七六）参照。

（10）　*Id.* at 18. 一般的に、担税力とは、納税者の租税を負担することのできる能力（岡村忠生「第一章　租税と法」岡村忠生ほか著『ベーシック租税法〔第7版〕』五頁（有斐閣、二〇一三））であり、「各人の経済的富裕度」または「全体的生活レベル」（金子・前掲注（8）三頁）、資力（玉國文敏「違法所得課税をめぐる諸問題（3）」判時七五〇号九頁（一九七四））と解されている。この他にも、広義の意味で労務提供能力であり、自由主義的経済体制を前提とする近代租税国家では、各人の経済的負担能力（経済的給付能力ないし支払能力）（谷口勢津夫「税制における担税力の意義」税研一一九号三四頁（二〇〇五））とする見解や、能力、給付能力、負担能力、納税能力、租税力という概念の内容は異なるとする見解（伊藤半彌『財政学総論』二八六頁（千倉書房、一九六六））もある。

（11）　金子・前掲注（5）一三頁以下。Robert Murry Haig, *The Concept of Income Economic and Legal Aspects*, in The Federal Income Tax 1, 2-3 (Haig ed., 1921).

（12）　Henry C. Simons, Personal Income Taxation 42 (1938, 6th Impression 1970).

（13）　Haig, *supra* note (11) at 3-4.

（14）　Kevin Holmes, The Concept of Income A Multi-Disciplinary Analysis 47 (2001).

（15）　Haig, *supra* note (11) at 6.

（16）　金子・前掲注（7）一八五頁以下。

（17）　Holmes, *supra* note (14) at 48.

（18）　See, *Id.* at 48-51.

（19）　John Stuart Mill, Principles of Political Economy With Some of Their Applications To Social Philosophy Books IV and

V 164 (Donald Winch ed., 1970). J・S・ミル（末永茂喜訳）『経済学原理（五）』二八頁（岩波書店、一九五九）、貝塚啓明「所得課税と消費課税」經濟學論集四九巻二号三頁以下（一九八三）参照。

(20) Holmes, *supra* note (14) at 76, 82.

(21) *Id.* at 49.

(22) 金子宏「所得税の課税ベース―所得概念の再検討を中心として―」同編・前掲書（5）一七〇頁以下（初出：租税一七号（一九八九））。同旨、中里実「所得の構成要素としての消費―市場価格の把握できない消費と課税の中立性―」金子宏編『所得課税の研究』六七頁（有斐閣、一九九一）参照。

(23) Holmes, *supra* note (14) at 54-55, 80.

(24) 阿部雪子「所得税の課税ベースの研究」一橋論叢一三五巻一号一〇九頁（二〇〇六）。

(25) 金子・前掲注（5）一六頁以下。ドイツでは市場所得説（Markteinkommenstheorie）（納税義務者が、営利目的を持った活動を通じて市場で稼得された経済的利益ないしは余剰を所得と捉える）が、通説とされる（谷口勢津夫「市場所得説と所得概念の憲法的構成―パウル・キルヒホフの所説を中心に―」碓井ほか編・前掲書（7）四六七頁以下、奥谷健「市場所得説の生成と展開（二・完）」民商一二二巻四・五号五七六頁（二〇〇〇）参照）。

(26) ゲオルク・シャンツ（Georg Schanz）の所得概念については、ゲオルク・シャンツ（篠原章訳）「所得概念と所得税法（1）・（2）・（3）」經濟研究一〇四号二三頁（一九八九）、經濟研究一〇五号一二七頁（一九八九）、經濟研究一〇七号九五頁（一九八九）参照。シャンツの所得概念に付随する会計学的視点からの包括的所得概念の二類型については、清永敬次「シャンツの純資産増加説（一）・（二完）」税法学八五号七頁（一九五八）、税法学八六号一五頁（一九五八）以下、谷口勢津夫「法人税法における評価損益と四層の包括的所得概念」阪法六四巻二号三二二頁（二〇一四）以下、武田隆二「純資産増加説の根本思想」神戸大学経営学部研究年報Ⅷ 一三三頁以下（一九六二）を参照されたい。

(27) Paul H. Wueller, *Concepts of Taxable Income I*, 53 Polotocal Science Quarterly 83, 90 (1938).

(28) *Id.* at 92, 97.

(29) 金子・前掲注（7）一八七頁以下、清永敬次『税法〔新装版〕』八二頁（ミネルヴァ書房、二〇一三）、水野忠恒『大系租税法』一三七頁（中央経済社、二〇一五）以下。

(30) 神戸地判昭和五九年三月二一日税資一三五号三二八頁以下。併せて、最判昭和四〇年四月九日民集一九巻三号五八二頁以下参照。

(31) Wueller, *supra* note (27) at 102-103.

(32) *Id.* at 106.

（33）Haig, *supra* note (11) at 7.
（34）*Id.*
（35）*Id.* at 49.
（36）Simons, *supra* note (12) at 50.
（37）玉國文敏「違法所得課税をめぐる諸問題（4）」判時七五五号一四頁（一九七四）、金子宏「テラ銭と所得税―所得の意義、その他の所得税法の解釈をめぐって―」同編『租税法理論の形成と解明　上巻』四三五頁（有斐閣、二〇一〇）、所得税基本通達三六－一参照。
（38）金子・前掲注（5）四六頁以下参照。Holmes, *supra* note (14) at 35.
（39）Schanz-Haig-Simons の所得概念は、経済力のすべての増加を捕らえることを試みている点で水平的公平の維持に努めるとともに、経済的中立性に適合していると評価されている。*See, Id.* at 80-82.
（40）藤谷武史「非営利公益団体課税の機能的分析（二）」国家一一八巻三・四号三二頁（二〇〇五）。金子宏監修・中里実ほか編著『現代租税法講座第1巻理論・歴史』二六五頁以下［國枝繁樹］（日本評論社、二〇一七）は、現在の公共経済学の租税理論の視点から、担税力を基準とする租税理論用いられていないと指摘されている。
（41）Simons, *supra* note (12) at 128. 金子・前掲注（5）二九頁。
（42）金子・同上論文同頁。
（43）最判昭和四八年四月二六日民集二七巻三号六四二頁、東京高判昭和四九年一〇月二三日行裁例集二五巻一〇号一二六二頁。
（44）最（大）判昭和六〇年三月二七日民集三九巻二号二四七頁。
（45）Simons, *supra* note (36).
（46）最判平成二二年三月二日民集六四巻二号四二〇頁。
（47）Holmes, *supra* note (14) at 60.
（48）Simons, *supra* note (36).
（49）*Id.* at 51. ヘイグは、「所得は、個人が経済的能力を行使することを選択する時、というよりも、むしろ、個人が満足を得るための経済的能力を得る時、すなわち、所得の取得に課税することに本質がある。」と述べている。Haig, *supra* note (33).
（50）Holmes, *supra* note (14) at 67.
（51）*Id.* at 68.
（52）*Id.* at 68-71, 73.
（53）増田英敏「第7章　譲渡所得課税と紛争予防」同『税理士のための租税法講座　紛争予防税法学』一一二頁（TKC出版、二〇一五）（初出：ＴＫＣ四六〇号（二〇一一）、ＴＫＣ四六三号（二〇一二））、増井良啓「債務免除益をめぐる所得税法上のいくつかの解釈問題（上）・（下）」ジュリ一三一五号一九二頁以下（二〇〇六）、ジュリ一三一七号二六八頁以下（二〇〇六）参照）。

(54)　ここでの必要経費とは、「収入金額の獲得のために投下された費用の総称」（碓井光明「所得税における必要経費」租税三号六三頁（一九七五））である。

(55)　JOSEPH M. DODGE, J. CLIFTON FLEMING, JR., ROBERT J. PERONI, FEDERAL INCOME TAX: DOCTRINE, STRUCTURE, AND POLICY TEXT, CACES, PROBLEMS 38 (4th ed. 2012). [hereinafter cited as Dodge et al.].

(56)　Holmes, *supra* note (14) at 21.

(57)　Dodge et al. *supra* note (55) at 40-41.

(58)　吉良実「税法上の課税所得論（1）」税法学三〇四号一四頁（一九七六）。

(59)　金子宏「所得概念について」同編・前掲書（37）四二六頁（初出：税経通信二五巻六号（一九七〇））。

(60)　実現を外部からの経済的価値の流入があった時点と捉える見解として、増井良啓「chapter 8 収入金額」同『租税法入門 Introduction to Tax Law』一〇八頁（有斐閣、二〇一四）（初出：法学教室三六二号（二〇一〇））、伊川正樹「譲渡所得とその課税および実現主義―増加益清算課税説と譲渡益清算課税説の対立点」越智敏裕ほか編『行政と国民の権利』四七五頁（法律文化社、二〇一一）。清永敬次教授は、「実現」について直接定義されていないが「定期預金、株式等の金融資産を取得した場合に、贈与者・被相続人等に生じている未実現の利子、配当その他の所得は、その実現段階（収入金額があったとされる段階）において、資産の取得者につき課税される」（清永・前掲注（29）一〇二頁注記（5））という文脈にて用いられている。谷口勢津夫教授は、具体的に実現とは、「金銭その他の換価可能な経済的価値の、外部からの流入をいう」（谷口勢津夫『税法基本講義〔第5版〕』二〇〇頁（弘文堂、二〇一六））とされ、渡辺徹也教授は、「実現があれば収入金額が生じる」（渡辺徹也「実現主義の再考―その意義および今日的な役割を中心に―」税研一四七号七二頁（二〇〇九））とされている。その根拠を「収入」に求める見解に対し、岡村忠生教授は、実定法に基づいて課税ができるようになる時点を「実現」とし、その根拠を三六条二項に規定する「享受」とされる（岡村忠生「所得の実現をめぐる概念の分別と連接」論叢一六六巻六号一〇三頁（二〇一〇））。畠山武道教授は、帰属所得（imputed income）は、原則として「実現」した利得のみを課税所得として捉えて、帰属所得のような未実現利得は、一応課税対象より除外している（畠山武道＝渡辺充『新版租税法』八一頁注記＊（青林書院、二〇〇〇））と述べられている。植松守雄氏は、畠山教授とは反対に、法四一条の収穫日基準を、農作物による所得の実現と述べて、帰属所得を実現に含めている（植松守雄「所得税法における「課税所得」をめぐって」一橋論叢七七巻二号一四六頁（一九七七））。

(61)　佐藤英明教授は、「実現」とは「発生した所得が別のもの（または具体的な何か）に形を変えて所得の大きさを計れるようになること」（佐藤英明『スタンダード所得税法〔第2版〕』一八頁（弘文堂、二〇一六））を意味するとされる。

(62) 佐藤・同上書一五頁、増井・前掲注（60）一〇七頁。
(63) 最判昭和四六年一一月九日民集二五巻八号一一二〇頁、最判昭和四九年三月八日民集二八巻二号一八六頁、岡村・前掲注（60）九六頁。
(64) 増井・前掲注（3）一二六頁。
(65) 金子・前掲注（59）四二七頁、渡辺（徹）・前掲注（60）七三頁、中里実ほか編『租税法概説（第2版）』一一八頁（有斐閣、二〇一五）。
(66) 金子・前掲注（59）四二六頁、田中治「キャピタル・ゲイン課税―税法学からの問題提起―」日本租税法理論学会編『キャピタル・ゲイン課税』七八頁（谷口書房、一九九三）、渡辺（徹）・同上論文六三頁、中里ほか・前掲注（65）一一八頁。
(67) 増井・前掲注（60）一一二頁。
(68) 法三三条一項が物的な規定のされ方であるにもかかわらず「実現」方式を採用することから人的分類と物的分類が、錯綜し衝突する結果となる（岡村忠生「所得分類論」金子宏編『第二巻　所得税の理論と課題〔二訂版〕』五一頁以下（税務経理協会、二〇〇一））。
(69) 谷口勢津夫「収入金額の計上時期に関する実現主義の意義」阪大法学六四巻六号一五四九頁（二〇一五）。
(70) 黒澤清編『会計学』一〇二頁（青林書院、一九五六年）、広瀬義州『財務会計（第12版）』一四八頁以下（中央経済社、二〇一四）、桜井久勝『財務会計講義〈第13版〉』六四頁以下（中央経済社、二〇一二年）、加古宜士『財務会計概論〈第9版〉』一二一頁以下（中央経済社、二〇一〇）、金子宏「所得の年度帰属―権利確定主義は破綻したか―」同編・前掲書（5）六五頁（初出：日税二二巻（一九九三））。
(71) 水野忠恒「企業会計における実現主義と租税法における所得の実現との交錯について」租税研究七九四号四五頁（二〇一五）。
(72) 金子・前掲注（5）六六頁、大阪高判昭和五六年七月一六日行集三二巻七号一〇五五頁。
(73) 田中（治）・前掲注（66）七八頁。例えば、法四〇条の定めるたな卸資産等の贈与等の場合の総収入金額の算入が挙げられる。
(74) 岡村・前掲注（60）一〇三頁。
(75) 武田昌輔『DHCコンメンタール所得税法』四二九六頁（第一法規、加除式）。
(76) 田中（治）・前掲注（六六）七八頁。
(77) 岡村・前掲注（68）四八頁。
(78) 金子・前掲注（70）二八三頁。
(79) 金子・前掲注（59）四二九頁注記22。
(80) 渡辺（徹）・前掲注（60）七〇頁。

(81) 木村弘之亮『租税法学』二二六頁（税務経理協会、一九九九）。
(82) 渕圭吾「所得課税における年度帰属の問題」金子宏編『租税法の基本問題』二〇六頁（有斐閣、二〇〇七）。
(83) これを渕圭吾教授は、「広義の実現主義」（渕・同上論文二〇六頁注記17）とされている。
(84) 谷口勢津夫「税法における所得の年度帰属—税法上の実現主義の意義と判断枠組み—」税法学五六六号二九三頁以下（二〇一一）。
(85) 岡村・前掲注（60）九四頁、神山弘行「租税法における年度帰属の理論と法的構造（一）」法協一二八巻一〇号二四三九頁（二〇一一）。
(86) 所得の性質に応じて所得の計上時機を検討されている文献として、田中治「事業所得における収入金額の年度帰属」税事二九号三三頁以下（一九九六）、同「不動産所得の意義とその年度帰属」税事四二号五三頁（一九八八）参照。

二　実現原則と譲渡所得課税

1　実現原則の判定原理としての権利確定主義

我が国の課税のタイミングに関する問題は、収入金額の計上時機として議論されてきたといっても過言ではない。[87] 収入金額の計上時機の淵源を確認するにあたって、学説の変遷は、大きく分けて権利発生主義と権利確定主義の二つに分類できる。[88] そのため、以下では、「権利発生主義」とは、所有権の移転を目的とする債権契約成立の時に代金債権等の権利義務が発生し、その時点を基準として所得を計上するもので、「権利確定主義」とは、それ以後の一定の事象が生じ権利行使の可能性が増大した時を基準とするものとして区別する。[89]

収入金額の計上時機の淵源は以下で確認するように、私法へ依拠し続けていた。なぜなら、主に行政執行上の便宜として、納税者を画一的・客観的に取扱う必要性から、収入金額の計上時機に関する具体的な規定を欠いていた租税法の下での拠り所を、私法に求めたからである。課税要件法である所得税法は、私法上の行為によって現実に生じた経済的効果に即して行われるものであるが、租税法の課税対象とする種々の経済的取引は第一義的には私法によって規律されている。(90)租税法を統制する租税法律主義の機能である納税者の予測可能性と法的安定性を確保するためには、資産の「譲渡」のような資産の帰属の変更も第一義的には私法によって規律されているのであるから、実定法上に別段の定めのない限り私法における帰属の変更に基づいて判断されなければならない。(91)

戦前に田中勝次郎博士は、(92)法人所得の取扱いについて権利義務の発生に着目して所得を計上すべきことを主張され、個人所得については現金収入時点または債権の弁済期到来時点に所得を計上すべきことを述べられている。(93)すなわち、純資産増加説を採用する法人所得に関しては、純資産の得喪時期、つまり債権の取得時に計上すべきであり、具体的に資産の取得とは所得の発生であるとされている。(94)

ここで、収入金額の計上時機の権利発生主義の萌芽をみることができる。権利発生主義は、現行の民法における通説・判例(95)の取る立場と符合する。民法における物権変動は、民法一七六条が意思主義を前提としているため、物権の変動を生じさせる合意と債権を生じさせる合意とは区別せずに、所有権は債権の効力として移転する(96)と解しており、契約時説と呼ばれる。

戦後、昭和二二年法では現行法三六条の原型ともいえる旧法一〇条は、（総）収入金額は、「その収入すべき金額」または「その収入すべき金額の合計額」と規定としていた。同条について、国税庁が昭和二六年に発遣した旧所得税基本通達一九四は、「収入金額とは、収入すべき金額をいい、収入すべき金額とは、収入する権利の確定した金額(97)」をいうと記述するとともに、現金主義を排斥していた。昭和二六年基本通達が各種所得ごとに収入金額の権利確定時期について詳しい執行基準を定めたことにより、「権利の確定」という文言が世に登場し、「権利確定主義」が生成された。(98)

もっとも、生成された権利確定主義は、民法五五五条を前提とする法的基準であって「税法は原則として契約成立の最初の段階を押さえている」[99]との記載や「発生主義における「発生」の意義を、財貨または役務の受渡に伴う権利義務の発生事実」[100]との記述があることからすると、権利確定主義が通達によって採用された後も、所得税基本通達の示した権利確定主義の中身は、戦前に田中勝次郎博士が提唱された純資産の増加の有無を決定する[101]契約が成立して代金債権等が発生した時を基準とする権利発生主義と異なることはなかった[102]ようである。

したがって、この当時「権利確定主義」と呼ばれていたものは、「権利確定主義」という名称の器に入っていた「権利発生主義」である。換言すれば、計上時期の基準の名称は形式的に変更されているが、実質的には、権利発生主義それ自体であって、基準に変更はなかった。

権利発生主義を採用することの弊害としては、第一に納税者の意思の認定が困難であるという問題がある。民法における契約時説は、当事者の意思を尊重するという立場であるため、当事者の意思を外部（例えば租税行政庁などの客観的な第三者）からは認識しがたく、正確に画一的に納税者を取扱うことができていたのかは定かでない。第二に、所有権移転契約を捉えて課税のタイミングが到来したとすると、当事者間で後日発生した事由、例えば、資産の引渡しがない、または支払いの遅滞、不払いによって契約解除する場合等には、契約効力発生の日に、いったん適法・有効に契約効力が発生するが、その後に、法律行為の効力を失ったことを理由として契約効力が失われることになった場合に、経済的成果を確実に納税者が得ていたと解することは、困難である。

そうすると、権利発生主義によれば、課税のタイミングは一種の画一的に納税者を取り扱うための便宜的な基準となり、便宜的に課税した後に更正ないしは更正の請求によって是正すべきことになる。そうだとすれば、その是正に、技術的・量的に相当の困難を招来させ、ひいては、所得なきところに課税することに繋がり、所得税の本質に反することも出てくるだろう。確実性・安全性・客観性を担保するという見地からは、権利発生主義を是認することができない。

もっとも、基本通達によって権利確定主義という名の権利発生主義が打ち出された後、会計学と租税法学の両者から批判[103]が相次いだ。しかし、権利確定主義は、その後、統一的にかつ確実性を求める法的分析の道具として「権利発生」を重視する見地から「権利確定」を重視する段階へ移行し、広義の発生主義に内包される収入金額の計上時機の原則として存続している。[104]

この権利確定主義の発展の背景には、上述の行政執行上の便宜、納税者への配慮等を踏まえ、確実性・安全性・客観性が尊重されるにつれて、私法に依拠しつつも租税法独自の「確定時点」が求められたことにあった。ただし、本来このような私法関係との調整ないしは取扱いの変更は、法によって明示されなければならないものであることは、指摘しておく。

一般に、所得の計上手法には、現金収受という一つの事実を基準とする現金主義と経済取引に応じて何らかの客観的事実の発生を基準とする発生主義の二つがある。通説は、広義の発生主義のうち権利確定主義が採用されていると解している。[105]判例[106]も、法一〇条一項（現行法三六条一項）の「収入すべき金額」の解釈として、「現実の収入がなくとも、その収入の原因となる権利が確定した場合には、その時点で所得の実現があったものとして右権利確定の時期の属する年分の課税所得を計算するという建前（いわゆる権利確定主義）を採用している[107]」ことを明らかにするとともに、権利が確定したときは、所得の実現があったものと捉えている。

ここで、広義の発生主義について明らかにしておく必要がある。企業会計は、企業の株主その他の利害関係者に適正な期間損益および財政状態を算定し、表示することを目的とするが、他方で、租税法は、租税正義の実現を目的としているため、その目的が異なる。つまり、会計学の発生主義や実現主義と租税法上の実現（原則）は、区別して理解すべきで、会計学上のこれらの原則が法的ないしは裁判上の基準として用いられているものではない。[108]

金子宏教授は会計学[109]では、未実現の利得を収入の範囲から除外するという意味で発生主義が用いられることを踏まえ、発生主義の発生は多義的であるため、会計学その他の発生の用法と租税法の用法を区別するために、租税法でも会計学と同様に「収入」という文言を用いて未実現利得を除外していることを根拠に、発生主義の「発生」と租税法の「実現」を読み替えて、租税法固有の実現を用いていること(110)を述べられている。

この点につき、水野忠恒教授は、企業会計の実現と所得の実現を対比させて、租税法の目的である課税の公平と企業会計の目的は異なることを前提に、「「所得の実現」（realization）とは、その由来については理解されないまま、今日では一般化して用いられているが」、「「所得の実現」と「企業会計の実現主義」とは異質なものであ」ることを強調されている。(111)

確かに、事業と家事が明確に分離された企業所得の観点で捉えれば、理論的には、事業所得者と法人所得は同一視でき(112)、法人税法二二条四項で客観的な規範性を持つ一般に公正妥当な会計処理の基準が尊重されているから、所得税法も同様に解する余地もあるかもしれない。しかし、法人における商品の販売については引渡基準が採用されるが、これは「反復、継続的に行われる商品売買に係る販売収益に関しては、当該商品の所有権の移転等を重視する法的基準よりも商慣習や当該商品の物的な移動が重視(113)」されたためであり、法人税法の領域においても実現原則が採用されているが（法人税法二二条二項）、無償取引規定をはじめとして、法人税法と所得税法の間には差異がある。そうすると、所得税法においては少なくとも別段の定めがない限り、企業会計に準拠することが明示されていない一時・偶発的な譲渡所得における実現ないしは所得税法における実現の基準は、租税法の目的である公平負担な課税の実現を立法化した法律の文言を手掛かりに、理解すべきである。

これを踏まえると、法三六条一項の解釈としては、「収入」と定めていることから、徴税上の便宜および納税者への配慮から、納税者への外部からの経済的価値の流入の事実の発生という課税のタイミングを判定する基準として実現原則が採用されている。この実現原則それ自体は、具体的判断の指針を示しているとは言い難い。しかし、納税者への配慮が流動性にあることからすると、対価の享受によって納税者の自由に処分しうる経済的利得となった場合には、納税資金の困難性が解消されることから、最後の段階と捉えることができる[114]。さらに、法三六条一項は、別段の定めを除いて[115]、「収入」に続けて「すべき」との文言を付していることから、当然に課税所得へ算入されるべき納税者への外部からの経済的価値の流入の蓋然性が高まった[116]といえる客観的事実の発生したときを捉えて課税時機を決定していると解される。このように理解することによって、「収入の権利が確定した場合には、その時点で所得の実現があったもの」と捉えることができるのである[117]。

したがって、実現原則判定の事実認定規範[118]として「外部との世界との間で取引が行われ、その対価を収受すべき権利が確定した時点をもって所得の実現時期[119]」を判定する法的基準として権利確定主義が確立してきたと解することができる[120]。権利確定主義を採用することで未実現利得に対する課税がほぼ排除されている[121]といわれる所以は、対価の実体が納税者の担税力を増加させる所得の現象形態であって、外部から客観的に把握しうる経済的利得を取得する権利が法によって明らかにされることにより、納税者に流入する経済的価値の事実の発生を安全・確実に認識することを担保する機能があることに求められる。

もちろん、ここでは権利発生主義でも右のことはいえるが、権利の確定というからには、権利が生じて経済的利得を得る可能性（possibility）があるだけでは不十分で、そこには蓋然性（probability）（可能性が高度であること）が求められているのであって、利益を確実に享受していると認められる必要がある[122]。そのためには、権利確定主義における「権利の確定」とは、単に権利が発生しただけでなく、権利等の性質・内容その他の諸事情の観点から、その経済的利得に対する権利等が具体的に実現する可能性が高度であると認められ[123]、その蓋然性が客観的な証拠によって裏打ちされた複数の事実によって認識できるようになった状態と解するべきである。この基準の中には、当然に、所得として認識する対象が、客観的数値（貨幣価値）により測定できるものでなければならないから、物の特定や金額が確定していることや何らかの外形的な表象によって取引完了の蓋然性が高いことが明確に示されている必要がある。[124]

したがって、例えば、物の売買契約（民法五五五条）では、物の特定や代金額が「確定」していることはもちろんのこと、その契約効力が有効に生じており、契約の目的物を売主が給付義務を履行する（引渡す）ことで、相手方は同時履行の抗弁権を失い、それと同時に、譲渡者の代金支払い請求権は強固なものとなる。[125]そればかりでなく、客観的な複数の事実によって、ほとんど間違いなく取引が完了される可能性が高まったときに、はじめて権利が確定し所得は実現したと解する余地が生まれるのである。

法が、実現原則を採用し権利確定主義を採用したのは、課税のタイミングを判定するに当って、常に現実収入のときまで課税することができないとしたのでは、取引が十中八九完了しているないしは当然に対価の享受が予定される時期が到来したにも関わらず、当然に支払われるはずの現金の受領を合理的な理由もなく、殊更に引き延ばすことによる納税者の恣意的な課税のタイミングの操作を防止し、納税者間の課税の公平を担保するためである。そのため、権利確定主義は、全額収受以前の複数の客観的な事象の発生を集積させて、徴税政策上の技術的見地から課税することを可能にしたのである。

確かに実務においても、現行所得税基本通達（三六－一二）は、資産の引渡しがあった日に収入すべき金額を計上すると定めているが、[126]一般的に譲渡の時点は引渡時点としつつも、納税者の自発的な選択（申告）という事実によって契約時に計上できるとする取扱いを定め、納税者の個々の取引に応じた実現の蓋然性を捉えようとしている。このように実現原則、行政執行上の便宜、そして納税者への配慮から、客観性・安全性・確実性が求められているにも関わらず、権利確定主義が弾力性を持つこととなるのは、私法の領域でも、民法一七六条を原則としつつも、特約が決められた場合に「判例は実質的には、代金支払い・引渡・登記時説に立っていると理解されつつある」(127)とされるように、所有権の移転は、物権契約の外部的徴表である代金の支払い・引渡し・登記などの時に確実に移転すると解されるようになってきているが(128)、未だ判例変更には至っていない(129)ことが理由として挙げられる。

また、課税のタイミングが、租税回避行為に用いられやすく、適正な所得の算定を可能にするための徴税政策上の技術的見地や金銭の時間的価値の視点から、いずれにしても早く課税することが公平負担の見地から好ましいと考えられてきた点、所得の性質と具体的事案に即した実現判定の多様性、その所得に対する権利の発生、そしてその所得に対する権利の確定が明確に区別されずに、権利確定主義が運用されている点も挙げられる。

ここで忘れてはならないことは、所得は、経済的に把握されているため、不法所得のような法律上の保護を受けられない所得の場合には、そもそも権利の確定という法的基準を用いて複数の客観的事実の発生を捉えることができない場合があるということである。この場合には、現金主義を排除している権利確定主義では、法的基準として正面から対応できない。そのため、判例(130)は、広義の発生主義である実現判定の基準(131)として、外部からの経済的利得が利得者の管理支配の下に入った（納税者の自由に処分しうる経済的利得獲得の蓋然性の増大）という事実の発生を捉える管理支配基準を用いて判断している(132)。判例(133)は、不法所得のような法律上の保護を受けられない所得のような権利確定主義が機能不全に陥る例外的な場合を超えて、管理支配基準を適用する場面があることには注意を要する。

この管理支配基準の特徴は、法律上の基準そのものを放棄し、納税者の手許にある現金に着目することが挙げられる。実現が、外部から納税者への経済的価値の流入という客観的事実の発生を意味し、法三六条一項の解釈上複数の客観的事実の発生の集積によって把握するため、現実の収入がなくとも権利確定主義により判定することを可能としている。他方で権利確定主義の例外と考えられるはずの管理支配基準は、判例・通説の否定する現金主義に非常に近似する。

このことから、所有権が基準ではなく、自主占有が権利確定主義の一つの内容に含まれる(134)とする見解もある。しかし、一時的な金銭の占有管理状態を捉えて、課税することとなれば、ただ預かっている状態であっても、担税力の増加として課税しなければならないこととなる。それは、所得と個人の結び付きをも軽視することとなり、不合理な結果を招来させることになるのではないだろうか。

そうだとすれば、権利確定主義が、経済的利得を法的に裏打ちされた客観的事実の集積によって、実現の蓋然性が高まった時に、所得を認識するのに対し、管理支配基準は、すでに現実に手許に入った経済的価値が、一定期間その事実状態が継続し[135]、その経済的価値を納税者が自由に処分し得る状態になる蓋然性が高まったことを裏付ける複数の事実の集積によって、実現の蓋然性を判定し所得を認識していると解すべきである[136]。

もっとも、あくまで管理支配基準は、不法所得のようなそもそも法律上の保護を観念できない権利確定主義が機能不全に陥る場合にのみ用いられるべきで、権利の確定が観念しうるならば、権利確定主義を用いるべきである。権利確定主義と管理支配基準は、代替的基準ではない。無闇に、管理支配基準を用いることは、国家と納税者の租税法律関係の安定を阻害する結果をもたらすことを決して忘れてはならない。

2　譲渡所得に対する課税の意義と法的構造

我が国における譲渡所得は、所得課税制度上、多くの論点を抱え、譲渡所得に対する課税のタイミングをめぐる議論も多く蓄積されている[137]。議論を分類するならば、①それを課税対象とすべきか[138]、②譲渡所得の意義と範囲に関わる事項、③譲渡所得金額の確定要素の事項、そして譲渡費用の意義と範囲、④それをどのように補足するのかという租税行政上の問題に至るまで数多くの問題が存在する[139]。

例えば、納税者が経済的価値を得た場合、納税者の支払う租税負担額は、どの所得区分に分類されるかによって納税金額の多寡が生じる。納税者にとって、当該所得がいずれの所得区分に分類されるか[140]は、極めて重要な問題であり、租税法実務においては実質と実定法（形式）の側面から譲渡所得区分をめぐる紛争が絶えない[141]。

法三三条一項は、譲渡所得を「資産の譲渡」による所得をいうと定義している。譲渡所得も、実現原則や権利確定主義の射程に入るのであるから、資産の譲渡よって外部からの経済的価値の流入の蓋然性があるときに課税のタイミングが到来するはずである。

ところが、判例は譲渡所得を、「資産の譲渡」によって得る「対価」ないしは「外部からの経済的価値の流入」とは解していない。譲渡所得課税の適用の可否が争われた榎本家事件最高裁判決[142]は、「譲渡所得に対する課税は、…（略）、資産の値上りによりその資産の所有者に帰属する増加益を所得として、その資産が所有者の支配を離れて他に移転するのを機会に、これを清算して課税する趣旨のものと解すべき」と述べ、この資産の増加益に対して課税することが譲渡所得課税の本質であると判示している。このような判例の考え方は増加益清算課税説と称され、今日の判例・通説となっている[143]。

譲渡所得の本質は、資産の譲渡による「対価」を「譲渡所得」の構成要素と観念するのではなく、その資産の所有者に帰属するキャピタル・ゲイン（capital gains）（所有資産の増加益・保有資産の含み益・過去の値上り分）を「所得」として、その資産の譲渡によって「実現した（realized）」段階で顕在化した経済的利得に対する課税である[144]。

つまり、譲渡所得に対する課税とは、「（資産を）手放した人（こと）[145]」への課税であり、ある資産の所有者の帰属の変更である「実現」の時点は課税のタイミングを決する重要な役割を果たしている。なぜなら、資産の移転の時は、増加益清算課税説においては清算時点であり、この機会を逃せば、保有期間中の未実現のキャピタル・ゲインに対して課税することができないからである。

したがって、「譲渡」という機会が生じた時点で課税する。その意味で、所有者が資産を保有し続け、単に含み益が生じている段階では課税がないという点で、資産の「譲渡」の時点は課税のタイミングを決する経済事象であることができる。[146]

そうすると、ある一年度の末に資産の値上り益に対する課税のタイミングは到来するが、所有者が資産を手放すというタイミングまで課税を繰延べ、その資産の所有者に帰属する繰延べられてきた未実現の利得（増加益）を所得として、その年々蓄積（bunching effect）してきた未実現の利得が、その資産が所有者の支配を離れて他に移転した機会に一挙に実現することになる。

繰延べられてきた未実現の利得が一挙に実現し、これに対して課税するのでは、一年間にキャピタル・ゲインは少しずつ値上りしてきたにも関わらず、高い累進税率が適用され税負担が加重になってしまう。このような弊害を是正する措置として、実現したキャピタル・ゲインに対しては平準化措置（averaging device）をとる必要がある。

そのため、実定法上は、法三三条三項は譲渡所得金額の算定方法を、その年中の総収入金額から当該所得の起因となった資産の取得費・譲渡に要した費用[147]の合計額を控除すると定め、法二二条二項二号は法三三条三項二号に定める長期譲渡所得（その資産の取得の日以後五年を超えて譲渡された所得）の平準化措置として二分の一課税する「定率課税除外法[148]」を採用している。

他の所得と比較した場合、譲渡所得に対する課税は、①課税除外（exclusion）、課税繰延（deferral）、特別の控除、分離課税の特別措置がある（例えば、法九条一項九号、二項ないしは租税特別措置法三一条以下。）。現行法の下では、とりわけ有価証券の譲渡益に二種類の特別措置が、土地・建物等の譲渡益にその時々に応じた政策目的実現のために種々の特別措置が、多く採られている。[149]

譲渡所得課税の法的構造の特徴としては、その「資産」の範囲を広く規定し消去法的に棚卸資産を除外する仕組みや、譲渡収入から資産の取得価格を控除する計算方法、長期譲渡所得に対する平準化措置があり、束ね効果がキャピタル・ゲイン軽課の根拠とされている。

法三三条一項の譲渡所得の起因となる「資産の譲渡」も、増加益清算課税説を根底に据えて理解されている。譲渡所得の起因となる「資産」とは、譲渡性のある（他人に移転可能な）財産権をすべて含む概念である。したがって、動産・不動産はもとより、借地権、無体財産権、許認可によって得た権利や地位で、「経済的な価値があり、他人に移転可能なあらゆるもの」[150]などが広く含まれ[151]、これは、一種の固有概念と考えられている[152]。

譲渡所得の起因となる資産概念は、「所有者の意思によらない外部的条件の変化に起因する資産の増加」がその範疇に入るが、法三三条二項一号に定める「たな卸資産」、「準たな卸資産」と「営利を目的として継続的に行われる資産の譲渡」、法三三条二項二号に定める「山林の伐採又は譲渡による所得」の「所有者の人的努力と活動の起因する資産の増加」はその範囲から除かれている[153]。

もっとも、実務では、資産概念の範囲について所得税基本通達三三－一が「譲渡所得の起因となる資産とは、法第三三条第二項各号に規定する資産及び金銭債権以外の一切の資産をいい、当該資産には、借家権又は行政官庁の許可、許可、割当て等により発生した事実上の権利も含まれる。」と定めていることから、金銭債権を除いて[154]、上記と同様に理解されている。

課税のタイミングと深く関連する譲渡所得の発生の原因となる「譲渡」は、実定法上に特別の規定がないのであるから、一般通常人の用いる通常の用法に従って理解される。そうすると、「譲渡」は、広く所有権を「ゆずりわたす[155]」行為となる。学説・判例は、有償・無償を問わず、譲渡所得の起因となる「資産」を移転させる一切の行為[156]を指す概念で、売買や交換はもとより、競売、公売、収用、物納、代物弁済、現物出資等が、それに含まれると解している[157]。「譲渡」には、「資産」の移転による対価がない無償による移転も含む概念であるから、贈与（民法五四九条）によって、資産に対する所有などの支配を他人（その資産の所有者以外の者）に引き継がせるあらゆる行為が含まれる[158]。

これに対し、法三三条一項、三項の具体的構造を重視し、譲渡所得は、抽象的な保有期間中の値上がり益ではなく、担税力の測定は算定方法である総収入金額から取得費等を控除した譲渡差益と理解すべきであるから、対価を伴う有償譲渡に限定するという有力な譲渡益所得説がある。[159]

ここで、増加益清算課税説と譲渡益所得説の対立が生じる。[160] 増加益清算課税説と譲渡益所得説との大きな違いは、所得の発生時点をいつの時点と理解するかである。譲渡所得課税の理論は、保有する資産の価格変動については、それが譲渡した時点を「実現」とする見解[161]（増加益清算課税説）と現実的な外部からの経済的価値の流入（獲得）をもって「実現」とする見解（譲渡益所得説）のいずれの説に立つかによって、譲渡所得課税の構造や趣旨にも多大な影響を与えることとなる。

現在、最高裁は、譲渡所得課税の趣旨について増加益清算課税説から譲渡益所得説へ一定程度の傾斜を示しているとも考えられるが、最高裁は、なお増加益清算課税説を支持している。[162]

実現を判定する際に、実定法は、収入と定めているのであるから、資産の譲渡により、「収入として実現したキャピタル・ゲインに対してのみ課税する」[163]と解することもできる。

上記の二つの見解は、実現時点が異なり見解が相違しているように見えるが、整合性のとれる場合もある。通常、自己の保有する資産を他者に移転させる場合には売買契約によることが想定される。対価が授受されて、直ちに資産が引渡される場合には、「実現原則」における「実現」と譲渡所得に対する課税のタイミングとしての「実現」は、同時に履行され、流動性の問題も解消されることから、乖離することはない。

問題は、外部から納税者への経済的価値の流入という客観的事実の発生が、資産の引渡しの前後を通じて、具現化しない場合である。贈与契約による無償の資産の移転の場合には、確かに資産の譲渡があったといえるが、外部からの経済的価値の流入を客観的に把握できない（客観的に測定するための金銭的価値で表されるものは、公正市場価格によるしかない）のであるから、納税者と租税行政庁の視点からは、所得の現象形態として何らかの経済的価値ないしはその移動が外形的に把握することが困難な状態に陥る。そこで、納税資金が確保できない納税者に課税のタイミングが到来するため、一般通常人の感覚から離れることとなる。

したがって、上記の対立は、課税理論と一般通常人の感覚との見解の相違に原因を求めることができる。確かに所得の基本理念たる包括的所得概念に照らせば、現実的な経済的価値の獲得を経て担税力の発生(164)（ないしは実現）と考える「実現」（有償）と「未実現」（無償）を区別せずに、納税者の得るキャピタル・ゲインは納税者が資産を取得したときから発生し得ると解すこともできるだろう。一方で、法人税法二二条二項のような、無償による資産の譲渡のような文言がないにも関わらず、一般通常人が法三三条一項には無償譲渡をも含むと解することができるのか、ないしは、実現原則からの乖離は許容されるのかという疑念も生じることは、当然といえる。

仮に、譲渡益所得説へ傾斜し、資産の意義が将来利益の現在価値として捉えられ、譲渡所得課税が、将来利益に対して移転時に課されるものであるとするならば、平準化措置の正当化根拠は、「収益時より課税時期が早まることへの保証(165)」ということもできるだろう。

(87)　収入金額の計上時機の変遷については、拙稿「譲渡所得課税における所得の認識基準に関する研究（1）」専大院五六号二二二頁以下（二〇一五）を参照されたい。
(88)　中里実「企業課税における課税所得算定の法的構造（五・完）」法協一〇〇巻九号一五九三頁（一九八三）は、具体的な事案について、その問題に即して法的に発展させられてきた租税法上の具体的な基準の集合体に対して与えられた名称が権利確定主義であると述べられている。
(89)　清永敬次「権利確定主義の内容」税経通信二〇巻一一号九四頁（一九六五）。なお、谷口（勢）・前掲注（84）二七三頁は、権利発生主義を「財産法型権利確定主義」、現行における権利確定主義を「損益法型権利確定主義」と区別されている。
(90)　金子・前掲注（5）一一七頁。このような見解に対して、渕圭吾教授は金子宏教授が経済上の帰属を明示的には観念していないことから、租税法における所得の計上時期は私法へ依存していると同時に法律上の帰属と経済上の帰属が混同されていることを指摘しておられる（渕圭吾「租税法と私法の関係」法学会雑誌四四巻二号二五頁以下（二〇〇九））。

(91) 金子宏「租税法と私法―借用概念及び租税回避について―」同編・前掲書（37）三八五頁（初出・租税六号（一九七八））、中里実「タックス・シェルターと租税回避否認」税研八三号六五頁（一九九九）。このような租税法と私法の関係を、谷口勢津夫教授は、「私法関係準拠主義」（谷口勢津夫「司法課程における租税回避否認の判断構造―外国税額控除余裕枠利用事件を主たる素材として―」租税三二号六〇頁以下（二〇〇四））とされ、占部裕典教授は、「私法関係絶対前提説」（同「最近の裁判例にみる「租税回避行為の否認」の課題―実体法的・証拠法的視点から―」税法学五五三号二七七頁（二〇〇五））と述べられている。

(92) 戦前の所得の計上時期については、碓井光明「『収入金額』『収益』の計上時期に関する権利確定主義についての若干の考察～その生成と展開」税理二一巻一〇号五頁以下（一九七五）、植松守雄「収入金額（収益）の計上時期に関する問題」租税八号三七頁、五一頁以下（一九八〇）、忠佐市『課税所得の概念論・計算論』三八三頁以下（大蔵財務協会、一九八〇）を参照されたい。

(93) 田中勝次郎『所得税法精義〔改訂版〕』一六八頁以下（厳松堂書店、一九三六）。

(94) 田中（勝）・同上書二一八頁以下。

(95) 民法における学説・判例の通説は、契約時説である（最判昭和三三年六月二〇日民集一二巻一〇号一五八五頁、最判昭和三八年五月三一日民集一七巻四号五八八頁、最判四〇年一一月一九日民集一九巻八号二〇〇三頁、末弘嚴太郎『物権法　上巻』六三頁（有斐閣、一九二二）、我妻栄著有泉亨補訂『新訂　物権法（民法講義Ⅱ）』六一頁（岩波書店、一九八三））。すなわち、原則として売買契約成立（債権関係の発生）の時と同時に所有権も移転する（物権変動が生じる）と解する（近江幸治『民法講義Ⅱ　物権法〔第3版〕』五六頁（成文堂、二〇〇九））。

(96) 我妻栄ほか『民法1　総則・物権法　第三版』二八〇頁（勁草書房、二〇〇九）。

(97) 旧所得税基本通達一九四、旧同通達一九四～二〇四の定める計上時期の特徴については、植松・前掲注（92）三六頁以下参照。

(98) 大蔵省主税局編『ファイナンス・ダイジェスト10／改正国税詳解（昭和二六年度版）』一一二頁（大蔵財務協会、一九五一）。

(99) 黒澤清＝湊良之助『企業会計と法人税法―調整実務から損益計算まで―』一二一頁（日本税経研究会、一九五五）。

(100) 企業会計基準審議会「税法と企業会計原則との調整に関する意見書（小委員会報告）」税経通信七巻一四号附四頁（一九五二）。

(101) 佐藤孝一「調整意見書の根本思想」会計四巻八号二〇頁以下（一九五二）。

(102) 植松・前掲注（92）四三頁、谷口（勢）・前掲注（84）二七二頁。

(103) 企業会計基準審議会・前掲注（100）付録、忠佐市「権利確定主義の発想批判」税経通信一九巻七号四八頁以下（一九六四）、忠佐市「権利確定主義からの脱皮」税経通信二〇巻一一号六五頁以下（一九六五）、忠佐市「権利確定主義の提言」税経通信三五巻一二号二頁以下（一九八〇）参照。

(104) 調査したうち、最初に実現主義と権利確定主義を結びつけて主張されている注目すべき見解として、吉國二郎「税務における収益計上基準の理論」産業経理一六巻一〇号一四四頁以下（一九五六）を参照されたい。昭和三八年税制調査会答申では「税法は、期間損益の決定のための原則として、発生主義のうちいわゆる権利確定主義をとるものといわれている」（税制調査会「所得税法及び法人税法の整備に関する答申」一五頁（一九六三））としている。

(105) 田中二郎『租税法〔第三版〕』五〇二頁（有斐閣、一九九〇）、金子・前掲注（7）二九三頁以下、水野（忠）・前掲注（29）二五二頁、増田・前掲注（4）一五一頁、中里実ほか・前掲注（61）一一七頁以下、佐藤（英）・前掲注（61）二四二頁以下。

(106) 最判昭和四〇年九月八日刑集一九巻六号六三〇頁、最判昭和四九年三月八日・前掲注（63）一八六頁。

(107) 最判昭和五三年二月二四日民集三二巻一号五〇頁。

(108) 中里・前掲注（88）一五九三頁。

(109) 会計学における発生の事実の認識にあたっては、主観的判断の介入する余地が多分に存在するという危険性があり、不確実な収益（未実現利得）の計上を排除する保守主義の原則からも容認できない（加古・前掲注（70）一四五頁）。

(110) 金子・前掲注（70）二八三頁。

(111) 水野（忠）・前掲注（29）二五四頁以下。

(112) 松沢智『新版租税実体法（補正第2版）』二〇二頁（中央経済社、二〇〇三）。

(113) 品川芳宣「棚卸資産」日税二二号三三頁（一九九二）。

(114) この点につき、解約手付金は、両当事者が契約の解除権を留保し、これを行使した場合の損害賠償額となるもの（最判昭和四〇年九月八日・前掲注（106）六三二頁）で、実現の現金受領とは区別すべきである。

(115) 法三六条三項は、「支払いを受けた金額」とし、法六七条は「収入した金額」と定め、例外的に現金主義を容認している。

(116) 最判昭和四六年一一月九日・前掲注（63）一一二〇頁、木村弘之亮「所得税法における包括的所得説と発生主義の接点」税法学五六二号四三頁（二〇〇九）。

(117) 谷口勢津夫教授は、「所得の実現を主要事実（要件事実）＝、収入すべき権利の確定＝間接事実」と捉え、管理支配基準は、所得の実現という主要事実を推認させる間接事実として捉えられている（谷口（勢）・前掲注（69）一五四四頁）。同旨、泉絢也「所得の実現の判断過程において機能する経験則」税務事例四七巻一二号二六頁以下（二〇一五）。

(118) 谷口（勢）・前掲注（84）二八九頁、酒井克彦『所得税法の論点研究―裁判例・学説・実務の総合的検討―』三一四頁（財務詳報社、二〇一一）。

(119) 金子・前掲注(70)二八四頁。

(120) 最判昭和四〇年九月八日・前掲注(106)六三〇頁、最判昭和四九年三月八日・前掲注(63)一八六頁、金子・同上論文二八三頁、清永・前掲注(29)一〇〇頁、水野(忠)・前掲注(29)二五二頁、佐藤(英)・前掲注(61)二四四頁以下、谷口(勢)・前掲注(84)二八五頁以下参照。また、「権利」は評価を経て確定するもので、直接の事実として扱うべきではなく、評価的要件であるとする見解として、酒井克彦「法人税法における要件事実」伊藤滋夫＝岩﨑政明編『租税法における要件事実論の展開』三三〇頁(二〇一六)。

(121) 岡村・前掲注(68)四八頁。

(122) 松沢・前掲注(6)一四四頁。

(123) 松山地判平成七年二月二四日訟月四二巻一〇号二五四一頁。

(124) 植松・前掲注(92)四三頁、渡辺伸平「税法上の所得をめぐる諸問題」司法研究報告書一九輯一号五八頁(一九六七)。

(125) 金子宏教授は、これを無条件請求権説と呼称され(金子・前掲注(70)三〇四頁)、清永敬次教授は、これを権利確定主義とする(清永・前掲注(89)九三頁)。納税者の義務の履行の完了に着目するものとして、最判平成一〇年一一月一〇日集民一九〇号一四五頁。

(126) 昭和二六年所得税基本通達は昭和四五年に改正され、その内容は現行と変わりはない。昭和四五年所得税基本通達については、和田正明『権利確定主義についての一考察―資産の譲渡・贈与を中心として―』税大論叢九号一三頁以下(一九七五)。

(127) 近江・前掲注(95)五八頁。

(128) 物権の独自性(契約の意思表示のほかに別個独立の意思表示(物権行為))を必要とする物権行為時説については末川博『物権法』六三頁以下(日本評論社、一九五六)参照。さらに、物権の独自性を否定する立場から同じ理論を導く見解がある。有償説(代金支払い時説)は、物権変動は、その契約効力として行われるもので、代金支払い等はその効力の完成のための事実行為にすぎず、所有権の移転は有償契約の本質である対価的牽連性＝同時履行の抗弁権から導かれるのであって、所有権に対応するものは代金であるから、代金支払い時に所有権が移転するとする見解(川島武宜『新版　所有権法の理論』二二二頁以下(岩波書店、一九八七))。また、物権の独自性と物権変動時期は相伴う必要はないとし、引渡し・登記・代金支払いのうち、何れか先にされた時であるとする代金支払い・引渡し・登記時説がある(舟橋諄一『法律学全集18　物権法』八七頁(有斐閣、一九六〇))。

(129) 近江・前掲注(95)五八頁。

(130) 最判昭和四六年一一月九日・前掲注(63)一一二〇頁、金子・前掲注(70)三〇二頁以下。

(131) 田中治「税法における所得の年度帰属――権利確定主義の論理と機能」経済研究三二巻二号一九七頁(一九八六)は、実現主義の最狭義の理解として実現主義と現金主義は同一であるとしている。

(132) 金子・前掲注(70)三〇四頁。
(133) 最判昭和五三年二月二四日・前掲注(107)五〇頁。
(134) 渕・前掲注(82)二一三頁以下。
(135) 佐藤英明教授は、「その収入を保持し続ける蓋然性」（佐藤・前掲注(61)二五三頁）とされる。
(136) 松沢智教授は、確かに、占有権、準占有権を法的基準とすべきとするが、一方で、法律状態と異なる事実状態が一定の期間継続することを尊重するということを、含意されている。（松沢・前掲注(112)一一〇頁以下）。
(137) 金子宏「所得税とキャピタル・ゲイン」同編『課税単位及び譲渡所得の研究』八九頁（有斐閣、一九九六）（初出：租税三号（一九七五））。
(138) 譲渡所得課税により、資産の移転が妨げられ投資活動や経済発展に影響を与えてしまうという冷結効果（freezing effect）・封じ込め効果（look-in effect）の問題がある。
(139) 拙稿・前掲注(87)一九〇頁以下参照されたい。
(140) 譲渡所得の起因となる「資産の譲渡」の範囲は、その所得が保有者の意思によらない外部的条件の変化（たとえば「物価の高騰、環境や社会情勢の変化に起因し」（東京高裁昭和四八年五月三一日（税資七〇号二〇〇頁）判決）た資産の値上りであり、かつ、その譲渡が一時的・散発的に譲渡していることがその範囲に属することとなる。
(141) たな卸資産（または準たな卸資産）とする目的で購入したわけではなく、長年固定資産として保有していたものを何らかの理由により所有目的を変更させ、所有者自身の人的努力と活動によって当該資産に資産価値を増加させ（新たな付加価値をつけ）て譲渡する場合に、その全体を一律に事業所得または雑所得として課税することは、所得の実体に即した課税とはいえない。そこで、形式的ではなく実質を見るべきとする二重利得法が主張されている（金子宏「譲渡所得の意義と範囲―二重利得法の提案を含めて―」同編・前掲書(137)二三八頁（初出：法曹時報三〇巻五号（一九七八）、三一巻三号（一九七九）、三一巻七号（一九七九）、三二巻六号（一九八〇）））。現行所得税法基本通達三三―三は、譲渡資産の保有期間の基準が一〇年とされ、金子宏教授は五年とされている。反対、占部裕典「土地の譲渡による所得区分―所得税基本通達三三―四、三三―五及び二重利得法の検討―」『租税法の解釈と立法政策Ⅰ』二八頁（信山社、二〇〇二）。
(142) 最判昭和四三年一〇月三一日集民九二号七九七頁以下参照。
(143) 金子・前掲注(7)二四六頁、水野（忠）・前掲注(29)二〇六頁、増田・前掲注(53)一一七頁、福家俊朗「土地の公共性と租税の法理の相克―土地問題と租税制度をめぐる法理論的課題―」法政論集一四三号一六頁（一九九二）。
(144) 増田・同上書一一七頁、佐藤（英）・前掲注(61)八六頁、水野（忠）・同上書二〇六頁、金子宏「譲渡所得の課税」同編・前掲書(37)六二六頁（初出：日税五〇号（二〇〇二））。なお、岡村忠生教授は、譲渡所得における資産の「譲渡」を実現と呼ぶのか否かは、用語の選択の問題であるとされる（岡村・前掲注（60）一〇四頁）。
(145) 佐藤（英）・同上書八六頁、谷口勢津夫「所得の帰属」金子編・前掲書（82）一七九頁以下、岩﨑政明「他人名義株式に係る配当所得・譲渡所得の帰属」税事三三号四三頁以下（一九九六）。
(146) 渡辺（徹）・前掲注（60）六五頁。
(147) 「所得金額の計算の通則」の法三六条～三八条のうち、全ての各種所得の金額を通じて適用されるのは、収入金額の三六条のみというべきで、必要経費に関する三七条の適用は不動産・事業・雑の各所得に限られ、三八条は譲渡所得のみについての控除項目である（岡村忠生「譲渡所得課税における取得費について（一）」論叢一三五巻一号一八頁脚注（9）（一九九四））。
(148) 金子宏「キャピタル・ゲイン課税の改革―問題点の原理的検討―」同編・前掲書（137）三〇三頁（初出：総合研究開発機構報告書（一九八六））。
(149) 現行租税特別措置法の概要については、金子・前掲注（7）二六六頁以下、それらの規定の解釈の在り方については、谷口智紀「租税特別措置法における要件事実論」伊藤＝岩﨑編・前掲書（120）四〇三頁以下を参照されたい。
(150) 佐藤（英）・前掲注（61）八七頁。
(151) 金子・前掲注（7）二四七頁、佐藤（英）・同上書八七頁、水野（忠）・前掲注（29）二一九頁。最高裁平成一八年六月三〇日（税資二五六号順号）判決の是認する名古屋地裁平成一七年七月二七日（判タ一二〇四号一三六頁）判決は、資産とは「一般にその経済的価値が認められて取引の対象とされ、資産の増加益の発生が見込まれるすべての資産を含む」と判示する。
(152) 金子・同上書二四八頁。
(153) 金子・同上書二五二頁以下参照。
(154) 所得税法三三条の本法に明文の規定がないにも関わらず、通達によって金銭債権を譲渡所得の起因となる資産から除外する取扱いに疑問を呈する見解として、増田英敏「判批」ジュリ一三三九号一八二頁（二〇〇七）、金子・前掲注（144）六二八頁、三木義一＝大森健「判批」三木義一ほか編『〔租税〕判例分析ファイルⅠ　所得税法編』二四六頁（税務経理協会、二〇〇六）。
(155) 我妻・前掲注（95）三一〇頁、岡村・前掲注（60）一〇五頁、法令用語研究会編『有斐閣　法律用語辞典〔第４版〕』五九九頁（有斐閣、二〇一二）、新村出編『広辞苑　第６版』一三八八頁（岩波書店、二〇〇八）。
(156) 最判昭和五〇年五月二七日民集二九巻五号六四一頁以下、名古屋地裁平成一七年七月二七日・前掲注（151）一三六頁参照。
(157) 金子・前掲注（7）二四八頁、佐藤（英）・前掲注（61）八八頁、水野（忠）・前掲注（29）二一九頁。
(158) 佐藤（英）・同上書同頁。
(159) 田中（治）・前掲注（66）六九頁、大塚正民「みなし譲渡に関するシャウプ勧告とアメリカ税制との関連（２・完）」税法学三〇七号一〇頁（一九七六）、水野武夫「譲渡担保と譲渡所得課税」北野弘久編『判例研究日本税法体系３』八〇頁（学陽書房、一九八〇）、竹下重人「譲渡所得課税の二、三の問題点」シュト一〇〇号一〇八頁以下（一九七〇）、伊川正樹「譲渡所得課税における『資産の譲渡』」税法学五六一号四頁（二〇〇九）。

(160) 首藤重幸「第7章　キャピタル・ゲイン課税をめぐる諸問題」水野正一編『第五巻　資産課税の理論と課題〔改訂版〕』一五〇頁（税務経理協会、二〇〇五）。

(161) 岡村忠生「第2章　個人への所得課税」岡村ほか・前掲注（10）六五頁。同旨の見解として、水野（忠）・前掲注（29）二〇六頁、二二二頁、増井良啓「転々譲渡と所得税（2）」税事三七号七四頁（一九九七）、税制調査会「我が国の現状と課題—二一世紀に向けた国民の参加と選択—答申」一一三頁（二〇〇〇年七月一四日）。

(162) 佐藤（英）・前掲注（61）九六頁、一一九頁以下、最判平成一八年四月二〇日集民二二〇号一四一頁参照。

(163) 金子・前掲注（7）二五三頁。

(164) 西本靖宏「譲渡所得課税のあり方」金子宏編『租税法の発展』一〇五頁（有斐閣、二〇一〇）。忠佐市教授は、時価主義課税方式を「毎年査定説」とされ、実現主義課税方式を「譲渡時課税説」とされ、さらに毎年査定説の課税対象とする所得を「発生所得説」、譲渡時課税説の課税対象とする所得を「実現所得説」と区別されている（忠・前掲注（92）一六三頁）。

(165) 岡村忠生「資産概念の二重性と譲渡所得課税」論叢一七〇巻四・五・六号二六〇頁（二〇一二）。

三　譲渡所得課税のタイミングと課税の繰延べ

1　課税の繰延べと金銭の時間的価値

キャピタル・ゲインの定義の手法には二つの類型がある。(166) まず、発生型（accrual model）によれば、金銭（または現金同等物（its equivalent））に転換した（converted）か否かに関わらず、キャピタル・ゲイン（またはロス）は、資産の価格の増加（減少）と定義される。第二の実現型（realization model）によれば、キャピタル・ゲイン（またはロス）は、資産の処分（disposition）（または他の何らかの「実現」事象（“realization” event））によって現れる所得（損失）として定義される。この定義に従えば、我が国における譲渡所得は、「発生型」のキャピタル・ゲインを採用しているといえる。このことは、所得が経済的に把握され未実現のキャピタル・ゲインも、所得としての性質を失うものではないから、「経済的な利得の現実的獲得とは切り離して所得の発生（＝担税力の増加）をみる」[167]ことが可能であり、また譲渡所得課税制度が増加益清算課税説の観点から理解されていることからも説明できよう。

しかし、我が国では、発生型を採用すると同時に、個人間における有償譲渡の場合には、その実現した金額に対して、それまで繰り延べられてきた未実現のキャピタル・ゲインが顕在化し、その顕在化した利得に課税をするから、「発生型」と「実現型」の双方を用いるものである。ただし、増加益清算課税説を採用する我が国の譲渡所得課税制度では、みなし譲渡規定のように、資産の譲渡という「実現」事象時に課税のタイミングを決し、価格の実現を擬制することから、「発生型」のキャピタル・ゲインが色濃くにじみ出ているものといえる。

発生型のキャピタル・ゲインを採用する我が国では、未実現のキャピタル・ゲインの発生は資産を取得した時点から生じることとなる。譲渡所得は、資産を手放さずに保有している限り、毎年未実現のキャピタル・ゲインが生じることとなる。したがって、一定期間の適正な所得を算定するためには、これを評価し（以下、「値洗い」という）、その評価益をその年分の譲渡所得金額の計算上、収入すべき金額として計上し、課税すべきことになる（「時価主義方式[168]」）。このように、総合所得税や公平負担の原則の理念からは、人為的に設けられた期間の納税者に帰属する純資産の増加を課税対象としていることから、本来、値洗いが予定されており、時価主義が包括的所得概念の定義そのものにさかのぼる根本的な考え方となるはずである[169]。

現行の制度は、実定法によって人為的に期間を設けて（国税通則法一〇条、同一五条）、所得の発生とは別に、実現によって、ある所得がどの年度の所得として課税されるのかを決定している。しかし、所得を実現によって認識するのとは別に、ある所得の発生を日や時間という観念で捉えることができるのであれば、譲渡所得に限らずあらゆる所得について、時価主義方式が妥当する可能性を払拭できない[170]。

もっとも、その発生した利得は、租税行政執行上の便宜と納税者へ配慮すべき未実現の利得（unrealized gain）であるから、未実現の利得には原則として課税しないとする立法政策上の考え方により課税は繰延べられている。[171]

ここに、課税繰延（tax deferral）とは、譲渡所得課税制度、株式交換等に係る譲渡所得の特例（法五七条の四）や収用補償金で代替資産を取得した場合に資産の譲渡がなかったものとする制度（租税特別措置法三三条）等[172]のように、ある所得を現在は課税の対象から除外するが、後に課税することをいう。[173]したがって、課税繰延とは、課税対象として所得を構成するもののうち、一定期間の課税年度に発生したはずのある所得を課税の対象から一旦除外した上で、その課税年度での課税の延期を行い、後の課税年度において除外した所得を課税することである。[174]

そうすると、譲渡所得に対する課税は、課税の繰延べを用いることで納税者に帰属する未実現のキャピタル・ゲインを一定期間の課税所得である認識する納税者の純資産の増加の範囲から除外している。その課税の対象から除外された所得は、次回以降の課税のタイミングで取り戻され課税されるから、恒久的に所得を免除ないしは排除するのではなく、今回の課税のタイミングでの譲渡所得に対する課税は延期されたに過ぎない。[175]

増加益清算課税説に課税繰延を意識してあてはめると、資産の値上りにより（ある一年度の末に資産の値上り益に対する課税のタイミングは到来するが所有者が資産を手放すというタイミングまで課税を繰延べ）、その資産の所有者に帰属する増加益（次の課税のタイミングまで繰延べられてきた未実現の利得）を所得とし、年々蓄積されてきた未実現の利得が、その資産が所有者の支配を離れて他に移転するのを機会に（今まで課税のタイミングが延期されて繰延べられてきた未実現の利得が今回の手放されたタイミングで）一挙に実現する（課税のタイミング）から、これを清算して課税するものということができる。

すなわち、未実現のキャピタル・ゲインは、実現するまで、税務上の弊害から所得として認識されないから、実現と課税繰延は、緊密に機能している。[176]したがって、譲渡所得は、実現まで、課税が繰延べられているため、これに合わせて取得費の控除の時期も実現時まで繰延べられている。[177] この譲渡所得に対する課税の繰延べは、最も単純な形の課税繰延の類型である。その意味で、課税繰延の「第0類型[178]」ないしは基本型といえるだろう。

仮に、譲渡所得課税が、未実現の利得であっても時価主義方式の採用[179]または消費型所得概念を採用するのであれば、このような平準化措置をとる必要はない。その意味で、時価主義は、一定期間内の未実現の利得を強制的に値洗いし、価格の実現の機会を広げるものであるから、「時価主義そのものが、すべて一種のみなし『実現』である[180]」と考えることもできるだろう。

伝統的に、時価主義方式や消費型所得概念の観点からは、包括的所得概念における課税のタイミングを変化させることの効果は、納税者に便益をもたらすものと批判の対象とされてきた。[181]

確かに、税負担の公平の観点からは、納税者の一時点の所得を測定して担税力に応じた課税の実現を指向するから、課税の繰延べを受ける者と課税の繰延べを受けない者を比べるならば、課税の繰延べを受ける者に帰属する所得を一先ず課税所得の範疇から除外することとなるから、その時点における適正な所得に対する課税は、課税の繰延べを受けない者と比べ公平な税負担を害しているといえる。

この課税繰延の効果については、大別すると①税率に着目したものと②収益率に着目したものに分けることができる。[182]

①では、課税繰延の効果を、所得をいずれの年度に認識・帰属させるかという所得の年度帰属に関する法的技術と時間の問題[183]で取り扱われる。第一に、税制改正での減税（増税）が予定されている場合に、納税者の計上のタイミングを減税後（増税前）にずらした方が有利であり、租税行政庁は、減税（増税）の場合には課税のタイミングを早める（遅らせる）方が有利である。第二に、累進税率の下では、所得の平準化（分割）をした方が納税者に有利であり、これに対して租税行政庁は、所得をできるだけ束ねて、高い累進税率を適用することで多額の租税歳入

を確保することができる。第三に、インフレ（デフレ）のときには、貨幣価値が下落（上昇）するため、納税者は、租税の支払いについては、繰延べるほど不利益（利益）を得ることになる。

例えば、単純累進税率の下で、一年目に四〇％の課税段階に服し、二年目に二〇％の課税段階に服す所得を有する納税者がいるとする。納税者に柔軟に所得の認識の時期を操作することを許容する租税法は、より低い税率の利益を享受するために二年目に所得を移すインセンティブを納税者に与えるだろう。この例では、所得の認識の時期を一年目から二年目に移すことは、二〇％の租税を回避することに等しい[184]。より一般的には、そのときまで所得を繰延べるないしは過去の年度に所得を帰属させることが可能な場合には、納税者に、より低い段階税率で租税を支払うための機会を与えることになる。

②では、課税繰延とそれが税負担の公平に与える影響について、金銭の時間的価値（time value of money）の存在として議論される[185]。金銭の時間的価値の存在を肯定する場合には、通常、プラスの利子率（interest rates are positive）が前提とされる[186]。ここで欠かすことができない、その利子率の利益を受ける者と利益を受けない者の差を理解するにあたっては、必ず、生涯等という課税標準算定期間の長期的視点が不可欠である。

現在の納税者の負担と対比する場合、長期的なプラスの利子率の影響により、その期間で繰延べられた税額は利子相当額の果実が生じることになる。例えば[187]、ある納税者が、何らかの追加的費用がないという前提において、二〇二五年に二〇一五年の所得に関する一〇〇万円の租税債務を支払う機会が与えられたとする。その納税者は、その期間に一〇〇万円を運用（the use）できる。つまり、その一〇〇万円を利用して、収入を稼得するための能力を得ることができるだろう。これは、純粋な金銭の時間的価値の利益である[188]。

これを具体例で示すと、ある納税者が、税引き後五％の利益を獲得でき、一〇年間一〇〇万円の租税債務を延期する場合には、租税債務の現在価値は、一〇〇万円から六四万一千円に減少する。そうすると、納税者は、一〇年間の猶予ないしは租税債務の延期が与えられた場合に、一年後に支払うはずだった一〇〇万円を得る目的で、今日六四万一千円だけ（五％で投資して）確保する必要がある。これに対して、今日、租税債務一〇〇万円を支払う納税者は、明確に一〇〇万円を支払う必要がある。

そのため、課税の繰延べが短ければ短いほど税負担の減少は少なくなる結果となるが、課税のタイミングを先延ばしにすればするほど、税負担は大幅に減少する結果となる。所得の繰延べの価値、つまり、繰延べの核心は、繰延べる年数の租税を支払い、そして税引き前の税率（例えば無税）で利益を獲得することに等しいのである。(189) 仮に、毎年度定期的に租税を支払うことが通常のルールであれば、繰延べの価値は、その繰延べられた年数の利子所得に対する税を支払わないことと同じぐらい重大である。(190)

なぜ、キャピタル・ゲイン課税で、課税繰延が問題視されるかといえば、資産を長期間保有することにより、本来、一定期間で値洗いされるはずの未実現のキャピタル・ゲイン（個人の担税力の増加）の税額から得られる利益が考慮されずに、実現時点で算定された税負担のみを支払う結課をもたらすからである。ここに、「課税繰延が、実質的に（部分的にではあれ）課税除外と同じ経済的効果を有するに他ならない」(191) といわれる所以がある。もし、ある納税者の生涯のなかで、資産の未実現のキャピタル・ゲインが実現されなければ、その納税者に帰属していた未実現のキャピタル・ゲインを免除するばかりか未実現のキャピタル・ゲインの税額から得られた利益があった場合には、これを除外することと同じになる。(192)

もっとも、繰延べられる現実のものは、所得ではなく、所得に対する課税それ自体である。(193) したがって、繰延べの利益について考察する場合には、ある課税からの恒久的な免除の総額ないしは繰延べられた所得がどれ程の価値を構成するのかをあいまいにすべきではない。

しかし、仮に、ここに課税繰延べに対する利益を排除するために、実現を放棄し、時価主義をとることを選択したとする。そうすると、配当というインカム・ゲインに着目して課税する配当所得と譲渡所得における株式から生じる未実現のキャピタル・ゲイン（ロス）への課税を繰延べ、実現というタイミングで課税することによる所得の峻別ができなくなる。つまり、課税のタイミングで所得が区別されているため[194]、これら二つの所得は統合される必要があり、その所得区分が不必要になることになる。

したがって、譲渡所得における課税のタイミング（実現）は、極めて重要な役割を果たしており、その所得そのものの存続に影響を与えるものである。租税法で、所得（費用）の年度帰属や課税のタイミングが議論されることの真の意味は、例えば、費用収益対応の原則等の会計上の技術にあるのではなく、人が時間の経過とともに、物的および人的資本を用いて価値を生み、消費を行う過程である経済活動の効果に着目すれば、課税のタイミングを決することにあるのである[195]。

2　課税の繰延べ防止とみなし譲渡所得課税

それでは、法三三条の譲渡所得の実現時期は如何に解すべきだろうか。実現があれば収入金額が生じるとする見解[196]からは、法五九条一項は課税のタイミングについて、実現金額が生じる法三三条一項の特例であり、実現原則に関する特例と位置付けられている。そうであるならば、法五九条一項は、未実現の利得に対する例外規定となるが、そこでは、キャピタル・ゲインは実現すると解されているのだろうか。つまり、課税のタイミングをも擬制することになるのだろうか。

みなし譲渡課税規定は、実現したキャピタル・ゲインが具体的に顕在化した実現した金額に対して課税する原則的な考え方（法三三条）と相反して、個人からの限定承認に係る相続もしくは遺贈、法人に対する著しく低い価格（法施行令一六九条）による譲渡や贈与[197]は、時価（譲渡時における客観的交換価値（市場価値[198]））によって譲渡したものとみなされる。また、法五九条二項は個人間のみなし譲渡規定に該当する場合の譲渡者の損失（実現した譲渡損失）を出すことを禁止している。

一方で、みなし譲渡課税規定と表裏の関係にある法六〇条の取得価格の引継ぎ（課税繰延）[199]規定は、みなし譲渡規定に該当しない個人間における贈与、限定承認以外の相続あるいは遺贈または低額譲渡の場合に、譲渡者の取得価格がそのまま維持される。実現したキャピタル・ゲインへの課税が繰延べられ、譲受者が譲渡する際に前所有者の保有期間の値上り益と譲受者の値上り益を併せて課税する仕組みである[200]（同法六〇条一項）。また、同法六〇条二項では、同法五九条一項に該当する行為によって資産を移転した場合には含み益は清算されるため、その資産の取得価格は時価で取得したものとされる。

課税の繰延べがされてきた譲渡所得に対するさらなる課税の繰延べは、公平負担の見地から許されるべきものではない、と歴史的に批判の対象とされてきた。昭和二二年に始まった税制の基本的転換の試みは、シャウプ勧告に基づく公平な税制の確立を最大の目的とした全面的改革[201]によって完成され、同勧告では、譲渡所得課税制度は重要な柱であるとされている[202]。

シャウプ勧告では、譲渡所得（損失）に関する重要な部分として、「生前中たると死亡によるとを問わず、資産が無償移転された場合、その時までにその財産につき生じた利得または損失は、その年の所得税申告書に計上しなくてはならないということである。このことは、所得税を何代にもわたってずるずるに後らせることを防止する上において重要である[203]」と述べて、贈与または死亡時に実現した譲渡収入金額がないからといって、課税をせずに納税者に無制限に繰延べて譲渡所得課税を免れさせることを防止するために必要性があることを指摘している。

さらに、譲渡所得は理論的には資産価値の増加を毎年査定して課税する時価主義を採用すべきであるが、実際には困難であるから、「所得は、納税者がその資産を売却して、所得を現金または他のより流通的な資産形態に換価した（筆者傍点、注：realizes（実現した））場合に限って、課税すべきものとされている。この換価（筆者傍点、注：realization[204]（実現））が適当な期間内に行われている限り、課税は僅かに延期されたにすぎず基本原則の重要性は何ら害されはしない。しかし、資産所得の算定を無制限に延期すれば、納税者は本来ならば課せられるべき税負担の相当部分を免れることができるから、無制限の延期は防止する必要がある。これを防止するもっとも重要な方法の一つは、資産が贈与または相続によって処分された場合に、その増加を計算して、それを贈与者または被相続人の所得に算入せねばならないもの[205]」として、無制限の課税の繰延べに対処すべきことを勧告している。

また、シャウプ勧告では、みなし譲渡規定を設けることは、納税者が所得を実現（売却または交換）させずに、贈与や死因移転によって譲渡所得に対する課税を免れるという傾向を改善させることができ、さらに、実現金額を実現させなかった場合でも、資産の増加益に対して課税することで課税の繰延べを防ぐ効果を持つとしている。ここでは、「何れにせよ早晩納めなければいけない[206]」ことが強調されている。同勧告により、昭和二五年に旧所得税法（昭和二五年法律第七一号）五条の二は、現行法五九条一項の前身規定として設けられた[207]。

みなし譲渡規定の創設の経緯を勘案すると、みなし譲渡規定は、無償（または著しく低い価格）の資産の移転行為によって実現原則による譲渡所得の実現を回避し、課税の無期限の延期による課税を逃れることを防止することで、課税の公平を図ることを目的として創設された。つまり、総収入金額として所得を顕在化させないことによる課税繰延に対処するために、譲渡した際に収入金額を擬制する法三三条三項の特例措置である。

シャウプ勧告において、「実現」は、資産が売却されて金銭的流通価値に換価されたときと捉えており、包括的所得概念に馴染みのなかった我が国では、「その値上がり等による増加益が現金化その他の物に換価されて実現されたとき[208]」に、初めてその年分の譲渡所得の収入金額を計上し、課税の清算を行うことと解されていた。みなし譲渡規定創設当時、当該規定は、実現原則を利用することによる課税繰延を防止することに、主眼があったといえる。

もっとも、榎本家事件最高裁判決(209)では、みなし譲渡規定は対価を伴わない資産の移転の場合にも、その資産に既に生じている増加益は、「この移転の時期に右増加益を課税の対象とする」と判示し、キャピタル・ゲインは、その資産の過去の値上り益であるから、無償（ないしは著しく低い価格）による資産の移転時点に、具体的に時価によって把握することができ、その時点で、未実現のキャピタル・ゲインが顕在化するとした。当該判決で、創設時に実現原則によって判定されていた課税のタイミングが、譲渡の段階へと変動して理解されていることが確認できる。また、「無償や低額の対価による譲渡にかこつけて資産の譲渡所得課税を回避しようとする傾向を防止するうえからするも、課税の公平負担を期するため妥当なもの」と判示して、公平負担の原則を阻害する課税のタイミングであった実現原則を用いた譲渡所得課税の回避を防止することを目的とした当該規定の妥当性を述べている。

判例によるみなし譲渡規定の理解によれば、法三三条の譲渡所得課税と同様に、資産の移転時期（実現）に課税対象たる所得となるが、贈与・遺贈等の場合には可視的に把握しうる譲渡所得金額は顕在化しないため実現原則の要件を満たさないばかりか、何らかの金銭的価値に結び付けないと所得を評価できず課税することができない。そのため、みなし譲渡規定は、法が実現原則を採用していることから、例外的・強制的に可視的に把握し得る譲渡所得金額の価格を公正市場価格で実現したものとして擬制して課税することとした。その意味で、収入金額の実現があったものとみなして譲渡所得課税をするものであり、実現原則の機会を広げて値洗いをするという意味で価格の「みなし実現(210)」規定ということができる。

したがって、所得税法の構造上、実現原則が採用されている譲渡所得は、資産の譲渡がある場合には、未実現のキャピタル・ゲインが当然に実現することが予定されていたが、納税者が、実現原則を用いて収入金額に算入されるはずの金額を顕在化させない場合に、みなし譲渡規定は「時価」によって価格が実現したことを擬制する規定であって、課税のタイミングを擬制する規定ではないといえる。

しかし、みなし譲渡所得課税規定は、①みなし譲渡課税が技術的に複雑すぎ、執行に対して心理的抵抗を生み困難であったこと、②税務職員にも納税者にも理解が得られなかったこと、③資本蓄積が優先されたことなど等、実情に合わない部分が改正され縮小されていった。

みなし譲渡所得課税の縮小過程の中心的な問題は、課税のタイミングである。すなわち、相続時におけるみなし譲渡課税は、遺産取得税方式を採用する相続税のうえに、個人所得課税としての譲渡所得課税が同時に課税される結果をもたらす。このことは、租税行政庁や納税者の立場からみれば同時に二重の負担を負うことになり、常識的に納得し難いものがあることは想像に難くない。そのため、相続および相続人に対する遺贈による財産の移転については、みなし譲渡所得課税を行わずに、相続人または受遺者に被相続人の取得費を引き継がせ、実際に資産が売却等によって処分されて所得金額が実現するまで課税が繰延べられることとなった。

したがって、法六〇条の取得価格の引継ぎは、資産の譲渡により課税のタイミングとしての実現が到来したが、課税のタイミングを延期しているため、「実現したが課税しない（計上しない）」という取扱いをする譲渡所得課税における課税のタイミングの例外規定である。換言すれば、譲渡所得に対する課税のタイミングを画定する「実現」の観点からは、「その者が引き続きこれを保有していたものとみなす」と規定していることから「みなし未実現規定」であるということもできる。

もっとも、現状、シャウプ勧告によって導入されたみなし譲渡規定は、その様相を変えて個人への贈与に関しては、原則（実現原則の未実現利得への課税）と例外（実現原則による要請を満たすまでは、課税を繰延べる）が逆転した状態になっている。

そうすると、みなし譲渡規定における課税のタイミングも、法三三条一項の実現と同様に理解される必要がある。贈与等の無償による資産の移転は、片務契約であり、口頭による贈与と書面による贈与が想定される。口頭による贈与の場合には、取消し得る（民法五五〇条）。さらに、贈与については贈与者の意思によってその贈与する意思が表現されている書面を受贈者に交付し、有効に贈与契約が成立したものを前提とした場合と口頭による贈与とを同じ基準で判断しなければならない。

口頭の贈与による場合であれば、履行が完了したときに取消すことができなくなるため、確実に所有権が移転したということができる。書面による贈与契約の場合には、その契約効力発生と同時に贈与者は受贈者に目的物を移転すべき義務を負うことになるが、この時点では、ほぼ確実に取引が完了するとは言い難い。ほぼ確実に取引が完了すると言い得るためには、贈与契約の履行の完了時、すなわち、確定的に移転したものと客観的に捉えるうえでも、所有権移転登記や引渡しのあった時[217]の複数の客観的な事実の集積によって判断することが妥当である。

また、増加益清算課税説が、有償譲渡に限定せずに贈与等の無償の資産の移転も観念していることも併せて考慮するならば、納税者の資産の移転に先行して資産を取得する予定の者が現金を先に支払ったにもかかわらず、資産を引渡していない場合は、その果実を取得することはできないから、権利確定（所有権移転）したものということはできないであろう[218]。

増加益清算課税説によって理解される譲渡所得課税は、実現原則の要請を満たす以前に、課税のタイミングが到来する場合があり、このことは、実現原則と乖離することがあることを示している。

(166) Reuben S. Avi- Yonah, Nicola Sartori, Omri Marian, Global Perspective on Income Taxation Law 90 (2011).
(167) 西本・前掲注（164）一〇四頁。
(168) 西本・同上論文一一二頁。
(169) 中里実「みなし譲渡と時価主義」日税五〇号九六頁（二〇〇二）。

(170) 渕・前掲注（82）二〇四頁注記11。
(171) 増田・前掲注（53）一一三頁、佐藤（英）・前掲注（61）八五頁。
(172) 所得税法五八条の交換特例を素材にして、課税繰延規定を検討する文献としては、浅妻章如「値上り益課税適状時期—所得税法五八条・法人税法五〇条の交換特例をきっかけに—」金子編・前掲書（82）三七七頁以下参照。
(173) 金子・前掲注（7）一七〇頁以下、渡辺徹也「課税繰延とは何か」月報司法書士五一〇号三二頁（二〇一四）。
(174) 谷口智紀『知的財産権取引と課税問題』六四頁以下（成文堂、二〇一三）。
(175) Joseph Bankman, Daniel N. Shaviro, Kirk J. Stark, Edward D. Kleinbard, Federal Income Taxation 39 (17th ed. 2017). [hereinafter cited as Backman et al.].
(176) *Id.* at 193. 野忠恒教授は、所得の実現が議論されるようになって、損益計上を繰延べるという考え方が認識されるようになったと述べられている（水野・前掲注（71）四五頁）。
(177) 増井・前掲注（60）一二三頁。
(178) 渡辺・前掲注（173）三三頁。他の課税繰延の類型の検討は、別稿で論じることにしたい。
(179) 西本・前掲注（167）九九頁。渕圭吾教授は、課税方式の選択については、「特定物、とりわけ市場性のない資産であるほど、実現主義に拠るしかない。逆に、種類物、その中でも市場での取引が容易な資産ほど（言い換えれば、金銭に近い資産ほど）、時価主義に適合的である」（渕・前掲注（82）二〇七頁）とされ、資産の性質と課税の方式の相性が重要であることを述べられている。
(180) 中里・同上論文一一五頁。
(181) 中里実「所得概念と時間」金子編・前掲書（22）一五七頁以下、藤谷武史「所得税の理論的根拠の再検討」金子編・前掲書（82）二八九頁以下。
(182) Bankman et al., *supra* note (175) at 191.
(183) 水野（忠）・前掲注（29）二五一頁以下。
(184) Bankman et al., *supra* note (175) at 192.
(185) 金子・前掲注（70）二八五頁、中里・前掲注（181）一三五頁以下、阿部雪子『資産の交換・買換えの課税理論』四七頁以下（中央経済社、二〇一七）。John K. McNulty, Daniel J. Lathrope, Federal Income Taxation of Individuals in a Nutshell 504–506 (8th ed. 2012).
(186) Bankman et al., *supra* note (175) at 38. もっとも、下記の例は、所得が生じることで与えられる時間的な恩恵というよりもむしろ、現金主義を用いた場合に内在する課税制度の悪用による恩恵を暗示している。

(187) 事例および将来価値と現在価値の算出方法 FV＝PV(1＋r)^{n} については、Id. at 40, 192 に依拠している。
(188) Bankman et al., *supra* note (184).
(189) *Id.* at 194.
(190) Bankman et al., *supra* note (176).
(191) 中里実「第2章課税のタイミング第1節　課税繰延の利益」同著『金融取引と課税―金融革命下の租税法―』一六頁（有斐閣、一九九八）（初出：税研四〇・四一号（一九九二）。
(192) 各種所得が発生の年の内に直ちに課税されることから、公平負担の観点から、「租税の延納の場合に利子税が課されるのと同様に、この場合にも利子税を課す必要がある」（金子・前掲注(70)二八五頁注記（二））と述べられる。一方で、「一定の繰延べられた税の納税者の現在価値位は、繰延べられた（筆者加筆：税引前）課税ベースが、早められた税の支払い後に利用される投資収益に一般に適用される収益率（筆者加筆：税引後投資収益率）が時間の経過と共に増加する限り、繰延べられようが早められようが同じである」という指摘がある。Aivin C. Warren, Jr. *The Timing of Taxes*, 39 (4) National Tax Journal 499, 499 (1986). 同旨、神山弘行「課税繰延の再考察」金子編・前掲書(82)二五一頁。
(193) Bankman et al., *supra* note (175) at 193.
(194) 増井・前掲注(3)一二六頁。
(195) 中里・前掲注(181)一二九頁以下。
(196) 伊川正樹「譲渡所得における実現の意義と譲渡所得の性質」名城法学六二巻二号十九頁（二〇一二）。
(197) 現行法六〇条一項一号にいう「贈与」には贈与者に経済的利益を生じさせる負担付贈与は含まない（最判昭和六三年七月一九日税資一六五号三四〇頁）。
(198) 神戸地判昭和五九年四月二五日税資一三六号二二一頁。
(199) 無償の譲渡についてどのような制度を作るかは、「無限の課税繰延の危険性」と「納税者の理解・実際的事情」（佐藤（英）・前掲注(61)一二六頁）にどのように配慮するのか、ということによって決まる。
(200) 増井良啓「所得税法五九条と六〇条の適用関係」税事九六号三七頁以下（二〇〇七）、林仲宣『租税基本判例一二〇選〔改訂版〕』一七九頁（税務経理協会、二〇一四）参照。
(201) 吉岡健次「第一編　シャウプ勧告の本質―その現代的意義―」同ほか著『シャウプ勧告の研究』三二頁（時潮社、一九八四）、金子宏「シャウプ勧告と歴史的意義」租税二八号一五頁（二〇〇〇）、高木勝一「シャウプ勧告とその具体的展開―所得税を中心として―」日本租税理論学会編『戦後五〇年と税制』三三頁（谷沢書房、一九九六年）。
(202) 日本租税研究会（松隈秀雄監修）『戦後日本の税制』八頁（東洋経済新報社、一九五九）、大蔵主税局編「付録BのD」

『REPORT ON JAPANESE TAXATION BY THE SHOUP MISSION APPENDIX VOLUME III シャウプ使節団日本税制報告書 付録 三巻』B一二頁（一九四九）。以下の詳細は、拙稿・前掲注（87）二一二頁以下を参照されたい。

(203) 大蔵主税局編『REPORT ON JAPANESE TAXATION BY THE SHOUP MISSION VOLUME I シャウプ使節団日本税制報告書 一巻』九二頁（一九四九）。

(204) シャウプ勧告の付録BのD譲渡所得の筆者引用部分の「realize」という単語に渡辺徹也教授は、「実現」との訳語をあてられ（渡辺（徹）・前掲注（28）六四頁）、大蔵省主税局は「換価」（大蔵主税局編・前掲注（150）B一二頁）という訳語をあてられている。なお、本稿の本文中では、大蔵主税局編・同書同頁の訳語を用いている。この点については、大塚正民氏も、「英文原文では“this realization”となっている。したがって、この場合も『この換価』というよりは、むしろ『かかる実現』と訳したほうがいいように思われる」（大塚・前掲注（159）一一頁注記⑯）と述べられている。なお、シャウプ博士は、シャウプ勧告の序文で、英文と日本語の「対照上相違が生じた場合は、英文によるべきである」（大蔵主税局編・前掲注（203）iv頁）と述べられている。

(205) 大蔵主税局編・前掲注（202）B一二頁。

(206) 大蔵主税局編・前掲注（202）B一三頁

(207) 武田（昌）・前掲注（75）四二九四頁、増田英敏「判批」ジュリ一三〇八号二二九頁以下（二〇〇六）参照。

(208) 吉良実「判批」別ジュリ一六号八三頁（一九六八）。

(209) 最判昭和四三年一〇月三一日・前掲注（142）七九七頁以下。

(210) 中里・前掲注（169）一〇六頁。

(211) 大島隆夫＝西野襄一『所得税法の考え方・読み方〔第2版〕』二一七頁（大島氏発言部分）（税務経理協会、一九八六）。

(212) シャウプ勧告によるみなし譲渡所得課税制度の変遷については、渋谷雅弘「シャウプ勧告における所得税—譲渡所得を中心として—」租税二八巻七一頁以下（一九九九）、植松守雄編著『五訂版　注解所得税法』二二一頁（大蔵財務協会、二〇一一）、武田（昌）・前掲注（75）四二九五頁参照。

(213) 渋谷雅弘「相続・贈与と譲渡所得課税」日税五〇号一四七頁（二〇〇二）。

(214) 植松・前掲注（212）六五六頁。榎本家事件最高裁判決の第一審判決（浦和地判昭和三九年一月二九日行集一五巻一号一五頁以下）。

(215) 武田（昌）・前掲注（75）四三二四以下。

(216) 岡村忠生「収入金額に関する一考察」論叢一五八巻第五・六号二〇六頁（二〇〇六）。なお、平成二七年度税制改正で導入された国外転出時課税は、みなし譲渡価格課税規定と異なり、譲渡がなくとも、出国時に実現したものとして課税する。みなし譲渡規定は、価格の実現を擬制するが、国外転出課税は、価格の実現ばかりでなく課税のタイミングをも擬制する点で性質を異にする。この点につき、伊川正樹「所得課税と再分配―基本原理からの検討―」租税四四号一九頁以下（二〇一六）に対する西本靖宏「伊川報告に対するコメント」同書三七頁以下（二〇一六）を参照されたい。金子宏教授は、同条を租税回避の個別否認規定と位置付ける（金子・前掲注（7）二五六頁）。
(217) 来栖三郎「契約法」二三三頁（一九六五）。
(218) 来栖・同上書五二頁。もっとも、納税者がその収受した金銭を申告ないしは、当然に使用・収益・処分している場合には、課税のタイミングは到来すると解すべきである。

四　譲渡所得課税における実現をめぐる判例の動向

1　課税のタイミングをめぐる判例の動向

昭和四〇年代に最高裁が、収入金額の通則規定は権利確定主義に基づいているとの判断を示し、これが確立した判例(219)となった(220)。ほぼ同時期に、抵当権実行のためのいわゆる任意競売（担保権の内容を実現させる換価行為）に関する事案において、最高裁(221)は、「資産の譲渡によって発生する譲渡所得についての収入金額の権利の確定時期は、当該資産の所有権その他の権利が相手方に移転する時である」として、旧所得税基本通達二〇二と同じ考え方を採用し、私法に依拠して(222)当該資産の所有権移転時点を判断している。

譲渡所得課税の本質が増加益清算課税説を明確に示したのは、榎本家事件最高裁判決からである(223)。本事案では、原告（控訴人・上告人）が、相続により取得した宅地、山林および家屋を、その親族に贈与した（所有権移転登記も完了）もので、納税者に第三者から金銭等の経済的利得を受領していないにも関わらず、みなし譲渡課税規定が適用されることの是非が争われた。

第一審および控訴審(224)は、贈与による所有権移転登記の手続がされていることを認定して資産の帰属の変更があったと判示した。最高裁[225]は、実現金額が生じない贈与に対する譲渡所得課税を肯定する前提として、譲渡所得課税の本質が増加益清算課税説として理解されており、資産を手放した者への課税という、資産の帰属者の変更を契機として未実現のキャピタル・ゲインに対する清算課税の時期を決すべきものであるとした。

しかし、最高裁はこれに続けて、法三三条だけで課税できる無償の譲渡には、どのような資産の譲渡があり、その収入金額を如何に算定するのかを区別せずに増加益清算課税説という理論を持ち出し、譲渡所得の発生時期と課税時機と課税所得の範囲（実現した譲渡所得金額）の問題を一概に述べてしまったのである。[226]ここで、増加益清算課税説と譲渡、増加益清算課税説と法三三条の収入金額および法五九条一項の価格の擬制との関係が混在することとなる。[227]

この当時、権利発生主義（私法における契約時説）と権利確定主義（税法における権利確定主義）は、区別されていなかったようである。[228]

割賦弁済土地譲渡事件では、原告（被控訴人・上告人）の不動産が割賦弁済の方法で、他者から購入された場合に初年度において売却代金のすべて（納税者が実際に受け取った代金を超えて売買代金の全額）について課税することができるのか否かが争われた。

第一審[229]は、権利発生主義を採用しつつも、公平負担の見地から所得の実体に即応して、権利発生主義の適用を緩め、現金主義による方が妥当であると考えられる場合には、現金主義によるべきであると判示した。控訴審判決[230]は、増加益清算課税説に立ち、金銭収入だけでなく権利による収入も「収入すべき金額」に包含されるから、現実の譲渡の対価ではなく、譲渡の対価を取得しうる代金債権を取得したときが、譲渡所得発生の時であると述べ、「対価」その他の債権に着目して判断している。

最高裁[231]は榎本家事件最高裁判決を踏襲したうえで、「割賦払いの期間が長期にわたるときは、売主は、初年度において現実に入手した代金額が過少であるにもかかわらず、より多額の納税を一時的に必要とすることになるわけで、これはもとより好ましいことではないが…（略）、年々に蓄積された増加益が一挙に実現したものとみる制度の建前からして、やむをえないところといわなければならない」。譲渡所得が資産の譲渡時に「一挙に実現したとみることによる納税の困難は、徴税当局との関係において、事実上の徴収の猶予等、納付方法の緩和によるほかないというに帰着する」と述べ、年々蓄積されてきた未実現のキャピタル・ゲインは、譲渡によって実現し、この実現したキャピタル・ゲインの課税時機は、この「資産の譲渡」の時点であるから、納税者の納税資金の有無は譲渡所得の実現においては無関係であると判断した。

さらに、このような課税のタイミングと納税の資金確保の困難性は、法が資産の譲渡時点において譲渡所得が実現することとしているから、この例外は立法によって解決されるべきこと[232]を判示している。もっとも、具体的な権利の確定については、最高裁は、当該資産の所有権が買主に「確定的に移転」した日（売買契約の成立の日・所有権移転登記の日）がその移転時であると述べる留まっている[233]。この翌年、不動産および建物の売買契約について、引渡時に所有権が移転する旨の契約があったものとして認定された特約付き売買契約に関する判決が確定している[234]。

名古屋医師財産分与事件では、離婚に際して、夫（原告、控訴人、上告人、以下「X」という。）が妻に財産分与として移転したXの特有財産である不動産に対する譲渡所得課税の可否が争われた。

第一審[235]は、財産分与による資産の移転を無償行為と捉えた上、離婚調停の成立後の所有権移転登記に着目し、その所有権移転登記がなされたことをもって資産の譲渡があったことを認定している。一方で、控訴審[236]では、財産分与による資産の移転を有償行為と捉え、慰謝料その他の債務の履行として本件不動産の所有権移転手続きをする旨の調停が成立していることを認定し、資産の譲渡があったと判示した。

最高裁[237]が、譲渡所得課税の本質が増加益清算課税説にあると判示したことは榎本家事件最高裁判決、割賦弁済土地譲渡事件最高裁判決での論理を踏襲したに過ぎない。しかし、最高裁は、割賦弁済土地譲渡事件判決と同様に法三三条一項の定める資産の譲渡には、有償無償を問わずに資産を移転させる一切の行為であり、法三三条と法五九条一項の取扱いを区別していた榎本家事件最高裁判決と異なり、区別していない(238)。

ここでは、Xの特有財産である妻に移転された資産からの未実現のキャピタル・ゲインはXに帰属するという問題を残している。しかし、増加益清算課税説をとるならば、Xの所有していた土地は、形式的に離婚した妻に移転されたことをもって資産の帰属先が変更することとなるから未実現のキャピタル・ゲインは実現するということができよう。本件最高裁判決は財産分与による譲渡所得課税の適否について、初めて積極的に解すべき旨を判示した。現在の課税実務は一般の納税者の意識とは相当に乖離しているため、何らかの立法に拠る是正措置が必要である(239)。

もっとも、ここでの問題は、所得の認識というよりは、むしろ測定の問題である。資産の譲渡が生じたときに未実現のキャピタル・ゲインは実現するが、これに課税するためには、何らかの経済的価値と結びつけて課税しなければならない。最高裁は、財産分与について、当事者の協議等により内容が確定され、これに従い財産分与が完了し、「この分与義務の消滅は、それ自体一つの経済的利益」であるとした。つまり、離婚に伴う財産分与請求権の法的性質(240)に含まれる婚姻継続中に蓄積された財産の潜在的持ち分を分割する手続きとしての法的性質を区別せずに(241)、一括りにして課税する結果となったのである。

譲渡所得は、資産の譲渡の実現時に、租税債権および納税義務が発生する。租税法律主義の統制する租税法の下では、合理的な課税関係を構築することができないとしても、契約解釈に問題がない限り法解釈を曲げることは許されず、課税の対象から除外することも許されない。しかし、財産分与義務の消滅をもって時価による譲渡所得課税をすることは、特別の規定失くして妻の課税を免除するもので、他方、夫に帰属していた未実現のキャピタル・

ゲインを超えて課税することは、所得のない所に課税をする結果を招く。

また、譲渡担保に対する譲渡所得課税は、当該物権の売買契約が、実質的に売買なのか、それとも譲渡担保に該当するのかの事実認定または私法上の法律構成の問題である。譲渡担保に係る所有権の移転に関して、東京地裁昭和四九年七月一五日判決[243]は、「所有権は形式的に譲渡担保権者に移転するが、それは債務の担保を目的とする限度にとどまり、当該資産に関するその余の機能は、譲渡人に引き続き保有されるのであるから、その契約時において、その資産が所有者の支配を離れ、増加益が確定的に具体化したものとはいい」えないとし、資産の譲渡には該当しないと判示した。つまり、課税時機である実現事象にも、実現原則の要請も満たさないとした。裁判所は、譲渡担保について、資産が譲渡したといえる場合には、所有者が資産の受戻しが不可能になったとき[244]であると解している。

譲渡担保に係る譲渡所得課税の適否について、肯定説は形式に着目する。一方で、否定説は実質に着目[245]し、完全に所有権が移転したないしは確定的に移転したことをもって課税すべきとする。この他にも、譲渡益所得説に立ち、譲渡担保の設定時には「譲渡益」は実現しないと解する見解[246]もある。課税要件法である租税法は第一次的には私法によって規律されているのであるから、両法域間の乖離は最小限にすべきだとし、増加益清算課税説に立ちつつも、形式に着目し譲渡担保に対する譲渡所得課税を否定的に捉える見解[247]も存在する。

租税法律主義の統制する租税法の下では、合理的な課税関係を構築することができないことを理由に、明文の規定なく、法解釈を曲げることは許されないが、所有権者に資産を帰属させずに事実上の支配を重視する点[248]で、財産分与とその性質を異にしている。

この他にも、所得の計上時機に関する判決[249]では、「土地所有権の交換による譲渡所得の発生は交換による土地所有権の移転（原則として意思表示により移転がある。）によつて生ずるものである（被控訴人主張の引渡を要するものではない)」とし、譲渡所得における引渡基準を排斥し権利発生主義を支持する裁判例もある。

管理支配基準を用いた事案では、原告（控訴人・上告人）が、昭和四三年中に一部が事業に用いられていなかった各農地（A、B）の売買契約を締結し、知事の許可を得る前に契約に基づいて各売買代金の全額を収受し、旧法の事業用資産の買換えの特例を受けるべく、確定申告をした。当該契約に係る対価である金銭を受領した年は昭和四三年中であるが、知事の許可はA土地については昭和四六年中に、B土地については昭和四五年中であり、本件収入金額がどの年度に認識されるのかが争われた。

第一審(250)および控訴審(251)は、未確定とはいえ、売買契約に基づき代金を取得して、自己の所得として自由に処分することができる状態であり、契約が有効に存在する場合と同様の経済的効果を達成しているため、これを「税法上は右代金の取得により所得が実現されたものとしてこれに対し課税」するとした。最高裁(252)も、昭和四三年に納税者の収入金額に算入し同年分の所得税の確定申告をした事実関係の下では、当該譲渡について、「同年中に譲渡所得の実現があつたものとして、右収受した代金に対し課税することができる」と述べ、控訴審の判断を是認した。

農地の譲渡は、農地法の規定により都道府県知事の許可がなければ所有権移転の効力は生じないと解されるが、大阪高裁昭和五五年一〇月二九日判決(253)は、譲渡所得の清算の時点は原則として引渡しの時点であるが、納税者の選択により「経済的実質的に資産の増加益を現実に享受した時期」である農地の売買契約締結の日、農地の許可または届け出の効力が生じた日、農地の引渡しのあった時点のいずれかを譲渡所得の課税時機とすることを法三六条一項は、許容している旨の判示もされている。また、土地を引渡し、手付金の受領は完了しているが、農地法所定の知事の許可が得られた場合には、その許可が得られた年に所有権は移転しその時に計上することは「合理的な経済目的からなされた私法上の行為として許される(254)」ともしている。

本事案までは、少なくとも私法上の法律関係に依拠して所有権移転に着目して判断してきたが、契約効力発生前の現金収受に基づき、所得と納税者の確定的な結び付きの観点から譲渡所得が実現したとした。農地の譲渡につき、知事または農業委員会の許可が必要である場合には、現実の引渡しと代金の受領が行われていたとしても、許可があるまでは、保有資産の所有権の移転はあったとはいえないはずである。法律上の権利の確定を観念できるにも関わらず、租税回避行為は課税の公平の見地から許しがたいとする視点から、管理支配基準を安易に持ち出している。法律上の資産の帰属の変更、すなわち権利確定主義を観念できるにも関わらず、課税の公平の観点から裁判所の判断によって安易に課税のタイミングをずらすことは、納税者の予測可能性と法的安定性を害す行為であると言わなければならない。[255]

その後、現実収入前に所得が実現したものとして課税できる権利確定主義を採用する租税法の下では、課税のタイミングは、現金受領時より遅れることはないとした東京高裁平成元年判決[256]がある。同判決は、納税者の契約の事実関係を考慮して、土地の所有権が移転するのは、「契約時ではなく、その履行行為である土地の引渡、所有権移転登記手続、代金支払のいずれかがされた時とする黙示の特約がされた」と認定したうえで、私法上の所有権移転を基準としつつも、土地の売買代金の完済時期を勘案し、そのときに土地の引渡しおよび所有権が移転し、その譲渡による所得の実現があったと判示した。

判例等の動向をみると、確かに、一つの所得の中で、権利確定主義を唯一の基準とした場合には、引渡し基準一つを必ずしも画一的に適用していないため、その中身は弾力性に富むこととなり、納税者からは理解し難いものとなっている。しかし、権利確定主義や管理支配基準を実現を判定するための規範として見た場合には、課税のタイミングを決する基準として、画一的に用いられているといえる。もっとも、実現を課税のタイミングを決する高次の規範として見たとしても、実現原則と譲渡所得の実現との間には乖離が存在する[257]ことから、外部からの経済的価値の流入の事実を、判断の基準として除外した場合には、齟齬が生じる。また、管理支配基準による「実現」の判定は、まさに「実現原則」を判定するものであるという問題も残る。

そうすると、実現原則に弾力性を持たせる結果を招来させることになるかもしれないが、資産の引渡し、所有権の移転登記や代金の支払いのいずれか一つで実現原則を判断すべきでなく、実現原則の要請を確実に満たすことを判断するためには、上記の判断要素や契約の締結その他の複数の事実の集積によって、より強固になった確実性の担保された時機を捉えて課税の許否を判断していると解すべきではないだろうか。もちろん、そこでの実現原則判定の原則的基準は、権利確定主義となる。

2　わが国の課税のタイミングをめぐる問題点

以上の考察から、我が国における譲渡所得課税のタイミングにおける問題について、以下の四つの点を指摘することができる。

第一に、譲渡所得における課税のタイミング（認識時点）が、実定法上に存在しない実現、権利確定主義と管理支配基準の枠組みの中で判定されてきたことである。実定法の収入という文言から導出される実現概念は、その由来や立法者が「収入」概念に対して算定要素以外としての視点を考慮していたのかについては明らかでない。しかし、確かに実現概念は、行政執行上の便宜、納税者への配慮、伝統的な会計慣行を考慮して、発展してきた。

それと同時に、我が国では課税のタイミングをめぐる問題は、権利確定主義の議論として発展してきたのも事実である。そこでは、今日の経済社会を踏まえて一定期間の所得算定の正確性を担保するという徴税政策上の技術的見地と納税者が課税のタイミングを操作することによる租税回避行為を防止することを根拠として発展してきた。

そもそも、実現と権利確定主義は、確実性、客観性、安全性、画一性を担保し、公平負担の原則を維持しつつも、租税法律関係の安定に寄与することを主眼としたものであったにもかかわらず、実際の裁判所の判断では、権利確定主義の要請される根拠としての徴税政策上の技術的見地と納税者による租税回避行為の防止が強調されることで、実現原則の根拠とされる納税者への配慮の点が特に骨抜きにされている。

その理由としては、金銭の時間的価値の視点や無限の課税繰延べを防止するみなし譲渡規定創設の影響により、遅かれ早かれではなく、いづれにしても早くとの視点から、課税のタイミングは、早く課税するように判断されてきたからであると考えられる。

第二に、譲渡所得における課税時機を、資産を手放す一切の行為と解し、実定法上に直接的な文言のない概念で、課税のタイミングを決定していることである。本稿で検討した離婚に伴う財産分与に対する譲渡所得課税の問題は、認識の問題ではなく、所得の測定の問題とされる。

通常、所得の「認識」と担税力を測り確定する「測定」は、不可分の関係にある。価格の実現（対価）から離れた確固たる課税のタイミングとしての実現を優先すれば、適正な所得の測定ができない結果をもたらす。所得の認識は、所得の測定を前提として行うにもかかわらず、強固な実現という理論を用いることで、場当たり的に不確実な何らかの経済的価値といえるものに結び付けて課税をすることになる。そうすると、課税のタイミングが到来したとしても、収入金額の「認識」は可能とはいえず、実現したキャピタル・ゲインが測定できなければ納税者の適正な所得に対して課税できないという租税公平主義を害する問題を導く。

結果として、経済的に把握される譲渡所得を法的観点から如何に把握していくのかについての問題解決が図られないことにより、課税物件としての譲渡所得課税のタイミングを重視する実現（増加益清算課税説）と課税標準としての収入金額の大きさを測定することを重視する実現原則（譲渡益所得説）の対立を生じさせている。

実現の要請の根拠には、納税者への配慮が含まれていたにもかかわらず、その点が考慮されずに、包括的所得概念に基づく観念的な利得に対する課税理論が貫き、財産分与に対して課税することで、一般の国民の持つ「利得」

に対する常識との乖離を埋めずに理論を先行させることとなる。それは、「常識」に合致せずに批判を受けることとなる[258]。しかし、租税法律主義の統制する租税法の下では、法三三条一項における「譲渡」概念を、合理的な課税関係を構築することができないことを理由に、法律の具体的根拠なく、「実現原則」の観点から、法解釈を曲げて縮小解釈をして課税対象から除外することやそれとは異なる意味を付け加えるなどの恣意的解釈は許されず、法三三条三項における「収入」概念を「譲渡」の観点から、存在しないものとすることも許されない[259]。

現状、資産の譲渡における課税上の不合理な取扱いがあるとしても、契約解釈に問題がない限り、その課税における不合理な取扱いの是正を図ることはできない[260]。租税法律主義の統制下にある租税法は、経済的に把握されている譲渡所得に対する課税が、国民の一般感情からかけ離れて不合理であるならば、法秩序を安定化させるために、いつのどのような条件が揃った時機に課税すべきかを立法によって是正する必要がある。

第三に、租税法・私法上にも定義規定の存在しない「譲渡」概念[261]を権利確定主義によって、画一的に捉えようとしてきたことである。権利確定主義の歴史的発展の考察および裁判例を含む判例の考察で明らかなように、一般通常人の理解する譲渡は、ゆずりわたすことをいうが、確実性、安全性の視点を欠いた権利発生主義を採用する裁判例も散在している。第一の問題と関連するが、認識の基準としての「実現」を如何に理解するかにより、権利確定主義の判定するその物差しは、それ自体が異なることになる。権利確定主義の判断が所得源泉によって異なることは必然であるが、その権利確定主義を画一的に取扱おうとするために、中身は弾力性に富んだ存在となり、どの段階で権利が確定したのかが不明瞭となる[262]。

その結果、実務や裁判例では必ずしも形式的な資産の移転行為が権利の確定として画一的に取扱われないばかりか、納税者の選択を認める場合や資産が移転されるであろう外部的徴表の最初の事実行為を捉える場合など、多様な取扱いを認めることで、何を基準として「実現」を決しているのかがより不鮮明なものとなる。最終的には裁判所にその判断が委ねられ、法的基準として権利確定主義を画一的に適用することが、課税の公平を害する結果を招き[263]、実質的に事実認定を行う場合や形式的に事実認定が行われることになる。

全ての納税者の取引が同一過程を経て取引が行われるわけではないから、権利の確定の判定は、個別具体的な事例ごとに、確実性、安全性、客観性の担保される複数の事実を積み上げ、個別具体的な各々の事例に即して実現原則が要請しているものが解消されるか否かによって判断すべきである。

第四に、法三六条一項の「収入すべき金額」という文言から解釈によって権利確定主義と管理支配基準の二つの規範で、課税のタイミングが判断されてきたと解してきたことである。外部からの経済的価値の流入という複数の事実の発生を捉えるにあたっては、確かに、権利確定主義と管理支配基準は導出することができる。「権利確定主義」は、租税法が法であることから、所得の計上基準としてのリーガル・テストとして、私法上の債権債務関係に依拠させたうえで、確実性・安全性の観点から私法上の契約効力発生よりも後の時点を捉えて、租税法独自の確定時期を設け、課税のタイミングを決するものである。

実現が、外部から納税者への経済的価値の流入という客観的事実の発生を意味することから、現実の収入がなくとも、法律上保護された確実な「対価（その他の経済的価値）」に着目して権利確定主義により判定することを可能としたのである。しかし、判例は法律の根拠なくして現金主義を排斥して、その代わりに管理支配基準によって、上記実現事象の発生の一つの現象をとらえて課税のタイミングを決している。すべての所得を通じて発生主義を貫徹することは、実際問題として困難で[264]、「収入すべき金額」という文言のみで、現金主義を完全に排除することは妥当なのであろうか[265]。

「実現」を法的規範として捉えた上で、権利確定主義と管理支配基準を事実認定規範と位置付けるとしても、実際にどちらの基準で事実を判断するかによってその結果が大きく異なるばかりでなく、その「実現」それ自体が多義性があるため、権利確定主義と管理支配基準の尺度も多義にわたることとなる。したがって、「実現」の意味が複数あり得る現行制度の下では、「実現」の捉え方によって、権利確定主義および管理支配基準も多面性のある規範とならざるを得ない。

あくまで、管理支配基準は、不法所得のようなそもそも法律上の保護を観念できず権利確定主義が機能不全に陥った場合にのみ用いられるべきで、権利の確定が観念しうるならば、権利確定主義を用いるべきである。無闇に、管理支配基準を用いることは、納税者の予測可能性を害するばかりでなく国家と納税者の租税法律関係の安定を阻害する結果をもたらすことを決して忘れてはならない。

もっとも、「収入すべき」[266]という文言に実現を読み込むことで、二つの事実認定の規範を導出し、租税行政庁や納税者が明瞭に使い分けすることができるのであろうか。仮に、実現を読込まずに、明文の規定なく解釈により、「収入すべき金額」との文言から、権利確定主義や管理支配基準を補充することはできるのであろうか[267]。

確かに、「実現」という概念は実定法上に存在しないものであるから、譲渡所得に限らず、他の所得の課税のタイミングを「実現」という一つの用語で判定することは利便性に富むものである。また、ある納税者における資産の譲渡の時には権利確定主義によって資産の移転を把握し、この原則が機能不全に陥る納税者の取引においては管理支配基準を用いることができるから、複雑多義にわたる経済取引に柔軟に対応することができる。

これまで、裁判所は「納税者の恣意を許し、課税の公平を期し難いので、徴税政策上の技術的見地から、収入の原因となる権利が確定した時期を捉えて課税する[268]」ことを標榜し、権利確定主義は租税公平主義の観点からその支持を受けてきた。しかし、その結果として、権利確定主義や管理支配基準が何を意味し、どのような場合・時機に機能するかが明らかにされずに弾力性を保持したまま、各種所得に応じて、不明僚な機能を果たすことで、納税者の予測可能性と租税法律関係を不安定にさせている、という批判は免れない。

(219) 最判昭和四〇年九月八日・前掲注(106)六三〇頁以下。

(220) 本節の詳細は、拙稿「譲渡所得課税における所得の認識基準に関する研究(2・完)」専大院五九号三三頁以下(二〇一六)を参照されたい。

(221) 最判昭和四〇年九月二四日民集一九巻六号一六八八頁。

(222) 最高裁は、「任意競売における所有権移転の時期は競落代金納付の時と解するのが相当である」とし、民事執行法制定前の競売法における任意競売の所有権移転時期の判例(大判昭和七年二月二九日民集一一巻六九七頁)に従い、「任意競売における所有権移転の時期は競売代金納付の時とするのが相当である」と判示している。

(223) 鳥飼貴司「譲渡所得学説と租税裁判―いわゆる『学説』と裁判例の関係性を中心に―」鹿児島大学法学論集四六巻一号(二〇一二)。

(224) 浦和地判昭和三九年一月二九日・前掲注(214)一五頁、東京高判昭和四〇年九月一〇日税資四一号一〇〇四頁。

(225) 最判昭和四三年一〇月三一日・前掲注(142)七九七頁以下。

(226) 岡村忠生「判批」別ジュリ一二〇号六一頁(一九九二)、大塚・前掲注(159)九頁以下、竹下・前掲注(159)一一一頁。

(227) 田中治「租税訴訟において法の趣旨目的を確定する意義と手法」伊藤滋夫編『租税法の要件事実』一三八頁(日本評論社、二〇一一)。

(228) 農地同士の交換契約に関する事例である東京高判昭和四四年七月一四日税資五七号一六九頁は、譲渡所得の課税のタイミングは契約効力発生時であるとする。

(229) 熊本地判昭和三八年二月一日民集一九巻四号三八〇頁以下。賛成、清永敬次「判批」シュト一四号四頁以下(一九六三)。

(230) 福岡高判昭和四一年七月三〇日民集一九巻四号三六四頁以下。

(231) 最判昭和四七年一二月二六日民集二六巻一〇号二〇八三頁以下。

(232) 延払条件付譲渡にかかる所得税額の延納は、現行法一三二条の立法により解決されている。譲渡所得が一挙に実現することの結果、合理的な担税力に応じた課税ができなかった事例として、大阪高判平成二四年四月二九日訟月五九巻一一四三頁以下を参照されたい。

(233) 田中(治)・前掲注(131)一九〇頁、清永敬次「判批」民商六九巻一号一六六頁以下(一九七三)。

(234) 最判昭和四八年六月二八日税資七〇号五六四頁。最高裁は上告を棄却し、名古屋高裁昭和四六年九月二九日(税資六三号六〇四頁)判決を是認している。

(235) 名古屋地判昭和四五年四月一一日民集二九巻五号六四九頁以下。

(236) 名古屋高判昭和四六年一〇月二八日民集二九巻五号六五五頁以下。

（237）最判昭和五〇年五月二七日・前掲注（156）六四一頁以下。
（238）清永敬次「判批」別ジュリ七九号七〇頁（一九八三）。
（239）最判平成元年九月一四日集民一五七号五五五頁の差戻し控訴審（東京高判平成三月一四日判時一三八七号六二頁）は、通常一般人では財産分与によって譲渡所得の課税がされることは、理解し難いとする。
（240）最判昭和三一年二月二一日民集一〇巻二号一二四頁、最判昭和四六年七月二三日民集二五巻五号八〇五頁以下、我妻栄『親族法』一〇二頁以下（有斐閣、一九六一）。
（241）金子・前掲注（137）一〇二頁以下。
（242）岡正晶「譲渡所得課税と『財産分与』の実務」税事一九巻五八頁（一九九四）。
（243）東京地判昭和四九年七月一五日行集二五巻七号八六一頁。
（244）京都地判昭和五〇年一二月二五日税資八三号七八六頁、浦和地判昭和五六年九月二八日判時一〇三五号四七頁。
（245）金子宏「譲渡担保と所得税」山内一夫＝雄川一郎編『演習行政法』二八二頁（良書普及会、一九八〇）。
（246）水野（武）・前掲注（159）八一頁。
（247）村井正「譲渡担保と租税裁判例」日本税法学会編『日本税法学会創立30周年記念祝賀税法学論文集』四四八頁以下（日本税法学会本部、一九八一）。
（248）渕圭吾教授は、寄託契約（民法六五七条）、消費貸借契約（民法五八七条）、消費寄託契約（民法六六六条）、信託（信託法三条）、譲渡担保、所有権留保とファイナンス・リースについて、整理され、担保物権の場合にのみ所有権の帰属から離れて判断していることを指摘されておられる（渕・前掲注（82）二一〇九頁）。もっとも、譲渡担保の所有権は、譲渡担保が債権担保を目的としているにすぎないことを重視して、譲渡担保権者を完全な所有権者とせず、また、設定者にも目的物についての何らかの物権が帰属するとされている（道垣内弘人『担保物権法第3版』二九九頁（有斐閣、二〇〇八））。
（249）大阪高判昭和五五年二月一九日税資一一〇号二三八頁。
（250）名古屋地判昭和五四年一月二九日税資一〇四号五六頁。
（251）名古屋高判昭和五六年二月二七日訟月二七巻五号一〇一五頁。
（252）最判昭和六〇年四月一八日訟月三一巻一二号三一四七頁。
（253）大阪高判昭和五五年一〇月二九日訟月二七巻二号四一二頁。
（254）名古屋高判昭和四九年一月一七日訟月二〇巻六号一五四頁。
（255）金子・前掲注（7）二九四頁。
（256）東京高判平成元年一月三〇日訟月三五巻六号一一二九頁。

(257) 植松守雄「キャピタル・ゲイン課税の問題点」金子編・前掲注（68）二〇二頁。
(258) 岩﨑政明「未実現利得・帰属所得に対する所得課税」税事一一〇号四四頁（二〇〇九）。
(259) 中川一郎編『税法学体系（全訂増補版）』六九頁（ぎょうせい、一九七七）、田中（二）・前掲注（105）八四頁、金子・前掲注（7）一一六頁、清永・前掲注（29）三五頁、北野弘久『税法学原論〔第6版〕』九五頁（青林書院、二〇一一）、松沢・前掲注（5）一一四頁、木村・前掲注（81）一〇九頁、増田英敏『租税憲法学第3版』三九五頁（成文堂、二〇〇八）、藤田宙靖『第四版行政法Ⅰ（総論）【改訂版】』五六頁（青林書院、二〇〇五）、塩野宏『行政法Ⅰ〔第5版補訂版〕行政法総論』七四頁（有斐閣、二〇一三）、芝池義一『行政法総論講義〔第4版〕』四八頁（有斐閣、二〇〇三）。
(260) 杉村章三郎『租税法』（日本評論社、発行年不明）、田中（二）・同上書七四頁、最（大）判昭和三〇年三月二三日民集九巻三号三三六頁。
(261) 私法上の多種多様な経済取引が「譲渡」に該当することから、譲渡所得の起因となる資産の「譲渡」は、固有概念の一種と解してよいとする見解として、岩﨑政明「譲渡所得課税における「資産の譲渡」の意義」税事九八号三四頁（二〇〇七）がある。
(262) 田中治「所得税法における要件事実」伊藤＝岩﨑編・前掲書（120）三一六頁。
(263) 広瀬正『課税要件事実の認定』三九頁（新日本法規出版、一九八一）。
(264) 金子・前掲注（70）二八三頁。
(265) 田中（治）・前掲注（131）一九五頁、渡辺（伸）・前掲注（124）六七頁。
(266) 実定法上の不確定概念については、金子宏「租税法の基本原則」同編・前掲注（37）四七頁（初出：税経通信二五巻六号（一九七〇））、増田英敏「課税要件明確主義と要件事実の明確性」伊藤＝岩﨑編・前掲書（120）七九頁、谷口（勢）・前掲注（60）三九頁、大阪地判昭和四四年三月二七日訴月一五巻六号七二一頁。
(267) 田中（治）・前掲注（262）三一六頁。
(268) 最判昭和五三年二月二四日・前掲注（107）四三頁。

結　論

本稿の目的は、担税力に応じた課税の実現のためには、課税のタイミングは、必要不可欠の要素であるとの視点から、実現原則の法理を明確化したうえで実現の理論的側面と実現の歴史的発展の中で生じた課税のタイミングの問題の状況を整理することにある。

基本的に課税のタイミングは、納税者が時間の経過とともに、何らかの資本を用いて経済的価値を生む等の経済取引の過程や経済的活動の効果が取引により異なることから多様かつ不明確なものとなるが、その原因は実定法によりその基準が法定されていないところにある[269]。

とりわけ、本稿で検討した「実現」概念は、課税のタイミングだけでなく、所得の人的帰属や課税物件としての所得の「実現」等で多用されることによって、譲渡所得の課税のタイミングとしての「実現」がそれらの中に埋没し、譲渡所得の「実現」時機が不明確になる。そこで、実現原則と譲渡所得の課税のタイミングは乖離する場面があるとの観点から我が国における譲渡所得課税をめぐる「認識」の基準の問題点を明らかにした。

一では、発生型の所得概念である包括的所得概念の測定地は、納税者の担税力を増加させる事実が発生した時機とするが、それ以上に所得の特定性は要請されていないことが確認された。しかし、実定法によって、所得の算定のために純所得課税の原則が採用されているため、「収入」という文言を根拠として包括的所得概念を制限する実現原則が、行政上の便宜、納税者への配慮、会計慣行から要請されることが明らかになった。

二では、具体的に法三六条一項の解釈としての実現原則と権利確定主義および管理支配基準について検討した。実現原則の判定は、外部からの経済的価値の流入の蓋然性によって判断され、証拠によって裏付けられた複数の実現可能性の高まったことを示す事実を集積させることにより判断される。しかし、譲渡所得の本質が、キャピタル・ゲインであり、年々蓄積されてきた未実現のキャピタル・ゲインを清算して課税する時点、すなわち、資産の譲渡という実現事象を捉えて課税している。法三六条等により導出される実現原則と譲渡所得の課税時機は異なることが明らかになった。

三では、なぜ譲渡所得では、これほど課税のタイミングが重要視されているのかを、キャピタル・ゲインの定義手法の二類型を提示したうえで、我が国の譲渡所得課税が、発生型と実現型の混合型であることを解明した。発生型を採用する我が国の譲渡所得課税制度の下では、特に金銭の時間的価値の視点からは、無制限の課税の繰延べは公平負担の原則の観点からは、由々しき問題を生じさせる。この事態を防止するために、みなし譲渡規定が創設された。もっとも、みなし譲渡課税規定は、実現原則を用いた税負担減少行為による無限の課税繰延を防止するために設けられたもので、創設当時の課税のタイミングは、実現原則によって判断されている。

四では、著名な判例を整理し、譲渡所得に対する課税のタイミングをめぐる問題点を検証した。検証の結果、①課税のタイミングの問題が、実定法上に存在しない実現と権利確定主義の発展の枠組みの中で判断されることで、②譲渡所得の実現事象は、実現原則、譲渡所得の実現、権利発生主義、権利確定主義の間に差異があるにも関わらず、峻別されていない。とりわけ、譲渡所得課税の下では、課税物件の実現と課税標準の実現の間に差異が生じ、課税物件の実現を優先させることで混乱が生じている。また、③実現を権利確定主義によって画一的に取扱おうとするあまり、混乱が生じている。権利の確定は、全ての個別具体的な取引が、全て同様の過程で取引が行われるわけではないから、個別具体的な事案に即して証拠によって裏付けられた複数の事実を積み上げて判定されるべきである。④法三六条一項の「収入すべき金額」から、二つの事実認定の規範を同列に取り扱ってきた。原則として、権利確定主義が妥当する場合には、同主義によるべきで、管理支配基準は、不法所得等の権利の確定が観念できないときのみに用いられるべきことを指摘した。

最後に、本稿における検討から以下の結論が導出できる。

譲渡所得課税では、何を認識の基準としての「実現」とするかにより、譲渡所得の課税のタイミングが異なることとなる。この原因は、我が国における課税のタイミングを決するための明確な認識の基準が法定されていないところにある。明確に認識の基準が法定されていないがために、取引形態によって譲渡所得の認識基準が多様性を持つとの評価さえある。

課税のタイミングの問題は、例外規定が法定されるだけで、その原則たる具体的な法規定が実定法上用意されていないところに問題が存在する。実現概念は多様性を持つことから、その結果、課税のタイミングに混乱をもたらす。

立法論としては、実現と権利確定主義の問題を別立てで議論するのではなく、所得の「認識」の問題として議論したうえで、法定すべきである。納税者の経済取引は第一義的には私法によって規律されており、その経済的効果を課税対象とする課税要件法である所得税法の下では、原則として私法上の法律関係に即して行われる。しかし、権利確定主義を採用することで私法関係と一定の乖離が生じることとなるから、侵害規範である租税法の下では一層の確実性が要請されるとともに所得の認識時点に客観性・安全性・確実性が求められていることも明示すべきである。すなわち、国民の視点から、原則として「認識」される実現事象とは如何なる行為なのかを法定すべきである。「実現」事象が明らかでないとしても、「認識」概念を用いて「認識」される行為が明らかにされることにより、「認識」される行為と「不認識（課税繰延）」とされる行為を明確に類型化し区別することができる。その結果、予測可能性と法的安定性を確保することができ、合法性の原則を堅持する租税行政庁と適正な申告納税を行う納税者間の紛争の回避に寄与するばかりでなく、所得の認識の視点から、課税のタイミングの問題が考察されることにより、行政執行上の便宜、納税者への配慮、徴税政策上の技術的見地、租税回避防止の視点を踏まえて、確実かつ安全で、客観的な課税のタイミングを決することができるはずである。

所得の「認識」の基準を規定した場合には、その認識基準に従って課税のタイミングを画定すべきである。その際には、「実現」と「認識」を別の段階として捉え、「実現」を権利確定主義によって判定した後に、実定法上の

「認識」の段階で課税すべきか、それともその所得の課税を繰延べるかを決するべきである。そして、政策的に課税を繰延べる必要のある領域があれば、それに対しては「不認識（課税繰延）」に関する規定を置くことで対処すべきである。その場合に、なぜ「不認識」と取り扱われるのかについては、政策上の理由とその目的を明示する必要がある。

第二の解決方法として、納税者の予測可能性・法的安定性を確保するために、多様に用いられてきた実現概念を精緻化し、その内容に関する規定を実定法上に置くべきである。(270)「実現」は重要な概念であることは明らかであるが、実定法上の用語ではない。ゆえに、これを実定法に取り入れると同時に、その内容を明らかにする定義規定を置くことで、予測可能性および法的安定性が確保されるべきである。

もっとも、我が国における課税のタイミングの問題の根幹は、由来さえも不明確な「実現」概念が多用されていることである。しかし、包括的所得概念を採用し所得の範囲を広く経済的に把握してきたことは明らかであるものの、時価主義方式による課税を行わずに、納税者の考慮、租税行政庁の執行可能性、伝統的な会計慣行を配慮するものとして、確かに「実現」原則は存在しているのである。我が国の課税のタイミングを決する「実現」概念は、実定法に規定されているものではないために、譲渡所得における「実現」は、「実現原則」から乖離するという結果を招来させている。そして、実定法上にない「実現」概念は多義的なものとなり、納税者および租税行政庁の譲渡所得の計上（課税）のタイミングの予測可能性は著しく阻害されている。

租税法律主義の本質は国家の恣意的課税から国民の権利を保障するために、課税要件および賦課・徴収手続を法定することを命じ、その結果として国民の予測可能性および法的安定性が確保することにある。ますます複雑化する経済取引の中で租税法律主義の機能である予測可能性と法的安定性は、租税法の立法段階、解釈・適用の段階で確保されなければならない。(271)とりわけ、複雑化・多様化する経済事象の中で国民は、いかなる経済取引により租税法律関係がいかに構成されるのかを取引時点において正確に予測できることの重要性は、ますます増している。

私法と租税法との間に乖離が生じることがあるのであれば、それは解釈や事実認定によって是正するのではなく、租税法は強行法規であるのだから立法に拠って対処すべきである。納税者のある資産の譲渡が「認識」されることが不適当であるとされる場合には、それは国民の代表者である国会の判断によって、租税法上に不認識規定を設けてその実現した所得に対する課税を繰延べることで問題を解決し法的に統制を加えていくべきである。

今後、所得の「実現」の問題はさらに広い視野にわたって議論が行われることが期待される。現状、我が国における課税のタイミングの問題は、判例の蓄積を待つか、立法に拠る解決を待つほかない。譲渡所得の「実現」では、「実現」概念は「収入」という文言から離れ、「譲渡」を判定することとなっている。そうすると、収入金額の「認識」は可能とはいえず、測定することが不可能となる。課税のタイミングが到来したとしても、キャピタル・ゲインが測定できなければ納税者の適正な所得に対する課税をすることができないという問題が残る。

本稿の検討により、「実現原則」を採用する所得については、外部からの経済的価値の流入があり、それを「測定」することを前提として、「認識」するというプロセスであるのに対し、増加益清算課税説を採用する譲渡所得課税制度における課税のタイミングは、収入金額があってこれを計上するのではなく、既に発生した未実現のキャピタル・ゲインが課税のタイミングの時点で「認識」され、その可視的に把握することのできない既に発生し実現したキャピタル・ゲインを何らかの経済的価値に結び付けて「測定」することとなるから、「認識」と「測定」が切り離された別の段階で捉えられるということになる。したがって、「測定」が「認識」よりも後の切り離された段階で行われることになれば、恣意的課税の温床となりかねない。なぜなら、課税のタイミングが到来したという確固たる理論により、納税者の担税力の増加した部分を越えて、何らかの経済的価値に無理に結びつけ適正な評価がなされないまま課税されるという問題が包含されているからである。

以上のことを指摘し、本稿の結びにかえたい。

(269) 田中治「租税行政の特質論と租税救済」芝池義一ほか編『租税行政と権利保護』二九頁以下（ミネルヴァ書房、一九九五）、北野弘久『現代企業税法論』七七頁（岩波書店、一九九四）。

(270) 渡辺（徹）・前掲注（60）七六頁。

(271) 増田英敏「憲法秩序の維持と租税法律主義―注目最高裁判決を素材に―」専修大学法学研究所編『公法の諸問題Ⅷ』一一三頁（二〇一三）。

付記：本章は、山本直毅著「譲渡所得課税における所得の認識基準に関する研究―課税のタイミングの問題を中心に（1）（2・完）」専修法研論集五六号一七三頁（二〇一五）・五九号三三頁以下（二〇一六）、「譲渡所得課税における所得の認識基準に関する研究―課税のタイミングを中心に」租税資料館賞受賞論文集第二三回（二〇一四）下巻三九五頁以下（二〇一四）を基に加筆修正したものである。

第５章　離婚に伴う財産分与と譲渡所得課税

千年原未央

はじめに

憲法三〇条は、「国民は、法律の定めるところにより、納税の義務を負ふ。」と定める。しかし現実においては、「税」を嫌い、納税することを不満に思う国民は少なくない(1)。憲法における主権者は国民であり（憲法一条）、その国民は自らの利益を確保するために憲法を制定したことを鑑みると、このような状況は矛盾するものであるといえる。

これは一体何故なのであろうか。理由には、租税は歴史的にみれば、強い権力を握る者からの搾取であったことから、そのような経緯が国民に、税に対する感覚的な嫌悪感を生じさせてしまうことがあげられる。また租税は一方的・権力的課徴金の性質を持つこと、租税は無償の金銭給付であることなどもあげられる。

国民は納税の義務を負うことを意識しながらも、それを免れたいという感情をもつ。租税に関する国民の認識のなかに、納税の義務があるという規範意識と納税を免れたいという感覚が混在することで、国民の行動には矛盾が生じるのである。

このような感覚をもつ納税者には税負担の極小化を求める傾向がある。これに対して、租税行政庁は納税者の税負担減少行為に対処しようと考える。

この両者の感情的な対立は税法上の規定の解釈に現れる。すなわち、租税法の規定の解釈をめぐり、納税者は税負担を減少できるよう解釈する。これに対して、租税行政庁は徴税額を増加できるよう解釈する。租税法の解釈においても、納税者と租税行政庁に対立関係が生じるのである。この点から、両者どちらの解釈においても、恣意性が介入することが危惧される。

我が国における所得税法は「所得」を担税力の測定基準として課税する。この「所得」概念は租税法独自の概念であり、所得税にいう「所得」は「経済的利益」を意味する。したがって、通常国民が所得と考えないことも、租税法上はこれを所得と捉えて所得税が課税されることとなる。このとき、租税法上の「所得」と、税負担の極小化を図りたいと考える国民の感覚との間でズレが生じることになる。そもそも課税を好ましいと考えない国民に対して、彼らが課税のタイミングではないと考えるときに課税を行うのであるから、その感情的反発は優に想像できるものである。本稿で取り上げる、離婚に伴う財産分与にかかる譲渡所得課税はその一例である。

以上のような国民の規範意識と感情的反発との間の矛盾は、通常、租税法理論で埋め合わせを行う。すなわち、国民に課税の合理性を説明することで解決を図るのである。国民が自身で「所得」に対して納税の義務を負うことを理解できるのであれば、少なくとも、その「所得」に対する納税モラルは守られることになろう。

しかし、仮に課税が租税法理論によって合理的な根拠を見出すことができないものである場合、または、課税処分を行う租税行政庁が徴税額の極大化という対立する価値観の下で課税を行う場合には、納税者は当該課税を受け入れることはない。国民が納得できる課税とは、租税法理論上で合理性を説明できるものであり、対立する相手方である租税行政庁の恣意性が排除されたものである。

この点において、本稿で取り上げる財産分与者に対する譲渡所得課税に関する問題は、一般の市民感情から反発があるのみならず、租税法学者からも強い批判がなされているという現実がある。[2]

国家による課税処分は国民の財産権への介入ともいえるものである。[3]さらに、財産分与という、直接の反対給付のないところに課税処分が行われるため、課税対象たる所得が国民の考える所得と乖離し、国民が課税に対して感情的反発をすることは前述したとおりである。このため、国民による感情的反発があることを理由に課税の当否を論じることはできない。

しかし、租税法学者という、租税法の専門家からの批判があることは、そこには何らかの租税法学上の問題があるのではないかと考えられる。すなわち、先に指摘した、租税法理論が合理性を欠く場合、または租税行政庁による恣意性が介入している場合に該当する可能性がある。この二つの場合に該当する課税の現状を放置しておくことは、租税法学上看過できることではない。この点に、本稿における筆者の問題意識はある。

本稿の目的は、租税法学上、現状の課税が妥当しうるかという観点から、譲渡所得課税につき再検討を行うことである。

ところで、租税実体法に対する研究は、主として課税標準となるべき個人または法人の「所得」をどのようにとらえるのかという点を中心に展開される[4]。

他方、租税は私的部門で生まれた富の一部を国家の手に移すための手段であり、私的部門における財貨の生産や交換は私法が規律していることから、租税法と私法とは密接な関係をもっている[5]。このことから、租税法と私法との関係という観点もまた、租税実体法の研究の対象となる。

本稿で取り上げた離婚に伴う財産分与にかかる譲渡所得課税とは、私法上の行為である財産分与に際して課税されるものである。したがってこれを検討するに際しては、「所得」とは何かという租税法上の問題のみならず、ここにおける租税実体法が私法とどのように関係しているのかという点からも考察が必要となるものと考えられる。具体的には、譲渡所得課税においては何を「所得」と捉えているかが重要であり、そして、そこにおける譲渡所得課税の考え方を財産分与という私法上の側面においてどのように適用すべきかが問題となろう。その結果として、離婚に伴う財産分与に際して譲渡所得課税をおこなうことが、合理的な根拠をもつものであるか否かを判断することができるのである。

本稿ではまず、財産分与の基礎にある夫婦財産制を概観し、財産分与の法的性質を明らかにする。次に譲渡所得課税の沿革および法的性質を検討し、譲渡所得課税の課税理論を探ることとする。これにより、どのような根拠のもと、現行の譲渡所得課税が財産分与における資産の移転に際して行われているのかを明らかにする。そして、このような課税関係を肯定する最高裁の理論を概観したのちに、財産分与に対する譲渡所得課税が、財産分与の法的性質に即した合理的な理由をもつ課税であるといえるのか否かを再検討することとする。

（１）松沢智『租税法の基本原理―租税法は誰のためにあるか―』三頁（中央経済社、一九三八）は、税について「人間の一生にとって切っても切り離せないものであるのに、現実には、これほど嫌がられ、きらわれるものは他に例が少ないのは一体何故なのであろうか。」と述べておられる。
（２）金子宏「所得税とキャピタルゲイン」租税法研究三号五二頁以下（一九七五）、吉良実「財産分与の課税問題（１）」税法学三二九号二八頁（一九七八）など。
（３）金子宏『租税法（第22版）』三頁（弘文堂、二〇一七）。
（４）松沢智『新版　租税実体法補正第２版』五頁（中央経済社、二〇〇五）。
（５）金子・前掲注（３）一一八頁。

一　離婚に伴う財産分与制度の形成と制度的意義

財産分与に伴う課税の適否を検討するには、まず、課税対象となる財産分与とは何を意味するのかが明らかにされなければならない。財産分与の対象となる財産とは何か、そして、財産を分与するとはどういうことなのか。これらのことを確認することは、財産分与が課税対象となるべきものか否かを検討する上で必要であると考える。本章では、財産分与と密接に関わる夫婦間の財産関係を整理した上で、その根底をなす夫婦財産制度を概観し、財産分与の法的性質を明らかにすることに努めることとする。

1　夫婦財産制度における財産分与の形成過程と制度的意義

現行の民法は、夫婦財産制について、夫婦財産契約と法定財産制との二本建てになっており、夫婦財産契約を締結しない限り、法定財産制によることと定めている（民法七五五条）。しかし、わが国における夫婦財産契約の例は極めて少なく、ほとんどの夫婦は法定財産制に従っている。そこで、ここでは法定財産制についての考察を中心とする。

現行民法以前の明治三一年民法は夫婦財産制について、管理共通制をとっていた。これによると、夫と妻の財産構成は、夫婦が婚姻前より有する財産と婚姻中に自己の名で取得した財産は各自に帰属するという、夫婦別産制を原則とし（旧八〇七条一項）、妻に帰属する財産に対して夫の管理権をみとめた（旧八〇一条一項）。そして、夫婦のいずれに属するか明らかでない財産は夫または女戸主の財産と推定し（同条二項）、夫または女戸主は配偶者の財産上に収益権を有するとされた（旧七九九条）。この結果、夫婦の離婚に際しては、夫婦の共有財産が無いため分割問題は生じず、入夫（入婿）を除く夫は、妻の財産を返還するに当たって、妻が婚姻前より有する財産及び婚姻中に自己の名で取得した財産のみ返還すればよいことになる。(6)

別帰属制は、個人の財産上の独立を保障するものであったが、上記のような夫管理制と妻の行為無能力（旧一四条ないし一八条）、ならびに「家」制度による財産取得・処分の制限が相まって、現実には妻に酷なものとなっていた。(7)

第二次世界大戦後に日本国憲法が制定され、同法二四条において、「家族生活における個人の尊厳と両性の本質的平等」という基本原則が、明文をもって定められたのを受けて、昭和二三年の民法改正は、この原則にのっとって行われた。

この改正の結果、夫婦別産制は維持され（民法七六二条一項）、併せて妻の行為無能力規定が削除された。また、婚姻中に取得された財産で夫婦のいずれに帰属するか明らかでない財産を共有推定し（同条二項）、別管理制に改め、離婚の際の財産分与規定が新設された（民法七六八条）(8)。

改正による新たな夫婦別産制は、夫と妻の経済的独立を示すものとして意義のあるものといえる。しかし、別産制は、妻が独立して財産を所有することができること、及び、その財産が夫から侵害されることがないことを保障するにとどまり、妻が財産を所有・取得することができる道を保障したものではなかった。そのため、夫は、その資産あるいは労働によって経済活動を行ない、その収入を自らの財産として取得できるのに対して、いわゆる専業主婦においては、夫の所得獲得活動に「内助の功」として実質的な貢献をしていることが共通認識されているにもかかわらず、その貢献を、妻自身の収入や財産としてあらわすことには、なお多くの障害が立ちはだかっていたようである。このことに関して、別産制は、何ら配慮をしていないというのが実情であった(9)。

確かに、専業主婦が行う家事労働は、社会とは直接的な関係を有せず、家庭内における私的な労役であると考えられる。したがって、社会生活において、夫の労働は対価を伴うのに対して、妻の家事労働はなんらの対価を得ない。しかし、家事労働が対価を有しないということは、家事労働が何の価値も生産しないということを意味するものではない(10)。

専業主婦による家事労働は何らかの価値を生産するものであると考えられるにもかかわらず、改正民法による別産制は、これを正当に評価する仕組みを持たなかった。個人の財産的独立を実現した別産制は、この点で、夫婦の本質的不平等の根拠となっているとさえいえるのである。

このような問題点の指摘を受け、夫婦の本質的平等をはかるために、妻の協力、とりわけ家政および育児の担当という家事労働による協力の結果を、夫婦財産法上において、夫の生産労働と同一に評価し、保障すべきであるという主張が起こった(11)。

学説においても次第に、現行法定財産制を別産制と解する通説は批判を受けることとなった。これらの学説は、別産制を定める民法七六二条を、「妻への不利益」が少なくなるように解釈しようと試みるものであり、婚姻中における、妻の内助の功をどのように法的に把握し、実現させるかという点が焦点であった(12)。

そうしたなかにあって、有力説とされるものは、これを夫婦の平等な立場における協力扶助の経済的な面での実現ととらえ、民法七六二条の解釈により、夫婦間の財産における、実質的な共有財産の確立を目指された我妻博士の見解である。(13)

我妻博士は、夫婦間における財産にはおよそ三種類のものがあるとされている。すなわち、第一は、名実ともに夫婦それぞれの所有のものであって、婚姻前から各自が所有したもの、婚姻中に一方が第三者を相続して取得したもの、それらの財産からの収益などがこれに属する。(14)

第二は、名実ともに夫婦の共有に属するものであって、共同生活に必要な家財・家具などは、夫婦の一方の収入または資産で購入したものであってもこれに属する。(15)

第三は、名義は夫婦の一方に属するが実質的には共有に属するとなすべきものであって、婚姻中に夫婦が協力して取得した住宅その他の不動産、共同生活の基金とされる預金、株券などで夫婦の一方の名義となっているものである。(16)

婚姻中の夫婦間において、第一のものが夫婦の一方に帰属すること、第二のものが夫婦の双方に帰属することには異論はない。婚姻解消の場合には、第一のものは各自の所有とされ、相手方は当然には分け前を主張し得ない。第二のものはもとより、共有であるため、他の配偶者はその持分についての所有を主張することができる。

しかし、第三のものについては問題がある。一般的に、社会生活は、外形的に表示されたところに対する信頼性を基礎として営まれているところからすると、少なくとも対外的には、原則として、その名義者の所有に属するものとして扱われる。しかし、我妻博士は、これらの財産は、夫婦が協力して取得し、共同生活の経済的基盤を構成するものであるから、実質的な意味では共有に属するものとみなければならないとされた上で、離婚の際には当然に清算すべきであり、それによって、はじめて、夫婦の実質的平等が図られると述べられている。(17)

我妻博士の見解によると、民法七六二条は次のとおり解釈される。まず、一項にいう「特有財産」は、名実ともに夫婦の一方に属するものを意味するが、「婚姻中自己の名で得た」ものについては、単に名義が自分のものであることだけでなく、それを得るための対価などが自分のものであって、実質的にも自分のものであることを挙証しなければ、「特有財産」とはならない。二項にいう共有推定は、対外的には、名義が一方であることにより推定は破られるが、対内的には、その対価等にさかのぼり、実質的にも一方の所有である事実が挙証されない限り、推定は破られない[18]。これにより第三の財産は、夫婦の共有財産と推定されることとなる。

妻は、この共有財産のうちに、潜在的ではあるが、自己の持分を確認することができる。これにより、憲法二四条の要請である夫婦の本質的平等を、民法七六二条の解釈により導出することができるのである。

このように学説においては、我妻博士をはじめ、多くの研究者の研究成果によって、夫婦関係の諸問題は解釈論上は解決が図られた[19]。

しかし、最高裁判所は、早い時期に別産制堅持の態度を示し、それは以降の裁判例にきわめて大きな影響を与えていると見受けられる。次に掲げる二つの最高裁判所判決がそれである。

〔二－一－二〕最高裁昭和三四年七月一四日判決（民集一三巻七号一〇二三頁）[20]

本件は、民法七六二条一項にいう「自己の名で得た特有財産」の意義に関する最初の最高裁判決である。事案は、夫が旅館を営業し、その妻が経理業務を行っていた夫婦間の合意で、その旅館業の収入により買い入れた土地の所有名義を妻としていたが、その後、妻の不貞により離婚となり、夫は妻に金銭を分与する一方、土地の名義返還を求める請求をしたが、妻は自己名義で買い入れた土地であるから妻の特有財産であると主張したものである。

裁判所は、民法七六二条一項の規定は「わが民法がいわゆる夫婦別産制を原則とすることを明らかならしめるため、夫婦のいずれか一方の財産であることの明らかなものはその者の特有財産とする旨を定めたのに止まり、夫婦がその一方の財産を合意の上で他方の所有名義とした場合にまでこれをその所有名義人の特有財産とする趣旨であることはとうてい解せられない」と判示し、夫婦間の財産の帰属は名義人という形式だけでは判断されないことを明らかにし、所有権は夫にあると認めた。

本件土地は、我妻説における第三の財産であり、一応は、共有の推定もはたらくものであるが、これを夫の所有としているところに注目すべき点がある。

〔二‐一‐二〕最高裁昭和三六年九月六日判決（民集一五巻八号二〇四七頁）(21)

本件は、夫の収入に対して、妻の貢献があるという点から、夫の収入を妻と二分して所得税の申告をした事案である。原告である夫婦は、別産制の下、特有財産を認める民法七六二条は憲法二四条違反であり、これに基づき夫婦各人の所得について所得税を課す所得税法は、憲法二四条、三〇条に違反すると主張した。これについて裁判所は、憲法二四条の規定は「夫たり妻たるの故をもってその権利の享受に不平等な扱いをすることを禁じたものであって、…（夫と妻が）個々具体の法律関係において常に必ず同一の権利を有すべきものであるということまでの要請を包含するものではない。」とした上で、「配偶者の一方の財産取得に対しては他方が常に協力寄与するものであるとしても、民法には、別に財産分与請求権、相続権ないし扶養請求権等の権利が規定されており、右夫婦相互の協力、寄与に対しては、これらの権利を行使することにより、結局において夫婦間に実質上の不平等が生じないように立法上の配慮がなされているということができる。しからば、民法七六二条一項の規定は、前記のような憲法二四条の法意に照らし憲法の右条項に違反するものということができない」と判示し、憲法二四条は、すべてにおいて絶対的な男女の平等を定めたものではないから、別産制が直ちに憲法二四条に違反するとはならないとした。そして、「本件に適用された所得税法が、生計を一にする夫婦の所得の計算について、民法七六二条一項によるいわゆる別産主義に依拠しているものであるとしても、同条項が憲法二四条に違反するものといえないことは、前記のとおりであるから、所得税法もまた違憲ということはできない」とした。

本判決では、所得税法が民法七六二条一項に依拠しているか否かについては明確な判断をしていないが、民法七六二条一項が別産制を採用するものであることは認めている。そして、別産制はそれのみでは夫婦の本質的平等を実現することはできないが、財産分与制度などにより、夫婦間に実質的に不平等が生じないような仕組みになっており、憲法二四条がうたう夫婦の本質的平等はこれらの制度全体で守られていれば足りる、としている。

裁判所は、憲法二四条にいう夫婦の「本質的平等」は夫婦財産制のみではなく、財産分与の制度等により結果的に実現されるべきものであると考えているようである。

この判断からは、夫婦財産制と財産分与制度は、密接な関係にあることがわかる。財産分与制度の目的が、夫婦財産制では実現できなかった夫婦の本質的平等であることから、財産分与とは、夫婦財産制の下で潜在的に妻に持分のあった財産を、離婚に際して妻に分与することであるといえる。これは、我妻博士の述べられる、夫婦間の「実質的な意味の共有財産」を分与の対象とすべきとの見解と、軌を一にするものである。前述の同博士の見解は、夫婦間の財産の帰属を婚姻中と婚姻の解消時との二つの側面を合わせて捉えたものであった。

以上見てきたように、夫婦の本質的平等は、それが実現するのが離婚時であったとしても、実現に際しての判断基準には、婚姻中の夫婦の財産形成が大きく関わっている。財産分与で実現される妻の持分等についての実体法的基礎は、夫婦財産制における夫婦財産の帰属に求められるべきであろう(22)。婚姻中の夫婦財産について、実質的な共有財産の存在を把握することにより、財産分与の制度的意義である夫婦の本質的平等の実現に、より適合することとなる。

最近では、夫名義の財産であっても妻の実質的貢献がみられる財産は、民法七六二条二項にいう「夫婦のいずれに属するか明らかでない財産」に含まれるとして、夫婦の共有財産の範囲を広げる傾向がある。裁判例でも、「夫婦の一方が婚姻中に他方の協力の下に稼働して得た収入で取得した財産は、実質的には夫婦の共有財産」であり、その「最終的な帰属は財産分与の際に決すべき」とするものもある。これは、「実質的共有財産」について実際に相互の持分を顕在化させるのは、離婚による財産分与のときであるが、夫婦関係が継続している間も実質的には夫婦の共有財産であることが当然に前提となる。

以上のことから、財産分与制度の目的が、夫婦財産制における夫婦間の本質的平等の実現を補完することにあると確認することができた。財産分与はこの目的の下で、夫婦間の実質的な財産の帰属を根拠として行われるべきであることも明らかとなった。

しかしながら、財産分与制度に関する規定は民法七六八条のみであり、夫婦財産制との関係は規定上明確ではない。学説においても、その関係性について苦慮している様子がうかがわれる。そこで、夫婦財産制における夫婦財産の帰属は、離婚における財産分与にどのように影響しているのであろうかという点に問題の関心は移行する。

この点につき、次に節を改めて、判例・学説の展開を整理することとする。

2　財産分与をめぐる判例・学説の展開

財産分与制度（民法七六八条）は第一節で述べたように、昭和二二年の民法一部改正時に創設されたが、その理念は明治初期の民法編纂当初からみられ、明治民法原案にも離婚給付規定として検討されたが、後に削除された。その後も、大正一四年の臨時法制審議会は、「民法親族編中改正ノ要綱第十七」に離婚給付項目を盛り込み、これが昭和一八年「人事法案（仮称）」の九四条に結実したものの、結局、戦後の立法に委ねられた(23)。

戦前に検討された離婚給付規定は離婚後の扶養を中心としたものであったが、戦後に制定された財産分与は、その法的性質をめぐり、初期から議論が絶えなかった。当初、立案者は、扶養的要素に重点を置き、財産分与規定を設けなくても夫婦同権を定めた憲法二四条に違反しないと考えていたようである(24)。しかし、前述の、民法七六二条の成立過程における臨時法制調査会総会の審議などを受けて[25]、昭和二二年に国会に上程された際の立法説明では、財産分与は清算、扶養、賠償の三要素を含んでおり、とりわけ財産分与の清算的要素が強調された。このように財産分与制度は、専業主婦の働きが経済的に評価されないという夫婦別産制の課題を補完するシステムとしての役割を担うこととなったのである[26]。

財産の名義を形式的に捉え、夫婦別産制の下でそれぞれに財産を帰属させた場合、夫婦間の経済的平等は達成されず、きわめて不平等な結果となる。そこで、離婚に際して、内助の功を勘案しつつ、夫婦の共同財産をその名義いかんに関わらず実質的に清算し、実質に即した再分割や潜在的持分の払い戻しとして行うものが財産分与の機能であるといえる[27]。

財産分与の法的性質については、立法過程から、清算・扶養・賠償の三つの要素があげられる。しかし、民法の条文では一切明らかにされていない。そのため、学説においても論議が多く、また、判例の態度としてもかならずしも一本とはいえないのが現状であった[28]。

財産分与の法的性質に関する裁判例としては下級審裁判例も多いが、ここでは最高裁判例である〔一―二―三〕最高裁昭和三一年二月二一日判決、および〔一―二―四〕最高裁昭和四六年七月二三日判決を中心に検討する。

〔一―二―三〕最高裁昭和三一年二月二一日判決（民集一〇巻二号一二四頁[29]）

本件は、夫からの離婚請求に対して妻が反訴として離婚請求をするとともに、慰謝料のみを請求した事案である。最高裁は「離婚の場合に離婚した者の一方が相手方に対して有する財産分与請求権は、必ずしも相手方に離婚につき有責不法の行為のあったことを要件とするものではない。しかるに、離婚の場合における慰謝料請求権は、相手方の有責不法な行為によって離婚するの止むなきに至ったことにつき、相手方に対して損害賠償を請求することを目的とするものであるから、財産分与請求権とはその本質を異にする…権利者は両請求権のいずれかを選択して行使することもできると解すべきである。」として、離婚における慰謝料請求権と財産分与請求権の異質性を原則として認めた。

それまでの学説・判例ともに、財産分与の本質的性質について、その見解が多岐に分かれていた中で、本判決はこの問題についての最初の最高裁判決として重要な意義をもつ(30)。

財産分与請求権と慰謝料請求権との関係について、それまでの下級審の判断の中には両極端に分かれるものがあるのに対して、本判決は両者の折衷的立場にあるものといえる。しかし、両請求権の選択が択一的選択であるのか重畳的選択であるのかは不明であり、また、財産分与の具体的な内容という点においては明らかにされていない。

〔一―二―四〕最高裁四六年七月二三日判決（民集二五巻五号八〇五頁(31)）

本件は、離婚判決がなされて財産分与が行われた後に、やむを得ず離婚に至ったことに対しての慰謝料の請求が認められるか否かが争点とされた事案である。最高裁は、「離婚における財産分与制度は、夫婦が婚姻中に有していた実質上の財産を清算分配し、かつ、離婚後における一方当事者の生計の維持をはかることを目的とするものであって、分与を請求するにあたりその相手方たる当事者が離婚につき有責の者であることを必要とはしないから、財産分与の請求権は、相手方の有責な行為によって離婚をやむなくされ精神的苦痛を被ったことに対する慰藉料の請求権とは、その性質を必ずしも同じくするものではない。したがって、すでに財産分与がなされたからといって、その後不法行為を理由として別途慰藉料の請求をすることは妨げられない」とし、〔一―二―三〕昭和三一年判決と同じく、財産分与と慰謝料の異質性を認めた。そして「財産分与によって請求者の精神的苦痛がすべて慰藉されたものと認められるときには、もはや重ねて慰藉料の請求を認容することはできない」として、両請求権の密接した関係性についても明らかにした。これによれば最高裁は、財産分与の法的性質として、①夫婦が婚姻中有していた実質的共有財産の清算分配、②離婚後における他方配偶者の扶養、③離婚に伴う慰謝料、があると考えているといえる。

学説上も上記三つの要素を財産分与の性質ととらえており、このうちどれを含め、どれを強調するかという点で、次のように分類できる(32)。

(ⅰ) 清算的要素を強調する見解(33)
(ⅱ) 扶養的要素を強調する見解(34)
(ⅲ) 清算的要素と扶養的要素をあわせて観念する見解(35)
(ⅳ) 清算的要素と扶養的要素の他、慰謝的要素をあわせて観念する見解(36)

ここで、各要素について概観することとする。清算的要素は、実質的な夫婦の共有財産における潜在的持分を指す。財産分与に清算的要素を含むことは、大多数の見解の承認するところである(37)。

その根拠として、第一に、婚姻中夫婦が協力して蓄積された財産については、その名義がどちらになっていたとしても、実質的には夫婦の共有財産としての性質をもつから、共同生活の解消にあたっては、他方の配偶者の協力、寄与を評価して、それを清算することが必要とされることが挙げられる(38)。これは財産分与により夫婦の本質的平等を実現させるためには不可欠のものである。

第二に、財産分与が、とくに法文をもって、「配偶者の協力によって得た財産」を分与において考慮すべきものとして掲げているのは、このような考え方に基づくものであるという見解もある(39)。

第三に、立法過程において、財産分与の中核が、扶養的要素から清算的要素へと推移していったという点も根拠として挙げられる(40)。

特に、財産分与により夫婦の本質的平等が実現されるという点は、清算的要素を財産分与の要素として考えるうえで有力な根拠となろう。

この見解により清算の対象となるのは、前節の夫婦別産制における共有財産及び実質的共有財産である。共有財産とは、名実ともに夫婦の共有に属するものであり、実質的共有財産とは、名義は夫婦の一方に属するが実質的には共有に属するとなすべきものである。一方、特有財産とされる、それぞれ第三者から贈与された財産、相続した財産、婚姻前からもっていた財産は除外される。

扶養的要素は、離婚後に生活に困窮する配偶者に対して、他方が行うべき経済的援助を指す(41)。

この見解においては、かつて夫婦であった者の一方が、離婚後において生活に困窮する場合に、他方がその生活に援助を与えることは、道徳的に当然であると主張される(42)。専業主婦の場合には、離婚後ただちに職を得て、自らの力で経済的な基盤を形成していくには困難な場合があるし、中高年層の妻にとっては、離婚後の生活は厳しいことが予想されるため、現実的な対応の仕方としても肯定されている。

最後に慰謝料的要素である。離婚における慰謝料とは、相手方の有責な行為によって離婚をやむなくされたことによる精神的苦痛であるが(43)、その内容には二つのものがあるといわれている。一つは夫婦の一方が他方から虐待・侮辱などの身体・自由・名誉などの法益に対する重大な侵害を受け、それが原因となって離婚がなされた場合における、その個別的有責行為による精神的苦痛である。この場合において、その侵害を受けた者が、離婚原因となった個別の違法行為によって被った精神上の苦痛に対する慰謝を求めることができることについては、明治時代から承認されてきたところである(44)。

もう一つは、相手方と離婚を余儀なくさせられたことによって被った、離婚そのものによる精神的苦痛である。

以上の通り、財産分与の法的性質は、清算的要素を中心として、扶養的要素・慰謝料的要素をも含めたものであることが確認できた。

そして清算とは、婚姻中においては実質的に夫婦の共有財産としての性質をもつものを、共同生活の解消にあた

って、他方の配偶者の協力、寄与を評価して、顕在化させることである。(45)

夫婦財産制との関係を考えるならば、一方配偶者の財産に他方配偶者の持分が存在する根拠は、夫婦財産制における、夫婦の実質的共有財産であると考えられる。これにより妻は、婚姻中における協力によって実質的に取得していた自己の持分を取り戻すこととなり、ここにおいて、婚姻中には実現されなかった夫婦の本質的平等が実現されるのである。

(6) 人見康子『現代的夫婦財産法の展開』一七七頁（鳳舎、一九七〇）。
(7) 千藤洋三「夫婦財産制と財産分与」民商一一一巻四・五合併号五九〇頁（一九九五）。
(8) 人見・前掲注（6）一八七頁。
(9) 中尾英俊「夫婦の平等と夫婦財産制」法時三三巻九号一〇四六頁（一九六一）。
(10) 中川淳「財産分与制度の方向」法時三三巻九号一〇五二頁（一九六一）。
(11) 深谷松男「夫婦の協力と夫婦財産関係」金沢法学一二号一・二合併号一九五頁（一九六六）。
(12) 学説の推移について、深谷・前掲注（11）一九五頁以下参照。
(13) 我妻栄『親族法』法律学全集23　一〇三頁（有斐閣、一九六一）。
(14) 我妻・前掲注（13）一〇二頁。
(15) 我妻・前掲注（13）一〇二頁。
(16) 我妻・前掲注（13）一〇二頁。
(17) 我妻・前掲注（13）一〇二頁。
(18) 我妻・前掲注（13）一〇三頁。
(19) 深谷・前掲注（11）一九六頁。
(20) 裁判例については、個々の判例を最初に取り上げた章・節・及び本稿で検討する順序に対応させ〔〇－〇－〇〕と表記することとする。
　この事案に関する判例評釈として、太田武男「登記簿上の所有名義人と特有財産」民商四一巻六号九七六頁（一九六〇）、我妻栄「判解」法協七七完三号三六一頁（一九六一）、人見康子「登記簿上の名義と夫婦の特有財産」家族法判例百選〔第三版〕四六頁（一九八〇）など。

(21)　この事案に関する判例評釈として、小幡由子「夫の所得と共有財産」家族法判例百選〔第三版〕四八頁（一九八〇）。
(22)　人見・前掲注（6）一八九頁。
(23)　千藤・前掲注（7）五九二頁。
(24)　『民法改正に関する国会関係資料』最高裁判所事務総局一八頁（一九五三年）。
(25)　我妻・前掲注（13）二四三頁。
(26)　千藤・前掲注（7）五九二頁。
(27)　小磯治『夫婦関係調停条項作成マニュアル』五五頁（民事法研究会、二〇〇二）。
(28)　中川淳「財産分与制度の性質」中川善之助教授還暦記念『家族法大系Ⅲ　離婚』三六頁（有斐閣、一九五九）。判例の総合的研究として、山本笑子「判例財産分与法」民商三五巻二号三九頁以下（一九五七）、同三五巻四号五〇五頁以下（一九五七）がある。
(29)　この事案に関する判例評釈として、青山道夫「財産分与」ジュリ二〇〇号一六四頁（一九六〇）がある。
(30)　青山・前掲注（29）一六四頁。
(31)　この事案に関する判例評釈として、島津一郎「財産分与と離婚慰謝料との関係」家族法判例百選〔第三版〕七二頁（一九八〇）、佐藤義彦「離婚による慰藉料と財産分与との関係」民商六六巻五号二一五頁（一九七二）などがある。
(32)　分類は、中川（淳）・前掲注（28）三六頁を参考にした。
(33)　この説をとる論者として、柚木馨『親族法』一四九頁（有斐閣、一九五〇）、小池隆一「離婚による財産分与請求権について」民商三九巻一・二・三合併号二五頁以下（一九五九）。
(34)　この説をとる論者として、青山道夫『身分法概論』一三五頁（法律文化社、一九五三）。
(35)　この説をとる論者として、谷田貝三郎『法学概論』一五八頁（ミネルヴァ書房、一九七二）、板木郁郎「離婚の際の財産分与の性質について」立命館法学四・五号六五頁以下（一九五三）、佐々木宏「離婚による財産分与の性格」早稲田法学三〇巻四四三頁以下（一九五四）、中川（淳）・前掲注（28）三〇頁以下。
(36)　この説をとる論者として、谷口知平『親族法』九五頁（評論社、一九五三）、川島武宜「慰藉料と財産分与との関係」我妻先生還暦記念『損害賠償責任の研究　上』二五七頁以下（有斐閣、一九五七）、田中実「財産分与の一考察（一）（二）」法学研究二八巻六号四三七頁以下（一九五五）、我妻・前掲注（13）一五四頁。
(37)　中川（淳）・前掲注（28）三七頁。
(38)　有地亨『家族法概論〔改訂版〕』二四二頁（法律文化社、一九九四）。
(39)　中川（淳）・前掲注（28）四一頁。

(40) 小池・前掲注（33）二六頁。
(41) 有地・前掲注（38）二四二頁。
(42) 田中（実）・前掲注（36）（二）五五四頁。
(43) 〔一－二一－四〕昭和四六年判決。
(44) 大審院明治四一年三月二六日（民録一四輯三四〇頁）。
(45) 板木教授はこれを、実質的な持分の取戻しと解し（板木・前掲注（35）七四頁）、中川（善）博士は潜在的な持分の清算と解する（中川善之助『親族法　上巻』二七九頁（青林書院、一九五八））。

二　離婚に伴う財産分与と譲渡所得課税の理論と構造

本章では、譲渡所得課税について、創設の背景や立法趣旨をもとに、その課税理論を確認する。その上で、財産分与における資産の移転に対して譲渡所得課税が行われている現行課税の法的構造を考察する。

1　譲渡所得課税制度の創設の背景

所得税法は、所得をその源泉ないし性質によって一〇種類に分類している。これは、所得がその性質や発生の態様によって担税力が異なるという前提に立って、公平負担の観点から、各種の所得について、それぞれの担税力の相違に応じた課税方法を定めるためである。[46] 譲渡所得とはその所得分類の一つであり、資産の譲渡による所得をいう（所得税法三三条一項）。

この譲渡所得は、所有資産の価値の増加益であるキャピタル・ゲインを、原則として、それが実現したときに、課税の対象とするものである。[47]

ところで、所得税は所得に担税力を求める租税である。[48] 真の意味における所得は、財貨の利用によって得られる効用や人的役務によって得られる満足であるが、これらの効用や満足を各人について測定し計量化することは困難であるため、客観的な測定基準となりえない。所得税の課税の対象として所得を捉えるには、金銭的価値で評価することが必要となる。(49)

所得を金銭的価値で評価する場合、その構成の仕方には二つの類型があるが、租税制度で一般的に採用されている概念は取得型所得概念とよばれるものである。(50) これは、各人が収入等の形で新たに取得する経済的価値、すなわち経済的利得を所得とする考え方である。(51) この取得型所得概念のもと、所得の範囲をどのように構成するかについては、これを狭く構成する制限的所得概念とこれを広く構成する包括的所得概念の二つの考え方がある。(52)

制限的所得概念とは、経済的利得のうち利子・配当・地代・利潤・給与等、反復的・継続的に生ずる利得のみを所得として観念する考え方であり、イギリスおよびヨーロッパ諸国の所得税制度は伝統的にこの考え方に基づいて構築していた。そこでは、相続・贈与・遺贈等による利得、くじの当り、賭博利得等の一時的・偶発的・恩恵的利得は所得の範囲から除かれ、資産の譲渡による利益、いわゆるキャピタル・ゲインも所得の範囲から除かれていたと考えられる。

わが国の所得税法は明治二〇年に創設されたが、戦前においては一貫して、所得は制限的に構成されてきた。(53) 同法は「凡ソノ人民ノ資産又ハ営業其他ヨリ生スル所得」を課税の対象とすることとし（一条）、例外的に「営利ノ事業ニ属セサル一時ノ所得」を課税の対象から除外していた（三条の三）。そこでは、継続的・反復的収入のみが課税所得を構成し、その他の一時的・偶発的・恩恵利得は所得の範囲から除かれていたと考えられる。(54)

所得税法はその後、明治三二年、大正九年、昭和一五年の三回にわたって全面的改正を受けたが、「営業ノ事業ニ属セサル一時ノ所得」（明治三二年法五条五号、大正九年法一八条五号）ないし「営利ヲ目的トスル継続的行為ヨリ生ジタルニ非ザル一時ノ所得」（昭和一五年法一一条六号、二九条二号）は一貫して課税の対象から除かれてきた。

これに対し、一時的・偶発的・恩恵的利得を所得税の対象から除外することに疑問を抱き、所得概念を包括的に構成しようとしたのがシャンツの純資産増加説であった[55]。そこでは、人の担税力を増加させるすべての利得が所得であると考えられ、したがって、反復的・継続的利得のみではなく、一時的・偶発的・恩恵的利得も所得に含まれることになる。シャンツによって体系化されたこの考え方は、その後、修正された形でアメリカの所得税制度にとり入れられた[56]。これが包括的所得概念とよばれる。

所得概念において包括的構成が必要とされる理由は、第一に、公平負担原則が挙げられる。前述のように、制限的所得概念は、一時的・偶発的・恩恵的利得を所得の範囲から除外している。しかし、公平負担の原則は、同様の状況にあるものは同様に課税されるべきこと、すなわち水平的公平を要求する[57]。したがって、同一の担税力を有するものは同一に課税されるべきこととなる。同じ担税力をもつにもかかわらず、制限的取得概念を採用し、ある利得のみに課税し、また、ある利得のみを課税の対象から除外することは、この原則に反する。人々の間における公平を保つには、担税力の増加をきたす利得をなるべく包括的に所得に含めることが必要である[58]。また一方で、公平負担の原則は、異なる担税力を有するものは異なる税負担を負うこと、すなわち垂直的公平を求める[59]。このことから、所得税においては比例税率ではなく累進税率が適用される。一定の利得のみを累進課税の対象外におくことはこの垂直的公平に反することにもなるのである。

第二に、所得税の再分配機能との関係である。財産制度を通じ何らかの程度において再分配を図るとした場合に、その最も有効・適切な手段は累進所得税である。再分配機能を高めるためには、すべての利得を課税の対象とし、累進税率の適用のもとにおくことが必要である。包括的所得概念は、累進税率の本来の目的に最も適合しているといえよう[60]。

第三は、景気調整の見地である。累進税率の下では、所得の範囲を広く構成することによって、所得税制度のもつ景気回復機能が増大する。[61]

わが国の所得税法も、昭和二一年の改正で臨時利得税が廃止されたのを機に、譲渡利得を譲渡所得として所得税を課することとした。[62]

昭和二二年の改正によって従来の所得税制度は全面的に改められ、所得は、利子所得・配当所得・臨時配当所得・給与所得・退職所得・山林所得・譲渡所得・一時所得・事業所得の九種類に分類された（九条一項）。これにより、従来課税の対象から除外されてきた一時的・偶発的・恩恵的利得も課税の対象とされることとなり、所得の範囲は著しく拡大するに至ったのである。[63]

この所得の拡大の方向は、昭和二五年のシャウプ勧告によって、さらに推進されることになる。[64]

シャウプ勧告は、公平な税制の確立をめざして税制の全面的改革を行い、中でも所得税は日本の制度において最も重要な租税であるとして、[65]総合累進課税の考え方を強く打ち出した。特に、包括的所得概念の下、課税対象となる所得の範囲を広く構成することを勧告し、譲渡所得課税については、①キャピタル・ゲインを全額課税するとともにキャピタル・ロスを全額他の所得からも控除すること、②変動所得として、数年間に平均して課税する方式を適用すること、③利得に対する無制限の課税繰延を防止するため、贈与者または被相続人に対するみなし譲渡課税を行なうこと、④インフレーションへの対策として、資産再評価を行うこと、といった内容を提案している。[66]

シャウプ勧告における譲渡所得課税は、資産の価値の増加について課税するものであるため、毎年これを査定し、増加益について課税することを原則とする。しかし、増加益は実質的な所得とはいえないこと、未実現利益に課税することは実現した場合と比較して公平ではないこと、執行上の限界等から、実際は、納税者が資産を売却して、所得を実現させた場合に限って課税すべきものとした。一方で、この制度の下では、贈与や相続による課税の無期限延期が行われる可能性があることから、これを防止する目的でみなし譲渡制度を設けた。

シャウプ勧告は、「…われわれは、所得税において法人税との二重課税を避け、同時に常習の脱税を防止するような租税制度を立案した。このような制度のうちで重要な部分とされているのは、譲渡所得を全額課税し、譲渡損失を全額控除することである。[67]」と述べ、さらに「譲渡所得全額を課税標準に算入することは、われわれの税制改革計画の礎石の一つであり、この原理に背馳すれば、この計画の統一性は著しく害われるのであることをいかに強調してもしすぎることはないのである。[68]」と、譲渡所得課税の重要性を述べる。所得の範囲を広く、包括的に捉えることは、シャウプ勧告の目指す、公平な課税の大前提であったのである。[69]

前述のシャウプ勧告の要請を受けた昭和二五年の所得税法は、昭和二二年法からさらに、所得分類に雑所得という類型を新設して、上記の九つ―利子所得・配当所得・臨時配当所得・給与所得・退職所得・山林所得・譲渡所得・一時所得・事業所得―のいずれにも該当しない所得をも課税の対象に加えている（九条一項一〇号）。これは、納税義務者の担税力を増加させる利得は原則としてすべて所得として課税の対象とするという考え方を示しており、包括的所得概念を採用したものと考えられる。[70]

このような経過をたどり、わが国に譲渡所得の考え方が導入された。制度としては、①平準化措置の下、譲渡所得に全額課税および譲渡損失の損益通算が認められた。また、これにより資産の評価益が繰り延べられ評価損のみが実現されるという、課税の無期限の繰り延べを防止するため、②相続、遺贈または贈与による資産の移転に対してみなし譲渡課税を一般的に適用するものとした。

しかし、シャウプ税制による譲渡所得課税制度は、その後直ちに変容を始め、当初の理念に反する方向へと改められた。[71]

このような譲渡所得制度の崩壊の原因としては、技術的に複雑すぎたこと、執行が困難であったこと、実情に合わなかったこと、資本蓄積が優先されたことなど、いろいろな点が指摘されている。[72]

また、シャウプ勧告は「ここにわれわれが勧告しているのは、租税制度であっても、相互に関係のない多くの別個の措置ではない。一切の重要な勧告事項および細かい勧告事項の多くは、相互に関連をもっている。もし重要な勧告事項の一部が排除されるとすれば、他の部分は、その結果価値を減じ、場合によっては有害のものともなろう。従って、われわれは、勧告の一部のみを取入れることに伴う結果については責任を負わない。」と述べる(73)。すなわち、相互に関連性を持っていた仕組みの一部が倒れることによって、他の規定との整合性が失われ、次々に崩壊していったとも考えられるのである。

以上のように、シャウプ税制はある面では後退したといえる。しかし、課税の対象たる所得の意義と範囲については、現行法上もそのまま維持されている。すなわち、現行所得税法は、昭和二五年法と同様に所得を一〇種類に分類し、特に課税除外されていない限りすべての所得に対して課税することを建前としている（所得税法二二条以下）。これは、担税力に応じた公平な課税の実現を目的としたものであり、包括的所得概念のもと採用された譲渡所得制度においても、その基本的考え方は現在も維持されている。

2　譲渡所得課税の理論と構造

譲渡所得課税を制度として創設した背景について前節において検討してきたところを受けて、本説においては、譲渡所得課税の理論的側面につき判例および学説の両面から検討することとする。

まず、判例の動向では、最高裁判所における次の二つの判断がみられる。

〔二一－二一－五〕最高裁昭和四三年一〇月三一日判決（集民九二巻七九七頁）(74)

本件は、相続人であったXが、相続財産である不動産を、訴外Bに取得させるために相続しその後すぐに訴外Bに贈与した際、Xに対して、所轄税務署長であるYから、不動産の譲渡を原因とした譲渡所得税が課されたことにつき、その処分の取消をめぐって争われた事案である。Xは、本件贈与は無償譲渡であり、何の対価も得ていないから、譲渡所得課税の対象にはならないとの主張をした。

一審（浦和地裁昭和三九年一月二九日判決（行集一五巻一号一〇五頁））は、所得税法九条一項八号（現行では所得税法三三条）は資産の値上りによる増加益を所得として課税するものであるが、この所得に対する課税の時期は資産の譲渡時に限られるため、資産の換価を延期して課税の繰り延べが図られることとなる。これを防止するために同法五条の二第一項（現行では所得税法五九条）はいわゆる「みなし譲渡」を規定し、資産が贈与により処分された場合においても、その時に増加益が実現したものとみなして課税するのであり、譲渡に際して対価を得たか否かは課税の対象としての資格を左右するものではないとした。

控訴審（東京高裁昭和四〇年九月一〇日判決（税資四一号一〇〇四頁））も一審を支持し、最高裁も、譲渡所得課税の趣旨は「資産の値上りによりその資産の所有者に帰属する増加益を所得として、その資産が所有者の支配を離れて他に移転するのを機会に、これを清算して課税する」ものであるから、本件譲渡所得課税は贈与をきっかけとした本件不動産の増加益の帰属者であるXに対する課税であり、違法性は無いとした。

これは、譲渡所得課税が資産の価値の増加益を課税対象としたものであることを明らかにしたものである。すなわち、譲渡所得とはその資産が値上りした時点ですでに発生しているものであり、当該資産がその所有者の手を離れるのを期に、一挙に実現したとみなし、課税しようとするものであるといえる。(75)

〔一一－二－六〕最高裁昭和四七年一二月二六日判決（民集二六巻一〇号二〇八三頁）(76)

本件は、原告であるXが資産の売買にかかる譲渡所得について、その売買代金全額で確定申告を行ったのちに、当該売買契約が分割で領収する契約になっていたことから、その申告すべき年度内において実際に収受した金額のみが譲渡所得になるべきとして更正の請求を行ったが、これが税務署長であるYにより棄却されたため、その取消しを求めて提訴した事案である。

一審（熊本地裁昭和三八年二月一日判決（高民集一九巻四号三八〇頁））は、いわゆる権利確定主義の建前からは、売買により資産を譲渡したときは、原則として、その代金債権を取得したときに譲渡所得が発生したものとみるべきであるとしながらも、公平の見地から、現実収入主義による方が妥当であると考えられる場合には、例外的に原則の適用が排除されるとして、当時Aに納税資金の無かったこと等を鑑み、原告の請求を認めた。

これに対し控訴審（福岡高裁昭和四一年七月三〇日判決（高民集一九巻四号三六四頁））は、割賦販売契約は所得税法上、事業所得においては権利確定主義の例外として認められるが、譲渡所得においてこれを認める余地はないとして一審を取り消した。

最高裁は譲渡所得の趣旨を「資産の値上りによりその資産の所有者に帰属する増加益を所得として、その資産が所有者の支配を離れて他に移転するのを機会に、これを清算して課税する」ものであるとして、〔二―二―五〕昭和四三年判例を引用したうえで、「譲渡所得の発生には、必ずしも当該譲渡が有償であることを要（しない）」と判示したうえで、控訴審と同じく、原告に例外を適用すべき格別の事情はないとして、原告からの上告を棄却した。

すなわち最高裁は、資産価値の増加益である所得は年々蓄積されており、資産の譲渡はそれを清算して課税する時期として選択されているのであるから、資産の譲渡が有償無償かは問題とならないと判断しているのである。そして判例はこの後も一貫して、譲渡所得の趣旨をこのように解している。

一方、学説上は、見解が対立する。判例と同様の立場に立つ考え方は、増加益清算説とよばれ、資産の値上益を所得と観念し、その資産が所有者の支配を離れて他に移転する際に所得が実現したとみなし、所有期間中のその増加益を清算して課税するものであり、したがって、当該資産の譲渡が有償であるか否かは問わないとする。(77)

これに対して、譲渡所得の内容を、抽象的な保有期間中の値上益ではなく、現実の収入金額から取得価額等を控除した譲渡差益であるとし、課税は、対価を伴う有償譲渡に限定すべきであるという考え方がある。これは、譲渡益所得説とよばれる。

譲渡益所得説に立つ論者は、所有者からの資産の移転を所得の実現とみなして課税の機会とすることはキャピタル・ゲインの本質ではなく、キャピタル・ゲインをその発生に近い段階で課税するために便宜的ではあるが、それ自体としては一体的な譲渡所得制度の一部分にすぎないとする。[78]

また、譲渡所得の本質を理解するためには、抽象的なキャピタル・ゲイン論からではなく、実定法上の具体的検討から始めなければならないとして、所得税法三六条一項にいう「収入すべき金額」の解釈から、これを、法律上の権利として取得できるものをいうとし、したがって、所得税法三三条にいう資産の譲渡は、対価を伴う有償譲渡のみを規定したものと解すべきとの主張もある。[79]

しかし、所得の範囲を広くとらえる包括的所得概念からは、譲渡益所得説のように、資産の譲渡を有償譲渡のみに限定し、狭くとらえることは、包括的所得概念の趣旨に反し、適当ではない。これについて、金子教授は、「実現した利得のみを所得税の対象とするか、それとも未実現の利得をも所得税の対象に加えるかは、立法政策の問題である。[80]」と述べておられる。すなわち、金子教授は、未実現の利益が課税されていないのは、それを捕捉することが実際的に困難であるからであり、実現した利得のみが所得であるという考え方は妥当ではないとされている。[81]

この見解によれば、資産の移転により所得が実現し、捕捉が可能となれば課税すべきであり、これに際して行われる譲渡が有償であるか無償であるかは問題とならない。課税の範囲を制限することは、担税力に応じた公平な税負担という所得税の基本理念に反する結果となるのである。[82]

資産の譲渡について、有償・無償を問わないとする増加益清算説の立場においても、現行法上、課税は、所得の実現を原則とする。所得税法は、キャピタル・ゲインの実現時点を「資産の譲渡」という表現によって規定している（所得税法三三条一項）。そして、ここにいう「資産」や「譲渡」の意義については次のような解釈がなされている。

「資産」とは、所得税法三三条二項の定める棚卸資産等の例外を除いて、譲渡性のある財産権をすべて含む観念である。[83]

「譲渡」とは、有償であると無償であるとを問わず、所有権その他の権利が移転することを指す。ここにいう「譲渡」とは、上述のとおり、有償であるか無償であるかを問わず、すべての資産の移転を含む観念であると解するが、このように解したとしても、無償の取引、すなわち対価その他の経済的利益の流入を伴わない取引は、課税の対象となる譲渡所得の金額を生じえないから、所得のないところに課税されるような事態にはならず、納税者に不利益を与えることはない[84]。

したがって、増加益清算説の立場によっても無償譲渡の場合においては譲渡益所得説と同様の結果をもたらす。実際に両説の対峙が見られるものの一つが、本稿で取り上げている、離婚における財産分与が資産の譲渡に該当し譲渡所得を発生させるか否かという問題である。両者の関係は次のとおりである。増加益清算説においては、財産分与の対象となる資産の価値が増加していれば、そこにはキャピタル・ゲインとしての所得の発生が認められる。そして、その所得が分与により実現したとみなすことができれば、譲渡所得課税の対象となる。これに対して、譲渡益所得説においては、課税は有償譲渡に限られるため、財産分与が有償譲渡であると認められると、課税の対象となる。

この点につき、以下で現行の課税実務を概観する。

3　財産分与に対する譲渡所得課税の論理

本章ではここまで、譲渡所得課税についてその創設の背景にさかのぼり考察するとともに、その理論と構造につき検討を進めてきた。それを受けて、財産分与と譲渡所得課税の関係を考える場合においては、財産分与が税法体系においてどのように位置づけられ、その法的性質をどのように把握されているかについて明らかにする必要があるものと考える。

そうした趣旨にもとづき、本節においては、財産分与に対する租税行政庁の対応を体系的に整理し、問題点を指摘することに重点をおく。(85)

現行租税法上、財産分与に対する取扱いを直接的に規定している条文は見当たらないため、(86)一般的な規定により納税義務の成立要件が充足されるか否かを検討する。

ここで、納税義務とは課税物件がある者に帰属することによって成立し、課税物件の帰属した者を納税義務者とするものであるため、(87)財産分与においては、課税物件とその課税物件の帰属者とで分けて納税義務の成立を検討する必要がある。

したがって財産分与は、金銭を分与した場合と金銭以外のものを分与した場合とで分類され、これらを分与した側と分与を受けた側でさらに分類される。

まず、離婚に伴う財産分与により金銭が分与された場合の課税関係を考える。財産の分与者は金銭を譲渡しただけであるから、ここには何ら課税関係は生じない。一方、財産分与により金銭を分与された側には、所得税及び贈与税が考えられる。すなわち、財産分与による金銭の取得を、所得税法三四条一項の「一時所得」と解すれば所得税の課税可能性があり、また、分与財産が相続税法二条の二の「贈与財産」や同法三条から九条の「みなし贈与財産」であると解すれば贈与税の課税が考えられる。

ここにおける前提として、所得税法九条一項一五号は、「相続、遺贈又は個人からの贈与により取得するもの（相続税法の規定により相続、遺贈又は個人からの贈与により取得したものとみなされるものを含む。）」に対しては所得税を課さないと定めている。これは、相続税・贈与税が課税されるものに所得税も課税することで、二重課税となることを防ぐ目的による。したがって、分与財産が「贈与財産」や「みなし贈与財産」であれば、贈与税が課税され、「贈与財産」や「みなし贈与財産」に該当しなければ、そこには贈与税は課税されないが、所得税が課税される可能性が残る。

この点について租税行政庁は、財産分与により取得した財産は、原則として贈与により取得したとはみなされないが、その額が、諸事情を考慮してもなお過大である場合や、贈与税・相続税のほ脱が図られているような場合には、例外的に、その過大な部分及びほ脱の図られた部分は、贈与により取得したものとして、贈与税の課税対象となるとしている（相続税法基本通達九条八項）。また、養育費等については、贈与税の非課税財産とする規定が設けられている（相続税法二一条の三の一項二号）。

この租税行政庁の解釈からは、財産分与により取得した財産について、過大な部分やほ脱が図られた部分が贈与税の課税対象となること、財産分与として相当な部分について「贈与により取得したものとみなさない」ことは確認できる。しかし、その結果、財産分与として相当な部分について所得税が課税される余地が生じるのか否かは不明であり、その課税関係は依然、明確にはなっていない。

所得税法上、財産分与により財産を取得した者に対して課税をしない旨の明文規定をみいだすことはできないが、現在、一般的に課税は行われていない。そこで、財産分与による財産の取得者に対して課税措置がとられていないことの法的根拠について考察することとする。

財産分与が有する法的性質について改めて考えてみると、それは、清算的要素、扶養的要素及び慰謝的要素の三つの要素により基礎づけられていると考えられる。租税行政庁も、財産分与の法的性質がこれら三つの要素から成り立っていることを当然認識していると考えられるが、そのすべてに課税を行っていない理由はどこにあるのかが問題となる。

この理由としては、以下のことが考えられる。すなわち、財産分与が有するこれらの三つの要素は理論的にはこれを構成することが可能であるが、個別の事案につき実証的に検討することは、三つの要素の区分が必ずしも明確であるとは言いがたい。したがって、これら要素を明確に区分してその担税力に応じた公平な課税を行うことは極めて困難であることが見込まれる。

それのみならず、課税行為は国民における共通した認識があってはじめて円滑に遂行することが可能であるところ、一般的に、経済力が豊かであるとはいえない専業主婦について財産分与を受けたことを理由として課税することは、国民感情として受け入れ難いということがあげられる。(88) 少なくとも、清算的要素を含む財産分与についてはこのように理由づけられると解するのが妥当であろう。

次に扶養的要素については、所得税法九条一四号は、「扶養義務者相互間において扶養義務を履行されるために給付される金品について」は非課税としている（所得税法九条一四号）ことから、離婚に伴う財産分与についても、離婚に至るまでの期間においては夫婦が扶養義務者相互の関係に置かれていた点に注目し、非課税として取り扱っているものと解される。

また、慰謝的要素についても、「心身に加えられた損害につき支払われる慰謝料その他の損害賠償金」については非課税としている（所得税法九条一六号）ことから、財産分与の有する慰謝的要素にその共通性を認めることが妥当であるとの認識から、非課税として取り扱っているものと解される。

以上のように、財産分与における三つの要素はいずれも所得税法上、すべて非課税とされていることは、法的根拠にも裏づけられるとともに、租税法上の理論的整合性があるものと認められる。この点で、先に述べた担税力に応じた公平な課税の要請にも合致しているものと考えられるのである。

次に、離婚に伴う財産分与により金銭以外の財産が分与された場合の課税関係を考える。財産を分与された側における課税関係については、ほぼ、先に確認したとおりの結論となる。(89) しかし、財産を分与した側については、金銭の場合と異なりその分与者に対して譲渡所得課税がなされるかどうかの問題が生じる。

譲渡所得課税の趣旨は「資産の価値の増加益に対する課税」である。先にも触れたように、財産分与により分与される財産の価値が増加していれば、そこには少なくとも未実現の所得が発生している。

この所得が財産分与により実現したといえるかについて、租税行政庁は、財産分与による資産の移転を所得税法三三条一項にいう「資産の譲渡」とみなし、分与者には譲渡所得課税がなされること、そして、財産分与により資産を取得した者は、その取得した資産の時価を取得価額とするとしている（所得税法基本通達三三条一項の四、所得税法基本通達三八条の六）。

このような財産分与に関しての租税行政庁の解釈の基礎となったのが、最高裁昭和五〇年五月二七日判決(90)である。現状では、この租税行政庁の解釈及び判例が、財産分与と譲渡所得との関係についての一応の立場を明らかにしたものということができ、現行課税はこれに従い行われている。以下では、上記昭和五〇年判決及びこれ以降の判例を素材として、最高裁判決の理論構造を明らかにした上で、その妥当性を検討する。

(46)　金子・前掲注（3）二〇八頁。
(47)　金子・前掲注（2）四四頁。
(48)　人々の担税力を示す主要な標識としては、消費・財産・所得の三者があり、なかでも所得は、最もよく担税力に応じた課税の要請に適合するといわれている（金子宏「租税法における所得概念の研究（一）」法協八三巻九・一〇合併号一二四四頁（一九六六〕）。
(49)　金子・前掲注（3）一八五頁。
(50)　金子・前掲注（3）一八七頁。
(51)　この取得型所得概念に相対する考え方が、消費型所得概念と呼ばれる考え方である。取得型所得概念および消費型所得概念についての詳細な検討として、金子宏「所得税の課税ベース―所得概念の再検討を中心として―」租税法研究一七号一頁以下（一九八九）。
(52)　金子・前掲注（3）一八七頁。
(53)　わが国の所得税制度の発達について、汐見三郎ほか『各國所得税制論』二四七頁以下（有斐閣、一九三四）、日本租税研究協会『戦後日本の税制』〔松隈秀雄監修〕（東洋経済新報社、一九五九年）、平田敬一郎『租税制度』（学陽書房、一九五五）。
(54)　金子宏「租税法における所得概念の研究（二）」法協八五巻九号一二五六頁（一九六八）。
(55)　ゲオルク・シャンツの述べる純資産増加説についての詳細は、金子・前掲注（48）一二六五頁。
(56)　金子・前掲注（3）一八七頁。
(57)　金子・前掲注（48）一二六九頁。
(58)　金子・前掲注（48）一二七一頁以下。
(59)　増田英敏『リーガルマインド租税法〔第4版〕』二〇頁（成文堂、二〇一三）。
(60)　金子・前掲注（48）一二七四頁。
(61)　金子・前掲注（48）一二七五頁。
(62)　日本租税研究協会・前掲注（53）七頁。
(63)　金子・前掲注（54）一二五七頁。
(64)　金子・前掲注（54）一二五八頁。
(65)　吉岡健次ほか『シャウプ勧告の研究』第四章A序論二一二頁（時潮社、一九八四）。
(66)　田中治「キャピタルゲイン課税―税法学からの問題提起―」日本租税理論学会編『キャピタルゲイン課税』六六頁（谷沢書房、一九九三）。譲渡所得については、吉岡・前掲注（65）附録B「所得税における不規則所得の取扱い」三二九頁以下、において詳しく論じられている。
(67)　吉岡・前掲注（65）序文一八三頁。
(68)　吉岡・前掲注（65）附録B「所得税における不規則所得の取扱い」三二九頁以下。
(69)　シャウプ勧告における譲渡所得課税の構造については、渋谷雅弘「シャウプ勧告における所得税―譲渡所得を中心として―」

租税法研究二八号六一頁以下（一九九九）参照。

(70) 金子・前掲注（54）一二五八頁。

(71) 田中（治）・前掲注（66）六六頁。

(72) 渋谷・前掲注（69）七一頁。

(73) 吉岡・前掲注（65）序文一八三頁。

(74) この事案に関する判例評釈として、岡村忠生「譲渡所得の意義」租税判例百選〔第三版〕六〇頁（一九九二）がある。

(75) 岡村・前掲注（74）六〇頁。

(76) この事案に関する判例評釈として、清永敬次「判評」民商六九巻一号一五九頁（一九七三）、渡辺徹也「譲渡所得の意義」租税判例百選〔第四版〕七四頁（二〇〇五）がある。

(77) 伊川正樹「譲渡所得課税における『資産の譲渡』」税法学五六一号三頁（二〇〇九）。

(78) 大塚正民「みなし譲渡制度に関するシャウプ勧告とアメリカ税制との関連（2・完）」税法学三〇七号一〇頁（一九七六）。

(79) 竹下重人「譲渡所得課税の二、三の問題点」シュトイエル一〇〇号一〇九頁（一九七〇）。

(80) 金子宏「租税法における所得概念の構成（三・完）」法協九二巻九号一〇九〇頁（一九七五）。

(81) それを裏付けるように、所得税法および法人税法は、一定の場合に、未実現の利益を所得として課税の対象に加えている（金子・前掲注（80）一一〇一頁）。

(82) 金子・前掲注（80）一〇八七頁。

(83) 金子・前掲注（3）二四七頁。

(84) 金子宏「総説―譲渡所得の意義と範囲―」日税研論集五〇号七頁（二〇〇二年）。

(85) 「租税行政庁」とは、一般的には税務署長・税関長等の納税者に対して租税の確定と徴収に関する各種の処分を行う権限を与えられている者をいうが、本稿においてはより広い意味でとらえ、国または地方公共団体の租税と徴収のための行政組織である「租税行政組織」を意味することとする。

(86) 吉良・前掲注（2）三六頁。

(87) 金子・前掲注（3）一七一頁。

(88) 中野修「財産分与と贈与税課税」税法学五四〇号七九頁（一九九八）。

(89) 取得した財産が不動産であった場合のみ、登録免許税（登録免許税法二条）および不動産取得税の問題が生じる（地方税法七三条の二第一項）。

(90) 民集二九巻五号六四一頁。事案の詳細は第三章第一節にて記述する。

三　離婚に伴う財産分与に対する譲渡所得課税の問題点

現行の租税行政庁の解釈によれば、財産分与により資産を分与した者は、当該資産を時価で譲渡したものとみなされ、譲渡所得課税が行われる(91)。これは、資産を時価で譲渡したとみなすことにより、その価値の増加益が実現したこととなり、その実現した所得に対して課税を行うという考え方である。譲渡所得課税は、所得の実現に際して課税するものであるから、財産分与を譲渡と構成する考え方に立脚すれば、譲渡所得課税がなされることはやむを得ない。

しかし、財産分与をすることにより、分与者に資産の価値の増加益が実現されたと考えるという点には疑問を禁じ得ない。分与者は、財産分与により財産が減少し、現実的な収入がないにもかかわらず、譲渡所得課税が行われることとなるが、このような解釈は納税者にとっては受け入れがたいものである。そのため、財産分与に伴う譲渡所得課税がなされた納税者からの訴訟提起が繰り返されてきた(92)。

最高裁昭和五〇年五月二七日判決により初めて最高裁の判断が下されて以降は、判例理論が確立し、租税法実務上も同様の取扱いがなされているようであるが(93)、これに反する有力な学説も存在する(94)。

本章では、判例と学説の動向を探ることから財産分与に対する譲渡所得課税の妥当性及びその問題点を明らかにしていく。

1　財産分与に対する課税をめぐる判例の展開

財産分与にかかる譲渡所得課税の可否における最初の最高裁の判断は最高裁昭和五〇年五月二七日判決において

下された。その後の最高裁昭和五三年二月一六日判決もこれを踏襲し、財産分与にかかる譲渡所得課税については、判例が確立している。財産分与にあたる不動産の譲渡が譲渡所得課税の対象となることの根拠について最高裁がいかなる判断をしているのかを確認する。

〔二―二―五〕最高裁昭和四三年一〇月三一日判決及び〔二―二―六〕最高裁昭和四七年一二月二六日判決の立場について

第二章において検討した上記二つの判例は、譲渡所得課税の本質に関するものであり、財産分与にかかる譲渡所得課税の可否について判断するうえでも重要な基準となる。すなわち、〔二―二―五〕昭和四三年判例は無償の譲渡である贈与に際しての事例において、譲渡所得課税の本質を「資産の値上りによりその資産の所有者に帰属する増加益を所得として、その資産が所有者の支配を離れて他に移転するのを機会に、これを清算して課税する」ものであるとし、無償の譲渡である贈与にも譲渡所得課税がなされることを明らかにした。

また〔二―二―六〕昭和四七年判例は売買代金の支払につき分割払いとなっていた有償譲渡に際しての事例において、「譲渡所得の発生には、必ずしも当該譲渡が有償であることを要（しない）」とし、譲渡代金が分割して支払われる場合であっても、資産の所有権移転の年に代金全額に課税がなされると判断した。

財産分与は社会通念上、無償行為であると理解されているが[95]、その財産分与に対して譲渡所得課税がなされるか否かについてはこれらの判決における判断基準が大きく影響しているのである。

〔三―一―七〕最高裁昭和五〇年五月二七日判決（民集二九巻五号六四一頁）[96]

本件は、医師であるX（原告・控訴人・上告人）が訴外Aとの離婚調停により、離婚に基づく慰謝料として不動産を譲渡したところ、所轄税務署長であるY（被告・被控訴人・被上告人）が、XからAへの本件不動産移転は所得税法三三条一項の資産の譲渡にあたり、Xには譲渡所得があるとして、所得税の更正処分ならびに過少申告加算税の賦課決定処分をしたため、Xは、右更正処分の取消を求めて提訴した事案である。

Xは、本件不動産はXの特有財産であるが、譲渡所得の本質は譲渡差益に対する課税であり、所得税法三三条一項に規定する譲渡所得の基因となるべき「資産の譲渡」とは対価の受入れを伴う有償譲渡を意味することから、収入金額を伴わない本件不動産譲渡は「資産の譲渡」に該当せず、課税の原因とならないと主張した。

これに対しYは、譲渡所得の本質について〔二－二－五〕昭和四三年判決の最高裁判旨を引用し、「資産の譲渡」は現実に対価を取得したか否かを問わず、資産の値上りによる増加益が譲渡行為により顕在化すれば譲渡所得として把握されると主張した。そして、債務の履行として自己の有する資産を相手方に譲渡することは、その資産を他に処分してその代価を相手方に与えるに等しいものであるから、本件不動産譲渡は、これにより資産の増加益を現実に享受するものであり、課税は適法であるとした。

一審は（名古屋地裁昭和四五年四月一一日判決（民集二九巻五号六四九頁））Yの主張に沿うかたちで判断し、Xの請求を棄却した。控訴審（名古屋高裁昭和四六年一〇月二八日判決（民集二九巻五号六五五頁））も、〔二－二－五〕昭和四三年判決を引用し、「譲渡所得に対する課税の本質は資産の値上りによりその資産の所有者に帰属する増加益を所得として、その資産が所有者の支配を離れて他に移転するのを機会にこれを清算して課税する趣旨のものと解すべき」とした。その上で、右にいう資産の移転には「現実に対価を受入れる場合の他、慰藉料その他債務の履行として或は債務の履行に代えて資産の移転がなされる場合も含む」ことから、本件不動産の移転が慰謝料又は財産分与の履行或はその両者の意味を含んだものであったとしても、それはすべて資産の移転であるから、そこに譲渡所得があるとして行われた本件更正処分は適法である、と判示した。

Xは上告理由において、控訴審にて引用された〔二－二－五〕昭和四三年判決は、所得税法三三条が対価の受入れを伴う場合の規定であることを明らかにしたものであると主張した。その上で、ここにいう対価には経済的利益が含まれるが、債務の履行自体によって譲渡人が何らの経済的利益を享受することはないため、本件不動産譲渡のうち財産分与としてなされた部分は有償譲渡に該当せず、「資産の譲渡」にはあたらないと主張した。最高裁は「譲渡所得に対する課税は、資産の値上りによりその資産の所有者に帰属する増加益を所得として、その資産が所有者の支配を離れて他に移転するのを機会に、これを清算して課税する趣旨のものであるから、その課税所得たる譲渡所得の発生には、必ずしも当該資産の譲渡が有償であることを要しない（最判昭和四七年一二月二六日民集二六巻一〇号二〇八三頁）。したがって、所得税法三三条一項にいう『資産の譲渡』とは、有償無償を問わず資産を移転させるいっさいの行為をいうものと解すべきである。」としたうえで、「財産分与に関し右当事者の協議等が行われてその内容が具体的に確定され、これに従い金銭の支払い、不動産の譲渡等の分与が完了すれば、右財産分与の義務は消滅するが、この分与義務の消滅は、それ自体一つの経済的利益ということができる。したがって、財産分与として不動産等の資産を譲渡した場合、分与者は、これによって、分与義務の消滅という経済的利益を享受したものというべきである。」と判示して、財産分与により譲渡された本件不動産については譲渡所得が発生し、課税の対象になるとの判断を下した。

本件判旨は、財産分与としてなされた不動産の譲渡が譲渡所得課税の対象となることを認めたものであるが、その根拠として、二つの点を挙げている。第一は、譲渡所得に対する課税は資産の値上り益を課税対象とするものであるから、その発生においては資産の譲渡が有償か無償かは問わず、資産の移転という機会に際して課税されるものであるということ、第二は、分与者は分与完了による分与義務消滅という経済的利益を享受しているということである。

以下で最高裁が財産分与にかかる譲渡所得課税を認める根拠とした二点について考察する。

まず第一の根拠について、最高裁は譲渡所得に対する課税は必ずしも当該資産の譲渡が有償であることを要しないという〔二－二－六〕昭和四七年判決を引用し、(97)所得税法三三条一項にいう「資産の譲渡」とは、有償無償を問わず資産を移転させるいっさいの行為をいうものと解することができるとした。

資産の値上り時点に発生した譲渡所得は、その資産の移転に際し、一挙に実現したとみなされ、課税されることとなる。すなわち、資産価値の増加益である所得は毎年発生し蓄積されており、資産の譲渡はそれを清算して課税する時期であるから、資産の譲渡が有償であるか無償であるかは問題とならないと判断しているのである。この考え方によれば、「財産分与」は有償譲渡であれ無償譲渡であれ、「資産の譲渡」に含まれることになる。

その上で、最高裁は、財産分与義務の消滅は一つの経済的利益であるから、不動産等の資産を譲渡した場合も、分与者はこれによって分与義務が消滅するため経済的利益を享受するという、第二の理由を挙げている。

本件の不動産譲渡を、財産分与における本来の金銭債務に代えて行われたものであると解すれば、Xはその不動産の譲渡により値上り益と同等の経済的利益を享受したとも解することができる。しかしながら、本件判旨は分与義務の消滅そのものを経済的利益であるとしている。

この点について、第一の理由である値上り益の享受による経済的利益を受けたということと、第二の理由である分与義務の消滅により経済的利益を受けたということはいかなる関係にあるのだろうか。判旨は明確な判断を示していない。しかし、この最高裁判決を受けて発せられた通達は、(98)財産分与による資産の移転は財産分与義務の消滅という経済的利益を対価とする譲渡であるとの解釈をしている。

結局、本判決においては、譲渡所得に対する課税は、有償無償を問わず資産の移転に際して行われるものであるという点と、財産分与の分与者が分与完了による分与義務消滅という経済的利益を享受するという点により、財産分与に対する譲渡所得課税を肯定しているのである。

〔三－一－八〕最高裁昭和五三年二月一六日判決（家月三〇巻八号三八頁）[99]

本件は、X（原告・控訴人・上告人）が訴外Aと調停離婚するとともに、Aに対し財産分与として、名実ともに原告の所有であった本件不動産を譲渡したが、本件不動産の譲渡所得の申告はしなかったところ、所轄税務署長であるY（被告・被控訴人・被上告人）が、Xの所得税について更正および過少申告加算税の賦課決定処分をしたため、Xが、右更正処分等の取消を求めて提訴した事案である。

最高裁は「所得税法三三条一項にいう『資産の譲渡』とは有償無償を問わず資産を移転させるいっさいの行為をいうものであり、夫婦の一方の特有財産である資産を財産分与として他方に譲渡することが右『資産の譲渡』にあたり、譲渡所得を生ずるものであることは、当裁判所の判例（昭和五〇年五月二七日判決民集二九巻五号六四一頁）とするところである」とし、財産分与は資産の譲渡に該当し、課税対象となるとの判断を下した。

本判決は、財産分与としての不動産の譲渡が譲渡所得の課税対象となることについて、〔三－一－七〕昭和五〇年判決における判断の第一理由と同じく、「資産の譲渡」が有償無償を問わず資産を移転させる一切の行為をいうものであることから、財産分与による資産の移転も当然「資産の譲渡」に含まれるため、不動産の移転に際しては譲渡所得が生じるという判断をしている。しかし、財産分与が有償譲渡か無償譲渡かという点は問題にされておらず、〔三－一－七〕昭和五〇年判決における第二理由については述べられていない。

そして、これ以降の判例は〔三－一－七〕昭和五〇年判決を踏襲するもの、すなわち、財産分与に対する譲渡所得課税が認められる根拠として、①譲渡所得課税が有償無償を問わず資産の移転に際して行われるものであるという点と、②財産分与の分与者が分与完了による分与義務消滅という経済的利益を享受するという点を挙げるものと、〔三－一－八〕昭和五三年判決のように、①の理由のみを根拠とするものとが混在する。[100]

いずれにせよ、判例は一貫して財産分与に対する譲渡所得課税を認めているのである。

2　財産分与に対する課税をめぐる学説の展開

財産分与における不動産の譲渡に際し譲渡所得を課すことについて、判例は一貫して積極説を採用し、その後の裁判例も同説を維持している。一方で、学説は、判例と同様の積極説に立つ立場と、財産分与に対する譲渡所得課税を否定する消極説とに分かれている。(101)

財産分与に際して不動産の譲渡を行った場合における譲渡所得課税の可否を論じる場合には、以下の二つの問題点が議論されてきた。一つは、所得税法三三条一項にいう「資産の譲渡」が有償譲渡のみを指すか、それとも無償譲渡をも含むかという問題であり、もう一つは、財産分与は有償譲渡か無償譲渡かという問題である。

積極説は、「資産の譲渡」は無償譲渡をも含むと解する。また、財産分与により財産分与義務の消滅が経済的利益となると判断していることから、財産分与は有償譲渡であるとしていると考えられる。(102)

これに対し消極説は、所得税法三三条一項にいう「資産の譲渡」は有償譲渡のみを指すとし、財産分与を無償譲渡であるとしている。(103)この考え方によれば、財産分与による資産の移転は譲渡所得の課税要件に該当しないため、分与者に譲渡所得が課税されることはない。さらに同説では、財産分与としての資産の移転は、ことにそれが夫婦共通財産の清算の性質を有する場合には資産の譲渡があるとはいえないから、所得税法三三条一項にいう「資産の譲渡」にあたらないとも主張している。

「資産の譲渡」を有償譲渡のみを指すと解する消極説は、厳密には、財産分与が無償譲渡であるとの見解と、財産分与はそもそも「資産の譲渡」ではないとする見解の二種類に分類される。

「資産の譲渡」に無償譲渡も含まれるか否かは、第二章で検討した増加益清算説と譲渡益所得説の対立である。両者は、譲渡所得課税の趣旨に関する対立ではあるが、その立場は「資産の譲渡」を定義する際に重要な基準となる。

すなわち、増加益清算説は最高裁判決における譲渡所得課税の趣旨が、「資産の値上りによりその資産の所有者に帰属する増加益を所得として、その資産が所有者の手を離れて他に移転するのを機会に、これを清算して課税する」ものであることから、譲渡所得そのものは右値上り益が生ずることにより発生し、この所得が課税対象となるのは当該資産の譲渡があったときであるとする。同説は、資産の譲渡を課税の機会と考えているのである。

譲渡所得課税の趣旨を右のように解する立場からは、「資産の譲渡」を有償無償を問わないものと解することは、当然の論理的帰結となる。(104)

また、所得の範囲を広く捉える包括的所得概念からは、譲渡益所得説のように、資産の譲渡を有償譲渡のみに限定し狭く捉えることは、その趣旨に反し適当でない。課税の範囲を制限することは、担税力に応じた公平な税負担という所得税の基本理念に反する。このことは先に確認した通りである。

一方、譲渡益所得説は、現実の収入金額を所得と観念するため、「資産の譲渡」も現実の収入を伴わなければならないとする。譲渡益所得説は、譲渡所得が資産の価値の増加益を所得として課税するものであるということにおいては、増加益清算説と同じ立場に立つ。しかし、資産の移転に際して課税することができるか否かについて見解を異にするのである。

譲渡益所得説に立つ論者は、増加益清算説は「所得」と「所得に対する課税時期」とを明確に区分していないと批判する。(105)すなわち、資産の移転を課税の機会とみなすことは「所得」であるキャピタル・ゲインをその発生に近い段階で課税するための手段であり、これを譲渡所得の本質と捉えることは適当ではないとの見解である。(106)では、「所得に対する課税時期」はどのように把握されるべきなのか。これは発生した所得をどのタイミングで課税するかという問題であり、課税所得をどのように捉えるかという議論に帰着する。

この点について、所得として把握されたものに「担税力」が認められるか否かを一つの基準とし、「公平な課税の実現」が図られるような方向で「課税所得」を認識すべきであるとの見解がある。[107] ここにいう「担税力」は、実際にどれだけの支払能力があるかが明確ではなくても、推定の程度でそれを理解することができ、かつ、相対的にその支払能力の大小若しくはその存否を客観的に判断することが可能であることを指す。[108] 現行法上、課税は所得の実現を原則とすることを鑑みると、ここにいう「担税力」は所得の実現により充足されると考えられる。

「課税所得」をこのような基準で理解することとした場合、「資産の譲渡」に無償譲渡を含むか否かの問題は、その譲渡により担税力をもつ課税所得が実現したといえるか否かの問題となる。

財産分与においてこの点を考える場合には、財産分与を有償譲渡と捉えるか無償譲渡と捉えるかで結論が異なり、無償譲渡と捉えた場合には課税所得の実現の有無を判断しなければならない。財産分与が有償譲渡であるならば所得の実現は当然に把握できる。財産分与が無償譲渡であった場合にはじめて、財産分与により所得が実現したとみなすことができるか否かの問題が生ずるのである。

財産分与が有償譲渡か無償譲渡かの検討においては、まず、分与者が財産分与の対価として金銭や物又は権利を取得することはないという点に異論はない。しかし〔三－一－七〕昭和五〇年判決においては、財産分与義務の消滅がそれ自体一つの経済的利益であるとされ、財産分与の有償性が認められている。先に述べたように、不動産譲渡を代物弁済的な考え方で捉えれば、経済的利益を享受したと解する余地もあるが、[109] 最高裁の判断は代物弁済的な思考によるものではなく、債務の履行により債務が消滅すること自体を経済的利益の享受とみなしているのである。

最高裁のいうように財産分与義務の消滅を経済的利益の発生とみることは可能であろうか。財産分与義務の消滅が経済的利益の発生であれば、財産分与が「有償譲渡」であるととらえることもできる。しかし、この点についてはこれを否定する見解も多い。[110]

判例の理論に従えば、たとえば個人に対する贈与において、贈与契約の履行により贈与者に贈与義務が消滅したという経済的利益が生じることとなるが、現行の所得税法では個人に対する贈与により経済的利益は生じないという趣旨からこれに課税するような規定は設けられていない[111]。つまり債務の消滅による経済的利益は、それが免除によるものであればともかく、その履行による場合には生じないのである[112]。

上記の批判を受け、判例を支持する立場からは財産分与と贈与とは同列に議論することはできないとの反論がある。すなわち、贈与は、当事者の一方が自己の財産を無償で相手方に与える意思を表示し、相手方が受諾することによって、その効力を生ずるものであるから（民法五四九条）、贈与自体は義務ではない。一方、財産分与義務は離婚に伴い当然生じてくるものであり、それ自体が義務であると位置づけしたうえで、贈与と財産分与とは相違したものであり、同様に考えることには問題があるとの見解である[113]。

しかし、このことは財産分与と贈与とが違うものであることを示したのみにとどまり、財産分与義務の消滅が経済的利益であるとの根拠にはならない。債務の履行は債務の消滅という効果を生じさせるので、それに加えて債務の消滅を経済的利益の発生と捉えることは困難である。したがって、財産分与義務の履行とそれによる義務の消滅もまた同様の関係にあり、ここにおいて財産分与義務の消滅を経済的利益の発生と捉えることはできないであろう。

また、「有償譲渡」とは譲渡側が何らかの反対給付を受ける譲渡を指すと考えられる。すなわち、譲渡側が譲渡資産の価額に見合う資産を取得するか又は経済的利益を得るか、あるいは役務の提供を受ける反対給付を伴う譲渡が「有償譲渡」であるといえる[114]。

先に確認したように、分与者において財産分与義務の消滅による経済的利益の発生は認められないのであるから、財産分与は何ら反対給付のない譲渡側の一方的な損失であり、有償譲渡ではないとの結論に達する。

このように学説は、所得税法三三条一項の「資産の譲渡」に無償譲渡をも含むか否かという点と、財産分与が有償譲渡か無償譲渡かという点について議論がなされ、これらを基礎として、財産分与に際して資産の譲渡を行った場合における譲渡所得課税の可否が論じられている。

そして両者は、担税力をもつ課税所得の実現が観念されるかという観点から検討することができる。すなわち、前者は「資産の譲渡」により担税力をもつ課税所得が実現したといえるか否かの問題として捉えることができ、また後者は、財産分与により担税力をもつ課税所得が実現したといえるか否かの問題として捉えることができるのである。そして、本章で検討したところによれば、所得税法三三条一項にいう「資産の譲渡」には無償譲渡をも含むと解され、財産分与は「有償譲渡」ではないとの結論に達する。

したがって、財産分与に譲渡所得課税がなされるか否かの問題は、財産分与が所得税法三三条一項にいう「資産の譲渡」に該当するか否かによることとなる。

(91) 所得税法基本通達三三条一項の四。
(92) 南博方「財産分与としての不動産譲渡と譲渡所得税」家族法判例百選〔第三版〕七六頁（一九八〇）。
(93) 課税実務での取扱いについて、『ＤＨＣコンメンタール所得税法』武田昌輔監修（第一法規出版）参照。
(94) 金子・前掲注（２）五二頁以下。
(95) 竹下重人「譲渡所得（２）—慰謝料及び財産分与」租税判例百選〔第三版〕六六頁（一九九二）。
(96) これに関する判例評釈として、竹下・前掲注（95）六六頁、鬼塚太美「譲渡の意義（２）—財産分与」租税判例百選〔第四版〕八〇頁（二〇〇五）ほか。
(97) 第二章第二節〔二‐二‐六〕参照。
(98) 所得税法基本通達三三条一項の四。
(99) これに関する判例評釈として、山田二郎「財産分与としての資産の譲渡と譲渡所得課税」判タ三七〇号三四頁（一九七九年）、南博方「財産分与としての不動産譲渡と譲渡所得税」家族法判例百選〔第四版〕四八頁（一九八八）ほか。

(100)〔三－一－七〕判決を踏襲するものとして、最高裁昭和五三年七月一〇日判決（税資一〇二号六八頁）、最高裁平成一〇年四月一四日判決（税務訴訟資料二三一号六一二頁）。これに対し、財産分与による経済的利益の享受を根拠に挙げていないものとして、最高裁平成七年一月二四日判決（税資二〇八号三頁）。

(101)〔三－一－七〕昭和五〇年判決及び同判決の下級審における判旨に賛成するものとして、伊藤好之「財産分与としての不動産の譲渡と譲渡所得」税務弘報二三巻一〇号（一九七五）一二六頁、広瀬正「租税判例研究」税理一六巻四号一二九頁（一九七三）。一方、反対ないし批判的な見解を述べたものとして、竹下・前掲注（79）一一一頁、金子・前掲注（3）二四三頁。

(102) コンメンタール・前掲注（93）二五四四頁。積極説に立つ論者として、伊藤・前掲注（101）、広瀬・前掲注（101）一二九頁および樋口哲夫「租税判例研究」税理一七巻四号一三五頁（一九七四）。

(103) 消極説に立つ論者として、竹下・前掲注（79）一〇八頁以下、金子・前掲注（2）五二頁以下。

(104) 石井健吾「財産分与としての不動産の譲渡と譲渡所得課税」曹時三〇巻一一号一五九頁（一九七八）。

(105) 大塚・前掲注（78）九頁。

(106) 大塚・前掲注（78）一〇頁。

(107) 吉良実「税法上の課税所得論」税法学三〇〇号八九頁（一九七五）。

(108) 吉良実「無償譲渡した場合の課税問題」中川一郎先生古稀祝賀税法学論文集一七五頁（一九七九）。

(109) これに対し、清算を目的とする財産分与においては、当該資産の分与自体が債務であるから、代物弁済的構成をとることは困難であるとの見解もある（南・前掲注（99）四九頁）。

(110) たとえば、今村猛「財産分与と譲渡所得について」税経通信五八巻一五号二〇二頁以下（二〇〇三）、竹下・前掲注（95）六七頁、吉良・前掲注（2）二八頁以下。

(111) 今村（猛）・前掲注（110）二〇三頁。

(112) 今村（猛）・前掲注（110）二〇四頁。

(113) 今村修「財産分与をめぐる課税について」千葉商大論叢四五巻三号四頁（二〇〇七）。

(114) 今村（猛）・前掲注（110）二〇六頁。

四　離婚に伴う財産分与に対する譲渡所得課税の再検討

財産分与が所得税法三三条一項にいう「資産の譲渡」に該当するか否かについて、判例はこれを当然に肯定していると考えられる。

前章で確認したように、判例は財産分与に対する譲渡所得課税が認められる根拠として、①譲渡所得課税が有償無償を問わず資産の移転に際して行われるものであるという点と、②財産分与の分与者が分与完了による分与義務消滅という経済的利益を享受するという点を挙げている。②については、財産分与により分与者に経済的利益が生じているか否かという点で議論がなされるが、〔三－一－八〕昭和五三年判決からわかるように、①の理由のみでも財産分与に対する譲渡所得課税は認められる。

しかし、財産分与の法的性質を鑑みるとこのような判断には疑問を禁じ得ない。この点から本章では、譲渡所得課税における「資産の譲渡」の意義を確認し、財産分与がここにいう「資産の譲渡」に含まれるか否かを明らかにすることにより、財産分与に伴う譲渡所得課税の可否の再検討を行う。

1　所得税法三三条の「資産の譲渡」の意義と財産分与

所得税法三三条における「資産の譲渡」については、「資産」とは何か「譲渡」とは何かという点によりこれまでに検討がなされ、判例上も具体的な判断が下されている[115]。第二章において確認したところをまとめると、「資産」とは、例外を除いて譲渡性のある財産権をすべて含む観念であり、「譲渡」とは、有償無償を問わず所有権その他の権利の移転を広く含む観念である。

「資産」は一種の固有概念であるといえ、その意義が問題になることは比較的少ない(116)。一方「譲渡」は、資産の移転という観念自体が、単なる物の移動を指すのか、その他の要件を必要とするのかは明らかではない等の理由もあり、その意義についてはとりわけ問題が多い(117)。

そこでまず「譲渡」の意義を、譲渡所得課税の趣旨から検討することとする。譲渡所得課税の趣旨は、資産の値上りによりその資産の所有者に帰属する増加益を所得として、その資産が所有者の支配を離れて他に移転するのを機会に、これを清算して課税するものである。すなわち、譲渡所得の有無は、資産の増加益であるキャピタル・ゲインの有無によることとなる。したがって「資産の譲渡」に際しては、それが有償か無償かは問題とならない。対価を受けとらなくても「資産の譲渡」となるのである(118)。

このことから「譲渡」の意義を考えると、それは、有償であるか無償であるかは問題ではなく、資産が所有者の手を離れるという点が重要であることがわかる。

譲渡所得課税制度の創設の目的からもこのことは推測される。すなわち、第二章で確認したように譲渡所得課税制度創設の目的は、所得の範囲を広く包括的に捉えることにより、担税力に応じた公平な課税を実現することであった。

水平的公平の観点からは、ある利得のみが課税の対象から除外されることは許されない。人々の間における公平を保つには、担税力の増加をきたす利得をなるべく包括的に所得に含め、課税漏れを無くすことが重要であった。課税の繰延べ防止を目的として、シャウプ勧告において、みなし譲渡課税が行われたことは先にも確認したとおりである。譲渡所得課税制度は、資産の保有者に生じている値上り益を、その者に帰属している間に課税するための制度であり、資産を他者へ移転することにより起こる課税の繰延べを防止する役目を果たす。

したがって、資産の保有者による資産の移転は、その資産に生じた値上り益である所得を資産の保有者に生じた所得として課税する、最後の機会であることがわかる。

このような考え方によっても、「資産の譲渡」は、資産がその所有者の手を離れるときであると解することができるのである。

次に、譲渡所得の意義から「譲渡」を検討する。増加益清算説の立場によれば、譲渡所得課税における所得は資産の値上り益が生ずることにより発生し、それが課税の対象となるのが当該資産の譲渡があったときであることから、「資産の譲渡」は課税の機会であるとされる。(119) この立場からは、資産の「譲渡」は蓄積された所得を清算して課税する機会と定義されるのである。

譲渡所得課税は原則として実現した所得に対して課税されるものであることから、増加益清算説において「譲渡」を課税の機会と捉えることは、「譲渡」をその資産に生じたキャピタル・ゲインが実現されるときとみなしていると考えられる。

すなわち「譲渡」は形式的には資産が所有者の手を離れるときであり、実質的にはキャピタル・ゲインに課税する機会となる所得の実現時であるといえよう。

では財産分与は「資産の譲渡」といえるのであろうか。まず「資産」の観点からは、財産分与における分与財産に譲渡性があることには異論はないため認められる。そもそも譲渡性がなければ、財産分与の対象になりえない。「資産」から例外的に除外されたものを除き、分与財産はすべて「資産」に該当すると考えられる。

一方、財産分与が「譲渡」といえるかについては検討を要する。確認したように、ここにいう「譲渡」とは、形式的には所有者からの資産の移転であり、実質的にはキャピタル・ゲインの実現時である。

これを財産分与に際して考えると、財産分与が「資産の譲渡」であると解するためには当該分与財産がその所有者である分与者から被分与者へ移転し、それにより当該資産に生じていたキャピタル・ゲインがその時点で実現したといえる必要がある。

しかし、一で確認したとおり、財産分与は夫婦間における清算を中心としたものであり、夫婦財産制の下で潜在的に妻に持分のあった財産を離婚に際して妻に分割することであるといえる。夫の名義となっている財産であっても、妻は潜在的な持分を有している。

このため、先に確認した財産分与の法的性質のうち少なくとも清算的要素の部分は、この潜在的持分に応じた財産の分割手続きに他ならない。形式的には夫の所有する財産が夫の手を離れて妻へ移転するようにみえても、その実質は妻の潜在的権利を顕在化させ、それを正式に妻へ帰属させるものである(120)。

以上のことを前提とした場合、財産分与により分与財産について資産の「譲渡」が生じているか否かは疑問である。財産分与における資産の移転は持分の顕在化であり、分与者から被分与者へと、その資産の所有者が変わったわけではないのである。

確かに、婚姻中において夫が経済活動により取得した収入や資産は夫に帰属するとするのが判例の立場であり(121)、所得税法も所得稼得者単位の課税を行っている(122)。当該資産に生じたキャピタル・ゲインも当然、資産の所有者としての夫に帰属することになろう。

しかし、財産分与に際して妻は、その財産に対する潜在的持分を取得するのであるから、その財産の帰属は、潜在的ではあるが妻にあったと考えられるのではないか。財産分与によって妻は本来の持分を顕在化させて取得しただけであり、これを夫からの帰属の移転とみなすことはできない(123)。少なくとも、清算的部分の財産分与についてこれを資産の「譲渡」とみることには無理があるのである(124)。

もっとも、このように解した場合には、分与額のうちどの部分が清算的要素であるのかの判定が必要となる。この点、夫婦の実質的な共有財産となっている財産が財産分与の対象となっていても、その財産が必ずしも実際に分

与される財産となるとは限らないという事情が実際上ある。(125)

つまり、財産分与は夫婦間の協議において、または、裁判所が「一切の事情を考慮」して決定するものであり、その内容は様々である。たとえば、夫が相続で取得した財産は原則として清算的要素としての財産分与の対象とはならないが、財産分与の方法としてその所有権を相手方に取得させることはあり得る。(126)したがって、財産分与により取得した財産が妻の持分そのものでは無いこともあり得るのである。

しかし、清算的要素としての財産分与の根拠は実質的な共有財産の分配にあり、妻は包括的にではあるが夫婦の財産に対する持分を有している。そうであれば、財産分与のすべてに譲渡所得課税を行うことは適当ではない。(127)財産分与を一律に「資産の譲渡」とみる現行課税制度は、財産分与に含まれるものの性質の相違を無視し画一的に扱うものである。(128)このような考え方は財産分与の意義を崩壊させるものであり、夫婦の本質的平等の実現を阻害するものである。

金子教授は、財産分与においては、その相当部分が清算の意味の財産分与であること、慰謝料及び扶養部分も実際上は任意の譲渡とはいいえないこと等を考慮すべきであるとされ、一定の合理的金額を法定した上で、その範囲内では財産分与の性質が三つのうちのいずれであるかを問うことなしに譲渡にあたらず、譲渡所得が発生することはないとの見解を示されている。(129)

清算的部分の財産分与について譲渡所得課税を行うことが妥当ではないのは、先に検討したように当然のことであるといえる。また、扶養部分については、道徳的な観点から生活の困窮する相手方に援助を与えることはやむを得ないことであるといえるし、慰謝料部分についても、離婚そのものによる慰謝料が認められることを鑑みると、慰謝料の負担は必然的に生じてくるものであるといえよう。これはすなわち、財産分与においてはどの要素が含まれるとしてもその発生は決して、財産分与を行う側の任意の譲渡であるとはいえないということを示している。さらに、実際に分与された財産をその性質に応じて個別に判定することは決して容易なことではないと考えられる。財産分与のこのような特性を鑑みると、上記の金子教授の見解は現実的に有効な対策であろう。

2　現行課税の問題点――租税法律主義の観点から――

財産分与が「資産の譲渡」とはいえず、譲渡所得課税に親しまないものであるとなれば、現行課税は問題があると言わざるを得ない。

先にも確認したように所得税法基本通達三三条一項の四は、財産分与を分与義務の消滅による経済的利益を対価とする譲渡としている。これは、〔三一一一七〕昭和五〇年判決における最高裁の判断に沿って、財産分与を有償譲渡と解するものである。しかし、第三章で検討したところによれば、財産分与における分与義務の消滅がすなわち「経済的利益」であるとの理論は成り立たず、課税の根拠とはならない。

そして、所得税法三三条一項にいう「資産の譲渡」の意義を考えてみると、この「譲渡」には、すくなくとも清算的部分の財産分与は含まれない。財産分与に譲渡所得課税を行うとする上記の通達は、財産分与をその法的性質を考慮せず一概に有償譲渡とみなして「譲渡」に含め、課税しているのである。これは、通常の条文解釈からは導き出せない課税関係を通達により構築しているものであり、いわゆる通達課税であると指摘することができる。

先の通達における問題点は二点ある。一点は財産分与には清算的要素・扶養的要素・慰謝的要素が含まれたものであるにも関わらず、その法的性質を一概に捉えて譲渡所得課税を行っているという点であり、もう一点は、清算的要素を含む財産分与を所得税法三三条一項にいう「譲渡」と捉えることにより、「譲渡」の意義を拡大して解釈しているという点である。

通達とは、租税行政庁がその内部において、法令の解釈や行政の運用方針などについて取扱いの統一をはかるために発する命令ないし指令である（国家行政組織法一四条）[130]。したがって通達は、行政組織内部では拘束力を有するが、国民に対して法的拘束力を有するものではない。また、裁判所も通達に拘束されることはない。判例・学説はともに、通達の法源性を否定している[131]。

しかし実際には日々の租税行政は通達に依拠して行われており、納税者の側で争わない限り、租税法の解釈・適用に関する問題の多くは通達に即して解決されることになる[132]。たしかに、租税法規の統一的な執行を確保するためには通達が必要であろう。

ところで、国民に義務を課しその権利を制限することが、法律に基づいた場合のみ認められるということは憲法上の基本原理の一つである[133]。中でも租税は、公共サービスの資金を調達するために、国民の富の一部を国家の手に移すものであるから、その賦課・徴収は必ず法律の根拠に基づいて行われなければならない[134]。したがって、法律の根拠に基づくことなしには、国家は租税を賦課・徴収することはできず、国民は租税の納付を要求されることはない。これは租税法律主義という租税法の基本原則である[135]。

租税法律主義は、租税が賦課される国民の同意に基づいて課されるべきことを要請するものである[136]。また、現代社会においては、各種の経済取引や事実にかかる租税の法律効果につき法的安定性と予測可能性の保障という機能を果たしている[137]。

この租税法律主義は、民主主義国家の憲法原則として広く受け入れられており、わが国の場合、それは、憲法三〇条および憲法八四条の規定の中に具現されている。

租税法律主義の内容として、課税要件法定主義がある。これは、課税要件並びに租税の賦課・徴収の手続が法律において定められなければならないことを意味する。

このような考え方によれば、通達も、その内容は当然、法令を根拠としたものでなければならないこととなる。

課税要件法定主義からすれば、法令上の根拠がないにもかかわらず、通達のみで課税することが許されないことはいうまでもないが、解釈の名において、法律が定めていないことを通達の内容とし、実際上、その通達によって課税を行うことも租税法律主義に反することとなるのである(138)。

したがって、通達の内容が認められるのは、その内容が法令上の根拠をもった合理的なものである場合のみであると考えられる。本稿で取上げた所得税法基本通達三三条一項の四の場合においてそれは、財産分与による資産の移転を譲渡とみなすという解釈に合理性があるか否かである。

ここで、本件と同様、譲渡所得課税に関する通達に関連した事案を検討する。ここから、通達の合理性について裁判所がどのような判断をしているかが窺える。

〔四－に－九〕名古屋地裁平成一七年七月二七日判決（判タ一二〇四号一三六頁）(139)

本件は、ゴルフクラブの会員であったX（原告）が、ゴルフ会員権の取得価額とゴルフクラブから退会する際に返還された預託金の価額との差額を、所得税における総合長期譲渡所得上の損失に該当することを前提に、これを他の所得と損益通算して確定申告をしたところ、所轄税務署長であるY（被告）が、上記差額は譲渡所得上の損失には該当しないことを理由に、上記損益通算を否定して更正処分等をしたため、Xがその取消しを求めた事案である。

所得税法上、ゴルフ会員権の取得価額と返還された預託金との差額をどのように取り扱うかについては先例が見当たらないところであったため、本件はこの点が争点となったが、その中で、譲渡所得における「資産」の範囲についても述べられている点に注目したい。

Xの主張は、「第三者への譲渡によって生じた利得が譲渡所得とされるのであれば、退会による預託金返還による利得も譲渡所得とされるべきである」というものである。

これに対しＹは、所得税法三三条一項にいう「資産」とは、同条二項各号に規定する資産及び金銭債権以外の一切の資産をいうものであるところ、預託返還請求権は金銭債権に該当するため、譲渡所得の基因となる「資産」に該当しないと主張した。この、金銭債権の取扱いについてのＹの主張は従来からの租税行政庁の見解にのっとったものであった(140)。

このような中で裁判所は、譲渡所得における金銭債権の取扱いにかかる通達について「明文の規定がないにもかかわらず、およそ金銭債権のすべてを譲渡所得の基因となる資産から除外する見解は…一面的すぎるとの批判を免れ難く、上記通達の合理性には疑問を払拭できない」と判示した。

本件事案については結論として、Ｘが取得したゴルフ会員権と、預託金返還に際して行使した預託金返還請求権は資産としての内容・性格が大きく異なるため、これをもって所得税法三三条一項にいう譲渡所得に該当するということはできないとの判断が下されている。結果としてはＹの主張が認められたものではあるが、通達に関する裁判所の上記判断は通達課税の問題を検討するうえで参考となるべきものであると言える。

通達において金銭債権が譲渡所得の基因となる資産から除外されている理由について裁判所は「金銭債権の譲渡により生じる利益なるものは、その債権の元本の増加益すなわちキャピタル・ゲインそのものではなく、期間利息に相当するものである（から）」としている。また、もし金銭債権を譲渡所得の対象とすると、貸倒状態に近い金銭債権を安く譲渡することにより、本来は事業上の損益や家事上の損益となるものが、譲渡所得の損失として控除されることとなり、このような結果は法の趣旨にそわないため、これを防止する目的があると考えられる(141)。

しかし、裁判所は「現在の経済取引の実態に照らせば、金銭債権の譲渡金額は、むしろ債務者の弁済に対する意思及び能力によって影響を受けることが多く、これは元本債権そのものの経済的価値の増減、すなわちキャピタル・ゲイン（ロス）というべきである」とも述べる。すなわち、金銭債権は譲渡所得の本質と同様の性質をも生じ得るのである。金銭債権のこのような性質を考慮せず、一概に譲渡所得の対象となる資産から除外する通達は当然、その合理性に疑問が生ずることとなるのである。

上記通達は所得税法三三条一項にいう「資産」を縮小して解釈し、その範囲を狭めたものであるといえるため、裁判所がこれを採用しなかったものであると考えられる。そしてこのことは、本稿でとりあげている、財産分与を所得税法三三条一項にいう「譲渡」に含めるとの通達と同様の問題を抱えているのである。

すなわち、本章1における「譲渡」の意義の検討によって、清算的部分の財産分与は所得税法三三条一項にいう「譲渡」ではないとの結論を導き出すことができた。したがって、財産分与には譲渡所得課税がなされるべき余地がある側面―扶養的要素及び慰謝的要素―があることは否定できないが、課税されるべきでない側面―清算的要素―があることもまた明らかである。そうであれば、このような点を考慮せず、一面的に財産分与を解し課税する通達はその合理性に問題があるのである。

また、三で確認したように、財産分与は「分与義務の消滅による経済的利益を対価とする譲渡」とはいえない。通達が〔三三―一の七〕昭和五〇年判決を根拠として、財産分与を分与義務の消滅による経済的利益を対価とした譲渡とするとの解釈は、その妥当性に問題がある。

このように、財産分与にかかる譲渡所得課税についての上記通達は、課税の結果のみをもってしても認められるものではない。

上記通達は、その内容においても結論においても妥当性を欠いており、通達課税として租税法律主義に抵触するといえるであろう。

租税法は種々の経済取引を課税の対象としているが、それらの経済取引は通常の場合には私法によって規律されている。したがって、租税実体法による課税要件は民法等の私法による法律関係を前提に、その当てはめが行われるのである。[142]

もっとも、所得課税については「所得」という租税法独自の概念によりその発生を判断することになる。しかし、この「所得」の発生を認識するための課税要件を組み立てる場合においては、私法上の用語や概念を用いらざるを得ない。

そして、本稿で取り上げた夫婦財産制及び財産分与は当然、家族法の規定によって定義された概念である。その意義は立法趣旨に沿ったかたちで研究され、明らかにされてきた。一方で、これらの用語について租税法は独自の意義を定めていはいない。そうであれば租税法は、本来の法分野における概念に反した解釈をしたり、または、これを無視してはならないのである。[143]

そうであれば、民法七六二条の定める夫婦財産制と民法七六八条に定める財産分与の規定や、それらの規定についての民法上の解釈に反した、または、これを無視した課税は当然、適切ではないといえる。

このように、離婚に伴う財産分与における譲渡所得課税はその適否が再考されるべきである。

(115)　第二章第二節参照。
(116)　伊川正樹「譲渡所得の基因となる『資産』―増加益清算課税説の再考―」名城法学五七巻一・二合併号一四二頁（二〇〇七）。
(117)　伊川・前掲注（116）一四二頁。
(118)　水野忠恒『租税法〔第5版〕』二二八頁（有斐閣、二〇一一）。
(119)　三2参照。
(120)　金子・前掲注（2）八四頁。同旨、吉良実「財産分与の課税問題（2）」税法学三三一号四四頁（一九七八）。
(121)　婚姻後取得する財産を共有とする夫婦財産契約を締結しても、このことは所得稼得者単位の課税の原則を変更するものではないというのが、最高裁の判断である。
(122)　岩崎政明『ハイポセティカル・スタディ租税法〔第3版〕』二八頁（弘文堂、二〇一〇）。
(123)　大塚弁護士は、財産分与を一種の共有物の分割とみるべきであるとし、その場合、分与者に譲渡所得は生じないとされる（大塚・前掲注（78）一一頁）。
(124) 金子教授も、財産分与の法的性質から、清算の意味における財産分与においては資産の譲渡は存在しないと述べておられる（同・前掲注（2）五三頁）。
(125) 大津弁護士は、家庭裁判所において裁判官を務めておられた当時の経験として、実務上相手方の特有財産を分与させる必要に迫られることは少なくないと述べておられる（大津千明「離婚給付に関する実証的研究」司法研究報告書三二輯一号一八五頁（一九八一））。
(126) 小磯・前掲注（27）七一頁。
(127) 浅沼潤三郎「財産分与としての不動産の譲渡と譲渡所得課税」民商七七巻二号一二八頁（一九七七）。
(128) 浅沼・前掲注（127）一二八頁。
(129) 金子・前掲注（2）五六頁。
(130) 通達は、その性格から解釈通達と執行通達に区分される。解釈通達は、税法の統一解釈を図るためのものであり、執行通達は税務官庁部内における執行に係るものである（増田英敏『租税憲法学〔第3版〕』一五三頁以下（成文堂、二〇〇六））。
(131) 大阪高裁平成二年一二月一九日判決（訟月三七巻八号一四八二頁）。最高裁昭和三八年一二月二四日判決（訟月一〇巻二号三八一頁）。同旨、金子・前掲注（3）一〇九頁、木村弘之亮『租税法総則』一四三頁（成文堂、一九九八）。
(132) 金子・前掲注（3）一一〇頁。
(133) 金子・前掲注（3）七四頁。
(134) 金子・前掲注（3）七三頁。
(135) 金子・前掲注（3）七三頁。
(136) 増田・前掲注（59）二五頁。
(137) 広瀬正『判例からみた税法上の諸問題〔新訂版〕』一頁（新日本法規出版、一九七五）。
(138) 伊藤正己『憲法〔第三版〕』四七九頁（弘文堂、一九九五）。
(139) この事案に関する評釈として、増田英敏「ゴルフ会員権の預託金返還取引に基因する差損の譲渡損失該当性」ジュリ一三三九号一八〇頁（二〇〇七）、北澤達夫「譲渡所得の基因となる資産の範囲」月刊税務事例三九巻一〇号一二頁（二〇〇七）。
(140) 所得税法基本通達三三－一「譲渡所得の基因となる資産とは、法第三三条第二項各号に規定する資産及び金銭債権以外の一切の資産をいい、当該資産には、借家権又は行政官庁の許可、認可、割当て等により発生した事実上の権利も含まれる。」
(141) 注釈所得税法研究会『注解所得税法〔五訂版〕』六七二頁（大蔵財務協会、二〇一一）。
(142) 増田・前掲注（59）八六頁。同様の趣旨として、金子・前掲注（3）一二二頁、北野弘久『税法解釈の個別的研究Ⅱ』九二頁

（学陽書房、一九八二）。
(143)　木村弘之亮「総論：平等原則と配偶者課税」人見康子・木村弘之亮編『家族と税制』六頁（弘文堂、一九九八）。

おわりに

本稿の目的は、離婚に伴い財産分与がなされた場合にその分与者に譲渡所得課税がなされることの法的妥当性を検証することにあった。この問題は租税法独自の問題である「所得」とは何かという点のみならず、租税法と私法の関係という点からも考察が必要なものであるため、その両面から検討を行ってきた。具体的には以下の通りである。

まず、譲渡所得課税の対象とされている財産分与とは何かを明らかにすることを目的として、財産分与制度を概観した（一）。ここにおいては、財産分与と深くかかわる夫婦財産制をその沿革から検討し、夫婦財産制は憲法二四条の要請する「両性の本質的平等」の実現を目的として改正され現在の別産制に至ったこと、これによって男女の経済的独立が実現されたことを述べた。しかし、夫婦別産制のもとでは妻の「内助の功」は正当に評価されず、妻が専業主婦である場合、夫婦の財産はすべて夫のものとなる。すなわち、別産制によっては、「両性の本質的平等」は実現されないこととなるのである。これを受けて学説は、妻の協力を夫婦財産法上においても正当に評価し、保障しようと試みた。有力説は、夫婦の財産を特有財産、共有財産、実質的共有財産の三種類に分類し、妻の協力によって取得した財産を夫婦の実質的な共有財産とすることで、夫婦の本質的平等を図ることとした。この考えにより、夫婦財産における不平等は、解釈論的には解決が図られたといえる。

一方、制度としては財産分与制度が、夫婦の不平等を是正し、「両性の本質的平等」を実現することを目的として創設された。財産分与はその立法過程から、清算的要素を中心として、扶養および慰謝の要素をも含んだものであると考えられる。このような財産分与の法的性質については、判例・学説ともに同様の結論に至っている。ここにいう清算とは、実質的な夫婦の共有財産としての性質をもつものを、共同生活の解消にあたって、他方配偶者の協力や寄与を考慮して、その持分を顕在化させることである。これにより妻は、婚姻中における協力によって実質的に取得していた自己の持分を取り戻すこととなり、夫婦財産制においては実現されなかった「両性の本質的平等」を実現することとなるのである。

このように、財産分与制度は「両性の本質的平等」の実現を目的とした制度であり、その法的性質は、実質的共有財産の清算を中心としたものであることが確認できた。

次に、譲渡所得課税制度を創設の背景や立法趣旨から確認し、現行課税の法的構造を考察した(二)。資産の値上り益を所得と観念する譲渡所得は、所得の範囲を広く構成する包括的所得概念のもとで課税の対象とされ、シャウプ勧告においては特に重要性が強調された制度の一つであった。シャウプ勧告の目的である公平な課税を行うためには、資産に生じたキャピタル・ゲインやキャピタル・ロスを漏れなく捕捉することが必要であった。シャウプ勧告による租税制度はその後変容を遂げることとなったが、課税の対象たる所得の意義と範囲については、現行法上もそのまま維持されている。すなわち、現行所得税法は、包括的所得概念のもと、すべての所得に対して課税することを建前としている(所得税法二二条以下)。これは、シャウプ勧告の理念である担税力に応じた公平な課税の実現を目的としたものであり、譲渡所得制度においても、その基本的な考え方は現在も維持されているといえる。

譲渡所得課税の趣旨について判例は「資産の値上りによりその資産の所有者に帰属する増加益を所得として、その資産が所有者の支配を離れて他に移転するのを機会に、これを清算して課税する」ものであるとする。これは、増加益清算説とよばれる考え方であり、判例はこの考え方に統一されている。

一方学説においては、増加益清算説と譲渡益所得説の二つの考え方が対立している。譲渡益所得説の立場は、所得税法三三条一項にいう「資産の譲渡」は有償譲渡のみを指すとする。したがって、増加益清算説との具体的差異は、財産分与のようないわゆる無償譲渡に際して顕在化することとなる。すなわち、財産分与のような対価の授受のない資産の移転が、所得税法三三条一項にいう「資産の譲渡」に該当するか否かという点で、両説は対峙しているのである。

この点において租税行政庁は、増加益清算説に立ち、財産分与における資産の移転を所得税法三三条一項の「資産の譲渡」とみなして譲渡所得課税を行っていることを確認した。このことは通達からも明らかである。

このような租税行政庁の解釈は、最高裁における判例に沿ったものである。このことから、財産分与による資産の譲渡が譲渡所得課税の対象となることの根拠について最高裁がいかなる判断をしているのかを考察した（三）。

最高裁の理論は、増加益清算説より導出されるところの譲渡所得課税の趣旨から、譲渡所得に対する課税は必ずしも当該資産の譲渡が有償であることを要しないこと、および、財産分与の分与者は分与完了による分与義務消滅という経済的利益を享受することを根拠としたものであった。しかし、本稿における考察の結果、債務の履行は債務の消滅という効果を生じさせるのであるから、それに加えて債務の履行を経済的利益の発生と捉えるとはできないものと考えられるため、分与義務の消滅が経済的利益であるとの見解はとることができないとの結論が導かれた。

したがって、財産分与に譲渡所得課税がなされるか否かという問題は、財産分与が「資産の譲渡」と言えるか否かによって判断されることとなる。

一方学説は、所得税法三三条一項の「資産の譲渡」に無償譲渡をも含むか否かという点と、財産分与が有償譲渡か無償譲渡かという点について議論がなされ、これらを基礎として、財産分与に際して資産の譲渡を行った場合における譲渡所得課税の可否が論じられている。

両者は、担税力をもつ課税所得の実現が観念されるかという観点から検討することができる。すなわち、前者は「資産の譲渡」により担税力をもつ課税所得が実現したといえるか否かの問題として捉えることができ、また後者は、財産分与により担税力をもつ課税所得が実現したといえるか否かの問題として捉える事ができるのである。そして、これを検討した結果、所得税法三三条一項にいう「資産の譲渡」には無償譲渡をも含むと解され、財産分与は「有償譲渡」ではないとの結論に達することができた。

したがって学説上も、財産分与に譲渡所得課税がなされるか否かの問題は、財産分与が所得税法三三条一項にいう「資産の譲渡」に該当するか否かという点に集約されることが確認できた。

以上のことから、最終的に、所得税法三三条一項にいう「資産の譲渡」の意義を明らかにすることに焦点を当てて検討した(四)。本稿では「資産の譲渡」を「資産」と「譲渡」というそれぞれの観点から概観し、特に「譲渡」の意義が問題となることから、これを、譲渡所得課税の趣旨と、増加益清算説を前提とした譲渡所得の意義から検討し、「譲渡」とは、形式的には資産が所有者の手を離れるときであり、実質的にはキャピタル・ゲインに課税する機会となる所得の実現時であるとの結論を導き出した。

この見解のもと、「譲渡」の意義を財産分与に当てはめると、財産分与を「資産の譲渡」と捉えるためには当該分与財産がその所有者である分与者から被分与者へ移転し、それにより、当該資産に生じていたキャピタル・ゲインが実現したと言えることが必要であることが確認できた。しかし、すでに確認したように、財産分与は、形式的には夫の所有する財産が夫の手を離れて妻へ移転するように見えても、その実質は妻の潜在的財産権を顕在化させ、妻への帰属を単に確定させるものである。このことを前提とすると、財産分与を「資産の譲渡」とみることには無理があるといえる。したがって、財産分与は「資産の譲渡」とはいえず、譲渡所得課税に該当しないとの結論に達した。

このことから、現行課税の問題点も明らかとなった。現行課税は通達によって、財産分与を「資産の譲渡」とみなし、譲渡所得課税を行うものである。しかし、財産分与は所得税法三三条一項の「資産の譲渡」にはふくまれず、また、清算的性質をもつ財産分与へ譲渡所得課税を行うことは認められない。当該通達は、内容においても結果においても妥当性を欠くものであり、通達課税として租税法律主義に抵触するものであるといえるとの結論に達した。

本稿は、離婚に伴う財産分与に際して譲渡所得課税をおこなうことが、合理的な根拠をもつものであるか否かを明らかにすることを目的として検討を行ってきた。このような問題については、譲渡所得課税そのものを明らかにしたのみでは解決できない。すなわち、租税法は私法と密接に関わるものである。なかでも、私法上の法律行為に対して租税法を適用する場合には、課税対象となる私法上の法律行為の性質を正確に把握することが必要である。課税対象を正確に捉えなければ、担税力に応じた公平な課税は実現されないのである。

そのような観点から考察を加えてきた結果、現行課税は、課税の対象である財産分与の法的性質を考慮しておらず、課税は不合理であるとの結論を導き出すことができた。

たしかに、極めて私的な分野における事象を課税対象とし、これを正確にとらえて課税することは容易なことではない。しかし、国民の財産権への介入ともいえる課税行為は必ず、合理的根拠に基づかなければならない。

これを憲法が求める租税法律主義との関係でみると、国民に納税義務を課するについては、単に法律に根拠があれば足りるということではないと捉えるべきであろう。その租税理論が、国民の共通認識に適ったものであり、国家が、特定の局面において、国民の財産につき介入することも、社会通念に照らし、合理的妥当性があるとの国民の認識が得られるものであることを意味するものと解するのが相当である。

租税法律主義の下では、課税対象の把握が難しい場合において、これに対して課税をしないことは合理的な措置であると考えられる。他方、これに対して一概に課税を行う現行課税のような措置は、租税法律主義の範囲を超えたものであり、認められないものである。そして、少なくとも、本稿で取り上げた離婚に伴う財産分与の法的性質については、判例・学説ともに十分な議論がなされているものである。これら議論の展開を考慮していない現行課税については、当然、大きな疑問が生じることとなるのである。

付記：本章は、伊藤未央著「離婚に伴う財産分与と譲渡所得課税に関する一考察」専修法研論集四七号一六九頁以下（二〇一〇）を基に加筆・修正したものである。

第6章　財産分与と譲渡所得税課税

——離婚給付の法的意義と財産分与の公平性の視点から——

増田明美

はじめに

民法七六八条は、離婚に伴う財産分与請求権を規定している。離婚に伴ってこの財産分与請求権が行使されて、金銭以外の資産が分与されたときには、租税法上、分与者に対して譲渡所得課税という課税関係が生じるとされている。この譲渡所得課税をめぐる法解釈上の紛争に対しては、最高裁の判断が下されている。[1] 現在では、判例が確立し、実務上も取り扱いが確立しているようである。しかし、財産分与によって財産が減少し現実的な収入がないにもかかわらず、譲渡所得が認識され、それに対して課税されるということに対して、素朴な疑問が感じられる。金銭で財産分与を行った場合には課税されないのに、住居等の不動産によって財産分与が行われた場合になぜ課税問題が生じるのであろうか。この場合分与者に担税力の増加があったといえるのであろうか。

財産分与者にとって、収入を得たという実感がないにもかかわらず、譲渡所得が発生したとして課税されることは受け入れがたいものである。財産分与にかかる譲渡所得課税は、納税者にとってわかりにくい課税理論であるため、課税された納税者側からの訴訟提起が繰り返された。

協議離婚に伴って不動産を財産分与した分与者が、後に多額の譲渡所得税が課せられることを知り、錯誤による財産分与契約の無効を主張したところ、この錯誤による意思表示の無効が最高裁において認められた事例がある。[2] このように、離婚に伴う財産分与に対する譲渡所得課税が、結果的に、離婚弱者（多くの場合経済的弱者である妻）の保護の妨げとなっているのではないであろうか。課税が、正当な財産分与がなされることの障害となっているのではないだろうかという疑念がもたれる。

本稿では、まず、夫婦財産制に関する学説を整理することにより、夫婦間の財産の所有関係を明らかにしたい。その上で、財産分与の法的意義を確認する。なぜなら「財産分与に関する譲渡所得課税の問題の複雑さは、…（中略）…むしろ、民法上における夫婦財産の帰属の認定等にあるといえる。すなわち、夫婦が婚姻中にその協力によって取得した財産が特有財産かそれとも共有財産か、離婚に伴う財産分与が特有財産の譲渡（所有権の移転）か、それとも共有財産の分割であるのか。また財産分与としての資産の譲渡が有償か無償かが問題とされる[3]」からである。

次に、所得税法上の譲渡所得の概念を確認し、譲渡所得課税の本質と深くかかわるみなし譲渡について考察したい。これらの考察は、財産分与としての資産の譲渡に対する譲渡所得課税の問題を論じるにあたって、不可欠の要素と思われる。

租税は経済活動と密接にかかわりあっている。我々が、経済活動上の意思決定をする際に、租税は重要な判断要素である。節税が経済活動の動機となりうるのである。したがって、身分行為にかかわる重要な経済活動で、民法が意図している行為を、租税法が妨げるようなことはあってはならないと思う。この視点から、財産分与と譲渡所得課税の問題を検討することとする。

(1)　最判昭和五〇年五月二七日民集二九巻五号六四一頁、最決昭和五三年二月一六日家月三〇巻八号三八頁。両判決については、第四章において詳しく考察する。

(2)　最高裁平成元年九月一四日判決（家庭裁判月報四一巻一一号七五頁）をさす。婚姻期間二三年に及ぶ夫婦が夫の女性関係が理由で離婚することになり、妻は新宿区の自宅に残って子供を育てたいと離婚条件を示した。夫は夫名義の自宅の土地建物を妻に分与することを約して離婚が成立した。しかし分与後に夫は自分に約二億円の譲渡所得税課税がなされることを知って、錯誤による意思表示の無効を主張し、建物について所有権移転登記の抹消登記手続を求める訴訟を起こした。一審、二審ともに夫の主張は認められなかったが、最高裁は破棄差戻とした。差戻控訴審（東京高判平成三年三月一四日判時一三八七号六二頁）は、夫の主張を認めた。

(3)　山田二郎「財産分与としての資産の譲渡と譲渡所得課税」判タ No. 370　三六頁（一九七九）。

一　民法の夫婦財産制

現行民法は夫婦財産制について、七五五条における夫婦財産契約を結ばない限り法定財産制によるものとしている。わが国では夫婦間で財産契約を結ぶ習慣がないこと、および、七五五条から七五九条に定める夫婦財産契約の要件が厳格であることから、夫婦財産契約を締結し登記する件数は極めて少ない。したがって、ほとんどの夫婦は法定財産制が適用されている。民法は法定財産制として三条文を規定しているが、そのうち夫婦間における財産の帰属については七六二条において定めているのみである。民法七六二条一項は「夫婦の一方が婚姻前から有する財産及び婚姻中自己の名で得た財産は、その特有財産とする」とし、二項は「夫婦のいずれに属するか明らかでない財産は、その共有に属するものと推定する」としている。

本章において、夫婦財産制の歴史的な変遷、及び七六二条の解釈をめぐる学説について考察することにより、現代社会において夫婦の財産の帰属関係をいかに理解していくべきかを考察したい。

1　夫婦財産制の沿革

戦前の父権的な家族制度の下では、妻は夫の支配と庇護とに服し、社会経済の上でも独立の地位を持たなかった。戦後、日本国憲法の制定、女性の経済的地位の向上、相続権の取得等の理由によって、夫婦間の財産関係をいかに規律すべきかが、問題とされるようになった。財産上の帰属に関しては、財産吸収制（すべて夫の財産となるもの）、財産共有（共通）制（全部または一定の種類の財産が共有となるもの）、別産制の三つの大きな種別がある。管理権の所在に関しては、夫が妻の財産を管理するか、共同管理とするか、別々の管理とするか、による種別がある(4)。

我国の民法編纂史を鑑みると、明治民法の草案はフランス民法を翻訳し模写するところから始まる。明治五年の明法寮の民法草案は法定財産制として所得共通制を採用していた。同時に夫婦財産契約の一典型として別産制を示し、嫁資制を定めている。夫は婚姻中、特有財産（婚姻前から所有していた財産及び婚姻中に無償譲渡により取得した財産）、共通財産、嫁資、に対して管理処分権を有するとされた。しかし、妻の特有財産である不動産の処分には妻の承諾を必要とした。これらの規定は、フランス民法の模写であり、我国固有の家制度は投入されていない。近代的婚姻観に基づき形式的には夫婦の平等性を認めてはいるが、実質的には夫婦の財産は夫が支配するものとされていた。

いわゆる明治一一年民法草案といわれているものにおいては、法定財産制は動産共通性と所得共通性との複合形態をなし、嫁資制は設けられていなかった。夫婦財産の管理処分権はやはり夫が有するとされた。

明治民法の編纂過程になって、外国法の模写から、和洋折衷の草案へと変容していった。所得共通性から管理共同制へと変化した。管理共同制とは夫又は女戸主は婚姻中のあらゆる夫婦財産を集中的に管理する制度をいう。資本主義経済の下で取引主体の明確化の要請から、家産は夫又は女戸主の個人財産とされたのである。家制度における家産維持のための夫婦財産の枠組みとして、妻の無能力制度と管理共同制という方式が作り出された(5)。

明治民法は、婚姻時に締結される夫婦財産契約を優先させたが、財産契約はほとんどみられず、結局、補充規定が原則となった。その規定として、明治民法は、夫婦が婚姻前より有する財産と婚姻中に自己の名で取得した財産は各自に帰属し、夫婦いずれに属するか明らかでない財産は夫または女戸主の財産と推定した。ただし妻に帰属する財産も夫が管理するという別帰属夫管理制とした。別帰属制は、個人の財産上の独立を保障するものであったが、夫管理制と妻の行為無能力、ならびに「家」制度があいまって、現実には妻に酷な制度であった(6)。

このように、明治民法の編纂過程からその制定までを考察することによって、我国の夫婦財産制は、フランス民法の近代的婚姻観と我国独自の家制度の折衷作であることがわかる。

戦後の民法改正においては、戦前の夫または家長による妻や嫁の財産的抑圧を排除して、妻の財産的独立を果たした。別産制が維持され、妻の行為無能力規定が削除された。明治民法との相違点は婚姻中に取得された財産で夫婦のいずれに帰属するか明らかでない財産を共有推定としたこと、及び別管理制に改めたことであった(7)。

この民法の制定過程において、妻の内助の功に報いるため婚姻中の所得を共有する旨の規定を設けるべきだという主張があった。しかし、この要望は離婚に際し財産分与という形で考慮することとされた。そして、その前提として婚姻中の夫婦財産を共有制とすることなく、婚姻解消時に始めて形成するという形をとって、これを財産分与規定のなかに含ませることとしたのである。七六二条と七六八条の両規定の沿革を検討すると、形式的対外的には別産・別管理制を採用して形式的夫婦平等を図っているが、実質的内部的には共通性であると解する余地はあると考えられる(8)。

では、実際の国民の意識はどうなっているのであろうか。少し古い調査ではあるが、一九八一年に夫婦財産制に関する意識調査をしたデータがある。「妻が家庭にいて、家事・育児だけをしている場合、夫が稼いだ収入や財産は誰のものだと思いますか。法律はどうなっているかは別として、応えて下さい。」という質問に、七三・八パーセントの人が(9)「夫婦半々のもの」という回答をしている(10)。アメリカ、イギリス、フランス、ドイツの諸国において同じ回答をした人の割合より、一〇パーセント前後少なくなっているが、法定夫婦財産制としてフランスは共有制を、西ドイツは付加利益共同制を、アメリカは州によって別産制と共有制を、採用していることを考え合わせると、我国の夫婦間の財産共有意識はかなり高いことがわかる結果である(11)。

日本の法定財産制を純粋別産制と解した場合、上記のように日本人の法意識は民法の規定からかけ離れている。民法の規定によれば上記問いに対する合理的回答は「夫だけのもの」となるべきであるにもかかわらず、「夫婦半々」意識が欧米各国についで高いのである。ということは、少なからずの人が、離婚の際の財産分与は二分の一を基準とすると思い込んでいるにもかかわらず、いざ離婚というとき、何の保障もないことを知らされるということを意味するのである(12)。

年金政策に目を向けると、夫婦の協力を財産所有概念に反映させる内容の改革が二〇〇七年に行われた。その改革とは、二〇〇七年四月以降に成立した離婚について、厚生年金分割制度が導入されたことである。夫婦が合意又は裁判所の決定により、結婚期間中に納めた分の夫（又は妻）の厚生年金や共済年金を、最大二分の一まで相手に分割できるようになった。給与所得者と専業主婦については、二〇〇八年四月以降は強制分割制度が導入され、婚姻中第三号被保険者の期間に夫（妻）が納付した厚生年金の保険料の納付記録の二分の一が強制的に妻（夫）に分割される。保険料は第二号被保険者とその勤務先が負担しているが、受け取る保険金については配偶者にその二分の一の権利を認めたのである。これは、第三号被保険者を有する第二号被保険者が負担した保険料は、夫婦が共同して負担したものであることを基本的認識としたものである。[13]

2　民法七六二条の解釈をめぐる学説

現行の民法七六二条は、憲法に定められた個人の尊厳、両性の本質的平等の理念に基づいた条文である。しかし現実にこの条文の適用をもって、個人の尊厳、両性の本質的平等という理念は実現されているのであろうか。戦後、女性の社会的地位が向上し、経済的自立が進んだとはいえ、性別役割分業は現在も日本社会そして個々の家庭に根深く存在している。民法七六二条一項を形式的に適用したのでは、妻が中心的に担っている家事育児労働が評価されず、実質的に男女平等が達成されない結果となる。そこで学説は、こうした問題を七六二条の解釈によって克服しようとしている。以下において七六二条をめぐる学説を整理する。

(1)　学説の整理

①　男女平等の基本原理に忠実である学説は、民法七六二条をして、夫婦の財産について完全な別産制をとっていると解する。この見解によると、形式的に夫婦の平等を徹底しようとしている。婚姻中に夫婦の一方の名義で取得した財産（たとえば夫が勤労で得た収入により取得した動産や不動産）は、すべてその者（通常夫）の単独の所有とな

る。たとえ婚姻中に夫が勤労で得た所得について、妻の貢献があったとしても、その内助の功は評価されない。七六二条を純粋別産制の定めと解する説である。

純粋別産制説は、個人の財産的独立、男女の平等という近代的立法原理をそのまま夫婦間にあてはめているが、現実的には実質的な平等を達成し得ないといえる。多くの妻が家事・育児を全面的に担っている現実、男女間の賃金格差等を考え合わせると、結果的に不公平を生む解釈といえるのではなかろうか。

② 純粋別産制をとりながら、妻の内助の功の法的把握を、その内助の功の程度に応じて夫婦相互間の債権ないしは不当利得的に構成されるべきものであるとし、訴求が許されるとする説がある。(14)

しかし、この説は、妻の内助の功を不当利得とする構成とそれを婚姻中にも行使できるとする点に対して、解釈論上の疑問があるとされている。(15) また、この説は、現実的に適用しにくい、(16) との批判もある。

③ 民法七六二条二項に解釈を加えることによって、妻の寄与・貢献を評価し純粋な別産制ではなく、共有財産を認める学説がある。その代表的な学説として三つあげることができる。

(i) 我妻栄博士は財産帰属関係について三種類に分類されている。

「第一は、名実ともに夫婦それぞれの所有のものであって、婚姻前から各自が所有したもの、婚姻中に一方が第三者を相続して取得したもの、それらの財産からの収益などは、明らかにこれに属する。各自の装身具なども、これに属する。第二は、名実ともに夫婦の共有に属するものであって、共同生活に必要な家財・家具などは、夫婦に一方の収入または資産で購入したものもこれに属するとみるべきである。第三は、名義は夫婦の一方に属するが実質的には共有に属するとなすべきものであって、夫婦が協力して取得した住宅その他不動産、共同生活の基金とされる預金、株券などで夫婦の一方の名義となっているものは、これに属するといいうるであろう。

そして、婚姻の解消の場合には、第一のものは各自の所有とされる。すなわち、配偶者の死亡の場合には遺産となり、離婚の場合には、相手方は、当然には、分け前を主張し得ない。第二のものは、配偶者の死亡の場合にも、離婚の場合にも、相手方は、その持分についての所有を主張することができる。問題は第三のものである。現在の経済取引の形式的画一性からいって、対外的には、原則として、その名義者の所有に属するものとして取り扱わねばならない。しかし、これらの財産は、夫婦が協力して取得し、共同生活の経済的基礎を構成するものだから、実質的な意味では共有に属するものとみなければならない。そして、離婚の際には当然に清算すべきであり、配偶者の死亡の場合にも遺産から控除して他の配偶者に取得させるべきである。[17]」とされている。専業主婦を前提とした時代において別産制では、夫婦間の実質的平等が図れないことから、共有推定財産の範囲をできるだけ広く解することによって、別産制を実質的に修正しようとするものであり、かつては通説であった。[18]

(ii)「家計に組み入れられた財産または収入は、特有財産としての性格を失う。たとえば、夫の収入だけに依存する家計の中で買い入れた電気冷蔵庫も、『夫の名で得た財産』には該当しないであろう。むしろ夫婦の共有に属すると解される。民法はこのような場合を含めて、夫婦いずれに属するか明らかでない財産は夫婦の共通と推定している。それが実態とも合致するからである。…（中略）…事情によっては夫名義の不動産・株式等について実は妻の持分が存することを認めるべきである。[19]」とする見解もある。この説によると、夫婦の一方が労働等により得た収入であっても、婚姻費用の分担として拠出され、いったん家計に組み入れられた時点において、共同の所有とみなすのである。[20]七六二条二項を広く解釈して共有推定財産の範囲をさらに広めた考え方といえよう。

(iii)　七六二条は夫婦の財産の帰属と第三者の関係を規定しているとし、内部的な夫婦間の婚姻中の所得の帰属は七六八条によって規定されており、婚姻解消時に共通財産として分割されるとする有地亨教授の説がある。この説によると、七六二条の意義は、取引の安全の要請から夫婦の対内的共有財産を対外的には名義人の特有財産とする点にあるとされている。[21]

二宮周平教授は、立法過程を踏まえた解釈として有地教授説を支持しておられる。二宮周平教授によると、夫婦財産関係の問題の根本的な解決は男女共同参画社会の浸透によって、七六二条を本来の姿にすることにある。家事労働を夫婦が協力して分担し、妻も夫と対等に職業活動に参加する社会においては、離婚時の財産分与と死亡時の配偶者相続権によって、夫と妻が婚姻中に獲得した財産は平等に、あるいは貢献度に応じて分配すればよい。有地亨教授説はこれを可能にするということである。(22)

④　近時、より共有的に解釈する説も出てきた。婚姻中の所得が夫婦共有になるのは、妻の内助の功を評価するというのではなく、夫婦がパートナーとして共同で担っている婚姻共同生活に充当すべき特別の共同財産と考える説である。人見康子教授によると、婚姻共同生活において、夫婦の合意に基づいて、婚姻費用として拠出される財産、収入、労力は、組合における出資に等しいものと解される。その結果、それらは夫婦の共有に属するべきと考えられる。(23)

このように、婚姻を、平等の権利・義務及び協力を旨とする自発的な結合であり、共通の利益及び利得のための組合やパートナーシップとみる説や、さらには家庭を法人とみようとする説もある。(24)

筆者は（ii）説を支持したい。家事労働や育児労働を単に金銭的経済的に評価しようという考え方（たとえば家事労働を女子平均賃金で換算するようなやり方）には賛成できない。それでは妻の地位を正しく評価したものでないと思うからである。夫婦は共同体であり、夫婦共同体の運営費として拠出された資金は、その拠出された時点でその資金の稼得者の帰属から離れ、夫婦共同体に属するものと解される。したがって、その財産は七六二条二項の「夫婦いずれに属するか明らかでない財産」に該当することとなり、夫婦の共有となるのである。つまり、夫婦を組合的経済単位と解する点で、④につながっていく考え方である。

実質帰属者課税の原則を持つ租税法の立場からすると、「夫婦いずれに属するか明らかでない財産」の存在は理解しがたいものであった。(25) 実質帰属者課税の原則に基づく個人単位課税制をとるわが国の税法によれば、所得の帰属者は常に明確であるべきであり、その所得によって形成された財産はその者に帰属し、譲渡、贈与、相続等の法律行為によらなければ他の人に移転することはないと考えられるからである。しかし、夫婦を共同体と考える上記の解釈のよると、対外的にはいずれか一方の名義であっても、夫婦内部においては実質的共有財産としての「いずれに属するか明らかでない財産」の存在を理解することができる。

(2) 民法七六二条と憲法二四条(26)

夫婦別産制を定める民法七六二条一項が憲法二四条に違反するものであるかどうか、及び右民法規定を前提とした個人単位課税を定める所得税法が違憲であるかどうかを争った裁判例(27)がある。専業主婦の家事労働には一円の評価もなく、所得が認められないが、一方、夫が得た収入はすべて夫名義の所得となり夫の財産を形成する夫婦別産制は、憲法二四条に違反する。そして、その夫婦別産制を基礎とした所得税法もまた違憲である、といった訴えである。

この裁判において、最高裁は、民法七六二条一項及び所得税法の定めは憲法二四条に違反するものではないと結論した。その理由として、「民法には、別に財産分与請求権、相続権ないし扶養請求権等の権利が規定されており、右夫婦相互の協力、寄与に対しては、これらの権利を行使することにより、結局において夫婦間の実質上の不公平等が生じないように立法上の配慮がされているということができる。(28)」と、判示している。

この判決から確認できることは、夫婦別産制は、財産分与請求権、相続権、扶養請求権と一体となることによって、憲法二四条の要請に応えることができるということである。すなわち、夫婦別産制によって生じた夫婦間の財産的アンバランスは、離婚時の財産分与、死亡時の相続、婚姻中の扶養請求権、で補完されるべく法的構造になっているということである。

では、本当に、婚姻中、離婚時、相続時の各時点において、実質上の不公平等が生じない法的構造となっているのかどうかを検証してみたい。そして同時に、税法はその各時点においていかなる定めを用意しているのかを確認したい。

① 婚姻中

婚姻中について、民法七五二条は夫婦の同居と相互扶助を定めている。また、民法七六〇条の婚姻費用の分担に関する規定が、「夫婦は、その資産、収入その他の一切の事情を考慮して、婚姻から生ずる費用を分担する。」と定めている。さらに民法七六一条日常家事に関する債務の連帯責任の規定により、夫婦の一方が、日常の家事に関して第三者と法律行為をしたことにより生じた債務について、他方は連帯してその責任を負わなければならない。夫婦別産制の下で経済的能力に乏しい妻が日常家事の範囲で法律行為をした場合に、夫にその責任を生じさせている。そのことにより、取引の相手側である第三者を保護するとともに、その夫婦にとって日常生活上必要な品やサービスを購入するために、妻は夫名義の金銭等を処分することが可能となるのである。

これに対応する税法として、相続税法二一条の三は、扶養義務者相互間において生活費・教育費に充てるためにした贈与により取得した財産で通常必要なものは、贈与税の非課税財産に該当すると定めている。(29) よって、妻が日常生活上必要なものを購入するために夫の収入から支出したとしても、贈与等の課税問題は生じない。

また、これとは別に、贈与税に配偶者控除の規定がある。婚姻期間が二〇年以上である配偶者から、居住用不動産又はその取得に充てるための金銭の贈与を受けた場合に、二千万円まで控除を受けることができる。(30)

② 相続時

相続時における配偶者の取り扱いを確認する。民法九〇〇条の法定相続分の定めによると、①子と配偶者が相続人のとき、配偶者の相続分は二分の一、②直系尊属と配偶者が相続人のとき、配偶者の相続分は三分の二、③兄弟姉妹と配偶者が相続人のとき、配偶者の相続分は四分の三、である。「配偶者相続権の根拠としては、第二次世界大戦後の民法改正時に、被相続人の財産に対して生存配偶者が有している潜在的持分の清算（夫婦別産制の下で配偶者の寄与・協力を評価すること）と、被相続人死亡後の生活保障とがあげられていた。この理由づけは、性別役割分業が支配的な社会の反映であるが、配偶者相続権には、夫婦財産制の終了について何ら規定していない日本の法定夫婦財産制の不十分さを補う役割がある。(31)」さらに、民法九〇四条の二においては、寄与分についての定めがある。共同相続人の中に、被相続人の財産の維持増加に特別の寄与をした者は、相続分に寄与分を加えた額を相続分とする。このように、相続時においては、夫婦別産制を補完する規定が用意されているといえるであろう。

これらの民法の定めに対して税法では、相続税法一九条の二に配偶者に対する相続税額の軽減の規定が設けられている。配偶者は一定の手続きを取ることによって、配偶者の法定相続分相当額又は一億六千万円のいずれか大きい金額までは相続税がかからない。夫婦別産制の下での実質的夫婦共有財産の清算が、相続時に行われることを、税法は容認しているといえる。

③　離婚時

離婚時の財産分与請求権は、民法七六八条において認められている。民法七六八条の意義、解釈に関しては、本稿の主題の一つでもあるので、章を変えて詳しく論ずることとする。

この財産分与に関する税法の取り扱いを確認する。財産分与を受けた側に対しては、財産の取得について贈与税は課税されない。本法上に明文規定はないが、相続税法基本通達九－八「婚姻の取り消し又は離婚による財産分与によって取得した財産については、贈与により取得した財産とはならないのであるから留意する。」との定めに沿った実務上の取り扱いがなされている。当該基本通達にはただし書きの後段部分があり、その分与にかかる財産の額が婚姻中の夫婦の協力によって得た財産の額等を考慮して過当であると認められる場合における当該過当である部分と、仮装離婚によって税のほ脱を図ると認められる場合における取得財産の価額は、贈与によって取得した財産となるのである。

原則的に財産分与には贈与税は課税されないという相続税のあり方は評価できる。しかし、後段のただし書き部分の「過当であると認められる場合」の認定の困難性を指摘したい。「財産分与額の相当性について、民法、税法いずれの実定法にも具体的基準の規定がなく、協議や調停では、夫の資力及び力関係がかなり影響するのが実状である。裁判官の審判における決定に際しても、判例上画一的基準または明確の具体的標準数値がなく、多分に裁判官の主観が影響することを避けられない。かような微妙な非訟事件的裁量判断を法律専門家でない第一線の税務署員が、しかも裁判官であっても計量至難の主婦婚における妻の貢献度を含めて、適正に判断できる能力、審査方法、時間的余裕があるとは想像できない。ここに課税庁の恣意的判断の介入する余地がないとはいえない。[32]」という高梨克彦弁護士の意見に筆者は賛同するものである。

次に、不動産取得税であるが、この税は、「いわゆる流通税に属し、不動産所有権の移転の事実自体に着目して課されるものであって、不動産の取得者が取得する経済的利益に着目して課されるものではないから、地方税法七三条の二第一項にいう『不動産の取得』とは、所有権移転の形式により不動産を取得するすべての場合をいうものと解すべき[33]」であると定義付けられている。そのうえで「不動産の取得が婚姻中の財産関係を清算する趣旨の財産分与による場合には、それが夫婦のいずれに属するか明らかでないため夫婦の共有に属するものと推定される財産についてなされたものである限り、形式的には財産権の移転が行われることはあっても、当然の所有権の帰属を確認する趣旨に過ぎず、これによって実質的に財産権の移転が生じるものではないと解するのが相当である[34]」とされている。一方「不動産の取得が離婚に対する慰藉または将来の扶養を目的とする財産分与による場合には、これによって実質的にその不動産所有権の移転が生じるものと解するのが相当である[35]」とされている。

金子宏教授も「慰藉料としての財産の移転は、その財産の価額の範囲内での慰謝料債務を消滅させるから、その財産の時価相当額の対価による資産の譲渡があったものと解すべきである。これに対し、固有の意味の財産分与（夫婦共通財産の清算の意味における財産分与）としての財産の移転は、その実質は夫婦共有財産の分割であって資産の譲渡にはあたらないと解すべきであろう。[36]」と述べられている。

このように不動産取得税の課税理論については、学説、判例ともに、一致をみることができる。夫婦共有財産の清算の意味の不動産の移転は実質的に財産権の移転ではないという裁判所の判断は、財産分与が夫婦別産制を補完するものという法的構造に合致したものとして評価できる。しかし実際には、財産分与された不動産が夫婦共有財産であったのか、夫婦の一方の特有財産であったのかという判定、及び財産分与の目的が清算なのか慰藉、扶養なのかという判定の難しさがある。そのため、納税者と課税庁との間で摩擦が生じているものと解することができる。

次に、財産分与者側の課税関係を確認する。不動産を財産分与した場合には、資産の譲渡に該当し、譲渡所得税が課税されるというのが、判例の立場である。当該譲渡所得税の課税が本稿の主題であるので、当該課税理論については、章を改めて考察するが、ここでは、憲法二四条との関係について簡単に考察したい。

離婚時の財産分与が夫婦別産制の欠点を補完する意味があると解した場合、この財産分与に対する譲渡所得課税に合理性を見出すことができない。なぜなら、夫婦別産制によって生じた夫婦間の財産的アンバランスを離婚時に調整する機能があるといえる財産分与は、資産の譲渡ではありえないからである。民法で、夫婦間の財産的アンバランスを離婚時に調整し、夫婦別産制を補完する意義を持つ法を用意しておきながら、一方、税法で、その調整のために資産が移転した場合には、時価による譲渡があったものとみなすというのでは、法体系的整合性が存在しないといえよう。

前述の民法七六二条の制定過程、及び次章で述べる民法七六八条の制定過程を考え合わせると、両規定がいかに密接な関係にあるかを理解することができる。両規定をどのように解釈することが、法体系上の整合性を維持し、実質的な夫婦間の平等が実現できるのかを、さらに検討していきたい。

なお、租税法には、税負担を国民の担税力に応じて公平に配分しなければならないという基本原則がある。この租税公平主義から実質帰属者課税等の実質主義という租税法独特の価値観が導き出される。租税公平主義および実質主義の立場から、財産分与に対する譲渡所得課税が合理的なものといえるかどうかを次章以下でさらに検討していきたい。

(4)　我妻栄『親族法』法律学全集二三　九九頁（有斐閣、一九六一）。
(5)　明治民法の編纂過程については、矢野篤「わが国における夫婦財産制の展開について―いわゆる旧民法成立まで―」明治大学大学院紀要第二三集（1）三〇七頁以下（一九八六）、及び谷口知平「夫婦財産法の比較総括とその日本法の解釈と立法改正への示唆」比較法研究 No. 37　九〇頁以下（一九七五）を参考にまとめた。
(6)　千藤洋三「夫婦財産制と財産分与」民商法雑誌一一一－四・五　五九〇頁（一九九五）。
(7)　千藤洋三・同五九一頁。
(8)　谷口知平「夫婦財産制の比較総括とその日本法の解釈と立法改正への示唆」比較法研究 No. 37　九一頁（一九七五）。
(9)　一九八一年二月から三月にかけて、総理府が日本、韓国、アメリカ、イギリス、西ドイツ、フランスの六カ国の〇歳から一五歳までの子を持つ男女約千人ずつを対象に行った面接方式による調査の結果である。「夫婦半々のもの」という回答は、フランス九五・六、アメリカ九〇・二、イギリス八九・二、西ドイツ七八・〇、日本七三・八、韓国六八・四各パーセントであった。
(10)　伊藤すみ子「夫婦財産制に関する意識の国際比較」ジュリ七七二号二一四頁（一九八二）。
(11)　諸外国の夫婦財産制の傾向について次のような記述がある。
「最近の諸外国の夫婦財産制では、夫婦が婚姻中にそれぞれ自己の財産を管理処分する権限をもつが、夫婦財産制の解消に際しては、共通的要因を取り入れて夫婦の間で平等に分割するという別産制と共通制とを組み合わせた複合的な財産制を採用するものが多くなった……その背景には、西欧諸国では婚姻は夫婦の共同によって維持されるという夫婦一体観が存在することや、男女平等が確立されているとはいえ、専業主婦も多く、また、妻が働いても、男女の賃金の格差が依然として解消しないという事情がある。さらに、働く妻は家事育児をも分担し、二重の負担が多いために、妻を保護しなければならないという弱者保護の思想もあることも見逃しえない。」有地亨『家族法概論改訂版』八九-九〇頁（法律文化社、一九九四）。

(12) 伊藤すみ子・前掲注（10）二一六頁。

(13) 厚生労働省のホームページ　http://www.mhlw.go.jp/topics/bukyoku/nenkin/nenkin/pdf/21.pdf（2016.8.28

(14) 沼正也『墓場の家族法と揺りかごの財産法（新版）』二二九頁（三和書房、一九七七）。

(15) 緒方直人「夫の所得と共有財産」別ジュリ一六二号一七頁（二〇〇二）。

(16) 二宮周平『家族法第2版』六八頁（新世社、二〇〇五）。

(17) 我妻栄・前掲注（4）一〇二-一〇三頁。

(18) 遠藤みち「夫婦財産制の現状と課題」税研一二三　一四頁（二〇〇五）。

(19) 我妻栄、有地亨、遠藤浩、川井健『民法3　親族法・相続法　第二版』八四頁以下（勁草書房、二〇〇五）。

(20) 同旨として、深谷松男「夫婦の協力と夫婦財産関係」金沢法学一二巻一・二号（一九六六）、上野雅和「夫婦財産帰属の論理」松山商大論集一五（二）巻（一九六四）。

(21) 有地亨「夫婦財産制に関する一考察」法政研究三二巻二－六合併号下巻七〇九頁（一九六六）。

(22) 二宮周平・前掲注（16）六九頁。

(23) 人見康子『現代夫婦財産法の展開』二一六頁（鳳舎、一九七〇）。
なお、「婚姻終了時における分割割合は出資の価格に応ずる方が合理的である。」とされている。

(24) 遠藤みち・前掲注（18）一四頁

(25) 遠藤みち氏も、「日本の裁判例にみる夫婦財産制と租税法―その変遷と今後の問題―」人見康子、木村弘之亮、編『家族と税制』二二四頁において「租税法的に考えれば、本来、帰属不明の財産はないはずである。」と述べている。

(26) 憲法二四条は家族生活における個人の尊厳と両性の平等について次のように定めている。「①婚姻は、両性の合意のみに基づいて成立し、夫婦が同等の権利を有することを基本として、相互の協力により、維持されなければならない。②配偶者の選択、財産権、相続、住居の選定、離婚並びに婚姻及び家族に関するその他の事項に関しては、法律は、個人の尊厳と両性の本質的平等に立脚して、制定されなければならない。」

(27) 最判昭和三六年九月六日民集一五巻八号二〇四七頁。

(28) 同判決・民集一五巻八号二〇四九頁。

(29) 相続税法二一条の三「次に掲げる財産の価額は、贈与税の課税価格に算入しない。
一、（略）二、扶養義務者相互間において生活費又は教育費に充てるためにした贈与により取得した財産のうち通常必要と認め

られるもの　(三、以下略)」。
(30)　相続税法二一条の六。
(31)　二宮周平・前掲注（16）二八四頁。
(32)　高梨克彦「妻の地位と税法上の問題点」法律のひろば第二八巻第一〇号四三頁（一九七五）。
(33)　最判昭和五三年四月一一日民集三二巻三号五八三頁。
(34)　東京地判昭和四五年九月二二日行裁例集二一巻九号一一四三頁。
(35)　前掲注（34）一一四三頁。
(36)　金子宏『租税法（第22版）』二五〇頁（弘文堂、二〇一七）。

二　財産分与の法的意義

1　包括説と限定説

民法七六八条は第一項において「協議上の離婚をした者の一方は、相手方に対して財産分与を請求することができる。」として財産分与請求権を定めており、また第三項において「当事者双方がその協力によって得た財産の額その他一切の事情を考慮して、分与をさせるべきかどうか並びに分与の額及び方法を定める。」として分与方法を定めている。離婚給付にかかわる条文は上記条文が唯一のものであって、他に具体的詳細な内容を規定した条文が存在しないため、七六八条の法的意義をめぐって学説の対立がある。

民法七六八条に規定されている財産分与には次の要素が含まれているとされている。①婚姻中の実質的な夫婦共有財産の清算、②離婚後の生活に困窮する配偶者に対する扶養、③損害賠償、である。上記①②しか含まれないとするものを限定説、または消極説といい、①②③があわせて含まれるとするものを包括説、または積極説という。

学説は、「離婚原因による慰藉料をも場合により財産分与に含ませる最も幅広い包括説（高野耕一「財産分与と慰謝料との関係」判例タイムズ一五一号二八頁）と、財産分与と離婚による慰藉料とを峻別する厳格な限定説（板木郁郎「離婚の際の財産分与の性質について」立命館法学四・五号八六頁）とを両極端とし、この両極端を結んだ連続線上に数多くの折衷説的見解が存在している。[37]」

本研究にとって、離婚に伴う財産分与の法的意義を明らかにすることは、非常に重要なことである。なぜなら、財産分与による資産の移転の法的意義によって、その移転に対する課税をめぐる法的取り扱いに相違が生じると考えられるからである。

(1) 民法七六八条の制定過程からの立法趣旨の考察

民法七六八条は第二次世界大戦後の民法改正時に新設された条文である。しかしその原案は明治三一年施行の明治民法制定過程にまでさかのぼることになる。同法の法的意義を考察するにあたり、立法過程から立法趣旨を確認することとする。

梅謙次郎、穂積陳重、富井政章が起草した民法原案八九二条に離婚給付の規定はすでに存在していた。その内容は、離婚後一方が自活することができない場合には他の一方は扶養する義務を負う、というものであった。富井氏はその起草趣旨として、次のように説明している。それは、離婚原因が明らかに存在していて毎日ひどい目にあっている場合でも、離婚したのでは食べていけないというので苦しみに耐え、離婚の訴えを起こすことができないというのは不都合である、というものである。穂積氏はこれに損害賠償の概念をプラスする趣旨を述べている。つまり、過失よって離婚したのであれば、有責者は扶養の義務を負うべきである、というのである。以上からわかるように、わが国における離婚給付の源流は救貧であり、離婚難民を救うことにあった。

明治原案は立法されることはなかったが、その後も継続的に議論は進んだ。大正時代の原案は、場合によっては無過失扶養義務を認める包括的離婚給付制度へと変遷し、明治原案より一歩進んだものとなった。

昭和になり、民法改正調査委員会においてさらに議論は重ねられた。昭和四年の民法改正案においては相手方に対し相当の「扶養」から「財産の分与」という表現に改まった。それは、「資力に乏しき場合においては相手方に対し相当の生計を維持するに足る財産の分与を請求することを得」という表現である。この財産の分与という表現は、夫婦共有財産の清算という思想の表現ではなかったといわれている。しかし、法形式的には、清算的要素をも取り込める形態をとったことにより、包括的離婚給付への歩みを進めたものといえるであろう。

戦後、米国の占領下において、民法改正案はＧＨＱの承認を受けることが必要とされた。ＧＨＱ側は、この条文は婚姻中に得た財産の清算を目的とする規定だと考えた。そこで、婚姻中に得た財産は夫婦が協力してできたものであるから、両者に一対一の権利がある。だから、婚姻が解消するときには半分与えるのが当然なのであるから、その原則を条文に明記すべきである、とＧＨＱは主張した。ＧＨＱ側は二分の一という割合を条文中に表示することを繰り返し求めたが、日本側は最後まで反対した。家長制度や家督相続を背景にした当時の日本社会では、離婚する妻に対して、婚姻中に形成された財産とはいえその半分を与えるという発想は、受け入れがたいものであったのであろう。しかし、この話し合いの過程で、日本側は、財産分与が、扶養、慰藉、清算、の要素をすべて含む包括的離婚給付であるということを自覚するに至った。

昭和二二年に新憲法の下で召集された国会に民法改正案は上程された。このとき、第七六八条の財産分与の内容は、清算、扶養、慰藉の要素を含む包括的なものとされた。政府の委員の一人は次のように説明した。「これは要するに夫婦の財産というものは、夫婦の協力によって得たものであるから、夫婦別れをする場合には、その財産を分割するという思想と、それからやはり扶養料の請求を認めるべきであるという議論、或いはまた離婚の原因を与えた方に制裁的といいますか、慰藉の意味でそういうものを請求せしむることを認めていいというようないろいろな意味を含めまして、財産分与の請求権を認めることになったのであります。」「この離婚の場合の財産分与ということを認めたのは、また夫婦の財産は夫婦の協力によって築かれたものであるということを大きな前提としておるわけであります。」このように、国会の場において、財産分与制度の趣旨を説明する際には、必ず清算的要素を先頭に提示し、扶養的ないし損害賠償的要素も含まれるという順序をとった。このことは、この段階で、清算的要素がこの制度の中核となっていたことを意味するものである(38)。

こうして、財産分与の規定は制定される運びとなった。明治、大正、昭和と、長い年月をかけて、財産分与の規定は、包括的離婚給付の規定として制定された。離婚婦の救貧という切実な要請から出発し、そこに離婚によって蒙った不利益の補償というが要素が合わさり、さらに、夫婦の財産の清算という近代的公平の概念が加わって生まれた規定といえるであろう。制定過程において、戦後に財産分与の中心的立法趣旨が扶養から清算へと大きく変化する背景には、新憲法の下に女性の権利が認められたこと、および男女平等な夫婦財産制度が制定されたことがあると思われる。

(2) 学説の検討

① 包括説

包括説が主張するところは、まず立法者の意図が③の損害賠償つまり慰藉料を含むというものである。前述のとおり、制定時の国会審議における政府委員の説明によれば、七六八条は、清算・扶養とならんで損害賠償の性格をも有するものであり、これらすべてをあわせた新しい制度を意図するものであった。そして、そこではさらに、虐待のごとき不法行為があった場合、これによる損害の賠償請求権は財産分与のほかに認めてよい、と説明されていた。このことから、離婚にかかる慰藉料には二種類あり、つまり「離婚原因となる個々の有責行為に基づく損害の賠償」と「離婚そのものに因る損害の賠償」とに区別されるものである(39)。

暴行・虐待、悪意の遺棄、不貞行為など離婚原因となった個々の有責行為自体が、通常の不法行為として慰藉料を認められることはいうまでもない[40]。では、離婚そのものによる慰藉料とはどういったものであろうか。久貴忠彦教授は、たとえ無責離婚にあっても、もし離婚することによって精神的苦痛を受けることがあるならば、これの慰藉が考えられてよい（仮に、破綻慰藉料とよぶ[41]）として、有責不法な行為から生じたのではない離婚の場合でも離婚慰藉料を肯定する立場をとっておられる。一方、二宮周平教授は、離婚それ自体は、過失でも違法でもないのだから、個々の不法行為以外に慰藉料を認めることはできないはずであり、離婚それ自体に慰藉料を認める必要はないとして[42]、破綻慰藉料に消極的な立場をとっておられる。

中川淳教授は、無過失主義及び破綻主義との関連において、この破綻慰謝料の意義について次のように述べておられる。

「今日、不法行為法において、過失主義から無過失主義へという方向があり、他方、離婚法において、有責主義から破綻主義へという方向が定着していくなかで、有責慰藉料のみに固執する必要はない。したがって、離婚をしたことがただちに不法行為に該当しないという過失主義的な発想を修正することが必要である。離婚すなわち配偶者（妻）たる地位の喪失によって生ずる精神的損害は、現実に生ずるものであって、無過失責任として弱者の保護・救済を認める理由となりうる。ここに、有責慰藉料と狭義の無責慰藉料とを止揚した離婚そのものにたいする慰藉料（かりに破綻慰藉料という）の観念を認めていかなければならないと思われる[43]。」

このように、今後の破綻主義的離婚の定着増加に伴って、破綻慰藉料の意義も変化することが予想される。

包括説においても、離婚財産分与の内容として、清算的性質、扶養的性質、慰藉料的性質を明確に区別しそれぞれ相対的に独立を認める立場と、これらの要素的性質を融合し、離婚財産分与を一個の実体として包括的な離婚給付を構成する立場が存在している[44]。いずれにしろ、包括説は離婚給付として、財産分与に慰藉料的性質を含めて把握するので、財産分与請求と慰藉料請求が別個になされることは許されないとする。

包括説の実質的な利点として、同一訴訟で離婚給付の解決が図れるという「解決の一回性」という利益が主張されている。特に実務を経験した論者[45]が、同一訴訟で離婚給付の包括的解決を図ることの利点を主張する。つまり、離婚慰藉料を不法行為ないし債務不履行によって構成する限り、地方裁判所への訴訟提起の際の印紙代はその請求額に応じたものでなければならず、あわせて多くの場合弁護士費用も配慮せねばならない。一方、家庭裁判所への審判請求の場合には、離婚慰藉料も含めて、請求額の如何にかかわらず、低額の費用で済ませることができるというのである[46]。

他方、この「解決の一回性」は「一切の事情を考慮して」決定されるものであるから、分与額決定においていわゆるどんぶり勘定を招きがちとなり、これが分与額を低く抑える結果になるとの強い批判を受けている[47]。

②　限定説

限定説は、離婚財産分与と慰藉料とは別個のものと解する。限定説の根拠は、第一に離婚財産分与請求権と慰藉料請求権は、実態的にも、手続的にも別個のものであることを強調する[48]。財産分与は家庭裁判所の管轄する審判事件（家事審判法乙類事件に該当する）、つまり非訟事件であり、損害賠償は通常の裁判所の管轄する訴訟事件である。離婚財産分与の請求は二年の除訴期間（民法七六八条二項の但書）によって、損害賠償の請求は三年の時効（民法七二四条）によって消滅するという違いがあることも指摘されている。

第二に、歴史的な一般的傾向が挙げられる。離婚給付は、古くは制裁的性質、損害賠償的性質を有していたが、それが犯罪と不法行為、刑罰と損害賠償との分化の過程およびそれぞれの性格の認識と並行して、離婚給付が次第に純化され、制裁的賠償的性質を捨てて、清算的扶養的性格を取得するようになった過程を重視すべきであるとしている。また、古く不法行為の規定が個別的・列挙的であり、これによって離婚による被害を救済することができなかったときには、それが包括説の主張の根拠となりえたが、不法行為の規定そのものが一般的・抽象的になり、離婚による被害もそれによって救済されることになっているときは、それは不法行為の規定に従って処理されるべきものである、とされる。[49]

また、限定説の根拠を次のように述べる包括説論者もいる。「改正前の民法の下で、慰藉料請求という名の離婚給付請求が認められる傾向にあったことから、[50]離婚慰謝料請求権というものを既定の動かすべからざる前提とし、これと両立し得る限度において、あとからあらわれた財産分与請求権の性質内容を規定した節がうかがわれる。[51]」というものである。

ところで、離婚財産分与請求権と慰藉料請求権が重ねて行使された場合にはどうなるのであろうか。包括説ではどちらの請求権が主張された場合においても、清算的要素と慰藉的要素、さらには離婚後の生活の保障的要素とを鑑みて解決が図られるので、財産分与を得た後に慰藉料の請求は許されず、またその逆の場合も同様であると考えられる。これに反して、限定説は、離婚財産分与請求権と慰藉料請求権とは別個のものと解するのであるから、これらが重ねて行使されることも認めうる。

③ 扶養的要素について

ここまで夫婦共有財産の清算的要素と慰藉的要素の関係について述べてきたが、②離婚後の扶養的要素の位置付けについても少し考察しておきたい。前述のとおり、立法過程において離婚給付制度のそもそもの発想は離婚婦の救貧にあった。その意味において、離婚給付の不可欠の要素といえる。しかし、時の経過とともに、離婚給付の中心が夫婦共有財産の清算的要素に移行するにつれ、この扶養的要素の重要性は後退した。

民法第七五二条に定められている婚姻の効力のひとつである、同居、協力及び扶助の義務は、本来離婚によって消滅する。夫婦共同生活が終了すれば、それぞれ自立自活しなければならない。しかし多くの場合、経済的弱者である妻の生活は困窮することが多い。そこで、離婚後の扶養の根拠について、学説は、婚姻の事後的効果や、不十分な社会保障の代替としてきた。

最近の学説は、妻が経済的弱者となった原因を婚姻生活の基礎にある性的役割分業にあるとして、離婚給付を性的役割分業によって妻が被った不利益の保障と位置づける。「つまり、婚姻生活の役割分業は、職業労働を担当する夫の財産と所得能力を増大させるのに対して、家事労働を担当する妻の所得能力を減少させ、夫婦間に資力（財産と所得能力）の不均衡をもたらす。…（中略）…妻を自立不可能にした原因、あるいは本来なら得たはずの所得能力を逓減させた原因は、性的役割分業の生活形態をとったことにあるのだから、そこから生じた格差を是正する一つの方法として、離婚給付を位置づけるのである。[52]」現在では、扶養的要素は、離婚給付のうちの夫婦共有財産の清算的要素、慰謝的要素の補充的性質のものとされる傾向にあるが、上記のように「離婚後の自立を援助する手段として、離婚後扶養を位置づけ[53]」することができる。

審判等で扶養の額を決定する基準が問題である。扶養的財産分与は、夫婦財産の清算的、及び損害賠償的財産分与があってもなお扶養を必要とする場合に考慮される。つまり、婚姻後に蓄積された財産がないために清算すべき財産がない場合、あるいは、夫が有責配偶者でなくて損害賠償的財産分与がない場合に、扶養的財産分与の必要性が出てくるのである。こういった意味において、扶養的要素は、清算的要素及び損害賠償的要素に対して補充的な性格を有している。[54]

2　財産分与の現代的意義と家裁実務

（1）法制審議会改正案要綱の検討と財産分与の現代的意義

法制審議会における民法改正要綱（平成八年二月二六日）において民法七六八条三項を次のように改正する案が公表されている。

「家庭裁判所は、離婚後の当事者間の財産上の均衡を図るため、当事者双方がその協力のよって取得し、又は維持した財産の額及びその取得又は維持についての各当事者の寄与の程度、婚姻の期間、婚姻中の生活水準、婚姻中の協力及び扶助の状況、各当事者の年齢、心身の状況、職業及び収入その他一切の事情を考慮し、分与させるべきかどうか並びに分与の額及び方法を定めるものとする。この場合において、当事者双方がその協力により財産を取得し、又は維持するについての各当事者の寄与の程度は、その異なることが明らかでないときは、相等しいものとする。」

本改正案は、財産分与の目的を明示している。それは財産上の均衡を図るということである。婚姻中の一切の事情を考慮して、財産を公平に清算しようとする姿勢がより鮮明になったといえる。そして、その一切の事情を、具体的に例示列挙することによって、清算するにあって基準となるものがわかりやすくなった傾向がある。ここで、一番注目すべき点であり、評価すべきことは、夫婦の寄与の程度が異なることが明らかでないときは相等しい、つまり寄与の程度は二分の一ずつと判断すると明言したことである。夫婦が対等に協力して家庭を運営していた場合には、名義にかかわらず、それぞれの財産に対する権利は二分の一ずつであるということである。このことは、財産分与の清算的要素がその法的意義の中心であることを示しているといえよう。

離婚が有責主義から破綻主義へとその大きな流れを変換した。先進諸国では離婚手続きは家族再編成のプロセスとの考え方もある。これらの事情の下では、離婚給付は、夫婦財産関係の清算および離婚後の扶養にとどめるべきであり、慰藉料を請求するための有責性を立証するために裁判所で醜い争いをすることは、適切ではないのである。つまり、離婚給付の核心は、夫婦財産関係の清算となると思われる。(55)

(2) 我が国の離婚と家裁実務の現状

わが国には、裁判機関を経由せず当事者の合意によって成立する協議離婚というわが国特有の制度がある。そして、全離婚のうちこの協議離婚の形態をとるものが約九〇パーセントに及ぶ。平成二七年の全離婚件数は二二五一、一三六件であり、その内、協議離婚は二二〇、四八七件であり、裁判離婚（調停、審判、和解、認諾、判決の合計）は三〇、六四九件となっている。平成二七年に家庭裁判所に受け付けられた財産分与事件は一、五五七件であり、年間二五万件以上に及ぶ離婚件数を考えると非常に少数であることがわかる。[56] 地方裁判所においては、財産分与と慰藉料はかなり厳密に区別しており、財産分与としての額と慰藉料としての額を判決文中に明確に示す傾向にある。[57]

協議離婚においてはもとより家庭裁判所における調停においても、一切の事情を考慮して行う財産分与の金額の決定は複雑である。財産分与と慰藉料という言葉は厳密に使い分けられていないようである。両者をひとまとめにした金額決定であったり、名目は解決金という言葉であったりした。

しかし、家裁実務においては、財産分与を定める七六八条というただ一箇条のもとで清算的財産分与に関する実務が積み重ねられている。[58] 犬伏由子教授は、家裁実務における清算的財産分与の判断について以下のように述べておられる。

「財産分与の中では、扶養的要素や慰謝料的要素と比較すると、中核的要素である清算的要素の決定には、裁量的要素が少ないことから、家裁実務は精算的財産分与の決定における判断内容を精緻化し、判断プロセスも明確化されてきている。家裁実務は、婚姻中の別産制を前提としつつ、離婚の際には婚姻中に夫婦の協力により取得された財産を実質的共有あるいは共同財産として、財産分与により清算すると考える。この清算的財産分与の決定は概ね次の手順で行われる。（ⅰ）清算対象財産の確定・評価（ⅱ）分与割合（寄与度）、及び、これに基づく具体的取得分（額）の決定、（ⅲ）分与方法の決定。このプロセスの中でも、中心は（ⅰ）清算対象財産の確定・評価であり、当該夫婦にとっての婚姻による共同成果物の範囲を確定し、算定する作業である。[59]」

さらに（ⅰ）については、夫婦双方の特有財産（自己の個人財産）を除く財産であり、名義が夫婦のいずれにあるかは問わない。特有財産となるのは、婚姻前から有する財産屋、婚姻中に各自が相続贈与等により無償取得した財産であるが、基準時に存在する夫婦財産について、特有財産であることを主張・立証しない限り、実質的共同（共有）財産と推定される。（ii）については、原則として二分の一と見る考え方が定着している。（iii）については、通常は、具体的取得額に応じた金銭による分与が行われる。但し、夫婦の一方の名義とはなっているが、実質的共同（共有）財産に含まれる不動産等の現物を他方に分与したり、他方のために不動産に利用権を設定するという方法をとることもある。[60] 以上のように、犬伏教授は説明されていることから、実務の場においては、名義のいかんに問わず婚姻後夫婦が共同して築いた財産については夫婦共同財産として、二分の一づつの財産分与が行われている状況にあるようだ。

以上のように、この章における検討から確認できたことは、財産分与の夫婦共有財産の清算、慰藉料、離婚後の扶養、という三つの意義に関して、限定説または包括説のいずれを採用するのかについて、学説において明らかな解答は出ていないということである。さらに、調停や協議離婚の現場においては、結果的に妥当な離婚給付がなされることに重きを置き、その離婚給付の名目はかなりあいまいに取り扱われてきたようである。

しかし、財産分与制度の中核は、婚姻中の夫婦財産の清算であることは、次第に明確化されてきたといえる。立法政策面からの考察においても、婚姻中に形成した夫婦財産を離婚に際して、それぞれの寄与の程度に応じて分配し財産的均衡を図ることが、財産分与の今日的意義であることが確認できた。

(37) 島津一郎「財産分与と離婚慰藉料との関係」別ジュリ六六号七二頁（一九八〇）。
(38) 民法七六八条の制定過程については、高野耕一「民法七六八条の系譜的考察」『財産分与・家事調停の道』（日本評論社、一九八九）を参考にまとめた。

(39)　久貴忠彦「財産分与請求権と慰謝料との関係」別ジュリ、三六〇頁。
(40)　二宮周平・前掲注（16）一一二頁。
(41)　久貴忠彦・前掲注（39）三六一頁。
(42)　二宮周平・前掲注（16）一一三頁。
(43)　中川淳『家族法の現代的課題』一六五頁（世界思想社、一九九二）。
(44)　中川淳・同一五四頁。
(45)　たとえば高野耕一氏は三〇年以上に及ぶ裁判官、家裁所長、地裁所長としての経験から、家裁における包括的離婚給付請求による解決の利便性を主張されている。
(46)　高野耕一『財産分与・家事調停の道』一八三頁以下（日本評論社、一九八九）。
(47)　久貴忠彦・前掲注（39）三六一頁。
(48)　中川淳・前掲注（43）一五三頁。
(49)　中川淳・同一五三頁。
(50)　戦後の民法改正以前は離婚給付を定める独自の条文がなかったため、既存の法的テクニックを使って、離婚慰謝料という形で離婚給付を認めていた。
我妻栄博士はこの判例法による離婚婦の救済を次のように説明されており、民法七六二条の制定以前から実質的な意味で上記三つの要素を含んだ離婚給付がなされていたとしている。

「大審院は、夫の虐待等の不法な行為によって止むをえず離婚を請求した妻は、離婚の判決によって、精神的な苦痛の十分な慰藉をうるとは限らないから、なおその上に慰藉料を請求することもできると判示した。そして、この判旨は、その後多くの判決に承継された。しかも、その慰藉料の算定に当っては、夫や妻の社会的地位・年齢その他妻の再婚可能性の有無など、離婚そのものによる損害が考慮の中心とされたから、それは結局、離婚を余儀なくした有責配偶者の賠償責任を認めたことになる。のみならず、さらに、一方では、夫婦共同生活中における妻の協力の程度が考慮され、他方では、離婚後の妻の生活状態が考慮されたから、間接ながら、夫婦共通財産の清算及び扶養料請求の役割をも果たしたものといえる。」我妻栄『親族法』一五二頁（有斐閣、一九六一）。
(51)　高野耕一・前掲注（46）一八二頁。
(52)　二宮周平・前掲注（16）一〇二頁。
(53)　千藤洋三氏も「財産分与は離婚後の財産的アンバランスを修正するための補償的機能を果たすべく純化」させるべき、と述べられている。千藤洋三「夫婦財産制と財産分与」民商法雑誌一一一－四・五　六〇三頁（一九九五）。

二宮周平・前掲注（16）一〇二頁。

（54）小磯治『夫婦関係調停条項作成マニュアル』五七頁（民事法研究会、二〇〇二）。

（55）島津一郎・前掲注（37）七三頁。

（56）厚生労働省　平成二一年度「離婚に関する統計」の概況　http://www.mhlw.go.jp/toukei/saikin/hw/jinkou/tokusyu/rikon10/index.html（2016.8.31）

（57）『裁判にみる金額算定事例集』（第一法規出版）によれば、財産分与と慰藉料はそれぞれ別欄になって金額が表示されている。しかし、必ず両方に金額が明示されているわけではなく、どちらか一方の名目で請求がなされたり、裁決判決がなされたりすることもある。

（58）犬伏由子「婚姻中の所得財産の分配と夫婦財産制：夫婦の共同成果物の公平・公正な分配の実現に向けて」法学研究第八八巻第三号二〇頁（二〇一五）。

（59）犬伏由子・前掲注（59）一七－一八頁。

（60）犬伏由子・前掲注（59）一八－一九頁。

三　譲渡所得課税の法的構造

本章の目的は、財産分与としての資産の移転に対する譲渡所得課税の問題を考察するにあたり、譲渡所得課税の法的仕組みを明らかにし、譲渡所得の課税理論を確認することにある。さらに、財産分与に対する譲渡所得課税は、無償譲渡および、みなし譲渡課税の課税理論と深くかかわっていることから、これらについても考察したい。

1　譲渡所得の課税の法的仕組み

(1)　譲渡所得の基本的仕組み

金子宏教授は、『租税法』において譲渡所得について次のように定義しておられる。

「譲渡所得とは、資産の譲渡による所得をいう。非販売用の土地や有価証券の譲渡益が、その代表的な例である。その本質は、キャピタル・ゲイン、すなわち所有資産の価値の増加益であって、譲渡所得に対する課税は、資産が譲渡によって所有者の手を離れる機会に、その所有期間中の増加益を清算して課税しようとするものである。[61]」とされている。

実定法において、譲渡所得は所得税法三三条一項おいて「譲渡所得とは、資産の譲渡（略）による所得をいう。」と、二項において譲渡所得の非課税所得として、棚卸資産等の譲渡所得と山林の伐採譲渡所得が規定されている。そして三項において、譲渡所得の金額の計算方法として「その年中の当該所得に係る総収入金額から当該所得に基因となった資産の取得費及びその資産の譲渡に要した費用の額の合計額を控除しその残額の合計額（略）から譲渡所得の特別控除額を控除した金額とする。」と規定されている。

同法五九条においては、贈与等の場合の譲渡所得等の特例として、いわゆるみなし譲渡の規定がなされている。一定の事由が生じた時には、その時の価額により、その資産の譲渡があったものとみなすとしており、その一定の事由は次の三つを限定列挙している。①法人に対する贈与および低額譲渡、②相続（限定承認に係るものに限る）、③遺贈（法人に対するもの及び個人に対する包括遺贈のうち限定承認に係るものに限る）である。

ここにいう譲渡所得の要素である「資産」「譲渡」についてその法的意義を確認することによって、譲渡所得の本質を考察したい。まず、「資産」とは何か、であるが、「資産とは、譲渡性のある財産権をすべて含む観念で、動産・不動産はもとより、借地権、無体財産権、許認可によって得た権利や地位などが広くそれに含まれる。[62]」とされている。

次に「譲渡」の意義であるが、「譲渡とは、有償であると無償であるとを問わず所有権その他の権利の移転を広く含む観念で、売買や交換はもとより、競売、公売、収用、物納、現物出資等が、それに含まれる。[63]」とされている。さらに金子宏教授は「なお、ここにいう譲渡とは、上述のように、有償であるか無償であるかを問わず、すべての資産の移転を含む観念であると解すべきである」と、[64]強調し、「有償というのは、『対価を伴う』という概念よりも広く、『対価その他の経済的収益を伴う』という意義であると解すべきである。」と解説を加えられている。そのうえで、「このように解しても、無償の取引、すなわち対価その他の経済的利益を伴わない取引からは、課税の対象となる譲渡所得の金額（総収入金額から取得費および譲渡に要した費用の合計額を控除した金額）は生じないから、納税者に不利益を与えることはない。ただし、資産の贈与その他の一定の場合には、無償による資産の移転であっても、時価による譲渡があったものとみなすこととされている。[65]」としている。

この論理からすると、所得税法三三条の「譲渡」という文言には、有償譲渡と無償譲渡との両方が含まれているという解釈となる。すなわち、無償譲渡であっても譲渡所得税の対象となるが、譲渡対価マイナス取得費の計算で求められる譲渡所得金額が発生しないから、結果として、譲渡所得税の納税額は生じないというのである。そして、五九条のみなし譲渡の規定はその譲渡所得金額の計算上の例外としておかれているということになるのである。[66]

この理論に対して、異なる見解として、吉良実教授は「現行所得税法三三条一項にいう『資産の譲渡』とは『有償譲渡』の場合のみを指し、『無償譲渡』の場合を包含しているものではないと主張しておられる。同法五九条は、その特例として『無償譲渡』の場合に課税所得を擬制して、例外的に『みなし譲渡所得課税』を行おうとする規定であって、この両者は『課税所得』そのものについての原則と例外を定めた規定であると解すべきである。[67]」と述べている。[68]

所得税法五九条みなし譲渡は、「未実現のキャピタル・ゲインに対する課税の例であって、キャピタル・ゲインに対する無限の課税繰延を防止することを目的としている。[69]」所得税法五九条は、相続税法七条や法人税法二二条二項等の無償譲渡や低額譲渡に関する規定と同様に、課税漏れをなくし、租税回避を防止するという租税公平主義の観点から設けられている規定としてその重要性を有している。無償譲渡およびみなし譲渡の問題点の検討、金子宏教授説および吉良実教授説の検討は、次節において行いたい。

(2) キャピタル・ゲイン課税

譲渡所得の本質であるキャピタル・ゲインを課税の対象とすることについては議論が多い。金子宏教授は、三つの性質の異なる議論を取り上げて検討することにより、キャピタル・ゲインが当然課税の対象とされるべきであるという結論を導き出しておられる。(70) ここにその議論を確認しておきたい。

第一はキャピタル・ゲインが概念上所得に含まれるかどうかという問題である。所得概念には、制限的所得概念と包括的所得概念という対立した考え方がある。制限的所得概念とは、反復的・継続的な利得のみが所得であり、一時的・偶発的・恩恵的な利得は所得ではないという考え方である。これによると勤労、事業、資産から生じる継続的な収入から得られる利得のみが課税所得と捉えられ、キャピタル・ゲインは課税所得とはならないのである。ヨーロッパ諸国はこの制限的所得概念によって、キャピタル・ゲインを課税の対象外としてきた。わが国の所得税も、戦前においては「営利ノ事業ニ属セザル一時ノ所得」「営利ヲ目的トスル継続的行為ヨリ生ジタルニ非ザル一時ノ所得」は課税の対象から除外していた。これに相対するのがシャンツの純資産増加説であり、人の担税力を増加させる利得はすべて、つまり純資産を増加させる起因となった利得はすべて課税所得であるとする考え方である。この包括的所得概念はアメリカにおける所得税制度に取り入れられている。わが国の所得税法も、戦後アメリカの強い影響の下に、キャピタル・ゲインを所得に含めるようになった。この変遷において、シャウプ勧告が大きな影響力を発揮している。シャウプ勧告はキャピタル・ゲインの全額課税とキャピタル・ロスの全額控除を勧告している。これは、譲渡所得が利子または配当が与えているとまったく同様の経済力の増加を与えるという考えによるものであり、水平的公平の観点によるものである。

第二は、キャピタル・ゲインは、貨幣価値の下落ないし物価上昇による資産価値の名目的増加にすぎないから、これに課税するのは不合理ではないか、という議論である。この問題について金子宏教授は、キャピタル・ゲインの相当部分が物価上昇に伴う名目的利得であることは否定できないとしながらも、一方需要と供給の問題であるとしている。そして、物価上昇に伴う名目的利得に関する問題は、キャピタル・ゲインのみでなく所得税制度全体かかわる問題として総合的に検討されるべきであるとしている。なお、近年のデフレ傾向の下では、この名目的利得の問題は高度成長期におけるときのそれに比して重要度は小さいものと思われる。

第三は、譲渡所得に対して課税すると、資産の移転が妨げられ、投資活動ひいては経済発展に好ましくないという議論である。キャピタル・ゲイン課税がもつこの作用を凍結効果ないし封じ込め効果という。譲渡所得課税が、多少なりともそのような効果をもつとしても、公平の観点からはキャピタル・ゲインも課税されるべきである。凍結効果のためにキャピタル・ゲインを課税の対象から除外あるいは税負担の軽減をすべきかどうかは、経済政策の問題である、と金子宏教授は述べられている。

2　譲渡所得課税の問題点

(1)　みなし譲渡所得課税の沿革

所得概念にかかわる問題として、譲渡所得課税の創設、シャウプ勧告及びそれ以後のわが国のみなし譲渡所得税課税の変遷について確認しておきたい。わが国においては、明治二〇年の所得税法制定以来昭和二一年までキャピタル・ゲインに対する課税は行われていなかった。昭和二一年の所得税法改正において「譲渡所得ハ不動産、不動産上ノ権利、船舶又ハ鉱業若ハ砂鉱業ニ関スル権利若ハ設備ノ譲渡ニ因ル所得但シ甲種ノ事業所得ニ属スルモノヲ除ク[71]」として譲渡所得課税を新設した。譲渡所得金額の計算については「譲渡所得ハ不動産、不動産上ノ権利、船舶、又ハ鉱業若ハ砂鉱業ニ関スル権利若ハ設備ノ譲渡ニ因ル前年中ノ総収入金額ヨリ取得費、設備費、改良費及命令ヲ以テ定ムル譲渡ニ関スル経費ヲ控除シタル金額[72]」とされた。このようにしてわが国の税制における所得概念は制限的所得概念から包括的所得概念へと移行し、キャピタル・ゲインも課税の対象とされるようになった。創設期においては、無償譲渡に対する「みなし譲渡」規定は用意されていなかった。

包括的所得概念に基づく課税理論からいえば、キャピタル・ゲインは、それが実現したか未実現であるかにかかわらず、課税期間ごとに評価して課税所得に算入しなければならない。シャウプ勧告はこの点について大きな改革を成した。キャピタル・ゲインに対してどの時点で課税するかという問題について、シャウプ勧告は「増加する所得に対する厳格な課税理論に従えば、納税者の資産の市場価値の一年内の増加額は、毎年これを査定して課税すべきものとなる。しかし、これは困難であるので、実際においては、かかる所得は、納税者が、その資産を売却して、所得を現金または他の流動資産形態に換価した場合に限って、課税すべきものとされている。」と勧告している。

さらに、資産が所有者の下に留まっている限り課税が無制限に延期されることによって、課税が免れることを防止するために、「これを防止するもっとも重要な方法の一つは、資産が贈与または相続によって処分された場合に、その増加を計算してそれを贈与者または被相続人の所得に算入せねばならないものとすることである。」と勧告している。こうしていわゆる「みなし譲渡」所得に課税することによって、キャピタル・ゲイン課税の封じ込め効果の減少も期された。このシャウプ勧告に基づく昭和二五年の税制改正において、「相続」、「遺贈」、「贈与」の無償譲渡、低額譲渡の場合にもその時の価額で譲渡したものとみなして課税する「みなし譲渡」規定が制定された[73]。

しかし、シャウプ勧告の趣旨はその後の税制改正によって徐々に失われることとなる。昭和二七年改正において

「相続」、「遺贈」、「贈与」のうち「相続」と「相続人に対する遺贈」がみなし譲渡所得課税の対象から除外された。昭和二九年改正においては「包括遺贈」が、また昭和三三年改正においては「相続人に対する死因贈与」がそれぞれみなし譲渡所得課税の対象から除外された。さらに、昭和三七年改正においては、大きく修正された。つまり、資産の移転が特定遺贈、贈与又は低額譲渡等による場合であっても、それが個人に対するものである場合には、税務署長に対して「みなし譲渡所得課税」を受けない旨の一定の書面を提出することによって、「みなし譲渡所得課税」から除外された。資産の取得者は旧所有者の取得価額を引き継ぐことにより、資産の増加益課税の繰り延べが行われることになったのである。昭和四〇年において所得税法の全部改正が行われて従来の五条の二は五九条に改められた。内容的には昭和三七年改正後の規定内容を受け継ぐものであったが、この改正において「限定承認に係る相続（包括遺贈を含む。）」について「みなし譲渡所得課税」が復活した。昭和四八年改正においては、上記の一定の書面の提出も不要となった。ここに至って従来の「みなし譲渡所得課税」の考え方が転換し、個人に対する資産の無償移転または低額譲渡については、「限定承認に係る相続（包括遺贈を含む。）」に係るものを除き、原則的に「みなし譲渡所得課税」をしないこととした。法人に対する資産の無償移転の場合にのみ「みなし譲渡所得課税」をすることとしたのである。(74)

(2)　みなし譲渡所得課税に対する批判

以上のように、「みなし譲渡所得課税」の規定は、シャウプ勧告(75)に基づいて昭二五年に創設されて以来、度重なる改訂を経て、その基本的な考え方は後退し続けて現在に至っている。ではなぜ、包括的所得概念に基づき、利得者の担税力の増加を認識して、課税の公平の見地から所得税課税の対象とされた「みなし譲渡所得課税」は、後退したのであろうか。

みなし譲渡を論じるにあたっては、譲渡所得課税の本質を確認する必要がある。上記「1　譲渡所得の課税の法的仕組み」において確認したわけであるが、今一度、最高裁の見解を確認したい。

「ところで、譲渡所得に対する課税は、…（中略）…資産の値上りによりその資産の所得者に帰属する増加益を所得として、その資産が所得者の支配を離れて他に移転するのを機会に、これを清算して課税する趣旨のものと解すべきであり、売買交換等によりその資産の移転が対価の受入を伴うときは、右増加益は対価のうちに具体化されるので、これを課税の対象としてとらえたのが旧所得税法九条一項八号の規定である。

そして対価を伴わない資産の移転においても、その資産につきすでに生じている増加益は、その移転当時の右資産の時価に照らして具体的に把握できるものであるから、同じくこの移転の時期において右増加益を課税の対象とするのを相当と認め、資産の贈与、遺贈のあった場合においても、右資産の増加益は実現されたものとみて、これを前期譲渡所得と同様に取り扱うべきものとしたのが同法五条の二の規定なのである。されば、右規定は決して所得のないところに課税所得の存在を擬制したものではなく、またいわゆる応能負担の原則を無視したものともいいがたい。のみならず、このような課税は、所得資産を時価で売却してその代金を贈与した場合などとの釣り合いからするも、また無償や低額の対価による譲渡にかこつけて資産の譲渡所得課税を回避しようとする傾向を防止するうえからするも、課税の公平負担を期するため妥当なものというべきであり、このような増加益課税については、納税の資力を生じない場合に納税を強制するものとする非難もまたあたらない(76)。」

上記判示は、シャウプ勧告が求めたキャピタル・ゲインに対する課税理論に対して忠実なものといえる。これに反対する意見として、所得税三三条の資産の譲渡は有償譲渡を規定したものであり、原則的に無償譲渡は含まれないとする立場をとっている竹下重人弁護士と吉良実教授の意見を確認しておきたい。

竹下重人弁護士は、譲渡所得の本質を理解するためには、抽象的なキャピタル・ゲイン論ではなく、実定法の具体的検討の重要性を説いている。キャピタル・ゲイン論に基づく無償譲渡に対する課税の正当性を論じた上記判決と同趣旨の別件判決に対して「実定法の解釈論ではなく租税政策上の議論としてのキャピタル・ゲイン論に幻惑されたもののように思われる。[77]」と、竹下重人弁護士は述べておられる。その理由は次のとおりである。「判示によれば、資産が他に譲渡されたときは、対価の有無にかかわらず資産の増加益が実現することになるのである。すなわち譲渡時におけるその資産の客観的価額がその資産の原価又は帳簿価額をこえる部分が課税対象としての譲渡所得として把握されることとなるのである。このように考えれば所得税法五九条のような『みなし譲渡』の規定は不必要ということになる。現行所得税法の解釈としてこのような考え方が正しいといえるのであろうか。（中略）資産の譲渡によって、増加益が当然に現実し、課税の対象である譲渡所得として把握されるものであるとすれば、資産の譲渡があったときは、その対価の額の如何にかかわらず、常にその譲渡資産の客観的価額を査定し、それと原価又は帳簿価額との差額を算出したうえで、現実収入との関連で課税所得を計算しなければならないことになるのであろうが、現行所得税法はそのような構造をとっていない。[78]」ということである。つまり、譲渡所得金額は、資産の譲渡収入金額からその資産の取得費と譲渡に要した費用の額の合計額を控除するという計算方式であり、資産の譲渡時の時価からその資産の取得時の時価を控除するという計算方式ではないのである。

所得税法三六条は、収入金額について「収入すべき金額（金銭以外の物又は権利その他の経済的な利益を持って収入する場合には、その金銭以外の物又は権利その他の経済的な利益の金額）とする」と規定している。竹下重人弁護士はここにいう「収入すべき金額」とは、「経済取引上はそれだけの値打ちがあるという意味での客観的価額などをいうのではなく、法律上の権利として取得することのできるもの、譲渡所得に関していえば、契約、行政処分、執行行為、法律の規定等によって、譲渡資産の対価として定められたものをいう[79]」と説き、次の結論に達している。

つまり、「法三三条にいう資産の譲渡は対価を伴う有償譲渡を規定したものと解釈すべきものである。譲渡所得は、本質的に、対価を伴うか否かを問わないとする（略）考え方は実定法に根拠を有しない独断である。[80]」と結論付けている。

この結論から導出されることは、所得税法五九条一項は課税の公平の目的から設けられた例外規定であるということである。例外規定であるから五九条一項に定められた事由は限定的列挙であると解するべきであり、拡張解釈や類推解釈は許されないと考えるべきである。[81]

吉良実教授は、「課税適状所得」という用語を用いて、課税の対象として適しているかどうかという観点から、最高裁の見解に対して批判的な立場をとっておられる。つまり、「課税適状所得」とは担税力を有する所得であるかどうかに重点を置いた所得概念である。たとえ経済概念としての所得であっても、担税力を有しない場合、また、社会政策上、経済政策上、政治的配慮から担税力を認めないほうが望ましい場合には、課税所得として認識すべきでないのである。また反対に、経済概念の所得としての認識の可否に疑問がある場合においても、担税力が認められるもの、課税の公平の見地から担税力を認めるほうが適切である場合には、課税所得として認識すべきなのである。[82]

「課税適状所得」の要件として次のように吉良実教授は述べておられる。「経済概念としての『所得』と、税法概念としての『課税所得』とは必ずしも同一ではないということ、そして『所有資産の譲渡による対価』が税法概念としての『課税所得』になるためには、先ず第一に、原価ベースで計算した『資産の値上がり益（増加益）』が既に生じていること、第二に、その値上がり益の生じている資産の『支配権の移転（消滅を含む）』があること、第三に、その支配権の移転に伴って既に生じている値上がり益に見合う何等かの『経済的利益の流入（収入）』があること、少なくとも以上三つの要件が備わっていなければならない、ということである。[83]」。そして、「課税適状所得としての譲渡所得の発生は、何らかの意味で『収入』の実現を伴う有償譲渡であることが必要であると解するのである。[84]」と結論付けられている。

所得税法三三条と五九条の関係について、吉良実教授も竹下重人弁護士と同様の立場で解釈をしている。所得税法三三条の規定は相当の対価を得る有償譲渡の場合の規定であり、譲渡所得に関する原則的な規定としてとらえられる。これに対して五九条の規定は、相当の対価を得ない無償あるいは低額譲渡の場合の規定であり、譲渡所得に関する例外規定、特例規定であると解されるのである。

以上の考察によって、みなし譲渡課税が度重なる改定を経る不安定な課税である理由、その改定によってみなし譲渡課税が後退してきた理由を確認することができた。すなわち、みなし譲渡所得は、論理的にも実質的にも、所得税課税になじみにくいものであるということである。「課税適状所得」という概念に重きを置く学説においても、担税力に裏打ちされているとはいえない未実現利益に対する課税は、例外規定として取り扱うべきものであるとされている。したがって、キャピタル・ゲイン課税という概念論に基づいて、課税公平の観点から、恣意的な課税延期や無期延期を防止する方法として、みなし譲渡課税を位置づけることができよう。

「譲渡所得に対する課税は、資産の値上りにより資産の所有者に帰属する増加益を所得として、その課税対象とするものであるが、実際には、その資産が売買、交換等によって対価の受入れを伴って移転したときに限って、これに課税するものとされているのである。ただし、このような課税方式では、場合によっては、増加益に対する課税が無限に延期されることがあるので、例外的に、対価の受入れを伴わない場合であっても、その資産が所有者の支配を離れて他に移転するのを機会に、これを清算して課税することがあるのである。したがって、所得税法三三条一項にいう『資産の譲渡』とは、対価の受入れを伴う資産の移転を指すものと解すべきである。そして、同法五九条一項は、譲渡所得に対する課税時期に関する特例規定であって、本来ならば課税時期に至っていない所得を課税適状の所得とみなす規定であって、増加益に対する無限の課税延期を防止するためのものであることは、その規定の位置及び文言に照らし、明らかである。[85]」として、最高裁判決と逆の論理展開も可能とされる大塚正民弁護士の意見に、筆者は賛成するものである。なぜなら、この意見は、課税の根拠を実定法の適切な解釈に求める租税法律主義と、租税回避の防止を求める租税公平主義との両基本原則に合致しているからである。

(61) 金子宏・前掲注（36）二四六頁。
(62) 金子宏・同二四七頁。
(63) 金子宏・同二四八頁。
(64) 金子宏「総説—譲渡所得の意義と範囲—」日税研論集第五〇巻七頁（二〇〇二）。
(65) 金子宏・同七頁。
(66) 最高裁第三小法廷昭和五〇年五月二七日判決は、所得税法五九条一項の規定は、三三条三項の「所得金額の計算」に関する部分のみの特例規定であるとする見解。
(67) 吉良実「資産を無償譲渡した場合の課税問題」『中川一郎古希祝賀税法学論文集』一七七頁（日本税法学会、一九七九）。
(68) 所得税法三三条と五九条の関係に関する吉良実教授の見解については本稿の次節において詳しく検討する。
(69) 金子宏・前掲注（36）二五三頁。
(70) 金子宏『課税単位及び譲渡所得の研究』八九-九三頁（有斐閣、一九九六）。
(71) 昭和二一年改正所得税法一〇条一項八号。
(72) 昭和二一年改正所得税法一二条一項一一号。
(73) 昭和二五年所得税法五条の二。
(74) みなし譲渡所得課税制度の沿革については、吉良実「資産を無償譲渡した場合の課税問題」中川一郎先生古希祝賀税法学論文集一六三頁以下（一九七九）、小林栢弘「譲渡所得の課税の仕組み」別冊税経通信通巻第四号二九頁以下（一九八三）を参考にした。
(75) シャウプ勧告において以下のように勧告されている。
「譲渡所得を全額課税し、譲渡損失を全額控除するのでなければ、近代的累進所得税を有効なものとすることはできない。」

「譲渡所得および損失に関するわれわれの勧告で重要な一つの部分は、生前中たると死亡によるとを問わず、資産が無償移転された場合、その時までにその財産につけ生じた利得または損失は、その年の所得税申告書に計上しなくてはならないということである。このことは、所得税を何代にもわたってずるずるに後らせることを防止する上において重要である。」金子宏「シャウプ勧告と所得税」日本租税研究協会編『シャウプ勧告とわが国の税制』四五-四九頁（一九八三）。

(76) 最判昭和四三年一〇月三一日訟務月報一四巻一二号一四四二頁。
(77) 竹下重人「譲渡所得の二、三の問題点」シュトイエル一〇〇号一〇九頁（一九七〇）。
(78) 竹下重人・前掲注（77）一〇九頁。
(79) 竹下重人・同一〇九頁。
(80) 竹下重人・同一〇九－一一〇頁。
(81) 竹下重人・同一一〇頁。
(82) 吉良実・前掲注（67）一七四頁。
(83) 吉良実「税法上の課税所得論―裁判例を中心として―」税法学三〇四号二七頁（一九七六）。
(84) 吉良実「財産分与の課税問題（2）」税法学三三一号三三頁（一九七八）。
(85) 大塚正民「みなし譲渡制度に関するシャウプ勧告とアメリカ税制との関連（2・完）」税法学三〇七号一〇頁（一九七六）。

四　財産分与と譲渡所得課税

1　積極説

離婚に伴って財産分与者が現金で分与した場合には課税されないが、不動産等の資産を分与した場合には、譲渡所得税が課せられる。分与者はなんら収入を得た実感がないにもかかわらず課税されるため、財産分与に対する譲渡所得課税の当否を争う裁判が繰り返された。その結果、離婚に際し、財産分与として金銭以外の資産を分与すると、分与したときの時価から購入費用等の取得費を差し引いたいわゆる値上り益について譲渡所得税が課せられるという最高裁判決が確立している。さらに、税務の実務においても、所得税法基本通達三三－一の四「民法第七六八条《財産分与》（同法第七四九条及び七七一条において準用する場合を含む）の規定による財産の分与として資産の移転があった場合には、その分与をした者は、その分与をした時においてその時の価額により当該資産を譲渡したこととなる。」に従った取り扱いがなされている。

（1）積極説を採る最高裁判決の判旨の検討

ほぼ課税庁側の主張に沿った形で判断が下された最高裁の裁判例に最高裁昭和五〇年五月二七日第三小法廷判決事案[86]がある。判旨Ⅰと判旨Ⅱにおいて異なる論理を展開していることから、論点を分けて検討することとする。

① 判旨Ⅰの検討――所得税法三三条一項の「資産の譲渡」は有償譲渡のみをいうのか、無償譲渡を含むのか――

最高裁は、まず、譲渡所得に係るキャピタル・ゲイン論を以下のように展開する。

判旨Ⅰ「譲渡所得に対する課税は、資産の値上りによりその資産の所有者に帰属する増加益を所得として、その資産が所有者の支配を離れて他に移転するのを機会に、これを清算して課税する趣旨のものであるから、その課税所得たる譲渡所得の発生には、必ずしも当該資産の譲渡が有償であることを要しない。したがって、所得税法三三条一項にいう『資産の譲渡』とは、有償無償を問わず資産を移転させるいっさいの行為をいうものと解すべきである。そして、同法五九条一項が譲渡所得の総収入金額の計算に関する特例規定であって、所得のないところに課税譲渡所得の存在を擬制したものでないことは、その規定の位置及び文言に照らし、明らかである。」

上記判旨Ⅰは、昭和四七年一二月二六日最高裁判決[87]を引用し、所得税法三三条一項にいう「資産の譲渡」は有償無償を問わず資産を移転させるいっさいの行為をいうと判示している。これは、この昭和四七年の最高裁判決以来の最高裁の見解を踏襲したものである。このキャピタル・ゲイン課税論に根拠を置く増加益清算課税説は、課税庁の採用するところであり、通説とされているものである。

浅沼潤三郎教授は「資産の有償譲渡の際の課税と無償ないし低額譲渡の際の課税は、原則と例外の関係ではなく、両者は対等であり、両者は一体となって、所有期間中の資産の増加益に対する課税を完うしようとするもので、みなし譲渡規定は、右目的達成に必要な租税回避防止の為の収入金額の擬制規定である。[88]」と述べて、最高裁の増加益清算説に賛成しておられる。

南博方教授は「最高裁の見解は、譲渡所得税を多かれ少なかれ資産保有に伴う財産税的性格のものとみているように思われる。このような考え方が所得課税の本旨に反するかどうかは別論として、財産税的性格の濃いものとみる限り、無償譲渡の場合にも課税されるとする最高裁の見解は理解できないわけではない。(89)」とされている。

また、石井健吾氏は、譲渡所得税の趣旨を本判決のように解することについては、最高裁が従前からしてきたところであって、判例上既に解決された問題であるとの見解である。(90)

判旨Ⅰおよび積極説は、所得税法五九条一項は総収入金額の計算に関する特例規定であって、譲渡所得課税そのものの例外規定ではないとしている。そして、所得税法三三条一項の「資産の譲渡」にはもともと無償譲渡も含まれているとの立場である。

② 判旨Ⅱ――財産分与は有償譲渡か無償譲渡か――

譲渡所得課税の根拠について以上の典型的キャピタル・ゲイン論を採用することを前提に、財産分与について以下のように判示した。

判旨Ⅱ「夫婦が離婚したときは、その一方は、他方に対し、財産分与を請求することができる。この財産分与の権利義務の内容は、当事者の協議、家庭裁判所の調停若しくは審判又は地方裁判所の判決をまって具体的に確定されるが、右権利義務そのものは、離婚の成立によって発生し、実体的権利義務として存在するに至り、右当事者の協議等は、単にその内容を具体的に確定するものであるにすぎない。そして、財産分与に関し右当事者の協議等が行われてその内容が具体的に確定され、これに従い金銭の支払い、不動産の譲渡等の分与が完了すれば、右財産分与の義務は消滅するが、この分与義務の消滅は、それ自体一つの経済的利益ということができる。したがって、財産分与として不動産等の資産を譲渡した場合、分与者は、これによって、分与義務の消滅という経済的利益を享受したものというべきである。してみると、本件不動産の譲渡のうち財産分与にかかるものが譲渡所得を生ずるものとして課税の対象となるとした原審の判断は、その結論において正当として是認できる。[91]」

財産分与が有償譲渡であるか無償譲渡であるかを決するのは、所得税法三六条の定めから、財産分与が経済的利益をもって収入する場合に該当するかどうかによる。判示によると、分与者は「分与義務の消滅」という経済的利益を享受するとして、有償譲渡であると結論付けている。

この判旨に賛成する意見として、石井健吾氏は、「財産分与として資産が譲渡される場合、特段の事情がない限り、当事者は、当該資産を、時価相当額の経済的価値のあるものとして、時価相当額の分与義務を消滅させるために譲渡するもの[92]」であるとの見解である。

また、伊藤好之氏は、「分与の義務は、離婚に伴い当然生じているものであり、分与の約定や審判等によりはじめて発生するものではなく、売買契約等におけるような契約締結により発生した売主等の財産引渡義務の履行などとは異なる」として、判旨に賛成の見解である。[93]

橋本守次氏は、「経済的利益は、物・権利の流入に限らず、義務の消滅による消極的利益も当然含まれる[94]」とされている。

判旨Ⅱは、「財産分与義務の消滅」が、所得税法三六条の収入金額とすべき金額の定めに規定する「金銭以外の物又は権利その他の経済的な利益をもって収入する場合」に該当するとしている。つまり、財産分与に対する譲渡所得課税は、五九条一項のみなし譲渡の規定ではなく、収入金額算定の原則規定である三六条の対象となる有償譲渡であるとしているのである。

③　財産分与は「資産の譲渡」にあたる資産の移転があったといえるのか

この論点は、夫婦財産制及び財産分与の法的性格と関連して、もっとも重要な論点であると思われる。①、②の議論は、財産分与が「資産の譲渡」に該当するという前提のもとでの議論である。そもそも、財産分与は「資産の譲渡」に該当する資産の移転なのであろうか。

上記最高裁判決及び課税庁はこれを積極的に解している。判例1の財産分与は慰藉料及び扶養料の性質のものとされた。しかし、当事者が「一切の財産上の関係を解決する方法」の財産分与であったと主張していることから判断すると、いわゆる三つの法的意義を含んだ財産分与であったものと思われる。

もっとも、「扶養料ないし慰藉料の性質をもつ財産分与にあっては、もともと分与者の物的保有資産それ自体の割譲を目的とするものではなく、金銭の支払いに代えて（代物弁済として）資産の移転がなされるのであるから、その資産の移転は対価取引であると解する余地もないではない。[95]」これについて金子宏教授も、「慰藉料としての財産の移転は、その財産の価額の範囲内で慰藉料債務を消滅させるから、その財産の時価相当額の対価による資産の譲渡があったものと解すべきである。[96]」と述べておられる。

しかし、裁判所は、財産分与の法的意義の違いによって、資産の移転の性質が違うとは判断しなかった。夫婦財産の清算的意義の財産分与であろうと、慰謝料的意義の財産分与であろうと、いずれにしろ、財産分与義務の消滅という経済的利益の発生する有償譲渡であると判断したのである。その前提として、婚姻中に夫婦の協力によって築いた財産であっても、夫婦の一方の名義になっている財産はその者の特有財産であると認定している。そして、いかなる意義の財産分与であろうと、その特有財産を他方に移転した場合には、有償の資産の譲渡がなされたとしたのである。

本件以降にも同種の裁決、判決は繰り返されている。それらの事例では、妻が専業主婦であった場合にはもちろん、たとえ妻が夫の事業に従事していた場合においても、妻の寄与、貢献、さらに、妻の潜在的持分を認めることはしても、夫名義の財産は名実ともに夫の取得した特有財産であると認定している。[97]つまり、「夫婦の一方が、婚姻中自己の名で得た財産は、その特有財産（夫婦の一方が単独で有する財産をいう。）とする。」という民法第七六二条一項を文字通り純粋夫婦別産制と解している。そこには、妻が潜在的に有する共有部分の存在の認識はない。

石井健吾氏は「民法七六二条は、夫婦財産制について別産制を原則とし、夫婦の一方の単独所有財産、すなわち、特有財産を認め、夫婦のいずれに属するか明らかでない場合に限って共有財産と推定することとしている。したがって、否定説のように、婚姻継続中に蓄積された財産すべて夫婦の共有に属するものと解することは、民法の解釈としては無理があるものといわなければならない。そして、夫婦の一方の特有財産と認められる資産が財産分与として他方に譲渡された場合、そこに資産の移転が存することは明らかである。[98]」と述べておられる。資産の帰属は、その資産の取得のための対価の支出者にダイレクトに結びつくという考えに基づいている。

2　消極説

（1）最高裁判決に対する消極説の主張

消極説の主張は、上記1で採り上げた最高裁裁判例に対する批判という形で展開していくこととする。

①　判旨Ⅰ――所得税法三三条一項の「資産の譲渡」は有償譲渡のみをいうのか、無償譲渡を含むのか――

この論点については、上記三2において詳しく論述したものであるので、ここで重複して詳細に検討することは省くこととするが、吉良実教授、竹下重人弁護士らがこの最高裁の見解に異論を唱えていることを確認しておきたい。すなわち、最高裁の見解は、実定法上の根拠を有しないものであり、所得税法三三条一項は有償譲渡のみを対象とし、その例外規定として所得税法五九条が存在するという主張である。[99]

ところで、判旨Ⅱにおいて明らかなように、最高裁は、財産分与は無償譲渡ではなく有償譲渡であると結論付けているのであるから、判旨Ⅰの譲渡所得課税の本質論の説示は本件理論構成に必要性が感じられない。[100]しかし、判旨Ⅱにおける財産分与は有償譲渡であるという最高裁の見解には同意しかねることから、財産分与が無償譲渡であるとした場合の課税理論を検証しておくこととする。

所得税法三三条が有償譲渡のみを対象とするとする立場からは、無償譲渡で課税の対象となるのは所得税法五九条の適用を受ける場合のみである。財産分与は五九条に限定列挙されているいずれの場合にも該当しないのであるから、財産分与に譲渡所得税が課税される余地はない[101]。

所得税法三三条が有償及び無償の譲渡を対象とするとする立場から考えると、財産分与は三三条の「資産の譲渡」に該当することとなる。そこで三三条三項の譲渡所得金額の計算方法にあてはめると、「総収入金額から取得費及び譲渡費用を控除した残額から特別控除額を控除した金額」となる。総収入金額に算入すべき金額を定める三六条によると、「その年において収入すべき金額（金銭以外の物または権利その他の経済的な利益をもって収入する場合には、その金銭以外の物又は権利その他経済的な利益の価額）」とする。いずれにしろ、無償譲渡である限りこの総収入金額はゼロであるから、譲渡所得金額も存在しない。そこで、譲渡所得金額の計算の特例とされる五九条の適用を試みても、上述のとおり五九条には財産分与に関する特別の計算規定は定められていないのである。

したがって、財産分与を無償譲渡であるとした場合には、現行所得税法に照らして譲渡所得課税の余地は存在しないこととなるのである。

②　判旨Ⅱ——財産分与は有償譲渡か無償譲渡か——及び、財産分与は「資産の譲渡」にあたる資産の移転があったといえるのか

判旨Ⅱに反対する意見として、吉良実教授は、「なるほど、当事者の協議、裁判所の調停・審判・判決等の内容が、財産分与として『一定額の金銭の支払い』を定めている場合、その金銭の支払いに代えて、つまり代物弁済として特定物の引き渡しをしたような場合には、『支払義務の消滅』ということとの関連でこのような理論構成をすることも可能であろうが、しかし協議等の内容が、財産分与として特定物の引渡しそのものを定めているような場合、つまり特定物の所有権移転という物権行為そのものが財産分与の内容となっているような場合は、その特定物の引渡し（分与）行為そのものは、財産分与義務の履行そのものに他ならないのであるから、このような場合にもなおこの判例のような理論構成によって、無理に財産分与の対価性を認め、課税所得として譲渡所得の発生を認めることとすることは、課税のための形式論理であるとの批判を免れないのではないだろうか。[102]」と批判されている。

佐藤義行氏は、実定法の規定するところに立ち返って、所得税法三六条一項は収入金額とすべき金額は、その年において収入すべき金額とすると規定していることから、「『経済的利益』も『収入すべき』経済的利益ということになり、契約とか法律の定めるところにより法律上の権利として流入すべき利益を指すものと解すべきで、財産分与という法律上の義務によって資産の流出を結果したことをもって『経済的利益』を得たものと解するわけにはいかない。[103]」とされている。

さらに、佐藤義行氏は、「経済的利益」はいかなる経済現象と解釈するのか、不明確不安定な概念であることから、租税法律主義を原則とする税法にあるべからざる不確定概念であるとして批判されている。

このように、分与義務の消滅をもって経済的利益を享受したとする最高裁の判旨には、批判が多い。

財産分与による資産の移転が有償か無償かの議論で多数派の学説は次のようなものである。すなわち、慰藉料及び扶養料としての財産分与は、金銭の支払いに代えて資産が移転されるのであり、その財産の時価相当額の債務が消滅するのであるから、経済的利益の享受があったとされる。これに対し、夫婦共通財産の清算の意味の財産分与としての財産の移転は、その実質は夫婦共有財産の分割であり、有償か無償かという問題以前に、資産の譲渡が存在しないと考えられるのである。[104] つまり、清算的財産分与は、固有の財産についてその所有の範囲を確定したに過ぎないからである。

Ⅰで考察したように、法定夫婦財産制は別産制を定めている。しかし、実質的な夫婦の平等という見地から、純粋夫婦別産制と解するのではなく、婚姻中に夫婦が協力して築いた財産はその名義によらず夫婦共有財産と解する学説が主流となっている。たとえ名義上　夫婦の一方の財産であっても、名義人でないもう一方にその財産に対する潜在的持分があると考えられるのである。離婚に伴う財産分与のうち清算的性質の分与については、単に分与を受ける側の潜在的持分が顕在化したに過ぎないのであるから、分与者側に経済的利益の享受は発生しない。持分名義を本来の持分に従って修正したに過ぎないともいえるのであるから、「資産の譲渡」にはあたらないと筆者は考える。

所得税法五九条一項が限定列挙しているみなし譲渡所得課税の対象を精査することによって、課税庁が離婚に伴う財産分与に対する譲渡所得課税にこだわる理由か見えてくる。増田英敏教授は、限定承認によるみなし譲渡所得に関する判例評釈のなかで次のように考察されている。

「キャピタル・ゲインは、その資産の売却時に清算して課税される。また、相続により資産が移転しても相続人の段階で相続税が当該資産の時価に課税されるのであるから、キャピタル・ゲインはその相続の段階で相続税として清算して課税される。一方、限定承認にかかる相続の場合には、そのキャピタル・ゲインは被相続人の負債に充当され、課税の機会を永久的に逸するという結果を招く。このキャピタル・ゲインの課税漏れの防止が所得税法五九条の立法目的である。限定承認にかかわる相続の場合には、そのキャピタル・ゲインに対する課税漏れを防止するために、譲渡所得が発生したものとみなして課税することを同法は要請しているのである。

同法が資産の贈与のうち、個人への贈与をみなし譲渡の対象から除外しているのは、限定承認に係る相続の場合と同様の趣旨である。個人への資産贈与の場合には、受贈者に資産が移転した時点で、その資産の時価に対して贈与税が課され、キャピタル・ゲインについても清算課税されるために、課税漏れが生じない。一方、法人に対しては贈与税が課されないところから、キャピタル・ゲインへの課税漏れが生じることになる。そこで、同法は、課税漏れを阻止するために法人への贈与に限定してみなし譲渡が生じると定めたのである。[105]」

この理論を本稿の課題である財産分与に係る課税関係にあてはめると次のことが言えよう。すなわち、財産分与の受贈者について原則的に贈与税は非課税であるから、財産分与の場合は、法人に対する贈与と同様にキャピタル・ゲインへの課税漏れが生じることになるのである。ゆえに、課税庁は、財産分与の分与者に譲渡所得税を課することにより、キャピタル・ゲインの清算を意図しているものと思われる。

しかし、財産分与の場合は限定承認にかかる相続の場合とは違い、永久に課税の機会を逸するということはない。遠藤みち氏は取得価額の引継ぎによって課税を繰り延べる方法を提案しておられる。[106]分与された資産の取得価額をその取得者は分与者から引継ぎ、取得者が後に第三者にその資産を売却した際に、分与前と分与後のキャピタル・ゲインをまとめて認識して課税の対象とする考え方である。この取得価額を引き継ぐ制度により分与時の分与者に対する課税がなくなる。この考え方は法人税の組織再編税制で多く取り入れられており、企業の組織再編を促進している。そうすると、課税もれの議論は、財産分与にはあたらないということができる。

3　憲法二四条と財産分与・さらに今後の法改正の動向を踏まえて

（1）憲法二四条と財産分与に対する譲渡所得課税

「税制が私的経済活動に大きな影響を与えることにかんがみると、立法者は、税制が私的経済取引に種々の非効率—ゆがみやひずみ—を生ずることがないように細心の注意を払う必要がある。[107]」と金子宏教授は述べておられる。

「租税法は種々の経済取引を課税の対象としているが、それらの経済取引は通常の場合には私法によって規律されている。そこで、課税要件法である租税実体法は、民法等の私法により規律される私法上の法取引を前提に課税要件規定を構成している。[108]」と増田英敏教授は述べておられる。

また、「いかなる所得がいずれの配偶者に法的におよび経済的に帰属しうるか、という問いは、たしかに、家族法の規定によって影響を受けている。租税法は単純にこの規定に反しまたはこの規定を無視して、当該帰属を決定してはならない。民事法上義務的に命じられているそうした負担は、斟酌されなければならな」いと、木村弘之亮教授は述べておられる。[109]

そうであるなら、民法七六二条に定める夫婦財産制と民法七六八条に定める財産分与の規定、およびこれらの規定の民法上の解釈に反しまたは無視した租税法は適切ではないといえるであろう。

一で考察したように、民法七六二条は、法定夫婦財産制として別産制を定めている。しかし、実質的な夫婦の平等という見地から、純粋夫婦別産制と解するのではなく、婚姻中に夫婦が協力して築いた財産はその名義によらず夫婦共有財産と解する学説が主流となっている。たとえ名義上夫婦の一方の財産であっても、名義人でないもう一方にその財産に対する潜在的持分があると考えられるのである。

また、二で考察したように、民法七六八条における離婚に伴う財産分与のうち清算的性質の分与は、分与を受ける側の潜在的持分を顕在化させる行為であり、実質的共有持分の清算分割であると解することができる。

さらに、夫婦別産制は財産分与請求権や配偶者相続権と一体となって憲法二四条を保障していることは、一において検証したとおりである。つまり、財産分与は夫婦別産制を補完する関係にあることを確認しておきたい。

以上の民法の趣旨の上に立つと、財産分与による資産の移転は、「資産の譲渡」にはあたらないであろう。持分名義を本来の持分に従って修正したに過ぎないともいえるのであるから、分与者に経済的利益の享受はないのである。言い換えれば、分与者の担税力を増す要因は存在しないのである。

民法上の義務を果たすとき、租税法がその障害となってはならないと考える。本件譲渡所得税が課せられるために、正当な財産分与が躊躇されたり取り消されたりすることは、離婚弱者（多くの場合女性）の救済の妨げとなり、ひいては、憲法二四条の定める「家族生活における個人の尊厳と両性の平等」の精神に反することとなる。

租税法は、常に資金の流れや物の流れに着目して、実質的にその稼得者や所有者を明確に把握しようとする。租税公平主義の観点から課税漏れを防ぐ必要があるからである。たとえば、夫が稼いだ金銭はすべて夫の所有に属し、贈与されることなしには、その所有が妻に移転することはないと考えられる。その資金で購入した不動産は夫名義となり、これを妻名義にすると贈与税の対象となる。収入格差のない共稼ぎの夫婦の場合は問題は少ないが、夫婦間の収入に格差がある場合や専業主婦の場合には、問題が大きい。家庭の外から金銭を稼ぐことのない妻は、特定の税法上の特例を受ける場合を除いて、自己名義の資産を形成する機会はない。妻がいかに家庭の運営や、子の出産養育、老親の介護、また地域活動に貢献しても、夫名義で蓄積された財産はその資金の流れを根拠に夫の特有財産とするのが、現行税法の考え方である。このような家庭像は、憲法二四条の求める個人の尊厳と両性の本質的平等に立脚したものといえるだろうか。夫婦をパートナーシップ的関係ととらえ、その協力関係を評価し、そこに蓄積した財産に夫婦の共有制を税制上も認めることが必要であると思うのである。

「女性がいかなる信条、価値観、人生観を持ち人生を生き抜くかは、第一次的にそれぞれ各人の人格の発展、個人の尊厳の問題であり、日本国憲法はまさにそのような基本的価値判断に基づいて構想されている。このような日本国憲法のとった基本的価値判断のもとでは、女性が『家庭外の職場での活動』に幸福を見いだすか、『家庭内の活動』に幸福を見いだして人生を過ごすかは、まったく個人の自己決定権に委ねられているのであって、いずれの選択も、公共の福祉の枠内にとどまっているかぎり、優劣を認めがたい。このような個人の尊厳、幸福追求権、一般的人格権の原則は、租税法の立法にあたって尊重して、具体化されることを要するもの」である[110]、と述べる木村弘之亮教授の言葉に筆者は大いに賛同する。

(2) 今後の法制改正の動向と財産分与

法制審議会民法（相続関係）部会は、二〇一六年六月二一日会議において「民法（相続関係）等の改正に関する中間試案」を取りまとめた。これによると、次のような内容が含まれている[111]。

① 自宅の所有者が死亡し、残された配偶者の居住権を保護する方策として短期居住権や長期居住権の新設。

② 結婚後一定期間が経過した後、配偶者の相続分を増やす遺産分割に関する見直し。

これらの議論は、婚姻の終結の一つの形態である相続の場面で、配偶者の相続分の増加や住居の確保を通じて婚姻後の財産形成への配偶者の貢献を評価しようというものである。もう一つの婚姻の終結の場面である離婚においても、婚姻中の財産形成への配偶者の貢献は正当に評価され、分割されるべきである。

税制調査会二〇一六年九月一五日個人所得課税についての会議資料[112]によると、以下のことが議論されている。

③ 配偶者控除の廃止。

④ 配偶者控除に代えて、配偶者の所得の計算において控除しきれなかった基礎控除を納税者本人に移転するための仕組み（いわゆる移転的基礎控除）の導入。

⑤ 配偶者控除に代えて、諸控除のあり方を全体として改革する中で、夫婦世帯に対し配偶者の収入にかかわらず適用される新たな控除の創設。

本来、配偶者控除の廃止論は現行の個人単位を純化させるもの[113]であるが、今回の議論はそうではなく移転的基礎控除や夫婦控除の導入は夫婦単位課税への変更の流れでもある。

経済財政運営と改革の基本方針二〇一四において、「女性の活躍、男女の働き方の改革」として「働き方の選択に対して中立的な税制の構築」をめざす議論がなされ、働き方が違っても夫婦単位間での公平を図ることを目指している。「税制・社会保障制度等について、女性の働き方に中立的なものにしていくよう検討を進める。」ために議論を進めているようであるが、夫婦で協力して所得を得、共同して消費し、そして財産を形成していくという認識は、離婚に際しての財産分与の在り方や解釈にも、今後改革がなされていくものと考えられる。

(86)　最判昭和五〇年五月二七日民集二九巻五号六四一頁。（判例①）
　本件は、最高裁として離婚に伴う財産分与に対する課税問題への初めての判断となった事案である。

　婚姻期間約一七年の医師とその妻が、性格の不一致及び夫の女性関係を理由に調停離婚した。離婚調停において夫は妻に対して慰藉料として現金一、四五〇万円、電話加入権および子供の養育費として現金三六〇万円を分割して支払うこと並びに住居であった土地建物を分与することを承諾した。しかし、妻側の要請で、調停調書の記載は一括して慰謝料として給付するという内容になっていた。なぜなら、妻側には、「慰藉料の支払いを受けても贈与税はかからないが、財産分与として受ければ贈与税が課税されるかもしれない」という誤解があったためである。しかし、財産分与の結果、土地建物の所有権の移転が所得税法第三三条一項の資産の譲渡にあたるとして夫側が課税処分を受けた。これを不服として夫側が出訴した事件である。一審、二審、最高裁ともに納税者側の敗訴に終わった。しかし、裁判所の行った事実認定において、一審、二審、最高裁の間で、本件の財産分与の目的意義についての解釈に違いが生じている。

　一審では、当該離婚給付の目的を、調停調書の記載どおりに「慰藉料」と認定した。その上で、本件譲渡は所得税法三六条一項のその他経済的な利益をもって収入する場合に該当し、所得税法三三条一項の譲渡所得にあたると判示した。二審では、「調停条項の『慰藉料』なる文言の表現にかかわらず、右調停条項は離婚に対する慰藉また将来の扶養を目的とする財産分与の性質をも含めた趣旨のものであった」と認定した。その上で「慰藉料及び財産分与に基づく債務の履行として本件不動産の譲渡がなされた以上、被控訴人が本件不動産の譲渡を持って所得税法第三三条第一項の譲渡所得に当たるものとしたのは相当といわなければならない。」とした。最高裁への上告理由は、一審の認定に従って本件不動産の譲渡を慰藉料部分と財産分与部分に分割して、前者は譲渡所得の対象に、後者は譲渡所得の対象外にすべきだというものであった。
(87)　最判昭和四七年一二月二六日民集二六巻一〇号二〇八三頁。
(88)　浅沼潤三郎「財産分与としての不動産の譲渡と譲渡所得課税」民商法雑誌第七七巻第二号二八五頁（一九七七）。
(89)　南博方「財産分与としての不動産譲渡と譲渡所得税」別ジュリ六六号七七頁（一九八〇）。
(90)　石井健吾「財産分与としての不動産の譲渡と譲渡所得課税」法曹時報三〇巻一一号一八四四頁（一九七八）。
(91)　本件判旨はその後の同種の裁判においてたびたび引用されるところとなった。たとえば、最判平成一七年三月八日家月五七巻六号一六二頁、最判平成一七年二月一日訟務月報五二巻三号一〇三四頁、東京高裁判決平成一六年六月一四日家月五七巻三号一〇

九頁、東京地判平成一四年九月六日訟務月報五〇巻八号二四八三頁、最判平成四年七月一四日民集四六巻五号四九二頁、等。
(92) 石井健吾・前掲注 (92) 一八四〇頁。
(93) 伊藤好之「財産分与としての不動産の譲渡と譲渡所得」税務弘報二三巻一〇号一三二頁（一九七五）。
(94) 橋本守次「財産分与」税経通信第三九巻第一五号六五頁（一九八四）。
(95) 南博方「財産分与としての不動産譲渡と譲渡所得税」別ジュリ九九巻四九頁（一九八八）。
(96) 金子宏・前掲注 (36) 二五〇頁。
(97) 遠藤みち「日本の裁判例にみる夫婦財産制と租税法―その変遷と今後の問題―」『家族と税制』二一六-二一九頁（弘文堂、一九九八）。
(98) 石井健吾・前掲注 (92) 一六二頁。
(99) 佐藤義行氏も本件判例評釈において同意見を述べている。（判例時報七九二号）
(100) 橋本守次「財産分与」税経通信第三九巻第一五号六四頁（一九八四）、大塚正民「財産分与としての不動譲渡と譲渡所得課税」税理一九巻四号一七五頁（一九七六）、浅沼潤三郎「財産分与としての不動産の譲渡と譲渡所得課税」民商法雑誌第七七巻第二号二八六頁（一九七七）。
(101) 本事例は昭和四八年改正前の所得税法の適用を受けるものであるが、同法五九条の適用対象は現行法と違いはない。
(102) 吉良実・前掲注 (84) 三六頁。
南博方教授も同趣旨「実質上の夫婦共同財産の清算の性質を持つ財産分与については、代物弁済的構成をとることはできない。この場合には、本来の金銭債務に代えて物による弁済がなされたのではなく、物の分与そのものが本来の債務だからである。」「財産分与としての不動産譲渡と譲渡所得税」別冊ジュリスト六六号七七頁（一九八〇）。
(103) 佐藤義行「最新判例批評63」判例時報七九二号一四四頁（一九七五）。
(104) 金子宏・前掲注 (36) 二五〇頁、水野忠恒『租税法（第2版）』二〇三頁（有斐閣、二〇〇五）、山本守之『租税法要論（改訂版）』一二六頁（税務経理協会、一九九五）、他同趣旨。
(105) 増田英敏「限定承認によるみなし譲渡所得の発生時点と被相続人の法定納期限」ジュリスト一三〇八号二三〇-二三一頁（二〇〇六）。
(106) 遠藤みち・前掲注 (99) 二二四頁。
所得税法六〇条の取得価額の引継ぎに、婚姻後形成された夫婦財産の清算分割としての財産分与の場合も規定すべきであるとしている。
(107) 金子宏『所得課税の法と政策』一五頁（有斐閣、一九九六）。

(108) 増田英敏「租税訴訟における要件事実論」伊藤滋夫企画『要件事実の現在を考える』一八一頁（商事法務、二〇〇六）。
(109) 木村弘之亮「平等原則と配偶者課税」『家族と税制』六頁（弘文堂、一九九八）。
(110) 木村弘之亮・前掲注(118)四-五頁。
(111) 法務省 http://www.moj.go.jp/shingi1/shingi04900291.html（2016.9.22）
(112) 内閣府 http://www.cao.go.jp/zei-cho/gijiroku/zeicho/2016/_icsFiles/afieldfile/2016/09/16/28zen2kai2.pdf（2016.9.22）
(113) 神野直彦「配偶者控除と課税単位」国際文化研修二〇一五春八七号四五頁（二〇一五）。

結　論

本稿の目的は、離婚に伴う財産分与として不動産を分与した場合に分与者に課せられる譲渡所得課税が妥当な課税であるかどうかを検討することにあった。この問題は、民法の領域である夫婦財産制および財産分与という制度と深くかかわっている。租税法と民法がいかにかかわっていくことが、法体系的に整合性を確保することができるのかという視点から検討してきた。各章で論じたのは以下の通りである。

一において、民法の夫婦財産制の意義を確認した。夫婦財産制の沿革を確認することによって、現行法定夫婦財産制である別帰属別管理制（夫婦別産制）は近代的婚姻観に基づいた男女平等、個人の尊厳という憲法原理に忠実なものであることがわかった。しかし、性別役割分業が深く根ざしている現在のわが国においては、純粋夫婦別産制は実質的平等を達成することができない。そこで、学説が夫婦別産制を定める民法七六二条を如何に解釈することによって、この問題を解決しようとしているかを検討した。学説は、純粋夫婦別産制ではなく、婚姻中に形成された財産に夫婦の共有制を認めようとするものが主流となっていることがわかった。さらに、憲法二四条との関係を検討することによって、夫婦別産制は、財産分与請求権、配偶者相続権、扶養請求権に補完される関係であることが確認できた。

二において、民法七六八条の財産分与の法的意義を確認した。財産分与には、夫婦財産の清算・離婚後の扶養・損害賠償の三つの要素が含まれるとする包括説と、そのうち損害賠償は含まれないとする限定説がある。最高裁は、どちらの学説を採用するのかを明確に示していない。形式的には限定説を採り、実質的には包括説を採っているように思われる。いずれにせよ、財産分与の中核は夫婦財産の清算にあるとするのが、近時の通説とされることを確認した。

三において、譲渡所得課税の法的構造を明らかにした。譲渡所得課税は、包括的所得概念に基づくキャピタル・ゲイン課税をその本質としている。この概念論からすると、譲渡所得は有償無償を問わずすべての資産の移転時に認識されるものである。しかし、実定法の規定を文理解釈する立場からは、無償譲渡、つまり未実現の譲渡所得は課税の対象となっていないとされる。そして、所得税法五九条は、未実現の所得を実現したものとみなして課税することを例外的に定めたものであると理解できた。このように、実定法は、課税漏れの防止を図ると同時に、課税適状所得に対して課税する構造になっているといえよう。

四において、財産分与としての不動産の移転に一貫して譲渡所得を課税してきた最高裁の課税理論を検証した。これはそのまま課税庁の課税理論でもある。最高裁は財産分与の法的性格を鑑みることをしないで、財産分与による不動産の移転を、夫婦の一方からもう一方への特有財産の有償譲渡であるとした。これに賛成する見解、反対する見解の両説を検討した結果、反対する見解を支持する結論に達した。なぜなら、財産分与による不動産の移転は、有償による資産の譲渡ではありえないからである。

先ず、最高裁のいう「分与義務の消滅」が経済的利益であるとする理論は、本稿一および二における検証結果から確認できるように、到底受け入れられないものであり課税のための形式理論であるといえる。すなわち、離婚に伴う財産分与のうち清算的性質の分与は、分与を受ける側の潜在的持分を顕在化させる行為であり実質的共有持分の清算分割であるから、そこにはなんら経済的利益は生じないのである。そうした場合、未実現の所得を原則的に課税対象としない現行所得税法に、財産分与を課税するみなし譲渡の規定は用意されていない。租税法律主義の観点から、実定法の解釈から離れて課税要件を議論することは許されない。課税庁が、解釈通達という名の下に、法に定めていないルールをもって課税することは、租税法律主義に反するものである。

次に、そもそも財産分与は資産の譲渡であるのどうかという問題である。一および二における考察から、婚姻中に形成された夫婦財産には夫婦の共有性を認めるべきであり、財産分与のうちその分割清算の部分は、資産の譲渡にはあたらないと結論付けられる。こうした財産分与にかかる民法上の意義を、税法も尊重すべきである。この論点の根源にある、「夫が稼いだ所得の蓄積である夫名義の財産は夫の特有財産であるのか」という問いに対して、租税法は追跡的思考から肯定する。納税者の主張が認められた裁決例も、この追跡的思考のうえの結論である。しかし、直接的所得を生まない女性の社会的役割を評価することなしに、個人の尊厳や両性の本質的平等はありえないのである。夫婦別産制は財産分与請求権、配偶者相続権、扶養請求権に補完される関係にあり、これらが一体となって憲法二四条を保障する関係にあることを、税法は十分に考慮すべきである。

アメリカにおいては一九八四年に次の規程が立法されている。

「§1041　配偶者間又は離婚に起因する財産の移転

（a）一般的ルール　―　個人から以下の（1）（2）の者に行った財産の移転については、利得も損失も認識されない。

（1）配偶者（2）移転が離婚に伴う場合に限り、以前の配偶者

（b）贈与として処理される移転においては、譲受人は譲渡人の取得価額を引き継ぐ。―（a）に該当するいかなる財産の移転においても（1）当該財産は譲受人によって贈与により取得したものと扱われる。（2）当該財産の譲

受人の取得価額は譲渡人の調整済価額を引き継ぐ。[114]」

この規定の適用によって、財産の移転時に譲渡人に対する譲渡所得税の課税はなされず、譲受人がその財産を譲渡した時にキャピタル・ゲイン部分についてまとめて課税することになる。わが国においても、同様の立法がなされることが望ましいと思われる。

租税法は、租税平等主義の原則に基づいて合理的に租税を徴収する法であるが、同時に、社会政策と深くかかわっている。現在の社会状況を背景に夫婦の実質的平等を図るために、租税法の持つ実質主義によって、夫婦財産の実質的共有を認め、清算的財産分与に係る課税問題の立法的解決がなされることを望むものである。

(114)　IRC §1041 (a) (b).

付記：本章は、増田明美著「財産分与と譲渡所得課税―離婚に伴う財産分与問題を中心として」専修法研論集四一号一三七頁以下（二〇〇七）を基に加筆・修正したものである。

第７章　組合の出資持分譲渡の所得税法上の取り扱いの検討

――民法上の組合を素材として――

利田明夫

はじめに

我が国の民法上の組合や匿名組合については明確な定めが存在するにも関わらず、当該組合をめぐる課税上の取り扱いについては、若干の規定はあるが十分な法的整備が行われているとはいいがたい。ゆえに納税者からは課税上の予測可能性が確保されていないという問題が存在する。

例えば出資時における課税問題（現物出資など）、出資持分の処分に係る課税問題（出資持分の譲渡や脱退）、損益配分割合に関する問題等である。

しかも、我が国では、両組合の法的性質が違うにも関わらず、租税通達において両組合は導管として捉えられており、組合の稼得した利益はそのまま組合員の所得となるパス・スルー課税を行うという取り扱いとなっている。

さらに、民法上の組合は航空機などのレバレッジド・リース事業などに利用され、租税回避スキームとして利用されているとの点から租税訴訟として問題提起がなされている（航空機リース事件等）。これはパス・スルー課税により、個人組合員の場合は、これらのリース事業から生じた損失は不動産所得として区分され、他の所得と損益通算ができるため、課税所得を減らすことができたからである。

そのため、平成一七年度税制改正では、これを封じるため、平成一八年以後の各年において、個人（組合契約を締結している組合員のうち、組合事業に係る業務の執行の決定に関与し、かつ、契約を締結するための交渉その他の重要な部分を自ら執行する組合員以外の者で特定組合員という）が、組合事業から生ずる不動産所得を有する場合において、その年分の不動産所得の金額の計算上、損失の金額があるときは、生じなかったものとみなす（措法四一の四の二）こととなった。この組合契約とは民法六六七条一項に規定する組合契約も該当するため、民法上の組合の組合員で特定組合員に該当する者は適用される。そのため、上記の様な航空機を利用したリース事業による損益通算ができないことになる。これは、今までその恩恵を受けていた組合員には大きな影響を与えると考えられ、その恩恵を受けられなくなった場合、組合員でいることをやめることが予想される。

そこで本稿では、民法上の組合の租税法上の多くの課題のうち、個人が民法上の組合の出資持分を譲渡した場合における所得の所得税法上の所得区分の問題を考察する。

すなわち、個人が民法上の組合の出資持分を譲渡した場合に、その所得が所得税法上の所得となるのか。所得となる場合に、所得税法では所得を一〇種類に区分することを定めているが、この組合の出資持分の譲渡による所得はいずれの所得区分に該当するのかという問題である。

我が国の所得税法においては、民法上の組合の出資持分を譲渡した場合の課税の取り扱いについて明文規定は存在していない。そのため、民法上の組合の出資持分をどのように捉えるのかによって、所得税法上所得区分が異なると考えられる。所得区分が異なるということは、我が国の所得税法では総合課税制度を基本としながらも分離課税制度を併用しているため、総合課税となるのか、または分離課税となるのかの違いがあり、また、損失となった場合には損益通算の適否につながるといったように課税所得に影響を及ぼすことになる。

そこで、まず我が国の所得税法上の所得概念や所得分類の意義を考察し、さらに資産の譲渡による所得の所得税法上の取り扱いを研究する。次に組合の意義及び法的性質を明らかにし、アメリカのパートナーシップにおける持分譲渡の課税上の取り扱いを参考にしつつ、現行租税法上の検討をおこない、租税法律主義の観点から、これらの問題について検討していきたいと考える。

なお、本稿では、本稿完成後に一部関連法規及び通達の改正がおこなわれたが、本稿論点についてはなんら立法措置がおこなわれておらず、改正前からの問題状況を理解するため一部改正前のままとし、必要な改正事項については注記にて補足し、その後の学説などを追加している。また、引用に際し、旧字体は新字体に変更している。

一　租税法における所得概念

1　所得概念の類型

所得概念の問題は、所得税の課税対象とその範囲を画定するという意味でその出発点をなす最も基本的な問題であるが、所得（income, Einkommen）の意義は、一見明白なようでありながら、決してそうではなく、何が所得であり、何が所得でないかについての判断は、多くの場合、常識によって支えられているにすぎない、というのが実情とされている。所得概念をめぐっては、外国において種々の論議がなされてきたが、学説上一致した見解は未だに存在せず、法律学者・経済学者・会計学者の間に見解の相違がみられるのみでなく、それぞれのうちでもどのような観点から問題を眺めるかによって見解が異なり、また、実定法上も所得の意義を明確にした規定はなく、我が国の所得税法も、二二条において所得税の課税標準を定め、二三条ないし三五条において所得を一〇種類に分類してそれぞれの意義および計算方法を定めているが、所得とは何かについては何ら定めをおいていないため、一定期間の間に各人に帰属するに至った経済的価値のうち、どの部分が所得税の課税対象となるかは、学説・判例によって決定されるべき問題として残されていることになる。[1]

その上で、金子宏教授は「真の意味における所得（real income）は、財貨の利用によって得られる効用と人的役務から得られる満足を意味するが、これらの効用や満足を測定し定量化することは困難であるから、所得税の対象としての所得を問題にする場合には、これらの効用や満足を可能にする金銭的価値で表現せざるをえない。[2]」とされている。

さらに所得を金銭的価値で表現する場合にも、その構成の仕方には二つの類型があり、一つは、消費型（支出型）所得概念（consumption or expenditure type concept of income）と呼ばれるもので、いま一つは、取得型（発生型）所得概念（accrual type concept of income）と呼ばれるものである。消費型（支出型）所得概念とは、各人の収入のうち、効用ないし満足の源泉である財貨や人的役務の購入に充てられる部分のみを所得と観念し、蓄積に向けられる部分を所得の範囲から除外する考え方であり[3]、各年度の所得は、各年度の消費の総額となる[4]。

この制度のもとでは、生涯所得（life-time income）の大きさを基準として納税者の間の公平を保つことが可能となり、また、投資や貯蓄を奨励し、資本の形成を促進するのに役立つとされる[5]。しかし、金子宏教授によると「①所得の概念を消費として構成することは、所得という言葉の通常の用例に反すること、②蓄積に向けられる部分を課税の対象から除外することは、富の較差を増大させ公平負担の原則に反する結果を生じやすいこと、③そのような結果を避けるためには、相続税および贈与税を大幅に増税する必要があるが、それは実際問題として不可能であること、④高齢者が財産をとりくずして消費に充てた場合にそれに課税することは、多くの人々の素朴な正義感に合致しないこと、⑤この考えのもとでは、消費のための借入れも所得に入ることになるが、それは一般人の常識に反すること、⑥家族構成員の間における消費の帰属の判定が容易でないこと（課税単位としては、夫婦単位ないし家族単位をとらざるをえない）、⑦執行が次に述べる取得型所得税の場合よりもはるかに困難であること、⑧法人税の根拠づけが困難になること等、この制度には問題が少なくない。そのため、消費型所得概念は、どこの国でも、実際の制度においては採用されておらず、今後も採用される見通しは少ないと考えられる[6]」とされる。

取得型（発生型）所得概念とは、各人が収入等の形で新たに取得する経済的価値、すなわち経済的利得を所得と観念する考え方であり、各国の租税制度において一般的に採用されている。なお、取得型（発生型）所得概念のもとにおいて、所得の範囲をどのように構成するかについては、さらに二つの考え方があり、一つは、制限的所得概念で、いま一つは包括的所得概念である[7]。

制限的所得概念とは、所得税の対象となる所得を一定の所得に限定する考え方である。その代表的なものが、所得源泉説と呼ばれるもので、これは、一定の源泉から生ずるものだけを所得税の課税対象となる所得とするものであり、資産（預金、株式、不動産など）、事業又は労働といった源泉から生ずる所得のみが課税対象となる所得を構成し、相続・贈与による利得、富くじの利得、事業活動以外による資産の譲渡による利得など一時的・臨時的な所得はこれに含まれない。(8)

これに対し、包括的所得概念とは、人の担税力を増加させる経済的利得はすべて所得を構成すると考える概念である。そのため、反復的・継続的利得のみでなく、一時的・偶発的・恩恵的利得も所得に含まれることになる。(9) この考え方は、純資産増加説とも呼ばれ、ゲオルク・シャンツ（Georg Schanz）によってはじめて体系化され、シャンツは、「期首の財産額に対する期末の財産額の増加分に期中の消費分を加えたものを意味する、一定期間内の純財産の増加が、所得税の対象となるべき所得であると主張した(10)」とされる。

この二つの考え方のうち、今日では、①一時的・偶発的・恩恵的利得であっても、利得者の担税力を増加させるものである限り、課税の対象とすることが、公平負担の要請に合致する、②すべての利得を課税の対象とし、累進税率の適用のもとにおくことが、所得税の再分配機能を高めるゆえんである、③所得の範囲を広く構成することによって、所得税制度のもつ景気調整機能が増大する、という三つの理由から包括的所得概念が一般的な支持を受けており、諸国の租税制度は、徐々に包括的所得概念の方向に動きつつある。我が国においても、戦前は、所得の範囲は制限的に構成されていたが、戦後は、アメリカ法の影響のもと、所得税法は、譲渡所得・山林所得・一時所得等の所得類型を設けて、一時的・偶発的利得を一般的に課税の対象とする一方、雑所得という類型を設けて、利子所得ないし一時所得に含まれない所得をすべて雑所得として課税の対象とする旨を定めており、その範囲は包括的に構成されている。(11)

2　所得区分の意義

我が国の所得税法では、所得をその源泉ないし性質によって一〇種類（利子所得、配当所得、不動産所得、事業所得、給与所得、退職所得、山林所得、譲渡所得、一時所得及び雑所得）に分類している。これは包括的所得概念のもとではあらゆる所得を課税すべきであるといっても、所得はその性質や発生の態様によって担税力が異なるという前提に立って、公平負担の観点から、各種の所得について、それぞれの担税力の相違に応じた計算方法とそれぞれの態様に応じた課税方法を定めるためである。また、所得は、勤労性所得（給与・退職所得等）、資産性所得（利子・配当・不動産・山林・譲渡所得等）、資産勤労結合所得（事業所得）の三種類に大別することができ、このうち、資産性所得が最も担税力が大きく、勤労性所得が最も担税力が小さいため、所得税法は、資産所得重課＝勤労所得軽課の考え方をとっているとされる。しかし、資産所得および資産勤労結合所得は各種の租税特別措置によって優遇されている反面、勤労所得の把握率は一般に資産所得および資産勤労結合所得よりも高いため、実際には資産所得軽課＝勤労所得重課の結果となりがちであるとされている。(12)

3　総合課税と分離課税

所得税の類型には、金子宏教授によると「分類所得税（schedular system）と総合所得税（global system）の二つの類型がある。分類所得税というのは、所得をその源泉ないし性質に応じていくつかの種類に分類し、各種類の所得ごとに別々に課税する方式である。極端な場合には、所得の種類ごとに控除の金額や適用税率が異なる。これに対し、総合所得税は、課税の対象とされる所得をすべて合算したうえ、それに一本の累進税率表を適用する方式である。所得税制度がプリミティブで、人的控除の制度が発達せず、また比例税率が用いられていた時代には、分類所得税は、各種の所得に対してその担税力の相違に応じた課税を行うのに適切な制度であると考えられたが、所得税制度が発達して、各種の統一的な人的控除と累進税率が採用され、所得税は各人の総合的な所得の大きさに即して課されるべきであるという考え方が強くなるとともに、総合所得税が分類所得税にとって代わるようになった。

所得税法は、所得をその源泉ないし性質に応じて、利子所得ないし雑所得の一〇種類に分類している（二三条〜三五条）。これは各種所得の金額の計算においてそれぞれの担税力の相違を加味しようという考慮に基づくものであって、分類所得税の一つの名残りであるが、しかし他方で、所得税法は、原則として各種所得の金額を合算し、それに一本の税率表を適用することとしているから、わが国の制度は基本的には総合所得税であるといってよい。

総合所得税制度のもとにおいて、特定の種類の所得を他の種類の所得と合算せず、分離して課税することを分離課税（separate taxation）という。これは、特定種類の所得に対して累進税率の適用を緩和することを目的とするものである(13)」とされる。

そこで所得税法は二二条一項において、所得税の課税標準は、総所得金額、退職所得金額及び山林所得金額とすると規定している。総所得金額は、損益通算（不動産所得の金額、事業所得の金額、山林所得の金額または譲渡所得の金額の計算上生じた損失の金額をその他の各種所得の金額から控除する方法）の結果残った各種所得の金額のうち、退職所得および山林所得以外の所得の金額を合算した金額である（同二項）。ただし、長期譲渡所得（保有期間が五年をこえる資産の譲渡による所得）および一時所得は、その二分の一のみを合算し、残りの二分の一は課税の対象から除外している（同二号）。これは長期譲渡所得は、長期間にわたって累積してきた所得であるため、累進税率の適用を緩和する必要があり、一時所得は一時的・偶発的利得であるため担税力が低いためとされている。したがって、所得税法上、退職所得および山林所得は分離課税の対象とされている。退職所得は、給与の一部の一括後払であり、一般的に老後の生活の糧であるため、累進税率の適用を緩和する必要があり、また山林所得の場合も、投下資本の回収に長い年月を要するため、同様に累進税率の適用を緩和する必要があるというのが、立法趣旨である(14)。

（1）金子宏『所得概念の研究　所得課税の基礎理論　上巻』一〇頁（有斐閣、二〇一二）。
（2）金子宏『租税法（第22版）』一八五頁（弘文堂、二〇一七）。
（3）金子・前掲注（2）一八五頁以下。
（4）金子・前掲注（1）一三頁。
（5）金子・前掲注（2）一八六頁。
（6）金子・前掲注（2）一八六頁。
（7）金子・前掲注（2）一八七頁。
（8）清永敬次『税法新装版』八一頁（ミネルヴァ書房、二〇一四）。
（9）金子・前掲注（2）一八七頁。
（10）清永・前掲注（8）八一頁。
（11）金子・前掲注（2）一八七頁以下。
（12）金子・前掲注（2）二〇八頁。
（13）金子・前掲注（2）一九一頁以下。
（14）金子・前掲注（2）一九七頁以下。

二　資産の譲渡による所得の所得税法上の取り扱い

1　資産譲渡所得の概念

資産の譲渡による所得の所得税法上の取り扱いは大変重要な問題である。それは、法人の場合においては、資産の譲渡による所得は、法人税法二二条二項によって「内国法人の各事業年度の所得の金額の計算上当該事業年度の益金の額に算入すべき金額は、別段の定めがあるものを除き、資産の販売、有償又は無償による資産の譲渡又は役務の提供、無償による資産の譲受けその他の取引で資本等取引以外のものに係る当該事業年度の収益の額とする。」として、益金という一つの概念に内包されるが、個人の場合においては、資産の譲渡による所得は、その内容によって所得の区分が異なり、各種所得控除額や二分の一課税さらには総合課税か分離課税か等により課税標準がかわり、税額に影響する。

たとえば、譲渡所得に対する課税は最高裁昭和四三年一〇月三一日判決によると「資産の値上りによりその資産の所有者に帰属する増加益を所得として、その資産が所有者の支配を離れて他に移転するのを機会に、これを清算して課税する趣旨のもの[15]」であり、増田英敏教授も「長期間にわたる資産の所有によって蓄積された、いわゆるキャピタル・ゲインがその譲渡により一時に実現するために、通常の累進税率が適用されると過重な租税負担を強いる結果を招くとの観点から、かかる税負担を緩和するための平準化措置が講じられている。我が国においても、譲渡資産の保有期間が五年を超えるか否かにより譲渡所得を長期と短期に分類し、長期譲渡所得についてはその所得の二分の一を課税対象とするといった平準化措置が採用され定着している。[16]」と述べている。このような平準化措置により、所得は、譲渡所得として類別されることによって、税負担が軽減されることになる。

そこで、まず資産の譲渡の意義と範囲を明らかにすることとする。金子宏教授によると、「資産とは、譲渡性のある財産権をすべて含む観念で、動産・不動産はもとより、借地権、無体財産権、許認可によって得た権利や地位などが広くそれに含まれる。きわめて多額の債務超過状態におちいっていて、預金保険法七四条一項の規定する管理を命ずる処分を受けている株式会社の株式は、ここにいう資産に含まれないと解すべきであろう（東京高判平成二七年一〇月一四日月報六二巻七号一二九六頁で、譲渡の時点において自益権・共益権を現実に行使しうる余地がなく、自益権・共益権を行使しうるようになる蓋然性も認められない、と判定された）。なお、『資産』という観念は一種の固有概念であると解すべきである（上土権・底地権・空中権なども含まれる）。次に、譲渡とは、有償であると無償であるとを問わず所有権その他の権利の移転を広く含む観念で、売買や交換はもとより、競売（最判昭和四〇年九月二四日民集一九巻六号一六八八頁）、公売、収用（租特三三条以下参照）、物納（ただし、譲渡はなかったものとみなされる。租特四〇条の三参照）、現物出資（名古屋高判昭和四八年一二月六日月報二〇巻五号一七九頁、大阪高判昭和四九年一〇月一五日月報二一巻二号四四四頁、東京高判昭和五一年一一月一七日月報二三巻一二号二八九二頁）等が、それに含まれる。[17]」と定義されている。また先の最高裁昭和四三年一〇月三一日判決も「売買交換等によりその資産の移転が対価の受入を伴うときは、右増加益は対価のうちに具体化されるので、これを課税の対象としてとらえたのが旧所得税法（昭和二二年法律第二七号、以下同じ。）九条一項八号の規定である。そして対価を伴わない資産の移転においても、その資産につきすでに生じている増加益は、その移転当時の右資産の時価に照らして具体的に把握できるものであるから、同じくこの移転の時期において右増加益を課税の対象とするのを相当と認め、資産の贈与、遺贈のあった場合においても、右資産の増加益は実現されたものとみて、これを前記譲渡所得と同様に取り扱うべきものとしたのが同法五条の二の規定なのである。されば、右規定は決して所得のないところに課税所得の存在を擬制したものではなく、またいわゆる応能負担の原則を無視したものともいいがたい。[18]」とも判示している。これについて岡村忠生教授は「譲渡が、課税機会として適切であるのは、通常はそれによって資産の保有利益が実現（realize）される、すなわち、金銭等流動性のある資産と交換されるからである。この実現によって、保有利益が市場を通じて客観的に算定され、かつ、納税者は納税資金を得ることができる。この理由から、実現による課税、すなわち、実現主義は譲渡所得課税における原則とされてきた。…（中略）…これに対して、贈与を譲渡とみなして課税機会とする旧所得税法五条の二第一項や、これを受け継ぐ現行五九条一項は、実現主義の例外規定（現行五九条一項は三六条一項にいう『別段の定め』と位置づけられる）として、課税時期を純粋な包括的所得概念の方向に近づけ、未実現利益を課税の対象とするものである。…（中略）…このような実現主義の例外が認められるのは、利益が実現されるまで、課税が無制限に延期される可能性があるからである。シャウプ勧告は、この理由からみなし譲渡制度を提言し（第一次勧告・付録BのD）、一九五〇年当初のみなし譲渡の規定では、相続及び遺贈、贈与の場合と、低額譲渡の場合に、みなし譲渡課税を行うこととしていた。しかし、その二年後には、まず相続と相続人に対する遺贈の場合がみなし譲渡規定の対象からはずされ、一九五四年に包括贈与、五八年に相続人に対する死因贈与が順次除外、…（中略）…六二年には、個人に対する贈与も明細書の提出によりみなし譲渡課税の適用を受けないこととなった。さらにその後二度の改正を経、現在みなし譲渡規定（五九条一項）が適用されるのは、①法人に対する贈与、②限定承認にかかる相続、③法人に対する遺贈、④個人に対する包括遺贈で限定承認にかかるもの、⑤法人に対する低額譲渡の各場合に限られている。この経緯は、無償譲渡における未実現利益課税に対する納税者一般の理解を得ることが、いかに困難であったかを物語っている。…（中略）…このように、みなし譲渡規定による未実現利益課税については、立法によりその範囲が著しく縮小されたのである[19]」と述べている。

よって、今日の包括的所得概念の下では、有償であると無償（限定だが）であるとを問わず、資産の所有権その他の権利の移転による所得は課税所得を構成することとなる。

次にこの場合の所得が所得税法上のどの所得区分に該当するのか検討することとする。

2　譲渡における資産の種類による所得区分

資産の譲渡による所得の所得区分で考えられるのは、まず、譲渡所得である。譲渡所得とは資産の譲渡による所得であるからである。しかし、所得税法三三条二項一号および二号は、資産の譲渡による所得であっても、譲渡所得に含まれないものを列挙して、譲渡所得から除いている。

第一に、棚卸資産の譲渡による所得は、譲渡所得に含まれない（同一号前半）。これは、所得分類上は事業所得に含まれる。棚卸資産は、もともと、商品・製品・原材料等として短期間に回転することが予定されているから、その譲渡からは事業所得が生じ、譲渡所得は生じない[20]とされる。

第二に、棚卸資産に準ずる資産で政令で定めるもの（準棚卸資産）の譲渡による所得も、譲渡所得に含まれない（同一号括弧内）。政令では、準棚卸資産として、不動産所得・山林所得または雑所得を生ずべき業務にかかる棚卸資産に準ずる資産や減価償却資産で一定のもの（少額の減価償却資産および一括償却資産の規定を適用して必要経費に算入したもの）があげられている（所税令八一条）。[21]

第三に、営利を目的として継続的に行われる資産の譲渡による所得も、譲渡所得に含まれない（所税三三条二項一号後半）。この所得は、所得分類上は雑所得に含まれると解され、この所得に該当するかどうかは、名古屋地方裁判所昭和四六年一二月一〇日判決（行裁例集二二巻一一・一二号一八九二頁）が判示しているように、譲渡人の既往における資産の売買の回数・数量・金額および売買の相手方、売買のための資金繰り、売買を行うための施設、売買に当たっての広告・宣伝等の方法、当該譲渡にかかる資産の取得および保有の状況等を総合して判断するとされる。[22]

第四に、山林の伐採または譲渡による所得も、譲渡所得に含まれない（同二号）。この所得は、山林所得（山林をその取得後五年を経過してから伐採・譲渡した場合。所税三二条一項）または事業所得ないし雑所得（山林をその取得後五年以内に伐採・譲渡した場合。所税三二条二項）に該当することになる。[23]

このように、資産の譲渡による所得の所得区分は、譲渡所得、事業所得、雑所得および山林所得のいずれかになることになる。

資産の譲渡による所得の分類については、一般論としては、所有者の意志によらない外部的条件の変化に起因する資産価値の増加は譲渡所得、所有者の人的努力と活動に起因する資産価値の増加は事業所得や雑所得と考えるべきとされる。[24]

しかし金子宏教授は所得税法「三三条二項の例外の定め方には立法政策上は問題が残されているように思われ

る。[25]」と指摘され、「まず、事業用償却資産は右の例外に含められていないから、解釈論上は、その譲渡による所得は譲渡所得に含まれると解さざるをえない。しかし、事業用償却資産の減価償却費は、事業上の必要経費として控除され、事業所得の金額を減少させる要因として働くから、この譲渡による所得または損失は、事業所得または事業損失として取り扱うのが首尾一貫しているのではないかと思われる。というのは、事業用償却資産を譲渡した場合の譲渡益ないし譲渡損の金額は譲渡の対価からその簿価―すなわち取得価額から譲渡時までの減価償却費の合計額を控除した金額―を差引いた残額であるが、事業用償却資産の譲渡から譲渡益が生ずるのは今までの減価償却が過大であったためであると考えられるし、また譲渡損が生ずるのは今までの減価償却が過少であったためであると考えられるから、この譲渡益を譲渡所得として二分の一課税の恩恵に浴させるのは合理的ではないし、また譲渡損を譲渡所得の計算上控除を認めるに止める（原文ママ）のは不合理であると考えられるからである。おそらく、現行制度は、流動資産（current asset）の譲渡からは事業所得が生じ、固定資産（fixed asset）の譲渡からは譲渡所得が生じる、という考え方を前提としているのであろうが、この考えを事業用償却資産に適用するのは、この意味で適切ではないと思われる。なお、アメリカの内国歳入法典では、事業用償却資産の譲渡による所得は、その取得価額の範囲内では普通所得（譲渡所得でない所得）として取り扱うこととされている（一二四五条）。

次に、金銭債権の取扱いが問題となる。金銭債権も三三条二項の例外に含められていないから、その譲渡による所得または損失は、三三条の文理解釈上は譲渡所得ないし譲渡損失に該当することになる。しかし、これは首尾一貫しないように思われる。債権の譲渡によって利益が生ずるのは稀な例外であるから、ここでは譲渡損のみを考えれば十分である。場合を分けて考えてみよう。まず、金銭債権が事業上生じたものである場合には、それが貸倒れになると、貸倒れ損失として事業経費に算入される（所得税法五一条二項）。したがって、それが譲渡され譲渡損が生じた場合も、それを事業損失に算入するのが首尾一貫している。次に、金銭債権が事業上のものでない場合には、それが雑所得の基因となるものであるとき（つまり利息付であるとき）は、それについて生じた損失（貸倒れ等）は、その損失の生じた年度の雑所得の金額を限度として必要経費に算入される（同五一条四項）が、それが雑所得の基因となるものでないとき（つまり無利息のとき）は、それについて生じた損失は所得計算上考慮されない。これに対し、それが譲渡された場合に生ずる損失が譲渡損失に該当するとすると、その損失の全額が譲渡所得の計算上控除され、控除し切れない部分は損益通算の対象とされることになり、やはり首尾一貫しない結果が生ずる。いずれにしても、金銭債権を三三条一項の資産に含め、その譲渡による損失を譲渡損失として扱うことは合理的でない。おそらく、このことを考慮してであろう、所得税基本通達は、まず、金銭債権は三三条一項に含まれないとし（三三－一）、さらに、その譲渡による損失については、これを貸倒れ損失または資産損失として扱い、五一条二項または四項の規定を適用する旨を定めている（五一－一七）。この取扱いが、法の明文の規定をまたず三三条の趣旨解釈として出てくるかどうかについては、問題が残るが、実質論としては、この取扱いは正当であるといえよう。[26]」と述べている。

(15)　最判昭和四三年一〇月三一日月報一四巻一二号一四四二頁。
(16)　増田英敏『納税者の権利保護の法理』一九九頁（成文堂、一九九七）。
(17)　金子・前掲注（2）二四七頁以下。
(18)　前掲注（15）。
(19)　岡村忠生「判批」別冊ジュリ一二〇号六〇頁以下（一九九二）。
(20)　金子宏『課税単位及び譲渡所得の研究 所得課税の基礎理論　中巻』一〇三頁（有斐閣、二〇一二）。
(21)　金子・前掲注（2）二五二頁。
(22)　金子・前掲注（20）一〇四頁。
(23)　金子・前掲注（20）一〇三頁。
(24)　金子・前掲注（2）二五二頁以下。

(25) 金子・前掲注(20)九九頁。
(26) 金子・前掲注(20)九九頁以下。

三　我が国の民法上の組合の出資持分譲渡の租税法上の取り扱い

民法上の組合の出資持分譲渡の租税法上の取り扱いを検討する前に、民法上の組合及び組合の出資持分の法的性格を確認し、租税法上における出資持分の譲渡の取り扱いを検討することとする。

1　組合の意義

民法上の組合とは、星野英一教授は「組合契約は各当事者が出資をして共同の事業を営むことを約束することによって効力を生ずる（民法六六七条一項）。この契約により、二人以上から成る共同の事業体（団体）が成立するが、これを民法は組合と呼んでいる[27]」と定義している。

なお、平野嘉秋教授は「団体といってもある程度の団体性を有するにすぎず、団体としての権利義務の認識はなく、法的にも組合員の権利義務として構成されており社団ではない。[28]」と補足されている。

(1)　組合契約

組合契約においては、星野英一教授は「各当事者が出資をすることと、共同の事業を営むことが約束される（民法六六七条一項）。この二点が組合契約の最低限の要素ということになる。[29]」と述べている。なお、組合契約は、我妻栄博士によると「組合という団体の構成・運営及びこれについて各員の協力義務などを定める合意（意思の合致）を組合契約と呼ぶ。[30]」と定義されている。

（2）組合の成立

組合の成立には次の要件が必要となる。

①二人以上の当事者（組合員となるもの）を必要とし、二人以上何人でも制限はない。しかし、あまりにその数が多いときは、社団（いわゆる権利能力のない社団）となる可能性が多いことを注意すべきであるとされる。(31)

なお、自然人のほか、法人、人格のない社団、組合も当事者すなわち組合員になることができる。(32)

②各当事者が出資をし共同の事業を営むことについて意思の合致を必要とする。(33)

③各当事者の意思の合致により、組合という団体の構成、すなわち組合規約の定めを必要とする。(34)

（3）組合の業務執行

①対内関係

各組合員は各自運営に参加する権限を有し、常務(35)を除き、「多数決の原則」によりこれを行使し、組合契約によって業務の執行を委任することができる。委任した場合、委任した組合員は、たとえ業務執行に参加しなくても、委任事務につき、その執行を監督し、組合の財産状況を検査する権限を有している(36)とされる。

②対外関係

社会的、経済的に組合の活動面における独立性・団体性が認められるとしても、組合は法人格を有さず、それ自体は権利義務の主体とならないため、各組合員自身又は全員から代理権を与えられた者により行為が行われ、その法律効果は各組合員に帰属する(37)とされる。

（4）組合の財産関係

①組合財産

民法は、「各組合員の出資その他の組合財産は、総組合員の共有に属する。」（民六六八条）と定めており、組合財産には次のものも含まれるとされる。

（ⅰ）組合員によって出資された各種の財産

動産・不動産・特許権などの他、不動産その他の物や特許権などを使用させること（組合に使用権だけを与えること）も含まれる[38]。

（ⅱ）出資請求権

出資することを約束してまだ履行していない組合員に対する出資請求権も含まれる[39]。

（ⅲ）組合業務の執行によって取得した財産

支払または引渡を受けたもののほか、債権も含まれる[40]。

なお、組合の債権は総組合員に合有的に帰属する。また組合員の一人が脱退するときは、組合債権についてとくに分割しない限り、その債権は残存組合員に帰属して持分が拡張し、脱退組合員は、別に払戻請求権を取得するだけである。脱退組合員と残存組合員との間に債権ないしはその持分の譲渡が行われるのではないとされる[41]。

（ⅳ）組合財産から生じた財産

組合財産の果実、収用の対価、第三者の毀損によって生じた損害賠償請求権（大判昭和一三年二月一二日民集一七巻一三二頁）などが含まれるが、組合の業務執行者が組合財産を不当に処分した場合のこの業務執行者に対する損害賠償請求権（大判昭和一三年二月一五日新聞四二四六号一一頁）も同様とされる[42]。

（ⅴ）組合の債務

組合がその業務を執行するに当たって負担する債務も、目的財産の構成部分をなし、総組合員に合有的に帰属する[43]。その債務は、可分給付を目的とする場合にも数額的には分割されず、全額として各組合員に帰属し、組合財産を引き当てとするが、これと並んで、各組合員は、個人財産を引き当てとする個人的責任を負担する。前者は、組合員たる地位に伴って発生・消滅するのに反し、後者は、それと関係なく存続する[44]。

組合員の負担する個人財産による責任は、分割された数額において、無限責任であり、出資義務に制限されないのみならず、損失分担額を制限する組合契約があっても、債権者を拘束しない。また、この責任は、組合員個人として負担するため、組合員である間に生じた組合債務に限られる（加入前に生じたものについては負担しない）が、組合が解散しても消滅せず、脱退しても免れることはできない[45]とされる。

②　組合の有する所有権その他の物権的な権利

組合財産に属する所有権その他の物権的な権利の各々について各組合員が持分を有するか否かだが、起草者はそのような持分はないと考えていたようであるが（その場合に、持分の語は、組合の全財産に対する持分ないし組合員たる地位に基づく財産権の綜合の意味になる。）、今日では、そのような持分があると解する説が多い（共有と同じ。したがって、徹底した合有説はこれに反対する）とされ、その割合については規定がないが、出資の額の割合と解すべきであるが、共有と異なる点が二つ規定されており、一つは持分処分の制限であり、他の一つは分割請求の禁止である[46]。

(5)　損益分配

組合の事業を経営して利益を生じたときは、これを各組合員に分配し、損失を生じたときは、各組合員がこれを分担することになり、民法は、このことを前提して、その分配の割合についてだけ規定を設けている[47]。

損益分配の割合は、組合契約で定めることができるが、出資の割合に応ずる必要はなく、損失負担の割合と利益分配の割合とを別々に定めてもよいとされ、また損失を分担しない組合員があってもよく、すべての組合員は出資をしなければならないが、損失を分担することは、組合の本質の要求するところではない[48]とされる。

利益の分配または損失の分担のいずれかについてだけ、その割合が定められているときは、両者に共通のものと推定される（民六七四条二項）が、損失分担、利益分配のいずれについても割合が定められていないときは、出資の価額に応じて定められる（民六七四条一項）[49]。

(6) 組合員の脱退及び加入

組合員の脱退とは、組合員の一部の者が組合員たる資格を失なってもなお、その組合が同一性を持続して残存組合員間に存続することであり、組合員の加入とは、既存の組合員以外の者が新たに組合員たる資格を取得してもなお、その組合が新加入者を加えたすべての者の間の組合として、同一性を失わずに存続することである。これは組合財産の面から見れば、組合の構成員が増減しても、合有持分の割合が変更するだけで、一個の目的財産としての同一性は失われず、それまでの組合債権の引き当てであることになんらの差異を生じないことである[50]。

組合は脱退組合員との間に財産関係の清算をしなければならず、この清算は、脱退組合員が包括的な組合財産の上にもっていた合有持分を計算して、個人財産として払い戻すことである。その計算は、脱退の時における組合財産の状況に従ってしなければならない（民六八一条一項）。これは、脱退は、いずれの事由による場合にも、遡及効をもつものではないからである。ただし、脱退の時にまだ完了していない事項については、その完了後に計算をすることができる（民六八一条三項）。

組合財産の計算は、組合の現有財産のプラスとマイナスを全部計算し（出資総額を組合の資本として控除するのではない）、その結果、赤字となるときは、脱退組合員は、損失分担の割合に従って自分の負担部分に相当する額を払い込まなければならず、組合の財産状態がプラスとなるときは、脱退組合員の持分に従って、その額を払い戻さねばならず、払い戻しは、その組合員の出資の種類を問わず、金銭ですることができるとされている（民六八一条二項）[51]。

脱退組合員の権利は共有であるが、各財産を分割すれば、組合の業務にとって不便であるため、その全財産に対する権利を金銭で評価して行うことになる。[52]

払戻請求権は、組合に対する債権であるため、脱退組合員に出資義務の未履行がある場合には、組合からも、脱退組合員からも、相殺することができる。なお、脱退組合員の持分払戻請求権は、脱退により、期限の定めのない債権として成立し、組合の債務として成立する。そして組合財産は、残存組合員だけの合有となる。したがって、脱退組合員に帰属していた合有持分は、残存組合員の間に、その持分に応じて配分され、残存組合員の持分は当然に増加することになる。この点に脱退によって組合の同一性が失われないことの意味があり、組合財産に属する債権については、脱退組合員から債権譲渡の手続をする必要がないことになる。[53]

(7) 組合員たる地位の譲渡

組合員たる地位を譲渡することによって組合の構成員を変えることができるかどうかについては、民法に規定はなく、民法の解釈として、組合契約でこれを許容するときは可能だと解される。これは、組合員たる地位の譲渡による組合員の交替は、実質的には、譲渡人が脱退し譲受人が加入するのと同一だからであり、譲受人が加入の手続き、すなわち他の組合員と加入契約を締結する必要がない点が異なるとされる。[54]

組合員たる地位の譲渡は、譲渡契約によって効力を生ずるが、譲渡したことと譲受人の氏名とを組合に通知しなければ、譲渡をもって他の組合員に対抗しえないと解されており、これは、組合員の交替は、他の組合員の利害に影響するところが大きく、脱退が他の組合員全員に対する意思表示で行われるものであるからである。なお、組合員たる地位の譲渡は持分の譲渡とも呼ばれる。[55]

譲渡契約により、譲渡人は組合員たる地位を失い、譲受人は組合員となる。譲渡人の地位に伴う自益権的な基本的権利義務は当然に譲受人に移転し、その時以後に具体化する出資義務、損益分配の権利義務などは、譲受人について生じ、すでに具体的に発生した出資義務や利益配当請求権は、債務の引き受けや債権譲渡がなければ移転しないが、組合財産に対する合有持分は当然に移転するため、脱退・加入の場合のように他の組合員の持分に増減は生じないとされる[56]。

組合の業務執行権や業務及び財産状況の検査権などは、譲渡人のもっていた具体的な権利として移転されるのではなく、譲受人が組合員たる地位を取得することによって、具体的に発生すると解すべきとされる。これは、これらの権利は、組合員たる地位の構成要素をなし、組合員たる地位にある者が当然に有するものだからであり、組合員が他の組合員にその地位を譲渡した場合にも、譲受人の財産的持分が増加するだけで、譲受人が、業務の執行などについて二人分の権利をもつのではない[57]。

組合の債権者の地位には影響はなく、組合債務に伴う組合員の個人財産による責任は、譲渡の時を基準として、譲渡前までに生じた債務については譲渡人、譲渡以後に生ずる債務については譲受人が、責任を負い、その他の点については、脱退と加入と同様と解される[58]。

2　組合の出資持分の法的性格

組合員の持分について、我妻栄博士は、「組合員の『持分』という語は、法律の上でも、取引界でも、種々の意味に用いられる。ひつきょうそれは組合員のもつている権利義務のいかなる範囲のものを指すかによる。組合員に属する権利義務は、…（中略）…さらに細分してみると、これには、およそ八つのものがある。（1）第一には、組合の運営に参画する権利（最少限度において業務の監視権…（中略）…）、（2）第二には、個々の組合財産の上の合有持分権、（3）第三には、個々の組合債務についての合有財産を引き当てとする債務、（4）第四には、右の二と三を含んだ包括的な組合財産の上の合有持分権、（5）第五には、損失分担の割合に応じて損失を分担する責任及び未履行の出資義務があるときはこれを履行する責任、（6）第六には、配当請求・脱退の場合の払戻請求・解散の場合の残余財産の分配請求などについての基本権、（7）第七には、右の基本権から生じた支分権としての現実の請求権、（8）第八には、特定の組合債務についての個人財産による責任。ところで、右の諸権利義務のうち、第七の支分権として発生した現実の請求権は、組合員の個人財産に属するものだから、組合員であることを原因として生ずるものではあるが、発生した後は、組合員たる地位とは無関係に、譲渡その他の処分ができ、組合員の個人的債権者が差し押えることも自由である。また、第八の特定の組合債務についての一定の割合額についての責任も、専ら個人財産の負担であつて、発生した後は、組合員たる地位と無関係に存続する。相殺・免除・混同、債務の引受その他の事由については、一般の原則が適用される。従って、この二つの権利義務は、組合員の持分という に値しない。…（中略）…組合員の『持分』と呼ばれるのは、第一から第六までの権利義務の全部または一部である。[59]」とし「第一から第六までのすべてを含んだものは、持分と呼ばれることがあるが、その実質は、組合員たる地位そのもの[60]」であり、「従って、脱退によつて喪失し、加入によつて取得する。譲渡・相続は、他の組合員の同意があれば有効である[61]」と述べている。

なお、第四の包括的な組合財産の上の合有持分権（割合的な支配権）は、「組合員たる地位（社員権にあたるもの）からいわゆる共益権を除いた財産的なものの総体であつて、（財産的な）『持分』と呼ぶのに最も適当なものである。むろんそのままの状態では、組合員たる地位から分離して処分することはできない。[62]」とし、「組合員の包括的な組合財産の上のかような持分は、ある一定の時点における価値を脱退による払戻請求権に顕現させて、債権者の執行の対象となしうる[63]」としている。

さらに、我妻栄博士は、「持分」の概念として「組合の積極財産と消極財産のすべてを包括した一個の目的財産（組合財産）を法律的な存在として認めることができるであろうか。ドイツ民法は、これを認め、組合財産（Gesellschaftsvermögen）の上の持分と組合財産に属する個々の物の上の持分とを区別する（同法七一八条・七一九条

―共同相続人の相続財産（Nachlass）の上の持分とそれに属する個々の物の上の持分を区別すると同一の態度である（二〇三二条・二〇三三条））。わが民法の解釈としては、法典上の根拠のないことを理由に否定する説が多い（…（中略）…）。然し、肯定すべきものと思う[64]」とし、「（ｉ）組合の財産を主体間における組合的結合の反映した合有とみる以上、その当然の帰結として、全体としての一体性をも認むべきである。いいかえれば、組合は、構成員の個人としての対外的地位を認めながらなお一定の程度において団体としての存在を示す一種の複合体である。しからば、その反映としての組合財産も、個々的な存在を有すると同時に統一した一体としての存在を有し、各組合員は、組合財産に属する個々の物を合有すると同時に、包括的な財産の上にも持分をもつとみるべきである。（ii）組合員の有するかような組合財産の上の持分は、―組合員の間に存する主体的結合の反映である当然の帰結として―組合員たる地位と分離して処分することは許されない。然し、ある一定の時点においてこれを評価して一個の財産権とするときは、その処分は組合的拘束を受けない自由な財産となりうる。組合員の個人的債権者が、組合員の持分を差し押え、これを脱退させてその払戻請求権によつて弁済を受けうるとする制度は、正にかような包括的な持分の存在を前提し、組合の存続に影響を与えない範囲で債権者の利益をはかろうとする法技術に他ならないと考える[65]。」とも述べている。

このようにみてくると、組合の出資持分の法的性格は、「組合員たる地位」とそれに伴う「ある一定時点において評価された一個の財産権」すなわち「払戻請求権」とみることができると考える。

3　租税法上における出資持分の譲渡の取り扱い

租税法上における個人組合員の出資持分の譲渡の取り扱いの検討の前に、まず、現行租税法における民法上の組合の課税の取り扱い、とりわけ個人組合員の場合を中心に確認することとする。

個人所得税から出発すると、組織に関する課税ルールのあり方は、大きく二つの基本型に類型化できる。一つは、導管課税（conduit taxation）の型であり、いま一つは、実体課税（entity taxation）の型である。導管課税は組織をあたかも導管のようにとらえ、その稼得する損益を組織の段階では課税の対象とせず、構成員の段階でのみ課税し、現実の支払いの有無を問わず、税務上、損益が構成員に通り抜ける（pass through する）ものと構成するところから、パス・スルー課税ともいう。実体課税は組織をひとつの実体（entity）ととらえ、その損益を組織の段階で課税の対象（組織そのものを課税の対象）とし、構成員には利益の分配時まで課税しない（損失もパス・スルーさせない）点が、導管型との決定的な違いであるとされる。[66]

法人税法四条一項は、法人税の納税義務者として、内国法人、公益法人等、および人格のない社団等をあげており、組合は、法人ではないため、内国法人や公益法人等にあたらず、また、人格のない社団等とは「法人でない社団又は財団で代表者又は管理人の定めがあるもの」（法人税二条八号）をいうものと定義されており、組合はここにいう「法人でない社団」にもあたらないとされる。[67]民法学説上、一応「権利能力なき社団」と組合が区別されているからである。[68]この点は「法人でない社団とは、多数の者が一定の目的を達成するために結合した団体のうち法人格を有しないもので、単なる個人の集合体でなく、団体としての組織を有し統一された意思の下にその構成員の個性を超越して活動を行うものをいい、次に掲げるようなものは、これに含まれない。（１）民法第六六七条《組合契約》の規定による組合（２）商法第五三五条《匿名組合契約》の規定による匿名組合」（所基通二－五、法基通一－一－一）として、通達も確認しているところである。[69]よって、民法上の組合は、法人税の納税義務者に該当しないため、法人税の納税義務を負わない。そのため、民法上の組合は導管課税の対象となり、導管課税の対象となれば、その活動によって生ずる所得は直接に組合員に帰属することになる。[70]

我が国においては、パス・スルー課税について明示的に定める条文は、所得税法の中には見当たらず、組合財産が総組合員の共有に属することから、解釈上自然に導かれる帰結と考えるべきであろうとされる。[71]

つまり、名義と実体、形式と実質とが一致しない場合、所得税法一二条が、「資産又は事業から生ずる収益の法律上帰属するとみられる者が単なる名義人であつて、その収益を享受せず、その者以外の者がその収益を享受する場合には、その収益は、これを享受する者に帰属するものとして、この法律の規定を適用する」と規定している。これらの規定は、いわゆる実質所得者課税の原則を定めたものであるが[72]、ここで、根拠条文として、あえて所得税法一二条をもちだすまでもなく、組合の事業から生ずる収益は、法律上、組合員個人に帰属するからである。

同様に、組合損益がどのように計算され、どのような形で組合員に帰属するかについても、所得税法・法人税法には特段の規定がなく、そのため、解釈によって妥当なルールを決する他はなく、無数の解釈問題が派生するとされる[73]。そこで以下組合課税の内容を確認する。

(1) 民法上の組合の課税の取り扱い

所得税法・法人税法上の取り扱いのうち、まず民法上の組合の損益の帰属の時期だが、いつ利益を分配し損失を塡補すべきかについては民法にはとくに規定が置かれておらず、契約の定めるところにより、契約によっては、年に二回決算を行って組合の損益を確定する場合もあれば、二年に一回決算を行うこともありうるし、または利益を即時に分配する場合もあれば、留保して再投資に充てる場合もありうるとされる[74]。

そのため、組合員の所得計上のタイミングについては、個人組合員の場合の該当条文は、所得税法三六条及び三七条であり[75]、法人組合員の場合の該当条文は法人税法二二条二項及び三項である[76]。

これに対して、旧所得税基本通達三六・三七共―一九は[77]、「任意組合（民法第六六七条《組合契約》の規定による組合をいう。以下三六・三七共―二〇において同じ。）の組合員の当該組合の事業に係る利益の額又は損失の額は、当該組合の計算期間を基として計算し、当該計算期間の終了する日の属する年分の各種所得の金額の計算上総収入金額又は必要経費に算入する。ただし、当該組合が毎年一回以上一定の時期において組合事業の損益を計算しない場合には、その年中における当該組合の事業に係る利益の額又は損失の額を、その年分の各種所得の金額の計算上総収入金額又は必要経費に算入する。」とし、また、旧法人税基本通達一四－一－一[78]は、「法人が組合員となっている組合の利益金額又は損失金額のうち組合契約又は民法第六七四条《損益分配の割合》の規定により利益の分配を受けるべき金額又は損失の負担をすべき金額は、たとえ現実に利益の分配を受け又は損失の負担をしていない場合であっても、当該組合の計算期間の終了の日の属する当該法人の事業年度の益金の額又は損金の額に算入する。ただし、組合が毎年一回以上一定の時期において組合事業の損益を計算しない場合には、当該法人の各事業年度の期間に対応する組合事業の損益を計算して当該法人の当該事業年度の益金の額又は損金の額に算入する。」としている。上記各通達は、前提として組合自体の所得計算がなされ、組合の損益は、原則として組合の計算期間の終了の日を基準として、個々の組合員の総収入金額ないし必要経費に算入[79]もしくは益金ないし損金に算入するものとされる。

この取り扱いについて増井良啓教授は「思うに、組合員ごとにまちまちの帰属時点を採用するよりも、組合の計算期間の末を基準として一時点に定めておいたほうが、計算上便宜である[80]。」とし「組合の計算期間の末を基準として、確定した損益の額をそれぞれの組合員の所得として計上することが、より簡便な処理であるといえよう。その意味で、通達のこの取扱いは妥当である[81]。」と述べている。

なお、この所得の計上においては、現実の利益の分配または損失の負担は問われていない。この点において、増井良啓教授は「各組合員は、現実に利益の分配を受けなくとも、組合自体の所得計算上利益が確定した時点において、総収入金額に計上すべきである。組合の利益がそのまま組合員にパス・スルーするからである。この考え方にひとつの弱点があるとすると、それは、次の場合である。組合契約上、組合の事業から生じた利益をすべて留保して再投資に充てるものと定められていたとする。この場合、組合員は、組合の所得計算終了時に、未だ金銭の分配を受けていないのみならず、即時分配を請求することも契約によりできない。とすると、所得税法三六条にいう『その年において収入すべき金額』が、組合員個人に生じたことになるかどうか。権利確定主義との関係で解釈上の疑義を呈する向きもありえよう。しかしながら、組合段階で法人税を課さず、かつ、留保した利益について個人組合員段階で所得計上を行わないならば、組合利益の留保分について無期限の課税繰延べが可能となる。いいかえれば、組合形式を利用することによって、税引前の利益額をそのまま投資でき、無税の資金を増殖させることが可能になってしまう。所得税の下におけるこのような課税繰延べを防止するためには、パス・スルーのタイミングにつき法律上の規定をおくことが本来的には望ましい。だが、立法論にとどまらず、現行法の解釈論としても、組合自体の所得計算上利益が確定した時点において、組合員の収入の原因となる権利は確定したものと解すべきであろう。このように、組合の損益は、組合の所得計算上利益が確定した時点において例外なく、組合員に帰属するものと考える。[82]」と述べている。

さらに、増井良啓教授は「法人税基本通達一四－一－一は『たとえ現実に利益の分配を受け又は損失の負担をしていない場合であっても』、組合損益を法人組合員の益金または損金に計上する旨明記している。所得税基本通達三六・三七共－一九にはこの一句がないけれども、所得税法三六条・三七条の解釈によって同じ結論を導くべきであろう。[83]」とも述べている。

次に、民法上の組合の損益の額の計算だが、組合が法人税の納税義務者でないため、組合の損益の額の計算方法について、法人税法には規定がなく、個人組合員に帰属すべき損益の額の計算方法についても、所得税法には何ら規定が存在せず、どの勘定項目が組合段階で計算され、どの項目が個人組合員段階で計算されるか、といった計算次第の一切は、所得税法三六条・三七条といった一般規定の解釈に委ねられているとされる。[84]

課税庁の解釈は旧所得税基本通達三六・三七共－二〇によると「三六・三七共－一九により任意組合の組合員の

各種所得の金額の計算上総収入金額又は必要経費に算入する利益の額又は損失の額は、次の（1）の方法により計算する。ただし、その者が継続して次の（2）又は（3）の方法により計算している場合には、その計算を認めるものとする。
（1）当該組合の収入金額、支出金額、資産、負債等を、組合契約又は民法第六七四条《損益分配の割合》の規定による損益分配の割合（以下この項において「分配割合」という。）に応じて各組合員のこれらの金額として計算する方法
（2）当該組合の収入金額、その収入金額に係る原価の額及び費用の額並びに損失の額をその分配割合に応じて各組合員のこれらの金額として計算する方法
この方法による場合には、各組合員は、当該組合の取引等について非課税所得、配当控除、確定申告による源泉徴収税額の控除等に関する規定の適用はあるが、引当金、準備金等に関する規定の適用はない。
（3）当該組合について計算される利益の額又は損失の額をその分配割合に応じて各組合員にあん分する方法
この方法による場合には、各組合員は、当該組合の取引等について、非課税所得、引当金、準備金、配当控除、確定申告による源泉徴収税額の控除等に関する規定の適用はなく、各組合員にあん分される利益の額又は損失の額は、当該組合の主たる事業の内容に従い、不動産所得、事業所得、山林所得又は雑所得のいずれか一の所得に係る収入金額又は必要経費とする。[85]」である。

まず、原則的な方法として、（1）の組合事業にかかる損益計算書（以下Ｐ／Ｌという。）と貸借対照表（以下Ｂ／Ｓという。）の各項目をすべて各組合員に配賦する方法である。組合の勘定項目を縦割りで分割し、組合員に帰属させることから、これを、完全縦割り方式、別名、グロスグロス法、収入支出・資産負債配分方式、総額方式ともよばれ、この場合、各組合員に対して、非課税所得や配当控除、確定申告による源泉徴収額の控除、引当金、準備

金等に関する規定の適用がある。

これに対し、組合員の継続適用を条件として、次の（２）・（３）の方法も認められている。すなわち、（２）の組合事業にかかるＰ／Ｌの項目だけを各組合員に配賦する方法（収益・費用縦割り方式、または、グロスネット法、収入・費用配分方式、中間方式ともよばれる。）と、（３）の組合による所得計算尻だけを配賦する方法（独立事業体方式、または、ネットネット法、利益・損失配分方式、純額方式ともよばれる。）である。これらの方法は、（１）の方法に比べて経理が組合により集中しており、組合段階でＰ／ＬとＢ／Ｓの各項目につきより完全な経理がなされる反面、組合員に通知される情報が少ないため、（２）の場合、各組合員段階の経理でＢ／Ｓの項目が欠落するために、引当金、準備金等に関する規定の適用はなく、（３）は、さらに収入金額に関するデータもないため、各組合員に対して、非課税所得や配当控除、確定申告による源泉徴収額の控除等に関する規定の適用すらもない。その意味で、一口にパス・スルー課税といっても、通達の取扱いをみれば、組合段階における勘定項目の性質がすべて組合員段階にまで伝達されるわけではない[86]。

さらに、上記の点と密接に関係する問題として、増井良啓教授は、「個人組合員に『配賦』された組合損益は、何所得に分類されるか、という問題がある[87]」と指摘されている。

すなわち、（３）独立事業体方式の計算方法をとっている場合として、通達は、「各組合員に按分される損益の額は、組合の主たる事業の内容に従い、不動産所得・事業所得・山林所得・雑所得のいずれか一の所得にかかる収入金額または必要経費となるものとしている。それでは、次の場合はどうなるか。組合の主たる事業が、不動産賃貸業であったものとしよう。この場合、組合財産の一部が郵便貯金に預けられ、組合が利子を受け取ったとすると、当該利子は、組合の主たる事業の内容に従い、組合員の不動産所得に分類されることになるのだろうか。それとも、利子所得として源泉分離課税の対象とされるのであろうか。関連して、組合員個人が老人等マル優の資格を有していた場合、利子所得の非課税措置（所得税法九条の二）は適用されるのだろうか。さらに、当事者が①完全縦割り方式をとるか③独立事業体方式をとるかに応じて、所得分類が変更されることになってかまわないのであろうか。この例は、組合の段階で判定された所得の性質が組合員にそのまま伝達されるのか、それとも、組合員の段階で独立に判定されるのか、という問題を示している[88]」として「法令上の手当てを必要とする問題領域である。[89]」と述べている。

同様に、佐藤英明教授も「組合員に着目した際の所得分類と組合所得のそれとの乖離は、換言すれば、ネットネット方式の組合は、所得分類を変更するのに用いられうるということを意味している。この場合に最も問題が大きいのは、損益通算の過程で損失を他の所得から控除しえない雑所得が事業所得に転換される場合であろう[90]」と指摘している。

さらに、高橋祐介教授も「問題はネットネット方式であり、この場合、組合の事業内容に応じて、所得種類が不動産所得、事業所得、山林所得、雑所得の四種類にのみ限定されている。[91]」と指摘し、「ネットネット方式は、グロスグロス方式を原則とする場合の例外方式ということになるが、このような所得種類の転換が明文の規定なく通達で行われていることは、やはり租税法律主義からすると疑問の余地はあろう。[92]」と述べている。

組合員が法人の場合の旧法人税基本通達一四－一－二では、所得税基本通達の場合のように（1）方式を原則とする書き方はせずに、各方式を並列し、法人の選択でそれらのうちのいずれかの方法によるべきことを定めており、その並列の順序は、所得税とは逆に（3）方式、（2）方式、（1）方式の順序となっていたが、平成一七年改正により、所得税基本通達と同様の並びとなり、さらに（1）方式を原則とする旨に改正された[93]。

また、不動産所得を生ずべき事業を行う組合契約の個人の組合員（組合の重要な業務の執行の決定に関与し、契約を締結するための交渉等を自ら行う組合員を除く。）の当該組合事業に係るその年分の不動産所得の金額の計算上生じた損失はなかったものとみなす（措法四一の四の二）規定が設けられた。

その他の租税法上の取り扱いだが、まず、消費税法上の取り扱いは、消費税法には規定がないが、消費税法基本通達六－二－一において民法上の組合の出資者の持分を非課税となる有価証券等に該当するとしている。すなわち「法別表第一第二号《有価証券等の譲渡》の規定によりその譲渡が非課税となる有価証券等には、おおむね次のものが該当するのであるから留意する。」として「（1）金融商品取引法第二条第一項《定義》に規定する有価証券」と「（2）（1）に類するもの」とし、「（2）（1）に類するもの」のロに「合名会社、合資会社又は有限会社の社員の持分、協同組合等の組合員又は会員の持分その他法人（人格のない社団等、匿名組合及び民法上の組合を含む。）の出資者の持分」としている。よって、課税庁は消費税においては民法上の組合の出資者の持分を「有価証券」として解釈していることになる。

相続税法上の取り扱いに関しても特に明文規定は存在していない。よって民法解釈によりその課税上の取り扱いを考えるしかないと考えられる。そのため平野嘉秋教授は「任意組合は組合員の組合契約に基づく団体ですから、組合員が死亡したときは、死亡した組合員は当然に組合契約から脱退します。組合員が脱退した場合、脱退組合員に対しては脱退時における組合の財産状況により計算した脱退組合員の出資に対応する金額が持分の払戻しとして払い戻されます。

したがって、組合員が死亡した場合、その相続人が死亡した組合員の出資ないし組合員たる地位を相続するということはありませんが、死亡した組合員の組合財産に対する権利義務（組合財産の払戻し請求権）を相続人が承継することになり、その権利の承継について相続税が課されます。[94]」と述べている。

国税通則法上の取り扱いにおいて、碓井光明教授は「国税通則法は、『共有物、共同事業又は当該事業に属する財産に係る国税は、その納税者が連帯して納付する義務を負う』旨を規定しており（通法九）、ここにいう『共同事業』には、民法の組合契約による共同事業が含まれるものと解されている。」[95]と述べている。

国税徴収法上の取り扱いにおいては国税徴収法基本通達により課税庁の解釈を確認できる。国税徴収法基本通達七三条関係一によると、「法第七三条第一項の規定により差し押さえる財産は、電話加入権、合名会社の社員の持分のほか第三債務者等がある無体財産権等であり、おおむね次の財産がこれに該当する。」として「(５) 民法上の組合の組合員の持分」をあげている。

さらに、国税徴収法基本通達七三条関係二二は民法による組合の組合員の持分の意義として「１の(５)に掲げる「民法上の組合の組合員の持分」とは、組合員として有する財産的地位をいう。また、組合員の持分の譲渡については、他の組合員全員の同意が必要とされているが（民法第六六七条参照）、契約によって特別の定めがされているときは、その定めに従う。なお、組合員としての地位に基づいて組合財産を構成する個々の物又は権利について有する共有の権利をも持分というが、この持分の処分は、組合及び組合と取引をした第三者に対抗できないから（民法第六七六条）、この持分を差し押さえることはできない。」としている。

なお、残余財産分配請求権等の取立てについては、国税徴収法基本通達七三条関係二三において、「組合員等の持分差押えの効力は、残余財産分配請求権及び持分払戻請求権に及ぶから、これらの債権が確定したときは、別個に債権差押えの手続をとることなく、取立てをすることができる（五九、第七四条関係六の(注)参照）。なお、組合員の持分を換価処分によって換価することができない場合において、他に差し押さえるべき適当な財産がないときは、脱退の意思表示をさせた後、持分払戻請求権の取立てをすることに留意する。」としている。

また利益分配請求権の差押えについては、国税徴収法基本通達七三条関係二四において、「組合員の持分を差し押さえた場合において、利益の分配を受けようとするときは、その請求権は、別個に債権として差し押さえるものとする。」としている。

（2）民法上の組合の出資持分の譲渡の取り扱い

民法上の組合の課税の内容を確認したので、次に出資持分の譲渡の取り扱いを検討する。先にも述べた通り、我が国の民法上の組合の課税の取り扱いについては、若干の規定において、必然的に、民法上の組合契約が登場するが、所得税法及び法人税法には、民法上の組合の取り扱いに関する原則的な規定がなく[96]、通達があるのみである。そのため、民法上の組合の出資持分の譲渡に関する規定も存在しない。しかし国税不服審判所において不動産の賃貸事業を目的とする民法上の組合の出資持分及び当該持分に係る組合員たる地位の譲渡による所得について裁決[97]があった。

そこで、個人が民法上の組合の出資持分を譲渡した場合に、どのように取り扱うべきか学説、関連通達、民法（我妻説を中心として）および裁決の視点から検討する。

①　学説からの検討

植松守雄氏は「組合員の脱退と新規組合員の加入が組み合わされて行われるのと実質的に同一視されるものに、組合員の地位の譲渡がある。組合員は、その組合員としての地位を組合契約で許容される限り、他に譲渡することができ（その譲渡により譲渡人は組合員の地位を失い、譲受人が組合員となり、譲渡人のもっていた組合に対する自益権的な権利義務は当然に譲受人に移転し、組合財産に対する合有持分も当然に移転する）、その譲渡は、組合契約で概括的に譲渡の可能性が認められておれば、他の組合員の個別の同意なしでも可能である。このような譲渡があつた場合、その譲渡から生じる所得は、税務上どのように考えるべきか。[98]」とした上で、「民法の典型的な組合は、一種の団体ではあるが、組合員相互の契約で結成され、事業者たる組合員の集合体としての性格を濃厚にもち、個々の組合財産に対する組合員の持分は、その処分等が制限されている。もちろん組合契約の枠の中で、上記のような組合員の地位の譲渡がなされることがあるだろうが、わが国の状況ではそのような譲渡は、限られたものと思われる（アメリカの limited partnership は、多数の partner を擁する大規模のものがあり、その持分権され、中には証券市場で取引されているものまであるという）。もし組合員の地位（包括的な持分）partnership interest の譲渡がひんぱんに行われ、一般にそれが経済的価値をもつものと認識されるようであれば、その包括的な持分が一箇の資産として性格づけられ、その譲渡による所得は一体としてキャピタル・ゲインと考えられるようになるかもしれない（ＩＲＣでは、一定の場合を除き、partnership interest は capital asset とされている）。しかし現状ではそうではなく、売手は組合財産中の個々の財産の持分を譲渡したものとして、売手が個人であるときは、その財産が固定資産かたな卸資産かなどの区分に応じて譲渡所得、事業所得等が生じるものと解するのが相当である。[99]」と述べている。

また、高橋祐介教授も、「持分の譲渡とは、組合員たる地位の譲渡のことであり、民法上これが認められるとするのが通説である。実際に持分の譲渡が行われることが少ないためでもあろうが、持分自体を一つの資産と見ることができるかどうかも含めて、課税結果がどのように決定されるかはほとんど不明である。[100]」とした上で、「自己の持分を清算して分配を受けることは、他の組合員に自己の持分を譲渡することと同じであるため、分配時の検討が参考になる。さらに、持分譲渡時の課税結果と個人事業者の事業譲渡の課税結果を首尾一貫させること、一九九九年末におけるアメリカ法の改正結果も念頭に置くと、自己の持分を譲渡した者は、一つの資産である持分自体を譲渡したとは考えるべきではなく、各組合資産に対する自己の含み損益を認識すべきことになる。[101]」と検討されている。また須田徹氏は持分売却について「組合財産は組合員の共有である。したがって、その持分を処分した組合員は個々の組合財産に対する持分を譲渡したこととなると解される。しかし実務上、その譲渡価額は一本で決定されるのが通常である。その結果、その譲渡対価と個々の組合財産に配分し、組合員の土地重価（原文ママ）・譲渡所得等の算定をする必要が生ずると思われる。個々の組合財産への配分は、適正時価により行われるべきであるが、鑑定等の煩雑な手続が必要となる。さらに、不動産投資目的の組合持分を譲渡した場合、組合員は土地重課もしくは短期譲渡所得の課税対象となるのであれば、その保有期間の算定方法を明確にする必要がある。[102]」と述べており、植松守雄氏は「包括的な持分の譲渡価額が一体として定められるときは、その個々の財産への配分がむづかしい場合が考えられ、また前述の組合員の脱退等に伴う資産の払戻しの場合と同様に、組合債務があるときは、これをどのように個々の資産に対応させるか問題があると思われる。[103]」と指摘している。

これに対し、金子宏教授は「組合持分を譲渡した場合、組合から脱退した場合、組合が解散した場合等に組合員が取得する金員が、出資金額を超える場合であっても、その差額は、組合財産の増加益に対応する部分は別として、課税ずみの所得であるから、他の組合員からの利益の移転がない限り、再度課税されることはないと解すべきであろう。[104]」と述べている。

②　関連通達からの検討

消費税基本通達によると民法上の組合の出資者の持分は非課税となる「有価証券」に該当するとしている。そこで所得税法上の有価証券として扱えるか否かを検討する。

所得税法二条一項一七号の有価証券の定義によると有価証券とは「金融商品取引法第二条第一項に規定する有価証券その他これに準ずるもので政令で定めるものをいう。」としているが、金融商品取引法二条一項には民法上の組合の出資持分は掲げられていない。しかし、金融商品取引法二条二項において「…（略）…次に掲げる権利は、証券又は証書に表示されるべき権利以外の権利であつても有価証券とみなして、この法律の規定を適用する。」として五号に「民法（明治二十九年法律第八十九号）第六百六十七条第一項に規定する組合契約…（略）…のうち、当該権利を有する者（以下この号において「出資者」という。）が出資又は拠出をした金銭（これに類するものとして政令で定めるものを含む。）を充てて行う事業（以下この号において「出資対象事業」という。）から生ずる収益の配当又は当該出資対象事業に係る財産の分配を受けることができる権利であつて、次のいずれにも該当しないもの（前項各号に掲げる有価証券に表示される権利及びこの項（この号を除く。）の規定により有価証券とみなされる権利を除く。）

イ　出資者の全員が出資対象事業に関与する場合として政令で定める場合における当該出資者の権利

ロ　出資者がその出資又は拠出の額を超えて収益の配当又は出資対象事業に係る財産の分配を受けることがないことを内容とする当該出資者の権利（イに掲げる権利を除く。）

ハ　…（略）…

ニ　イからハまでに掲げるもののほか、当該権利を有価証券とみなさなくても公益又は出資者の保護のため支障を生ずることがないと認められるものとして政令で定める権利」とあり、金融商品取引法施行令一条の三の二で「法第二条第二項第五号イに規定する政令で定める場合は、次の各号のいずれにも該当する場合とする。」として

「一　出資対象事業（法第二条第二項第五号に規定する出資対象事業をいう。以下この条及び次条第四号において同じ。）に係る業務執行がすべての出資者（同項第五号に規定する出資者をいう。以下この条において同じ。）の同意を得て行われるものであること（すべての出資者の同意を要しない旨の合意がされている場合において、当該業務執行の決定についてすべての出資者が同意をするか否かの意思を表示してその執行が行われるものであることを含む。）。

二　出資者のすべてが次のいずれかに該当すること。

イ　出資対象事業に常時従事すること。

ロ　特に専門的な能力であつて出資対象事業の継続の上で欠くことができないものを発揮して当該出資対象事業に従事すること。」と規定されており、またニの当該権利を有価証券とみなさなくても公益又は出資者の保護のため支障を生ずることがないと認められるものとは金融商品取引法施行令一条の三の三「法第二条第二項第五号ニに規定する政令で定める権利は、次に掲げるものとする。」として

「…（略）…

四　次に掲げる者のみを当事者とする組合契約等（民法（明治二十九年法律第八十九号）第六百六十七条第一項に規定する組合契約その他の継続的な契約をいう。）に基づく権利であつて、当該権利に係る出資対象事業が専ら次に掲げる者の業務を行う事業であるもの
イ　公認会計士
ロ　弁護士（外国法事務弁護士を含む。）
ハ　司法書士
ニ　土地家屋調査士
ホ　行政書士
ヘ　税理士
ト　不動産鑑定士
チ　社会保険労務士
リ　弁理士」を掲げている。
これは旧証券取引法二条二項の「…（略）…次に掲げる権利は、証券又は証書に表示されるべき権利以外の権利であつても有価証券とみなして、この法律を適用する」として三号に「…（略）…組合契約（民法（明治二十九年法律第八十九号）第六百六十七条第一項に規定する組合契約をいう。）…（略）…であつて投資事業有限責任組合契約に類するものとして政令で定めるものに基づく権利」が規定されていたが、今日特殊な事業形態があるため、さらに射程を厳密にしたものと考える。

所得税法施行令四条は「法第二条第一項第十七号（有価証券の意義）に規定する政令で定める有価証券は、次に掲げるものとする。

一　金融商品取引法第二条第一項第一号から第十五号まで（定義）に掲げる有価証券及び同項第十七号に掲げる有価証券（同項第十六号に掲げる有価証券の性質を有するものを除く。）に表示されるべき権利（これらの有価証券が発行されていないものに限る。）

二　合名会社、合資会社又は合同会社の社員の持分、法人税法（昭和四十年法律第三十四号）第二条第七号（定義）に規定する協同組合等の組合員又は会員の持分その他法人の出資者の持分

三　株主又は投資主（投資信託及び投資法人に関する法律第二条第十六項（定義）に規定する投資主をいう。）となる権利、優先出資者（協同組織金融機関の優先出資に関する法律（平成五年法律第四十四号）第十三条第一項（優先出資者となる時期等）の優先出資者をいう。）となる権利、特定社員（資産の流動化に関する法律（平成十年法律第百五号）第二条第五項（定義）に規定する特定社員をいう。）又は優先出資社員（同法第二十六条（社員）に規定する優先出資社員をいう。）となる権利その他法人の出資者となる権利」などを定めている。しかし、この条文にも民法上の組合の出資持分は明記されておらず、法人税法二条七号をみると、協同組合等として「別表第三に掲げる法人をいう。」とあるが、民法上の組合は、そもそも法人ではないので、別表第三にも掲げられていない。そうすると民法上の組合の出資者の権利のうち一部は金融商品取引法上「有価証券」とみなされることになるが、所得税法二条一項一七号は金融商品取引法二条一項と限定列挙しているものであり、二項まで拡大解釈してもよいのか問題がある。

法解釈には文理解釈と論理解釈が基本的な解釈手法として考えられるが、増田英敏教授は「租税法は侵害規範であるから、その解釈は他の法の解釈とは一線を画し、文理解釈によるべきである、と説明される。直接的な反対給付なく国民の財産に課されるのが租税であるから、租税の賦課については厳格な法の支配の下において、国家による恣意的な課税を阻止し、国民の財産権の侵害を防止する必要がある。そこに租税法律主義の存在意義がある。租

税法律主義の主たる内容のひとつが課税要件規定が明確であることを求める課税要件明確主義である。課税要件が明確でなければ恣意的課税の阻止という租税法律主義の存在意義は失われる。そうすると、課税要件が明確に規定されているということは、条文の文言のとおり文理解釈によりその意味内容は理解できるはずであるから、論理解釈の必要はない。文理解釈によっても、なおいくつかの解釈が可能な場合にはじめて、条文の趣旨を考慮して、もっとも法の趣旨に適する解釈を選択するという意味で、趣旨解釈の余地が生まれる。あくまでも文理解釈を前提とすることなしに趣旨解釈が許されるものではないのである。したがって、租税法解釈においては文理解釈と趣旨解釈が同列に扱われるものではないことに、とりわけ注意すべきである。[105]」と述べているとおり、拡大解釈すべきではないと考える。

なお、渡辺淑夫教授は匿名組合員の出資持分の法人税法と消費税法との解釈の違いについてだが「法人税法上は、匿名組合員の出資持分なるものを有価証券であるとすることはできないものと解される。この点、消費税法上の取扱い（消費税基本通達六－二－一（2）ロ）との乖離をどのように考えたらよいのかという問題が残るが、消費税法上の有価証券の範囲は法人税法上のそれと比べてやや広くなっているうえ（消法別表第一二、消令九①）、そもそも両者の課税目的の違いもあるので、これはこれで消費税プロパーの問題として理解するほかないものと考えられる。[106]」と述べている。

よって、所得税法上、民法上の組合の出資持分を有価証券として扱える規定はないことになる。

次に、国税徴収法基本通達の視点から検討してみる。国税徴収法基本通達では「持分」を「組合員として有する財産的地位」をいうとし、第三債務者等がある無体財産権等としている。では所得税法上、第三債務者等がある無体財産権等の譲渡はどのように扱われるか検討することとする。

先にもふれたように、金子宏教授によると、「資産とは、譲渡性のある財産権をすべて含む観念で、動産・不動産はもとより、借地権、無体財産権、許認可によって得た権利や地位などが広くそれに含まれる。[107]」とされている。よって第三債務者等がある無体財産権等は「資産」に該当することになる。

次に、資産の譲渡による所得の所得区分の考察に移る。第三債務者等がある無体財産権等は、譲渡所得に含まれないものを規定している所得税法三三条二項の棚卸資産、準棚卸資産、山林および所得税基本通達三三－一の金銭債権に該当しない。よって第三債務者等がある無体財産権等の譲渡は譲渡所得に該当することになり、「組合員として有する財産的地位」である「持分」（民法上の組合の出資持分）の譲渡は、譲渡所得に該当することになる。ただし、所得税法三三条二項一号に規定されているように、営利を目的として継続的に行われる場合は、譲渡所得から除かれて、雑所得に含まれると解される。

なお、譲渡所得に該当する場合、この譲渡所得が総合課税になるのか、それとも分離課税になるのかの問題がある。民法上の組合の出資持分は、先に検討したとおり所得税法上、有価証券に該当しない。また、第三債務者等がある無体財産権等は土地・建物等にも該当しない。よって租税特別措置法に規定されている分離課税には該当しないので、総合課税になると解される。そのため、保有期間が五年を超える場合はその二分の一のみを合算し、残りの二分の一は課税の対象から除外されることになる。

以上関連通達から検討すると、「民法上の組合の出資持分」の譲渡は、譲渡所得の総合課税に区分されることになると考えられる。

③　民法からの検討（我妻説を中心として）

我妻栄博士の解釈によると、組合の出資持分の法的性格は、「組合員たる地位」とそれに伴う「ある一定時点において評価された一個の財産権」すなわち「払戻請求権」とみることができる。「組合員たる地位」は②の「組合員として有する財産的地位」と同様であり、「第三債務者等がある無体財産権等」に該当し、資産を構成する。「払戻請求権」は民法上「債権」と考えられ、税法上の資産を構成するが、組合に対するものであり、「組合員たる地位」と不可分の関係にあり、分離して処分することができないため一体とみてよいと考える。よって民法からの検討によると、「民法上の組合の出資持分」の譲渡は資産の譲渡ということになり、資産の譲渡は、②と課税上同様の取り扱いになり、譲渡所得の総合課税に区分されることになると考える。

④ 国税不服審判所平成二八年三月七日裁決からの検討

平成二八年三月七日裁決は「請求人は、不動産の賃貸事業を目的とする民法上の組合（本件組合）の出資持分及び当該持分に係る組合員たる地位（これらを併せて本件持分という。）の譲渡による所得については、①その所得の種類及び課税方法（総合課税又は分離課税）が法律上明記されていないこと、②本件持分の価額は、単に不動産等の価値ではなく、『組合員としての地位』たる資産の価値であること及び③本件組合は匿名組合としての性質を有していることから、総合課税の長期譲渡所得に該当する旨主張する。しかしながら、本件組合は民法上の任意組合であるところ、民法第六六八条《組合財産の共有》の規定により、本件組合の財産は、総組合員の共有に属し、本件組合の組合契約の定めなどから、本件組合の各組合員は、本件組合の財産に対し、その出資価額の割合に応じて持分を有する。そうすると、本件組合の財産は、本件組合の出資持分及び組合員たる地位である本件持分と不可分一体のものであるから、本件持分の譲渡は、本件持分が表象する本件組合の財産に対する持分の譲渡という性格を有するものというべきである。そして、本件持分の譲渡の日における本件組合の財産は、土地建物等並びに補修等積立金に係る現金及び預金であったところ、当該土地建物等に対する請求人の持分は、租税特別措置法第三一条《長期譲渡所得の課税の特例》第一項の規定から、その譲渡による所得は分離長期譲渡所得に当たり、他方、当該現金及び預金に対する請求人の持分については、精算等されていないから、本件持分の譲渡に係る契約に含まれるものの資産価値の増加益を生ずべき資産ではないので、その譲渡の対価は各種所得の金額の計算上、収入金額等に算入することはできない。したがって、本件持分の譲渡に係る所得は、組合財産のうち当該現金及び預金に対応する部分を除き、組合財産を構成する当該土地建物等の譲渡に係る所得として、同条第一項に規定する分離課税の長期譲渡所得に該当する。[108]」とされた事例である。

裁決において「請求人は、本件持分の価額は、単に不動産等としての価値ではなく、収益性や安定性を主要要因とする『組合員としての地位』たる資産の価値とするのが合理的である旨主張するが、…（略）…、本件持分の出資持分及び組合員たる地位と本件組合財産に対する持分とは不可分一体のものであるから、本件持分の譲渡をもっぱら組合員たる地位の譲渡と捉えることはできず、かつ、本件譲渡契約に定める譲渡代金は本件組合財産に対する持分の譲渡の対価であるから、請求人の主張は採用することができない[109]」とし、「本件組合財産に対する持分は、本件組合の出資持分及び組合員たる地位である本件持分と不可分一体のものであるから、本件譲渡契約による本件持分の譲渡は、本件持分が表象する本件組合財産に対する持分の譲渡という性格を有するものというべきである。そして、…（略）…、本件持分の譲渡日である平成二四年七月三一日時点の本件組合財産は、本件土地建物等及び本件現預金であったところ、本件土地建物等に対する請求人の持分は、措置法第三一条第一項に規定する『土地若しくは土地の上に存する権利又は建物及びその附属設備若しくは構築物』に該当することは明らかであるから、その譲渡による所得は分離長期譲渡所得に当たる。

他方、…（略）…、本件現預金について、…（略）…譲渡代金と別に精算された事実はないことからすると、本件現預金に対する請求人の持分についても、本件譲渡契約による譲渡の対象に含まれているものと認められるところ、かかる本件現預金に対する請求人の持分は、資産価値の増加益（キャピタル・ゲイン）を生ずべき資産ではないことから、その譲渡の対価は、各種所得の金額の計算上、収入金額又は総収入金額に算入することはできない。

なお、…（略）…、本件組合の事業が本件組合財産を構成する本件土地建物等の賃貸であることから、本件組合の出資持分及び組合員たる地位自体に独自の財産価値があるとはいえず、本件持分の財産価値はもっぱら本件組合財産に対する持分の財産価値であり、本件譲渡契約に定める譲渡代金○○○○円は、その全額が本件組合財産に対する持分の譲渡の対価であると認められる。[110]」とされ、よって組合財産のうち現金及び預金に対応する部分を除き、組合財産を構成する土地建物等の譲渡に係る所得として、分離課税の長期譲渡所得に該当するとされている。

(27) 星野英一『民法概論Ⅳ（契約）』三〇五頁（良書普及会、一九九四）。
(28) 平野嘉秋「パートナーシップ税制の法的構造に関する一考察―日米比較を中心として―」税務大学校論叢第二三号一八二頁（一九九三）。
(29) 星野・前掲注（27）三〇八頁。
(30) 我妻栄『債権各論 中巻二（民法講義Ⅴ3）』七五七頁（岩波書店、二〇〇三）。
(31) 我妻・前掲注（30）七七一頁。
(32) 平野嘉秋「特殊企業形態と税務上の諸問題―民法上の任意組合と商法上の匿名組合の法務と税務―」租税研究 No. 642　三七頁（二〇〇三）。
(33) 我妻・前掲注（30）七七一頁。
(34) 我妻・前掲注（30）七七三頁。
(35) 「常務」とは、その組合にとって日常の軽微な事務のことである。我妻・前掲注（30）七七八頁。
(36) 平野・前掲注（28）一八五頁。
(37) 平野・前掲注（28）一八五頁。
(38) 我妻・前掲注（30）七九八頁以下。
(39) 我妻・前掲注（30）七九九頁。
(40) 我妻・前掲注（30）七九九頁。
(41) 我妻・前掲注（30）八〇八頁以下。
(42) 我妻・前掲注（30）七九九頁。
(43) 我妻・前掲注（30）八〇〇頁。
(44) 我妻・前掲注（30）八〇九頁以下。

(45) 我妻・前掲注(30)八一二頁以下。
(46) 星野・前掲注(27)三一三頁以下。
(47) 我妻・前掲注(30)八二〇頁。
(48) 我妻・前掲注(30)八二二頁。
(49) 我妻・前掲注(30)八二三頁。
(50) 我妻・前掲注(30)八二五頁。
(51) 我妻・前掲注(30)八三五頁以下。
(52) 星野・前掲注(27)三二八頁。
(53) 我妻・前掲注(30)八三六頁。
(54) 我妻・前掲注(30)八四一頁。
(55) 我妻・前掲注(30)八四二頁。
(56) 我妻・前掲注(30)八四二頁。
(57) 我妻・前掲注(30)八四二頁以下。
(58) 我妻・前掲注(30)八四三頁。
(59) 我妻・前掲注(30)八一六頁以下。
(60) 我妻・前掲注(30)八一七頁。
(61) 我妻・前掲注(30)八一七頁。
(62) 我妻・前掲注(30)八一八頁。
(63) 我妻・前掲注(30)八一九頁。
(64) 我妻・前掲注(30)八一四頁。
(65) 我妻・前掲注(30)八一四頁。
(66) 増井良啓「組織形態の多様化と所得課税」租税法研究第三〇号一〇頁以下（二〇〇二）。
(67) 増井良啓「組合損益の出資者への帰属」税務事例研究四九号五三頁（一九九九）。
(68) 高橋祐介「民法上の組合の稼得した所得の課税に関する基礎的考察—課税時期、所得種類、帰属を中心に—」税法学五四三号五六頁（二〇〇〇）。
(69) 高橋・前掲注(68)五六頁。
(70) 金子・前掲注(2)三一六頁。

(71)　増井・前掲注(67)五三頁。
(72)　金子・前掲注(2)一七三頁。
(73)　増井・前掲注(67)五三頁以下。
(74)　増井・前掲注(67)五四頁。
(75)　増井・前掲注(67)五四頁。
(76)　高橋・前掲注(68)六〇頁。
(77)　現在は所得税基本通達三六・三七共－一九の二に改正されている。

「任意組合等の組合員の組合事業に係る利益の額又は損失の額は、その年分の各種所得の金額の計算上総収入金額又は必要経費に算入する。

ただし、組合事業に係る損益を毎年一回以上一定の時期において計算し、かつ、当該組合員への個々の損益の帰属が当該損益発生後一年以内である場合には、当該任意組合等の計算期間を基として計算し、当該計算期間の終了する日の属する年分の各種所得の金額の計算上総収入金額又は必要経費に算入するものとする。(平一七課個二－三九、課資三－一一、課審四－二二〇追加)」

(78)　現在は法人税基本通達一四－一－一の二に改正されている。

「法人が組合員となっている組合事業に係る利益金額又は損失金額のうち分配割合に応じて利益の分配を受けるべき金額又は損失の負担をすべき金額(以下一四－一－一の二までにおいて「帰属損益額」という。)は、たとえ現実に利益の分配を受け又は損失の負担をしていない場合であっても、当該法人の各事業年度の期間に対応する組合事業に係る個々の損益を計算して当該法人の当該事業年度の益金の額又は損金の額に算入する。

ただし、当該組合事業に係る損益を毎年一回以上一定の時期において計算し、かつ、当該法人への個々の損益の帰属が当該損益発生後一年以内である場合には、帰属損益額は、当該組合事業の計算期間を基として計算し、当該計算期間の終了の日の属する当該法人の事業年度の益金の額又は損金の額に算入するものとする。(平一七年課法二－一四「十五」により改正)…(略)…」

(79)　増井・前掲注(67)五四頁。
(80)　増井・前掲注(67)五四頁以下。
(81)　増井・前掲注(67)五五頁。
(82)　増井・前掲注(67)五五頁以下。

なお、高橋祐介教授は以下のように述べている。

「増井論文で指摘されているように、わが国の所得税及び法人税の体系は、ある投資から得られた所得は原則として少なくとも法人税か所得税のいずれかの課税を受けた後に、再投資されることが前提となっており、組合の稼得した所得を組合員の所得とみて課税しない場合には、この原則が破られ、組合形式で投資した納税者と、そうでない納税者間の公平が損なわれることになる。

増井論文は、現行法の解釈論として、組合自体の所得計算上利益が確定した時点において、組合員の収入の原因となる権利が確定したものと解すべきと述べているが、前述の検討による限り、ここでいう『権利確定』とは、所得税法三六条及び法人税法二二条二項の下でこれまでいわれてきた「権利確定』とは異なったものであるといえよう。

結局、組合の所得を組合員の所得とみて課税するという所得税基本通達三六・三七共－一九及び法人税基本通達一四－一－一の取扱いが、所得税法三六条及び法人税法二二条二項に反して違法であるといわないための論理構成としては、次のようなものが考えられる。つまり、所得税法三六条及び法人税法二二条二項の下で従来いわれてきた『権利確定主義』や『管理支配基準』、『発生主義（実現主義）』とは異なる『新しい基準』（これをも『権利確定主義』というかどうかは別にして）が、これらの条文解釈に納税者間の平等を根拠として持ち込まれたものと解するのである。これは、固有の意味における実現主義からすると、未実現の利得の課税を含む基準ということになろう。この解釈によると、所得税法三六条及び法人税法二二条二項におけるこれまでの解釈に変動が起きたということになる。

いずれにせよ、ここで述べたいことは、所得税法・法人税法がとる『固有の意味での実現主義』から、あるいは所得税法三六条・法人税法二二条二項の下で従来いわれてきた『権利確定主義』や『管理支配基準』、『発生主義（実現主義）』からすると、組合の所得を組合員の所得とみて課税することは法的に正当化できないおそれがあるのではないか、ということである。」高橋・前掲注（68）七一頁以下。

しかし、この問題は本稿の目的ではないので、これ以上は検討しないこととする。
(83)　増井・前掲注（67）五六頁。
なお、本文中の法人税基本通達一四－一－一は旧法人税基本通達一四－一－一、所得税基本通達三六・三七共－一九は旧所得税基本通達三六・三七共－一九のことである。
(84)　増井・前掲注（67）五八頁。
(85)　現在は所得税基本通達三六・三七共－二〇に改正されている。
「三六・三七共－一九及び三六・三七共－一九の二により任意組合等の組合員の各種所得の金額の計算上総収入金額又は必要経費に算入する利益の額又は損失の額は、次の（1）の方法により計算する。ただし、その者が（1）の方法により計算することが困難と認められる場合で、かつ、継続して次の（2）又は（3）の方法により計算している場合には、その計算を認めるものとする。

（平一七課個二－三九、課資三－一一、課審四－二一〇、平二四課個二－三〇、課審五－二五改正）
（1）　当該組合事業に係る収入金額、支出金額、資産、負債等を、その分配割合に応じて各組合員のこれらの金額として計算する

方法

（２）　当該組合事業に係る収入金額、その収入金額に係る原価の額及び費用の額並びに損失の額をその分配割合に応じて各組合員のこれらの金額として計算する方法

この方法による場合には、各組合員は、当該組合事業に係る取引等について非課税所得、配当控除、確定申告による源泉徴収税額の控除等に関する規定の適用はあるが、引当金、準備金等に関する規定の適用はない。

（３）　当該組合事業について計算される利益の額又は損失の額をその分配割合に応じて各組合員にあん分する方法

この方法による場合には、各組合員は、当該組合事業に係る取引等について、非課税所得、引当金、準備金、配当控除、確定申告による源泉徴収税額の控除等に関する規定の適用はなく、各組合員にあん分される利益の額又は損失の額は、当該組合事業の主たる事業の内容に従い、不動産所得、事業所得、山林所得又は雑所得のいずれか一の所得に係る収入金額又は必要経費とする。…

（略）…」

(86) 増井・前掲注(67)六二頁以下。
(87) 増井・前掲注(67)六四頁。
(88) 増井・前掲注(67)六四頁以下。
(89) 増井・前掲注(67)六五頁。
(90) 佐藤英明「組合による投資と課税」税務事例研究五〇号三九頁（一九九九）。
(91) 高橋・前掲注(68)七六頁。
(92) 高橋・前掲注(68)七六頁。
(93) 植松守雄「講座所得税法の諸問題第18回第1納税義務者・源泉徴収義務者（続17）」税経通信四三巻三号六〇頁（一九八八）。
(94) 平野・前掲注(32)四二頁。
(95) 碓井光明「共同事業と所得税の課税～任意組合課税方式の検討～」税理二五巻六号九頁（一九八二）。
(96) 碓井・前掲注(95)一〇頁。
(97) 国税不服審判所平成二八年三月七日裁決 裁決事例集第一〇二集一〇七頁以下。
(98) 植松・前掲注(93)六五頁。
(99) 植松・前掲注(93)六五頁。
(100) 高橋祐介「組合課税―「簡素・柔軟・公平」な組合課税の立法提案―」租税法研究第三〇号四二頁（二〇〇二）。
(101) 高橋・前掲注(100)四二頁。
(102) 須田徹『米国のパートナーシップ―事業形態と日米の課税課題』二四四頁（中央経済社、一九九四）。

(103) 植松・前掲注（93）六五頁。
(104) 金子・前掲注（２）五〇七頁。
(105) 増田英敏『税理士のための租税法講座　紛争予防税法学』九〇頁（ＴＫＣ出版、二〇一五）。
(106) 渡辺淑夫「国際税務研究　外資系グループ内法人間で匿名組合の出資持分の譲渡があった場合の課税関係」International Taxation 第三二巻第六号一二三頁（二〇一二）。
(107) 金子・前掲注（２）二四七頁。
(108) 前掲注（97）一〇七頁以下。
(109) 前掲注（97）一一七頁。
(110) 前掲注（97）一一六頁以下。

四　アメリカのパートナーシップ制度における持分の譲渡の取り扱い

我が国の民法上の組合の出資持分を譲渡した場合の明文規定は存在していない。そのために、民法上の組合の出資持分をどのように解するかで譲渡の課税区分において種々の解釈が成り立つことが明らかになった。これは納税者に無用な混乱を与え、しいては納税者の予測可能性を阻害し租税法律主義に反することになる。

そこで、我が国の民法上の組合と類似した形態であるアメリカのパートナーシップ制度を取り上げ、その持分を譲渡した場合の取り扱いを検討することにより、我が国の民法上の組合の出資持分を譲渡した場合の取り扱いの指針としたい。なぜならば、アメリカのパートナーシップ制度の取り扱いは、租税法上明文化されており、我が国の取り扱いを検討する上で有益であるからである。

そのため、まずパートナーシップ制度の概要を述べ、我が国の民法上の組合との類似を確認し、次にパートナーシップ持分の譲渡における課税上の取り扱いを述べることとする。

1　パートナーシップ制度の概要

(1)　パートナーシップの概念

パートナーシップ（partnership）は、その構成員であるパートナー（partners）間における特別な合意がない限り、各州のパートナーシップ法および代理法が一般に適用されることになるが、ほとんどの州では統一パートナーシップ法（Uniform partnership act: UPA）を採択している。同法によれば、パートナーシップを「二人以上の者により共有されている営利を目的とした事業遂行のための団体」と定義づけている（UPA六条）[111]。

平野嘉秋教授は「UPAでは、『パートナーシップとは、二名以上の『者』が営利を目的に共同所有者として事業を遂行する団体である（A partnership is an association of more persons to car ry on as co-owners a business for profit.)』（原文ママ）と定義されている。この場合の『者』は、自然人である個人に限定されず、パートナーシップ、法人（corporation）又はその他の団体も含まれる。〝営利を目的として事業を遂行する〟ことがパートナーシップの基本的要件とされている。『事業』とは、すべての営業（trade）、職業（occupation）又は専門職（profession）をいう。さらに、『共同所有者』の存在も基本的要件となっている。[112]」とされ、「上記の要件を団体が備えていなければ、パートナーシップは成立しないことになる。パートナーシップの存否を判断するうえで、これらの要件が重要な意義を有するといえる。[113]」と指摘されている。

(2)　パートナーシップの種類

パートナーシップには、ジェネラル・パートナーシップ（general partnership; GPS）とリミテッド・パートナーシップ（limited partnership; LPS）の二種類がある。

ジェネラル・パートナーシップは、その構成員であるパートナー全員が経営を担い、また無限責任を負うジェネラル・パートナー（general partners; GP）により構成されている、基本的な形態のパートナーシップである。

リミテッド・パートナーシップは、一名以上の経営を担い無限責任を負うジェネラル・パートナーと、一名以上のリミテッド・パートナー（limited partner; LP）から構成されているパートナーシップをいう。このリミテッド・パートナーは、原則として経営に参加することはなく、また責任は有限である。

なお、ジェネラル・パートナーシップは我が国の民法上の組合に、リミテッド・パートナーシップは我が国の匿名組合に相当する組織であるとされている[114]。

よって本稿は民法上の組合に関するものであるため、以後パートナーシップという場合はジェネラル・パートナーシップを前提に論ずることとする。

(3) ジェネラル・パートナーシップ

① 成立関係

ジェネラル・パートナーシップとは、利益を目的に共同所有者として事業を行う二名以上の者の団体とされ、ジェネラル・パートナーとなる者は、個人、パートナーシップ、会社、その他の団体[115]とされている。

② 事業目的

ジェネラル・パートナーシップは、利益を目的に事業を営む団体[116]とされている。

③ 財産に関する権利

コモン・ローにおいては、パートナーシップは資産（特に不動産）を所有することはできなかったが、統一パートナーシップ法は資産の所有に関する限り、パートナーシップの財産取得を認め、不動産の財産権もその名において取得又は譲渡することができる。ただし、各パートナーは財産権の一つとして個々のパートナーシップの財産についての権利を有しており、その権利は共同所有者としての権利[117]とされる。

④　**業務執行**

各ジェネラル・パートナーは運営に参加する平等の権利を有しており、外観上、事業目的上の行為に関しては、パートナーシップの代理人であり、ジェネラル・パートナーの行為はパートナーシップを拘束するとされ、パートナーシップの事業に関連する通常の事項に関して、パートナー間の意見が相違する場合、パートナー間の多数決によって決められるが、基本的事項及び一定の事項に係わる決定においては、パートナー全員の同意が必要[118]とされる。

⑤　**構成員の持分**

平野嘉秋教授によると「パートナーシップにおけるパートナーの財産権は、①パートナーシップの個々の財産についての権利　②パートナーシップ持分（interest in the partnership）③パートナーシップの運営に参加する権利、の三つに区分されている。

①の権利は、すべてのパートナーの権利の譲渡の場合を除き、譲渡することはできない。ジェネラル・パートナーが死亡した場合、残存パートナーへその権利は移行する。強制（involuntary）譲渡もまた禁止されている。パートナーシップ財産は、パートナーシップに対する債権に関してのみ債権の執行（execution）又は差押えができる。また、パートナー個人に対する債権を有する者は、パートナーシップの事業資産に対して強制力を及ぼすことはできない。

②のパートナーシップ持分とは、特定のパートナーシップ財産のパートナーに限定された所有持分（possessoryinterest）と区分される財産権であり、動産（Personal property）である。それは、解散時の拠出資本の返還及びパートナーシップの利益持分に対する権利からなり、株主が有する株式と類似している。この利益持分は、譲渡が可能であり（transferrable）、譲受人（assignee）は、譲渡によって、パートナーが有していた権利を得

る。ただし、自動的にパートナーになれるわけではない。新パートナーの承認については、すべてのパートナーの同意が必要である。[119]」とされる。

⑥ 損益の分配

損益の分配については、契約において、各パートナーに対する損益等の配分割合が決められるが、その契約において利益等の配分割合が定められていない場合は、各パートナーの拠出額及びパートナーシップのすべての債務を支払った後の利益と剰余金について「均等」に分配され、損失について配分割合が定められていない場合は利益配分割合に応じて負担[120]するとされる。

⑦ 対外責任

パートナーシップの債権者は、パートナーシップの財産を差押え又は強制執行することができ、パートナーに対しても請求することができるが、まず、パートナーシップの財産が債務の支払に充当され、更に各パートナーも二次的に責任を負い、すべてのパートナーはパートナーシップの債務に対して共同責任があり、信託義務違反や不法行為に対しても共同で責任があるとされる。[121]

(4) 課税所得の計算

パートナーシップは、内国歳入法典第K節（内国歳入法典第七〇一条以下）の規定により、パートナーシップの課税所得を算定するうえでは、パートナーから独立した会計主体として扱われ、原則パートナーシップの所得は、個人の所得と同様の方法で算定される。[122]

算定されたパートナーシップの所得又は損失等は、実際に分配されたか否かにかかわらず、原則パートナーシップ契約に応じてパス・スルーされ、各パートナーの所得又は損失等となる。[123]

(5) 損益の配分方法

米国パートナーシップ会計における利益又は損失の配分方法としては、①各パートナーへ均等に配分する方法、②特別の配分割合による方法、③パートナーの期首出資金額に基づく方法、④パートナーの期中平均出資金額に基づく方法、⑤パートナーの期末出資金額に基づく方法、⑥パートナーに対する給与等の支払後に配分する方法などがあり、パートナーシップ契約がない場合、あるいは当該契約に損益の配分方法が規定されていない場合には、各州におけるパートナーシップ法（通常は、統一パートナーシップ法が採用されている）の規定が適用され、一般的には各パートナーに均等に損益が配分される。パートナーシップでは、パートナーがパートナーシップに投下した出資金額の増減を出資金勘定で処理し、出資金勘定ではその貸方に最初の元入額と増資額を、借方に減資額を記入し、パートナーシップからパートナーへ実際に分配した額については、出資金勘定の借方に記入せず、引出金勘定を設け、期末決算において引出金勘定の合計額を出資金勘定の借方に振り替える。すなわち、引出金勘定は出資金勘定からの差引額を示す評価勘定として機能する。[124]

パートナーシップから配分される損失については、それが発生したパートナーシップの事業年度末日における各パートナーのパートナーシップ持分の調整基準価額を超えて認識することはできず、パートナーシップ持分の基準価額を超える損失額については、翌年度以降に繰り越し（繰越期間に制限はない）、パートナーから追加拠出が行われたパートナーシップの事業年度末日を含む各パートナーの事業年度において、当該追加拠出額を限度として損失の計上が認められる。パートナーシップの同一年度における二種類以上の損失（例えば、通常の営業損失以外のキャピタル・ロス、事業用固定資産の処分損）は、パートナーの持分割合に応じて各パートナーに認識され、当該損失の分配持分がパートナーシップ持分の調整基準価額を超える場合、当該損失額の繰越しは、発生時と同一の性格で繰り越され、分配持分がパートナーシップ契約で決められていない場合、パートナーの分配持分はパートナーシップ持分に応じて算定される。[125]

(6) 構成員の新規加入

原則として、パートナーシップに新規に加入する者（以下「新パートナー」という。）は旧パートナー全員の同意によりパートナーシップへの加入を認められるが、米国統一パートナーシップ法の下では、パートナーは旧パートナーの同意なくして、そのパートナーシップにおける当該パートナーの持分の一部又は全部を処分することができ、その持分を購入した者は清算時における利益持分と資産に対するその売却パートナーの持分を取得するが、自動的にパートナーとなるわけではなく、そのパートナーシップへの加入が認められなければパートナーシップ業務における発言権はない。一般的には、新パートナーは①一人又は一人以上の旧パートナーからの持分の直接購入または②パートナーシップそれ自体への資産拠出のうちいずれかによってパートナーシップへの加入が認められる。①においては、新パートナーの資本持分は旧パートナーから取得したものであり、よってその事業の資産合計額には影響しない。②においては、その事業の資産合計額も出資金の合計額もともに増加する。そのため、新パートナーはパートナーシップ持分の購入代金を誰に支払うか決定しなければならない。新パートナーは、複数の旧パートナーに直接支払うのか、それともパートナーシップ自体に投資即ち出資するのかであり、この相違は大きな意味を有する。新パートナーが旧パートナーに直接支払う場合、現金その他の資産取引はパートナーシップ外で発生するが、新パートナーがパートナーシップ自体に拠出した場合、現金その他の資産の取引はパートナーシップ内で発生する。旧パートナーからの持分の直接購入の場合（全パートナーの同意を得ていると仮定）は、新パートナーがパートナーシップにおける持分に対する代価を旧パートナーに直接支払い、旧パートナーからその持分を購入することにより加入を認められる。旧パートナーが受領した金額はパートナーシップの財産というよりも旧パートナーの財産である。よって、支払われた現金その他の対価はパートナーシップにおいては会計上、記録されず、必要な唯一の記入は、旧パートナーの出資金勘定の金額を新パートナーのために設定した出資金勘定に振り替えることである。[126]

パートナーシップそれ自体へ拠出する場合（全パートナーの同意を得ていると仮定）は、旧パートナーから持分を譲受け、その代金として新パートナーは資産をそのパートナーシップに拠出する。この場合には、そのパートナーシップの資産も出資金もともに増加する。[127]

2　パートナーシップ持分の譲渡の課税上の取り扱い

パートナーシップ持分の譲渡の課税上の取り扱いを述べる前に、まず、パートナーシップ持分とは何かである。高橋祐介教授によると「内国歳入法典上、パートナーシップ持分（a partner's interest in a partnership）については定義規定がない。統一パートナーシップ法（Uniform Partnership Act）は、パートナーシップ持分を、パートナーシップの利益にあずかり、パートナーシップ解散（dissolution）時に資本の返還を受ける権利で、動産として扱われるもの、としている。内国歳入法典上も、『ほとんどの課税目的上、パートナーはパートナーシップ資産に対し直接の持分を有しているとみなされず、パートナーシップの資本、利益（profits）、利得（gains）、及び、損失の配分にあずかる権利を表象し、かつ独立の資産たる、パートナーシップ持分を有すると考えられている』。簡単にいえば、パートナーシップ持分とは、会社における株式（stock）に対応した概念であるといえよう。パートナーシップ持分は、パートナーがパートナーシップの有する個々の資産に対し直接有する持分とは区別されており、原則として、内国歳入法典上は、これを資本的資産として取り扱う（IRC §741）。[128]」と述べている。また、このパートナーシップ持分の価格に関して「パートナーシップ持分の基準価格とは、このような一つの資産たるパートナーシップ持分につけられた基準価格である。[129]」としている。

なお、資本資産として取り扱われる意味だが、増田英敏教授によると、「アメリカの内国歳入法典は、一二二二条において譲渡所得（capital gains）は、資本資産（capital assets）の譲渡または交換（the sale or exchange）による利得を意味すると定義している。[130]」とされているように、譲渡所得（キャピタル・ゲインまたはロス）として扱われることを意味している。

また、高橋祐介教授はパートナーシップ持分を譲渡した場合の課税上の取り扱いを「持分を譲渡したときの課税上の取り扱いは、二通り考えられる。一つは実体アプローチに従った考え方である。パートナーシップがパートナーとは独立の実体であり、パートナーはパートナーシップに対して先のパートナーシップ持分を有するのみで、パートナーシップの保有資産を直接に保有しているわけではないから、パートナーシップ持分の譲渡は、法人の株式の場合と同様、個々のパートナーシップ資産に対する直接の持分を譲渡したものとは考えられない、というものである。その場合、譲渡されたものはパートナーシップ持分という一つの資産である。もう一つの考え方は、集合アプローチに従った考え方である。パートナーシップはパートナーの集合であり、パートナーシップ資産もパートナーが直接に保持しているものと考えられるから、パートナーシップ持分の譲渡とは実際にはパートナーシップ資産の個々の持分を譲渡したものにすぎない、というものである。この場合、譲渡されたものは様々なパートナーシップ資産に対する直接の（共有）持分である。[131]」とし、「内国歳入法典は、原則として、パートナーシップ持分の譲渡を実体アプローチに従って取り扱いつつも、集合アプローチの要素を取り入れてこれを修正している。[132]」と述べている。

具体的には、平野嘉秋教授は「パートナーシップ持分は、内国歳入法上、資本資産として扱われ、原則として、パートナーシップ持分の売却又は交換による所得はキャピタル・ゲイン又はロスとなる。ただし、未実現債権（例えば、役務に対する債権で実現していないもの）及び含み益を有する棚卸資産に対する持分の額に対応する損益は、通常所得となる。」[133]と述べている。

これは高橋祐介教授によると、「キャピタルゲインは一般に通常所得（個人について最高三九・六％）よりも低い税率（最高二八％、IRC §1（h））で課税される。そのため、通常所得を生む資産をパートナーシップに保有させ、パートナーシップ持分を売却することにより、実質的には通常所得を生む資産を売却したにもかかわらず（パートナーが直接この資産を売却したならば売却益は通常所得）、資本的資産売却ということで、売却益について有利なキャピタルゲイン取り扱いを受けることができる（通常所得のキャピタルゲインへの転換（conversion））。このようなパートナーシップ持分を使用したキャピタルゲインの通常所得への転換を防止するために、一九五四年歳入法典において、七五一条（a）が制定された。」[134]のである。

そのために、平野嘉秋教授は「未実現債権及び含み益を有する棚卸資産に対する持分の額に対応する損益は通常所得とされており、必ずしも、キャピタル・ゲイン、そのものに固執しているわけではなく、いわば集合体説と実体説の折衷的考え方である混在説（hybrid theory）を採用しているといえる。したがって、パートナーシップ持分を売却又は交換したパートナーは、パートナーシップ持分の売却又は交換による対価を内国歳入法第七五一条適用資産とその他の資産に区分し、その調整基準価額も両者に区分して、通常所得（又は損失）、キャピタル・ゲイン（又はロス）を算定しなければならない」[135]と述べている。

つまりパートナーシップ持分の売却又は交換をした場合は、調整基準価額として一つの基準価額が設けられるが、それは資本資産としてキャピタル・ゲイン（またはロス）の対象となる部分と、内国歳入法典七五一条に規定する資産（未実現債権及び含み益を有する棚卸資産）として通常所得の対象となる部分とから構成されることになり、譲渡所得（キャピタル・ゲインまたはロス）と通常所得として課税されることになる。

(111) 伊藤公哉『アメリカ連邦税法第2版』三九五頁（中央経済社、二〇〇二）。
(112) 平野嘉秋「パートナーシップと国際課税問題～LPS最高裁判決により開かれた〝パンドラの箱〟～〈第1回〉」International Taxation 第三六巻第四号八九頁（二〇一六）。
(113) 平野・前掲注(112)九〇頁。
(114) 伊藤・前掲注(111)三九七頁。
(115) 平野・前掲注(28)二八頁。
(116) 平野・前掲注(28)二九頁。
(117) 平野・前掲注(28)二九頁。
(118) 平野・前掲注(28)三〇頁。
(119) 平野・前掲注(28)三一頁以下。
(120) 平野・前掲注(28)三二頁。
(121) 平野・前掲注(28)三三頁。
(122) 平野嘉秋「ベンチャー・キャピタルと資産証券化のための税務会計(2)～パス・スルー型企業の税務及び会計～」税経通信五三巻一〇号四四頁（一九九八）。
(123) 平野嘉秋「ベンチャー・キャピタルと資産証券化のための税務会計(3)～パス・スルー型企業の税務及び会計～」税経通信五三巻一一号四六頁（一九九八）。
(124) 平野嘉秋「ベンチャー・キャピタルと資産証券化のための税務会計(5)～パス・スルー型企業の税務及び会計～」税経通信五三巻一三号四二頁以下（一九九八）。
(125) 平野嘉秋「ベンチャー・キャピタルと資産証券化のための税務会計(6)～パス・スルー型企業の税務及び会計～」税経通信五四巻一号四七頁（一九九九）。
(126) 平野・前掲注(125)五一頁。
(127) 平野嘉秋「ベンチャー・キャピタルと資産証券化のための税務会計(7)～パス・スルー型企業の税務及び会計～」税経通信五四巻四号四八頁（一九九九）。
(128) 高橋祐介「パートナーシップ持分の基準価格について」税法学五三四号五四頁以下（一九九五）。
(129) 高橋・前掲注(128)五五頁。
(130) 増田・前掲注(16)一九九頁。
(131) 高橋祐介「パートナーシップ持分の譲渡について―解散予定パートナーシップ及び選択的基準価格調整を中心に―」税法学五

四〇号三六頁（一九九八）。
(132) 高橋・前掲注 (131) 三六頁。
(133) 平野嘉秋「ベンチャー・キャピタルと資産証券化のための税務会計（最終回）～パス・スルー型企業の税務及び会計～」税経通信五四巻八号三六頁（一九九九）。
(134) 高橋・前掲注 (131) 四三頁。
(135) 平野・前掲注 (133) 三六頁。

結　論

本稿は、個人が民法上の組合の出資持分を譲渡した場合における所得の所得税法上の所得区分の問題を検討し、明らかにすることを目的とした。

現在の我が国の税法においては、包括的所得概念を前提としているため、担税力を増加させる経済的利益はすべて所得を構成するとしている。

しかし、我が国の所得税法では、包括的所得概念のもとではあらゆる所得を課税すべきであるといっても、所得はその性質や発生源泉によって担税力が異なるため、所得をその源泉ないし性質によって一〇種類に分類し、それぞれの担税力の相違に応じた計算方法を定め、またそれぞれの所得区分に応じた課税方法を定めている。そのうち、資産の譲渡による所得は、棚卸資産、棚卸資産に準ずる資産で政令で定めるもの、営利を目的として継続的に行われる資産及び山林の譲渡による所得と金銭債権の譲渡による所得を除いて、譲渡所得として区分されることになる。

民法上の組合の出資持分の譲渡による所得は、所得税法上どのように取り扱われ、いかなる所得区分に該当するのかについて、所得税法上明文規定が存在していない。そのため、民法上の組合の出資持分をどのように捉えるかによって取り扱いが異なることになる。

その点について、学説は、組合財産の合有持分の移転と解し、組合財産中の個々の財産の持分を譲渡したものとして、その財産が固定資産か棚卸資産かなどの区分に応じて譲渡所得や事業所得などに区分されるとし、一つの資産である持分自体を譲渡したとは考えず、各組合資産に対する自己の含み損益を認識するとしている。

しかし、組合員の地位（包括的な持分）の譲渡が頻繁に行われ、一般にそれが経済的価値をもつものと認識されるようであれば、その組合員の地位（包括的な持分）が一箇の資産として性格づけられ、その譲渡による所得は一体としてキャピタル・ゲインと考えられるようになるかもしれない[136]との見解がある一方、出資金額を超える場合であっても、その差額は、組合財産の増加益に対応する部分は別として、課税ずみの所得であるから、他の組合員からの利益の移転がない限り、再度課税されることはないと解すべきであろう[137]との見解もあることが本稿で確認できた。

関連通達からの検討においては、まず消費税法基本通達で民法上の組合の出資者の持分を「有価証券」に該当するとしているが、所得税法上は「有価証券」として扱える規定がないことを確認した。

次に国税徴収法基本通達では「持分」を「組合員として有する財産的地位」をいうとし、「第三債務者等がある無体財産権等」としており、この「第三債務者等がある無体財産権等」は資産に該当し、譲渡所得から除かれるもの（棚卸資産、準棚卸資産、山林および金銭債権）にあたらないので、譲渡所得（営利を目的として継続的に行われる場合は雑所得）に該当することになる。なお、この場合、民法上の組合の出資持分の譲渡は、租税特別措置法において分離課税として規定されている有価証券や土地・建物等にも該当しないので、総合課税になることが確認できた。

民法からの検討においては、組合の出資持分の法的性格は、「組合員たる地位」とそれに伴う「ある一定時点において評価された一個の財産権」すなわち「払戻請求権」と考えられることが確認できた。この「組合員たる地位」は「組合員として有する財産的地位」と同様であり、「第三債務者等がある無体財産権等」に該当し、資産を構成する。「払戻請求権」は民法上「債権」と考えられ、税法上の資産に該当するが、「組合員たる地位」と不可分の関係にあり、分離して処分することができないため一体とみてよい。資産の譲渡は、関連通達からの検討において述べたように、営利を目的として継続的に行われる場合を除いて譲渡所得の総合課税に区分されることが確認できた。

しかし平成二八年三月七日の裁決においては、「本件組合財産に対する持分は、本件組合の出資持分及び組合員たる地位である本件持分と不可分一体のものであるから、本件譲渡契約による本件持分の譲渡は、本件持分が表象する本件組合財産に対する持分の譲渡という性格を有するものというべきである(138)」として持分の譲渡日時点の組合財産のうち現金及び預金に対応する部分を除き、組合財産を構成する土地建物等の譲渡に係る所得として、分離課税の長期譲渡所得に該当するとされている。

このように民法上の組合の出資持分をどのように認識するかによって取り扱いが異なるのである。

次に、我が国の民法上の組合と類似しているアメリカのパートナーシップの持分の譲渡がどのように扱われているのか検討した。

アメリカのパートナーシップでは、パートナーシップ持分を、パートナーがパートナーシップの有する個々の資産に対し直接有する持分とは区別して、持分という一つの観念の下に、資本資産としてキャピタル・ゲイン（又はロス）の対象となる部分と、内国歳入法典七五一条に規定する資産（未実現債権及び含み益を有する棚卸資産）として通常所得の対象となる部分とから構成されるとしている。これは内国歳入法典上、条文として明記されていることとが確認できた。

このように、アメリカにおいては条文として明記されているのに対し、我が国においては規定が存在しないため、民法上の組合の出資持分をどのように認識するかによって、所得税法上取り扱いが異なり、さらには総合課税か分離課税かになるのかの判断もわかれ、また、譲渡に際し、譲渡前までに生じた組合の債務を負担した場合はいかに取り扱うのかなどの問題もあり、課税所得に差異が生じ、税額に影響を与える。

そのため、我が国の租税法上の基本原則である租税法律主義の見地から予測可能性の確保のために、民法上の組合の出資持分の譲渡を課税上どのように取り扱うべきかにつき明確にできるよう、早急に立法措置を講ずるべきと考える。

さらに金子宏教授が「組合は、各組合員の当初出資・追加出資の金額、損益の配賦と分配等を明確にするために、組合員ごとに『組合員勘定』を設け、最初の出資額と追加出資額をその貸方に記入し、活動開始後の各事業年度における損益の配賦額、分配額および分配せずに留保した金額の明細を組合員勘定に記入することが適当であると考える。組合員勘定は、組合の経理を適正かつ透明にするために必要不可欠である。[139]」と指摘されているように会計面での環境整備も必要と考える。

その際、我が国の民法上の組合と類似しているアメリカのパートナーシップ持分の譲渡の課税上の取り扱いは、我が国の課税上の取り扱いをめぐる立法論に大きな示唆を与えるものと言える。

(136)　植松・前掲注（93）六五頁。
(137)　金子・前掲注（２）五〇七頁。
(138)　前掲注（97）一一六頁。
(139)　金子宏『租税法理論の形成と解明　下巻』八頁（有斐閣、二〇一〇）。

付記：本章は、利田明夫著「組合の出資時分譲渡の所得税法上の取り扱いの検討～民法上の組合を素材として～」（専修大学大学院二〇〇五年度修士論文）を基に加筆・修正したものである。

第８章　所得税法における医療費控除の位置づけ

赤木葉子

はじめに

所得税法は、各種所得の担税力の差異に着目して設けられた所得区分により所得の性質に応じた区分けを行い、納税者の担税力に直接影響を及ぼす扶養家族等の人的事情等については各種の所得控除により配慮し、所得金額の大きさに応じて累進税率を適用して税額を算出する構造をもつものであり、担税力に応じた課税を実現するために最も適した租税として税制の中心に位置づけられてきた。

納税者の個人的事情を考慮する所得控除は、課税ベースを侵食するものであるとして簡素化の議論もあるが、「納税のために処分する所得」を算出するための重要な控除である。特に、わが国が直面している高齢化社会の中で、所得控除の一つとして、医療費の多額で異常な出費となる場合における担税力の減殺を調整する目的で創設された医療費控除制度は、今なおその存在意義が再認識されるべきである。

医療費控除制度は、控除対象医療費の範囲を限定的に定める規定を維持しつつ、業務執行上の必要性の高まりとともに、緩和通達によってその範囲を拡大する運用がなされてきた。つまり、納税者の担税力に直接影響を与える控除対象医療費の範囲が、立法によらずに、租税行政庁の判断によって拡大されてきた。

租税法律主義の下では、例え納税者に有利な取扱いを行う場合であっても、具体的な租税法規上の根拠が必要である。侵害規範である租税法は、租税法律主義の支配の下に置かれ、租税法律主義の一内容である合法性の原則は、法に基づいた課税実務の運用を求めている。応能負担原則に基づく公平な課税を行うために立法された所得控除は、その「法」に基づく運用がなされてはじめて担税力に応じた課税を実現することができる。それが租税法律主義の要請であり、租税法律主義の主たる機能は、恣意的な課税を阻止することにより納税者の権利を保護し、租税正義を実現することにあるのであるから、立法により考慮された「公平」概念が、租税行政庁の判断により歪められてはならない。

このような問題意識のもと、本稿は、日常生活の中で最も身近で、広く一般の納税者に関わる医療費控除が、納税者の適正な「納税のために処分しうる所得」を反映するための控除として機能しているか否か、租税法律主義の視点から検討を加えるものである。

一　所得税法における所得控除の位置づけ

医療費控除は所得控除の一つであるからその議論の前提として、所得税法上設けられている控除制度としての所得控除の位置づけを検討する。所得税法の根幹の議論である所得概念を確認し、それらの議論に共通する所得税法の基礎理念としての応能負担原則のうち、所得控除との関係で特に重要な原理を明らかにする。

1　所得税法の特色と応能負担原則

(1)　所得概念と所得税法

所得税とは、個人に対して課される租税であり、その課税物件は個人の「所得」である。しかし、所得税法上、「所得」について明確に定義した規定は存在せず、所得概念についての議論は、もっぱら学説により展開されてきた。(1)

各国の租税制度において一般的に採用されている所得概念は、取得型（発生型）所得概念（accrual type concept of income）と呼ばれるもので、各人が収入等の形で新たに取得する経済的価値、すなわち経済的利得を所得と観念する考え方である。(2) 取得型所得概念には、所得の範囲をどのように構成するかによって、制限的所得概念（所得源泉説）と包括的所得概念（純資産増加説）という二つの考え方がある。所得税の課税物件である「所得」をいかに構成するかは、所得税の本質に関わる問題であり、多くの説があるが、その中でも、歴史的にみて重要かつ代表的と思われるのは、この制限的所得概念と包括的所得概念の対立である。

制限的所得概念とは、経済的利得のうち、利子・配当・地代・利潤・給与等、反覆的・継続的に生ずる利得のみを所得と観念し、一時的・偶発的・恩恵的利得を所得の範囲から除外する考え方である。この考え方は、所得源泉説あるいは反覆的利得説ともよばれ、この考え方によると、一時的・偶発的利得は、課税の対象から除外される[3]。

これに対する包括的所得概念の下では、人の担税力を増加させる経済的利得のみでなく、一時的・偶発的・恩恵的利得も所得に含まれることになる。この考え方は、純資産増加説ともよばれ、一八九二年ゲオルク・シャンツ(Georg Schanz)によってはじめて体系化され[4]、一九一三年のアメリカ合衆国の所得税法に受け継がれ、その後アメリカの財政学者であるロバート・ヘイグ(Robert Haig)やヘンリー・サイモンズ(Henry Simons)によって理論的に精緻化された[5]。

所得源泉説に強力に反対したシャンツは、期首の財産額に対する期末の財産額の増加分に期中の消費分を加えたものを意味する、一定期間内の純資産の増加が、所得税の対象となるべき所得であると主張した。シャンツの考え方は、所得税は個人の担税力に応じて課される租税であり、そのためにはある個人にどれだけの富が増加したかが重要であって、一時所得や譲渡所得であっても個人の担税力を同じように高めるものであることには違いはない、とするものである[6]。

ヘイグは、欲望を充足しうる力の増加分を所得と捉え、具体的には「二つの時点の間における人の経済的能力の純増の金銭価値」と定義し、サイモンズも、「消費によって行使された権利の市場価値と期首と期末の間における財産権の蓄積の価値の変化の合計」と定義する。表現に若干の差異はあるが、所得を経済力の増加と捉える点では同じである。この考え方は、今日、ヘイグ・サイモンズ説と呼ばれる[7]。ヘイグ・サイモンズによれば、所得=純資産の増減+消費として捉えられ、所得とは、消費された金額のみならず、貯蓄や投資に充てられた金額をも含むものとされる。これは、「従来の経済学の基礎理論として考えられていた所得=消費という考え方を変換するもの[8]」であった。このヘイグ・サイモンズの所得の定義は、担税力に応じた公平な課税の観点を重視する点で、シャンツの所得概念と基本的には同じものであると考えられ[9]、この包括的所得概念（純資産増加説）が、今日の通説とされている。

谷口勢津夫教授が「包括的所得概念が広く支持を集めるようになったのは、租税理論的には、それが最も重要な租税原則の一つである公平負担の要請（担税力に応じた課税の原則）に適合するからである[10]。」と述べられているように、所得税の最も本質的な所得概念の議論において、公平負担の原則の理念が基礎となっていることが確認される[11]。

この包括的所得概念に対し、現行所得税法は、どのように所得を構成しているであろうか。明治二〇年に創設されたわが国の所得税法は、制限的所得概念を採用していたが、戦後の所得税法においては、一時的・偶発的・恩恵的利得を新たに課税の対象とし、さらに、シャウプ勧告に基づく昭和二五年度の税制改正によって、雑所得という類型を新設して、所得の範囲を著しく拡大するに至った。これは、納税義務者の担税力を増加させる利得は原則としてすべて所得として課税の対象とするという考え方を示しており、包括的所得概念が採用されていると一般に考えられている[12]。

包括的所得概念を、税法に取り込むにあたっては、行政上・実際上の理由から様々な困難があり、実施には本来「所得」にあたる帰属所得・未実現利得などが非課税とされていることなどからも、理論上の包括的所得概念を、現行所得税法上の解釈にそのまま用いることはできないが、「課税ベースをできるかぎり広くとることは、課税の公平を維持し、累進所得税の有する富の再分配機能・景気の自動調整機能を十分に発揮させるためにも重要なことであ[13]」り、「包括的所得概念は、一つの規範的概念として、現実の税制や政策の当否を判断する重要な尺度となりうる[14]。」ものとして位置づけることができる。増井良啓教授は、サイモンズの定式は、所得税制を評価し検討するための分析ツールとして便利であるとされる[15]。本稿においても増井教授の言われる「実定法をみていく際の知的な

『物差し』のひとつ[16]」として包括的所得概念を位置づけ、議論を展開する。

（２）所得税法の基本的構造とその評価

所得税法第二一条「所得税額の計算順序」及び課税標準について定めた二二条から、次の五つの段階を経て[17]、所得税額が算出されることが確認できる。

第一の段階は、「各種所得の金額の計算」の段階である。所得税法は、まず、所得を発生源泉別に、一〇種類の所得に区分し、この区分ごとに「所得の金額」を計算することを命じている。「所得の金額」は、原則として（総）収入金額から必要経費等の控除すべき金額がある場合には、その金額を差し引くことにより計算される。

次に、第二段階では、「損益通算及び損失の繰越控除」を行い「課税標準」である総所得金額等を算出する。第一段階において「所得の金額」を計算した結果、損失が出ることがあり、この場合に、プラスの所得と通算する、いわゆる損益通算が一部の所得について限定的に認められている。その他一定の損失について三年間繰越すことも認められる。

第三段階では、第二段階で計算された総所得金額等から、基礎控除をはじめとする所得控除が行われ、「各課税所得金額」が算出される。この段階で算出される各課税所得金額が、税率を適用する前の段階における真の課税標準である。

第四段階は、各課税所得金額に対してそれぞれに税率を乗じて所得税額が計算される「税額計算（税率適用）」の段階である。税率については、超過累進税率が採用されている。

最後の第五段階では、第四段階で算出された所得税額から、配当控除、外国税額控除などの「税額控除」を行い、これら税額控除をした残額が、最終的な所得税額となる。

このような所得税法の構造から、その特色として、次の三点をあげることができる。一つ目は、所得の発生源泉による担税力の差異に着目して所得区分を設けていること、二つ目は、納税者の担税力に直接的に影響を与える扶養家族等の人的事情等に配慮するため各種の所得控除を設けていること、そして三つ目は、担税力の指標となる所得金額の大きさに応じて累進税率を採用していることである。これらの三点は、いずれも担税力に応じた課税を実現するための仕組みとして、所得税法に取り入れられている[18]。所得税の課税物件である所得が、個人の人的事情を考慮した総合的な担税力として表現され、公平負担の要請を満たすものとして評価される[19]。

一方、所得税は、税務行政が複雑であること、脱税や租税回避によって不公平が生じやすいこと、経済成長阻害効果が比較的問題になりやすいこと、規定の複雑さから納税者が自己の負担を容易に予想することを妨げること、担税者の負担感が重いこと、特定の納税者（例えば給与所得者）に負担が偏ること、などの点で問題が指摘される[20]。このような問題点がありながら、「先進諸国における中央政府の財源として、個人所得税がきわめて重要な地位を占めてきたのは、公平の観点からみた個人所得税のメリットが、その他の欠陥よりはるかに重視されてきたため[21]」であろう。木村弘之亮教授は、「応能負担原則に基づく平等な課税[22]」という価値を内包する所得税について、「理念的には、…あらゆる税のうち正義に最も適合する[23]。」と述べておられ、松沢智教授もまた、「租税の正義は、『重きことを憂うるのではなく、等しからざることを憂うる』ことにある[24]。」ことを確認されている。所得税法が高く評価されているのは、公平負担という価値概念が、最も重要なものとして考えられているからに他ならない。

そこで、次に、所得税が最も正義にかなう法であると評されるその正義の内容、すなわち「公平」という概念について、所得控除制度との関係で確認していくこととしたい。

(3) 所得税法における応能負担原則の具体的内容

上記で確認された「公平負担の原則」は、租税平等主義あるいは租税公平主義ともよばれ[25]、租税法律主義とならぶ租税法の基本原則であると位置づけられている。租税公平主義について、金子宏教授は「税負担は国民の間に担税力に即して公平に配分されなければならず、各種の租税法律関係において国民は平等に取り扱われなければならないという原則を、租税公平主義または租税平等主義という。[26]」と定義され、内容的には、「担税力に即した課税」と租税の「公平」ないし「中立性」を要請するものであると述べられている。[27]これは近代法の基本原理である平等原則の課税の分野における現われであり、直接には憲法一四条一項が、その根拠規定であると解されている。[28]

増田英敏教授は、金子教授の定義を、さらに租税法の立法の場面と執行の場面とに区分され、租税公平主義の第一の意義として、担税力に応じた課税を実現できるよう租税法の立法過程を統制する立法原理としての租税負担公平の原則、第二の意義として、執行の側面で、担税力に応じた公平な租税負担の実現を目的として立法された租税法を、すべての国民に平等に適用することを要請する執行原理としての平等取扱原則の二点を確認されている。[29]すなわち、担税力に応じた課税は、平等原則が保障されてはじめて実現されるのであるから、平等取扱原則は担税力に応じた課税の大前提であり、租税公平主義は、租税負担公平の原則と平等取扱原則の二つの平等概念により、その内容が構成されていると理解することができる。[30]

申告納税制度の下では、その適用租税法規が公平に立法されていることが前提となっており、租税公平主義は法そのものに内在するということになるから、公平負担は、執行面よりも、より立法面において特に重要となる。[31]立法原理としての租税負担公平の原則、すなわち人々がその負担能力（担税力）に応じて課税されなければならないという考え方は、法律家の間では、応能負担原則と呼ばれることが多い。[32]吉村典久教授は、租税公平主義と応能負担原則の関係について、「租税平等主義によって国家は国民の間で租税負担を平等に配分しなければならないことを要請されるが、それは唯一国民の担税力に応じて租税負担を配分すること（応能負担原則）によって達成されうるのである。したがって、租税平等主義は、まさに応能負担原則を要求するものといえよう。[33]」と述べられ、「租税正義に合致する租税法の最高基本原則として、租税法全体、特に所得税法に妥当する[34]」ことを確認されている。

ここに「公平」とは、一般に等しい状況にある者を等しく扱うことを意味する「水平的公平」と、異なる状況にある者を異なって扱うことを意味する「垂直的公平」という二つの概念から説明されることが多い。応能負担原則という言葉は、「『(能) 力に (応) じて租税負担を配分する (原則)』を意味するものであるから、専ら垂直的平等の側面に着目した用語[35]」として用いられ、垂直的公平の下では「高い担税力を持つ者は低い担税力しか持たない者より高額の租税を負担すべきである」という命題を含むものであるから、累進税率の思想と強い結びつきを持つものとして、その理論的根拠を果たしてきた[36]。

しかし、応能負担原則は、垂直的公平に関する面だけでなく、水平的公平に関する面からも理解することができる。吉村典久教授は、応能負担原則から「『担税力を持たない納税義務者は租税を支払う必要がない、または、納税義務者は自己の担税力を超える租税負担を負う必要はない』という水平的側面に関する命題をも引きだしうる[37]。」と述べられ、応能負担原則の具体化として、納税のために可処分な所得のみが課税の対象となるという可処分所得課税の原則を、演繹されている。新井隆一教授もまた、「国民の租税負担が、個別の国民の担税能力に相応しているものでなければならない、ということは、担税能力のない国民には、租税を負担させてはならない、ということを意味する[38]。」とした上で、応能負担原則の現代における意義を、「国民の生存権の保障にある[39]」と述べられている。

所得税額の算出過程において、総所得金額等から控除する概念である所得控除制度が設けられていることを考えると、所得税法は、「所得」のうちに課税しない所得の存在を認めているものといえ、ここで応能負担原則と憲法原理との関係が重要な意義をもつ。

所得控除のうち、特に後述する基礎控除等の人的控除について金子宏教授は、「所得のうち本人およびその家族の最低限度の生活（minimum standard of living, …）を維持するのに必要な部分は担税力をもたない、という理由に基づくものであって、憲法二五条の生存権の保障の租税法における現われである。[40]」と説明されている。憲法二五条から、租税の分野においては、「健康で文化的な最低限度の生活を営む」ために必要な生活費に相応する所得には課税してはらないという、最低生活費非課税の原則が導かれ、人的控除は、当該原則の具体化であるとされている。[41]具体的に、憲法二五条は一般に「社会権」、つまり、国民が国に対して一定の行為を要求する権利（作為請求権）の一つとして理解されているが、この権利は同時に、国の介入の排除を目的とする権利（不作為請求権）である「自由権」としての機能も有しているとされ[42]、このような立場から租税の分野においては「所得税法における最低生活費非課税の原則の根拠を憲法二五条の自由権的側面に求めることはもとより正当なもの[43]」と認識されている。

また、木村弘之亮教授は、「日本国憲法は個人の尊厳を最も重要な価値として位置づけている（一三条）。日本国憲法の保障する個人の尊厳は、自己責任において自律的に人格を展開する人間像を念頭においている。この人間像は、一定の経済的、文化的、市民的、社会的、政治的基盤…の存在を前提としており、このような基盤なくしては、個人の尊厳は保持しえない。そのために、生存に必要な最低限度以上の経済的、文化的、市民的、社会的、政治的基礎を個別の個人に保障することが、個人の尊厳の規定から帰結する（最低生活費の保障[44]）。」と述べられ、最低生活費非課税の原則の憲法上の根拠として憲法一三条をあげられている。

以上の点を併せ考えると、憲法二五条と憲法一三条の規定から、「人間の尊厳という基本的人権の根源的価値に裏打ちされた『生存権』は、国家の課税権に優先する、という規範的命題[45]」が導かれ、さらにその命題から「国家は、『単に生物として生きることしかできない状態にある個人』が稼得した所得に課税することは許されず、『人間・人格の尊厳が保障された個人』…が稼得した所得にしか課税してはならない。[46]」ことが要請され、「人間に値する生存のための必要な経費[47]」には、担税力がない、すなわち課税してはならない、という憲法上の要請がここに確認される。

2　所得控除制度の意義

(1)　所得税法の控除制度と所得控除の性格

所得税法上設けられている控除制度について、藤田晴教授は「所得税負担額の計算にあたって、粗収入、税法上の所得あるいは算出税額から、所定の金額を差し引くことを認める制度[48]」と定義される。すなわち、藤田教授の定義を上記第一節で確認した所得税額算出の計算段階に当てはめれば、①各種所得の金額の算定のため「粗収入」すなわち（総）収入金額等から控除する必要経費等、②「税法上の所得」すなわち総所得金額等から控除する所得控除、③各課税所得金額に税率を乗じて算出された所得税額から控除する税額控除の三つに区分することができる。これらの各控除制度による効果として、所得税額の計算過程上、①を控除したあとの「総所得金額等」という所得税法における課税標準と、②を控除したあとの「各課税所得金額」という税率を適用する前の段階における真の課税標準という二つの課税標準を観念することができる。木村弘之亮教授は、前者を「法定課税標準（不真性の課税標準）」、後者を「真性の課税標準」と呼称される[49]。所得控除の位置づけを考える上では、両者の性格付けをはじめに確認しておく必要があろう。

まず、必要経費については、所得概念として包括的所得概念を採用する場合であっても、所得を得るための原資部分は、課税所得の範囲から除外することが認められている。所得の範囲から「もとで」に相当する部分を差し引いた純粋な「もうけ」、すなわち「純所得（net income）」に課税するように作られている[50]。なぜ純所得をもって課税所得とすべきなのかという点については、一般に、「課税の対象となる所得の計算上、必要経費の控除を認めることは、いわば投下資本の回収部分に課税が及ぶことを避けることにほかならず、原資を維持しつつ拡大再生産を図るという資本主義経済の要請にそうゆえんである。[51]」と説明される。

必要経費について所得税法は、必要経費の範囲を直接規定した原則規定（法三七条）と家事費と家事関連費を必要経費から除外する必要経費不算入規定（法四五条）を定め、収入金額から控除できる必要経費の範囲を確定させるという制度的仕組みを採用している。[52] 法三七条一項によれば、必要経費とは「当該総収入金額を得るため直接に要した費用」および「所得を生ずべき業務について生じた費用」であり、必要経費であるためには業務との関連性が要求される。個人所得を問題とする場合に、事業主は所得獲得活動のみならず、家庭生活を営み消費行為をも行うものとして存在しているのであるから、事業上の必要経費と家事費を識別することが重要になってくる。[53]

家事費に該当するものは、所得を獲得するための投下資本ではなく、稼得した所得の消費であるから控除しないのであるが、[54] 所得獲得活動のためには、その活動がなければ発生しないというような収入との間に相当因果関係をもった追加的な個人消費支出が行われる場合がある。[55] これらの支出は、一方で、本質的には個人消費の性質を帯びたものである。[56] このような追加的支出の控除が否認されることについて、岡村忠生教授は、「こうした支出はきわめて多くの納税者に発生し、また個人的な性格をもっていることから、費用控除として扱うことは適当ではなく、むしろ人的控除（所得控除）や、さらには税額控除として考慮すべきであるという理由である。[57]」と所得税法の構造上の理由をあげられ、所得税法が家事費を必要経費控除の対象から除外しているのは、「費用性がある場合にも控除を認めない趣旨であると解される。[58]」と述べられている。また、増井良啓教授は、「所得税法は、ヒトとモノの区別を前提とした上で、モノの領域において原資の回復に関するルールを置いている。[59]」というもう一つの基準を示され、「人が健康を害して医療費を支払うような場合については、必要経費・取得費といった原資の回復に関するルールとは別に、医療費控除（所税七三条）といった特別の所得控除のしくみを用意している。[60]」と述べられている。この点、木村弘之亮教授も、「家事関連費は、所得税法が主観的給付能力の数値のなかで控除に関する特別な法律要件（所得控除）を定めている場合に限って（所得税法七二条ないし八六条）、控除されうる。[61]」ものであるとし、吉村典久教授は、法定課税標準算出までの段階について、「納税義務者の担税力に影響を及ぼす個人的事情は所得税額の計算上考慮されておらず、いわば客観的に納税義務者の経済的な担税力が算出される段階であるため、ここまでの段階は、納税義務者の客観的担税力の計算過程[62]」であるとして、個人的事情を考慮する所得控除を行う主観的担税力の計算過程と区別されている。

以上のことから、必要経費を控除する段階においては、家事費および家事関連費は、例え収入との因果関係があっても原則として法定課税標準の計算上排除され、それら排除された支出は、真性の課税標準の段階において特別な規定がおかれている場合にのみ考慮されるという構造であることが確認される。

次に、真正の課税標準の段階で差し引かれる「所得控除」について、所得税法は、「居住者の納税義務」について定めた第二編の第二章「課税標準及びその計算並びに所得控除」の最後の節（第四節）に、その規定をおいている。規定上も第一節で確認した計算構造でいう、総所得金額等の計算段階である第二段階と、税額計算の段階である第四段階との間の、課税所得金額を算定する第三段階にあることが確認できる。「所得控除」とは、税率表の適用対象である課税所得を算出するために差し引かれるものであり、税額を算出したあとに一定金額を控除する「税額控除」とは構造上区別されている。

必要経費が、事業との関連性のある支出、投下資本の回収部分に該当するものと解されるのに対して、所得控除は、「納税者の個人的支出であり、本来、所得の消費に当たるもの[63]」とされ、包括的所得概念の下では、それらの支出の控除は認められないところであるが、現行所得税法上、後述のように種々の性格の所得控除が存在している。これら所得控除が設けられた趣旨について、泉美之松氏は、第一の理由として、最低生活費に課税することは適当ではないという理由、第二に、納税者の担税力は必ずしも所得の大きさのみによって左右されるのではなく、個別の事情によって担税力に相当の差異を生じるのであるからという理由、第三に、一定の政策目的達成のために控除を認めるという理由の三点をあげられている。[64] 所得控除には、基礎控除などの人的控除から、寄附金控除などのような政策的租税優遇措置まで雑多なものが含まれており、その性格を一概に論じることはできないが、[65] 泉氏のあげられる第一と第二の理由についてみるならば、法定課税標準の計算の段階で排除された支出のうち「担税力」の減殺要因としてやむを得えない一定の事情を定型化して、納税義務者の税率適用対象である各課税所得金額を、より具体的な「納税のために処分しうる所得」に近づけるべく設けられているものが、所得控除制度ということができるであろう。

所得税法上「所得」が「担税力」の指標となるわけだが、上記で確認した通り、所得税額算出の過程において二つの課税標準すなわち所得金額を観念することができた。これまでの議論を前提にこれら二つの課税標準をみるならば、必要経費と所得控除は、それら異なる課税標準算定のためにそれぞれ控除されるものであり、そこでの所得が表す「担税力」概念は、次のように大きく異なっていると思われる。

まず、法定課税標準の計算過程で示される「総所得金額等」は、納税義務者の経済的な所得を示すものとして存在しており、そこでは、収入側について担税力を増加させる利得はできる限り包括的にとらえる一方で、個人的な性格の強い家事費を排除することが、「公平」の観点から要請される。そうすると、法定課税標準の計算段階、言い換えれば、客観的担税力の計算段階においては、第一節における包括的所得概念の議論および法四五条にみられる家事費不算入の原則が妥当するものと思われる。つまり、所得税法四五条の家事費不算入の原則は客観的担税力の計算段階にのみ妥当するといえる。このことは、同条一項柱書から明らかであり、[66] 家事費不算入の原則は、この客観的担税力測定段階においてのみ働くものであることが、ここで確認されなければならない。

一方、所得控除を差し引いて求める「各課税所得金額」は、税率を適用する前の真の課税標準であり、そこでの所得金額は「納税のために処分する所得」として存在している。総所得金額が同額の者同士であっても、扶養家族の人数や医療費の支出等によって、税金を納める能力は異なってくる。公平の観点すなわち担税力に応じた課税を行うためには、このような経済的所得をもって「納税のために処分する所得」とすることは妥当ではなく、納税者の個人的事情を考慮することが求められる。真正の課税標準計算の段階、言い換えれば、主観的担税力の計算段階は、経済的意味における所得（市場所得）のうち、可処分な（納税できる）部分と可処分でない部分を識別する段階であり、法的意味における所得を基礎としている。[67] つまり、稼得した市場所得（総所得金額等）が課税所得となるのではなく、最低生活費などに充当される部分を除外した可処分所得が、各課税所得金額として課税の基準（真正の課税標準）となる。[68] よって、この段階においては、「納税義務者及び彼の扶養家族の生存のための不可避的な支出は主観的担税力算定の段階において考慮、つまり、控除することが認められなければならない[69]」という考え方が妥当するものと思われる。

このような理解のもと、現行所得控除の中身を概観し、その存在意義について確認していく。

(2) 所得控除の種類とその理論的意義

現行所得税法は、①雑損控除（法七二条）、②医療費控除（法七三条）、③社会保険料控除（法七四条）、④小規模企業共済等掛金控除（法七五条）、⑤生命保険料控除（法七六条）、⑥地震保険料控除（法七七条）、⑦寄附金控除（法七八条）、⑧障害者控除（法七九条）、⑨寡婦（寡夫）控除（法八一条）、⑩勤労学生控除（法八二条）、⑪配偶者控除（法八三条）、⑫配偶者特別控除（法八三条の二）、⑬扶養控除（法八四条）、⑭基礎控除（法八六条）の一四種類の所得控除を規定している。

これらは、控除額の算定において納税者が実際に「支出」した金額に基づくか否かという観点から大別できる。まず、雑損控除、医療費控除、社会保険料控除、小規模企業共済等掛金控除、生命保険料控除、地震保険料控除、寄附金控除については、これらはそもそも納税者の特定の「支出」を前提にしてその控除を認めるものである。したがって、これら控除については、いずれも実際の「支出」について担税力の減殺を考慮するものであるから、その「支出」がどのような理由によってなされたものであるか、どのような「支出」であれば控除されるかといった点が主要な問題になるであろう。

一方、基礎控除、扶養控除、配偶者控除、配偶者特別控除、寡婦・寡夫控除、勤労学生控除、障害者控除は、納税者の支出にかかわらず、一定の要件に該当する限り定まった金額の控除を認める概算控除である。これらの控除は、特定の「支出」に基づかない形で納税者の担税力を考慮するものであるから、法定された要件・控除額の設定が適正であるかが問題とされるであろう。

両者の区分は、控除の性質から「人的控除」と「物的控除」という呼称で分類されることがある。「人的控除」という語は、「納税義務者自身又は納税義務者の配偶者若しくは扶養親族等の人的事情を考慮して定めた控除」[70]という意味で用いられているのに対し、「物的控除」の語は、単に「人的控除」以外のその他の控除という意味で用いられている。[71]

所得控除については、論者によってさまざまに分類されているが、所得控除制度が設けられた趣旨という観点から、谷口勢津夫教授は次のように区分され、[72]おおむねこのような分類が一般的であると考えられる。

すなわち、谷口教授は、第一に、基礎控除、配偶者控除、扶養控除に代表される最低限度の生活のための所得は担税力をもたないという考え方から設けられた「基礎的人的控除」、第二に、障害者控除、寡婦・寡夫控除、勤労学生控除のように、特別な事情にあるがゆえに、生活上追加的な支出を余儀なくされる場合のその追加的支出を考慮するために設けられた「特別人的控除」、第三に、医療費控除や雑損控除のように納税者の意思に基づかないやむを得ざる支出・損失を納税者の担税力の減殺要因と捉える「不慮損害控除」、第四に、社会保険料控除、小規模企業共済等掛金控除のように、義務的性格の強いものを担税力の減殺要因ととらえる「義務的支出控除」、第五に、生命保険料控除、地震保険料控除、寄附金控除にみられる、経済政策、社会政策、財政政策等の政策的理由に基づく「政策的控除・公益的支出控除」、という五つに区分されている。

このように、わが国の所得控除は、「担税力」の減殺要因を様々な趣旨から考慮している。その結果、「国際的にみても、主要な先進国で日本ほど多様な人的控除を含んだ所得税制を持つ国はない。[73]」と言われるように、現行の所得控除制度は多数の所得控除を定めているとする位置づけが一般的になっている。

それゆえ、課税ベースを侵害するものとして、批判の対象ともされてきた。

石弘光教授は、所得税改革の方向性は「課税の公平・中立・簡素」の租税原則から、課税ベースを拡大することであるという視点から、「所得控除の金額、数が大きくなるほど所得税の課税ベースは狭くなり、結果として税負担に不公平を助長したり歪みを発生させる。[74]」と指摘され、「所得税が社会保障、雇用、その他政策目的の実現のために、あまりに活用されすぎたことによ[75]」り、「所得控除制度があまりに煩雑になりすぎていること[76]」を問題視される。

これについて、田中治教授は、「所得控除は、一般に課税ベースを侵食するものであるとする理解があるが、この理解は必ずしも妥当ではない。この理解は、純資産増加説による包括的所得のみが本来の所得であって…、所得控除は政策的、社会的配慮から導入された措置であって本来好ましくないとする考え方であろう。しかしながら、…憲法的価値に立つ限り、人的控除は、課税ベースを侵食するものではない。[77]」と批判されている。吉村典久教授は、「所得税の納税のため可処分でない所得部分を控除する限りにおいて、それは可処分所得に対する課税の理念を実現するものであって、租税優遇措置ではない[78]」と強調しておられる。また、「事業上の経費は『所得金額』計算の段階で原則として全額控除されてきたのに対し、私的生活において支出を余儀なくされる支出は、『課税所得金額』計算の段階で所得控除として一定額までが限定的に認められてきたにすぎない。しかし、個人が自由に処分しうる所得のみがその者の負担能力を示している以上、両者を差別する合理的理由はない。むしろ、憲法的価値を重視すれば、事業上の支出のほうが生存的支出よりも優遇されてはならない、とさえいえよう。[79]」という見解もみられる。

そもそも所得控除は、「納税義務者がその者自身の生存のため若しくはその者の家族の生存のため又はその他理由から所得を不可避的に消費しなければならないものは、納税のために自由に処分できない。[80]」ため、「自由に処分できない所得の消費」を除外する道具として存在している。納税義務者は、担税力のないところに課税はされず、担税力を超える租税負担を負う必要もない。所得控除制度の意義は、この点に見出されるのである。このことは、応能負担原則から演繹される憲法上の要請であることが、再度確認されなければならない。

現在設けられている所得控除は、歴史的にみても徐々に拡大してきた事実が認められ、その一方で、所得控除の理論的解明はこれまで十分になされてきたとは言い難い側面があるとされる。[81]法七二条ないし八六条に規定される所得控除は、それぞれに異なった趣旨及び沿革をもつものであり、以後の議論は個別的検討が要される。したがって、本稿においては、所得控除のうち担税力の減殺要因としてその控除が認められている医療費控除に焦点をあて、納税者の適正な「納税のために処分しうる所得」を反映する控除としての機能を有しているか否かを検討するものである。

（１）所得概念については、金子宏「租税法における所得概念の構成」同編『所得概念の研究』一頁以下（有斐閣、一九九五）〔初出、法学協会雑誌八三巻九・一〇合併号八三頁以下（一九六六年）、八五巻九号八五頁以下（一九六八）、九二巻九号九二頁以下（一九七五）〕がまずあげられる。金子教授の同文献は、「日本の租税法の礎となる最重要文献の一つである」（金子宏ほか「第二回所得概念論、経済学との関係」法律時報八四巻五号一一三頁〔藤谷武史発言〕（二〇一二））とされ、所得概念を論じるにあたって、必ず参考にされる文献である。本稿における所得概念の類型も、同文献を基礎としている。

（2）金子宏『租税法（第22版）』一八七頁以下（弘文堂、二〇一七）。これに対するもう一つの累計は、消費型（支出型）所得概念（consumption or expenditure type concept of income）と呼ばれるもので、各人の収入のうち、効用ないし満足の源泉である財貨や人的役務の購入に充てられる部分のみを所得と観念し、蓄積に向けられる部分を所得の範囲から除外する考え方である。この考え方によると、蓄積に向けられる部分を除外して消費に向けられる部分のみに所得税を課すことは著しく公平の観念に反することなどから、消費型所得概念は、どこの国でも実際の制度においては採用されていない。

（3）金子・前掲注（2）一八七頁。

（4）金子・前掲注（2）一八七頁。

（5）畠山武道『租税法改訂版』九二頁（青林書院、一九八五）。

（6）清永敬次『税法第7版』八四頁以下（ミネルヴァ書房、二〇〇七）。

（7）畠山・前掲注（5）九二頁以下。

（8）水野忠恒『租税法第5版』一三七頁（有斐閣、二〇一一）。

（9）清永・前掲注（6）八五頁。

（10）谷口勢津夫『税法基本講義第5版』一九三頁（弘文堂、二〇一二）。

（11）金子宏教授は、「所得概念を包括的に構成すること、すなわち包括的所得概念を支える基礎は『公平』の概念である、ということで、自分が所得概念について論文を書くときにも公平に力点を置いて書いたつもりです。」（金子宏ほか・前掲注（1）一一三頁〔金子発言〕）と述べられている。

（12）金子・前掲注（2）一八七頁以下。

（13）畠山・前掲注（5）九二頁。

（14）畠山・前掲注（5）九二頁。

（15）増井良啓「〔所得税1〕所得の概念（1）」法学教室三五八号一三八頁（二〇一〇）。

（16）増井・前掲注（15）一三八頁。

（17）計算段階については、増田英敏『リーガルマインド租税法第4版』一一九頁以下（成文堂、二〇一三）の区分によっている。なお、所得税額算出の計算過程について、その他、金子・前掲注（2）一九六頁以下、清永・前掲注（6）八八頁以下、水野・前掲注（8）一六〇頁以下、増井良啓「〔所得税法4〕所得税法のしくみ」法学教室三六一号一一一頁以下（二〇一〇）を参考にしている。

（18）増田英敏教授は、所得税法の立法原理は担税力に応じた課税の実現を求める租税公平主義にあり、「所得税に、この立法原理を実現すべく組み込まれた主要制度として、第一に所得区分、第二に所得控除、第三に累進税率」（増田英敏「続・実践 租税正義学 所得控除から税額控除へのシフトの意義」税務弘報五八巻一号一六四頁（二〇一〇））をあげられている。

(19) 金子・前掲注（2）一八三頁、田中二郎『租税法第3版』四三八頁（有斐閣、一九九〇）、吉良実『租税法概論改定版』七〇頁（中央経済社、一九九二）。

(20) 藤田晴『所得税の基礎理論』六頁以下（中央経済社、一九九二）。

(21) 藤田・前掲注（20）一〇頁。

(22) 木村弘之亮『租税法学』一九六頁（税務経理協会、一九九九）。

(23) 木村・前掲注（22）一九六頁。

(24) 松沢智『租税法の基本原理』八〇頁（中央経済社、一九八三）。

(25) 金子・前掲注（2）八三頁以下。

(26) 金子・前掲注（2）八三頁以下。

(27) 金子・前掲注（2）八四頁。

(28) 清永・前掲注（6）三三頁、吉良実『租税法概論改定版』二六頁（中央経済社、一九九二）。なお、「法の下の平等」規定における「平等」概念については、増田英敏「租税平等主義の法的概念とその機能」同『納税者の権利保護の法理』二九頁以下（成文堂、一九九七）〔初出、「『法の下の平等』と租税平等主義」拓殖大学論集一七四号一〇七頁以下（一九八八）〕を参照されたい。増田教授は、「平等」概念を論じる出発点として、事実として人間が平等であるということを意味する事実（存在）の平等と、人間は平等に扱われるべきであるということを意味する取扱い（規範）の平等を混同してはならないと指摘される。すなわち、「憲法の当該平等規定は、属性に大きな差異の存する具体的人間を前提としているのであることは、疑う余地がないのであるから、かかる平等は、『事実の平等』を意味するのではなく、『取扱いの平等』を意味すると解することが正当である。」（同四七頁）と述べられている。また、最高裁（昭和六〇年三月二七日民集三九巻二号二四七頁）は、「法の下の平等」概念について、「国民各自には具体的に多くの事実上の差異が存するのであって、これらの差異を無視して均一の取扱いをすることは、かえって国民の間に不均衡をもたらすものであり、もとより憲法一四条一項の規定の趣旨とするところではない。すなわち、憲法の右規定は、国民に対し絶対的な平等を保障したものではなく、合理的理由なくして差別することを禁止する趣旨であって、国民各自の事実上の差異に相応して法的取扱いを区別することは、その区別が合理性を有する限り、何ら右規定に違反するものではない」と判示している。このような最高裁の平等概念は、一般に「相対的平等」概念と説明される（増田・前掲注（17）二〇五頁）。

(29) 増田・前掲注（17）一七頁以下。

(30) 増田・前掲注（17）一八頁。

(31) 松沢・前掲注（24）三二頁。増田英敏教授も、「租税法規の定立という立法作用に、租税法学から検討の視座を提供するとした場合、筆者は『法の下の平等』規定（憲法第十四条一項）を法的根拠とする租税平等主義を、その第一の視座と考える。」（増田・前掲注（28）二九頁）として、立法論との関係では租税公平主義が特に重要であると述べられている。このことは、租税公平主義の解釈適用の場面での機能を否定するものではない。松沢智教授は、「公平負担の原則は、単に立法段階における原理たるのみならず、法の解釈・適用においても作用するものと解すべきである。」（松沢・前掲注（24）一六頁）とされ、「公平負担の原則は租税法律主義の欠缺を補い、法の内容を補完する解釈原理としての機能を有する」（同二〇頁）と述べられている。

(32) 増井良啓「〔序論2〕租税法における公平」法学教室三五六号一二八頁以下（二〇一〇）。

(33) 吉村典久「所得控除と応能負担原則―所得税法における主観的担税力の考慮―」金子宏編『所得課税の研究』二四八頁（有斐閣、一九九一）。

(34) 吉村・前掲注（33）二四八頁。

(35) 吉村典久「応能負担原則の歴史的展開」法学研究六三巻一二号三五三頁以下（一九九〇）。

(36) 吉村・前掲注（33）二四八頁以下。

(37) 吉村・前掲注（33）二五一頁以下。

(38) 新井隆一『租税法の基礎理論第3版』七八頁（日本評論社、一九九七）。

(39) 新井・前掲注（38）八〇頁。

(40) 金子・前掲注（2）二〇〇頁。

(41) 北野弘久『税法学原論第6版』一五七頁（青林書院、二〇〇七）、谷口・前掲注（10）三五四頁、佐々木潤子「基礎的人的控除のあり方」税法学五六三号二〇三頁（二〇一〇）。

(42) 芦部信喜『憲法第5版』二五八頁（岩波書店、二〇一一）、三木義一編『よくわかる税法入門第5版』五一頁（有斐閣、二〇一〇）（佐々木潤子）。

(43) 吉村典久「判批 給与所得控除、給与所得者に対する最低生活費課税、給与所得にかかる源泉徴収制度の憲法判断」ジュリスト九八三号一三〇頁（一九九一）。同旨の見解として、北野・前掲注（41）一五七頁。

(44) 木村・前掲注（22）三三五頁以下。

(45) 谷口・前掲注（10）二三頁。

(46) 谷口・前掲注（10）三五四頁。

(47) 谷口・前掲注（10）三五四頁。

(48) 藤田・前掲注（20）六四頁。

(49) 木村・前掲注(22)二〇六頁。
(50) 増井良啓「〔所得税2〕所得の概念(2)」法学教室三五九号一三〇頁(二〇一〇)。
(51) 金子・前掲注(2)二九七頁。
(52) 増田英敏「判批　弁護士会役員の交際費等の必要経費該当性」TKC税研情報二一巻二号一四頁(二〇一二)。
(53) 碓井光明「所得税における必要経費」租税法研究三号『所得税法の諸問題』六七頁(一九七五)。
(54) 増井良啓「〔所得税7〕費用控除(2)」法学教室三六四号一二七頁(二〇一一)。
(55) 岡村忠生ほか『ベーシック税法第7版』一一一頁(有斐閣、二〇一三)〔岡村〕。
(56) 岡村ほか・前掲注(55)一一一頁〔岡村〕。
(57) 岡村ほか・前掲注(55)一一二頁〔岡村〕。
(58) 岡村ほか・前掲注(55)一一一頁〔岡村〕。
(59) 増井・前掲注(50)一三三頁。
(60) 増井・前掲注(50)一三三頁。
(61) 木村・前掲注(22)二七〇頁以下。
(62) 吉村・前掲注(33)二三九頁。
(63) 水野・前掲注(8)二五頁。納税者の個人的支出をすべて「消費」と断言できるほど、「消費」概念についての議論はまだ成熟していないようである。中里実教授は、「消費の定義如何により、所得も異なった内容のものとなり、その結果として、所得控除の意義も必然的に異なったものとなる。その意味において、消費の概念は、所得税制度の根幹にかかわるような決定的に重要な意味を有している」(中里実「所得控除制度の経済学的意義」日税研論集五二号『所得控除の研究』九七頁(二〇〇三))と述べられ、そのように重要な消費の概念についての議論があまり行われてこなかった現状を指摘されている。
(64) 泉美之松『税についての基礎知識』一五〇頁以下(税務経理協会、一九八六)参照。
(65) 吉村典久「所得控除の意義について」税研一三六号一六頁(二〇〇七)。
(66) 木村・前掲注(22)三三九頁。
(67) 木村・前掲注(22)三三六頁。
(68) 木村・前掲注(22)三三六頁以下。
(69) 吉村・前掲注(33)二五八頁。
(70) 泉・前掲注(64)一四九頁。
(71) 泉・前掲注(64)一四九頁参照。

(72) 谷口・前掲注（10）三五三頁以下。
(73) 藤田・前掲注（20）七五頁。同旨の指摘として、泉・前掲注（64）一四九頁。
(74) 石弘光「所得税の所得控除」税理五一巻六号一一三頁（二〇〇八）。
(75) 石・前掲注（74）一一三頁。
(76) 石・前掲注（74）一一三頁。
(77) 田中治「個人所得課税における所得控除と税額控除」同志社法学六二巻号六頁（二〇一一）。
(78) 吉村・前掲注（65）一八頁。ただし、可処分所得課税の原則は、「納税のために処分しうる所得」から、納税者の選択による任意の支出を排除しているという視点も、同時に持ち合わせる必要がある。吉村典久教授は、「不可避的な所得の支出を考慮しているのかそれとも任意の私的支出をあえて控除するもの（租税優遇措置）なのかは個別的に検討されなければならない。」と指摘されている（吉村・前掲注（65）一八頁）。
(79) 北野弘久編『現代税法講義5訂版』七二頁以下（法律文化社、二〇〇九）〔三木・奥谷〕。
(80) 木村・前掲注（22）二〇七頁以下。
(81) 小川正雄「所得控除の認定基準についての考察」税法学五一九号一一三頁以下（一九九四）、畠山・前掲注（5）一一三頁、吉村・前掲注（33）二三五頁。

二　所得控除としての医療費控除の趣旨及び範囲

「医療費控除」が納税者の適正な「納税のために処分しうる所得」を反映するための控除として機能しているか、そのあり方を検討するにあたっては、現行規定が想定する医療費控除の対象を把握することがまず不可欠である。そこで、医療費控除制度が設けられた趣旨を確認し、医療費控除の現行規定を明確にした上で、具体的な医療費の範囲を分析していく。

1　医療費控除制度の趣旨及び沿革

(1)　医療費控除の制度的意義

わが国の税制は、昭和二四（一九四九）年のシャウプ勧告に基づいて昭和二五（一九五〇）年に全面的に改革され、近代化されたと言われ、特に所得税については、昭和二二（一九四七）年に戦後の改革立法の一環として採用された総合累進所得税をさらに推進し、所得の範囲を包括的に構成するなど、戦後所得税改革の総仕上げの意味を持っていたとされる。(82)

わが国の医療費控除制度も、このような流れの中でシャウプ勧告を受けて昭和二五年度の税制改正の際に設けられたものである。シャウプ勧告は、「特別控除」と題して、「不具者のための控除」「雑損に対する控除」とともに、「医療費」に関する控除を設けることを提言した。

すなわち、シャウプ勧告は医療費控除が必要である理由について、「費用のかかる疾病は、医療費がこのような場合控除を認めらるべきであるとは必ずしも考えられていないが、やはり納税者の支拂能力に重大な支障をおよぼす。事実時折生ずる医療診察にかかる普通の費用を控除として認めることは、基礎控除で償われていると見るべき生計費の控除を別に設けることになり、これは税務行政に不当の負担を負わしめることとなる。しかしこのような費用が甚しく多い場合、例えば大手術だとか、長期の入院とか、または小児麻ひあるいは肺結核のような慢性的疾患の場合、支拂能力に相当な支障をきたすわけであつて、このような費用には適当な控除が与えらるべきである。(83)」と述べている。

上記の見解からシャウプ勧告が示した医療費控除の特色は、次のように整理できる。

まず、一点目は、医療費に係る支出は、基本的には所得税法上、基礎控除あるいは扶養控除の範囲内とされるものと位置づけられていたことである。

次に、二点目として、医療費に係る支出が多額になる一定の場合には、個人の担税力の減殺要因として基礎控除とは別に考慮する必要があると考えられていたことがあげられる。異常な支出に対する担税力の減殺を考慮するための制度としてその意義が認められていたといえる。

そして、三点目に、医療費控除の対象として、一般の診療等が想定されていたわけではなく、費用が多額になる大手術などの異常な支出や、注目すべきは「治癒」が前提ではない慢性疾患を、その対象として考えていたことが注目される。

ここで、「慢性疾患」との関係から、医療費控除とともに設けられた「不具者控除」と医療費控除の関係性について確認したい[84]。

シャウプ勧告は、「不具者控除」を設ける理由について、「身体のあらゆる機能を発揮し得る者に比べて、あるものは身体の機能障害が甚しいため、かれらの生活費は相当高いものになる。この余分な生活費に対して一つの適度な緩和策として、それが余り行政上の困難を伴わない限り、このような人たちになんらかの控除を認めることは好ましいことである。」と述べた上で、「従って、盲人に対して一万二千円の控除を余分に与えることを勧告する。……この控除は、その盲人自身またはかれを扶養親族として申請した納税者に対して許容すればよいであろう。この控除は、明瞭に判別され、しかも同程度の負担を被害者におよぼす同種の身体障害に対しては行政規則によって拡張されるべきである。この特別控除にかような特例を設けるに当つて、注意を拂うべきことは、まず一時的であるかまたは特別の医療費控除によって大体処理できる多くの限界線にある身体障害の部類を特に避けることである。実際は最初は盲人の場合に止めて置いて、このような規定によってある程度の経験を得た後他のものにおよぼす方がいいのかも知れない[85]。」として、実際の運用における問題点を示唆して勧告をしている。

上記に示されたシャウプ勧告における「不具者控除」は、「身体のあらゆる機能を発揮し得るもの」との比較において、身体の機能障害ゆえに生活費が余分に支出される者について、その追加的な支出を担税力の減殺要因として考慮する趣旨であることが分かる。[86] そして、その対象者については「盲人」と例示するが、同等の追加的支出があると認められる場合にも、その控除の可能性を肯定し、以後の経験による範囲の拡大を意図している。費用のかかる疾病に対する担税力の減殺を考慮するものが「医療費控除」であるのに対し、症状が固定された身体の機能障害を前提に、その障害とともに生活していく上での生活費の追加的支出を考慮するものが「不具者控除」である。両者の区分は、このように整理することはできるが、医療費控除において「慢性疾患」をその対象に含めていることを併せ考えると、医療費控除と不具者控除との境界線は当時はっきりとは考えられておらず、境界線にある多くの場合については医療費控除による運用が想定されていたものと考えることができる。

このように、不具者控除は医療費控除に比べればその範囲はより限定的なものと考えられていたと思われるが、医療費控除についてもまたシャウプ勧告は実際の運用において、次のような制限も用意している。すなわち、「損失が所得の十%をこえる限り、その控除を認めるという損失控除の一般的な制限を適用すれば、普通の医療費の控除を締め出す問題は大体解消されるであろう。他面、医療費の種目のうちでいかなるものが控除されるかについてある制限を設ける必要がある。なぜなら富裕な納税者が温泉、休暇、旅行等の同種の長期滞在の費用を医療に装つて控除を試みることによつてこの規定を悪用しないとも限らない。したがつて、一年に医療費として控除できる最高限度を十万円とする。[87]」として、足切限度額と控除限度額をそれぞれ設けることを提言した。

奥谷健准教授は、医療費控除の趣旨について、「国民が『健康で文化的な最低限度の生活を営む』（憲法二五条）ために、納税者あるいはその扶養する家族が病気や怪我をした場合には、そのような医療費に対する支出を回避することは不可能であると考えられる。そこで、シャウプ勧告に基づき、医療費の負担が多額で異常な（臨時的な）支出となる場合には、それを負担した納税者における税を負担する財政的能力、担税力が減殺されていると捉え、それを考慮し調整するという目的で設けられたのが医療費控除なのである。このように、憲法二五条によって保障される国民の生存権、とりわけそのいわゆる自由権的側面からの要請から認められる制度であると考えられる。[88]」と述べられ、医療費控除は所得税の人税としての性格、憲法に定められた基本的人権の生存権保障、及び、税制の最も基本的な原理である応能負担原則を実現するために極めて重要な制度であることを確認されている[89]。

このように、医療費控除は「一定の金額をこえる…医療費は納税者の担税力を弱める[90]」という考え方に基づく制度として、創設から六〇年経つ現在においても一般的に理解されていることが確認される。

（２）医療費控除規定の沿革と現行規定

シャウプ勧告を受けて、昭和二五年度の税制改正において、医療費控除制度が採用されることとなり、次の規定（昭和二五年法律七一号、所得税法一一条の四）が置かれた。

「第一条第一項の規定に該当する個人が自己又はその扶養親族に係る医療費又は歯科治療費（保険金、損害賠償金等に因り補てんされた金額を除く。以下医療費という。）を支出した場合において、その支出した額が、その個人の総所得金額と扶養親族の総所得金額（当該扶養親族の所得の金額が第一三条の二第一項の規定により合算される場合において、当該個人が同項に規定する主たる所得者でないときは、総所得金額から同項に規定する資産所得の金額を控除した金額以下本条において同じ。）との合計額の一〇分の一を超過するときは、その超過額（その金額が一〇万円をこえる場合においては、一〇万円）を、その個人の総所得金額から控除し、なお不足額があるときは、これをその扶養親族の総所得金額から控除する。（同条一項）」。そして、「前項に規定する医療費の範囲は、命令でこれを定める。（同条二項[91]）」。

本法の委任を受けた昭和二五年所得税法施行規則（以下「所規」という。）一二条の二は、医療費の範囲について「法第一一条の四第一項の医療費の範囲は、左に掲げる事由のため支出した費用で、これを領収した者の領収を証する書面のある者とする。」と規定し、本法にいう「医療費又は歯科治療費」の内容について、①医師又は歯科医師による診療又は治療、②病院、診療所又は助産所への収容、③あんま、はり、きゅう、柔道整復等営業法に規定する施術者による施術、④看護婦による療養上の世話、⑤助産婦による分べんの介助、⑥処方せんによる医薬品の購入、という六つの項目を列挙している。

シャウプ勧告を受けて設けられた上記医療費控除規定の要点は、①総所得金額の合計額の一〇%という足切限度額が設けられていたこと、②最高控除額一〇万円という控除限度額が設けられていたこと、③自己だけでなく扶養親族に係る医療費も控除対象とされていたこと、④支払った医療費から保険金等により補填される部分を控除した実額での控除が認められていたこと、という以上の四つに整理できる。

また、医療費の範囲については、本法は「医療費又は歯科治療費」と規定するのみで、その内容については命令に委ねる形をとっているが、その命令（所規）の規定ぶりからは、通常の診察であってもその対象とされていることが窺える。足切限度額と控除限度額という金額の多寡による制限は設けられているものの、いわゆる医療費であればよく、診察内容、治療状況などの内容についての制限は特に設けられていない。

このような内容ではじまった医療費控除規定は、どのような改正を経て現行規定に至ったのであろうか。(92)

医療費控除制度が設けられた翌年である昭和二六年度の税制改正では、医療費の範囲について、「処方せんによる医薬品の購入」とされていたものが、「治療又は療養のために必要な医薬品の購入」まで拡大されることとなった。その後、足切限度額及び控除限度額の変更、他の規定の改正に伴う整備などが行われるも大きな改正はなく、昭和四〇年の所得税法の全文改正による医療費控除の規定が、(93)基本的にはそのままの形で現行の規定に引き継がれている。(94)

現行所得税法は七三条一項にて医療費控除制度の概要について定め、同条二項において、「前項に規定する医療費とは、医師又は歯科医師による診療又は治療、治療又は療養に必要な医薬品の購入その他医療又はこれに関連する人的役務の提供の対価のうち通常必要であると認められるものとして政令で定めるものをいう。」と医療費の一般的な意義、すなわち医療費控除の対象について定め、その具体的内容の一部については政令（所令二〇七条）に委ねる形をとる。後述するように、これを受けた所令二〇七条は、医療費の範囲について七項目を列挙している。

そうすると足切限度額及び控除限度額については度々改正されているものの、シャウプ勧告を受けて設けられた昭和二五年法一一条の四の規定と、現行規定である法七三条とは、その基本的な構造は何ら変わっていないことが確認される。

現行法規の文理解釈によれば、医療費控除の対象となる「医療費」とは、①その支出が法令に規定されている医療費に該当し、②その支出が「居住者自身」又は「その居住者と生計を一にする配偶者その他の親族」に係るものであって、③それをその年中に支払っている、という三つの要件に合致するもの、ということになろう。さらに、医療費控除の対象となった「医療費」の合計額のうち、足切限度額を超え、控除限度額を超えない部分に相当する金額がその控除対象金額となる。

前述した医療費控除の制度趣旨に照らすと、その控除の対象となる「医療費」の支出は、納税者の担税力を減殺するものと捉えられるのであるから、「医療費」の範囲を定めることは、納税者の担税力に直接影響を及ぼす事柄である。しかし、現行規定上、その「医療費」の範囲については、法律で限定的に列挙されているにすぎないとされる[95]。

先に確認した通り、シャウプ勧告により創設された医療費控除に関する法令の規定は、それ自体に大きな改正はない。しかし創設から六〇年の間、医療費の範囲を限定的に列挙する規定が、社会保障の充実や医療の進歩にどのように対応してきたのであろうか。

2　控除の対象となる医療費の範囲

（1）医療費の意義及び範囲

法七三条二項は、「医療費」の意義について「医師又は歯科医師による診療又は治療、治療又は療養に必要な医薬品の購入その他医療又はこれに関連する人的役務の提供の対価」と基本的にはとらえ、そのうち「通常必要であると認められるものとして政令で定めるもの」と規定する。これを受ける所令二〇七条は、具体的に①医師又は歯科医師による診療又は治療、②治療又は療養に必要な医薬品の購入、③病院、診療所（これに準ずるものとして財務省令で定めるものを含む。）又は助産所へ収容されるための人的役務の提供、④あん摩マッサージ指圧師、はり師、きゅう師等に関する法律三条の二（名簿）に規定する施術者又は柔道整復師法二条一項（定義）に規定する柔道整復師による施術、⑤保健師、看護師、又は准看護師による療養上の世話、⑥助産師による分べんの介助、⑦介護福祉士による社会福祉士及び介護福祉士法二条二項（定義）に規定する喀痰吸引等又は同法附則三条一項（認定特定行為業務従事者に係る特例）に規定する認定特定行為業務従事者による同項に規定する特定行為、という七項目をその医療費の範囲として限定的に列挙している。

法七三条二項にいう「通常必要であると認められる対価」とは、所令二〇七条により「病状その他財務省令で定める状況に応じて一般に支出される水準を著しく超えない部分の金額」とされ、さらに、「財務省令で定める状況」とは、指定介護老人福祉施設等における治療または療養等の提供の状況（所規四〇条の三第一項一号）、特定健康診査の結果に基づき特定保健指導を受ける者のうちその結果が一定の基準に該当する者のその状況（同項二号）のことをいうと定められている。

この「一般的に支出される水準を著しく超えない」という文言については、その判断基準として単に金額による判断を求めているのか、あるいは医療内容についてまでも言及しているのか、といった問題が惹起される。課税実務上、例えば歯の治療において健康保険の適用がないため治療費が高額となる場合であっても、歯の治療のために一般的に使用されている材料を使用するのであれば、その費用は、医療費控除の対象とされると判断されている。(96)また、東京国税局が公表している事前照会に対する文書回答例「乳がんの治療に伴い乳房を失った患者に対する『ＣＡＬ組織増大』を用いた乳房再建手術に係る費用の医療費控除の可否について」においても、従来の一般的な治療方法ではないが、よりリスクの少ないＣＡＬ組織増大術という治療方法について、「本件手術は、乳がんの治療に伴い乳房を失った患者様に対して行われる乳房再建手術であり、その費用は医師による診療等の対価で通常必要と認められ、その病状に応じて一般的に支出される水準を著しく超えない部分の金額と考えられます」とする医師からの照会を是認する判断が示されている。(97)

そうすると、「通常必要であると認められる対価」及び「一般に支出される水準」の判断については、支出した金額が一般的な金額の範囲内であるか、また、その治療内容がその症状について一般的に行われるものであるかといった判断を、納税者・課税庁が行うとすればその判断基準は不明確なものにならざるを得ず、その意味では、少なくとも公的医療保険制度が適用される保険診療については、制限を付すまでもなく診療等に応じて通常必要であると認められる対価に該当すると考えられるべきではないだろうか。

医療費控除に関する法令は、以上の通りであるが、次に、法七三条二項が規定する「医療費」の内容についてその具体的意義を確認し、法令が想定する医療費の範囲を明確化していく。

先に見た通り法七三条二項は、基本的には医療費控除の対象となる「医療費」の範囲について、①医師又は歯科医師による診療又は治療の対価、②治療又は療養に必要な医薬品の購入の対価、③その他医療又はこれに関連する人的役務の提供の対価で、通常必要と認められるものとして政令で定めるものと規定している。

まず、①の法七三条二項「医師又は歯科医師による診療又は治療の対価」の内容については、政令においても

「医師又は歯科医師による診療又は治療」（所令二〇七条一号）と定められ、この規定ぶりからみれば、診療又は治療を行う主体は、あくまで医師及び歯科医師を想定しているものと考えられる。

この点、玉國文敏教授は、「医師等による医療行為の範囲を『診療又は治療行為』というように限定して規定している法令の書き方から見て、法の本来の趣旨は、医学的治療を要する疾病や負傷等の存在を前提とした上での医師等による診療行為又は治療行為についてかかった費用の控除にあると解することができよう。[98]」とする見解を示されている。

ここに、「診療」とは一般的に「診察して治療すること」と解され、[99]そうすると、「診療又は治療」とは、いずれにおいても「治療」概念が含まれていることになり、医療費控除の対象たる「医療費」は、玉國教授が指摘される「医学的治療を要する疾病や負傷等の存在を前提」とした行為に基づくものであると考えることができる。

したがって、単なる診断だけで治療が伴わない健康診断費用（所基通七三－四）や、身体の構造又は機能の欠陥を是正するものではない美容整形手術の費用（同七三－四）などは、それらが例え医師により行われた場合であっても、治療を目的として行われていない以上、医療費には該当しないこととなる。また、非医師による治療行為によって、病気やけがが治癒したとしても、法が予定している医療費控除の対象には含まれないこととなる。[100]その意味で、所基通七三－四が示す医療費の解釈は、法令の範囲内のものであると評価できよう。

しかし、法令上このような理解と矛盾する取扱いが二点指摘できる。

一つ目は、「出産費用」の取扱いがあげられる。所令二〇七条六号が、「助産師による分べんの介助」を医療費控除の対象となる「医療費」の範囲に含めることとしていることとの関連から考えると、当然、医師による分娩に係る費用も医療費控除の対象たる医療費として考慮してよいものと思われる。[101]しかし、このような結果は、「医師又は歯科医師による診療又は治療」が規定する行為の意味を「疾病や負傷等の存在を前提にした治療」と解する上記の立場からは、理論上導きだせない。このような出産に係る費用も、医師による診察のもと支出されるものであるから、通常の診療又は治療と同様に考慮されるべきものと思われ、本来であれば医師による診療又は治療と別に規定されることが望ましいと考えられる。

そして二つ目として、所得税法は「診療又は治療」を前提としていることから、一般に健康維持や予防のための医療費支出は、控除対象たる医療費には該当しないと解されている。しかし、平成二〇年四月から、高齢者の医療の確保に関する法律（昭和五七年法律第八〇号）により、特定健康診査の結果に基づき特定保健指導を受ける者のうち、その結果が高血圧症等と同等の状態であると認められる基準に該当する者のその状況に応じて一般的に支出される水準の医師による診療又は治療の対価が、医療費控除の対象として規定されることとなった（所規四〇条の三第一項二号）[102]。医師の指示により具体的な生活習慣の改善指導が必要な状態であると解して行われる特定保健指導を、控除対象とされる医療費に含めることは、今後の医療費抑制等の観点から政策的に妥当な点があったとしても、「医師又は歯科医師による診療又は治療」という規定からは導き出せるものではないと考えられる。

このように、基本的には「医師又は歯科医師による診療又は治療」は、「医学的治療を要する疾病や負傷等の存在を前提とした行為」と解されるものの、施行令および施行規則における規定ぶりまでをも考慮すると、「医師又は歯科医師による診療又は治療」概念からは、一義的に「治療を目的としているもの」とは断定できないといった点も指摘できる。

次に、②の法七三条二項「治療又は療養に必要な医薬品の購入の対価」が想定する、その医薬品の意義を確認する。医薬品については、当初「処方せんによる医薬品の購入」（昭和二五年所規一一条の二）と規定されていたが、その後昭和二六年度の税制改正で「治療又は療養のために必要な医薬品の購入」とその範囲が拡大され、現行政令においても「治療又は療養に必要な医薬品の購入」（所令二〇七条二号）と定められている。このような規定ぶりからは「医薬品」であって、それが「治療又は療養に必要」である場合に医療費控除の対象とされることになる。

「医薬品」について、所得税法は定義規定を設けていないため、薬事法が規定する医薬品の定義が参考になろう。薬事法二条一項は、①日本薬局方に収められている物、②人又は動物の疾病の診断、治療又は予防に使用されることが目的とされている物であって、機械器具、歯科材料、医療用品及び衛生用品（以下「機械器具等」という。）でないもの（医薬部外品を除く。）、③人又は動物の身体の構造又は機能に影響を及ぼすことが目的とされている物であって、機械器具等でないもの（医薬部外品及び化粧品を除く。）、という以上①～③に掲げる物を「医薬品」と定義する。この定義と別異に解すべき理由が見当たらない以上は、法的安定性及び予測可能性の観点から所得税法で定める「医薬品」も、この趣旨と同様に理解することが望ましいと考えられる。

薬事法は、「医薬品、医薬部外品、化粧品及び医療機器の品質、有効性及び安全性の確保のために必要な規制を行うとともに、指定薬物の規制に関する措置を講ずるほか、医療上特にその必要性が高い医薬品及び医療機器の研究開発の促進のために必要な措置を講ずること」をその目的としている（薬事法一条）。医療費控除の対象となる「医薬品」の判断を行うにあたっても、薬事法においてその品質、有効性、安全性が確認された物を前提とすれば、医療費性の明確なものをその控除対象とすることができるのであるから、医療費控除における「医薬品」を薬事法上の医薬品と同義に解することが自然であり、また別意に解すべき特段の事情もないように思われる。もっとも、薬事法から借用せずに「医薬品」という用語を通常の用法に従って解釈する場合であっても、「医薬品」の一般的意味は、「疾病の診断・治療・予防に使用する薬品。日本薬局方に収められているものなど。薬事法の規制を受ける。」(103)と解されるところ、結局、薬事法に定める「医薬品」と同義に解すべきことになろう。

したがって、控除対象となる「医薬品」は、薬事法に定める医薬品であって、(104)さらに「治療又は療養に必要な」ものの購入の対価を医療費控除の対象としていると解することができる。薬事法における医薬品の定義からも明らかなように、医薬品のうちには「予防」に使用されることが目的とされているものも含まれている。医療費控規定は、「診療又は治療に必要な」という限定を付すことで、そのような医薬品を医療費控除の対象たる医療費の範囲から排除している。ここでも「治療」が前提とされていることが窺われる。

また、先に確認した「診療又は治療の対価」については、医師又は歯科医師以外の者によって行われる行為も含む広い概念としての「医行為」とされるもののうち、「医師又は歯科医師」が行う「診療又は治療」に限定することとされていたが、医薬品の購入については、「医師又は歯科医師による」といった限定は付されていない。この点、課税実務上も、薬局などで市販されているかぜ薬等については、医師の処方や指示による場合でなくてもかぜ等の治療のために購入される場合には、医療費控除の対象とする取扱いがなされている。(105)

最後に、③の法七三条二項「その他医療又はこれに関連する人的役務の提供の対価」について法令が想定する意義を確認する。法七三条は「人的役務の提供の対価」について「その他医療又はこれに関連する」という限定を付している。ここにいう「医療」とは、「医術で病気をなおすこと。療治。治療。(106)」と一般に解されることから、控除対象とされる人的役務の提供の判断においても、治療に関連して支出されることが要件とされていることがまず確認される。

そして、その内容については、前述のように所令二〇七条は、三項で病院、診療所又は助産所へ収容されるための人的役務の提供を、四項であん摩マッサージ指圧師、はり師、きゅう師等に関する法律三条の二（名簿）に規定する施術者又は柔道整復師法二条一項（定義）に規定する柔道整復師による施術を、五項で保健師、看護師、又は准看護師による療養上の世話の対価を、六項で助産師による分べんの介助の対価を、七項で介護福祉士による喀痰吸引等をそれぞれ規定しており、法令上は、これらのために支出した費用を限定的に定めるにとどまっている。

施行令が「『人的役務の提供者』として予定していたのは、本来、『直接人々に接触して診療、治療、調剤、看護、助産、保健指導、施術等を行ない又はこれらの補助をなすことによって、人々の健康の回復ないし増進に努める』ため、各種の免許制度の下でその資格が法的に定められている、[107]いわゆる『医療関係者』に限る趣旨であった[108]」と考えられる。担税力の減殺を考慮する医療費控除制度の下で、その対象を無制限に規定することは応能負担原則からも、税務行政上も適当ではなく、したがって、各種の免許制度において法定された者による、法定された行為（それはすなわち安全性、有効性の確認されたものといえよう。）をその対象として定めることは、規定上やむを得ないことであるともいえる。

このように、医療費控除規定が定めるその控除対象には、矛盾点も存在するものの基本的にはすべて「治療」が関わっていることが分かる。つまり、法令の基本的態度は、医学的治療を要する疾病や負傷等の存在を前提とした治療又はそれに関連する費用について、担税力の減殺要因として考慮しようとするものであると考えられる。また、法令上、「診療又は治療」、「医薬品」、「人的役務の提供」など広い概念を用いているが、一方で行為の提供者を医師等の資格保持者に限定し、また、その行為についても治療等に必要なものであることを要するなど、法令上の医療費の範囲は、医療費性の明確な範囲にとどまっており、その意味で限定的であるといえる。この視点は、控除限度額の設定によっても達成されているが、控除対象の医療費の範囲の問題でもある。

この点について、近視及び乱視矯正用の眼鏡・コンタクトレンズの購入費用が医療費控除の対象となるかが争われた横浜地裁平成元（一九八九）年六月二八日判決（税資一七〇号八九二頁、以下「藤沢メガネ訴訟」という。）は、[109]「所得税の課税に当たって、一定の所得控除を認める所得税の公平な負担という観点から必要な事柄ではあるが、他面そのことによって税務行政に多大な負担を生じることを考えるなら、所得控除の対象となる費目の設定はすぐれて政策的なものであり、加えて控除対象を明確にする必要性も無視できないことに鑑みると、法及び施行令が無限定に全ての医療費を医療費控除の対象とする方法を採らずに、医療費の対象を限定列挙していることはやむを得ない部分もある。」と指摘している。

（2）医療費控除における緩和通達の位置づけ

上記で確認したように、医療費控除における控除対象医療費の範囲は、法令上限定的であるといえる。しかし、このような限定的な法令上の医療費の範囲は、実情にそぐわない面があるとされ、社会保険制度の充実、医療技術の進歩に伴い、法令に規定されている医療費の負担よりは、むしろこの医療費に付随ないし関連する費用の負担の方が重くなり、法令の定める「医療費」の範囲を拡大した税務行政上の執行の必要性が高まっていった(110)。そのような実情をふまえ、かつ、医療費控除の制度は異常な出費に伴う担税力の減殺を調整する措置であるという趣旨に照らして(111)、税務行政上では具体的に、所基通七三－三をもって医療費の範囲を拡大した(112)。このことは、「医療費控除制度の趣旨という観点から、税務行政において社会的実情を執行面に反映した対応がとられてきたことの表れ(113)」であると解されている。

所基通七三－三は、医師等の診療等を受けるために直接必要な次のような費用として、①医師等による診療等を受けるための通院費もしくは医師等の送迎費、入院もしくは入所の対価として支払う部屋代、食事代等の費用または医療用器具等の購入、賃借もしくは使用のための費用で通常必要なもの、②自己の日常最低限の用をたすために供される義手、義足、松葉づえ、補聴器、義歯等の購入のための費用、③身体障害者福祉法三八条、知的障害者福祉法二七条もしくは児童福祉法五六条またはこれらに類する法律の規定により都道府県知事または市町村長に納付する費用のうち、医師等による診療等の費用に相当するもの並びに①及び②の費用に相当するもの、という三つを掲げ、これらについては控除対象とされる医療費に含まれるものと解釈している。

先に取り上げた藤沢メガネ訴訟判決は、医療費の範囲について、「医療費控除の範囲の拡大を法七三条二項で委任されている施行令をもって行わずに行政庁の基本通達をもってしていることからすると、右基本通達の定めは飽くまでも施行令二〇七条の定めを前提とし、施行令の定める医療費の範囲を基本通達により明らかにする方法で、いわば施行令の解釈として、医療費として控除される範囲を運用の実際において実質的に拡大したものというべきである。」として、通達が医療費の範囲を拡大したことを認めながら、「したがって、基本通達の定める医療費の範囲が施行令二〇七条の規定による制約の範囲内に止まるべきであるのは当然であって、基本通達の定める医療費の範囲が施行令に定められている『医師等による診療等』を受けるために直接必要な費用に限定される」とする見解を示している。

しかし、上記のような通達に示された医療費の範囲は、単に法令の解釈を明らかにしたというだけにとどまらず、法令の趣旨を超えてその適用範囲を拡大していると一般的に考えられている。[114]

例えば昭和六二年国税庁長官通達「おむつに係る費用の医療費控除の取扱いについて」（直所三－一二）についてみると、この通達は、いわゆる「疾病により寝たきりとなった者」は、疾病に対する抵抗力が弱く、病状が長期化し、重篤化し、更に合併症を起こす蓋然性が極めて高いため、一般の患者に比べ疾病の治療が非常に困難であり、このような者の疾病の治療を行う上においては、おむつの使用が欠かせない現状にあるため、これらの者の治療を継続的に行っている医師が、その治療上おむつを使用することが必要であることを認め、証明書を発行した場合には、おむつに係る費用は、「医師の治療を受けるため直接必要な費用」と認められ、医療費控除の対象となると解釈している。[115] 介護を要する者が使用する「おむつ」は、本来医療行為とは関係がないものであり、療養上の行為でもなく、むしろ「日常生活上の世話」の範囲内の支出であると考えられ、[116] このような支出を所基通七三－三が示す「医師の治療を受けるために直接必要な費用」の範疇とし、控除対象となる医療費として取り扱うことは、法令が当初想定していたものとは考えにくい。[117]

このような法令上の課税要件を緩めたものと目される税務通達は、一般に「緩和通達」と呼ばれている。[118] ここで、税法上における、緩和通達の位置づけについて確認したい。

まず、一般に通達とは、上級行政庁が法令の解釈や行政の運用方針などについて、下級行政庁に対してなす命令ないし指令のことを指し、その法的効果については、行政組織の内部では拘束力をもつものの、国民に対して拘束力をもつ法規ではなく、裁判所もそれに拘束されず、したがって通達は租税法の法源ではない、とする見解が通説として認められる[119]。国家行政組織法一四条二項は、「各省大臣、各委員会及び各庁の長官は、その機関の所掌事務について、命令又は示達するため、所管の諸機関及び職員に対し、訓令又は通達を発することができる。」と定めており、通達発遣の法的根拠は成文法上明らかに存するのであるから、通達それ自体は「一応成文法に根拠をおく合法的な存在[120]」である。

そして、通達の存在意義は、「税法上の最高理念の一つである租税公平の原則ないしは租税平等主義の原則を具体的に実現せんとするためのもの[121]」という点に見いだされる。すなわち、現実にその適用に当たる第一線の税務署等において、その取扱いが区々に分かれることとなれば、結果的に、租税の公平負担の原則等に反する結果を生ずるおそれがあるため[122]、「税務行政庁内部の意思を統一し、それによって公平な課税と統一ある税務行政の運営を図る目的で発遣される[123]」のが、いわゆる税務通達なのである。

法律はどんなに厳密に規定しても立法技術上の限界があり、特に税法の分野における課税対象の多様性と複雑性とを考えると、法律が比較的、一般的な規定になり、解釈の余地を残す抽象的概念的な規定を含むことはやむを得ないことであるとされ、したがって、「その解釈運用の実際上の不統一を避け、課税の統一公平を期するために、解釈通達を発する必要があることは、これを否定することができない[124]」として、その存在意義は十分に認められているものである[125]。

しかし、「通達が本来の使命の限界内において用いられる限りにおいて、『通達による行政』が、『法律による行政』の原理に背馳し又は矛盾するものとはいえない。[126]」のであるが、現実として、「通達が、本来その使命とする範囲をこえ、時には法の解釈、取扱準則の名の下に、法の枠をこえ、法に違反して、広く利用され、実際上にも、人民の権利義務に重要な影響を及ぼす事例が生じている[127]」ことから、解釈通達は実質的には、納税者に対する関係においても法的拘束力をもっているのと同様の効果をきたす機能を有しているものと考えられ、このような通達の理論的機能と実質的機能との隔たりが従来から指摘されてきたところである。[128]

このように、通達が問題とされるのは、その内容が法令の根拠を欠いている場合であって、それが、結果的に納税者の権利義務に直接影響を及ぼしていることに基づくものと理解できる。

本稿で問題にする緩和通達についてみると、納税者への影響は基本的に「有利」なものであるから、仮に法令の趣旨を超えていたとしても、そのこと自体を納税者の側から直接争われることはこれまで全くなかったとされる。[129]それゆえ、緩和通達には「行政の恣意性をチェックする方策を立てにくい現状[130]」が指摘されている。

緩和通達に対する裁判例の動向について、品川芳宣教授は、「緩和通達の存在については、租税法律主義の合法性の原則に違反する旨明示する判決（東京地裁昭和六〇年三月二一日税資一七八号二九三〇頁参照）も見受けられるが、裁判例の傾向としては、一定の要件を満たすことを条件にこれを租税法律主義の枠内で容認する傾向にある[131]」と指摘され、容認する判断を下した裁判例から、[132]①当該通達の制定に正当な目的を有すること、②当該通達の内容に合理性があること、③当該通達の取扱いが納税者において異議なく受容されていること、④当該通達の内容が納税者に対して平等に執行されていること、⑤当該通達によって定められている手続及び実体の要件が厳格に適用されていること等の各要件を導き出されている。[133]

一方、学説においては、「この（［医療費控除の範囲について定めた所基通七三－一二］）通達の規定内容自体は、憲法一三条・二五条に則ったものであって、納税義務者に有利となる類推適用であるから賛成である。[134]」（［　］内は筆者加筆）と評価する見解もあるが、租税法律主義の観点からその違法性を指摘するものが多い。

例えば、玉國文敏教授は、「租税政策が憲法に合致しようとしまいとにかかわらず、わが国憲法八四条の下では、具体的な租税法規上の根拠が必要とされねばならない。なぜならば、いかなる租税政策も、国民間での負担の配分を前提としているからである…。[135]」と述べられ、仮に納税者に有利となる通達であっても、違法・違憲の問題を生じる可能性を指摘される。

そして、首藤重幸教授は、「課税を緩和する通達を発し得る法的根拠は、一般的には法律の優位、さらには租税法律主義における合法性の原則との関係で重大な疑問が存在する。法律的根拠が存在しないにもかかわらず租税負担の軽減に結び付く取扱いを承認する通達は、立法権に対する侵害の可能性がある。[136]」と批判されている。そして、このような緩和手続について法の定めがないのは重大な「法の欠缺」であると位置づけられた上で、「法による定めがなされるまでは、通達により緩和して法の欠缺に対応することにしても、国民の負担を軽減する方向に働くのであるから『法律の留保』に反するものではない[137]」として、当面緩和通達を発し得る法理論的論拠はこのようなものでしかないと述べられている。

また、谷口勢津夫教授は、緩和通達は「租税の賦課徴収の違法状態が、事実上放置されることがある。そのような通達の基礎にある考慮が、少額不追求・類型化等の執行上の考慮にとどまらず、政策的価値判断（ときに『社会通念』、『通常』等の名の下でされることもある）を含むと解される場合もある。確かに、行政先例法の成立を認めることによって、そのような通達に従った課税を正当化することもできなくはないであろう。しかし、課税要件法定主義からすれば、通達には、間接的にではあれ、やはり法規創造力を認めるべきでないと考えられる。[138]」として、租税法律主義を尊重する立場から、行政先例法の成立に否定的な見解をとられている。

このように、緩和通達は、例え納税者に課税上有利な結果をもたらすものであっても、法の根拠に欠けるという点で租税法律主義の下では容認されえないものである。しかし、緩和通達による運用が行われていることは無視のできない事実であり、理論的機能と実質的機能との隔たりを抱えたまま、医療費控除制度が存在していることが認められる。このことは、具体的にどのような問題を引き起こすであろうか。また、税務通達は、租税行政に統一性を与える一方で、合理的な個別事情が考慮されにくいという両面性が指摘されており[139]、その適用の場面においては、通達の形式的運用による弊害も懸念されるところである。

このようにして医療費控除制度は、シャウプ勧告が想定するよりは広く医療費概念を構成したものの、限定的にその控除対象範囲を定め、一方で社会政策上の必要性の高まりとともに、緩和通達によりその範囲を拡張して運用がなされてきた。平均寿命が六〇歳前後であった医療費控除創設当時は、「治す医療」が前提とされ、その当時に創設されたわが国の医療費控除制度も、「治す」ことをその中核に据えている。医療の進歩に伴い、真に納税者の担税力を減殺するものと捉えられる「医療費」の範囲の構成は次第に拡がりを見せているはずである。このような中で、大きな改正もなく存在している法令を根拠に、納税者は「医療費控除の対象」であることを争うことができるのであろうか。

そこで、次章以降、裁判例における具体的な問題を通して、緩和通達による運用の問題点を明らかにする。

(82)　金子宏「シャウプ勧告と所得税」同『所得課税の法と政策』八七頁（有斐閣、一九九六）（初出、日本租税研究協会『シャウプ勧告とわが国の税制』（一九八三））。
(83)　シャウプ使節団『シャウプ使節団日本税制報告書』一編五章E節一〇三頁（Vol. I、一九四九）。
(84)　「不具者控除」は、医療費控除と同様にシャウプ勧告を受けて昭和二五年度の税制改正の際に設けられたものであるが、昭和三四年度の税制改正においてその名称は「障害者控除」に改められている（武田昌輔監修『ＤＨＣコンメンタール所得税法第３巻』四八一九頁（第一法規、加除式）。「歴史的価値を有するシャウプ勧告の正式翻訳にある表現」（金子・前掲注（82）八七頁）であるため、そのまま引用させていただいた点ご理解いただきたい。

(85) シャウプ使節団・前掲注（83）一編五章E節一〇一頁以下。なお、これを受けて設けられた昭和二五年所得税法は、不具者について、納税義務者又はその扶養親族で心神喪失の常況にある者及び盲人その他の身体障害者をいうものと定義している（法八条二項）（清水廉編『新所得税法の解説』四頁（法律の友社、一九五〇）参照）。
(86) 「追加的な支出」が発生することのほか、立法の場面においては「その所得獲得には一般普通人以上の努力と犠牲」を要する点も、その趣旨にあげられている（岩尾一編『所得税法（I）』五五三頁（日本評論新社、一九五三））。
(87) シャウプ使節団・前掲注（83）一編五章E節一〇四頁。
(88) 奥谷健「居宅介護サービスと医療費控除の意義と射程範囲（上）」税務弘法三頁以下（二〇〇八）。
(89) 奥谷・前掲注（88）四頁。
(90) 金子・前掲注（2）二〇二頁。
(91) 武田・前掲注（84）四六七三の二頁。
(92) 医療費控除規定の沿革については、武田・前掲注（84）四六七三の二頁以下、植松守雄『注解所得税法 4訂版』一〇〇六頁以下（大蔵財務協会、二〇〇五）を参考にしている。
(93) 所得税法は、昭和四〇年法律第三三号（現行法）によって、昭和二二年法律第二七号の全部が改正されている。
(94) 玉國文敏「医療費控除の範囲と限界—通達課税の一側面—」成田頼明ほか編『行政法の諸問題（下）』六五五頁（有斐閣、一九九〇）。
(95) 奥谷・前掲注（88）一頁以下。
(96) 武田・前掲注（84）四六七九の三。
(97) 国税庁ホームページ「乳がんの治療に伴い乳房を失った患者に対する『CAL組織増大術』を用いた乳房再建手術に係る費用の医療費控除の適用の可否について（照会）」平成二一年一月一六日（http://www.nta.go.jp/tokyo/shiraberu/bunshokaito/shotoku/24/02.htm#a01, 2016.12.31）参照。
(98) 玉國・前掲注（94）六六六頁。
(99) 新村出編『広辞苑第6版』一四四七頁（岩波書店、二〇〇八）においては、診療とは「診察と治療。」と記述されている。また、医師法一九条は「診療に従事する医師は、診察治療の求があつた場合には、正当な事由がなければ、これを拒んではならない。」と規定しており、診療とは、診察と治療を含む概念であると解される。
(100) 玉國・前掲注（94）六六六頁。
(101) 実務解説書においては、「医師等による診療等の対価として支払われる妊婦の定期検診の費用」（後藤昇編『医療費控除と住宅借入金等特別控除の手引』一六頁（大蔵財務協会、二〇一〇））や、「出産のための分娩費用や入院費用」（山崎正雄編『平成二五年三月申告用一目で分かる医療費控除』三八頁（納税協会連合会、二〇一二）は、医療費控除の対象になると解説され、実務上は医療費控除の対象となる医療費として取り扱われている。

(102)　武田・前掲注（84）四六八五の八。

(103)　新村・前掲注（99）二〇二頁。

(104)　なお、所基通七三－五（医薬品の購入の対価）は、所令二〇七条二項に規定する医薬品は、薬事法二条一項に規定する医薬品であるとして、この点の解釈を明らかにしている。

(105)　後藤・前掲注（101）二五頁。

(106)　新村・前掲注（99）二〇七頁。

(107)　所令二〇七条に規定される人的役務の提供者は、それぞれ、あん摩マッサージ指圧師、はり師及びきゅう師は、厚生労働大臣の免許を（あはき法二条）、柔道整復師は、厚生労働大臣の免許を（柔道整復師法二条）、保健師（保健師助産師看護師法二条）、助産師（同法三条）、看護師（同法五条）は、厚生労働大臣の免許を、准看護師は、都道府県知事の免許を（同法六条）、受けることとされている。

(108)　玉國・前掲注（94）六七三頁。

(109)　当事案は、眼鏡等の装用及び検眼は、法令が予定している診療又は治療には該当しないとして、医療費控除の適用はないと判断された事案である。この問題は、申告実務上はよく起こりうるが、裁判で争われることは稀で、本件が最初の裁判例といわれている（岩﨑政明「判批」ジュリスト九六七号一〇三頁（一九九〇）。控訴審（東京高判平成二年六月二八日税資一七六号一三四〇頁）及び上告審（最判平成三年四月二日税資一八三号一六頁）でも、同様に納税者の主張は斥けられている。なお、この問題について、平成元（一九八九）年に厚生労働省の通達（平成元年九月二〇日厚生省健康政策局総務課「総第二三号」）が出され、確定申告にあたっては、医師が一定の疾病名と治療を必要とする症状を記載した処方せんの写しの添付が必要であることとされた。これにより、この通達に該当しないものは治療用でない眼鏡とされ、医療費控除の対象外になったと考えられる（林仲宣『実務に役立つ租税基本判例120選』一八九頁（税務経理協会、二〇一〇））。

(110)　奥谷・前掲注（88）四頁。

(111)　武田・前掲注（84）四六七九頁の二。

(112)　「控除の対象となる医療費の範囲」に関する通達は、昭和四四年一月三一日「所得税法に関する当面の取扱い（申告所得税関係）について」（直審（所）一）により発遣され、その後昭和四五年七月一日「所得税基本通達の制定について」（直審（所）三〇）によって所得税法基本通達が制定されたことに伴い、現行所基通七三－三に引き継がれている（大蔵省主税局ほか監修『税関係法令判例通達集』二三九頁（第一法規、加除式）参照）。

(113) 奥谷・前掲注（88）五頁。

(114) 玉國・前掲注（94）六五七頁、奥谷・前掲注（88）五頁、岩﨑政明「心身の機能不全補填支出と所得控除」税務事例研究八六号三一頁（二〇〇五）。この点につき、酒井克彦教授は、「厚生行政の変化に対して所得税法の改正が行われない場合に通達によって、その範囲が次第に拡張されてきたともいえる。」（酒井克彦「所得税法上の医療費控除の意義と射程範囲（下）」税務弘報五五巻九号九四頁（二〇〇七））と指摘される。

(115) 武田・前掲注（84）四六八一頁の五。

(116) 奥谷健「居宅介護サービスと医療費控除（下）」税務事例四〇巻二号四頁（二〇〇八）。

(117) 玉國文敏教授は、おむつに係るこのような取扱いについて、「この通達などは、その文言による運用よりは、『政策的判断』によって、医療費控除が運用されていることを示す好例である。」（玉國・前掲注（94）六七三頁）と述べられ、法解釈学的にはともかく政策的な判断がなされている例として指摘されている。

(118) 品川芳宣『租税法律主義と税務通達』四〇頁（ぎょうせい、二〇〇四）。

(119) 金子・前掲注（2）一〇九頁以下。松沢・前掲注（24）六五頁、清永・前掲注（6）二一頁。判例（最判昭和三八年一二月二四日税資三七号一二〇二頁）においても、「国税庁長官の基本通達は、下級行政機関の権限の行使についての指揮であって、国民に対し効力を有する法令ではないとした［原審の］判断は、正当である。」（［　］内は筆者加筆）として、通達の法規性は否定されている。

(120) 吉良実「税務通達の規範性」税法学二四八号一四頁（一九七一）。

(121) 吉良・前掲注（120）一五頁。

(122) 田中二郎・前掲注（19）一〇〇頁。

(123) 吉良・前掲注（120）一五頁。

(124) 田中二郎「法律による行政と通達による行政」自治研究三二巻七号一二頁（一九五六）（同『司法権の限界』一四頁以下（弘文堂、一九七六）所収）。この点、税務大学の下村芳夫氏も「税務通達の全てを法律をもって定めることは妥当でないばかりか、かえって税法の量を膨大なものにし、現行の税法でさえ複雑難解であるとの批判に更に拍車をかけることになり、ひいては、納税義務の正しい履行が得られるかどうか疑問になってくるのである。」（下村芳夫「租税法律主義をめぐる諸問題―税法の解釈と適用を中心として―」税大論叢六号四〇頁（一九七二））と述べられている。

(125) 清永敬次教授も「納税義務者が申告をなしあるいは税務官庁の職員が仕事を行うに当たっては、通達の定めているところに従って行われるのが通例であり、このため租税に関する通達が税法の領域において事実上果たす機能は極めて大きい。」（清永・前掲注（6）二二頁）と述べられ、金子宏教授も、「租税法規の統一的な執行を確保するために、通達が必要なことはいうまでもない。」（金子・前掲注（2）一一〇頁）としてその重要性を説いておられる。
(126) 田中二郎・前掲注(124)一一頁。
(127) 田中二郎・前掲注(124)一五頁以下。
(128) 吉良・前掲注(120)一六頁。増田英敏教授は、相続税法における財産評価基本通達の問題に関して、「法ではないとされる通達を評価基準に用いることは、法治国家の根幹を構成するとも言える租税法律主義の要請に明らかに抵触するのである。しかしながら、そこには租税公平主義という一方の基本原則維持のためという大義名分が存在するために、両基本原則間に価値判断が加えられ調整が図られているものといえる。」（増田英敏「通達課税の現状と租税法律主義」税法学五四六号二六二頁（二〇〇一））〔同『租税憲法学（第3版）』一四九頁以下（成文堂、二〇〇六）所収〕として、通達課税の問題の本質を鋭く指摘されている。
(129) 玉國・前掲注(94)六五七頁。
(130) 玉國文敏「通達課税の一側面―相続財産評価基準とその変容―」小早川光郎＝宇賀克也編『行政法の発展と変革（下）』四七二頁（有斐閣、二〇〇一）。
(131) 品川・前掲注(118)四〇頁。
(132) 品川芳宣教授は、緩和通達の存在を容認した裁判例として、大阪地判昭和四四年五月二四日税資五六号七〇三頁、東京高判昭和五二年七月二八日税資九五号二六一頁、大阪地判昭和五四年八月三一日税資一〇六号三一九頁、大阪高判昭和五五年一月二五日税資一一〇号九〇頁、神戸地判昭和六〇年五月一三日税資一四五号四二頁をあげられている（品川・前掲注(118)四六頁）。
(133) 品川・前掲注(118)四〇頁以下。
(134) 岩﨑・前掲注(114)三二頁。
(135) 玉國・前掲注(130)四九一頁。
(136) 首藤重幸「租税行政手続（通達・指導）」日税研論集二五号『租税行政手続』一七九頁（一九九四）。
(137) 首藤・前掲注(136)一七九頁。
(138) 谷口・前掲注(10)三六頁。
(139) 田中治「税法通達の読み方」税研一三八号二七頁（二〇〇八）。

三　裁判例から検討する緩和通達の問題点

医療費控除に関する公開裁判例の数は多くはない。医療費控除の足切限度額が憲法一四条及び二五条に違反するかが争われた事案[140]、医療費控除における「配偶者」の意義が争われた事案[141]、が数件あるものの、このほかは全て医療費控除の対象となる「医療費」該当性が争われたものとなっている。このように医療費控除の訴訟の中心は、控除対象となる医療費の範囲をめぐるものであるといえる。

以下、医療費の範囲が争われた裁判例を通して、裁判所が示す控除対象「医療費」の判断の基準及びその範囲について若干の検討を試みるとともに、理論的機能と実質的機能に隔たりを持つ緩和通達により運用される医療費控除制度の問題点を明らかにする。

１　裁判例が示す医療費の範囲

医療費控除の対象とされる「医療費」の範囲が争われた事案は、①眼鏡等の購入費用及び検眼費用に関するもの、②自然食品等に関するもの、③施設の入所に係る費用に関するもの、④居宅介護サービスの対価に関するもの、という四つの内容に整理できる。

医療費控除の対象となる「医療費」の意義が問われた最初の裁判例が先に紹介した「藤沢メガネ訴訟」であり、医療費控除を代表する裁判例となっている。第一審（横浜地裁平成元年六月二八日判決[142]）は、通達の存在について、「基本通達の定める医療費の範囲が施行令に定められている『医師等による診療等』を受けるために直接必要な費用に限定されるのはいうまでもなく、医療用具についても、医師等が自ら行う治療等のために使用することが予定されているものに限られ、医師等による診療等にかかわりなく購入された義手、補聴器等の医療用具の購入費用はこれに該当しないというべきである。」として、医療費の範囲を運用の実際において拡大したと認めつつ、あくまで通達は法令の制約の範囲にとどまるべきなのは当然であると位置づけた。そして、法令が想定している範囲は限定的であり、そこでは眼鏡等の購入対価が想定されていなかったことを確認した上で、その疾病が治療可能であるか否かを重要な要素として「医療費」の範囲を判断している。法令が「医学的治療を要する疾病や負傷等の存在を前提」としていることは前章で確認したが、本件においても、同様に解して判断を行っているとみることができる。

自然食品等の購入費用が法七三条二項にいう「治療又は療養に必要な医薬品の購入の対価」に該当するか否かが争われた事案(143)においても、法令が想定する医療費控除の対象となる「医薬品」とは、薬事法に定める医薬品であって、治療又は療養に必要な場合のその医薬品のみであるとして、法令に従った判断がなされている。

納税者による任意の支出とやむを得ない支出との区別は事実上困難であるから、判断のためには一定の基準を設けざるを得ない。そして、その基準として厚生行政上の判断を尊重することに、特に不合理な点は感じられない。むしろ、そのような基準を組み込まないことによる弊害、すなわち、納税者個人の実感による「治療又は療養に必要な医薬品の購入の対価」の判断が行われるとすれば、医師によることを絶対条件としない「医薬品」の判断においてはなおさら、「納税のために処分する所得」から自由に処分できる所得までもが控除されるといった問題が生じるであろう。

一方、納税者に有利な取扱いがなされている緩和通達を根拠に、緩和通達には示されていない同様の状況についてまで、その通達を根拠に主張することができるかといった問題がある。以下、居宅介護サービス等の医療費該当性が争われた事例をみていく。

本件は、納税者X（原告、控訴人、上告人）が、身体障害者及び要介護状態の認定を受けた生計を一にする妻Aの通所介護等の費用を、法七三条の医療費控除の対象に含めて所得税の確定申告をしたところ、税務署長Y（被告、被控訴人、被上告人）が、上記費用を医療費控除の対象と認めないで更正処分（以下「本件更正処分」という。）を行ったため、Xが本件更正処分は違法であると主張して、その取消しを求めた事案である。(144)

本件の争点は、本件実施サービスが、法七三条二項が医療費の範囲について委任する所令二〇七条五号の「保健師、看護師又は准看護師による療養上の世話」（以下「療養上の世話」という。）に該当し、本件利用料が法七三条の医療費控除の対象となるか否かである。

第一審（鳥取地裁平成二〇年九月二六日判決(145)）は、「『療養上の世話』については、関係法令上定義規定がないところ、一般的な用語として『療養』は『病気を治すため、治療し養生すること』などとされており…、療養上の世話とは、病傷者の病気や傷の治癒や症状の改善に向けられた世話を意味するものと解される。したがって、日常生活上の介護、介助を受けることは、療養上の世話には当たらず、このことは、日常生活上の世話を受ける者が同時に医療機関による治療を受けていた場合であっても、かわりがないというべきである。」と述べ、本件における通所介護等のサービスは、形式的にも実質的にも一般的な健康管理、日常生活上の世話の域を超えるものではなく、療養上の世話には当たらないと判示した。

控訴審（広島高裁平成二一年七月一〇日判決(146)）は、一審のように「療養上の世話」と「日常生活上の世話」を峻別せず、両者を明確に区別することの困難性を認めた上で、その判断基準について、「所得税法施行令二〇七条五号の『療養上の世話』を看護師等によるもの以外に拡張するとしても、基本的には、医学的管理の状況や看護師等による専門的な世話の状況（病傷者の病気や傷の治癒や症状の改善に向けられた医療的な世話かどうかといった個別の事情もこの問題に含まれる。）といった前記介護保険法等から窺われる区分も踏まえて個別に検討するのが相当である。」

と述べ、事例ごとに個別に検討するとしたが、結果としては、一審判決の結論は妥当であると判断している。

本件個別通達について第一審・控訴審はともに、「本件個別通達は、通所介護等の対象居宅サービスの費用について、医療系居宅サービスと併せて利用する場合には、療養上の世話として医療費控除の対象となることを認めているが、この通達は、一般的に対象居宅サービスが療養上の世話に当たることを認めたものではなく、一般には通所介護等が療養上の世話に当たらないことを前提にして、一定の条件を満たす場合のみその対象費用を医療費控除の対象と認めたものであると解される。」と述べている。通所介護等は本来「療養上の世話」に当らないが、個別通達が「療養上の世話」の範囲を拡大し、それによって医療費控除の対象とされている現状が、ここでも確認されている。

通達はあくまで、法令解釈の範囲内で理解されなければならない。しかし、先に見た通り問題が生じる都度、個別通達により対応してきた結果、これら通達による取扱いが、法令の解釈から導くことができるとは言い難い現状となっている。また、介護に関する費用について考えてみても、医療とは本来関係のない「おむつ」を医療費控除の対象として認めるなど、通達の取扱いもまた一様ではない。

現行法令上、本件実施サービスは、原則医療費控除の対象とされていないものであり、医療系サービスと併せて計画された場合にのみ個別通達によりその控除が認められているにすぎない。したがって、文理解釈を原則とする租税法律主義の下では、現行規定から、「居宅介護サービス」の対価が「治療」概念を基本とする控除対象医療費の範囲に含まれるとする解釈を導くことは困難であり、本判決は現行法解釈の限界とみることができる。

医療費控除制度が、応能負担原則を実現するために、一定の金額を超える医療費は納税者の担税力を弱めるという考え方に基づくという原点に立ち返れば、担税力の範囲が租税行政庁の判断に左右される現状は、租税法律主義の観点から批判されなければならない。シャウプ勧告が想定していなかったであろう介護保険制度下での居宅サービスの対価に関する事案は、法に基づかいない医療費控除制度の運用による法的限界を明らかにしてくれる。

2　租税法律主義と緩和通達の問題点

シャウプ勧告により設けられた所得税法における医療費控除規定は、創設当時から大きな改正もなく存在しており、控除対象となる医療費の範囲は、緩和通達による運用によってその後の社会保険制度の充実や医療技術の進歩に対応してきた現状が認められる。換言すれば、法令が想定する医療費の範囲は、緩和通達により拡げられた範囲に比較すると、限定的であるといえる。したがって、裁判所は、このような限定的に定められた法令のみを前提に判断を行うのであるから、(147)上記1節で確認した通り医療費控除に関する裁判例は納税者に厳しいものとなっている。

いくら通達が法令ではないとはいっても、緩和通達による運用がなされている以上、裁判例における納税者の主張には通達が根拠としてあげられているのもまた事実である。ある状況について通達が控除対象医療費とする取扱いをした場合、その通達の定める状況と同様の状況におかれている納税者が、その取扱いを求めることは納税者の心境として自然なことであると思われる。

一般に、通達の運用における問題は、緩和通達に従わない課税処分が行われた場合について議論がなされてきた。(148)この点につき、品川芳宣教授は、「緩和通達に従わないで法律上の課税要件どおりの課税処分が行われた場合には、信義則の適用問題、行政先例法の存在の有無、租税平等の原則の違反の有無等が問題とされ、当該課税処分の効力に種々の問題が生じる。就中《なかんずく》、納税者における予測可能性には大きな影響を与えることとなり、租税法律主義の実質的意義も問われることになる。(149)」と指摘されている。そして、中里実教授も、「課税庁が通達において一定の取扱いを公表し、かつ、それに従った行政運営をしているのであれば、納税者はそれを信頼する（信頼せざるを得ない）であろうから、当該通達が納税者にとって有利な場合は、課税庁は、信義則ないし法的安定性・予測可能性の確保の見地から、自ら表明した見解に拘束され、通達の内容とは異なる処分を行うことは許されないと解すべきである。[150]」として、租税法律関係における予測可能性と法的安定性の確保という観点から、原則として通達から離れた課税処分は認められないと述べられている。

しかし、医療費控除における緩和通達の問題は、緩和通達に従わない課税処分が問題とされるのではなく、「通達には明記されていないが通達が規定するのと同種類似の事柄についてまで認めるべきなのか（もし、認めないとすると、公平原則に反するのか）、という法治行政の要請と租税法執行段階での平等主義との間での相克をめぐる問題が生じてくる。[151]」といった点にあることが裁判例から指摘できる。

通達が「法の解釈の範囲内における通達」として存在しているのであれば、納税者は通達を根拠に主張をしても、結果的に法令の解釈によって同様の解釈が導かれるであろう。しかし、ここで注意すべきなのは、「法の解釈の範囲を超えた通達」の取扱いである。医療費控除における通達は、従来から「本来のあり方からすると、通達によって、このような法令の趣旨の拡大を行うことは決して望ましいことではなく、そこには『ある種の違法状態』が生じているともいえよう。[152]」と指摘がなされているように、法の解釈の範囲を超えて存在していることは先に確認した通りである。

したがって、このような通達を前提にすると、「いくら自分にとって有利であるからといって、納税者は、原則として、法に反する通達について、その適用を主張することはできない[153]」と考えられる。この点、玉國文敏教授は、「租税正義の観点から見て、課税上、公平・平等な取扱いが必要とされることはいうまでもない。しかし、それは『法の下の』平等であって、違法状態の下における平等な取扱い（しかも違法状態を拡大しての）までは、租税正義は要求しているわけではない。したがって、法治行政的な建前論からすれば、…通達の取扱いが政令の枠を超えているような場合にはさらに納税者の側から通達の積極的な拡張を求めることは許されないとになる。[154]」として、租税法律主義の下では具体的な租税法規上の根拠が必要であるから、仮に納税者に有利な通達であっても違法の問題が生じると指摘されている。

侵害規範である租税法には、租税法律主義という大原則があり、その一内容である合法性の原則すなわち、「租税法は強行法であるから、課税要件が充足されている限り、租税行政庁には租税の減免の自由はなく、また租税を徴収しない自由もなく、法律で定められたとおりの税額を徴収しなければならない。[155]」という要請が及ぶ。合法性の原則は法に基づいた課税実務の運用を求めているが、医療費控除においては、その「法」がないままに租税行政庁の判断による運用がなされているということがいえるであろう。緩和通達は、裁判所の審査になじまないものであり、このような運用の中でなされる通達を根拠とした納税者の主張では、税法解釈の問題として俎上に載せることができない。納税者は、立法を待つ他に方法がなく、ひいては納税者の税法解釈権を奪っているともいえる。[156]

増田英敏教授は、通達課税がもたらす弊害について、「通達は納税者の論拠にはなり得ず、租税行政庁の恣意的課税の温床になりかねない危険があることにある。[157]」と指摘されている。医療費控除における通達は、厚生行政上の判断や社会的な要求を前提に具体的な問題に対応するという側面が強く、事実として、法改正を待つことなく迅速な対応により納税者が救出されている面も否定できない。しかし、そのような方向性が政策的には肯定されても、租税法律主義の下では法に基づいた課税実務の運用が強く求められるのであるから、例え納税者に有利な取扱いでも、どのような状況を医療費控除の対象とするかの決定権は租税行政庁に与えられていないと解すべきである。このような運用を放置するとすれば、それは「どこまで法の適用を認めどこで限界を設けるか（ここでの問題でいえば、医療費控除の対象・範囲）…についての決定権、または法の適用対象（ないしは課税対象）の取捨選択を行政庁に委ねる結果[158]」を招き、租税行政庁による恣意性介入の余地がうまれることになる。緩和通達による問題はこの点に集約されるであろう。

租税法律主義の本質は、恣意的課税の排除にあるといっても過言ではない。租税法律主義の主たる機能は、恣意的な課税を阻止することにより、納税者である国民の権利を保護し、租税正義を実現することにあるのであるから[159]、法の根拠に欠ける緩和通達による運用は、租税法律主義の下では容認されえないものであることがここで確認されなければならない。

現状の医療費控除制度を前提とした対応として、医療費控除のように規定が立法された当時と社会状況が大きく異なり、法律が「社会的実情に適合しない状況[160]」が認められる場合には、文理解釈に趣旨目的を併せた解釈が認められる余地もあるとする見解もみられる[161]。

そもそも、文理解釈は納税者の予測可能性を確保する観点から、租税法律主義が要請するものであるから、規定における医療費の範囲と緩和通達により拡げられた範囲とが大きく異なっている医療費控除において、規定の文理解釈を強行すれば、かえって納税者の予測可能性を確保できない事態が想定される。その意味で、趣旨目的を含めた解釈を行うことにも一定の合理性を認める余地はある。しかし、このような解釈がみだりに行われるとすれば、そこに恣意性が介入する危険性が生じ、恣意的課税の排除を本質とする租税法律主義と真っ向から対立することになる。租税法律主義の下では厳格な文理解釈がなされることが求められ[162]、したがって、このような解釈を認めることには慎重であるべきであろう。また、仮にこのような解釈を認める場合であっても、本来「治療」概念とは異なる「介護」概念を、「治療」概念に含めて解釈していく対応には自ずと限界があるものと思われる。

このように、医療費控除においては、法令解釈上の限界が生じているのであるが、医療費控除における問題の本質は、「法」がないまま緩和通達という形で租税行政庁の判断による運用が行われ、それにより納税者の担税力が変動し、しいては担税力に応じた課税が歪められていることにある。立法過程で考慮された正義の形である公平概念が、租税行政庁の判断に左右される現状は是正されなければならない。

所得税法は、応能負担原則に基づく担税力に応じた課税を実現する仕組みを持ち、最も正義に適合するものと評価されてきた。その仕組みの一つが、所得控除制度であり、納税者の担税力に影響を及ぼす個人的事情を考慮して、納税者の生存のために不可避な所得を納税のために処分する所得から控除する重要な役割がある。有利な取扱いにみえる緩和通達は、本質的には納税者の公平を歪め、納税者から租税解釈権を奪っている。このように現行の医療費控除制度は、租税法律主義の視点から批判されるべきである。

奥谷健准教授は、医療費控除という制度について、「本来的には所得税法七三条や所得税法施行令二〇七条といった法令を、社会的実情に適合するように改正すべきであると考える。[163]」と立法による対応が必要であると結論されている。

佐々木潤子准教授は、通達が、「法律の改正や訴訟の提起よりも、具体的な事案に迅速に対処するという点では優位といえよう。当面の課題としては、通達によってであっても『医師の治療を受けるために直接必要な費用』と認められる限り、控除の対象を拡大していくことが一つの手であろう。[164]」としながら、「根本的な問題の解決のためには、法律の改正も必要であると思われる。」と述べられ、立法化の必要性を説いておられる。

酒井克彦教授は、「立法によらずに法律解釈の限界で対応する姿勢は早急に見直しをすべきではなかろうか。かような点を置き去りにして、行政上の先例解釈のみに頼った解釈論の展開では、今後の医療の多様な進歩に対応することができず、ひいては担税力を指標とする所得税法の機能不全を招来することにもなりかねない。立法上の問題で対処すべき事項が通達によって解決されているという現状を放置することは、通達による立法という租税法律主義における問題にも発展する可能性を有するのである。[165]」と述べられ、立法が急務であると指摘されている。

このように、医療費控除制度については、最終的に立法による措置が必要であるとする論考が目立つ。医療費控除制度の立法による対応は、二〇年以上前から玉國文敏教授が「立法が社会の変化に対応しきれていないことがすべての問題の原因となっており、立法的な整備をすることによって問題の解決を図ることが、このような制度運用にあたって生じている疑義や混乱を払拭する上でも、緊要と思われる。(166)」と指摘されていたことでもある。立法による対応が図られることで、納税者は法的基準をもとに問題とする状況を俎上に載せることができるであろう。法に基づいた租税法実務があってはじめて納税者が租税法解釈権を有することができるのである。

(140) 最判昭和五三年一〇月二六日税資一〇三号七五頁。
(141) 最判平成九年九月九日訟月四四巻六号一〇〇九頁（所得税法における事案）、東京高判平成一七年一月二〇日 LEX/DB 文献番号二八一一二五八（地方税法における事案）。
(142) 横浜地判平成元年六月二八日税資一七〇号八九二頁。評釈として、岩﨑・前掲注（109）一〇二頁以下、北野弘久「判批」別冊ジュリスト一一三号［社会保障判例百選第2版］七八頁以下（一九九一）、玉國・前掲注（94）六五九頁以下参照。
(143) 福島地判平成一一年六月二二日税資二四三号七〇三頁。なお本判決を取り上げたものとして、岩﨑・前掲注（114）三六頁以下。
(144) 本件に関する評釈として、奥谷健「判批」税務Q&A八二号五一頁以下、九三号四二頁以下（二〇〇九）、奥谷健「医療費控除における『療養上の世話』の意義」税務事例四一巻六号一頁以下（二〇〇九）、林仲宣＝高木良昌「判批」税務弘報五八巻四号一四六頁以下（二〇一〇）、伊藤義一「判批」TKC税研情報一九巻六号四四頁以下（二〇一〇）、垣木英宏「判批」TKC税研情報一九巻六号六九頁以下（二〇一〇）、忠岡博「判批」税法学五六四号二一九頁以下（二〇一〇）、山畑博史「判批」速報判例解説七号三〇三頁以下（二〇一〇）、田代行孝「判批」税理五三巻一四号一〇六頁以下（二〇一〇）、中江博行「判批」税務事例四二巻一一号一四頁以下（二〇一〇）参照。裁決段階での評釈として、奥谷・前掲注（88）一頁以下、同「居宅介護サービスと医療費控除（下）」税務事例四〇巻二号三頁以下（二〇〇八）参照。これら評釈を整理したものとして、遠藤みち「高齢者『引取扶養』から『介護の社会化』へ」税法学五六六号一一七頁以下（二〇一一）参照。医療費控除に関する裁判例の中で最も評釈の多い事案となっており、関心の高さを物語っている。
(145) 鳥取地判平成二〇年九月二六日税資二五八号順号一一〇三八。
(146) 広島高判平成二一年七月一〇日 LEX/DB 文献番号二五四六三一五七。
(147) 塩野宏教授は、通達に示された解釈に従って行政処分がなされ、その適法性が裁判所で問題となった場合であっても、「裁判所は独自の立場で法令を解釈・適用して、処分の適法・違法を判断すべきであって、通達に示されたところを考慮する必要はなく、むしろ考慮してはならない」（塩野宏『行政法Ⅰ第５版』一〇二頁（有斐閣、二〇一二））ことを確認されている。

(148)　例えば、相続税法における財産評価の問題において、納税者が通達の定める評価方法によると低い評価額が算出できることに着目して意識的に通達の評価方法により評価したのに対し、租税行政庁が当該通達を適用せず通達以外の評価方法による課税処分を行ったという事案（東京高判平成一一年三月二五日税資二四一号三四五頁）がある。裁判所は、租税行政庁が評価通達以外による評価を行ったのは租税回避行為の防止や課税の公平の確保にはやむを得ないとして容認する判断を下している。これに対し、増田英敏教授は、租税行政庁による「通達の使い分け」と表現され、このような通達の使い分けは、予測可能性を確保し、恣意的課税を排除するという租税法律主義の観点から到底看過することはできないと批判されている（増田・前掲注（128）二六四頁）。

(149)　品川芳宣「税務通達に従った納税申告の否認と予測可能性」税理四二巻八号一一頁（一九九九）。

(150)　中里実「通達に反する課税処分の効力」ジュリスト一三四九号八八頁（二〇〇八）。

(151)　玉國・前掲注（94）六八三頁。

(152)　玉國・前掲注（94）六九〇頁。

(153)　中里・前掲注（150）八八頁。

(154)　玉國・前掲注（94）六八五頁。

(155)　金子・前掲注（２）八二頁。

(156)　奥谷健准教授も、医療費控除における訴訟について、「通達によって対応されていることにより、訴訟の段階での法令解釈上、その違法性を争えなくなっているように思われる。」（奥谷・前掲注（144）七頁）と指摘されている。

(157)　増田・前掲注（17）一七七頁。

(158)　玉國・前掲注（94）六八五頁。

(159)　増田英敏教授は、「租税法律主義の主たる機能が、国家もしくは国王に代表される、時の権力者による恣意的な課税を阻止することにより、納税者である国民の権利を保護し、租税正義を実現することにあることはいうまでもない。」（増田・前掲注（17）二七頁）と述べられ、課税要件法定主義・課税要件明確主義・合法性の原則・手続保障の原則という四つの内容・原則により構築される租税法律主義の本質を説いておられる。

(160)　奥谷・前掲注（144）七頁。

(161)　奥谷健准教授は、本判決について、「当該判決においては、通達による取扱いではなく、むしろ医療費控除の対象となる『療養上の世話』の意義に着目すべき点があるように思われる。」（奥谷・前掲注（144）一頁以下）と述べられた上で、通達によって拡大されたその趣旨も考慮した解釈が求められると指摘されている。

(162) 増田英敏教授は、「租税法が侵害規範であり、そうであるゆえに租税法律主義により課税庁の恣意的課税を阻止するということを憲法が命じているのであるからその租税法律主義の要請を形骸化させないために文理解釈により厳格な法解釈がなされるべきなのである。」（増田・前掲注（17）四四七頁）として、租税法律主義の下の税法解釈のあり方の基本は文理解釈優先主義であることを強調されている。
(163) 奥谷・前掲注（144）七頁。
(164) 佐々木潤子「医療費控除の対象となる医療費の判断基準」税法学五四一号八六頁（一九九九）。
(165) 酒井・前掲注（114）九六頁。
(166) 玉國・前掲注（94）六九〇頁。

結　論

侵害規範である租税法は、租税法律主義という大原則の支配の下に置かれている。租税法律主義の本質は、国家による恣意的な課税を阻止し、租税法律関係における予測可能性と法的安定性を確保することにある。

緩和通達に依拠した運用は、結果として、本質的には納税者の公平を歪め、法により保障された最低限度の生活のための所得の意義を問うことなく、納税者から税法解釈権を奪う現状が認められた。このような現状は、恣意的課税の排除をその本質とする租税法律主義の観点から否定されるものである。また、「治療」概念を基本とする医療費控除規定に必ずしも治療を前提としない「介護」概念を組み込んでいくことには法令解釈上の限界があり、最終的には立法による対応が求められるという結論に至った。

恣意的な課税を阻止することを本質とする租税法律主義の下では、合法性の原則が要請する「法」に基づいた課税実務の運用を行うことが求められるのであり、「法」に基づかない租税行政庁の判断による運用は、早急に是正されなければならない。

医療費控除は、日常生活の中で最も身近にある税制として、広く一般の納税者に関わる問題である。「介護」に関する現場の課税実務上の混乱と、介護保険受給者数の急増が、担税力の減殺を調整する目的で創設された医療費控除制度再構築への機運となることを期待して、本稿の結びに代えたい。

付記：本章は、赤木葉子著「所得税法上の医療費控除に関する一考察」租税資料館賞受賞論文集第二二回（二〇一三）上巻三一三頁以下（二〇一三）を基に加筆・修正したものである。

第9章　ＮＰＯ法人の収益事業に対する課税問題の研究
――「公益性」基準の導入と今後の方向性について――

茂垣志乙里

はじめに

特定非営利活動法人（以下「ＮＰＯ法人」という。）は、阪神・淡路大震災を契機として平成一〇年に制定された特定非営利活動促進法（以下「ＮＰＯ法」という。）により設立される法人である。同法の制定以降ＮＰＯ法人は全国で設立され、その活動分野は医療や介護、子育て支援など幅広い。そして人々の生活や地域に密着した活動を行うことでＮＰＯ法人の役割は社会的に認知されている。

非営利活動を主たる目的とするＮＰＯ法人は「法人」として様々な法制の適用を受けることはいうまでもない。本稿で取り上げる税法の適用についてＮＰＯ法人は、ＮＰＯ法七〇条において法人税法上の公益法人等（以下、ＮＰＯ法人を含めて法人税別表二に掲げる法人を「公益法人等」という。）とみなされている。公益法人等は、法人税法上原則非課税として位置づけられているが、法人税法四条で収益事業から生じた所得に課税する旨を規定している。したがって、ＮＰＯ法人についても収益事業から生じた所得には課税が行われることになる。

しかし、法人税の負担は活動資金や人件費等運営経費を圧迫するため、特に財政基盤の脆弱な小規模ＮＰＯ法人にとって看過できない重要な問題である。

ＮＰＯ法五条一項には、本来の事業に支障がない限り本来の事業以外の事業（「その他の事業」）を営むことができる旨を規定しているが、「その他の事業」は法人税法上における「収益事業」と同義ではない。法人税法二条一三号は、本法にいう「収益事業」について「販売業、製造業その他の政令で定める事業で継続して事業場を設けて行われるもの」と規定した上で、法人税法施行令五条一項各号で三四業種を特掲しているが、この規定はＮＰＯ法人が行う事業が本来の目的に沿った事業か、その他の事業かに関わらず特掲事業の外形的適合性を基に収益事業課税が行われることを意味している。つまり、法人税法上の「収益事業の範囲」は法人税法独自の定義であり、その基準は同法二条一三号及び同法施行令五条一項各号の文言により解釈が行われることになる。

租税法の目的は究極的に国民の利益を希求する租税正義の実現にあり、その租税正義の実現を目的として立法された個別租税法である法人税法は、租税法律主義の厳格な統制の下で解釈・適用されなければならない。

法人税法上の収益事業課税は、原則非課税である公益法人等に対する例外的な課税であるから、その要件を規定する法律の解釈は厳格になされるべきである。

この収益事業の範囲について、本稿では二つの視点から検討を加える。一つは、収益事業課税の要件をめぐる問題である。収益事業として特掲されている三四業種に係る条文は、多様化する法人の取引に適合せず、実務において混乱を生じさせる場面も散見されるところである。また、平成二〇年に下された、ペット葬祭業訴訟の最高裁判決では、収益事業の本質や立法意図を重視した法解釈により「一般営利企業との競合」が収益事業該当性の基準となるという判断を導き出している。しかし、当判決で示された「一般営利企業との競合」の基準は法律上明文化されておらず不明確な基準である。このような基準の導入は租税法規定の拡張解釈をもたらすものであると批判されなければならない。収益事業の範囲をめぐる解釈において法律に明文化されていない不明確な基準を用いた場合、課税庁の恣意的な課税を招くだけではなく、租税法律主義の機能である納税者の法的安定性と予測可能性を害する結果となる。

そして二つ目は、公益法人等の行う本来の事業への課税に対する問題である。前述のとおり、公益法人等の本来の事業から所得が生じた場合においても、それが法人税法上の収益事業に該当すれば法人税が課されることになる。公益法人等の本来の事業は、公平・公正性や画一性が要求される政府では提供できない、かつ一般営利企業では採算性から提供できないサービスを民間組織が担うという重要な社会的役割が期待されているものである。したがって、公益法人等が行う本来の事業に課税を行う収益事業課税制度は、当該社会的役割に直接に影響を及ぼす可能性があり、結果として公益法人等の発展を阻害することになる危険性がある。

租税法の解釈・適用過程は租税法律主義の厳格な統制下に置かれるべきであり、収益事業の範囲に関しても公益法人等の社会的役割に沿った明確な基準が導入されるべきである。本稿における問題意識はこの点に凝縮される。

本稿は、厳格に解釈されるべきである法人税法上の収益事業の範囲が拡大解釈される可能性を内包する法的解釈の限界を明らかにした上で、ＮＰＯ法人を中心として、本来あるべき収益事業の範囲をめぐる解釈方法と、今後の収益事業課税の方向性を租税法の基本原則の視点から検討を行う。

一　NPO法人の概要と収益事業課税の法的構造

1　NPO法の成立とNPO法の骨子

(1) NPO法成立の経緯とNPO法人の役割

NPOとは、Non Profit Organization の略であり、ボランティア団体など非営利組織全般を指す。非営利組織の存在については、その歴史は古きにわたるが、近年、特にその社会的意義が注目され、社会の主要な構成員としての地位を確立している。

NPOの国際比較研究を行っているジョンズ・ホプキンス大学のレスター・サラモン（Lester M. Salamon）教授は、NPOについて①公式に設立され組織されていること（formal organization）、②民間（非政府機関）であること（Nongovernmental）、③利益の配分をしないこと（nonprofit-distributing）、④自主管理がなされていること（self-governing）、⑤自発的であること（Voluntary）、⑥公益のためのものであること（nonreligious and nonpolitical）、という六つの特徴を挙げ、これらの特徴すべてに当てはまることをもってNPOの定義とされており、今ではほぼ世界的に受け入れられる定義となっている。(1)

わが国においても、上記の定義にあてはまる非営利組織の存在は古くから知られているが、法制度として確立されたのは平成七年以降のことであった。平成七年一月一七日に発生した阪神・淡路大震災においては、延べ一三〇万人のボランティアが救援、復興に活躍したといわれている。これを契機に、ボランティア活動は急速に活性化し、ボランティア団体を中心とする民間非営利団体への関心が高まることになった。しかし、当時、ここで活躍したほとんどのボランティア団体が法的基盤を有せず、その存在が社会的に認知されないのは不合理であると各方面から強い指摘を受けた[2]。これを受けて、ボランティア団体を始めとする民間非営利団体の活動をより幅広く、かつ継続的に保障するためには、契約主体としての団体の法人格付与と法的位置づけは必要不可欠なことであるとして、ボランティア支援立法への道が開かれたのである。

平成一〇年三月、議員立法として上程されたＮＰＯ法が衆参両議院において全会一致で可決され、わが国初の市民ボランティア団体に法人格を付与し、その活動を促進する法律が制定された。阪神・淡路大震災から三年の間協議を重ねた結果であった。

同法は、同年一二月一日に施行され、わが国において初めて「特定非営利活動法人」という名称の下に法人の設立が可能となり、社会的存在について法的根拠を有することになった[3]。

ＮＰＯ法の制定以降、ＮＰＯ法人は全国で約五万一千法人が設立されている（二〇一六年八月現在[4]）。ＮＰＯ法人の活動が増加した背景には、震災、風水害等の災害時におけるボランティア活動の活性化に加え、福祉や環境などを巡る地域住民の社会的ニーズの多様化への対応などの自発的要因がある。一方で国・地方公共団体が抱える巨額な債務がもたらす財政硬直化や市町村合併の推進に伴う地方自治体の広域化などから生ずる細かい行政サービス提供の限界などの社会的要因が考えられる。

設立されたＮＰＯ法人の定款に記載された活動内容の統計では、「保険、医療又は福祉の増進を図る活動」を行っている法人が全体の六二・七％と最も多く、次いで「まちづくりの推進を図る活動」が四一・七％、「子どもの健全育成を図る活動」が三八・七％、「社会教育の推進を図る活動」が三三・八％、「学術、文化、芸術又はスポーツの振興を図る活動」が二八・五％などと続き[5]、ＮＰＯ法人が地域に根差した身近な問題を取り上げて活動していることが伺える。

ＮＰＯ法人の主な活動資金は、会費、寄付金、事業収入、行政からの補助金・事業委託収入等であるが、資金的に小規模な団体も多い。

また、収入源の内訳の統計は、総収入のうち、補助金・助成金は一三・九％、寄付金は四・二％、入会金・会費は二・四％を占めるにとどまり、実際には七七％超が法人の行う事業収入等である(6)。

非営利組織が存在する理由についてレスター・サラモン教授は、アメリカの歴史的背景を挙げ、「公共的な必要性を満たそうとする場合に市場に内在する限界、『市場の失敗』に対処する唯一の代替機構としての政府に内在する限界、平等な個人の間に協力関係を促進しようとする民主主義社会の要求、そしてアメリカ人が多元主義と自由に見出す価値観」に根差したものであり、この議論はアメリカ社会特有のものではなく、他国の社会にも共通した議論であるとされている(7)。

すなわち、わが国においてもＮＰＯ法人のような民間の非営利組織が存在する意義は、政府や営利組織体である企業等によっては達成し得ないニーズが存在することや、非営利組織が担うことが社会全体からみてより効率的であるとする要請があること等に依存している(8)。

ある特定のサービスの提供を、政府よりも非営利組織が担った方が良いと判断されるのは、サービスの受益者が比較的限定されていること、さらにサービスを提供する非営利組織ごとに目的が細分化されていること等の理由が挙げられる。すなわち、公正・平等原則が求められるゆえに行政が均一的なサービス提供を行うことが困難ないしは好ましくない場合である。

また、企業よりも非営利組織が担った方が良いと判断されるのは、市場における競争原理に委ねると、最も効率的な資源配分が達成されない場合が生ずることや、対価に競争が起きることなどが挙げられる(9)。

すなわち、社会的に必要とされるサービスが、採算性欠如のために適切に供給されないような場合、かつ政府がそのサービスを提供することが公平・平等原則に反し、あるいは非効率である場合に非営利組織に社会的存在意義があると認められることになる。[10]

ここでNPO法人をみると、地域に密着し小回りの利くNPO法人は、サービスの少量多品種生産に適合しており、多様化している国民の需要に対し柔軟かつ迅速に対処できる活動が期待できる。[11] さらにこのことは結果として行政サービスの効率化とコスト削減に結び付くものと考えられる。[12]

このように、わが国のNPO法人の存在は、ニーズの多様化によって、公共の分野は「官」が、私的利益の追求分野は「民」がという官民二元論が大きく崩れてきた近年において、[13] 新しい社会構造の姿としてその活躍が期待されているのである。今、NPO法人は行政システムによるサービスの提供の限界と住民サイドからの要請との間に生ずる隙間を埋めていく役割を担い、二一世紀の日本の新しい社会の姿として注目を集めているといえる。

しかし、NPO法人がそうした社会的サービスの提供を担うためには、活動資金の確保が前提となることはいうまでもない。多くのNPO法人の資金力は脆弱であり採算性を度外視した活動を行っていることからすれば、その採算性の欠如を補うために、税制を含めた社会的システムの確立が必要である。

(2) NPO法の構造

NPO法一条は、「この法律は、特定非営利活動を行う団体に法人格を付与すること並びに運営組織及び事業活動が適正であって公益の増進に資する特定非営利活動法人の認定に係る制度を設けること等により、ボランティア活動を始めとする市民が行う自由な社会貢献活動としての特定非営利活動の健全な発展を促進し、もって公益の増進に寄与することを目的とする。」と規定している。この目的から、NPO法人には、自由な社会貢献活動の促進と公益の増進に大きな役割を果たすことへの期待が伺える。

また、NPO法二条一項は「この法律において『特定非営利活動』とは、別表に掲げる活動であって、不特定かつ多数のものの利益の増進に寄与することを目的とするものをいう。」と規定している。

さらに同条二項において「特定非営利活動法人」とは、特定非営利活動を行うことを主たる目的とし、非営利であること及び宗教上、政治上の活動を主たる目的としないこと等の要件に該当する団体であって、この法律の定めるところにより設立された法人であるとそれぞれ定義付けている。

ＮＰＯ法二条一項における「特定非営利活動」は「特定の活動」と「非営利活動」に分けることができる。「特定の活動」とは、同法別表に掲げる二〇種類の活動（図表１）をいい、不特定かつ多数のものの利益の増進に寄与することを目的とするものに限定されている。

図表１　二〇種類の特定の活動

①保健、医療又は福祉の増進を図る活動、②社会教育の推進を図る活動、③まちづくりの推進を図る活動、④観光の振興を図る活動、⑤農山漁村又は中山間地域の振興を図る活動、⑥学術、文化、芸術又はスポーツの振興を図る活動、⑦環境の保全を図る活動、⑧災害救援活動、⑨地域安全活動、⑩人権の擁護又は平和の推進を図る活動、⑪国際協力の活動、⑫男女共同参画社会の形成の促進を図る活動、⑬子どもの健全育成を図る活動、⑭情報化社会の発展を図る活動、⑮科学技術の振興を図る活動、⑯経済活動の活性化を図る活動、⑰職業能力の開発又は雇用機会の拡充を支援する活動、⑱消費者の保護を図る活動、⑲前各号に掲げる活動を行う団体の運営又は活動に関する連絡、助言又は援助の活動、⑳前各号に掲げる活動に準ずる活動として都道府県又は指定都市の条例で定める活動

また、「非営利活動」の定義は、利益を得ることを目的とせず、例え利益が生じた場合にも、剰余金を会員や構成員に分配しない活動を意味している。したがって、「専ら構成員の私益を目的とし、従って、団体の利益を結局何らかの形式で構成員に分配する」[14]営利法人とは異なる。この主旨は「東京都における『ＮＰＯ法の運用指針』」

において「NPO法人の構成員に対する経済的利益を行わず、形式的にも実質的にも利益の分配や財産の還元をしないことを意味」すると「非営利性」を定義していることからも明らかである。(15)

すなわちNPO法の趣旨は、「公益性」と「非営利性」を具備し、情報公開義務や税制上の地位などを明確にした上で「市民が行う自由な社会貢献活動」を促すことにあるといえる。(16)

(3) NPO法人の「公益性」概念

NPO法が「特定の活動」として二〇種類の活動を限定列挙する理由について、国会審議では次のように説明されている。

第一には、NPO法人と旧民法（平成二〇年公益法人制度改革以前の民法。）三四条の「祭祀、宗教、慈善、学術、技芸其他公益ニ関スル社団又ハ財団ニシテ営利ヲ目的トセサルモノハ主務官庁ノ許可ヲ得テ之ヲ法人ト為スコトヲ得」という規定に沿って設立された旧公益法人（平成二〇年公益法人制度改革以前の公益法人。）との「すみわけ」のための要件であるとされていることである。つまり、NPO法は特別法であるから旧公益法人の対象の範囲よりも団体の活動目的によって狭く限定されるべきであるとしたということである。

しかし、世論や政党、政策担当者においても、活動分野を狭く限定すべきではないという意見が多数を占めていたことから、主な事業目的としての活動を二〇項目に限定はするが（NPO法創設当初は一七項目であった。）、それぞれの活動自体の語句の具体的内容は定義せず、活動の下で幅広い事業が行えるよう配慮されている。実際、この二〇種類の活動はほとんどの社会的利益を目的とする非営利活動を対象とできるように立法されている。

第二は、「公益性」の担保という立法目的である。つまり、所轄庁がNPO法人を認証するにあたり、団体が公益目的を持つかどうかの判断を原則的に定款などの書面審査で行えるようにしたことである。これは、所轄庁が恣意的に「公益性」の判断をしないようにするために、明らかに公益を目的とすると考えられる二〇種類の活動分野を列挙し、それを定款に定めることで「公益性」を有すると判断できるようにしたものとされている。

ここでいう「公益」には、直接的に社会全体に利益をもたらすものだけにとどまらず、結果的に社会全体の利益となることをも含むと考えられている。[17]

「公益」の概念を広く捉えているのは、自由な社会貢献活動が保証されているNPO法人には社会環境の変化に伴い従来の価値観とは異なった意味を持つ活動や、一般的な意味での公益的な活動か否かが判別しづらい活動も含まれてくることがある。そのような活動も含めて多様な価値観に基づく活動の活性化を促すことが、社会全体の公益を増進するとの考え方に基づくものと理解できる。

また、「不特定かつ多数の者の利益」を法文において初めて明文化したのはNPO法である。[18]

しかし、「不特定かつ多数の者の利益」の解釈について、何が「不特定」か、どの程度をもって「多数」といえるのかといった点に関し、NPO法制定時にはその明確化を求めて多くの議論がなされた。[19] その中で、「不特定かつ多数の者の利益」とは、社会全体に対してその利益が公開されていることを指し、受益者が固定化されていないということを意味することが示された。[20] すなわち、NPO法はその幅広い市民活動団体に法人格を取得させるという趣旨から、「私益」概念と「共益」概念に該当するものをすべて排除するのではなく、「不特定かつ多数のものの利益」に広範囲の意味合いを持たせる解釈が必要となっているのである。

(4) 認定NPO法人

NPO法人は、法人税法上公益法人等とみなされ、収益事業を営む場合に限り納税義務が生じることとされているが、NPO法制定の際、個人又は法人がNPO法人に対して行う寄付の取扱いについて、税制上特段の配慮はされていなかった。

しかし、二一世紀の活力ある社会を構築する上でNPO法人に寄せられる社会的な期待が高まっているにも関わらず、ＮＰＯ法人には財政基盤が脆弱なものが多いという現状を踏まえ、活動に必要な資金を外部から受け入れ易くする制度の確立が必要であるとの強い要請が出された。これを受けて平成一三年度税制改正において、ＮＰＯ法人のうち、その運営組織及び事業活動が適正であること並びに公益の増進に資することにつき、一定の要件を満たすものとして当時国税庁長官（現在は都道府県知事または政令市の長。）の認定を受けたＮＰＯ法人（以下「認定ＮＰＯ法人」という、租税特別措置法六六の十一の二。）に対して寄付を行った個人又は法人については、所得税法、法人税法および相続税法において特例措置が講じられることになった(21)。

認定ＮＰＯ法人となるためには、八項目の要件をすべて満たし、所轄庁の認定を受ける必要がある（図表２）。

図表２　認定ＮＰＯ法人の認定要件八項目

①ＰＳＴに適合すること。
②事業活動において共益的な活動の占める割合が五〇％未満であること。
③運営組織及び経理が適切であること。
④事業活動の内容が適正であること。
⑤情報公開を適切に行っていること
⑥所轄庁に対して事業報告書などを提出していること。
⑦法令違反、不正行為、公益に反する事実等がないこと。
⑧設立の日から一年を超える期間が経過していること。

認定取得において重要な要件のひとつに、パブリックサポートテスト（以下、「ＰＳＴ」という。）が挙げられる。

ＰＳＴは、実績判定期間において、総収入金額のうち寄付金収入金額の割合が五分の一以上であること（相対値基準）又は、年三、〇〇〇円以上の寄付者数が、年平均一〇〇人以上存在すること（絶対値基準）との選択適用により判定される（ＮＰＯ法四五条一項一号）。すなわち、ＰＳＴはＮＰＯ法人にとってその活動がより「公益性」を有し、一般市民から幅広い支持を受けていることを裏付ける指標としての基準であるといえる。

また、都道府県又は市町村が個人住民税の寄付優遇税制対象として条例で指定したＮＰＯ法人は、ＰＳＴ要件が免除されるという基準もある（条例個別指定基準、ＮＰＯ法四五条一項一号）。

一方、設立して間もないＮＰＯ法人などではＰＳＴの要件を満たすことも困難であることを考慮し、ＰＳＴ要件を一旦免除してＰＳＴ以外の要件を満たしているＮＰＯ法人に仮の認定をし、その認定の日から三年以内にＰＳＴ要件を満たすことを新たな要件とする「仮認定制度」が平成二四年度において創設された。なお、平成二八年法改正により、平成二九年四月一日から、仮認定ＮＰＯ法人は、特例認定ＮＰＯ法人という名称に改められている。

認定申請手続きについては、各必要な項目につき充足していることを認定申請書に記載し、添付書類とともに提出して、所轄庁から実態確認等を受けて認定されることになっている。

２　公益法人等の非課税規定と法人税課税の本質

(1)　公益法人等の非課税規定

法人税法は、法人税の納税義務者を公共法人、公益法人等、協同組合等、人格のない社団等、普通法人の五種類に区分している（法人税法二条五号－九号）。普通法人は当該事業年度の所得のすべてに課税されるが（法人税法五条）、公益法人等や人格のない社団等は収益事業を営む場合にのみ法人税が課されることになっている（法人税法四条一項及び七条）。

すなわち、公益法人等や人格のない社団等は法人税法上原則非課税であるが、法人税法上の収益事業を行う場合には納税義務者となり、所得が生じた場合にはその所得に対し法人税が課税される。

ＮＰＯ法七〇条には特に「税法上の特例」に関する規定が設けられ、「特定非営利活動法人は、法人税法…中略その他法人税に関する法令の規定の適用については同法二条第六項に規定する公益法人等とみなす。」と規定し、公益法人等と同等に、ＮＰＯ法人が収益事業を行った場合には、その収益事業から生ずる所得には法人税が課されることとされている。

（2）公益法人等の非課税規定と法人税課税の本質

公益法人等が原則非課税とされる根拠は、①公益法人等は専ら公益を目的として設立されるというその「公益性」に主眼を置く立場と、②一般営利法人が行う事業から生じる利益は分配されることにより最終的に個人に帰属するが、公益法人等が行う事業から生じる利益は特定の個人に帰属するものではない、すなわち「法人擬制説」の立場の二つに大別される。

公益法人等が原則非課税であるのは、公益法人等の活動によって、国や自治体が十分に賄えない公益サービスが提供されることにより、本来国や自治体がなすべき財政支出が軽減されているとの観点からであり、公益的活動を行う団体に対して課税せず、むしろ公益的活動の増進を図り歳出の軽減を図ることに、より積極的な意義があることを示している。

しかし、公益法人等は、公共法人と比肩すべきものから、単に構成員の福利や同業者間の相互扶助などを目的とするものまで、様々なものがあり、その有する「公益性」の高低についても幅広いものがある。そのため、収益事業課税の課税根拠は「非営利性」のみに求めざるを得ないとする指摘もある(22)。

「非営利性」の根拠となる法人擬制説の立場は法人税課税の本質として議論される。

すなわち、法人擬制説においては、法人は個人株主等によって作られたものであるから、法人の利益は本来株主等出資者のものであり、法人税は出資者が配当として受け取る個人所得の前取りとして構成されているとするものである。[23]

また、法人擬制説に対し、法人税は法人の担税力に着目して課される独自の租税であるとする法人実在説の立場がある。[24] 法人実在説の考え方によれば、法人は出資者から独立した一個の経済主体であり、課税の根拠は法人の担税力に求められ、税負担はその法人のコストであると捉えられる。

わが国においては、後に詳述するシャウプ日本税制使節団の税制改正に関する勧告（以下「シャウプ勧告」という。）において「法人は、与えられた事業を遂行するために作られた個人の集合の一形態にすぎないのである」[25]と勧告したことから出発し、現行の制度としては法人擬制説に依拠していると考えられている。[26]

したがって、この法人擬制説の立場に主眼を置くと、公益法人等は出資者を有せず、個人に対して配当を行うことはないため、当然に公益法人等に担税力はなく、課税の対象となる所得がないことになる。[27]

しかし、現行の法人税法においては例外的に収益事業課税が行われていることから、その経緯について以下で検討を行う。

3　収益事業課税制度の創設と法構造

(1)　シャウプ勧告と収益事業課税制度の確立

公益法人等に対する課税の問題は、昭和二四年八月に表明されたシャウプ勧告の「第六章　法人　一三説―非課税規定の排除」で取りあげられている。

シャウプ使節団は、まず、日本における法人数の実体調査を行い、非課税とされている財団法人、社団法人及び特別法人の数が約三〇万社で当時の法人総数の半分にも及んでいることを指摘し、非課税法人の設立数の多い原因は、安易に法人が設立でき、その後の法人の諸活動が審査されない点にあるとし、このような事態を是正することを求める勧告を行った。

次に公益法人等が免税の特権を受けた法人であるにもかかわらず、その多くが収益を目的とする活動に従事し、しかも、一般営利法人並びに個人と直接の競争関係に立っていることが問題であると指摘した。

さらに「抽出調査によると、このような非課税法人のあげる収益は、その（収益事業）活動を更に拡張するか、または交際費のために用いられていることが明らかにされている。しかして、そのいずれもが非課税（免税）を正当化する目的を推進するためには、ほとんどあるいは全く無価値なものである。非課税法人の収益事業によって得られるこの所得は、明らかに法人税の課税対象となるべきである。[28]」と勧告した。

すなわち、シャウプ日本税制使節団は、「公益法人等の認可に際して税の見地が入らない仕組みであるために、ある種の公益法人等はきわめて営利的な色彩の強い事業を営んで法人税非課税による他との不公正な競争上の利益を与えられている実情にある。[29]」ため、公益法人等の営む収益事業による所得に対しては法人税を課すべきである、としたのである。

本来は「法人は与えられた事業を遂行するために作られた個人の集合[30]」であるという法人擬制説に依れば、非営利法人の所得はすべて非課税として扱われるべきであり、法人税の転嫁も行われないため価格競争は生じない。

しかし、シャウプ日本税制使節団は、非営利的な法人であるがゆえに所得を留保し、さらには非営利法人が営利性の強い事業を営むことによって、一般営利企業が価格競争において不利な立場におかれているとの問題点を指摘した。

シャウプ日本税制使節団が示した非課税法人の課税の要件は、次のように要約される。①租税法規は、まず、法人が租税を全部または一部免除されて運営されうる目的及び趣旨を明瞭かつ具体的に規定されるように改正されるべきである。②大蔵省は、法人がかかる法的免除を付与されるべきか否かを決定する唯一の権限を与えられるべきである。③免除を要求しようとする一切の法人は、免税証明書の交付を大蔵省から受け取ることを必要とすべきである。④免税の資格は、当該法人の過去の活動が関係法規のもとにおいて免税を求められるべき理由があるかどうかを判定するために、三年毎に審査されるべきである。⑤非課税法人を含むあらゆる法人が、毎年その一切の収入および支出を網羅する申告書を提出すべきである。

すなわち、これは当時からアメリカ国内で採用されていた個別審査による免税制度の導入を示したものであったと解される。そして、非営利法人の中でも営利性の色彩の強い、すなわち公益的な目的とかけ離れた事業を営む場合及び公益的な目的に再投下されない所得が生じた場合に限り、課税すべきであることを示したものと解される。

このシャウプ勧告を受けて法人税法は改正されることになるが、その背景として当時の大蔵省主税局調査課が作成した『所得税・法人税制度史草稿』においては、「戦後の急激な物価騰貴のため、多くの公益法人は従来程度の収入を得ていたのでは本来の公益事業遂行の資金を賄うことが困難となった…中略（また、）公益法人の行う営利的事業が（本来の）事業遂行を賄って余りある段階に至ると、…中略（公益法人の非課税制度は）一般の営利法人の行う事業との間に…中略　著しい不均衡を生ずるに至った。そこで公益法人に対する法人税課税問題が擡頭するに至ったのであるが、その課税方法として、個々の公益法人の事業の内容により、その事業が非常に『公共性』が強いときはたとえ収益事業を行っても課税せず、また『公共性』に乏しいときはその事業の全部に対して課税するという方法も考えられた。しかしすべての公益法人についてその事業を精査し、『公共性』の強弱を判定することは事実上不可能に近い[31]」と記述されている。これはすなわち、「公共性」（「公益性」）によってすべての公益法人等を課税か非課税かを個別に判定することは事実上不可能であるため、シャウプ勧告において示された個別審査による免税方式を採用することはできず、わが国独自の収益事業課税制度を創設するに至ったことを意味しているといえる。

したがって、収益事業課税制度は、公益法人等の非課税制度の根拠であった「公益性」と「非営利性」とは別個の、「一般営利企業との競争の回避」を重点とする趣旨により創設されることとなった。

この考えのもと、昭和二五年の税制改正では法人税法五条に、公益法人等については「収益事業から生じた所得以外の所得に対しては、各事業年度の所得に対する法人税は、これを課さない。」と規定して、シャウプ勧告とは異なる収益事業課税制度を導入したのである。

この税制改正に伴い、法人税法施行規則（現在の施行令）一条の二では、二九業種の収益事業が限定列挙された。この二九業種は[32]、当時の営業税（現在の事業税に相当する税）法二条に列挙されている事業の範囲と類似しており、一般的な営利企業が営む事業の範囲であると解されていた[33]。

なお、その後の改正は、もっぱら収益事業の範囲及び税率の改正が中心であり、現在では限定列挙される収益事業は三四業種となった[34]。

(2)　収益事業課税制度の法構造

法人税法上の収益事業とは「販売業、製造業その他の政令で定める事業で、継続して事業場を設けて行われるものをいう」（法人税法二条一三号）と定義され、収益事業に該当すればその事業から生じた所得にのみ法人税が課税される。

収益事業の範囲である「販売業、製造業その他政令で定める事業」は、法人税法施行令五条一項においてと三四業種が特掲事業として限定列挙されている（図表3）。

図表３　収益事業三四業種

物品販売業、不動産販売業、金銭貸付業、物品貸付業、不動産貸付業、製造業、通信業、運送業、倉庫業、請負業、印刷業、出版業、写真業、席貸業、旅館業、料理店業その他の飲食店業、周旋業、代理業、仲立業、問屋業、鉱業、土石採取業、浴場業、理容業、美容業、興行業、遊技所業、遊覧所業、医療保険業、技芸教授業、駐車場業、信用保証業、無体財産権提供業、労働者派遣業

また同条において、収益事業の範囲には、その性質上「その事業に付随して行われる行為」（以下「付随行為」という。）も含まれるとされており、収益事業の範囲をより広く捉えている。この場合の付随行為は、通常その収益事業に係る事業活動の一環としてまたはこれに関連して行われる行為であるとされており、具体的例示が法人税法基本通達によって個別に示されている（法人税法基本通達一五－一－六）。(35)

また、「継続して…行われるもの」とは、各事業年度の全期間を通じて継続して事業活動を行うもののほか土地の造成等のように通常一の事業計画に基づく事業の遂行に相当期間を要するものや、不定期であっても反復して行われるものも含むと解されている（法人税法基本通達一五－一－五）。また、「継続性」の意味については収益を生じさせる取引が反復して行われることを意味し、その判断としては反復性、事業の施設の有無、収入規模、そして契約書や料金表の存在の有無等によっても推定されるという見解もある。(36)

「事業場を設けて行われるもの」とは、常時店舗、事務所等事業活動の拠点となる一定の場所を設けてその事業を行うもののほか、必要に応じて随時その事業活動のための場所を設け、又は既存の施設を利用してその事業活動を行うものが含まれるとされている（法人税法基本通達一五－一－四）。すなわち、常設の施設がなくても、事業が行われている拠点が存在していれば「事業場を設けて行われること」に該当すると解釈される。(37)

一方で、この収益事業には除外項目が存在している。この除外項目については、事業の種類には関係なく法定されている全部除外と、事業の種類ごとに法令や通達により詳細に例示されている個別除外とがある。

全部除外には、後に詳述する公益社団法人及び公益財団法人（以下「公益法人」という。）が行う公益目的事業や、事業に従事する者のうち、身体障害者等が半数以上を占めるもの、母子福祉団体が行う一定の事業等があり、これらは三四業種に該当する事業であっても共通して収益事業から除外されることになる（法人税法施行令五条二項各号）。

個別除外とされるものには、法人税法施行令五条一項二号不動産販売業において、地方公共団体の管轄下に置かれる特定法人の行う不動産販売業が除外されているなど(38)、国等に対する一定の事業が該当する。また、同項二九号医療保険業において日本赤十字社、社会福祉法人が行う医療保険業が除外されているなど、社会通念上課税になじまない事業、同項五号不動産貸付業において低廉な宅地の貸し付けが除外されているなど、低廉、低額な事業、そして法人税法基本通達一五－一－四三（注）において学校法人が行う学校給食の事業が飲食店業から除外されていること等にみられるように、一般営利企業とは競合しないと認められる事業など、除外される理由はその事業ごとに様々である。

(3)　法人税法上の収益事業と「その他事業」等との概念の相違

これまで記述してきた法人税法上課税される収益事業は、ＮＰＯ法における「その他の事業」及び、公益法人等の公益認定法等における「収益事業」や「収益事業等」とイコールではない。

ＮＰＯ法人においては、ＮＰＯ法五条一項に「特定非営利活動法人は、その行う特定非営利活動に係る事業に支障がない限り、当該特定非営利活動に係る事業以外の事業（以下「その他の事業」という。）を行うことができる。」とし、続けて「この場合において、収益を生じたときは、これを当該特定非営利活動に係る事業のために使用しなければならない。」と規定している。

ＮＰＯ法における「その他の事業」は、特定非営利活動に係る事業以外の事業で収益をあげることを目的とする事業だけでなく、会員間の相互扶助のための福利厚生、共済等のいわゆる共益事業も含むと解されている。

本来、非営利法人の運営は、寄付金、会費収入などにより賄われることが望ましいが、このような収入だけでは事業を継続して行うことが困難な場合もあり、非営利法人が本来の事業[39]・活動を行うのに必要な経費の不足を補うために、副次的に本来の事業以外の事業、いわゆる「その他の事業」を行うことは、非営利法人の目的とは矛盾しないと考えられている[40]。

一方、公益法人等にも法人税法とは異なる「収益事業」の概念が存在している。たとえば、一般社団法人及び一般財団法人（以下、「一般法人」という。）が公益法人の認定を受ける際の公益認定法五条には「公益目的事業以外の事業（以下「収益事業等」という。）を行う場合には、収益事業等を行うことによって公益目的事業の実施に支障を及ぼすおそれがないものであること。」と規定されている。

しかし、法人税法基本通達一五－一－一では、「公益法人等…中略　が令五条第一項各号《収益事業の範囲》に掲げる事業のいずれかに該当する事業を行う場合には、たとえその行う事業が当該公益法人等の本来の目的たる事業であるときであっても、当該事業から生ずる所得については法人税が課されることに留意する。[41]」と示され、この理由については、「収益事業として特掲されている事業はいずれも一般私企業との競争関係の有無や課税上の公平の維持など、もっぱら税制固有の理由から収益事業として規定されているものであって、…中略　一般私法上ないしは行政上における『公益性』の有無の判断と、税法における収益事業課税の必要性の判断とはその尺度が異なる[42]」ためであるとされている。

すなわち、法人税法上の収益事業課税はＮＰＯ法人や公益法人等の行う本来の事業か、その他の事業若しくは収益事業等かに関係なく適用されることになるのである。

（1）　レスターMサラモン著（入山映訳）『米国「非営利セクター」入門』二一頁（ダイヤモンド社、一九九四）。
（2）　NPO法人シーズ事務局長（当時、現副代表理事）松原明氏は、当時経済企画庁が住信基礎研究所に委託して行った調査を基に、市民活動団体が法人格取得を必要とする理由として、社会的信用性が高まる、寄付金や公的援助、補助金等を受けやすい、行政からの委託事業が受けやすい、権利義務関係が明確になる等が上位に挙がっていると述べられている（雨宮孝子、松原明ほか「NPO法の検討─市民活動団体の法人化について」ジュリスト一一〇五号七頁（一九九七））。
（3）　堀田力、雨宮孝子他『NPO法コンメンタール』三頁以下（日本評論社、一九九八）。
（4）　内閣府NPOホームページ　http://www.npo-homepage.go.jp/data/pref.html（2016.8.25）
（5）　内閣府「平成二七年度特定非営利活動法人及び市民の社会貢献に関する実態調査報告書」三頁（二〇一六年三月）、複数回答、統計は認定・仮認定を受けていない法人の統計である。
（6）　内閣府・前掲注（5）二〇頁。
（7）　レスターMサラモン著（入山映訳）・前掲注（1）三〇頁。
（8）　齊藤真哉「非営利組織の公益性評価─公益認定の基準を踏まえて」非営利法人研究会雑誌一一号四〇頁（二〇〇九）。
（9）　齊藤真哉・前掲注（8）四〇頁。
（10）　齊藤真哉・前掲注（8）四一頁。
（11）　石川県NPO活動支援センターホームページ「NPO活動の促進に関する基本指針」　http://www.ishikawa-npo.jp/document/sisin2.html（2016.8.26）、山岡義典『NPO基礎講座　新版』二〇頁（ぎょうせい、二〇〇五）。
（12）　山岡義典・前掲注（11）三五頁。
（13）　占部裕典「公益法人税制の動向」租税法研究第三五号一頁（二〇〇六）。
（14）　我妻栄『民法総則（民法構成Ⅰ）』一四三頁（岩波書店、一九七二）。
（15）　東京都生活文化局都民生活部「東京都における『NPO法の運用方針』」二〇一四年四月一日　http://www.npo.metro.tokyo.jp/npo/pages/provide/cmn/link/pdf/shin-guideline2604.pdf#search='%E6%9D%B1%E4%BA%AC%E9%83%BD%E3%81%AB%E3%81%8A%E3%81%91%E3%82%8B%E3%80%8ENPO%E6%B3%95%E3%81%AE%E9%81%8B%E7%94%A8%E6%96%B9%E9%87%9D%E3%80%8F'（2016.8.25）。
（16）　一九九八年二月五日参議院労働・社会政策委員会議事録。

(17) 堀田力、雨宮孝子・前掲注（3）七六頁以下。

(18) 富永さとる「『公益』と『不特定多数の者の利益』概念」公益法人三六巻一〇号一七頁（二〇〇七）。

(19) ＮＰＯ法二条おける「不特定かつ多数の者の利益」の解釈には二通りあるといわれていた。第一には、「不特定」でありかつ「多数」であると二つの要素に分解して解釈する方法と、第二に「不特定かつ多数のものの利益」で、つまりは社会全体の利益（公益）であるから、「不特定かつ多数」は分解できないとする解釈である。しかし、「不特定」と「多数」を分けた場合、「あらかじめ特定されている」ことは「不特定」とはいえず、「共益」的な活動を行いながら「公益」的な活動を目指す団体がＮＰＯ法人の対象から除外してしまうのは制度の趣旨から望ましくないと考えられていた。また、「多数」についても、対象者が極めて少ない難病患者等に対する支援活動は、最終的には社会全般の利益の増進に寄与するものであって、一般にこのような場合にはいわば「潜在的な多数性」（将来新たな患者が発生してくることの可能性）が認められることから、全体として「不特定かつ多数のものの利益」といい得るものと解された。また、特定の災害・事故等の被害者など、対象が増える可能性のない人々への支援などのようにその活動の対象がなんらかの限定されている場合でも、その働きかけが社会全体にとっての利益を増進することを目的とする場合には「不特定多数の者の利益の増進」にあたると考えるべきであるとされている。このような議論の結果、ＮＰＯ法の解釈上は「不特定」と「多数」は分離して解釈すべきものではないとされている（堀田力・雨宮孝子ほか・前掲注（3）八〇頁以下）。

(20) 富永さとる・前掲注（18）二一頁。

(21) 中村芳昭「非営利法人税制の諸問題」青山学院大学総合研究所法学研究センター研究叢書七号七一頁以下（二〇〇二）、個人が認定ＮＰＯ法人に寄付した場合には、所得税法上その寄付金は特定寄付金に該当し、合計所得金額の四〇％を限度とし寄付金控除の対象となる（措置法四一条の九）。また、二〇一一年の措置法改正において、二、〇〇〇円を超える部分の金額が寄付金額の四〇％（控除限度額は所得税額の二五％）について税額控除方式を選択適用することが認められることとなった。また、法人が認定ＮＰＯ法人に寄付した場合には、一般の寄付金に係る損金算入限度額とは別に、特定公益増進法人に対する寄付金に含めて損金算入限度額計算を行うことができる（租税特別措置法六六の一一の二②）。さらに、相続又は遺贈により財産を取得した者が、その財産を認定ＮＰＯ法人に寄付した場合には、当該相続又は遺贈を受けた財産は相続税の課税対象外となる（租税特別措置法七〇条）、二〇一六年八月一五日現在において認定ＮＰＯ法人及び仮認定ＮＰＯ法人の数は九二三件となっている。

(22) 田中治「判批」月刊税務事例四三巻五号五四頁（二〇一一）、同旨 忠岡博「判批」税法学五五四号一二〇頁（二〇〇〇）。

(23) 金子宏『租税法（第22版）』二九八頁（弘文堂、二〇一七）。

(24) 金子宏・前掲注（23）二九八頁。

(25) 福田幸弘『シャウプの税制勧告』一三二頁（シャウプ税制研究会、一九八五）。

(26) 配当控除制度等の二重課税排除の規定が法人擬制説の立場を具視化しているといえる。

(27) 田中治・忠岡博「判批」税経通信六〇巻二号一五八頁以下

(28) シャウプ使節団日本税制報告書（REPORT ON JAPANESE TAXATION BY THE SHOUP MISSION）一巻一一七頁（一九四九）、括弧内筆者加筆。

(29) 武田昌輔「総説」武田昌輔ほか『非営利法人課税』日税研論集六〇巻一三頁（二〇一一）。

(30) 福田幸弘・前掲注（25）一三二頁。

(31) 大蔵省主税局調査課『所得税・法人税制度史草稿』二六六頁（一九五五）（資料が確認できなかったため、名古屋地裁平成一七年三月二四日ペット葬祭業事件判旨から引用）、括弧内筆者加筆。

(32) 1物品販売業、2金銭貸付業、3物品貸付業、4製造業、5無線電話放送事業、6運送業、7運送取扱業、8倉庫業、9請負業、10印刷業、11出版業、12写真業、13席貸業、14旅館業、15料理店業、16周旋業、17代理業、18仲立業、19問屋業、20両替業、21鉱業、22砂鉱業、23土砂採取業、24湯屋業、25理容業、26演劇興行業、27よせ業、28遊戯所業、29遊覧所業。

(33) 武田昌輔『新訂版　詳細　公益法人課税』三八三頁（全国公益法人協会、二〇〇〇）。

(34) 野田秀三「非営利法人課税の総合的検討」税務会計研究一六号第一章Ⅰ一六一頁（二〇〇五）。

(35) 法人税法基本通達一五－一－六には、「（1）出版業を営む公益法人等が行うその出版に係る業務に関係する講演会の開催又は当該業務に係る出版物に掲載する広告の引受け」や「（5）公益法人等が収益事業から生じた所得を預金、有価証券に運用する行為」などが付随行為の例として挙げられている。

(36) 田中義幸『公益法人等における収益事業の判定実務』九頁（新日本法規、二〇一〇）。

(37) 田中義幸・前掲注（36）一〇頁。

(38) 特定法人とは、その法人の事業計画及び資金計画の策定並びにその実施が当該法人の議決権の保有者又は拠出者たる地方公共団体の管理の下に行われ、かつ、予算及び決算について当該地方公共団体の承認を必要とするなど当該法人の業務運営が当該地方公共団体によって実質的に管理されていることをいう（法人税法基本通達一五－一－一三）。

(39) 本稿においては「本来の事業」は以下のように定義する。ＮＰＯ法人に関して「本来の事業」は二〇種類の特定非営利活動に係る事業を指す。公益法人に関して「本来の事業」は公益法人における本来の公益事業である非収益事業を指す。

(40) 総務省ホームページ「公益法人の設立許可及び指導監督基準の運用指針」についてhttp://www.kohokyo.or.jp/kohokyo-weblog/non-profit/2010/08/22_3.html（一九九六年一二月一九日閣議決定、二〇〇六年八月一五日一部改正、二〇一六年九月二二日確認）、田中義幸『ＮＰＯ法人の税務』五四頁（税務経理協会、二〇〇三）、武田昌輔・前掲注（29）一二頁。

(41) 法人税法基本通達一五－一－一は、一九八一年通達改正により追加されたものであるが、一九五七年直法一－一三〇において同旨の通達が存したところ、一九六九年の通達改正において法令解釈上当然であるという理由で削除された。しかし、削除後収益事業課税について公益性の有無やその強弱などの観点からの議論、解釈が多くなり、課税上のトラブルが増えたことから、一九八一年通達改正において復活されたという経緯がある（上松公雄「学校法人、医療法人、宗教法人等の公益法人等（ＮＰＯ法人等を含む）」武田昌輔ほか『非営利法人課税』日税研論集六〇巻二一二頁（二〇一一））。

二　収益事業課税の問題点

一では、ＮＰＯ法人の概要やＮＰＯ法の構造、そして公益法人等に関連する法人税法の取扱いを確認してきた。以下では、ＮＰＯ法人をはじめ公益法人等に係る法人税法上の収益事業課税制度をめぐる問題を検討し、その問題に対処し得る新しい基準の提言を行う。

収益事業課税制度は、昭和二五年税制改正の際、個々に「公益性」を判断することが困難であることを理由に、業種限定列挙の形式で外形的に導入された制度であり、公益法人等の行う事業が収益事業に該当するか否かの判断はその法人が行う「本来の事業」か「その他の事業」等かに関わらず行われる。

法人税法上、公益法人等に対する収益事業課税の立法意図は、前述の通りシャウプ勧告で示された一般営利企業との競合における公平を保つことが重要な要素となっている。

しかし、租税法律主義の下、法律は厳格に解されるべきであるにもかかわらず、収益事業に係る法文が明確性を欠き、公益法人等の申告実務において混乱を生じさせている現状がある。

また、公益法人等の行う「本来の事業」から生ずる所得に課税することは公益法人等の資金圧迫など公益的活動の進展を阻害する恐れがあると考えられる。課税の根拠が一般営利企業との公平性を確保するためであったとしても、税制上本来の公益法人等の事業に対する配慮が必要であることも考慮されなければならない(43)。

したがって二では、収益事業課税制度の問題点を、収益事業課税の要件をめぐる問題と、公益法人等の行う本来の事業への課税に対する問題という二つの視点から、それぞれ検討を行う。

1　収益事業課税の要件をめぐる問題

(1)　租税法律主義の観点からみる収益事業課税制度

①　法律の解釈と租税法律主義

わが国の憲法は三〇条に「国民は、法律の定めるところにより、納税の義務を負ふ。」と規定し、同八四条に「あらたに租税を課し、又は現行の租税を変更するには、法律又は法律の定める条件によることを必要とする」と規定しており、租税法律主義を基本原則としている。すなわち租税は公権力の行使として国民の富の一部を国家の手に移すものであるため、法律の根拠に基づくことなく国家は租税を課することはできず、国民は租税の納付を要求されることはない(44)。租税法律主義は国家が恣意的に課税を行うことを阻止し、現在の社会において国民の経済生活に法的安定性と予測可能性とを与える機能を有している(45)。

そしてわが国は、自己の納税義務の範囲を税法に基づいて申告することにより確定させる申告納税制度を採用している。申告納税制度の下では、国民自らが租税法を解釈・適用することが求められる。増田英敏教授は、申告納税制度を円滑に機能させるためには、租税法が租税法律主義の要請を厳守することが不可欠であるとされている。すなわち、「課税要件が必要にして充分な程度に定められており（課税要件法定主義）、すべての納税者が理解できるように租税法に課税要件が明確に定められなければならない（課税要件明確主義）(46)。」とされているのである。この課税要件法定主義及び課税要件明確主義を中心とする租税法律主義の要請を充足した租税法の下で、初めて納税者の予測可能性は確保されることになり、申告納税制度の意義は民主主義国家の租税制度形成に寄与することになる。[47]

その中で「課税要件明確主義」は、「法律…中略　において課税要件および租税の賦課・徴収の手続きに関する定めをなす場合に、その定めはなるべく一義的で明確でなければならない。[48]」とするものである。なぜなら、法律の文言に不確定概念があり、「一義的かつ明確さを欠けば、法定されていないに等しく、恣意的課税の余地は排除することはできないばかりか、租税行政庁に白紙的委任を与えるのと同様の結果を招[49]」き、租税法律主義を形骸化させる恐れがあるからである。[50]

② 収益事業課税の範囲と租税法律主義

法人税法二条一三号は、法人税法上の収益事業に該当する要件として、①販売業、製造業その他の政令で定める事業に該当すること、②継続して行われるもの、③事業場を設けて行われるものの三点を定めている。この要件に該当する事業を行う場合に限り、法人税法上原則非課税であるＮＰＯ法人を含む公益法人等は例外的に課税されることになる。

しかし、収益事業該当性において厳格な要件となるべきこの三つの要件は、租税法律主義の観点からみると、法解釈上不明確で、拡大的に解釈される危険を内包していると考えられる。

具体的にまず法人税法二条一三号に規定されている「①販売業、製造業その他の政令で定める事業に該当すること」の要件について検討する。政令に定める特掲三四業種については、昭和二五年に二九業種が制定されて以来、経済事象の変化等に伴い、駐車場業や信用保証業、労働者派遣業等が追加され、同時に除外項目が追加・変更されてきたという経緯がある。

しかし、事業の特掲は経済事象の変化に対して後追いである。さらに特掲事業の中に委任も含む請負業が収益事業として掲げられていることの結果としてほとんどの事業が請負又は委任事業として収益事業に該当し、公益法人等の事業活動が多様化していくなかでは実態と法律が乖離し特掲することの意味が失われてしまっているという見方ができる。[51] すなわち、限定列挙している意味が失われることによって、収益事業の範囲が広く解釈されている現実があるということである。

さらに、収益事業の範囲に含まれる「付随行為」については、一般的に収益事業との間に一貫性や関連性がある行為をいうとされるものであるが、[52] 付随行為は当該事業が単独で行われる場合であれば非収益事業として課税の対象外とされる事業も、一貫性、関連性を要因として収益事業に含める効果を持っている。つまり、付随行為もまた、税務執行上収益事業の認定において拡大的に解釈される要因となり得るのである。[53] 付随行為はあくまで収益事業と密接な関係にある行為を収益事業の範囲に含めて課税する趣旨であって、付随行為の解釈は限定的に行われなければならないものといえる。

また、「②継続して行われるもの」、「③事業場を設けて行われるもの」についても、解釈上ほとんどの事業が該当するものであると解され、厳格な要件とはなりえない。

そして多くの収益事業該当性の要件において、その具体的な例示や各業種の個別除外の例示は通達等によって示されおり、実務上通達が重要な判断要素になっているという現状がある。

③　通達と租税法律主義

通達は、「上級行政庁が所管の下級行政庁に対し、所掌事務にかかわる法律問題及び事実問題ならびにその他の政策問題について具体的指針を示すなどして行政遂行上の取扱いの統一をはかるため書面によって発せられる命令示達の形式をいう。[54]」とされる。したがって、「行政組織の内部では拘束力を持つが、国民に対して拘束力をもつ法規ではなく、裁判所もそれに拘束されない。[55]」のである。

租税法における通達の法源性が明確に否定される中で、実際には租税法の解釈・適用に関する大多数の問題は、通達に即して解決され、過度に租税行政が通達に依拠して行われている。この現状に対して増田英敏教授は、「通達の機能は充分認められるし、否定すべきものではないが、『解釈の名において法律の定めていないことを通達の内容とし、実際上この通達によって課税が行われることになると租税法律主義に反することとなる』」とされている。[56] すなわち、収益事業の要件に該当するか否かの判断において、通達は一つの指針となり得るが、通達を基準として判断を行うことはできないと考えるべきものである。

本来は、法人税法上収益事業を三四業種に限定列挙することによって、限定的に課税を行う趣旨であったにもかかわらず、その範囲を判断する基準が明確ではなく、法文によって厳格な解釈を行うことが困難となっている実情がある。[57]

(2) 収益事業の範囲をめぐる裁判例

収益事業の範囲をめぐって争われ、現在の収益事業課税の適用に大きく影響を与えている事例として、「宗教法人のペット葬祭業が収益事業に該当するとされた事例」（以下「ペット葬祭業訴訟」という。）がある。[58] 当該事例の概要は以下のとおりである。

宗教法人である原告X（以下、概要及び裁判所の判断において「X」という。）は、七〇〇年の歴史を持つ寺院で、Xが母体となり、ペット葬祭業を営むようになってからは、一九八〇年（昭和五五年）に愛知県下第一号としてペット葬祭の認可を受けるなど老舗ペット霊園として名高い寺院である。Xは、出訴当時年間で二〇〇〇件程度のペット葬祭を行っていた。

昭和五八年頃から境内にペット用の火葬場、墓地、納骨堂等を設置し、死亡したペットの飼い主から依頼を受け、引取り、葬儀、火葬、埋葬、納骨、法要等を行う事業を営んでいた。

Xによるペットの葬儀及び火葬は、ペット専用の葬儀場において、人間用祭壇を用いて僧侶が読経した後、火葬に付するというものであったが、パンフレット及びホームページには動物の重さと火葬方法の組み合わせにより八千円から五万円の範囲で金額を定めた表が「料金表」等の表題の下に掲載され（この表はXの代表役員が同様の事業を行う有限会社の料金表を参考にして作成したものである。）、Xが保管する帳簿に記載されたペット供養による収入金額はいずれも「料金表」記載の金額又はこれに死体引取りの際の支払金額を加えた金額に合致していた。

Xはこの他にも個別墓地や納骨堂の提供、飼い主からの依頼に基づく法要、塔婆・位牌・墓石等の頒布を行い、それぞれにつき所定の額の金員を受領していた。

しかし、平成一四年になって、課税庁である被告Y（以下、概要及び裁判所の判断において「Y」という。）が、本件事業は法人税法施行令五条一項各号に規定する収益事業に該当し、法人税法二条一三号の収益事業に当たるとして平成八年四月一日から同一三年三月三一日までの五事業年度につき法人税の決定処分等を行ったため、Xがこれを不服として出訴した事案である。

本件において、YはXの営む事業に関して、葬儀、火葬は請負業、死体の引取り、法要は請負業の付随行為、埋蔵・納骨は倉庫業、塔婆、位牌、骨壺等の販売は物品販売業に該当するという処分を行っている。

最高裁判所(59)は、本件事業は外形的に収益事業に該当しているとし、「法人税法が、公益法人等の所得のうち収益事業から生じた所得について、同種の事業を行うその他の内国法人との競争条件の平等を図り、課税の公平を確保するなどの観点からこれを課税の対象としていることにかんがみれば、宗教法人の行う上記のような形態を有する事業が法人税法施行令五条一項一〇号の請負業等に該当するか否かについては、事業に伴う財貨の移転が役務等の対価の支払として行われる性質のものか、それとも役務等の対価でなく喜捨等の性格を有するものか、また、当該事業が宗教法人以外の法人の一般的に行う事業と競合するものか否か等の観点を踏まえた上で、当該事業の目的、内容、態様等の諸事情を社会通念に照らして総合的に検討して判断するのが相当である。」と収益事業の判断要素として、「対価性」の有無による判断と「一般企業との競合性」の基準を踏襲し、収益事業該当性を示している。

そして具体的に「本件ペット葬祭業においては、…中略　金員の移転は、上告人の提供する役務等の対価の支払として行われる性質のものとみるのが相当であり、依頼者において宗教法人が行う葬儀等について宗教行為としての意味を感じて金員の支払をしていたとしても、いわゆる喜捨等の性格を有するものということはできない。また、本件ペット葬祭業は、その目的、内容、料金の定め方、周知方法等の諸点において、宗教法人以外の法人が一般的に行う同種の事業と基本的に異なるものではなく、これらの事業と競合するものといわざるを得ない。」として本件事業は「対価性」が認められ、「一般企業競合性」の基準に該当し、結果的に収益事業に該当する旨を判示している。

学説上本判決は、収益事業の判断基準に法文の解釈とは別に「対価性」の有無と「一般営利企業との競合性」という二つの基準を採用したとする見解がある。(60)

収益事業に伴う対価は、その事業の対価として受けるべき金銭等を指しているため、対価が発生しない取引であれば収益事業に該当しないこととなる。したがって、「対価性」の有無は、収益事業の該当性を判断する前提となり得るが、「対価性」を有することがただちに収益事業に該当することを示すものではない。(61)「対価性」の有無が「一般営利企業との競合性」と並んで収益事業要件の判断基準であるとする見解があるのは、本件事業が宗教法人の行う宗教行為であるため、とりわけ判決の中で任意の支払である喜捨金としての性格を有するか、サービス提供の対価であるかの判断が強調された結果であると考えられる。

また、一般営利企業との競合性について、最高裁は「目的、内容、料金の定め方、周知方法等の諸点において、宗教法人以外の法人が一般的に行う同種の事業と基本的に異なるものではなく、これらの事業と競合するものといわざるを得ない。」としており、一般営利企業に対し不当な競合を生じていることを指摘している。

しかし、三木義一教授が「仮に…中略　『民間企業との競合』が立法意図にあったとしても、条文上に『その他民間企業と競合する事業』等の一般条項が規定されているわけではなく、法は収益事業の範囲をあくまでも限定列挙した、ということである。民間企業との競合という基準は、三三業種（当時）を選定するときの一つの基準に過ぎず、…中略　これを拡張解釈することは租税法律主義に照らしても許されない(62)」と述べられている通り、「一般営利企業との競合性」は収益事業課税の根拠でしかない。また、三木義一教授は、ペット葬祭業のように従来公益法人等が主に担っていた事業分野について、後から一般営利企業が参入し競合しているケースについて、当初特掲事業に入っていなかった業種がそのような事情に伴い自動的に収益事業に該当するような解釈は、法的安定性を損ない、納税者の予測可能性を害するものであるという見解も示されている(63)。

本件のように、法人税法施行令五条一項各号への該当性が法解釈上収益事業該当性の最終的な判断基準とならない理由は同各号の文言が抽象的・多義的であることに他ならない。このことは、収益事業課税要件の厳格なフィルターとなるべき施行令五条一項各号の文言がその役割を果たしていないことを意味しており、収益事業が法文上限定列挙されている意義が損なわれていることを推認させるものである。

収益事業の判断にあたって租税法は課税要件を特に厳格に解釈するべきであって、安易に立法趣旨を推定して、明文規定のない課税要件を創設して課税することは許されない(64)。

現在の収益事業課税の現状は、わが国の申告納税制度の下、行為規範であるべき租税法が明確な基準を示しておらず納税者の予測可能性を著しく害しているといえ、租税法律主義の要請である課税要件明確主義を充足していないことを意味していると考えられる。

2　公益法人等の行う本来の事業への課税に対する問題

前述のとおり、法人税法上の収益事業はＮＰＯ法人の「その他の事業」や公益法人等の「収益事業等」の概念と異なり、法人税法独自の基準を設けている。すなわち、ＮＰＯ法人をはじめ公益法人等の本来の公益的事業から所得が生じた場合においても、それが法人税法上の収益事業に該当すれば法人税が課されることになる。

しかし、当該法人税法上の収益事業の各法文が不明確であり、法律としてのフィルターの役割を果たすことができない場合、本来の目的で行う事業に無限定に課税を行う危険性を内包していることは、ここまで述べてきたとおりである。

一方で、アメリカを始め、イギリス、フランス、ドイツにおいて、それぞれ基準は異なるものの、収益事業における課税非課税の判断に「公益性」の基準を設け、個別的に審査することにより、本来の事業と関連する事業から生じた所得には課税されないという制度を設けている。

また、平成二〇年に行われた公益法人制度改革では、公益法人に対し、公益目的事業に該当する事業から生じた所得については、その事業が法人税法上の収益事業に該当する場合であっても、課税の対象とされるべき収益事業の範囲から除外されることとなった。

以下では、特にＮＰＯに歴史のあるアメリカの非営利制度を概観するとともに、平成二〇年公益法人制度改革に伴って行われた収益事業課税に関する改正について検討を行う。

(1)　アメリカのおける非営利法人の税制と「公益性」

アメリカにおいては政府に頼らない国民性から非営利セクターの役割が大きく、社会的ニーズを満たすＮＰＯ活動は活発に行われてきた背景がある。

アメリカのＮＰＯは、その歴史の背景に宗教性が深く結びついている。そのため、政府と一定の宗教団体の過度な関わりを法律上排除することが不可欠とされていた。一九七一年（昭和四六年）には宗教団体に対する免税措置に関する法律が国家の宗教性に対する中立性の要請（アメリカ憲法修正一条国教樹立禁止条項（政教分離原則））に反しているかどうかを司法審査する基準としていわゆるレモンテスト（Lemon Test）[65]が示され、法令違憲の是非を明確化することでＮＰＯの「公益性」を保ってきた。

アメリカではＮＰＯの法人格取得には、統一の連邦法がなく、州ごとに個別の州法として規定している。[66]州法は様々であるため、以下州法に関してはカリフォルニア州法を引用する。

カリフォルニア州法で非営利法人を設立する場合には、一定の要件にあった定款（articles of incorporation）を作成し、その他必要書類とともに州務長官（Secretary of State）に提出し、その認証を受けた上で、法人登録を行う。[67]アメリカでは非営利団体が法人格を取得しても自動的に非課税[68]とはならない。課税除外となるためには、法人格の有無とは無関係に、課税庁の審査を受け、承認を得る必要がある。また、課税には連邦税、州税などがあり、それぞれに免税資格を得るためにそれぞれの課税庁に対し連邦の内国歳入法典（Internal Revenue Code、以下「ＩＲＣ」という。）、カリフォルニア州歳入租税法典（California Revenue and Taxation Code）に基づき別に申請し審査を受け、承認を得る必要がある。

非営利の各種団体については、主としてＩＲＣ五〇一条に定められており、二九種類に区分されている。その中でもＩＲＣ五〇一条（ｃ）（３）に規定される法人は公益性が高く、政治活動等が制限されている反面税制上の恩典が大きい。[69]

免税資格を有すると、連邦税、州税ともに、本来事業（非収益事業）と関連収益事業[70]（収益事業であるが本来の事業に関連するもの）については免税となり、非関連収益事業（収益事業で本来の事業に関連しない事業）に対しては普通法人と同税率により課税されることになっている。[71]

関連収益事業か非関連収益事業かは、当該事業がその団体の活動目的に実質的に関連するか否か（実質関連性主義）で判断される。その認定にあたっては、非営利公益法人と営利法人の間に不公正な競争が起き得るかどうか、という観点が重要となる。

すなわち、アメリカでは、本来の事業（非収益事業）と収益事業の区分だけでなく、収益事業を更に本来の事業との関連収益事業と非関連収益事業とに区分し、本来の事業及び関連収益事業については非課税としている。業種によっては課税か課税対象外かの判定が容易ではなく、本来租税を賦課徴収する機関であるはずの課税庁に審査を行う権限を与えることによって、課税庁の裁量を増大させ、NPOの自立性を損ねるという問題を含んでいるという課題もある。(72)

法人実在説を採るアメリカにおいて、非営利法人の課税非課税の判断に「公益性」の基準を用いるのは自然のことである。しかし、「公益性」の高低を収益事業課税の判断基準とすることで、より「公益性」の高い非営利法人の活動を税制面から支援するという制度は収益事業課税制度により公益的な活動の阻害が懸念されるわが国において、参考になるものである。

(2) 公益法人制度改革による収益事業の除外

① 平成二〇年公益法人制度改革

旧民法三四条はその「公益性」に関し「祭祀、宗教、慈善、学術、技芸其他公益ニ関スル社団又ハ財団ニシテ営利ヲ目的トセサルモノハ主務官庁ノ許可ヲ得テ之ヲ法人ト為スコトヲ得」と定め、例示規定の形式を採用していた。

しかし、祭祀、宗教に関しては宗教法人法が、慈善については社会福祉法が、また学術、技芸については私立学校法等の特別法が制定され、結果「公益ニ関スル」か否かのみが主務官庁の裁量に委ねられ判断されることになった。その結果、「公益性」概念の曖昧さから、公益法人という名称を持ちながら、その実態は必ずしも公益を目的としない法人の存在を許容するに至ったのである。[73]
また、このような「公益性」の存在が疑われる公益法人にも自動的に原則非課税の措置が与えられていたことから、税制面からも批判が多かった。[74]
これらの問題に適切に対処するとともに、非営利法人の活動を促進するため、公益法人制度そのものについて抜本的かつ体系的な見直しを行い、真に時代の要請に応え得る制度を構築するべく検討が進められたのが平成二〇年公益法人制度改革である。
平成二〇年五月二六日にはいわゆる公益法人制度改革三法（「一般社団法人及び一般財団法人に関する法律」、「公益社団法人及び公益財団法人の認定等に関する法律（以下「公益認定法」という。）」、「一般社団法人及び一般財団法人に関する法律及び公益社団法人及び公益財団法人の認定等に関する法律の施行に伴う関係法律の整備等に関する法律」（以下「整備法」という。）の三法を指す。以下「公益三法」という。）が国会において可決・成立され、同年六月二日に公布、平成二〇年一二月一日から新たな公益法人制度として施行されるに至った。
新たな公益法人制度においては法人格の取得と「公益性」の判断は分離され、①社員等に対する剰余金の分配を目的としない社団及び財団について、その行う「公益性」の有無にかかわらず設立登記することにより簡便に法人格を取得することができることを特徴とする一般法人、②一般社団法人及び一般財団法人のうち、民間有識者からなる委員会の審査・答申に基づき、行政庁による「公益性」の認定を受けた公益法人制度が設けられることになった。
公益認定法五条では、この「公益性」の認定基準について、公益目的事業を行うことを主たる目的とするものであること（一号）、その行う公益目的事業について、当該公益目的事業に係る収入がその実施に要する適正な費用を償う額をこえないと見込まれるものであること（収支相償）（六号）、その事業活動を行うに当たり公益目的事業比率が、一〇〇分の五〇以上となると見込まれるものであること（八号）、その事業活動を行うにあたり、遊休財産額が一定の制限をこえないこと（九号）など一八項目が定められている。

一八項目の公益認定基準の分類には諸説あるが、①公益目的事業に示される「公益性」、②収支相償基準、公益目的事業比率に示される「収益事業課税や寄付金税制等の税制上の判断基準」、③会計監査人の設置などに示される「運営の適正性」を法定化したものであると解す意見もある。(76)

公益目的事業という概念は、平成二〇年公益法人制度改革によって初めて用いられた概念であり、ここにいう公益目的事業とは、①学術、技芸、慈善その他の公益に関する別表各号に掲げる種類の事業であって、②不特定かつ多数の者の利益の増進に寄与するもの（公益認定法二条四号）とされている。

①は、公益目的事業の範囲をできるだけ客観的で明確なものとして裁量の余地を少なくするとともに、「公益性」の有無の予測可能性を高めることが望ましいとの判断から現行の法律や制度も参考にして具体的に二三事業が列挙されたものと解される。なお列挙された事業には類似条項が設けられた。これは、列挙された事業に該当しない場合であっても、公益に関する事業として政令に定めるものに該当する場合には、公益目的事業として判断されるなど柔軟に解釈し得ることを意味している。(77)

また、②の「不特定かつ多数の者の利益の増進に寄与する」事業であるか否かの指標として、事業の特質に応じ、検査検定、資格付与、講座、セミナーなど一七の事業区分ごとにチェックポイントが具体的に示されている。(78)

認定は行政庁（内閣総理大臣又は都道府県知事）が行うが、行政庁は公益認定等委員会又は都道府県に置かれる合議制の機関を設置しなければならない（公益認定法三二条、五〇条）。この公益認定等委員会又は都道府県の合議制機関の委員には、法律、会計、公益法人の活動に関して優れた識見を有する者が選任されることになっている（公益認定法三五条一項）。すなわち、市民から選出された有識者により「公益性」は判断されるのであり、事後チェックや不服申立て等への対応などの判断主体ともなる。[79]

平成二〇年公益法人制度改革は、それまで主務官庁の裁量に委ねられていた「公益性」の概念について公益目的事業を具体的に法律として例示し、その判断を有識者による第三者機関である、公益認定等委員会等に委ねたことに大きな意義がある。

② **平成二〇年公益法人制度改革に伴う税制改正**

平成二〇年公益法人制度改革に合わせ、公益法人税制も平成二〇年度税制改正において以下のような税制改正が行われ、同年一二月一日に施行された。

まず、一般法人は、収益事業課税が適用される非営利型法人と、普通法人として全所得課税が適用されるその他の法人とに区分された。すなわち、一般法人のうち、剰余金の分配を行わないこと等、非営利が徹底された法人（法人税法二条九の二イ、法人税法施行令三①）として、一定の要件に該当するものは、法人税法二条九の二により非営利型法人として、公益法人等の範囲に追加され（法人税法別表2）収益事業課税の対象とされた。

そして、公益社団法人等については、「公益社団法人又は公益財団法人が行う前項各号に掲げる事業のうち、公益社団法人及び公益財団法人の認定等に関する法律第二条四号（定義）に規定する公益目的事業に該当するもの」は法人税法施行令五条一項に規定する特掲三四業種の収益事業の範囲から除外することとされたのである（公益目的事業非課税原則、法人税法施行令五条二項一号）。

公益社団法人等のこのような制度は、非営利組織に歴史のあるアメリカにその免税制を習い、「公益性」の認定を有識者による第三者機関が判断を行うという制度についてはイギリスの法に習ったものといわれている。[80]

すなわち、「公益性」の基準と収益事業の判断基準が結びつき、一定の基準によってより高い「公益性」が認められれば公益法人の本来の目的に沿った事業から生じた所得には免税の措置が講じられることになった。

「公益性」の概念を、具体的に法解釈上において定義づけることは困難であり、妥当ではないという見解も多かった(81)。それは、「公益」は多様性を有し、国や文化の相違はもちろん、社会経済の変化、環境の変化等に伴い、時代と共に移り変わっていくものとされているからである(82)。

しかし、このような「公益性」の認定基準を設けたことについて、「『公益を厳密に定義づけることは理論上困難』であったとしても、社会的制度として機能させるために抽象概念を操作可能なレベルに落とし込み、裁量の余地を極力排除することを目指し、公益認定法において公益概念の判断基準をできる限り客観的で明示的に示した平成二〇年公益法人制度改革は、評価されるべきである(83)」。

そして、この「公益性」の基準を法人税法上の収益事業課税と結びつけ、収益事業の範囲に免税という措置を採用したことは、一般営利企業との公平を保つ目的で例外的に行われてきたわが国の法人税法上の収益事業課税制度そのものについて大きな変遷の布石となるものであった。

ただし一方で、平成二〇年公益法人制度改革は、旧民法三四条の旧公益法人のみを対象としており、ＮＰＯ法人を含め特別法によって設立される公益法人等は引き続き従前の収益事業課税制度の下に存続することとされ、今後税制上において、「公益性」を有するＮＰＯ法人をはじめすべての公益法人等に対する一定の整合性が求められるべきである。

(42)　有安正雄・坂元左・渡辺淑夫監修『遂条詳解法人税関係通達総覧―法人税基本通達編―』三九五一頁（第一法規、一九七九）。
(43)　堀田力、山田二郎ほか『公益法人改革これでよいのか政府の構想』二九頁（二〇〇四）。
(44)　金子宏・前掲注（23）六九頁。
(45)　金子宏・前掲注（23）七一頁、佐藤英明教授は租税法律主義が主に予測可能性の確保という機能を果たすことが求められる理由について、①租税法が侵害規範であること、②租税負担の増大が侵害の度を増していること、③経済取引の複雑化、高度化に伴い予測可能性の確保が困難になってきていることを挙げられている（佐藤英明「租税法律主義と租税公平主義」金子宏ほか『租税法の基本問題』六五頁（有斐閣、二〇〇八））、金子宏教授は、租税立法の明確化によって予測可能性と法的安定性を高めることは租税に関する紛争を未然に防止すること等の重要なメリットをもつと述べられている（金子宏『租税法理論の形成と解明（上）』一三八頁（有斐閣、二〇一〇））。

(46) 増田英敏『リーガルマインド租税法［第4版］』六九頁（成文堂、二〇一三）。

(47) 増田英敏・前掲注（46）六五頁以下。

(48) 金子宏・前掲注（23）七四頁。

(49) 増田英敏・前掲注（46）二九頁。

(50) 課税要件明確主義の原則があるにもかかわらず、いわゆる「不確定概念」が多用されている法領域が存在する。この理由について増田英敏教授は、複雑化する経済事象を適用の対象とする租税法を形式的かつ硬直的に適用し、執行すると課税の公平を確保できない事態を招く結果となることを挙げられている。しかし、その解釈において担税力に応じた課税を求める租税公平主義を強調することにより、納税者の予測可能性を害する結果を生ずる不確定概念は許容されるべきではない（増田英敏・前掲注（46）二九頁以下）。

(51) 成道秀雄「非営利法人税制のゆくえ」税務弘報五四巻一号一五二頁（二〇〇六）。

(52) 田中義幸「中小公益法人等に絡む税務規定と実務」旬刊国税解説速報四三号一二頁（二〇〇三）。

(53) 田中義幸「中小公益法人等に絡む税務規定と実務」旬刊国税解説速報四三号一七頁（二〇〇三）。

(54) 増田英敏『租税憲法学（第3版）』一五三頁（成文堂、二〇〇六）。

(55) 金子宏・前掲注（23）一〇一頁。

(56) 増田英敏・前掲注（54）一五四頁。

(57) たとえば、法人税法基本通達一五－一－七二は、神前結婚式等の場合の収益事業の判定につき、「宗教法人が神前結婚式、仏前結婚式等の挙式を行う行為で本来の宗教活動の一部と認められるものは収益事業に該当しない」としている。この場合課税庁は、宗教法人が神前結婚式等の挙式を行う行為は外形的には「対価性」があったとしても、「本来の宗教活動」の一部という基準を重視し、収益事業から除外する。一方で宗教ビジネスとして営利企業が同様の挙式を行った場合には、通常の課税を行うことになるのである。また、法人税法基本通達一五－一－一〇には、お守り、おみくじのように金額が明確に確定しているものでも、実質は喜捨金の性格を有するとして課税から除外する取扱いを行っている。すなわちこのような固有の取扱いには「対価性」以外の基準の存在を推認できるのである。

(58) 名古屋地判平成一七年三月二四日判タ一二四一号八一頁、名古屋高判平成一八年三月七日税務訴訟資料二五六号順号一〇三三八、最二小判平成二〇年九月一二日判タ一二八一号一六五頁。この事例の評釈としては、林仲宣「判批」法律のひろば五九巻五号六六頁、浅妻章如「判批」ジュリスト一三二八号一六三頁（二〇〇七）、上松公雄「判批」税務事例三八巻二号二一頁（二〇〇〇）、塩崎勤「判批」民事法情報二七〇号五五頁、渡辺充「判批」判例時報二〇三九号一五四頁、藤谷武史「判批」税研ＪＴＲＩ二五巻三号一二二頁（二〇〇九）、三木義一「判批」立命館法学二九八巻六号四〇六頁（二〇〇四）、田中治・前掲注（22）四八頁、忠岡博・前掲注（22）一一五頁、佐藤孝一「判批」税務事例四一巻一二号（二〇〇九）、入江政勝「判批」龍谷大学大学院法学研究一三号一九頁（二〇一一）が挙げられる。

(59) 最二小判平成二〇年九月一二日・前掲注（58）参照。

(60) 田中治・前掲注（22）五四頁、渡辺充・前掲注（58）一五五頁以下、忠岡博・前掲注（22）一二〇頁以下、藤谷武史・前掲注（58）一二三頁。

(61) 田中治・前掲注（22）五五頁、同旨　忠岡博・前掲注（22）一二一頁。

(62) 三木義一・前掲注（59）四〇六頁、この点において田中治教授は、たとえ一般企業との競合性を判断基準として用いるとしても、「宗教法人が行う宗教行為としての事業と、営利法人が行う宗教ビジネスは本質的に異なり、両者の間に競合は生じない。」と述べられている（田中治・前掲注（131）五五頁）。

(63) 三木義一・前掲注（58）四一二頁、上松公雄・前掲注（58）二五頁。

(64) 三木義一・前掲注（58）四一〇頁。

(65) レモンテストは、国家の行為が国教樹立禁止条項（アメリカ憲法修正一条「政教分離原則」）に違反しているかどうかの審査基準であり、以下の三種のテストからなっている。①法律は非宗教的な立法目的（secular legislative purpose）を持っていなければならないこと、②法律の主たる効果は、宗教を助長（advance）も抑制（inhibit）もしない、というものでなければならない、③法律は宗教と政府の過度に深い関わりを助長するものであってはならないという基準である（増田英敏「宗教団体免税制度の合理性」『納税者の権利保護の法理』二二六頁（成文堂、一九九七））。

(66) 雨宮孝子、石村耕治ほか『全訳カリフォルニア非営利公益法人法』一二頁（信山社、二〇〇〇）、経済企画庁国民生活局『海外におけるＮＰＯの法人制度・租税制度と運用実態調査』六〇頁（大蔵省印刷局、一九九九）。

(67) 雨宮孝子、石村耕治ほか・前掲注（66）一三頁（信山社、二〇〇〇）。

(68) 本稿においては、「免税」制と「非課税」制を以下のように区別する。・免税制：法人格の有無とは無関係に本来事業（非収益事業）の課税除外は自動的に与えられず、新たに課税庁の審査を受ける必要がある方式。・非課税制：法人格を取得すると同時に、本来事業（非収益事業）がほぼ自動的に課税除外となる方式。

(69) 金子良太「米国の非営利組織の公益性判断基準」非営利法人研究学会誌一七巻二六頁（二〇一五）。
(70) 諸外国における「収益事業」は、「収益をあげることを目的とする又は収益があがることが見込まれる事業」を指すと解される。
(71) 岩田陽子「アメリカNPOの税制」レファレンス五四巻五号三二頁（二〇〇四）。
(72) 石村耕治「欧米主要国のNPO法制と税制」ジュリスト一一〇五号四〇頁（一九九七）。
(73) 二〇〇二年に中間法人法が成立したことに伴い、公益性の希薄な非営利団体までもが公益法人として設立されることは免れることとなったが、主務官庁の裁量による設立許可は長く問題視されてきた（雨宮孝子「非営利法人における『公益性』の認定」ジュリスト一三二八号一二頁以下（二〇〇七））。
(74) 二〇〇一年七月二三日行政改革推進本部「行政委託型公益法人等改革を具体化するための方針」、「公益法人制度についての問題意識」、水野忠恒「公益法人課税の方向」金子宏『租税法の基本問題』四三七頁（有斐閣、二〇〇八）。
(75) 公益目的事業比率とは、公益目的事業の実施に係る費用の額、収益事業等の実施に係る費用の額及び当該公益法人の運営に必要な経常的経費の額の合計額に対する公益目的事業の実施に係る費用の額の割合をいう（公益認定法一五条）。
(76) 岡村勝義「一般社団・財団法人の公益認定基準の検討」非営利法人研究学会誌一七巻三頁以下（二〇一五）。
(77) 公益法人制度改革に関する有識者会議報告書（二〇〇四年一一月一九日）　http://www.gyoukaku.go.jp/jimukyoku/koueki-bappon/yushiki/h161119houkoku.pdf（2016.9.21）。
(78) 各項目についてはそれぞれ基準を一般的に公開しているかどうかや、公正性を確保する仕組みが存在しているかどうかということをチェックの要点としている（内閣府ホームページ「公益目的事業のチェックポイントについて」　https://www.koeki-info.go.jp/pictis_portal/common/index.do?contentsKind=120&gyouseiNo=00&contentsNo=00201&syousaiUp=1&procNo=contentsdisp&renNo=1&contentsType=02&houjinSerNo=&oshiraseNo=&bunNo=112009647&meiNo=112000580&seiriNo=undefined&edaNo=undefined&iinkaiNo=undefined&topFlg=0（2016.9.21）。
(79) 渋谷幸夫「公益認定の基準と公益法人等への移行」月刊公益法人三六巻六号三二頁（二〇〇六）、一方、公益法人には「その収益事業に属する資産のうちからその収益事業以外の事業で公益に関する事業として政令で定める事業に該当するもののために支出した金額（法人税法三七条五項かっこ書き）」を寄付金とみなす、すなわちみなし寄付金の制度を認めている（法人税法施行令七七の三）。
(80) 企業税制研究所ホームページ　http://www.zeiseiken.or.jp/shoukai/（2016.9.21）。
(81) 渋谷幸夫「公益性とその認定基準（上）」月刊公益法人三二巻一一号三五頁（二〇〇一）、石村耕治「イギリスのチャリティ制度改革（1）～法制と税制の分析を中心に」白鴎法学一五巻二号六号（二〇〇八年一一月）。

(82) 渋谷幸夫・前掲注(79)三五頁。
(83) 杉山学「公益法人の認定基準」青山経営論集四五巻一号一七二頁（二〇一〇年一月）。

三　NPO法人に対する「公益性」基準の導入と収益事業課税のあり方

前述の通り、平成二〇年公益法人制度改革に伴う税制改正は、「公益性」の認定基準を収益事業の判断基準としたことで、わが国の収益事業課税制度を大きく変遷させた。すなわち、公益法人等の原則非課税の根拠にあった、一般営利企業と競合する事業に対して公平を保つという概念に優先して、公益法人等には行政部門や民間営利企業では満たすことのできない社会的ニーズに対応する多様なサービスを提供しうる「公益性」が存在することを示唆しているのである(84)。

以下では、これまで述べてきたNPO法人の社会的役割と現行の収益事業課税の問題点を踏まえ、近年議論されてきた収益事業課税をめぐる議論を整理するとともに、NPO法人の収益事業課税制度の新たな判断基準として、公益認定基準に沿う「公益性」の基準を導入する場合の実現可能性とその必要性を検討する。

1　収益事業課税制度の見直しをめぐる議論

現行の収益事業課税制度は、収益事業に係る法律上の文言が多義的・抽象的であることから拡大解釈される傾向があり、そのために明文の規定にない基準を用いて解釈を行う結果を生じていることはこれまで述べてきたとおりである。

したがって、これまでも収益事業課税の要件そのものを根本的に見直すべきとする見解があった。

平成一七年の税制調査会が答申した「新たな非営利法人に関する課税及び寄付金税制についての基本的考え方」（以下「基本的考え方」という。）は収益事業課税の問題について、「公益法人等の行う事業活動が拡大・多様化し、営利法人との間で課税のアンバランスが生じているのではないか、昭和五九年度以来その対象範囲の見直しが行われておらず、実態から乖離しているのではないか等の問題がある」[85]ことを示した。

このような問題に対し、「基本的考え方」は、「限定列挙されている収益事業の範囲を拡大するとともに、現行の収益事業の範疇であっても一部非課税とされている特定の事業内容についてその妥当性を再検討すべき」という見解と、収益事業課税要件の規定の仕方として現行のいわゆる個別列挙（収益事業の業種を限定列挙する）方式から、包括規定（対価を得て行う事業を包括的に規定し、一定のものを除外する）方式への検討などを提言していたが[86]、収益事業課税制度のあり方としては今後の課題であるとした。

この「基本的考え方」に沿って、包括規定方式への変更を求める声が多くあがっていたが[87]、特掲事業とすることは事業判定に恣意性を排除するうえで有益であり、法的安定性、予測可能性の確保からは課税されるか否かを包括的に規定することには問題があるとの見方もあった[88]。

また、公益法人等の原則非課税の立場は据え置くが、課税対象とするものを限定列挙するよりも、非課税とするものを列挙し、課税対象とされるものを除外するべきとする意見もあった[89]。

現行の収益事業課税制度は、特掲業種を列挙することによって限定的に課税を行う趣旨であったにもかかわらず、政令の各法文は多義的・抽象的に捉えられる危険性があり、あらためて特掲事業としていることの意味を失っていることが明らかであると考えられるのである。

これまで幾多の議論が重ねられてきた実態をみても、特掲三四業種の収益事業課税制度を存続させることは、NPO法人をはじめ公益法人等の申告実務に混乱を生じさせるものであり、その制度の根本的な見直しは急務であるといえる。

2 「公益性」基準の導入による収益事業課税の問題の解決——租税法律主義の観点から

現行の収益事業課税制度は、その法律上の要件に係る問題があると同時に、「公益性」の有無に関わらず本来の事業に課税を行うことによる問題が存在している。すなわち、課税実務上「公益性」の有する法人すべてに対して必ずしも同等の課税措置が行われていない現状があり、これらの法人の本来の活動を税制が圧迫する危険性がある。

そこで、課税される収益事業の判断基準に「公益性」の判断を導入することが、これらの問題に対処し得るものであるかを検討する。

まず、第一に「公益性」の高い事業を公平に課税から除外することである。すなわち、公益性の高い事業を行う法人については、本来の目的である事業について課税が行われないことになる。そのことで、同等の「公益性」を有する法人間においての課税の公平を保つことができ、さらに法人の主たる目的である事業については課税が行われることがないという経済取引における予測可能性を確保することができる。そして結果的にその「公益性」が社会から求められる公益的なサービスであると定義できれば、より社会からの要請に沿った制度として確立できるといえる。(90)

さらに第二には、「公益性」の概念に関し、「公益性」の高い事業を時々の現況から精査し、明確に列挙する方式を採ることで、租税法律主義の要請である課税要件明確主義を満たす結果となり、法的安定性が確保されると考えられることである。

このような観点から、平成二〇年公益法人制度改革により定められた公益認定基準は、「公益性」の概念を法律に落とし込み、公益目的事業を法人税法上の収益事業から除外することで、より租税法律主義に適う法制度へと変換したと理解できる。

３　ＮＰＯ法と公益認定基準との整合性

⑴　ＮＰＯ法人の認証・認定基準と公益認定基準の相違点

平成二〇年公益法人制度改革は、当初ＮＰＯ法人をはじめ個別の非営利法人制度の通則法の制定を行うことで統一的な制度改革に至るものと目されていた。[91] しかし、結果的に宗教法人、社会福祉法人そしてＮＰＯ法人などは、その創設についてそれぞれ異なる目的があり、その経緯も様々であることから、制度の統合は困難であるとされた。この点において、「非営利法人制度全体の透明性の確保の観点からは、法的共通基盤が存在した方が良いとの指摘もある[92]」。

特にＮＰＯ法人に関しては、公益法人とＮＰＯ法人との間に以下の点で類似点が存在するから公益認定基準に沿った法制度の確立は可能であると考える。[93]

公益認定法はその別表において、公益目的事業として、二三事業を列挙している。その二三事業は、①学術、技芸、慈善その他の公益に関する別表各号に掲げる種類の事業であって、②不特定かつ多数の者の利益の増進に寄与するもの（公益認定法二条四号）とされ、「公益性」の概念を列挙したものであるとされている。さらに公益認定法は、「法人の関係者に対し特別の利益を与えないものであること」を規定しており（公益認定法五条三号）、すなわち公益目的事業は「公益性」と「非営利性」の双方を兼ね備えた事業であり、公益認定基準はこの公益目的事業を主たる事業とすることを求めている。

一方、ＮＰＯ法人についても設立の認証時に「特定非営利活動」として「公益性」と「非営利性」を兼ね備えた活動を行うことが規定されており、公益法人と同等の「公益性」・「非営利性」を有しているといえる。

また、公益認定基準は、単に「公益性」と「非営利性」のみを法律に落とし込んだのではない。公益認定基準は法人の「ガバナンス」、すなわち適正な運営と情報公開を行うための体制があるかという点も明確にされている。この点に関して、公益法人との比較として考えられるのは、NPO法人の中でもより高い「公益性」を有し所轄庁から認定を受けている認定NPO法人についてである。

認定NPO法人の認定要件は、前述のとおりPSTを始め八項目の基準を充足する必要がある。認定NPO法人制度は寄付金税制であるから、PST要件は寄付金の優遇税制への適否としての基準であるといえる[94]。また、認定要件としてのPST以外の七項目には、運営組織及び経理が適切であることや（NPO法四五条三号）、情報公開を適切に行っていることなど（NPO法四五条五号）が定められ、公益認定基準と同等の「ガバナンス」が基準として存在している。

もちろん、NPO法人の認証要件及び認定要件と公益認定基準との明確な相違点としては公益認定法五条六号の収支相償基準のような、公益目的事業の所得範囲の基準がある[95]。

上記の検討の結果、NPO法人、とりわけ認定NPO法人は現行法上においても収支相償基準を設けていないことを除けば公益法人と近似の「公益性」を有することのできる法人といえる。同等の「公益性」には、同等の税制が適用されなければ、課税の公平は保たれないこととなる。

(2)　NPO法人の社会的役割と収益事業課税のあり方

NPO法人には、その施策において公平性・公正性や画一性が要求される政府では提供できない、かつ一般営利企業では採算性から提供できないサービスを自発的に行うという重要な社会的役割が期待されている[96]。

このようなNPO法人の社会的役割と、「公益性」「非営利性」を兼ね備えた活動にみれば、その行う本来の目的に沿った事業から生じた所得は原則的に非課税とするべきであり、そのためには「公益性」基準の導入が不可欠となる。

しかし、ＮＰＯ法における「公益性」は広く市民活動団体に法人格を付与する趣旨から、多様な団体に法人格取得の門戸が開かられているのであるから、税制上の統一的な立法措置はＮＰＯ法人の活動の特性を踏まえて議論されることが望ましい。

また、新たな「公益性」基準の導入には、法人税の仕組み全般の整合性と、法人税課税の本質との関連性について根本的な議論を踏まえ、租税公平主義及び租税法律主義に沿った適正な立法措置が施されるべきである。

そして、立法された法律は、租税法律主義の厳格な統制の下で解釈・適用されなければならない。租税法は納税義務の履行を律する侵害規範である。経済取引が複雑化し高度化していく現代社会において、租税負担の割合はますます増大する傾向にあり、予測可能性の確保の要求は強まるばかりといえる[97]。

旧来、「公益」的活動は日本社会の発展を担う重要な役割を担ってきたが、「公益」的な仕事を私人が行うことは補充的なものとされており、国が行うべき公共的な活動を、国の規制の下で行うという意味合いが強かったといわれてきた[98]。しかし、平成二〇年公益法人制度改革も含め、近年はその「公益」的活動は国の判断によって行われるのではなく、国民の自由な発想と自立した意思によって行われるべきであるという理念に変貌しつつある。

今後、広く非営利活動の健全な発展を促進し、わが国の社会を活力に満ちた社会として維持していくために、ＮＰＯ法人、公益法人等ともにその期待される役割と責務は非常に大きいものである[99]。したがって、これら法人に対する税制上の整合性が保たれ、社会的な支援を促す措置が整備されることは、公益的使命を帯びたこれら法人の今後の発展を後押しする社会的枠組みの一つとして期待できるのである。そしてその枠組みとしての租税法規が租税法律主義の下、厳格に解釈・適用されてこそ、ＮＰＯ法人及び公益法人等全体の社会的役割の達成は図られるのである。

しかし、「公益性」概念は多様性を有し、経済的、社会的発展に伴い変化していくため、その価値観も移り変わっていくことが予想される。

その役割を社会的に支援し、広く非営利活動の健全な発展を促進していくためには、租税法律主義に基づく収益事業課税のあり方を常に模索し続けていくことが重要であると考える。

(84)　占部裕典教授は、「非営利法人は『剰余金の分配』をすることができないという制約を抱えており、『公益性』（社会的貢献）をもつことにより、営利法人とは本質的に異なる局面を持つ」ため、同様の事業を行っていてもその社会的役割は異なることを示している（占部裕典・前掲注（13）二〇頁）。

(85)　平成一七年六月一七日税制調査会　基礎問題小委員会・非営利法人ワーキング・グループ「新たな非営利法人に関する課税及び寄付金税制についての基本的考え方」　http://www.cao.go.jp/zeicho/tosin/170617.html（2016.9.17）。

(86)　平成一七年六月一七日税制調査会　基礎問題小委員会・非営利法人ワーキング・グループ・前掲注（85）（二〇一六年九月二一日確認）。

(87)　大森健「特定非営利法人における収益事業の問題点」鹿児島大学法学論集四〇巻二号（二〇〇六）一〇九頁、成道秀雄「非営利法人税制のゆくえ」税務弘報五四巻一号一五二頁（二〇〇六）。

(88)　堀田力、山田二郎ほか・前掲注（43）六〇頁。

(89)　入江政勝・前掲注（58）三三頁。

(90)　平成二〇年公益法人制度改革について、公益法人等については法人実在説に依り、非営利型一般法人に該当するか、認定を受けて公益法人となった法人のみが非課税となる原則課税の制度に変遷したという意見もある。しかし、筆者は公益法人等に対する収益事業課税の判断は、そもそもシャウプ使節団が、「法人が租税を全部または一部免除されて運営されうる目的及び趣旨を明瞭かつ具体的に規定されるように改正されるべきである」と示したとおり、法人の行う公益的な事業に着目すべきと考える。そのためには、一概に法人擬制説、法人実在説という法人税法における本質による議論だけではなく、「公益法人税制」の新たな法の可能性も視野に入れて議論が行われるべきである。

(91)　久保田正志「一一〇年ぶりの公益法人制度の改革～公益法人制度改革関連三法案」参議院ホームページ　http://www.sangiin.go.jp/japanese/annai/chousa/rippou_chousa/backnumber/2006pdf/20060421110.pdf#search=’%E5%85%AC%E7%9B%8A%E6%B3

%95%E4%BA%BA%E5%88%B6%E5%BA%A6%E6%94%B9%E9%9D%A9+NPO%E6%B3%95%E4%BA%BA’(2016.9.13)。

(92)　久保田正志・前掲注（91）（二〇一六年九月一一日確認）。

(93)　太田達夫「公益法人制度改革の概要と今後の課題」税研一四一号二九頁以下（二〇〇八年九月）。

(94)　平成二四年四月一日から、公益社団法人等においてもＰＳＴ制度が導入されることになり、ＰＳＴの要件を満たした公益社団法人等には寄付金の税額控除制度等の適用が採用されることになっている。

(95)　収支相償基準は公益目的事業に係る収入が、その実施に要する適正な費用を超えないと見込まれるものであることを定めたものであり、一般営利企業との競合の問題を解決しているものと解されている。

(96)　齋藤真哉・前掲注（８）四〇頁、レスター・サラモン教授は、個人的に消費されるものと違い、公共的に消費される環境や安全といった公共財は、生産コストを負担していない人々も含めてすべての人々が恩恵を受けるため、市場では取扱いが困難である（これを「市場の失敗」と述べられている）。そのような公共財の提供には個人に課税を行うことができる政府が唯一の代替機構であるが、政府は画一的なサービスしか提供できないため、国民大多数の支持が必要となる（これを「政府の失敗」と述べられている）。このような場合に非営利組織のような小集団の必要性が生まれるとされている（レスターMサラモン著（入山映訳）・前掲注（１）二四頁）。

(97)　佐藤英明教授は、課税要件法定主義と、課税要件明確主義、遡及立法の禁止、合法性の原則については併せて予測可能性原則としての二層化を提言されている。この提言を要約すると、課税要件法定主義は憲法八四条に直結する最も強固な原則であり、すべてに優先されるものである。そして、予測可能性原則は憲法八四条から派生する相対的な原則であって、例外の存在や制約の存在が認められ、柔軟に対応することが可能である原則と解される。そして、現代の社会における予測可能性の重要性から予測可能性原則は租税公平主義に優先するという見解を示されている。この見解ついて増田英敏教授は、租税法律主義が租税公平主義に優先して解釈されるべき基本的な考え方を提示した論文であるとして評価されている（佐藤英明・前掲注（45）六四頁以下、増田英敏「租税法律主義と租税公平主義の衝突―租税法解釈のあり方」税法学五六六号三五一頁以下（二〇一一））。

(98)　渋谷幸夫「今日的視点から見た『公益』の多様性」公益法人研究会雑誌三号一五頁（二〇〇一）。

(99)　杉山学・前掲注（83）一七一頁。

結論

本稿の目的はＮＰＯ法人の収益事業に対する課税上の問題点について租税法の基本原則である租税法律主義の視点から検討することにあった。この課税上の問題を検討するにあたり、まずＮＰＯ法人に関する税制の現状を概観し、理論上の問題を整理した。そのうえで、最近の注目裁判例等の検討から、法人税法二条一三号にいう「収益事業」の範囲をめぐる具体的問題について、租税法律主義の視点から批判的検討を行った。さらに、「公益性」の有無に関わらず本来の事業に課税を行う現行の収益事業課税制度の下では、課税実務上「公益性」の有する法人すべてに対して必ずしも同等の課税が行われていない現状を確認した。

また、これまで行われてきた収益事業課税をめぐる議論を含め、今後の収益事業課税のあり方について検討を行った。各章で明らかにできたことは以下のとおりでる。

まず、一では、ＮＰＯ法制定の経緯、概要を確認し、ＮＰＯ法人を取り巻く課税の取扱いについて概観した。ＮＰＯ法上、ＮＰＯ法人は二〇種類の「非営利活動を行い」かつ「不特定かつ多数のものの利益の増進に寄与する」ことを目的として設立するものであると規定されている。ＮＰＯ法人の存在意義は、公共の分野は「官」が、私的利益の追求分野は「民」がという官民二元論が大きく崩れてきた近年において、わが国の新しい社会構造の姿としてその活躍が期待されている点にある。

税制上は、ＮＰＯ法人は法人税法上の公益法人等とみなされ、収益事業から生じた所得に対してのみ課税が行われている。収益事業の範囲について、法人税法二条一三号は、「販売業、製造業その他の政令で定める事業で継続して事業場を設けて行われるもの」と規定し、さらに、同法施行令五条一項は、収益事業に関して具体的に三四業種を列挙している。すなわち、公益法人等については原則その生じた所得は非課税であり、収益事業の範囲は例外的な課税対象であって、それ故に厳格に解するべきである。

この法人税法上の収益事業課税は、昭和二四年のシャウプ勧告を受けてそれまで全所得非課税であった旧公益法人に対し、一般営利企業との公平を保つ目的で課税の必要性が示されたものである。しかし、その課税方式はシャウプ日本税制使節団が示した個別審査方式という勧告を採用するものでなく、わが国独自の収益事業限定列挙方式を導入したことが確認できた。

二では、今日において、租税法律主義の視点からこの収益事業課税制度には大きく二つの問題が生じていることを明らかにした。第一は収益事業課税の要件が法文上不明確であり、拡大的に解釈される恐れがあるという問題である。すなわち、収益事業課税の要件は、法文上①「販売業、製造業その他の政令で定める事業に該当すること」、②「継続して行われるもの」③「事業場を設けて行われるもの」である。政令において三四業種を限定的に列挙することによって課税を行う趣旨であったにもかかわらず、政令で定める各事業は多義的・抽象的に捉えられる危険性があり、課税庁の恣意的な課税を排除できないという問題がある。

平成二〇年に下されたペット葬祭業訴訟の最高裁判決では、「対価性」の有無における判断を重視した上で、その立法意図、法解釈及び趣旨解釈により「一般営利企業との競合」という判断基準を用いることで、一定の線引きを図ったものと考えられる。しかし、「一般営利企業との競合」の基準は法律で明記されておらず、曖昧で不明確な基準であり、租税法律主義の視点から批判されるべきである。同基準によって収益事業の範囲の判断を行った場合、収益事業課税の範囲は限定された事業を超えて拡張される結果を招くことになる。このような解釈が成り立つのは、収益事業の定義について法律上の文言に明確性を欠き、租税法律主義の要請する課税要件明確主義を充足していないことによる。

そして第二は収益事業課税の判断に「公益性」の法的基準が取り入れられていないことである。アメリカでは、法人格取得時、若しくは免税資格審査時に「公益性」の判断を用いており、「公益性」の認められた法人についてはその行う本来の事業から生じた所得は課税から除外しているが、わが国では収益事業の判断基準に外形的な三四業種の該当性を用い「公益性」の如何を問わず一律に課税することで、課税の公平を保つことを目的としている。しかし一方で、その適用にあたって政令や通達によって除外されている個別除外項目は「公益性」概念により除外されていることも否めない。このような一貫性のない適用は、同等の「公益性」を有する法人間で異なる取扱いを生じさせ、公益法人等の本来の事業に混乱を来す結果となる。

これらの問題に対処し得る施策として、平成二〇年公益法人制度改革により収益事業の判断基準に「公益性」の基準が導入されたことを取り上げた。平成二〇年公益法人制度改革では、一般法人の中でも「公益性」の認定基準を充足した法人については、行政庁が公益法人として認定する制度を設けた。さらに公益法人にはその行う公益目的事業はたとえ法人税法に定める収益事業に該当する事業であっても、当該収益事業から除外する措置が講じられた。このことは、わが国において一般営利企業との公平を保つ目的をもって行われてきた収益事業課税制度そのものに一石を投じたといえる。しかし、ＮＰＯ法人をはじめ公益法人以外の他の公益法人等については、現行の収益事業課税制度が存続している状態にある。

収益事業課税の有する問題は、公益事業を本来の事業として掲げるＮＰＯ法人を始めとする公益法人等にとってその本来の事業に合理的な理由なく課税が行われる危険を生じ、原則非課税とする法人税法の趣旨に沿わない適用が行われていることを意味している。このことは、公益法人等の本来の事業に関する予測可能性を著しく害するものであり、わが国の租税法の重要な原則である租税法律主義に反するものである。そしてさらには今後のＮＰＯ法人をはじめ公益法人等の発展に税制面から影響を及ぼすものであると考えられるのである。

したがって、わが国の収益事業課税制度には、新たな判断基準の導入を検討する必要があるとの結論に達したのである。

三では、まず、収益事業課税制度をめぐって行われてきた議論を整理するとともに、「公益性」基準を導入することにより、収益事業課税制度の諸問題に対処し得るかの検討を行った。そして、ＮＰＯ法人における認証・認定基準と平成二〇年公益法人制度改革による公益認定基準を比較することで、ＮＰＯ法人に対する税制において「公益性」基準導入の実現可能性とその必要性を検討した。

収益事業課税制度は、これまでもその諸問題が取りざたされ、制度改善の声が多く上がっていたが、その諸問題は現在も据え置かれている現状を確認した。

そして、平成二〇年公益法人制度改革において採用された「公益性」の基準を収益事業の判断基準として採用することで、収益事業課税制度の問題点に対処することができることがわかった。まず、「公益性」の高い事業を収益事業から除外することは、公益法人の本来の事業に課税が行われないことを意味し、同等の「公益性」を有する公益法人等間の公平を保ち、経済取引に関する予測可能性の確保を実現する。このことは、結果として社会が必要とする「公益性」を有する事業に対して、より社会からの要請に沿った制度の構築をも意味するものである。さらにその「公益性」の高い事業を明確に列挙し、さらに公益法人等の運営・組織にも及ぶ「ガバナンス」を規定して、第三者機関による審査方式を採ることで、課税要件明確主義の要請に適合することになり、法的安定性が確保される。このように、平成二〇年公益法人制度改革は税制をより租税法律主義の要請に適う法制度へと変換したと理解できるのである。

一方で、平成二〇年公益法人制度改革の対象とはならなかったＮＰＯ法人に関してその「公益性」について検討すると、ＮＰＯ法人の行う特定非営利活動が求められる「公益性」の概念は公益社団法人等の主たる目的である公益目的事業の概念と類似していると考えられる。特に認定NPO法人に係る認定要件については、収支相償基準等を除けば、「ガバナンス」等も含め、公益社団法人等に係る公益認定基準と近似の「公益性」を有するものであると解することが確認できた。

しかし、NPO法人税制に対する「公益性」基準導入の実現性には、複数の課題が残されている。たとえば、NPO法人は多様な団体に法人格取得の門戸が開かられているのであることや、「公益性」の概念自体が多様性を有し、経済事象の変化に伴い移り変わっていくものであることなど、統一的な法制度の確立には、NPO法人の特徴に沿った議論が必要である。したがって、収益事業課税の要件における判断基準としての「公益性」を常に議論し、租税公平主義及び租税法律主義に基づく収益事業課税のあり方について根本的な議論の積み重ねが必要であることを確認した。

以上のことから、本稿を通して確認することができたNPO法人の役割を踏まえた収益事業課税の展望をまとめる。

租税法の基本原則には主に租税公平主義と租税法律主義がある。立法の側面においては担税力に応じた税負担の配分を求める租税公平主義と、課税要件法定主義及び課税要件明確主義等を内容とする租税法律主義の統制下に置かれることになる。執行の側面においても、平等取扱原則としてすべての人に等しく適用する内容を含む租税公平主義と、申告納税制度の下、納税者が自己の納税義務の範囲を税法に基づいて申告することにより確定していくための租税法を統制するものとして租税法律主義はその意義を有している。しかし租税法の解釈・適用に際し租税法律主義と租税公平主義に衝突を生じた場合には、租税法律主義が優先されるべきであるとされている。近年、経済の複雑化、多様化、高度化によって納税者の予測可能性確保の必要性はますます増大している。故に租税法律主義による統制は重要性を増しているのである。

その中で、活動資金に直接影響を及ぼす収益事業課税制度の諸問題が据え置かれ、ＮＰＯ法人の運営や活動に対し予測可能性を損なう現状が継続することは好ましくない。

租税法は公権力の行使として納税者の財産の一部を国家に移すための侵害規範である。租税法律主義の統制の下、租税法の厳格な解釈がなされなければ課税庁の恣意的な課税は排除できない。このことは、結果として発展が期待される申告納税制度の円滑な適用を妨げ、ＮＰＯ法人の公益事業育成の実現が阻害されることになる。

ＮＰＯ法人の社会的意義は、多様化する市民の需要に自発的に応える小回りの良さときめ細やかなサービスを提供することにある。そのサービス提供で生ずる採算性の欠如を克服するためには社会的システムの確立は不可欠である。ＮＰＯ法人の社会的役割の達成には、ＮＰＯ法人に対する課税についても、租税法律主義の下で法律の厳格な解釈・適用がされることが求められる。

ＮＰＯ法人に関しては公益認定法に準じた立法に整合性が図られることを期待するとともに、ＮＰＯ法人全体の今後の活性化のために租税法律主義の要請に対応した収益事業課税のあり方について検討していくことが必要であることを指摘して本稿の結びにかえたい。

付記：本章は、茂垣志乙里著「ＮＰＯ法人の収益事業に対する課税問題の研究―『公益性』基準の導入と今後の方向性についての」専修法研論集五二号四三頁以下（二〇一三）を基に加筆・修正したものである。

第10章　法人税法における無償取引課税の検討
――課税の根拠と適用範囲を中心として――

井上雅登

はじめに

近代社会において、私人間の取引は自由意志に基づく合理的な契約によって規律される。そして貨幣経済や物流の発達、また物の所有と利用の分離がすすむ今日では、民法が定める一三種類の契約の中でも売買契約（民法五五五条）や賃貸借契約（民法六〇一条）の果たす役割は大きいといえる。基本的には売買契約や賃貸借契約のような有償契約に基づいた取引が行われるが、対価を伴わない取引が行われることも少なくない。贈与契約（民法五四九条）や使用貸借契約（民法五九三条）がその典型といえる。

これらの契約は契約当事者が自由に締結することができるとされている。いわゆる契約自由の原則であり、明文の規定は存在しないが、その内容は一般的に①契約を締結し、または締結しない自由、②契約締結の相手方を選択する自由、③契約の内容を決定する自由、④契約締結の方式からの自由、の四種のものから成ると解されている。よって仮に無償で取引を行っても私法上は自由であり制限はない。

無償の取引は、特に個人の生活の場面でみられ、夫婦とか親子のような特殊な関係において、交換経済の埒外にあると思われる無償の行為が存在する。個人間の無償の取引は、愛情とか情誼とかの心情によって成り立つ場合が殆どであろう。

そのような観点からすれば、利益を極大化することを目的とする営利法人において、無償取引は特に異例な取引といえる。もっとも利益を極大化すること、換言すれば可処分所得を増大させることを目的とするが故に、法人の無償取引は、租税負担の軽減を企図して行われることが多いともいえる。例えば、所得振替の問題である。利益の出ている法人から赤字の法人に無償で資産を譲渡した場合、資産を譲渡した法人では譲渡損失が計上され、資産を受贈した法人では受贈益が計上されることになるので、二社で考えれば、総額の税負担が減少することになる。このように法人の無償取引に対する課税の問題は租税回避と分けて考えることのできない問題であり、私法上、原則的に自由である無償取引について、法人税法が課税を行う理由の一つであるといえる。

本稿では、個人間の無償取引を問題とするのではなく、利益を追求する法人においても、時折みられる無償取引に対して、法人税法がいかなる理由で課税を行っているのかを明らかにする。法人税法における無償取引課税の規定が、先に述べたような所得振替などの租税回避の否認規定として定められているのであれば、理解しやすいだろう。しかしながら現実には所得計算の通則規定として定められており、なぜ収入のないところに所得が発生し課税関係が生じるのか、その理由が必ずしも明らかではない。

無償取引課税の目的には先にあげた所得振替のような租税回避を防止し税収を確保することも含まれていると考えられることから、当該規定は無償取引課税の適用範囲を厳格に規定していない。ゆえに解釈・適用の場面で必ずしも統一的な運用が行われていないきらいがある。

しかし、租税法の目的は租税正義の実現にあり、その租税正義の実現を目的として立法された個別租税法である法人税法は、立法された法律のとおりに解釈・適用することを租税法律主義が強制している。税収確保という課税の目的の名の下で恣意的に法律を解釈・適用することは租税法律主義に反する。租税法律主義の本質は国家の課税権の濫用から国民の財産権を守ることにあるといっても過言ではない。課税権の濫用に歯止めをかけるために、租税法律主義の下における無償取引課税の適用範囲を明確化したい。それは最終的に租税法律主義の機能でもある法的安定性と予測可能性の確保に資する。筆者の問題意識は、この点に集約される。以上の問題意識のもとで、本稿は、無償取引課税の理由、根拠を明らかにした上で、無償取引規定の適用範囲を検討していく。

一　法人税法二二条二項の無償取引規定の位置づけと立法趣旨

法人税法二二条二項は所得の計算の基本規定であるので、同法において重要な位置を占めているにもかかわらず、法律要件の定めが必ずしも明確であるとはいえないきらいが見受けられる。無償取引の規定が昭和四〇年の改正で初めて法文化されたことを踏まえ、当該規定の位置づけと立法趣旨を確認したい。

(1) 無償取引規定と公正処理基準の関係に関する問題点

無償取引課税の規定は昭和四〇年の改正によって、公正処理基準は昭和四二年の改正によってそれぞれ初めて法文化された[1]。無償取引課税の規定と公正処理基準の関係については、次の二つの説がある。①法人税法二二条二項には、税法固有の考え方も存し、まさに無償取引はこれに該当するので、公正処理基準の適用範囲ではないというもの、②法人税法二二条二項の基本構造は「益金の額に算入すべき金額」が主語で、「収益の額とする」が述語であり、条文解釈上無償取引は例示にあたる。そして同条四項の主語である「第二項に規定する…収益の額…」は、「一般に公正妥当と認められる会計処理の基準に従って計算されるものとする。」と定められていることから、無償取引も公正処理基準の適用を受けるとするもの[2]、の二つの見解である。

①の代表的と思われる見解によれば、公正処理基準は法人税法二二条二項及び「別段の定め」により税法独自の規制が加えられていない白地部分を埋めるための補充規定であり、法人税法二二条二項の取引の例示にある無償資産譲渡と無償役務提供は単なる例示ではなく、企業会計上の基準が存在しないため、税務上は資産の無償譲渡等によっても収益が生ずることを明らかにした特別の定めで、公正処理基準の適用はない[3]。と説明される。

しかし、この考え方は文理解釈に問題があるといわざるを得ない。租税法の解釈は厳格な文理解釈が原則であり、文理解釈の結果、複数の解釈が可能である場合にのみ趣旨解釈が許されるのである。この無償取引の規定と公正処理基準の関係については、一義的な文理解釈が可能であり、文言からは上記のように読み取れないのである。また仮に趣旨・目的による解釈をするにしても、税法独自の規定であるならば当然「別段の定め」に規定すべきであるのに、あえて「別段の定め」とは区別して基本規定の例示の中に無償取引の規定を設けているのは、公正処理基準の適用を受けるとした趣旨である。という全く逆の趣旨解釈も可能となり決め手を欠く見解であろう。従って、もし公正処理基準の適用を受けないとする見解が立法趣旨であるとするならば、法人税法二二条四項を立法した際に、無償取引の規定は、二二三条以下の「別段の定め」に規定すべきであり[4]、そのほうが租税法律主義の課税要件明確主義の要請に適っている。

②の見解をとった場合は、結論が更に二つに分かれる。一つは、無償資産譲渡や無償役務提供によって収益が発生するという社会的事実は存在せず、公正処理基準にもそのような収益の発生を認識し測定するというものはない、また、みなし規定であると解釈するにしても「〇〇であるとみなす。」という場合の「〇〇」が条文上欠けているため法人税法二二条二項で無償取引に課税を行うことはできないとする見解である[5]。もう一つは、法人税法二二条二項の無償取引による収益の認識部分の規定を有意味なものとして理解するために、この部分の規定が働くのは、原則に対する例外を定める「別段の定め」が存在し、適用できる場合に限られるとする見解である[6]。すなわち無償取引の規定は基本的には寄附金の損金不算入規定などとのパッケージで運用されるため、その損金に関する「別段の定め」の有無で適用範囲を決めるとするものである。

前者の解釈は文言解釈に偏りすぎていてかえって租税法律主義に反することになる場合にあたるであろう。なぜなら法人税法二二条二項の無償取引の規定は収益発生の例示として明文の規定があるにも関らず、公正処理基準というべき不文の基準を借用する規定によって、成文の規定を否定することになるからである[7]。そもそも厳格な文理解釈を求められるのは租税法律主義からの要請であるが、その租税法律主義の下で立法された明文の規定を文理解釈によって否定するのは、前提となる原則を超えることになり、本末転倒といわざるを得ない。後者の解釈は前者の見解よりも、立法の趣旨・目的に沿った解釈がされているところは評価できるであろう。詳しくは後述するが、無償取引の規定の適用範囲については、適用範囲を限定的に捉える明文の規定が存在しないところが欠点である。

このように文言解釈上は無償取引課税の規定にも公正処理基準が及ぶと解するのが妥当である。ところが制度会計上では無償取引によって収益を認識するという処理は行われていないし、[8] 会計理論においてもこの問題について確立した見解が存在するわけではない。[9] したがって、両規定を文字通り解釈しようとした場合、一見すれば両者は衝突または矛盾すると考えられる。

(2) 公正処理基準の法的性質と立法の意義

この無償取引規定と公正処理基準の問題を考察するには、まず法人税法二二条四項の趣旨、性格、意義は何かということを理解しなければならない。中里実教授は、そもそも法人税法が所得を課税物件としていることにつき「商法上、商人には個人商人と法人の商人があるが、個人商人の商工業利益に対して所得税を課すなら、個人の類推で、法人の商人、すなわち会社にも同様の租税を課すべきであると考えられたのではなかろうか。…所得が法人に対する課税の課税物件とされたのは、いわば歴史的偶然によるものであり、そこに論理的必然性は必ずしもないのである。[10]」としたうえで、法人税法上の課税所得を企業会計に依存して算定する理由は、商人は商法上の利益計算を行なっていたので、企業会計とは別個に課税所得計算を行なう二度手間を省く為に、法人税法上も商業帳簿に依拠した課税所得算定を行なわれるようになったものであり、法人の所得の基礎となる企業の利益を算定する企業会計も法人税法の課税所得計算の手段にしかすぎないと述べている。[11] そう考えると法人税法二二条四項の趣旨は租税法上別段の定めのない限り企業会計の方法を尊重しようというものであるから、[12] 同項の性格は、法に明文がない場合の法解釈として当然のことを定めた確認規定であると解すべきであるとされている。[13] 租税法は強行法規であることから、法に別段の規定がない領域について、制定法によらずに効力を認めるための規定として明文化されたのが法人税法二二条四項の本質といえる。[14]

いわゆる会計の三重構造といわれるように、[15] 法人税法二二条四項は直接に企業会計を引き合いに出しているわけではなく、商法等を媒介として企業会計との関係を定めているとされる。[16] よって三者間の関係について整理しなければならない。

まず三重構造の根幹をなす企業会計原則の性格は、企業会計原則の前文に「企業会計原則は、企業会計の実務の中に慣習として発達したもののなかから、一般に公正妥当と認められたところを要約したものであって、必ずしも法令によって強制されないでも、すべての企業がその会計を処理するに当たって従わなければならない基準である（筆者傍点）。[17]」と述べられている。すなわち企業会計原則とは一般に公正妥当と認められた実務の慣習であって、法的評価をすれば「事実たる慣習」（民法九二条）と解するのが相当といえる。[18]

次に企業会計原則と法人税法をつなぐ会社法には、会計は一般に公正妥当と認められる企業会計の慣行に従うものとする旨が規定されている（会社法四三一条、六一四条）。ここでいう「慣行」とは民法九二条の「事実たる慣習」と同義とする説、[19]他方「慣行」は事実の繰り返しが「慣習」よりもはるかに少なくてよいし、行なわれる場所的範囲も「慣習」よりもはるかに狭くてもさしつかえないとする説、[20]など議論のあるところではあるが、これは反復継続性がどの程度必要かの議論であり、その範囲については前述した企業会計原則に限られるものではなく、より広範な会計慣行であるとされている。[21]

そして、法人税法の公正処理基準は企業会計原則および会社法等の計算規定にとどまらず、確立した会計慣行を広く含むと解されており、[22]裁判例も同様の見解をとる。[23]

以上のことから、この三者のなかで最も狭く解するのが企業会計原則であり、[24]それよりも緩やかに解したのが会社法である。さらにそれよりも広範な基準が公正処理基準であり、明文化された特定の基準を指すものではないといえる。

このような視座から昭和四二年改正で「公正処理基準」が明文化された意義を考えた場合、それまでも企業利益を基礎として課税所得を計算することにより、企業会計の慣行すなわち「事実たる慣習」を法人税法の課税所得計算に取り入れていたのであるが、法人税法二二条四項で企業会計の慣行を「一般に公正妥当と認められる会計処理の基準」として、法人税法の課税所得計算においても尊重することが法定されたことで、「事実たる慣習」に法的確信が生じ「慣習法」となったといえる。(25)

(3) 公法における慣習法の成立要件

つまり「一般に公正妥当と認められる会計処理の基準」の内容は上述の立法事務担当者の見解でも述べられていたように明文の規定を前提としていないことから、公正妥当と認められた企業会計の慣習を法人税法において「慣習法」として取り扱うことを規定したものと考えられる。そのように考えれば、「慣習法」は一般的には「公の秩序又は善良の風俗に反しない慣習は、法令の規定により認められたもの又は法令に規定されていない事項に関するものに限り、法律と同一の効力を有する。」（法の適用に関する通則法三条）と考えるべきであり、法人税法二二条二項及び三項の規定する内容と法人税法二二条四項に齟齬をきたす場合であったとしても、租税法は強行法規であることから法人税法二二条二項および三項の規定が優先して適用され、慣習法の適用は常に強行法規に劣後することになる。

もっともこの強行法規と慣習法の適用関係は私法上の概念であり、公法にそのまま適用できるのかということが問題となるが、(26)公法においても法源として慣習法が成立する余地は認められる。(27)成文の法源が原則である公法において不文の法源が認められるのは、成文法の規定が完全ではなく、また不確定概念を用いることが少なくないことによるものとされている。(28)公法において慣習が慣習法として成立するためには、慣習が国の法律または地方自主法の明示的な承認によって、慣習法として法的効力を有する場合がある（例、地方自治法二三八条の六の第一項）。(29)この場合はその法源性に疑いの余地はない。このような国の法律または地方自主法の明示的承認がある場合に限り、慣習の法源性を認める説（承認説）によれば、慣習法は成文法を改廃できない。これに対して国民の一般的な法的確信を得た長期にわたる慣習に、成文法による承認がない場合でも法源性を認める説（法的確信説）がある[30]。法的確信説によれば、慣習法に成文法を改廃する効力を認める説[31]とそれを否定する説[32]があるが法治主義の原則から後者が正当であるとされる[33]。もっともこれらの議論は行政法一般についてのことである。

（4）租税法における慣習法の成立と無償取引規定の位置づけ

租税法に限っては租税法律主義の課税要件法定主義の要請から課税要件については国民の法的確信だけで慣習法と同一の効力を有するとする法的確信説には問題があり[34]、法律による明示的承認がある場合にのみ慣習法として成立する承認説が妥当すると思われる[35]。法人税法二二条四項は、一般に公正妥当と認められる企業会計の慣習を法人税の所得計算に取り入れることを承認しているのであるから法源性を有することは明らかである。そして公法においても不文法源は成文法源に対して補充的機能をもつのである[36]。

以上のことから、法人税法の所得計算の方法としては、最初に「別段の定め」の規定がまず優先し、次いで法人税法二二条二項および同条三項が適用される。法人税法二二条四項はこれらの法令の規定により認められたもの又は法令に規定されていない事項について「慣習」と認められる会計慣行が存在する場合には、その慣行に依拠することを確認したものであることがわかる[37]。

公正処理基準の内容が法人税法二二条二項および同条三項の規定と一致しているときに同条四項の適用があるのであるから、法人税法二二条二項の無償取引規定の位置づけを考えた場合、無償取引から収益が生じるとする会計慣行は存在しないので、無償取引に関する限り法人税法二二条四項の規定は適用がないといえる。また会計慣行が存在しない事実をもって明文の強行法規たる法人税法二二条二項の規定を否定することも、適用範囲に制限を加えることもあり得ないのである[38]。

また無償取引規定の位置づけとして、この規定を確認規定と捉えるか創設規定と捉えるかについて議論がある[39]。

前節において無償取引規定の立法の沿革を概観したとおり、無償取引規定が法人税法において初めて明文規定として立法されたのは昭和四〇年である。それ以前はすべて解釈に委ねられており、通達は「総益金とは、法令により別段の定めのあるものの外資本の払込以外において純資産増加の原因となるべき一切の事実をいう。（筆者傍点）」と規定していた。この解釈は当時の学説・判例によって支持されていたことから、[40] 無償取引からも益金が生ずるという解釈が確立していたとはいえない。また仮に無償取引にかかる収益を認識するというような申告実務や課税処分が反覆継続してなされていたとしても、法律留保の原則に抵触する慣習法は成立しないため、租税法においては法律の承認なしに慣習法もしくは行政先例法が成立することは考えられない。

すなわち課税要件は立法によって法定されなければならないという租税法律主義の観点から、昭和四〇年改正前においても、無償取引からも益金が生じるとする法理が確立していたとはいえない。[41] 言い換えれば無償取引規定を確認規定と捉えることはできず、無償取引規定は昭和四〇年に創設された規定だといえる。

（5）無償取引規定の立法趣旨

無償取引規定の位置づけが明らかになったので、次に立法趣旨について考察する。すでに述べたとおり、法人税法二二条二項は「取引」に係る収益と規定しているところから、益金は「実現」した収益に限られる。しかしながら租税法上に「実現」についての規定は存在しないため、「実現」の概念は法人税法二二条四項の公正処理基準によって導かれることになる。[42] この公正処理基準が企業会計の慣習であるとすると「実現」には対価が必要であるため、無償取引は「実現」しないこととなる。しかし慣習法である法人税法二二条四項よりも同条二項が優先されるので、無償取引は本来「実現」しない取引ではあるが、法人税法二二条二項の定めによって「実現」することをみなしたものといえる。「取引」の文言から「実現」した収益に限られることが読み取れるが、その「取引」の例示として無償取引の規定が定められているため、無償取引の規定は「みなし実現」規定であるといえるだろう。無償取引規定の創設の過程における税制調査会の議論では、無償による資産の譲渡は未実現の利得の問題として取上げられ、また関係会社間における低額譲渡等は租税回避行為として議論されており、資産の無償譲渡は、未実現の利得への課税の問題と租税回避行為の否認という二つの問題であった。他方、役務の無償提供には保有利得は生じないことから、税回避行為の否認の問題のみであるため、そもそも両者の取引はその性質が異なると考えられる。しかしながら立法過程において同じ文章中に規定されたため、未実現の利得への課税と租税回避行為の否認という二つの性質が合わさった規定が無償取引の規定であるといえる。このことは無償取引が本来は「実現」していない取引であることを裏付けるものであり、無償取引規定は「みなし実現」規定であるといえる。無償取引規定の趣旨はこのように、未実現の利益を「実現」させることにあったのである。

（1）　無償取引規定の創設の沿革については、拙稿「法人税法における無償取引課税の一考察—課税の根拠と適用範囲を中心として—」専修法研論集四九号一一五頁（二〇一一）を参照されたい。
（2）　岡村忠生「無利息貸付課税に関する一考察（三）」法学論叢一二二巻一号四頁（一九八七）、高梨克彦「無利息貸付けに係る収益説と批判」『中川一郎先生古稀祝賀税法学論文集』一三三頁（一九七九）。
（3）　中村利雄「法人税の課税所得計算と企業会計—無償譲渡等と法人税法二二条二項—」税大論叢一一号一八九頁（一九七七）。
（4）　中村利雄「益金の額に算入される収益の範囲」税務会計研究三号六五頁（一九九二）。
（5）　竹下重人「課税要件事実の認定の構造」シュトイエル二〇〇号一六三頁（一九七八）、中川一郎「法人税法二二条四項に関する問題点の整理」税法学二〇二号三五頁（一九六七）。
（6）　岡村忠生・前掲注（1）五頁。
（7）　須貝脩一「法人税法二二条四項」法学論叢八二巻六号二頁（一九六八）。
（8）　企業会計において収益及び費用を計上するためには、認識（いつ）と、測定（いくら）の両面が揃って初めて計上に至る（加古宜士『財務会計概論第9版』一四四頁（中央経済社、二〇一〇））。この点は法人税法も同様で法人税法二二条二項の主語は「…益金の額に算入すべき金額」と規定している。「算入」と「計上」がほぼ同義語だとすれば、やはり認識と測定の両面が必要であると解される。では企業会計において収益計上の基準は何かというと、認識の基準として実現基準（企業会計原則第二の三のB）、測定の基準として収入額基準（企業会計原則第二の一のA）を採用している。収益の認識基準である「実現」の一般的な理解は（a）財貨やサービスが相手に引渡されたこと、（b）対価として、現金・売掛金などの貨幣性資産が受取られたこと、この二つの条件が満たされた時点が「実現」であると理解されており（桜井久勝『財務会計講義第11版』七八頁（中央経済社、二〇一〇））、また「税法と企業会計原則との調整に関する意見書」（昭和二七年六月一六日）においても、実現した収益を次のように述べている。「『実現』に関する会計上の証拠は、原則として、企業の生産する財貨または役務が外部に販売されたという事実に求められる…一会計期間の間に売上済となった財貨または役務（の）……販売によって獲得した対価が当期の実現した収益である。」（第一の二）。つまり「財貨または役務が外部に販売されたという事実」を収益の期間帰属のメルクマール（標識）としているが、実現収益として把握されるのは、あくまでも「販売によって獲得した対価」としているのである（武田隆二『最新　財務諸表論　第11版』三三九頁（中央経済社、二〇〇八））。また広瀬義州教授も「実現主義のポイントは販売または引渡しの行為または時点にあるのではなく、その対価として受け入れる資産の種類が貨幣性資産である点にこそある。」（広瀬義州『財務会計　第9版』四五九頁（中央経済社、二〇〇九））と述べられており、いずれも実現には対価収入が必要であるとする。これらの考え方は、伝統的実現概念とよばれるが、拡張的実現概念においても対価収入が存在することを前提とする。また現在では時価変動を利用した短期の利殖目的で保有する上場株式が値上がりした場合には、売却のための引渡しが行なわれていなくても、値上がり分を運用収益に計上する実現可能性基準が用いられることがあるが、これが正当化されるのはいつでも売却によって値上がり益を実現させることが可能だからである（桜井久勝・前掲書七九頁）。とされ、実現可能基準も対価収入の獲得可能性が実現の決め手である。他方、測定基準については、企業会計上は費用および収益は収支額基準に基づいて測定する。武田隆二教授は、基本的会計公準の第一の公準である貨幣的評価の公準から収支的評価の原則が認められるとしたうえで、損益計算書原則（企業会計原則第二の一のA）と貸借対照表原則（企業会計原則第三の五）を例に挙げて「収支的評価の原則は一般原則として明示されてはいないが、損益計算書と貸借対照表に共通の評価原則となっていることが知られる。」（武田隆二・前掲書九九頁以下）と述べている。要するに企業会計では貨幣性資産の裏付けをもって収益を認識し、測定は収支額を基準として計上することになる為、対価収入が存在しないでも収益を計上するとした法人税法の無償取引とは基本的な考え方が異なる。

（9）武田昌輔「無償譲渡により生ずる収益」森田哲彌ほか編『現代会計学の基本問題』一四〇頁以下（中央経済社、一九七二）を参照。
（10）中里実「法人課税の再検討に関する覚書」租税法研究一九号（一九九一）三頁。
（11）中里実「法人課税の再検討に関する覚書」租税法研究一九号四頁（一九九一）。
（12）中里実「企業課税における課税所得算定の法的構造（5・完）」法学協会雑誌一〇〇巻九号一五五一頁（一九八三）。
（13）松沢智『新版　租税実体法　補正第2版』一六一頁（中央経済社、二〇〇三）。

(14)　松沢智・前掲注（13）一六二頁。
(15)　金子宏「公正妥当な会計処理の基準（法人税法二二条四項）について」租税研究七〇七号六頁（二〇〇八）、中里実「法人税における時価主義」金子宏編『租税法の基本問題』四五八頁（有斐閣、二〇〇七）。
(16)　中里実・前掲注（15）四五六頁。
(17)　経済安定本部企業会計制度対策調査会中間報告「企業会計原則の設定について」（昭和二四年七月九日）二の1。
(18)　私法における「慣習」の概念は民法編纂以来「事実たる慣習」と「慣習法」の二つが存在する（梅謙次郎『民法原理　総則編』三二四頁（書肆明法堂、一九〇四））。これは民法九二条の慣習と法の適用に関する通則法三条（旧法例二条）の慣習であるとされており、通説によると「事実たる慣習」と「慣習法」とを峻別し、民法九二条の「事実たる慣習」は法の適用に関する通則法の「慣習法」と異なり、社会の法的確信（「彼ノ規則之レ絶対ニ服従セサル可ラストナスモノ之レヲ法的確信（法律ナリトノ確信ノ義ヲ約ス）ト称ス」（中島玉吉『民法釈義　巻之一総則篇』一九頁（金刺芳流堂、一九一一））によって支持される必要はない（我妻栄『新訂　民法総則』二五二頁（岩波書店、一九六五））とされ、判例もこの立場をとる（大判大正三年一〇月二七民録二〇輯八一八頁、大判大正五年一月二一日民録二二輯二五頁）。すなわち「事実たる慣習」と「慣習法」の違いは、前者が法的確信を必要とせず、後者は法的確信が必要となる点にあるが、もっとも、今日では「慣習法」と「事実たる慣習」とは適用範囲と分野を異にするが、その内容の慣習は同一の性質を有するとみる並列説が有力説である。私的自治のもとでは「慣習法」と「事実たる慣習」とを区別して議論することには実益がないとして峻別説はとるべきではなく、並列説が妥当するとされている（川井健『民法概論1（民法総則）第4版』一三七頁（有斐閣、二〇〇八））。ただし、並列説も説明方法は異なる。例えば、民法九二条は法の適用に関する通則法三条の特則であるとする説（四宮和夫＝能見善久『民法総則　第7版』一六六頁（弘文堂、二〇〇五））、民法九二条は法令に規定のある事項に関する慣習の適用を当事者の意思がある場合に限るのに対し、法の適用に関する通則法三条は法令に規定のない事項に関する慣習の適用に当事者の意思を問題にしないだけの違いであるとする説（来栖三郎「法の解釈における慣習の意義」『来栖三郎著作集Ⅰ』一八二頁（信山社、二〇〇四）（初出：兼子一博士還暦記念論文集『裁判法の諸問題　下』六一七頁以下（有斐閣、一九七〇））、同「いわゆる事実たる慣習と法たる慣習」『来栖三郎著作集Ⅰ』二六六頁（信山社、二〇〇四）（初出：鈴木竹雄先生古稀記念論文集『現代商法学の課題　上』二三一頁以下（有斐閣、一九七五））などがある。
(19)　大隅健一郎『商法総則　新版』二一九頁（有斐閣、一九七八）。
(20)　弥永真生「会計基準の設定と『公正ナル会計慣行』」判例時報一九一一号二八頁（二〇〇六）。
(21)　奥島孝康ほか編『新基本法コンメンタール　会社法2』三三五頁以下〔出口正義〕（日本評論社、二〇一〇）、同編『新基本法コンメンタール　会社法3』〇四二頁以下〔青竹正一〕（日本評論社、二〇〇九）。
(22)　金子宏『租税法（第22版）』三三二頁（弘文堂、二〇一七）。

(23)　公正処理基準の定義を直接判示したものとしては、東京地判昭和五四年九月一九日税資一一二号一二六九頁、大阪高判平成三年一二月一九日民集四七巻九号五三九五頁、福岡地判平成一一年一二月二一日税資二四五号九九一頁、神戸地判平成一四年九月一二日訟月五〇巻三号一〇九六頁、東京地判平成一九年一月三一日税資二五七号順号一〇六二三があるが、いずれも会計の慣習または会計慣行等を含むとしている。

(24)　中里実・前掲注（12）一五五一頁。

(25)　法人税法二二条四項は、健全な簿記会計の慣習によるべきことを明文化したものとする考え方として、忠佐市『決算利益と課税所得』一五六頁（森山書店、一九七三）。また山下学教授は法人税法二二条四項の公正処理基準が慣習法とまではいってないが、「公正妥当な会計処理は、単に会計や会計学を指すのではなく、公正妥当な会計処理が『事実たる慣習』として、広義の『法』に昇華して法人税法二二条四項は意味を持つのである。」（山下学「租税法律主義の歴史的意義と現代的意義」税法学五六三号三九九頁（二〇一〇））と述べられている。

(26)　芝池義一『行政法総論講義　第4版補訂版』二七頁（有斐閣、二〇〇六）。

(27)　塩野宏『行政法Ⅰ　行政法総論』六九頁（有斐閣、第6版、二〇一五）、芝池義一・前掲注（66）一一頁。

(28)　芝池義一・前掲注（26）一一頁。

(29)　室井力編『新現代行政法入門（1）補訂版』一五頁（法律文化社、二〇〇五）。

(30)　高田敏『新版　行政法』五六頁（有斐閣、二〇〇九）。

(31)　田中二郎『新版　行政法　上巻　全訂第2版』六三頁（弘文堂、二〇〇二）。

(32)　杉村敏正『全訂　行政法講義　総論（上巻）』二六頁（有斐閣、一九六九）。

(33)　室井力・前掲注（29）一五頁。

(34)　慣習法の成立が認められる場合は、既に存在する法律に反さず、法律留保の原則（行政活動は、それが行われるためには、必ず法律の根拠（法律の授権）を必要とするという原則）にも抵触しない場合である。憲法三〇条および八四条は特に法律留保の原則のあらわれであるとされる（藤田宙靖『行政法Ⅰ（総論）第四版改訂版』五五頁以下（青林書院、二〇〇五））。したがって、租税法は法律留保の原則が強くもとめられるのである。他方、法的確信説を主張するものとして金子宏教授は「納税者に有利な慣習法の成立は認めるべきであろう。すなわち納税義務を免除・軽減し、あるいは手続要件を緩和する取扱が、租税行政庁によって一般的にしかも反覆・継続的に行われ（行政先例）、それが法であるとの確信（法的確信）が納税者の間に一般的に定着した場合には、慣習法としての行政先例法の成立を認めるべきであり、租税行政庁もそれによって拘束されると解すべきである（その取扱を変えるためには法の改正が必要である）。」（金子宏・前掲注（22）一〇八頁）と述べられている。もっともこの見解にはいくつかの疑問があり、まとめると次のようである。①法律の授権が無いにもかかわらず行政庁が納税義務の免除・軽減を行いもしくは手続要件を緩和することは法律に違反していることにならないのだろうか。仮に法律に反しているならば、法律に違反した行政実務が相当期間継続して行われたとしても、それが法的に拘束性をもった慣行として認められることはないのである（最判昭和六〇年一一月八日民集三九巻七号一三七五頁）。もっともここでいう手続要件とは、どのようなことを意味しているのかそもそも明確でないきらいがある。②納税者は行政庁が自分と同じ局面につき他の納税者にどのように対応しているかということは、通常知りえないのであるから、ある一定の取扱いが、行政庁としては反復継続して行っていたとしても、それを知り得る状況にあるとはいえないのである。そうであれば納税者がそこに法的確信を抱くに至ることは想定しがたいのではないだろうか。③たとえ納税者が法的確信を抱くに至ることがあり得たとしても、法的確信を抱くに至る時間的分岐点が容易に判断できないと見込まれるので、納税者にとって最も重要である納税にかかる法的安定性と予測可能性を欠くのではないか。④行政庁も納税者に有利な慣習が累積している事実を認識するとともに、その事態を肯定的に評価するのであれば、納税者にとって、行為規範としての安定性を確保するのが相当であり、それに向けて特段の障害となる事由も見出せないのではあるまいか。それのみならず、長い年月を経て法的確信が生じているにもかかわらず、法制化をはかることなく、放置することは租税法律主義の原点にてらすと、本来認められるべきではないといえよう。このように問題の所在を掘り下げてみると法的確信説は租税法上疑問があると思われる。

(35)　例えば、物品税法の取扱いでパチンコ球遊器は長い間非課税とされてきたが、慣習法ないし行政先例法の成立は認められなかった（最判昭和三三年三月二八日民集一二巻四号六二四頁）。この場合、成文法に抵触する慣習法の成立の余地の有無が問題となる（平岡久「判批」行政判例百選Ⅰ（第5版）一〇五頁（二〇〇六））。

(36)　塩野宏・前掲注(27)七一頁。

(37)　松沢智・前掲注(13)一六三頁。

(38)　会計慣行が変更になった場合について「現在のところ、無償取引等に係る収益については、会計上明確にされていないので問題とはならないのかもしれないが、その処理が明らかにされた場合、たとえば、会計上、こうした取引からは収益が生じないということになると、四項の公正処理基準により、二項が修正されるのか等の議論が起こって来る。」（高木克己「法人税法における益金の概念」駒大経営研究三七巻一・二号二六頁（二〇〇五））との考え方も存在するが、法人税法二二条四項を企業会計の慣行を法人税法に取り入れることを承認した規定であると解した場合には、仮に上記のように企業会計の慣行等が変更されたとしても、成文法に反する慣習法は成立しないので、問題は生じないといえる。

(39)　主に確認規定とする考え方は昭和四〇（一九六五）年改正当時の立法事務関係者などによって主張されている。例えば吉牟田勲・前掲注(25)一三九頁。また別の見解として、占部裕典教授は「法人税法二二条二項は資産の無償譲渡については確認規定であり（キャピタル・ゲイン課税説で根拠づけられる。）、役務の無償提供については創設規定である。」（占部裕典『租税法の解釈と立法政策Ⅰ』三〇二頁（信山社、二〇〇二））と述べられている。

(40) 学説では、田中勝次郎『改訂所得税法精義』一〇六頁（巌松堂書店、一九三六）、杉村章三郎『租税法』四五頁（日本評論社、一九四〇）がある。判例については、福岡高判昭和二五年一一月七日税資一五号一〇三頁、東京高判昭和二六年三月三一日税資二四号四四頁、東京高判昭和二七年一月三一日税資一八号四一一頁、東京高判昭和二七年二月二一日税資一一号一一六頁などがある。

(41) 大淵博義『法人税法解釈の検証と実践的展開』七三頁（税務経理協会、二〇〇九）。

(42) 岡村忠生教授は、収益の計上時点を、法令によって画一性を担保しながら明確で個別具体的に決めてしまうことは不可能ではないかとされたうえで、「実現に基づく所得計算は、時価主義と現金主義の中間地点にあることは確かであるが、それを一義的に決める何らかの理論は見出されていない。…収益計上時点は、ソフトローとしての会計原則や会計慣行（類型のない取引では当該納税者が継続して用いる会計方法を含む）に委ねること、法令では、一定の選択幅を設けるに止めるとともに、いったん選択した基準は継続して適用させる規定を設けてことが、妥当ではないかと考えている。（原文まま）」（岡村忠生「所得の実現をめぐる概念の分別と連接」法学論叢一六六巻六号九九頁（二〇一〇））と述べられており、「実現」の基準については企業会計の会計慣行に拠るべきとされている。

二　無償取引の課税根拠に関する学説の検討

常識的に考えれば無償の資産譲渡や無償役務提供によって収益が発生するとは考えられないため、昭和四〇年に改正されて以来、学界において多くの議論が展開されてきた。そのため課税根拠については、まず学説を検討したうえで私見を述べ、その後で判例を検討することとしたい。

無償取引の課税根拠に関する学説の変遷は大きく二つの流れに分けることができる。一方は無償の資産譲渡および無償の役務提供という取引によって実体的な利益が発生（または実現）するとする説であり、他方、無償取引による収益は、取引または収益など何かしら擬制することによって発生（または実現）するという説である。以下ではまず実体的な利益が存在するとする説の変遷を検討したのち、後者の説を検討する。

(1) 同一価値移転説

無償取引から実体的な利益が生じるとする学説の中で更に二つの流れがある。同一価値移転説はそのうちの一つである。

中村利雄教授は「法人税法が資産の無償譲渡による収益を益金の額に算入することとしているのは、資産の無償譲渡があった場合には、その資産のもつ時価相当額の経済的価値が明らかに譲渡者側から譲受者側に移転があったものと理解されることに基づいているのであり、このことは、とりも直さず、譲渡者側に当該資産について時価相当額の経済的価値の実現があったことを意味し、この実現価値を法人の課税所得の計算上益金の額に算入することの合理的な根拠を示しているものということができる。[43]」として、課税根拠を述べている。またこの課税根拠を採用する裁判例も存在する。[44] なお中村利雄教授は、役務の無償提供についても「その役務のもつ時価相当額の経済的価値が提供者から相手方に移転し、これにより当該役務のもつ時価相当額の経済的価値が提供者から相手方に移転し、これにより当該役務のもつ経済的価値の実現があったものと認められるので、この実現価値を当該取引に係る収益として、その役務の提供時の時価相当額を益金に算入する[45]」と解して、資産の無償譲渡の場合と同様なことがいえると述べている。

この（1）同一価値移転説に対する批判として金子宏教授は「しかし、収益は経済的価値の流入によって生ずると解する限り、この考え方は収益発生の根拠の説明として必ずしも説得的ではないように思われる。たとえば、無利息で融資をした場合に、相手方に通常の利息相当額の収益が生ずるという意味で経済的価値の移転はあったといえることはたしかであるが、しかしなぜその反面として貸主に収益が生ずるといえるのかが、この説明では明らかでない。貸主はむしろ得べかりし利益を失うのである。[46]」と述べられている。

（２）実体的利益存在説（キャピタル・ゲイン課税説）

無償取引から実体的利益が生じるとする説で、先に述べた（１）同一価値移転説とは異なる見解である。キャピタル・ゲインとは、土地や有価証券の所有期間中の値上り益のことであり、これが実現したときの所得に対する課税である。[47]その趣旨は「時価で資産を譲渡した者との間の負担の公平をはかり、さらにその資産の所有期間中のキャピタル・ゲインに対する課税の無限の延期を防止するため、未実現の利得に対して課税しようとするものである。[48]」と解される。

そして無償取引の規定を所得税法五九条に対応する規定であると解し、昭和四〇（一九六五）年に無償取引規定が制定される以前から行われていた資産の帳簿価額と時価との差額である保有期間中の未計上の値上がり益（キャピタル・ゲイン）について、その資産が譲渡される機会を捉えて課税することを、法人税法二二条二項が確認的に定めたものと解するものである。[49]この考え方は租税法における所得概念として古くから存在したようで、かつては最高裁の判決でも是認され、[50]理解しやすい考え方であったといえる。

しかし、この考え方は無償による資産の譲渡の場合にはいい得ても、役務の無償提供の場合にはいい得ないこと、また資産の譲渡の場合であっても棚卸資産のように帳簿価額と時価に差がないものについては当てはまらないこと、など射程範囲についての欠点が早くから指摘されていた。[51]

現在、この説をそのまま支持する識者は少数派と思われるが、現在の有力説にも基本的な考え方が引き継がれている。[52]

（３）法的基準説（松沢説、二分説）

前述の（２）実体的利益存在説では棚卸資産や役務の無償提供について、充分説明がされているとはいえないことから、固定資産と棚卸資産、役務の無償提供を区別して課税根拠を理解しようとする説である。[53]

松沢智教授は「『無償による資産の譲渡』と規定しているが、その内には、固定資産の場合と、たな卸資産の場合とを包含して例示しているのである。しかし、両者は本質を異にし、前者はキャピタル・ゲインであり、後者は贈与による利益の処分であることを看過してはならない。(54)」と述べられている。

また役務の提供についても「商人として商行為の有償性（商五一二条、五一三条）により、当事者間に利息授受の合意がなくとも当然に発生する利息相当額（年六分（商五一四条））の利息の請求権をもつ経済的利益を何らかの目的のために借主に対し贈与し処分した場合に限って、右贈与により、経済的利益が実現したものとみて収益が認められる。(55)」とされる。

この説は一見すれば筋が通っており、法解釈としては先の（2）実体的利益存在説ではいい得なかった役務の無償提供や棚卸資産の無償譲渡についても一つの答えを用意したところは評価できるだろう。しかしながら、なぜ二通りに分けるのか、どういう基準に基づいて分けたのか、という説明が不充分である。(56)例えば、法人税法二二条三項は損金の額を原価（同項一号）、費用（同項二号）、損失（同項三号）と三つに分けて規定している。(57)ところが法人税法二二条二項では益金の額は収益の額としているだけで、企業会計でいうところの「狭義の収益」と「利得」を併せた概念として法人税法二二条二項では使われている。(58)もし法人税法二二条三項のように同条二項で収益を「狭義の収益」と「利得」に分けて規定されているならば、棚卸資産の無償譲渡と役務の無償提供は「狭義の収益」として、固定資産の無償譲渡は「利得」として、それぞれ説明がつき法的基準説は無償取引の課税根拠として最も妥当すると思われるが、現行の法人税法はそのように規定しているわけではない。そうであるならば、二つに分けて益金を説明するのは不自然で、無償取引を二通りに分ける法的基準が示されていないところに問題があるといえる。なぜならば、法的な基準によらず無償取引を説明するために取引の種類ごとに二つに分けたとしたら、現在は説明がつくかもしれないが、日々進歩する商取引によって上記の二通りの何れにも当てはまらない取引（条文を引用するならば「その他の取引」）が生じたときは、新たに三番目の基準を置くことを妨げないことになるであろう。そのように取引に応じて基準が増えていく可能性を否定できないのであれば、結局のところ無償取引の適用範囲も立法なくして拡大していく可能性があり課税根拠として採用しえない。

(4) 清算課税説

この説も前述の（2）実体的利益存在説をその理論の基礎としているが、（3）法的基準説とは異なり、（2）実体的利益存在説の基礎理論を棚卸資産の無償譲渡や役務の無償提供にも適用できるとし、取引ごとに異ならない統一的な課税根拠を述べている。固定資産の無償譲渡については前述した（2）実体的利益存在説とほぼ同様であるから、ここでは棚卸資産の無償譲渡と役務の無償提供について考察する。

棚卸資産の無償譲渡と無利息貸付以外の役務の無償提供について、保有利益（holding gains）としてのキャピタル・ゲインが発生している資産とは異なり、実体的利益のなかみが違うけれども、通常の棚卸資産、特に企業が自ら製造した棚卸資産にまで適用できるとして、「たとえば、製品や仕掛品といった棚卸資産の簿価は、製造に要した材料費と労務費、経費の合計額であり、いわば、材料たる資産と、それに投入された役務が一体となって資産化されたものということができる。正確な原価計算が実施されているとすれば、この簿価を三七条にいう『贈与の時における価額』すなわち時価であると考えることも、一つの考え方としてはありうるかもしれない。しかし、もしその製品の売上総利益率が高いといった場合には、おそらく時価は、独立当事者間での通常の販売価格を基準に考えてゆかねばならないことになろう。その場合にあらわれる時価と簿価との差額は、製造過程をはじめとする企業活動の成果としての操業利益（operating profits）であり、いわば『得べかりし利益（売上総利益）』なのである。もちろん、包括所得概念の下では全ての資産を時価で評価するから、キャピタル・ゲインと同様、この『得べかりし利益』も、未実現ではあるが、既には発生していると考えられ、実体的利益であることに違いはない。[59]」と述べている。この考え方は役務の無償提供の場合にも適用でき、時価と原価との差額が操業利益の性質をもつ「得べかりし利益」として認識され、この「得べかりし利益」は役務の投入によって発生はしているが、まだ未実現ではあるが実体的利益であるとしている[60]。そしてこれらの未実現の実体的利益は資産（役務）が譲渡（提供）されたときに所得が実現すると解している。岡村忠生教授は「税法においても、講学上、実現主義がいわれてきた。ただし、税法における実現主義は、現金等への転化を要件とはせず、外部との取引（資産については後述する譲渡の事実）がない限り損益計上を認めない原則と理解されている。…法人税法における実現主義の根拠となる規定として、公正処理基準（二二条四項）をあげることができる。実現主義はまた、資産の評価益の益金算入が禁止されていること（二五条一項）、資産の評価損も原則として損金算入が禁止されていること（三三条一項）にも現れている。実現主義と取得原価主義は、コインの表裏である[61]。」と述べている。

この岡村忠生教授の所得の実現ついて些か疑問に感じる点がある。すでに述べたとおり原則としてわが国の所得課税は実現した所得にのみ課税されるのが原則とされる。しかしながら法人税法および所得税法には「実現」についての直接の規定はない。であるならば、岡村忠生教授が根拠条文としてあげた公正処理基準（法人税法二二条四項）により、企業会計で一般に公正妥当と認められた「実現」概念を用いることになるからである[62]。租税法と企業会計では実現の概念が異なるという考え方は、現象面でいい得るかもしれないが、法的根拠を欠くといわざるを得ない。つまり対価を伴わない資産の譲渡では、未実現の実体的な利益が存在したとしても、「実現」しないのである。その点につき岡村忠生教授は寄附金の損金不算入の規定に関する「三七条五項により、二二条二項は、実現主義の原則に対する例外として、無償譲渡を課税機会とし、それまでに発生していた未実現のキャピタル・ゲインを認識するための規定として働くということになる[63]。」と述べられているが、損金の別段の定めによって益金の規定が影響を受けるという説明は疑問がある。法人税法二二条二項に「別段の定めがあるものを除き」と規定しているのは、あくまでも益金に関する「別段の定め」である。よって法人税法二二条二項が例外を認めるのは益金に関する「別段の定め」についてであって、寄付金のような損金の「別段の定め」ではないと思われるからである。この点について詳しくは後述する（四1（1））。

また、無利息貸付について、岡村忠生教授は「…期間が一年間である無利息貸付について考えてみよう。たとえば、…ABともに法人であるとし、…AはBから一〇〇万円の現金と引き換えに現在価値九一万円の手形を取得し、そして第二年度の末には、九一万円の元本の返済と、九万円の利息の支払いがなされたと考えるのである。この結果、第一年度には、Aに対しては九万円の現金の贈与等としての支払が、また、Bは九万円の支払利息に対する控除を受けることになる。無利息貸付を以上のように構成した場合、Aについては、ちょうど保有する資産が値上がりした場合と同様に、実体的な利益（債権の保有利益）が発生しているといえる。そして、第二年度の末にBから手形と引き換えに一〇〇万円の支払を受けることで、その利益は実現したといえる。現在価値アプローチによれば、実体的利益存在説の考え方に基づいた無利息貸付課税を行うことが理論的には可能なのである。[64]」と述べられている。確かに資産の評価においてキャッシュフロー割引計算を用いることは個々の資産のもつ貨幣の時間的価値を反映させることにあるので[65]、現在価値アプローチの考え方を無償取引に応用すれば②実体的利益存在説でいい得なかった無利息貸付の課税根拠も明らかにすることができる。[66]

しかし問題は、現在価値アプローチは資産・負債の測定方法であって[67]、収益の認識方法ではないことである。無利息による貸付期間が複数年になる場合において、収益の認識は、利払日が存在しないことから、貸付日もしくは返済日に複数年にまたがる貨幣の時間的価値を一度に計上することになる。そうなれば、寄附金の損金算入限度額との関係で、一年ごとに無利息貸付を繰り返した場合と複数年にわたって無利息貸付を行った場合とでは、経済的に同様の取引であるにもかかわらず、所得金額に差異を生じることになり、計算手法として問題がある。

以上が法人税法の無償取引規定について、実体的な利益に対する課税であるとする説である。以下では、無償取引から実体的利益は発生せず、擬制された収益に対する課税であるとする学説を概観する。

(5) 寄付金の計算技術上収益を計上する説

この説は無償による資産の譲渡および役務の提供は実体的な利益が存在するからではなく計算技術上の理由から収益を計上するとする説である(68)（以下、この説を仮に本稿では「計算技術説(69)」とする）。

法人税法の寄附金の計算にあたっては、贈与等があった時の価額で計算することになっている（法人税法三七条七項）。よって資産の無償譲渡の場合に寄附金の額は、その資産の帳簿価額ではなく、譲渡の時の時価によって計算されることになるので、資産の帳簿価額と時価との差額相当金額が税務計算上、貸方に不足することになる。したがって税務計算上、無償譲渡資産の時価と帳簿価額との差額に相当する金額を益金に算入しなければならないというだけのことであって、資産の無償譲渡に係る収益が発生するからではないとする説である(70)。

しかしながら、この考え方には疑問がある。確かに簿記的思考で考えれば、貸借を一致させるために貸方に収益勘定が必要となるだろうが、税務上の寄附金の損金不算入額を計算するためであるならば、申告書上の加算調整のみで足りるのであって、収益を計上しなければならない積極的な理由には乏しいように思える(71)。

(6) 有償取引同視説（二段階説）

主に昭和四〇年の立法事務関係者(72)、税務官庁等から主張されることが多い説である。

国税庁の内部資料によると無償による資産の譲渡によっても収益が発生する理由として「法人が他の者と取引を行なう場合、すべて資産は時価によって取引されるものとして課税するというのが現在の税一般の原則的な立場である。例えば資産の贈与を受けた者については、当然その資産の時価に相当する所得があったものと認められるところであり、資産の贈与を行なった法人も、その資産の時価を認識してこれを贈与するものであって、これはその時価に相当する対価を金銭で受取りこれを贈与したことと何等変わるところがない。したがって贈与したときにその時価に相当する収益が実現したと認められるので、これに課税することが妥当であるとされているのである。(73)」と説明がされている。

また昭和四〇年改正当時、国税庁直税部審理課課長であった小宮保氏によると「いま、ある法人が、その有する不動産（簿価は一〇〇万円、時価は一、〇〇〇万円であるとする。）を無償で子会社ないしは役員に譲渡したとしよう。一見、この取引により、この法人に、簿価ベースでも一〇〇万円、時価ベースでは一、〇〇〇万円の損失が実現したとみえる。しかし、この法人が、この不動産を純然たる第三者に一、〇〇〇万円で売却した後、一、〇〇〇万円の金銭を子会社または役員に贈与したとしたらどうであろうか。課税の公平の理念からすれば、両種の取引を通じ、税務上所得の範囲を異にすべきではない。つまり、前者の場合、その不動産の譲渡により、法人は一、〇〇〇万円相当の収益を享受したとみるべきこととなる。法は、このような所得概念を有権的に支持している（法二二Ⅱ）。

上例を一般化すれば、経済人間の自由な取引関係を前提として、通常、純資産の増加となる事実は、たとえ特殊な取引関係のため形式的には純資産の増加が認められない場合であっても、益金と観念されることになる。純資産増加の原因となるべき事実という表現は、このような所得概念論に基づく。(74)」と説明されている。

清永敬次教授はこの説の欠点を「現実に有償譲渡の可能性がない場合に関するのであるが、例えば相手方の支配能力の欠除等その他特別の事情からみて、やむを得ず無償譲渡又は無償提供をするような場合は、はじめから有償譲渡又は有償提供があつたものと同じように考えることについては、その現実的基盤を欠くものである。…有償譲渡の可能性がないにもかかわらず、有償取引がなされた場合と同じように考えようというのでは、筋が通らないように思われるのである。(75)」と述べ批判されている。また岡村忠生教授は「法人税法における課税所得に関する基本規定である二二条の中に、納税者が行った取引に基づかない、いわば例外的な課税方法である取引の擬制についての定めがあると解釈することは、極めて不自然なのではないだろうか。[76]」と述べておられる。

（7）適正所得算出説

適正所得算出説は上述の（1）同一価値移転説、（2）実体的利益存在説（キャピタル・ゲイン課税説）、（5）有償取引同視説（二段階説）などの欠点を補い、無償取引課税の課税根拠として、統一的な説明を示そうとした学説といえるであろう。

法人税法は課税対象たる所得を益金の額から損金の額を控除した金額として規定した上、益金を資本等取引以外の取引に係る収益ととらえている。取引の観念は、自己以外の者との関係においてはじめて成り立つものであるから、法人税法でも、未実現の利得は原則として課税の対象から除かれている。[77]金子宏教授は「実現の観念は、もともと、未実現の利得、キャピタル・ゲインについていえば所有資産の価値の増加益を課税の対象から除外するための理論として出てきたものである…その意義については二通りの理解の仕方がありうる。一つは資産の譲渡そのものをもって実現と見る考え方であり、いま一つは、資産の譲渡に伴って対価が収受されることをもって実現とみる考え方である。…益金という観念は企業会計上の収益とぴったり一致するわけではなく、国庫補助金等もそれに含まれるという意味では、収益よりも広い観念であるが、しかし、それは収益に対応する観念であると考えてよい。とすると、益金が生ずるためには、…評価益の計上が認められている場合は別として、譲渡資産の対価として金銭その他の経済的価値の流入（流出ではなく）が必要であると考えるべきではなかろうか。[78]」と述べられ、法人税法の益金は企業会計の収益に対応する観念であり、実現するには経済的価値の流入が必要であるとしている。[79]要するに対価を伴わない無償取引は実現の要件を充たしてはいないことになる。しかしながら法人税法はその課税にあたり所得が実現していることを要求している（前提としている）ことから、未実現の利益に課税する場合には課税のために特別の課税立法（みなし実現等の規定）が必要となる。[80]

そこで、金子宏教授は無償取引の規定を「確認規定ではなく、無償取引の場合にも通常の対価相当額の収益が生ずることを擬制した一種のみなし規定であり、創設的規定である」と位置づけて、課税の目的を「…通常の対価で取引を行った者と無償で取引を行った者との間の公平を維持する必要性にあると考える。すなわち法人は営利を目的とする存在であるから、無償取引を行う場合には、その法人の立場から見れば何らかの経済的な理由や必要性があるといえようが、しかしその場合に、相互に特殊関係のない独立当事者間の取引において通常成立するはずの対価相当額―これを『正常対価』ということにする―を収益に加算しなければ、正常対価で取引を行った他の法人との対比において、税負担の公平（より正確にいえば、競争中立性）を確保し維持することが困難になってしまう。したがって、無償取引につき収益を擬制する目的は、法人の適正な所得を算出することにあるといえよう。[81]」と述べている。

法人税法二二条二項は無償取引においても収益が生じることを擬制した規定、すなわち「みなし実現」規定と捉えていると思われる。法人税法二二条二項が計算の通則規定という点からしても、取引自体を擬制する（6）有償取引同視説（二段階説）よりも規定の性質を的確に捉えた学説といえる。

またこの適正所得算出説については、帰属所得の考え方を援用することにより課税時期の問題として捉えることで、収益を擬制する根拠がより明確になるとする考え方がある。村井正教授は「法人税法二二条二項でいう『無償による役務提供』が収益を構成するとする規定は、例えば無利息融資にみられる『帰属利息』の課税時期を失わないための『帰属所得』課税規定であると解することもできるであろう。[82]」と述べられている。しかし、この考え方は帰属所得の考え方を前面に出しているため、無償による資産の譲渡の場合にもいい得るのか必ずしも明らかではなかった。

無償取引の問題を課税時期の問題と捉えて理解する諸説のなかで、初めて無償による資産の譲渡も含めて統一的な考え方を示したのは、管見の限り、増田英敏教授の上梓された『リーガルマインド租税法』である。[83]

同書において増田英敏教授は「法人税法の適用対象である法人は、利益極大化を目的として経営活動を展開しているはずである。そうすると、法人が何らの反対給付としての経済的利益を得ることなしに、自己の資産や役務を相手方に提供することは通常はあり得ないと考えられる。必ず、何らかの経済的利益を前提に行動をとるはずであり、その利益が顕在化して表面に現れる場合が常であるとは考え難い。経済的利益が潜在化して、租税行政庁が捕捉できないことも多様な取引形態の採用により想定される。

たとえば、自社と将来一〇年間にわたり毎年一〇億円の取引を継続してくれたら、自社所有の時価一億円の土地を取引先に無償で譲渡するとの契約を締結したとする。もし、この無償取引の規定がなければ、この一億円の土地を無償譲渡した法人に課税することはできない。しかし、一〇年間取引を継続により、この法人に一億円相当の経済的利益が流入したとしても課税のタイミングを失うことになる。もちろん、個々の取引ごとに取引自体による収益は発生するから、その売り上げに対して課税されるが、一〇年間取引を継続することによる経済的利益には課税することが不可能である。そこで、このような課税のタイミングを外して租税負担を回避する行為を防止し、租税負担の公平を図るところに、この無償取引規定の立法目的が存在すると筆者は考える。このような明文の定めを置くことにより、無償取引や低額取引の形態を採用することにより潜在化させた、この経済的利益の流入に対しても、担税力として捕捉し課税することを目的に同規定が立法されたものと理解できる。

法人税法の目的が担税力に応じた公平な課税を立法原理としている以上、同規定は、無償取引や低額取引といった取引形態の採用によって潜在化してしまった経済的利益をも、担税力としての所得に組み込むことを命ずる規定と解することが妥当であろう。したがって、無償取引や低額取引によって租税負担を回避する行為を阻止することを立法趣旨とする個別否認規定として理解すべきと考える。[84]」と述べられている。無償取引規定は租税回避の否認も立法目的の一つであると理解した場合に、租税回避行為などで、課税の機会（タイミング）が永久に失われることを防止することによって、租税負担の公平を図ることを目的として、無償取引課税の規定がおかれているとされている。この増田英敏教授の説は「租税回避否認説」とも呼ばれる。(85)

増田英敏教授が指摘されたように、適正所得算出説を課税のタイミングの問題として捉えることにより、金子宏教授が何をもって担税力に応じた公平な課税を適正な所得とされたのか、適正所得算出説がいかなる意味で適正な所得としているのか、その意義がより明確になったといえる。(86)

(8) 私見

結局のところ、実体的利益であるとする説と擬制された利益であるとする説のこのような学説の二つの流れは、収益の「実現」をどう捉えるかということに帰結する。(87) 実体的利益と解する場合には収益の「実現」に対価は必要ないということになり、擬制された利益と解する場合には基本的に収益の「実現」には対価が必要であると捉えていることになる。「実現」には対価が必要かどうかということであるが、「実現」の規定が法人税法に存在しない以上、対価を伴わなくても資産の移転や役務の提供のみで収益が「実現」すると解するためには、前述のとおり会計慣行として確立していないのであるから、法人税法二二条四項を根拠とすることはできないのである。

そのような観点から、無償取引による課税を実体的利益に対する課税と捉える見解には、疑問がある。他方、擬制された利益と捉える見解であっても、存在しない取引自体を擬制する（6）有償取引同視説（二段階説）には問題がある。このような擬制は租税回避の否認規定と全く同様の手法であり、無償取引規定が法人税法二二条二項の所得計算の通則として規定されていることから、取引自体を創出することには無理がある。また（5）計算技術説は企業会計に存在しない無償取引をわざわざ仕訳で捉える必要があるのか疑問があるが、(88) 取引で捉えた場合も寄附金を先に考える点に問題があるといえる。そもそも収益が発生しなければ、その収益部分を寄附（無償譲渡）することはできないからである。そのように考えれば、寄附金の相手勘定として収益が認識されるという説明は順序が逆である。

また無償取引規定の創設過程における答申で述べられているように、本来、無償による資産の譲渡と無償による役務の提供は別々の課税の問題であった。[89]すなわち無償による資産譲渡は主に未実現のキャピタル・ゲインの問題として、無償による役務の提供は主に租税回避の問題である。しかしながら、これらは立法の段階で同一の規定のなかに例示列挙されて法文化されたことから、これらの二つの取引を分けて理解することは適当ではなく、同じ理由により課税されることになったと理解すべきである。以上のことから、無償取引の課税根拠は資産譲渡と役務提供を統一的に理解する（7）適正所得算出説が妥当するといえる。

もっとも課税根拠を（7）適正所得算出説と理解した場合には、無償取引規定の適用範囲が広くなる（無限定）。更に適正所得算出説を課税時期の問題として捉えた場合には、その射程範囲は際限なく広がる可能性があり何らかの限定が必要になる。[90]

以上のことから、私見を述べると、理論上は（7）適正所得算出説の考え方を無償取引課税の根拠とすべきである。また立法過程での議論から無償取引規定は租税回避の否認の考え方を根底に置くものである。

もっとも、実際の無償取引は必ずしも課税することが妥当するとは思われない事例も存在することから、裁判所において必ずしも統一的な見解が示されておらず、取扱いが事例ごとに異なるように思われる。この点につき節を改めて無償取引に関する裁判例の推移を整理することとする。

(43)　中村利雄・前掲注（3）一九〇頁。
(44)　大阪地判昭和三一年七月三〇日行集七巻七号一八一三頁、大阪高判昭和五三年三月三〇日・前掲注（34）。なお裁判例の詳しい検討については次節で述べる。

(45) 中村利雄・前掲注（3）二〇一頁。
(46) 金子宏「無償取引と法人税―法人税法二二条二項を中心として―」法学協会百周年記念論文集第二巻一六一頁（一九八三）。〔金子宏『所得課税の法と政策』三一八頁以下（有斐閣、一九九六）所収〕。
(47) 金子宏「所得税とキャピタル・ゲイン」租税法研究三号四〇頁（一九七五）。
(48) 金子宏『租税法（第一版）』一九五頁（弘文堂、一九七六）。もっとも金子宏教授は無償取引の課税根拠に関しては後述する（7）適正所得算出説に考え方を変えられているようである。
(49) 渡辺伸平判事は「どうも推測するに、税法は一般に無償の場合でも資産が他に譲渡（処分）される場合には、そこに時価までの経済的機能の発現を当然のこととして予定しているのではないかと思われる。これは実質的に評価益の実現（収益性）を認めたようなものである。評価益は一般に当該資産が企業内にとどまっている限り、未実現のものとしてその収益性を否定されている。しかしたしかに、資産が無償でも他に譲渡される場合には、…一般に、当該資産が時価までの経済的価値を有するものとして機能することを当然予定され、かつ現にそのような価値を有するものとして機能するものとみられるのは正しいといえよう。」（渡辺伸平「税法上の所得をめぐる諸問題」司法研究報告書一九輯一号六頁（一九六六）。）と述べられている。同旨の見解として矢野邦雄「判批」法曹時報一八巻一一号一六〇六頁（一九六六）、真柄久雄「判批」法学協会雑誌八四巻五号七六五頁（一九六七）。
(50) 例えば最判昭和四一年六月二四日民集二〇巻五号一一四六頁、所得税法では最判昭和四三年一〇月三一日裁判集民九二号七九七頁。詳しくは次節で検討する。
(51) 渡辺伸平判事は「無償による役務の提供（法二二2）が収益を構成するといったことは一寸考えられない。」（渡辺伸平・前掲注（49）七頁）と述べられている。植松守雄「『低額譲渡』をめぐる税法上の諸問題」税務弘報二三巻四号一八頁（一九七五）、清永敬次「無償取引と寄附金の認定～親子会社間の無利息融資高裁判決に関連して～」税経通信三三巻一三号四頁以下（一九七八）、高梨克彦・前掲注（2）三〇頁。
(52) 圖子善信教授は、無利息貸付については後掲の④清算課税説を支持されているようであるが、棚卸資産については④清算課税説は課税の対象に含めているのに対し、「キャピタルゲインの発生を認識する必要のない棚卸資産については、原則として無償資産の譲渡による収益を認識する必要なく、反対にキャピタルゲインが発生しているがそれが正当に顕在化されていない低額譲渡に対しては、本規定が適用されることになる。」（圖子善信「法人税法二二条二項の無償取引の解釈について―本規定は租税回避の否認規定か―」税大ジャーナル四号（二〇〇六）二七頁）と述べられているところから、（4）清算課税説とも異なる見解であると思われる。また無利息貸付以外の無償役務の提供についても（2）実体的利益存在説（キャピタル・ゲイン課税説）を支持されるかは定かではない。
(53) 碓井光明「時価との差額に係る収益認定の構造と法理」税理二〇巻一五号六六頁（一九七七）。

(54) 松沢智・前掲注（13）一四〇頁。
(55) 松沢智『租税実体法の解釈と適用』二三頁（中央経済社、一九九三）。無償による役務の提供の課税根拠については、松沢・前掲注（13）一四三頁以下にも詳述されている。
(56) 武田昌輔教授は「無償による資産の譲渡については、たな卸資産と固定資産とは区分すべきであるとする考え方が存在するが、文言上、たな卸資産であれ、固定資産であれ、この資産に含まれるものと解すべきである。」（武田昌輔「課税所得の基本問題（上）—法人税法二十二条を中心として—」判例時報九四九号六頁（一九八〇））と述べられている。
(57) 飯野利夫『財務会計論　三訂版』一一-五（同文舘出版、一九九三）。
(58) 飯野利夫・前掲注（57）一一-四以下。
(59) 岡村忠生「無利息貸付課税に関する一考察（四）」法学論叢一二一巻二号五頁（一九八七）。
(60) 岡村忠生・前掲注（59）六頁。
(61) 岡村忠生『法人税法講義　第3版』五七頁（成文堂、二〇〇七）。
(62) 企業会計における伝統的な実現の理解は、実現とは財貨（用役）の移転ではなく、対価収入（貨幣性資産の取得）を指し、今日においても同様である。前掲注（8）参照。
(63) 岡村忠生・前掲注（59）一二頁。
(64) 岡村忠生「無利息貸付課税に関する一考察（五）・完」法学論叢一二二巻三号三三頁（一九八七）。
(65) 北村敬子＝今福愛志『財務報告のためのキャッシュフロー割引計算』二四頁（中央経済社、二〇〇〇）。
(66) もっとも、服部育生教授は「時価と役務提供の原価との差額を得べかりし利益として認識することにより、役務の無償提供にも実体的利益存在説を援用する余地はありうる。」としながらも、「手持ち資金による無利息融資に対して、実体的利益存在説を援用することはできない。」（服部育生「無償取引と法人税法」名古屋学院大学論集三八巻二号三一頁（二〇〇一））との指摘もなされている。
(67) （財）企業財務制度研究会訳『現在価値』三三頁以下（中央経済社、一九九九）。
(68) 中川一郎「新法人税法の研究（3）」シュトイエル三九号二六頁（一九六五）、もっとも同教授は無償取引から収益は生じないという立場から述べられている。
(69) 中川一郎教授は無償取引から収益は発生しないとする立場であったため、学説に名前をつけておられないようである。また筆者の調べた限りにおいては、この学説については「無意味説」（進藤直義「判批」法学協会雑誌一一五巻四号一一五頁（一九九八））や「寄付金挿入説」（出口貴子「法人税法の所得概念に関する一考察—無償譲渡に係る収益の認識を中心として—」久留米大学法学四九号一五〇頁（二〇〇四））といった名前があったが、「無意味説」では課税の根拠として明確ではないこと、「寄付金挿入説」はあくまで立法論として中川一郎教授が述べられたものと解すべきであるので、「計算技術説」とさせていただいた。

(70) 中川一郎編『法人税法コンメンタール』A一八七〇頁（中川一郎）（ぎょうせい、一九七五）、中川一郎編『税法学体系（全訂増補版）』三五九頁（中川一郎）（ぎょうせい、一九七七）、北野弘久「法人税法における『寄付金』の概念」税理二一巻五号九頁（一九七八）、同『現代企業税法論』一一六頁（岩波書店、一九九四）、同『現代税法講義　五訂版』八七頁（法律文化社、二〇〇九）、同「法人税法二二条二項と租税回避行為」税経新報四七六号二七頁（二〇〇一）。

(71) 企業会計上、寄附金は帳簿価額で計上されるが、税務上は時価で計上することになっている。この寄附金に関する企業会計上と税務上の差異は永久に解消されることがないため、企業会計上も税効果会計の対象から除かれている（税効果会計に係る会計基準第二の一）。

つまり法人税法の所得計算上の問題だけであるならば、企業会計上も仕訳をしない部分について、法人税法上で仕訳を考える必要がどこまであるのか疑問である。

(72) 吉牟田勲「益金の本質」税務会計研究八号六三頁（一九九七）、武田昌輔「税務会計と企業会計」黒澤清総編集『体系近代会計学XIII　税務会計論』一四頁（中央経済社、一九七九）。

(73) 国税庁直税部審理課編『改正法人税法関係重要事項説明（昭和四〇年四月）』一〇頁（一九六五）。

(74) 小宮保『法人税の原理』（中央経済社、一九六八）一六六頁。

(75) 清永敬次・前掲注（51）五頁。

(76) 岡村忠生・前掲注（59）一三頁。

(77) 金子宏「租税法における所得概念の構成（三・完）」法学協会雑誌九二巻九号一〇九八頁。

(78) 金子宏・前掲注（46）一五四頁。

(79) 企業会計の実現概念については前掲注（8）を参照。

(80) 占部裕典「法人税法二二条二項の適用範囲について～オウブンシャホールディング事件における第三者割当増資を通して～」税法学五五一号六頁（二〇〇四）。

(81) 金子宏・前掲注（46）一六二頁。

(82) 村井正『租税法─理論と政策─第三版』八五頁（青林書院、一九九九）（初出：「無償取引（II）」税務弘報三二巻一一号一四一頁以下（一九八四））。もっとも村井正教授は無償による役務の提供のみ言及しているにとどまるため、無償による資産の譲渡の場合も帰属所得の見解を主張されるかは定かではない。また適用範囲においても、金子宏教授が原価を必要としない役務の無償提供について述べておられないので、金子宏教授の適正所得算出説と異なるのか必ずしも明らかではない。

(83) 増田英敏『リーガルマインド租税法　第1版』（成文堂、二〇〇八）一一四頁以下。

(84)　増田英敏・前掲注（83）一一六頁。
(85)　なおこの呼称については、増田英敏教授から直接ご指導をいただいた。
(86)　渕圭吾「適正所得算出説を読む」金子宏編『租税法の発展』二二八頁（有斐閣、二〇一〇）。
(87)　石島弘『課税権と課税物件の研究〔租税法研究第1巻〕』一三〇頁（信山社、二〇〇三）（初出：「税法の所得概念における実現概念（一）」甲南大学法学第一八巻一・二合併号一頁以下（一九七八））。
(88)　前掲注（71）を参照。
(89)　税制調査会「所得税法及び法人税法の整備に関する答申」五頁、六五頁（一九六三）。
(90)　渕圭吾・前掲注（86）二二四頁。

三　無償取引の課税根拠に関する裁判例の推移と動向

旧法当時から現在までの無償取引の課税根拠に関する裁判例の推移を概観することで、いかなる考え方に基づいて無償による資産の譲渡および役務の提供から収益が生じるとしているかを明らかにし、対価を伴わない取引から収益が「実現」する判例法理を確認する。

(1)　旧法当時（昭和四〇年改正前）の事件

法人の無償による資産の譲渡に対する課税を考えるうえで、リーディング・ケースの一つとされるのが、最高裁昭和四一年六月二四日判決である（以下、「相互タクシー事件」という）。[91]本判決が注目されるのは、事件発生当時は昭和四〇年の法人税法改正前であり旧法人税法が適用される事件であるからである。よって明文の規定がなくても、資産の無償譲渡により譲渡法人側に収益が生ずると解する考え方が、旧法当時、既に理論及び実際において定着していたといえるのか、[92]以下で検討する。

本件は、X株式会社（原告、控訴人、被上告人）が保有していた他社の株式（甲社株式、乙社株式、丙社株式）について、増資による新株の割当がなされることになった。Xは独占禁止法一〇条（昭和二四年法改正以前のもの）により新株取得を制限されていたため、X社の役員（代表取締役A、専務取締役B、監査役C）にそれぞれ取得させることとし、甲社、乙社の株式をB、Cに株主名義を変更して、これらに新株割当を受けさせたのち、その名義をX社に戻した。さらに丙社の株式については引受期限を徒過し失権したのち、第三者指名権を行使してAに新株を取得させた。これに対し所轄税務署長（被告、被控訴人、上告人）は、これらの行為は新株引受権をX社から役員らに無償譲渡されたものとし、増資新株の一株あたりの価格から一株あたりの払込金額を差し引いた残額に新株数および割引率を乗じた合計額の益金が生じるとして更正処分を行い、同時にこれらの行為によって生じた利益は役員らに対する賞与として利益処分されたものと認定して、役員らに対しても更正処分をなした。X社がこの更正処分の取消を求めて争ったのが、本件である。

原審（大阪高裁昭和三六年一一月二九日判決[93]）は、Xの行為により、Xのもつ経済的利益が役員らに移転したところまでは認めるものの、反対給付（対価の支払を受ける若しくは債務免除等）がない点を強調し、結局この経済的利益は何等現実の利得をXに与えることなく無償で役員に移転したものと見るほかなく、Xに関する限り何等利益の実現はなかったと判示して原処分を取消した。

これに対して、最高裁判所は「かかる未計上の資産の社外流出は、その流出の限度において隠れていた資産価値を表現することであるから、右社外流出にあたつて、これに適正な価額を付して同社の資産に計上し、流出すべき資産価値の存在とその価額とを確定することは、同社の資産の増減を明確に把握するため当然必要な措置であり、このような隠れていた資産価値の計上は、当該事業年度において資産を増加し、その増加資産が額に相当する益金を顕現するものといわなければならない。そしてこのことは、社外流出の資産に対し代金の受入れその他資産の増加をきたすべき反対給付を伴うと否とにかかわらない。」として、原判決を破棄し、原審に差し戻した。

課税根拠は前節の（2）実体的利益存在説（キャピタル・ゲイン課税説）を採用しているもので、無償による資産の譲渡の場合に益金が生じる旨の見解を示した初の最高裁判例である。[94] ここで注目すべきは、益金の概念について最高裁によれば社外流出の場合、対価の有無は関係ないという点である。[95] 旧所得税法にはこのような場合に時価で譲渡したものとみなす旨の規定があったが（旧所得税法五条の二、現行法五九条）[96]、旧法人税法には明文の規定は存在せず、最高裁が何を根拠に本件のような結論を導き出したのか法令上明らかではない。旧法にいう益金とは資本の払込以外の資産の増加の原因となるべき一切の事実の基づく経済的利益ということであるから、本件の所有資産の時価の増加によって生じた経済的利益のうち実現したものもこれに含まれると解すべきであろうが、なぜ無償の場合にも益金を構成するのか説明が十分であったとはいえない。[97]

昭和四〇年の法人税法全文改正以前に、旧法からも無償による資産の譲渡から益金が生じるという法理を正面から明確に肯定した裁判例は、このあと一例しか存在しない。[98] そしてこれらの判決は、現行法制定後のものであり[99]、これらの判決があるからといって旧法時代に無償譲渡からも収益が生ずるという解釈理論が確立していたとか、解釈が一般的に承認されていたとはいえない。[100] 仮に納税者による申告実務上および税務当局による課税実務上そのような考え方が存在していたとしても、租税法は侵害規定であるから、納税者に不利益な内容の慣習法が成立する余地はなく、既に述べたとおり、このような納税者に不利益な慣習法が成立するためには、租税法上は、法による承認が必要である。[101] よって法律に定めのない実務上の取扱いをいくら積み上げても租税法上、法源として確立することはない。そのように考えれば旧法において無償による資産の譲渡からも収益が生じるという考え方は租税回避の否認以外では確立していなかったと思われる。[102]

次に法人の無利息貸付の場合を検討する。従来、無利息貸付の裁判例としては、同族会社が役員に対してなすものについては、通常の利息相当額を役員に対する賞与であるとして法人の益金に算入することを認めていた。[103]

会社間の無利息貸付については、先例として大阪高裁昭和三九年九月二四日判決[104]がある（以下、「京都証券株式会社事件」という)。これも相互タクシー事件と同じく事件発生が旧法当時のもので、無償による役務の提供から収益が生じるとする考え方が旧法でも明らかであったのかを検討する。

本件は、X（原告、控訴人）は京都証券取引所における証券取引の代金決済を円滑にする使命をもって政府の指導により設立され、同取引所の会員である証券会社に融資することを主要な目的とする株式会社であるが、政府及び京都証券取引所の指導により増資を行うこととしたところ、新株を引受けた証券業者の運転資金を圧迫したので、京都証券取引所の要請に基づいて当該証券業者に対して無利息で貸付を行った。これに対して所轄税務署長は、昭和二七年四月三〇日にXの通常の金利によって計算した利息相当額を益金に加算して更正処分を行った。Xがこの更正処分の取消しを求めて争ったのが本件である。

原審（大阪地裁昭和三一年七月三〇日判決[105]）は、貸付金を無利息とした行為は、私法上の効力を否定することはできないので、当を得た措置だったかどうかの点において問題になるとしたうえで、Xの唯一の収入源が貸付金の利息であったこと、Xは通常日歩二銭六厘の利息を付していたこと、各証券会社に対して増資払込金の返済資金にあてるため貸付をしたことを総合して「原告としては本件貸付金についても右の割合による利息を付するのが当然であるのに、右のような特別の事情から利息を付さないこととしたものであるから、法人税法上はXは前記行為により右貸付金に対する前記割合による利息相当額の利益を債務者である各証券業者に無償で給付したものと解するを相当とする。…原告は当然得べき右利息相当額の利益を失うに反し、各証券業者は右利息相当額の支払を免れ、同額の利息を得ることとなるから、これを実質的に見ると右Xの行為に基因して、原告から各証券業者に右利息相当額の価値の移転があったものとしなければならないからである。」と判示し、(1) 同一価値移転説と同様の考え方にたって、Xの請求を棄却した。

これに対し大阪高等裁判所は、「法人税法上課税標準の計算の基礎となる益金とは、法令に別段の定めあるもののほか、資本の払込以外において純資産の増加となるべき事実をいい、右純資産の増加となるべき事実に該るか否かについては、法人税法に特別の定めある場合のほか、私法上の概念を前提としているものと解すべきであるから、当初から利息債権を取得していないXの課税標準の計算上これを益金に加算することは許されない筋合いである。」と基本的な考え方を述べている。また「私法上許された法形式を濫用することにより租税負担を不当に回避し又は軽減することが企図されている場合には本来の実情に適合すべき法形式に引直してその結果に基づいて課税しうることも認めなければならない。」としながらも、「納税義務者、課税標準及び徴収手続が法律で定められることを要請する租税法律主義のもとにおいて、右認定は不当に私的自治を侵すものであってはならない。殊に他の合理的な経済目的から合法的になされた私法上の行為まで、それが他の法形式を用いた場合に比して課税負担の軽減をもたらすことを理由として、法人税法上拠るべき規定なくして、これを否認することは許されない。」として本件は無利息の形式をとることによって租税負担を不当に回避することが企図されたものではないとして、原判決を取消した。

このように会社間の無利息貸付については、裁判例は統一されていなかった。一審は証券金融会社がその株主たる証券会社に無利息で貸付けたことにつき、利息相当額の価値の移転があったとして利息相当額を益金に算入した。ところが控訴審では、無利息貸付について原則として益金は発生せず、例外として租税回避が行われた場合にのみ利息相当額を益金に計上することを認めるとするもので[106]、旧法当時は無利息貸付に対する課税根拠は必ずしも明らかではなかったことがわかる。

法人の無利息貸付を考えるうえで、もう一つの重要な裁判例とされるのが、大阪高裁昭和五三年三月三〇日判決[107]である（以下、「清水惣事件」という）。この事件は親会社が子会社に対して無利息貸付をした場合に利息相当額の収益が親会社に益金として加算されるかどうかが争われた事件であるが、特に本件は、第一事業年度においては旧法人税法が適用され、第二事業年度では現行法人税法が適用されるという関係にあったため、本件は法人税法二二条二項の無償取引の立法趣旨や適用範囲を考えるのに極めて適切な事件である。(108)

本件は織物、繊維製品、雑貨の売買及び貿易を目的として設立された株式会社であるX（原告、被控訴人）が、子会社にあたる訴外A社に対してその事業達成を援助する目的で期間を三年間に限り、四、〇〇〇万円を限度として無利息で融資する旨の契約を締結し融資した。これについて所轄税務署長は、この無利息融資における利息相当額を寄附金と認定し、Xの第一事業年度（昭和三八年一二月一日から昭和三九年一一月三〇日まで）の所得金額および第二事業年度（昭和三九年一二月一日から昭和四〇年一一月三〇日まで）の所得金額をそれぞれ加算計上する更正処分をした。Xは利息相当額を寄附金と認定するのは違法であるとして争ったのが本件である。

原審（大津地裁昭和四七年一二月一三日判決(109)）では本件無利息融資が租税回避行為にあたるかどうかが争われ、「本件無利息融資は、租税負担を不当に回避し、または軽減する意図に出でたものとも、経済的合理性を全く無視したものとも認められないから、租税回避行為にあたるとはいえず、その無利息の約定の私法上の効力を税務上否認すべき理由はないものといわなければならない。XがA会社に無利息で融資したことにより租税の負担が軽減された結果になつたとしても、それは不当なものとはいえず、利息相当額につき課税すべきものとした本件…処分の当該部分は、その余の点について判断を加えるまでもなく違法なものとして取消されるべきである。」と判示して原処分を取消した。

これに対して大阪高等裁判所は、まず益金の意義を「私法上有効に成立した法律行為の結果として生じたものであるか否かにかかわらず、また、金銭の形態をとつているかその他の経済的利益の形をとつているかの別なく、資本等取引以外において資産の増加の原因となるべき一切の取引によつて生じた収益の額を益金に算入すべきものとする趣旨と解される。」と述べ、「資産の無償譲渡、役務の無償提供は、実質的にみた場合、資産の有償譲渡、役務の有償提供によって得た代償を無償で給付したのと同じであるところから、担税力を示すものとみて、法二二条二項はこれを収益発生事由として規定したものと考えられる。」と判示して、課税根拠として前節の（6）有償取引同視説（二段階説）を展開した。

さらに「営利法人が金銭を無利息の約定で他に貸付けた場合には、借主からこれと対価的意義を有するものと認められる経済的利益の供与を受けているか、あるいは、他に当該営利法人がこれを手離すことを首肯するに足りる何らかの合理的な経済目的その他の事情が存する場合でないかぎり、当該貸付けがなされる場合にその当事者間で通常ありうべき利率による金銭相当額の経済的利益が借主に移転したものとして顕在化したといいうるのであり、右利率による金銭相当額の経済的利益が無償で借主に提供されたものとしてこれが当該法人の収益として認識されることになるのである。」と述べて①同一価値移転説のような説明を追加して、本件処分が利息相当額の利益を益金に計上したことを是認した。

会社から役員に対する無利息貸付の場合には利息相当額が法人の益金に算入されることで判例が統一されているのに対して[110]、京都証券株式会社事件および清水物事件の第一審と控訴審でそれぞれ判断が分かれているように、会社間の無利息貸付の場合には扱いが一定していない。それは必ずしも会社間の無利息貸付が租税回避行為とみられるものではなく、会社・役員間の場合とは別のものという通念が働き、租税回避でない正当な取引は救済すべきという心情が働いていたように思われる[111]。

旧法では会社間の無利息貸付について、利息相当額の収益が生じるとした裁判例は京都証券株式会社事件の第一審判決と清水物事件の控訴審判決があるのみである[112]。そればかりか後者においては前述のように、無利息で融資することについて合理的な理由がある場合は利息相当額の収益を認識することはできない旨を判示している。ここで合理的な事情がない場合に限定しているのは、法の運用としては妥当であるが、上記判旨で述べている立法趣旨解釈と矛盾している。つまり法人税法二二条二項にいう無利息貸付は、租税回避行為にあたるかどうか、また経済的合理性の有無とは関係なく無利息貸付にかかる金銭（元本）の有償性自体（経済価値）に着目して、貸付の継続しているあいだ収益発生事由を認識するものであるから、合理的な事情のない場合に限定するのは論理的におかしいということになる。[113]

以上のことから旧法当時において会社間の無利息貸付について裁判例は統一されておらず、判例法理としても確立されたものが存在したとはいえない。

(2)　現行法制定後（昭和四〇年改正後）の事件

次に現行法人税法が制定されたあとの裁判例を通して無償取引の課税根拠を明らかにする。資産の無償譲渡（低額譲渡を含む）の場合には昭和五〇年代ぐらいまでは旧法当時と同じく（2）実体的利益存在説、（3）法的基準説、（4）清算課税説の立場を示す裁判例は多く存在する。[114] またこれらの学説に、（6）有償取引同視説を付加している裁判例もある。[115] 他方、役務の無償提供については（1）同一価値移転説の立場をとっていると思われる裁判例、[116]（7）適正所得算出説のような立場をとっていると思われる裁判例、[117] 課税根拠の議論には言及せずに判示する裁判例もあり、[118] 裁判例は統一されているとはいえない。

一方で（5）計算技術説の立場をとる裁判例として、大阪高裁昭和五九年六月二九日判決[119]がある（以下、「ミキ・グループ事件」という）。

本件は、P教団が実質上支配している関連会社であるX社（原告、控訴人）、訴外A社、訴外B社は、A社所有の土地をX社に低額譲渡し、ただちに本件土地をX社からB社に低額譲渡し、訴外D社に譲渡した。関連会社間で少しずつ価額を上げながらも順次低額譲渡することにより、A社のみならず他二社の繰越欠損金を控除し、A社から直接D社に譲渡した場合に比べ、A社の法人税額だけでなく三社を合計した法人税額を減少させることを目的としてなされた取引であった。所轄税務署長はXに対して本件土地の時価とA社からの取得価額との差額を受贈益とし、本件土地の時価とB社への譲渡価額との差額について寄付金を認定し、同額を益金に加算する更正処分を行った。これに対してXが出訴したのが本件である。

原審（大阪地裁昭和五八年二月八日判決）[120]は、寄附金の認定に力点がおかれ、「譲渡者が、時価を認識しながら、差額を贈与する意思でことさらに低額で譲渡した場合には、その差額を実質的に贈与したものと認め、法三七条六項によって税務処理するのが正当である」と判示し、Xの請求を棄却した。

これに対して、大阪高等裁判所は、本件土地の譲渡について転売義務があったことに注目して「法人税法二二条二項の収益の額を判断するに当たって、その収益が契約によって生じているときは、法に特別の規定がない限り、その契約の全内容、つまり特約をも含めた全契約内容に従って収益の額を定めるものである。」として、「低額譲渡があった場合には、その差額部分にも収益があり、それが譲受人に実質的に贈与されたものとする法人税法二二条二項、三七条六項は、譲渡人が譲渡価額よりも高価に譲渡できるのに、経済人としては不合理にも、それよりも低額に譲渡した場合に適用されるのであって、譲渡価額よりも高額に譲渡できる利益、権利、地位を有していなかったときは、より高額に譲渡しなかったからといって自己の有していたところを不当にも低く譲渡したとして同法三七条六項を適用することはできない。」と判示し原審を取り消した。

本件では経済的合理性の有無で法人税法二二条二項の収益発生に制限をかけられるのかが問題である。譲渡益が値上り益の実現であるとする（2）実体的利益存在説、（3）法的基準説、（4）清算課税説に立つと、値上り益の実現に「経済的合理性」が影響を及ぼすと考えることはできないから、「経済的合理性」は法人税法三七条七項、八項を含む損金面で考慮されるべき問題である。[121]

本件では一審も控訴審も無償取引の収益認定の前に、寄附金の認定を行っていることから課税根拠としては(5)計算技術説に立っていると思われる。しかし原審と控訴審のこのような結論の差異は大阪高裁が転売義務を重視したために生じたものといえる。[122]

(7)適正所得算出説の立場をとる裁判例として最高裁平成七年一二月一九日判決[123]がある(以下、「南西通商事件」という)。本判決は、法人税法改正後では初めて最高裁が低額譲渡の収益性について真正面から判決したものとして評価されている。[124]

本件は、金融業を営むX1(原告、控訴人、上告人)が保有していた訴外M銀行の株式をX1の代表取締役であるX2(原告、控訴人、上告人)に低額譲渡した。これに対して所轄税務署長は本株式の譲渡は時価よりも低廉な価格でなされたとして更正処分を行った。この更正処分の取消しを求めて、X1、X2が出訴したのが本件である。

第一審(宮崎地裁平成五年九月一七日判決[125])および控訴審(福岡高裁宮崎支部平成六年二月二八日判決[126])は、法人税法二二条二項の無償取引について「無償譲渡の場合には、外部からの経済的な価値の流入はないが、法人は譲渡時まで当該資産を保有していたことにより、有償譲渡の場合に値上がり益として顕在化する利益を保有していたものと認められ、外部からの経済的な価値の流入がないことのみをもって、値上がり益をして顕在化する利益に対して課税されないということは、税負担の公平の見地から認められない。したがって、同項は、正常な対価で取引を行った者との間の負担の公平を維持するために、無償取引からも収益が生ずることを擬制した創設的な規定と解される。」と判示して、Xらの請求を棄却した。(7)適正所得算出説をとる裁判例としては本判決が初めてのものである。

これに対し最高裁判所は法人税法二二条二項が資産の無償譲渡も収益の発生原因になることにつき、「法人が資産を他に譲渡する場合には、その譲渡が代金の受入れその他資産の増加を来すべき反対給付を伴わないものであっても、譲渡時における資産の適正な価額に相当する収益があると認識すべきものであることを明らかにしたもの」と判示している。もっとも資産の低額譲渡は法人税法二二条二項にいう有償による資産の譲渡に当たるとしているが「譲渡時における適正な価額に相当する経済的価値がみとめられるのであって、たまたま現実に収受した対価がそのうちの一部のみであるからといって適正な価額との差額部分の収益が認識され得ないものとすれば、前記のような取扱いを受ける無償譲渡の場合との間の公平を欠くことになる。」として上告を棄却した。

本判決も原審同様に（7）適正所得算出説の立場をとっているように思えるが、原審のように同項の性格や細部について明確にはしておらず、また役務の無償提供の場合にも同様の趣旨であるのか、いまだ不明確な点もあり、解釈理論の確立をもたらす判例とは必ずしもいえない[127]。

以上、述べてきたとおり、現行法においても無償取引への課税について、必ずしも判例理論が確立されているとはいえず、更なる裁判例の積み重ねが待たれる。昭和四〇年改正直後の法人税法二二条二項の研究が充分でない時代は資産の無償譲渡（低額譲渡も含む）について旧法当時と同じく（2）実体的利益存在説、（3）法的基準説、（4）清算課税説の立場を示す裁判例が多い。しかしながら、近年になり（7）適正所得算出説の立場をとる裁判例も散見され、裁判例の動向にも変化がみられる。他方、役務の無償提供については、改正当初は（1）同一価値移転説や（6）有償取引同視説の立場の裁判例がみられたが、近年では（7）適正所得算出説の立場をとるものも見られる[128]、しかし（7）適正所得算出説は原則的にいかなる場合でも無償による役務提供から収益が発生するとしているのに対し、裁判所は、無償による役務の提供の場合は経済的合理性や事情のない場合に限定する裁判例もみられ学説との違いも見受けられ必ずしも判例として確立されているとはいえないことがわかる。

ところで、私見である（7）適正所得算出説を課税の根拠とした場合は、租税負担の公平という、いわば課税の基本理念のような抽象的な概念を理由として、課税が行われることになる。そうなると適用範囲が拡大しすぎるという問題が生じる。現実の社会に目を向けてみると、経営再建のために無利息貸付を行う場合など、課税することが妥当であるか問題となる無償取引が存在する。このような取引を法の射程からはずすために、裁判所は無償取引課税の要件に経済的合理性とか特別の事情という基準を付加しているが、裁判官による法形成・法創造ともいえる裁判所の法解釈は租税法律主義との関係で許されるのか[129]。また仮に解釈によって新たな基準を付加するようなことが許されないとした場合には、無償取引の課税対象は際限なく拡大することになるが、そう解した場合、同規定は課税要件規定として、適切といえるかは疑問である。

一方で無償取引の課税対象を厳格にすると租税回避などに対応できなくなる。無償取引は租税回避を企図して行われる場合が多いという面もあることはすでに裁判例を通して確認したとおりである。無償取引の適用範囲を絞りすぎると租税回避などに対処できなくなり、結果的に課税の公平を図ることを目的とする立法趣旨に反するとの批判もあろう。

法人税法二二条二項は、法人税法の所得計算における通則を定めた計算規定でありながら、現実には租税回避の否認規定としての機能を持つため[130]、適用範囲をどのように定めるのかは非常に難しい問題である。以下では学説や裁判例を素材に無償取引の適用範囲について検討することとする。

(91)　最判昭和四一年六月二四日民集二〇巻五号一一四六頁。
(92)　植松守雄・前掲注（51）二〇頁。
(93)　大阪高判昭和三六年一一月二九日民集二〇巻五号一一六一頁。
(94)　植松守雄「判批」租税判例百選（第2版）八七頁（一九八三）。
(95)　この点について当時最高裁調査官であった矢野邦雄氏は「会社が無償で他に譲渡した場合について考えると、この場合相手方の取得したものは右株式の時価相当の利益であり、会社資産の減少は、単に記帳価額である取得原価にとどまらず、株式時価相当額であることが明らかとなるので、やはり右株式の会社資産からの分離にあたって、株式の隠れた資産価値が認識されるわけである。そこでまず右株式を時価に評価替えをして隠れた資産価値を表現したうえ、それだけの資産額の社外流出があったものとして処理しなければ、実現主義のもとにおいて会社資産額の増減が明確にならない。」（矢野邦雄「判解」法曹時報一八巻一〇号一六〇七頁（一九六六））と述べられている。もっとも有償取引の場合は、取引当事者間で金額の合意があるので、会計処理の金額も当事者間で一致するが、無償取引においては資産を譲り受けた側の処理が時価で受け入れるからといって、譲渡した側の会計処理も時価で譲渡しなければならないとは必ずしもいえないだろう。受贈者側の会計処理を事実に即して考えると、取引当事者間で合意した金額はあくまでも無償であるから、資産の移転は無償で行なわれ、その後、当該受贈資産には使用価値または売却価値があるので、受贈者側で時価相当額までの評価益を計上したと解するのが相当である。会計処理は便宜上、資産の移転と評価益の計上を同時に行なっているに過ぎないのである。また無償による資産の譲受けは企業会計においても取得原価主義の例外的な会計処理方法であって、その例外的な方法が譲渡側にも時価評価を強いるという説明には説得力が乏しいといわざるを得ないだろう。

(96)　所得税の無償または低額による資産の譲渡については本判決の後に、最判昭和四三年一〇月三一日訟月一四巻一二号一四四二頁によって、資産の値上り益についてその資産の所有者に帰属する増加益をその資産が他に移転するのを機会に、これを清算して課税する旨が明言され、それが今日の判例になっている。例えば、最判昭和四七年一二月二六日民集二六巻一〇号二〇八三頁、最判昭和五〇年五月二七日民集二九巻五号六四一頁など。

しかしながらこの所得税法の考え方が現行の法人税法においても、そのまま妥当するかは疑問である。なぜなら所得税法五九条の規定は、別段の定めに規定されている所得税法の例外的な所得計算方法であり、対象資産も明確に限定されている。他方、法人税法二二条二項の規定は原則的な所得計算方法を規定しており、その取引の内容も条文上限定されておらず、規定の性質も適用範囲も異なるからである。

(97)　村井正「判批」民商法雑誌五六巻二号（一九六七）二八六頁。

(98)　大阪高判昭和四三年六月二七日訟月一四巻八号九四八頁。

(99)　旧法が適用される事件で現行法制定後にされた裁判例として、広島地判昭和五三年五月二五日訟月二四巻九号一八三四頁がある。

(100)　金子宏・前掲注（46）一五二頁、村井正「法人の無償取引（その1）」時の法令一一一八号三三頁（一九八四）。

(101)　金子宏・前掲注（22）一〇八頁。

(102)　例えば同族会社の行為・計算の否認規定を適用した裁判例として、行政裁判所判決昭和五年三月四日行録四一輯三三七頁。

(103)　もっとも理由付けについては、同族会社の行為計算否認規定によるものとして、東京地判昭和三八年一二月二一日行集一一巻一二号三三一五頁、福島地判昭和三七年二月九日行集一三巻二号一四四頁他と役員賞与の損金不算入の規定及び経済的利益の規定によるものとして、名古屋高判昭和三八年一二月一四日税資三七号一一八九頁、熊本地判昭和三九年一二月二五日行集一五巻一二号二三四三頁他に分かれている。
(104) 大阪高判昭和三九年九月二四日行集一五巻九号一七一六頁。
(105) 大阪地判昭和三一年七月三〇日・前掲注(44)。
(106) 清永敬次「判批」シュトイエル三九号五頁(一九六五)、須貝脩一「判批」判例時報四〇一号一六六頁(一九六五)。
(107) 大阪高判昭和五三年三月三〇日高民集三一巻一号六三頁。
(108) 金子宏・前掲注(46)一三九頁。
(109) 大津地判昭和四七年一二月一三日訟月一九巻五号四〇頁。
(110) 例えば横浜地判昭和四八年六月五日高民集二八巻三号二二〇頁。
(111) 水野忠恒「判批」ジュリスト六八六号一五八頁(一九七九)。
(112) 金子・前掲注(46)一五二頁。
(113) 山田二郎「収益発生の事由となる無利息融資」税理二一巻八号六七頁(一九七八)。
(114) 例えば神戸地判昭和五〇年九月一九日訟月二一巻一一号二三六二頁、山形地判昭和五四年三月二八日訟月二五巻七号一九八〇頁、千葉地判昭和五九年四月二四日税資一三六号一二四頁およびその控訴審である東京高判昭和五九年一一月一四日税資一四〇号二三二頁も資産の値上り益を清算して課税する趣旨であるとして(2)実体的利益存在説を支持している。
(115) 東京地判昭和五五年一〇月二八日訟月二七巻四号七八九頁。
(116) 必ずしも(1)同一価値移転説を全面的に採用しているとはいえないが、静岡地判平成一四年六月二七日税資二五二号順号九一四七。
(117) 広島高岡山支判平成一五年六月五日税資二五三号順号九三六一。
(118) 岡山地判平成一四年七月二三日税資二五二号順号九一六四。
(119) 大阪高判昭和五九年六月二九日行集三五巻六号八二二頁。
(120) 大阪地判昭和五八年二月八日行集三五巻六号八三〇頁。
(121) 占部裕典・前掲注(39)三〇七頁以下。
(122) 中里実「判批」判例時報一一六三号二〇五頁(一九八五)。
(123) 最判平成七年一二月一九日民集四九巻一〇号三一二一頁。
(124) 松沢智「判批」ジュリスト一一〇一号一二〇頁(一九九六)。
(125) 宮崎地判平成五年九月一七日民集四九巻一〇号三一三九頁。
(126) 福岡高宮崎支判平成六年二月二八日民集四九巻一〇号三一五九頁。

(127) 進藤直義・前掲注（69）一一五頁、川神裕「判解」法曹時報四九巻一一号三一六二頁（一九九七）。
(128) 広島地判平成二三年九月一四日税資二六一号順号一一七六六。
(129) 谷口勢津夫「司法過程における租税回避否認の判断構造―外国税額控除余裕枠利用事件を主たる素材として―」租税法研究三二号五五頁（二〇〇四）。
(130) 金子宏・前掲注（46）一七一頁。

四　無償取引の適用範囲についての検討

法人税法二二条二項の規定は所得計算の通則規定であり、法人税の課税物件である所得を計算するための課税要件規定であることから、適用範囲の限界が明確でなければならない。適用範囲の限界、換言すれば射程範囲が明確でない課税要件規定は、規定として充分とはいえないだろう。しかしながら法人税法における無償取引の適用範囲については、学説、裁判例ともに必ずしも明確にされていないきらいがある。法人税法の無償取引規定はその内容の重要さに反して、極めて簡潔な規定であることから、適用範囲について特に明文の規定が存在しない。適用範囲の限界は法解釈に委ねられているといえる。

租税法の解釈適用の場面では、租税法律主義、とりわけ合法性の原則によって、法解釈に厳格さが強く求められる。特に法人税法二二条が法人税の所得計算の方法を規定した行為規範であるので、納税義務者の予測可能性を確保するには無償取引に関する益金の適用範囲を明らかにしなければならない。以下では、無償取引の規定を限定または縮小解釈した場合を検討したうえで、無償取引規定を拡大解釈した場合（本稿では著名なオーブンシャホールディング事件を取上げる）を取上げて検討することとする。

1　無償取引にかかる収益認識の範囲に関する検討

無償取引の適用範囲を縮小解釈する場合は大きく二つに分けることができる。一つは無償取引の収益認識の範囲に限定を付けるかどうかの議論である。もう一つは経済的合理性または特別の事情等がある場合の適用をどうするかの議論である。前者は主として学説として議論されており、後者は裁判所の判決に散見されるので、それぞれ分けて検討する。

（1）無償取引にかかる収益認識の範囲の検討

前章で述べた学説を無償取引にかかる収益を認識する範囲について分けると何らかの限定を付ける説と限定を設けない説とに分かれる。限定を付けるとする説もその範囲は異なる。たとえば、（5）計算技術説は法人税法三七条七項、八項との計算調整上の措置と解するため、同条に該当する場合にのみ収益を認識する立場で、学説上、最もその範囲が狭いといえる。また（3）法的基準説は棚卸資産の譲渡および役務の無償提供については、贈与が認められるときという見解から（5）計算技術説と同様の立場であると思われる。しかし固定資産の無償譲渡については（2）実体的利益存在説と同様の見解であることから、特に限定は付されていない。（4）清算課税説は法人税法二二条四項の公正処理基準が無償取引規定にも及ぶという見解であるため、無償取引に係る収益の認識は法人税法上別段の定めのある場合（例えば、法人税法三四条、三七条など）に限って計上される。[131]以上のように無償取引に係る収益の認識において何らかの制限を設けている学説がある。

他方、収益の認識に制限を設けない学説としては（1）同一価値移転説、（6）有償取引同視説、（7）適正所得算出説があり、これらの見解は無償取引から収益を認識すべきか否かは益金サイドの問題であって、損金サイドでそれがどのように処理されるかとは無関係であるという理由による。[132]

筆者も収益の認識に限定を設けるべきではないとの立場である。確かに益金に計上されても、同額が損金に算入されれば、益金の額と損金の額の差額である所得の金額には何ら影響を及ぼさないので、損金不算入の規定がない場合も益金計上をするのは、実益がないとの批判もあろう。[133]

しかしながら法解釈からすれば限定説には問題がある。法人税法の所得計算の方法は益金の額から損金の額を控除して所得の金額を算出するよう規定されている（法人税法二二条一項）。すなわち益金の額と損金の額を別々に把握、集計して最後に益金の額から損金の額を控除することを規定している。そして条文の体系をみると「別段の定め」は益金と損金で「第三款　益金の額の計算」（法人税法二三条から二八条まで）と「第四款　損金の額の計算」（法人税法二九条から六〇条まで）とに明確に区分して規定されているところから、法人税法二二条二項に規定されている「別段の定め」と法人税法二二条三項に規定されている「別段の定め」は同じ文言ではあるが、同条二項の「別段の定め」は益金に関する「別段の定め」であり、同条三項の「別段の定め」は損金に関する「別段の定め」である。よってこれらの文言が指す規定は異なっていると考えられる。例えば、損金の別段の定めである法人税法三一条の減価償却に関する規定が、益金の範囲や認識、測定に影響を及ぼす規定とは考えられない。そうであるならば、法人税法二二条三項の「別段の定め」である法人税法三五条、三七条等が法人税法二二条二項に対して何らかの制限を加えるという解釈は、文理解釈からも条文の構造からも成立しない。以上のことから、いかなる限定も付けない無限定説が妥当するといえる。

(2)　経済的合理性または特別の事情のある場合の検討

裁判例の中には無償取引から収益を発生させる場合は、経済的合理性や特別の事情のない場合に限るとしているものが散見される。[134]　経済的合理性または特別の事情について初めて言及したのは、清水物事件の控訴審判決であり、異なる判断を下した一部の裁判例もあるが、多くの裁判例では踏襲されていることから、同判決はリーディング・ケースといえる。[135]

実際に清水惣事件の控訴審判決を受けて、国税庁は昭和五五年に法人税法基本通達九－四－二を設けた[136]。以降平成一〇年に若干の改正を経て現在は「…無利息貸付等が…やむを得ず行なわれるもので…相当な理由があると認められえるときは…供与する経済的利益の額は、寄附金の額に該当しないものとする[137]。」と規定されている[138]。

裁判所の見解と国税庁の通達は一見すると同じように思えるが、大きな違いがある。裁判所は収益の認識について限定を設けているのに対し、国税庁は寄附金の額すなわち損金について述べている点である。裁判所が何を根拠としてこのような法人税法二二条二項の縮小解釈を行なっているのか明確ではないが、特別の事情等を考慮するのは通達のように損金面で行なうのが妥当であるといえる。

もっとも経済的合理性や特別の事情が考慮された裁判例は、管見の限りでは見受けられないので、裁判所が判示する経済的合理性や特別の事情が具体的に何を指しているのかは定かではない。よって国税庁が通達で規定している内容が、裁判所が意図した経済的合理性や特別の事情と一致しているかも明らかではない。

法人税法二二条二項には、経済的合理性または特別の事情がある場合は適用しないなどの限定を付した明文の規定が存在しないため、無償取引の収益認識に特別の事情等を新たな基準として加えることには問題があるといえる[139]。

もっともこのような解釈・適用は納税者にとって有利な取扱いである。このように法令の規定がない場合でも納税者に有利な場合はこれを認めるべきとする考え方もあるため[140]、そのような解釈・適用の是非については後述する(四3)。

2　法人税法二二条二項の「取引」概念の検討――オウブンシャホールディング事件を素材として――

法人税法の無償取引課税は「取引」に係る収益を課税の前提としているが、近年、この「取引」の概念それ自体についても、必ずしも統一的な見解が確立されているわけではなく議論がある。(141)いわゆるオウブンシャホールディング事件(142)である。

この事件はX株式会社（原告・被控訴人・上告人）によってオランダに設立された一〇〇％出資の訴外A社がグループ会社である訴外B社に対して行った第三者有利発行増資による新株発行について、Xが保有する子会社の持分割合が一〇〇％から六・二五％に減少したことに対応するA社株式の経済的価値の減少に対して、株式が一株も異動していないにも関らず、租税行政庁は第三者有利発行増資を決議した株主であるXに譲渡収益が実現したとして課税処分を行なった。

第一審（東京地裁平成一三年一一月九日判決(143)）は、当該第三者割当増資の決議は「A社の機関である同社の株主総会が内部的な意思決定としてしたものにほかならず、その段階では未だ増資の効果は生じていないのであって、B社が本件増資により資産価値を取得したとすれば、それは、法形式においては、A社の執行機関が本件決議を受けて同社の行為として増資を実行し、B社が新株の引受人をして払込行為をしたことによるものである。そうすると本件増資はA社自体による本件増資の実行という行為とそれに応じてB社がA社に対して新株の払込をするという行為により構成されており、本件増資の結果、B社の払込金額と本件増資により発行される株式の時価との差額がB社に帰属することとなったことを取引的行為ととらえるとすれば、本件増資をして新株の払込を受けたA社と有利な条件でA社から新株の発行を受けたB社の間の行為にほかならず、XはB社に対して何らの行為もしていないというほかない。」として更正処分の一部を取消した。

これに対し原審（東京高裁平成一六年一月二八日判決(144)）は、本件の持分割合の変化が関係当事者の意思を相通じた結果であるとし、本件の持分の譲渡は法人税法二二条二項に規定する「無償による資産の譲渡」に当たらないまでも「無償による…その他の取引」には当たると判断したうえで、法人税法二二条二項にいう「『取引』は、その文言及び規定における位置づけから、関係者間の意思の合致に基づいて生じた法的及び経済的な結果を把握する概念として用いられていると解せられ、上記のとおり、XとB社の合意に基づいて実現された上記持分を包含すると認められる。」として、課税処分を適法と判示した。

最高裁判所は、XはA社の唯一の株主であったことから、第三者有利発行増資を自由に決定できる立場にあったとして、「この資産価値の移転はXの支配の及ばない外的要因によって生じたものではなく、Xにおいて意図し、かつ、B社において了解したところが実現したものとみることができるから、法人税法二二条二項にいう取引に当たるというべきである。」と判示して、更正処分を適法とした原審の判決を支持した。

最高裁は法人税法二二条二項にいう「取引」についてオウブンシャホールディング㈱の所有する株式は一株も移転していないにも拘らず、第三者割当増資によって移転した資産価値が「持分の譲渡」であるとしたうえで、法人税法二二条二項にいう「取引」に該当するとした。法人税法二二条二項の「取引」に該当するかどうかの判断は、第一審では取引というためには取引関係者の間に直接の行為が必要としている(145)。他方控訴審では「『取引』は、その文言及び規定における位置づけから、関係者間の意思の合致に基づいて生じた法的及び経済的な結果を把握する概念として用いられる(146)」として「取引」の要件を柔軟に解している。

学説は「取引」の概念について、私法上の概念とする説、税法独特の概念とする説、会計上の概念とする説に大別され議論されている。

私法上の概念とする説は、「取引」が法律の概念として規定されている以上、いきなり簿記上の概念を取り込んでいるとはいえず、私法上の概念もしくは社会通念が優先するのであり、企業会計的な考え方が優先する根拠はないと説明される(147)。

税法固有の概念とする説は、「取引」の概念は企業会計における取引が基底におかれているが、税法上独特の内容をもっており、企業会計とは完全に一致するものではなく、また商法に規定する取引とも一致するものではないと説明される(148)。

簿記上の概念とする説は、法人税法二二条二項は「取引に係る収益」と規定されており、ここでいう「取引」とは収益を生み出すものとされている以上、収益と同じく会計上の概念である会計的取引（簿記・会計上の取引）であると説明される(149)。

筆者は法人税法二二条二項の「取引」は税法上の概念とする説が妥当すると考える。私法上の概念とする説は、「取引」の概念を広く捉えすぎである。確かに、所得を産み出す取引については私法上認定される事実関係が尊重されるので(150)、「取引」の文言だけを解釈すれば私法上の概念といえるだろう。しかし法人税法はその取引を法人税法二二条二項、三項、五項に分類して規定されており、法人税法二二条二項は「収益が生じる取引」が規定されている。また例示されている取引も収益発生の取引のみが例示列挙されていることから(151)、条文の文言上「収益が生じる取引」以外の概念を含むとは考えられない(152)。また簿記上の取引とする説がいうように「収益が生じる取引」と解した場合、例示の中に含まれる無償取引は、企業会計では収益が発生しない取引とされているため、法人税法二二条二項でいう「収益」は企業会計の「収益」とは完全に一致しないと考えられる。よって同項の「取引」概念自体は企業会計の概念を基本としつつも、その範囲については法人税法独自の「収益」という評価が加えられているのである。

この点につき松沢智教授も「法二二条の『取引』とは、一般に商法三二条の規定する、日々の取引其の他財産に影響を及ぼすべき一切の事項（法律行為・不法行為・天災等）と解されているが、税法的評価をなした取引と解すべきである。…また、同条は『取引による収益の額』とは規定せず、『取引に係る収益の額』と規定されているので、取引自体から生ずる収益のみならず、取引に関係する収益発生基因から収益を生ずる場合も含むことになる。…法人税法における法的所得概念の基本構造は、権利確定主義を中核とすべきであって、収益の額の内容は、法的視角で論ずべきである。[153]」と述べられ、「取引」の文言は私法上の概念であるが、税法的評価をなした取引、すなわち法人税法二二条二項は収益に係る取引を規定しているので、法人税法上の「収益」を範囲とされている。

以上のことからオウブンシャホールディング事件を検討すると、「実現」した所得にのみ課税されることが前提となっている法人税において、法人税法二二条二項における「取引」の文言は、「取引」とは通常自己以外の者との経済関係においてはじめて成り立ちうるものであるから、未実現利益を課税所得の範囲から除くことを規定した文言である。すなわち法人税法が予定している「実現」とは外部との取引に基づいた実現主義であり、「持分の変動」だけでは「実現」とはいえない。

占部裕典教授は「法人税法は、…外部的取引（『所有権の移転』と他方での『債権の確定』）に着目した損益認識である。…仮にこのような内部的取引が企業会計における、いわゆる『実現概念の拡張』の流れのなかで実現として解する余地があるとしても、法人税法においては実現概念は企業会計における伝統的な実現概念に基づいて制度化されているといえる。[154]」と述べられており、法人税法の実現概念は企業会計の実現概念を用いているが、それは外部との取引による「所有権の移転」（財貨または役務の移転）と「債権の確定」（現金または現金同等物の取得）であるとしている。[155]

最高裁および東京高裁は、個別の契約を超えた「合意」というものが認定ないし擬制されて課税関係を構築しているが、[156]その「合意」とは法律効果を発生させるため（本件の場合、持分の変動）の当事者の意思表示（本件の場合、第三者割当増資に関する発行会社と引受会社の意思表示）ではなく、関係者間の税金を逃れるという、いわば動機に近い意思の合意と無償による持分の移転という結果を結びつけている。[157]しかしながら法人税法二二条二項は所得計算の通則規定であり、租税回避の否認規定ではないため個別の契約（取引）を超えた擬制をすることはできない。[158]そして「取引」の概念を拡張することは「実現」の概念を拡張することであり、立法に拠らざる課税要件の拡張は許されない。

むしろこのような事実上の経済的価値の移転に法人税法二二条二項を適用できる場合は、ほとんど同族会社に限定されるため、このような場面でこそ同族会社の行為計算の否認規定（法人税法一三二条）を適用するほうが自然であるといえる。(159) 以上のことからオウブンシャホールディング事件の判決の結論には賛成するが、適用条文に問題があると考える。

法人税法における無償取引の規定は、前節で述べたように、あるときは縮小して解釈がなされ、またあるときは拡大して解釈・適用がされている。合法性の原則が支配する租税法において、このような解釈、適用が許されるのか、節を改めて検討する。

3　租税法律主義と法人税法における無償取引課税

法人税法二二条二項の無償取引規定について、無償取引の適用範囲を拡大解釈する場合と無償取引の収益認識を限定的に解釈する場合を述べてきたが、それぞれの場合について拡大・縮小解釈が許される余地について検討する。

法人税法二二条二項の規定は益金に関する規定であるため、法人税額を増額する作用がある規定である。したがって、これを拡大解釈した場合、国民の財産を侵害することになるので拡大解釈が許されないことはいうまでもない。しかしながら無償取引の収益認識について限定解釈をした場合には、結果的に所得金額に影響を及ぼさないし、経済的合理性および特別の事情が存在するときには収益を計上しないとした場合には、納税者に不利益がないので、それぞれ認められるべきとする考え方は、一見すれば成り立つようにも思える。なぜなら租税法律主義（特に合法性の原則）は行政法分野において特に法律留保の原則があらわれている原則であるとされる。[160]そして法律留保の原則の及ぶ範囲は国民の自由と財産を侵害する場合のみであり、その場合に法律の授権を必要とするとされ、これが通説的見解となっている。[161]そのように考えると法律の授権がなくても、納税者に対して財産権を侵害しなければ許されることになる。[162]ゆえに法人税法二二条二項の規定を限定的、あるいは縮小して解釈、適用を行った場合には、少なくとも納税者に対して不利益にはならないので、財産権を侵害しないのである。法人税法の無償取引規定において、縮小解釈が許されるとすれば、おそらくこのような理由によると思われる。

しかしながら、租税法において拡大解釈および縮小解釈が認められていないことと納税者の利益・不利益とは関係がない。例えば税金を還付する場合などに規定を拡大解釈すれば、納税者の利益になるが、それが国民の税金の利用である以上、間接的に国民の権利利益に影響を及ぼすことになるので、法律の統制下で厳格になされなければならないのは当然のことである。[163]法律の解釈基準を歪めると正しい執行が行なわれないことになり、納税者全体からみれば租税行政における執行の不公平となってしまう。[164]

中川一郎教授は「拡張解釈・縮小解釈の禁止は、納税義務者の利益・不利益とは関係がない。したがって納税義務の発生に関する規定の拡張解釈、及び租税優遇に関する規定の縮小解釈が禁止されるのみならず、納税義務の発生に関する規定の縮小解釈、及び租税優遇に関する規定の拡張解釈も許されない。後者については、納税義務者になるから、訴訟になることはないが、実質的租税平等主義に反するものである。[165]」と述べられ、租税平等主義が税法の恣意的解釈を禁じているため、法文または文言の意味が一義的であるにもかかわらず、法文または文言にそれとは異なる意味を与えることは許されないとされている。[166]

租税法において納税者が有利な場合であっても恣意的解釈を認めることは、公平な課税が保たれないこととなる。そうなると増田英敏教授が「租税法の目的は『租税正義』、すなわち『公平な課税』を実現させることにより、国民に幸福をもたらすことにある。[167]」と述べているように、結果的には租税法の目的が果たされないことになるのである。

租税法は立法の段階で、既に担税力に応じた実質的な課税の公平を考慮されているので、立法化された法律の解釈、適用の段階で、法律の文言を無視したり、法文自体を空文化したり、それとは異なる意味を付け加えたりした場合に課税の公平が歪められることになるのである。[168]

したがって、租税法の解釈は、租税法律主義の要請から規定の文言に則した厳格な文理解釈によるべきであって、拡大解釈、縮小解釈、あるいは類推解釈は原則として許されない。[169]ただし、文言をただ機械的・形式的に適用するという法解釈は誤りで、立法趣旨・目的からすればその規定の意義が明らかであるにもかかわらず、厳格な文理解釈の結果、著しく不合理な結果が生じたとしても許容されるとするのは租税法律主義や租税平等主義に反するので、あくまでも法の趣旨・目的に沿った文理解釈でなければならない。[170]また趣旨解釈によるとしても、文理解釈の補完としてのものであり、文理からまったく離れて法の趣旨・目的を税収確保および公平負担という租税立法一般の動機にまで遡って広義に捉え、独自に要件を創設するような解釈は一種の法の創造であり、租税法律主義の下では許容されない。[171]

以上のような租税法の解釈を前提とすると、法人税法二二条二項は計算規定であって、租税回避の否認規定ではないので、取引自体を作り出し課税を行うような拡大解釈も、法文上に限定が付されていないので、収益認識の段階で損金の別段の定めや特別の事情等を考慮して、縮小解釈することも許されない。もしもこのような拡大・縮小解釈を行なうのであれば、それは立法によるべきである。

そもそも法人税法二二条二項は何のためにあるのかと問われれば、それは実体的真実に一歩でも近づいた適正な所得を計算するためにあるといわざるを得ないのであって、法に明定されていなくても、所得計算において「適正さ」を要求することはむしろ当然である(172)。

それは納税者に有利・不利の問題ではなく、所得計算の「適正さ」が要求されることを考えれば、法人税法二二条二項の解釈においても厳格な文理解釈が求められる。法人税法二二条二項は、収益が発生する取引のみを規定しているだけで、いかなる例外の規定も置かれていないことから、限定・縮小して解釈することは許されないのである。

以上のことから私見を述べると、法解釈からは適用範囲においても⑦適正所得算出説がいう無限定説が妥当するといえる。無限定説が妥当するならば、裁判所の判示する経済的合理性等と矛盾するが、裁判所が経済的合理性等に言及しているのは、法解釈として述べているのではなく、事実認定のあり方として述べていると解することもできるのではないだろうか。

租税法は他の法分野と同様に、事実関係や法律関係の「形式と実質」もしくは「外観と実体」が一致していない場合には、実質や実体に即して事実を認定しなければならない(173)。裁判所による事実認定の方法として、無償取引においても経済的合理性があると事実認定した場合には、無償取引により収益は認識されないと述べたとも解することができる。

もっとも、事実認定の問題と解した場合でも、租税訴訟における構造上、事実認定の第一段階は租税行政庁によって行われる。当然、租税行政庁によって行われた事実認定は裁判における事実認定の基礎となることや、経済的合理性の立証責任は納税者に負わされることになり、客観的な証拠や蓋然性が求められることになること、これらの点を考慮すると結局のところ、経済的合理性が認められる範囲も限定的であり、現行法では、無償取引課税の適用範囲は限りなく広いと解さざるを得ないといえる。

(131) 岡村忠生・前掲注（2）五頁、岡村忠生「判批」民商法雑誌一一六巻三号四三五頁（一九九七）。
(132) 金子宏・前掲注（46）一六七頁。
(133) もっとも限定説と無限定説で実質的な差異が存在する場合が考えられるとするものとして、藤巻一男「無償取引に関する法人税法上の解釈について――『適正所得算出説』と『無限定説』の正当性の検証――」税大ジャーナル九号一五頁以下（二〇〇八）がある。
(134) 無償取引に関する裁判例で、経済的合理性や特別の事情のない場合など収益の認識を限定しているもののうち、資産の低額譲渡に関するものとして、大阪高判昭和五九年六月二九日・前掲注（119）、役務の無償提供に関するものとして、大阪高判昭和五三年三月三〇日・前掲注（107）、静岡地判平成一四年六月二七日・前掲注（116）、東京地判昭和六一年九月二九日税資一五三号八三九頁。
(135) 増井良啓「無利息融資と経済的価値の移転」金子宏編『所得課税の研究』九五頁（有斐閣、一九九一）。
(136) 清水物事件の控訴審判決の後、無利息貸付の収益認定はやむを得ないとしても、税務官庁内において、「親子会社間の無利息貸付けや、資産の無償贈与や債権放棄等が、子会社援助のために行われることがあるが、これらの行為は、結局、親会社の利益になる場合があるので、そのような場合は、いわば反対給付のある事業関連の支出であり、寄付金とすべきでなく経費とすべき」という意見が強まったとされる（吉牟田勲『新版法人税法詳説――立法趣旨と解釈』五三頁（中央経済社、平成八年度版、一九九六））。なお同様の理由で法人税法基本通達九－四－一も設けられているとされている。
(137) 窪田悟嗣編『法人税法基本通達逐条解説　五訂版』（税務研究会、二〇〇八）八三二頁。
(138) 品川芳宣「資産の無償等譲渡をめぐる課税と徴収の交錯（2）」税理四七巻二号一四頁（二〇〇四）は、このような法律で定めた課税要件を緩める通達を緩和通達と呼ばれることがあるとされたうえで、本来は立法により対処すべき問題であるとされている。
(139) 岡村忠生岡村忠生「租税法律主義とソフトロー」税法学五六三号一五六頁（二〇一〇）。
(140) 金子宏教授は前掲注（34）で述べたとおり、納税者に有利な慣習法の成立は認めるべきという考え方を示しておられる。同様の見解として中里実「通達に反する課税処分の効力」ジュリスト一三四九号八八頁（二〇〇八）。
(141) 相京溥士「法人税法課税所得計算規定の解釈の現状と今後の課題」税法学五六三号七頁（二〇一〇）。
(142) 最判平成一八年一月二四日判例時報一九二三号二〇頁。
(143) 東京地判平成一三年一一月九日判例時報一七八四号四五頁。
(144) 東京高判平成一六年一月二八日判例時報一九一三号五一頁。
(145) 東京地判平成一三年一一月九日・前掲注（143）〔五二頁〕。

(146) 東京高判平成一六年一月二八日・前掲注（144）〔五八頁〕。
(147) 水野忠恒『大系租税法』四一三頁（有斐閣、二〇一五）、中里実・前掲注（15）四五四頁。
(148) 武田昌輔「課税所得の基本問題（中）―法人税法二十二条を中心として―」判例時報九五二号四頁（一九八〇）。
(149) 谷口勢津夫『税法基本講義　第5版』三七二頁（弘文堂、二〇一六）、大淵博義『法人税法解釈の検証と実践的展開』四二頁（税務経理協会、二〇〇九）（初出：「法人税法解釈の判例理論の検証とその実践的展開」税経通信六一巻六号四八頁以下（二〇〇六））。
(150) 中里実「『租税法と私法』論再考」税研一九巻五号七五頁（二〇〇四）。
(151) 中川一郎・前掲注（70）A一八五五頁。
(152) 岡村忠生編『新しい法人税法』二七六頁（有斐閣、二〇〇七）。
(153) 松沢智・前掲注（13）一三七頁。
(154) 占部裕典・前掲注（80）三四頁。また同旨の見解として、末永英男「法人税法二二条二項の『取引』の範囲について―オウブンシャホールディング事件における第三者割当増資を題材にして―」海外事情研究三三巻二号一六四頁（二〇〇六）。
(155) 桜井久勝・前掲注（7）七八頁。
(156) 中里実教授はこのような考え方を「合意の認定・擬制による『否認』」と呼んだうえで「課税逃れスキーム等に関しては、取引の全体を観察しなければ、当事者が真に意図したことが何であるか不明確の場合が多いのであろうから、一定の範囲内において、取引の全体を一体として考察するという観察法も必要なことは否定できない。」として、一部を恣意的に切り取って結論を導くことも、個々の契約を無視して取引の全体のみを恣意的に見ることも望ましくないと述べられている（中里実・前掲注（150）七九頁）。しかし、このような考え方は租税回避の否認規定で論じられる問題で、法人税法二二条二項にも適用できるかは疑問である。取引の全体的・一体的観察法について、谷口勢津夫教授は「取引の全体的・一体的観察法が、全体的・一体的観察による事実認定に対応する、解釈によって定立されているはずの規範を問題にせず、事実認定内在的な取引の見方として位置づけられるとすれば、それは解釈によって定立された規範が本来適用されるべき事案との「（経済的結果の点での）類似性」を根拠にして、類推を行なうことを認める考え方であることになり、租税法律主義の見地からすると、その法的正当性が極めて困難になろう。」（谷口勢津夫「税法における取引の全体的・一体的観察法の意義と問題―税法に『税法秩序の自力防衛』原則は内在するか―」税法学五六一号一九三頁（二〇〇九））と述べられている。
(157) 藤曲武美「寄附金課税をめぐる最近の裁判例について―法人税法二二条二項と寄附金、増資取引と寄附金の範囲を中心に―」租税研究六六一号一〇四頁（二〇〇四）。
(158) 占部裕典・前掲注（80）一三頁。

(159) 渕圭吾「オウブンシャホールディング事件に関する理論的問題」租税法研究三二号四三頁（二〇〇四）。
(160) 藤田宙靖・前掲注（34）五六頁、谷口勢津夫・前掲注（149）三三頁。
(161) 塩野宏・前掲注（27）八三頁。
(162) 金子宏・前掲注（22）八二頁。
(163) 芝池義一・前掲注（26）四六頁以下。
(164) 塩野宏・前掲注（27）一一五頁。
(165) 中川一郎・前掲注（70）六二頁。
(166) 中川一郎・前掲注（70）六三頁。
(167) 増田英敏『リーガルマインド租税法　第4版』一七八頁（成文堂、二〇一三）。
(168) 増田英敏・前掲注（167）一九二頁。
(169) 金子宏・前掲注（22）一一五頁、清永敬次『税法　新装版』三五頁（ミネルヴァ書房、二〇一三）。
(170) 占部裕典「租税法における文理解釈の意義と内容」税法学五六三号一〇〇頁（二〇一〇）、占部裕典「租税法における分離解釈の意義―租税特別措置法六六条の六の解釈を素材として―」同志社法学六一巻二号一九四頁（二〇〇九）、田中二郎『租税法　第三版』一二五頁（有斐閣、一九九〇）。
(171) 谷口勢津夫・前掲注（149）三九頁、中川一郎・前掲注（70）七〇頁、岡村忠生・前掲注（214）三七頁。
(172) 村井正・前掲注（82）一五七頁。
(173) 増田英敏・前掲注（167）一九〇頁。

結　論

本稿の目的は、法人税法における無償取引の課税根拠と適用範囲を明らかにすることにあった。この問題は租税法独自の概念である「所得」、「益金」とは何かという点のみならず企業会計における「収益」の概念、とりわけ「実現」とは何かということが交錯する問題であるため、その関係性について整理して検討を行ってきた。具体的には以下のとおりである。

一では、無償取引規定の位置づけと立法趣旨を考察した。無償取引規定の創設の沿革を概観したところ、法人税法二二条二項とその後の改正で追加された同条四項が、一見すれば衝突もしくは矛盾する関係にあることがわかった。そこで法人税法二二条四項の規定の性格を検討することによって、同規定が企業会計の慣行を慣習法として法人税法に取り入れることを承認した規定であることが確認できた。それによって法人税法二二条四項の射程範囲は、既に存在する法令に反しない場合もしくは法令が存在しない場合に限って、効力をもつことが明らかになったので、無償取引から収益が発生する企業会計の慣行が存在しなくても、法人税法における無償取引の規定の立法趣旨、適用範囲には影響がないこと、また「実現」については法人税法上に規定が存在しないため、企業会計の「実現」概念が適用されることが明らかとなった。以上のことから無償取引規定の立法趣旨については昭和三八年の税制調査会の答申を主な資料として、法人税法における無償取引の規定が未実現利益を「実現」させることにあり、同規定は、みなし実現規定であることが確認できた。

二では、実現を擬制した規定であることを受けて、無償取引規定の課税根拠についての学説の検討を行った。学説については無償取引の規定を実体的利益に対する課税であるとする説と擬制された利益に対する課税であるとする説の大きく二つに分けて、学界を代表する学者の見解を検討した。法人税法における「実現」は同法に「実現」に関する規定が存在しない以上、法人税法二二条四項の規定により企業会計の「実現」概念に委ねられるので、実体的利益（含み益など）が存在したとしても、擬制しない限り「実現」しないことを明らかにし、擬制説が妥当することを確認できた。また擬制説のなかでも、法人税法二二条二項の規定が租税回避否認の規定ではなく計算規定であることから、取引自体を新たに作り出すような擬制は認められず、あくまでも「実現」を擬制する適正所得算出説が最も適していることが検証できた。

三では、学説の議論を受けて裁判例の動向を無償取引の規定が創設される昭和四〇年以前に遡って概観した。無償取引に対して課税するという判例法理が確立しているかを確認したが、改正以前にそのような判例法理が確立していたとはいい難いことが明らかになった。また改正後においても、なぜ無償取引についても課税されるのかという根拠については必ずしも一貫性があるとはいえないことが確認できた。そればかりか法に規定していない特別の事情や経済的合理性を適用の基準に加える裁判例も散見され、適用範囲についても明らかではないことが指摘できた。

四では、これらの学説の議論と裁判例を受けて、無償取引規定を拡大解釈した事例と縮小解釈の事例、学説をあげて、かかる解釈方法が租税法において許されるのかを検討した。租税法の目的は国家の恣意的課税から国民の財産権を保障することにあり、それを担保するものが租税法律主義である。そのような観点から納税義務を拡大する解釈は許されないのは論ずるまでもないが、納税者の不利益にならない解釈すなわち財産権を侵害しない解釈は許される余地があるのかを考察した。

納税者に有利な場合の拡大・縮小解釈は許されるのかとの観点から考察したところ、租税法において拡大解釈・縮小解釈が許されないことと納税者の有利・不利とは関係がないことが明らかになった。なぜならば、ある納税者に有利な解釈、適用を認めることは、納税者全体で考えれば不公平な租税行政の執行が行なわれることを意味するからであり、結果的に公平な課税を実現するという租税法の理念に反することになってしまう。したがって直接的には租税法律主義の要請から厳格な文理解釈がもとめられているが、そこに租税公平主義の原則もはたらくことによって、たとえそれが納税者に有利であっても、法律の文言を無視したり、法文自体を空文化したり、それとは異なる意味を付け加えるなどの恣意的解釈を行うことは許されないということが確認できた。以上のことから無償取引の規定には如何なる限定も付されていないので、適用範囲については無限定とすることが適当であるという結論を導き出した。

本稿において、租税法律主義の観点から法人税法における無償取引規定における課税の根拠と適用範囲を中心に議論を展開してきた。法人税法の無償取引規定は計算の通則規定であって、租税回避の否認規定ではないので、取引自体を擬制したり、適用範囲を拡大・縮小したりすることは許されない。一方で無償取引規定は計算規定でありながら、租税回避の否認の機能も有することから、現行法においては立法趣旨からも文理解釈からも、無償取引の課税根拠として適正所得算出説が、適用範囲としては無限定説が、それぞれ妥当するという結論を導き出した。

しかしながら、現実の社会に目を向けてみると、法人が無償取引を行う場合は、株主や役員への隠れた利益処分として行われる場合や租税回避目的で行なわれる場合、経営再建のためにグループ企業や取引先企業に対して無利息、低利息で融資を行なう場合など、多様なケースが想定される。

無償取引の適用範囲を厳格に限定した場合には、租税回避行為をはじめ、租税負担の軽減を企図して行われる取引を防止することが不充分となり立法趣旨に反する。一方で無償取引の適用範囲に限定を付さなければ、際限なく課税対象が広がり租税法律主義との関係で問題が生じる。

このような観点から、無償取引の適用範囲の限界をどのように線引きするかは非常に難しい問題であり、法解釈によって適用の射程を決めることは、租税法律主義の形骸化を招くことにもなりかねない。例えば、現行の通達などで規定されている寄附金の適用除外規定を法人税法二二条二項の別段の定めとしても規定するなど立法による解決がもとめられる。

昭和四〇年に法人税法における無償取引規定が法文化されてから、約半世紀の時を経て、積み重ねられてきた多くの事例と深まった研究の成果との融合により、新たな立法がはかられることに期待したい。

以上のことを指摘し、本稿の結びにかえたい。

付記：本章は、井上雅登著「法人税法における無償取引課税の一考察─課税の根拠と適用範囲を中心として」専修法研論集四九号一一五頁以下（二〇一一）、「法人税法における無償取引課税の一考察─課税の根拠と適用範囲を中心として」租税資料館賞受賞論文集二〇回（二〇一一）〇巻三七七頁以下（二〇一一）を基に加筆・修正したものである。

第11章　相続税法における信託課税規定の射程の検討

成田武司

はじめに

我が国は、世界にも例をみないほど急速に高齢化が進展しており、超高齢社会に突入している。一般に、高齢者ほど資産を有していて、この資産を管理運用して没後もその資産をコントロールしたいというニーズが存在する。

また、資産を管理運用できない身体障害者に対して、資産を継続的に、そして安定的に渡したいというニーズなどもある。このようなニーズを挙げればきりがないが、資産の管理運用に対するニーズに応える制度の一つに信託がある。

大正一一年に信託法が制定され、八〇余年を経て平成一八年一二月に抜本的な改正がされた。大正一一年の制定された当時には想定していなかった形態で信託が活用されることもあるため、また社会や経済活動の多様化に対応するため、信託法の改正が行われた。信託法の改正で、受託者の義務等、受益者の権利行使、多様な信託の利用形態に対応するための規定が設けられた。特に多様な信託形態に対応するための規定として、受益証券発行信託、特定受益証券発行信託、受益者の定めのない信託、自己信託、受益者連続型信託等、種々の新しいタイプの信託に対応できる規定が整備された。新たな類型の信託が認められることになり、従来以上に柔軟な信託制度が形成されてきた。

信託法が改正されたことに伴い、信託課税についても、平成一九年度税制改正により抜本的な改正が行われた。この改正は、受益者課税の維持、租税回避行為の防止及びその他の整備等を行うことで、改正後の信託の健全な発展によって経済の活性化が図られることになる。しかしながら、信託に対する課税については、租税回避行為の防止に重点を置きすぎていると主張されることもあって、今後の信託の利用に障害となる可能性を否定できない。

本稿では、信託による資産の移転があった場合の課税原則を中心として、信託行為が行われた場合の課税関係を明確にする。課税関係を明確にできれば、最終的に信託の利便性向上に資するものと考える。平成一九年度税制改正以後だけでなく、それ以前の課税原則も含めて検討することにより、理解が一層深まると考える。現行では、信託による資産の移転の課税規定は、相続税法九条の二以下に規定されている。信託による資産の移転があった場合には、原則として相続税法九条の二以下が適用されるが、信託法に基づいた課税方法となっているかについても検討課題としてあげられる。

本稿の目的は、特に租税法律主義の下における、相続税法九条の二及び同法九条の三に規定されている「みなし規定」の適用範囲を明らかにすることにある。受益者等が適正な対価を負担せずに、信託受益権を取得した場合には、相続又は贈与があったものとして、みなし規定が適用される。受益者が適正な対価を負担した場合には、相続税法九条の二及び同法九条の三に規定されているみなし規定は適用されないこととされている。つまり、適正な対価を負担したか否かにより、みなし規定の該当性判断をすることになる。換言すると、明文上明らかにされていない適正な対価とは、いかなる対価を指すかが重要となる。

また、相続税法九条の二から相続税法九条の六の規定が、租税回避行為の防止に傾斜している規定であるかどうかについて、学説を基礎として検証する。そして、租税回避行為の個別否認規定とされる相続税法七条の規定との関係を明らかにする。

一　相続税法における信託課税の法的構造

1　平成一九年度改正前の信託課税原則の確立

現在の相続税法における信託課税の法的構造をみていくとき、立法当時の関連諸法令を確認し信託課税原則の確立を考察することが必要である。本節では、信託に対する課税の起源から平成一九年度の改正前までの期間を信託の課税のタイミングに的を絞って、三期間に区分し概観する。課税のタイミングを中心に概観することにより、本稿における検討対象である平成一九年度改正による信託課税の特徴を歴史的流れから掴むことができる。

三区分は以下のとおりである。第一期は大正一二年から昭和一二年まで、第二期は昭和一三年から昭和二一年まで、第三期は昭和二二年から平成一八年までを期間とする。[1]

まず、第一期の大正一二年から昭和一二年における信託課税原則を確認する。大正一一年に信託法が制定されると同時に、相続税法においても次の規定が置かれた。[2]

相続税法五條は、次のように規定されている。

「條件附權利、存續期間ノ不確定ナル權利、信託ノ利益ヲ受クヘキ權利又ハ訴訟中ノ權利ニ付テハ政府ノ認ムル所ニ依リ其ノ價格ヲ評定ス

第三條ニ依リ控除スヘキ債務金額ハ政府カ確實ト認メタルモノニ限ル」

相続税法二三條ノ二は、次のように規定されている。

「信託ニ付委託者カ他人ニ信託ノ利益ヲ受クヘキ權利ヲ有セシメタルトキハ其ノ時ニ於テ信託ノ利益ヲ受クヘキ權利ヲ贈與又ハ遺贈シタルモノト見做シ第三條、第二十條及前條ノ規定ヲ適用ス但シ不動産又ハ船舶ノ帰屬スヘキ權利ニ付テハ前條ノ規定ヲ適用セス[3]」

この相続税法五条につき、占部裕典教授は、「条件付権利、存続期間の不確実な権利、訴訟中の権利と同じく、政府の定めるところに従って、その価格を評価すべしとしたのである。信託の関係において、受益者が費用報酬を支払うべき債務を負担する場合には、相続税法第三条によりその債務を控除したものが課税価格となる。[4]」と述べられ、この規定が信託の権利の評価方法を定めたものであることを明らかにされている。

また、相続税法二三条ノ二において課税要件は「信託ニ付委託者カ他人ニ信託ノ利益ヲ受クヘキ権利ヲ有セシメタルトキ」と規定されている。すなわち、信託の委託者が委託者以外の者に信託の利益を受ける権利を与えたとき

は、贈与又は遺贈があったものとみなされ相続税が課せられる。

この課税要件によると、信託の設定時において権利を有した場合と、受益権を変更することによって権利を有した場合に課税が行われることになる。(5) 課税の時期は、前者は信託を設定した時であり、(6) 後者は他に受益権を変更した時となる。(7)

大正一二年から昭和一二年までの期間では、原則として信託契約成立時に、信託の利益を受ける権利の贈与又は遺贈したものとして相続税課税が行われた。(8) つまり、第一期は信託設定時課税が原則とされた。

第二期は昭和一三年から昭和二一年までの期間である。昭和一三年改正は、信託課税の課税時期をめぐる抜本的な改正であった。窪田好秋氏が、「従来は信託契約を結んだときに贈与したものと見たのでありますが、改正後は受益者が現実に受益するとき、即ち受益開始の時に贈与したものと看做して課税することとなった(9)」と述べられるように、昭和一三年改正により信託課税の時期は信託設定時主義から現実受益主義に変更された。第二三条ノ二について、大幅に変更されていることが確認できる。

相続税法五條は、次のように規定されている。

「條件附權利、存續期間ノ不確定ナル權利、信託ノ利益ヲ受クヘキ權利又ハ訴訟中ノ權利ニ付テハ政府ノ認ムル所ニ依リ其ノ價格ヲ評定ス

第三條又ハ第三條ノ二ニ依リ控除スヘキ債務金額ハ政府カ確實ト認メタルモノニ限ル」

相続税法二三条ノ二は、次のように規定されている。

「信託ニ因リ委託者カ他人ニ信託ノ利益ヲ受クヘキ權利ヲ有セシメタルトキハ左ニ掲クル時ニ於テ信託ノ利益ヲ受クヘキ權利ヲ贈与シタルモノト看做ス此ノ場合ニ於テ不動産又ハ信託ニ因ル所有權取得ノ登記ハ前條第二項ノ規定ノ適用

ニ付テハ之ヲ贈與ニ因ル所有權取得ノ登記ト看做ス
一　元本ノ利益ヲ受クヘキ權利ヲ有セシメタルトキハ受益者カ其ノ元本ヲ受ケタル時但シ數回ニ之ヲ受クルトキハ最初ニ其ノ一部ヲ受ケタル時
二　收益ノ利益ヲ受クヘキ權利ヲ有セシメタルトキハ受益者カソノ收益ヲ受ケタル時但シ數回ニ之ヲ受クルトキハ最初ニ其ノ一部ヲ受ケタル時
前項ノ場合ニ於テ受益者不特定ナルトキ又ハ未タ存在セサルトキハ委託者又ハ其ノ相續人ヲ受益者ト看做シ受益者特定シ又ハ存在スルニ至リタル時ニ於テ新ニ信託アリタルモノト看做ス
元本又ハ收益ノ受益者カ其ノ元本又ハ收益ノ全部又ハ一部ヲ受クル迄ハ元本又ハ收益ノ利益ヲ受クヘキ權利ハ委託者又ハ其ノ相續人之ヲ有スルモノト看做ス
信託ノ利益ヲ受クル時ノ委託者ト受益者トノ身分関係カ信託ノ時ノ身分関係ト異ルトキハ其ノ身分関係ハ第一項ノ規定ヲ適用スル場合ニ於テハ信託ノ利益ヲ受クル時迄存續スルモノト看做ス」

占部裕典教授は、相続税法二三条ノ二の内容について、「(1) 元本の利益を受くべき権利を有せしめたるときは、その元本を受けたとき（ただし、数回にこれを受けるときには最初にその一部を受けた時）、(2) 収益の利益を受くべき権利を有せしめたるときは、受益者がその収益を受けた時（ただし、数回にこれを受けるときには最初にその一部を受けた時）に、信託の利益を受けるべき権利を贈与したものと看做すこととされた。そのほか、二十三條ノ二においては、(1) 受益者不特定又は未存在の信託については、受益者が特定又は存在するに至ったときに信託が発生したものとするが、受益者が特定又は存在するまでの信託受益権は委託者又はその相続人が有するものと看做す、(2) 現実受益主義を採用したことから、その時までの信託受益権の帰属が問題となるが、その間委託者又はその相続人に受益権が有するものと看做す、(3) 親疎別に異なる税率を適用して課税することとしている相続税において、信託行為時と課税時に委託者と受益者の身分関係が変わることによる不都合を避けるために、信託行為の時の身分関係が存続するものと見做して相続税が課税される」[10]と述べられている。

すなわち、改正条文は、信託受益権を元本受益権と収益受益権に分解し、それぞれ利益を受けたときに贈与があったものと看做し、相続税法二三条ノ二第二項以下で各権利の帰属の時期を規定している。

昭和一三年改正により信託受益権の課税時期が信託設定時主義から現実受益主義へと変更されたが、平田敬一郎氏はこの理由を以下のとおり述べている。すなわち、「従来は信託契約を結んだときに贈与したものと看做して課税することになったのであります。従来のように未だ受益開始しなくても、契約さえすれば課税すると云うことでは、どうも未だ利益を得ない前に税を納めねばならなくなる。それから又受益者が中途で変更する場合もありまして受益権の評価に非常に困難があったりするので、是は現実に利益を受ける場合に課税することに変わった次第であります。[11]」とされている。信託契約時に課税するのではなく、実際に受益したときに課税することとなった理由に、信託期間中の受益者の変更及びそれに伴う受益権の評価の問題があることを指摘している。なお、信託課税における現実受益主義は第二期のみ用いられ、第三期では再び信託設定時主義に変更される。

第三期は昭和二二年から平成一八年までの期間である。日本国憲法が制定された後、昭和二二年に民法の相続編が改正され、家督相続の制度が廃止された。これを受けて、相続税法の全文が改正された。

相続税法五条は、次のように規定されている。

「信託行為があった場合において、委託者以外の者が信託の利益の全部又は一部についての受益者であるときは、当該信託行為があった時において、委託者が信託の利益を受ける権利（受益者が信託の利益の一部を受ける場合においては、当該信託の利益を受ける権利のうち、その受ける利益に相当するもの）を受益者に贈與したものとみなす。

委託者が受益者である信託について、あらたに委託者以外の者が受益者となった場合においては、委託者以外の者が受益者となった時において、委託者が信託の利益を受ける権利をあらたに受益者となった者に贈與したものとみなす。」

相続税法六条は、次のように規定されている。

「相続開始前二年以内に信託行為があった信託について、委託者たる被相続人以外の者が信託の利益の全部又は一部についての受益者である場合又は相続開始前二年以内に委託者たる被相続人が受益者である信託について、あらたに委託者以外の者が受益者となった場合において、当該信託が左の各号に掲げる信託の一に該当するときは、当該信託の利益を受ける権利については、当該信託の受託者を受益者とみなして、前條の規定を適用する。

一　相続開始の時において信託行為により受益者として指定された者が受益の意思表示をしていないためまだ受益者が確定していない信託

二　相続開始の時において受益者がまだ存在していない信託

三　停止條件附で信託の利益を受ける権利を有せしめた信託で相続開始の時においてまだ條件が成就していないもの

四　相続開始の時において受益者が不特定である信託

前項の場合において、受託者が同項の規定の適用により納付すべき相続税は、命令の定めるところにより、当該信託財産の中から、これを納付しなければならない。」

この改正で第二期に採用された現実受益主義が廃止され信託設定時主義が再度採用されることになった。この点につき、川口幸彦教授は旧相続税法について触れ、「贈与者が納税義務者であるため、現実に受益が発生していなくても、信託行為があった時に直ちに課税できるからであった。」(12) と述べて、当時は贈与者が納税義務者であって、贈与者に課税されるのが通常であることを理由に挙げている。[13] 贈与税が創設された昭和二二年当時は、納税義務者を贈与者としていたことからそのような説明がされたのではないかと思われる。[14]

相続税法五条一項は信託設定時主義を規定している。同法二項は、委託者が受益者である信託（自益信託）について、その受益者を委託者以外の者である信託（他益信託）とした場合の課税関係を規定している。[15] 同法六条は、相続開始前二年以内の信託で、他益信託又は自益信託が他益信託となった場合において、限定列挙された四つの要件に該当するときにその信託の受託者を受益者と看做して課税すると規定した。

この後、シャウプ勧告を受けて昭和二五年に相続税法が抜本的に改正されたが、信託課税原則には若干の改正が加えられたのみであった。その内容は以下の通りである。

相続税法四条は、次のように規定されている。

「信託行為があつた場合において、委託者以外の者が信託（退職年金の支給を目的とする信託で政令で定めるものを除く。以下同じ。）の利益の全部または一部についての受益者であるときは、当該信託行為があった時において、当該受益者が、その信託の利益を受ける権利（受益者が信託の利益の一部を受ける場合には、当該信託の利益を受ける権利のうちその受ける利益に相当する部分。以下本条において同じ。）を当該委託者から贈与（当該信託行為が遺言によりなされた場合には、遺贈）に因り取得したものとみなす。

2　次の各号に掲げる信託について、当該各号に掲げる事由が生じたため委託者以外の者が信託の利益の全部又は一部についての受益者となつた場合においては、その事由が生じた時において、当該受益者となつた者が、その信託の利益を受ける権利を当該委託者からの贈与（第一号の受益者の変更が遺言によりなされた場合又は第四号の条件が委託者の死亡である場合には、遺贈）に因り取得したものとみなす。

一　委託者が受益者である信託について、受益者が変更されたこと。

二　信託行為により受益者として指定された者が受益の意思表示をしていないため受益者が確定していない信託について、受益者が確定したこと。
三　受益者が特定していない又は存在していない信託について、受益者が特定し又は存在するに至つたこと。
四　停止条件付で信託の利益を受ける権利を与えることとしている信託について、その条件が成就したこと。
３　前項第二号から四号までに掲げる信託について、当該各号に掲げる事由が生ずる前に信託が終了した場合において、当該信託財産の帰属権利者が当該信託の委託者以外の者であるときは、当該信託が終了した時において、当該信託財産の帰属権利者が、当該財産を当該信託の委託者から贈与に因り取得したものとみなす。」

相続税法四条一項により昭和二二年から採用された信託行為時課税の原則が維持されることになった。今回改正の中心は、同法二項二号から四号までの例外規定の追加であり、その追加された三つの特定の信託は、信託設定時課税の例外とされ、それぞれの条件が成就したときに課税することを新たに明確にしている(16)。すなわち、信託行為により受益者として指定された者が受益の意思表示をしていないために受益者が確定していない信託については、受益者が確定したときに（条文）、受益者が確定していない又は存在していない信託については、受益者が特定又は存在するに至ったときに（条文）、停止条件付で信託の利益を受ける権利を与えることとしている信託については、その条件が成就したときに（条文）、課税がなされることとなった。相続税法四条三項では、同法四条二項二号から四号までの信託がそれぞれの事由が生じる前に終了した場合の課税関係が手当てされている。

その後、相続税については昭和三三年に法定相続分課税による遺産取得税方式が採用され、贈与税については昭和二五年に贈与者課税から受贈者課税へと変更されるなど、相続税法自体の抜本的な変更があったにもかかわらず、信託に対する課税においてはほとんど改正されることがなかった(17)。

信託に対する課税の初期段階から平成一九年度の改正前までを三期間に区分して概観してきたが、信託課税の改正の中心がいかに課税時期を捉えるかにあったことが確認できた。課税のタイミングについて、第一期は信託設定時主義、第二期は現実受益主義、第三期は信託設定時主義がそれぞれ採用されていた。すなわち、第一期及び第三期は信託を設定した時点において課税され、第二期は現実に受益した時点において課税されるというものであった。第二期の昭和一三年から昭和二一年という短い期間のみ、現実受益主義により課税がなされていたのである。第三期では、昭和二五年改正により限定列挙されたものに信託設定時課税の例外が採用されることになったものの、信託設定時主義の原則が変更されることはなかった。(18) このように、平成一九年度改正まで信託設定時課税が信託課税原則であることが確認できる。

2　従来の信託課税制度に対する学説からの批判

「1　平成一九年度改正前の信託課税原則の確立」で確認した課税のタイミングについての原則的な取り扱いは、制度として紆余曲折している取り扱い原則であった。この点につき、占部裕典教授は、信託税制の「基本的な課税原則（あるいはその変遷）は、立法以来、信託法と信託税制との十分な理論的考察を背景に必ずしも確立されたものではない。わが国の信託税制は、理論的基礎を十分に検証しないまま今日に至っているといえよう。(19)」と述べられ、信託税制の基礎研究の不足を指摘している。過去の信託税制の改正を見る限りは、信託理論を軽視した課税体系であるため、「1　平成一九年度改正前の信託課税原則の確立」で考察した課税のタイミングの変遷があったといえる。ここで、信託理論の軽視とは、信託法を尊重した課税体系を構築していないということである。信託法に則した課税体系を構築するため、信託法及び信託税制の基礎理論を再度検討すべきである。

平成一九年度改正前における信託設定時主義に対する批判を紹介する。佐藤英明教授は、「現在の設定時課税の制度には、将来の受益の内容や、さらにはその有無がはっきりしない場合に対応することが困難だ、という問題点を指摘することができる。例えば、受益者を委託者の友人の子ども三名とし、信託損益は留保して受益者の誰かの健康、教育上の必要に応じ、受託者の裁量によって分配される信託が設定されたとしよう。この他益信託の設定時にこれら三名の『受益者』の将来の受益内容を確定し、その『受益権』の価格を評価することは不可能であると考えられる。他方、これは受益者の範囲や受益要件が定められているに過ぎず、受益者は未だ特定されていないと解して、受託者の裁量に基づく、現実の分配時まで贈与課税を先送りすると、それは同時に、信託損益についても受益者が特定されていないとされることになり、時に理論的な根拠が薄弱な委託者に対する課税の範囲を拡大する結果となる。特に、このような信託が遺言によって設定された場合には、問題は大きいと考えられよう。[20]」と述べられている。すなわち、佐藤英明教授は、信託設定時主義について、将来の受益の内容又は受益者を変更する余地のある裁量信託[21]などが存在する以上、問題があるとしている。その上で、裁量信託の具体例を挙げ[22]、受益者が不特定又は未存在であるため、信託設定時課税がなされない場合には、信託損益についても委託者課税の範囲が拡大するとされている。信託設定時主義の問題点については、佐藤英明教授の述べる通りであると考えられる。[23]

また、星田寛氏は「他益信託においては、取消しされる場合や収益受益者が変更される場合だけでなく、収益受益者が放棄・拒否した場合や受益者が合意解除した場合、不特定の収益受益者や複数受益者への受託者の裁量による異なる収益の分配や分配が留保される場合、および信託財産あるいは収益受益権を譲渡した場合の法的効果とその課税関係も検討する必要がある。[24]」と述べられ、一定の他益信託について、元本受益権又は収益受益権を譲渡した場合の信託法上の効果と信託設定時課税の現状を検討する必要があるとされている。裁量信託の信託設定時課税に疑問を呈している点で佐藤英明教授と同旨のことを述べている。

委託者の意思や受託者の裁量により、信託設定時に成立した契約関係を破棄することができるものについてまで、信託設定時に受益者課税とすることは三点の問題点がある。それは、受益者の地位の不安定である点、受益者の実質的な担税力という点、受益者変更権行使の場合の課税関係が不明確であるという点[25]が挙げられる。信託契約設定時においては、受益者は委託者によって変更されるリスクを負っており、さらにそのリスクは信託受益権の評価額に反映されない。そして、「受益者が受益権を取得しても、常に受益者としての地位が不安定であるから、受益権の取得が受益者の担税力を実質的に増加せしめたかどうか[26]」は疑問が残り、担税力の測定をすることができない。このように考えると、形式的に権利が確定した時ではなく、実質的に権利が確定した時に課税されるべきである[27]。つまり、受益権の変更ができなくなったときに、権利を確定するという考え方である。仮に、信託設定時に変更されるリスクを加味して適正な担税力を測定できるのであれば、信託設定時課税であっても問題は生じない。

相続税法における従来の信託課税制度に対する批判は、受益者連続型信託の問題との関係で取り上げられる。受益者連続型信託の課税関係は、それと比較検討される後継ぎ遺贈の私法上の法的効果の影響を受ける。そこで、後継ぎ遺贈について、どのような批判があったかを課税関係の問題点も抽出しつつ、整理することとしたい。

後継ぎ遺贈の定義規定は存在しないが、後継ぎ遺贈は「受遺者Aの受ける遺贈利益を、ある条件の成就または期限の到来によって、Bに移転させるという遺贈にあっては、Bもまた受遺者である[28]」と考えられる。ある条件の成就または期限の到来によって成立する遺贈であるため、不安定な遺贈であるといえる。

このように一応の定義[29]は存在するが、民法上[30]又は信託法上において後継ぎ遺贈の効力について争いがあり、肯定する説と否定する説が存在する。原則として私法関係準拠主義を採用している租税法においては、他の私法関係が確定しなければ、課税関係が極めて不安定なものとなってしまうが、後継ぎ遺贈については、そもそも有効か無効かの議論があるのである。

私法関係準拠主義について、谷口勢津夫教授は、「自由主義的国家観を基本とする国家体制（経済面では自由主義的経済秩序）においては、私的自治の原則を基礎とする私法制度の下で、『私的自治の制度化』としての契約自由の原則に従って形成される法律関係に基づいて、経済的成果が発生することが予定されている。そのような経済的成果を課税の対象とする場合、租税法は経済的成果を、その基礎にある私法上の法律関係によって把握するか、あるいは私法上の法律関係と切り離して別の何らかの方法で把握するかの根本決定を行わなければならない。我が国の租税法は前者の、私法上の法律関係によって経済的成果を把握するという根本決定（以下では『私法関係準拠主義』という）を前提としている」[31]とされ、さらに、「私法関係準拠主義を前提とするものである以上、課税要件事実は、私法上認定された法律関係に従って、認定されるべきである。つまり、課税要件事実の認定については、論理的には、課税の基礎となる私法上の法律関係をまず専ら私法の観点から認定し（裁判所による契約の性質『変更』を含む）、その上でそれをそのまま課税要件事実として受け入れる、というような判断構造が観念されるべきである」[32]と述べられている。すなわち、私法関係を把握した上で、課税するという構造であるとされる。後継ぎ遺贈について当てはめると、その後継ぎ遺贈の効力が民法上又は信託法上で認定できなければ、課税関係を確定することができなくなってしまうということである。

学説を検討する前に、まず、わが国において後継ぎ遺贈の最高裁判決が存在するので、ここに紹介しておこう。最高裁昭和五八年三月一八日判決[33]は、夫（A）が妻（X）に不動産を遺贈し、Xの死後はAの兄弟等（Y）に不動産の所有権を分割して与えるという遺言について争われた。原審福岡高裁昭和五五年六月二六日（判例集未登載）は、Xの死後にYに対する第二次遺贈の部分は、Aの希望を述べたものにすぎないと判示した。これに対し、Yは、その遺言がXの死亡を停止条件としたYへの単純遺贈であるとして上告した。最高裁判所は、第一次遺贈はXに対する単純遺贈であって、第二次遺贈の条項はAの単なる希望を述べたにすぎないと解することもできると述べた上で、Xに対する遺贈につき不動産の所有権をYに対して移転すべき債務をXに負担させた負担付遺贈であると解するか、また、Yに対しては、X死亡時に不動産の所有権がXに存するときには、その時点において不動産の所有権がYに移転するとの趣旨の遺贈であると解するか、さらには、Xは遺贈された不動産の処分を禁止され実質上は不動産に対する使用収益権を付与されたにすぎず、Yに対するXの死亡を不確定期限とする遺贈であると解するか、と四点の解釈の可能性を示し、原審判決を破棄し、原審に差し戻した。四点の解釈を要約すると、単純遺贈、第一次受遺者に対する負担付遺贈、第二次受遺者に対する停止条件付遺贈及び第二次受遺者に対する不確定期限付遺贈である。(34) 最高裁判決では、本件遺贈が後継ぎ遺贈であるかどうかは明らかにしていないが、民法上明文規定のある四点の可能性を示唆したものである。

これに対し、学説からは多数の批判がなされている。中川善之助＝泉久雄教授は、後継ぎ遺贈は問題があるとした上で、「例えば、A死亡の際は、Aの相続人ではないBに移るとしたとすれば、Aの相続人は、どうなるのか。もしAの死亡前に、Aの相続人がその財産を処分したらどうなるのか。相続人の債権者が相続開始と同時に、この財産を差し押さえたら、Bは受遺者として、この債権者に対抗できるかどうか。ドイツ民法のような明文上の手当をしないでおいて、ドイツ民法の先位相続人（Vorerbe）と後位相続人（Nacherbe）の制度を、(35) 単純に引き入れることは、難しい(36)」として、具体例を示し、相続人ではない受遺者の権利義務関係が不確実であるとされている。後継ぎ遺贈について、批判的な疑問の提起はしているものの、その解決策は講じていない。他にも「複雑な遺贈を現行法のもとで認めることには疑問がある(37)」と、後継ぎ遺贈に疑問を呈す学者も多い。その後、後継ぎ遺贈が有効であると解した米倉明教授の二つの論文(38)があったが、大村敦志教授は「米倉論文の結論そのものは筆者にはやや性急にみえる(39)」とし、「後継ぎ遺贈が社会的な承認をうるには、いましばらくさまざまな法的な実験が重ねられる必要があるだろう。(40)」と米倉論文に対し、慎重な意見を述べている。つまり、学説の批判をまとめると、第一次遺贈者が処分した場合の課税関係及び第一次受遺者と債権者の関係で差し押さえに疑問を投げかけている。共通の見解として、現状において後継ぎ遺贈を認めることは時期尚早であるとされている。

後継ぎ遺贈に対する信託課税制度に対しても批判がある。上記最高裁判所が判示した四つの見解についてそれぞれの課税方法[41]は、基本的には相続税法の本法に規定されているが、詳細な課税時期の規定または課税価格の計算方法の評価に関する規定等については通達にて定められている。その課税方法の批判として、松崎為久氏は「肝心な信託受益権に対する評価規定が曖昧であること…略…停止条件付信託や不確定期限付信託の存在を認めて規定を設けているものの、その課税関係は不明瞭である。[42]」と述べられ、評価規定の曖昧さ及び課税の不明瞭さを指摘されている。信託受益権の課税価格の計算方法[43]は課税時期から受益までの期間が長い等の理由から評価が難しいのは当然である。通達[44]で規定されているが、本法で規定すべきである。[45]

「後継ぎ遺贈に関しては、停止条件付遺贈や負担付遺贈等に際して通達を中心に規定が整備されている。まず、後継ぎ遺贈のような遺贈そのものが条件等により遺産分割が確定していないという解釈を行う場合には、相続税法ではそれを遺産は未分割であると判断し、相続税法五五条及び相続税法基本通達一一の二－二に法定相続分に基づいて申告納税が求められている。つまり、遺産分割の場合において相続税を計算できないことから、実質的に申告期限を延長することが可能となってしまうため、課税の公平のバランスをとり遺産未分割の場合には法定相続分でとりあえず申告納税を行い、分割が確定してから修正申告又は更正の請求を行うことができることとなっている。[46]」とあり、停止条件付遺贈や負担付遺贈等で、遺産分割時に遺産が未分割である場合には、未分割財産として相続人等が相続税を申告することになる。条件成就後に分割が確定してから修正申告又は更正の請求を行うこととなるとされている。このように、後継ぎ遺贈を停止条件付遺贈又は負担付遺贈等に私法上の法律構成を明確に区分できるものについては問題が少ない。しかし、上記最高裁判所の判例のように私法上の法律構成を確定することが難しいものも存在する。特に、負担付遺贈について、負担付遺贈とする見解と、第一次受遺者への負担といいながら死亡に伴う負担であるので正確には第一次受遺者の相続人の負担ということになるので、負担付遺贈と解することはできないとする見解がある(47)。前者は更正の請求をすることはできないが、後者は更正の請求ができることになってしまうのである。そもそも私法確定の解釈が複数考えうる後継ぎ遺贈があり、さらに課税規定が曖昧であっては課税関係が曖昧になるのは当然である。

　租税回避行為と信託の観点から、佐藤英明教授は「信託はしばしば租税回避の具として利用されてきており、したがって、信託の制度自体が柔軟であるからといってあらゆる信託をわが国の法制上認めるべきだということにはならない、という議論は可能である。しかし、それと同時に、租税回避以外の、正当な経済・社会的目的を達成するために、信託の柔軟性が発揮されること自体は必ずしも忌避されるべきことがらではなく、また、不当な課税方法や、課税方法が不分明であることが、信託の自由な利用を妨げることも望ましいとは考えられない(48)。」と述べられ、信託制度が租税回避行為の道具として使われた経緯もあり、どのような信託を制度上認めるべきかについては議論の余地があるとされている。そして、信託はきわめて柔軟な制度であるといわれる(49)が、柔軟な信託制度が忌避されるのではなく、不当な課税方法や課税方法の規定のないことが信託の発展に望ましくないとしている。つまり、社会的なニーズに対応する多様な信託は私法上認められるべきであり、その課税についても担税力に即して行われるべきである。

（1）　下野博文氏は、信託に対する相続税の課税制度を四期に区分しているが、「第四期の課税制度は第三期の制度を基本とするものであると考えられる」（同「相続税法第四条に関する一考察」（税務大学校論叢）一頁（一九七七））と述べてられていることもあり、本稿においては第三期と第四期を区分する理由に乏しいことから三期間に区分している。

（2）　原田宗藏氏は、信託課税制度の起源について「我邦の税制上に、信託に関することの認められたるは、明治四三年法律第四五号に依り、営業税法の課税業目中に信託業の追加ありたるに始まる。然れども之れ唯信託業に対し、報償金額を課税標準として課税することを定めたるに過ぎずして、未だ信託関係の実体に触れたるものに非ず。」（同「信託税制の沿革と今後の改善私案」信託協会会報二巻三号一三頁（一九二八））と述べており、この当時は信託課税の規定があっても実体のないものであった。
（3）但書以下について、渡邊善藏氏は、「登録税の高い課税と差引する、換言すれば登録税が高いから相続税を免る、為に信託することがあるまい」（同「信託と租税」会計一四巻二号七〇頁（一九二四））と述べられ、不動産又は船舶については、相続税の課税対象外に置かれた。
（4）占部裕典『信託課税法―その課題と展望』一六頁（清文社、二〇〇一）。
（5）細矢祐治『信託経済概論』六八九頁（文雅堂、一九三八）以下。
（6）渡邊善藏氏は、課税時期について、受益者を以て信託財産の所有者と見るという所得税法の「考方を基本として、委託者から受託者へ、受託者から受益者への財産の移轉を見るとすれば、委託者から受託者に移る際に於て實質的に所有權の移轉があると見るべきであって、受託者から受益者に移轉するのは、所有者本人の手に返すだけに過ぎないことになる。」（同「税制雑記（二）」信託協会会報第九巻五号一〇一頁（一九三五））と述べている。これは、第二三条ノ二の規定の「信託ニ付委託者カ他人ニ信託ノ利益ヲ受クヘキ權利ヲ有セシメタルトキ」の考え方に合致していると考えられる。
（7）下野博文氏は、「課税時期については、信託受益権を他人に有せしめたとき、『其ノ時ニ於テ』贈与又は遺贈があったとみなしている。したがって、原則として信託の時が課税時期である。ただ、例外として、委託者が受益者である場合に、他に受益者を変更したときは、その時が課税時期とされた。」（下野・前掲注（1）三頁）と述べられ、原則と例外に分けて説明をしている。
（8）大正一五年において、受益者が不特定の場合として第二三条ノ二に第二項が追加されたが、その詳細は、占部・前掲注（4）一八頁以下を参照されたい。
（9）窪田好秋「信託と相続税の課税」税第一六巻八号三七～三八頁（一九三七）。
（10）占部・前掲注（4）二一頁。さらに占部教授は改正された背景として、三つの理由を挙げている。
すなわち、「（1）信託法七条の解釈において、同条は受益者の効力発生に関する規定であると解する見解が有力になり、相続税法第二十三条（準相続に関する規定）の取扱いと同様に、効力の発生したときに課税すべきであると解されるようになった。（2）信託の受益権を共有するも必ずしもその時点において担税力の増加なきものが存する場合も存在し、また委託者は受益者変更権を往々に留保している場合が存する。特に、信託行為時に課税する旧法については批判が多かった。旧相続税法第二十三条ノ二第一項に対する批判である。『信託ノ時ニ於テハ受益者ハ未ダ少シモ財産ヲ取得セズ、実質的ニハアタカモ贈与ノ予約ヲ受ケタルト選ブ所ナキモノナルヲ以テソノ際直ニ課税スルコトハ実情ニ副ハ』ない。信託受益権を享受しただけでは負担の増加があったとはいえないとの主張が強まってきた。（3）受益権の評価が困難であり、ひいては課税の不公平を招くことになる。」（占部・前掲注（4）二一頁）と述べられている。
（11）平田敬一郎「信託と改正税法に就て」信託協会会報第一四巻六号六七～六八頁（一九四〇）。

(12) 川口幸彦「信託法改正と相続税・贈与税の諸問題」税務大学校論叢三一三頁（二〇〇八）。

(13) 松井静郎氏は、「従来の相続税法においては贈与を受けた者を納税義務者とする建前をとっていたからである。しかるに贈与税においては贈与者を納税義務者としているから、かかる場合は受益の発生するまで待つ必要はなく、信託行為があった時直ちに贈与があったものとみなして課税すればよい」（同「改正相続税法の解説」税務協会雑誌第四巻五号（一九四七））と述べている。

(14) 占部裕典教授は、「後の贈与税改正により受贈者を納税義務者とすることとされた折に、この原則は一切変更されなかったことに留意をしておく必要があろう。」（占部・前掲注（4）二四頁）と興味深いことを述べており、昭和二五年の贈与税の課税方式が、贈与者課税から受贈者課税に変更されたときに、信託の課税時期が信託設定時主義から現実受益主義に変更されなかったことを指しているものといえよう。

(15) 下野博文氏は、現実受益主義について、「この法文が広く解釈されて、委託者が受益者である場合に限らず、委託者が受益者変更権を行使した場合にも、その時に委託者から新受託者に対して贈与がなされたものとして取扱われた。そこで今回の改正では、まず、課税要件を他益信託の『信託行為があった場合』と規定し、課税時期についても『当該信託行為があった時』と規定して、信託が設定された場合の課税関係を明確にした。そして同時に、従来は法文の解釈により導き出されていた自益信託から他益信託へ変更した場合の課税関係についても、法律の規定をもって明確化し」（下野・前掲注（1）一三一～一四頁）たと述べられ、争いのある解釈を一義的に解釈できるような規定を設けたことは評価できる。

(16) 占部・前掲注（4）二六頁参照。

(17) 昭和六三年に公益信託の課税について若干の改正があったが、本稿では割愛する。

(18) 昭和二二年から昭和二五年までは、贈与者が納税義務者であり、昭和二五年から現在までは受贈者が納税義務者であった。詳しくは、武田昌輔監修『DHCコンメンタール相続法1』八八二一～九〇一頁参照（第一法規、一九八一）。

(19) 占部・前掲注（4）三一頁。また、占部教授は「信託課税の基本的仕組み―わが国の信託税制の特徴と問題点」税研一三二（二〇〇七）において、基本的な問題点を四点挙げている。その内容は、わが国の信託所得課税の特徴と問題点、わが国の信託所得課税ルールの特異性、相続税・贈与税における信託課税原則とその問題点、投資信託の課税原則と問題点である。

(20) 佐藤英明「遺産承継にかかわる信託税制に関する若干の考察」新井誠編『高齢社会とエステイト・プランニング』一五五頁（日本評論社、二〇〇〇）。

(21) 新井誠教授は、「委託者は信託設定を通じて、当該信託運用の基本的指示をおこない、その運営方法の大枠を決定しているわけではあるが、設定後の具体的な運用は原則的に受託者の裁量に委ねられているのである。このため、この他益信託の本来的な形態は、裁量信託（discretionary trust）とも呼ばれている（この形態では、受託者による裁量権の濫用こそ許されないものの、基本的に受託者には『完全な裁量権』が認められている）。」（同『信託法　第3版』六八頁（有斐閣、二〇〇八））と裁量信託について述べられている。そして、英米での裁量信託とわが国における裁量信託との違いについても触れており、参照されたい。

(22) 金子宏教授は『租税法（第22版）』一七六頁（弘文堂、二〇一七）において、受益者が特定ないし存在していない場合において、信託契約が撤回不能のものであり、しかも委託者が、受託者及び信託財産に対して一切コントロールできないような場合にまで委託者課税とすることに、批判的な見解であり、信託財産を納税義務の主体とすることが考えられるとしている。他の批判的な意見として、占部裕典『信託課税法―その課題と展望』三五頁（清文社、二〇〇一）などがある。

(23) ただし、委託者課税の範囲が拡大するということに関しては、平成一九年度改正で取り扱いが変更されている。受益者が不特定又は未存在である場合の委託者課税は廃止されて、法人課税信託（法人税法二条二九号の二）の範疇となり、受益者と同等の地位を有する者をみなし受益者として取り扱うこととなった（所得税法一三条二項、法人税法一二条二項）。関戸隆夫氏は、「新信託法において、新たに受益者について『受益者は受益権を有する者』とされ、受益権とは『信託行為に基づいて受託者が受益者に対し負う債務であって信託財産に属する財産の引渡しその他信託財産に係る給付をすべきものに係る債権及びこれを確保するために信託法に基づいて受託者に対し一定の行為を求める権利をいう』ことが明らかにされたことから（新信託法二⑥⑦）、税務上においても実質的な基準で受益者とみなすべき者を捉えようとするものと考えられる。」（同「新信託法の概要と税法の基本的考え方」月刊税務事例四五九（二〇〇七））と説明している。

(24) 星田寛「日本版パーソナル・トラストを実現させるための課題と提案」新井誠編『高齢社会とエステイト・プランニング』一二四頁（日本評論社、二〇〇〇）。

(25) 下野・前掲注（1）三八頁参照。

(26) 下野・前掲注（1）三六頁。

(27) 占部裕典教授は、所得税法、法人税法は、「かなりの割り切りを伴った委託者課税又は受益者課税の二者択一的発想を読み取ることができる（相続税法においても、同様である。）。これは多くの場合、導管理論によるものと説明されている。このような徹底した導管理論が信託法理のうえからも果たして導かれうるものか検討を要しよう。

(28) 中川善之助＝泉久雄『相続法 第4版』五六九頁（有斐閣、二〇〇〇）。他に、稲垣明博氏は、「第一次受遺者の受ける財産上の利益が、ある条件の成就や期限の到来した時から第二次受遺者に移転する遺贈」（同「いわゆる『後継ぎ遺贈』の効力」判例タイムズ六六二号四〇頁（一九八八））とされ、ほぼ同じように解釈されていることがわかる。

(29) 一応の定義としたのは、完全に統一された定義ではないからである。例えば、米倉明教授は「信託による後継ぎ遺贈の可能性―受益者連続の解釈論的根拠付け」ジュリスト一一六二号八七～八八頁（一九九九）の中で、生活保障専一型と生活保障・家業維持型を挙げて、継伝処分型を除いている。他にも同様の趣旨として、米倉明『家族法の研究 民法研究第五巻』三三六～三三七頁（新青出版、一九九九）がある。

(30)「原則として」とした理由は、私法関係が無効となる場合もあり、私法関係準拠主義を全てに当てはめることはできないからである。清永敬次教授が、「経済的成果等の発生が重要である租税（所得税、法人税、消費税など）においては、本来無効な行為であっても経済的成果等が生じているときは、それに従って課税が行われる」（同『税法　新装版』四九頁（ミネルヴァ書房、二〇一三））と述べられていることからも窺える。
(31) 谷口勢津夫「司法過程における租税回避否認の判断構造─外国税額控除余裕枠利用事件を主たる素材として─」租税法研究三二号六一頁（二〇〇四）。
(32) 谷口・前掲注（31）六一頁。
(33) 家庭裁判月報三六巻三号一四三頁、判例時報一〇七五号一一五頁。
(34) 占部裕典教授は、占部・前掲注（4）一一九頁において、五点目の解釈として、Yに本件不動産を与えるが、Xが死亡するまではXにその使用借権を与えようという、Yに対する負担付遺贈の解釈を示している。
(35) 先位相続人（Vorerbe）と後位相続人（Nacherbe）の制度については、稲垣・前掲注（28）四五頁参照。
(36) 中川＝泉・前掲注（28）五七七頁。
(37) 久貴忠彦「後継ぎ遺贈の可否」判例タイムズ六八八号三七六頁（一九八九）。
(38) 米倉明「後継ぎ遺贈の効力について」タートンヌマン三号（一九九九）及び米倉明「信託による後継ぎ遺贈の可能性─受益者連続の解釈論的根拠付け」ジュリスト一一六二号（一九九九）を指している。米倉明「後継ぎ遺贈の効力について」タートンヌマン三号（一九九九）では、一四個の設問を挙げて、後継ぎ遺贈は法律的に可能であると結論付けている。また、米倉明「信託による後継ぎ遺贈の可能性─受益者連続の解釈論的根拠付け」ジュリスト一一六二号（一九九九）では、受益者連続型信託が信託法上有効であっても、後継ぎ遺贈が民法上無効という立場をとると、最終的には受益者連続型信託は無効であると結論付けている。
(39) 大村敦志「『後継ぎ遺贈』論の可能性」道垣内弘人＝大村敦志＝滝沢昌彦編『信託取引と民法法理』二四〇頁（有斐閣、二〇〇三）。
(40) 大村・前掲注（39）二四〇頁。
(41) 具体的な課税方法は、占部・前掲注（4）一一八頁以下で検討されている。香取稔「条件・期限・負担付の遺贈についての相続税課税上の問題～後継ぎ遺贈を中心として～」税務大学校論叢三五三頁（一九九七）以下や、水野忠恒「後継ぎ遺贈の効力と課税関係」税務事例研究五一号七五頁（一九九九）以下も有益である。
(42) 松崎為久「財産管理・承継制度における信託の新しい活用法と税務上の課題─受益者連続型信託の租税法的視点からの分析─」第二八回日税研究賞入選論文集八頁（二〇〇五）。
(43) 信託受益権の評価を利用して信託受益権の評価額を著しく下げる方法として、山田熙「信託受益権のみなし贈与」税研七五

（一九九七）や山田熙「信託受益権の評価」税理四三巻一〇号（二〇〇〇）などがある。これは信託受益権を元本受益権と収益受益権とに分割して、評価基本通達二〇二の規定を用いて評価し、元本受益権と収益受益権の合計額が信託受益権の評価額よりも低くなることを利用したものである。かつては、元本受益権については年八％の複利現価を、収益受益権については年八％の複利年金現価をそれぞれ用いて計算していたので税額が著しく低く計算されてしまうことがあったが、平成一一年及び平成一二年の相次ぐ改正によりこの方法は封じ込められた。税理士が課税の公平を損なうような方法を大々的に宣伝し、行うことは問題があると考える。

(44) 通達課税の問題点を指摘した論文として、増田英敏『租税憲法学（第3版）』（成文堂、二〇〇六）の中の「通達課税の現状と租税法律主義」一四九頁以下があり、株式の評価の問題を取り上げている。

(45) 水野忠恒教授は、「受益権の評価が従来の通達のままでよいのかどうか。この点がどこまでいってもネックになる」（同「相続・贈与税の一体化と個人信託の方向」信託二一二号七五頁（二〇〇二））と述べられている。

(46) 松崎・前掲注（42）八頁。

(47) 占部・前掲注（4）一一九頁以下参照。

(48) 佐藤英明「他益信託と課税」税務事例研究三八号二二頁（一九九七）。

(49) 四宮和夫『信託法〔新版〕』一五頁（有斐閣、一九八九）以下。

二　相続税法における信託課税の改正の意義

1　信託課税原則規定の立法趣旨

平成一八年に信託法が制定され、それに伴って制定された信託課税原則が新たに確立した(50)。これについて、金子宏教授は「新信託法においては、規定は原則として任意規定となり、信託の使い勝手がよくなり、またその利用範囲も拡大したから、民事信託の分野でも商事信託の分野でも、利用される例が増加していくであろう。それにつれて、信託課税の例も増大し、多くの立法上・解釈上の問題が生ずると予想される。また、種々の新しい租税回避の試みがなされるであろうことは、容易に推測できることであり、これにどう対処すべきかも、大きな問題となってゆくであろう。[51]」と述べられ、信託法で多様な信託が規定され、それに対応する課税も規定されたことについて、今後の様相を予測している。今回の改正で、受益証券発行信託、特定受益証券発行信託、受益者が存しない信託、法人課税信託、事業信託、自己信託、受益者連続型信託等に対する課税規定が設けられたわけではあるが、租税回避行為を未然に防げるような規定となっている。租税回避行為がなされないように議論に議論を重ねて制定された法律ではあるが、金子宏教授は、依然として租税回避行為が起こりうることを指摘される。

また、占部裕典教授は平成一九年度税制改正大綱を踏まえて、「信託法及び信託理論に基づいた課税関係と信託の利用による租税回避規制に係る規定の整備との関係が曖昧であり、信託の利用による租税回避にのみ傾斜した整備は、今回の改正信託法の足かせになることも危惧されよう。[52]」と述べておられ、今回の改正は租税回避行為の防止に傾斜した改正であり、柔軟な信託の性質を台無しにする可能性があることを指摘している。このような指摘を受けつつも、課税規定が整備され、租税回避行為を防止する規定が設けられたことに一定の意義を見出すことができる。

今回の改正は信託法が改正されたことに伴い、多様な信託の類型に対応すること、また、租税回避行為の防止することを目的に税制も整備されたのである。そこでどのように信託法が改正され、その信託に対する税制がどのようなものとなったかを考察することにより、信託課税原則の立法趣旨を明らかにしたい。つまり、信託法の立法経緯、改正経緯を受けて、現行信託課税法の改正を検討することにより、立法趣旨を明らかにする。[53]

受益者連続型信託には、「後妻の生涯にわたる居住権を確保し、その後不動産は先妻との間の子らに確実に与えたい」、「賃料・配当を妻の生涯にわたる生活費等に充当し、元本は妻死亡後特定の子に確実に与えたい」、「親亡き後の障害者である子孫の生涯にわたる生活費等に充当し、残余の財産を公益活動に役立てたい」というようなニーズがかねてからあった。[54] このようなニーズに対応するために、信託法が改正されたということも理由の一つに挙げられる。信託法九一条は、後継ぎ遺贈型の受益者連続、すなわち受益者連続型信託を一定の条件の下で認めた。民法上、後継ぎ遺贈の効力は、「I　相続税法における信託課税の法的構造」にて争いのあることを確認した。受益者連続型信託についても平成一九年度改正前は少なからず、争いがあった[55]。しかしながら、平成一九年度改正で法律により規定されたため、三〇年という期間制限のあるものの、信託法上、認められることになった。

信託法上で認められることとなった受益者連続型信託ではあるが、その課税規定が存在しなければ、納税者の選択すべき税法解釈が曖昧となり、予測可能性が担保されないこととなってしまう。そこで、信託法の改正により受益者連続型信託という新たな類型の信託が誕生したことから、その課税物件につき、新たな課税規定を設けたのである。「何を課税物件としてとりあげるかは、一応、立法者が自由に決定しうる事柄であるが、しかしそれは客観的に担税力の存在を推定させるような物・行為または事実でなければならない[56]」とされている。

その課税物件と課税物件の帰属を相続税法九条の三で確認した上で、租税回避行為の防止に傾斜しているといわれる理由についても同時に確認することとする。

相続税法九条の三は、次のように規定されている。

「受益者連続型信託（信託法（平成十八年法律第百八号）第九十一条（受益者の死亡により他の者が新たに受益権を取得する旨の定めのある信託の特例）に規定する信託、同法第八十九条第一項（受益者指定権等）に規定する受益者指定権等を有する者の定めのある信託その他これらの信託に類するものとして政令で定めるものをいう。以下この項において同じ。）に関する権利を受益者（受益者が存しない場合にあつては、前条第五項に規定する特定委託者）が適正な対価を負担せずに取得した場合において、当該受益者連続型信託に関する権利（異なる受益者が性質の異なる受益者連続型信託に係る権利（当該権利のいずれかに収益に関する権利が含まれるものに限る。）をそれぞれ有している場合にあつては、収益に関する権利が含まれるものに限る。）で当該受益者連続型信託の利益を受ける期間の制限その他の当該受益者連続型信託に関する権利の価値に作用する要因としての制約が付されているものについては、当該制約は、付されていないものとみなす。ただし、当該受益者連続型信託に関する権利を有する者が法人（代表者又は管理者の定めのある人格のない社団又は財団を含む。以下第六十四条までにおいて同じ。）である場合は、この限りでない。

2　前項の「受益者」とは、受益者としての権利を現に有する者をいう。」

受益者連続型信託に関する権利を受益者が適正な対価を負担せずに取得した場合には、その受益者連続型信託に関する権利でその受益者連続型信託の利益を受ける期間の制限その他の制約については、その制約は付されていないものとみなす。

受益者連続型信託の規定は、基本的には相続税法九条の二が適用される。相続税法九条の三は受益者連続型信託があった場合の信託受益権の評価を規定している。信託受益権を、収益受益権と元本受益権に分割した場合に、収益受益権の価値は信託財産そのものの価値と等しいとされ、元本受益権の価値はゼロと評価される(57)。

川口幸彦教授は、次の受益者連続型信託の事例(58)を用いて、租税回避行為の防止を重視(59)しすぎていることに疑問をもたれている。信託の受益権ではなく、委託者Aの財産を相続人B、C、Dが順番に相続したとすると、まずBは一〇〇の財産を相続し、その後CはBが費消しなかった五〇を相続し、最後にDはCが費消しなかった二〇を相続することになる。同様のことを、信託法九一条に規定する信託により行うと、受益者Bは、一旦は一〇〇の受益権を取得するが、その死亡とともに受益権は消滅してしまうため、受益者Bが取得した受益権の価額が一〇〇と評価できるか問題となることについて次の二点の疑問を示された。

「第一に、上記の事例の財産は、一〇〇の価額がだんだん費消されて価額が減じていることから、受益者に金銭等を配分するために信託財産自体が減少するような財産、例えば金銭などがそれに該当すると考えられる。このように信託財産自体が減少していくことを前提としているのであれば、上記の説明はある程度は理解できる。ただし、一般の相続の場合であれば、一〇〇の現金を取得すれば、取得した相続人は一〇〇を使い切ってしまおうが、一〇だけ使って九〇を残そうが、それは相続人の自由な意思で可能である。しかし、信託の場合には、一〇〇の信託財産があっても、受益者が得られる収益等の総額が、例えば二〇とか三〇というように元々決められている場合が多く（財産を残そうとして残しているわけではない）、受益者である相続人の意思だけでは、一〇〇を使い切ってしまうことは困難であると考えられる。まして、受益者連続型信託の場合であることから、第二の受益者、第三の受益者へ受益権が移行されることが前提となっていることから、第一の受益者で信託財産がなくなり、信託が終了するようなことは予定されていないはずである。…略…第二に、上記の事例の財産が収益を生み出す財産であり、その収益部分は費消されても、財産自体の価値は減少しない場合、例えば、貸し付けられている宅地（これを貸宅地と呼び、地価変動は考慮しないものとする。）等が考えられる。この場合にも問題が生じる。貸宅地そのものを相続した相続人は、もちろん賃貸を継続して地代収益を受け取ることができるが、その貸宅地を一／二（又は一／一）を処分して財産価値の五〇（又は一〇〇）を実現させて費消することは可能である。しかし、信託の場合には、貸宅地が信託財産であり、相続で取得したものが、地代のみを前提とした収益受益権であれば、その受益者が受け取ることができるのは、自分が生存している間の収益の総額でしかないこととなる。にもかかわらず、貸宅地そのものを持っているものとみなされて課税されることに問題はない（相続税法第二二条とも無関係）と言えるであろうか。やはり、貸宅地を処分することはできず、相続させることができるとも限らず、結局、自分が生存している間だけ地代収益を受け取ることができる権利でしかないのであり、貸宅地そのものを有しているとみなすことには無理があろう。(60)」と述べられ、第一の点は信託財産の評価額以下しか費消することができないこと、第二の点は信託受益権の処分権がないことが多いことを指摘している。期間の制限その他の受益者連続型信託に関する権利の価値に作用する要因としての制約が付されているものについては、その制約は、付されていないものとみなすという規定があることにより、担税力以上の課税がされているのである。ここからも租税回避行為の防止に重点を置いた改正であることが読み取れる。

道垣内弘人教授は「受益者連続型信託が、後継ぎ遺贈に用いられる場合につき、その有効性を確認するということです。つまり、理論的に受益者が連続する信託が認められるとしても、それが後継ぎ遺贈と同様の効果を生ぜしめるときには、相続法秩序に反するが故に無効であるという解釈もできないのではなかったわけですが、ある一定の受益者の死亡を原因として次の受益者が登場するような信託を、正面から条文化することによってその有効性を認めたわけです。[61]」と述べられ、受益者連続型信託が信託法上認められるとしても相続税法上認められないという解釈があることを指摘している。そのような解釈がありうるので、条文化することにより、受益者連続型信託の有効性を認めたとされている。相続税法上で想定されていない受益者連続型信託課税を、立法することにより解決したということである。

これまでに、受益者連続型信託の課税規定を考察してきたが、新たな類型としての受益証券発行信託、特定受益証券発行信託、受益者が存しない信託、法人課税信託、事業信託、自己信託等についても同様のことがいえるであろう。つまり、多様な信託の類型が信託法において規定されたのは、世の中のニーズを受けてのことである。そして、その多様な信託の類型に対応するため、課税規定が整備されたのである。課税規定は整備されたが、一般的に租税回避行為の防止に重点を置いたものとなっている。これが、信託法改正を受けた、信託課税規定の立法趣旨である。

2　平成一九年度改正後の信託課税原則

「I 2　従来の信託課税制度に対する学説からの批判」で平成一九年度改正前の信託課税原則の批判を確認した

が、本節では平成一九年度改正により、その批判が解消されたかどうかを、条文を中心に確認する。相続税法九条の二は贈与又は遺贈により取得したものとみなす信託に関する権利、同法九条の三は受益者連続型信託の特例、同法九条の四及び九条の五は受益者等が存しない信託等の特例、同法九条の六は政令への委任がそれぞれ規定されている。

平成一九年度改正で、本節で確認すべき重要な改正は次に挙げる三点である。課税時期、納税義務者及び租税回避行為の防止規定の有無である。

すなわち、相続税法九条の二第一項は、信託の効力が生じた場合[62]において、適正な対価を負担せずにその信託の受益者等となる者があるときは、その信託の効力が生じた時において、その信託の受益者等となる者は、その信託に関する権利をその信託の委託者から贈与又は遺贈により取得したものとみなすこととされた。

同法二項は、受益者等の存する信託について、適正な対価を負担せずに新たにその信託の受益者等となる者は、その信託に関する権利をその信託の受益者等であつた者から贈与又は遺贈により取得したものとみなすとされた。

同法三項は、受益者等の存する信託について、その信託の一部の受益者等が存しなくなった場合において、適正な対価を負担せずに既にその信託の受益者等である者がその信託に関する権利について新たに利益を受けることとなるときは、その信託の一部の受益者等が存しなくなった時において、その利益を受ける者は、その利益をその信託の一部の受益者等であった者から贈与又は遺贈により取得したものとみなすとされた。

同法四項は、受益者等の存する信託が終了した場合において、適正な対価を負担せずにその信託の残余財産の給付を受けるべき、又は帰属すべき者となった者は、その給付を受けるべき、又は帰属すべき者となった時において、その信託の残余財産を当該信託の受益者等から贈与又は遺贈により取得したものとみなすとされた。

贈与又は遺贈の課税時期について、佐藤英明教授は「従来は設定時にみなし贈与等の課税がなされ、そしてその収益は導管理論にのっとって課税関係を決定すると言われてきたわけであります。その前者、設定時課税についてまず申し上げます。

信託の設定が委託者から受益者への財産権の贈与であるという構成は、原則として改正後も維持されておりま(63)す。」と述べられているように、相続税法九条の二第一項は、改正以前と同様に信託設定時課税が原則として維持されているものであると指摘している。相続税法九条の二第一項において信託設定時課税を規定するとともに、同法九条の二第二項から第四項は、受益者の変更時、信託の終了時等についての課税関係を明確にした。相続税法九条の二第二項から第四項については、いずれも受益者から受益者への贈与又は遺贈という課税関係となっている。

この点について、川口幸彦教授は、「旧相続税法第四条では、第一項から第三項まで、すべて委託者からの贈与という課税関係で整理され、特に受益者から受益者への贈与についての課税関係についても規定されていなかっ(64)た。」と述べられ、改正前は委託者から受益者への贈与が想定されており、受益者から受益者への贈与は想定されていなかったとされる。すなわち、相続税法九条の二第二項から四項については、受益者から受益者への贈与という課税関係を新たに規定した条文であるといえる。

納税義務者については、「受益者」でなく、「受益者等」と改正された。受益者等とは、第一項において、受益者としての権利を現に有する者及び特定委託者(65)となっている。特定委託者は相続税法九条の二第五項において、信託の変更をする権限を現に有し、かつ、その信託の信託財産の給付を受けることとされている者と定義し(66)ている。簡単にまとめると、受益者等とは、改正前の受益者の概念に、信託の変更をする権限を現に有し、かつ、その信託の信託財産の給付を受けることとされている者を加えたものである。改正前と改正後では、「等」だけの相違であるが、全くの別物の概念となったと考えられる。

特定委託者について、川口幸彦教授は、「相続税法の改正において、受益者課税の原則を強化しながらも、『特定委託者』という新しい概念が導入されたことは、信託課税において大きな意味を持つのではないかと考える。同改正の前後を通じて、信託設定時（信託の効力が生じた時）においては、委託者から受益者への贈与等があったものとみなして課税するという点に変更はないが、委託者が信託を変更する権限を現に有し、かつ、その信託の信託財産の給付を受けるといった信託を設定した場合には、その委託者は特定委託者として受益者等へ仲間入りをし、その後に受益者等の変更等があった場合には、その受益者等に対して贈与税等が課税されることとなる。簡単に言えば、信託が一旦設定されてしまうと、委託者からの贈与や相続はなくなり、その後は受益者等からの贈与や相続となるということである。(67)」と述べられ、特定委託者という概念が大きな意味を持つと指摘している。委託者が信託を変更する権限を現に有し、かつ、その信託の信託財産の給付を受けるといった信託を設定した場合には、委託者を受益者等とみなすこととしているのである。この課税方法はアメリカのグランター・トラスト(68)と同様、租税回避行為防止策等の役割を果たすものと説いている。(69)特定委託者の定義が規定されたことにより、委託者とみなされるものが明確になるとともに、その範囲が厳格に定められた。改正前は委託者課税の範囲が曖昧であるという批判があったが、これが大幅に改正されたことに意義がある。

租税回避行為の防止規定について、佐藤英明教授は、「今回の改正信託法においては、三つのパターンの租税回避防止の手法がとられていると思います。第一は、特定委託者を受益者とみなすというみなし受益者の規定であります。これはアメリカ法のグランタートラストとの類似の処理でありまして、委託者の所得分割への対応という効果を持ちます。

二つ目は、法人の一部分が切り出されたりして信託になることによって、法人税が免税されるという可能性が出てきますから、これに対して信託段階での課税を確保するという手法があります。法人課税信託の中に、例えば法人の事業を信託し、法人株主等が受益権の過半を得るものであるとか、法人の特殊関係者が受託者で、存続期間が二〇年を超えるものであるとか、こういうものが法人課税信託とされているのは、いわば信託段階での法人課税を確保するという趣旨によるものと思います。

三つ目が、これは信託に特有のものではなく、一般の法人と同様に法人課税信託における組織再編等へ対処するものであって、行為計算否認規定の適用範囲を拡大するという方法で対応されております。[70]」と述べられ、委託者の所得分割への対応、信託段階での法人課税での対応、行為計算否認規定の適用拡大での対応という三つの租税回避行為の防止策があるとされている。三つの租税回避行為の防止策は、資産課税についてのみ述べたものでなく、所得課税を中心に一般論として述べたものである。これに対し、川口幸彦教授は資産課税に限定した租税回避行為の防止策として、「①相続税法第九条の二第六項により、信託財産に属する資産及び負債はその信託の受益者等が自ら有するものとみなし、相続税法施行令第一条の一二第三項により、（ｉ）受益者等が一である場合には、その信託に関する権利の全部をその受益者等が全てを有し、（ii）受益者等が複数の場合には、その信託に関する権利の全部をそれぞれの受益者等がその有する権利の内容に応じて有するものとしていること（これにより課税対象外となるすき間を作れないこととなる。）、②アメリカのグランター・トラストと類似した処理が可能となる特定委託者という概念を採用したこと、③受益者連続型信託に対して特別な課税方法を採用したこと、④受益者等の存しない信託について法人課税信託であるとともに受託者課税を採用したこと、⑤相続税法第六四条に第五項を新設し、行為計算否認規定の適用範囲を拡大したことなどが考えられる。[71]」と述べられ、上記五点の租税回避行為の防止規定があるとされている。このように、相続税法九条の二の規定は、租税回避行為の防止規定の色合いが強いということが確認できる。

相続税法九条の四は、次のように規定されている。

「受益者等が存しない信託の効力が生ずる場合において、当該信託の受益者等となる者が当該信託の委託者の親族として政令で定める者（以下この条及び次条において「親族」という。）であるとき（当該信託の受益者等となる者が明らかでない場合にあつては、当該信託が終了した場合に当該委託者の親族が当該信託の残余財産の給付を受けることとなるとき）は、当該信託の効力が生ずる時において、当該信託の受託者は、当該委託者から当該信託に関する権利を贈与（当該委託者の死亡に基因して当該信託の効力が生ずる場合にあつては、遺贈）により取得したものとみなす。

2　受益者等の存する信託について、当該信託の受益者等が存しないこととなつた場合（以下この項において「受益者等が不存在となつた場合」という。）において、当該受益者等の次に受益者等となる者が当該信託の効力が生じた時の委託者又は当該次に受益者等となる者の前の受益者等の親族であるとき（当該次に受益者等となる者が明らかでない場合にあつては、当該信託が終了した場合に当該委託者又は当該次に受益者等となる者の前の受益者等の親族が当該信託の残余財産の給付を受けることとなるとき）は、当該受益者等が不存在となつた場合に該当することとなつた時において、当該信託の受託者は、当該次に受益者等となる者の前の受益者等から当該信託に関する権利を贈与（当該次に受益者等となる者の前の受益者等の死亡に基因して当該次に受益者等となる者の前の受益者等が存しないこととなつた場合にあつては、遺贈）により取得したものとみなす。

3　前二項の規定の適用がある場合において、これらの信託の受託者が個人以外であるときは、当該受託者を個人とみなして、この法律その他相続税又は贈与税に関する法令の規定を適用する。

4　前三項の規定の適用がある場合において、これらの規定により第一項又は第二項の受託者に課される贈与税又は相続税の額については、政令で定めるところにより、当該受託者に課されるべき法人税その他の税の額に相当する額を控除する。」

相続税法九条の四第一項は、受益者等の存しない信託の効力が生ずる場合において、その信託の受益者となる者がその信託の委託者の一定の親族である場合には、その信託の効力が生ずる時において、その信託の受託者は、その委託者からその信託に関する権利を贈与又は遺贈により取得したものとみなすこととされた。

相続税法九条の四第二項は、受益者等の存する信託について、その信託の受益者等の存しなくなった場合において、その信託の受益者等の次に受益者等となる者が、その信託の効力を生じた時の委託者又は次に受益者等となる者の前の受益者等の親族であるときは、その受益者等が不存在となった場合に該当することとなった時において、その信託の受託者は、次に受益者等となる者の前の受益者等からその信託に関する権利を、贈与又は遺贈により取得したものとみなすこととされた。

相続税法九条の四第三項は、前二項の適用がある場合に、信託の受託者が個人以外であるときは、その受託者を個人とみなして、相続税法の規定を適用することとされた。

相続税法九条の四第四項は、前三項の規定の適用がある場合において、同法一項又は二項の受託者に課される贈与税又は相続税の額は、その受託者に課されるべき法人税等の額を控除することとされる。

相続税法九条の四の具体例[72]を示すと次の通りとなる。受益者となる者が委託者の親族等で、停止条件等により現に権利を有していない信託を設定した場合には、受託者に受贈益に対し法人税等を課税する。受託者には、法人税等に加えて、相続税又は贈与税を課税（ただし、法人税等は控除される。）する。そして、条件成就等により、現に受益者が権利を有することとなった時には、受益者に対して課税されないというものである。

受益者等の存しない信託の特例が創設された趣旨として、水野忠恒教授は、「受益者等が存しない信託（目的信託）（信託二五八条[73]）において受託者への法人課税がなされるのは、その後存在することとなる受益者等に代わって課税されるという考え方による。具体的には、受益者等が存しない場合に受託者に対し受贈益について課税し、その後の運用についても受託者に課税する。しかし、その後、受益者が存することになった場合には、受益者が受託者の課税関係を引き継ぐが、この段階でとくに課税関係は生じさせない。

例えば、相続人Aに半年後に受益権が生じる停止条件を付した信託をすることにより、相続税（最高税率は五五％）ではなく、法人税（実効税率は約四〇％）の負担で済ませてしまう課税回避が考えられる。そこで、課税の公平を確保する観点からこのような課税回避に対応するため、受託者への受贈益が生じる段階において、将来、受益者となる者が委託者の親族であることが判明している場合等において、受託者に課される法人税等に加えて相続税等を課すこととされた。[74]」と述べられ、受益者等が存在しなくなった場合の課税方法を定め、相続税と法人税の税率の違いを利用した租税回避行為を防ぐことを目的とした趣旨であるとされている。

相続税法九条の五は、次のように規定されている。

「受益者等が存しない信託について、当該信託の契約が締結された時その他の時として政令で定める時（以下この条において「契約締結時等」という。）において存しない者が当該信託の受益者等となる場合において、当該信託の受益者等となる者が当該信託の契約締結時等における委託者の親族であるときは、当該存しない者が当該信託の受益者等となる時において、当該信託の受益者等となる者は、当該信託に関する権利を個人から贈与により取得したものとみなす。」

相続税法九条の五は、受益者等が存しない信託について、その信託契約が締結された時において存しない者がその信託の受益者等となる場合において、その受益者等となる者がその信託契約締結時における委託者の親族であるときは、その存しない者がその信託の受益者等となる時においてその信託の受益者等となる者は、その信託に関する権利を個人から贈与により取得したものとみなすこととされた。

相続税法九条の五の具体例[75]を示すと次の通りである。受益者となる者がまだ生まれていない場合等において、信託を設定した場合には、まず受託者に相続税法九条の四の規定により、法人税等が課せられる。受益者となる者が委託者の親族等である場合には法人税等に加え、相続税又は贈与税（ただし、法人税等は控除される。）が課せられる。そして、受益者となる者が生まれて、委託者の親族となる場合等において、受益者に贈与税を課税する。つまり、相続税法九条の五は、受託者の段階と受益者の段階で二度課税されることとなる。

これは、世代跳躍移転税（Generation-Skipping Transfer Tax）[76]のように、世代飛ばしによって相続税を回避する信託に対応するための規定である。このジェネレーション・スキッピングについて占部裕典教授は、「相続により親から子へ、子から孫へと順次相続が繰り返されると、二回の相続又は遺贈により二回の相続税が課せられる。…略…たとえば、遺言により条件付遺贈又は負担付贈与が行われた場合には一回の相続税のみが課せられることになる。これは単純遺贈からみれば確かに租税回避といえなくもなかろうが、遺贈により孫に直接相続財産を移転させることは民法も認めているところであり、このような法律行為により一回の相続をスキップさせることは問題が存しないところであり、租税回避とはいえないであろう。[77]」と述べられ、信託という手段を用いず、条件付遺贈又は負担付遺贈が行われた場合には一回の相続税負担となるとされる。その根拠として、民法の規定により条件付遺贈と負担付遺贈を認められていることを挙げている。信託を設定しなかった場合には、一回の相続税のみが課され、信託を設定した場合には、二回の相続税が課せられることになる。納税者の私法上の取引形態の選択により、税負担額が異なってきてしまうのである。つまり、相続税法九条の五は、信託を設定することにより非常に重い負担を強いていることが理解できる。

相続税法一八条に、相続又は遺贈により財産を取得したものが被相続人の一親等の血族及び配偶者以外の者である場合には、相続税額の二割加算の制度[78]がある。二回の相続税を一回にするようなことについての否認規定はないが、今後、この規定の意義とともに、世代飛ばしの問題が議論される可能性がある。[79]

信託法上、社会的なニーズに対応すべく、多様な信託が法定され、認められることとなった。その多様な信託に対する課税方法及びその立法趣旨を述べてきたが、その課税方法は担税力に即した課税とはいえないことが確認できる。というのは、あまりにも租税回避行為の防止に重点を置きすぎており、今後の信託の利用の障害になることが予想される。

(50)　自己信託に関する規定を除き、平成一九年九月三〇日に施行された。
(51)　金子・前掲注（22）五一三頁。他に、租税回避行為が種々試みられるということを指摘したものとして、堀口和哉「信託法の改正と租税法」本庄資編『関連法領域の変容と租税法の対応』七四頁（財経詳報社、二〇〇八）がある。
(52)　占部・前掲注（19）「信託課税の基本的仕組み―わが国の信託税制の特徴と問題点」三八頁。
(53)　武田昌輔教授は、「法人課税信託については、受託者を法人（個人を含む。）として、かつ、信託財産も法人のものとして課税するのであるから、相続税との関係では、問題は生じないことになる。ただ、法人課税信託の委託者としての個人に対しては贈与等となるので、みなし譲渡等の問題が生じ別途検討を要するところである」（同「信託課税（5）―法人課税信託・国税通則法等―」月刊税務事例四六二号七一頁（二〇〇八））と述べられているが、Ⅱ．2．平成一九年度改正後の信託課税原則で詳述する。
(54)　星田寛「受益者連続型信託の検討」道垣内弘人＝大村敦志＝滝沢昌彦編『信託取引と民法法理』二五〇頁参照（有斐閣、二〇〇三）。
(55)　松崎・前掲注（42）六頁参照。
(56)　金子・前掲注（22）一七〇頁。
(57)　川口・前掲注（12）三八八頁参照。
(58)　松田淳ほか『平成一九年度　改正税法のすべて』（大蔵財務協会、二〇〇七）四七七頁以下を参照されている。
(59)　他にも、岡正晶弁護士は、金子宏ほか「信託法制と信託税制の改革」税研一三三号七頁（二〇〇七）において、受益者連続型信託の今回の改正が、租税回避を防止すべく厳しい税制となっていると指摘されている。
(60)　川口・前掲注（12）三九一頁。
(61)　金子宏ほか・前掲注（59）七頁。
(62)　川口・前掲注（12）二六五頁において、相続税法第九条の二第一項の「信託の効力が生じた場合」及び同法第九条の四「当該信託の効力が生ずる時」の表現が信託法四条とほぼ同じ内容となっており、信託法の規定と整合を取っていると指摘している。
(63)　金子宏ほか・前掲注（59）四頁以下。これに対し、信託設定時課税から現実受益時課税に変更すべきとする見解も存在する。喜多綾子氏は、「信託に対する相続税と贈与税は、信託法七条の解釈により効力の発生したときに課税すべきである。信託設定時には必ずしも担税力が増加しておらず、委託者は受益者変更権を留保している場合もあり、信託設定時には担税力が増加したとはいえず、信託受益権の評価も困難である。…略…信託行為があった時に課税するのではなく、現実受益時に課税し、それまでは、信託財産は相続財産に含めるという現実受益時課税にすべきであろう。」（同・前掲注（14）五八頁以下）と述べられている。

(64) 川口・前掲注（12）三七七頁。

(65) 佐藤英明教授は、「これまで導管理論といって説明されてきた収益課税について申し上げます。受益者に対して課税をするという原則は維持されております。ただ受益者について法文上『受益者としての権利を現に有するものに限る』という言葉が新たに使われるようになっており、この点の立法趣旨などが今後注目すべき点であろうと思います。」（金子宏ほか・前掲注（59）四頁以下）と述べられている。

(66) 佐藤英明教授は、「信託変更権限を有し、信託財産の給付を受けることとされている受益者以外の者、これがいわばみなし受益者として受益者課税を受けます。これ自体は委託者とは限られない表現ですが、同じこの者のことを相続税法では特定委託者と呼んでおります。」（金子宏ほか・前掲注（59）四頁以下）と述べられている。

(67) 川口・前掲注（12）三六七頁。

(68) 沖野眞已「撤回可能信託」大塚正民・樋口範雄編著『現代アメリカ信託法』八三～八四頁参照（有信堂高文社、二〇〇二）。実質支配権について、「内国歳入法六七一条以下では、いわゆる『譲与者信託（grantor trust）』の概念が、委託者が実質的コントロール（substantial control）を有する信託と定義され、そのような信託については、委託者が当該信託財産の所有者とみなされる扱いとなっている。撤回可能信託はこのような譲与者信託の一例である。ただし、撤回権の留保は、譲与者信託の要件ではない。委託者が撤回権までは保持しておらずより小さな権限（たとえば、受益者の変更権や、受託者に対する実質的な指図権など）しか有していないとしても、それは『実質的コントロール』権能と認定されうる。」（沖野眞已「撤回可能信託」大塚正民・樋口範雄編著『現代アメリカ信託法』八三～八四頁（有信堂高文社、二〇〇二））と説明されている。このグランター・トラストの歴史的経緯については、松永和美「米国の信託の税制について」信託二三八号四七頁（二〇〇九）以下参照。

(69) 川口・前掲注（12）三三四頁参照。

(70) 金子宏ほか・前掲注（59）九頁。

(71) 川口・前掲注（12）四〇八頁。

(72) 松田淳ほか・前掲注（58）四七八～四八〇頁参照。

(73) 水野忠恒教授は受益者等が存しない信託は、信託法二五八条に規定する目的信託であるとしている。しかし、川口幸彦教授は、「特定委託者の存しない目的信託を設定する。その目的信託は、自分のペットを飼育してもらうことを目的とするものや、地域社会の老人の介護、子育て支援、地域のパトロール等の非営利活動を行うことを目的とするものであれば、それらの受益を受けるものは存在するとしても、課税対象とはなりえないからである。」（「信託法改正と相続税・贈与税の諸問題」（川口・前掲注

（12）三九七頁）という具体例を用いて、受益者等が存しない信託は、目的信託と同じ概念ではないとされている。
（74）水野忠恒『大系租税法』七一二頁（中央経済社、二〇一五）。
（75）松田淳ほか・前掲注（58）四八〇～四八一頁参照。
（76）渋谷雅弘「資産移転課税（遺産税、相続税、贈与税）と資産評価（一）」法学協会雑誌一一〇巻九号一三四六～一三四九頁（一九九三）。世代跳躍移転税とは、直接跳躍、課税利益終了及び課税分配の三つの場合に課税される。直接跳躍とは、移転者が二世代以上若い世代の者（跳躍者という。）へ対して財産を移転すること、課税利益終了とは、信託に保有される財産に対する何者かの利益が終了し、以後、跳躍者のみが、その財産に対して利益を有するということ、課税分配とは、信託から跳躍者への利益の分配であって、直接跳躍又は課税利益終了に該当しないものをいう。税額は、世代跳躍移転の価額に遺産税の最高税率を適用して計算される。また、一〇〇万ドルの非課税額が認められており、これを用いた複雑な税額計算方法が採用されている。
（77）占部・前掲注（4）一三四頁。
（78）贈与税上は、二割加算の制度はない。
（79）川口・前掲注（12）四〇六頁参照。

三　信託課税規定の射程と租税法律主義
――相続税法7条の著しく低い価額の対価の観点からの検討――

1　規定にみる「適正な対価」の意義

平成一九年度改正より、「適正な対価」という文言が新たに規定されることとなった[80]。適正な対価を負担しない場合に、相続税法九条の二及び同法九条の三の規定が適用されることは、「Ⅱ　相続税法における信託課税の改正の意義」において確認した通りである。以下では、適正な対価を負担した場合とその適正な対価とはどのようなものを指すかについて検討を加える。繰り返しとなるが、相続税法九条の二第一項を挙げると、次のように規定されている。

「信託（退職年金の支給を目的とする信託その他の信託で政令で定めるものを除く。以下同じ。）の効力が生じた場合において、適正な対価を負担せずに当該信託の受益者等（受益者としての権利を現に有する者及び特定委託者をいう。以下この節において同じ。）となる者があるときは、当該信託の効力が生じた時において、当該信託の受益者等となる者は、当該信託に関する権利を当該信託の委託者から贈与（当該委託者の死亡に基因して当該信託の効力が生じた場合には、遺贈）により取得したものとみなす。」

つまり、この条文は、信託の権利を受ける側が「適正な対価」を負担すれば、贈与又は遺贈により取得したものとみなす規定の適用がないことを明示している。この点につき、水野忠恒教授は、「『適正な対価を負担せず』の趣旨は、信託に関する権利を売買等で取得した場合には、この規定の適用がないことを条文上、明らかにしたものであるとされる。平成一九年度の改正により、規定の上でも明確化が図られた。(81)」と述べられ、条文上、従来から明らかにされていなかったものを今回の改正で新たに規定することとなったとされる。租税回避行為が起こりやすいことを念頭に置いて、曖昧な部分が生じないように規定されていることが理解できる。改正前であっても、適正な対価を負担した場合には、贈与又は遺贈とみなされなかったのであろうが、それを明文上規定したことは評価できる。

水野忠恒教授は、「適正な対価を負担せず」の趣旨は、信託に関する権利を売買等で取得した場合にはこの規定の適用がないことを指摘されるが、それは相続税法一章三節の信託に関する特例の規定が適用されないことを意味する。相続税法一章三節の信託に関する特例を受けないことから、第一節の通則及び第二節の相続若しくは遺贈又は贈与により取得したものとみなす場合の規定が適用されることになる。つまり、適正な対価を負担した場合には、相続税法七条の規定の射程範囲となるのである。

受益権の設定について適正な対価を得る場合について、佐藤英明教授は、「たとえば、GがBを受益者、自己が所有する収益用不動産を信託財産とし、信託期間を五年間とする信託を設定して、Bから一五〇の支払いを受けたとする。この不動産について信託期間中、毎年一〇の減価償却費が発生し、五の固定資産税を納める義務があることが見込まれているとする（このほかの費用は一切無視する）。ここでGがこの収益用不動産から毎年最大で四五の収益が生じることを見込んでいたとすると、Bから一五〇以上の対価を受け取ってBを受益者とする信託を設定することには合理性がある。また、Bがこの収益用不動産から生じる収益を毎年四五より多いと見込んでいれば、一五〇の対価を払って信託の受益者となることに合理性がある。この例で、GとBの課税をどのように考えるべきであろうか。[82]」と疑問を提起されている。この問題を詳細に検討することにより、適正な対価の意義が導かれよう。G及びBを合理的経済人であることを前提とすると、Gはこの信託スキームをできるだけ高い価額で譲渡したいと考えるはずであり、一方のBは、できるだけ安い価額で譲受したいと考えているはずである。Gが譲渡しても良いと考える価額とBが譲受しても良いと考える価額の釣り合った一五〇が両者の合意した対価となる。この合意された価額は、この信託設定時に決定されるため、他の外部的事情や内部的事情が発生しても覆ることはない。この場合だと、信託契約成立後に生じた賃貸相場の上昇や下落といった事情は、価額に反映されないことになる。例えば、信託契約成立後に賃貸相場が上昇して、Bは五年間で総額二五〇の収入を獲得したとしても、それは信託契約時に遡って契約し直す必要はないのである。経費控除前の契約時の見込み収入が二二五（四五×五）であるから、二五の超過収入となる。仮にBの五年間の収入が一〇〇や二〇〇となった場合には、信託契約時の見積もりが異常であったか、それとも何らかの租税回避目的が働いたか、と課税庁に勘ぐられるであろう。換言すれば、信託は租税回避行為を誘発しやすいために、信託契約時に一五〇で契約した対価は適正であったかを課税庁はチェックするということである。

GとBの合意により、この信託スキームの価額は決定され、その価額は正常であれば、両者の合意により決定する。両者間で合意可能な価額が調整されなければ、信託契約が成立せず、適正な対価の支払いがなく、みなし譲渡の規定が適用されてしまうだけである[83]。

以上を総合的に勘案すると、適正な対価は、適正性及び対価性の両者が必須である。その両者の存在が立証されて初めて、適正な対価ということができる。適正性とは、不特定多数の独立当事者間で成立する価額のうち、正常なものをいい、異常なものを排除したものである。異常性が排除されるのは、租税回避行為が行われやすいことを前提としているからである。租税回避行為を防止するために、適正性ということが重要となってくるのである。対価性とは、給付に対する反対給付のあるものをいい、無償のものは含まれない[84]。

適正な対価により合意する時期は、信託契約時、すなわち課税時期の現況における推算により行われる[85]。信託契約時に適正な対価が決定されるため、その対価がある程度の幅の範囲内であれば、適正な対価で行われたと解してよいと思われる[86]。その理由は、信託契約時において、当事者間で対価が決定するため、信託契約後に何らかの事由が生じたとしても考慮されないからである。

つまり、適正な対価とは、当事者同士での合意に基づき、有償の対価により、信託契約時において成立する信託財産又は信託財産に係る権利の取引価額をいう。この取引価額は、不特定多数の独立当事者間で成立するような価額でなければならず、主観的判断が伴ってはならない。この適正な対価を負担した場合には、相続税法九条の二の適用を受けないこととなる。相続税法九条の二を題材としたが、同法九条の三も「適正な対価を負担せず」という規定になっているため、同法九条の三についても同様のことが言える。

2　信託受益権の評価の困難性と租税回避行為

資産の時価とは、客観的交換価値をいうのであり、一般的には売買実例等に基づき算定する。信託においては、売買実例等が少ないこともあり、それにより時価を算定することが困難である。信託財産の評価は、法律で規定されておらず、通達で規定されていることが最も大きな問題である。かつて、どのような問題があったかというと、平成一一年七月改正前の財産評価基本通達二〇二による信託を利用した相続税又は贈与税の節税策があった。平成一一年七月改正前の財産評価基本通達二〇二は、次のように規定されていた。

「二〇二　信託の利益を受ける権利の評価は、次に掲げる区分に従い、それぞれ次に掲げるところによる。

(1) 元本と収益との受益者が同一人である場合においては、この通達に定めるところにより評価した課税時期における信託財産の価額によって評価する。

(2) 元本と収益との受益者が元本及び収益の一部を受ける場合においては、この通達に定めるところにより評価した課税時期における信託財産の価額にその受益割合を乗じて計算した価額によって評価する。

(3) 元本の受益者と収益の受益者とが異なる場合においては、次に掲げる価額によって評価する。

イ　金銭たる元本を受益する場合は、元本受益者が受けるべき金額について課税時期から受益の時期までの期間に応ずる年八分の利率による複利現価の額

ロ　金銭以外の財産たる元本を受益する場合は、その財産の課税時期における価額（減価償却を必要とする財産については、課税時期からその財産を受益するまでの間の償却額を控除した価額）について課税時期から受益の時期までの期間に応ずる年八分の利率による複利現価の額

ハ　収益を受益する場合は、課税時期の現況において推算した受益者が将来受けるべき利益の価額について課税時期からそれぞれの受益の時期までの期間に応ずる年八分の利率による複利現価の額の合計額。この場合において、例えば、受益者が受ける利益が家屋に無償で一定期間居住することができるものであるときの、その将来受けるべき利益の価額は、次による。

（イ）第一年目は、課税時期におけるその家屋の価額の一〇〇分の八相当額
（ロ）第二年目は、課税時期におけるその家屋の価額から一年分の償却額を控除した価額の一〇〇分の八相当額
（ハ）第三年目以降は、（ロ）に準じて計算した価額」

平成一一年七月改正前の財産評価基本通達二〇二は、信託受益権を収益受益権と元本受益権に分割した場合の評価方法を定めている。元本受益権の評価額は相続税評価額に年八％の複利現価を、収益受益権の評価額は年収益額に年八％の複利年金現価を、それぞれ乗じて計算する。信託受益権を収益受益権と元本受益権に分割することによって、信託受益権の総額の評価が低くなることが多かった。「たとえば父が所有する不動産（アパート経営）を単純に子供に贈与するのでなく、信託を設定して父に賃料を収益受益権として、信託期間終了の不動産の所有権が帰属する元本受益権を子供に分割するという信託を利用することで、単純に贈与するよりも税負担が著しく軽減される可能性が生じる。それぞれの評価額は分割されて別々に年八％という実勢利率を大幅に上回る割引率で計算されていることから、その両者の評価額の合計額が、本件不動産の財産評価額自体よりも低額になった(87)」ことが多かったのである。具体的な数字を使うと、父が時価一億円の不動産（年収益額三〇〇万円）をそのまま子供に贈与したのでは、一億円の評価額に対して贈与税が課される。そこでその不動産を信託期間三〇年で元本受益者を子供とし、父を年収益部分三〇〇万円の収益受益者とする信託契約を締結することによって、評価額の引き下げを図ることができる(88)。上記の財産評価基本通達に当てはめると、元本受益権の評価額は約九九三万円、収益受益権の評価額は約三三七七万円となる(89)。子供に贈与する元本受益権九九三万円に対して、贈与税が課せられることになり、一億円の評価額に比べ著しく低くなったことがわかる。この節税策につき、占部裕典教授は、信託受益権の評価が「八％の複利現価率によるとされてきたことから市中金利との金利差を利用した『金利効果』による節税が横行しており、

…略…信託受益権を元本部分と収益部分に分割した場合に生まれる信託評価差損が課税漏れとなることによる節税方法も頻繁に利用されてきた⑽」と述べられ、財産評価基本通達による節税が横行したとされる。一般的に、収益率が八％を超えることは少ないであろうから、この八％で評価額を計算することは、魅力的な節税となったのである。

しかし、信託を利用することによって贈与税の負担を著しく減少させる行為に対応するため、平成一一年七月一九日改正で、基準年利率（四・五％）という方法が導入された。この改正によっても、八％で評価するものが、四・五％で評価するものになっただけであり、十分なものと言えなかった。そのため、さらに平成一二年六月一三日に改正が行われ、次のように規定された。

「二〇二　信託の利益を受ける権利の評価は、次に掲げる区分に従い、それぞれ次に掲げるところによる。

⑴　元本と収益との受益者が同一人である場合においては、この通達に定めるところにより評価した課税時期における信託財産の価額によって評価する。

⑵　元本と収益との受益者が元本及び収益の一部を受ける場合においては、この通達に定めるところにより評価した課税時期における信託財産の価額にその受益割合を乗じて計算した価額によって評価する。

⑶　元本の受益者と収益の受益者とが異なる場合においては、次に掲げる価額によって評価する。

イ　元本を受益する場合は、この通達に定めるところにより評価した課税時期における信託財産の価額から、ロにより評価した収益受益者に帰属する信託の利益を受ける権利の価額を控除した価額

ロ　収益を受益する場合は、課税時期の現況において推算した受益者が将来受けるべき利益の価額ごとに課税時期からそれぞれの受益の時期までの期間に応ずる基準年利率による複利現価率を乗じて計算した金額の合計額」

改正前までは、収益受益権と元本受益権をそれぞれ評価するものであったが、改正後は、元本受益権の評価額は

信託財産の相続税評価額から収益受益権の評価額を控除した価額とされた。これにより、従来の贈与税を著しく軽減する手法が封じられることになった[91]。

租税公平主義の観点から課税の公平が損なわれるため、このような改正が二度続いたのである。しかし、信託受益権の評価方法を短い期間に二度も変更することは、納税者の予測可能性を確保することができない。ましてや、法源でない通達での改正であるからなおさらである。

通達の評価方法があるとしても、信託受益権の評価が困難な理由として次のような指摘がある。佐藤英明教授は、「『受益者が将来受けるべき利益の価額』が単純に推算できない場合、特に、それが将来生ずべき事実や受託者等の裁量に係るために単純に推算できない場合である。これは信託の柔軟性と裏腹の問題として認識することが可能であろう。たとえば、単に定められた期間にわたって定額の金銭を与えるだけであれば、定期金給付契約を用いればよいのであり、将来の事情の変更等に柔軟に対応することこそ、信託に求められている機能と考えられるからである[92]。」と述べられ、将来の予測の困難性や裁量信託の存在により、受益者が将来受けるべき利益の価額を見積もることが難しいとされる。そして、将来受けるべき金額が完全に確定しているのであれば、定期金給付契約を用いれば足りるとされている[93]。信託の柔軟性を利用しない信託にあっては、財産評価基本通達により容易に評価額を算出することができるが、信託の性質を最大限利用した信託にあっては、財産評価基本通達により評価することは困難である。

さらに、「信託受益権は元本受益権と収益受益権に分類して評価するが、収益受益権と元本受益権の分類が困難な場合[94]」もあり、その場合には、財産評価基本通達二〇二を用いることすらできない。財産評価基本通達を用いる前の段階でも問題が生じているのである。そういった場合には、財産評価基本通達を使用することはできないので、担税力に則して財産を評価する必要が生じよう。

財産評価基本通達で容易に評価できるような信託が社会のニーズとして求められているわけではない。信託という制度には、「信託の思想としてもう一つの強調したいのは、自由と創造性である。…略…硬直化した法制度や国家の規制からの解放を求めて、社会的・経済的に必要とされる制度を新たに創造する点に信託の意味があった。そして、それを実現するためには、既成の観念にとらわれることなく、自由な発想が必要(95)」となる。今後増加してくであろう信託は、租税法の立法者の想定した規定の枠を超えるような信託である。いわゆる、みなし規定は、租税回避行為に対する個別否認規定としての役割を持つものと考えられるが、その射程外の信託の評価方法については、財産評価基本通達だけでは対応できない。通達によって適切な評価をすることができないと認められる特別の事情がある場合には、他の合理的な方法により評価することができると考えるべきである(96)。もっとも、通達によらない評価は、画一的な評価とはならないため、納税者側に一層慎重な判断が求められることとなる。納税者に租税回避行為の意図がなくても、課税庁より租税回避行為であるとの指摘を受ける場合があるからである。では、財産評価基本通達二〇二の信託受益権の評価を利用した租税回避行為とはどのようなものであろうか。

川口幸彦教授は、信託受益権の評価を利用した租税回避行為として、「Aは、所有している甲土地（相続税評価額一〇億円）について、自らが主催する同族会社（乙社）に対し、資材置き場として賃貸借契約を締結した。この賃貸借契約については、通常に比べて極めて高い賃貸料設定した。その上で、懇意にしているC社を受託者とし、Aを収益受益者（Aは、賃料収入から信託報酬等の額を控除した額を受益する。この時点では三〇〇〇万円）、長男Bを信託の終了時に元本の交付を受ける元本受益者として信託契約（信託期間三〇年）を締結した。そして、三年経過後に、受託者であるC社は、当初の乙社との賃貸借契約を終了し、この土地について同族関係等のない土地（丙社）に、通常に比べて極めて安い賃貸料（賃料収入から信託報酬等の額を控除した額は、三〇〇万円にしかならない。）で資材置き場として数年間の賃貸借契約を締結した。その上で、四年経過時に信託に関し関係者により合意解除を行った。

※信託設定時における基準年利率は、便宜上（短期、中期、長期とも）二％、年二％の複利年金現価率は二二・三九六（三〇年）とし、信託終了（合意解除）時についても基準年利率（短期、中期、長期とも）は二％、年二％の複利年金現価率は二〇・一二一（二六年）とする。[97]」という事例を提示される。

この事例では、信託設定時の信託受益権の評価額を見てみると、Aの収益受益権は六億七一八八万円、Bの元本受益権は三億二八一二万円となる。[98]そして、四年後の信託終了時の収益授権の評価額は、Aの収益受益権六〇三六万円であり、その評価額によりBに贈与されることになる。[99]この評価額を基にした課税関係は、相続税法基本通達九－一三によると、長男Bは三億二八一二万円と六〇三六万円の合計額である三億八八四八万円の贈与を受けたことになるのである。相続税評価額一〇億円（地価の変動等を考慮しない場合）の土地を四割にも満たない評価額で計算することができ、税額の軽減を図る租税回避行為が行われてしまう。[100]

ただし、川口幸彦教授は、「この事例はあくまでも仮の事例であり、このとおりに租税回避が成功するとは考えられない。

なぜならば、この事例においては、財産評価基本通達二〇二により収益受益権と元本受益権を評価したが、収益受益権の価額を計算する際の『年収益の額』については、三、〇〇〇万円と三〇〇万円を使用したが、これが本当にこの土地の正しい土地の収益力を示しているかどうかである。そうでないとすれば、これらの金額（三、〇〇〇万円と三〇〇万円）を基に収益受益権の評価を行うこと自体に誤りがあるからである。また、この事例の収益受益権と元本受益権を評価する場合において、財産評価基本通達二〇二を適用することが著しく不適当と認められる場合には、財産評価基本通達六項（この通達の定めにより難い場合の評価）の適用を受ける可能性もある。さらに、この事例では同族会社を利用したものであることから、相続税法第六四条（同族会社等の行為又は計算の否認等）第一項の規定の適用を受ける可能性も付言しておくこととする。[101]」と述べられ、この事例の租税回避行為は、否認される可能性が高いものであるとされている。仮の事例を考えられても、信託を利用した限界事例となる租税回避行為を、現実にその租税回避行為が行われる前に見つけることは難しい。

この事例より、財産評価基本通達二〇二の評価方法は、計算方法の中に危うさが潜んでいることがわかる。信託契約時において推算した収益額を基礎として、収益受益権を算出する方法は、見積り又は信託財産の収益性によって評価額に大きな影響を及ぼしてしまう。さらに、元本受益権は、その曖昧な収益受益権の評価額にも影響されるため、収益受益権よりも評価額に幅が生じる。この評価の困難性ゆえに、信託が敬遠されることがあってはならない。[102]

信託受益権の評価額は税額に直結するため、納税者と課税庁が鋭角に対立することになるが、納税者も課税庁も法律に拘束されて、それを文理解釈しなければならない。[103] 納税者が評価した評価額は、課税庁によって恣意的な否認が行われてはならないのである。租税法律主義の要請から文理解釈することにより、法的安定性及び予測可能性が担保されることになる。信託受益権の評価、すなわち適正な対価の射程は、相続税法九条の二及び同法九条の三を文理解釈することにより明確となる。以下では、適正な対価の射程範囲を確認する。

3　租税法律主義下における信託課税規定の射程の検討――相続税法七条の関係を基礎として――

「適正な対価を負担せず」とされている規定は、相続税法九条の二及び同法九条の三である。相続税法九条の二及び同法九条の三のみなし規定の射程を検討する。

増田英敏教授は、「『みなし規定』の効力の及ぶ範囲が、当該規定内の文言によって限定され、その効力範囲が法令上明らかにされている場合には、租税法律主義に抵触する問題は生じない。ところが、『みなし規定』の効力範囲が法令の文言によって明らかにされていない場合には、租税法律主義の構成内容である課税要件明確主義に抵触する事態を招く。なぜなら、『みなし規定』の効力範囲が不明確であれば、当然、その範囲を確定する段階における租税行政庁の裁量の余地が拡大し、恣意的課税を排除するという租税法律主義の要請に抵触する危険が生じる。[104]」と述べられ、みなし規定の効力範囲が法令の文理解釈により明確化されていれば、租税法律主義の要請に適うものであるとされている。みなし規定の条件を満たした場合に、みなし規定は適用されることになるから、その条件を厳密に解釈する必要がある。相続税法九条の二及び同法九条の三を文理解釈すると、「適正な対価を負担せず」となった場合にはみなし規定が適用される。しかし、「適正な対価を負担せず」以外の場合、すなわち適正な対価を負担した場合には、相続税法九の二及び同法九条の三のみなし規定の適用を受けないことになる。「適正な対価を負担せず」という条件により、みなし規定が適用されるか否かが決定されるため、適正な対価といえるかどうかが重要である。

みなし規定が適用されるか否かにより、税負担が著しく異なってくる。そのため、納税者と課税庁の利害が対立するのである。このような理由からも、みなし規定の射程を明らかにしなければならない。

適正な対価とはいかなる対価を指すのかが、明文上明らかにされていないところ、「Ⅲ１　規定にみる「適正な対価」の意義」において、適正な対価の意義付けを試みた。適正な対価に、適正性と対価性を有していなければ、このみなし規定が適用される。適正な対価に、適正性と対価性を有していれば、みなし規定の適用を免れるということである。つまり、前述の通り確認した適正な対価の意義を用いれば、相続税法九の二及び同法九条の三のみなし規定の解釈は容易である。適正な対価を負担したとみなされた場合には、相続税法九条の二及び同法九条の三のみなし規定は適用されず、相続税法七条が適用される余地がある。すなわち、相続税法九条の二及び同法九条の三のみなし規定の適用を免れるだけであり、「著しく低い価額の対価」の該当性判断が行われるのである。

相続税法七条は、低額譲渡を受けた場合において、その財産の譲渡を受けた者が、その対価とその財産の時価との差額に相当する金額を、その財産の譲渡人から贈与により取得したものとみなすとされている。この相続税法七条の趣旨について、増田英敏教授は、「著しく低い価額の対価で財産の譲渡を受けた場合には、法律的には贈与とはいえないとしても、実質的には贈与と同視することができるため、担税力に応じた課税をもとめる租税公平主義の要請から、対価と時価との差額について経済的利益の贈与があったものとみなして贈与税を課するところにある。換言すると、相続税負担の回避を阻止することにより、課税の公平（租税公平主義）を確保することに同規定の立法趣旨は見出すことができる。[105]」とされ、課税公平主義を根拠とし、租税回避行為の防止規定であるとされている。

相続税法七条は、相続税又は贈与税全般の租税回避行為が行われた場合の個別否認規定である。一方、相続税法九条の二以下の信託に関する特例は、信託の行われた場合に限定される租税回避行為が行われた場合の個別否認規定である。要するに、相続税法七条は、一般規定に対する個別否認規定であるが、相続税法九条の二以下の信託に関する特例は、相続税法七条との関係において特例規定に対する個別否認規定であると位置付けることができる。[106]この両規定の関係性の捉え方によって、租税法の解釈及び適用に相違が生じてくる。そのため、両規定の関係性を明らかにしなければならない。両規定の関係性を明らかにすれば、信託に関する特例規定である相続税法九条の二及び同法九条の三の射程が明らかとなる。

規定間の射程範囲を明らかにするために、増田英敏教授は、「法規定の適正な解釈は立法の経緯を踏まえ、錯綜する関係規定間の正確な位置づけにより導き出すことが可能である。いたずらに文言にのみ固執することも、また、文言から離れてしまうことも、租税法律主義の厳格な統制下におかれる租税法の解釈としては問題があろう。[107]」と述べられ、関係規定間の正確な位置づけは、租税法律主義の観点から立法趣旨も踏まえて導き出すことができるとされている。

まず、立法趣旨の観点からみてみると、相続税法九条の二及び同法九条の三に規定される適正な対価は、平成一九年度改正により新しく規定された概念である。租税回避行為が起こりやすいことを念頭に置いて、曖昧な部分が生じないように規定されたという意味においては、租税回避行為の個別否認規定である。相続税法七条があるにも関わらず、信託に関する特例として規定されたため、相続税法九条の二及び同法九条の三は、一般規定である相続税法七条より優先されて適用されるべきではある。しかしながら、相続税法九条の二及び同法九条の三は、相続税法七条に対する特例規定であり、相続税法九条の二及び同法九条の三の適用は、厳格に解釈されなければならない。つまり、立法趣旨からは、相続税法九条の二及び同法九条の三のみなし規定の射程は、厳格に解釈すべきである。

次に租税法律主義の要請から、租税法が侵害規範であるため、文理解釈を基本として、拡張解釈又は類推解釈等は許されず、文言を適切に解釈する必要がある。[108] 相続税法九条の二及び同法九条の三に規定される適正な対価の概念は、信託受益権の評価の困難性から、その対価がある程度の幅を有している。適正な対価がある程度の幅の範囲内であれば、適正な対価の負担をしたとして、相続税法九条の二及び同法九条の三の規定の射程外となる。文理解釈によると、適正性と対価性を有しているか否かにより、判断することができる。適正な対価の評価は、課税庁の恣意的課税が行われやすいから租税法律主義に基づき、厳格に解釈されなければならない。その際には当然、租税回避行為の意図の存否は問わないと解すべきである。[109] つまり、租税法律主義の観点からも、相続税法九条の二及び同法九条の三のみなし規定の射程は、狭く解釈すべきである。

立法趣旨を踏まえたとしても、租税法律主義の観点からは、相続税法九条の二及び同法九条の三のみなし規定の射程を厳格に解釈する必要がある。厳格に解釈した場合には、相続税法九条の二及び同法九条の三のみなし規定の射程は狭いものとなる。相続税法九条の二及び同法九条の三のみなし規定を厳格に解釈することにより、課税庁による恣意的課税が排除されることになる。そして、相続税法九条の二及び同法九条の三のみなし規定の適用を受けないこととなった場合に、相続税法七条の規定の「著しく低い価額の対価」の該当性判断が行われるべきである。

(80) 相続税法において、時価とは、東京高判平成七年一二月一三日行裁例集四六巻一二号一一四三頁によると、「課税時期において、それぞれの財産の現況に応じ、不特定多数の当事者間で自由な取引が行われた場合に通常成立する価額」である。時価ではなく、適正な対価と規定されたことに特徴を有する。
(81) 水野・前掲注（74）七一一頁。
(82) 佐藤英明『信託と課税』四四頁（弘文堂、二〇〇〇）。さらに、佐藤英明教授は、委託者に対する課税及び受託者に対する課税を詳細に検討されている。
(83) 浦東久男教授は、「『みなす規定』とは、課税要件を定める本来の規定の文言には含まれていないものについて、その異なる事実を課税要件に該当する事実（概念）と擬制して、取り扱うことを定めている規定」（同「税法における『みなす』規定とその効果の及ぶ範囲」総合税制研究七号一頁（一九九九））であると述べられている。
(84) 民法第五三七条参照。
(85) 福岡地判昭和四九年一〇月一日行裁例集二五巻一〇号一二四四頁において、元本及び収益の双方を受益することを内容とする株式信託契約に基づく信託受益権は、被相続人の死亡後五年を経過して相続人全員が同意した場合には解除しうる旨の制限が付されていても、信託受益権それ自体を制限するものではないため、相続時における当該株式の時価によって評価すべきであるとされた。
(86) 金子宏教授は、「独立企業間価格は、比準取引の選定の仕方によって異なりうるから、各取引の具体的な状況に応じて、取引価格が、これらの方法で算出された独立企業間価格の上下ある程度の幅の中にある場合には、当該取引は適正な対価で行われたと解してよい場合が多い」（金子・前掲注（22）五五七頁）と述べられ、移転価格税制の場合には、取引価格にある程度の幅があることを指摘される。この示唆を、信託における適正な対価の議論に即して考えることもできるであろう。
(87) 首藤重幸「新信託法と贈与税・相続税」税務事例研究九八号六〇頁（二〇〇七）。
(88) 山田熙「信託受益権のみなし贈与」税研七五号九三頁（一九九七）以下参照。信託受益権の譲渡を検討したものとして、山田熙「信託受益権の譲渡」税務事例研究三三号六九頁（一九九六）以下がある。
(89) 財産評価基本通達二〇二によると、元本受益権の計算方法は、一億円×〇・〇九九三（三〇年、年八％の複利現価）≒九九三万円であり、収益受益権の計算方法は、三〇〇万円×一一・二五七（三〇年、年八％の複利年金現価）≒三三七七万円である。

(90)　占部・前掲注（4）一三五頁。

(91)　首藤・前掲注（87）六一頁参照。

(92)　佐藤・前掲注（82）二五二頁。同旨として、喜多綾子氏は、「相続税財産評価基本通達による収益受益権の評価方法は、受益者が将来受けるべき利益の価額ごとに、課税時期からそれぞれの受益の時期までの期間に応ずる基準年利率による複利原価率（筆者注：ママ）を乗じて計算した金額の合計額であるが、将来受けるべき利益の価額は見積りであり、確定した価額ではない。」（喜多綾子「個別信託の発展と課税問題―信託法改正の動きと信託課税改革」税法学五五六号五九頁）と述べられ、信託契約時に将来受けるべき利益を見積もることは難しく、確定した金額ではないとされる。

(93)　佐藤英明教授は、収益受益者が信託財産から収益を得る権利という「受益権は、土地・建物の所有権に類似した権利ではなく、二〇年間定期金を受け取る権利である定期金債権に類似した権利であるというべきであろう」（同「不動産の信託に関する所得税法、租税特別措置法の適用関係」税務事例研究三号二〇頁（一九八九））と述べられる。二〇年間、毎年一定額ずつを受け取る信託契約を設定した場合には、それは定期金給付契約と同様の性質をもっているといえる。このように将来の事情に関係なく、一定額を受け取る場合には信託を用いる必要性が低い。もっとも、佐藤教授は、「この間、一様に家賃等の収入があるとは限らないから、定期金債権そのものであるとは言えない。」（佐藤・同論文二〇頁）とも述べられている。

(94)　喜多・前掲注（92）五九頁。

(95)　能見善久教授『現代信託法』五頁（有斐閣、二〇〇四）。四宮和夫教授も、「信託は、その目的が不法や不能でないかぎり、どのような目的のためにも設定されることが可能である。したがって、信託の事例は無数にありうるわけで、それを制限するものがあるとすれば、それは、法律家や実務家の想像力の欠如にほかならない。」（四宮・前掲注（49）一五頁）と述べられる。

(96)　金子・前掲注（22）六六三頁以下参照。

(97)　川口・前掲注（12）四二八頁～四二九頁。

(98)　財産評価基本通達二〇二によると、信託設定時における、収益受益権の計算方法は、三〇〇〇万円×二二・三九六（三〇年、年二％の複利年金現価）≒六億七一八八万円であり、元本受益権の計算方法は、一〇億円－六億七一八八万円である。

(99)　財産評価基本通達二〇二によると、四年後の信託終了における収益受益権の計算方法は、三〇〇万円×二〇・一二一（二六年、年二％の複利年金現価）≒六〇三六万円である。

(100)　なお、川口幸彦教授は、「相続税法基本通達九－一三の定めに従うと、上記のような課税関係となると考えられるが、相続税法第九条の二第四項は残余財産の課税関係についての規定であるが、相続税法基本通達九－一三のような収益受益権の価額に相当する利益についても同項の適用があるものと考えると…略…相続税法基本通達九－一三を悪用した租税回避は成り立たないこととなろう。」（川口・前掲注（12）四三一頁）とも述べられている。

(101) 川口・前掲注（12）四三〇～四三一頁。

(102) 佐藤英明教授は、「『受益権』の評価についてここで詳述する余裕はないが、ごく総括的に言うならば、まず、合理的な範囲で統計的な推計を用いる手法が確立される必要がある（たとえば、受益者の死亡によって終了する信託の存続期間はその者の統計上の平均余命とするなど）。」（同「信託と税制―若干の立法的提言」ジュリスト一一六四号四七頁（一九九九））と述べられ、新たな信託受益権の評価方法の必要性を説いている。

(103) 金子・前掲注（22）一一六頁参照。また、金子宏教授は、「みだりに拡張解釈や類推解釈を行うことは許されない。…略…文理解釈によって規定の意味内容を明らかにすることが困難な場合に、規定の趣旨目的に照らしてその意味内容を明らかにしなければならない」（金子・前掲注（22）一一六頁）と述べられている。

(104) 増田・前掲注（44）二四四頁。

(105) 増田英敏『リーガルマインド租税法 第4版』五六八頁（成文堂、二〇一三）。また、東京地判平成七年四月二七日税務訴訟資料二〇九号二八五頁によれば、「贈与税は、相続税の補完税として、贈与により無償で取得した財産の価額を対象として課される税であるが、その課税原因を贈与という法律行為に限定した場合には、有償で、しかも、時価より著しく低い価額の対価で財産の移転を図ることによって、贈与税の負担を回避しつつ、本来、相続税の対象となるべき財産を生前に処分することで相続税の負担の軽減を図ることができることになり、租税負担の公平が著しく害されることとなる。同法七条の規定は、こうした不都合を防止する目的で、時価より著しく低い価格で売買が行われた場合には、当事者に贈与の意思があったかどうかを問わず、その対価と時価との差額に相当する金額の贈与があったものとみなすこととしているものと解される。」と判示して、租税公平主義の要請より、税負担の軽減を防ぐための規定であるとされている。

(106) 増田英敏教授は、「法人税法十一条と措置法六六条の六の関係は、一般法と租税回避行為の個別否認を目的とする特別法という関係に位置づけてよかろう。」（同「タックス・ヘイブンに設立した特定外国子会社の欠損を親会社の損金に参入することの可否」判例時報二〇一一号一七三頁（二〇〇八））と述べられ、法人税法と措置法の関係を、一般法と特別法の関係にあるとされている。このことから、相続税法における信託に関する特例を特例規定として、それ以外の規定を一般規定と解することもできると考える。

(107) 増田・前掲注（105）一七三頁。ただし、増田教授は、同論文中では、法人税法一一条と措置法六六条の六の関係性について述べられたものである。

(108) 増田・前掲注（105）五七四頁参照。

(109) 金子・前掲注（22）六五四頁参照。もっとも、金子教授は、相続税法七条について述べられているが、相続税法九条の二以下にも同様のことが言えるだろう。

結論

本稿の目的は、租税法律主義の下において、相続税法の信託に関する特例の「みなし規定」の射程範囲を明らかにすることであった。平成一八年に信託法が改正されたことに伴い、信託税制が整備されたが、新たに明文化された「適正な対価」という概念を明らかにした上で、「みなし規定」の射程範囲を考察した。

本稿では以下のことが確認された。

「一　相続税法における信託課税の法的構造」では、本稿の趣旨に基づいて議論を展開するために、平成一九年度税制改正前の相続税法における信託課税の法的構造について、課税のタイミングを中心として確認した。相続税法における信託の課税のタイミングに対する原則は、大正一二年から平成一八年までの期間を三期間に区分することによって明らかにした。そして、その従来の信託の課税のタイミングに対する原則に対して学説から多くの批判が存在したが、その批判の内容を整理した。

「二　相続税法における信託課税の改正の意義」では、平成一九年度税制改正前の相続税法における信託の課税のタイミングに批判があったことを踏まえ、改正された信託税制の立法趣旨を明らかにした。その上で、改正された信託税制が従来の批判に耐えうるものであるかについて様々な角度から検討を行った。その結果、信託に対する課税方法は、租税回避行為の防止に重点を置きすぎており、担税力に即した課税がなされているとはいえないものであった。租税回避行為の防止のみに傾斜した課税規定の整備は、今後の信託の利用に障害となることが確認できた。

「三　信託課税規定の射程と租税法律主義」では、相続税法九条の二及び同法九条の三に規定される適正な対価とはいかなる対価を指すのかが明文上明らかにされていないところ、適正性と対価性を詳細に考察することにより、適正な対価の意義付けを試みた。適正な対価を負担した場合には、相続税法九条の二及び同法九条の三のみなし規定が適用されないこととなるが、その信託受益権の評価が困難であり、課税庁から租税回避行為との指摘を受けることがある。その場合であっても、適正な対価の概念を用いれば、みなし規定が適用されるか否かを容易に判断することができると確認された。そして、相続税法九条の二及び同法九条の三と相続税法七条との関係性について、相続税法九条の二及び同法九条の三の立法趣旨を踏まえて、租税法律主義の観点から明らかにすることができた。すなわち、租税法律主義の下においては、相続税法九条の二及び同法九条の三のみなし規定の射程を厳格な解釈により明らかにすべきであるとの結論を導出した。

本稿では、租税法律主義下における相続税法に規定された、信託に関する特例のみなし規定の射程範囲を明確にするという観点から議論を展開してきた。相続税法九条の二及び同法九条の三のみなし規定の射程を明らかにできたことにより、今後の議論の方向性を提示することができた。

現実の社会に目を向けてみると、信託の利用は未だ多いとはいえない。信託の潜在的ニーズは存在するのであるから、信託の利用が増加する余地は多分にある。信託の増加時に対応できるだけの、担税力に応じた課税がされるよう課税規定を充実させ、使い勝手のよい制度にしておく必要がある。しかし、課税規定を充実させただけでは足りず、その課税規定の解釈を明らかにしなければならないことは当然である。改正されてから間もない、信託法と信託に対する相続税法との関係、さらには法人税法や所得税法等との関係を明らかにすることは急務である。判例及び学説の積み重ねにより解釈の確立がされていく。

信託を用いた租税回避行為の濫用にも注意を払うべきであることを付言しなければならない。租税回避行為が行われた場合には、租税法の解釈だけで対応できないことが往々にしてある。すなわち、経済取引と租税法の乖離の問題である。その際には、個別否認規定を設けて、その規定により否認することになる。それは租税公平主義と租税法律主義の相克関係の調整を図りつつ、租税法律主義の観点から個別否認規定による否認を行うべきであることを結論の一つとして確認しておく。租税法律主義の機能は、恣意的課税の排除と納税者の予測可能性及び法的安定性の確保にあるからである。

現実社会と理論の整合性を述べたが、要するに、信託の利便性向上という観点から考えていくべきである。本稿では、信託の利便性向上のために、信託法と信託に対する相続税法との関係性に限定したものであり、今後はさらに広い視野にたって議論が行われることが期待される。

付記：本章は、成田武司著「相続税法における信託課税規定の射程の検討」専修法研論集四七号八七頁以下（二〇一〇）、「相続税法における信託課税規定の射程の検討」租税資料館賞受賞論文集第一九回（二〇一〇）〇巻三二三頁以下（二〇一〇）を基に加筆・修正したものである。

第3部

納税者の権利救済

第12章　第二次納税義務者の権利救済

高木良昌

はじめに

現代国家においては、租税は法律によってのみこれを課すことができるとされている。つまり、租税法律主義により国家は国民に法律の定めなしに租税を賦課、徴収することはできない。

第二次納税義務制度とは、租税が徴収しきれない場合に、本来の納税義務者とある一定の関係のある者からこれを徴収しようとする制度である。税の徴収確保という観点からみれば非常に重要な制度であるが、第二次納税義務者となる者からみれば、自己以外の者の税について納税義務を負うこととなる非常に特殊な制度といえる。したがってこの制度を適用する際には、十分な理解と慎重とのもとに、適切に行われなければならない。

本来の納税義務者以外の者からも租税を徴収しようとするのならばその者にはしかるべき保護が与えられるべきといえる。しかし、第二次納税義務者の権利救済に関する状況をみると、その与えられてしかるべき保護が第二次納税義務者には与えられてはこなかった。

第二次納税義務は主たる納税義務の内容に大きな影響をうける。そのため第二次納税義務の納付告知に納得のいかない第二次納税義務者は、不服申立てや訴訟で、主たる納税義務者の課税処分を争うこととなるが、第二次納税義務者が主たる納税義務を争うには、主たる納税義務自体の取消訴訟で争う場合と、第二次納税義務の納付告知処分の取消訴訟で争う場合がある。しかし、ある時期まで、主たる納税義務者の課税処分を第二次納税義務者が争うことが不可能、もしくは一応可能であるが実質的には困難、という状況になってしまっていた。

行政により権利の侵害を受けた者は裁判でその是正を受けることができる。憲法も広く裁判を受ける権利を認めている。しかし、第二次納税義務者はその裁判を起こすことさえかなわない状況にあった。そこで、第二次納税義務者の権利救済手段について検討する。

まず、第二次納税義務制度の意義、内容を確認する。次に、これまで判例が第二次納税義務者に対して、どのような権利救済の手段を認めてきたかを確認し、判例上認められてきた権利救済の手段と学説との乖離から第二次納税義務者の権利救済においてどのような壁があったのか検討する。そして第二次納税義務者の権利救済について一定の決着をもたらした最高裁平成一八年一月一九日判決の意義を検討することとする。その上で、第二次納税義務者の権利救済において、どのような手段をとることが現実的には可能であるのか、明らかにしたい。

一　第二次納税義務制度の概要

まず制定時における第二次納税義務制度の趣旨、条文ごとの第二次納税義務を個別に確認する。第二次納税義務が成立、確定するための構成要件を検討し、納付告知処分の性格をあげて、第二次納税義務制度の体系とその法理論を探っていく。

1　第二次納税義務制度の意義

現行租税制度は租税収入を確保し、その徴収の合理化を図るために、国税徴収法三二条以下および地方税法一一条以下において、第二次納税義務制度を定めている。この第二次納税義務制度は、一般的に「第二次納税義務は、主たる納税義務が申告又は決定もしくは更正等（以下『主たる課税処分等』という。）により具体的に確定したことを前提として、その確定した税額につき本来の納税義務者の財産に対して滞納処分を執行してもなお徴収すべき額に不足すると認められる場合に、租税徴収の確保を図るため、本来の納税義務者と同一の納税上の責任を負わせても公平を失しないような特別の関係にある第三者に対して補充的に課される義務[1]」のことである、と説明される。

また、金子宏教授は次のように説明されている。第二次納税義務の制度とは、「要するに、本来の納税義務者から租税の全部または一部を徴収することが不可能であると認められる場合に、それと人的・物的に特殊の関係にある者を第二次納税義務者とし、これに本来の納税義務者の納税義務に代わる義務を負担させることによって、租税の徴収確保を図ることを目的とする[2]」ものとされている。

第二次納税義務制度は、現行の国税徴収法制定に際して、法制度として確立された。同法は、三年間にわたる租税徴収制度調査会の検討の結果なされた「租税徴収制度調査会答申（昭和三三年一二月八日。以下「答申」という）」[3]に基づいて制定されたものである。この答申は第二次納税義務制度の意義について、「第二次納税義務の制度は、形式的に第三者に財産が属する場合であつても、実質的には納税者にその財産が帰属していると認めても、公平を失しないときにおいて、形式的な権利の帰属を否認して、私法秩序を乱すことを避けつつ、その形式的に権利が帰属している者に対して補充的に納税義務を負担させることにより、徴税手続の合理化を図るために認められている制度である」[4]と指摘している。

また、この答申の基礎となった考え方は、①租税徴収の確保、②私法秩序の尊重、③徴収制度の合理化、の三点にあった。そして第三者の地位を利用する租税の合法的回避ついて、上記の基本的な考え方に沿うものとして第二次納税義務制度を考え、税徴三二条以下に規定するような態様の第二次納税義務について、それぞれ答申を行っている。[5]またこの答申では、「『第二次納税義務者の権利を保護するため、次の手続を遵守すべきである。』として、①主たる納税者の財産につき滞納処分をしても徴収すべき租税が不足する場合に限つて、この第二次納税義務を適用できることとすること、②第二次納税義務者の財産の公売は、主たる納税者の財産を公売に附した後でなければ行うことができないこととすること、③第二次納税義務者が第二次納税義務の納付通知及び公売の順序に関し異議を申し立てている間は、第二次納税義務者の財産を公売することができないこととすること、④第二次納税義務者に対する滞納処分についても、その者に督促をした後でなければできないものとすること、等を条件づけて答申を行つており、このような答申の趣旨に従つて現行徴収法三二条、九〇条三項等の規定が通則的規定として設けられるに至つている」[6]。

第二次納税義務制度は「あくまで租税徴収のための便宜的な規定であるから、主たる納税者に対する徴収不足額が生じる場合にかぎって例外的に認められる。第二次納税義務制度に関する諸問題を考察する際に、この制度の右のような意義を正しく理解しておくことはきわめて重要である」[7]といえる。

2　第二次納税義務制度の態様

上記の答申の趣旨に従って、現行法で規定している第二次納税義務は次のとおりである。

(1)　無限責任社員の第二次納税義務（税徴三三条、地税一一条の二）

合名会社の社員、合資会社の無限責任社員または無限責任中間法人の社員についての第二次納税義務である。これは、合名・合資会社または無限責任中間法人の滞納に係る租税については、その社員は連帯してその責に任ずることを規定したものであって、この規定の趣旨は会社法五八〇条（社員の責任）の趣旨と基本的に同一である。[8]

(2)　精算人等の第二次納税義務（税徴三四条、地税一一条の三）

法人が解散した場合において、その法人に課されるべき、またはその法人が納付すべき租税を納付しないで、残余財産の分配または引渡をしたときは、精算人および残余財産の分配または引渡を受けた者は、その受けた財産の価額において、その責に任ずることを規定したものである。

(3)　同族会社の第二次納税義務（税徴三五条、地税一一条の四）

個人事業者がその事業を法人に組織変更して、自己を中心とする同族会社を設立し、その同族会社に個人の事業用資産を出資したような場合においては、その会社の株式または出資は市場性がない場合が多い。このような場合に、出資者たる個人が滞納処分の目的となる財産を所有していないと認められるときは、その出資者個人の滞納租税に係る徴収不足額のうち、出資者個人が有する株式または出資の額（法定納期限の一年以上前のものは除く）を限度として、同族会社に納付義務を負わせるものである。

(4) 実質課税額等の第二次納税義務（税徴三六条、地税一一条の五）

実質所得者課税および所得の帰属の推定（同条一号）、資産の譲渡等を行った者の実質判定（同条二号）、同族会社の行為・計算の否認（同条三号）による第二次納税義務である。

これは租税実体法上においては、登記、登録等による私法上の権利関係にかかわらず、実質所得者課税の原則（所税一二条、法税一一条）および所得の帰属の推定規定（所税一五八条）により、実質上の所得者に対して課税されるが、租税手続法上においては帰属名義人に徴収手続をおこなうことから、実質上の所得者と名義上の所得者が異なり滞納処分をおこなえない場合（実質上の所得者に財産がない場合）には、その調整を図るために、実質上の所得者の滞納租税のうち、その徴収不足額（同条一号、二号の場合においては、収益を生じた財産の価額、同条三号の場合においては、受けた利益の額）を限度として名義上の所得者に納付義務を負わせるものである。(9)

(5) 共同的な事業者の第二次納税義務（税徴三七条、地税一一条の六）

納税者が個人である場合に、その者の事業から所得を得ている生計を一にする配偶者その他の親族、または納税者が同族会社であった場合、その判定の基礎となった株主または、社員が納税者の事業の遂行に欠くことができない重要な財産（土地等）を有し、かつ、当該財産に関して生ずる所得が納税者の所得となっている場合には、共同事業とみなして、その財産の価額を限度として納付義務を負わせるものである。

(6) 事業を譲り受けた特殊関係者の第二次納税義務（税徴三八条、地税一一条の七）

納税者がその親族その他納税者と特殊な関係にある個人または同族会社に事業を譲渡し、かつ、その譲受人と同一とみられる場所において、同一または類似の事業を営んでいる場合においては、譲受財産（取得財産を含む）を限度として納付義務を負わせるものである。ただし、その譲渡が滞納に係る租税の法定納期限より一年以上前になされている場合には適用されない。

(7) 無償または著しい低額の譲受人等の第二次納税義務（税徴三九条、地税一一条の八）

滞納者に対する徴収不足額が、当該国税の法定納期限の一年前の日以降に、滞納者が行った無償または著しく低い額の対価による譲渡（担保の目的でする譲渡を除く）、債務の免除その他第三者に利益（地上権の設定等）を与える処分に起因すると認められる場合に、その譲受人に対して受けた利益が現に存する限度において、納付義務を負わせるものである。

(8) 人格のない社団等に係る第二次納税義務（税徴四一条、地税一二条の二）

人格のない社団に対して徴収不足額が存する場合に、当該社団の名義人に対して、名義人に法律上帰属するとみとめられる財産を限度として、また、滞納者である人格のない社団等の財産を払戻または分配をした場合には、当該払戻または分配を受けた者に対して、その受けた財産の価額を限度として、納付義務を負わせるものである。

これは、人格のない社団等の場合には、私法上の法人格・権利能力を有しないため、その財産はすべて、管理人等の第三者が名義人となって登記・登録されていることと、人格のない社団等は通常の法人と異なり、解散の事態に至らない以前において、払戻・分配が行われることがあるため、この規定を設けたものである。

以上が現行法における主要な第二次納税義務の規定であり、無限責任社員の第二次納税義務を除くそのほとんどは滞納者以外の第三者に対しておこなわれるものであり、その適用にあたっては、答申で述べるところの私法秩序の尊重ということが配慮されなければならない。

3　第二次納税義務の成立と確定

(1) 第二次納税義務の成立時期および確定時期

納税義務は一般に法律もしくは条令に定められている構成要件を充足することにより成立し、申告または更正・

決定あるいは賦課決定等の確定行為によって、その内容が具体的に確定する（国税通則法一五、一六条）。

そこで、第二次納税義務についても、それがいつ成立し、確定するのかが問題となる。第二次納税義務の成立時期については、明文には何らの規定もないが、納付通知書による告知（税徴三二条一項）によって成立し、かつ確定する、とする説もある。(10) しかし、多数説は、第二次納税義務は主たる納税義務者の徴収不足等の要件に該当する事実の発生により抽象的に納税義務として成立し、告知によって具体的に確定するものと解している。(11) 裁判例も、多数説に従っており、少数説を採るものは見当たらない。

神戸地裁昭和四六年一一月一六日判決(12)は、「納付通知書による告知は納税義務者に対し抽象的に発生していた租税債権を具体的に確定」すると判示して多数説をとっている。租税債権の成立と確定という通常の考え方からすれば、裁判例・多数説の考え方が妥当であり、したがって第二次納税義務は、法定の要件を充足したときに成立し、納付通知書による告知によって確定する、といえる。

（2）第二次納税義務成立の構成要件

第二次納税義務が成立するための要件としては、これを規定する各条において多少異なっている（税徴三三〜四一条、地税一一〜一一条の二）が共通に認められる要件として次のものがある。

まず、第一には、「主たる納税者が自己の租税債権を滞納していること」が要件になる。この場合の「主たる納税者の租税債務」は常に適法に確定している必要があるのかについては争いがあり、適法性を要件とする説として、三木義一教授は「違法な確定行為によって租税債務が成立することを租税構成要件が予定しているとは解しえない」(13)とされ、「『主たる納税者の租税債務』とは、あくまでも法の適正な解釈・適用のもとに主たる納税者が本来納税すべき租税債務に限定され」(14)ると説明されている。これに対して、吉良実教授は「主たる納税義務の確定行為がたとえ違法であつても、それが無効あるいは取消されていない以上、第二次納税義務発生要件としての『主たる納税義務が存在する』という要件は充足され、第二次納税義務の発生そのものには支障がない[15]」とされ、適法性を要件には掲げられてはいない。

三木義一教授の理由付けについては、本来は主たる納税義務に対する構成要件であり、それをそのまま第二次納税義務の構成要件とすることはできない。またもしそうするならば「主たる納税者の租税債務」の確定行為に違法がある場合には、たとえ第二次納税義務者に納付通知書が送達されていても、つまり確定手続段階にはいっても、いまだに第二次納税義務は成立していない、ということになってしまう。したがって「主たる納税者の滞納租税債務」があれば、たとえそれが違法の確定行為の結果なされたものであろうとも第二次納税義務の構成要件の第一はみたされる、と解する。

第二の構成要件としては、「主たる納税者に滞納処分をしても、なおその徴収すべき額に不足すると認められること」、つまり徴収不足額の発生が必要である。この要件は、第二次納税義務の発生要件ではなくて、第二次納税義務を具体的に追求する場合の「賦課権の行使要件」とする説[16]もあるが、立法論上は別として、現行徴収法は何れも「滞納処分を執行してもなおその徴収すべき額に不足すると認められる場合に限り」、と規定しているところから、解釈論上は第二次納税義務の成立要件になっているものと考えられる。ところで徴収法は「滞納処分を執行しても」なお「徴収すべき額に不足すると認められるとき」というのであるから、その徴収不足額存在の認定は必ずしも主たる納税者に対して現実に滞納処分を執行した結果によらなければならないというものではない。つまり第二次納税義務の成立は、主たる納税義務につき徴収不足額の生ずることを要件とするものではあるが、しかし、その徴収不足額の発生は、必ずしも主たる納税者に対して現実に滞納処分を執行した結果、具体的に生じたものであることを要せず、ただ滞納処分を執行したならば、徴収不足額が生ずるであろう、と認められればそれでよい、ということであり、判例もそう解している[17]。

そして、ここに「徴収不足額が生ずる」とは、主たる納税者に帰属しているすべての財産（税徴八条に規定する「総財産」）のうち、滞納処分を執行なしえるもの（税徴七五条、七六条等の差押が禁止されている財産等を除く）の処分予定額が、その主たる納税者の負担しているすべての租税の額に満たない、と認められる場合をいうのであり、そのような徴収不足額が生ずると認められる場合に、はじめて第二次納税義務は成立する。

次に、主たる納税義務について徴収不足額が生ずるか否かの判定の基準時はいつと解するべきであろうか。基本通達は「不足するかどうかの判定は、納付通知書を発する時の現況によるものとする」[18]とし、最高裁も同様に解しているが[19]、これでは確定処分時に、「不足するかどうかの判定」を同時に行えばよい、といっているのも同然である。本来、「不足するかどうかの判定」は実定法上、成立要件である以上、第二次納税義務の成立に際し、行わなければならないものである。したがって、判定の基準時は「主たる納税者の租税引当財産の価値を判定したとき」が妥当であろう。もし基本通達のように、判定を納付告知処分時の現況によるものとした場合、主たる納税義務が滞納となった時点では、主たる納税者の租税引当財産は充分にあって、徴収不足額の生ずる余地は全く存在しなかったのであるが、ただ税務官庁の誤った納税の猶予なり、職務怠慢等により、徴収処分が遅れて、財産の価値が下落したために徴収不足額が生ずることとなった場合においても、第二次納税義務を課すことができてしまう。いわば税務官庁の職務怠慢等によって生じた責任を第二次納税義務者の負担において賄うという不合理な結果をもたらしてしまうこともあろう。

(3)　第二次納税義務の範囲

法定の成立要件を充足することによって、第二次納税義務が成立する場合、その第二次納税義務は主たる納税者の滞納租税の全額について生ずるのか、あるいは、主たる納税者の滞納租税のうち徴収不足額の範囲において生ずるのか、という問題がある。この点は具体的には、国税徴収法三二条一項、同法施行例一一条一項または三項の規定によって、その記載が要請されている納付通知書または納付催告書に記載すべき「第二次納税義務者から徴収しようとする金額」は、その何れの金額であるか、ということにも関係してくる。

この点については法文上必ずしも明らかな規定はないが、基本通達は三二条関係四において、「納付通知書に記載すべき令第一一条第一項第三号《納付通知書に記載すべき事項》の『徴収しようとする金額』については、それぞれ次に掲げる旨を記載するものとする。（1）無限責任社員の第二次納税義務（法三三条）については、主たる納税者の滞納国税（第二次納税義務の基因となった国税に限る。以下四において同じ。）の全額（2）財産等の価額を限度とする第二次納税義務（法三四条、三五条、三六条三号、三九条、四一条二項）については、その財産等の価額（金額で表示する。）を限度として主たる納税者の滞納国税の全額（3）財産を限度とする第二次納税義務（法三六条一号、三六条二号、三七条、三八条、四一条一項。以下第三二条関係において「物的第二次納税義務」という。）については、その財産（財産自体を表示する。）を限度として主たる納税者の滞納国税の全額」と定めている。

つまり税務官庁は、第二次納税義務は主たる納税者の滞納処分の「全額」について発生するものと考えているのである。[20]

この立場に対して、学説の多くは「徴収不足額に制限される」とする立場をとっている。その根拠として、吉良実教授は次のように述べられている。施行令一一条一項は、「その三号において、『前号の金額のうち第二次納税義務者から徴収しようとする金額』としており、そしてその『前号の金額』とは、同条項二号の『滞納に係る国税の金額』つまり主たる納税者の滞納国税（第二次納税義務の起因となつた国税に限ることは勿論である。）の金額ということである。そうすると納付通知書には、主たる納税者の滞納国税の金額と、その中で第二次納税義務者から徴収しようとする金額との両者を記載することが、法文上要請されているということになるわけである。そうすると、このことは第二次納税義務者から徴収しようとする金額は、必ずしも主たる納税者の滞納国税の全額ではないということを明らかにしているものであり、そのことはまた第二次納税義務は必ずしも主たる納税者の滞納租税の全額について生ずるものではなく、主たる納税者の滞納租税の範囲と、第二次納税義務の範囲とは常に必ずしも一致するものではないということを意味している」[21]。さらに吉良教授は、「第二次納税義務の補充的な性格」、前述の成立要件（「徴収不足額が必要」）等から「徴収不足額」に限定されている[22]。

判例は、最高裁昭和三八年六月二五日判決[23]が旧国税徴収法上の第二次納税義務に関して「無限責任社員の第二次納税義務は、会社財産に対する滞納処分をしてなお不足ある場合に、その不足額について生ずるものであつて、会社の国税債務全額について生ずるものでない」と判示している。この判例に対しては、「滞納国税の全額」とする立場の側からは、「これは第二次納税義務の成立要件とその範囲を混同したものであり賛成できない[24]」との批判がある。

ただし、どちらの説をとっても「徴収不足額」に落ち着くことが多い。「滞納国税の全額」とする立場であっても、「第二次納税義務者（無限責任社員）の財産の換価は、原則として主たる納税者（合名会社、合資会社又は無限責任中間法人）の財産を換価に付した後に行うこととされているから（徴収法三二条四項、地方税法一一条三項）、結果的には第二次納税義務者から徴収不足額のみを徴収することになる場合が実務上は多いと思われる[25]」とされているのである。

(4)　納税の告知

前述した構成要件を充足することによって成立した第二次納税義務は、納付通知書（税徴三二条一項）による告知によって、その内容が具体的に確定される。この告知処分の性格について、それが課税処分であるのか、徴収処分であるのか、については争いがあり、いまだ解決していない問題である。最高裁昭和五〇年八月二七日判決[26]は「納付告知は、形式的には独立の課税処分ではあるけれども、実質的には、右第三者を本来の納税義務者に準ずるものとみてこれに主たる納税義務についての履行責任を負わせるものにほかならない。この意味において、第二次納税義務の納付告知は、主たる課税処分等により確定した主たる納税義務の徴収手続上の一処分としての性格を有し、右納付告知を受けた第二次納税義務者は、あかたも主たる納税義務について徴収処分を受けた本来の納税義務者と同様の立場に立つに至るものというべきである」と判示している。

この判示は徴収処分としての性質に着目したものといえる。この最高裁判決以前の裁判例としては、告知は「第二次納税義務を具体化し確定するものであるから、その法律的性質は租税の賦課処分に外ならぬ[27]」と判示している。これは課税処分としての性質に着目した判示であるといえる。基本通達三二条関係二は、告知は「抽象的に成立していた第二次納税義務を具体的に確定する効力を有するもので、通則法第三六条《納税の告知》の規定による納税の告知と同様の法律的性質を有する。この場合において、その効力は、納付通知書が送達された時に生ずる」としており、ここにいう通則法三六条の納税の告知とは、一般的に「納税者に対し納期限を指定して、確定した納税義務の履行を請求する行為である[28]」と説明されるもので、この納税の告知を必要とするものには、①賦課課税方式による国税、②自動確定の国税（源泉徴収等による国税などはここにはいる。）があり、②自動確定の国税の場合には、「納税の告知は、徴収手続の一環であって確定処分ではないから、納税義務を確定する効果を有しない[29]」とされるので、徴収処分の一つということができる。しかし、①賦課課税方式による国税の場合には、納税の告知によってはじめて税額が確定するので確定処分と徴収処分との両方の性質を合わせもっているといえる。したがって基本通達のいう性質としては、①賦課課税方式による国税をさしているものと思われる。

学説には課税処分であるとする説[30]もあるが、告知に徴収処分的性質はまったくないとはいいきれない。浅田久治郎氏は、告知は「一種の租税賦課の処分といえる。また、同時に、租税債務の履行を請求する意味においては、租税徴収の処分でもある[31]」と説明されており、その通りであろう。納付告知処分は課税処分と徴収処分の両方の性質を併せ持っているといえる。

(1) 最判昭和五〇年八月二七日民集二九巻七号一二二六頁。
(2) 金子宏『租税法（第22版）』一五四頁（弘文堂、二〇一七）。
(3) 「租税徴収制度調査会答申」ジュリスト一七一号四四頁（一九五九）。
(4) 答申・前掲注（3）四八頁。
(5) 答申・前掲注（3）四八頁。
(6) 吉良実「わが国の第二次納税義務制度」日本税法学会編『杉村章三郎教授古稀祝賀・税法学会論集』七三頁（三晃社、一九七〇）。
(7) 水野武夫「第二次納税義務」北野弘久編『税法の基本原理　判例研究　日本税法体系1』一六四頁（学陽書房、一九七八）。
(8) 本条の規定について、旧商法よりも広く解する説としては、「旧法では、無限責任社員に対する滞納処分は、商法上の会社に対して滞納処分としての差押えをすることができる時期以後でなければすることができないこととされていたが（旧法通達二九条関係七）、本法では、会社に対する租税を賦課するときにすでに会社の資産状態が悪化しており、会社財産からその租税の徴収ができないことが明らかな場合には、会社に対し滞納処分ができる要件を備える以前においても、その無限責任社員に対し第二次納税義務を負わせてその滞納処分を執行することができる」がある。吉国二郎ほか編『国税徴収法精解』三三〇頁（財団法人大蔵財務協会、第18版、二〇一五）。
(9) この規定に関して、吉良教授は「その一号は、租税実体法上の実質所得者課税主義の規定（所得税法一二条、法人税法一一条、地方税法七二条の二等）および所得の帰属の推定に関する規定（所得税法一五八条）を補つて、租税の徴収確保・合理化の見地から第二次納税義務を課する規定であり、…（中略）…つまり一号は、Aが私の所得でありますといつて納税申告をした。ところが税務官庁は、いやこれはBの所得であるといつてAの申告を否認してBに課税処分をした。そしてBから租税を徴収しようとしたが、Bが無資力であつてどうも徴収できそうにない。Bから徴収できないとみるや、今度は前に申告を否認したAに対して、あなたにも納税義務があるのだからといつて、Aから租税を徴収しようというものである。…（中略）…租税実体法上、課税という見地から納税者の申告、あるいは行為・計算をかつてに否認して課税しておきながら、徴収の段階でその租税が徴収できないとみるや、今度は前言をひるがえして、その申告、あるいは行為・計算は否認されていないかの如くに取り扱つて、第三者から租税を徴収する、このようなことが法理論的に正当性・妥当性を有するものとして是認されてよいものであろうか。…（中略）…信義誠実の原則、禁反言の原則にも反するものではなかろうか。この徴収法三六条の規定は、租税の徴収確保・合理化という見地から出た、いささか勇み足のある規定であり、甚だ妥当性を欠く規定だと解される」と批判されている。吉良実・前掲注（6）一一七頁。

(10) 山田二郎『増補　税務訴訟の理論と実際』三二四頁（財経詳報社、一九七六）、金子宏・前掲注（2）一六〇頁、なお、大島恒彦氏は、「第二次納税義務については成立という概念は採用する余地はなく納付通知書による告知によって第二次納税義務が初めて発生する」とされている。大島恒彦「第二次納税義務の法律的性質と時効」税法学一六〇号一五頁（一九六四）。

(11) 浅田久治郎ほか『改定新版　第二次納税義務の実務と理論』三〇九頁（大蔵財務協会、二〇〇六）、北野弘久、黒川功補訂『税法学原論第7版』二三四頁（青林書院、二〇一六）、吉良実「第二次納税義務と主たる納税義務との関係（1）」税法学二五六号八頁（一九七二）、三木義一『現代税法と人権』八五頁（勁草書房、一九九二）、三好達「第二次納税義務に関する一、二の問題」松田判事在職四十年記念『会社と訴訟（下）』八五五頁（有斐閣、一九六八）、吉国二郎ほか編・前掲注（8）三一七頁。

(12) 神戸地判昭和四六年一一月一六日訴務月報一八巻五号七七三頁。

(13) 三木義一・前掲注（11）八六頁。

(14) 三木義一・前掲注（11）八六頁。

(15) 吉良実・前掲注（11）九頁。

(16) 浅田久治郎『租税徴収の理論と実務』四五〇頁（金融財政事情研究会、一九七〇）。

(17) 最判昭和四七年五月二五日第二次納税義務関係判例集（昭和四九年二月版）五三四頁。

(18) 国税徴収法基本通達三三条関係一、三四条関係四、三五条関係四、三六条関係三、三七条関係五、三八条関係一四、三九条関係一、四一条関係三等。

(19) 最判平成二七年一一月六日民集六九巻七号一七九六頁。

(20) 浅田久治郎ほか・前掲注（11）二七一頁。

(21) 吉良実「第二次納税義務と主たる納税義務との関係（2）」税法学二五七号二一頁（一九七二）。

(22) 吉良実・前掲注（21）一一頁、三木義一・前掲注（11）八七頁、金子宏・前掲注（2）一六三頁も同旨。

(23) 最判昭和三八年六月二五日民集一七巻五号七八一頁。

(24) 浅田久治郎ほか・前掲注（11）六二頁。

(25) 浅田久治郎ほか・前掲注（11）六二頁。

(26) 最判昭和五〇年八月二七日民集二九巻七号一二二九頁。

(27) 名古屋地判昭和四二年一一月二一日第二次納税義務関係判例集（昭和四九年二月版）二四六頁。

(28) 金子宏・前掲注（2）九三五頁。

(29) 金子宏・前掲注(2)九三五頁。
(30) 三木義一・前掲注(11)八九頁、吉良実・前掲注(21)一五頁。
なお、山田二郎教授は、告知は「納税義務を確定させるものであるので、更正や決定(国税通則法二四条、二五条)と類似するが、更正や決定のように行政法上の一種の確認処分ではない。告知によって第二次納税義務がはじめて成立するものであるので、行政法上の一種の形成処分と解される」と説明されている。山田二郎・前掲注(10)三二四頁。
(31) 浅田久治郎ほか『租税徴収実務講座　第二次改訂版—第3巻特殊徴収手続—』六六頁(ぎょうせい、二〇一〇)。

二　第二次納税義務者の権利救済をめぐる訴訟類型と訴訟要件

第二次納税義務者の法的性格や、その成立要件等を踏まえて考えると、「第二次納税義務者の権利救済の問題は、本来の納税義務が果たして適正な税法の解釈・適用により確定したものかどうかが、まず検証されねばならない」[32]、つまり第二次納税義務者の権利救済においては、本来の納税義務が適正なものであるかどうかの検証が必要不可欠である。そして、仮にそれが適正なものでなかった場合、第二次納税義務も当然、その影響を受けることとなる。そのような場合に、第二次納税義務者はどのようにして、またどのような場合に自己の権利救済をはかることができるのか、まずは裁判例を検討していくことにする。

1　無効確認訴訟

主たる納税義務者の課税処分に重大な瑕疵があるような場合、つまり、主たる納税義務が無効の場合には、これに基づいてなされた第二次納税義務も成立要件を欠いているので、当然不存在ということになる。そして、第二次納税義務者に納付告知処分がされていれば、当該納付告知処分は無効ということになる。この場合には、第二次納税義務者は、直接あるいは別訴で、主たる課税処分に対して無効確認訴訟を提起できるか否かについて検討する。

(1) 原告適格

無効確認訴訟の要件について考える場合、このことは結局、第二次納税義務者が行政事件訴訟法三六条の原告適格を有するかどうかの問題となる。行政事件訴訟法三六条は、「無効等確認の訴えは、当該処分又は裁決に続く処分により損害を受けるおそれのある者その他当該処分又は裁決の無効等の確認を求めるにつき法律上の利益を有する者で、当該処分若しくは裁決の存否又はその効力の有無を前提とする現在の法律関係に関する訴えによつて目的を達することができないものに限り、提起することができる。」と規定している。

この条文の解釈には二説の争いがあるが(33)、第二次納税義務者の無効確認訴訟についての原告適格について、大阪高裁平成元年二月二二日判決(34)が次のように判示している。大阪高裁判決については後に詳述するが、これについては「主たる課税処分等と第二次納税義務の告知処分との関係及びその間に違法性の承継が認められないことなどに照らすと、第二次納税義務者は、主たる課税処分等そのものを争うについて、前記説示にかかる法律上の利益を有する者にあたるとともに、行政事件訴訟法三六条所定の係争処分の後続処分によつて自己に損害が生じる危険が切迫しているために、これを阻止する予防的利益を有すると認められる場合に該当するものというべく、したがつて、第二次納税義務者の救済のために、主たる課税処分等そのものに対して第二次納税義務者が無効確認訴訟を提起することができるものと解するのが相当」であると判示して、これを肯定している。学説では、「無効確認訴訟の独立の類型として予防訴訟を直截に認める余地もあると思われる(35)」と説明されているように、予防的訴訟を広く認めていこうとする傾向もあり、このような流れを受けて、大阪高裁判決は判示したものと解される。

(2) 出訴期間

出訴期間については、無効確認訴訟における出訴期間の制限はない。一般に無効確認訴訟は時期に遅れた取消訴訟ともいうべきで、行政処分に公定力がないことを前提に争うからである。

2 取消訴訟

第二次納税義務者が、自己の第二次納税義務を免れるために、主たる納税義務の存否、またはその額を争うことができるか、という問題には従来から議論がある。これを第二次納税義務者が争うための形式として考えられるのは、「(1) 主たる納税義務者に対する課税処分――以下『主たる課税処分』という――の取消を求める訴訟、(2) 主たる納税義務の存否・額を争って自己に対する納付告知――以下『第二次納付告知』という――の取消を求める訴訟、の二つ」[36]である。どちらも取消訴訟であるが、取消しを求める対象が異なっている。はじめに(2)の第二次納税義務の納付告知の取消訴訟の場合についてである。第二次納税義務の納付告知の取消訴訟においては、第二次納税義務者が、主たる納税義務者に対する課税処分に取消しうべき瑕疵の違法を主張する場合と、違法理由として主たる納税義務者に対する課税処分が無効であることを主張する場合とがある。その中でもまずは第二次納税義務者が主たる納税義務者に対する課税処分の取消しうべき瑕疵の違法を主張する場合をみていく。

(1) 第二次納税義務の納付告知の取消訴訟の原告適格

第二次納税義務者がその第二次納税義務の告知処分の取消訴訟において主たる納税義務者の課税処分の取消しうべき瑕疵を主張できるかという問題で、裁判例の中にはこの原告適格を肯定するものもある。まずはこれを肯定した岡山地裁昭和四二年三月二九日判決[37]を確認する。

① 岡山地裁昭和四二年三月二九日判決

解散した同族会社（主たる納税義務者、A）の代表取締役だった株主Xが課税庁Yから地方税法一一条の六所定の第二次納税義務者として納付告知を受け、これの取消を求めて出訴した事案である。ここでXは、Yの主たる納税義務者の事業所得についての主張に対して、主たる納税義務者には当該事業年度の事業所得はなかったと主張していた。これに対し判決は「Yは、Aが昭和三一年度には二、四四四、六〇〇円昭和三二年度には、一、六五三、九〇〇円の各事業所得を得た旨主張する。しかし、AにY主張金額の所得が生じたことを首肯するに足る事実については何ら主張立証されておらないから、この所得の存在を認めることはできない。そうすると、本件納付告知処分中法人事業税に関する部分については、その余の点を判断するまでもなく、違法というべく取消しを免れない」と判示して第二次納税義務告知処分を取消した。この判決を水野武夫教授は「明言してはいないけれども、第二次納税義務者が、その告知処分取消訴訟において、主たる納税義務の瑕疵を主張できることを認めたものといいうる」(38)と評価されている。その通りといえるだろう。

しかし、この他の判決では、これは否定されてしまっている。この岡山地裁の控訴審である広島高裁岡山支部昭和四八年一〇月一五日判決(39)も、上告審である最高裁昭和五〇年八月二七日判決(40)も、共にこれを否定しているのである。

同最高裁判決の理論的基礎として位置付けられる控訴審、広島高裁岡山支部昭和四八年一〇月一五日判決では、課税処分と徴収処分は別個な処分であるところから違法性の承継は認められない、したがって無効を理由に争う以外は納付告知処分では争えず、別訴の形式ならば直接、課税処分を争える、などとされている。両処分の独立性から、第二次納税義務者は、自己の納付告知処分取消訴訟において、主たる納税義務の瑕疵は争えないと解釈した、と理解してよいだろう。

その救済手段としては、当該判決では、別訴によって争えるとしているが、出訴期間についての判断はなく、訴えの利益等の要件についての判断も示されてはいない。いずれにしても第二次納税義務者に自己の納付告知の取消訴訟の原告適格は認めていない。では次に上告審である最高裁昭和五〇年八月二七日判決を確認する。

②　最高裁昭和五〇年八月二七日判決

前述した広島高裁岡山支部判決の上告審では、原審の判断は正当であって、原判決に所論の違法はない、としたうえで、「国税徴収法及び地方税法の定める第二次納税義務は、主たる納税義務が申告又は決定もしくは更正等（以下「主たる課税処分等」という。）により具体的に確定したことを前提として、その確定した税額につき本来の納税義務者の財産に対して滞納処分を執行してもなお徴収すべき額に不足すると認められる場合に、租税徴収の確保を図るため、本来の納税義務者と同一の納税上の責任を負わせても公平を失しないような特別の関係にある第三者に対して補充的に課される義務であって、その納付告知は、形式的には独立の課税処分ではあるけれども、実質的には、右第三者を本来の納税義務者に準ずるものとみてこれに主たる納税義務についての履行責任を負わせるものにほかならない。この意味において、第二次納税義務の納付告知は、主たる課税処分等により確定した主たる納税義務の徴収手続上の一処分としての性格を有し、右納付告知を受けた第二次納税義務者は、あたかも主たる納税義務について徴収処分を受けた本来の納税義務者と同様の立場に立つに至るものというべきである。したがって、主たる課税処分等が不存在又は無効でないかぎり、主たる納税義務の確定手続における所得誤認等の瑕疵は第二次納税義務の納付告知の効力に影響を及ぼすものではなく、第二次納税義務者は、右納付告知の取消訴訟において、右の確定した主たる納税義務の存否又は数額を争うことはできないと解するのが相当である」と判示して、最高裁も、第二次納税義務者は、自己の納付告知処分取消訴訟において、主たる納税義務の瑕疵は争えないとする立場に立つことを明らかにした。

この最高裁判決も、納付告知処分は、徴収手続上の一処分であり、徴収処分を受けた主たる納税義務者と同様の立場に立つので、主たる課税処分等が不存在又は無効でないかぎり、その存否又は数額を争えない、としている。

この判決では、違法性の承継うんぬんというくだりはないが実質的には控訴審と同様の理論構成であるといってよい、なお救済手段については判示されていないが、これを否定する趣旨というわけでもないので、これについても控訴審と同様の立場にたっていると推定される。

以上のように最高裁は、「第二次納税義務納付告知処分は課税処分ではなく、その法的性格が徴収処分であるところから、課税処分の違法性は徴収処分には承継されないとの論理を採用している。その論理を前提に、主たる課税処分の無効又は不存在を第二次納税義務者は主張することはできるが、課税処分の違法を理由として納付告知処分の取消しを主張することはできない(41)」としている。本最高裁判決以後、最高裁は昭和六三年七月一五日判決(42)でも同様の判示をし、下級審判決も同様に消極的な立場をとっている(43)。確かに岡山地裁昭和四二年三月二九日判決は、第二次納税義務者は自己の納付告知処分取消訴訟において、主たる納税義務の瑕疵を争えるとしたが、その控訴審、上告審でこの見解は否定されており、第二次納税義務者による納付告知処分取消訴訟において「主たる課税処分の瑕疵を主張することはできないという判例法の立場は確立している(44)」といえるだろう。

次に第二次納税義務者が、その納付告知処分の取消訴訟の違法理由として、主たる納税義務者に対する課税処分が無効であることを主張する場合をみていく。この問題に関しては大阪高裁昭和四八年一一月八日判決(45)が「主たる納税義務者に対する第一次課税処分に違法の瑕疵がある場合、第二次納税義務者が右課税処分に存する右瑕疵を主張してその処分の取消訴訟を提起しうるか否かはさておき、第二次納税義務者は、第一次課税処分に右瑕疵が存することを理由に自己に対する第二次課税処分もまた右瑕疵を有し、これがため第二次課税処分が無効もしくは取消しうべきものであることを主張しうるか否かについて考えるのに、第一次課税処分と第二次課税処分とは前記のとおり別個の処分であるから、第一次課税処分に瑕疵があり違法であるとしても、その違法性は第二次課税処分に承継されるいわれがなく、したがつて、第二次納税義務者は第二次課税処分に第一次課税処分の違法性が承継されたものとして、これを理由に、第二次課税処分の無効もしくは取消を求めることは許されないものというべきである。しかしながら、第一次課税処分に重大かつ明白な瑕疵があつて無効事由にあたる場合には、第二次課税処分の第一次課税処分に対する前記附従性の性格により、第二次課税処分もまたその効力を発生するに由なく、無効であるというべきであるから、本件においては、第一次納税義務者であるみどりタクシーに対する課税処分に無効事由がある場合には、それがため第二次納税義務者である原告に対する課税処分もまた無効となるものと解するのが相当である」と判示して第二次納税義務者は、その納付告知処分の取消訴訟の違法理由として、主たる納税義務者に対する課税処分が無効であることを主張しうることを肯定している。

また、前述広島高裁判決も「納付告知処分を争う第二次納税義務者は、これに固有の瑕疵を主張すべきものであり、第一次納税義務者に対する課税処分の瑕疵をその理由とすることはできない（無効を主張する場合は別である）と解するのが相当」と判示しており、傍論ではあるが、これを認めているといえるだろう。さらに、前述最高裁判決も「主たる課税処分等が不存在又は無効でないかぎり、主たる納税義務の確定手続における所得誤認等の瑕疵は第二次納税義務の納付告知の効力に影響を及ぼすものではなく」と判示している。両判決とも傍論ではあるが上記の結論を肯定している。(46) 以上のように判例上、第二次納税義務者が、その納付告知処分の取消訴訟の違法理由として、主たる納税義務者に対する課税処分が無効であることを主張することは認められているといえるだろう。

以上のように判例上では、第二次納税義務者の自己の納付告知処分の取消訴訟についての原告適格は、主たる納税義務者に対する課税処分が無効であることを主張する場合は認められ、主たる納税義務者の課税処分の取消しうべき瑕疵を主張する場合は認められていないのである。

(2)　主たる納税義務者に対する課税処分の取消訴訟の原告適格

この問題に関する裁判例だが、第二次納税義務者が主たる納税義務者の課税処分の取消しを求めて出訴した事例は見当たらない、ただし「傍論としてこれに言及した判例は、いずれもこれを肯定[47]」しているので、以下でみていきたい。

神戸地裁昭和四六年一一月一六日判決[48]は、第二次納税義務を争う場合主たる納税者に対する課税処分を争えるかどうかについて「被告らは、第二次納税義務者は第二次納税義務を争う際主たる納税義務者に対する課税処分を争えなくても主たる納税義務者に対する課税処分そのものを争うことができるから、第二次納税者の不利益は避けられることができるであろうという。しかし主たる納税義務者に対する課税処分そのものを争う取消訴訟の期間は主たる納税義務者に対する課税処分の送達がその起算点であるのに、右課税処分は第二次納税義務者に対しては送達されず、またその段階では第二次納税義務者となることが明確ではないから、被告主張の方法のみによつては第二次納税義務者の利益を守るには充分でない。被告主張の方法のほか第二次納税義務を争う際主たる納税義務者に対する課税処分を争うことができるものと解すべきである」と判示している。これは、第二次納税義務を争う場合主たる納税者に対する課税処分を争うことを肯定すべきである、と示唆しているといえるだろう。

さらに、前述広島高裁岡山支部昭和四八年一〇月一五日判決は「第二次納税義務者が第一次納税義務者に対する課税処分の瑕疵を全く争い得ないとするのは相当でなく、右課税処分についての抗告訴訟（したがつて、納付告知処分に対する抗告訴訟とは別訴になる）における原告適格は肯定すべきものである」と判示して、主たる納税義務者に対する課税処分の取消訴訟における原告適格を肯定すべきことを示唆している。

以上のように、第二次納税義務者が、主たる納税義務者に対する課税処分の取消を求める訴訟において判例上、原告適格を認められていることは確認できた。次に第二次納税義務を受ける可能性のあるにすぎない者が、主たる納税義務の無効、取消を争った事例（大阪高裁平成元年二月二二日判決[49]）がある。

（i）大阪高裁平成元年二月二二日判決

この大阪高裁判決は、主たる納税義務者の課税処分を、納付告知前の第二次納税義務者が争ったものである。前章で述べたように、第二次納税義務は納付告知処分がなされてはじめて具体的に確定するものであり、それまでは厳密には第二次納税義務者ではない、つまり第二次納税義務を受ける可能性があるにすぎない者が、主たる納税義務の無効を主位的請求として、その取消を予備的請求として争ったものである。

事案の概要をまず述べておく。訴外会社Aは、昭和五八年五月三一日、株主総会で解散決議を行い、同年七月二七日に、同年四月一日から五月三一日までの事業年度の法人税について確定申告をし、翌年の昭和五九年六月二一日にAの精算登記がなされた。兵庫税務署長Y（被告・被控訴人）は、昭和五九年六月三〇日にAに対して法人税更正処分及び過少申告加算税の賦課決定処分を行った。これに不服なAは、同年七月二八日に異議申立てを行ったが、Yは同年一一月六日、棄却決定を行った。そこでAは、同年一一月二〇日、国税不服審判所長に対して審査請求を行ったが、昭和六一年四月七日、棄却採決がなされた。Aの精算人であるX（原告・控訴人）は、Aに対して課税処分がなされた場合、国税徴収法三四条所定の第二次納税義務者として納付告知処分を受けるおそれがあり、また、Aの株主に対する違法な第二次納税義務の発生を防止する義務があるので、自分は訴えの利益を有するものであるとした上で、Yに対して本件課税処分が、Aが解散により法人格を失ったのちになされたものであり、重大明白な瑕疵があるから無効であることを理由に無効確認訴訟を提起した。

また、仮に本件処分に無効とまではいえないとしても、所得の算定に事実誤認があり、これをもとになされた課税処分は違法であるので、予備的請求として本件処分の取消しを求めた。一審判決[50]は、主意的請求の無効確認訴訟については X の原告適格を認めたが、請求は理由がないとして棄却し、予備的請求の取消訴訟については、原告適格がないとして却下する判決を下した。というものである。

判決はまず「主たる課税処分等と第二次納税義務の告知処分との関係及びその間に違法性の承継が認められないことなどに照らすと、第二次納税義務者は、主たる課税処分等そのものを争うについて、前記説示にかかる法律上の利益を有する者にあたるとともに、行政事件訴訟法三六条所定の係争処分の後続処分によって自己に損害が生じる危険が切迫しているために、これを阻止する予防的利益を有すると認められる場合に該当するものというべく、したがって、第二次納税義務者の救済のために、主たる課税処分等そのものに対して第二次納税義務者が無効確認訴訟を提起することができるものと解するのが相当であり、この理は、第二次納税義務を課されるおそれがある者が現実に納付告知を受けるまでの間においても、これを別異に解する要をみないものというべきである。

本件において、前記認定にかかる事実によれば、控訴人は、国税徴収法三四条により、本来の納税義務者である訴外会社に対する本件課税処分に係る税額の徴収について第二次納税義務を課されるおそれがある者であることが明かであり、したがって、以上説示したところにより、本件課税処分そのものにつき無効確認訴訟を提起することができるものというべきである」として、第二次納税義務を受ける可能性のある者も、その救済のために主たる課税処分等そのものに対して無効確認訴訟を提起しうるとした。

また予備的請求として提起した本件処分の取消についても、「第二次納税義務者は、主たる課税処分等そのものの取消を求めるについて、前記説示にかかる法律上の利益を有する者にあたるものというべく、したがって、第二次納税義務者の救済のために、主たる課税処分等そのものに対して第二次納税義務者が取消訴訟を提起することができるものと解するのが相当であり、この理は、第二次納税義務を課されるおそれがある者が現実に納付告知を受けるまでの間においても、これを別異に解する要をみないものというべきことは、前記無効等確認訴訟について説示したところと同様である」として、その原告適格を認めている。さらに上告審である最高裁平成三年一月一七日判決(51)もこの点が直接の争点とはなっていないが、控訴審の結論を支持している。つまり第二次納税義務者が主たる課税処分そのものの取消しを求める取消訴訟の原告適格を認め、第二次納税義務を課されるおそれがある者にもそれを認めたといえる。

以上のように判例上では、第二次納税義務者は、主たる納税義務者に対する課税処分の取消訴訟の原告適格を認められているといえる。

(3) 出訴期間

以上では第二次納税義務者の取消訴訟における原告適格についてみてきた。ここで、判例の立場としては、第二次納税義務者がその納付告知処分の取消しを求める場合は、主たる納税義務者の課税処分に取消しうべき瑕疵があるのみの場合は認めず、主たる納税義務者の課税処分が無効である場合は原告適格を認めている。また、第二次納税義務者が主たる納税義務者に対する課税処分の取消を求める場合も原告適格を認めている。さらに、第二次納税義務を受ける可能性があるにすぎない者にも主たる納税義務者に対する課税処分の取消を求める原告適格を認めていることが確認できた。次に第二次納税義務者の権利救済においてもう一つの大きな問題となる出訴期間についてみていく。

租税法律関係に関する争いには、いわゆる不服申立前置主義が採用されている。このため処分に不服がある者はまず国税通則法七五条の定めるところにより、処分のあったことを知った日の翌日から起算して二月以内に、処分庁である税務署長等に対し異議申立てを行わなければならない（国税通則法七七条一項）。これに対して税務署長等は、審理のうえ決定を行う。この決定に対して不服がある者は、国税不服審判所長に対し、異議決定書の謄本の送達を受けた日の翌日から起算して一月以内に審査請求をしなければならない（国税通則法七七条二項）。そして、取消訴訟を提起する場合には、以上のような不服申立ての前置の上で、処分又は裁決があったことを知った日から六ヵ月以内に出訴しなければならない。また、取消訴訟は、処分または裁決のあった日から一年を経過した場合には、出訴することができない（行政事件訴訟法一四条）とされている。

したがって第二次納税義務者が取消訴訟を提起する場合にも、上記の手続をまず経なければならないということになる。ところが前述したように、判例の立場では、納付告知処分の取消訴訟においては、主たる納税義務の瑕疵を争えないとしている。そして、主たる納税義務の瑕疵を争う場合の不服申立てないし出訴期間の起算点について裁判所の見解として、前述大阪高裁平成元年二月二二日判決が「主たる課税処分に対する時機に遅れた取消訴訟の提起を許すことが、徴税の安定と能率を害するおそれがあることを考慮すると、主たる課税処分が主たる納税義務者に告知された時をもって基準とするのが相当」であると判示している。大阪高裁は、徴税の安定と能率を重視し、主たる課税処分が主たる納税義務者に告知された時を基準としたようである。

つまり、判例上、第二次納税義務者には自己の納付告知処分の取消訴訟の原告適格は認められておらず、主たる課税処分の取消しを求める場合、出訴期間及び不服申立期間は、主たる納税義務者に対する課税処分時から起算されるのである。ここには大きな問題があるが、それについては次で述べることとしたい。

(32)　増田英敏「第二次納税義務者の権利救済と今日的課題」税理四七巻一三号一〇頁（二〇〇四）。
(33)　「当該処分又は裁決に続く処分により損害を受けるおそれのある者」と「その他当該処分又は裁決の無効等の確認を求めるにつき法律上の利益を有する者で、当該処分若しくは裁決の存否又はその効力の有無を前提とする現在の法律関係に関する訴えによって目的を達することができないもの」にそれぞれ前者には予防的訴訟として、後者には補充的訴訟として原告適格を認めるという二元説と、文理に則して解釈した「当該処分により損害を受けるおそれのある者その他当該処分の無効等の確認を求めるにつき法律上の訴えの利益を有する者」で、しかも「当該処分の存否又はその効力の有無を前提とする現在の法律関係に関する訴えによって目的を達することができないもの」でなければならない、という一元説とがある。塩野宏『行政法Ⅱ　第五版補訂版　行政救済法』二一六頁（有斐閣、二〇一三）。
(34)　大阪高判平成元年二月二二日行裁例集四〇巻一・二号一一一頁。
(35)　塩野宏・前掲注（33）二一七頁。

(36) 小早川光郎「判批」ジュリスト五八三号一六〇頁（一九七五）。
(37) 岡山地判昭和四二年三月二九日民集二九巻七号一二三二頁。
(38) 水野武夫・前掲注（7）一七三頁。
(39) 広島高岡山支判昭和四八年一〇月一五日民集二九巻七号一二四二頁。
(40) 最判昭和五〇年八月二七日民集二九巻七号一二二九頁。
(41) 増田英敏・前掲注(32)一二頁。
(42) 最判昭和六三年七月一五日税資一六五号三一五頁。
(43) 安宅敬祐「判例から読み解く　第二次納税義務の法的性格」税六一巻五号二六頁（二〇〇六）。
(44) 宇賀克也「判批」ジュリスト九四七号一二九頁（一九八九）。
(45) 大阪高判昭和四八年一一月八日行集二四巻一一・一二号一二二七頁。
(46) 水野武夫・前掲注（7）一七二頁。
(47) 水野武夫・前掲注（7）一七一頁。
(48) 神戸地判昭和四六年一一月一六日訟務月報一八巻五号七七三頁。
(49) 大阪高判平成元年二月二二日行裁例集四〇巻一・二号一一一頁。
(50) 神戸地判昭和六三年七月一三日行裁例集四〇巻一・二号一三四頁。
(51) 最判平成三年一月一七日税資一八二号八頁。

三　第二次納税義務者の権利救済をめぐる論点整理

二では第二次納税義務者の権利救済に関する判例の立場を確認した。学説では以上のような判例の立場に対し第二次納税義務者の権利救済の観点から数々の問題点が指摘されている。その問題点を確認していく。

1　第二次納税義務自体に瑕疵が存する場合

第二次納税義務自体に瑕疵がある場合とは、自らは第二次納税義務者に該当しなかった場合であるとか、成立要件を充足していなかった場合であるとか、あるいは自己の責任限度額を上回る第二次納税義務を課された場合であるとか、告知処分の手続き自体に瑕疵があるなどの場合がある。

この場合の第二次納税義務者は、通常の権利救済手段を受けることができる。したがって、納付通知書が送達され第二次納税義務者が納付告知処分を受けた日から二ヶ月以内に異議申立てをおこなえば問題はない。この点については、異論はないだろう。

2　主たる納税義務者に対する課税処分の不存在又は無効を争点とする場合

(1)　第二次納税義務告知処分の取消訴訟の場合

第二次納税義務の告知処分の取消訴訟において、その違法理由として主たる納税義務者に対する課税処分が無効であることを主張しうる、という点については、異論はないだろう。学説もこれ認めている。たとえば吉良実教授は「第二次納税義務が成立するためには、常に必ず主たる納税義務の存在していることが必須の要件となつているものであり、そして第二次納税義務は主たる納税者の滞納租税（第二次納税義務発生の起因となった租税に限る。）の中、その徴収不足額の部分について生ずるものであるから、主たる納税義務の不存在あるいは主たる納税義務の内容の確定行為に無効・取消等の瑕疵がある場合には、直ちに第二次納税義務の成立なり、第二次納税義務の範囲なりに影響を与えるものである、ということができる[52]」とされ、この点について肯定されている。また藤原淳一郎教授も「主たる納税義務についても、その基礎となっている課税処分が不存在もしくは無効である場合には、そもそも第二次納税義務が発生しないのであるから、その旨の主張を、第二次納税義務（の納付告知）を争う場合に、なしうるのは…（中略）…当然のことである」[53]とされて肯定されている。また判例もこれを認めているところである、ということは前述したとおりである。以上のように、この点についてはすべての学説・判例が肯定し、認めている。[54]

(2) 主たる納税義務者の課税処分の無効を直接争う場合

納付告知処分を受けた第二次納税義務者が主たる納税義務者の課税処分を無効として直接争う場合を考えてみる。学説はこれを否定している。例えば、吉良実教授はこの問題に関して「果たしてその必要性があるかどうかという観点から考えると疑問である。けだし第二次納税義務は、法定の発生要件を充足することによつて当然に成立するものではあるが、しかし具体的な納付告知処分があるまでは第二次納税義務者は何等の不利益を受けるものではなく、そして具体的な納付告知処分があれば、第二次納税義務者は主たる納税義務の不存在なり、その確定行為の無効なりを主張して当該納付告知処分の無効なり、当該第二次納税義務自体の不存在なりを争うことができるのであり、かつそれでよいわけであつて、何も主たる納税義務自体の不存在なり無効なりを直接訴訟物として争うことを認めなくても、その救済の目的は充分に達し得ることとなるものだからである。従つて第二次納税義務者は、主たる納税義務の不存在なり、その確定行為の無効なりを主張して、第二次納税義務自体の不存在なり、具体的な納付告知処分自体の無効なりを争うことは勿論可能であるが、主たる納税義務自体を訴訟物として、その不存在確認なり無効確認なりの訴えを提起することは、確認の利益を欠くものとして許されない」[55]とされ、否定されている。また水野武夫教授も「主たる納税義務者の租税債務の不存在という実体法上の瑕疵については、第二次納税義務者がその告知処分取消訴訟において主張できるものと解すべきであるから、主たる納税義務者に対する課税の段階でこれを争わせる必要は存しない」[56]とされ、吉良実教授と同様にこれを否定されている。

この問題に関する裁判例はない。というのも、国税徴収法全文改正時に第二次納税義務制度が整備されてから現在まで、納付告知後の第二次納税義務者が無効を理由に直接争ったことはなく、すべて自己の納付告知処分の取消訴訟の中で主たる納税義務の無効を主張していたからである。ただし、傍論としてこれに言及した裁判例はある。前述広島高裁岡山支部昭和四八年一〇月一五日判決は前述の通り「もつとも、第二次納税義務者が第一次納税義務者に対する課税処分の瑕疵を全く争い得ないとするのは相当でなく、右課税処分についての抗告訴訟（したがつて、納付告知処分に対する抗告訴訟とは別訴になる）における原告適格は肯定すべきものである」と判示している。裁判所の立場としては、原告適格を肯定する趣旨であろう。ただ学説も指摘するとおり、主たる納税義務が無効又は不存在の場合には第二次納税義務告知処分の取消訴訟の原告適格が認められるので、この場合の第二次納税義務者の権利保護はどちらの説をとったとしても担保されるといえる。

次に納付告知処分を受ける前の段階、すなわち第二次納税義務は成立しているが、納付告知処分がなされていないため金額も具体的に確定しておらず、いわば第二次納税義務者になる可能性があるにすぎない者、が主たる納税義務の課税処分を無効として直接争う場合（前述大阪高裁がこれにあたる）を考えてみる。

学説にはこれを肯定するものと、否定するものがある。否定説としては吉良実教授が、「第二次納税義務者は具体的な納付告知処分のあるまでは、第二次納税義務の不存在確認の訴えを提起することは、確認の利益を欠くものとして許されないものと解すべきであろう。けだし第二次納税義務は納付告知処分があつて始めてその成立ないしは存在が確認されることになるものだからである」(57)とされ、否定されている。

肯定説としては、大崎満教授が「第二次納税義務者とされるおそれのある者は主たる納税義務者に対する無効な課税処分が行われ、行政庁がその処分を有効なものとして取扱っているため、それに続く処分である第二次納税義務納付告知処分により損害を受けるおそれのある場合には、その納付告知処分を予防するために当該無効確認訴訟の原告適格が認められることになる(58)」とされている。またそのほかでは、北野弘久教授が「行政事件訴訟法三六条の解釈としてもとより積極に解したい[59]」とされている。

この問題に関する裁判例は、一つだけある。前述の大阪高裁平成元年二月二二日判決がそれである。同判決は前述の通り、これを肯定している。

ここで、第二次納税義務者は先行する主たる納税義務により多大な影響、損害を受ける者であると理解できる。したがって筆者は原告適格についてはなんら否定する趣旨ではないため、第二次納税義務者の予防的訴訟の一つとして争いうると解したい。

3　主たる納税義務者に対する課税処分の無効原因には至らない程度の瑕疵が存する場合

(1)　納付告知後の第二次納税義務者が主たる納税義務者の課税処分の取消しを求めて争う場合

まず、納付告知処分を受けた第二次納税義務者が、主たる納税義務者の課税処分の取消しを求めて直接争う場合を考えてみる。学説では、水野武夫教授が「主たる納税義務者の課税処分の手続上の瑕疵については、手続上の瑕疵がないこと、すなわち適法な手続により処分を受ける利益というものは、その処分の相手方にのみ認められるものと解すべきではなかろうか。したがって、この場合にも、第二次納税義務者には訴えの利益はないと解すべき[60]」であるとして、否定の見解を述べられている。

しかし、上記のような否定説は少数説であり、多数説はこれを肯定している。吉良実教授はこの点について、「積極的に解すべきものであると解する。けだし行政事件訴訟法九条は、処分の取消訴訟の原告適格を処分の相手方にのみ限定せず『取消しを求めるにつき法律上の利益を有する者』と定めていて、第三者でもその処分の取消しを求めるにつき『法律上の利益』を有する限り、取消訴訟を提起できることになつており、そしてここに処分の取消しを求めるにつき『法律上の利益を有する者』とは、当該取消しの訴えの取消判決により、何等かの具体的な利益を有する者ということであり、第二次納税義務者はかかる具体的な利益を有する者に該当するものだからである。つまり主たる納税義務が違法な確定行為により過大に確定した場合には、その確定により主たる納税者からの徴収不足額は当然に大となり、従つて第二次納税義務の範囲も過大となり、結局第二次納税義務者は直ちに不利益を受けることになるものであるから、そのような主たる納税者に対する違法な確定行為（課税処分）の取消しを求める『法律上の利益を有する者』に該当するということになる[61]」とされ、肯定されている。

また、大崎満教授は「第二次納税義務は主たる納税義務者にかかる租税徴収不足額をその前提としているのであって、主たる納税義務者に対する違法（過大）な課税処分が取消されれば、その徴収不足額も減少しその減少の度合によっては第二次納税義務も縮減され、第二次納税義務者の負う具体的な責任額に直接に影響を与えるという関係にある。これに対して、主たる納税義務の取消しによって常に第二次納税義務が縮減されるものではないところから、第二次納税義務者に具体的な利益はないとする考え方もあるが、それは判決（裁決）の内容（具体的納税義務の減少の程度）によるのであって、第二次納税義務が常に縮減されるものではないことを根拠として、第二次納税義務の具体的責任額の減少可能性を否定する見解には賛同できない（例えば、主たる納税義務者に対する課税処分に瑕疵があり全額取消された場合には、第二次納税義務も自動的にゼロとなる。）。したがって、第二次納税義務者は主たる納税義務者に対する課税処分につき取消訴訟を提起するだけの具体的利益（実益）を有する[62]」と吉良実教授と同様の検討を行った上で、さらに必要性の側面から検討を加えて、「第二次納税義務を賦課する事件において、主たる納税義務者が無資力、無資産であるような場合には、たとえ自己の課税処分に瑕疵、違法があり不服であるとしても、時間的ロスや訴訟費用を負担する危険をおかしてまでも、主たる納税義務者が自己の課税処分を争うかどうかは、かなり疑問である。したがって、その処分の争訟につき具体的利益（実益）を有する第二次納税義務者に当該課税処分を争わせる必要性はあるとするのが争訟制度の趣旨に合致するように思われる[63]」とされて肯定説の立場をとられている。判例上もこれは否定されていない。第二次納税義務の前提となる主たる納税義務者に対する課税処分と、第二次納税義務者には密接な関係があり、訴えの利益はあるといえる。また、その必要性からもこれを認め、肯定するべきであろう。

(2) 納付告知前の第二次納税義務者が主たる納税義務者の課税処分の取消しを求めて争う場合

納付告知前すなわち、第二次納税義務者になる可能性があるに過ぎない者が、主たる納税義務者の課税処分の取消しを求めて直接争う場合を考えてみる。学説は基本的にはこれを否定している。

藤原教授は、「第二次納税義務の補充性からみて、少なくとも、主たる納税義務者に対する滞納処分が行なわれる時点以前においては、第二次納税義務者となる可能性があるのにとどまり、この段階で、原告適格を肯定するのは困難ではなかろうか[64]」と否定的な見解を述べられている。ただし、北野弘久教授はこの問題について「現実的には第二次納税義務納付告知処分以前に、第二次納税義務者にこのような訴訟の原告適格等を認めるのが妥当であるかについて疑問がないではない[65]」と否定的な見解を述べられた上で、「しかし、理論的には第二次納税義務は各第二次納税義務の成立要件を充足する事実の発生によって自動的に成立する。それゆえ、第二次納税義務納付告知処分以前においても当該告知処分を受ける可能性の高いときには訴えの利益があると解することとしてもあながち不当とはいえないであろう[66]」とされて、第二次納税義務の納付告知処分を受ける可能性の高いときには認めてもいいのではないか、との見解を示されている。裁判例は前述大阪高裁平成元年二月二二日判決があるのみである。ただ、この点に関しては水野武夫教授が「いまだ第二次納税義務の告知処分がなされる以前に原告的確等が認められるか否かはともかくとしても、第二次納税義務の告知処分が行われるものかどうかが不明な場合に、第二次納税義務者に対し、あたかも第二次納税義務を課税して下さいといわんばかりの行動を期待するのは、非現実的な議論である[67]」と批判されている。確かに原告適格を認めたとしても、主たる課税処分が無効又は不存在であるならまだしも、無効原因には至らない程度の瑕疵をまして第二次納税義務者になる可能性があるに過ぎない者がわざわざ主張することは考えにくいだろう。

(3) 主たる納税義務者の課税処分の取消しを求めて争う場合の出訴期間

取消訴訟の場合には出訴期間の問題がある。不服申立期間や出訴期間をクリアしなければならないのである。第二次納税義務者が主たる納税義務の瑕疵を争う場合には、前述の通り、主たる納税義務者の課税処分時から出訴期間は起算される。第二次納税義務者が主たる納税義務者と密接な関係をもっていれば、その期間内に訴えを提起することもそれほど難しくはないであろう。しかし、「第二次納税義務者が常に本来の納税義務者とそのような密接な関係をもっているとは限らない。むしろ、第二次納税義務の納付告知があって、はじめて自分のおかれている状況を知り、しかもそのときには、本来の納税義務者に対する更正・決定等に対する出訴期間が経過している場合も少なくない(68)」のである。この点にこそ大きな問題がある。

前述大阪高裁平成元年二月二二日判決は、第二次納税義務者が納付告知処分以前に、主たる納税義務者の課税処分を直接争ったケースであるが、このような場合には、主たる納税義務の不服申立期間に間に合うことが多いし、また主たる納税義務者が不服申立て等を行っていれば、それに途中から参加するということもできよう。しかし、水野武夫教授が前述のように「第二次納税義務の告知処分が行われるものかどうかが不明な場合に、第二次納税義務者に対し、あたかも第二次納税義務を課税して下さいといわんばかりの行動を期待するのは、非現実的な議論である(69)」と批判されており、また宇賀克也教授もこの点に関し「第二次納税義務者は、主たる課税処分がなされたことを納付告知処分があるまで知らない可能性が小さくなく、本件判決のように主たる課税処分時を起算点とすると不服申立て期間を徒過してしまうことになりかねない(70)」と批判されている。これらの指摘は至極当然のものであり、第二次納税義務者となる可能性があるに過ぎない者に、このようなことを期待するのは、無理があるのではないだろうか。それに第二次納税義務者には、主たる納税義務者に対して課税処分があったことを通知されるわけではない。というのも滞納処分を執行してもなお徴収すべき額に不足すると認められるときに第二次納税義務は成立するからであり、それまでは第二次納税義務の適用があるかどうかもわからないのである。

大阪高裁平成元年二月二二日判決のように、清算人の場合とか、無限責任社員である者の場合とか、共同的な事業者（配偶者等の場合）の場合等、第二次納税義務者と主たる納税義務者が密接な関係にある場合は前述の通り課税処分を知りうる可能性もあるだろう。しかし、宇賀克也教授も指摘されているように、主たる課税処分がなされたことを知らない場合も少なくない。そういった場合に前述のように、第二次納税義務者が納付通知書を受け取ったときには、主たる納税義務はすでに出訴期間を過ぎてしまっていて、もはや争えない、ということが起こる。つまり、課税処分を知りうる可能性のある者は保護されて、本来はこちらこそ強く保護されるべきであろう課税処分を知りえない第三者は保護されない、ということになってしまうのである。

ここで、不服申立期間、出訴期間に特例を認めてはどうか、という問題がでてくる。この出訴期間の問題について吉良実教授は、出訴期間が過ぎた後に第二次納税義務者が主たる課税処分の取消訴訟を提起することを認めると「主たる納税者に対する関係ではそのまま確定しているのに、第二次納税義務者だけが不服として争ったために、その取消判決によって主たる納税者に対する課税処分は取消された、というような不合理な結果を生ずる場合」[71]もある、とされた上で、不服申立期間、出訴期間の特例を認めるか否かという問題について、「主たる納税者自身は出訴期間の経過等によって取消訴訟等を提起できなくなっているのに、第二次納税義務者だけがそのような特例によって、主たる納税者に対する課税処分の取消訴訟等を提起できるというのも、誠におかしなことであり、加えて上記のような不合理な結果を生ずることにもなるので、かかる特例を認めることには疑問がある[72]」とされ、特例を認めないとされている。

しかし、これでは第二次納税義務者の救済手段は事実上閉ざされてしまうことになる。そこで藤原淳一郎教授は「処分の相手方以外の第三者の場合には、…（中略）…第二次納税義務者が知りえた時点（通常は、第二次納税義務の納付告知の時点）を基準にする考え方のほうがより合理的である」[73]とされている。さらに不服申立ての除斥期間（国税通則法七七条三項で一年間と規定）は、主たる納税義務者に対する課税処分の時から起算する、との見解を示されている。[74]この説に対しては、「時機に遅れた課税処分取消訴訟を許すことは、徴税行政の安定と能率を危くするものであり、現行制度の予想するところとは考えられない」[75]との批判があるが、「時機に遅れさせたのは、もっぱら徴税側にその原因があるのであって、このような徴税側の都合のもとで違法な課税処分の徴税行政の安定とか能率とかを重視するか、時機に遅れたことに何ら責めのない第二次納税義務者の権利を重視するか、このような場合には私権を重んずべきであろう」[76]との再反論がある。第二次納税義務者の権利保護の観点からは、出訴期間について特例を認めるべきである。これが認められない限り、納付告知後の第二次納税義務者が主たる納税義務の取消しを求めて争うことは、出訴期間が過ぎてしまい、ほとんどの場合、出訴自体が不可能であると思われる。

以上のように第二次納税義務者が、「主たる課税処分自体に対して取消訴訟を提起することはきわめて稀であり、通常は、納付告知処分の抗告訴訟で主たる課税処分の瑕疵を主張している。このことは、第二次納税義務者が主たる課税処分に対して適法に取消訴訟を提起することが困難であることを示唆している」[77]といえるだろう。やはり第二次納税義務者が主たる課税処分の取消しを求めて争うことは困難なのである。このような状況から考えると第二次納税義務者の権利救済の方法としては、その納付告知処分の取消訴訟で、主たる納税義務の瑕疵を争うことを認めていくしかないように思われる。ではそれは認められているのか、以下で検討する。

（4）第二次納税義務者が自己の納付告知処分の取消しを求めて争う場合

ここでは第二次納税義務者が自己の納付告知処分取消訴訟において、主たる納税義務の瑕疵を争えるか否かについて検討する。判例は前述したように、これを争えないと消極的に解している。そこで前述のように、第二次納税義務者に直接、主たる課税処分の取消訴訟を提起する原告適格を認めることによって、権利救済の道を示している。これに対しては前節で示したように、「第二次納税義務者が主たる課税処分自体に対して取消訴訟を提起することはきわめて稀であり、通常は、納付告知処分の抗告訴訟で主たる課税処分の瑕疵を主張している。このことは、第二次納税義務者が主たる課税処分に対して適法に取消訴訟を提起することが困難であることを示唆している」[78]との批判があり、実際、その通りであるだろう。

そうであるとすると、むしろ納付告知処分の取消訴訟において、主たる課税処分の瑕疵を主張することを認めたほうが第二次納税義務者を救済できるのではないだろうか、そこで学説には、積極的にこの取消訴訟を認めていこうとする説がいくつかある。

それらの説はおおむね次の三説にわけられる。[79]

①　違法性の承継を認めようとする説[80]

②　主たる課税処分の公定力ないし遮断効を制限して第二次納税義務者が納付告知の取消訴訟において主たる納税義務を争うことができるとする説[81]

③　納付告知にかかる第二次納税義務に見合うべき抽象的納税義務の不存在は固有の瑕疵を構成するとする説[82]

まず①説としては、金子宏教授が常に第二次納税義務者が主たる納税義務者と密接な関係にあるとは限らないと指摘された上で、「第二次納税義務の納付告知があって、はじめて自分のおかれている状況を知り、しかもそのときには、本来の納税義務者に対する更正・決定等に対する出訴期間が経過している場合も少なくない。このような場合に、第二次納税義務者に更正・決定等の違法性を争う機会を与えないのは、不合理である。本来の納税義務者に対する更正・決定等の内容が、第二次納税義務の内容をなしていることにかんがみると、このような場合には、更正・決定等の違法性のうち実体的違法性は第二次納税義務の告知処分に承継されると考え、第二次納税義務者は、更正・決定等に存した実体的違法性を理由として告知処分の取消を求めることができると解すべき[83]」とされている。この①説に対しては更正・決定等と納付告知処分は「それぞれ一応別個の法律的効果の発生を目的とする独立の行為であるから、通説的見解（田中二郎・行政法総論三二五頁[84]）に従う限り、違法性の承継を認めることはむずかしい[85]」とする批判がある。しかし、さらに小沢義彦氏はこの田中二郎教授の通説的見解を紹介しながらも滞納処分と告知処分とでは明らかに異なりこれを同様に考えるのは正当でないとされた上で「告知処分は徴収手続上の処分であるとはいえ、第二次納税義務者という別個の人格に対して新たな納税義務を発生させる処分であつて、これに先行する課税処分は、前述したように第二次納税義務者に送達されることはないのである。したがつて、違法な課税処分がなされた場合でも、第二次納税義務者は課税処分のなされたことすら知らないことがあり、第二次納税義務者に課税処分取消訴訟の原告適格を認める立場に立つとしても、前述したとおり権利救済の実行を期しがたいのであるから、このような場合にこそ違法性の承継理論を適用させるべきである[86]」とされている。第二次納税義務者の権利保護の観点から示された妥当な見解といえるだろう。

②説としては、小早川光郎教授が、「主たる課税処分の公定力とは、…（中略）…（主たる）納税義務の存否・額の判断について生ずるものであり、それが主たる納税義務者に対して及ぶことは当然である。しかし、右処分の公定力が、自己に対する納付告知を争う第二次納税義務者にまで及ぶと考えることはおそらく不当であろう。というのは、かりにこれを肯定するとすれば、そのような公定力を伴う主たる課税処分に対しては、第二次納税義務者が適時に不服を主張しうる機会を制度上設定しておくべきはずである。しかし、そのような制度的しくみ設けられていないことは前述したとおりであり、このことからは逆に、第二次納税義務者に対しては主たる課税処分の公定力が及ばないと考えることが許されるのではなかろうか[87]」とされ、主たるの課税処分の公定力は第二次納税義務者に

は及ばない、だから納付告知の取消訴訟を争いうるとされている。これは、行政処分の公定力がどこまで及ぶかは、画一的に考えるべきではなく、取消訴訟手続の制度的仕組みを考慮しつつ、行政上の必要性と権利救済の要請との機能的調和の見地から判断すべきという考え方を前提としているといえるだろう(88)。しかし、この説に対しても「一般に、課税処分の公定力は本来の納税義務者のみならず第三者にも及びしかもそれは課税標準・税額にも当然及ぶ（抗告訴訟は当然にこれらすべてに既判力を有する）ものであり、第二次納税義務者に特に右の公定力（の一部）が及ばないと解するのは、解釈論として、いささか無理なきらいがある(89)」といった批判が加えられている。

③説としては、三好達氏が「主たる納税義務は、申告または税務官庁のする租税債権の確定にかかる処分によって確定するのであるが、これは申告者もしくは被処分者である主たる納税義務者自身の具体的な納税義務を確定させるにとどまり、別個の人格であるところの第二次納税義務者の納税義務内容を確定させる効力はないと考えるべきではないか。そうすると、たまたま申告または処分により抽象的な租税債務を超えて具体的な主たる納税義務が確定したとしても、これら申告または処分に関与していない第二次納税義務者の義務内容までも確定するものではない。そして抽象的な第二次納税義務は、具体的な主たる納税義務などに基づいて発生するのではなく、主たる納税義務者の抽象的租税債務およびこれを具体的に確定する申告または処分の存在などを要件として発生するものということになる。ここにおいて、第二次納税義務者からの告知の取消訴訟においては、右処分の存在自体は、たとえ処分に瑕疵があったとしても、それが無効でない限りその公定力によりこれを争いえないが、告知にかかる納税義務に見合うべき主たる納税義務者の抽象的租税債務の一部または全部の不存在は告知の瑕疵として、その取消理由となりうるものと解することができる(90)」とされている。この説は第二次納税義務の発生要件となる主たる納税義務を実体上の抽象的義務として理解する、としている。そのため、具体的に確定した主たる納税義務と抽象的義務とのずれにより余分に発生した第二次納税義務はその告知の瑕疵として解するとしている。上記の二説とはまた違

った論理構成であるが、この説に対しても、「いわゆる抽象的な納税義務は、納税者の申告または税務官庁の課税処分によつてその内容が確定し、いわゆる具体的な納税義務となるものであるが、このような場合、そのような確定手続があれば、それによつて具体的に確定したいわゆる具体的納税義務は、すなわち抽象的納税義務の内容となつているものであつて、抽象的納税義務と具体的納税義務とは別個の存在ではないのである。つまり具体的な確定手続により納税義務の内容が確定（税額等の確定）すれば、その確定した納税義務の内容と、抽象的な納税義務の内容とは一致するものとして取扱われるものであつて、具体的な確定手続があつた後においては、その具体的に確定した税額等とは別に抽象的なあるべき税額等を想定し、その両者を区別して考えることはできないものだからである[91]」、そのため第二次納税義務者が主たる納税義務とは異なる抽象的な主たる納税義務というようなものを争う余地はないという批判[92]が加えられている。

学説には第二次納税義務者に自己の納付告知処分の取消訴訟を認める説がいくつかあるが、それぞれについて批判が加えられている。ただ、第二次納税義務者の権利救済の道の確保の観点からこれらの説は積極的に主張されてきた。しかし、前述のように最高裁は第二次納税義務者の権利救済に意をおかず、はっきりとこれを否定してしまっている。このような状況を考えると現状では第二次納税義務者がこの方法で自己の権利救済をはかることは困難であるといわざるを得ない。

前節で主たる課税処分の取消しを求めて争うことは実質的には不可能であり、第二次納税義務者の権利救済の方法としては、第二次納税義務の納付告知処分の取消訴訟で、主たる納税義務の瑕疵を争うことを認めていくしかないように思われると述べた。しかし現状ではその道も閉ざされてしまっている。これまでにみてきたところでは、第二次納税義務者の権利救済の道は実質的にはすべて閉ざされてしまっているといえる。主たる納税義務が無効であった場合は別であるが、主たる納税義務の取消しを求める訴訟は、裁判所はこれを認めているが、実質的には前述の不服申立期間、出訴期間の問題により第二次納税義務者がこれを提起すること自体がほとんど不可能に近い。そして、第二次納税義務の納付告知処分の取消しを求める訴訟は最高裁によって否定されてしまっているのである。

主たる課税処分に瑕疵があり主たる納税義務の額が過大であった場合、第二次納税義務の額も当然に過大となる。これは納税者に法の規定するところを超えて税を課すこととなり「租税法律主義」に抵触[93]することになる。

租税の徴収、確定が違法に行われてしまったときのために租税争訟制度がある。金子宏教授が「建前として租税法律主義がとられていても、違法な租税の確定または徴収が行われた場合に、納税者がそれを争い、その権利の保護を求めることが保障されていなければ、租税法律主義は『画にかいた餅』にすぎなくなってしまう。その意味で、租税争訟は、納税者の権利保護の観点から、きわめて重要な意味をもっており、租税争訟制度の確立は、租税法律主義の不可欠の要素である[94]」と指摘されているように、租税争訟制度は租税法律主義を担保する非常に重要なものである。しかし、以上のように第二次納税義務者には実質的には争訟権を行使することができない状況にある。ここに第二次納税義務者の権利救済をめぐる最大の問題がある。

(52) 吉良実・前掲注（21）二三頁。
(53) 藤原淳一郎「判批」ジュリスト五二八号一六一頁（一九七三）。
(54) 水野武夫・前掲注（7）一七二頁。
(55) 吉良実・前掲注（21）二四頁。
(56) 水野武夫・前掲注（7）一七七頁。
(57) 吉良実・前掲注（21）二四頁。
(58) 大崎満「主たる納税義務者の瑕疵と第二次納税義務者の争訟手段」税務大学校論叢九号　一七八頁（一九七五）。
(59) 北野弘久「判批」民商法雑誌七五巻六号九六九頁（一九七七）。
(60) 水野武夫・前掲注（7）一七八頁。

(61) 吉良実・前掲注(21)二五頁。
(62) 大崎満・前掲注(58)一九六頁。浅田久治郎ほか・前掲注(11)三五〇頁、三好達・前掲注(11)八六九頁、藤原淳一郎・前掲注(53)一六三頁も同旨。
(63) 大崎満・前掲注(58)一九七頁。
(64) 藤原淳一郎・前掲注(53)一六二頁。
(65) 北野弘久・前掲注(11)二三五頁。
(66) 北野弘久・前掲注(11)二三五頁。
(67) 水野武夫・前掲注(7)一七五頁。
(68) 金子宏・前掲注(2)一六三頁。
(69) 水野武夫・前掲注(7)一七五頁。
(70) 宇賀克也・前掲注(44)一三〇頁。
(71) 吉良実・前掲注(21)二五頁。
(72) 吉良実・前掲注(21)二六頁。
(73) 藤原淳一郎・前掲注(53)一六一頁。
(74) 藤原淳一郎・前掲注(53)一六一頁。
(75) 小早川光郎・前掲注(36)一六一頁。
(76) 今井文雄「判批」判例時報八〇四号一三一頁（一九七六）。
(77) 宇賀克也・前掲注(44)一三一頁。
(78) 宇賀克也・前掲注(44)一三一頁。
(79) 村重慶一「判批」別冊ジュリスト租税判例百選第二版五一頁（一九八三）。
(80) 小沢義彦「判批」税務弘報二一巻三号五五頁（昭四八）、金子宏・前掲注(2)一六三頁。
(81) 小早川光郎・前掲注(36)一五九頁。
(82) 三好達・前掲注(11)八五五頁、北野弘久・前掲注(59)九五八頁、清永敬次「判批」シュトイエル一四二号一〇頁（一九七四年）。
(83) 金子宏・前掲注(2)一六三頁。
(84)「各行為がそれぞれ一応別個の法律的効果の発生を目的とする独立の行為である場合（例えば町村議会における歳入出予算の議決とこれに必要な町村税の賦課、租税賦課と租税の滞納処分との間）には、先行行為の違法性の承継は認められないと解すべきであろう」とされている。田中二郎『行政法総論』三二五頁（有斐閣、一九五七）。
(85) 佐藤繁「判批」最高裁判例解説民事篇（昭和五〇年度）四〇六頁（一九七九）。
(86) 小沢義彦・前掲注(80)六二頁。
(87) 小早川光郎・前掲注(36)一六一頁。
(88) 安宅敬祐・前掲注(43)三三頁。
(89) 今井文雄・前掲注(76)一二九頁。
(90) 三好達・前掲注(11)八六八頁。
(91) 吉良実・前掲注(21)二七頁。
(92) 吉良実・前掲注(21)二八頁。
藤原淳一郎・前掲注(53)一六二頁、大崎満・前掲注(58)一八五頁も同旨。
(93) 増田英敏教授は「納税者は、個人の状況と所得を考慮して租税法の規定にしたがって算定された税額のみを納税すればよく、法の規定するところを超えて税を課されない権利を有する。この権利は、租税は法律に基づいて課されるものであることを要請する、いわゆる『租税法律主義』の要請にあたるものである」とされている。増田英敏『納税者の権利保護の法理』一九頁（成文堂、一九九七）。
(94) 金子宏・前掲注(2)一〇〇一頁。

四　第二次納税義務者の権利救済に関する理論と実際

三で述べたように第二次納税義務者の権利救済の道はほぼ閉ざされてしまっているといっていいような状況であった。しかし、平成一八年一月一九日に最高裁は第二次納税義務者が主たる課税処分に対する不服申立てをする場合、不服申立期間の起算日は納付告知がされた日の翌日と解する、という判決をくだした。これは、第二次納税義務者の権利救済の可能性を広げる判決といえるのか、以下で検討する。

1　最高裁平成一八年一月一九日判決(95)

(1) 事案の概要

麹町税務署長は、A社に対し、平成一四年三月二九日に課税処分（以下「本件課税処分」という）を行った。東京国税局長は、上告人Xに対し、同年六月七日、A社の本件課税処分に基づく滞納国税につき、国税徴収法三九条に基づく第二次納税義務の納付通知書を発し、同月八日、上記納付通知書が上告人に到達して、第二次納税義務の告知処分（以下「本件告知処分」という。）がなされた。Xは、同年八月六日、本件告知処分に対して異議申立てをするとともに、本件課税処分に対しても異議申立て（以下「本件異議申立て」という。）をした。東京国税局長は、同年一〇月一一日、本件告知処分に係る異議申立てについて納付限度額変更の異議決定をしたが、同月一七日、本件異議申立てについては、不服申立期間は本件課税処分がA社に送達された日の翌日から起算して二ヶ月を経過する同年六月三日までであり、本件異議申立ては不服申立期間を経過した後にされたものであるとして、国税通則法八三条一項に基づき、これを却下する旨の決定をした。そこで、Xは、同年一一月八日、本件課税処分について審査請求をしたが（同日、本件告知処分についても審査請求をしている。）、被上告人Y（国税不服審判所長）は、同一五年四月七日、本件異議申立ては不服申立期間を経過した後にされた不適法なものであり、本件課税処分に係る審査請求は適法な異議申立てを経ないでされた不適法なものであるとして、国税通則法九二条に基づき、これを却下する旨の裁決（以下「本件裁決」という）をした。Xが本件裁決は違法なものであるとしてその取消しを求めた事案である。

(2) 争点

本件の争点は、第二次納税義務者に主たる課税処分の取消しを求める不服申立適格があるか、という点と、第二次納税義務者が主たる課税処分についての不服申立てをする場合の不服申立期間の起算点をいつと解すべきか、という点の二点である。この点についてX及びYは以下のように主張した。

Xは、第二次納税義務者は、主たる納税義務者が租税を滞納した場合において、その財産について滞納処分を執行してもなおその徴収すべき額に不足すると認められる場合に、主たる納税義務者に代わって租税を納付する義務を負うものである。したがって、主たる課税処分の全部又は一部が取消された場合には、第二次納税義務者は、納税義務を免れるか、又はこれが軽減されるものであって、その取消しによって財産権の侵害を回復すべき法律上の利益を有するものである。そして、第二次納税義務の納付告知の取消訴訟において、主たる課税処分の違法を主張することは認められておらず、また、一般に第二次納税義務が発生している場合、主たる納税義務者は無資力・無資産であり、不服申立てを断念する場合が多いと考えられるから、第二次納税義務者に対しても不服申立適格を与える必要性は大きい。として、第二次納税義務者には、主たる課税処分について、その取消しを求める不服申立適格があると主張した。

また、不服申立期間の起算点については、主たる課税処分がされたことにより、当然に第二次納税義務賦課決定の納付告知があるわけではなく、第二次納税義務者がする主たる課税処分の不服申立ての不服申立期間の起算日は、第二次納税義務者の主たる課税処分の知不知にかかわらず、第二次納税義務賦課決定の納付告知書の送達を受けた翌日と解すべきである。仮に、そうでないとしても、起算日は、第二次納税義務者が主たる課税処分があったことを知った日の翌日であると解すべきであり、その場合、原処分庁において、原告が現実に主たる課税処分を知った日を主張立証しない限り、第二次納税義務賦課決定の納付告知書が送達された日をもって、原告が主たる課税処分を知った日と認定すべきである、と主張した。

Yは、まず第二次納税義務の納付告知は、確定した主たる納税義務の徴収手続上の一処分としての性格を有するものであり、納付告知を受けた第二次納税義務者は、あたかも主たる納税義務について徴収処分を受けた主たる納税義務者と同様の立場に立つというべきであるから、第二次納税義務者が主たる課税処分の適否を争うことは許されないと主張した。

また、不服申立期間の起算点については、第二次納税義務者が主たる課税処分の取消しについて不服申立適格を有するとしても、不服申立期間の起算日について、第二次納税義務者が主たる課税処分を知った時あるいは納付告知の通知を受けた時を基準とすると、主たる納税義務者に対する処分後相当期間が経過した後に課税処分に対する不服申立てをすることを許すこととなり、徴税の安定と能率を害するおそれがあるから、主たる課税処分が主たる納税義務者に告知された時をもって基準とすべきであると主張した。

2　判旨及び検討

(1)　第二次納税義務者の主たる課税処分の取消しを求める不服申立適格

第二次納税義務者に主たる課税処分の取消しを求める不服申立適格があるか、という問題に、第一審[96]及び最高裁は共にこれを認め、控訴審[97]は認めないとした。

まず、第一審は行政から権利・利益の侵害を受ける者の訴えの機会を確保することが重要であり必要であるとの見解を示している。その上で、第二次納税義務者の権利救済のためには主たる課税処分の瑕疵を争えることが必要不可欠であることを示し第二次納税義務者に原告適格を認めようとしている。

最高裁は「違法な主たる課税処分によって主たる納税義務の税額が過大に確定されれば、本来の納税義務者からの徴収不足額は当然に大きくなり、第二次納税義務の範囲も過大となって、第二次納税義務者は直接具体的な不利益を被るおそれがある。他方、主たる課税処分の全部又は一部がその違法を理由に取り消されれば、本来の納税義務者からの徴収不足額が消滅し又は減少することになり、第二次納税義務は消滅するか又はその額が減少し得る関係にあるのであるから、第二次納税義務者は、主たる課税処分により自己の権利若しくは法律上保護された利益を侵害され又は必然的に侵害されるおそれがあり、その取消しによってこれを回復すべき法律上の利益を有するというべきである。

そうすると、国税徴収法三九条所定の第二次納税義務者は、主たる課税処分につき国税通則法七五条に基づく不服申立てをすることができるものと解するのが相当である」と判示しており、第二次納税義務者は違法な主たる課税処分の取消しを求める法律上の利益を有し、その不服申立適格があるとしている。以上のように第一審は第二次納税義務者が主たる課税処分の瑕疵を争いうることの必要性を示し、最高裁もこれを踏襲し、法律上の利益を有すると認めるところである。

これは、前述の吉良実教授の「主たる納税義務が違法な確定行為により過大に確定した場合には、その確定により主たる納税者からの徴収不足額は当然に大となり、従つて第二次納税義務の範囲も過大となり、結局第二次納税義務者は直ちに不利益を受けることになるものであるから、そのような主たる納税者に対する違法な確定行為（課税処分）の取消しを求める『法律上の利益を有する者』に該当するということになる」(98)という見解をはじめ学説が主張する説と合致している。第二次納税義務の範囲は本来の納税義務に全面的に依存しているのだから、本来の納税義務が違法な処分により確定した場合、第二次納税義務がこの影響を受け、第二次納税義務者が不利益を受けることは当然である。つまり、違法な処分により確定した本来の納税義務の取消しによって自己の権利を回復する法律上の利益を第二次納税義務者がもつ、このことも至極当然のことである。当然のことではあるが、このことをはっきりと確認したという点で、まずこの最高裁判決には意義がある。

反対に控訴審は原告適格を否定している。控訴審は、第二次納税義務者があたかも主たる納税義務について徴収処分を受けた本来の納税義務者と同様の立場に立つ、ということを強調し、第二次納税義務者と主たる納税義務者との人的独立性を否定し、不服申立適格を否定しているのである。

この両者の同一性、人的独立性の問題について、第一審及び最高裁は共に第二次納税義務者の訴権利益が主たる納税義務者に代理されているとは言い切るのは難しいとしている。

第一審は、主たる課税処分の瑕疵まで甘受する理由はなく、実質的にみても第二次納税義務者の訴権利益が主たる納税義務者により代理されているとはいえないとしている。最高裁は「一般的、抽象的にいえば、国税徴収法上第二次納税義務者として予定されるのは、本来の納税義務者と同一の納税上の責任を負わせても公平を失しないような特別な関係にある者であるということができるが、その関係には種々の態様があるのであるし、納付告知によって自ら独立した納税義務を負うことになる第二次納税義務者の人的独立性を、すべての場面において完全に否定し去ることは相当ではない」として、一般的に第二次納税義務者の人的独立性を認めた上で、「国税徴収法三九条所定の第二次納税義務者は、本来の納税義務者から無償又は著しく低い額の対価による財産譲渡等を受けたという取引相手にとどまり、常に本来の納税義務者と一体性又は親近性のある関係にあるということはできないのであって、譲渡等による利益を受けていることをもって、当然に、本来の納税義務者との一体性を肯定して両者を同一に取り扱うことが合理的であるということはできない」として本件で問題となっている国税徴収法三九条所定の第二次納税義務者について検討し、主たる納税義務者と同一に扱うことの非合理性を指摘している。

さらに、「第二次納税義務が成立する場合の本来の納税義務者は、滞納者であるから、自己に対する主たる課税処分に瑕疵があり、これに不服があるとしても、必ずしも時間や費用の負担をしてまで主たる課税処分に対する不服申立て等の争訟に及ぶとは限らないのであり、本来の納税義務者によって第二次納税義務者の訴権が十分に代理されているとみることは困難である」と判示している。滞納者である本来の納税義務者が不服申立て等の争訟に及ぶとは限らないと指摘して、本来の納税義務者によって第二次納税義務者の訴権が十分に代理されているとみることは困難であるとしている。

控訴審は主たる納税義務者と第二次納税義務者があたかも同一の立場に立つことを強調し「権利救済の面においても、主たる納税義務を争う第二次納税義務者の訴権は、本来の納税義務者によっていわば代理行使されている」とするが、最高裁判決は第二次納税義務者と本来の納税義務者が特別な関係にあることを認めつつも、一方で常に第二次納税義務者の人的独立性を否定することは相当ではないとしている。これは第二次納税義務者の態様が一つではないことからも当然に明らかであろう。仮に控訴審のいうようなことがありうるとしても、それは個々に検討すべきであり、常にそうであるとするのはあまりに乱暴である。最高裁も、「第二次納税義務者の人的独立性を、すべての場面において完全に否定し去ることは相当ではない」とした上でさらに、本件で問題となった国税徴収法三九条所定の第二次納税義務者について検討を加え、国税徴収法三九条所定の第二次納税義務者を当然に本来の納税義務者との一体性を肯定し、同一に扱うことが合理的ではないとしている。

また、主たる納税義務者による第二次納税義務者の訴権利益の代理の実現可能性についても、第一審、最高裁共に資力の問題等から主たる納税義務者が常に争訟に及ぶとは限らず、本来の納税義務者によって第二次納税義務者の訴権が十分に代理されているとはいえないとした。滞納者である本来の納税義務者が常に自ら金銭を負担して不服申立て等を起こすとは限らない。むしろその可能性は低いといえるのではないだろうか。滞納者である本来の納税義務者に期待し、第二次納税義務者の訴権は代理されているとする控訴審やYの主張は到底受け入れることはできない。第一審及び最高裁の見解が実情に即した妥当な見解といえるだろう。

(2)　不服申立期間の起算点

不服申立期間の起算点について、第一審及び最高裁は第二次納税義務の納付告知がされた日の翌日としている。控訴審は原告適格自体を否定しているのでこの点については判示していない。

第一審は不服申立期間の起算日を主たる課税処分が主たる納税義務者に告知された日の翌日とした場合、権利救済が非現実的となることを指摘する。そして、第二次納税義務者の権利救済における必要性から不服申立期間の起算点を「第二次納税義務者に納付告知がされ、第二次納税義務が発生した日」と解すべきであるとしている。

最高裁判決は「第二次納税義務は、本来の納税義務者に対して滞納処分を執行してもなお徴収すべき額に不足すると認められるときに、初めて、その義務が成立するものであり、主たる課税処分の時点では、上記のような第二次納税義務が成立する要件が充足されるかどうかが未確定であることも多い。したがって、本来の納税義務者以外の第三者がそのような段階で主たる課税処分の存在を知ったとしても、当該第三者において、それが自己の法律上の地位に変動を及ぼすべきものかどうかを認識し得る状態にはないといわざるを得ない」と判示して第一審と同様に、不服申立期間の起算日を主たる課税処分が主たる納税義務者に告知された日の翌日とすることの不都合性を指摘している。

そして、「納付告知があれば、それによって、主たる課税処分の存在及び第二次納税義務が成立していることを確実に認識することになるのであって、少なくともその時点では明確に『処分があったことを知った』ということができる」と判示して国税通則法七七条一項所定の「処分があったことを知った日」とは、当該第二次納税義務者に対する納付告知がされた日であるとした。

第一審及び最高裁判決共に、実情に即し不服申立期間の起算日を主たる課税処分が主たる納税義務者に告知された日の翌日とすることの不都合性を指摘し、第二次納税義務者の権利保護の観点から主張されてきた学説を踏襲し、合理的な判断を下したといえるだろう。

また、第二次納税義務者に時機の遅れた取消訴訟を認めると徴税の安定と能率を損なう恐れがある、との指摘には第一審が「徴税の安定と能率のために、本来可能であるべき不服申立てを行い得なくなることが正当化されるべきものではなく、前記のとおり、第二次納税義務者において不服申立てを行う必要性が認められる以上、相当期間が経過した後に課税処分が覆る結果が生じるとしてもやむを得ないものといわざるを得ない」と判示している。この点について占部裕典教授は「第二次納税義務発生をもって、第二次納税義務者が主たる課税処分の不服申立ての利益が発生すると解する場合、第二次納税義務者に納付告知がされ、第二次納税義務が発生した日の翌日をもって不服申立ての起算点と解するのが合理的であろう。このような見解は本件最高裁判決も結果的には支持するところとなっている」(99)との見解を示されている。不服申立期間の起算日についての最高裁の判断も学説が主張する第二次納税義務者の権利保護に留意した見解であり、妥当な見解といえるだろう。

(3) 本判決の意義

本最高裁判決の射程、つまり本判決の不服申立適格や不服申立期間についての判断は、本判決で問題となった国税徴収法三九条所定の無償・低額譲受人等の第二次納税義務者に限られるのか、それとも他の累計の第二次納税義務者についても同様に考えることができるのかについては、最高裁が明示しなかったため今後の課題となるだろう。

しかし、第二次納税義務の範囲は主たる納税義務に全面的に依存しており、第二次納税義務者が主たる課税処分が適正であったか否かを争い得る権利を有するのは自明である。前述したとおり、この当然であるはずの権利がこれまで保護されていないという現実があった。

増田英敏教授は、まず以上のような第二次納税義務者の権利救済をめぐる理論と実際の乖離を指摘され、第一審判決の意義について「第二次納税義務者の権利救済をめぐる理論と実際の乖離を、判旨…（中略）…のとおり、鋭く率直に指摘したところに本判決の第一の意義を見出すことができる。

第二の意義は、国民には裁判を受ける権利が憲法によって保障されているのであるから、納税者が租税訴訟を提起できる道は実質的に確保されねばならないことを問題提起しているという点に求められる。

第三の意義は、本来の納税義務者と第二次納税義務者の裁判を受ける権利に差別があることは不合理であるから、同様に取り扱われるべきであることを示唆したところに求められる[100]」と指摘され、「実現可能性がきわめて低い見解を硬直的に繰り返す従来の裁判所の判断に一石を投じたものとして、高く評価できる[101]」とされている。その通りといえるであろう。第三章までで述べてきたようにこれまでの裁判所の判断では第二次納税義務者の権利救済は非現実的であった。それを打破した第一審の判決の意義はきわめて大きいものと考えられる。

控訴審は第二次納税義務者には主たる課税処分の取消訴訟の原告適格はないとする判決を下し第二次納税義務者の権利救済はさらに後退するかと思われたが、最高裁は第一審の判決を踏襲する妥当な判決を下した。第一審が従来の裁判所の判断に一石を投じ、控訴審では後退したが、最高裁は第一審が一石を投じたことにこたえ、第二次納税義務者の権利救済の道が開かれたものといえる。最高裁の判断も、第二次納税義務者の権利救済の道を実質的に確保しなければならない、という考えを前提として導き出されている。これまで硬直的に実現可能性の低い見解を繰り返してきた裁判所の判断を学説が動かした、ともいえるのではないだろうか。

「本件最高裁判決において第二次納税義務者の権利保護は実質的には担保された[102]」といえる。第一審同様にこれまでの裁判所の判断を打破し、実質的な第二次納税義務者の権利救済を可能とした本最高裁判決の意義はきわめて大きいといえるだろう。

（4）今後の課題

本最高裁判決は非常に意義の大きい判決といえる。しかし、これで第二次納税義務者の権利救済についての問題がすべて解決したということはできない。

まず、前述のような最高裁判決の射程の問題がある。第二次納税義務者の態様には既に述べたように様々なものがあり、一概にいうことはできない。これについては、山田二郎教授は「不服申立期間の起算日については、一律に納付告知がされた日の翌日と解するのは相当でなく、第二次納税義務者の独立性の程度を個別に考えるべき[103]」と指摘されている[104]。その通りであろう。

さらに、「第二次納税義務の制度は、本来の納税義務者と人的・物的に特殊の関係があるとみなされる者を列挙して、保証債務に準ずる納税義務を課するものであるから、この前提を解釈によって安易に緩和するのは法的安定性を害する。第二次納税義務の例外は、本来は、立法によって措置されるべき[105]」という指摘がある。確かに本最高裁判決によって第二次納税義務者の権利救済については一定の担保がなされたが、決して立法による解決の必要性がなくなったというものではない[106]。既に確定した主たる納税義務を争うことの適否を論じる際に法的安定性が問題とされることがあったが、法的安定性は課税や徴収の都合ではなく、納税者のためにこそ担保されるべきものであろう。

また、本最高裁判決によって実質的に可能となった主たる課税処分を直接争う訴訟方法が適切といえるのか、それとも、第二次納税義務納付告知処分の取消しを求める中で主たる課税処分の瑕疵を主張するという訴訟形式を認めるべきなのか、という問題もある。本最高裁判決では、泉裁判官がこの点について補足意見を述べている。泉裁判官は第二次納税義務の納付告知は「単なる徴収手続上の一処分にとどまるものではなく、本来の納税義務者とは別人格の第二次納税義務者に対し、新たに納税義務を成立させ確定させる性質も有している。第二次納税義務者の納税義務は、この納付告知処分によって成立し確定するのである。納付告知処分の要件の一つとして主たる課税処分が組み込まれてはいるが、第二次納税義務者の納税義務と、本来の納税義務者の納税義務とは別個独立のものである。したがって、第二次納税義務者は、自己の第二次納税義務の成立自体にかかわる問題として、納付告知処分の内容に組み込まれた主たる課税処分の違法性を、独自に争うことができるというべきである」としている。従来の判例は第二次納税義務の納付告知処分は主たる課税処分の徴収手続きであり、主たる課税処分の違法性は第二次納税義務の納付告知処分には承継せず、第二次納税義務の納付告知処分の取消訴訟において主たる課税処分の違法性を争うことはできないとしてきた。泉裁判官の意見はこれを覆し、第二次納税義務者にその納付告知処分の取消訴訟の原告適格を認めるものである。

第二次納税義務者が主たる課税処分を直接争う、という訴訟形式よりも、自らに直接なされた第二次納税義務の納付告知処分を争う、という訴訟形式の方が自然であるという主張もある。また、納付告知処分を争う場合は、主たる課税処分を争う場合に問題となった不服中立期間等の問題は起こらない。

泉裁判官の意見は、裁判官の意見として従来の判例を覆す画期的なものである。しかし、泉裁判官自身も指摘するとおり、最高裁昭和五〇年八月二七日判決を前提とする限り、本最高裁判決のとる救済手段のほかに第二次納税義務者の権利救済の道はない。逆に言えば最高裁平成一八年判決は、「最高裁昭和五〇年判決を前提としてその不合理さを調整したもの[107]」ともいえる。

ただ、不合理さを調整したものと評した三木義一教授はさらに、「第二次納税義務納付告知処分は単なる徴収処分ではなく、「課税処分」でもある。その課税要件の中に主たる納税者が法的に負うべき租税債務が含まれているのであるから、自己の納税義務の確定に際して、主たる課税処分の違法性を争えると本来解すべき[108]」とされている。また、山田二郎教授も「主たる課税処分の違法は第二次納税義務の納付要件の中に組み込まれていると解すべきであるので、第二次納税義務者の救済手続としては、昭和五〇年最判を変更して、納付告知の取消訴訟で主たる納税義務の存否又は数額を取消理由として主張できるように改め、第二次納税義務者の救済手続を合理的に整理すべき[109]」と指摘されている。

現時点では、昭和五〇年最判が変更されるような訴訟は起こっておらず、第二次納税義務者の権利救済の道はひらけたとはいえるが、議論がここでとまってしまったともいえる。

第二次納税義務は、本来の納税義務者ではない者に対して保証債務的に課される非常に特殊なものである。課税と徴収の安定からは非常に重要な制度であることは確かであるが、第二次納税義務者の権利救済については立法的には特に考えてこられなかったといってもいい過ぎではない。特殊な納税義務者であるのであるから、その権利保護についても十分に検討されるべきであろう。本最高裁判決を受けた立法による第二次納税義務者の権利保護が確保されることを期待したい。

(95)　最判平成一八年一月一九日民集六〇巻一号六五頁。
(96)　東京地判平成一六年一月二二日訟務月報五一巻六号一六四四頁。
(97)　東京高判平成一六年六月一五日民集六〇巻一号一〇一頁。
(98)　吉良実・前掲注（21）二五頁。
(99)　占部裕典「判批」法令解説資料総覧二九四号八七頁（二〇〇六）。占部教授はさらに続けて「大阪高裁平成元年二月二二判決のいうように、法律上の利益が主たる課税処分時に生じたと解しても本件最高裁判決の結論がとりえないということではなかろう」と本最高裁判決の結論を支持されている。
(100)　増田英敏・前掲注（32）一四頁。
(101)　増田英敏・前掲注（32）一五頁。
(102)　占部裕典・前掲注（99）八七頁。
(103)　山田二郎「判批」ジュリスト一三二五号二五四頁（二〇〇六）。
(104)　同旨のものとして、川神裕「判批」法曹時報五九巻九号二九五頁（二〇〇七）。
(105)　岩崎政明「判批」ジュリスト臨時増刊一三三二号三七頁（二〇〇七）。
(106)　立法の不備を指摘するものとして、大島恒彦「第二次納税義務の法律的性質と時効」税法学一六〇号一二頁（一九六四）、吉良実・前掲注（6）一一五頁等がある。
(107)　三木義一「判批」別冊ジュリスト二〇七号四八頁（二〇一一）。
(108)　三木義一・前掲注（107）四九頁。

（109）　山田二郎・前掲注（103）二五四頁、金子宏・前掲注（2）一六三頁も同旨。

おわりに

本稿では、第二次納税義務者の権利救済の手段について考察し、これまでの学説、判例を検証することにより、権利救済の方法とその実現可能性について論じた。

従来の判例は、主たる課税処分に無効原因には至らない程度の瑕疵がある場合に、その瑕疵を理由として第二次納税義務者が自らに対する第二次納税義務の納付告知処分の取消しを求めることはできないとしてきた。そして、その瑕疵を理由として、第二次納税義務者が主たる課税処分の取消しを求めることはできる、としてきた。

しかし、第二次納税義務者が主たる課税処分の取消しを求める場合、どうしても壁になるのが不服申立期間及び出訴期間である。従来、不服申立期間は主たる課税処分が主たる納税義務者に告知された時を基準とするとされていた。しかし、第二次納税義務者が主たる課税処分の存在を常に知っているわけではなく、自らが第二次納税義務者となることを知った時にはすでにこれらの期間を徒過してしまっていて不服申立てさえできない、ということが少なくない。この出訴期間の問題が壁となり、実質的には第二次納税義務者の権利救済の道は閉ざされているといってもいい状況であった。

そんな中、第二次納税義務者になる可能性があるに過ぎない者も主たる課税処分の取消訴訟を提起できるとする判決が下された。これにより確かに第二次納税義務者の権利救済の手段は、多少は広がった。しかし、この救済手段を強く否定するわけではないが、第二次納税義務者になる可能性があるに過ぎないが、主たる課税処分の存在を把握しており、出訴にまで及ぶ、というのはかなり主たる納税義務者に近い位置にいる者でなければできないだろう。本来保護すべき第三者的存在である第二次納税義務者の保護につながっているだろうか、そうはいえないだろう。

本来であれば保護すべき第三者の権利救済の道を広めるような方向に判例は向かうべきであった。だが実際にはそれとは違う方向に進んできたといえる。

しかし、平成一八年一月一九日に従来の判例を覆し、第二次納税義務者の権利救済の道を開く判決を最高裁が下した。最高裁は、第二次納税義務者が裁判を受ける権利を実質的に保障する必要性を指摘し、不服申立期間の起算日を第二次納税義務者が納付告知処分のあったことを知った日の翌日として第二次納税義務者の権利救済の道を開いた。国民に保障されるべき裁判を受ける権利を担保した画期的な判決であったいえる。

従来の判例の見解では、第二次納税義務者に本来であるならば保障されるべき裁判を受ける権利が保障されてこなかった。争訟権は租税法律主義を担保する非常に重要な権利である。この権利が、関係者とはいえ第三者的色合いの強い者の租税を負担することを強いられる第二次納税義務者に保障されてこなかったのである。今回の最高裁判決により、第二次納税義務者は主たる課税処分の瑕疵を争うことが実質的にも可能となった。この点において実務的には非常に画期的であり、意義のある判決であったといえる。

最高裁平成一八年判決以後の課題としては、最高裁昭和五〇年判決を変更し、第二次納税義務納付告知処分の取消しを求める中で主たる課税処分の瑕疵を主張するという訴訟形式を認めるのか、それとも、主たる課税処分を直接争う訴訟方法が適切といえるのか、さらに、より法的安定性を求め立法により一度整理を図るのか、といった点が考えられた。

しかし、最高裁平成一八年判決から一定の期間が経過したが、これらについて立法的に解決しようという動きはみることができない。第二次納税義務者の権利救済については本稿で確認したように長い間様々な議論が行われ、最高裁平成一八年判決により一定の解決をみたと思われる。しかし、当時期待された、最高裁昭和五〇年判決と最高裁平成一八年判決の両判決を踏まえた調整、整理は行われてこなかった。ここで再度その必要性を指摘して本稿の結びとしたい。

付記：本章は、高木良昌著「第二次納税義務者の権利救済についての一考察」（専修大学大学院二〇〇六年度修士論文）を基に加筆・修正したものである。

第13章　租税訴訟における訴訟物論と租税法律主義
――処分理由の差替えを中心に――

吉田素栄

はじめに

訴訟物とは、民事訴訟法上の基礎概念であるが、それは請求の内容である特定の権利又は法律関係をいう。(1) 訴訟物の機能は、一般には訴訟サイズの最小単位（本案判決の主文で判断すべき事項の最小単位）を画するものであり、請求の併合の有無、訴えの変更の有無、二重起訴にあたるかどうか、申立ての範囲内かどうかなど等を判断する重要な基準として用いられることとなる。(2) 租税訴訟では、その中心をなす課税処分取消訴訟において、訴訟物について総額主義と争点主義の対立があるのは周知のとおりである。ところで、この総額主義と争点主義の対立は、租税法独自の問題であるとともに、(3) 取消訴訟において処分理由の差替えの適否、更正・再更正の関係、拘束力又は既判力の範囲等を判断する重要な基準として用いられことなるため、この訴訟物論の対立はこれらそれぞれの局面において鋭い対立となって現れることとなる。例えば、課税処分取消訴訟上の通説とされる総額主義（租税実体法に規定する課税要件によって一義的に定まっている客観的または真実の税額の適否）の立場をとった場合、原告が申し立てていない事実が争点とされたり、さらにその申し立てていない事実を基礎に判決が行われたりすることとなる。これで、果たして課税処分取消訴訟が、課税処分に対して納税者が権利の救済を求める唯一の手段として機能するのか疑念が生じるところである。

そこで、本稿では総額主義と争点主義を対立軸におきながら、取消訴訟における処分理由の差替えの適否、更正・再更正の関係、拘束力又は既判力の範囲の画定の局面においてどちらの訴訟物観がより有用であり適当であるかを納税者の権利救済の視点から考察し、明らかにすることを目的とする。

また、租税法の分野においては、租税法の適正な解釈、適用を行うにあたっては、憲法を根拠とする租税法律主義（憲法三〇条及び八四条）及び租税平等主義（憲法一四条）の両基本原則が最大限尊重されなければならない。しかし、処分理由附記規定を軽んじ、訴訟段階において理由の差替え、理由追加を自由に認めることは、処分理由附記規定の機能不全を招き、納税者は法律の根拠に基づくことなしには課税されないとする租税法律主義の形骸化へとつながることが懸念される。よって、課税処分取消訴訟において処分理由の差替えの適否について訴訟物論の視点とともに、租税法律主義による統制の視点からも考察を加えることとしたい。

（1）梅本吉彦『民事訴訟法』二〇四頁（信山社、二〇〇二）。
（2）新堂幸司『新民事訴訟法』二六六、二六八頁（弘文堂、一九九八）。
（3）松沢智教授は、訴訟物をめぐる総額主義・争点主義の争いや、更正・再更正の吸収説・併存説の対立等の基本的な問題は、一般の行政訴訟に全く存在しない点を指摘し、租税に関する紛争を解決するためには租税法独自の理論の確立が要請されると主張する。松沢智『新版租税争訟法』一三頁（中央経済社、二〇〇一）。

一　総額主義と争点主義の対立

課税処分取消訴訟における訴訟物論は、周知のように従来から総額主義と争点主義の対立がある。よって、本章では総額主義と争点主義の対立点について従来の見解を整理し、今一度明らかにするとともに、総額主義及び争点主義以外の訴訟物論、並びに判例における訴訟物観の動向について考察を行う。

1　総額主義と争点主義の相違点

通説によれば、課税処分取消訴訟の訴訟物は、他の行政処分取消訴訟のそれと同じく、処分の違法性一般であるとされている。(4)

しかし、この行政訴訟法上の通説の立場にたっても、課税処分の同一性をどのように捉えるかによって総額主義と争点主義の対立がある。すなわち、総額主義とは、課税処分によって確定された租税債務（税額）の同一性によって捉える見解である。これに対し、争点主義とは、処分の同一性を、処分理由（課税庁が処分をするに当たって調査した事実及び法解釈・適用の同一性）によって捉える見解である。

以下、総額主義と争点主義の相違を明らかにする。

（1）総額主義の意義

総額主義とは、課税処分取消訴訟の訴訟物を課税処分によって確定された租税債務（税額）の適否である、とする見解である。すなわち、訴訟物は更正等自体ではなく更正等によって確定された税額等が、租税実体法に規定する課税要件によって一義的に定まっている客観的な課税標準や税額を上回っているか否かが訴訟物であるとする見解である。(5)

総額主義の根拠としては以下のものが挙げられる。

① 課税処分に対する取消訴訟は処分の取消訴訟の形式をとるけれどもその実質においては係争年度における所得金額ひいては租税債務（税額）の存否についての争いである。

よって、行政処分手続の違法をめぐる争いについては、手続要件たる処分手続の具備という面において、他の一般の行政訴訟たる形成訴訟と同一視角において捉えることができるが、所得金額の存否をめぐる争いが真の納税者の求めている訴えにおける請求の実体であるとすれば、所得金額という数額に関する争い、すなわち実体をめぐる争いについてはむしろ、実質は租税債務不存在の確認訴訟に類するものとして理解することを根拠とする。(6)

② 紛争の一回的解決(7)

この見解に基づけば、更正等の取消判決は、当該更正等の違法性（主体、内容、手続、方法等の違法を問わない）一般を確定し、もはや同一処分と思われる処分（再更正）をどのような理由をもってしてもすることができなくなるとする反面、(8)当該更正等によって確定された税額等が客観的に存在するか否かが争われ審理されることになるから、処分理由は訴訟上の攻撃防禦方法に過ぎないとされて、課税庁は訴訟において処分時の認定理由に拘束されることなく理由の差替えや税額の客観的存在を立証しうるいかなる理由も主張しうると解される。(9)したがって、原告・被告の双方が時機に遅れない限り（民事訴訟法一五七条）、口頭弁論終結時にいたるまで、原処分の理由や不服申立ての段階で主張しなかった不服理由を攻撃防御方法として随時提出することが可能になる。[10]

以上から、総額主義の特徴は、課税処分の取消訴訟の目的が、租税実体法上客観的に存在する真実の税額の発見、追求に求めるとともに、紛争の一回的解決による訴訟経済の観点に重点を置き、更正等による確定税額が租税実体法上一義的に定まっている客観的税額を超えているか否かを訴訟物として捉えるところにある。

（2）争点主義の意義

争点主義とは、課税処分取消訴訟の訴訟物を処分理由との関係における税額の適否である、とする見解である。[11]すなわち、原処分において認定した理由が誤っていれば、他に所得（租税実体法によって一義的に定まっている客観的な課税標準や税額）が存在して、課税処分以上の所得があることがわかっても、右課税処分は違法として取消を免れないこととなる。

争点主義の根拠としては以下のものが挙げられる。

① 手続的保障原則（租税の賦課・徴収は公権力の行使であるから、適正な手続きで行われなければならず、またそれに対する訴訟は適正な手続で解決されなければならない）との関係で展開される。[12]

すなわち、現行法上、青色申告に対する更正処分には、理由の附記が要求されている（所得税法一五五条二項、法人税法一三〇条二項）。

② また平成二三年一二月の国税通則法改正により、租税法の分野についても処分（申請に対する拒否処分および不利益処分）に対して理由附記がされることとなった（行政手続法八条、一四条）。その結果、白色申告の事業所得者等に対する更正・決定を含めて、租税法規に基づく全ての申請拒否処分および不利益処分は、理由の提示ないし記載が要求されることとなる。[13]

したがって、全ての申請拒否処分および不利益処分には一般的に理由附記が要求されている点に鑑み、課税処分取消訴訟の訴訟物は、当該処分理由との関係における税額の適否であると解する。

この見解に基づけば、争点主義は、総額主義と異なり処分理由の差替え等は原則として許されず、その反面、取消判決は当該処分理由との関係で当該更正の効力を失せしめるにとどまるために、更正等の除斥期間（国税通則法七〇条）を徒過していなければ、新たな理由に基づいて再更正をすることができることになる。(14)

以上から争点主義の特徴は、訴訟物を更正等の違法性一般とし、その確定された税額の存否であるとする点では、総額主義と同様であるが、理由附記義務に着目して、総額主義のように租税実体法によって一義的に定まっている客観的な課税標準や税額との対比による税額の存否ではなく、課税処分において当初課税庁によって公式に表示された理由によって特定された税額の適否が訴訟物となる。

2　総額主義と争点主義以外の訴訟物論

課税処分取消訴訟の訴訟物については、総額主義、争点主義のほか、さらに四つの考え方があり、後記の処分理由差替えの問題とも関連があるので、ここで紹介する。

(1)「課税標準等の認定方法の合理性」（白石健三説）(15)

課税処分取消訴訟において所得の認定を争う場合、その訴訟物は当該所得の推計方法（認定の仕方、あるいは認定方法）の合理性の有無であるとする説である。

すなわち、税務署長は、納税義務者が真正の申告をしない限り所得の実額を把握するのは極めて困難であり、所得金額の認定は、大なり小なり推計の方法を伴わざるを得ないのであるから、所得の認定とは、所得の合理的推計の問題であり、所得の実額の存否が訴訟物となるのではなく、所得の推計方法の合理性の有無が訴訟物となるとするものである。

そして、「納税者は、実質的に適正・合理的な方法で所得の認定を受くべき法的利益を享有する」から、「実質的に適正・合理的と認められない場合には、そのこと自体が処分の手続的要件（所得の認定方法とは、広い意味で所得の認定手続と解される。）の違反を構成するものとして、処分の取消原因となるものと解すべきであり（る）[16]」とする。

さらに、「訴訟のへき頭において主張されるべき審査決定当時の認定所得と、その基礎が異ならない範囲においてのみ修正、変更が許されると解すのが妥当な結論である[17]」とする。

しかし、白石説に対しては以下のような批判がある。

この説は、所得額の認定方法の不合理性を除去し、改めて合理的な方法により所得を算定すれば、その額が課税庁の認定額を下回ると認められる限り、その合理的な認定方法がいかにあるべきかを確定する限度で課税処分の取消しを求めることも許されるとしている。

しかし、租税訴訟の争いの実態が単に認定方法の合理性があるか否かにのみ尽きるものときめつけるのは問題であろう。すなわち、課税処分に対し不服のため訴えを提起するのは、認定方法が単に不合理であるということのためであるというのは事の真相を見誤ったものであり、争いの実態は課税庁の認定した所得の存否のみならず、帰属者の認定、帰属時期等も通常争点として争われているものも少なくなく、当事者もその点の解決を裁判所に求めているのであるから、かかる見解は実態から著しく遊離することになる欠陥があって妥当ではない[18]。

(2)「具体的違法事由説」（杉本良吉説[19]）

課税処分取消訴訟の訴訟物は通説と同様違法性一般であるとしながらも、審理の対象は原告によって主張された具体的な違法事由の存否であるとする説である。よって、たとえばA、B、Cという違法理由があってAだけしか訴訟において主張しない場合でも、全部の違法事由について既判力が生ずると考える[20]。この説はその根底に、取消訴訟を租税債務不存在確認訴訟と理解し、その審理の対象を課税庁の決定した所得金額の存否そのものであるとするならば、訴訟の遅延は免れないという通説に対する批判がある。

また、課税処分取消訴訟は、税務署長において課税処分の理由を明らかにしている場合は格別であるが、もし、処分当時あるいは訴訟前においてまだ原告にその理由を明らかにしていない場合には、訴訟において、いわば本案前の手続として、まず税務署長が課税処分の理由を開示しなければならないとする。それを受けて原告が課税処分に対する不服の範囲を決定し、違法事由を具体的に特定して主張すべきであり、その具体的違法事由の存否が審理の対象になる。そして、原告は原告に有利な事実について、税務署長は税務署長に有利な事実についてそれぞれ主張責任を負担する。[21] 税務署長は、処分理由を維持するため最終の口頭弁論終結時まで資料を追加提出することができるが、「訴訟において当初の処分理由と異なる理由を申述するのは……原告に……準備体勢の建直しを強いるものであって、……フェアーな応訴態度とはいえない[22]」とする。

しかし、杉本説に対しては以下のような批判がある。

審理方式の問題と訴訟物の問題とを同一平面に捉えて理解しようとするところに問題がある。むしろ、通説の立場をとることによって生ずる訴訟遅延の問題は、時機におくれた攻撃防禦方法の却下（民事訴訟法一五七条）の活用によって防止し得るものであろう。しかも、具体的違法事由を審判の対象とすると、訴訟物の範囲が狭くなる結果、訴えの変更、既判力等の点において納税者に不利な結果となり権利保護の目的が十分達成せられなくなる欠陥があって妥当ではないといわなければならない。[23]

（3）「違法状態の排除要求説」（田中二郎説）[24]

「取消訴訟の真の狙いは、当該行政処分によって生じた違法状態を排除し、もとの状態に回復し、これによって基本的人権を確保し保障することにあると考えるべきである。租税に関する具体的事例について述べると、ある年度の所得税の更正処分について取消訴訟が提起された場合には、形式的には、当該更正処分の取消しを求めているのであるが、実質的には、当該更正処分によって違法に多額の課税がされることになることを理由として、その違法状態の排除を求めているものにほかならない。したがって、行政庁が第二次再更正処分によって第一次更正処分を訂正し（原告の主張どおりに更正）、更に第三次更正処分によって、第一次更正処分と同額に訂正するなど、更正処分がどのように変転しようと、原告の主張する違法状態が存する以上、必ずしも訴えの併合等の措置をとるまでもなく、第二次、第三次の更正処分は当初の取消訴訟の目的の中に投入され、裁判所は、当然に、新たな更正処分について、その適否を判断すべきであろう。」とする説である。

この考え方は、課税処分取消訴訟の訴訟物は課税処分によって生じた違法状態の排除を求めるところにあるとし、課税処分を取消しの対象としているのは、それによって形成された違法状態を排除するための形式上の手がかりにすぎないものとする。これによれば、原告は、更正、再更正等の一連の課税処分に客観的な課税標準及び税額を上回る過大認定の違法があることを主張すれば足りる。一方、税務署長は、一連の課税処分を通じて最終的に確定された課税標準及び税額が客観的なそれを超えないことを主張しなければならない。この説は、少なくとも主張に関する限り、通説と基本的な差異はないと考えられる。[25]

(4)「訴訟的訴訟物説」（木村弘之亮[26]）

取消訴訟の訴訟物は、「行政行為によって創定された法律関係の取消しを求める法的地位である[27]」、とする説である。また、「原告が訴えの申立てをとおして訴訟物を定立するのであり、訴訟物を特定・識別するために必要な場合に限って、事実関係が招致されうる。そして、裁判所は、原告の定立した訴訟物について裁決するのであり、訴訟物の枠内に在る諸事実および法的理由づけの一切は、原則として訴訟当事者によって攻撃防御方法として利用されうるうえ、裁判所によっても調査・審理・裁決されうる。但し、訴訟物の枠外に在る諸事実などについてはこの限りでない。」[28]とする。

3　判例における訴訟物観の動向

では、判例は課税処分取消訴訟の訴訟物についてどのような立場をとっているのだろうか。以下判例の動向を見ていくこととする。

最高裁昭和四九年四月一八日判決[29]は、「被上告人のした本件決定処分は、上告人の昭和三八年における総所得金額に対する課税処分であるから、その審査手続における審査の範囲も、右総所得金額に対する課税の当否を判断するに必要な事項全般に及ぶものというべきであり、したがって、本件審査裁決が右総所得金額を構成する所論給与所得の金額を新たに認定してこれを考慮のうえ審査請求を棄却したことには、所論の違法があるとはいえない。本件決定処分取消訴訟の訴訟物は、右総所得金額に対する課税の違法一般であり所論給与所得の金額が、右総所得金額を構成するものである以上、原判決が本件審査裁決により訂正された本件決定処分の理由をそのまま是認したことは、所論の違法は認められない。」と判示し、訴訟物は「課税の違法一般」であるとした。

静岡地裁昭和六三年九月三〇日判決[30]は、「本件の更正及び賦課決定の取消訴訟における審判の対象は、右更正及び賦課決定において認定された原告の所得の金額及び税額が客観的に存在するか否かを判断することによってその違法性の存否を明らかにすることにあると解するのが相当であるから、被告が、本件取消訴訟において、更正後に収集された資料によって本件更正及び賦課決定が正当である旨を主張することも許されるものと解するのが相当である。」と判示し、総額主義の立場を鮮明にしている。

なお、本件控訴審の東京高裁平成一年一月二三日判決（確定）[31]も原審と同一の説示をした。

最高裁平成四年二月一八日判決[32]は、「課税処分の取消訴訟における実体上の審判の対象は、当該課税処分によって確定された税額の適否であり、課税処分における税務署長の所得の源泉の認定等に誤りがあっても、これにより確定された税額が総額において租税法規によって客観的に定まっている税額を上回らなければ、当該課税処分は適法というべきである。」と判示し、総額主義の立場をとっている。しかし、「実体上の審判の対象は、当該課税処分によって確定された税額の適否である」とし、違法性一般を「実体上」と「その他」に区分するような表現を用いている。

最高裁平成五年五月二八日判決(33)は、「課税処分の取消訴訟における実体上の審判の対象は当該課税処分によって確定された税額の適否であるから、当該課税処分によって確定された税額（ただし、審査請求に対する裁決によりその一部が取り消されたときは取消し後の税額）が租税法規によって客観的に定まる税額を上回る場合には、当該課税処分はその上回る限度において違法となるものというべきである。」と判示しており、最高裁平成四年二月一八日判決を踏襲していることがわかる。

東京地裁平成八年一一月二九日判決(34)もまた、「課税処分の取消訴訟における実体上の審判の対象は、当該課税処分によって確定された税額の適否であり、課税処分における課税行政庁の認定等に誤りがあっても、これにより確定された税額が総額において租税法規によって客観的に定まっている税額を上回らなければ当該課税処分は適法と解すべきである」と判示し、最高裁平成五年五月二八日判決同様、最高裁平成四年二月一八日判決を踏襲していることがわかる。

以上から見るに判例は、最高裁昭和四九年四月一八日判決においては取消訴訟の訴訟物を「課税の違法性一般」としていたが、近年の判決においては「課税処分の取消訴訟における実体上の審判の対象は、当該課税処分によって確定された税額の適否である」という限定的な表現を用いるようになってきている。

つまり、訴訟物を「処分の違法性一般」といった場合は、「内容（実体上）の違法」のほか「手続上の違法」も含まれるが、「課税処分の取消訴訟における実体上の審判の対象は、当該課税処分によって確定された税額の適否である」と、あえて「実体上の対象」と「手続上の対象」という区別をして表現するようになってきているようである。[35]

しかし、下級審においては「違法性一般」という表現が、近年でも用いられているケースがある。[36]

(4) 「訴訟の対象（訴訟物）は当該更正処分の取消原因としての違法、すなわち処分の主体、内容、手続、方式等すべての面における違法である。ごく大まかにいえば、裁判所が処分を適法であると判断する（請求棄却）ためにすべての適法要件が存在しなければならないが、適法要件の欠缺、すなわち違法事由のいずれか一つが認められさえすれば、処分はその全部又は一部の存在を否定される（取消又は一部取消）のであって、その意味では、訴訟物は抽象的に処分の違法性一般であるということになる（通説的見解）。」緒方節郎「課税処分取消訴訟の訴訟物」『実務民事訴訟講座（9）』六、七頁（日本評論社、一九七〇）。

なお、訴訟物を「処分の違法性一般」とすることについて、「訴訟物を「処分の違法性一般」とすることは、訴訟当事者による主張の範囲を広くし、ひいては判決の既判力による確定範囲を広げる役割をもつが、課税処分は、課税庁の責任ある公正な事実認定を根拠事実として決定されてこそ公定力を生ずるに値するものであるから、訴訟物を「処分の違法性一般」と言い放つわけにはいかず、むしろ取消訴訟の審理の対象としては、取消を求められている係争処分について「公式に表示された処分理由に関する違法性一般」であると解せられるべきである。」という批判がある。兼子仁『行政法総論』二九四頁（筑摩書房、一九八三）。

(5) 松沢・前掲注（3）六二頁、二三二頁、佐藤繁「課税処分取消訴訟の審理」『新・実務民事訴訟講座（10）』五六頁（日本評論社、一九八二）、泉徳治編『租税訴訟の審理について〔改訂新版〕』八八頁（法曹会、二〇〇二）。

(6) 松沢・前掲注（3）一六頁。

(7) 田中二郎『租税法〔新版〕』三五七頁（有斐閣、一九八一）、金子宏他編『租税法講座3』（第七章松沢智執筆三一九頁）（ぎょうせい、一九七五）、泉・前掲注（5）八八頁。

(8) 鎌田泰輝・判批・税務弘報二二巻一二号一一〇頁（一九七四）、松沢・前掲注（3）二四一頁。

(9) 佐藤・前掲注（5）五六頁、泉・前掲注（5）八八頁。

(10) 松沢・前掲注（3）二三二頁、佐藤・前掲注（5）五六頁。

(11) 金子宏『租税法（第22版）』一〇〇七頁（弘文堂、二〇一七）。

(12) 金子・前掲注（11）一〇〇七頁。

(13) 金子・前掲注(11)一〇〇七頁。
(14) 金子・前掲注(11)一〇〇九頁、福家俊朗「租税訴訟における訴訟物」北野弘久編『日本税法体系(4)』二八八頁（学陽書房、一九八〇）。
(15) 白石健三「税務訴訟の特質」税理七巻一二号八頁以下（昭和三九年）、東京地判昭和三八年一〇月三〇日行集一四巻一〇号一七六六頁。
(16) 白石・前掲注(15)一二頁。
(17) 白石・前掲注(15)一四頁。
(18) 松沢・前掲注(3)二三四頁。
(19) 杉本良吉「行政事件訴訟の遅延」法律時報三〇巻一一号一六頁以下（一九五八）、同「裁判の今日課題―行政事件訴訟」判例時報四六五号六頁以下（一九六七）、同「行政事件訴訟における裁判所の役割」法学セミナー一五六号二頁以下（一九六九）、民事教官室編「税務訴訟における諸問題」司法研修所論集（一九六八年－Ⅲ）一六二頁～一六六頁杉本発言（一九六八）。
(20) 民事教官室編・前掲注(19)一六六頁。
(21) 杉本・前掲注(19)「裁判の今日課題―行政事件訴訟」七、八頁。
(22) 杉本・前掲注(19)「行政事件訴訟の遅延」一七頁。
(23) 松沢・前掲注(3)二三五頁。
(24) 田中二郎『租税法〔第3版〕』三六九頁（有斐閣、一九九〇）、最判昭和四二年九月一九日民集二一巻七号一八二八頁の田中裁判官の少数意見。
(25) 泉・前掲注(5)九四頁。
(26) 木村弘之亮「行政事件上の取消判決の効力(1)(2)(3)(4・完)」民商法雑誌七二巻二号二六三頁以下（一九七五）、民商法雑誌七二巻三号四二五頁以下（一九七五）、民商法雑誌七二巻四号六一五頁以下（一九七五）、民商法雑誌七二巻五号七八五頁以下（一九七五）、同・「課税処分取消判決の税務行政過程における効力―行訴法三二条・三三条をめぐって―」租税法研究第二号五一頁以下（一九七四）。また、岡田正則助教授は、訴訟物は、「裁判所に対する原告の請求を中心に置きながら、事実関係によってその外延を適宜画定する」とし、ドイツにおける「二分肢説」ないし「木村説」と同旨であるとされる。岡田正則「税務行政訴訟における取消訴訟の訴訟物」日税研論集四三巻七二頁（二〇〇〇）。
(27) 木村・前掲注(26)「行政事件上の取消判決の効力(3)」六二八頁。
(28) 木村・前掲注(26)「行政事件上の取消判決の効力(3)」六三一頁。
(29) 最判昭和四九年四月一八日訟務月報二〇巻一一号一七五頁。

(30)　静岡地判昭和六三年九月三〇日判例時報一二九九号六二頁。
(31)　東京高判平成一年一月二三日税務訴訟資料一六九号五頁。
(32)　最判平成四年二月一八日民集四六巻二号七七頁。
(33)　最判平成五年五月二八日訟務月報四〇巻四号八七六頁。
(34)　東京地判平成八年一一月二九日判例時報一六〇二号五六頁、税務訴訟資料二二一号六四一頁。
(35)　岡田正則助教授は、この点について、「実体的事由と手続的事由をひとまとめにして、訴訟物を「処分の違法性一般」として構成すると、判決効の範囲を画定できないので、おそらくこの種の困難を意識したためではないか」と指摘される。岡田・前掲注(26)八八頁。なお、松沢智教授は、訴訟物について総額主義の立場に立ちつつ、「内容(実体上)の違法」と「手続上の違法」を峻別し、内容の違法は、処分の取消しを形式上の手がかりとして客観的所得の確認ないし租税債務の確認をするものであり、手続上の違法は、法律要件的意味を有する特定の行政処分自体に瑕疵があるか否かであると説き、「実体法上の違法」と「手続法上の違法」を同一線上に捉える行政処分取消訴訟の通説的見解(訴訟物を「処分の違法性一般」と見る見解)に補強、修正を加えている。松沢・前掲注(3)二四七、二四八頁。
(36)　例として、広島地判平成六年一一月二四日判例タイムズ八八六号一六九頁、神戸地判平成九年三月二四日行集四八巻三号一八八頁など。

二　処分理由の差替えと訴訟物

一において、課税処分取消訴訟における訴訟物の捉え方には、総額主義と争点主義の対立があり、両者の違いは、処分の同一性の範囲について把握の仕方の相違であることをみてきた。

つまり、総額主義及び争点主義はともに訴訟物を処分の違法性一般とするのは同様であるが、総額主義は、処分によって確定された税額が処分時に客観的に存在した税額を上回るか否かによって処分の同一性を区別し、争点主義は、処分理由によって特定された税額によって処分の同一性を区別するのである。

そしてこの違いは、争訟段階で理由の差替えを認めるか否かの問題として現れてくる。

この問題を考える前提としては、更正等の性質、青色更正処分における理由付記制度の趣旨とそこにおいて付される理由（所得税法一五五条一項、二項、法人税法一三〇条一項、二項）の意義、および不服申立てにおける決定または裁決においてそれぞれ理由（国税通則法八四条七項、八項、一〇一条一項）が付されることの意義に留意すべきである。[37][38][39]

その中でも、青色更正処分における理由付記規定は、理由の差替えと密接な関係をもつため、本章では青色更正処分における理由付記制度の趣旨について判例の到達点を明らかにしたうえで、理由の差替えが行われた場合の納税者に与える影響について判例を中心に考察し、判例が総額主義又は争点主義のどちらの立場を根底に置くのかを明らかにする。

1　青色更正処分における理由付記制度の趣旨

青色申告は、所轄税務署長の承認を受けて青色申告書を用いて行う申告で、不動産所得、事業所得又は山林所得を生ずる業務を行う個人の所得税及び法人税について認められている（所得税法一四三条、一六六条、法人税法一二一条、一四六条）。

そして、税務署長が青色申告に対して更正をする場合には、原則として納税義務者の帳簿書類を調査しなければならず、また、更正通知書には更正の理由を附記しなければならない（所得税法一五五条一項、二項、法人税法一三〇条一項、二項）。

これらは、いずれも法律が明文で理由附記を義務付けているものである。よって、これら理由附記についてどの程度の理由を付せばよいのかということが次の問題となる。そこで、判例は青色更正の理由附記の趣旨、理由の程度、理由の効力について、これらをどのように捉えているのか以下において考察する。

(1) 最判昭和三八年五月三一日の意義

青色更正に対する理由附記規定（所得税一五五条二項、法人税法一三〇条二項）の解釈をめぐる論争は、同様の規定を持つ旧所得税、法人税の時代から戦後十数年にわたって行われてきた。当初課税庁はこれを訓示規定と解し、理由不備は取消原因とならないとしてきたのに対し、学説の多くはこれを批判し（効力規定説）、下級審判例もおおむね学説に同調する傾向を示してきた。(41)

このような対立に最高裁として初めて判断を下し、長年の論争に一応の決着をつけ、その後の理由附記判例をリードしたのが、最高裁昭和三八年五月三一日判決(42)である。

そこで、この判例の意義について以下に示す。

第一の意義は、一般に法が理由附記を義務付ける趣旨を①「処分庁の判断の慎重、合理性を担保してその恣意性を抑制する」（処分適正化機能）ことおよび②「処分の理由を相手方に知らせて不服申立てに便宜を与える」（争点明確化機能）ことに見出し、「その記載を欠くにおいては処分自体の取消を免れないものといわなければならない」と判示した点(43)である。

つまり、伝統的な行政行為論において、理由附記は署名捺印等とならぶ行政行為の単なる形式要件と把握されていたが、(44)本判決はこれに対して理由附記を手続的機能として把握し、上記①②の意味において、これを納税者にとって重要な権利保障手段と位置付けたのである。(45)

第二に、「どの程度記載をなすべきかは、処分の性質と理由附記を命じた各法律の規定の趣旨・目的に照らしてこれを決定すべきである」としたうえで、青色申告に係る所得の計算については「それが法定の帳簿組織による正当な記載に基づくものである以上、その帳簿の記載を無視して更正されることがない旨を納税者に保障したものであるから」附記すべき理由には、「特に帳簿書類の記載以上に信憑力のある資料を摘示して処分の具体的根拠を明らかにすることを必要とする」と判示した。

この判示は、一見課税庁側に「帳簿書類以上に信憑力のある資料のある資料の摘示」という相当厳しい要求のように思われるが、青色申告制度は、もともと、納税者の帳簿書類について、一定水準以上の記帳、保存を要求するものであり[46]、その反面としてその記載に高い信頼性を認める制度であるから、その記載を打ち破るためには、それを打ち破るだけの根拠と資料が必要である[47]。

また、課税庁側には、そのような資料の入手のために反面調査[48]を含む強力な質問検査権が与えられていることにも留意する必要があろう。

第三に、処分理由が、更正通知書の「記載自体」から納税者の知りうるところとなるものでなければならないとした。

つまり、納税者が税務調査に立ち会う等によりどの勘定科目が、いかなる理由で、いかに算定されたかという更正の根拠を知りえたとしても、納税者が当該理由を事実上推知できたかどうかは、更正通知書における理由附記の程度を決するにあったて考慮されてはならないとされたのである[49]。

よって、処分理由は、更正通知書自体によって明らかにされなければならないこととなる。

以上、最高裁昭和三八年五月三一日判決は、上記の三点について明らかにした点において重要な判例である。

その後、同年に最高裁昭和三八年一二月二七日判決[50]においても踏襲され、さらに同判決では、「理由を附記せしめることは、単に相手方納税義務者に更生の理由を示すために止まらず、漫然たる更生のないよう更生の妥当公正を担保する趣旨を含むものと解すべく、従って、更生の理由附記は、その理由を納税義務者が推知できると否とにかかわりのない問題といわなければならない。」と判示し、一層確固たるものとなった。（以下この二つの判例を「三八年事例」という）

さらに、金子宏教授によれば「理由の附記は、税務職員にとっては…時間と労力を要する作業である。しかし、それは処分適正化機能と争点明確化機能のほかに、納税者が納得して租税を納付するという意味での説得効果と、不必要な争訟の発生を予防するという意味での紛争予防効果とをもっている。これらのすべてのファクターを綜合して考えると、全体として、目に見えない利益は目に見えるコストを上回っている、といえるのではないか。[51]」として理由附記を厳格に行うことによる理由附記の効果（「説得効果」および「紛争予防効果[52]」）についても強調されている。

（2）「三八年事例」以降の判例の展開

①　理由附記の「程度」

上記のように昭和三八年の二つの最高裁判決は、理由附記制度の趣旨を明らかにしたが、どの程度の理由附記を行えば理由附記の要件を充たしたことになるのかは、必ずしも明らかにはされなかった[53]。

そのため、課税庁は上記昭和三八年の二つの最高裁判決後においても、「勘定科目・金額のみの記載」によって理由附記をできるだけ維持しようと試みている。その判例として、最高裁昭和四七年三月三一日判決[54]と最高裁昭和四七年一二月五日判決[55]（以下この二つの判例を「四七年事例」という）があげられる[56]。

最高裁昭和四七年三月三一日判決は、同族会社Xがその同族判定株主であり、かつ代表取締役である者甲の所有する土地の上に有していた建物を関連会社Aに譲渡したところ、所轄税務署長Yが同族会社の行為計算の否認規定を適用して、借地権の譲渡による収益を認定して、三三〇万円を益金に加算する旨の更正処分を行い、その理由として「借地権計上洩金三三〇万円」と勘定科目と金額のみ記載した事案である。

また、最高裁昭和四七年一二月五日判決は、X会社がA会社に営業譲渡を行い、A会社は、営業譲渡協力金としてX会社に二五〇万円を支払ったほか、X会社の代表者甲に三〇〇万円を無利息に近い条件で融資し、また甲との間で終身嘱託契約を締結して報酬金名目で合計二九〇万支払った（甲の労務提供はなかった）ところ、所轄税務署長Yが、甲が受領した利息相当額の利益および嘱託報酬金の現在価値はX会社がいったん営業譲渡の対価として受領し、それを甲に給付したものであるとして、これをX会社の益金に加算する旨の更正処分を行い、更正通知書の理由欄に「1営業譲渡補償金計上もれ一一五五万円、2認定利息（代表者）計上もれ一万九八三九円、清算所得の加算項目として、3残余財産の違算分四〇〇〇円、4代表者仮払金三九万六八九〇円、5営業譲渡補償金九〇五万円」と勘定科目と金額のみを記載した事案である。

これに対して、最高裁は、「借地権がどのようなものなのか、その価額が何故に課税対象として計上されるのか等を全く知ることができない」「上告人は、右通知書の記載自体からみて、その理由を理解納得できなかったというのであるから…本件更正処分の附記理由は不備ではないとすることはできない」（最判昭和四七年三月三一日）、「更正にかかる金額がいかにして算出されたか、それがなにゆえに被告上告会社の課税所得とされるのか等の具体的根拠を知るに由ないものといわざるをえない」（最判昭和四七年一二月五日）と判示して、課税庁の主張を斥けた。もっとも、この四七年事例から導出されるエッセンスは、「勘定科目と金額のみの記載」といったレベルの理由附記では、理由附記としての要件を充たすものではないということであり、帳簿書類の記載自体を否定するか否かにより理由の程度が異なるか否かということは、未解決の問題として残されたように思われる。(57)

この未解決の問題について、判断を下したのが、最高裁昭和六〇年四月二三日判決(58)である。最高裁昭和六〇年四月二三日判決は、納税者であるX法人が、冷暖房設備を特別償却の対象となる機械として減価償却したのに対して、所轄税務署長Yが、当該設備は建物付属設備であるから特別償却の対象にならないこととし、更正通知書に更正理由として「一、減価償却費の償却超過額…三六万八〇三六円。四六年六月取得の冷暖房設備について機械として特別償却していますが、内容を検討した結果、建物付属設備と認められ、特別償却の適用はありませんので、次の計算による償却超過額は損金の額に算入されません。（種類）冷暖房設備（償却限度額）一七万三三二一九円（貴社計算の償却費額）五四万一三五五円（差引償却超過額）三六万八〇三六円」と記載して、更正処分をなした事例である。

判決はまず、「帳簿書類の記載自体を否認することなしに更正をする場合においては、右の更正は納税者による帳簿の記載を覆すものではないから、更正通知書記載の更正の理由がそのような更正をした根拠について帳簿記載以上に信憑力のある資料を摘示するものでないとしても、更正の根拠を前記の更正処分庁の恣意抑制及び不服申立ての便宜という理由附記制度の趣旨目的を充足する程度に具体的に明示するものである限り、法の要求する更正理由の附記として欠けるところはないと解するのが相当である。」と一般的判断を示し、そのうえで「本件更正通知書記載の更正の理由には本件更正をした根拠についての資料の摘示がないことは否定できないところであるけれども、本件更正は、前記のような内容のものであって、本件冷房機の存在、その取得時期及び取得価額についての帳簿記載を覆すことなくそのまま肯定したうえで、被告上告会社の確定申告における本件冷房機の属性に関する評価を修正するものにすぎないから、右更正をもって帳簿書類の記載自体を否認するものではないというべきであり、したがって、本件更正通知書記載の更正の理由が右のような更正をした根拠についての資料を摘示するものでないとしても、前記の理由附記制度の趣旨目的を充足するものである限り、法の要求する更正理由の附記として欠けるところはないというべきである。」と判示した。そして、「本件冷房機がなにゆえ特別償却の対象とされる「機械」にあたらないのかについて…「建物付属設備」にあたるとするにとどまり、上告人の判断の基礎となった具体的事実関係を明示していないが、冷房機はもともと建物内部を冷房して空気温度を調整するという機能を果たす目的で製作されるものであるから、その機能が特殊の用途に用いられるため特別償却の対象とされる「機械」にあたることを肯定しうる例外的な場合でない限り、普通償却の対象とされる「建物付属設備」としての「冷暖房設備」または「器具及び備品」にあたるというべき」であり「右更正理由の記載は、本件更正における上告人の判断過程を省略することなしに記載したもの」であると結論づけた[59]。

以上、最高裁昭和六〇年四月二三日判決から導出されるエッセンスは、帳簿書類の記載自体を否認することなしに更正をする場合と、帳簿書類に記載されないものを否認する場合との区別を認めた点である。

しかし、その前提として更正の根拠を前記の更正処分庁の恣意抑制及び不服申立ての便宜という理由附記制度の趣旨目的を充足する程度に具体的に明示するものである限り、帳簿記載以上に信憑力のある資料の摘示を要しないというもので帳簿書類に記載されたものについては「勘定科目・金額」のみの記載でよいというものではない点に注意を要するであろう[60]。

そのように解さなければ、帳簿書類の記載を否定することなしに更正する場合にまで理由附記規定を厳格に解するべきでないという課税庁の主張を斥けた「四七年事例」との整合性が、保たれないであろう[61]。

ただし、帳簿書類の記載自体を否認することなしに更正をする場合においても、「課税庁の判断過程を省略することなしに記載した理由」を一般的な適用要件として解するか否かについては議論の余地が残されることとなるだろし[62]、「課税庁の判断過程を省略することなしに記載した理由」が常に求められるとしても、どの程度のものを要求するかについて個別具体的な事例ごとに判例に注目していかなければならないだろう[63]。

そして、最近、大阪高裁平成二五年一月一八日において、理由附記の程度についての到達点というべき判決が出た。同判決では「本件各付記理由は、上記のとおり、収益事業の収入に該当すると認定した収入の金額については、各契約書に基づきその算定過程について具体的に記載するものであるが、法適用に関しては、「法人税法二条一三号に規定する収益事業の収入に該当する」との結論を記載するにとどまり、なぜ収益事業の収入に該当するのかについての法令等の適用関係や、何故そのように解釈するのかの判断過程についての記載が一切ない。」とし、

「本件各付記理由には、法人税法施行令五条一項一〇号、同施行規則四条の三、実費弁償通達の各規定や、その適用関係についての判断過程の記載が一切ないことから、本件各付記理由の記載自体からは、処分行政庁が本件各更正処分をするに当たり、そうした法令等の適用関係やその判断過程を経ていることを検証することができない。なお、青色申告理由付記は、納税義務者が更正理由を推知できる場合でも記載が必要であるから（前記最高裁昭和三八年一二月二七日判決）、控訴人が本件各更正処分の更正理由を推知できるか否かは、上記結論に影響を及ぼさないものである。」と判示する。

つまり、本判例から導出されるエッセンスは、本法、政令、省令、通達と多段階に法令通達の適用がある場合にはそのすべての根拠条文を明らかにし、そうした法令等の適用関係や何故そのように解釈するのかの判断過程を検証できなければならないということである。そして更正理由を納税者が推知できるか否かは、理由附記の程度に影響しないし、推知できるからといって緩和もされないということである。

②　理由附記の「効力」

青色更正理由附記制度の二つの目的すなわち、①「処分庁の判断の慎重、合理性を担保してその恣意性を抑制する」（処分適正化機能）ことおよび②「処分の理由を相手方に知らせて不服申立てに便宜を与える」（争点明確化機能）ことを周知徹底するためには、更正による附記理由不備の瑕疵は、後日これに対応する再調査決定または審査裁決において処分の具体的根拠が明らかにされたとしても、それにより治癒されないと解すべきである(64)。さもなければ、更正処分時には、適当な理由を記載しておき、審査裁決で理由を付け直すことが可能となり、課税庁の更正処分が安易に流れ①の目的が達せられないこととなる。また、納税者は審査裁決によりはじめて具体的な処分根拠を知らされるのでは、それ以前の審査手続において十分な不服理由を主張することができないこととなり②の目的を達せられないこととなる。

（3）判例法理の到達点

以上、一連の最高裁判例等より青色更正の理由附記の趣旨、程度及び効力について以下の判例法理が導出されるだろう。

① 一般に法が行政処分に理由を附記すべきものとしている趣旨は、処分庁の判断の慎重・合理性を担保してその恣意を抑制するとともに、処分の理由を相手方に知らせて不服の申立の便宜を与えることにある。

② 青色申告に係る所得の計算については、それが法定の帳簿による正当な記載に基づくものである以上、その帳簿の記載を無視して更正されることがないことを納税義務者に保障したものであるから、理由附記に当たっては、単に更正にかかる勘定科目とその金額を示すだけではなく、そのような更正をした根拠を帳簿書類以上に信憑力のある資料を摘示することによって処分の具体的根拠を明らかにすることを要する。但し、理由附記制度の趣旨目的を充足する程度に具体的に明示するものである限り、帳簿記載以上に信憑力のある資料の摘示を要しない場合がある。

③ 処分理由が、更正通知書の「記載自体」から納税者の知りうるところとなるものでなければならない。

④ 附記理由の不備は、処分の内容的適否とは一応無関係に青色更正処分を違法にし、それ自体で独立の取消原因となる。

⑤ 附記理由不備の瑕疵は、後日審査裁決によって具体的な理由が明示されても治癒されない(65)。

⑥ 本法、政令、省令、通達と多段階に法令通達の適用がある場合にはそのすべての根拠条文を明らかにし、そうした法令等の適用関係や何故そのように解釈するのかの判断過程を検証できなければならない。そして更正理由を納税者が推知できるか否かは、理由附記の程度に影響しないし、推知できるからといって緩和もされない。

⑦ 一方、青色更正とならんで白色申告に対する更正処分についても若干ここで触れることとする。白白申告に対

する更正については従来理由の附記は必要ないとされてきた（最判昭和四二年九月一二、最判昭和四三年九月一七日）[66]。しかし、平成二三年の国税通則法改正により白色申告についても更正又は決定などの不利益処分を行う場合は、その通知書に処分の理由を記載しなければならないこととなった（行政手続法八条、一四条、国税通則法七四条の一四）。これは租税手続についても他の行政手続と同様手続保障重視の観点からと、白色申告者についても全て帳簿の記帳・保存義務が課されることとなった（所得税法二三二条）ことに対応するものである[67]。

(37)　福家俊郎教授は、更正等の法的性格について以下のように述べられている。「更正等は、租税実体法の定める厳格な課税要件に該当する事実の発生や存在によって抽象的に定まっているとされる税額につき、その事実が課税要件に具体的に該当すること、および、それを前提として定められている所定の計算方法に従って算出し申告によって確定された税額を是正・確定する行為である。かかる更正等は、申告同様に、抽象的に定まっているとされる税額そのものではなく、それにより近似的な税額の確定行為ないし是正を含む確定行為であり、法はその確定された税額についてのみ納税者に納税義務を課し徴収権限を租税行政庁に付与する一方、かかる法的効力を発生せしめる更正等は、当該税額の算出の基礎となった租税実体法の定める特定の課税要件に該当する事実の法的評価と該当性の確認（所得一般ではなく特定の所得とその税額）を前提とし、かかる「理由」の特定を欠いて単に数額としての租税を確定（是正）する行為ではないことに留意しなければならない。」福家・前掲注（14）二九六頁。同旨のものとして小川正雄「租税訴訟における訴訟物」芝池義一他編『租税行政と権利保護』二八四頁（ミネルヴァ書房、一九九五）も参照。

(38)　審査請求および訴訟の段階では、青色、白色を問わず、いずれの処分も理由つきの処分であるといえるから、青色申告に対する更正処分に対する争訟とそれ以外の確定処分に対する争訟とを分けて、前者においては理由の差替えができないが、後者においてはそれができると解することは、理由がないとする。金子・前掲注（11）一〇〇七頁。ちなみに、シャウプ勧告は、青色申告と白色申告を特に区別せず「納税者には更正決定の理由についてできるだけ詳しく通知すべきである。その措置が実地調査に基づいてなされる場合には、税務署はその理由および新税額の算定についてこれを十分に説明できる立場にある。更正決定が標準税率に基づいてなされる場合、その通知は必然的に制約を受ける。しかし、何れの場合においても、納税者はなぜに更正決定をされたか、また追加税額はいかにして算出されたかを知る権利を有する。」とする。福田幸弘監修『シャウプの税制勧告』三八七頁（霞出版社、一九八五）。

(39)　中川一郎教授は、「裁決書に記載された更正処分を正当とする理由は、更正処分の取消訴訟において、被告原処分庁の主張を拘束するものと解さなければ、通則法八四条五項の趣旨は滅却されることになる。もし、取消訴訟において、原処分庁が裁決書に記載された原処分を正当とする理由以外の理由をもって防禦することができると解するならば、一体何のために八四条五項で原処分を正当とする理由の記載を強制しなければならないのか理解することができない。」と述べられている。中川一郎「国税通則法八四条五項の解釈論―異議決定及び裁決の理由記載について―」税法学二三一号一六頁（一九七〇）。同旨のものとして、竹下重人「理由が明示された処分に対する不服審査および訴訟」『杉村章三郎先生古稀祝賀税法学論文集』一七一頁（三晃社、一九七〇）。同論文において竹下弁護士はさらに「不服審査と行政訴訟は、行政処分の相手方の権利救済という目的では連続性を有するといえるとし、不服審査、抗告訴訟を通じて争点主義的構造を一貫させることが、国民の権利救済制度における手続的公正を確保する途である。」との立場をとられる。

(40)　訓示規定と主張する根底には、大量的にしかも短期間に行わなければならない課税処分に対し、理由不備を取消原因と解することは酷であり、ひいては税務行政に支障を来たす恐れがあるという配慮があった。加藤宏「更正決定および審査決定の付記理由についての検討」税理六巻九号四二頁以下（一九六三）。

(41)　学説、判例の動向については、高柳信一・判批・租税判例百選（第2版）一五六頁（一九八一）。

(42)　最判昭和三八年五月三一日（民集一七巻四号六一七頁）。本件において、更正理由は「売買差益率検討の結果、記帳額低調につき、調査差益率により基本金額修正、所得金額更正す」と記載されていた。

(43)　金子宏教授によれば、「この判示は、理由附記を明確に行政手続の一環として位置付け、それに関する瑕疵を、処分の内容的適否とは一応無関係に独立の取消原因として構成した点で従来の一般的考え方を転換するものであった」とする。金子宏「青色申告の更正と理由附記」判例時報一二三〇号八頁（一九八七）。

(44)　田中二郎『行政法総論』三五三頁（一九五七）。

(45)　久保茂樹「納税者の手続的権利と理由附記」芝池義一編『租税行政と権利保護』一三九頁（ミネルヴァ書房、一九九五）

(46)　所得税法一四八条、所得税法施行規則五六条～六五条参照。法人税法一二六条、法人税法施行規則五三条～五九条参照。特に複式簿記に基づく貸借対照表および損益計算書の作成が原則として求められるため、取引の発生に係るフローの側面と同時に取引結果としてのストックの側面からも取引実態の把握が可能であるため、課税庁側にとって取引の計上漏れの把握に関して効果が非常に高いであろう。

(47)　金子・前掲注（43）。

(48)　反面調査は納税者本人の調査によって十分な資料収集ができない場合とか、納税者に対する調査だけでは調査の目的を達しえない特段の必要のある場合のみ補充的に認められるものと解すべきであり、補充的に認められる立場をとるべきである。松沢智『租税手続法』二〇三頁（中央経済社、一九九七）。同旨金子・前掲注（11）九〇七頁。なお、本人調査と反面調査の両者の位置付けについての判例の動向については、金子・前掲注（11）九〇七頁参照。

(49)　高柳・前掲注（41）一五六頁以下参照。久保・前掲注（45）一四〇頁。
(50)　最判昭和三八年一二月二七日民集一七巻一二号一八七一頁。
(51)　金子・前掲注（43）八頁。
(52)　塩野宏教授は、この他に「決定過程公開機能」を挙げる。塩野宏『行政法Ⅰ〔第3版〕行政法総論』二三八頁（有斐閣、二〇〇三）。また、芝池義一教授も行政庁の判断の根拠を開示する役割を挙げる。芝池義一『行政法総論講義〔第3版増補〕』三一四頁（有斐閣、一九九一）。
(53)　金子宏教授は、一般論として、次の三点を記載する必要があると述べられている。①更正の理由となる課税要件事実の認定、すなわち帳簿書類の記載の否認、訂正、追加等を必要ならしめる事実の認定である。②事実認定の結果、課税標準の中味にどのような変動が生ずるかを帳簿書類の記載に即して明らかにすること。③①および②の点に関する資料を摘示し、法令上の根拠を明らかにすること。この点では、租税法令の解釈が問題となることも少なくない。金子・前掲注（43）九頁。
(54)　最判昭和四七年三月三一日民集二六巻二号三一九頁。
(55)　最判昭和四七年一二月五日民集二六巻一〇号一七九五頁。
(56)　その他、最判昭和五一年三月八日民集三〇巻二号六四頁、最判昭和五四年四月一九日民集三三巻三号三七九頁も参照。
(57)　佐藤繁裁判官は、（イ）帳簿書類の記載自体に誤りがある場合、（ロ）同族会社の行為計算の否認規定等により否認する場合、（ハ）税法の解釈に誤りがある場合（引当金計上の誤り等）、（ニ）たんに計算の誤の場合に区分し、（イ）の場合は、帳簿の記載を否認するものであるから、その帳簿書類以上に信憑力のある資料を摘示して処分根拠を示す必要があるが、（ロ）の場合は、当該行為計算を不当と認め、あるいは当該報酬を過大と認めた理由を明らかならしめる必要はあるが、認定資料の摘示までは必要がないとする。また、（ハ）（ニ）の場合は、通例、項目と金額を掲げてその旨を指摘するのみでたりるとする。佐藤繁昭和四七年最高裁判所判例解説・民事篇三七五、三八三頁。反対の見解として、清水忠恒教授は、帳簿書類記載の事実を否認するものであるかどうかという区別や、法的評価の問題であるかどうかという区別は、峻別が実際上困難なことが多く、理由附記の程度を判断するのにあたって有効な基準たり得ないとする。よって、結局、理由附記の程度については、帳簿書類に基づくたんなる計算の誤りの場合についてのみは、勘定科目と金額とを示せばたりるであろうが、それ以外の場合には、より具体的な理由の附記が必要とされ、理由附記の程度については個別の事案ごとに考えてゆかざるをえないとする見解を示される。清水忠恒・判批・判例時報一三三〇号一九五頁（判例評論三七二号三三頁）（一九九〇）。
(58)　最判昭和六〇年四月二三日民集三九巻三号八五〇頁。
(59)　原審の大阪高判昭和五五年一一月二六日行集三一巻一一号二五一〇頁は、純然たる法的評価の問題ではないとして、資料の摘示はいらないまでも具体的根拠の明示はいるとし、理由附記の不備による違法があると判示した。つまり、帳簿書類に記載された事実を前提に新たな評価を加えたり、帳簿書類に記載されている法的評価の部分を否認するものである場合（法的評価否認）は、資料の摘示までは、必要ないとする点で最判昭和六〇年四月二三日と同様であるが、具体的根拠をどの程度明示するかにつき、判断を異にする。

(60)　同旨のものとして、清水・前掲注（57）一九五頁。

(61)　木村弘之亮・判批・ジュリスト八七〇号一一二頁（一九八六）。

(62)　本判決が一般論として、判断過程を示していない更正の理由附記を違法とする趣旨を説示したものでないとする見解がある。大渕博義・判批・税経通信四〇巻一三号二六二頁（一九八五）。一方、三木義一教授は、一般的な適用要件と解している。三木義一「青色申告更正処分の附記理由の程度をめぐるこれまでの経緯と今後」税理二八巻九号一九頁以下（一九八五）参照。なお、最判昭和三八年五月三一日において「所得税法四九条六項（旧法・筆者注）が審査決定に理由を附記すべきものとしているのは、特に請求人の不服の事由に対する判断を明確ならしめる趣旨に出たものであるから、不服の事由に対応してその結論に到達した過程を明らかにしなければならない（昭和三六年（オ）第四〇九号、同三七年一二月二六日第二小法廷判決参照）、さらに、最判昭和四七年三月三一日において「右三四条七項（旧法人税法三四条七項・筆者注）が再調査判決に理由を附記すべきものとしているのは、決定機関の判断を慎重ならしめ、恣意を抑制するとともに、請求人の不服の事由に対する判断を明確ならしめる趣旨に出たものであるから、附記さるべき理由は、請求人の不服の事由に対応してその結論に到達した過程を明らかにしなければならないものというべきである。」とそれぞれ旧法であるが、「結論に到達した過程」を明らかにしなければならないという判例がある。その後の判例で、帳簿書類の記載自体を否認することなしに更正処分をした事例として、鳥取地判平成一年一月二四日税務訴訟資料一六九号三九頁、広島高判松江支部平成一年六月三〇日税務訴訟資料一七〇号九八六頁、最判平成一年一一月二一日税務訴訟資料一七四号七〇四頁、参照。また、更正の理由が帳簿書類の記載を信用できないとするものである場合（帳簿否認）と帳簿書類に記載された事実を前提に新たな評価を加えたり、帳簿書類に記載されている法的評価の部分を否認するものである場合（評価否認）とで、要求される理由附記の程度が異なるとして、更正理由の適否が争われた事例として、東京地判平成八年一一月二九日税務訴訟資料二二一号六四一頁参照。さらに、私法上の役員報酬の帰属を税法上否認することは、支払先に係る帳簿記載（法人税法施行規則五四条、別表20）を否認することにほかならないと判示するものとして東京地判平成五年三月二六日判例タイムズ八二七号一一〇頁参照。

(63)　久保・前掲注（45）一四三頁。

(64)　最判昭和四七年一二月五日民集二六巻一〇号一七九五頁参照。

(65)　判昭和四七年一二月五日民集二六巻一〇号一七九五頁参照。

(66)　批判として塩野宏教授は、少なくても、権利・利益の侵害にわたる処分で、大量性・迅速性の消極的要件がない場合には、明文の根拠がなくても、理由附記を要すると、解される余地があるとする。塩野宏「理由のない行政処分はない」室井力・塩野宏編『行政法を学ぶI』二五七頁（有斐閣、一九七八）。中川一郎教授は、「苟くも申告により租税債務が具体的に確定する申告納税制のもとで、これを一方的に理由を附することもなく更正すること自体が税法上排撃されなければならない。更正するには必ず理由が存在する筈であり、理由の適法・違法はともかくとして、全然理由なき更正処分の如きは存在しない。換言すれば、更正理由は更正処分と別個のものではなく、常に更正処分を組成しているのである。」とする。中川一郎「理由の附記なき更正通知は有効か」税法学五四号二二頁（一九五五）。

(67)　金子・前掲注（11）八四七頁。

三　納税者の権利救済と処分理由の差替え

総額主義をとった場合、更正等によって確定された税額等が租税実体法に規定する課税要件によって一義的に定まっている客観的な税額を上回っているか否かが争われ審理されることになるから、処分理由は訴訟上の攻撃防禦方法に過ぎないとされて、課税庁は訴訟において処分時の認定理由に拘束されることなく理由の差替えや税額の客観的存在を立証しうるいかなる理由も主張しうると解される。そして、納税者の側においても、新たに経費の計上もれ等を主張することができることとなる。(68)

一方、争点主義は総額主義と異なり、処分理由との関係における税額の適否であるため、処分理由の差替えは処分の同一性を画することとなり原則として許されないこととなる。

これら両訴訟物観の違いに基づく理由の差替えの問題は、被告課税庁側が課税処分を維持するために、青色申告については更正通知書の附記理由（所得税法一五五条二項、法人税法一三〇条二項）、白色申告についても更正又は決定などすべての不利益処分について記載される処分理由（行政手続法八条、一四条、国税通則法七四条の一四）に拘束されることなく一切の事実上および法律上の根拠を主張することができるか否かということである。

そして、このことは納税者の権利救済を考えた場合、納税者の財産権への侵害がなされたか否かについて訴訟による事後的な救済が図られれば一応納税者救済が図られたと理解するか、それとも理由附記を義務付けている趣旨を重視して訴訟の前段階から課税庁の恣意性の介入を抑制し、かつ、不服申立ての便宜を与えることによって納税者救済を図るかの違いがある。(69)

本章では訴訟の段階で理由の差替えを認めるか否かについて、各訴訟物論を基底におきながら考察を行う。処分理由の差替えの可否をめぐっては、周知のように非制限説と制限説の対立がある。よって、以下各訴訟物観と無制限説及び制限説の関係を概観したうえで、理由の差替えが認められる限界線を明らかにする。さらに、理由の差替えについて一定の制限を認めるとした場合には、再更正処分との整合性が問題となる。つまり、理由の差替えに制限をしても、再更正処分が無制限に行われるのであれば、理由の差替えを行うのと同じく理由附記の趣旨が没却するからである。よって、取消判決がなされた場合の課税庁に対する拘束力まで含めて言及することとしたい。

1　無制限説と総額主義

無制限説は、更正等の認定額が租税実体法に規定する課税要件によって一義的に定まっている客観的な税額を上回っているか否かを審判の対象とする総額主義の立場に立ち、(70)紛争の一回的解決を図ることによって訴訟経済に資する視点(71)を強調する。その結果、処分理由は訴訟上の攻撃防禦方法に過ぎないとされて、課税庁は訴訟において処分時の認定理由に拘束されることなく口頭弁論の終結に至るまで理由の差替えや税額の客観的存在を立証しうるいかなる理由も主張しうると解され、結論としてなんら処分理由の差替えに対する制約、主張制限は及ばないこととなる。(72)よって、課税庁は、訴訟において、課税処分に係る税額を維持するため、処分時に一義的に定まっている客観的な税額に係る一切の理由を主張することができる反面、課税処分の取消判決が確定した場合には、判決の拘束力により、訴訟で主張しなかった理由をもってしても、判決により確定した税額を超える再更正をすることは許されない(73)。また、制限説に対する批判として制限説をとった場合、課税庁は更正の附記理由に示さなかった点についての主張はできなくなるが、納税者においても、たとえば必要経費として控除すべきものが判明した場合でも、附記理由に関係のない事実は主張できないため、新たに更正の請求をするなどの手続が必要となる。このことは、納税者の権利保護の面からいっても果たして妥当なのであろうかという点を指摘する(74)。

2　制限説と争点主義

制限説は、処分理由との関係における税額の適否を審判の対象する争点主義の立場に立ち(75)、処分理由の差替えは処分の同一性を画することとなり原則として許されないとする見解である(76)。つまり、審理の範囲は、課税処分によって認定された処分理由との結びつきによる税額の適否であるため、課税庁は課税処分の適法性を維持するため、訴訟の段階において課税処分時の理由以外の理由を新たに主張することは許されないとする。よって、この説によれば、課税処分の取消判決が確定しても、当該処分理由とは別に売上計上もれ等新たな理由に基づく税額の増額があった場合には更正の排斥期間内である限り、課税庁は新たな理由に基づき再更正処分をすることとなる。

ところで、最高裁昭和五六年七月一四日判決では「このような場合に被上告人に本件追加主張の提出を許しても、右更正処分を争うにつき被処分者たる上告人に格別の不利益を与えるものではないから、一般的に青色申告書による申告についてした更正処分の取消訴訟において更正の理由とは異なるいかなる事実をも主張することができると解すべきかどうかはともかく、被上告人が本件追加主張を提出することは妨げないとした原審の判断は、結論において正当として是認することができる。」と判示しており総額主義と争点主義のどちらの立場に立つかという明確な言及はなかったものの青色更正における理由の追加主義について、何らかの制約が生ずる余地を認めているといえるだろう[77]。ただし、ここでいう「格別の不利益を与えるものではない」場合とは、どのような場合をいうのか、何をもって不利益とするのかを本件判決から一義的に捉えるのは難しい[78]。つまり、租税実体法上一義的に定まっている客観的な税額を上回っていれば不利益であるという実体法上の問題と捉えるか、あるいは納税者のした不服申立手続における努力は無意味なものとなるとともに訴訟の審理において不意打ちを食らうことになるという争訟手続上の防御活動の不利益と捉えるかの二通りあるからである。

3　「事実同一説」の検討

前述のように、基本的には総額主義は無制限説と結びつき、争点主義は制限説と結びつく。しかし、総額主義論者、争点主義論者ともに「事実」概念を用いて、総額主義論者は理由の差替えに一定の制限を与える方向に向かい、争点主義論者は理由の差替えを一定の範囲で認める方向へと主張を展開している。そこで、本節では総額主義の立場に立つ松沢智説と争点主義の立場に立つ金子宏説の交錯する部分を明らかにし、理由の差替えが認められる限界線について考察を行うこととする。

(1)　松沢説

総額主義は、前記本章1節で述べたように理由の差替えを無制限に認めるが、総額主義をとりつつも、青色申告に限って青色申告の理由附記の趣旨から理由の差替えを攻撃防御方法の次元における「主張制限」として捉える見解がある。この見解は、高林克巳判事らにより早くから主張されていた[80]ところであるが、松沢智教授により精緻化され、現在訴訟物を総額主義と捉えたうえで、理由の差替えを攻撃防御方法の次元における「主張制限」として捉える見解[81]が、ほぼ判例実務において浸透している通説的見解であるとされる[82]。

この見解は、理由の差替えを全く認めないのではなく「処分理由の基礎となった事実の同一性」を害さない範囲内であれば理由の差替えを許容する。そして、ここでいう「処分理由の基礎となった事実の同一性」とは、①処分に係る課税要件事実のうちの基本的事実が同一であって、②納税者の防御に不利益を与えない範囲としている。[83]

しかし、訴訟物論において総額主義をとりつつ青色申告における主張の制限の存在は、審理の対象から外れる事項を残すため、判決の拘束力によって判決後の再更正が許されないとする総額主義の本質（一義的に定まっている客観的な税額の存否の追求）と相容れないこととなるのではないだろうか。[84] この点を解消するためには、訴訟係属中において再更正処分を行うこととしかないであろう。しかしその場合訴えが複数となるため、総額主義のいう紛争の一回的解決を志向するならば更正と再更正の関係を消滅説（又は吸収説）で捉えることとなるだろう。

(2) 金子説

争点主義は、前記本章二節で述べたように原則として理由の差替えを認めない。しかし、「基本的課税要件事実の同一性」の認められる範囲内においては、処分理由の差替えを許容する。この見解は、金子宏教授によって主張され、理由の差替えを認めた判例の大部分は、仔細に見ると基本的課税要件事実の同一性の認められる範囲での理由の差替えの事例であり、このように解しても当時者に特に不利益を与えることはないとする。[85]

しかし、攻撃防御につき不意打ちとならず争訟手続上の防御活動に不利益を与えないという視点から、処分理由が訴訟段階に至ってからある程度広げることは、理由附記制度の趣旨を貫徹するためには自己矛盾の要素もあるだろう。この説において「理由の同一性」ではなく、「基本的課税要件事実の同一性」を持ち出すことは、「基本的」という範囲をどのように捉えるかにもよるが、この説の趣旨を後退させるものといえる。[86] それにもかかわらず、「基本的課税要件事実の同一性」のもとに処分理由の差替えを認めるその背景には、最高裁昭和五六年七月一四日判決（民集三五巻五号九〇一頁）[87] の事例でみられるように課税要件事実の一部を隠蔽するような不誠実な納税者の権利保護を他の誠実な納税者との比較においてどのように捉えるかという問題[88]がある。つまり、そこには、他の誠実な納税者との比較における合法性の原則、あるいは課税の水平的平等に対して、手続的保障原則をどの程度譲歩するかという優先順位の攻防であるといえるだろう。

（3）理由の差替えが認められる限界線

前記のように、松沢説は総額主義に立ちつつも理由の差替えを攻撃防御方法の次元における「主張制限」と捉えて、「処分理由の基礎となった事実の同一性」を害さない範囲において理由の差替えを認める。一方、金子説は争点主義に立ちつつも「基本的課税要件事実の同一性」のもとに処分理由の差替えを認める。

このように、処分理由の差替えについては、総額主義論者と争点主義論者お互いの歩み寄りがある。しかし、「処分理由の基礎となった事実の同一性」や「基本的課税要件事実の同一性」の範囲や相違点は必ずしも明確ではない。[89]よって、占部裕典教授は、結局両者は納税者に対して「不意打ちにならない限度」という基準に置き換えられてしまうと述べられている。[90]しかし、その背後には、不誠実な納税者の権利保護の必要性を他の誠実な納税者との比較においてどのように捉えるかという問題が存在し、場合によっては不誠実な納税者を不当に利する結果にもなる点をどのように解決するかが残された問題となるように思われる。

4　処分理由差替えの制限と再更正処分の整合性

前記3では、総額主義、争点主義いずれの訴訟物観においても処分理由の差替えについてその範囲は別として一定の制限が及ぶことを確認した。ところで、このように理由の差替えについて一定の制限が及ぶとした場合には、再更正処分との整合性が問題となる。つまり、理由の差替えを制限しても、再更正処分が無制限に行われるのであれば、理由の差替えを制限した意味が減殺されることとなるからである。よって、本節においては処分理由の差替えと再更正処分の整合性が保たれないと納税者に対してどのような影響を与えることとなるのか訴訟係属中に再更正が行われる場合と取消判決確定後に再更正が行われる場合に分けて考察することとする。

(1) 訴訟係属中の再更正処分と処分理由附記義務の趣旨——最判昭和四二年九月一九日を素材として——

前記のように、法が一般に理由附記を義務付ける趣旨は、①処分庁の判断の慎重、合理性を担保してその恣意性を抑制する（処分適正化機能）ことおよび②処分の理由を相手方に知らせて不服申立てに便宜を与える（争点明確化機能）ことであり、その理由付記に不備があれば、処分の内容的適否とは一応無関係に更正処分を違法にし、それ自体で独立の取消原因となる。しかし、訴訟の係属中に課税庁が理由付記の不備を是正するため再更正処分した場合、処分理由の差替えについては課税庁の主張に一定の制限を課しながら一方で抜け道を許容することとなり特に吸収説（又は消滅説）を採った場合、訴訟段階において理由の差替えを認めると同様の効果となる。[91] この場合、納税者にはどのような影響があるのかが問題となる。

よって、このように再更正によって理由の差替えと同様の効果をもたらした裁判例として最高裁昭和四二年九月一九日判決（民集二一巻七号一八二八頁）を素材として以下検討を行うこととする。

【事実の概要】

X会社（原告・控訴人・上告人）は、自昭和三一年七月一日至昭和三二年六月三〇日事業年度分の法人税確定申告をしたが、Y税務署長（被告・被控訴人・被上告人）は、昭和三三年三月三一日付で、更正処分通知書に更正の理由として「寄付金一、二七五、二〇三」とのみ記載して更正（以下、第一次更正処分という）を行った。Xはこれに不服であったため、行政上の不服申立てをしたところ、これを容れられなかったので、第一次更正処分の取消を求めて出訴した。

ところが、Yは訴訟係属中の昭和三五年四月三〇日に、第一次更正処分における理由附記の不備の是正のために、Xの所得金額をX申告どおりにする旨の再更正（以下、第二次更正処分という）と、更正の具体的根拠を明示して申告に係る課税標準及び税額は第一次更正処分のとおりに更正する旨の再々更正（以下、第三次更正処分という）をし、この二つの処分の通知書を一通の封筒に同封して、Xに送付した。

第一審、第二審とも、Xの請求を容れなかったので、Xは上告した。

【上告理由】

Yは、Xの所有する建物を著しく低い価額で譲渡したものと認め、当該譲渡価額とその時における当該資産の価格との差額を譲受人に贈与したものとみなし、これを寄付金として扱った処分をし更正したが右処分は当時税法上まったく認められないことで、違法であるから取消されたい。右に対し、Yは「取消した」と主張されているが、左記理由で正当な取消になっていない。

原判決理由で、「X主張の如く更正処分を相当とし、審査請求理由なしとする審査決定があった後においても前記の如く更正処分に所定の附記理由に不備があり、違法があった場合原処分庁がこれを再更正することを妨げるいわれはないものというべきである」と述べられているがそもそも更正の際の理由附記は課税標準税額の更正に対応すべきものであるからそれに不備違法がある場合はその更正自体が取消されるべき処分というべきであるに拘らず「理由附記が不十分であり理由欄の金額が誤記されていて、形式的な不備があったので、結局において第一次更正処分の金額が過額になるとしてその処分を取消すため更正を行った」とし、引続いて取消されたと主張する第一次更正と同額の課税標準額の第三次更正をしていることは第三次更正に理由附記を差替えるためにした更正というべきであり、法人税法上の課税標準税額に過不足がある場合にする更正に該当しないものであるから違法というべきである。

【判　旨】

上告棄却

「更正処分（第一次更正処分）の取消を求める訴訟の係属中に、右更正処分の瑕疵を是正するため、係争年度の所得金額を確定申告書記載の金額に減額する旨の再更正（第二次更正処分）と更正の具体的根拠を明示して申告にかかる課税標準および税額を第一次更正処分のとおりに更正する旨の再々更正（第三次更正処分）とが同日付で行われた場合においても、右訴訟はその利益を失うものと解すべきである。」（反対意見がある。）

（理　由）

「第二次更正処分は、第三次更正処分を行うための前提手続たる意味を有するにすぎず、また、第三次更正処分も実質的には、第一次更正処分の理由附記を追完したにとどまることは否定し得ず、また、かかる行為の効力には疑問がないわけではない。しかしながら、これらの行為も、各々独立の行政処分であることはいうまでもなく、その取消の求められていない本件においては、第一次更正処分は第二次更正処分によって取消され、第三次更正処分は、第一次更正処分とは別個になされた新たな行政処分であると解さざるを得ない。」

〈田中二郎裁判官の反対意見〉

「原判決及び第一審判決を破棄して第一審に差し戻し、第一審において、本案について実体的判断を下すべきものと考える。」

（理　由）

一般論として

「第一次更正処分の取消訴訟が提起された後、さらに第二次更正処分、第三次更正処分がなされた場合において、これらの処分が、依然、納税者が正当として主張する税額を超えるものである以上、第一次更正処分の取消訴訟は、このような違法状態の排除を求めることに、その本来の目的があるから、必ずしも常に訴えの追加的併合（又は訴えの変更）の措置をまつまでもなく、第二次更正処分及び第三次更正処分も第一次更正処分の取消を求める訴訟の中に含まれるものと解するのが更正処分に対する取消訴訟の救済制度としての趣旨・目的にそう解釈ではないかと考える。」

本件の特殊性について

「むしろ、その内容と実質について考察すべきであって、この見地からすれば、第二次更正処分及び第三次更正処分は、本来の更正処分と見るべきものではなく、第一次更正処分と第三次更正処分とがその理由附記が追完されている以外は、その内容が同一である点からみても、理由を附記するためだけの修正・正誤にほかならず、取消訴訟上、別個独立の処分とみるべきものではない。」

【争　点】

更正処分の取消を求める訴訟の係属中に右更正処分の瑕疵を是正するための再更正及び再々更正が行われた場合、当初更正の取消を求める訴えの利益があるか否か。

【判例研究】

① **学説の整理**

更正・再更正の関係[92]については以下のような学説がある。

（ⅰ）吸収説（又は消滅説）（判例における多数説）

吸収説とは、再更正処分により、更正処分は再更正処分に吸収されてこれと一体となり、更正処分の効力は失われるとする説である。一方、消滅説は再更正処分が行われたことにより、更正処分は消滅するという説である。[93]

しかし、この説の短所としては①申告等に基づく納付、差押えその他の処分の効力の安定を図る見地からは適当でない[94]②法人の自発的な申告までも法人の意思とは無関係になかったことになるということとなり適当ではない[95]ことが挙げられる。

また、判例は以下のような立場をとっている。

まず、東京地裁昭和四三年六月二七日判決(96)は、次のように判示している。

(ア)「一般に更正、再更正は、いずれも、税務官庁により行なわれる別個独立の行為であるが、いずれも成立した一個の租税債務ないし納税義務をその正当な数額に具体化するための行為であり、具体的にはそれぞれ、課税標準又はこれに基づく税額（以下単に「税額」という。）を全体として確認する処分であ（る）」

(イ)「再更正に伴なう法律効果の点からみると、再更正が更正を変更する意味を持つことは否定できないが、それは瑕疵ある行政行為に対して一般に行政庁が有する取消変更権とその性質根拠等を異にし、……その効力は増差額に関する部分についてのみ生ずる（当該部分を除く税額の部分については、既に申告前になされた更正によって、段階的に効力を生じている。）ものである（国税通則法二九条第一項なお、同法第七三条参照）。」

(ウ)「更正と増額再更正はそれぞれ別個独立の行為であって増額再更正によって更正による効力は影響を受けないものであるけれども、再更正権の性質にかんがみ、増額再更正の処分内容そのものは、あくまでも税務署長の税額全体に対するいわば最終的な、かつ、統一的な認識ないし確認として把握すべきものであり、したがって、再更正が有効になされると、更正は再更正と矛盾する内容をもつ処分として存続することが許されなくなるものと解せざるをえない」

(エ)「審理対象の面からみても、更正、再更正ともにその適否に関する争いは結局金額そのものの争いであるから、争訟手続上両者を統一的に審理するのが適当であることなどを考え合せると、再更正により、当初の更正は、再更正の処分内容としてこれに吸収されて一体的なものとなり、独立の存在を失うものと解するのが相当である。」

(オ)「更正の後に増額再更正がなされた場合には、納税者は、当該再更正を対象とする取消訴訟において、再更正だけに限らず、更正についても、その手続上及び内容上の一切の瑕疵を主張して審理を受けることができる」

また、最高裁昭和五五年一一月二〇日判決[97]は、最高裁昭和三二年九月一九日判決[98]及び本件最高裁判決を引用し、当初更正の取消を求める訴えがその利益を欠き不適法となることは「すでに確立した判例である」と判示した原審の判断を正当としている。

（ii）併存説（学説上の多数説）

更正又は再更正は、申告又は更正・決定とは別個・独立の行為であり、申告又は更正・決定によって確定した税額を追加し、又はそれを減少させるにすぎないとする説[99]である。

よって、前の申告、更正等による納付等の効力はそのまま維持されその安定が図られる。

しかし、この説の短所としては、一個の租税債権についてされた更正及び再更正等の数個の処分を統一的に審理しようという要請にこたえられない[100]。

（iii）逆吸収説[101]

再更正が当初更正の方に吸収され、再更正によって当初の更正が増大し又は減少すると考える説である。田中二郎裁判官のいわゆる「自動投入説」と比較的容易に結びつきうる。

（iv）折衷説[102]

吸収説と併合説の長所を採った折衷的な立場をとり、「前の申告等と後の更正等とはあくまで別個の行為として併存し、したがって後の更正等の効力は、例えば増額更正の場合は増差税額に関する処分についてのみ生ずるが、両者はあくまで一個の納税義務の内容の具体化のための行為であるので、後の更正等により前の申告等はこれに吸収されて一体的なものとなり、ただ後の更正等が何らかの事情で取消された場合にも、前の申告等は、依然としてその効力を持続するという特殊な性格を有するものである」とする説である。

（ｖ）　福家説[103]

消滅説や併存説の両者は、租税を金銭の数額として確定するものであるという側面のみで捉え、各々の税額の算定に至る諸過程における法解釈と事実認定を含めた理由を必ずしも重視しない、という共通の問題点が存在する。救済を求めている実質的内容との関連においても、少なくとも消滅説と併存説のいずれかで更正等の法的性格を捉えることは適切ではないとする説である。

②　税額確定プロセスにおける併存説の優位性

法人は、一事業年度中に無数の取引を行いそれぞれ一つ一つの取引について事実認定→法解釈→法適用のプロセスを経て、その結果、各々の取引の累計として課税標準額が算定され、それに税率を乗じて税額が算出される。よって、かかるプロセスを欠いて単に税額が確定することはありえず、申告税額が更正により増加又は減少するのには必ず理由が存在する。

以上から考えれば、課税要件事実が異なるごとに訴えの利益は存在するといえるだろう。[104]そして、「理由との結びつきを重視した併存説」をとることがより有益であると考えられる。[105]そして、併存説をとることによって生じる複数の訴えは、納税者の意思に基づいて関連請求の追加的併合（行政事件訴訟法一九条）または訴えの変更（民事訴訟法一四三条）[106]の道を取るか否か納税者の選択に委ねられるべきではないだろうか。[107]なぜならば、課税庁の手続違法による取消判決は、それ自体では税額に関する実体的な部分は解決し得ないが、課税庁側は敗訴判決により税務行政の改善につながることが期待されるからである。[108]さもなくば、課税庁の手続違法は常に実体違反の影に置かれ、実体的な税額に関する違法さえなければ手続的な部分は比較的ゆるく考えられるという手続劣位の考えが恒常化する虞があるだろう。

③ 理由附記の意義を没却する再更正処分

最高裁昭和三八年五月三一日判決[109]は、青色申告の更正の理由附記について「一般に、法が行政処分に理由を附記すべきものとしているのは、処分者の判断の慎重、合理性を担保してその恣意を抑制するとともに、処分の理由を相手方に知らせて不服の申立てに便宜を与える趣旨に出たものであるから、その記載を欠くにおいては処分自体の取消を免れないものといわなければならない。」と判示している。

この判示は、理由附記を明確に行政手続の一環として位置付け、それに関する瑕疵を、処分の内容的適否とは一応無関係に独立の取消原因として構成した点で、単に租税手続きに関する先例としてのみでなく、行政手続一般に関する先例としてその後の学説、判例及び行政実務に大きなインパクトを与えた[110]。

また、その後の判例で理由附記の程度として、最高裁昭和三八年一二月二七日判決[111]は、「売上計上もれ一九〇、五〇〇円」との記載だけでは理由附記としては不備であって、更正は違法である旨、判示している。つまり、勘定科目と金額のみでは、更正理由として足りないということである。

さらに、前掲二1「四七年事案」においても「勘定科目と金額のみの記載」といったレベルの理由附記では、理由附記としての要件を充たすものではない旨、判示している。

よって、これら青色申告に対する更正処分の理由附記についての一連の最高裁判決を見てみると、本件理由附記は、「寄付金一、二七五、二〇三」と記載があるだけで明らかに不備があり、取消を免れないといえるだろう。

そして、理由附記の不備自体が独立の取消原因となるため、本来、訴えの利益が認められるべきである。しかし、本件においては第二次更正の減額更正により実質的に第一次更正が取消されたのと同様の効果を納税者にもたらしたため、結果として第一次更正は訴えの利益を失うと解さざるを得ない。よって、本判決は結論として妥当であると考える。

しかし、課税庁が訴訟の状況をみながら自らの敗訴を免れるために意識的に本件のような第二次再正及び第三次更正がなされた場合、それが無制限に許されるかという問題がある。

これに対しては、課税庁側に当初の更正時において、判例で要求されるような理由附記の厳格さが求められるべきである。さもなければ、理由附記の趣旨は没却されることとなってしまう。また、課税庁側の手続違法に関して判決上敗訴が顕在化しにくくなり、ひいては課税庁の税務行政の改善につながりづらくなる虞がある。そして、当初更正時において厳格な理由附記を行うことは、不必要な訴訟の発生を防止するという意味での紛争予防効果も期待できるだろう。

④ 再更正処分と訴訟物の関係

総額主義は、租税実体法に規定する課税要件によって客観的に存在する真実の税額を追求し紛争の一回的解決を目指すため、吸収説と結びつきやすいが、その場合手続的違法と実体的違法が同列に取扱われるため、本件のように理由附記の不備を再更正及び再々更正で修正することにより当初の更正処分はその訴えの利益を失うこととなる。しかし、このように手続的違法と実体的違法が区別なく同列に扱われることは、理由附記を明確に行政手続の一環として位置付け、それに関する瑕疵を、処分の内容的適否とは一応無関係に独立の取消原因として構成した最判昭和三八年五月三一日判決を看過するものといわなければならない。

一方、争点主義は、処分理由との関係で税額の適否を考えるため、処分理由によって特定された税額によって処分の同一性を画することとなり、併存説と結びつくこととなる。よって、総額主義論者とは異なり手続的違法と実体的違法が区別なく同列に扱われることはないため、理由附記に関する瑕疵を処分の内容的適否とは一応無関係に独立の取消原因として構成した最判昭和三八年五月三一日判決に沿うこととなる。しかし、納税者は当初更正の手続的違法については勝訴を勝ち得るとしても、実体的違法について課税庁が理由附記の要件を充たしたうえで再更正した場合、納税者は関連請求の追加的併合（行政事件訴訟法一九条）または訴えの変更（民事訴訟法一四三条）による道を取るか否か納税者の意思に委ねられることとなる。この場合、納税者には手続的な負担や訴訟コストの面で負担を強いる場合もあろうが、課税庁の手続違法による勝訴判決を納税者が勝ち取れるという選択肢を残すことが、理由附記の不備を是正するための安易な再更正を抑制し、課税庁側に手続違法に関しての責任感、緊張感を高めるための一つの方法ではないだろうか(112)。

(2) 取消判決確定後の再更正処分と拘束力

行政事件訴訟法三三条一項は、「処分又は裁決を取り消す判決は、その事件について、当事者たる行政庁その他の関係行政庁を拘束する」と定めるが、明文上、課税処分取消判決の拘束力の意味内容は、必ずしも一義的ではなく、既判力説(113)と特殊効力説の対立がある。通説は、特殊効力説であるとされる(114)。特殊効力説によれば、拘束力は判決の主文と一体となった判決の理由の判断について生ずる（したがって、主文との関係のない理由中の判断は拘束力を有しない。）ものであり、既判力と異なり、その判断がその事件についての行政庁の行動の規範となるところにその意義があるものであるとの見解である(115)。

特殊効力説が妥当である理由は以下のとおりである。すなわち、取消訴訟の果すべき救済機能に着目すれば、既判力(116)により、言いかえれば、後訴裁判所が既判力に矛盾する判断をなしえないことの結果として、行政庁は同一過誤をくり返してはならぬという拘束が生ずるというのでは迂遠にすぎる。むしろ行政庁は、当該取消判決によって直接に、判決の趣旨にそうべき行為義務を負うと解するのが、行政法関係の性質（私法規範は一次的に裁判規範であるが、行政規範は一次的に行為規範である）に適合するゆえんである。端的にいえば、理論上、行政庁は、後訴の可能性とは無関係に、取消判決の拘束力を受けるのである。このような実体法上の義務は、訴訟上の効力である既判力から直接にはでてこないから、拘束力は既判力と別個の効力と解さざるをえない[117]。

行政庁が取消された行政処分と同一の事情のもとで、同一理由に基づき、同一人に対し、同一内容の処分をすることを禁じる効果（同一過誤反復の禁止効）をもつことは、学説・判例一致して認めるところである[118]。したがって、租税訴訟においても例えば更正の取消判決が確定した場合には、税務署長が、原告に対して同一事情のもとで、同一の理由で、同一内容の更正をすることは、取消判決の拘束力によって禁じられることとなる。

以上を前提に租税訴訟において問題となるうる以下の三点について考察する。

① 課税庁側に手続違法があった場合、課税庁は取消判決後改めて適正な手続きを経て実体法上の適否を争えるか否か。

第一に、前記のように青色申告に対する更正処分に係る理由附記の不備のような手続違法があった場合それのみで課税処分が取消原因となるため、その場合課税庁は取消判決後改めて適法な手続を経ることによって実体法上は従前と同一内容の課税処分をすることができるか否かという問題がある。これは、総額主義においては租税実体法に規定する課税要件によって一義的に定まっている客観的な税額を追求するのに対し、争点主義は処分理由との税額の適否とする違いはあるものの手続違法がなければ共に最終的には納付税額が適正か否かという実体法上の適否が問題となるためである。

取消判決の拘束力が、判決の主文および判決理由中の具体的違法判断つまり違法とされる具体的な違法性について生じるならば、拘束力は処分の取消事由として指摘された点についてのみ及び、他の部分には及ばないこととなる。

したがって、手続的違法のみを理由とした取消判決は、課税庁に対して、手続的違法の除去を求めるとともに、再更正処分において、当初更正処分と同一の手続を踏むことを禁じるにとどまるものというべきである。

結局のところ、手続的に適法な再更正処分は、課税処分の期間制限に抵触しない限り、許されるべきであろう。また、正しい税額の賦課という実体税法上の要請（合法性の原則）からみれば、上記のような再更正処分は、むしろなされなければならないということになる。[119]

このような結論は、争点主義と結びつきやすい。争点主義は、処分理由との関係における税額の適否であるため、青色申告に対する更正処分に係る理由附記の不備のような手続的な違法についても、それ自体を違法理由として、処分の同一性を画することができるためである。これに対して、総額主義をとった場合は、問題が生ずる。つまり、総額主義のもとでは、紛争の一回的解決を想定しているためそもそも課税処分の拘束力が個々の違法原因について生じるというような拘束力の及ぶ範囲を画する必要はないこととなる。よって、総額主義は手続違法について取消判決を受けた後においては、新たに手続違法を改めて再更正により実体法上の違法を争うということは、同説のいう紛争の一回的解決による訴訟経済に反することになるため認められず、結果として、租税実体法に規定する課税要件によって客観的に存在する真実の税額の探求をも断念せざるを得ないこととなる。この結果は、総額主義にとって明らかな矛盾であるだろう。

②　課税庁は取消判決後に同一の課税要件事実について、根拠法令を変えて再更正処分ができるか否か。

第二に、取消判決後に同一の課税要件事実について、根拠法令を変えて再更正処分ができるか否かである。この場合、特に問題となるのが過大役員報酬による更正処分について取消判決を受けた後に、同族会社の行為計算の否認で再更正処分をするというような同一の課税要件事実についてともに法人税法の枠内において根拠規定を差替えて再更正処分を行うような場合である。同一理由でないため再更正処分は可能のようにも見えるが、総額主義に立てば、訴訟係属中の根拠規定の差替えを認めるのであるから、口頭弁論終結時までに課税庁が主張しなかった理由については、取消判決後において再更正処分を行うことは許されないというべきだろう。もし、総額主義のもとで再更正処分を許すならば、攻撃防御の手段を十分に尽くさなかった課税庁に過大な利益を与えることのみならず、同一事件（同一の訴訟物）[120]が裁判所と課税庁との間を往復することとなり、紛争の一回的解決が図られないこととなる。この結果は、総額主義の趣旨に矛盾することとなる。

一方、争点主義に立てば訴訟係属中の根拠規定の差替えを認めないが、再更正処分については課税処分の期間制限に抵触しない限り原則として許されると考えられる。しかし、同族会社の行為計算の否認といったやや一般的な否認規定で再更正処分をする場合、再更正処分の根拠規定としての同族会社の行為計算の否認規定について慎重に吟味する必要がある。つまり、法人税法三四条二項の過大役員報酬の損金不算入規定や同法三七条の寄付金の損金不算入規定といった個別的否認規定[121]により損金不算入の更正処分を行い、当該処分について取消判決を受けたにもかかわらず、再更正処分により同族会社の行為計算の否認規定といったやや一般的な否認規定を課税の公平を理由に租税回避否認のために保険的に自由に使えるならば、納税者の予測可能性や法的安定性は大きく損なわれることとなる。よって、同族会社の行為計算の否認規定といった不確定概念を含むやや一般的な否認規定の発動については、否認権限の発動に対する明確な限定が必要となるであろう[122]。

③　課税庁は取消判決後に脱漏所得が判明した場合、再更正処分をすることができるか否か。

第三に、取消判決確定後に、他に脱漏所得が判明した場合、再更正処分をすることができるか否かということが問題となる。これは、取消判決確定後に新たな課税要件事実が発見されたということを意味するものである。そうした場合、拘束力の法的効果を、取消判決の後、行政庁は、取消された行政処分と同一事情のもので、同一理由、同一内容の処分を行うことが禁じられると解した場合、再更正処分は「取消された課税処分と同一事情のもとにある」とはいえないから、再更正処分は可能であるということになる[123]。

このような結論は、争点主義の立場と結びつきやすい。つまり、争点主義は処分理由との関係における税額の適否であるから理由ごとに処分の同一性を画することとなり、新たな課税要件事実が判明した以上、それは期間制限を越えない限り、再更正処分を妨げることはできないこととなる。

これに対して、総額主義によれば、処分時に課税庁が現実に認定した理由の存否にとどまらず、処分時における客観的な理由の存否が審判の対象となり、被告課税庁は処分理由の差替えを許されるのであるから、判決で一定額の税額を取消されれば、その取消された部分については客観的に存在する税額を上回っている部分ということになるため、課税庁は取消判決後に脱漏所得を発見しても再更正ができないと解される。(124)

つまり、総額主義によれば裁判所が租税実体法に規定する課税要件によって客観的に存在する税額の認定をすることとなってしまうため、およそ、取消判決後に脱漏所得が発見されるなどということは想定外ということになる。したがって、総額主義は自らの論理に忠実であろうとする限り、取消判決後に発見した脱漏所得などは、客観的でもなく、真実でもないことから、およそその存在を認めることができず、課税上は存在しないからこそ（そう考えないと論理的に自己崩壊するからこそ）、事後の脱漏所得については課税できないということとなる。(125)

このように厳然として存在する脱漏所得を存在しないこととするという結論は、客観的所得、真実の所得の追及を標榜する総額主義の論理からして、重大な矛盾であるといえよう。(126)

(68)　東京高判昭和三九年四月八日行集一五巻四号五六一頁参照。広瀬時江「課税処分の理由となっていない事実を裁判で主張できるか」税経通信二三号一号一八九頁（一九六八）。占部裕典『租税債務確定手続』一三五頁、一五三（信山社、一九九八）。

(69)　海老沢俊郎教授は、「行政手続は、行政決定の事後統制という視点ではなく、事前統制という観点（die Sicht ex ante）にかかわるのであって、行政手続特有の機能、特に自律的（権利）保護機構は、事前という観点においてのみ十分に認識され得るのである。」とし、わが国の判例法は、青色申告に係る更正処分の理由附記について理由附記の趣旨・目的を正面に掲げて、理由附記の内容・程度、理由附記にかかわる瑕疵の治癒の可否等について、きわめてきびしい要求をしてきている点を指摘されたうえで、こうした判例法は行政決定の内容の適法性に関する事後統制という判断枠組みのなかでは、その解釈はなりたたない旨を主張される。むしろ、「判例法の傾向は事前の観点に基づく行政手続に関する理解に符合しているものと解釈すべきである。」とする。そして、「理由附記の機能のうち、例えば権利保護機能（わが国では不服申立の便宜）についてみたとき、一旦なされた理由附記に代えて別の理由を主張することは、理由附記が全くなされていない場合に後で理由を主張することよりも、こうした機能を阻害してしまうことになろう」と行政手続の事前統制の意義を強調される。海老沢俊郎「処分理由の差替えと理由附記」成田頼明編『行政法の諸問題（中）』一五一頁（有斐閣、一九九〇）。

(70) なお、訴訟物を「課税処分によって生じた違法状態の排除」とみる田中二郎説においても、非制限説が採られると解される。

(71) 田中・前掲注（7）三五六頁。

(72) 泉・前掲注（5）一一九頁。

(73) 鎌田・前掲注（8）一一四頁。松沢・前掲注（3）四四一頁。篠原一幸＝高須要子「処分理由のさしかえ」民商法雑誌八三巻三号三九二頁（一九八〇）。泉・前掲注（5）八九頁。
なお、この点については、佐藤繁判事が異論を唱える。詳細については本章第4節注（153）を参照。

(74) 広瀬時江「課税処分の理由となっていない事実を裁判で主張できるか」税経通信二三号一号一八九頁（一九六八）。

(75) 訴訟物を「所得の認定方法あるいは推計方法の合理性の有無」とみる白石健三説、訴訟物を「原告の主張する具体的違法事由」とみる杉本良吉説及び訴訟物を「行政行為によって創定された法律関係の取消しを求める法的地位」とみる木村弘之亮説いずれの訴訟物観からも理由の差替えの可否について制限説を採ると解される。

(76) 金子・前掲注（11）一〇〇七頁。

(77) 平成二三年国税通則法改正前の従来の白色更正に関しては、判例は訴訟段階での理由の差替えを認める方向で固まっているようである。最判昭和四二年九月一二日訟務月報一三巻一一号一四一八頁、最判昭和四九年四月一八日訟務月報二〇巻一一号一七五頁、最判昭和五〇年六月一二日訟務月報二一巻七号一五四七頁等参照。

(78) 最判昭和五六年七月一四日以降の判決においては、いずれも以下のような表現を用いて処分理由の差替えを容認しているが、何をもって不利益とするか必ずしも一義的ではないように思われる。千葉地判昭和五六年八月二八日訟務月報二七巻一一号二一六三頁は「不当に不利益を受けるものではない」、静岡地判昭和六三年九月三〇日判例時報一二九九号六二頁は「防御に格別の不利益を与えるものではない」、宇都宮地判平成四年二月一二日税務訴訟資料一八八号二七〇頁は「訴訟上の防御活動に実質的に不利益を与えることにはならない」、東京地判平成八年一一月二九日判例時報一六〇二号五六頁は「格別の不利益を与える場合でない限り、更正通知書の理由附記と異なる主張を訴訟において主張することが許される」等参照。

(79) 竹下重人「課税処分取消訴訟における処分理由の差替えについて」税法学四〇〇号七〇頁（一九八四）。久保・前掲注（45）一五八頁。

(80)　高林克巳「瑕疵ある行政行為の転換と処分理由の追加」法曹時報二一巻四号七八二頁（一九六九）。
(81)　松沢・前掲注（3）五〇頁以下。松沢智「青色申告の法理（一）（二）（三・完）」判例時報一〇七一号三頁以下（一九八三）、判例時報一〇七二号三頁以下（一九八三）、判例時報一〇七四号一二頁以下（一九八三）。
(82)　占部・前掲注（68）一三七頁、一五三頁。
(83)　松沢・前掲注（3）六六頁。松沢・前掲注（81）「青色申告の法理（三・完）」判例時報一〇七四号一二頁以下。
(84)　同旨のものとして、占部・前掲注（68）一五〇頁。
(85)　金子・前掲注（11）一〇〇七、一〇〇八頁。
(86)　同旨のものとして、占部・前掲注（68）一三九頁。
(87)　本件は、不動産の取得価額が申告額より低額であることを更正理由としてした更正処分の取消訴訟において、課税庁は、訴訟の段階になってから当該不動産の販売価格が申告額より多額であるという新たな課税要件事実を主張した。ただ、本件の場合は、X会社（納税者）が譲渡対価の一部を隠蔽した背信的な納税者であるため譲渡原価のみに限定して争うことによって不誠実な納税者を救済する必要性があるのかという問題が根底にある事案である。
(88)　総額主義論者で、無制限説を取る論者は以下のように言う。「もし、当初の更正理由が他の脱漏所得の免罪符になるとするならば、後に発見された仮装隠ぺいに係る所得の額が高い、いわば悪質な納税者ほど有利な結果とならざるを得ず、このような有利性は青色申告制度の趣旨からいっても、とうてい説明し得ないものであろう」中村三徳「課税処分取消訴訟における処分理由の差かえについて」税務大学校論叢一〇号一六三頁（一九七六）。「理由の差替えを制限すると、場合によっては不誠実な納税者を不当に利する結果にもなる」品川芳宣・判批・税経通信三七巻二号三百二十七頁（一九八二）。一方、武田昌輔教授は、原則としては、追加主張は許されないが、結果として不当な利益を得ることが明らかな場合は、他の誠実な納税者との比較において考慮すれば、課税庁の追加主張は許されるべきであるとする。武田昌輔・判批・判例時報一〇三七号一五六、一五七頁（判例評論二八〇号七頁）（一九八二）。
(89)　松沢智説における「処分理由の基礎となった事実の同一性」、金子宏説における「基本的課税要件事実の同一性」さらに、木村弘之亮説における「事実関係」の異同点については必ずしも明らかでないが、これらの範囲で理由の差替えを認めるならば「事実」概念についての個別具体的で詳細な検討が必要となるであろう。
(90)　占部・前掲注（68）一五〇頁。
(91)　占部・前掲注（68）一四三頁。玉城勲教授は、理由附記の追完や理由の差替えを認めなくても再更正を認めるなら理由付記の趣旨を徹底したことにはならない点を特に強調している。そして、従来理由の差替えの問題を再更正と関連づけての議論が不十分だった点を指摘している。玉城勲「課税処分の理由附記の追完、理由の差替えと更正（一）」流大法学第六七号一五三頁以下（二〇〇三)、同「課税処分の理由附記の追完、理由の差替えと更正(二)」流大法学第六九号二三三頁以下(二〇〇四)。

(92) 更正・再更正の関係については、清永敬次「更正と再更正」シュトイエル一〇〇号九一頁以下(一九七〇)。園部逸夫「更正・再更正覚書」矢野勝又教授還暦記念論文集『現代における法と行政』三五五頁以下(法律文化社、一九八一)。関本秀治「更正・決定等の諸問題」北野弘久編『日本税法体系(4)』四二頁以下(学陽書房、一九八〇)。加藤幸嗣「更正・再更正の法構造について」金子宏先生古稀記念『公法学の法と政策(下)』二三頁以下(有斐閣、二〇〇〇)等を参照。

(93) 更正と増額再更正の関係については、昭和三〇年代までの判例は、当初更正が単純に消滅する旨を判示していたのに対し、昭和四〇年代以降においては吸収関係を強調する判例が多いようである。このような傾向は、一面において、国税通則法二九条のような明文規定の存在によるものと考えられるが、他面において、当初更正が消滅するものと解した場合の問題点に対して対応策を提示するという実践的意図があると指摘される。碓井光明・判批・判例時報一〇二〇号一五八頁(判例評論二七五号一二頁)(一九八二)。なお、吸収説をとるものとして、園部・前掲注(89)三五五頁以下。碓井光明・判批・判例時報一〇二〇号一五六頁(判例評論二七五号一〇頁)(一九八二)。佐藤・前掲(5)七四頁。

(94) 昭和三六年七月税制調査会「国税通則法の制定に関する答申の説明(答申の別冊)」六三頁『国税通則法の制定に関する答申(税制調査会第二次答申)及びその説明』。

(95) 武田昌輔『ＤＨＣ会社税務釈義』四八二四頁以下(第一法規、加除式)。

(96) 東京地判昭和四三年六月二七日行集一九巻六号一一〇三頁。

(97) 最判昭和五五年一一月二〇日判例時報一〇〇一号三一頁。

(98) 最判昭和三二年九月一九日民集一一巻九号一六〇八頁。但し、この判決は国税通則法制定前のものである。

(99) 中川一郎・判批・シュトイエル六九号一一頁以下(一九六七)。清永・前掲注(92)九四頁以下。塩野宏・判批・自治研究四五巻五号一五七頁(一九六九)。金子・前掲注(11)八九二、八九三頁。

(100) 昭和三六年七月税制調査会「国税通則法の制定に関する答申の説明(答申の別冊)」六三頁『国税通則法の制定に関する答申(税制調査会第二次答申)及びその説明』。清永・前掲注(92)九四頁以下。

(101) 南博方『租税争訟の理論と実際〔増補版〕』一二二頁(弘文堂、一九八〇)。

(102) 志場喜徳郎他偏『国税通則法精解〔第15版〕』三九一頁以下(大蔵財務協会、二〇一六)。

(103) 福家・前掲注(14)二八三頁。

(104) 関本秀治「更正・決定等の諸問題」北野弘久編『日本税法体系(4)』六二頁(学陽書房、一九八〇)。

(105) 国税通則法二九条の規定のもとでは、課税処分とそれ以前になされた申告等は別の独立した行為と解すべきであって、争点主義は課税処分の理由との関係において税額の適否を訴訟物とする点で国税通則法二九条の解釈にも適合する。近藤雅人「課税処分取消訴訟における処分理由の差替え」税法学五四二号七二頁（二〇〇〇）。

(106) 請求の追加的併合とは別に訴えの変更を認める実益については、当初の訴えが不適法であっても、また変更後の訴えが変更前の訴えの関連請求に係るものでなくても訴えの変更が認められること、控訴審においても訴えの変更に被告の同意を要しないことなどに見出される。他方、訴えの変更とは別に請求の追加的併合をも認める実益は、主として、第三者に対する請求を追加的に併合することも許されることと、関連請求であれば民事上の請求であっても足りることとにある。もちろん、いずれの方法によることも可能である場合がある。園部逸夫編『注解行政事件訴訟法』二九七、二九八頁（有斐閣、一九八九）。

(107) 本件においては、「原告側の訴訟技術の拙劣さ及び裁判所の訴訟指揮の不十分」があることを指摘する見解がある。高柳信一・判批・法学協会雑誌八五巻一一号八五頁（一九六八）。

(108) 手続違法による課税庁側の敗訴判決の数が増加すれば、課税庁の敗訴率が増加し税務行政の改善に直結しやすいのではないだろうか。

(109) 前掲注（42）。

(110) 金子・前掲注（43）八頁。

(111) 前掲注（50）。

(112) なお、本件においては第二次更正処分により第一次更正処分が取消されたため第一次更正処分に係る訴えの利益は、失ったと解さざるを得ないが、本件を離れて更正における理由附記の不備のみを是正するための再更正といった理由附記の後付け、補完を目的とした安易な再更正は抑制が可能である。

(113) 兼子一『民事法研究2巻』九三頁（酒井書店、一九五〇）。

(114) 杉本良吉『行政事件訴訟法の解説』一一〇頁─一一一頁（法曹会、一九六三）、近藤昭三「判決の効力」田中二郎他編『行政法講座第3巻』三三七頁（有斐閣、一九六五）、山内敏彦「判決の拘束力」山田幸男編『演習行政法（下）』一七〇頁（青林書院新社、一九七九）、泉・前掲注（5）二三三頁。

(115) 杉本・前掲注（114）一一〇頁─一一一頁。

(116) 一般に既判力は当事者及び裁判所に対する効果である。そして、判決が確定すると、判決の内容は、当事者及び裁判所を拘束し、後訴の裁判において、同一事項について、判決の内容と矛盾する主張や判断をすることができない。行政事件訴訟法は、既判力について明文規定を置いていないため、取消訴訟の既判力は、民事訴訟法の例によることとなる。一方、拘束力は行政庁に対する効果である。よって、取消判決があれば、行政庁は、取消された行政処分と同一の事情のもとで、同一理由に基づき、同一人に対して、同一内容の処分をすることを禁じられる。よって、既判力が後訴において、当事者の主張や裁判所の判断を制約する効力をもつにとどまるものと考えるならば、既判力は、課税庁の実体法上の権限行使については及ばないというべきである。田中治

「税務行政訴訟における取消訴訟の判決」二一〇頁、二一八頁日税研論集第四三号（二〇〇〇）。
(117) 近藤・前掲注（114）三三七頁。
(118) 近藤・前掲注（114）三三七頁。田中・前掲注（116）二一〇頁、二一八頁。泉・前掲注（５）二三三頁。最判昭和三〇年九月一三日民集九巻一〇号一二六二頁。
(119) 田中・前掲注（116）二一四頁、二一五頁。
(120) 拘束力も判決の効力の一つであるので、同一「事件」を訴訟物以外に求めるべき根拠は存在しない。岡田・前掲注（26）一〇一頁。
(121) 立法府は、基本的に、租税回避行為に対しては、一般的な否認権限を課税庁に認めるのではなく、租税回避をしても課税上有利になることのないように、問題の行為や取引を課税対象に取り込むという形で個別的に手当てをすることを基本としている。これは、租税法律主義との整合性を確保するという意味でも、否認の要件や基準をめぐる決め手のない争いを避けるという意味でも賢明な措置ということができる。田中治「同族会社の行為計算否認規定の発動要件と課税処分取消訴訟」税法学五四六号一八五頁（二〇〇一）。
(122) 本稿では、触れないが同族会社の行為計算否認規定の発動要件についての詳細は、田中治「同族会社の行為計算否認規定の発動要件と課税処分取消訴訟」税法学五四六号九〇頁以下（二〇〇一）を参照されたい。
(123) 田中・前掲注（116）二一五頁。
(124) 泉・前掲注（５）二三七頁。
(125) 総額主義の立場に立ちつつ、拘束力が同一過誤防止を目的とするものであるから、新たな事実に基づく再処分を妨げるものではないとする見解がある。佐藤・前掲注（５）六五頁。また、実際は不服申立前置を経て、訴訟で取消判決が確定したときには、更正の期間は満了しているのであろうからあまり問題にならないという見解がある。泉・前掲注（５）二三七、二三八頁。しかし、この見解は問題の本質的な議論ではないと考える。
(126) 田中・前掲注（116）二一六頁。

四　租税法律主義と処分理由の差替え

本節では三までの考察を踏まえたうえで、１で処分理由の差替えの可否について納税者の権利救済の視点からどの訴訟物観がより妥当するか私見を述べたい。そして、さらに2では処分理由附記規定の位置付けについて租税法律主義の形骸化の視点から考察を加えることとする。

1　総額主義と争点主義の対立の本質

総額主義は、その根底に納税者間の水平的平等を強く意識していると思われる。その結果、租税実体法に規定する課税要件によって一義的に定まっている客観的な税額ないし真実の税額を追求し、発見することを目的する。そのため処分理由の差替えも基本的には自由に行うことができることとなる。そして、この見解を押しすすめれば究極的には裁判所が租税法律関係を確定する権限を有し、裁判所を納税者の権利救済機関ではなく租税法規によって客観的に定まっている税額を認定する機関（監督行政庁）の位置におくことを認める見解となってしまう。[127] しかし、それでは、課税処分の取消訴訟は不正行為納税者征伐の場となりかねない。課税処分取消訴訟は、課税処分に対して納税者が権利の救済を求める唯一の手段であり、基本的には、租税債権という「権利」の有無ではなく（国がいくらの大きさの租税債権を持つかではなく）、課税庁のした「行為」の適法性（課税処分の理由とこれに基づいて確定された税額が租税法規に適合しているか否か）を争うものである。[128]

課税処分取消訴訟は、「行為訴訟」である点に注意を要する必要がある。つまり、課税処分を取消すことの中心的な意味は、租税訴訟において裁判所が租税実体法に規定する課税要件によって一義的に定まっている客観的な税額ないし真実の税額を追求し確定することではない。違法がなかった状態に戻すこと（原状回復機能）である。[129] 取消訴訟の判決がもたらすのは、課税処分によって設定された法律関係の消滅であることが今一度確認されるべきである。[130]

よって、このように課税処分の取消訴訟が納税者の権利救済を前提（不正行為納税者征伐の場ではない）とするならば、租税法の解釈・適用について納税者と課税庁の見解が対立する限界的な場面においても課税庁の恣意性を防止し租税法律主義が有効に機能する必要がある。(131) そして、納税者と課税庁の見解が対立する限界的な場面においても課税庁の恣意性を防止し租税法律主義が有効に機能するためには、納税者と課税庁の見解の対立が初めて法的に表面化する更正処分の時点で税額増加についての明確な理由が明らかにされるべきである。更正処分時点において課税庁が処分にあたっての適正な理由を示すことができないのであれば、それは根拠のないままいわば見切り発車的に課税を行うものであり、判断の慎重性を欠くものであると言わなければならない。そして、訴訟段階で自由に理由の差替えを認めれば、不服申立段階(132)における納税者の苦労は徒労に帰すし、「処分適正化機能」及び「争点明確化機能」は失われ、納税者の予測可能性は著しく減退することとなる。

また、総額主義が訴訟経済（紛争の一回的解決）を強調することは以下の点において賛成し得ない。第一に、総額主義は理由の差替えを原則として認めるが、紛争の一回的解決を図ることは反面、訴訟遅延がもたらされることを看過してはならない。第二に、手続違法があり取消判決があった場合、総額主義のもとでは紛争の一回的解決を強調するため取消判決後改めて適正な手続きを経て実体法上の適否を争うこともできず、結果として租税実体法に規定する課税要件によって客観的に存在する真実の税額の追求も断念せざるを得ないという矛盾を内包することとなる。第三に、総額主義は取消判決後に脱漏所得が判明した場合も、取消判決後に脱漏所得が発見されるというようなことは想定外となるため、およそその存在を認めることができず脱漏所得について課税できないという重大な矛盾を抱える。第四に、客観的に存在すると考えられる税額以上の更正をしておけば、たとえ一部取消判決により形式的に敗訴しても、適正な租税収入の確保という観点から課税庁は実質的に敗訴する可能性はおよそないのであり、そのことは、他方で、更正の理由を問わない恣意的課税を招く虞が大きい。これは、租税行政庁の恣意的課税に法的統制を加えることにより、国民の財産権を保護する租税法律主義の本質から看過できないものである。

以上から、処分理由によって特定された税額の適否を訴訟物とする争点主義が、訴訟物観として妥当であると考える。

しかし、争点主義をとった場合も「基本的課税要件事実の同一性」の認められる範囲で理由の差替えを認めれば、「基本的」の範囲をどのように捉えるかにもよるが、争点主義の趣旨を減殺させることとなる。それにもかかわらず一定の枠内で理由の差替えを認めるその背景には、前記の最高裁昭和五六年七月一四日判決の事例に見られるように理由の差替えを一切認めないとした場合、更正の排斥期間との関係で不誠実な納税者を利する結果となることがあるためである。つまり、そこには不誠実な納税者の権利保護の必要性について、他の誠実な納税者との水平的平等を犠牲にしてまでも優先する必要があるのかという問題である。しかし、ここで注意しなければならないのは租税平等主義の要請を訴訟の場において担保するのが妥当か否かということである。課税処分取消訴訟が、課税処分に対して納税者が権利の救済を求める唯一の手段であり、課税処分の取消が違法な課税処分を取消すことによって違法な状態がない状態に戻す機能（原状回復機能）をもつことを前提とすれば、訴訟の場で納税者間の水平的平等を最優先することは、訴訟の場が不正行為納税者征伐の場と化し、納税者が権利の救済を求める意味での訴訟の場を希薄化させることとなるだろう。租税平等主義の要請を担保する制度は、訴訟の場ではなくむしろその前段階である税務調査に求めるべきではないだろうか(133)。

2　処分理由附記規定の位置付け

租税法律主義は、周知のように租税が直接的な反対給付なしに国民に課されるところから、国民の財産に重大な影響を及ぼすものである。よって、課税要件や徴税手続等を法律によって明確に規定し、もって租税行政庁の恣意的な課税に法的統制を加え、国民の財産権が不合理に侵害されることを排除し（国民の財産権の保障）、国民の経済生活に法的安定性と予測可能性を付与する機能を有する租税法の基本原則である。[134] そして、その法的根拠は、憲法三〇条「国民は、法律の定めるところにより、納税の義務を負ふ。」及び憲法八四条「あらたに租税を課し、又は現行の租税を変更するには、法律又は法律の定める条件によることを必要とする。」に求められる。ゆえに、租税法律主義は憲法上の要請であり、租税の種類、根拠はもとより、納税義務者、課税物件、課税標準、税率等の課税要件及び納税の時期、方法等の徴収手続はすべて法律をもって定めることを必要とすると解すべきである。そしてこれは、国民は法律の根拠に基づくことなしに租税の納付を要求されないし、国家も国民に租税を賦課・徴収することは不可能であることを憲法上も明確に宣言したものである。[135]

しかし、租税法がその規律の対象とする経済取引は極めて複雑多様であり、しかも時代の進展とともに流動変遷する性質をもっているため、経済取引の発展著しい今日においては、課税要件法である所得税法、法人税法等が現実の経済取引の進展に十分対応しきれないという事態を招くことがしばしば起こりうる。つまり、現実の経済取引と課税要件法である所得税法、法人税法等の想定する経済取引との間に乖離が生じることとなる。よって、この乖離を埋めるためには租税法の現行法規の適正な解釈、適用が重要な役割を果たすこととなる。そして、適正な解釈、適用を行うためには、憲法を根拠とする租税法律主義及び租税平等主義が最大限尊重されなければならない。しかし、租税法の上記のような性格に起因して、現実の経済取引に対して課税要件法の整備が不十分である場合、または、税負担の公平を維持するためにおかれる不確定概念の存在など法解釈の限界的な場面においては、時として課税庁の恣意性の介入する余地を拡大させる可能性を常に内在することとなる。

このような状況において、課税庁の恣意性の介入を抑制するためには課税庁の行う課税処分についてその理由を明らかにすることが重要となる。ここにいう「理由」とは、課税処分を行うための具体的課税根拠（処分の適法性を支える事実とそれに対する法の適用）を意味する。つまり、実体法上、税額の変動をもたらす場合、租税法律主義の観点から一つ一つの取引について必ず事実認定→法解釈→法適用のプロセスを経ることが必要であり、課税処分が青色申告に対する更正処分であろうと白色申告に対する更正処分であろうと「理由」のない課税処分はありえないのである。よって、「理由」は、本来、訴訟段階において後発的、補完的に付与されればよいという性質のものではなく、課税庁が課税処分時において「理由」が存在していることを認識していなければ、そもそも課税庁は課税処分を行えないはずである。

以上から処分理由付記規定は、単に手続的保障にとどまるのではなく、納税者と課税庁の間で租税法の解釈・適用が対立する限界的場面において課税庁の恣意性の介入を防止し租税法律主義を有効に機能させるため重要な規定であることが理解される。そして、処分理由付記規定の有効的な活用は、納税者と課税庁双方に租税法律主義を根付かせ、ひいては納税者への「説得効果」[136]及び無駄な紛争を予防するという「紛争予防効果」[137]をもたらすと考える[138]。

理由付記規定の重視（手続規定重視）は、手続きの違法性だけをもって処分が取り消されることとなるが、これは決して租税平等主義を害するものではない。理由付記規定は租税法律主義を有効に機能させるためには、なくてはならない要となる規定である。

奇しくも平成二三年の国税通則法改正の中核の一つが不利益処分に対する理由附記の拡充であった。これは手続き重視による納税者の権利保護の時代の要請であり、大阪高裁平成二五年一月一八日判決は、理由附記について本法、政令、省令、通達と多段階に法令通達の適用がある場合には、通達も含めてすべての根拠条文を明らかにし、その法令、通達の適用関係やなぜそのよう解釈するのかの判断過程を検証できる程度に行わなければならないことを明らかにした。

よって、この判決が契機となり、今後納税者が処分の違法性を争う場合、まずもって理由附記において手続きの

違法性があるか無いかを問わなければならない方向に向かうのではないかと思われる。(139)

(127)　岡田・前掲注（26）八三、一〇五、一〇九頁。
(128)　田中治＝近藤雅人「課税処分理由の差替え—根拠法規の差替えの例」税経通信五六巻一一号二〇八頁（二〇〇一）。
(129)　塩野宏『行政法Ⅱ〔第3版〕行政救済法』七〇頁（有斐閣、二〇〇四）、田中＝近藤・前掲注（128）二〇八頁）。さらに、田中治教授は、裁判所が租税債権の存否を直接民事訴訟で争う者に対しては、問題は、客観的に存在する租税債権の有無、程度ではない（不当利得返還請求訴訟の排除）としてこれを退け、他方で、裁判所が、租税債権の根拠となる課税処分の違法性を争う者に対しては、問題は、客観的に存在する租税債権の有無、程度である（取消訴訟における理由の差替えの正当化）としてこれを退ける。このようなことは、法の整合性やフェアプレイの精神からみておよそ両立し得ないとされる。
(130)　岡田・前掲注（26）一〇九頁。
(131)　増田英敏教授は、「租税法律主義の本質は、租税行政庁の恣意的課税に法的統制を加えることにより、国民の財産権を保護することにある」とする。増田英敏『租税憲法学〔第3版〕』八三頁（成文堂、二〇〇六）、金子・前掲注（11）七三、七四頁以下。
(132)　昭和四五年三月二四日、国税不服審判所の設置等を定めた国税通則法の一部を改正する法律の可決に際して、参議院大蔵委員会では、次のような附帯決議をつけている。
「政府は、国税不服審判所の運営に当たっては、その使命が納税者の権利保護であることに則り、総額主義に偏することなく、争点主義の精神をいかし、その趣旨徹底に遺憾なきを期すべきである。」また、「政府は、不服審査における質問検査権の行使に当たって、……それが納税者の権利救済の目的にあることにかんがみ、濫用の弊害に陥ることのないよう慎重な配慮を行うべきである」。また、衆議院大蔵委員会の附帯決議には、直接、争点主義に関する決議はないが、「納税者が審査請求に当たって自己の主張を十分に行いうるよう、税務当局はその処分又は異議決定において附する理由をできる限り詳細に記載するよう務めること」とあるほか、質問検査権の行使に関する決議などその趣旨を窺わしめるものがある。以上のように、国税不服審判所の事務運営の基本方針として争点主義的運営が行われている。南・前掲注（101）五六頁。
(133)　租税平等主義の要請を実質的に担保する制度として租税調査は位置付けられている。増田・前掲注（131）一八三頁。
(134)　増田・前掲注（131）八三頁。
(135)　増田・前掲注（131）一五一頁。
(136)　金子・前掲注（43）八頁、兼子・前掲注（4）一八八頁、塩野・前掲注（52）二三八頁、芝池・前掲注（52）三一五頁。
(137)　金子・前掲注（43）八頁、兼子・前掲注（4）一八八頁。

(138)　租税法律主義が租税実務において浸透するためには、納税者の申告等を代理している税理士の更なる資質の向上とともに、課税庁側においても、税務職員の資質向上の要請が並行的に行われる必要があると思われる。平成一三年の税理士法改正により、税理士は補佐人として出廷陳述権が認められることとなった（税理士法二条の二）。納税者の申告等を代理している税理士が、このような権利の確立と実践を通じて、税の法律家として訴訟にも関与していけば、訴訟段階のみならず、調査段階での租税法律主義の確保を図る基盤ができることが期待される。三木義一編『世界の税金裁判』一〇頁（清文社、二〇〇一）。

(139)　増田英敏「租税法律主義と手続保証―課税処分の違法性の要件としての理由附記の問題を中心に―」税経通信九九二号一九五頁（二〇一五）。増田英敏教授は、手続的正義を重視する判例の傾向は顕著であり、歓迎すべきであることを指摘される。増田英敏『税理士のための租税法講座　紛争予防税法学』二七九頁（TKC出版、二〇一五）。

おわりに

本稿は、総額主義と争点主義を対立軸におきながら、課税処分取消訴訟における処分理由の差替えの適否、更正・再更正の関係、拘束力の範囲の画定の局面においてどちらの訴訟物観がより納税者の権利救済の視点から有用であり適当であるかを明らかにすることを目的とした。本稿の検討により次の点を明らかにすることができた。

まず、第一に本論で確認したように課税処分取消訴訟における処分理由の差替えの適否については、総額主義または争点主義のいずれの立場に立つかにより次のような相違がある。つまり、総額主義によれば、課税処分取消訴訟の目的を租税実体法上客観的に存在する真実の税額の発見、追及に求めるため、租税債権という権利の有無（国がいくらの大きさの租税債権をもつか）が問題であり争点とされ、そのプロセスについては焦点が当たりにくいことになる。したがって、納税者の財産権への侵害がなされたか否かについて訴訟による事後的な救済が図られれば一応納税者救済が図られたと理解する。

一方、争点主義によれば、課税処分において当初課税庁によって理由附記により表明された税法の解釈適用の過程のいずれに問題があるのかについて、その適否が検証されることとなる。したがって、争点が明確にされ納税者の防御権行使に寄与する結果を生み出す。

そして、理由附記を義務付けている趣旨を重視して訴訟の前段階（課税処分時）から課税庁の恣意性の介入を抑制し、かつ、不服申立ての便宜を与えることによって納税者救済を図ることを意図する。

ところで、総額主義のように租税実体法上客観的に存在する真実の税額の発見、追及を理由に訴訟段階において理由の差替えを自由に認めることは、課税処分時における課税庁の判断の慎重さを欠くことにつながりやすく、課税庁の恣意性の介入の余地を拡大することにつながりやすい。

また、処分の理由を相手方に知らせて不服申立に便宜を与えることも不可能となる。

その結果、処分理由附記規定の趣旨が没却することとなる。

さらに、訴訟段階において理由を自由に差替えられるのであれば、不服申立段階における納税者の苦労は徒労に帰すこととなり、租税争訟において不服申立前置主義をとることは全く形式的なものとなり、不服申立制度の形骸化が危惧させる。そして、納税者は訴訟段階において不意打を受けることとなり攻撃防御につき不利益を受けることは避けられない。

そして、攻撃防御につき不意打を受けることは、十分な準備ができず結果として納税者救済がはかられにくい方向へと作用することとなる。

一方、争点主義は課税処分において当初課税庁によって納税者に表明された理由によって特定された税額の適否を訴訟物とするため、理由附記の趣旨（処分適正化機能、争点明確化機能）に沿うものであり、攻撃防御につき納税者にとって不意打とならず、争訟手続上納税者に不利益を与えないという点において、納税者の権利救済という租税争訟法の本来の目的上、総額主義に比較して優位性がある。

第二に、理由の差替えについてその範囲は別としても一定の制限を認める場合には、再更正処分との整合性も考えなければならない。理由の差替えを制限しても、再更正処分が無制限に行われるのであれば、理由の差替えを制限した意味が減殺されるからである。

そして、訴訟係属中における更正・再更正の関係については、総額主義は消滅説（又は吸収説）と結びつき、争点主義は併存説と結びつくことを確認した。

つまり、総額主義は、租税実体法に規定する課税要件によって客観的に存在する真実の税額を追求し紛争の一回的解決を目指すため、消滅説（又は吸収説）と結びつきやすいが、その場合手続的違法と実体的違法が同列に取扱われることとなる。しかし、このように手続的違法と実体的違法が区別なく同列に扱われることは、理由附記を明確に行政手続の一環として位置付け、それに関する瑕疵を処分の内容的適否とは一応無関係に独立の取消原因として構成した最高裁昭和三八年五月三一日判決[140]を看過するものといわなければならない。

一方、争点主義は、処分理由との関係で税額の適否を考えるため、処分理由によって特定された税額によって処分の同一性を画することとなり、併存説と結びつくこととなる。よって、手続的違法と実体的違法が区別なく同列に扱われることはないため、理由附記に関する瑕疵を処分の内容的適否とは一応無関係に独立の取消原因として構成した最高裁昭和三八年五月三一日判決[141]に沿うこととなる。そして、併存説をとることによって生じうる複数の訴えは、納税者の意思に基づいて関連請求の追加的併合（行政事件訴訟法一九条）または訴えの変更（民事訴訟法一四三条）の道を取るか否か納税者の選択に委ねられるべきである。なぜならば、課税庁の手続違法による取消判決は、それ自体では税額に関する実体的な部分は解決し得ないが、納税者が課税庁の手続違法による勝訴判決を勝ち取れるという選択肢を残すことが、理由附記の不備を是正するための安易な再更正を抑制し、課税庁側に手続違法に関しての責任感と緊張感を高め、ひいては税務行政の改善につながることが期待されるからである。よって、納税者権利保護の視点からは争点主義に優位性があるといえるであろう。

第三に、取消判決確定後の拘束力については課税処分取消訴訟の果たすべき納税者救済機能に着目すれば既判力説よりも特殊効力説が妥当であることを確認した。なぜなら、後訴裁判所が既判力に矛盾する判断をなしえないことの結果として、行政庁は同一過誤をくり返してはならぬという拘束が生ずるというのでは迂遠にすぎる。むしろ行政庁は、当該取消判決によって直接に判決の趣旨に沿う行為義務を負うと解するのが、行政法関係の性質（私法規範は一次的に裁判規範であるが、行政規範は一次的に行為規範である）に適合するからである。そして、特殊効力説を前提に以下の三点について検討した。

①課税庁側に手続違法があった場合、課税庁は取消判決後改めて適正な手続きを経て実体法上の適否を争えるか否か、②課税庁は取消判決後に同一の課税要件事実について、根拠法令を変えて再更正処分ができるか否か、③課税庁は取消判決後に脱漏所得が判明した場合、再更正処分をすることができるか否かの三点である。

まず①については、総額主義をとった場合、課税庁側に手続違法があり取消判決があった場合、総額主義のもとでは紛争の一回的解決を強調するため取消判決後改めて適正な手続きを経て実体法上の適否を争うこともできず、結果として租税実体法に規定する課税要件によって客観的に存在する真実の税額の追求も断念せざるを得ないという矛盾を内包することを確認した。

一方、争点主義は、処分理由との関係における税額の適否であるため、青色申告に対する更正処分に係る理由附記の不備のような手続的な違法についても、それ自体を違法理由として、処分の同一性を画することができる。手続的に適法な再更正処分は、課税処分の期間制限に抵触しない限り許されることとなる。また、正しい税額の賦課という実体税法上の要請（合法性の原則）からみれば、再更正処分は、むしろなされなければならないということになる。

よって、争点主義は、手続を重視した納税者の権利救済の視点からすると総額主義に比較して優位性があるといえる。

次に②については、総額主義のもとで再更正処分を許すならば、攻撃防御の手段を十分に尽くさなかった課税庁に過大な利益を与えることのみならず、同一事件（同一の訴訟物）が裁判所と課税庁との間を往復することとなり、紛争の一回的解決が図られないこととなる。この結果は、総額主義の趣旨に矛盾することとなる。

一方、争点主義に立てば訴訟係属中の根拠規定の差替えを認めないが、再更正処分については課税処分の期間制限に抵触しない限り原則として許されることとなる。しかし、法人税法三四条二項の過大役員報酬の損金不算入規定等の個別的否認規定により当初損金不算入の更正処分を行い、当該処分について取消判決を受けたにもかかわらず、再更正処分により同族会社の行為計算の否認規定といったやや一般的な否認規定を課税の公平を理由に租税回避否認のために保険的に自由に使えるならば、納税者の予測可能性や法的安定性は大きく損なわれることとなる。

よって、争点主義をとった場合は、同族会社の行為計算の否認規定といった不確定概念を含むやや一般的な否認規定の発動について、否認権限の発動に対する明確な限定をする必要がある。

そして③については、総額主義によれば裁判所が租税実体法に規定する課税要件によって客観的に存在する税額の認定をすることとなってしまうため、およそ、取消判決後に脱漏所得が発見されるなどということは想定外ということになる。したがって、総額主義は自らの論理に忠実であろうとする限り、事後の脱漏所得については課税できないということとなる。しかし、このような結果は、客観的所得、真実の所得の追及を標榜する総額主義の論理からして、重大な矛盾である。

一方、争点主義は処分理由との関係における税額の適否であるから理由ごとに処分の同一性を画することとなり、新たな課税要件事実が判明した場合は期間制限を越えない限り再更正処分は可能となる。この結果は、正しい税額の賦課という実体税法上の要請（合法性の原則）からみても妥当な結論といえる。

よって、③の場合においても争点主義のほうに優位性があるといえる。

さらに、本稿では課税処分取消訴訟において処分理由の差替えの適否について、訴訟物の視点とともに租税法律主義による統制の視点からも考察を加えた。納税者救済を考えた場合、租税法律主義が機能しなければ結果として国民の財産権が不合理に侵害されることとなる。よって、租税法律主義のもと課税庁の恣意性をいかに排除できるかが重要となる。

そして、このような要請を達成する手段が処分理由付記規定の有効な活用である。つまり、実体法上税額に変動をもたらす場合、租税法律主義の観点から一つ一つの経済的取引について必ず事実認定→法解釈→法適用のプロセスを経ることが必要となる。よって「理由」のない課税処分はありえないのである。ゆえに、「理由」は、本来、訴訟段階において後発的、補完的に付与されればよいという性質のものではなく、課税庁が課税処分時において「理由」を認識していなければ、そもそも課税庁は課税処分を行えないはずである。

以上から、課税庁の恣意性の介入を防止するためには、理由と税額の結びつきを重視する争点主義的な思考が重要であることを本稿により確認できた。そして、処分理由附記規定の有効な活用は、納税者と課税庁双方に租税法律主義を根付かせ、ひいては納税者への「説得効果」及び無駄な紛争を予防するという「紛争予防効果」をもたらすことが期待できる。また、処分理由附記規定の有効な活用は、課税庁側にとっても申告納税制度を前提とする限り納税者の租税法律主義に対する意識を高揚することが重要であるし理由附記の手数(142)を考慮したとしても決してマイナスとはならないのではないだろうか。処分理由附記規定が、租税法律主義を支える要となる規定であることが今一度確認されるべきであろう。

以上から「納税者権利救済の視点から訴訟物論として争点主義のほうが総額主義より相対的に優位性があるとと

もに、租税法律主義の視点からも争点主義的な思考が重視されるべきである」ということを指摘して本稿の結びとする。

(140) 前掲注(42)。
(141) 前掲注(42)。
(142) 久保茂樹教授は、理由附記は、行政の負担が聴聞・弁明手続に比べて少なくてすむ点を指摘する。久保・前掲注(45)一四七頁。

付記：本章は、吉田素栄著「租税訴訟における訴訟物論と租税法律主義―処分理由の差替えを中心に―」（専修大学大学院二〇〇四年度修士論文）を基に加筆・修正したものである。

第14章　推計課税における実額反証
——立証に関する問題を中心として——

森澤宏美

はじめに

わが国の申告納税制度の下においては、直接資料による実額課税が原則であり、間接資料により所得を認定する推計課税は例外とされる。推計課税については、課税処分取消訴訟において争われる場合が少なくない。それは、推計課税の根拠規定に、推計課税を行いうる前提要件について明示的な定めがないことや、納税者から推計方法の合理性を争う主張がなされることに由来する。また、推計による課税処分に対して、納税者が、直接資料による実額に基づく反論、いわゆる実額反証を行う場合が多くあり、税務訴訟の場において、納税者と課税庁が鋭く対立している。

推計課税は租税負担の公平を根拠として許容される制度であるため、推計課税を行う必要性があった納税者が実額反証をなすこと自体が許容されるか否かについては議論のあるところである。通説・判例は実額反証を許容する立場を採っているが、許容の根拠は何処に求められるのであろうか。

また、実額反証が許容されたとしても、その立証責任は納税者にあるのか、立証の程度及び範囲はどこまでなのか、などの諸点が問題とされているが、学説・判例ともに統一的な見解をみるに至っていない。このような状況の下で、納税者が行う実額反証に関し厳格な立証を要求する裁判例が多く登場するようになり、その動向が注目されるところである。

ところで、推計課税をめぐる問題として、実額反証の判例の動向とともに注目されるのが、推計課税の本質論として補充的代替手段説を採る裁判例が多く見られる点である。従来、推計課税は実額課税とは別個の課税処分ではなく、所得認識方法の差にすぎないとする事実上推定説が通説とされてきた。これに対して、補充的代替手段説とは、推計課税は実額課税から独立した別個の課税処分である、と解する説である。

ではなぜ上記のような判断が示されるようになったのか。それは、調査非協力等の自己の責に帰すべき事由により推計課税された納税者と、適正な帳簿等に基づいて申告を行った納税者との間に、従来の判例よりも公平性の確保を重視する立場が採られた結果であると思われる。

そこで本稿では、推計課税における実額反証の許容性を、推計課税の意義及び立法趣旨を踏まえ、推計課税の法的性格を明らかにした上で、学説及び判例から検討することを目的とする。すなわち、従来通説・判例ともに実額反証を許容する立場を採ってきたが、その根拠は推計課税の法的性格のどのような点に存在するのであろうか。また、訴訟において実額反証が許容されたとしても、その実額反証が奏功するためには、納税者にどの程度及び範囲の立証が要求されるのかを検討することとする。

一　推計課税の意義

一般に、推計課税とは、納税者の取引に関する帳簿書類等の「直接的資料によらずに、各種の間接的資料を用いて所得を認定する方法[1]」をいう。

申告納税制度の下では、課税は本来、帳簿書類等に基づく実額に対してなされるべきである。しかし、わが国の現行法制度の下では、申告納税制度は採用されているが、所得税及び法人税に係る「帳簿書類の記帳義務や保存義務は、一般的な形では法定されていない。むしろ、全体としては、義務づけではなく、納税者が帳簿書類を備え付け、それに基づいて申告をする誘引策として、青色申告制度が採用されている。[2]」のである。しかしながら、納税者が直接資料である帳簿書類等を備え付けていないために所得の実額が認定できないからといって「課税を放棄することは、公平負担の観点から適当でない。ここに、推計課税の認められる根拠がある[3]」。

推計課税は従来から用いられてきたが、昭和二五年以前には推計課税を認める法的根拠が存在しなかったことから、租税法律主義に反するとして多くの訴訟が提起されてきた。

そこで、このような批判に対応すべく、昭和二五年以来、所得税法及び法人税法はこれを明文の規定で認めるに至った。すなわち、所得税法一五六条は、係る所得税につき更正又は決定をする場合に、納税義務者の財産もしくは債務の増減の状況、収入もしくは支出の状況又は生産量、販売量その他の取扱量、従業員数その他事業の規模によりその者の各年分の各種所得の金額又は損失の金額を推計して、これを行うことを認めている。また、法人税法一三一条においても、同種の資料を用いて法人税の課税標準または欠損金額を推計することを認めている。ただし、推計課税は、「青色申告に対して更正を行う場合には認められない。」これは、「青色申告者に高い信頼性が与えられているため(4)」である。

推計課税とは、上記のような意義を有するものであるが、以下においてはその具体的な内容について検討する。

1　推計の必要性

推計課税による課税処分は、推計の必要性がある場合に限り認められるのか、つまり、推計の必要性が推計課税の手続上の適法要件であるか否かについては争いがある。ここで推計の必要性とは、①納税者が帳簿書類を備え付けていない場合（帳簿書類の不存在）、②納税者が一応帳簿書類を備え付けてはいるが、その記載内容が不正確で信頼性が乏しい場合（帳簿書類の不備）、③納税者が課税庁の調査に協力しないため直接資料を入手できない場合（調査非協力）等の事由により、実額の把握が不可能又は著しく困難であることをいう(5)。

推計の必要性が推計課税の手続上の適法要件であるかについては、学説上、おおむね次の四説に見解が分かれている。

(1)　効力要件説

推計課税が許容されるのは例外的事由のある場合だけであるから処分時にその必要性を欠く課税処分は、たとえ課税庁側の実額主張により推計による課税額が実額の範囲内にあることが認定されたとしても、当該課税処分は手続上の適法要件を具備しないものとして違法であるとする見解である(6)。

（2）　行政指針説

必要性は推計を行うことの明文上の要件ではないし、また、実額課税と推計課税との差異は直接証拠によるか間接証拠によるかの事実認定の差異にすぎないので、自由心証の問題であるから、いかなる場合に推計課税を選択するかは税務署長の裁量事項に属し、必要性の有無は課税処分の適否とは関係がないとする見解である。(7)

（3）　瑕疵の程度説

原則として必要性の欠缺は推計課税を違法にするものではないが、もうすこし丁寧な調査をすれば、容易に実額計算が可能であったのに、これをしないで推計した場合には、額の適否にかかわらず、調査不尽を理由として推計課税そのものが違法となるとする見解である。(8)

（4）　折衷説

推計の必要性は原則として課税処分の適法要件になるが、訴訟において推計による認定額が実額の範囲内にあることが認定された場合には、必要性の欠缺という手続上の瑕疵は事後的に治癒されるとする見解である。(9)

裁判例の状況としては、推計の必要性が推計課税の適法要件か否かに関して明確に判示した最高裁判決はまだ登場していない。下級審判決の大勢は、そのほとんどが判決理由中において推計の合理性に先立ってまず推計の必要性の有無につき判断を加えており、（1）の効力要件説を前提としていると思われる。(10)また、近年の下級審判決の中には行政指針説を採用したと思われる裁判例(11)や折衷説の立場を採ると思われる裁判例(12)もみられる。

学説において通説とされているのは効力要件説である。しかしながら、以上の諸説のうち、理論的に一貫しているのは（2）の行政指針説であろう。しかし推計の必要性を行政指針説のように解すると、「課税庁が安易に推計をし、不服申立があった場合のみ実額で精査するという事態を防ぐことができ」ない。また、「手続法的側面からも課税処分の恣意的発動を抑制しようとする近時の学説の傾向とも対立し、支持できない(13)」と思われる。

折衷説に対する評価としては以下の点が挙げられる。この説においては、「必要性」を原則として要件と解しながら、推計の必要性がないときでも推計額が実額の範囲内であるか、もしくは、課税庁が実額を主張すれば、もはや必要性の欠缺は問題にならないことになる。折衷説の狙いは、実額も推計も所得認定方法の差異にすぎないのになぜ「必要性」が手続的要件になるのかについての効力要件説の弱点を補う点にある。[14] しかし、折衷説においては通説が意図した推計課税の恣意的発動抑制を実現することができず、妥当ではないと思われる。なぜなら、この説の理論では、安易に推計課税をしておいて、後に納税者が争った場合にのみ実額で精査するという事態を防ぐことができず、実質的に行政指針説と変わらないものになってしまうからである。

また、瑕疵の程度説は、どの程度の事情があったときに必要性の欠缺があったものとすべきかについて、違法となる場合を限定しようとするものであるが、容易に実額計算が可能な場合等の要件が曖昧であり、判断基準として有効であるか疑問である。[15]

以上検討したところによると、効力要件説がもっとも妥当であると思われる。なぜなら、確かに、推計の必要性の要件について明文の規定は存在しないが、「手続的要件についてであっても、明文はなくとも、事柄の性質上当然処分要件となっていると考えられる事項が存在する場合を全く否定することはできないというべき」[16] であろう。また、「租税法の原則は実額で推計が例外的方法であるから、例外を採用する場合には例外的方法をとったこと自体の合理性が手続要件になると思われる」からである。従って、「必要がないのに例外的な所得認定方法を安易に採用した場合には、そのこと自体が課税処分の手続的違反を構成するものと解すべき」[17] であると思われる。

2　推計の合理性

通常用いられる推計方法としては、（1）比率法、（2）効率法、（3）資産増減法、（4）消費高法、の四方法がある。[18]

（1）**比率法**[19]

比率法とは、納税者の収入・支出・生産高・販売高等の数額に対し、特定の比率で所得金額（又はその前提をなす総売上額・総仕入額等）を推算する方法である。比率法は、さらに本人比率、同業者率、実調率、標準率に細分される。

①　**本人比率**

本人比率とは、当該納税者本人の一定期間の実績ないし記帳又は前後年分の調査実績から得られた比率をいう。

②　**同業者率**

同業者率とは、当該納税者と業種が同一で、業態、事業規模、立地条件等において類似性のある同業者を選択して、その所得率、差益率、経費率等の平均値を算出した率をいう。

③　**実調率**

実調率とは、税務署管内で実地調査の対象とした同業者全員の収支計算資料を機会的に収集して所得率等の平均値を算出したものをいう。

④　**標準率**

標準率とは、所得の実額を調査した相当数の調査実績を基にして、統計学的方法により平均所得率、差益率、経費率を求めたものをいう。

（2）**効率法**

効率法とは、販売個数、原材料の数量、従業員数、設備、電力等の計算単位の一単位当たりの所得額（又は生産量等）から全所得金額を算定する方法である。

（3）資産増減法（純資産比較法）

資産増減法とは、資産・債務の増減で純資産の増減額を算定し、所得を推計する方法で、期首純資産の額と期末純資産の額との差額を所得金額とするものである。

（4）消費高法

消費高法とは、消費支出・生活費から所得を推計する方法である。

以上の四方法のうちでは、（1）比率法、次いで（2）効率法の信頼性が高いとされ、現在訴訟において税務署長が主張する推計方法も、（1）比率法、特に同業者率を用いる比率法が最も多いとされている。[20]

推計課税は「実額を把握する資料がないときに、やむを得ず間接的資料により所得を推計するものであるから、推計の方法は最もよく実際の所得に近似した数値を算出しうる合理的なもの[21]」でなければならない。したがって、「合理性を欠く推計課税は違法[22]」となる。これが「推計の合理性」の問題であり、推計課税をめぐる訴訟での最も重要な争点となる。推計方法が合理的であるための要件（推計の合理性を基礎付ける事実）としては、①推計の基礎事実が正確に把握されていること（資料の正確性）、②推計方法のうち、当該具体的な事案に最適なものが選択されるべきこと（推計方法の合理性）、③選択した具体的推計方法自体できるだけ真実の所得に近似した数値が算出されるような客観的なものであること（原告への適用の合理性）、が挙げられる。

③については、例えば、訴訟法上最もよく現れる同業者率に関して、（ア）同業者の抽出基準として、同業者の類似性（業種・業態の同一性、法人・個人の同一性、事業所の近接性、事業規模の近似性）及び資料の正確性（同業者は青色申告者又は税務署長が申告を是認している者であること、一定期間同種事業を継続していること、申告が確定していること）、（イ）同業者の抽出過程の合理性として、抽出過程について課税庁の思惑や恣意の介在する余地のないこと、（ウ）比準同業者の選定件数の合理性、（エ）同業者率の内容の合理性等が挙げられており、それぞれについて

の合理性の有無が判断され、全体としての推計の合理性の有無が決定される。このうち特に問題となるのは、(ア)の同業者の類似性、とりわけ業種・業態の同一性、事業所の近接性（立地条件）である[23]。

同業者の類似性に関する課税庁の主張はかなり抽象的・類型的なものにとどまるため、納税者から、納税者の業種、営業規模・立地条件等の営業条件が同業者のそれとは異なるという主張がなされる場合がある。すなわち、課税庁は、「推計課税は、実額課税が客観的な所得額との一致の蓋然性を個別的・具体的に追求するものであるのに対し、一般的・抽象的な一致の蓋然性があることをもって足りるとするものであるから、推計の合理性を基礎付ける事実も、一般的・抽象的にみて実額に近似した金額を算出するのに必要な限度で類型的にとらえるべきである[24]」とするのである。そのため、納税者は、課税庁の「主張する合理性を基礎付ける事実に対し反証を提出して争うことができることはもちろん、（中略）平均値に吸収され得ないような、他の同業者の平均より格段に営業状態が悪くなるはずであるという営業条件の劣悪性（特殊事情）を積極的、具体的に主張・立証することにより、合理性を覆すことができる」が、ただし、「平均値による推計の場合は、通常程度の営業条件の差異は上記平均値を求める過程で包摂されると考えられるから」、納税者から「平均値に吸収され得ないような特殊事情の存在が立証されなければ合理性を覆すことはできない[25]」のである。

また、納税者側から、課税庁主張の推計方法より真実の所得金額に近似する推計方法が存在することの主張、つまり推計方法の優劣を争う主張がされることがある。この場合の立証の程度については、次の三つの説がある。すなわち、①できる限り真実の所得金額に近似した数値が得られるように、最善の方法が選択されなければならず、課税庁において、他のより合理的な推計方法が存在しないかあるいは他の方法により得ないことを主張立証しなければならないとする「最善説[26]」、②現に主張されている推計方法の中で課税庁の採った方法が相対的に最適の方法であることを要し、納税者が、一応合理性が認められる他の方法を主張した場合には、課税庁は、課税庁が使用した推計方法によった方がより実額に近いことを主張立証しなければならないとする「最適方法説[27]」、③推計は、一応の合理性が認められれば足り、納税者において他の推計方法によるほうが実額により近似することになることを立証しない限りは、課税庁の推計方法の合理性を肯定できるとする「一応の合理性必要説[28]」、である。

これに関して、推計課税は、「正確な所得が把握できない場合に、推計による結果が真実の所得金額に合致する蓋然性があると認められれば、その推計の結果をもってそれを一応真実の所得金額と認めようとするものであるから、その推計の過程が一般的に合理的であると認めて、裁判所が推計の結果をもって真実の所得金額と合致する蓋然性があるとの心証を形成させれば、課税庁は立証の目的を達したことになるのである[29]」から、この点で一応の合理性必要説が妥当であると思われる。

推計の合理性の判断にあたっては、「個別の事案ごとに、なるべく実額に近い所得を推計する必要と、推計課税がもともと実額課税の不可能な場合について認められた概算課税の方法であるという事実との間に適切な調和が図られなければならない[30]」であろう。

(1) 金子宏『租税法（第22版）』八九四頁（弘文堂、二〇一七）。
(2) 田中治「推計課税の本質論と総額主義」『公法学の法と政策　金子宏先生古稀祝賀　下巻』一一五頁（有斐閣、二〇〇〇）。
(3) 金子宏・前掲注（1）八九四頁。
(4) 金子宏・同八九五頁。
(5) 泉徳治ほか『租税訴訟の審理について〔改訂新版〕』一〇五頁（法曹会、二〇〇二）。
(6) 金子宏・前掲注（1）八九五頁以下、石島弘「実額課税と推計課税」小川英明・松沢智編『裁判実務大系 第20巻 租税争訟法』三七三頁以下（青林書院、一九八八）、吉良実『推計課税の法理―裁判例を中心として』六〇頁（中央経済社、一九八七）、等。
(7) これを支持するものとして、松沢智『新版　租税争訟法』四〇五頁以下（中央経済社、二〇〇一）。
(8) 南博方『租税争訟の理論と実際〔増補版〕』二一七頁（弘文堂、一九八〇）。裁判例としては、京都地判昭和四七年四月二八日行集二三巻四号二六六頁がこの立場を採る。
(9)　これを支持するものとして、泉徳治ほか・前掲注（5）九二頁以下、中尾巧『税務訴訟入門〔第5版〕』二七三頁以下（商事法務研究会、二〇一一）、佐藤繁「課税処分取消訴訟の審理」『新・実務民事訴訟講座10』六九頁（日本評論社、一九八二）、等。
(10)　例えば、東京地判昭和四八年三月二二日行集二四巻三号一七七頁は、「(推計の必要性）の要件を満たさないのに推計を基礎としてなされた課税処分は、その結果が実額と符合するかどうか等内容の適否を論究するまでもなく、それ自体違法な処分として取消しを免れないものというべきである」として効力要件説を採ることを明確に判示している。同旨福岡地判昭和四九年三月三〇日訟月二〇巻七号一五二頁、大阪地判昭和五〇年四月四日行集二六巻四号四九二頁、等。
(11)　例えば、大阪地判平成二年四月一一日判時一三六六号二八頁、大阪地判平成三年一〇月一五日税資一八六号八五三頁。
(12)　例えば、福岡地判平成二年一一月八日判時一三九四号五八頁。
(13)　三木義一「判批」判時一四〇六号一四八頁（一九九二）。
(14)　三木義一・同一四八頁。
(15)　中込秀樹「税務訴訟（3）―推計課税」園部逸夫・時岡泰編『裁判実務大系 第1巻 行政争訟法』三四三頁（青林書院、一九八四）。
(16)　中込秀樹・同三四一頁。
(17)　三木義一・前掲注（13）一四八頁。
(18)　泉徳治ほか・前掲注（5）一九九頁。
(19)　南博方・前掲注（8）一〇七頁以下参照。
(20)　泉徳治ほか・前掲注（5）二〇〇頁。
(21)　泉徳治ほか・同二〇四頁。
(22)　金子宏・前掲注（1）八九八頁。
(23)　泉徳治ほか・前掲注（5）二〇四頁以下。
(24)　佐藤繁・前掲注（9）六八頁。
(25)　泉徳治ほか・前掲注（5）二〇五頁以下。
(26)　大阪地判昭和四五年九月二二日税資六〇号三七一頁は、「推計課税が適正であるためには、具体的場合における推計が合理的であるとともに、当該具体的推計方式以外に合理的な方式がないかあるいは採りえない事情があることを要するものと考えられる。」と判示している。
(27)　佐藤繁・前掲注（9）六八頁、吉良実・前掲注（6）三二〇頁。

(28) 松沢智『租税実体法〔補正第2版〕』二一七頁（中央経済社、二〇〇三）、泉徳治ほか・前掲注（5）二〇七頁。裁判例として、例えば、前掲大阪地判平成二年四月一一日判時一三六六号二八頁。
(29) 松沢智・同二一七頁。
(30) 金子宏・前掲注（1）八九八頁。

二　推計課税の沿革

1　シャウプ勧告と推計課税

推計課税にかかる規定は、昭和二五年四月のシャウプ勧告に基づく税制改正において、所得税法四六条の二第三項及び法人税法三一条の四第二項として設けられた。この規定は、当初シャウプ勧告の指摘するようなわが国の記帳状況下において、青色申告制度の普及確立のために、青色申告者に対する推計課税の禁止を認めたこととの関連において明文化されたものである。[31]

昭和二四年に行われたシャウプ勧告は、「現在申告書の大多数は更正決定を必要とするという事実を認めなければならない。しかも、かかる広範な調査を実施するだけの施設がないのである。調査した事件と更正決定を要する未調査の事件との間の溝を橋渡しするためには標準率制度に頼ることが依然として必要である。[32]」としている。

つまり、わが国において申告納税制度が採用された当時の申告書は、大多数が実額申告でない、または申告そのものがないために、更正決定が必要であることは事実である。しかしながら、すべての申告または納税者について実額調査をするだけの施設（人的・物的・時間的余裕等）がないために、どうしても標準率制度（標準率による推計課税制度）が必要であると勧告しているのである。

そして「標準率」は、主として「調査の指針となる」、「更正決定を確定する」、という二つの機能を持つものであるが、「更正決定を確定する」ために標準率を使用することは、「理想的な意味では、健全な所得税法と両立しうるものではない。なぜなら本来、所得税は第一に個人の実際の所得に課せられるべきで、納税者群の平均所得に課せられるべきではないからである。しかし申告納税下の納税者の協力の水準が高まり、更正決定を要する事件を十分に実地調査できる段階までに到達するには、相当期間の着実な発達を必要とするであろう。それまでは税務行政は自己防衛の手段として更正決定を行うためには標準率に頼らねばならない。(33)」とし、不本意ながらも暫定的な措置として、「標準率制度」、つまり「標準率による推計課税制度」が必要であると勧告しているのである。

そして、このような勧告に基づいて、昭和二五年の税制改正（昭和二五年法律七一号・七二号）で、白色申告者に対する推計による更正・決定の規定、いわゆる「推計課税の規定」が、当時の所得税法四六条の二第三項及び法人税法三一条の四第二項に新設されるに至った。すなわち、所得税法四六条の二第三項に、「第一項に規定する場合（青色申告者に対して更正をする場合）を除く外、政府は財産の価額若しくは債務の金額の増減、収入若しくは支出の状況又は事業の規模により所得の金額又は損失の額を推計して、前条の更正又は決定をなすことができる。」と規定されたのである（法人税法三一条の四第二項も同趣旨(34)）。

わが国において申告納税制度が初めて採用されたのは、昭和二二年の所得税法及び法人税法の改正法（昭和二二年法律第二七号、二八号）においてである。したがって、昭和二二年から二四年までの所得税法及び法人税法には、推計課税に関する規定は存在しなかったのである。

そこで、その当時において、実額課税のできない納税者に対して推計課税ができるかどうか、すなわち、明文の規定が存在しない昭和二五年以前に行われた推計課税が租税法律主義に抵触するかどうかが問題となった。

この点に関し、最高裁昭和三九年一一月一三日第二小法廷判決(35)は、「所得税法が、信頼しうる調査資料を欠くために実額課税のできない場合に、適当な合理的な推計の方法をもつて所得額を算定することを禁止するものでないことは、納税義務者の所得を捕捉するのに十分な資料がないだけで課税を見合わせることの許されないことからいつても、当然の事理であり、このことは、昭和二五年に至つて同法四六条の二（現行四五条三項）に所得推計の規定が置かれてはじめて可能となったわけではない。かように、法律の定める課税標準の決定につき、時の法律においても許容する推計方法を採用したことに対し、憲法八四条に違反すると論ずるのは、違憲に名をかりて所得税法の解釈適用を非難するものにほかならない。」と判示している。

この最高裁の判決は、実定租税法に推計課税を許容する明文の規定がない場合にも、申告納税制度の下においては、実額課税のできない場合には当然に推計課税が許容されることを明確にした。明文規定の存在しない昭和二五年以前においても、推計課税が租税法律主義の下に許容されることを明確にしたところに、この最高裁判決の意義がある。(36) この最高裁判決から、昭和二五年の税制改正で設けられた推計課税の規定は、創設的規定ではなく確認的規定であることがいえる。

その後、推計課税の根拠規定は条文の繰上げ・繰下げ・一部修正はあったが、内容的にはほとんど変化がなく、昭和四〇年に所得税法及び法人税法の全部改正がなされるに際し、所得税法一五六条及び法人税法一三一条に従来の規定が承継され、今日に至っている。

2　申告納税制度と推計課税

(1)　申告納税制度の意義

申告納税制度とは、「納税者の申告行為によって納税義務が確定することを原則とし、納税者の申告がない場合または申告が誤っている場合にのみ、税務官庁の課税処分（更正・決定）により納税義務が確定する課税制度」である。申告納税制度の下においては、「納税義務の確定について納税者に第一次的な役割が与えられ、この第一次的な役割を納税者が果たさない場合に、税務官庁が始めて納税義務の確定について第二次的・補充的に与えられている役割を果たす[37]」ことになる。

わが国の申告納税制度は、申告納税制度の母国といわれているアメリカの「自己賦課制度（self-assessment system）」を採り入れたものといわれている。それは昭和二二年の税制改正で所得税・法人税等の直接国税に初めて導入されたが、より明確な形で法定されたのはシャウプ勧告に基づく昭和二五年の税制改正においてである[38]。

シャウプ勧告当時においては、「わが国の税務行政は、戦後の社会的・経済的混乱、所得税の大衆課税化、申告納税制度という新しい試みの未定着、等の事情のため、著しい困難と試練の最中にあった。同使節団は、納税者間の公平を維持するためには、適正な執行が必要不可欠であるとの観点から、執行の問題に大きな関心を示し、（中略）税務行政の改善、特に申告納税制度の定着のために数々の重要な勧告をした[39]」のである。

シャウプ勧告は、「納税申告」の内容を「所得税および法人税が適正に執行されるかどうかは、全く納税者の自発的協力にかかっている。納税者は、自分の課税されるべき事情、また自分の所得額を最もよく知っている。この納税者の所得を算定するに必要な資料が自発的に提出されることを申告納税という[40]」と説明し、申告納税制度は納税者による適正申告と自主的納付を内容とする民主主義的制度であることを強調している[41]。

そして、このような「申告納税制度のもとにおける適正な納税者の協力は、納税者が自分の所得を算定するため正確な帳簿と記録をする場合にのみ可能であることは自明の理である[42]」としている。つまり、申告納税制度には、正確な帳簿書類等の記録、備え付け、保存が必須条件であるとしているのである。

そしてまた、「適切な申告納税には、このような記帳は不可欠の要素である[43]」としながらも、わが国に記帳慣行が根付いていない現況を分析した上で、まず申告納税制度を維持・継続するための下地作りをすることが大切であることを説明している[44]。

そして「正しい記録をつけるための誘引策」として、「一つの可能性は帳簿記録を行う納税者には特別な行政上の取扱いを規定することである。こうして、このような特別な取扱いを希望する納税者は正確な帳簿記録を行う意図があることを税務署に登録する。これらの帳簿は税務署で認可された様式を用いて記録される。（中略）このように帳簿記録を行なっている納税者は他の納税者と区別されるように異なった色の申告書を提出することを認められる。税務署はこのような納税者がもしそのような帳簿を記録し、申告をこの特別用紙ですればその年の所得を実地調査しない限り、更正決定を行わないことを保証する。また、更正決定を行ったらその明確な理由を示さなければならない。他方、このような帳簿記録を行っていない納税者は更正決定前に調査することが保証されず、標準率によって更正決定される。[45]」として青色申告制度の採用を勧告している。

以上のようなシャウプ勧告の内容は、ほぼそのまま昭和二五年の所得税法及び法人税法の改正法で採用され、「青色申告」と「白色申告」という二本建ての申告納税制度が発足することになったのである。

そこで、以上のシャウプ勧告の内容及び昭和二五年の税制改正から、申告納税制度採用の趣旨・目的は次のように理解することができる。

すなわち、真実の所得を最もよく知るのは各納税者自身であるから、その各納税者に真実の所得を捕捉・測定させて自主的に申告（実額申告）させ、かつ自発的に納税させるのが、担税力に応じた租税負担の公平を実現する最上の手段・方法であり、その手段・方法が申告納税制度なのである。[46]

このような申告納税制度採用の趣旨・目的は、申告納税制度自体の趣旨・目的でもあるといえよう。

以上から、申告納税制度の根幹をなしているものは、自主的な実額申告と、それによる税額等の確定であり、かつそれが申告納税制度の本質であるということができる。また、申告納税制度の本質を以上のように理解することにより必然的にいえることは、「申告納税制度は、納税者と行政庁との信頼関係の存在を不可欠とするもの」である。そして、このような「信頼関係を基礎付けるものが、適正に事実を反映する記録・情報の提供[47]」なのである。したがって、申告納税制度を採用するからには、当然に帳簿書類の備え付け義務・記帳義務・保存義務等が、各納税者に負担させられているべきであり、かつこのような法制度になっているのが通常であろう。

ところが、現行のわが国の法制度は、「青色申告者に対してのみ特に記帳義務等を負担せしめ、その見返りとして白色申告者には認められない多くの恩典を、特に青色申告者に対してのみ認めている」。そのため、このような法制度からすると、「記帳義務等を伴なった青色申告は、むしろ特例的な申告であり、記帳義務等を伴なわない白色申告が、あたかも原則的な申告であるかのように解される余地[48]」がある。

しかし、申告納税制度の本来の趣旨・目的からすると、「記帳義務等を伴なわない白色申告を認めること自体がおかしいのであって、あくまでも記帳義務等を伴なった青色申告こそが、原則的な本来の申告であると解すべきである。その意味からして、今日のわが国の『申告納税制度』は、趣旨一貫しない[49]」歪曲した申告納税制度であるということができる。

以上が申告納税制度の趣旨・目的であり、また、今日の申告納税制度は本来の趣旨・目的に鑑みれば、納税者に負担させられる記帳義務等について論理的に矛盾のある制度であることが確認できた。

この矛盾を解消するためには、青色申告者の割合をいかにして高めるかが今後の課題といえよう。この点につき平成二三年に注目すべき改正が行われた。すなわち、すべての事業等所得者についても所得の金額にかかわらず、簡易な記帳義務と保存義務が課されることとなったのである（所得税法二三一条の二）。この改正が、記帳慣行の一般化及び青色申告者の増加、ひいては申告納税制度の更なる発展に寄与することが期待される[50]。

ところで、上述したような申告納税制度の本質に鑑みると、納税申告に代わって税額等を確定させることになる課税処分には、当然に真実の所得額等に対する課税、つまり「実額課税」であることが要請されている。しかし、要請されてはいても現実にはこのような要請に応えられない場合も登場する。そのような場合に「課税処分をあきらめることにすると、それは各人の担税力に応じた租税負担の公平・平等の実現をあきらめることであり、著しく正義公平の観念に反する結果[51]」となろう。

そこで、このような場合に、「右現実を少しでも正義公平の観念により近づけるために設けられている制度[52]」が、「推計課税」の制度である。

したがって申告納税制度の下においては、あくまで実額課税が原則であり、それが不可能な場合に限り推計課税が例外的に許容されることになる。[53]

(2) 実額課税・推計課税の概念

それでは、申告納税制度の下において原則とされる実額課税とはどのような意義か、また、実額課税の例外として許容される推計課税とはどのような意義であるか。「推計課税」という用語も「実額課税」という用語も、法文中には使用されておらず、またこれらの用語の定義規定も存在しない。そこで、本稿で議論を進めるにあたりこれらの用語の概念を明確にしておくこととする。

まず、「実額課税」とは、申告納税制度を採用した趣旨・目的からすれば、それは「真実の所得額」を捕捉して課税することである。[54]それでは、「真実の所得額」とは何かが問題となる。この点に関して松沢智教授は、「一般に公正妥当と認められる会計処理の基準に従って計算できるものであるとされ、その所得の把握につき、貸借対照表と損益計算書によって計算するもの[55]」と述べられている。したがって、「実額課税」とは、公正妥当な会計基準に従って把握された所得に課税すること、といえよう。

また、吉良実教授はより具体的に、「実額課税」とは、「所得の発生事実（取引事実）を税法の規定に従って正確に捕捉し、その捕捉に基づいて（収入（益金）－費用・損失（損金）＝所得額）という算式で求められたところの所得額等をいうのである。したがって税務官庁が課税処分を行うにあたり、税法の規定に従って、かつ納税者の取引等を証する直接的な資料に基づいて所得額等を捕捉・測定して課税すること[56]」と定義されている。

そうすると、それに相対する「推計課税」とは、「納税者の取引等を証する直接的な資料によらないで、いわゆる『間接的な資料』に基づいて、しかも税法が規定している原則的な計算方法とは異なる例外的な計算方法によって、税務官庁が捕捉・測定した所得額等に対して課税する、いわば一種の実額近似値課税である[57]」と定義することができる。本稿では「実額課税」、「推計課税」を以上のように定義した上で検討を進めることとする。

(3) 申告納税制度と推計課税

わが国に申告納税制度が採用されたのは昭和二二年であり、その当時は、記帳慣行が根付いていなかったために、実額課税が困難な状況であった。そのような状況の下で行われた昭和二四年のシャウプ勧告の目的は、「全体として、論理的に首尾一貫した公平な税制の確立[58]」であった。そして、公平な税制の確立のためには納税者の適正な申告納税が不可欠であり、そのためには記帳慣行の定着が必須条件であった。そこでシャウプは、納税者の記帳意識を内から徐々に高めることにより記帳慣行を定着させることを意図して、帳簿記録の備え付けに対して特典を与える青色申告制度という誘引策の採用を勧告した。そして、その一方で、推計課税を採用することを勧告したのである。つまり、帳簿記録を備え付けない納税者に対しては実額課税ができないからといって課税を放棄すると、租税負担の公平が実現できなくなるため、標準率による推計課税制度の採用を勧告したのである。

このようにして、推計課税の根拠規定は、シャウプ勧告に基づく昭和二五年の税制改正において、記帳等を条件とする青色申告制度が採用された際に、白色申告者に対する推計による更正・決定の規定として設けられたのである。

したがって、以上から申告納税制度と推計課税については次のように理解することができる。

すなわち、推計課税は、わが国が青色申告・白色申告という二本建ての申告納税制度を採用したことから派生したいわば副産物であり、その歴史は申告納税制度と期を一にするものである。(59) そしてまた、申告納税制度の下においては、実額課税が原則であり、「推計課税は条件づきで例外的に許容される制度ではあるが、（中略）実額課税のできない場合が現実に存する以上、（中略）推計課税は各人の担税力に応じた租税負担の公平・平等を実現するために必要不可欠の制度であり、かつ申告納税制度と絶対に切り離すことのできない制度(60)」なのである。

(31) 広瀬正「判例にみる推計課税の諸問題」『専修大学法学研究所紀要5』一六六頁（一九八〇）。
(32) 福田幸弘監修『シャウプの税制勧告』三八四頁Ⅳ・D二四（霞出版社、一九八五）。
(33) 福田幸弘監修・同三八六頁Ⅳ・D二六。
(34) 吉良実・前掲注（6）三三頁。
(35) 最高裁昭和三九年一一月一三日税資三八号八三八頁。
(36) 増田英敏「推計課税の法的性格」『戦後重要租税判例の再検証』六四頁（財経詳報社、二〇〇三）。
(37) 吉良実・前掲注（6）四頁。
(38) 吉良実・同五頁。
(39) 金子宏『所得課税の法と政策〔所得課税の基礎理論下巻〕』六四頁（有斐閣、一九九六）。
(40) 福田幸弘監修・前掲注（32）三六六頁Ⅳ・D四。
(41) 金子宏・前掲注（1）五四頁。この点につき、増田英敏教授は「主権者である国民が国家運営の経費を自弁する仕組みを構築する上で、自己の納税額を税法に基づいて自ら算定し、確定する申告納税方式は、徴税効率に益するばかりでなく、まさに民主主義を根幹とした日本国憲法にふさわしい納税方式として導入されたものといえよう。」として、申告納税制度の本質を明確に述べておられる。増田英敏『リーガルマインド租税法〔第4版〕』六六頁以下（成文堂、二〇一三）。
(42) 福田幸弘監修・前掲注（32）四一二頁Ⅳ・D五六。
(43) 福田幸弘監修・同三九九頁Ⅳ・D四〇。
(44) 福田幸弘監修・同四一二頁Ⅳ・D五六参照。
(45) 福田幸弘監修・同四一四頁Ⅳ・D五八。
(46) 吉良実・前掲注（6）七頁。

(47) 碓井光明「申告納税制度と推計課税」税経通信三六巻三号二七頁（一九八三）。
(48) 吉良実「推計課税の理論」税法学三八二号二頁（清文社、一九八二）。
(49) 吉良実・同二頁。また吉良実教授は、同論文において、確かに昭和二五年当時における記帳慣行等のないわが国において、すべての納税者に記帳義務等を負担させることは酷であるとの考えは妥当性を有するが、現在の状況に鑑みれば、所得税・法人税の青色申告・白色申告の区別なく、すべての納税者に対して記帳義務等を負担させることにしても決して酷であるとは到底考えられない、と指摘されている。
(50) 金子宏・前掲注（1）八七四頁。
(51) 吉良実・前掲注（6）一九頁。
(52) 吉良実・同一九頁。
(53) 金子宏・前掲注（1）八九五頁。推計課税の例外性については、たとえば大分地判昭和五一年四月二八日税資八八号六三三頁は、「推計課税は、法人の財産、債務の増減の状況、収入、支出の状況、生産量その他の取扱量、従業員数その他事業の規模などを資料として課税標準を間接的に推認して課税する方式である（法人税法一三一条）ところ、右方式はあくまでも各種資料を数学的に操作して真実の所得の近似値を求めるものであって、この方式によるときは真実の所得との間に誤差は免れないものであるから、申告に基づく実額課税を原則とする現行税制下においては、推計課税は実額によつて所得を把握しえない止むをえない事情がある場合にのみ許される例外的な課税方法といわねばならない。」と判示しているが、妥当な見解であると解する。
(54) 吉良実・前掲注（6）二三頁。
(55) 松沢智・前掲注（28）七〇頁。
(56) 吉良実・前掲注（6）二三頁。
(57) 吉良実・同二三頁。なお、裁判例の多くは、実額課税とは「実額調査」、「実額計算」、「実額認定」、「直接的方法による認定」等による課税方法と解し、推計課税を「推計調査」、「推計計算」、「推計認定」、「間接的方法による認定」等による課税方法と解しており、「実額課税」「推計課税」の区別を種々の方法で説明しているものがあって不統一である。南博方・前掲注（8）一八二頁。
(58) 金子宏・前掲注（1）五六頁。
(59) 北口りえ「推計課税の本質論―『補充的代替手段説』に代わる新たな説の提唱―」熊本学園商学論集第九巻一号一二六頁（二〇〇二）。
(60) 吉良実・前掲注（6）一九頁。

三　推計課税の法的性格

ここでは、推計課税の法的性格について、対立する二つの説の内容を明らかにする。そして、推計についての諸問題を統一的に説明できるという点で優れた考え方であると評される補充的代替手段説について、推計課税の本質論としての適否を検討する。

1　事実上推定説と補充的代替手段説

推計課税の法的性格については、昭和二五年に推計課税の根拠規定が設けられた時から争いがあった。すなわち、推計課税は実額課税と並列する、独立した課税方式なのか（別世界説）、それとも、推計課税は独立した課税方式ではなく、真実の所得を把握するための立証の一方法にすぎないのか（事実上推定説）、という本質論をめぐる争いである。

別世界説とは、所得税法一五六条及び法人税法一三一条を創設的規定と解して、推計課税は、「外形基準課税を肯定する特別の課税方法であり、実体的真実からの乖離を積極的に認めたもの」[61]、あるいは「推計課税が許される場合は、もはや真実の所得額が追及されるのではなく、同業種・同規模の概数（平均所得額）で所得の計算がなされることになるというべきであり、この概数による計算（平均課税。多くの場合に納税者に不利な取扱い）が推計課税の特質である」[62]とされる。このように、別世界説については、論者によってその説くところは区々であり、必ずしも明確で十分な体系をもつようには思えない。この説は真実の所得金額との乖離を積極的に容認するものであることなどから、少数説にとどまっている。

学説および判例の支配的動向は、事実上推定説に立つ。

（1）事実上推定説

事実上推定説とは、「推計課税は間接的な資料と経験則を用いて真実の所得額を事実上の推定により認定するものである」[63]、とする説である。事実上推定説に立つ学説の支配的見解は、①所得課税においては、申告納税が原則であるとともに、所得課税の理想は直接的資料を用いて所得の実額を把握することにある、②課税庁は、まず必要な直接資料の入手に努めるべきであり、したがって、十分な直接的資料が得られない場合に限り、推計課税が認められる、③推計課税は合理的に行われなければならず、推計の合理性の判断に当たっては、なるべく実額に近い所得を推計する必要と、推計課税がもともと実額課税の不可能な場合について認められた概算課税の方法であるという事実との間に適切な調和を図らなければならない、④課税処分取消訴訟の場面で実額が主張され、当該実額を認定できる場合には、たとえ処分当時の推計課税に必要性、合理性が備わっていたとしても実額には対抗できない、とされる[64]。

また、清永敬次教授は、「課税処分のうち推計課税と呼ばれるものは、通常、納税者の取引に関する帳簿書類（直接的資料）以外の資料に基づいて課税標準を算定して行うものをいう[65]」として、直接的資料以外の資料に基づいて課税標準を算定するのが推計課税であると述べられている。このような記述からも、学説上事実上推定説を採用していることを確認できる。

事実上推定説を採るとされる裁判例は多くみることができるが、代表的な裁判例は、大阪高裁昭和六二年九月三〇日判決[66]である。同判決は以下のように判示する。

「実額課税、推計課税といっても、それぞれ独立した二つの課税方法があるわけではなく、両者の違いは、原処分時に客観的に存在した納税者の所得額（以下「真実の所得額」という。）を把握するための方法が、前者は伝票類や帳簿書類などの直接資料によるのに対し、後者はそれ以外の間接的な資料によるという点にあるにすぎず、いずれにせよ、最終的に問題となるのは、真実の所得額がいくらであるかということであるから、納税者の実額の主張は、それが真実の所得額に合致するものと認められる限りは許さざるを得ないと解するのが相当である。

すなわち推計課税は、納税者が実額を算定するに足りる帳簿書類などの直接資料を提出せず税務調査に協力しないため、やむを得ず真実の所得額に近似した額を間接資料により推計し、これをもって真実の所得額と認定する方法であり、実額課税と同様に真実の所得額を認定するための一つの方法であって、課税庁において右推計課税の合理性につき立証をした場合には、特段の反証のない限り、右推計課税の方法により算定された額をもって真実の所得額であると認定するのである。」

この大阪高裁判決を契機として、以後かなりの数の同旨裁判例が現れている。[67]

また、大阪地裁平成九年六月二七日判決[68]は、「推計課税は、実額課税とは別個の類型の課税処分ではなく、課税要件の中の、例えば、売上金額、経費、あるいはその一部を、同業者の比率や本人の比率等の間接的な資料と経験則、さらには納税者（原告）の立証態度等を総合判断して推計あるいは推認する認定方法の一つにすぎない。売上金額や経費の全額が実額で主張されているといわれる課税処分取消訴訟においても、実は課税要件の一部についてはある程度の推認あるいは推計による事実認定がされることもしばしばあり得ることである。このように、推計といっても、結局は、真実の課税要件の事実上の推定の問題、認定の仕方の問題にすぎないというべきである。」と判示し、推計課税を実額課税に代わる所得認定方法であるとして、事実上推定説を採用している。

事実上推定説の考え方は、課税標準の認定に関し、推計に対する実額の優位を意味する、といえよう。このような考え方のもとでは、納税者はその不服とする推計課税について、一般に、訴訟において次の三種の攻撃をすることが可能となる。[69]以下、田中治教授によれば、第一に、推計の方法自体が合理性を欠く、という主張である。たとえば、同業者率の適用の際、選定された同業者に類似性がない、同業者率の適用を受ける納税者の特殊事情を適正に考慮していない、などの主張である。第二に、他により合理的な推計方法があるのに、それを適用せず、合理性に劣る推計方法を適用したことは違法である、とする主張である。より実額を反映する推計方法があるのに、それを適用しなかったことは、実額課税の理念に反する、とするのである。

第三は、実額反証である。詳細は後述するが、実額反証とは、処分時において直接的資料を提示しない納税者が、争訟段階において直接的資料を提示し、実額によって課税すべきだと主張することをいう。伝統的な裁判例は、納税者によるこのような実額反証を基本的に許容してきた。一般に実額は推計を破る、といわれるところである。

事実上推定説によれば、推計課税を認める明文の根拠を欠く、所得税・法人税以外の各種の税についても推計課税は許されるのは当然であるということになる[70]。

(2) 補充的代替手段説

通説とされる事実上推定説に依拠した裁判例の中でも、「調査に協力して帳簿書類等を提出する誠実な納税者との課税の公平の観点をどこまで強くみるか、あるいは、推計課税の主要事実をどうとらえるかなどにより見解が分かれ、実額反証が許される範囲などで結論を異にしている。このような状況の中で、実務上、そもそも推計課税をあくまでも事実上の推定であるとすることから出発させる考え方が」妥当か否かが、「①事実上の推定にすぎないとすると推計の必要性は要件とならないのではないか、②事実上推定説を貫くと推計の方法の合理性について最善の方法であることを要することになるのではないか、③事実上推定説を貫くと実額反証について納税者は反証で足りることになるのではないか、などの観点から再び議論されるようになった[71]」のである。

そこで、「税務上実額課税が原則であるにもかかわらず、課税庁がなぜ推計課税を行い得るかについて考えると、①推計課税は、実額課税が困難な場合にも税負担の公平の観点から課税を放棄することができないことから認められた制度であること、②真実の所得金額を算定する要素である収入金額及び必要経費は、納税義務者の支配領域内で起こる事柄であり、納税者が最もよく知り得る立場にあること、の二つの根拠に求められることが再認識されるように」なった。その結果、「実務上の有力な見解として唱えられるようになった」[72]のが、補充的代替手段説と呼ばれるものである。

補充的代替手段説とは、そもそも「推計課税は、本質的に実額課税とは異質のもので、実額課税を行うことのできないときにやむを得ず課税庁に代替手段として認められる認定方法である」[73]、とするものである。補充的代替手段説は、上述した「事実上推定説からの離脱を積極的に宣明」し、「推計による所得額の認定と真実の所得額の追求はそれぞれ別個のものであることを積極的に認めた見解である」といえる。この説によると、「推計課税は実額課税ができない場合に限り補充的に認められるものであるから、補充性が重要視される限りにおいて推計の必要性は厳格に要求されることになる」[74]と考えられる。

補充的代替手段説を採るとされる裁判例のうち、先駆的な裁判例といわれるのが京都地裁平成六年五月二三日判決である。

① **京都地裁平成六年五月二三日判決**[75]

本件裁判所は、次のように述べて、納税者の主張を退けた。

「そもそも、推計課税（所得税法一五六条）は、課税標準を実額で把握することが困難な場合、税負担公平の観点から、実額課税の代替的手段として、合理的な推計の方法で課税標準を算定することを課税庁に許容した実体法上の制度と解するのが相当である。そうすると、推計課税は、実体法上、実額課税とは別に課税庁に所得の算定を許す行為規範を認めたものであって、真実の所得を事実上の推定によって認定するものではないから、その推計の結果は真実の所得と合致している必要はなく、実額近似値で足りる。だから、推計方法の合理性も、真実の所得を算定しうる最も合理的なものである必要はなく、実額近似値を求めうる程度の一応の合理性で足りると解すべきである。

したがって、他により合理的な推計方法があるとしても、課税庁の採用した推計方法に実額課税の代替手段にふさわしい一応の合理性が認められれば、推計課税は適法というべきである。それとの推計方法の優劣を争う主張は、主張自体失当である。」

本件から、補充的代替手段説の論理を抽出すると、以下の三点が挙げられる。(76)

第一に、本件裁判所は、推計課税の本質を、従来の裁判例が実額と推計とは原則と例外との関係にあると理解してきたのとは異なり、推計課税を、実額課税から独立した別の課税処分と理解する。「実体法上、実額課税とは別に課税庁に所得の算定を許す行為規範を認めたもの」という表現から、この考え方は、端的に、上述の別世界説と同一と考えることができよう。

第二に、推計課税の本質を、実額課税とは別個の課税処分と捉えることにより、推計の結果と実額との厳格な整合性は不要のものとなる。問題の推計方法に一応の合理性があれば、他により合理的な推計方法があるとの納税者の主張は「主張自体失当である」とされ、問答無用として退けられることになる。

第三に、このような推計課税の理解のもとで、納税者の実額反証が許容されるかどうかが問題となる。この点に関しては、本件において、納税者が実額反証をほとんど行っていないため、判決の態度は不明である。

このように、①の京都地裁判決は、「推計課税の本質を、実額課税とは別個の独立した課税処分と捉えるものである。その実際上の機能は、真実の所得金額、実額への接近という要請を退けて、推計の合理性を争うこと自体を基本的に失当とすることにある。また、その射程がどこまで及ぶか、とりわけ、訴訟段階で納税者の実額反証を許容するかどうかは、不明なまま[77]」である。

なお、本判決のほかに、補充的代替手段説を採用したと思われる裁判例として言及される代表的なものが、以下の二つの裁判例である。[78]

② 東京高裁平成六年三月三〇日判決[79]

「税務署長が申告された又は無申告の所得税の課税標準等ないし税額等について更正又は決定をするに当たっては、所得の実額をもってすべきである（国税通則法二四条、二五条）が、所得の実額を捕そくすることができない場合においても、租税負担公平の原則上（中略）、間接的な資料によって所得を認定して更正又は決定をしなければならない。所得税法一五六条（なお、法人税法一三一条）は、この趣旨を規定したものである。したがって、間接的な資料を用いて所得を認定する方式である推計課税は、直接資料を用いて所得を認定する方式である実額課税に代わるものではあっても、それ自体一つの課税の方式であって、所得の実額の近似値を求める、いうなれば概算課税の性質を有しているというべきである。そうだとすると、推計課税における推計の合理性は、所得の実額との関係で厳格な整合性を有する必要はなく、実額課税に代わる方式にふさわしいといい得る程度の合理性で足りるというべきである。」

「前記のように推計課税の本質を解するときは、（中略）原告が直接資料によって収入及び経費の実額を主張・立証することは、被告の抗弁に対する単なる反証ではなく、自らが主張・証明責任を負うところの再抗弁であ［る］。」

③ 釧路地裁平成六年六月二八日判決[80]

「推計課税は、税負担の公平の見地上、納税者の所得を認識することができる帳簿等の資料等がないからといって課税を放棄できないため、推計の必要性の存在を要件として、実額課税に代替する手段として認められたものと解する（所得税法一五六条）。（中略）税務署長が採用した推計方法が合理的であるためには、税務署長が入手し又は容易に入手し得る推計の基礎事実及び統計資料等に照らし、その推計方法が一応最良の方法と認められ、かつ、当該納税者の所得につき近似値を求め得ると認められる程度のものであれば足りるといわなければならない。推計課税は税負担の公平の見地から実額課税に代替する手段として認められたものであり、その性質上実額そのものではなくその近似値的なものを把握すれば足りるものであるところ、現実の所得が明らかになれば実額によって課税するとの原則に戻り、推計による課税処分は取り消されることになると解すべきであるが、その場合の所得金額の主張立証責任は納税者の側にあると解すべきである。」

上記二つの判決は、実額反証を認めている点が注目される。推計課税が実額課税とは別個の課税処分であるという論理を徹底すれば、このような結論には達しないはずである。この点に関しては2において詳述する。

2　推計課税の本質論としての補充的代替手段説の適否

補充的代替手段説は、今村隆教授によれば、「事実上推定説において理論的に説明が困難であった問題につき、明快に答えるものであり、理論的にも優れた考え方である。[81]」とされ、また一般に、別世界説と事実上推定説の中間に位置する考え方を示しているといわれる。[82] しかし、推計課税の本質論として、補充的代替手段説に関するこのような理解や位置づけがはたして妥当であるのか、以下検討する。

補充的代替手段説を採った裁判例は、実務の立場からは、①推計課税の必要性が要件として掲げられていること、②推計課税は実額課税に代替する一つの課税方式（あるいは実額課税と並ぶ一つの実体法上の制度）であって、事実上の推定を法規化したものではないこと、③推計課税の意義を所得税法一五六条（法人税法一三一条）の法意に求め、租税負担公平の原則を重視していること、④推計の合理性は、代替手段にふさわしい一応の合理性で足りること、という論理を示す点において特徴的であると説明される。[83]

また、補充的代替手段説は、「『補充性』、すなわち、推計の必要性を満たすときのみ実額課税の代替手段として認められるとする考え方である。この説は、別世界説と一脈通じるところがあるものの、別世界説が、推計課税の結果は、真実の所得金額と乖離していることを法が積極的に認めているとしているのに対し、あくまでも、課税標準は、真実の所得金額であるとし、（中略）実額反証をすることにより、推計の結果を覆すことができることから、推計の結果と真実の所得金額とのつながりが制度上保障されているとする考え方である[84]」とされる。

このように説明される補充的代替手段説には、推計課税の本質論としていくつかの問題がある。

第一に、補充的代替手段説にいう「補充性」の意味が問題となる。この説による「補充性」の根拠を何に求めるのかは必ずしも明確ではない。

従来、推計課税はその「必要性」があるときに限って許されるとされてきた。その必要性は、推計課税の制約の論理として用いられてきたのである。ところが、補充的代替手段説にいう必要性とは、従来の必要性の意味とは異なる意味をもつように思われる。おそらくその必要性は、「租税負担公平の原則を重視するという点からすると、課税庁は実額で所得を把握できないからといって課税を放棄することは許されないから、推計によってでも所得を認定するほかない[85]」、という意味での課税の「必要性」を含意するものと思われる。その上で、推計課税は、「所得を実額に代わって認定するのであるから、実額との距離が相当生じたとしても、推計に一応の合理性があれば、当該課税処分は違法とはいえない、という結論[86]」に達するのであろう。

このように、補充的代替手段説にいう「補充性」とは、租税負担の公平の観点から課税を放棄することができないという課税の必要性と、租税負担の公平の観点からやむを得ず推計課税処分を行うのであるから、正確性は多少犠牲にならざるを得ない、という不正確さの弁明という二つの意味をもつように思われる。補充的代替手段説にいう「補充性」が上記二つの意味合いをもつとすれば、それは適切な用法とはいえないであろう。なぜなら、推計課税の「必要性」の要件は、推計課税の発動を制約する要件ではあっても、その発動を促すものではないからである。また、不正確さの弁明は、課税庁の実額への接近の努力が緩められてしまう結果を招くことになるからである。さらに、吉良実教授が、「『可能な限り』常に実額課税をするべきであって、推計課税は、どうしても実額課税ができない場合にのみ、その実額課税のできない部分を補充する課税方法として認められることになる」[87]と述べられているように、推計課税が補充性を持つかどうかについては特に異論はなく、その補充性を強調することにより推計課税の本質を明確にすることはできないと思われるからである。

とすると、第二に問題となるのは、結局、補充的代替手段説にいうところの「代替」の意味である。

補充的代替手段説は、「代替」をめぐる二つの可能性を使い分けているように思われる。すなわち、「納税者が、他に合理的な推計方法があるという主張をした場合には、実額課税と推計課税とはそれぞれ独立した課税方法であって、ひとたび実額課税に代えて推計課税がなされたならば、もはや代替された推計課税しか問題にすることができない、として、実額への接近の道を遮断する。他方で、納税者によって実額反証がなされた場合には、実額課税と推計課税が違う課税方式であるとか、推計課税によって代替されたとかの論理を全く用いない。ただ結論的に、実額反証を認めたうえ、論理としては『推計の結果と真実の所得金額とのつながりが制度上保障されている』ので」[88]、真実の所得金額との乖離を積極的に認めた別世界説とは違う、として、自らを正当化するのである。

このような正当化には問題があろう。なぜなら、実額課税と推計課税がそれぞれ並列する課税方法であるとするなら、ひとたび推計課税がなされたならば、もはや実額反証は認められないとするのが論理的であるからである。

第三に、実額への接近の度合いに照らして、納税者が推計方法の優劣を争う主張をして推計課税を攻撃する場合に、その主張自体失当とする論理は妥当かどうかが問題となる。これは、推計課税が実額課税とは別個の課税方法であるとすると、その推計課税の実体法的な適法性は、何によって担保されるのか、という問題である。

推計方法の優劣を争う主張は「それ自体が失当である」ということになれば、推計の合理性を維持するための理由付けはほとんど不要となる。補充的代替手段説は、このようにして納税者の推計の合理性を争う方法を狭めることに基本的な狙いがあると考えられる。すなわち、「より実額を反映する、より合理的な推計方法の存在を主張することそのものが否定されるとすれば、たとえ推計方法の選択に関して課税庁の恣意が存した場合でも、その違法性を問うことができない、という不合理な結果[89]」となる。

このような不合理を考慮してか、大阪高裁平成八年一〇月三〇日判決[90]は、「相応の合理性がある推計方法があっても、そのいずれをとるかは、課税庁の裁量に委ねられているから、他の推計方法の方が実額に極めて近似し当該推計方法との差が著しく、社会通念上、相応の合理性すらなく、裁量権の濫用であることが証明されない限り、課税庁の推計方法の合理性を肯認できる。」と判示している。この判決のいう裁量権の濫用論は、相当厳格な制限を加えた上で、推計方法の選択の違法性を問う余地があることを示唆するものであるが、その際の違法性の判断基準を実額としていることは、注意すべき点である。なぜなら、違法性の判断基準を実額とする考え方は、その方向性としては、伝統的な推計課税の理解と基本的に変わらないためである。この場合、推計課税の適法性は、その程度はともかく、実額への接近の有無で判断されることになる。そうだとすれば、納税者がより実額に近い推計方法の存在を主張することは当然に認められなければならない、ということになろう。

第四に、補充的代替手段説をどのように評価するか、という問題がある。

これについては、推計の諸問題を統一的に説明できるという点で優れた考え方である、と評価されている[91]。しかし、上記の問題点の検討からもわかるように、このような評価は適切でないと思われる。なぜなら、補充的代替手段説は、実額課税と推計課税とは「それぞれ独立した課税方法だとみるかどうかについて、論理的に一貫していない」ためである。「納税者による推計の合理性に対する攻撃に対しては、推計課税は実額課税とは違うとして」、実額への接近の道を遮断する。他方で、納税者の実額反証は可能であるとして受容する。しかし、「その受容の法的根拠は定かではない(92)」のである。

小野雅也氏は、「補充的代替手段説に立つとすると、推計は間接資料を用いて行われるところ、同質の認定手段を用いてより合理的な推計方法を主張し推計課税を争ったとしても容易に推計の結果を覆すことはできず、認定手段を異にする実額反証により有効にそれを覆すことができると考えているようである。（中略）推計課税と真実の所得とのつながりが制度上保障されているというのはこのことを意味すると考えられ、それゆえ、納税者のする実額反証は当然に許容されることになろう。(93)」と述べて、補充的代替手段説に立ったとしても実額反証が可能であることを上記のように説明している。しかし、補充的代替手段説とは、そもそも、「所得税法一五六条等は、真実の所得金額を課税標準として課税することを認めた実体規定とは別に、実額近似値を課税標準として課税することを認めた実体規定である、したがって、真実の所得金額と実額近似値とは合致する必要はない(94)」、とするのであるから、推計により課税処分がなされたならばその後の真実の所得金額との接近は不要となる。それにもかかわらず、推計の結果と真実の所得金額とのつながりが制度上保障されている、として実額反証を可能とするのは、実額反証が可能であることの根拠としては不明確な説明であり、論理的に無理があると思われる。

したがって、以上に検討した通り、推計の諸問題を統一的に説明できるという点で優れた考え方であると評される補充的代替手段説は、その論理が便宜的であり、一貫性にも欠けるため、推計課税の本質論としては適当でないといえよう。

それではなぜ、このような論理一貫性を欠く本質論が裁判例において多く登場するようになったのか。

補充的代替手段説が登場した理由は、必ずしも明確ではないが、その背景には以下のような考えがあると思われる。

もともと、納税者の所得は納税者本人のもっともよく知るところであり、申告納税制度自体に納税者の協力義務や説明義務が包含されている[95]。それにもかかわらず、推計課税の場面においては、調査非協力等の義務違反の納税者に対し、多額の費用、労力をかけて推計課税をしても訴訟段階における実額反証により、それが簡単に覆されることがある。そのことに対する不満や苛立ちを課税庁側が抱いていることが考えられる。あるいは、申告納税制度の前提となるべき帳簿書類を備えない者等が、訴訟の場において実額課税の論理を盾にして推計の合理性を攻撃することへの割り切れない思いがあることも考えられよう[96]。

確かに、このような考えは理解できないわけではないが、理由のない調査非協力については、基本的には、その義務違反につき刑罰を科すべきであると思われる（所得税法二四二条八号等）。また、実額反証に係る証拠の提出が理由なく遅延した場合には、時期に後れて提出した攻撃防御の方法とみなして排斥することも可能であろう（国税通則法一一六条）[97]。推計課税自体を制裁的措置として位置づけるのであれば格別、「法定のこのような取扱いを超えて、租税実体法上の不利益を与えるについては、慎重な考慮を要する」[98]であろう。

したがって、以上の検討から、補充的代替手段説については次のように結論付けられると思われる。

すなわち、推計課税を取り巻く状況を鑑みると、補充的代替手段説が登場した背景は理解できる点もある。しかし、推計課税の本質論としては支持できない。なぜなら、補充的代替手段説は、本来は推計課税の発動を制約するものである推計の「必要性」に課税の「必要性」を含意することにより、推計課税はやむを得ず行う処分であるから正確性は犠牲にならざるを得ないとして、課税庁の実額への接近の努力が弱められる結果を招く。また、「代替」の意味を使い分けることにより、実額課税と推計課税はそれぞれ独立した別個の課税処分であるとして実額への接近を遮断するが、一方で実額反証は認める、という便宜的な対応をとる。このような論理一貫しない対応は、推計課税の本質論として適当とはいえないであろう。

また、納税者の推計方法の優劣を争う主張に対しては、実額課税と推計課税とが別個の課税処分であること強調することにより、その主張自体失当である、として納税者の推計の合理性を争う主張を排斥する。これが補充的代替手段説の意図するところである。確かに、納税者が調査非協力の場合には、推計の柱となる金額を把握するために費やすべき労力、時間は自ら合理的な制約をもつと考えざるをえない。しかしながら、課税庁によって主張される、「労力や時間の制約という一般的な理由づけによって、個別の推計方法の合理性が直ちに担保されるわけではない。また、納税者の実際の所得金額に最も近づくことができる推計方法を採用することを期待している所得税法一五六条等の法意を実現するための課税庁の努力が弱められてよいものでもない(99)」のである。

すでに述べたように、申告納税制度の下においては、実額課税が原則であり、推計課税は、実額を直接資料により把握することができない場合に、例外としてやむを得ず間接資料により所得を推計するものである。したがって、「推計の方法は、できる限り真実の所得に近似した数値を把握できるような精度の高いものである必要がある(100)」る。また、「税務官庁は常に可能な限り実額課税をすべき最善の努力（実額調査）をすべきであって、安易に推計課税をすることは許されない」のであって、「やむを得ず推計課税が行われる場合でも、その推計される部分はできるだけ最小限にとどめ、かつより実額近似値の推計課税が要請されている(101)」のである。このように、実額課税の例外として許容される推計課税には、実額への接近が要請されるのである。

前掲大阪高裁昭和六二年九月三〇日判決によれば、事実上推定説は、推計課税を「実額課税、推計課税といっても、それぞれ独立した二つの課税方法があるわけではなく、両者の違いは、原処分時に客観的に存在した納税者の所得額（以下「真実の所得額」という）を把握するための方法が、前者は伝票類や帳簿書類などの直接資料によるのに対し、後者はそれ以外の間接的な資料によるという点にあるにすぎず、いずれにせよ、最終的に問題となるのは、真実の所得額がいくらであるかということである」と解する。つまり、推計課税は、「真実の所得を把握するための立証の一方法にすぎないものであり、所得認識方法の一類型である」[102]とするのである。

したがって、真実の所得額等に対する課税、つまり実額課税を原則とする申告納税制度の下においては、推計課税を、真実の所得を把握するための所得認識方法の一類型と解し、その算出される所得金額は納税者の実際の所得に最も近似するものでなければならないとして、実額への接近の要請に応える事実上推定説が妥当であろう。

以上に検討したところから、推計課税の法的性格については、吉良実教授が述べられているように、推計課税は「あくまで間接資料により課税要件事実の存在を推認し、課税標準等の限りなき実額を求めての『実額近似値課税』であ[103]」ると理解することが妥当であると考える。

(61) 碓井光明「課税要件法と租税手続法との交錯」租税法研究一一号二八頁（一九八三）。
(62) 山田二郎「判批」自治研究六四巻一一号一三七頁（一九八八）。
(63) 泉徳治ほか・前掲注（5）二〇一頁。
(64) 金子宏・前掲注（1）八九五頁以下、佐藤繁・前掲注（9）七一頁。
(65) 清永敬次『税法〔新装版〕』一五三頁（ミネルヴァ書房、二〇一三）。
(66) 大阪高判昭和六二年九月三〇日判タ六五三号二四九頁。
(67) 例えば、大阪高判平成二年五月三〇日税資一七六号一〇九二頁、東京地判平成三年一二月一九日税資一八七号三七七頁、等。
(68) 大阪地判平成九年六月二七日税資二二三号一一八三頁。
(69) 田中治・前掲注（2）一〇六頁。
(70) 飲料税につき、東京高判昭和五五年一〇月二九日行集三一巻一〇号二二五五頁、東京高判昭和六〇年三月二六日行集三六巻三号三六二頁。物品税につき、大阪高判昭和五九年六月一五日行集三五巻六号七八六頁。
(71) 今村隆「判批」税理三九巻二号二五頁（一九九六）。
(72) 今村隆・同二五頁。

(73) 今村隆・同二五頁。
(74) 小野雅也「推計課税と実額反証に関する裁判例の分析」税務大学校論叢二八号一八六頁（一九九七）。
(75) 京都地判平成六年五月二三日判タ八六八号一六六頁。
(76) 田中治・前掲注（2）一〇九頁。
(77) 田中治・同一一〇頁。
(78) 釧路地裁平成六年六月二八日判決の判時解説（判時一五三四号一九頁）は、補充的代替手段説に立つと思われる裁判例として、釧路地裁平成六年六月二八日判決の他に、東京高裁平成六年三月三〇日判決、京都地裁平成六年五月二三日判決を挙げ、今後の判例の動向が注目されると述べている。
(79) 東京高判平成六年三月三〇日行集四五巻三号八五七頁。
(80) 釧路地判平成六年六月二八日判時一五三四号一九頁。
(81) 今村隆・前掲注（71）二六頁。
(82) 大渕博義「判批」ジュリスト一一三八号一三五頁（有斐閣、一九九八）。
(83) 小野雅也・前掲注（74）一八九頁。
(84) 今村隆・前掲注（71）二六頁。
(85) 小野雅也・前掲注（74）一九〇頁。
(86) 田中治・前掲注（2）一一一頁。
(87) 吉良実・前掲注（6）四三頁。
(88) 田中治・前掲注（2）一一二頁。
(89) 田中治・同一一四頁。
(90) 大阪高判平成八年一〇月三〇日税資二二一号二六六頁。
(91) 今村隆・前掲注（71）二六頁、大渕博義・前掲注（82）一三六頁。
(92) 田中治・前掲注（2）一一七頁。
(93) 小野雅也・前掲注（74）一九一頁。
(94) 泉徳治ほか・前掲注（5）二〇二頁。
(95) 大渕博義・前掲注（82）一三六頁。
(96) 田中治・前掲注（2）一一五頁。
(97) 岩崎政明「租税訴訟における納税者の証拠提出責任―改正国税通則法一一六条の意義と適用範囲」判タ五八一号四九頁（一九

八六）。

(98) 田中治・前掲注（2）一一六頁。南博方教授は、推計課税を一種の制裁的措置として位置づけることを提案している。南博方「推計課税の実務と理論」判タ七八七号一〇頁（一九九二）。

(99) 田中治・同一一六頁。

(100) 中込秀樹・前掲注（15）三四五頁。

(101) 吉良実・前掲注（6）四四頁。

(102) 増田英敏・前掲注（36）六七頁。

(103) 吉良実「推計課税における若干の問題」税法学五〇〇号六四頁（清文社、一九九二）。

四　推計課税における実額反証の許容性

1　推計課税の法的性格と実額反証の許容性

(1)　推計課税取消訴訟における実額反証の許否

推計課税は、実額を把握することができない場合にやむを得ず行われる課税処分であるが、これに対し、審査請求又は訴訟の段階において、納税者が帳簿書類等の直接資料による実額に基づく反論を行うことがある。これがいわゆる「実額反証」と呼ばれるものである。(104) 現在では、通説・判例とも、納税者からの実額の主張についてはこれを許容する立場を採っているが、そもそも、この実額反証自体が認められるか否かという問題がある。

実額反証を否定する見解としては、まず、納税者自らが実額課税を不可能ならしめていながら本訴に至って実額を主張し、推計課税を批判するのは信義則に反する、とする説があり、(105) 訴訟において課税庁側からその旨の主張がなされることもある。(106)

これに対しては、「信義則は個々具体的な事案における結果の妥当性を担保するための例外的手段であり、例外的に否定する根拠とすることは格別、信義則は実額反証を一般的に否定する根拠とはなり得ない[107]」とする批判がある。

また、碓井光明教授は、「推計課税の要件を満たして推計課税を受けた者は、それが自己の責に帰すべからざる事情に因る場合を除いては、審査請求段階以降においては、新たに実額の主張をなすことが原則として許されない[108]」として、実額反証を否定する立場を採られている。この見解は、申告納税制度の下では、納税者は課税庁との信頼関係に基づき、課税標準に係る適正な記録・情報を提供する責務を負っていると解されること、調査に非協力な納税者に対する税務調査には多大の費用と労力が費やされていることを根拠とするものである。

このような主張制限を提唱する見解に対しては、「処分時の調査非協力等を理由に信義則によって原告の実額の主張を一般的に封ずることは難しい[109]」とする見解が支配的となっている。裁判例においては、京都地裁昭和五二年七月一五日判決[110]は、「処分時に推計により課税せざるを得ない場合であっても、その後において実額計算をするに足りる資料の提出がある以上、納税者が当初から訴訟において実額計算のための帳簿書類の提出を企図するなど特段の事情のない限り実額により算定すべき」であると判示して、実額反証を許容する立場を採っている。

課税処分時に推計の必要性が存在した以上はその後の実額主張は許されないとして実額反証を否定する見解は、推計課税を実額課税とは別個の課税方式と捉えていることに由来しており、別世界説を採る立場から主張されている説である。確かに、別世界説においては、推計課税は、「外形標準課税を肯定する特別の課税方法であり、実体的真実からの乖離を積極的に認めたもの[111]」と解されるため、訴訟の段階において実額を算定する資料が存在したとしても、実額への接近は不要とされ実額反証が許容される余地は存在しないことになる。

しかし、前述したように、実額課税を原則とする申告納税制度の下においては、推計課税の法的性格については事実上推定説が妥当する。事実上推定説によれば、推計課税は実額課税とは別個の課税方法ではなく、真実の所得を把握するための立証の一方法にすぎず、最終的に問題となるのは真実の所得金額がいくらであるかということであるから、客観的に真実の所得金額により近い金額と認められる方が採用されるべきであるとされる。そのため、推計課税をこのように解することの帰結として、「推計課税の必要性および合理性が認められる場合であっても、所得が実額で主張され、その直接証拠（資料）が提出されれば、実額所得の方が推計所得よりも優先される」[112]ことになる。つまり、「実額は推計を破る」という結論に至るのである。

この点に関して、学説においては次のような見解が示されている。吉良実教授は、実額反証が許容されるのは「課税は実額課税が原則であると言う立場に立つ限り当然の結論である」[113]と述べられている。また、中込秀樹氏は、「特別な課税方式として推計課税がある訳ではなく、実額課税との差は、所得認識方法にあるに過ぎないのであり、（中略）原告が実額を主張・立証すれば、推計課税はその合理性を失うと解すべきこととなる。（中略）実額が判明すれば推計による額が排斥されることとなるのは当然であろう」[114]としている。

また裁判例においては、事実上推定説を採る代表的な裁判例とされる前掲大阪高裁昭和六二年九月三〇日判決は、「実額課税、推計課税といっても、それぞれ独立した二つの課税方法があるわけではなく、両者の違いは、原処分時に客観的に存在した納税者の所得額（以下「真実の所得額」という）を把握するための方法が、前者は伝票類や帳簿書類などの直接資料によるのに対し、後者はそれ以外の間接的な資料によるという点にあるにすぎず、いずれにせよ、最終的に問題となるのは、真実の所得額がいくらであるかということであるから、納税者の実額の主張は、それが真実の所得額に合致するものと認められる限りは許さざるを得ないと解するのが相当である。」として、実額反証を許容している。

したがって、以上の学説・判例から、実額反証の許否については次のように考えることができよう。すなわち、推計課税の法的性格については事実上推定説を採るのが妥当である。事実上推定説は、「課税標準の認定に関し、推計に対する実額の優位を意味する」[115]のであるから、納税者が推計課税の違法を争う場合には「実額資料に基づく主張をし、かつそれを証拠として提出することも、訴訟法上は当然認められる」[116]ことになる。つまり、推計課税取消訴訟において、実額反証は許容されることになる。

(2) 実額反証の性質と立証責任

上述のとおり、推計課税においては、納税者の実額反証が許容されることが確認できた。実額反証の立証においては、「納税者が主張する実額について立証することを要するか、又は、納税者が実額を主張し、実額に関する証拠を提出することにより、税務署長のした推計課税の合理性を、真偽不明の状態にすることで足りるのか」[117]という争いがある。これはつまり、納税者は実額反証の場において、立証責任を負うのか[118]、文字通り「反証」で足りるのかについての争いである。この点に関しては、実額反証の性質、すなわち推計課税の主要事実の把握の仕方によって、立証責任の所在及び立証の程度が異なることとなる。

推計課税における主要事実は何かについて、学説上有力とされているのは、次の二つの説である。すなわち、①推計課税においては、所得金額自体が主要事実であり、推計を組成する収入金額や経費の各事実は間接事実にすぎないとする説（所得説）と、②推計の合理性を基礎付ける事実（推計方法の合理性、基礎資料の正確性及び原告への適用の合理性等）が実額課税における個々の所得発生原因事実に相当し、主要事実を構成するという説（具体的事実説）である。[119]いずれの説が妥当であろうか。

まず、主要事実は直接証拠により証明することが可能でなければならない。所得金額は計算の結果算出されるものであるから、所得金額自体を主要事実として立証の対象とすることは不可能であろう。また所得説では、当事者の主張を待たずに事実を認定する可能性があり、攻撃防御の観点からも納税者に対する不意打ちの可能性が考えられるため、[120]①所得説は妥当ではないと解される。

実額課税の場合においては、主要事実を、所得金額の算定に必要な個々の所得発生原因事実すなわち具体的事実とする「具体的事実説」が多数説とされている。[121] 推計課税は、「所得の額を個々の具体的な発生原因事実に基づいて直接認定することができないため、これに代えて間接的方法によって所得額を認定しようとするものである。実額課税と推計課税という二つの別個独立の処分が存在するわけではなく、一つの所得を認定するための方法の差にすぎない。したがって、推計の適法要件である推計の合理性を基礎づける事実は、実額課税における個々の所得発生原因事実に相当するものとして主要事実を構成する[122]」と考えられる。以上のことから、推計課税における主要事実の捉え方としては、推計課税の主要事実を推計の合理性を基礎づける事実とする②具体的事実説が妥当な説と思われる。

そして、②具体的事実説においては、実額反証の性質を「そもそも実額が認定されれば、（中略）推計の合理性いかんにかかわらず実額が優先する（実額は推計を破る。）という関係と理解すれば、実額反証は再抗弁と考えることができる[123]」とする見解と、「所得の存在についての主張立証責任は被告にあるのが原則であるが、推計の必要性がある場合に合理的な推計によって実額に近似する所得の存在の一般的・抽象的蓋然性が主張立証されたときは、これと実額とが異なるとの事実は、いわゆる間接反証事項と考えられる[124]」とする見解がある。実額反証の性質について「間接反証事項」と解するにせよ、「再抗弁」と解するにせよ、訴訟の場においては納税者がその立証責任を負うことになる。推計課税も実額課税と同様の課税処分であるという事実上推定説に立てば、課税処分取消訴訟における通常の客観的立証責任の分配原則、すなわち課税庁が客観的立証責任を負うとする原則と立証責任の所在が逆になることとなる。それでは、実額反証における立証責任についてはどのように考えられようか。

所得税をはじめ、各個別租税実体法は、課税要件を定め、その要件を充足する場合には租税に関する法律効果が発生もしくは消滅すると定めている。つまり、租税実体法は納税者にとっては行為規範としての性質を有するものである。しかしながら、これらの租税実体法は、要件事実についての主張・立証責任の分配に関してはなんら具体的規定を用意していない。すなわち、租税法は裁判規範として見た場合、規定に不備があり、裁判規範としての機能を十分に果たしきれないという問題がある。そこで、租税法を裁判規範として機能させるために、「訴訟における立証責任の分配や攻撃防御の方法を体系的に理解する考え方である要件事実論[125]」の観点から、実額反証における立証責任について検討することとする。なお、ここでは、要件事実と主要事実は同義として扱う。

増田英敏教授は、租税法における要件事実論の有用性を、裁判規範として不完全である租税法の不備を補完し、訴訟当事者の裁判の行方に対する予測可能性を確保し、租税法律主義の機能を担保するものとして有益である[126]、と述べられている。そして、主張・立証活動における予測可能性と法的安定性の確保の視点から最も優れた基準であるとする「法律要件分類説[127]」に立った上で、租税行政庁と納税者の立証責任について次のように明確に整理できると述べられている。

すなわち「課税処分の取消訴訟では、課税処分の適法・違法が訴訟物であり、租税行政庁の課税処分は、その権限行使規定（「この行為をしたときにはこの処分を行う」といった規定）により行われるために、被告租税行政庁が、この権限行使規定の要件事実について立証責任を負うことになる。一方、納税者が租税債権の消滅を主張する場合には、権限不行使規定（「この行為をしたときにはこの処分を行わない」といった規定）の要件事実は、納税者である原告が立証責任を負うことになる。

要するに、課税処分の根拠である租税債権の存在に係る要件事実については被告租税行政庁が、租税債権の発生を妨げる特別の事情あるいは消滅に係る要件事実については原告納税者が、立証責任を負うことになる。[128]」

また金子宏教授も、原則的に法律要件分類説に立脚しながら、「課税要件事実の存否および課税標準については、原則として租税行政庁が立証責任を負う、と解すべきである。ただし、課税要件事実に関する証拠との距離を考慮に入れると、この原則には利益状況に応じて修正を加える必要があろう。[129]」とされている。

実額反証は、課税庁の推計課税を所得実額にかかる直接資料を提出して自己の所得を実額で計算できるとして推計課税の違法性を争うものである。よって、納税者側の特殊事情及び証拠との距離等に鑑みれば、実額反証においては原告納税者が立証責任を負うものと解することができよう。

伊藤滋夫教授は、要件事実論とは、実体法制度の趣旨が訴訟において最も適切に実現できるように立証責任対象事実（要件事実）を決定することが立証の公平に適うものとする考え方である、と述べておられる。[130] この考え方を推計課税取消訴訟の場面に当てはめると、次のような結論が導出される。すなわち、推計課税の法制度の趣旨は、租税負担の公平の実現である。実額反証において原告納税者が立証責任を負うと解することは、課税処分取消訴訟における通常の立証責任の分配原則とは異なるが、推計課税制度の趣旨からは妥当である。なぜなら「推計の必要性があり、やむを得ず推計課税がされたところ、訴訟に至り初めて実額の主張・立証がされるわけであるから、むしろかく解することが公平に合する[131]」からである。

2　実額反証の立証の程度及び範囲

実額反証に関しては、さらに次のような点が問題とされる。まず、実額反証の立証としてはどの程度のものが要求されるかという問題がある。次に、原告納税者は、被告課税庁の主張する収入金額を認め、必要経費についてのみ実額を主張するケースがあるが、それら部分的実額反証が許容されるか否か、すなわち実額反証の立証の範囲の問題がある。以下、これらの問題について検討する。

(1)　実額反証の立証の程度

納税者が行う実額反証の立証の程度としてどの程度の立証が必要とされるのか、以下①反証、②真実の高度の蓋然性（確信）、③合理的疑いを容れない程度の立証、の三つに分けて検討する。

① **反証**

反証とは、税務署長のした推計課税の合理性につき、裁判官の心証を真偽不明の状態にする程度の証明である。これは、実額反証を立証責任まで負わない「単なる反証」とした場合の立証の程度である。

裁判例としては、名古屋高裁金沢支部平成六年三月二八日判決(132)が、「納税者による実額反証は、課税庁がした推計による本証を真偽不明にして、覆せばそれで足りるものである。」と判示している。しかし、実額反証を「単なる反証」でよいとする学説はあまり見受けられないといえよう。

② **真実の高度の蓋然性（確信）**

真実の高度の蓋然性とは、通常の証明すなわち通常人なら誰でも疑いを差し挟まない程度に真実らしいとの確信を抱く程度の証明である(133)。

先に述べたように、実額反証においては、その性質が再抗弁であろうと間接反証であろうと、いずれにせよ主張・立証責任は納税者の側にあるとされる。そうすると、「立証の程度は裁判官の心証を動揺せしめる程度では足りず、少なくとも確信を抱かせる程度の立証を要する(134)」ものとされる。

この点につき、学説は次のように述べている。

小尾仁氏は、「実額反証が再抗弁事由として位置付けられることからすれば、納税者は、本証として主張する『実額』が真実の所得額に合致することについて裁判官に確信を抱かせる程度の立証を要する。(135)」と述べている。

また、中込秀樹氏は、「実額反証の証明度については、推計課税が、必要性、合理性ともに立証されたときは、積極的に実額が証明されない限り課税処分は適法とされることとなるから、いわゆる間接反証の一場合として、存在することの証明まで要求されることとなろう。(136)」としている。

従来の裁判例の多くが、「真実の高度の蓋然性（確信）」に当たるといえると思われるが[137]、「確信を抱かせる程度の立証を要する」あるいは「高度の蓋然性を持つに至るほどの立証を要する」というように、具体的に判示したものは見受けられない。

③ 合理的疑いを容れない程度の立証

わが国の現行法は、証明度について明文の規定を設けていない。通説では、刑事裁判における真実は実体的真実であって、その証明は「合理的疑いを容れない証明」であることを要し、その場合の合理的疑いとは、何らの不疑、不信をさしはさまないというのではなくて、正常人が合理的な疑いをさしはさまない程度の真実の蓋然性を意味すると解されている[138]。合理的疑いを容れない程度の立証とは、この「刑事裁判における『合理的疑いをいれない証明』を推計課税事件の実額反証の場面に用いたものであるとも考えられる。そうだとすると、実額反証における立証の程度は刑事裁判と同じように、実体的真実を証明する最高度のものであるということになる[139]」が、このように解することが妥当であろうか。

学説は以下のように述べている。

加藤就一氏は、大阪高裁昭和六二年九月三〇日判決の解説において、「実額反証においては納税義務者が主張する実額以上の所得が存在しないことが立証されない限り、推計の合理性の立証に対する反論になり得ないもので、主張額以上の所得の存在が立証され、あるいはその存否が真偽不明であってはならないものである。（中略）本判決はこのことをとらえて『合理的疑いを容れない程度』と表現したものと理解できないわけではなく、このように解すれば本判決も特に異例なものというまでもないといえよう。その文言は適切とはいえないと考えるが、実額反証における立証活動はより高度なものが要求されることを明らかにしたものとして、本判決の立場は支持することができる[140]」と述べている。

裁判例としては、前掲大阪高裁昭和六二年九月三〇日判決は次のように判示している。

「納税者が推計課税取消訴訟において所得の実額を主張し、推計課税の方法により認定された額が右実額と異なるとして推計課税の違法性を立証するためには、その主張する実額が真実の所得額に合致することを合理的疑いを容れない程度に立証する必要があると解すべきであって、右実額の存在をある程度合理的に推測させるに足りる具体的事実を立証すれば足りると解すべきものではない。」

その後、この大阪高裁の判決を契機に同旨の裁判例が相次いで登場している。例えば、京都地裁平成七年五月一九日判決[141]は、「原告主張の事業所得金額が実額で認定されるためにはその主張する収入（売上）金額がすべての取引先からのすべての取引についての捕捉もれのない総収入（売上）金額であること、及びその主張する必要経費の額が実際に支出され、かつ右収入金額と対応する（すなわち、当該事業と関連性を有する）ものであることを合理的な疑いを容れない程度にまで完全に立証されなければならないと解するのが相当である。」と判示している。

それでは、実額反証においては、どの程度の立証が要求されるのか。

上述したように、実額反証の主張・立証責任は納税者が負担すべきものと解されるので、その証明の程度については、本証としてこれを立証しなければならないことになる。よって、立証の程度として①反証では足りないこととなるが、その理由として以下のような見解が妥当すると思われる。

すなわち、すでに述べたように、申告納税制度は、真実の所得を最もよく知るのは納税者自身であるから、その各納税者に真実の所得を捕捉・測定させて、税法の定めに従い適正な所得額を申告し、それによる税額を納付させる制度である。よって、納税者には自己の所得についての適正な申告と、それによる税額を納付すべき義務があると解するのは申告納税制度の趣旨からして当然の事理であるといえる。また、納税者は課税庁の税務調査に協力し、自己の申告額の正確性について説明する義務を負っていると解すべきである。

推計課税は、納税者がこれらの義務を履行しないために行われるのが通常であり、「このように自らの義務違反により課税庁に推計課税を余儀なくさせた納税義務者が実額反証をする場合に反証責任しか負わない」のは適当ではない。「実額反証をもって純然たる反証責任と解する」とすれば、最終的に立証責任を負う「課税庁に過大な負担を負わせる一方、納税義務者には何らの負担、不利益も生じないことになる」[142]から、実額反証の立証の程度として、反証で足りるとするのは適当ではない。

では、本証としての立証が要求される実額反証において、その証明の程度として妥当であるのは、②真実の高度の蓋然性（確信）、あるいは③合理的疑いを容れない程度の立証、のいずれであるか。

一般に、民事訴訟における証明の程度については、「通常人が疑いを差し挟まない程度に真実性の確信を持ちうるものであることを必要とし、かつ、それで足りるものである」[143]とされている。小野雅也氏によれば、「実額反証の証明度についてもこの民事訴訟上の概念が等しく用いられているといえる。したがって、推計課税に関する裁判例においても、実額反証の立証の程度として『真実の高度の蓋然性』を要するとするものが最も多く現れており、主流をなしているといってよい[144]」とされる。

しかしながら、前掲大阪高裁昭和六二年九月三〇日判決で実額反証の立証には「合理的疑いを容れない程度の立証」を要すると判示されてから、それ以後同旨の裁判例が多く現れるようになった。学説によると、刑事訴訟では民事訴訟よりも高度な証明が要求され、その程度は「合理的な疑いを容れない証明」であるとする立場が有力であるとされる[145]。上記の判決は、実額反証の証明度に刑事訴訟の証明度に関する学説を取り入れたものであると考えられるが、実額反証における立証の場面で最高度の証明である「合理的疑いを容れない程度の立証」が要求されるのはどのような理由によるのであろうか。

前掲大阪高裁昭和六二年九月三〇日判決は、実額反証の立証に「合理的疑いを容れない程度の立証」を要するとする理由として、①申告納税制度のもとにおける納税者は、税法の定めるところに従った正しい申告をする義務を負っていること、②適正申告納税義務及び調査協力義務に違背し、課税庁に推計課税を余儀なくさせた納税者が実額反証を許される結果、申告納税義務を遵守する誠実な納税者に比べて利益を生ぜしめてはならないこと、③当該納税者は経済取引の当事者であり、証拠の距離からして課税庁よりも自己に有利な証拠を提出することが容易であること、の三点をあげて説明し、「かかる納税者に右のような立証責任を負担させても酷であるとはいえない」と判示している。

加藤就一氏は、「実額課税における立証の対象である実額と実額反証における立証の対象である実額は同じ実額という文言ではあるが、その意味内容は異な」り、「全く同一の立証活動がされたとしても、実額課税の立証としては充分であっても、実額反証の立証としては不充分」の場合があり得る。この意味から「実額反証における立証活動は実額課税のそれよりも高度なものが要求され、（中略）本判決はこのことをとらえて『合理的疑いを容れない程度の立証』と表現したものと理解[146]」されるとする。

以上からすると、「合理的疑いを容れない程度の立証」は、「真実の高度の蓋然性」に比べればより高度な立証を要求しているとみることもできるが、必ずしも刑事訴訟における実体的真実を求めるものではないといえよう。この点につき、松沢智教授は「刑罰は、その前提として人は罪を犯してはならぬことを義務付けているのに対し、租税において納税義務は憲法上の要請（憲法三〇条）であって、したがって刑事訴訟と税務訴訟とはその本質を異にする[147]」と述べられている。つまり、そもそも刑事訴訟と税務訴訟はその本質が異なるため、要求される証明の程度も異なるのであり、「合理的疑いを容れない程度の立証」という表現が用いられているとしても、実額反証の場面において、最高度の証明である実体的真実の証明を要求しているとはいえないと思われる。

それでは、なぜ多くの裁判例が「合理的疑いを容れない程度の立証」という表現を用いるのであろうか。これについては次のような理解が妥当であろう。すなわち、実額反証の立証において、「『通常人が疑いを差し挟まない程度に真実性の確信を持ちうる』ような立証、すなわち通常の民事訴訟における証明を要求するならば、その証明は、正規の簿記の原則に則した組織的な帳簿資料等」の存在が必要となる。このような本来要求される証明は白色申告者には困難な証明であるが、「申告の際に実額による申告を行わなかった不誠実な納税者に対し、立証の困難性を理由に本来あるべき証明の程度を緩和しなければならない理由はない」であろう。「『合理的疑いを容れない』との表現は、このような本来あるべき証明を、特に不誠実な納税者に対しては緩和するべきでないことをいい表しているのではないだろうか(148)」。

したがって、「合理的疑いを容れない程度の立証」は、不誠実な納税者に対しては、立証の困難性を理由に証明の程度を緩和するべきでないという意味で、通常の民事訴訟の証明である「真実の高度の蓋然性」よりも高度な証明を要求するものとして、支持できると考える。

ただし、「合理的疑いを容れない程度の立証」をこのように理解する場合、「納税者が真に『調査非協力』で『帳簿諸票の提示を拒み』、課税庁に推計せざるを得なくしたかどうか、すなわち『推計の必要性』の認定が非常に重要」になるであろう。「近時の判例は、推計の必要性について調査非協力、帳簿不提示という外形的事実から簡単に肯定しているように見えるが」、より高度な立証の「負担を負わせるにたる不誠実な納税者であるか、課税庁としても社会通念上要求される実額課税への努力をしたうえで推計を行ったか、等を厳格に認定する必要があ(149)」ると思われる。

以上に検討してきた結果、課税庁に推計課税を余儀なくさせた納税者が実額反証を行う場合には、その実額反証の立証の程度としては「合理的疑いを容れない程度の立証」が妥当であると解する。

(2) 実額反証の立証の範囲

納税者が実額反証として主張・立証すべき範囲については、特に裁判実務において原告・被告間で争われることが多いため、学説上の対立というよりも、裁判例において、いくつかの異なる見解が示されている。

課税庁が収入金額及び必要経費の両者をともに推計により算出した場合、納税者が実額反証として主張・立証すべき範囲は、納税者の主張する収入金額に漏れがなくすべての収入であること及び納税者の主張する経費を支出したことの両者を主張・立証する必要があることについてはほぼ裁判例は一致しているといえよう[150]。

問題は、課税庁が把握し得た限りの収入金額を基礎として必要経費を推計した場合であり、この場合に実額反証の立証の範囲をどのように考えるか、すなわち、部分的実額反証が認められるか否か、ということである。この点については次の三つの考え方がある。

① 総収入金額・必要経費（又は収入金額、必要経費及び両者の対応関係）説

課税庁は、推計課税を行う場合の一つの方法として、反面調査等により把握し得た限りの収入金額を基礎とし、それに対応する必要経費を同業者率等を用いて推計することにより、所得金額を認定する場合がある。その結果として算定された所得金額は、真実の所得額に近似したものとして当該推計は合理的であるとされる。このような推計課税は、必要経費のみを推計したといっても、それが収入金額に類似同業者の平均所得率を乗じるというように、収入金額を前提とする方法で推計されたものであって、当該収入金額は当該推計に係る必要経費と一体のものとして主張されているため、原告が、被告の主張する収入金額を認めた上で、必要経費の実額のみを直接資料に基づき主張・立証したとしても、当然に推計を破れるということはできない。

したがって、前記のような場合に、原告が実額反証によって被告の推計を破るためには、必要経費のみを主張・立証するだけでは足りず、更正処分に係る収入金額がすべての収入であること（総収入金額）を立証するか、ある

いは原告の実額主張に係る必要経費が更正処分に係る収入金額に対応するものであることを立証する必要がある、とするのがここにいう総収入金額・必要経費（又は収入金額、必要経費及び両者の対応関係）説である。この説は後述の三位一体説に対して、相対的三位一体説とも呼ばれる。

相対的三位一体説を採る学説は次のとおりである。

金子宏教授は、「推計課税に対する取消の訴えにおいては、原告が、租税行政庁の認定した売上金額をそのまま認めたうえで、必要経費ないしその一部としての売上原価についてのみ推計額を上廻る実額を主張・立証して、推計の合理性を争うことが少なくない。この場合には、原告は、租税行政庁の認定した売上金額が真実の売上金額に合致すること、または原告の主張する必要経費が租税行政庁の認定した売上金額に対応するものであることを立証しなければならないと解すべき[151]」であると述べられている。

この説に依拠した裁判例は数多くみられる。

例えば、名古屋地裁平成四年四月二七日判決[152]は、「（被告により）一体として主張されている収入金額及び必要経費のうち必要経費のみを原告が実額で漏れなく立証すると、収入金額に算入すべき金額に捕捉漏れがある場合には、所得金額が真実のそれに比し過少に認定されることになるのであるから、たとえ推計に係る必要経費よりも多額の必要経費の実額が立証されたとしても、その結果算定される所得金額が推計に係る経費を用いて算定した所得金額よりも真実の所得金額に近いと当然に認めることはできない。

そうであるとすると、実額反証によって本件各処分に係る必要経費の推計を破るためには、本件各処分に係る収入金額が真実のもの（すなわち、収入金額の全額）であることを立証するか、あるいは、実額主張に係る必要経費が本件各処分にかかる収入金額に対応するものであることを立証することが必要というべきである。」と判示している。

また、東京高裁平成七年三月一六日判決[153]は、「被控訴人（原告納税者）において、真実の所得額が推計の結果を下回る旨主張し、売上原価等の必要経費の実額をもって控訴人の推計額を争うためには、経費についての実額の主張・立証のみでは足りず、売上金額についてもその全てを実額をもって主張・立証する必要があるものと解するのが相当である。」と判示している。

本判決は、原審において後述の折衷説に拠っていたものを相対的三位一体説に変更したところが注目される。

② 三位一体説（総収入金額、必要経費及び両者の対応関係）説

被告課税庁が、上記①に述べたような推計方法をとった場合に、原告納税者が実額反証をする場合において立証すべき事項は、その主張する収入金額がすべての収入金額（総収入金額）であること、主張する必要経費がすべてのものであること、しかもその必要経費が収入金額と対応することをも立証しなければならないとする説である。この説は、真実の所得金額を主張・立証することになると考えられるので、上述の相対的三位一体説に対して、絶対的三位一体説ともいわれる。

学説は次のように述べている。

小尾仁氏は、「実額反証を、文字どおり、『実額』をもってする再抗弁であるとすると、納税者は、実額反証として、帳簿書類等の直接資料によって、上記の真実の所得額を主張・立証する必要があり、事業所得の金額については、上記の算定方法に基づき、総収入金額に係るすべての収入の事実及び必要経費に係る支出の事実を主張・立証した上、さらに、所得税法上の分類に従い、直接費用については、個別的対応の事実を、間接費用については、期間的対応の事実を主張・立証する必要がある。[154]」としている。

また、中尾巧氏は、「原告の納税者が所得を実額で反証する場合には、例えば、所得税法二七条二項はその年中の事業所得に係る総収入金額から必要経費を控除した金額をもって事業所得の金額としているのですから、原告納税者は、その主張する収入金額が売上げのすべてを含む総収入金額であること及びその経費がその収入と対応するものであることを立証するのでなければ、所得を実額で算定することができない結果となる[155]」と述べている。

裁判例は次のとおりである。

前掲京都地裁平成七年五月一九日判決は、「原告主張の事業所得金額が実額で認定されるためには、その主張する収入（売上）金額がすべての取引先からのすべての取引についての捕捉もれのない総収入（売上）金額であること、及びその主張する必要経費の額が実際に支出され、かつ、右収入金額と対応する（すなわち、当該事業と関連性を有する）ものであることを合理的な疑いを容れない程度にまで完全に立証されなければならないものと解するのが相当である。」と判示している。

また、前橋地裁平成一二年五月三一日判決[156]は、「所得税法上、事業所得の金額は、その年中の事業所得にかかる総収入金額から必要経費を控除した金額とされることからすれば、原告が実額反証により、被告のした本件所得税更正処分の適法性を覆すためには、〔1〕その主張する収入及び経費の各金額が存在し、更に経費については事業との関連性が認められること、〔2〕右収入金額が全ての取引先から発生した全ての収入金額であること、〔3〕右経費が右収入と対応するものであり、しかも直接費用については個別的な対応の事実、間接費用については期間対応の事実があることの三点につき、合理的疑いを容れない程度に証明しなければならない」と判示している。

これらの裁判例は、実額反証の立証の範囲として三位一体説を採るとともに、立証の程度に「合理的疑いを容れない程度の立証」を要求している点が注目される。

③　折衷説

この説は、被告課税庁が収入金額及び必要経費の両者ともに推計によっている場合には、原告のする実額反証は、必要経費の実額の主張・立証のみならず、推計による収入金額と実額による必要経費の対応関係まで立証しなければならないとする。しかし、被告課税庁が実額で収入金額を把握し、必要経費部分を推計して所得金額を算定した場合には、収入金額に把握漏れの蓋然性がないと認められると、収入金額と必要経費との対応関係まで立証する必要はないとする説である。したがって、この説によると、原告のする実額反証は、被告の主張する収入金額を認めた上で、必要経費の部分のみを主張することも場合によっては認められることになる。

この説は、次の学説に依拠するものと思われる。

佐藤繁氏は、「収入及び経費ともに推計により算出されている場合に、経費についてのみ推計額以上の実支出を主張することは、その実支出額が推計された収入額と対応するものであることを明らかにしない限り（それは実際問題として不可能に近い）、無意味である。これに対し、反面調査等により実額で把握した収入から同業者率等によって経費が推計されている場合には、経費実額の主張は反論として有効である。この場合でも、収入の認定額は反面調査等により一応把握しえた実額であるにすぎず、全部の実収入を遺漏なく把握したものといえないときは、これから推計された経費額も観念的には実収入の一部に対応するものとして算出されていることになるのであるから、経費実額についてのみ全部の主張を許すことは収入との対応関係が問題となりえないではない。しかし、被告の収入実額の主張が他に収入のないことまでを意味するものではないにしても、被告が収入を実額で主張できるとしているからには、収入実額の遺漏なき解明は第一次的に被告がこれを行うべき筋合いである。被告がこの解明を尽くさないまま、一方で収入を実額として主張しながら、他方で他にもまだ主張漏れの収入があるはずであるとの仮説を提出すれば、原告が経費実額の主張を妨げられ、これを主張しようとすれば、原告のほうで被告主張の収入実額以上の収入が存在しないこと又は原告の主張する経費実額が被告主張の収入実額に対応するものであることを明らかにしなければならないとすることは、均衡を失する。[157]」と述べている。

また、中込秀樹氏は、「実額反証については、（1）課税庁が収入・支出のそれぞれを推計しているときに、原告が収入額は認めながら、経費について推計額を上回る実額の主張立証をした場合、（2）課税庁が収入については実額を把握し、これに基づき支出を推計しているときに、原告が収入額は認めながら、経費について推計額を上回る実額の主張立証をした場合にそれぞれどう取り扱うべきかという問題がある。右（1）については、当該経費実額が、当該収入額と対応するものであることまで立証しなければ、反証とはなりえない。右（2）についても、同様とする見解もあるが、課税庁が実額として収入額を主張している以上、収入の捕捉もれのあることを前提とすべきではないと考えられ、対応関係を問うまでもなく、原告の経費実額の主張は反証たりうるものであろう。[158]」と述べている。

折衷説を採ると思われる裁判例は次のとおりである。

東京地裁平成三年一二月一九日判決[159]は、「被告のした課税処分の適否が争われている本件訴訟においては、前記の所得税法上の所得の計算の根拠となる事実である収入金額と必要経費の額の双方について、基本的には課税庁たる被告側にその主張、立証責任があるものといわなければならない。そうだとすると、原告が当該事業年度において事業に関する経費としてある金額の支出をしていることは認められるものの、その支出が原告の事業による一定の具体的な収入金額と個別に対応する必要経費に該当するものといえるか否かの点についてはなお疑問の余地があるという場合に、右の支出金額を一律に必要経費の額に算入することを認めないとすることは、相当ではない」と判示している。つまり、収入金額と必要経費については、それらの主張・立証責任は被告課税庁にあるのだから、原告納税者の主張する必要経費が収入金額との対応関係が判然としない場合であっても、一律にそれを排斥すべきではないとして、必要経費のみの実額の主張を認めている。

上記三つの説の違いは、①及び②は必要経費のみの部分的実額反証を認めないとする説であるが、③はこれを認めるとする説である。また、①と②は、収入金額がすべての収入金額であることの立証と必要経費の対応関係の立証との関係について、①が「あるいは」として代替的に考えているのに対し、②は「かつ」として両者の立証を要するとしている点で異なるものである。

それでは、実額反証の立証の範囲についてはどのように考えるのが妥当であろうか。

まず、①相対的三位一体説について検討する。

この説は、総収入金額と必要経費の立証（両者の対応関係は問われていない。）あるいは収入金額、必要経費及び両者の対応関係の立証を要するとされており、収入金額のすべて（総収入金額）及びこれに対応する総必要経費を立証するものではない。よって、「その証明する所得は真実の所得に近似するかもしれない（そうでないかもしれない。）が、真実の所得に合致することを証明したとまではいえない[160]」と解される。

納税者が自己の所得を実額で計算できるとしている限り、それは真実の所得と合致することを証明する必要があると解されることから、実額反証の立証の範囲としてはやや不足であると思われる。

次に、②三位一体説について検討する。

この説は、実額反証の立証の範囲として「総収入金額、必要経費及び両者の対応関係」の三つを立証すべきであるとするから、最終的に証明しようとするのは真実の所得であると解される。

実額反証は、納税者が訴訟等の段階になってはじめて所得実額にかかる資料を提出して、自己の所得を実額で計算できるとして推計課税を覆そうとするものである。そのため、納税者は、その主張する所得が真実の所得に合致することを証明しなければ、有効な実額反証とはならないであろう。

よって、この三位一体説は、申告納税制度の趣旨及び納税者の調査非協力等により課税庁に推計課税を余儀なくさせた納税者の負担という点から鑑みると、実額反証の立証の範囲として妥当ではないかと思われる。

最後に、部分的実額反証を認めるとする③折衷説について検討する。

折衷説は、被告課税庁が把握し得た収入金額に漏れの蓋然性が認められないとする場合は、原告納税者がその収入金額を認めた上で、必要経費のみを実額で主張することも許されるとするから、相対的三位一体説に立った上で、これをさらに緩和した説であると解される。折衷説の根拠として、佐藤繁氏は「原告のほうで被告主張の収入実額以上の収入が存在しないこと又は原告の主張する経費実額が被告主張の収入実額に対応するものであることを明らかにしなければならないとすることは、均衡を失する。[161]」とする。

確かに、他に収入が存在しないことの立証が一般的に容易でないことは否定できない。しかし、「課税庁においても、当該経済取引の直接の当事者でないため、有利・不利を問わず、その証拠資料の収集は容易ではなく、反面調査を実施しても一定の捕捉漏れは避けられない」のであって、「他に収入が存在することの蓋然性も一般論としては十分認められる」。また、「納税者においても、正規の簿記の原則にのっとって記帳された帳簿書類を提出するか、あるいは、他の適切な証拠資料を用いることにより、他に収入が存在しないことの立証を行うことも十分可能である[162]」ことに鑑みれば、納税者に総収入金額の立証責任を負担させることが直ちに均衡を失するものとはいえないと思われる。したがって、被告が実額課税をしている場合には折衷説を採りうることも考えられるが、納税者が調査非協力のためにやむを得ず被告が推計課税を行った場合には、折衷説によることは妥当ではないと思われる。

以上に検討した結果、実額課税を原則とする申告納税制度の趣旨及び、実額反証が、自己の責に帰すべき事由により課税庁に推計課税処分を行わせた納税者が、訴訟において所得実額にかかる資料を提出することにより推計課税を覆そうとするものであることに鑑みると、実額反証の立証の範囲としては、真実の所得に合致することを証明する三位一体説が妥当であると考える。

実額反証における納税者の立証活動については、実額反証の立証の程度として「合理的疑いを容れない程度の立証」を必要とし、立証の範囲としては三位一体説をとる裁判例が増加傾向にある。このような傾向について中尾巧氏は、「最近の裁判例の多くは、納税者からの実額反証の立証の程度・範囲について厳しく要求していることからすると、実額反証が成功する確率は極めて少ないといえる」[163]と指摘している。では、実額反証を実質的に困難にする判断が下されるようになってきている背景にはどのような考えがあるのであろうか。

推計課税に対する不服申立または取消訴訟において実額反証が行われるようになったのは、昭和五〇年代の後半からである。当時から、推計課税については、事実上推定説が通説とされたため、推計課税の必要性および合理性が認められる場合であっても、所得が実額で主張され、その直接証拠（資料）が提出されれば、実額所得の方が推計所得よりも優先されることになる、それゆえ、納税者としては、推計課税の違法を争うにあたって、実額資料に基づく主張をし、かつそれを証拠として提出することも、訴訟法上は当然認められることになる、とされていた。このような通説・判例の立場から、実額反証により、課税処分の取消を求める事件が多く提起されるようになり、また裁決や裁判例においては実額反証を受け入れて課税処分の当否を判断するものも現れた。ところが、このような実額反証事件が増加するにつれ、課税庁からは、調査非協力であったがために推計課税をせざるを得ない状況を招いた納税者が、訴訟段階等になってから実額資料を突然提出することを認めるのは不合理であるとの批判が強く主張され、また、これを支持する見解も現れるようになった。[164]

その後の裁判例において、実額反証が有効となるための要件を設けたり、納税者の立証の程度を厳しく要求するものが増加したのは、このような批判に応えてのことであると考えられる。また、補充的代替手段説が登場するに至った背景の一つとしても、このような批判に応えたことが考えられることから[165]、これまでの実額反証のあり方を再検討すべき機会を与えるものとして、このような批判には正当性があると考えられる。

一方で、実額反証において厳格な立証責任を納税者に負担させる判例の動向について、岩崎政明教授は、「課税処分取消訴訟における客観的立証責任は、侵益処分を行った当事者である被告課税庁にあるとするのが、通説・判例である。侵益処分であるという点では、実額課税も推計課税も同様である。さらに、判例は、実額課税と推計課税とは互いに別個独立の課税処分ではないという前提をとっている。にもかかわらず、（中略）最近の裁判例の多くにおいては、推計課税取消訴訟における必要経費の実額主張の場面に限って、あたかも客観的立証責任を原告納税者に転換するかに読みとれる判断が示されているのである。このような客観的立証責任に関する重大な例外取扱が、特別な根拠規定もなしに行うことができるのかどうか大いに疑問であるし、またそもそも実額課税も推計課税も課税処分として変わりはないとする裁判例の大前提に抵触しないのかどうかも問われなければならないであろうと思われる。[166]」と述べられている。

確かに、近年の判例の動向にこのような問題点が指摘されることも否定できないが、これについては、水野忠恒教授は次のような見解を述べられている。すなわち、推計課税取消訴訟において立証責任が納税者に転換されるという法律上の根拠が明らかではないことについては今後検討すべき論点であると指摘されながらも、「質問検査から推計課税というプロセスを経て認定された所得金額を、実額による反証で斥けるためには、納税者側に立証責任を負担させるのが、それまでのプロセスの重みからいって適当であるし、また、取引当事者である納税者は証拠収集が可能である[167]」として、近年の判例の動向を支持しておられるが、この見解は妥当であると考える。また先に検討したように、要件事実論の観点から実額反証の立証責任を原告納税者が負うと解することも可能であろう。

そもそも推計課税は帳簿書類等の不備や調査非協力といった、納税者の責に帰すべき事由により行われる課税処分である。この推計課税を実額反証により覆そうとするのであれば、その証明する実額は真実の所得額を証明する必要があるため、実額反証が奏功するためには納税者には厳格な立証が要求される。

(104)　泉徳治ほか・前掲注（5）二二四頁。

(105) 島村芳見「判批」税理二七巻一五号八五頁（一九八四）。また、竹下重人「判批」シュトイエル一一四号一一頁（一九七一）は、帳簿書類の不提出が故意になされたような場合には、信義則の適用により、「実額計算の結果が推計による課税標準額を下廻ることとなつても、その処分を違法としない」ことも、あながち不合理でもあるまい、とする。
(106) 泉徳治ほか・前掲注（5）二一五頁。
(107) 加藤就一「判批」税理三一巻九号二一三頁（一九八八）。
(108) 碓井光明・前掲注（47）二七頁。
(109) 佐藤繁・前掲注（9）七一頁。
(110) 京都地判昭和五二年七月一五日税資九五号四三頁。
(111) 碓井光明・前掲注（61）二八頁。
(112) 岩崎政明「推計課税と実額反証」『租税行政と納税者の救済　松沢智先生古稀論文集』二三六頁（中央経済社、一九九七）。
(113) 吉良実・前掲注（103）七五頁。
(114) 中込秀樹・前掲注（15）三四五頁。
(115) 田中治・前掲注（2）一〇六頁。
(116) 岩崎政明・前掲注（112）二三六頁。
(117) 小尾仁「推計課税の諸問題～実額反証」税理三八巻五号二七八頁（一九九五）。
(118) 立証責任を負うとする説として、金子宏・前掲注（1）一〇〇一頁以下、佐藤繁・前掲注（9）七一頁、紙浦健二「税務訴訟における立証責任と立証の必要性の程度―課税処分取消訴訟を中心として―」判タ三一五号五三頁（一九七五）、緒方節郎「課税処分取消訴訟の訴訟物」『実務民事訴訟講座9』一八頁（日本評論社、一九七〇）。
(119) 泉徳治ほか・前掲注（5）二一七頁、小野雅也・前掲注（74）二〇九頁以下。
(120) 小林博志「税務行政訴訟における主張責任、証明責任」日税研論集四三巻一三九頁（二〇〇〇）。
(121) 小林博志・同一三六頁以下。
(122) 佐藤繁・前掲注（9）六七頁。
(123) 泉徳治ほか・前掲注（5）二一七頁。
(124) 佐藤繁・前掲注（9）七一頁。
(125) 増田英敏・前掲注（41）九一頁。
(126) 増田英敏・同九一頁以下。
(127) 行政訴訟における立証責任の分配基準についての議論の詳細は、春日偉知郎「行政訴訟における証明責任」南博方・高橋滋編

『条解行政事件訴訟法〔第3版補正版〕』二一三頁以下（弘文堂、二〇〇九）参照。
(128) 増田英敏・前掲注(41)九九頁。
(129) 金子宏・前掲注（1）一〇四三頁。
(130) 伊藤滋夫『租税法の要件事実〔法科大学院要件時事実教育研究所報第九号〕』八八頁以下（日本評論社、二〇一一）。また、伊藤滋夫教授は著書において、「要件事実論とは、要件事実というものが法律的にどのような性質のものであるかを明確に理解して、これを意識した上、その上に立って民法の内容・構造や民事訴訟の審理・判断の構造を考える理論である。」とし、「要件事実とは、法律効果を生じるために必要な実体法（裁判規範としての民法）の要件に該当する具体的事実である」と定義づけておられる。伊藤滋夫『要件事実の基礎〔新版〕』六頁（有斐閣、二〇一五）。
(131) 泉徳治ほか・前掲注（5）二一八頁。
(132) 名古屋高金沢支判平成六年三月二八日訟月四一巻一〇号二六六五頁。
(133) 中村雅麿「心証割合による認定」三ヶ月章・青山善充編『民事訴訟法の争点』二五八頁（有斐閣、一九七九）参照。
(134) 小野雅也・前掲注(74)二六四頁。
(135) 小尾仁・前掲注(117)二八〇頁。
(136) 中込秀樹・前掲注(15)三四五頁。
(137) 例えば、大阪高判平成二年五月三〇日税資一七六号一〇九二頁、大阪高判平成二年一〇月二六日税資一八一号一四四頁。
(138) 村上博巳『民事裁判における証明責任』二頁（判例タイムズ社、一九八〇）。
(139) 小野雅也・前掲注(74)二六五頁。
(140) 加藤就一・前掲注(107)二一五頁。
(141) 京都地判平成七年五月一九日税資二〇九号七三二頁。
(142) 加藤就一・前掲注(107)二一四頁。
(143) 最判昭和五〇年一〇月二四日民集二九巻九号一四一七頁。
(144) 小野雅也・前掲注(74)二八三頁。
(145) 小林秀之『新証拠法〔第2版〕』七三頁（弘文堂、二〇〇三）。
(146) 加藤就一・前掲注(107)二一五頁。
(147) 松沢智・前掲注（7）四二二頁。
(148) 今村隆ほか『課税訴訟の理論と実務』二一一頁（税務経理協会、一九九八）。
(149) 三木義一「判批」判時一五二一号一九三頁（一九九五）。

(150) 例えば、東京地判平成六年二月一〇日税資二〇〇号五七六頁、東京高判平成八年一〇月二日訟月四三巻七号一六九九頁等。
(151) 金子宏・前掲注（1）一〇四四頁以下。
(152) 名古屋地判平成四年四月二七日税資一八九号二八三頁。
(153) 東京高判平成七年三月一六日税資二〇八号七三七頁（後掲東京地裁平成三年一二月一九日判決の控訴審）。
(154) 小尾仁・前掲注（117）二八〇頁。
(155) 中尾巧・前掲注（9）二九〇頁。
(156) 前橋地判平成一二年五月三一日税資二四七号一〇六一頁。
(157) 佐藤繁・前掲注（9）七一頁。
(158) 中込秀樹・前掲注（15）三四五頁。
(159) 東京地判平成三年一二月一九日判時一四一三号五〇頁。
(160) 小野雅也・前掲注（74）二六八頁。
(161) 佐藤繁・前掲注（9）七一頁。
(162) 中尾巧・前掲注（9）二九一頁以下。
(163) 中尾巧・同二九七頁。
(164) 岩崎政明・前掲注（112）二三六頁。
(165) 田中治・前掲注（2）一一五頁。
(166) 岩崎政明・前掲注（112）二四二頁。
(167) 水野忠恒「判批」ジュリスト一〇一二号一一七頁（有斐閣、一九九二）。

結　論

本稿の目的は、推計課税において納税者が行う実額反証について、その許容の根拠を明確にし、許容された実額反証が奏功するためには、納税者にはどの程度及び範囲の立証が要求されるのかを学説及び判例の検討から明らかにすることであった。そのために、まず、推計課税の意義とその法的性格を明確にした上で、実額反証の許容性と、実額反証が奏功する要件を検討することとした。具体的には以下の通りである。

一において、まず推計課税の意義を確認した。推計課税においては推計の必要性、推計の合理性について多くの議論が存在することから、それらの議論を整理し検討した。その結果、推計の必要性については、推計の必要性は推計課税の手続上の適法要件であるとする効力要件説が妥当することを確認した。また、推計の合理性については、推計の合理性の追求と推計課税がもともと概算課税の方法であるという事実との間に適切な調和が図られなければならないことを確認した。

二においては、推計課税の沿革からその立法趣旨を検討した。まず、シャウプ勧告の具体的な内容から、推計課税制度は、わが国には記帳慣行が定着していなかったために、不本意ながらも暫定的な措置として導入された制度であることを確認した。さらに、推計課税とその歴史を一にする現行の申告納税制度の趣旨・目的を検討した。そこでは、申告納税制度は、租税負担の公平を実現するために、納税者による自主的な実額申告と実額課税を原則とする制度であることを確認した。その結果、推計課税は実額課税が困難な場合にのみ、租税負担の公平を根拠として例外的に許容される制度であることが確認できた。

三においては、推計課税の法的性格について、対立する事実上推定説と補充的代替手段説の内容を明確にし、推計課税の本質論として妥当な説を検討した。その結果、補充的代替手段説は、論理的一貫性に欠ける考え方であり、本質論として妥当ではないことが確認できた。すなわち、補充的代替手段説は推計課税を実額課税から独立した別個の課税処分と解することにより、実額への接近を遮断する。しかし、他方では実額反証を許容するのである。また、この説の基本的な狙いが、推計の合理性を争う主張自体を失当とすることにより、納税者が推計の合理性を争う方法を狭めることにあることも確認できた。そして、申告納税制度の下においては例外として許容される推計課税には実額への接近が要請される。そのため、推計課税と実額課税を所得認識方法の差にすぎないとして、実額への接近の要請に応える事実上推定説が妥当であることを確認した。

四においては、推計課税における実額反証の許容性と、許容された実額反証が奏功するための立証について、学説及び判例から検討した。その結果、実額反証は、推計課税の法的性格を事実上推定説と解することを根拠として許容されるものであることを確認した。そして実額反証が許容されたとしても、その立証責任は原告納税者が負うこと、実額反証が奏功するためには、納税者には厳格な立証が要求されることを確認した。具体的には、実額反証の立証責任は、推計課税制度の趣旨から原告納税者が負うことが妥当であることを確認した。そして、立証責任を負う納税者には、立証の程度としては「合理的疑いを容れない程度の立証」、立証の範囲としては総収入金額、必要経費及び両者の対応関係の立証を求める三位一体説が妥当することを確認した。

最後に、本稿における検討から以下の結論が導出される。すなわち、推計課税は租税負担の公平を根拠として例外的に許容される制度であるが、申告納税制度の下においては実額課税が原則とされるため、実額反証が許容されることになる。しかしながら、推計課税は調査非協力等の納税者の責に帰すべき事由により行われる課税処分であることに鑑みれば、実額反証を無制限に許容することは推計課税の制度趣旨と矛盾することとなる。そのため、判例の動向は、実額反証において納税者に厳格な立証を要求する判断や、補充的代替手段説に依拠する判断が示される傾向にある。この判例の動向の背景に共通するのは、推計課税された納税者と、適正な申告を行った納税者との間の公平性の確保を従来よりも重視することにより、推計課税の本来の趣旨に立ち返ろうとする考えがあるのであろう。

補充的代替手段説は、三において確認したように、推計課税の本質論としては妥当ではないため、この説に依拠した判例は支持しえない。しかし、実額反証の場面において、納税者に厳格な立証を求める判例は、支持できるものと考える。それは、納税者の責に帰すべき事由により行われた推計課税を実額反証により覆すためには真実の所得額を証明する必要があるが、取引当事者である納税者にはそれが可能であるとして、厳格な立証を求めることに合理性があるためである。

付記：本章は、森澤宏美著「推計課税に関する一考察―実額反証の議論を中心として」専修法研論集三九号一八五頁以下（二〇〇六）、第一六回租税資料館賞（租税資料館奨励賞の部）受賞論文（二〇〇七）表題：「推計課税に関する一考察」を基に加筆・修正したものである。

あとがき

増田英敏先生は、平成二八年三月八日に還暦を迎えられた。

本書は先生の還暦をお祝いする還暦祝賀論文集として企画されたものである。本書の執筆者は、専修大学大学院において、指導教授として先生に直接ご指導をいただいた大学院修了生である。先生の学恩に報いるべく各執筆者は、「租税正義」を根底に据えた租税法理論の体系化を図り、いわゆる租税憲法学として結実させた増田税法学を継承し、租税法学の重要論点を租税法の憲法原理である租税公平主義と租税法律主義の視点から研究した研究論文を本書に寄稿した。

先生は、平成一一年六月に、ご著書『納税者の権利保護の法理』（成文堂、平成九年）に対し慶應義塾大学より法学博士の学位を授与された。その後、平成一五年四月に専修大学法学部教授に着任され、平成二二年三月に弁護士登録された。

租税正義の実現のための租税法学という実践論的展開の在り方を、租税憲法学の視点からわかりやすく解説される講演活動は定評を得ている。弁護士としても、研究者として培われた租税法理論を租税訴訟に展開するなど、学問研究を実務に展開する切り口を提供されている。先生の「学問研究は人々の幸福実現のためにある」との信念を長年にわたり精力的に実践されてこられた。敬服するばかりである。

また、研究に裏打ちされた教育を掲げて、情熱をもって後進の指導にあたられ、現在までに研究者、税理士等を多数輩出されている。

私たちが先生の研究室に入室を許されてから多くの歳月を重ねたが、門下生により学術論文集をここに刊行する機会を得たことは望外の喜びである。先生の学恩に感謝申し上げるとともに今後のさらなる研鑽をお約束し、引き続きご指導を賜れるようお願い申し上げたい。

執筆者はもちろんであるが教え子一同、先生がますますお元気でご活躍されておられることを嬉しく思うとともに、今後の先生のご健勝をお祈りしたい。

ここにあらためて先生の還暦をお祝い申し上げる。

平成二九年一一月

執筆者を代表して
谷口　智紀
松原　圭吾
山本　直毅

執筆者紹介

松 原 圭 吾	松原圭吾税理士事務所　税理士
谷 口 智 紀	島根大学法文学部　准教授
宮 本 　 卓	宮本税理士事務所　税理士
山 本 直 毅	専修大学大学院博士後期課程
千年原未央	大森晃税理士事務所　税理士
増 田 明 美	増田明美税理士事務所　税理士、専修大学法学部　非常勤講師
利 田 明 夫	利田明夫税理士事務所　税理士
赤 木 葉 子	影近・前田税理士法人　税理士
茂垣志乙里	税理士法人はてなコンサルティング　税理士
井 上 雅 登	井上税務会計事務所　税理士
成 田 武 司	EJ Consultancy Services Pte Ltd　税理士
髙 木 良 昌	髙木良昌税理士事務所　税理士
吉 田 素 栄	税理士法人吉田会計　税理士
森 澤 宏 美	宮本税理士事務所　税理士

編著者略歴

増田英敏（ますだ　ひでとし）

1956年　茨城県に生まれる

現　在　専修大学法学部教授、法学博士（慶應義塾大学)、弁護士、民事調停委員、租税法学会理事、租税法務学会理事長、日本税法学会常務理事、(公財）租税資料館評議員会議長、(株）電算社外監視役

主要著作

『納税者の権利保護の法理』（成文堂、1997年）
『租税行政と納税者の救済』（中央経済社、1997年）共編著
『租税実体法の解釈と適用Ⅱ』（中央経済社、2000年）共著
『租税憲法学（第３版)』（成文堂、2006年）
『確認租税法用語250』（成文堂、2008年）共編著
『はじめての租税法』（成文堂、2011年）共編著
『リーガルマインド租税法（第４版)』（成文堂、2013年）
『基本原理から読み解く　租税法入門』（成文堂、2014年）編著
『紛争予防税法学』（TKC 出版、2015年）
『租税法の解釈と適用』（中央経済社、2017年）編著
その他論文多数。

租税憲法学の展開

2018年１月21日　初版第１刷発行

編著者　増田英敏
発行者　阿部成一

〒162-0041　東京都新宿区早稲田鶴巻町514
発行所　株式会社　成文堂
電話03(3203)9201(代)　FAX03(3203)9206
http://www.seibundoh.co.jp

製版・印刷　シナノ印刷　　製本　弘伸製本

ISBN978-4-7923-0622-9　C3032　　検印省略

定価（本体12,000円＋税）